# Suisse

Cofondateurs : Philippe GLOAGUEN et Michel DUVAL

Directeur de collection et auteur
Philippe GLOAGUEN

Rédacteurs en chef adjoints
Amanda KERAVEL
et Benoît LUCCHINI

Directrice de la coordination
Florence CHARMETANT

Directrice administrative
Bénédicte GLOAGUEN

Directeur du développement
Gavin's CLEMENTE-RUIZ

Conseiller à la rédaction
Pierre JOSSE

Direction éditoriale
Hélène FIRQUET

Rédaction
Isabelle AL SUBAIHI
Emmanuelle BAUQUIS
Mathilde de BOISGROLLIER
Thierry BROUARD
Marie BURIN des ROZIERS
Véronique de CHARDON
Fiona DEBRABANDER
Anne-Caroline DUMAS
Éléonore FRIESS
Géraldine LEMAUF-BEAUVOIS
Olivier PAGE
Alain PALLIER
Anne POINSOT
André PONCELET
Alizée TROTIN

Responsable voyages
Carole BORDES

## 2018/19

hachette

# TABLE DES MATIÈRES

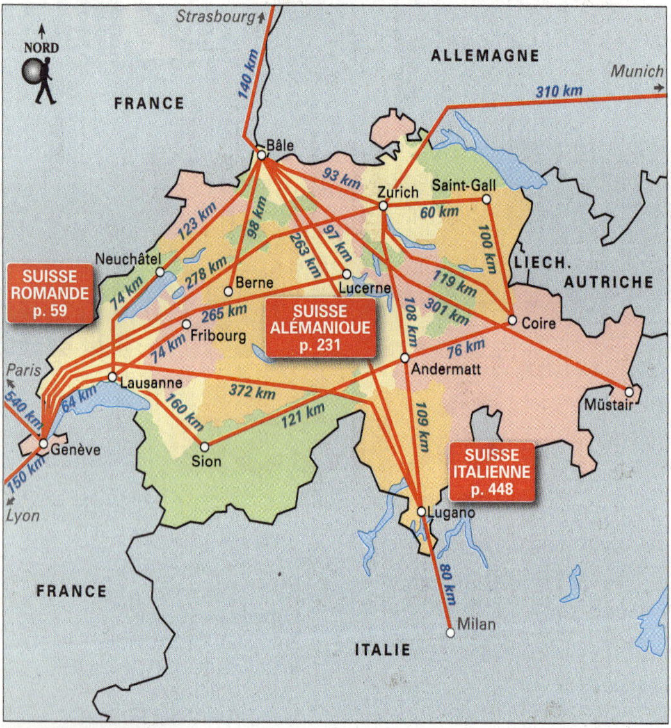


## PRÉAMBULE



## COMMENT Y ALLER ? ........ 36



## SUISSE UTILE ........ 41

## HOMMES, CULTURE ET ENVIRONNEMENT ....... 554



### Important : dernière minute

Sauf rares exceptions, le *Routard* bénéficie d'une parution annuelle à date fixe. Entre deux dates, des événements fortuits (formalités, taux de change, catastrophes naturelles, conditions d'accès aux sites, fermetures inopinées, etc.) peuvent modifier vos projets de voyage. Pour éviter les déconvenues, nous vous recommandons de consulter la rubrique « Guide » par pays de notre site *• routard.com •* et plus particulièrement les dernières ***Actus voyageurs.***

☎ **112 :** c'est le numéro d'urgence commun à la France et à tous les pays de l'UE, à composer en cas d'accident, agression ou détresse. Il permet de se faire localiser et aider en français, tout en améliorant les délais d'intervention des services de secours.

*Lac de Lugano*

# LA RÉDACTION DU ROUTARD

**(sans oublier nos 50 enquêteurs, aussi sur le terrain)**

**Thierry, Anne-Caroline, Éléonore, Olivier, Pierre, Benoît, Alain, Fiona, Gavin's, André, Véronique, Bénédicte, Jean-Sébastien, Mathilde, Amanda, Isabelle, Géraldine, Marie, Carole, Philippe, Florence, Anne.**

**La saga du *Routard* :** en 1971, deux étudiants, Philippe et Michel, avaient une furieuse envie de découvrir le monde. De retour du Népal germe l'idée d'un guide différent qui regrouperait tuyaux malins et itinéraires sympas, destiné aux jeunes fauchés en quête de liberté. 1973. Après 19 refus d'éditeurs et la faillite de leur première maison d'édition, l'aventure commence vraiment avec Hachette. Aujourd'hui, le *Routard*, c'est plus d'une cinquantaine d'enquêteurs impliqués et sincères. Ils parcourent le monde toute l'année dans l'anonymat et s'acharnent à restituer leurs coups de cœur avec passion.

**Merci à tous les Routards qui partagent nos convictions :** liberté et indépendance d'esprit ; découverte et partage ; sincérité, tolérance et respect des autres.

## NOS SPÉCIALISTES

**Alain Pallier :** il a longtemps été lecteur du *Routard,* qui l'accompagnait toujours pendant ses vacances d'enseignant. Après un premier contact, à la suite d'un courrier de lecteur, la direction l'a sollicité pour quitter le chemin de l'enseignement. Il a alors trouvé son bonheur sur les routes buissonnières en devenant rédacteur, responsable de titres. Avec, comme terres de prédilection, le pourtour méditerranéen et l'Afrique.

**François Chauvin :** pour avoir, depuis tout môme, usé ses godasses au long des sentiers, de son massif du Jura natal à de lointains ailleurs, il se sent chez lui partout où la terre n'est pas plate. Mais se laisse également facilement emporter par les vibrations urbaines. D'ailleurs, ses études de journalisme, c'était d'abord pour écrire sur le rock.

**Cédric Fischer :** grandir entouré de voyageurs, ça donne la bougeotte ! Mais peu importe la destination. Pour lui, le voyage, c'est d'abord les rencontres... surtout hors piste autour d'une spécialité locale (capital !) et d'un bon cru (tout aussi vital !). L'appel de la route, ce fut en stop dès le lycée et à la fac d'histoire, puis avec le *Routard* depuis 2000.

## UN GRAND MERCI À NOS AMI(E)S SUR PLACE ET EN FRANCE

**Pour cette nouvelle édition, nous remercions particulièrement :**

- **Claire-Lise Rimaz ;**
- **Luc Berthold ;**
- **Lucie Gerber ;**
- **Amélie Vouardoux, David Werlen** et **Judith Morsel,** ainsi que les équipes de tous les offices de tourisme de Suisse.

### Pictogrammes du Routard

**Établissements**

- Hôtel, auberge, chambre d'hôtes
- Camping
- Restaurant
- Boulangerie, sandwicherie
- Glacier
- Pizzeria
- Café, salon de thé
- Café, bar
- Bar musical
- Club, boîte de nuit
- Salle de spectacle
- Office de tourisme
- Poste
- Boutique, magasin, marché
- Accès Internet
- Hôpital, urgences

**Sites**

- Plage
- Site de plongée
- Piste cyclable, parcours à vélo

**Transports**

- Aéroport
- Gare ferroviaire
- Gare routière, arrêt de bus
- Station de métro
- Station de tramway
- Parking
- Taxi
- Taxi collectif
- Bateau
- Bateau fluvial

**Attraits et équipements**

- Présente un intérêt touristique
- Recommandé pour les enfants
- Adapté aux personnes handicapées
- Ordinateur à disposition
- Connexion wifi
- Inscrit au Patrimoine mondial de l'Unesco

Tout au long de ce guide, découvrez toutes les photos de la destination sur • *routard.com* • Attention au coût de connexion à l'étranger, assurez-vous d'être en wifi !



Le *Routard* est imprimé sur un papier issu de forêts gérées.



I.S.B.N. 978-2-01-703336-3

STRASBOURG
NORD
Mulhouse
Belfort
BÂLE-VILLE/BASEL-STADT (BS)
BÂLE-CAMPAGNE/BASEL-LANDSCHAFT (BL)
BÂLE (BASEL)
Rheinfelden
Rhein
ARGOVIE/ AARGAU (AG)
Liestal
Seewen
Porrentruy
Saint-Ursanne
DELÉMONT
JURA (JU)
AARAU
SOLEURE/ SOLOTHURN (SO)
SOLEURE (SOLOTHURN)
Goumois
Besançon
LYON
FRANCE
La Chaux-de-Fonds
le Locle
Bienne (Biel)
La Neuveville
Sempach
LUCERNE/ LUZERN (LU)
Burgdorf (Berthoud)
NEUCHÂTEL (NE)
NEUCHÂTEL
Le Vully
BERNE (BERN)
SUISSE ALÉMANIQUE p. 231
Pontarlier
Môtiers
L. de Neuchâtel
Morat
Avenches
OBWALD (OW)
Grandson
Estavayer-le-Lac
BERNE / BERN (BE)
Sainte-Croix
Yverdon
FRIBOURG
Thoune (Thun)
Brienz
Vallorbe
Orbe
SUISSE ROMANDE p. 59
Interlaken
Meiringen
Romainmôtier
FRIBOURG/ FREIBURG (FR)
Grindelwald
Lac de Joux
Bulle
Charmey
Spiez
VAUD (VD)
Vignobles du Lavaux
Gruyères
Lauterbrunnen
Vallée de Joux
LAUSANNE
Château-d'Oex
Saanen (Gessenay)
Jungfraujoch
Morges
Vevey
Glacier d'Aletsch
Rolle
Lac Léman
Montreux
Gstaad
Nyon
Villeneuve
Gsteig
Leysin
Les Diablerets
Crans-Montana
Rhône
Aigle
Brigue
Sierre
Morgins
SION
VALAIS/ WALLIS (VS)
GENÈVE (GE)
Saint-Maurice
Col du Simplon
Russin
GENÈVE
Ovronnaz
Grimentz
Champéry
Évolène
Mt Salève
Martigny
Saas-Fee
Champex
Zermatt
Chamonix
Bourg-Saint-Pierre
Col du Grand-Saint-Bernard
GRENOBLE

Sites inscrits au Patrimoine mondial de l'Unesco
ALLEMAGNE
SCHAFFHOUSE/
SCHAFFAUSEN (SH)
SCHAFFHOUSE
Constance
Stein am Rhein
Bodensee
THURGOVIE/
THURGAU (TU)
Baden
Winterthour
ZURICH/
ZÜRICH (ZH)
ZURICH
Zürichsee
Obersee
SAINT-GALL
(SANKT GALLEN)
APPENZELL
APPENZELL AUS.
(AR)
APPENZELL INN.
(AI)
SAINT-GALL/
SANKT GALLEN (SG)
Walensee
LIECHTENSTEIN
AUTRICHE
ZOUG/ZUG
(ZG)
ZOUG (ZUG)
LUCERNE
(LUZERN)
SCHWYZ
SCHWYZ
(ZZ)
Näfels
Filzbach
GLARIS
(GLARUS)
GLARIS/
GLARNERLAND
Bad Ragaz
Maienfeld
Brunnen
STANS
ALTDORF
NIDWALD
(NW)
URI (UR)
Klosters
COIRE
(CHUR)
Davos
Laax
Brigels
(Breil)
Zernez
GRISONS/GRAUBÜNDEN
(GR)
Disentis
(Mustér)
Rhin
ROMANCHE
p. 402
Chemins de fer
rhétiques
Albula
Parc
national
suisse
Müstair
Andermatt
Splügen
Zuoz
Airolo
Tunnel du
St-Gothard
Saint-Moritz
(Sankt Moritz)
TESSIN/
TICINO
(TI)
SUISSE
ITALIENNE
p. 448
Cevio
Maggia
Locarno
BELLINZONE
Lac
Majeur
Lac
de Côme
Lugano
Monte
San Giorgio
Mendrisio
ITALIE
0
20
40 km
MILAN

# LA SUISSE

Zermatt

*« Si l'Égypte est un don du Nil, la Suisse est un don des Suisses à eux-mêmes. »*
*L. A. Zbinden*

La Suisse a l'air d'un îlot planté au centre de l'Europe. À vol d'oiseau, aucune localité n'est éloignée de la frontière de plus de 75 km. Le pays n'en est pas moins composé de **paysages étonnamment variés** et de **populations aux caractères très différents**.
À l'ouest, de Genève jusqu'au fond du Valais (ou presque) et en montant jusqu'au canton du Jura, les **Suisses romands** sont incontestablement d'origine latine. Cela se remarque au premier coup d'œil et surtout aux premiers mots qu'ils prononcent…
De l'autre côté de la Sarine (la rivière qui, notamment, traverse Fribourg et fait un peu office de « frontière ») commence le domaine de la **Suisse alémanique,** le territoire le plus grand et le plus peuplé (près de 6 millions d'habitants contre 2 millions de Romands). À l'est, les Grisons, où l'on parle encore, mais peu, **le romanche.** Et au sud des Alpes, une fois franchi le tunnel du Saint-Gothard, la **Suisse italienne** : le Tessin.
Trois zones géographiques, donc (le Jura, le Plateau et les Alpes), quatre langues nationales (l'allemand, le français, l'italien et le romanche), **26 cantons,** soit autant de petits États, chacun avec ses particularismes, formant la Confédération helvétique, l'un des plus anciens pays du monde. Autant le savoir tout de suite et s'y habituer : ici, le **fédéralisme** n'est pas un vain mot !
Mais s'il faut chercher ce qui peut unir les Suisses, il n'y a pas à chercher bien longtemps : la **montagne** affirme sa forte présence dans chaque paysage ou presque. C'est une sorte d'horizon indépassable à sa manière, qui a façonné le pays. On y trouve, pêle-mêle, le plus long tunnel ferroviaire, la plus haute gare, le plus haut village habité en permanence, le chemin de fer à crémaillère le plus raide, jusqu'au plus haut vignoble sur la planète… Autant de **records** dus à l'omniprésence de la montagne.
Même si 75 % des Helvètes vivent désormais dans les villes, ces dernières restent modestes en comparaison des pays voisins. Elles sont, bien entendu, organisées « à la suisse », avec une qualité de vie que beaucoup d'autres cités européennes pourraient envier. Mais ce sont avant tout les **paysages naturels somptueux** que l'on vient admirer en Suisse, parsemés de **villages qui ont su allier tradition et modernité.**

Quartier du Petit-Bâle

# NOS COUPS DE CŒUR

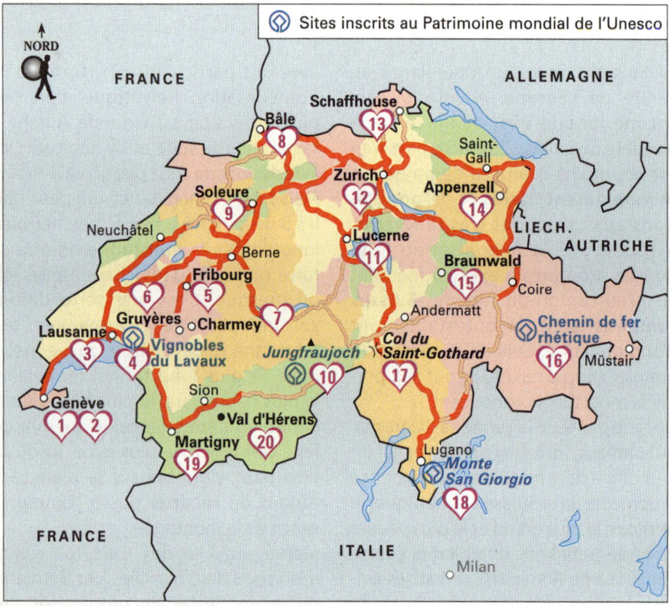


**(1) Lever bien haut la tête pour suivre l'impressionnant panache du jet d'eau de Genève, le symbole de la ville.**

Quelques chiffres : 140 m de hauteur, 7 tonnes d'eau en l'air, chaque goutte d'eau mettant 16 secondes à retomber. On le voit de partout quand on est sur les rives du lac, ne pas hésiter à s'en approcher. Quand on pense qu'au départ ce jet d'eau, bien plus modeste, n'était qu'une vanne de sécurité… *p. 83*

© imageBROKER/hemis.fr

© Rabouan Jean-Baptiste/hemis.fr

**2 Se laisser captiver par les collections fascinantes du musée d'Ethnographie de Genève.**

Plongé dans la pénombre, on accomplit un grand tour du monde en 1 heure, en passant de vitrine en vitrine et en découvrant ces « archives de la diversité humaine » qui sont, si l'on en doutait encore, la preuve manifeste de la richesse infinie des cultures du monde. *p. 81*

© Pompe Ingolf/hemis.fr

**3 À Lausanne, capitale olympique, embrasser d'un seul coup toute l'histoire de l'olympisme.**

Dans le quartier verdoyant d'Ouchy, face au lac, le musée consacré aux Jeux olympiques, entouré d'un magnifique parc et précédé d'un jardin agrémenté de sculptures modernes, présente, au moyen des technologies les plus modernes, une exposition qui évoque l'histoire et toutes les dimensions des Jeux. *p. 113*

4 **Entre lac et montagne, randonner dans les vignobles de Lavaux, inscrits au Patrimoine mondial de l'Unesco : un étonnant paysage tout en terrasses (on en dénombre près de 10 000 !) plantées de vignes.** Pas un centimètre carré qui ne soit exploité. On se promène soit à pied, soit en petit train, entre les parcelles. Ici, le cépage roi est le chasselas (il a même droit à son conservatoire). Préférer l'automne quand le paysage se pare de teintes inoubliables. *p. 115*

©imageBROKER/hemis.fr

**5** **À Fribourg, plonger dans un abîme de réflexion devant les œuvres déroutantes de Jean Tinguely, artiste originaire de la ville.**

Ses machines, souvent monumentales, ont de quoi alimenter la réflexion, comme la *fontaine* du jardin public de Grand-Places située dans un bassin en asphalte noir et animée par des figures qui bougent en crachant de l'eau. Elles semblent converser les unes avec les autres, comme le faisaient autrefois mimes, acteurs et danseurs. *p. 163*

**6** **Dans les Préalpes, visiter une fromagerie des environs de Gruyères, un des plus beaux villages de Suisse, avec son château fort intact et ses remparts.**

La fromagerie d'alpage de Moléson-Village est un chalet où, de mai à septembre, on assiste à la fabrication. Une dégustation est ensuite proposée (rappel : le vrai gruyère suisse n'a pas de trous, lui !). Pour digérer, prendre le sentier des fromageries, un petit circuit qui va de Moléson à Pringy à travers les pâturages. *p. 170*

7 **À Charmey, village du canton de Fribourg, assister à la désalpe, une fête haute en couleur.**

La désalpe n'est autre que la descente des troupeaux en plaine, fin septembre, après 4 mois passés à l'alpage. Armaillis en vêtement traditionnel *(le bredzon)*, vaches harnachées de cloches carillonnantes défilant avec majesté, population sur son trente-et-un… Un grand moment de liesse populaire et de convivialité. *p. 172*

8 **Démarrer la visite de Bâle, cette foisonnante capitale culturelle, par celle du Kunstmuseum, l'un des 40 musées de la ville.**

Ce musée des Beaux-Arts est le plus riche et le plus prestigieux de toute la Suisse : splendides collections de peintures de la Renaissance (les Holbein en particulier), du XIX^e^ s comme du XX^e^ s (les grands noms de la peinture française y sont à peu près tous, de Courbet à Braque). *p. 247*

**9 Parcourir le centre de Soleure, à pied, pour profiter de la douce atmosphère de ses vieux édifices, parmi les plus séduisants de Suisse.**
On admire l'unité de son style baroque, avec les maisons bourgeoises de la Hauptgasse, la cathédrale Saint-Ours, les fontaines… Visite à agrémenter par la découverte de quelques musées. Et c'est sans parler de ses nombreux bars qui font de Soleure tout autre chose qu'une ville-musée ! *p. 259*

**10 Grimper sur le massif de la Jungfrau au rythme d'un petit train pour chatouiller des yeux les glaciers et contempler le panorama enivrant de celui d'Aletsch.**
La montée sur le « toit de l'Europe », longue de 9,3 km, s'effectue à 20 km par h environ. À l'arrivée, on se trouve dans la station de chemin de fer la plus haute d'Europe (3 454 m), rien que ça ! *p. 297*
*Bon à savoir : ce n'est pas donné, loin de là (on est en Suisse…), mais quel spectacle !*

11 **Participer, déguisé comme les Lucernois, au grand carnaval de Lucerne et partager la joie populaire qui s'exprime à l'occasion.**
Le père Fritschi, la mère Fritschène et leur enfant, accompagnés d'un cortège, ouvrent le carnaval : début en fanfare le Jeudi gras, point d'orgue le lundi suivant et conclusion le Mardi gras avec le concert des Guuggemusige, des musiciens grimés en costume faisant sonner cuivres et percussions. Cinq jours de folle ambiance !
*p. 321*

12 **Tanguer et vibrer au son de la techno, lors de la Street Parade à Zurich.**
Au cœur du mois d'août, ce qui est devenu au fil des ans le plus important événement mondial du genre rassemble des centaines de milliers de jeunes accompagnant le long du lac le cortège des chars. La fête continue longtemps après la parade et résonne dans toute la ville. *p. 364*

© Denis Linine/Alamy/Hemis

13 **S'offrir un grand frisson en approchant au plus près des chutes du Rhin.**
Si elles n'ont rien de comparable avec les chutes du Niagara, avec leurs 24 m de hauteur, ce sont tout de même les plus puissantes d'Europe (de 250 à 600 m$^3$ par seconde selon la saison) avec des rapides plutôt impressionnants. Le cadre est romantique avec le château de Laufen sur son éperon rocheux qui semble surveiller les chutes. On s'en approche au plus près à pied par un sentier aménagé ou on prend un bateau. *p. 375*

© Ronen Rosenblatt/Alamy/Hemis

**(14) Se balader dans les rues d'Appenzell, ce gros village du canton du même nom resté attaché à ses traditions rurales.**
La bourgade offre au regard une série de façades peintes et de boutiques aux enseignes qui évoquent une Suisse hors du temps. L'assemblée annuelle *(Landsgemeine)* sur la Grand-Place, où l'on vote à main levée, comme on le faisait autrefois dans de nombreux cantons, est une autre survivance de cette Suisse fidèle à ses coutumes. *p. 383*

**(15) Respirer le bon air pur de la petite station de Braunwald, seulement accessible en funiculaire, et donc sans la moindre voiture.**
Loin du côté bling-bling de certaines stations huppées du Valais ou des Grisons, Braunwald invite à la décontraction. Et la neige y est tout aussi bonne ! *p. 399*

**16 Découvrir les paysages des Grisons en empruntant un des trains des chemins de fer rhétiques, dont deux lignes sont classées au Patrimoine mondial de l'Unesco.**

Ces deux lignes (la Bernina et l'Albula) cumulent chiffres et superlatifs. Toutes deux historiques (elles remontent à la fin du XIXe s), elles impressionnent par les défis techniques qui ont été demandés aux ingénieurs : l'une d'elles enchaîne 42 tunnels et 144 ponts. Fabuleux ! *p. 405*

© Jon Arnold Images/hemis.fr

© Jean Heintz/hemis.fr

17 **Franchir le col du Saint-Gothard (2 114 m), entre Andermatt (Uri) et Airolo (Tessin).**

S'il n'est pas le plus haut du pays, son histoire, importante pour la Suisse, en fait un must. Ce fut longtemps la principale voie d'accès entre l'Italie et la Suisse, dont le contrôle était primordial. La descente, côté Tessin, jusqu'à Airolo, est vertigineuse : on l'appelle la *tremola* (la route qui tremble). Il existe aussi un tunnel, mais le charme n'est évidemment pas le même… *p. 450*

© Jon Arnold Images/hemis.fr

18 **Sur les hauteurs de Lugano, grimper en funiculaire au monte San Salvatore, culminant à plus de 900 m, et découvrir le superbe panorama sur le lac Majeur et les Alpes.** *p. 477*

***Bon à savoir :*** *funiculaire en service de mi-mars à début novembre. Compter 12 mn de trajet.*

19 **Admirer le parc de sculptures de la fondation Gianadda à Martigny.** Le chef-lieu du Valais peut s'enorgueillir de posséder un musée privé qui présente un ensemble de sculptures parmi les plus importants en Europe avec des œuvres d'artistes majeurs du XXe s (Rodin, Niki de Saint-Phalle, Moore, Arman, César…). *p. 499*

20 **Randonner dans le Valais en parcourant le val d'Hérens.** Tout autour, un cirque de cimes sublimes et des paysages inoubliables pour encadrer de belles randonnées. Et peut-être verrez-vous au passage les vaches noires d'Hérens (prononcer « érein ») se battre… Cette lutte permet de déterminer la reine de l'alpage. Et ce n'est pas de la rigolade ! *p. 514*

Lac des Quatre-Cantons

# ITINÉRAIRES CONSEILLÉS

## 12 jours en Suisse romande

**Jours 1 et 2 : Genève (1).** Il faut bien cela pour visiter la **vieille ville** (cathédrale Saint-Pierre, musée d'Art et d'Histoire ; balade sur les rives du lac Léman, le jet d'eau). Puis visite des hauts lieux de la Genève internationale (palais des Nations unies, musée de la Croix-Rouge).

**Jours 3 et 4 : Lausanne (2).** Sur la route qui longe le lac, étape-déjeuner à **Rolle** ou **Morges,** puis découverte de la « Cité olympique ». Son centre-ville mêlant ancien et moderne (la vieille ville avec la place de la Palud, la magnifique cathédrale, le quartier du Flon, très contemporain) ; le lendemain, le **Musée olympique** sur les rives du lac ou encore le fascinant (et dérangeant) musée de l'Art brut.

**Jours 5 et 6 : Montreux (3).** Base idéale pour sillonner la **Riviera,** où nombre de vedettes se sont installées, dans un décor d'exception face aux Alpes françaises. Rien d'inoubliable en soi, mais dans un rayon de 15 km, vous visiterez les

**vignobles de Lavaux,** le **château de Chillon** (monument le plus visité de Suisse) ou le **Chaplin's World,** aux environs de Vevey.

**Jours 7 et 8 :** on prend de la hauteur, direction les Alpes vaudoises et les Préalpes fribourgeoises, en passant par les Diablerets avant de filer sur le Pays-d'Enhaut, autour de **Château-d'Oex (4),** avant de redescendre sur **Gruyères (5)** et son célèbre château.

**Jour 9 : Fribourg (6).** La **vieille ville** séduit par son **cœur médiéval** préservé, sa **cathédrale Saint-Nicolas** et son **musée d'Art et d'Histoire,** mais on y célèbre également la création contemporaine avec l'**espace Jean-Tinguely-Niki-de-Saint-Phalle.**

**Jour 10 : Estavayer-le-Lac (7).** Après la visite de Morat, étape dans cette autre adorable petite ville au bord du lac, au centre historique bien préservé.

**Jour 11 : Neuchâtel (8).** Au bord de son lac, Neuchâtel est une ville agréable avec une collégiale perchée et une vieille ville intéressante, mais s'il faut retenir une visite, c'est celle du **Laténium,** un musée d'archéologie passionnant.

**Jour 12 : La Chaux-de-Fonds (9).** Cette ville singulière (pas des plus sexy, on en convient) est à voir pour son industrie horlogère et pour les maisons construites par Le Corbusier, l'enfant du pays.

## 10 jours en Suisse alémanique

**Jour 1 : Berne (1).** La capitale fédérale offre un centre très homogène : la **vieille ville,** autour de laquelle s'enroule l'Aar, permet de jolies visites (maison d'Einstein, musée des Beaux-Arts…) et, à l'extérieur de la cité, il y a le fabuleux **centre Paul-Klee.**

**Jours 2 et 3 :** direction les **montagnes de l'Oberland bernois** (Alpes bernoises) avec une étape à **Interlaken (2),** d'où l'on monte en train à crémaillère au glacier de la Jungfraujoch, pour une journée inoubliable. Puis **Brienz (3),** pour un tour du lac en bateau ou (si vous n'êtes pas rassasié), le téléphérique du Schilthorn.

**Jour 4 : Lucerne (4).** Si la ville n'a pas une renommée égale à celle de ses voisines, c'est à tort. À voir : le **pont de la Chapelle** et le **Wasserturm,** quelques musées de bonne facture et, pourquoi pas, faire une excursion au **mont Pilatus** (téléphérique).

**Jours 5 et 6 : Zurich (5).** La **vieille ville** est riche en monuments et musées (Grössmunster, le musée des Beaux-Arts…), mais c'est aussi une ville étudiante très vivante, où la culture alternative occupe une grande place.

**Jour 7 :** les **chutes du Rhin.** Tout près de la frontière allemande, les chutes du Rhin sont un spectacle à ne pas manquer. Nuit à **Schaffhouse** ou **Stein am Rhein (6).**
**Jours 9-10 : Bâle (7).** La ville frontalière propose une offre culturelle sans pareille en Suisse : musée des Beaux-Arts, musée historique, musée des Instruments de musique, le musée Tinguely, la fondation Beyeler… On ne sait plus où donner de la tête tant ils sont nombreux…

## 10 jours en Suisse du Sud

Les trois cantons « méridionaux » que sont le Valais, le Tessin et les Grisons emmènent loin des grandes villes à la découverte de la Suisse des grands espaces.

**Jours 1-3 : le Valais.** On débute par **Martigny (1).** Une agréable cité de caractère où l'art occupe une place importante (fondation Gianadda). On quitte, ensuite, la vallée du Rhône pour monter en direction du **val d'Hérens (2),** idéal pour la randonnée. Après avoir admiré les vaches noires de la race d'Hérens, il est temps de rejoindre son point de chute à Évolène. Il faut déjà reprendre la route, repasser par la vallée et entamer une autre montée pour atteindre, dans un tout autre style, la station huppée de **Zermatt (3)** au pied du Cervin. Une douzaine de sommets à 4 000 m forment un paysage unique.

**Jours 4-6 : le Tessin.** Ici, ce n'est plus vraiment la Suisse, mais déjà presque l'Italie. Une fois franchi le **Saint-Gothard,** on bascule dans le Tessin par une route vertigineuse qui permet de rejoindre Airolo. De là, direction **Bellinzone (4)** et ses châteaux, puis **Locarno (5),** le lac Majeur et les îles de Brissago. Un peu plus au sud, **Lugano (6),** d'où se fait l'incontournable excursion au Monte San Giorgio, facile et instructive.

**Jours 7-9 : les Grisons.** Cap vers le plus grand canton de Suisse qui s'enfonce entre Italie et Autriche. Des paysages grandioses, des cols, des cimes enneigées et des stations réputées… Le col san Bernardino donne accès à la route qui, via le col de l'Albula, conduit vers **Saint-Moritz (7).** La vallée de la haute Engadine donne, ensuite, accès au parc national Suisse et au **val Müstair (8).** Puis c'est le retour vers le nord avec une étape à **Klosters (9),** autre centre touristique important, alternative à Davos.

**Jour 10 : Appenzell (10).** On reste dans une note rurale, avec une fin de parcours à Appenzell, dans l'est du pays, pour une immersion dans une Suisse qui arbore fièrement ses traditions.

## SI VOUS ÊTES…

– Fan de **grands espaces naturels spectaculaires,** les vallées profondes du **Valais** tout comme celles des **Grisons** ou de l'**Oberland bernois** sont pour vous : d'incroyables panoramas sont à découvrir depuis des trains à crémaillère ou des téléphériques (le Jungfraujoch ou le Schiltorn), voire en empruntant l'un ces trains touristiques comme le *Glacier Express* ou le *Bernina Express,* ce dernier passant du Valais au Tessin à plus de 2 000 m d'altitude.

– **Amateur d'art,** et en particulier d'art contemporain, les villes suisses regorgent de musées de tout premier plan, comme le **centre Paul-Klee** à Berne, le **Kunsthaus** de Zürich, le **Kunstmuseum** de Bâle et parfois aussi de remarquables collections dans des fondations privées, comme la ***fondation* Pierre-Gianadda** à Martigny, la **collection Rosengart** à Lucerne ou la **collection Oskar-Reinhart** à Soleure.

– **Amateur de la Suisse profonde,** allez à la rencontre des traditions en visitant ici une **fromagerie d'alpage,** par exemple dans les environs de Fribourg, ou là un **écomusée** dans les environs de Crans-Montana (Valais) ou dans les demi-cantons d'Appenzell ; assistez à un **carnaval** haut en couleur ou, fin septembre, à une **désalpe** (retour des troupeaux dans les plaines après un été passé dans les alpages).

– **Amateur d'histoire,** en dehors des centres-ville de la plupart des grandes villes, la Suisse compte nombre de **châteaux** joliment conservés et des **ensembles monastiques** remarquables, comme ceux d'Einsiedeln (Suisse centrale), Saint-Gall (Suisse orientale) ou encore Klosters (Grisons).

– À la recherche d'une **Suisse qui décoiffe,** sachez que les grandes villes comme Zürich, Berne ou Genève ne manquent pas d'**endroits alternatifs** vibrants, où la jeunesse suisse montre tout autre chose que l'image d'une Suisse repliée sur elle-même.

– Plutôt **à la recherche de paysages plus sereins,** le **canton du Jura** offre d'autres d'attraits, avec ses charmants petits villages dans les Franches-Montagnes, ses étangs et ses tourbières, ses rivières et ses cascades, ainsi que ses chevaux.

*Le long du Rhin, Bâle*

© René Mattes/hemis.fr

© Jon Arnold Images/hemis.fr

# LU SUR routard.com

## Gruyère : une région, une ville, un fromage
### (tiré du carnet de voyage de Aurélie Michel)

Gruyère. Tiens, voilà qui nous rappelle le nom d'un fromage... On en oublierait presque qu'il s'agit, avant tout, d'une fabuleuse région de Suisse. Ajoutez-lui un « s » et vous obtiendrez ainsi la jolie cité médiévale de **Gruyères.**

Et le fromage, dans tout ça ? Il est intimement lié à ces fabuleux paysages. L'été, les vaches montent dans les alpages pour brouter l'herbe – et les fleurs – venues remplacer peu à peu la neige de l'hiver et du printemps. Le lait d'été donne naissance aux fameux fromages d'alpage. En Gruyère, il existe une **trentaine de fromageries d'alpage.** Ce qui est magique, c'est que leurs gruyères sont tous différents les uns des autres. Et c'est normal ! Les modes de fabrication ne sont pas les mêmes (on en prépare même au feu de bois...) et la nourriture des vaches non plus : elles varient d'un terrain à un autre (marguerites sur un terrain maigre, renoncules dans les anciennes zones marécageuses...). On dit d'ailleurs qu'un champ en bonne santé doit avoir au minimum 7 couleurs.

Osez dire à un Suisse que le gruyère est un fromage français avec des trous et il s'esclaffera, avant de rétablir la vérité avec grand sérieux. Car il n'y a pas plus suisse que ce fromage à pâte dure ! Quant aux trous... il faudra aller les chercher ailleurs... dans l'emmental ! Si le gruyère suisse, labellisé AOC depuis 2001, devait avoir un petit frère, ce serait plutôt le comté.

Comme une démonstration vaut mieux qu'un long discours, on s'en va, de bon matin, rendre visite à Gérard Biland, agriculteur et fromager. Au départ de **Charmey,** une randonnée d'une heure à travers champs, sous-bois et rivières nous emmène à sa rencontre. Bucolique, sa fromagerie-buvette des **Invuettes** prend des airs de « petite maison dans la prairie », avec les montagnes à l'arrière-plan. C'est ici que Gérard fabrique gruyères et vacherins suisses AOP. Le premier est un fromage à pâte dure pressée, le second à pâte mi-dure. Mélangez les deux et vous obtenez une spécialité d'ici des plus délicieuses : la fondue « moitié-moitié ».

Chaque été, pas moins de 4 tonnes et demie de gruyère d'alpage AOP sont fabriquées ici, soit quelque 160 meules et 40 jours de fabrication. On dit d'un fromage qu'il est d'alpage quand il est fabriqué l'été, saison où les vaches sont progressivement montées dans les alpages pour brouter. Le lait est fourni par un troupeau de 70 vaches, de races différentes, nourries l'été à l'herbe et aux fleurs des champs. Il faut compter 1 200 litres de lait pour fabriquer 4 gruyères de 30 kg chacun et 5 mois d'affinage minimum pour un jeune gruyère. S'il a les propriétés pour bien vieillir (ne pas contenir trop de crème, par exemple), il peut atteindre 12 à 18 mois.

# LES QUESTIONS QU'ON SE POSE AVANT LE DÉPART

### ➢ Quels sont les documents nécessaires ?

Pour les ressortissants de l'Union européenne, de la Suisse et du Canada, carte nationale d'identité ou passeport en cours de validité. Pour les mineurs non accompagnés, autorisation de sortie du territoire nécessaire.

### ➢ Quelle est la meilleure saison pour y aller ?

Tout dépend de ce qu'on veut y faire : l'été est la période idéale pour parcourir les massifs alpins et s'adonner aux joies des sports d'extérieur. Le ski se pratique, bien sûr, de décembre à avril, et les villes se visitent toute l'année. Le Tessin, au sud des Alpes, resplendit de tous ses atours à l'automne. Attention aux périodes d'intersaison (beaucoup d'adresses fermées) et à celle de la fonte des neiges (certains axes routiers sont fermés dans les vallées).

### ➢ Quel est le meilleur moyen pour y aller ?

Tout dépend de quelle région vous partez. En voiture, si vous habitez près de la façade est de la France. En train, au départ de Paris, Nice, Marseille – avec les TGV Lyria. Sinon, on trouve des billets d'avion assez bon marché, au départ de Paris ou de la province.

### ➢ Quel est le décalage horaire ?

Il n'y en a aucun.

### ➢ Quel est le meilleur moyen pour circuler en Suisse ?

Un bon réseau routier, dense et bien entretenu, permet de se déplacer très vite, du moins dans les plaines et les vallées. Prévoyez la taxe autoroutière (vignette) dans votre budget, si vous voyagez avec votre propre véhicule. Le bus postal et le chemin de fer conviendront aux plus petits budgets, à condition d'opter pour une des nombreuses formules économiques d'abonnement.

### ➢ Y a-t-il des problèmes de sécurité ?

Non, aucun.

### ➢ Quel budget prévoir ?

C'est le problème principal du voyage. La tradition d'un tourisme luxueux fait de la Suisse une destination chère, qui l'est encore plus depuis que le franc suisse a été réévalué d'environ 20 % en 2015. Heureusement que votre guide préféré vous a trouvé de quoi faire quelques économies, et qu'il existe un large réseau d'auberges de jeunesse.

### ➢ Côté santé, quelles précautions ?

Rien de particulier à signaler. Bien penser à se munir de sa carte européenne d'assurance maladie, valable en Suisse également.

### ➢ Peut-on partir avec les enfants ?

Pas de souci. Beaucoup d'hôtels proposent des chambres familiales. De nombreux musées proposent des activités et des tarifs famille.

### ➢ Comment payer sur place ?

L'usage des cartes de paiement est très généralement répandu en Suisse. L'euro est souvent accepté, du moins dans la Suisse romande.

## ➢ Quelle(s) langue(s) parle-t-on ?

Vous avez le choix entre le français, l'allemand et l'italien (on serait surpris que vous parliez le romanche). L'allemand parlé en Suisse alémanique n'est pas facile à comprendre, et tous les Suisses ne parlent pas forcément les trois langues de leur confédération. Reste l'anglais ou... les mains et la bonne volonté.

## ➢ La Suisse est-elle une destination gastronomique ?

La cuisine traditionnelle suisse, qui fut naguère une cuisine de subsistance, est copieuse mais simple. Cela dit, on trouve à présent, comme partout ailleurs, d'excellents restaurants dont les chefs s'inspirent des voisins français et italiens avec pas mal de bonheur. Mais, encore une fois, il faut y mettre le prix.

# COMMENT Y ALLER ?

## EN AVION

### Les compagnies régulières

▲ **AIR FRANCE**

*Rens et résas au ☎ 36-54 (0,35 €/mn ; tlj 6h30-22h), sur • airfrance.fr •, dans les agences Air France (fermées dim) et dans ttes les agences de voyages.*

➢ Au départ de Paris-Charles-de-Gaulle, Air France dessert ***Genève*** avec 9 vols directs/j. ainsi que ***Zürich,*** avec jusqu'à 5 vols directs/j. Hop ! Air France permet de rejoindre Paris au départ de nombreuses villes de province.

Air France propose à tous des tarifs attractifs toute l'année. Pour consulter les meilleurs tarifs du moment, allez directement sur la page « Nos meilleurs tarifs » sur *• airfrance.fr •*

Flying Blue, le programme de fidélité gratuit d'Air France-KLM, permet de gagner des Miles en voyageant sur les vols Air France, KLM, Hop ! et les compagnies membres de Skyteam, mais aussi auprès des nombreux partenaires non aériens Flying Blue... Les Miles peuvent ensuite être échangés contre des billets d'avion ou des services (surclassement, bagage supplémentaire, accès salon...) ainsi qu'auprès des partenaires. Pour en savoir plus, rendez-vous sur *• flyingblue.com •*

▲ **SWISS INTERNATIONAL AIRLINES**

*– Paris : aéroport Roissy-Charles-de-Gaulle, terminal 1. ☎ 0892-232-501 (0,34 €/mn). • swiss.com •*

➢ Depuis la France, Swiss, compagnie fiable et régulière, assure au départ de Roissy-Charles-de-Gaulle (terminal 1) des vols vers ***Zürich, Genève, Lugano*** et ***Bâle,*** ainsi qu'au départ de Nice, Toulouse et Lyon. La compagnie dessert au total 102 destinations dans le monde, au départ de Paris, Lyon et Nice via Zürich. Promotions régulières sur son site internet.

### Les compagnies *low-cost*

Plus vous réservez vos billets à l'avance, plus vous aurez des chances d'avoir des tarifs avantageux. Attention, les pénalités en cas de changement d'horaires sont assez importantes. Plusieurs compagnies facturent maintenant les bagages en soute ou limitent leur poids. En cabine également, le nombre de bagages est strictement limité (attention, même le plus petit sac à main est compté comme un bagage à part entière). À bord, tous les services sont payants (boissons, journaux...). Attention également, au moment de la résa par Internet, à décocher certaines options qui sont automatiquement cochées (assurances...). Au final, même si les prix de base restent très attractifs, il convient de prendre en compte tous ces frais annexes pour calculer le plus justement son budget.

▲ **BRUSSELS AIRLINES**

*Rens et résas au ☎ 0892-640-030 (0,34 €/mn) depuis la France, au ☎ 0902-51-600 en Belgique. • brusselsairlines.com •*

➢ Liaisons à destination de ***Genève, Bâle*** et ***Zürich*** depuis Bruxelles. Également des vols vers ***Genève*** au départ de Paris-Charles-de-Gaulle, Marseille, Nice, Strasbourg, Toulouse, et des vols vers ***Bâle*** et ***Zürich*** au départ de Toulouse.

▲ **EASYJET**

*Résas : • easyjet.com •*

➢ Dessert ***Genève*** au départ de Paris-Orly, Ajaccio, Bastia, Bordeaux, Figari, La Rochelle, Lille, Marseille, Nantes, Nice, Toulouse et Bruxelles. ***Bâle-Mulhouse*** est aussi desservi depuis Ajaccio, Bastia, Biarritz, Bordeaux, Figari, Montpellier, Nantes, Nice, Toulouse et Bruxelles.

## NOUVEAUTÉ

### COLOMBIE (avril 2018)

Pays d'une étonnante diversité : de l'océan Pacifique à la côte caraïbe, des lacs d'altitude et sommets enneigés en passant par les vastes prairies qui mènent à l'Amazonie, sans oublier, autour de Medellín, cette région fertile qui produit le meilleur café du monde et, cerise(s) sur le gâteau, les îles de San Andrés et Providencia… Une nature qui se prête à l'aventure : rafting et parapente à San Gil, escalade et treks dans le majestueux parc El Cocuy, randonnées en Amazonie et, sur la côte caribéenne, à la découverte de la *Ciudad Perdida*. De quoi en prendre plein les yeux à Villa de Leyva, Barichara et la capitale Bogotá, avec son fameux museo de Oro et le quartier de La Candeleria, aux murs couverts de superbes *murals*. Faire battre son cœur au rythme de la salsa à Calí et à Medellín, s'émerveiller devant les vestiges précolombiens de San Agustín, laisser filer le temps à Salento, adorable bourgade colorée au cœur de la *zona cafetera*, ou encore à Mompox, petite ville coloniale au bord du río Magdalena, qui s'anime pour son festival de jazz. Enfin, parcourir à pied les remparts et ruelles de la mythique Cartagena de Indias… Ce qui unit les Colombiens aujourd'hui ? Un incroyable sens de la fête, qui prouve que la population a su courageusement tourner la page des années noires.

▲ **ETIHAD REGIONAL**
☎ *00-41-22-508-72-80.* ● *etihadregional.com* ●
➢ L'ancienne Darwin Airline dessert **Genève** depuis Biarritz et Brest.

***Comment aller à Roissy et à Orly ?***
Toutes les infos sur notre site ● *routard.com* ● à l'adresse suivante : ● *bit.ly/aeroports-routard* ●

# EN TRAIN

## Au départ de Paris

Tous les TGV Lyria (filiale SNCF et CCF) sont au départ de la gare de Lyon. ● *tgv-lyria.com* ●
➢ ***Paris-Genève :*** 7-8 A/R par j. Compter 3h05-3h20.
➢ ***Paris-Lausanne :*** 5 A/R par j. Compter 3h40, les TGV passent par Dijon, sf un qui passe par Genève (4 fois/sem, compter alors 4h).
➢ ***Paris-Neuchâtel :*** 3 A/R par j. Trajet : 4h.
➢ ***Paris-Bâle-Berne-Interlaken :*** 1 A/R par j. Trajet : 4h30 pour Berne, 5h30 pour Interlaken.
➢ ***Paris-Bâle-Zürich :*** 5-6 A/R par j. Trajet : 4h10 pour Zürich.
➢ Également avec Lyria, des TGV des Neiges (de mi-déc à début avr) pour accéder, via Lausanne, aux ***stations de ski vaudoises et valaisannes,*** Montreux, Aigle, Martigny, Sion, Sierre, Loèche, Viège et Brigue (à 6h de Paris).

## Au départ de la province

➢ Au départ de ***Dijon*** pour ***Lausanne, Neuchâtel, Berne et Zürich*** : à peu près pareil qu'au départ de Paris.
➢ Au départ de ***Lyon*** : jusqu'à 14 A/R par j. pour ***Genève,*** dont certains en TGV. Durée : 1h45.
➢ Au départ de ***Nice*** et ***Marseille*** : 1-2 A/R directs/j. en TGV-Lyria pour ***Genève.*** Durée : 3h30 (depuis Marseille).

## Pour préparer votre voyage

– ***e-billet :*** réservez, achetez et imprimez votre e-billet sur Internet.
– ***m-billet :*** plus besoin de support papier, vous pouvez télécharger le code-barres de votre voyage correspondant à votre réservation directement dans votre smartphone, à l'aide de l'application *SNCF Direct*.
– ***Billet à domicile :*** commandez votre billet par Internet ou par téléphone au ☎ *36-35 (0,40 €/mn, hors surcoût éventuel de votre opérateur)* ; la SNCF vous l'envoie gratuitement à domicile sous 48h, en France.

## Pour voyager au meilleur prix

La SNCF propose des tarifs adaptés à chacun de vos voyages.
➢ ***Prem's :*** des petits prix disponibles toute l'année, jusqu'à 90 jours avant le départ. Billets non échangeables et non remboursables (offres soumises à conditions). Impossible de poser des options de réservation sur ces billets : il faut les payer immédiatement.
➢ ***Les tarifs Loisirs***
Une offre pour programmer votre voyage tout en gardant des billets modifiables : ils sont échangeables et remboursables. Pour bénéficier des meilleures réductions, pensez à réserver vos billets à l'avance (les réservations sont ouvertes jusqu'à 90 jours avant le départ) ou à voyager en période de faible affluence.
➢ ***Les cartes de réduction***
Pour ceux qui voyagent régulièrement, profitez de réductions garanties tout le temps avec les cartes *Enfant +, Jeune 12-17, Jeune 18-27, Week-end* ou *Senior +* (valables 1 an).

## Renseignements et réservations

– ***Internet :*** ● *voyages-sncf.com* ●
– ***Téléphone :*** ☎ *36-35 (0,40 € TTC/mn).*
– ***Trainline :*** une nouvelle façon simple et rapide d'acheter vos billets de train sur le web, mobile et tablette. Réservez vos billets pour voyager en France et dans plus de 20 pays européens. Consultez les tarifs et les horaires dans une interface claire et sans publicité. Trainline compare les prix de plusieurs

transporteurs européens pour vous garantir le meilleur tarif. Réservations et paiements sur ● *trainline.fr* ● et sur mobiles avec l'application *Trainline* pour iPhone et Android. Et pour répondre à vos questions : ● *guichet@trainline.fr* ●

– Également dans les gares, les boutiques SNCF et les agences de voyages agréées.

# EN VOITURE

## Au départ de Paris

Ne pas oublier d'acheter à la frontière la vignette pour circuler sur les autoroutes suisses (voir la rubrique « Transports » dans le chapitre « Suisse utile »).

➢ ***Pour Genève,*** compter environ 5h de route. Prendre l'autoroute A 6, sortir à Mâcon Nord pour rejoindre l'A 40 jusqu'à la frontière suisse, puis l'A 1 pour Genève.

➢ ***Pour Lausanne,*** prévoir environ 5h30 de trajet. 2 possibilités : soit passer par Genève et poursuivre jusqu'à Lausanne par l'A 1 ; soit prendre l'A 6 direction Lyon jusqu'à Beaune, rejoindre l'A 36, sortir à Besançon et emprunter la N 57 jusqu'à la frontière ; de là, suivre la route 9 jusqu'à Lausanne.

➢ ***Pour Bâle,*** compter un peu plus de 5h de trajet. Même itinéraire que pour Lausanne jusqu'à Besançon, puis poursuivre sur l'A 36 via Montbéliard et Belfort jusqu'à Mulhouse et attraper ensuite l'A 35-E 25 jusqu'à Bâle.

➢ ***Pour Zürich,*** compter 6h30 de route. Suivre l'itinéraire jusqu'à Bâle et continuer sur l'A 2, puis l'A 3 et l'A 1.

## Au départ de Marseille

➢ ***Pour Genève,*** suivre l'A 7 via Avignon, Valence ; à hauteur de Givors, prendre l'A 46, puis rejoindre l'A 42 ; à Pont-d'Ain, bifurquer sur l'A 40 et continuer sur la N 1 de la frontière jusqu'à Genève. Compter 4h de route.

## Au départ de Lyon

Prendre l'A 42. Pour la suite, voir ci-avant l'itinéraire au départ de Marseille.

# EN BUS

### ▲ EUROLINES

*☎ 0892-89-90-91 (0,34 €/mn ; lun-sam 8h-21h, dim 10h-18h). ● eurolines.fr ●*

*– Paris : 55, rue Saint-Jacques, 75005. Lun-ven 9h30-18h30 ; sam 10h-13h, 14h-17h. Vous trouverez également les services d'Eurolines sur ● routard.com ● Eurolines propose 10 % de réduc pour les jeunes (12-25 ans) et les seniors. 2 bagages gratuits/pers en Europe.*

*– Gare routière internationale à Paris : 28, av. du Général-de-Gaulle, 93541 Bagnolet Cedex. Ⓜ Gallieni. N° d'urgence : ☎ 01-49-72-51-57.*

Première *low-cost* par bus en Europe, Eurolines permet de voyager vers plus de 600 destinations en Europe et au Maroc avec des départs quotidiens depuis 90 villes françaises. Eurolines propose également des hébergements à petits prix sur les destinations desservies.

– ***Pass Europe :*** pour un prix fixe valable 15 ou 30 j., vous voyagez autant que vous le désirez sur le réseau entre 51 villes européennes. Également un *minipass* pour visiter 2 capitales européennes (7 combinés possibles).

### ▲ FLIXBUS

*☎ 01-76-36-04-12. ● flixbus.fr ●*

FlixBus et ses bus verts offrent le plus grand réseau longue distance d'Europe. Présent partout en France et dans une vingtaine de pays du continent, FlixBus propose un service accessible à tous les budgets. Wifi gratuit et prises électriques à chaque siège. Chaque voyageur peut transporter jusqu'à 2 bagages et annuler ou modifier son titre de transport jusqu'à 15 minutes avant le départ.

➢ ***Lausanne, Genève, Fribourg, Berne, Zürich*** et ***Saint-Gall*** sont accessibles depuis la France, l'Italie et l'Allemagne.

# SUISSE UTILE

## ABC de la Suisse

- ***Superficie :*** 41 285 km², dont 1 289 km² de lacs.
- ***Altitude maximale :*** 4 634 m (mont Rose, dans les Alpes valaisannes).
- ***Population :*** environ 8,4 millions d'habitants, dont 24,7 % d'étrangers ; population urbanisée à 73,7 %.
- ***Densité :*** 204 hab./km².
- ***Langues :*** allemand (64 %), français (23 %), italien (8 %), romanche (0,5 %).
- ***Capitale*** : Berne.
- ***Appellation officielle :*** Confédération suisse (ou helvétique).
- ***Espérance de vie :*** 81,2 ans.
- ***PIB par hab. :*** 58 087 $.
- ***Indice de développement humain :*** 0,930 (3e place sur 187 pays).
- ***Régime politique :*** confédération de 26 cantons. Régime parlementaire avec des instruments de démocratie directe.
- ***Taux de chômage :*** 3,4 % (2017).
- ***Présidente de la Confédération en 2017 :*** Doris Leuthard.
- ***Chancelier de la Confédération :*** Walter Thurnherr (élu en 2016).

# AVANT LE DÉPART

## Adresses utiles

### En France

**Suisse Tourisme :** *11 bis, rue Scribe, 75009 Paris. Rens (tlj sf dim 8h-19h) : ☎ 00-800-100-200-29 (nº gratuit). • myswitzerland.com •* Fermé au public. Possibilité de commander les brochures thématiques (fort bien faites).

**Ambassade de Suisse :** *142, rue de Grenelle, 75007 Paris. ☎ 01-49-55-67-00. • eda.admin.ch/paris • Ⓜ Varenne. Lun-ven 9h-12h.*

**Centre culturel suisse :** *32-38, rue des Francs-Bourgeois, 75003 Paris. ☎ 01-42-71-44-50. • ccsparis.com • Ⓜ Saint-Paul ou Rambuteau.* Une librairie *(mar-ven 10h-18h, w-e 13h-19h)*, des expos *(mar-dim 13h-19h)*, des lectures, des spectacles, le tout plutôt tourné vers l'art contemporain.

### En Belgique

**Suisse Tourisme :** *même numéro d'appel qu'en France, accessible en français, néerlandais, anglais et allemand lun-ven 8h30-19h.*

**Ambassade de Suisse :** *pl. du Luxembourg 1, Bruxelles 1060. ☎ 02-285-43-50. • eda.admin.ch/bruxelles • Ⓜ Arts/Loi.*

### Au Canada

**Switzerland Tourism :** *480, University Ave, Suite 1500, Toronto (Ontario) M5G 1V2. ☎ 1-800-794-7795 (nº gratuit). • myswitzerland.com •*

**Ambassade de Suisse :** *5, Marlborough Ave, Ottawa (Ontario) K1N 8E6. ☎ 613-235-1837. • eda.admin.ch/canada •*

■ **_Consulat général de Suisse :_** _1572, av. Docteur-Penfield, Montréal (Québec) H3G 1C4. ☎ 514-932-7181. Lun-ven 10h-13h (12h ven)._

## En Suisse

🛈 **_Suisse Tourisme :_** _Postfach 695, 8027 Zurich. ☎ 00-800-100-200-29 (nº gratuit). • myswitzerland.com •_

🛈 **_Offices de tourisme :_** toutes les villes et les stations disposent d'un bureau d'information. Une quasi-constante : il faut insister pour avoir accès aux listes de chambres chez l'habitant, souvent planquées derrière les comptoirs. Dans la partie alémanique, on ne parle pas toujours le français (ni l'anglais, d'ailleurs...). _Sprechen Sie ein wenig Deutsch ?_

## Formalités

On vous le rappelle : la Suisse est, certes, au centre de l'Europe, mais elle ne fait pas partie de l'Union européenne ! En revanche, la Suisse a adopté la convention de Schengen.
Les Français et les Belges doivent donc toujours montrer patte blanche (passeport ou carte d'identité valide) à la frontière. Les Canadiens ont besoin d'un passeport en cours de validité.
Les **_mineurs_** doivent être munis de leur propre pièce d'identité (carte d'identité ou passeport). Pour l'autorisation de sortie de territoire lorsque les enfants ne sont pas accompagnés par un de leurs parents, chaque pays a mis en place sa propre régulation. Ainsi, pour les **_mineurs français,_** une loi entrée en vigueur en janvier 2017 a **_rétabli l'autorisation de sortie du territoire._** Pour voyager à l'étranger, ils doivent être munis d'une pièce d'identité en cours de validité (carte d'identité ou passeport), d'un formulaire signé par l'un des parents titulaire de l'autorité parentale et de la photocopie de la pièce d'identité du parent signataire. Renseignements auprès des services de votre commune et sur _• service-public.fr •_
L'importation et l'exportation des marchandises sont nettement plus restrictives qu'entre les pays membres de l'Union européenne. Pensez-y, car la TVA étant très faible en Suisse (8 %), vous devrez payer la différence avec celle pratiquée dans votre pays si vous dépassez les franchises officielles.

## Carte internationale d'étudiant (carte ISIC)

Elle prouve le statut d'étudiant dans le monde entier et permet de bénéficier de tous les avantages, services et réductions dans les domaines du transport, de l'hébergement, de la culture, des loisirs, du shopping...
La carte ISIC permet aussi d'accéder à des avantages exclusifs (billets d'avion spécial étudiants, hôtels et auberges de jeunesse, assurances, cartes SIM internationales, location de voiture...).

**_Renseignements et inscriptions_**
– _En France : • isic.fr • 13 € pour 1 année scolaire._
– _En Belgique : • isic.be •_
– _En Suisse : • isic.ch •_
– _Au Canada : • isiccanada.com •_

## Carte d'adhésion internationale aux auberges de jeunesse (carte FUAJ)

Cette carte vous ouvre les portes des 4 000 auberges de jeunesse du réseau _HI-Hostelling International_ en France et dans le monde. Vous pouvez ainsi parcourir 90 pays à des prix avantageux et bénéficier de tarifs préférentiels avec les partenaires des auberges de jeunesse _HI._ Enfin, vous intégrez une communauté mondiale de voyageurs partageant les mêmes valeurs : plaisir de la rencontre, respect des différences et échange dans un esprit convivial. Il n'y a pas de limite d'âge pour séjourner en auberge de jeunesse. Il faut simplement être adhérent.

***Renseignements et inscriptions***

- *En France :* • *hifrance.org* •
- *En Belgique :* • *lesaubergesdejeunesse.be* •
- *En Suisse :* • *youthhostel.ch* •
- *Au Canada :* • *hihostels.ca* •

Si vous prévoyez un séjour itinérant, vous pouvez réserver plusieurs auberges en une seule fois en France et dans le monde : • *hihostels.com* •

# ARGENT, BANQUES, CHANGE

- ***L'unité monétaire*** est le ***franc suisse.*** Depuis janvier 2015, il est quasiment à parité avec l'euro. Toutes les infrastructures touristiques suisses (hôtels, restos, etc.) installées en régions frontalières avec des pays de la zone euro acceptent les règlements en euros. Il en est de même pour de nombreux musées qui affichent un prix d'entrée en francs suisses et en euros.
- ***Horaires des banques :*** ce ne sont certes pas les banques qui manquent en Suisse, mais elles ferment en général à 16h30, et les petits bureaux de change ne sont pas légion.

## Cartes de paiement

**Avertissement**

Si vous comptez effectuer des retraits d'argent aux distributeurs, il est très vivement conseillé d'**avertir votre banque avant votre départ** (pays visités et dates). En effet, **votre carte peut être bloquée dès le premier retrait pour suspicion de fraude.** C'est de plus en plus fréquent. Bonjour les tracasseries administratives pour faire rentrer les choses dans l'ordre, et on se retrouve vite dans l'embarras !

Les villes et villages sont équipés de distributeurs de billets automatiques qui acceptent l'essentiel des CB internationales. Et même si le paiement par CB dans les restaurants est très répandu, on vous conseille de vous munir de suffisamment de francs suisses.
Avant de partir, notez donc bien le numéro d'opposition propre à votre banque (il figure souvent sur votre contrat, au dos des tickets de retrait ou à côté des distributeurs de billets), ainsi que le numéro à 16 chiffres de votre carte. Bien entendu, conservez ces informations en lieu sûr et séparément de votre carte.
Par ailleurs, l'assistance médicale se limite aux 90 premiers jours du voyage et l'assistance véhicule aux cartes haut de gamme (renseignez-vous auprès de votre banque). N'oubliez pas non plus de VÉRIFIER LA DATE D'EXPIRATION DE VOTRE CARTE BANCAIRE avant votre départ.
En cas de perte, de vol ou de fraude, quelle que soit votre carte, chaque banque gère elle-même le processus d'opposition et le numéro de téléphone correspondant.

- ***Carte Bleue Visa :*** *n° d'urgence (Europ Assistance), ☎ (00-33) 1-41-85-85-85.* • *visa.fr* •
- ***Carte MasterCard :*** *n° d'urgence, ☎ (00-33) 1-45-16-65-65.* • *mastercardfrance.com* •
- ***Carte American Express :*** *n° d'urgence, ☎ (00-33) 1-47-77-72-00.* • *americanexpress.com* •

***Petite mesure de précaution***

Si vous retirez de l'argent dans un distributeur, utilisez de préférence les distributeurs attenants à une agence bancaire. En cas de pépin avec votre carte (carte avalée, erreur de code secret...), vous aurez un interlocuteur dans l'agence, pendant les heures ouvrables du moins.

## Besoin urgent d'argent liquide

Vous pouvez être dépanné en quelques minutes grâce au système ***Western Union Money Transfer.*** L'argent vous est transféré en moins de 1h. La commission, assez élevée, est payée par l'expéditeur. Possibilité d'effectuer un transfert auprès d'un des bureaux *Western Union* ou, plus rapide, en ligne, 24h/24 par carte de paiement (*Visa* ou *MasterCard*).
Même principe avec d'autres organismes de transfert d'argent liquide comme ***MoneyGram, PayTop*** ou ***Azimo.*** Transfert en ligne sécurisé, en moins de 1h.
Dans tous les cas, se munir d'une pièce d'identité. Toutefois, en cas de perte ou de vol de papiers, certains organismes permettent de convenir d'une question/réponse type pour pouvoir récupérer votre argent. Chacun de ces organismes possède aussi des applications disponibles sur téléphone portable. Consulter les sites internet pour connaître les pays concernés, les conditions tarifaires (frais, commission) et pour trouver le correspondant local le plus proche : • *westernunion.com* • *moneygram.fr* • *paytop.com* • *azymo.com/fr* •
– Autre solution, envoyer de l'argent par ***la Banque Postale*** : le bénéficiaire, muni de sa pièce d'identité, peut retirer les fonds dans n'importe quel bureau de poste du réseau local. Le transfert s'effectue avec un mandat ordinaire international (jusqu'à 3 500 €) et la transaction prend 4-5 jours en Europe (8-10 jours vers l'international). Plus cher, mais plus rapide, le mandat express international permet d'envoyer de l'argent (montant variable selon la destination – 34 au total) sous 2 jours maximum, 24h lorsque la démarche est faite en ligne. *Infos :* • *labanquepostale.fr* •

# ACHATS

## Magasins

Les magasins ferment tôt – 18h30 les jours de semaine, 17h, voire 16h, le samedi – et souvent n'ouvrent pas leurs portes le lundi matin. En principe, il y a tout de même un soir de nocturne, variant selon les régions. Dans les grandes villes suisses alémaniques, les grands commerces ferment à 21h le jeudi. Sinon, ceux qui jouent les prolongations ou ouvrant le dimanche sont extrêmement rares : il faut les chercher dans les gares des grandes villes, dans les quartiers touristiques ou les grandes stations de montagne.

## Souvenirs

Désolés, mais on ne vous aidera guère... Il y a, bien sûr, les inévitables montres (que vous trouvez cependant partout ailleurs à des prix similaires, voire inférieurs !), les couteaux suisses multilames (même remarque), le chocolat et tout ce que le tourisme a inventé pour tenter le badaud qui n'en peut plus mais... Quelque chose de franchement plus original ? Pourquoi pas une bouteille de vin blanc (à base de chasselas) ? Ou une boîte à musique du Jura (assez chère) ? Ou encore un cor des Alpes (jusqu'à 4 m de longueur...) ?

# BUDGET

Afin d'éviter d'être limité, vous pouvez demander à votre banque de relever votre plafond de carte de paiement pendant votre déplacement. Utile, surtout avec les cautions pour les locations de voitures et les garanties dans les hôtels.

***La Suisse est chère.*** La faute aux salaires élevés de ses habitants (qui paient en conséquence des impôts et des loyers élevés) et à la tradition d'un tourisme plutôt haut de gamme. Bref, ce n'est pas ici que vous allez passer les vacances les plus économiques de votre vie ! Heureusement, à défaut de trouver des adresses très bon marché, nous avons cherché les plus abordables et surtout celles qui offrent le meilleur rapport qualité-prix. Et nous en avons trouvé ! La preuve qu'on peut finalement séjourner en Suisse comme dans les régions françaises.

## Logement

Les prix indiqués s'entendent pour deux personnes.
- ***Bon marché :*** jusqu'à 90 Fs.
- ***Prix moyens :*** de 90 à 150 Fs.
- ***Chic :*** de 150 à 250 Fs.
- ***Très chic :*** au-delà de 250 Fs.

Cela dit, ce qui était impensable il y a encore quelques années est aujourd'hui devenu indispensable : il faut NÉ-GO-CIER ! Voir à ce sujet la partie sur les hôtels dans la rubrique « Hébergement ». Sachez également que dans les grandes villes où le tourisme d'affaires bat son plein, de nombreux hôtels cassent leurs prix le week-end (- 20 à - 30 %).

## Restaurants

Les catégories retenues dans ce guide donnent une idée du prix à payer pour un repas, mais une idée seulement : partout, en effet, on trouvera une omelette ou un plat de pâtes pour environ 15-25 Fs ; partout aussi, on se verra proposer des viandes rouges de 25 à 45 Fs. Nous avons donc retenu une « moyenne », forcément un peu subjective, pour un repas sans boisson...
- ***Bon marché :*** jusqu'à 20 Fs.
- ***Prix moyens :*** de 20 à 35 Fs.
- ***Chic :*** de 35 à 60 Fs.
- ***Très chic :*** au-delà de 60 Fs.

**Recommandation à ceux qui souhaitent profiter des réductions et avantages proposés dans le *Routard* par les hôteliers et les restaurateurs.**

À l'hôtel, pensez à les demander au moment de la réservation ou, si vous n'avez pas réservé, **à l'arrivée.** Elles ne sont valables que pour les réservations en direct et ne sont pas cumulables avec d'autres offres promotionnelles (notamment sur Internet). Au restaurant, parlez-en **au moment** de la commande (pour les apéritifs) et surtout **avant** que l'addition ne soit établie. Poser votre *Routard* sur la table ne suffit pas : le personnel de salle n'est pas toujours au courant et une fois le ticket de caisse imprimé, il est souvent difficile de modifier le total. En cas de doute, montrez la notice relative à l'établissement dans le *Routard* de l'année, bien sûr, et ne manquez pas de nous faire part de toute difficulté rencontrée.

# CLIMAT

La Suisse a beau être toute petite, elle n'en demeure pas moins un pays au relief très varié : les températures et les conditions climatiques sont donc très différentes d'une région à l'autre. Sur le Plateau (diagonale entre le lac Léman et celui de Constance), elles ne sont pas très différentes de la région parisienne. Mieux vaut en revanche prévoir une petite laine dès qu'on entre dans les Alpes ou même dans l'Arc jurassien. Tandis que le Tessin, seul territoire au sud des Alpes, bénéficie d'un climat presque méditerranéen...

Quelques exemples de températures moyennes sur l'année :

| | Zurich 411 m | Genève 375 m | Lugano 272 m | Saint-Moritz 1 856 m |
|---|---|---|---|---|
| janv-fév | 0 °C | 1 °C | 3 °C | - 6 °C |
| mars-avr | 6 °C | 7 °C | 9 °C | - 1 °C |
| mai-juin | 14 °C | 15 °C | 17 °C | 7 °C |
| juil-août | 17 °C | 18 °C | 20 °C | 11 °C |
| sept-oct | 11 °C | 12 °C | 15 °C | 5 °C |
| nov-déc | 2 °C | 3 °C | 5 °C | - 3 °C |

# FÊTES ET JOURS FÉRIÉS

L'image d'Épinal de l'armailli suisse, l'edelweiss à la boutonnière, en train de souffler dans son cor des Alpes et jetant sa fourchette dans un caquelon à fondue, est joyeusement entretenue et fait aujourd'hui partie du folklore. Petit survol des coutumes et fêtes populaires encore à l'honneur en terre suisse...

– ***La Saint-Sylvestre*** se fête bien sûr partout, mais plus traditionnellement à Laupen (canton de Berne), où les *Achetringeler,* des personnages costumés, hideusement masqués et munis d'un balai de genévrier, dévalent du château et entrent dans la ville pour frapper les jeunes filles avec des vessies de porc gonflées, jusqu'à ce qu'elles soient toutes (les vessies, donc...) en lambeaux !

– ***Les carnavals*** sont nombreux et souvent fameux. Le plus connu est celui de Bâle, qui se déroule du lundi au jeudi suivant le mercredi des Cendres. Il est précédé, les 13, 20 ou 27 janvier (selon la date de Pâques), du *Vogel Gryff,* dans le Petit Bâle : le Sauvage descend le Rhin sur un radeau, avant de retrouver ses compères le Griffon et le Lion pour des danses endiablées sur le pont et dans les rues. Les carnavals de Liestal, Lucerne, Soleure, Zoug, Bellinzone, Évolène et de la vallée du Lötschental (entre autres...) sont aussi réputés.

– ***Le Vendredi saint*** est spécialement célébré à Romont (canton de Fribourg), où défile la poignante procession silencieuse des Pleureuses, et à Mendrisio (Tessin), où se déroule, le jeudi et le vendredi, une représentation baroque des souffrances du Christ.

## C'EST LA DÉCA... DANSE !

*En 2009, les habitants du canton de Lucerne ont pu, pour la première fois depuis 1428, danser à l'occasion des célébrations de la Pentecôte... En effet, depuis cette date, une loi interdisait de se trémousser les jours fériés, la danse signifiant bien sûr péché, et même luxure. Une députée verte de Lucerne a contesté la pertinence de la loi et, en mars 2009, l'Assemblée parlementaire cantonale a levé l'interdiction d'extrême justesse (51 voix contre 50 !). Mais dans le canton de Lucerne seulement ! Qu'on se rassure, tout ne fout pas le camp, six autres cantons à majorité protestante tiennent encore bon...*

– ***La Fête-Dieu*** (10 jours après la Pentecôte) est célébrée dans les cantons catholiques, par exemple à Düdingen (canton de Fribourg), où les jeunes filles défilent coiffées d'une couronne de verroterie et flanquées de longues tresses ; à Visperterminen (Valais), où les femmes sont toutes vêtues de noir et parées de coiffes brodées d'or ; et à Appenzell également.
– ***Les combats de vaches*** ont lieu du printemps au début de l'été (lors de la montée à l'alpage) dans la vallée du Rhône (Valais). Les bovins, surtout issus de la célèbre race d'Hérens (pelage noir), se mesurent en duel pour désigner la reine du troupeau.
– ***La lutte au caleçon*** est surtout pratiquée dans les vallées et les montagnes alémaniques. On peut la voir, entre autres, pratiquée à Rigi-Staffel (canton de Schwyz) un dimanche de juillet. Les lutteurs doivent, en ne dépassant pas une aire de copeaux, empoigner l'adversaire par le revers et la ceinture de cuir de son caleçon (passé par-dessus un pantalon, qu'on ne s'offusque pas !) pour le faire tomber sur le dos.
– ***Le jet de la pierre*** à Unspunnen, près d'Interlaken (canton de Berne). On en profite pour organiser de fameux concerts de cor des Alpes et de yodle, ces chants aigus et entêtants.
– ***La désalpe*** se fête encore à peu près partout où les vaches passent l'été dans les hauteurs... Fin septembre, le troupeau redescend dans la plaine, chaque tête de bovin coiffée d'une couronne de fleurs. Par exemple à Charmey ou à Semsales, dans le Fribourgeois.
– ***Les fêtes des Vendanges*** sont célébrées en Suisse romande surtout, à Neuchâtel, le dernier week-end de septembre. Durant tout le cortège, le vin coule à flots... La fête des Vignerons de Vevey est très particulière : elle n'est célébrée qu'une fois par génération, soit tous les 20 ans... Elle a été inscrite, en 2016, au Patrimoine mondial immatériel de l'Unesco. Prochaine édition fin juillet-début août 2019 !
– Moins connue, la ***Räbechilbi*** *(kermesse des raves)* vaut toutefois le déplacement. Le 2$^{e}$ samedi de novembre, la nuit devient magique dans la petite ville zurichoise de Richterswil. Toutes les rues sont bordées de raves évidées et aux parois ciselées, dans lesquelles on a placé des bougies. Un grand cortège se met en route, les enfants portant des lampions également sculptés dans des raves, et les adultes de gigantesques constructions lumineuses réalisées à l'aide de centaines de raves !
– ***Le marché aux oignons*** *(Zibelemärit)* est un événement qu'aucun Bernois ne manquerait, tôt le matin du 4$^{e}$ lundi de novembre. Des dizaines de marchands proposent de superbes tresses d'oignons, avant que la fête ne dégénère dans la plus folle bataille de confettis qui soit...
– ***La Saint-Nicolas*** est à vivre à Fribourg (cortège du saint sur son âne avec ses disciples), mais surtout à Küssnacht (canton de Schwyz), où les « gardes du corps » du père Nicolas portent de superbes mitres lumineuses pouvant peser jusqu'à 15 kg !
– Enfin, Genève fête l'***escalade*** les samedi et dimanche les plus proches du 11 décembre. C'est la commémoration de la résistance faite aux Savoyards en 1602. Quant au Jeûne genevois, il est célébré le jeudi qui suit le 1$^{er}$ dimanche de septembre.

## Jours fériés

Un vrai casse-tête ! Les jours fériés sont en effet l'apanage des 26 cantons, mais les communes ont aussi leur mot à dire... Sur le plan national, seul le 1$^{er}$ août (fête nationale chômée) est imposé, mais Noël, le Nouvel an et l'Ascension font aussi l'unanimité. Tout le reste dépend des cantons : le Tessin est parmi les plus généreux (15 jours officiels) ; et l'Argovie détient la palme du système le plus compliqué (six cercles différents) ! Impossible de vous résumer tout cela ici (informations dans les offices de tourisme).

# HÉBERGEMENT

Il n'est pas aisé, nous l'avons déjà dit, de voyager bon marché en Suisse, car l'hôtellerie suisse est en effet entre chère et très chère. Néanmoins, ces tarifs élevés ne correspondent pas nécessairement à une qualité équivalente, dans la catégorie « Prix moyens » surtout. Il y a rarement à redire sur le plan de la propreté, mais les adresses sont souvent sans charme, simplement et banalement fonctionnelles. Bon, cela dit, on ne voudrait pas passer pour des rabat-joie : nous avons aussi découvert des petits bijoux à prix très raisonnables et avec un accueil sans reproche.

## Taxe de séjour

Lorsque vous passez une nuit dans un camping, dans une auberge de jeunesse ou dans un hôtel, vous payez une taxe de séjour. Généralement, elle est comprise dans le prix affiché ; sinon, elle excède rarement 2-3 Fs par adulte (un peu moins pour les enfants).

## Campings

Le prix mentionné comprend la taxe pour une petite tente, parfois une voiture, deux personnes et les taxes de séjour. Attention, la plupart des campings ne sont ouverts que durant la belle saison.
Le TCS, qui gère une petite trentaine de campings en Suisse, propose, sur certains d'entre eux, ses « hébergements alternatifs » (bungalows en toile, tentes, dortoirs, etc.) à ceux qui n'ont pas ou ne veulent pas voyager avec le matériel adéquat. Prix très intéressants. *Brochure à disposition au **TCS,** CP 820, chemin de Blandonnet 4, 1214 Vernier. ☎ 022-417-25-20. • tcs.ch •*

## Auberges de jeunesse

La Suisse comptait, en 2017, 52 AJ « officielles ». Il faut prévoir environ de 30 à 50 Fs par personne pour une nuit en dortoir, petit déjeuner inclus ; ajoutez environ 7 Fs par personne, ou 14 Fs par famille et par nuit, si vous n'avez pas de ***carte de membre.*** Lorsqu'ils sont proposés, les repas sont avantageux. Attention aux horaires (restreints) de réception et à l'occupation le week-end et durant les vacances scolaires : certaines auberges sont souvent envahies par une fidèle clientèle familiale, voire des groupes scolaires. De nombreuses auberges de jeunesse proposent aussi des chambres doubles et même des chambres familiales (4 lits).
Également une petite trentaine d'autres AJ dont la liste est à consulter sur *• swissbackpackers.ch •* Pas de carte de membre demandée pour ces dernières.

***Informations***

■ ***Schweizer Jugendherbergen (SJH) :*** *Schaffhauserstrasse 14, 8042 Zurich. ☎ 044-360-14-14 (lun-ven 8h-18h). • youthhostel.ch •*

## *Bed & Breakfast,* chambres chez l'habitant

Les *B & B* suisses sont bien organisés. On peut consulter les quelque 1 100 adresses avec photos et descriptif à l'appui sur leur site *• bnb.ch •* ou également commander leur catalogue (payant). Réservation en ligne possible.

## Location d'appartements et de maisons

■ ***Interhome :*** *• interhome.fr • ☎ 01-53-36-60-00 (24h/24 et 7j./7). Également des offres en « Dernière Minute » : 33 % de réduc sur une* *sélection de locations à partir de J-8 !* Spécialiste de la location de vacances depuis 50 ans, Interhome propose des hébergements, du studio au château, sélectionnés selon des critères rigoureux pour répondre à tous les goûts et à tous les budgets pour des vacances, week-ends et courts séjours mer, montagne, ville et campagne dans plus de 30 pays, dont la Suisse. Sur place, des représentants locaux assurent l'accueil, et veillent au bon déroulement des séjours.

## Vacances à la ferme

Pour les personnes qui désirent louer une chambre ou un appartement à la semaine, histoire de découvrir à fond une région, cela vaut vraiment la peine de commander le catalogue (gratuit) « Vacances à la ferme », avec photos couleur de tous les logements proposés. Certaines bâtisses, plusieurs fois centenaires, sont vraiment magnifiques, dans les régions de Berne et de Lucerne surtout. Peu d'adresses en revanche en Suisse romande et dans le Tessin. Prix souvent avantageux et accueil en général sympa. Petite taxe de séjour modique en supplément. Réservation indispensable, surtout en pleine saison.

***Informations et réservations***

■ ***Agritourisme Suisse :*** *Brunnmattstrasse 21, 3007 Berne.* ☎ *031-359-07-50-30.* • *agrotourismus.ch* •

Nous avons enfin signalé quelques « hébergements sur la paille ». L'idée est sympathique : contre une somme modique – en général 25-30 Fs et moitié prix pour les enfants, petit déjeuner inclus –, muni de votre propre sac de couchage, vous dormirez directement sur la paille mise à disposition par les agriculteurs ou les montagnards qui acceptent de jouer le jeu. Contacts authentiques garantis. Attention : seulement d'avril à octobre. On les trouve sur le site • *agrotourismus.ch* •

## Refuges de montagne

Souvent très simples, parfois confortables, la plupart offrent un panorama grandiose. Renseignements : ***Club alpin suisse (CAS),*** *Monbijoustrasse 61, case postale 3000, Berne 14.* ☎ *031-370-18-18.* • *sac-cas.ch* •

## Hôtels

Attention, le tarif affiché la plupart du temps sur les prospectus ou les devantures des hôtels n'est pas celui de la chambre, comme en France, mais celui ***pour une personne.*** Il convient donc de le doubler pour connaître le prix d'une chambre double, logique... Sauf indication contraire ou complémentaire, les tarifs imprimés dans ce guide s'entendent pour une chambre double occupée par deux personnes, avec sanitaires (w-c + douche ou bains) privés (ou non) et petit déjeuner inclus.
Et puis le prix des chambres se négocie ! N'espérez rien, évidemment, si l'établissement affiche presque complet ou si vous procédez par

### L'AMOUR À LA SUISSE

*D'après une étude mondiale commandée par un grand fabricant de préservatifs, les Suissesses atteindraient bien plus souvent l'orgasme que leurs voisines françaises. Pourtant, le lit suisse qui équipe la plupart des hôtels ne se prête pas tellement aux ébats amoureux. À l'inverse de ce que l'on nomme en Suisse le « lit français », il se compose de deux petits lits accolés, avec chacun son matelas et sa couette privatifs. Au moins, personne ne tire la couverture à soi.*

réservation. Mais faites-en une règle générale lorsque vous arrivez en début de soirée, voire en fin d'après-midi. Certes, les hôteliers n'apprécient guère ce type de marchandage, mais les témoignages affluent pour confirmer qu'ils les acceptent de plus en plus souvent, avec parfois des rabais significatifs à la clé.

■ ***Swiss Charme Hotels :*** *Monbijoustrasse 130, 3000 Bern 23. ☎ 031-378-18-35. ● rooms.ch ●* Environ 90 hôtels simples, souvent familiaux.

## LANGUES

Chaque Suisse est-il vraiment un polyglotte ? Pas vraiment... Il est, certes, obligatoire d'apprendre une des trois autres langues officielles lors de la formation scolaire de base, mais visiblement cela ne suffit pas. De fait, les Suisses romands n'aiment guère la langue de Goethe. Ils sont d'autant plus découragés que leurs cousins alémaniques parlent le *Schwyzerdütsch,* c'est-à-dire leur dialecte régional. Le *Hochdeutsch* (bon allemand), qu'eux-mêmes appellent significativement le *Schriftdeutsch* (allemand écrit), est presque perçu comme une langue étrangère. Les Suisses allemands préfèrent, donc, de plus en plus concentrer leurs efforts sur l'anglais. Mais inutile de dire que tout ça n'arrange guère la communication entre les deux régions, qui ne souffrent pas que de la barrière linguistique. On ne parle pas pour rien du *Röstigraben* (fossé des röstis, cette spécialité culinaire à base de pommes de terre, très prisée en Suisse alémanique)...
Les Alémaniques représentent 63,7 % de la population contre 20,4 % pour les Romands et 6,5 % pour les italophones. Le romanche, langue romane, n'est guère parlé que dans les Grisons.
– On vous signale une sympathique et judicieuse initiative pour tenter de réduire tous ces problèmes liés aux langues : la parution de *Langues suisses,* le premier guide de conversation quadrilingue national. Il est bien fait, pas cher, et se glisse sans problème dans la poche. En vente dans presque toutes les librairies.

### Quelques helvétismes

– ***Armailli :*** vacher s'occupant des alpages durant la saison d'été.
– ***Avoyer :*** premier magistrat du canton.
– ***Bouèbe :*** petit enfant.
– ***Bisse :*** canal d'irrigation conduisant l'eau des montagnes jusqu'au sommet des champs cultivés.
– ***Bourgeoisie :*** ensemble des citoyens d'une commune.
– ***Crotchon :*** quignon de pain.
– ***Foutimasser :*** perdre son temps.
– ***Gruler :*** trembler de froid.
– ***Mayen :*** pâturage d'altitude moyenne doté de bâtiments, où le bétail séjourne au printemps et en automne.
– ***Natel :*** téléphone portable.
– ***Septante et nonante*** (comme en Belgique), mais aussi ***huitante :*** 70, 80, 90.
– ***Vouloir :*** être en voie de.
– ***Witz :*** blague (gros score au scrabble !).

### Petits dictionnaires utiles

Procurez-vous nos ***Guides de conversation Routard*** en allemand ou en italien.

## LIVRES DE ROUTE

– ***Belle du Seigneur,*** d'Albert Cohen (Gallimard, 1968 ; coll. « Folio » n° 3039). Le plus beau roman de littérature amoureuse jamais écrit a aussi pour cadre la ville de Genève.
– ***Le Roman des Jardin,*** d'Alexandre Jardin (Grasset, 2005 ; Le Livre de Poche). Une grande partie de cette histoire de famille se déroule à Vevey et à Genève. On y croise Pascal Jardin (cinéaste, père du romancier), Alain Delon et bon nombre de figures de la pensée ou de la politique française, un ténia, une guenon… Jubilatoire.
– ***Derborence*** et ***La Grande Peur dans la montagne,*** de Charles-Ferdinand Ramuz (Grasset, 2003 et 2005, coll. « Cahiers Rouges »). Ramuz est le chantre de la vie paysanne des alpages. Romans bucoliques et rousseauistes, parus en 1934 et 1925, décrivant l'existence paisible dans les villages reculés, rythmée par les saisons et le son des cloches à vaches.
– ***La Visite de la vieille dame,*** de Friedrich Dürrenmatt (1955 ; Le Livre de Poche, 1991, coll. « Biblio » n° 3102). Une comédie de mœurs baroque et grinçante du meilleur écrivain suisse de langue allemande, obsédé par les menaces de l'atome, du totalitarisme et de la mainmise de l'État.
– ***Astérix chez les Helvètes,*** de René Goscinny et Albert Uderzo (Dargaud, 1970 ; réédité depuis). La visite du petit Gaulois et ses comparses dans les alpages. On n'échappe pas au défilé des clichés : la fondue, les coffres de banque, les cordées, les edelweiss, etc., mais comme tout cela finit par une raclée aux Romains et un grand banquet, on rigole pas mal.
– ***Dictionnaire amoureux de la Suisse,*** de Metin Arditi (Plon, 2016). Par un écrivain qui n'est pas né suisse mais l'est devenu. Un bel hommage rendu à un pays certes petit, mais grand par le nombre de personnalités qu'il a vu naître ou qu'il a accueillies, et qui lui ont apporté son rayonnement international.

## POSTE

Depuis quelques années, la Suisse a adopté un système de courrier à deux vitesses. Une lettre oblitérée en *priority* est délivrée le lendemain à son destinataire, alors que celle affranchie d'un timbre en *economy* peut mettre quelques jours. Il en va de même pour la correspondance avec l'étranger : l'affranchissement d'une lettre jusqu'à 20 g coûte 1,50 Fs pour l'Europe en courrier *priority.*

## SANTÉ

Pour un séjour temporaire en Suisse, pensez à vous procurer la ***carte européenne d'assurance maladie.*** Il vous suffit d'appeler votre centre de Sécurité sociale (ou de vous connecter au site internet de votre centre, encore plus rapide !), qui vous l'enverra sous une quinzaine de jours. Cette carte fonctionne avec tous les pays membres de l'Union européenne, ainsi qu'en Suisse. C'est une carte plastifiée bleue du même format que la carte Vitale. Elle est valable 1 an, gratuite et personnelle (chaque membre de la famille doit avoir la sienne, y compris les enfants). Attention, cette carte n'est pas valable pour les soins délivrés dans les établissements privés.
La Suisse dispose d'un remarquable réseau de santé. Ses hôpitaux sont réputés. Les pharmacies organisent une rotation pour assurer une permanence de nuit : le nom de l'officine de service est, en général, affiché sur la porte des pharmacies fermées mais peut aussi s'obtenir à prix d'or auprès du ☎ *18-11* (renseignements).

## SITES INTERNET

• ***routard.com*** • Le site de voyage n° 1, avec plus de 800 000 membres et plusieurs millions d'internautes chaque mois. Pour s'inspirer et s'organiser, près de 300 guides destinations actualisés, avec les infos pratiques, les incontournables et les dernières actus, ainsi que les reportages terrain et idées week-end de la rédaction. Partagez vos expériences avec la communauté de voyageurs : forums de discussion avec avis et bons plans, carnets de route et photos de voyage. Enfin, vous trouverez tout pour vos vols, hébergements, voitures et activités, sans oublier notre sélection de bons plans, pour réserver votre voyage au meilleur prix.

● *ch.ch* ● Une plate-forme d'orientation qui vous guide vers toutes les administrations suisses fédérales, cantonales et communales.

● *montagne.ch* ● Différentes rubriques sont proposées : forums, galeries, littérature, sentiers, webcams... Belles photos, large choix d'excursions et accès à de nombreux liens.

● *culturactif.ch* ● Site très complet qui offre une large liste des écrivains suisses, des poèmes sur les différentes régions.

● *gruyere.com* ● La fabrication, les recettes, l'historique, le cahier des charges, les publicités donnent une complète information sur ce fromage suisse.

● *switzerland.isyours.com* ● Véritable guide de la vie en Suisse, conçu pour ceux qui veulent s'y installer, ce site délivre des informations pratiques sur le coût de la vie, l'économie, les traditions, le climat, les langues, etc.

● *museums.ch* ● Un site qui répertorie l'ensemble des musées de Suisse. Quelques suggestions de visites.

● *veloland.ch* ● Une foule d'infos utiles pour ceux qui veulent partir à la découverte du pays en enfourchant leur bicyclette : loueurs, hébergements, réservation de billets de train et, bien sûr, itinéraires avec dénivelées et même la force du vent ! Pour les randonneurs, le site équivalent est ● *wanderland.ch* ●

# TÉLÉCOMMUNICATIONS

On compose l'indicatif du canton même pour un appel dans le même canton. Pour vous éviter d'avoir à réfléchir trop, nous avons intégré ces indicatifs (qui n'en sont plus) dans les numéros de téléphone. Rassurez-vous, cela ne change en rien les appels internationaux ou intercantonaux.

Évitez de passer, sauf nécessité absolue, par le ***central de renseignements*** *(☎ 18-11),* hors de prix.

Si un Suisse vous demande de l'appeler sur son ***natel,*** il s'agit de son portable. Le nom de l'opérateur est devenu un nom commun.

## Appeler la Suisse de l'étranger

Après le 00, formez le préfixe 41 de la Suisse, puis le numéro de votre correspondant précédé du préfixe local sans le 0.

## Appeler de Suisse

– ***Vers la France :*** *☎ 00-33,* puis les 9 derniers chiffres (on ne compose pas le 0 initial) du numéro français.

– ***Vers la Belgique :*** *☎ 00-32,* puis les 8 derniers chiffres (on ne compose pas le 0 initial) du numéro belge.

– ***Vers le Canada :*** *☎ 001,* puis les 3 chiffres de l'indicatif régional et enfin les 7 chiffres.

## Le téléphone portable en voyage

Le routard peut utiliser son propre téléphone portable en Suisse avec l'option « International ». Renseignez-vous auprès de votre opérateur sur les conditions d'utilisation de votre portable en Suisse. La fin du *roaming* dans l'UE ne concerne pas la Suisse, mais certains opérateurs peuvent proposer des offres.

– ***Activer l'option « international » :*** elle est, en général, activée par défaut. Pensez à contacter votre opérateur pour souscrire à l'option (gratuite) au moins 48h avant le départ.
– ***Le « roaming » ou itinérance :*** c'est un système d'accords internationaux entre opérateurs. Concrètement, cela signifie que lorsque vous arrivez dans un pays, au bout de quelques minutes, le nouveau réseau s'affiche automatiquement sur l'écran de votre téléphone. Vous recevez rapidement un SMS de votre opérateur qui propose un ***pack voyageurs*** plus ou moins avantageux, incluant un forfait limité de consommations téléphoniques et de connexion Internet.
– ***Forfaits étranger inclus :*** certains opérateurs proposent des forfaits où ***35 jours de roaming par an sont offerts*** dans le monde entier. On peut donc cumuler plusieurs voyages à l'étranger sans se soucier de la facture au retour. Attention, si SMS, MMS et appels sont souvent illimités, la connexion Internet est, elle, limitée. D'autres opérateurs offrent carrément le ***roaming toute l'année vers certaines destinations.*** Renseignez-vous auprès de votre opérateur.
– ***Tarifs :*** ils sont propres à chaque opérateur et varient en fonction des pays (le globe est découpé en plusieurs zones tarifaires). ***N'oubliez pas qu'à l'international vous êtes facturé aussi bien pour les appels sortants que pour les appels entrants.*** Idem pour les textos. Ainsi, quand quelqu'un vous appelle à l'étranger, vous payez aussi. Soyez bref !

***Bons plans pour utiliser son téléphone à l'étranger***

– ***Acheter une carte SIM/puce sur place :*** c'est une option très avantageuse pour certaines destinations. Il suffit d'acheter à l'arrivée une carte SIM locale prépayée chez l'un des nombreux opérateurs *(Swisscom, Sunrise...)* représentés dans les boutiques de téléphonie mobile des principales villes du pays et souvent à l'aéroport. On vous attribue alors un numéro de téléphone local et un petit crédit de communication. Avant de signer le contrat et de payer, essayez donc, si possible, la carte SIM du vendeur dans votre téléphone – préalablement débloqué – afin de vérifier si celui-ci est compatible. Ensuite, les cartes permettant de recharger votre crédit de communication s'achètent facilement dans ces mêmes boutiques. C'est toujours plus pratique pour trouver son chemin vers un *B & B* paumé, réserver un hôtel, un resto ou une visite guidée, et bien moins cher que si vous appeliez avec votre carte SIM personnelle.
– ***Se brancher sur les réseaux wifi*** est le seul moyen de se connecter au Web gratuitement si vous ne disposez pas d'un forfait avec roaming offert. De plus en plus d'hôtels, restos, bars, et même certains espaces publics disposent d'un réseau, le plus souvent gratuit.
Le plus sage consiste à ***désactiver la connexion*** « Données à l'étranger » (dans « Réseau cellulaire »). On peut aussi mettre le portable ***en mode « Avion »*** et activer ensuite le wifi. Attention, le mode « Avion » empêche, en revanche, de recevoir appels et messages.
– Une fois connecté au wifi, vous avez accès à tous les services de la ***téléphonie par Internet. WhatsApp, Messenger*** (la messagerie de *Facebook*), ***Viber, Skype,*** permettent d'appeler, d'envoyer des messages, des photos et des vidéos aux quatre coins de la planète, sans frais. Il suffit de télécharger – gratuitement – l'une de ces applis sur son smartphone. Elle détecte automatiquement dans votre liste de contacts ceux qui utilisent la même appli.

## Urgence : en cas de perte ou de vol de votre téléphone portable

Suspendre aussitôt sa ligne permet d'éviter de douloureuses surprises au retour du voyage ! Voici les numéros des quatre opérateurs français, accessibles depuis la France et l'étranger :

- **SFR :** depuis la France : ☎ 1023 ; depuis l'étranger : 📱 + 33-6-1000-1023.
- **Bouygues Télécom :** depuis la France comme depuis l'étranger (service et appel gratuits) : ☎ + 33-800-29-1000.
- **Orange :** depuis la France comme depuis l'étranger : 📱 + 33-6-07-62-64-64.
- **Free :** depuis la France, ☎ 3244 ; depuis l'étranger, ☎ + 33-1-78-56-95-60.

Vous pouvez aussi demander la suspension de votre ligne depuis le site internet de votre opérateur.
Avant de partir, notez (ailleurs que dans votre téléphone portable !) votre numéro IMEI utile pour bloquer à distance l'accès à votre téléphone en cas de perte ou de vol. Comment avoir ce numéro ? Il suffit de taper sur votre clavier *#06# puis reportez-vous au site • mobilevole-mobilebloque.fr •

# TRANSPORTS

Pour connaître l'état des routes en Suisse, les cols ou tunnels fermés, composez le ☎ 163 ou consultez • tcs.ch/fr/auto-mobilite/inforoute •

## Autoroutes

- ***Le réseau routier :*** il est irréprochable et entretenu à la suisse. Pour rouler sur les autoroutes, il faut une vignette.
- ***La vignette (réseau autoroutier) :*** valable 14 mois (du 1er décembre de l'année précédente au 31 janvier de l'année suivante), la vignette doit être collée sur l'intérieur du pare-brise. Prix : 40 Fs (2017). Pour connaître les routes concernées par la vignette et se procurer celle-ci en ligne, consulter le site de l'*Automobile Club suisse* • acs.ch/ch-fr • On peut aussi l'acheter dans les offices de douane, les bureaux de poste, les gendarmeries ou les stations-service. Elle peut être payée en euros, le solde sera rendu en francs suisses. Si vous empruntez une route à péage sans vignette valable, attention à l'amende, en plus du prix normal de la vignette. Cette vignette ne vous sera pas facturée pour votre location de voiture.
- ATTENTION, la ***couleur des panneaux*** est inversée par rapport à la France : ceux pour les autoroutes sont verts, ceux pour les routes sont bleus.
- ***En montagne :*** le véhicule descendant doit la priorité à celui qui monte.
- ***Tunnels alpins :*** le *tunnel du San Bernardino* (6 600 m), dans les Grisons, et le *tunnel du Saint-Gothard* (16 900 m), entre la Suisse centrale et le Tessin, font partie du réseau autoroutier (accessibles avec la vignette). Le *tunnel du Grand-Saint-Bernard* (5 855 m) relie le Valais à la vallée italienne d'Aoste. Il est privé et payant.
- ***Le prix du carburant :*** si l'essence sans plomb est moins chère qu'en France, le gazole est plus onéreux.
- ***La vitesse :*** limitée à 120 km/h sur l'autoroute, 100 km/h sur les « semi-autoroutes », 80 km/h sur les routes principales et de 30 à 60 km/h dans les localités. Les contrôles radars sont fréquents et impitoyables : le Tribunal fédéral a rappelé que si le dépassement est supérieur à 21 km/h dans les localités, 26 km/h hors localités, 31 km/h sur les autoroutes, le retrait du permis est immédiat !
- Arrêt obligatoire du moteur au feu rouge aux endroits signalés.
- ***Le taux d'alcoolémie maximal toléré :*** 0,50 g/l.
- ***Le port de la ceinture*** est obligatoire à l'avant comme à l'arrière.
- ***Les enfants de moins de 12 ans*** doivent être assis à l'arrière.
- ***Stationnement :*** il existe de nombreuses zones bleues en Suisse. Un marquage bleu (évidemment !) au sol signifie qu'un disque de stationnement est obligatoire (certains offices de tourisme en proposent gratuitement). Le marquage jaune indique, lui, que les emplacements sont réservés à un commerce, une administration...

Quant au marquage blanc, il signale, en principe, un stationnement gratuit mais, méfiance, un parcmètre collectif est peut-être discrètement installé à l'autre bout de la rue !

***Distances routières***

## Location de voitures

■ ***BSP Auto :*** ☎ *01-43-46-20-74 (tlj).* • *bsp-auto.com* • Les prix proposés sont attractifs et comprennent le kilométrage illimité et les assurances. *BSP Auto* vous propose exclusivement les grandes compagnies de location sur place, vous assurant un très bon niveau de services. Les plus : vous ne payez votre location que 5 jours avant le départ. Remise spéciale de 5 % aux lecteurs de ce guide avec le code « ROUTARD18 ».

■ ***Avis :*** ☎ *0848-81-18-18.* • *avis.ch* •

■ ***Europcar :*** ☎ *0848-80-80-99.* • *europcar.ch* •

■ ***Hertz :*** ☎ *0848-82-20-20.* • *hertz.ch* •

## Train

Toutes infos à propos des CFF ou des cars postaux : ☎ *0900-300-300 (1,19 Fs/mn).* • *cff.ch* •

Le réseau suisse des Chemins de fer fédéraux (CFF), des cars postaux et des bateaux totalise plus de 20 000 km.

Les CFF ont adopté l'horaire cadencé : un train part au moins toutes les heures des principales gares de Suisse et dans toutes les directions. Le réseau est extrêmement bien développé (nombreux trains à grande vitesse IN et Intercity), et la ponctualité légendaire s'ajoute à un confort amélioré. Là où un TGV est limité à 100 km/h, les « Pendolino » peuvent se permettre 180 km/h en se penchant dans les virages. Malheureusement, tarifs élevés.

Le train demeure cependant et incontestablement la façon la plus agréable de découvrir la Suisse.

– Si vous désirez vous déplacer plusieurs jours et sur de grandes distances, vous devriez sérieusement envisager l'achat d'une ***Swiss Card*** au tarif valable 1 mois pour 199 Fs (2de classe). Tous les billets vous seront en effet vendus à moitié prix : vu les prix très élevés, cela peut valoir le coup même pour 2 à 3 semaines. D'autant que la réduction est également valable pour les cars postaux, les bateaux des grands lacs et certaines remontées mécaniques. Même tarif réduit pour les cartes journalières de transport de certaines grandes villes : renseignez-vous à n'importe quel guichet d'une gare CFF.

– Pour les routards qui voyagent en famille, sachez que les enfants de 6 à 16 ans accompagnés par au moins un de leurs parents voyagent gratuitement. Les enfants qui ne voyagent pas en compagnie de leurs parents bénéficient d'une réduction de 50 % sur tous les titres de transport du ***Swiss Travel System*** *(• swisstravelsystem.com •).* Les horaires sont aménagés pour permettre les correspondances.

– Autres possibilités: des abonnements valables sur toute la Suisse ; le ***Swiss Travel Pass*** – en 2de classe (adulte) – pour 4 jours : 259 Fs ; 8 jours : 376 Fs ; 15 jours : 457 Fs (tarifs 2017) ; circulation gratuite sur tout le réseau ferroviaire *Swiss Travel System,* dans les trams et bus de 41 villes et réductions conséquentes dans les chemins de fer de montagne et téléphériques, et avantages pour l'achat d'autres cartes pour les membres de la famille. Moins cher si l'on voyage à deux. Le *Swiss Youth Pass* (pour les 16-26 ans) coûte de 221 à 393 Fs pour les mêmes périodes.

– Pour une durée de validité totale de 1 mois, le ***Swiss Travel Pass Flex*** permet de voyager aux jours que vous souhaitez sur le réseau du *Swiss Travel System,* pendant 3 jours : en 2de classe (tarif adulte), 248 Fs ; 4 jours : 298 Fs ; 8 jours : 420 Fs ; 15 jours : 502 Fs. Mieux encore, si vous voyagez à deux, chaque personne bénéficie d'une réduction de 10 %.

Dans certains cantons tels que le Valais, ou dans la Suisse centrale, les cars postaux (voir plus loin) complètent merveilleusement le rail.
C'est aussi dans les gares CFF que vous louerez les bicyclettes à meilleur compte. Avantage : vous pouvez l'emprunter dans une gare et la rendre 30 ou 50 km plus loin dans une autre gare.
Il existe aussi des *passes* régionaux : par exemple, le ***Regional Pass Geneva-Alps,*** pour 105 Fs, donne droit, en 2de classe et sur 5 jours, à 2 jours de transports gratuits et à 50 % de réduction sur les 3 autres jours (pour 130 Fs, 3 jours gratuits et 4 jours à 50 %).

### *Trains routiers*

Des trains-navettes pour le transport des automobiles, avec ou sans remorque, et des motos circulent à travers les *tunnels du Lötschberg* (entre Kandersteg et Goppenstein), *de l'Albula* (entre Thusis et Samedan), *de la Vereina* (entre Selfranga et Sagliains), *de l'Oberalp* (entre Andermatt et Sedrun) et *de la Furka* (entre Oberwald et Realp). Les caravanes ne sont admises que pour les passages du Lötschberg, de la Vereina et de la Furka.

### *Circuits touristiques en chemin de fer*

– ***Le Glacier Express :*** • *rhb.ch/fr/panoramic-trains/glacier-express* • De Zermatt (Valais) à Saint-Moritz ou Davos (Engadine) : il emprunte la ligne de l'Albula. Le train direct le plus lent du monde : 7h30 de voyage en voiture panoramique dans des paysages extraordinaires. Il franchit 291 ponts et 91 tunnels !
– ***Le Bernina Express :*** • *rhb.ch/fr/panoramic-trains/bernina-express* • 61 km, de Coire (Grisons à Tirano – Italie), via le Tessin, et bus Tirano-Lugano (en été seulement).
– ***Le GoldenPass :*** • *goldenpass.ch* • En train panoramique de Montreux à Zweisimmen, puis correspondances Zweisimmen-Interlaken, et Interlaken-Lucerne.

## Cars postaux

Les célèbres autocars jaunes assurent, par des routes au tracé parfois vertigineux, le transport de la gare de la plaine jusqu'au village le plus isolé. Les services des cars postaux circulent régulièrement par les cols alpestres dès que ces derniers sont ouverts à la circulation, en général du 15 juin au 30 septembre. Renseignements sur • *carpostal.ch* •
Ils sont intégrés au *Swiss Travel System.* Plusieurs circuits thématiques sont proposés en bus panoramiques.

### LE FACTEUR SONNE TOUJOURS TROIS FOIS

*En Suisse, tout le monde connaît le klaxon à trois tons des cars postaux. Tous jaunes, ils relient les vallées perdues et les villages pittoresques. Ils transportent chaque année plus de 120 millions de passagers. Certains sont équipés de porte-vélos.*

## Autres moyens de transport

Innombrables ***trains à crémaillère, téléphériques, télécabines, funiculaires*** et ***télésièges*** donnent accès à une palette variée d'excursions (cols, sommets, glaciers, refuges alpins, restaurants d'altitude), avec à la clé la récompense d'une vue panoramique sur les Alpes. Réductions applicables sur la majorité d'entre eux avec les abonnements demi-tarif, la *Swiss Card* et des *passes* propres à certaines communes (*Riviera Card,* par exemple).

| ZURICH | NEUCHÂTEL | LUGANO | LUCERNE | LAUSANNE | GENÈVE | FRIBOURG | BERNE | BÂLE | Distances entre les villes (en km) |
|---|---|---|---|---|---|---|---|---|---|
| 85 | 122 | 264 | 97 | 198 | 251 | 131 | 98 | | BÂLE |
| 125 | 50 | 280 | 112 | 105 | 158 | 37 | | 98 | BERNE |
| 158 | 46 | 313 | 145 | 74 | 138 | | 37 | 131 | FRIBOURG |
| 278 | 123 | 372 | 265 | 64 | | 74 | 158 | 251 | GENÈVE |
| 225 | 73 | 379 | 212 | | 64 | 74 | 105 | 198 | LAUSANNE |
| 51 | 137 | 168 | | 212 | 265 | 145 | 112 | 97 | LUCERNE |
| 205 | 304 | | 168 | 379 | 372 | 313 | 280 | 264 | LUGANO |
| 150 | | 304 | 137 | 73 | 123 | 46 | 50 | 122 | NEUCHÂTEL |
| | 150 | 205 | 51 | 225 | 278 | 158 | 125 | 85 | ZURICH |

### Bateaux

Les transports en bateau sont intégrés au *Swiss Travel System*. Il existe aussi des abonnements locaux pour un nombre illimité de courses durant 1 ou 2 semaines, en vente aux guichets des ports ou directement sur les bateaux. On peut charger les vélos à bord des bateaux (supplément). Voir les chapitres sur Genève, Vaud, Neuchâtel et Bienne. ● *vssu.ch* ●

## URGENCES

- ***Police :*** ☎ *117.*
- ***Pompiers :*** ☎ *118.*
- ***Ambulance, urgence sanitaire :*** ☎ *144.*
- ***Secours routier :*** ☎ *140.*
- ***Renseignements météo :*** ☎ *162.*
- ***État des routes :*** ☎ *163.*

# LE BASSIN LÉMANIQUE



## GENÈVE ET LA CAMPAGNE GENEVOISE

**La Suisse romande (francophone) regroupe des territoires très disparates allant de la frontière alsacienne au faîte des Alpes. Mais son centre de gravité démographique se situe incontestablement sur les bords du Léman – ou lac de Genève pour les Anglais, les Allemands et... les Genevois –, partagé avec la Savoie. Les rives du Léman hébergent la grande agglomération genevoise et la plus grande densité de population du canton de Vaud (chef-lieu Lausanne). Cette vaste région urbaine n'est que moyennement industrialisée, mais elle se rattrape dans le secteur tertiaire : banques, sièges de multinationales et organisations internationales à Genève, commerces, enseignement et médecine de pointe à Lausanne, tourisme dans les villes et sur la Riviera vaudoise (Vevey-Montreux). Tout cela a contribué à créer sur les bords du Léman une société cosmopolite et plutôt tolérante.**
**C'est à ce Bassin lémanique, au sens étroit du terme, qu'est consacrée notre première partie. Nous y avons ajouté les Préalpes vaudoises, prolongement de la Riviera. En revanche, le Valais fait l'objet d'un chapitre séparé, et le Jura vaudois est incorporé à l'Arc jurassien.**

## GENÈVE

(1200) 201 200 hab.

• Plan I *p. 62-63* • Plan II *p. 64-65*

**La rade et son jet d'eau, la Croix-Rouge et l'ONU, la Réforme... Comptabilisant 104 km de frontières avec la France et seulement 4,5 km avec le reste de la Suisse, le canton de Genève cultive un certain nombre de stéréotypes. Essayez de trouver un seul vendeur de cartes postales sans le palais des Nations**

**ou son bateau à vapeur passant sous la célèbre tour d'eau plantée au bout du lac Léman. Puis cherchez une illustration des rives du Rhône quelques kilomètres plus bas ou une photo des très belles serres du jardin botanique. Vous risquez de rentrer bredouille. Alors, partez aussi découvrir la Genève moins connue, les petites rues de la vieille ville, et les beaux parcs bordant le lac, qui sont, sans conteste, un des atouts touristiques de la ville.**

## UN PEU D'HISTOIRE

Géographiquement, le ***canton de Genève*** ressemble à une enclave française. Cette disposition extrême reflète l'histoire du canton, le dernier à avoir été rattaché à la Confédération. Jules César mentionne pour la première fois en 58 av. J.-C. la *Genava* antique. En fait, les Romains occupent déjà les lieux depuis 200 ans, mais, à cette date, César doit remonter dare-dare sur *Genava* pour couper le pont sur le Rhône, afin d'arrêter les Helvètes qui envisagent sérieusement de s'aventurer dans le sud-ouest de la France. Mission réussie, d'ailleurs.

Suite du feuilleton : les Burgondes chassent définitivement les Romains au Ve s, avant de se faire eux-mêmes bousculer par les Francs. Puis c'est au tour des comtes de Bourgogne avant que la ville ne tombe dans les mains du Saint Empire romain germanique (1033). Au XVe s Genève devient (déjà) une place financière d'envergure internationale. La ville tient une position géographique stratégique, sa monnaie est déjà stable et les opérations de change peuvent être réalisées sans crainte. En effet, l'évêque local concède des franchises qui évitent de transgresser les lois canoniques contre le prêt à intérêt ! Du coup, les banquiers des pays voisins s'installent dans ce paradis pour leur profession, dont la population double en 40 ans.

En 1463, Louis XI interdit aux marchands fréquentant les foires de Lyon de se rendre à Genève. Fâchés, les Genevois se tournent alors vers leurs principaux partenaires commerciaux, les Suisses et les Allemands. Ils adhèrent également aux nouvelles idées religieuses, importées d'Allemagne via Luther. En 1536, les autorités locales adoptent la Réforme et reçoivent à bras ouverts tous les réfugiés qui fuient leur pays à cause de leur attachement à la foi nouvelle. Arrive alors le Français Calvin qui va imposer ses idées. Le mot n'est pas trop fort, car si Genève devient – grâce à lui – la « Rome protestante », elle le doit notamment aux sévères « ordonnances somptuaires » qui, grossièrement résumées, mettent hors la loi le bien-être et la joie de vivre. Toujours est-il que les réfugiés, les huguenots particulièrement, contribuent considérablement au développement de la cité, grâce à leur argent et à leur industrie (l'art de la soie, de l'imprimerie, et l'horlogerie surtout).

Au début du XVIIe s, Genève est riche, célèbre, forcément peu appréciée des catholiques, donc des Français et des Savoyards, et alliée aux confédérés. Elle a peur, et elle a ses raisons. L'échec de la prise de Genève a l'avantage de calmer les velléités savoyardes et de donner un peu de répit aux Genevois, qui restent cependant constamment sur leurs gardes.

Pendant 2 siècles, les Natifs, descendants des réfugiés huguenots sans droits politiques, et le gouvernement aristocratique se disputent. En 1798, la ville devient le chef-lieu du département français du Léman pour 15 ans. Le 1er juin 1814, après l'effondrement de l'Empire napoléonien, les troupes suisses débarquent au Port-Noir, et Genève devient définitivement le 22e canton suisse. Ciao la France !

### CHAUD DEVANT !

*Le 12 décembre 1602, le duc de Savoie tente de prendre la ville. C'est la fameuse nuit de l'Escalade. Depuis 1882, les confiseurs proposent des marmites en chocolat que l'on casse ce jour-là, pour commémorer l'épisode célèbre où la Mère Royaume (originaire de Lyon) ébouillanta un soldat ennemi en lui lançant à la tête une marmite de soupe brûlante, juste avant de donner l'alerte...*

Progressivement, la Genève actuelle se construit. En 1847, elle se dote même, une année avant la Suisse, d'une Constitution (toujours en vigueur). Et surtout, elle développe une politique d'accueil très libérale pour les réfugiés politiques venant de toute l'Europe. C'est dans ce climat qu'Henri Dunant, avec l'aide du général Dufour, commandant en chef de l'armée fédérale lors de la guerre du Sonderbund (guerre civile entre les cantons conservateurs et le reste de la Confédération), fonde le Comité international de la Croix-Rouge (1863). En 1898, Sissi, impératrice d'Autriche, est poignardée par un anarchiste à l'embarcadère du quai du Mont-Blanc ; elle meurt peu de temps après à l'hôtel *Beau-Rivage*. À cette époque, Genève accueille de nombreux réfugiés politiques de tous bords, dont Lénine de 1905 à 1908. Le rôle international de Genève s'affirme avec l'installation en 1919 de la Société des nations. En 1930, la ville absorbe les communes de Plainpalais, des Eaux-Vives et du Petit-Saconnex. Après la Seconde Guerre mondiale, l'ONU et de nombreuses organisations internationales installent leur siège à Genève, favorisant ainsi le développement du tourisme d'affaires.

Aujourd'hui, quelque 60 consulats et 250 organisations internationales font de Genève, en plus de la deuxième ville des Nations unies (avant même que la Suisse y adhère en 2002), la ville la plus cosmopolite de Suisse.

### UN RÉFUGIÉ GÊNANT

*Un haut-relief sculpté sur la tour médiévale de la place du Molard (dans la vieille ville, entre la rue du Marché et la rue du Rhône) rappelle que Genève a accueilli des réfugiés depuis toujours. Beaucoup de Suisses n'apprécient guère que le seul représenté soit Lénine et sa barbichette, l'un des personnages les plus sanguinaires de l'histoire.*



## Arriver – Quitter

### En train

**Gare ferroviaire Cornavin** *(SBB/CFF ; plan I, D3-4,* **5***) : pl. de Cornavin. ☎ 0900-300-300 (1,19 Fs/mn). ● cff.ch* ● Départs et arrivées des trains pour la Suisse et la France.

➢ TGV direct Paris-Genève. Liaisons avec Lausanne ttes les 30 mn.

**Gare ferroviaire des Eaux-Vives** *(SNCF ; plan I, G5,* **6***) :* ***fermée pour travaux jusqu'à fin 2019.*** *À cette date, le projet transfrontalier CEVA (Cornavin-Eaux-Vives-Annemasse) entrera en fonction.* En remplacement, des cars desservent la gare SNCF d'Annemasse. Autre solution, bus nº 61 depuis la gare Cornavin jusqu'à la gare d'Annemasse (env 40 mn). Depuis Annemasse, trains pour Évian, Chamonix... *Rens : ● sncf.com ●*

**Gare ferroviaire Cointrin** *(aéroport ; hors plan I par A2) : ☎ 0900-300-300 (1,19 Fs/mn). ● cff.ch ● Liaisons avec le centre-ville par les bus nos 5 et 10.*

### En avion

✈ **Genève-Aéroport** *(hors plan I par A3) : ☎ 022-717-71-11. ● gva.ch ● Rens vols : ☎ 0900-571-500 (1,19 Fs/mn).*

Attention, l'aéroport comporte un secteur français et un secteur suisse ; il faut passer la douane pour aller de l'un à l'autre.

Antenne de l'***office de tourisme*** *(☎ 022-717-80-83)* au niveau des arrivées. Tlj 7h-23h.

➢ Pour aller au centre-ville, compter 7 mn de train jusqu'à la gare centrale de Genève (5 trains/h aux heures de pointe) ou 15 mn avec les bus nos 5 ou 10 (arrêt au niveau enregistrement devant ou sur le côté de la gare CCF). Il est possible de retirer un billet de transport gratuit au distributeur en zone de récupération des bagages (niveau « Arrivées »). Pratique, ce billet *Unireso* permet d'utiliser les transports publics en ville dans le canton de Genève durant 80 mn.

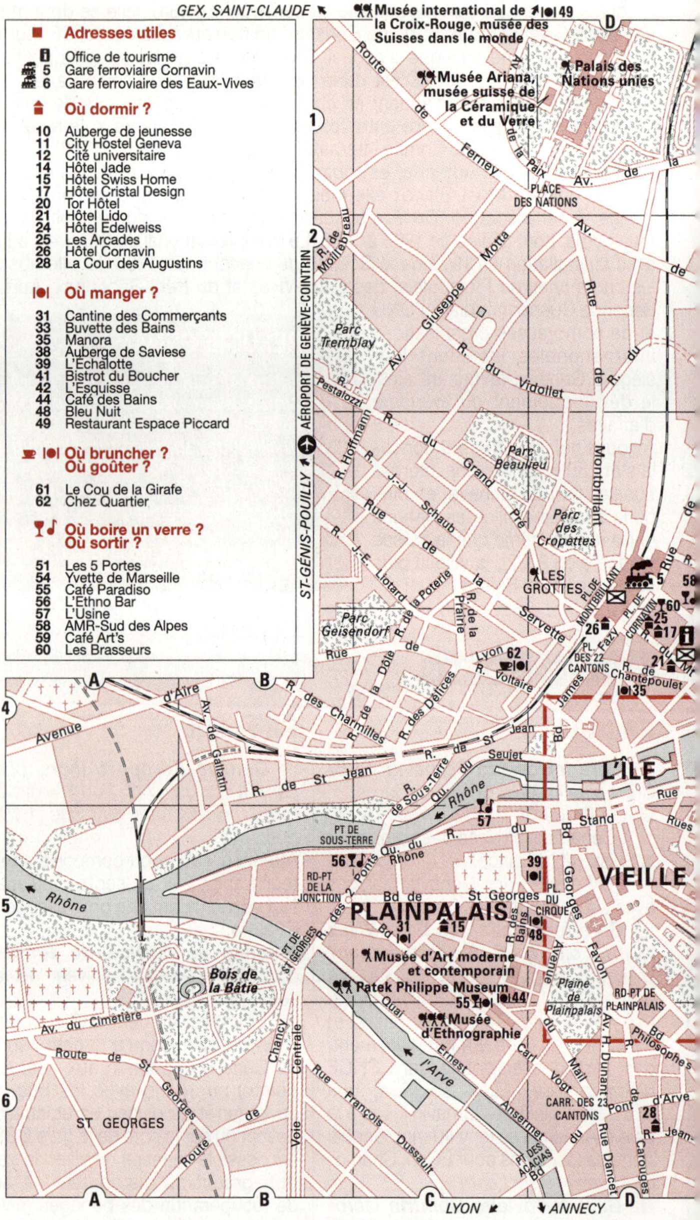
Adresses utiles
Office de tourisme
5 Gare ferroviaire Cornavin
6 Gare ferroviaire des Eaux-Vives
Où dormir ?
10 Auberge de jeunesse
11 City Hostel Geneva
12 Cité universitaire
14 Hôtel Jade
15 Hôtel Swiss Home
17 Hôtel Cristal Design
20 Tor Hôtel
21 Hôtel Lido
24 Hôtel Edelweiss
25 Les Arcades
26 Hôtel Cornavin
28 La Cour des Augustins
Où manger ?
31 Cantine des Commerçants
33 Buvette des Bains
35 Manora
38 Auberge de Saviese
39 L'Échalotte
41 Bistrot du Boucher
42 L'Esquisse
44 Café des Bains
48 Bleu Nuit
49 Restaurant Espace Piccard
Où bruncher ? Où goûter ?
61 Le Cou de la Girafe
62 Chez Quartier
Où boire un verre ? Où sortir ?
51 Les 5 Portes
54 Yvette de Marseille
55 Café Paradiso
56 L'Ethno Bar
57 L'Usine
58 AMR-Sud des Alpes
59 Café Art's
60 Les Brasseurs
GEX, SAINT-CLAUDE
Musée international de la Croix-Rouge, musée des Suisses dans le monde
Musée Ariana, musée suisse de la Céramique et du Verre
Palais des Nations unies
PLACE DES NATIONS
ST-GÉNIS-POUILLY AÉROPORT DE GENÈVE-COINTRIN
Parc Tremblay
Parc Beaulieu
Parc des Cropettes
LES GROTTES
Parc Geisendorf
PL. DES 22 CANTONS
L'ÎLE
VIEILLE
PLAINPALAIS
PT DE SOUS-TERRE
RD-PT DE LA JONCTION
PL. DU CIRQUE
Musée d'Art moderne et contemporain
Patek Philippe Museum
Musée d'Ethnographie
Plaine de Plainpalais
RD-PT DE PLAINPALAIS
CARR. DES 23 CANTONS
Bois de la Bâtie
Rhône
l'Arve
ST GEORGES
LYON
ANNECY

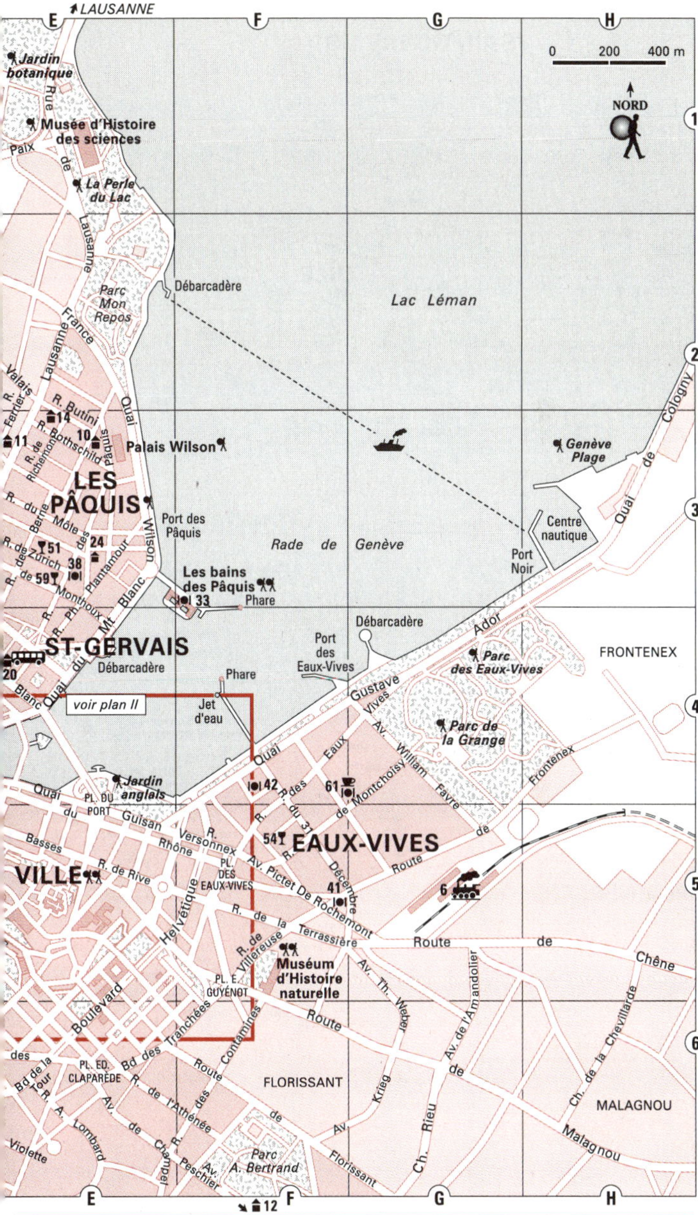


GENÈVE – Ensemble (Plan I)

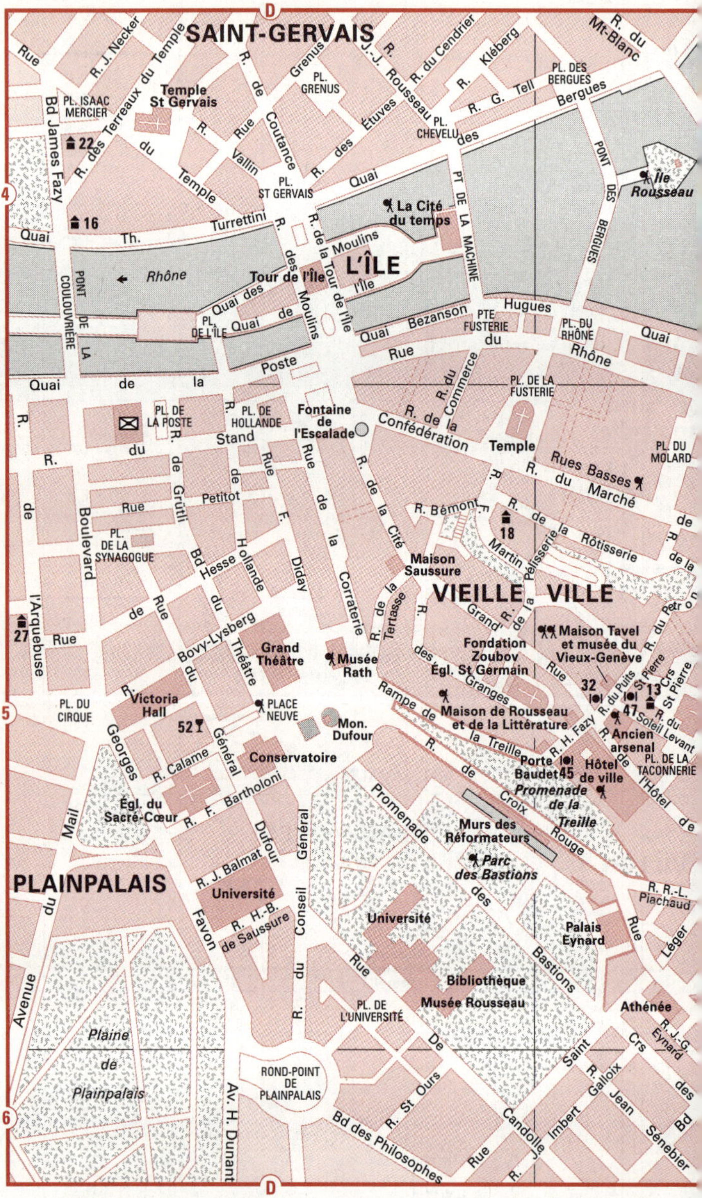
D
SAINT-GERVAIS
R. J. Necker
Rue
PL. ISAAC MERCIER
Bd James Fazy
R. des Terreaux du Temple
Temple St Gervais
R. de Coutance
Grenus
PL. GRENUS
R. J.-J. Rousseau
R. du Cendrier
R. Kléberg
PL. DES BERGUES
R. du Mt-Blanc
R. G. Tell
Bergues
PL. CHEVELU
des
R. du Temple
Rue Vallin
R. des Étuves
Quai des Bergues
PONT DES BERGUES
Île Rousseau
22
16
Quai Th. Turrettini
PL. ST GERVAIS
La Cité du temps
PT DE LA MACHINE
R. de la Tour de l'Île
Moulins
L'ÎLE
Tour de l'Île
l'Île
R. des Moulins
Rhône
PONT DE LA COULOUVRIERE
Quai des Moulins
PL. DE L'ÎLE
Quai de l'Île
Quai Bezanson Hugues
PTE FUSTERIE
PL. DU RHÔNE
Quai du Rhône
Rue du Rhône
Quai de la Poste
R. du Commerce
PL. DE LA FUSTERIE
PL. DE LA POSTE
PL. DE HOLLANDE
Fontaine de l'Escalade
R. de la Confédération
Temple
PL. DU MOLARD
R. du Stand
R. de Grütli
Rue de Hollande
Rue de la Corraterie
R. de la Cité
Rues Basses
R. du Marché
R. Bémont
18
R. de la Rôtisserie
R. de la Pélisserie
R. Martin
Rue Petitot
Boulevard
PL. DE LA SYNAGOGUE
Bd du Théâtre
R. Hesse
R. F. Diday
Maison Saussure
VIEILLE VILLE
R. de la Tertasse
Grand Rue
Maison Tavel et musée du Vieux-Genève
R. du Perron
Fondation Zoubov
Égl. St Germain
R. des Granges
R. du Puits St Pierre
Crs St Pierre
32
13
47
R. du Soleil Levant
Rue de l'Arquebuse
27
Rue Bovy-Lysberg
Grand Théâtre
Musée Rath
Rampe de la Treille
Maison de Rousseau et de la Littérature
Ancien arsenal
PL. DE LA TACONNERIE
R. de l'Hôtel de Ville
PL. DU CIRQUE
R. Victoria Hall
PLACE NEUVE
Mon. Dufour
Conservatoire
52
R. Georges
R. Calame
R. Général
R. F. Bartholoni
Porte Baudet
45
Hôtel de ville
R. H. Fazy
Promenade de la Treille
R. de la Croix Rouge
Égl. du Sacré-Cœur
Mail
Promenade des Bastions
Murs des Réformateurs
Parc des Bastions
R. J. Balmat
Dufour
Général
PLAINPALAIS
Université
R. H.-B. de Saussure
Favon
R. du Conseil Général
Université
Palais Eynard
R. R.-L. Piachaud
Rue Léger
Bibliothèque
Musée Rousseau
Rue De Candolle
PL. DE L'UNIVERSITÉ
Athénée
R. J.-G. Eynard
Avenue du Mail
Plaine de Plainpalais
ROND-POINT DE PLAINPALAIS
Av. H. Dunant
R. St Ours
Bd des Philosophes
Saint Crs
R. Galloix
R. Jean Imbert
Bd des Sénebier
4
5
6
D

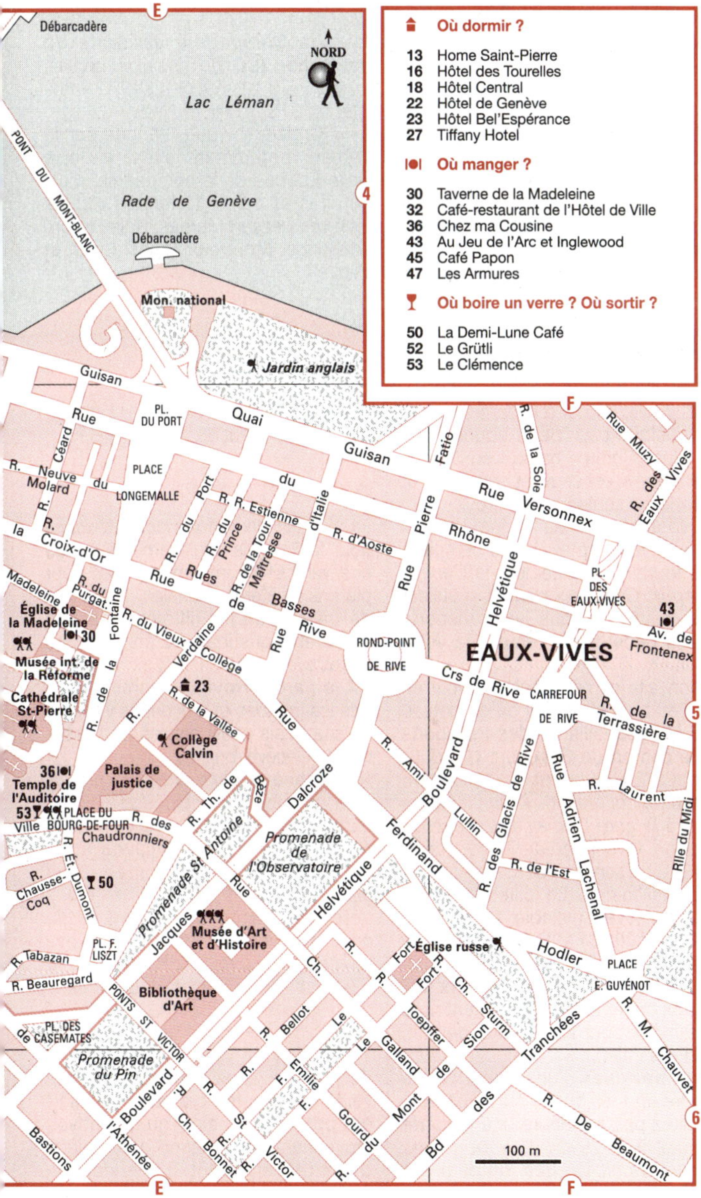


Où dormir ?

- **13** Home Saint-Pierre
- **16** Hôtel des Tourelles
- **18** Hôtel Central
- **22** Hôtel de Genève
- **23** Hôtel Bel'Espérance
- **27** Tiffany Hotel

Où manger ?

- **30** Taverne de la Madeleine
- **32** Café-restaurant de l'Hôtel de Ville
- **36** Chez ma Cousine
- **43** Au Jeu de l'Arc et Inglewood
- **45** Café Papon
- **47** Les Armures

Où boire un verre ? Où sortir ?

- **50** La Demi-Lune Café
- **52** Le Grütli
- **53** Le Clémence

**GENÈVE – Centre (Plan II)**

➢ Des **bus** également (les n$^{os}$ 5, 5+ et 10 passent par la gare Cornavin).
– Le ***taxi*** vous coûtera env 40 Fs.

## En bus

🚌 ***Gare routière*** *(plan I, E4)* : *pl. Dorcière (à gauche en descendant la rue du Mont-Blanc). ☎ 0900-320-230 (1,50 Fs/mn). ● gare-routiere.com ●* Rendez-vous des cars pour les trajets nationaux (une trentaine de stations de ski desservies) ou internationaux et des bus assurant les excursions interrégionales.

## En bateau

Avec la ***Compagnie générale de navigation (CGN)*** : *au Jardin anglais (plan II, E4). ☎ 0900-929-929 (infoline, 0,50 Fs/mn) pour Genève. ● cgn.ch ●* Croisières toute l'année sur le Léman, notamment avec la flotte *Belle Époque* de la compagnie, mais horaires et trajets fortement réduits en hiver. Dessert Morges, Rolle, Nyon, Lausanne, Montreux ; aussi Évian et Yvoire.



# Comment circuler ?

Si vous avez réussi à caser votre voiture quelque part, ne la bougez surtout plus ! Comme partout en Suisse, le centre-ville est souvent encombré et les parkings souterrains onéreux.
– Si vous résidez au moins 1 nuit à Genève, votre hôtel (AJ ou camping) vous fournira gratuitement la *Geneva Transport Card,* qui permet d'utiliser sans restriction tous les transports publics genevois le temps de votre séjour.
– Sinon, à la journée, déplacez-vous en tram, en bus, en trolley ou en bateau avec *Unireso* (alliance des transports sur le canton de Genève) : *☎ 0800-022-020-20 (lun-ven 7h-19h, sam 9h-17h, appel gratuit). ● tpg.ch ● Guichets à la gare Cornavin et au rond-point de Rive (lun-ven 7h-19h, sam 9h-18h).* Le service est assuré grosso modo 5h-minuit. Le billet standard « tout Genève » (valable 1h sur tt le réseau) coûte 3 Fs. Préférez la carte journalière à 8 Fs (valable 9h-minuit) ou celle de 24h à 10 Fs (valable pour 2 le sam ou le dim). Également des *Noctambus* pour les oiseaux de nuit, 3,50 Fs le trajet.
– Pour ***naviguer*** d'une rive à l'autre ou faire un tour du lac sur le canton, n'hésitez pas à prendre une *Mouette (☎ 022-732-29-44 ; ● mouettes genevoises.ch ●).* Les bateaux M1 et M2 (Pâquis-Molard et Pâquis-Eaux-Vives) circulent ttes les 10 mn, les M3 (Genève Plage-Port Noir) et M4 (Chateaubriand-Port Noir) ttes les 30 mn, 7h15-19h30 (21h en été). On les emprunte soit avec un billet d'*Unireso,* soit avec le « saut de puce » à 2-3 Fs.

## À pied et à vélo

La ville fait des efforts considérables pour faciliter les déplacements à pied et à vélo. Elle a imprimé un plan pour piétons invétérés, signalant les temps de trajet entre les différents centres d'intérêt touristique, et un plan des pistes cyclables.
– ***À la gare ferroviaire,*** comme dans ttes les grandes et moyennes villes de Suisse, mais aussi auprès de l'association *Genève roule :*
■ ***Genève roule*** : *antenne principale pl. Montbrillant 17 (derrière la gare Cornavin). ☎ 022-740-13-43. ● geneveroule.ch ● Fin avr-oct, tlj 8h-21h ; le reste de l'année, tlj sf dim 8h-18h. 9 stations en tt : 3 ouv tte l'année (pl. de Montbrillant, ruelle des Templiers 4, Meyrin) plus 4 ouv slt mai-oct : bains des Pâquis (plan I, F3), pl. du Rhône (plan II, E4), plaine de Plainpalais (plan I, D5-6), et pl. des Nations (plan I, D1). 2 autres à Carouge et Versoix.* Association de prêt de vélos sponsorisés. Des vélos sont prêtés gratuitement mai-oct pdt 4h max, ainsi qu'un antivol, moyennant présentation d'une pièce d'identité et dépôt d'une caution en espèces. Restitution avt 19h ou 21h selon les antennes. Le reste de l'année, loc de vélos moyennant env 12-25 Fs/j. selon modèle (vélos électriques disponibles).

## Adresses et infos utiles

### Infos touristiques

**Office de tourisme** (plan I, D4) **:** *rue du Mont-Blanc 18. ☎ 022-909-70-00. • geneve.com • Tlj 9h (10h lun, dim et j. fériés)-18h (16h dim et j. fériés).* Demandez la *Geneva Pocket Map,* carte ludique et personnalisée avec les incontournables de la ville. On peut aussi s'y procurer le *Geneva Pass* *(26 Fs/24h, 37 Fs/48h, 45 Fs/72h)* qui permet d'obtenir des réductions, voire la gratuité, dans une quarantaine d'attractions et de sites.

– *Promenade guidée à pied dans la vieille ville : ts les sam 10h-12h ; rdv devant l'office de tourisme. 15 Fs/pers ; réduc. Également lun 10h-12h en juil-août. GRATUIT avec le* Geneva Pass.

– Autre solution : l'audioguide à 18 Fs (2 visites : vieille-ville et quartier des organisations internationales). Ainsi que beaucoup d'autres propositions de visites plus originales.

– *Résas de chambres d'hôtel (5 Fs) : à l'office de tourisme.*

### Services

✉ **Poste principale :** *rue du Mont-Blanc 18 (plan I, D4). Lun-ven 7h30-18h, sam 9h-16h.*

### Représentations diplomatiques

■ **Consulat de France :** *cours des Bastions 2. ☎ 022-319-00-00. • consulfrance-geneve.org • Lun-ven 8h30-14h30. Rdv par tél obligatoire pour l'ap-m et les demandes de visas.*

■ **Mission permanente du Canada auprès de l'Office des Nations unies :** *av. de l'Ariana 5. ☎ 022-919-92-00.*

LE BASSIN LÉMANIQUE

## Où dormir ?

L'hôtellerie genevoise vit (et vit très bien) grâce au tourisme d'affaires. Souvent complets en semaine, les hôtels offrent des promotions le week-end avec des prix plus alléchants. N'hésitez donc pas à surveiller les offres sur Internet ; vous pourrez ainsi trouver des prix intéressants dans les 3-4 étoiles.

L'office de tourisme propose différents forfaits week-end comprenant la nuit à l'hôtel, le petit déjeuner, la carte de transports *Unireso,* et différentes prestations supplémentaires selon le type de forfaits. *• geneve.com •*

### De bon marché à prix moyens

**Auberge de jeunesse** (plan I, E3, **10**) **:** *rue Rothschild 28-30. ☎ 022-732-62-60. • genevahostel.ch • Dans le quartier des Pâquis. Tte l'année, tlj 24h/24, check-in dès 14h. Dortoir 36 Fs/pers, petit déj et draps inclus. Doubles 100-110 Fs selon confort. Dîner 16 Fs.* Cette AJ de 330 lits est proche du lac, ce qui permet de rejoindre très agréablement le centre-ville en longeant les quais. Au choix, des dortoirs de 6 à 12 lits, mais aussi quelques quadruples et doubles dont certaines avec douche et terrasse au dernier étage. Laverie et vaste salle à manger... Peu de charme pour ce bâtiment en béton, mais bon accueil de l'équipe.

**City Hostel Geneva** (plan I, E3, **11**) **:** *rue Ferrier 2. ☎ 022-901-15-00. • cityhostel.ch • Non loin de la gare. Réception 7h30-12h, 13h-minuit. Résa obligatoire par Internet. Séjour max 8 nuits. Compter 33-41 Fs/pers en petit dortoir à 3 ou 4 lits. Doubles (eco-rooms) 89-100 Fs. Parking payant (10 Fs). Consigne gratuite.* L'établissement offre 54 chambres avec lavabo (toilettes et douches nickel à l'étage). Pas de petit déj, mais cuisines bien équipées à disposition avec des casiers particuliers et des compartiments privés dans les frigos. Laverie. Bonne ambiance, accueil chaleureux, enfants acceptés (espace jeux au sous-sol).

**Cité universitaire** (hors plan I par F6, **12**) **:** *av. de Miremont 46. ☎ 022-839-22-22 ou 022-839-22-39 quand la réception est fermée.*

*• cite-uni.unige.ch • Bus nos 3 et 21, arrêt « Crêts-de-Champel ». Lun-ven 8h (7h30 en dehors des mois d'été)-12h et 18h-21h ; sam 8h-12h, 18h-21h ; dim 18h-21h. En principe ouv aux touristes en juil-août (mais on peut toujours tenter sa chance pdt l'année universitaire). Compter 23 Fs en dortoir (draps fournis, sacs de couchage interdits) et 52-62 Fs pour une chambre individuelle. Pas de résa pour moins de 3 nuits. Studios 100-110 Fs. Cafétéria : compter 16 Fs. Épicerie.* La cité, composée de barres d'immeubles, est un peu éloignée du centre (10 mn de la vieille ville), mais la vue sur le Salève est agréable et l'endroit s'avère idéal pour nouer des contacts : 90 nationalités s'y croisent tous les jours ! Tennis, parking et jardin avec terrasse.

**Home Saint-Pierre** *(plan II, E5,* **13***) : cours Saint-Pierre 4. Au 1er étage ☎ 022-310-37-07. • homestpierre.ch • Tlj sf dim ap-m 9h-12h, 16h-18h (20h lun et jeu). Compter 33 Fs en dortoir. Double 76 Fs. Petit déj 7,50 Fs tlj sf dim.* Idéalement située sur la place de la Cathédrale, dans un bâtiment chargé d'histoire, cette résidence universitaire est réservée aux femmes, mais pour les séjours longue durée (il y a toutefois un dortoir pour les hommes). On y trouvera donc surtout de la place durant les vacances universitaires et plus particulièrement en été. Cuisine à disposition. Superbe terrasse au dernier étage, avec vue sur Genève et ses toits.

**Hôtel Central** *(plan II, D5,* **18***) : rue de la Rôtisserie 2. ☎ 022-818-81-00. • hotelcentral.ch • Congés : 24 déc-5 janv. Réception au 6e étage d'une galerie marchande. Doubles 115-175 Fs selon confort, petit déj inclus servi en chambre.* Son principal atout réside dans le large éventail d'hébergements proposés, répartis sur plusieurs étages. Des chambres *budget* avec lits superposés et douche (w-c sur le palier) ; des chambres *compact* petites mais avec lit double, douche et w-c ; des *standard* avec douche, w-c, clim, TV et balcon ; et enfin des *large* avec double salle de bains et lits d'appoint escamotables, très bien pour les familles. Ainsi que des suites, des studios, des appartements (jusqu'à 5 personnes), dont 2 très beaux sous les toits avec salon et cuisine équipée. À part ces 2 derniers, l'ensemble manque de charme mais offre un excellent rapport qualité-prix et un très bon accueil.

## Chic

**Hôtel de Genève** *(plan II, D4,* **22***) : pl. Isaac-Mercier 1. ☎ 022-908-54-00. • hotel-de-geneve.ch • À une centaine de mètres du Rhône. Congés : fin d'année. Doubles 200-230 Fs selon confort, petit déj-buffet inclus.* Dans une maison de la fin du XIXe s, au look un peu vieillot, mais dont l'intérieur a été rénové. Charmante réception de type chalet (suisse, bien sûr !) tout en lambris, avec un grand lustre fleuri qui égaie l'ensemble. Une quarantaine de chambres « tout confort », fraîches et ravissantes avec leurs petites frises. Les petites salles de douche en format « compact » ont permis d'offrir les commodités à chacune d'entre elles, mais, pour plus de confort, optez plutôt pour une chambre avec bains. Excellent accueil bien dans le ton de l'ensemble.

**Hôtel Bel'Espérance** *(plan II, E5,* **23***) : rue de la Vallée 1. ☎ 022-818-37-37. • hotel-bel-esperance.ch • En plein cœur de la vieille ville. Bus no 8 depuis la gare, arrêt « Rive ». Congés : fin d'année. Doubles 170-200 Fs, petit déj-buffet inclus.* Autant le savoir, l'établissement appartient à l'armée du Salut. Une quarantaine de chambres simples, modernes et confortables, avec douche ou bains, w-c et TV. Les plus agréables sont au 4e étage. Certaines sont spécialement conçues pour accueillir les familles. Cuisine avec frigos et buanderie à disposition des clients. Un agréable salon ainsi que la grande salle à manger aux meubles anciens confèrent à l'ensemble une ambiance familiale bienvenue. Agréable terrasse au dernier étage, avec vue sur le lac. Accueil prévenant. Un des meilleurs rapports qualité-prix de la ville.

**Tor Hôtel** *(plan I, E4,* **20***) : rue Ami-Lévrier 3. ☎ 022-909-88-20. • torhotel.com • Réception au 3e étage.*

*Doubles standard 130-180 Fs. Petit déj servi en chambre.* Les chambres sont claires, avec quelques notes de couleur et de beaux parquets. L'ensemble est moderne, agréable et très bien tenu. Également des chambres familiales et des studios. Un bon rapport qualité-prix dans sa catégorie.

**Les Arcades** (plan I, D4, **25**) : *pl. de Cornavin 14-16. ☎ 022-715-48-00. • hotel-arcades.ch • Juste en face de la gare. Au 2e étage. Congés : vac de Noël. Selon période, doubles env 160-200 Fs, copieux petit déj inclus. Parking payant.* Si l'ambiance est légèrement exotique à la réception, les chambres, qui s'ordonnent tout autour de la vaste salle à manger intelligemment agencée, sont beaucoup plus sobres. Pas très grandes, elles sont équipées d'une salle de bains, de téléphone, TV, minibar, coffre, etc. Accueil discret et attentionné. Un bon rapport qualité-prix.

**Hôtel des Tourelles** (plan II, D4, **16**) : *bd James-Fazy 2. ☎ 022-732-44-23. • destourelles.ch • À 5 mn de la gare ou du centre. Congés : vac de Noël. Doubles 170-190 Fs selon saison, petit déj inclus.* Dans une maison du XIXe s au bord du Rhône. Les chambres qui donnent sur le fleuve, avec balcon ou petit salon dans l'une des tourelles d'angle, sont grandes, avec cheminées pour certaines. Celles qui donnent sur l'arrière sont plus modernes et plus calmes. Toutes disposent d'une salle de bains (certaines vraiment très petites), de TV, radio, frigo et bouilloire. L'ensemble est quelque peu désuet et la salle de petit déjeuner en contrebas derrière la réception n'est franchement pas des plus avenante.

**Hôtel Lido** (plan I, D4, **21**) : *rue de Chantepoulet 8. ☎ 022-731-55-30. • hotel-lido.ch • Non loin de la gare. Doubles avec bains env 160-190 Fs, petit déj inclus.* Parties communes un peu tristounes, mais chambres fonctionnelles et sobres, bien insonorisées. Salles de bains assez grandes. Un hôtel standard et sans vraiment de charme, mais l'accueil est souriant et le rapport qualité-prix intéressant, en particulier le week-end.

## Très chic

**Hôtel Jade** (plan I, E3, **14**) : *rue Rothschild 55. ☎ 022-544-38-38. • hoteljadegeneva.com • Doubles env 160-330 Fs.* Déco asiatique élégante et de bon ton dès la réception, que l'on retrouve dans les chambres à la fois zen et agréables. Conception selon les préceptes du feng shui. Belles salles de bains noir et gris, avec portes coulissantes. On a beaucoup aimé la jolie salle à manger prolongée d'un jardin ombragé de bambous. Ambiance reposante et accueil chaleureux.

**Hôtel Swiss Home** (plan I, C5, **15**) : *av. de Sainte-Clotilde 7. ☎ 022-322-95-50. • homeswisshotel.ch • Ⓣ 15 ou bus nos 2 et 19. Double env 250 Fs, petit déj compris.* Dans un quartier tranquille (rue non passante), et finalement très proche du centre, cet hôtel propose, derrière un extérieur très convenu, des chambres spacieuses au mobilier design mais sans excès. Du rouge et du blanc (normal !). Vue sur le lac pour certaines. Grande salle de petit déj à la scandinave.

**Hôtel Cristal Design** (plan I, D4, **17**) : *rue Pradier 4. ☎ 022-716-12-22. • fassbindhotels.com • Doubles 250-360 Fs.* À l'angle de deux rues, non loin de la gare, impossible de manquer ce nouvel hôtel à la façade Inox dans les tons bleus et gris. Intérieur design où verre et matériaux modernes dominent. Certains pourront trouver cela un peu froid et trop aseptisé, mais le côté futuriste très XXIe s est pleinement assumé. Chambres assez vastes, avec salle de bains intégrée et tout le confort nécessaire. Superbe vue depuis la salle de petit déjeuner au dernier étage.

**Hôtel Edelweiss** (plan I, E3, **24**) : *pl. de la Navigation. ☎ 022-544-51-51. • hoteledelweissgeneva.com • À 2 mn à pied du lac. Doubles 200-300 Fs selon saison et promos, petit déj en sus.* Oubliez la façade années 1970 : vous pénétrerez dans un univers de chalet suisse typique, qui dispose d'une quarantaine de chambres offrant un confort 3 étoiles. Rien n'y manque : hôtesses et hôtes en costume traditionnel, chambres tout en pin décorées de petites fleurs peintes à la main, et, la touche finale, le resto très kitsch (fresques, cloches de vaches, petits balcons...) et des *yodleurs* avec orchestre folklorique tous les soirs... On s'y croirait. Atmosphère cosy appréciable à réserver aux amateurs du genre.

**Hôtel Cornavin** *(plan I, D4,* **26***)* **:** *bd James-Fazy 23. ☎ 022-716-12-12. • fassbindhotels.ch • Pile à la sortie de la gare. Doubles env 350-465 Fs ; tarifs fortement réduits en saison creuse et promos sur Internet. Petit déj 19 Fs. Salle de fitness et sauna au sous-sol.* Une grosse bâtisse cossue rehaussée de 3 étages de verre, avec un Tintin en plâtre qui vous accueille dès la porte d'entrée. Superbe vue panoramique sur la ville depuis la salle de petit déjeuner et les chambres du dernier étage. Confort haut de gamme et décor contemporain de grand standing. Mondialement connu depuis qu'on sait que le professeur Tournesol y avait ses habitudes. Rappelez-vous, dans *L'Affaire Tournesol,* sous le regard des espions bordures, Tintin et Haddock y croisent leur ami sans l'apercevoir. La chambre nº 122 de Tournesol (qui n'existait pas) a été spécialement créée pour répondre à la demande. Hergé dormit à l'hôtel durant son séjour genevois. Au fond du hall à gauche, la plus haute pendule du monde, construite en 1999 par Jean Kazès. Avec ses 30 m de hauteur et son balancier de 26 m qui s'allonge du rez-de-chaussée au 9e étage, elle figure au *Guinness Book des records.*

**La Cour des Augustins** *(plan I D6,* **28***)* **:** *rue Violette 15. ☎ 022-322-21-00. • lacourdesaugustins.com • Bus nº 35 ou (T) 12. Double standard 395 Fs (réduc importantes sur Internet pour les résas anticipées, voir aussi les offres spéciales).* Ce luxueux 4-étoiles porte la signature du designer américano-suisse Philippe Cramer qui a su insuffler un nouvel esprit à ces 2 bâtiments du milieu du XIXe s, séparés par une cour intérieure. Meubles et objets contemporains apportent une atmosphère on ne peut plus originale, sans parler de la collection d'art africain (appartenant à un collectionneur privé). Les 16 chambres et 24 suites (avec petite cuisine) ont un niveau de confort à la hauteur des tarifs. Excellentissime petit déj buffet.

**Tiffany Hotel** *(plan II, D5,* **27***)* **:** *rue de l'Arquebuse 20. ☎ 022-708-16-16. • tiffanyhotel.ch • Doubles standard env 250-420 Fs, petit déj en sus. Tarifs intéressants sur Internet.* Un bel hôtel de charme à taille humaine (46 chambres), dans le style Art nouveau, avec de belles boiseries et des lampes colorées du fameux maître verrier américain. L'ensemble allie avec bonheur le rétro et le moderne. Les chambres sont sobres et confortables, avec de beaux carrelages dans les salles de bains. Un petit salon vert et bleu rajoute une note de couleur des plus cosy à l'ensemble. Également un beau resto (brunch réputé), avec une remarquable déco fleurie tout en courbes, volutes et colonnes.

## Où dormir dans les environs ?

### Camping

**Camping de Pointe à la Bise :** *chemin de la Bise, 1222* ***Vésenaz.*** *☎ 022-752-12-96. • tcs.ch • À 7 km de Genève et à env 2 km avt la plage de la Savonnière. Bus E, départ de Rive, descendre à « La Bise », puis 10 mn à pied. En voiture : direction Thonon/Évian depuis la pl. du Cirque, puis Hermance. Début avr-début oct. Compter env 45-55 Fs pour 2 selon saison et taille de la tente. Cabanons en bois (pods) 2-3 pers 55-95 Fs. Loc de vélos.* Espace arboré (belle ombre des saules pleureurs), au bord du lac, avec petite plage privée, où un emplacement est réservé à des caravanes à l'année. Il reste néanmoins des places pour campeurs. Supérette, resto, laverie.

### Chambres d'hôtes à la ferme

L'office de tourisme et la chambre d'agriculture éditent une brochure proposant des chambres d'hôtes à la ferme. La plus proche de Genève se trouve à 13 km. Compter environ 60 Fs par personne avec le petit déj.

🏠 ***La Ferme Enchantée*** *(famille Pittet)* ***:*** *chemin de la Croix-de-Plomb 36, 1281* ***Russin.*** *📱 079-479-85-38. • lafermeenchantee.ch • À 13 km de Genève. Suivre l'aéroport, puis direction Meyrin ; après Satigny, suivre Russin. Sinon, RER ttes les 30 mn (jusqu'à minuit). Compter 116 Fs pour 2, taxe de séjour incluse. Petit déj 10 Fs.* Chambres simples, avec douche et w-c sur le palier, coquettement installées dans une charmante exploitation agricole. 2 d'entre elles sont conçues pour accueillir des familles. Dès les beaux jours, le délicieux petit déj (à base de produits du terroir) est servi au jardin. Vue sur les vignes et les collines avoisinantes. Accueil familial et attentionné. Une adresse pittoresque à souhait.

## Où manger ?



### Bon marché

|●| ***Buvette des Bains*** *(plan I, F3,* ***33****)* ***:*** *quai du Mont-Blanc 30. ☎ 022-738-16-16. Tte l'année, tlj 8h (7h en été)-22h30. Petit déj 10 Fs (servi jusqu'à 11h30) ; plat du jour 14 Fs, auxquels il faut ajouter l'entrée (modique) aux bains ; fondue au crémant sept-avr (18h-22h30) 23 Fs. CB refusées.* Littéralement pris d'assaut dès les beaux jours. L'ambiance est du tonnerre : doté d'une terrasse au bord de l'eau, c'est le lieu de rencontre des jeunes et des moins jeunes, des bobos, de la jeunesse dorée, mais aussi des familles. Petite restauration, genre salades et plat du jour, à prix raisonnables. En hiver (ou en cas de pluie), on peut trouver refuge dans la « cabane », aux faux airs de guinguette.

|●| ***Manora*** *(plan I, D4,* ***35****)* ***:*** *rue Cornavin 4. ☎ 022-909-46-99. Lun-mer 9h-19h, jeu 9h-21h, ven 9h-19h30, sam 8h30-18h30. Fermé dim. Plats 6-17 Fs.* Self-service situé au 4e étage du magasin *Manor.* Les plats sont cuisinés devant vous, à la minute. Grand choix, c'est frais et agréable.

|●| ***Chez ma Cousine*** *(plan II, E5,* ***36****)* ***:*** *pl. du Bourg-de-Four 6. ☎ 022-310-96-96. Mêmes établissements rue Lissignol 5 (quartier Saint-Gervais) et chemin du Petit-Saconnex 2 (non loin du palais des Nations unies). Service non-stop tlj 11h-23h30. Résa impossible (sf chemin du Petit-Saconnex : ☎ 022-733-79-85). Compter env 16 Fs pour un ½ poulet. Menu enfant 10 Fs.* Un décor pseudo-campagnard et une terrasse très convoitée dans la rue piétonne. Du poulet, encore du poulet et toujours du poulet sous toutes ses formes (bouillon, rôti, en salade...) ; normal, le poste de police est en face ! Rien de gastro, mais la formule permet de se restaurer dans la vieille ville sans casser sa tirelire. Desserts un peu plus diversifiés. Service agréable.

|●| ***Inglewood*** *(plan II, F5,* ***43****)* ***:*** *av. de Frontenex 5. ☎ 022-736-63-00. ☎ 022-700-27-85. Tlj sf dim 11h30-14h30, 19h-22h. Burgers 15-24 Fs.* Fondé par 2 frères, le temple du burger à Genève, qui a lancé la mode du burger en Suisse : produits locaux et sauces maison, accompagné de bonnes frites bien croustillantes et d'une bière pression genevoise. De quoi caler les plus affamés. Également une seconde adresse à Plainpalais *(bd du Pont-d'Arve 44).*

### Prix moyens

|●| ***Taverne de la Madeleine*** *(plan II, E5,* ***30****)* ***:*** *rue Toutes-Âmes 20. ☎ 022-310-60-70. Ts les midis sf dim et j. fériés. Congés : vac de Noël. Plat du jour seul 18 Fs, avec entrée ou dessert 23 Fs ; menu « fourchette verte » 25,50 Fs.* Bonne adresse pour le déjeuner, beaucoup de choix ; croûte au fromage, assiettes végétariennes, salades variées... Le cadre est assez banal si l'on considère qu'il s'agit du plus vieux restaurant de Genève, dans une ancienne bâtisse du XVIe s, mais la jolie terrasse surélevée bien au calme est bien agréable. Bonne cuisine et service efficace. Attention, la maison ne sert aucun alcool !

|●| ***L'Échalotte*** *(plan I, C-D5,* ***39****)* ***:*** *rue des Rois 17. ☎ 022-320-59-99. Ouv*

*lun-ven. Congés : fin juil-début août et Noël-Nouvel An. Plat du jour 21 Fs à midi, 25 Fs le soir ; plats 32-43 Fs.* Sympathique resto situé dans le quartier de Plainpalais et proposant une bonne cuisine française de bistrot servie dans 2 salles agréables. Menu à prix correct, avec des propositions comme le tartare de saumon frais ou l'onglet à l'échalote. Si la terrine de chocolat est à l'ordre du jour, ne la manquez surtout pas !

**Bistrot du Boucher** *(plan I, F5,* ***41****) : av. Pictet-de-Rochemont 15. ☎ 022-736-56-36. Tlj sf mer midi, sam midi, dim et j. fériés. Congés : de mi-juil à mi-août. Plat du jour à midi 22 Fs, sinon plats 30-51 Fs.* Quand la vache est dehors, le resto est ouvert ! À réserver aux amateurs de viande, de bœuf essentiellement, de Simmental plus précisément (une excellente race bouchère !). Steaks, entrecôtes, côtes de bœuf ou onglets, mais aussi en carpaccio ou en tartare. Le chariot de desserts est à la hauteur. On se croirait dans une ancienne boucherie rénovée, mais tout est absolument faux, y compris les boiseries et les moulures du plafond... Allez faire un tour du côté des toilettes pour avoir un petit cours d'anatomie comparée.

**Auberge de Saviese** *(plan I, E3,* ***38****) : rue des Pâquis 20. ☎ 022-732-83-30. Tlj midi et soir. Résa conseillée le soir. Fondues 24-29 Fs, menu raclette 33 Fs.* Populaire, dans un quartier qui l'est tout autant et, autant le dire, touristique. Beaucoup de personnes travaillant dans les institutions internationales et séjournant au *Novotel* voisin y ont leur rond de serviette. Rien de renversant, mais les fondues et autres raclettes permettent de se caler un creux, dans un décor typique. Plats de viande également.

## Chic

**Bleu Nuit** *(plan I, D5,* ***48****) : rue du Vieux-Billard 4. ☎ 022-328-34-44. Tlj midi et soir sf dim-lun. À midi en sem, plat du jour env 22 Fs, menus 29-35 Fs. Sinon, plats 35-45 Fs.* Hauts plafonds d'époque, tables et plancher en bois, affiches vintage de groupes des années 1960-70, le *Bleu Nuit* évoque, sans nostalgie, un bar des années 1990, lieu alternatif bien connu des Genevois alors. La carte est courte et inclut quelques plats bien tournés, dont quelques plats indiens. Avant de partir, jetez un oeil : tout au fond, une porte de frigo donne accès à un bar à cocktails caché, genre *speakeasy.*

**Cantine des Commerçants** *(plan I, C5,* ***31****) : bd C.-Vogt 29. ☎ 022-328-16-70. Ouv midi et soir sf dim-lun. En sem, à midi plat du jour 21 Fs et menu du jour 28 Fs. Menu découverte du marché 48 Fs ; plats 28-38 Fs.* Une cantine, vraiment ? Bien plus, en fait. Ici, on propose le mariage de ce qu'il faut de créativité et de tradition pour offrir des plats très bien exécutés, dans une présentation et un dressage soigné. La carte suit les saisons. Accueil attentionné.

**Café-restaurant de l'Hôtel de Ville** *(plan II, E5,* ***32****) : Grand'Rue 39. ☎ 022-311-70-30. Service non-stop tlj 11h30-23h30. Plat du jour (avec potage) 20 Fs. Menus 40-67 Fs, plats typiques 31-43 Fs.* Sous ses airs touristiques, cette authentique brasserie est une des institutions du vieux Genève, connue aussi sous le nom de *Chez l'Père Glôzu.* Au rez-de-chaussée, le temps semble s'être arrêté, et les amateurs apprécieront l'impressionnante collection de casquettes qui décorent la salle. Au 1er, salle plus sobre et plus bourgeoise. Petite terrasse également pour les beaux jours. Les serveurs en habit assurent un service alerte et zélé. Filets de perche, fondues et tartares figurent en bonne place sur la carte, mais la maison propose aussi toutes sortes de spécialités locales plus confidentielles, comme la trilogie de saucisses genevoises et son gratin de cardons à la crème, ou le pied de porc farci... Gage de qualité, la plupart des produits sont labellisés.

**L'Esquisse** *(plan I, F4,* ***42****) : rue du Lac 7. ☎ 022-786-50-44. Tlj sf dim, lun et sam midi. Plat du jour env 20 Fs, autres plats 27-58 Fs.* Un bistrot chic et gourmand proposant une cuisine qui s'équilibre entre terre et mer. La carte assez courte propose des classiques, revisités et allégés, avec un zest d'exotisme. Excellent tartare. Certes, ce n'est pas donné, mais les plats sont préparés avec des produits de qualité et d'une grande fraîcheur. L'ambiance intime et tamisée, sans oublier le service prévenant, achève de faire passer l'addition.

**Au Jeu de l'Arc** *(plan II, F5, **43**) : av. de Frontenex 5. ☎ 022-736-88-54. Lun-ven 12h-14h, 19h-23h ; w-e 19h-23h. Congés : 1 sem en janv et 2 sem à Pâques. Suggestions du jour 19-23 Fs, plats 24-68 Fs.* Les restos italiens foisonnent à Genève. Voici notre préféré, un peu plus cher peut-être que les autres mais aussi plus gastro, moins bruyant et avec un décor accueillant et romantique. Et ça fait plus de 50 ans que ça dure ! Spécialités de pâtes maison et, surtout, menu truffe en saison pour les amateurs, ou entrecôte Orlanni (au beurre truffé).

**Café Papon** *(plan II, E5, **45**) : rue Henri-Fazy 1. ☎ 022-311-54-28. Fermé dim. Résa conseillée. Plat du jour lun-sam à midi 23 Fs, autres plats 33-45 Fs.* Ce célèbre café doit son nom à son premier exploitant en 1808. À quelques pas du mur des Réformateurs, sur une grande terrasse à l'ombre des marronniers (face au bac en bois de la promenade de la Treille) ou dans la salle à manger sous les voûtes, c'est l'occasion de déguster des plats traditionnels bien préparés et servis avec le sourire, arrosés de crus genevois de qualité. Desserts concoctés selon l'inspiration du jour. Il n'est pas rare d'y croiser des édiles du canton.

**Les Armures** *(plan II, E5, **47**) : rue du Puits-Saint-Pierre 1. ☎ 022-310-34-42. Au cœur de la vieille ville. Service non-stop tlj 12h-22h30. Plat du jour le midi 20 Fs, plats 20-48 Fs.* Le resto chic de l'hôtel du même nom, encore plus chic. Tables dressées sur une plaisante terrasse à la belle saison. Intérieur rustique, poutres apparentes ; *salle des Artistes* à l'étage et *oubliettes* au sous-sol (le *Carnozet*). Idéal pour tester quelques fleurons de la cuisine suisse : viande séchée des Grisons, assiette valaisanne, fondues, raclette, etc. Service stylé et diligent.

**Café des Bains** *(plan I, C5, **44**) : rue des Bains 26. ☎ 022-320-21-22. À l'angle de la rue du Vieux-Grenadier. Fermé lun soir, sam midi et dim. À midi, menus du jour 24-29 Fs ; plats 32-50 Fs.* Cet ancien bistrot de quartier situé, cela tombe bien, en face du *musée d'Art moderne et contemporain* fait partie des quelques restos branchés de Genève et tient parfaitement son rang. La carte, régulièrement renouvelée, fait la part belle aux cuisines du monde. Bons desserts (heureusement car ils ne sont pas donnés !). Et aussi un sympathique (et insoupçonnable) patio qui fait la différence.

**Restaurant Espace Piccard** *(hors plan I par D1, **49**) : château de Penthes (rubrique « À voir »). ☎ 022-734-48-65. Tlj à midi, ainsi que mer, jeu et ven soir mars-déc. Salon de thé 9h-17h30 l'hiver (19h30 l'été). Plat du jour 22 Fs, menus midi 52-61 Fs, le soir menu 69 Fs et carte.* Une brasserie chic, certes, mais accessible le midi avec son plat du jour. Cuisine de saison réalisée avec de beaux produits. Selon la saison, vous pourrez vous installer soit dans l'élégante salle « des 100 Suisses », ornée de tableaux d'époque, soit sous la lumineuse véranda contemporaine, soit en terrasse dans le jardin. La carte des vins, en cohérence avec le musée, propose la production de vignerons suisses du cru ou qui se sont expatriés. Fait aussi salon de thé.



## Où bruncher ? Où goûter ?

**Chez Quartier** *(plan I, C-D4, **62**) : rue Voltaire 24. ☎ 022-344-53-21. Tlj sf lun (mais ouv j. fériés) 7h-19h. À partir de 9,50 Fs.* Un petit salon de thé cosy rose bonbon, garni de porcelaine et décoré d'antiques boîtes de chocolats. On y mange toutes sortes de petits sandwichs végétariens, de viennoiseries et autres douceurs. Miel du pays et grand choix de thés. Bonne adresse pour le brunch ou le petit déj. Petite terrasse coquette.

**Le Cou de la Girafe** *(plan I, F-G4, **61**) : rue Maunoir 18. ☎ 022-700-96-32. Mar-ven 8h-minuit, sam 10h-1h, dim 10h-19h. À partir de 16 Fs* *la formule.* Dans le quartier des Eaux-Vives, un endroit bien connu des Genevois, sympa, décontracté et agréable, avec des meubles chinés, canapés et tables rondes, pour prendre un thé, manger sur le pouce une tarte maison ou bien bruncher le dimanche.

## Où boire un verre ? Où sortir ?

### Autour du centre historique

**La Demi-Lune Café** *(plan II, E5,* ***50****) : rue Étienne-Dumont 3. ☎ 022-312-12-90. Tlj sf sam midi 10h-2h (service resto 11h30-0h30).* Une des escales de nuit préférées des Genevois. Pour ceux qui recherchent un peu plus d'intimité, quelques fauteuils au fond de la salle. Petite restauration, tapas, tajines, tortillas, hamburgers et gaspacho. Sélection de vins suisses et étrangers.

**Le Grütli** *(plan II, D5,* ***52****) : rue du Général-Dufour 16. ☎ 022-321-51-58. Près de Plainpalais. Lun-jeu 8h-minuit, ven 8h-1h, sam 16h-1h, dim 16h-23h. Au resto, plats 24-44 Fs. Plats indiens dim soir.* Dans l'enceinte de la Maison des arts, déco minimaliste dans les tons noir et bordeaux, avec une mezzanine. Un endroit branché, où l'on peut manger, boire un verre, croiser les comédiens ou les photographes qui y exposent. L'été, grande terrasse au pied des marches.

**Le Clémence** *(plan II, E5,* ***53****) : pl. du Bourg-de-Four 20. ☎ 022-312-24-98. Tlj 8h-0h30.* Parmi tous les cafés de cette jolie place, *Le Clémence* possède ce petit plus indéfinissable qui fait la différence. Nous ne sommes pas les seuls à le trouver sympa, puisque nombreux sont ceux qui s'y pressent de jour comme de nuit. Grande terrasse en été.

### Autour de la plaine de Plainpalais

**Café Paradiso** *(plan I, C5,* ***55****) : rue des Bains 21. Lun-ven 8h-17h (20h jeu-ven), sam-dim.* Café minimaliste avec bar en marbre, sol carrelé et déco épurée. Selon certains, on y boit le meilleur café à Genève, tout simplement. *Cortado, marocchino* et *affogato* (avec glace), mais aussi, pour les petites faims, salades, toasts, panini ou tartines. Petite terrasse mais on préfère l'espace en haut.

**L'Usine** *(plan I, C4-5,* ***57****) : pl. des Volontaires 4. ☎ 022-781-34-90. • usine.ch • Début des concerts 19h-22h selon salles. Entrée : 10-30 Fs.* Centre culturel alternatif autogéré installé dans une ancienne usine de dégrossissage d'or. Tous les styles de musique se côtoient, dans une atmosphère underground et conviviale. Clientèle assez jeune. Concerts dans les nombreuses salles gérées indépendamment les unes des autres. Possibilité de se restaurer au bar *Le Moloko,* à l'étage, ouvert le soir.

**L'Ethno Bar** *(plan I, B-C5,* ***56****) : rue des Deux-Ponts 2. ☎ 022-310-25-21. Tlj 8h-2h. Concerts et DJ jeu-sam.* D'ethno, il n'a que les masques accrochés aux murs, mais il est intéressant pour sa terrasse sur le Rhône, pas loin de la Jonction. Bondé tous les soirs. Bonne ambiance.

### Dans le quartier des Pâquis et de la rive droite

**AMR-Sud des Alpes** *(plan I, D3,* ***58****) : rue des Alpes 10. ☎ 022-716-56-30. • amr-geneve.ch • 2 salles de concerts. Concerts réguliers à 21h30 jeu, ven et sam ;* jam-sessions *mar soir, et très souvent cave à jazz mer ; jazz moderne, musique du monde ven.* L'AMR (Association pour l'encouragement de la musique improvisée) fut à l'origine du Festival du Bois-de-la-Bâtie, qui se déroule chaque été non plus dans les bois mais dans diverses salles de la ville. Fin juin, festival gratuit de 5 jours dans le parc des Cropettes (derrière la gare Cornavin).

**Café Art's** *(plan I, E3,* ***59****) : rue des Pâquis 17. ☎ 022-738-07-97. Lun-jeu 10h-2h, ven 10h-4h, sam 8h-4h, dim 8h-2h.* Bien ancré dans le quartier, le

*Café Art's* est l'endroit où passer un bon moment. Petites expos temporaires selon les goûts et les humeurs de la patronne. Coin sofa avec magazines et atlas. Petite restauration possible.

**Les 5 Portes** (plan I, E3, **51**) **:** *rue de Zurich 8. ☎ 022-731-84-38. Lun-ven 9h-1h, sam 17h-2h. Plat du jour 18 Fs, sinon plats 26-44 Fs. Brunch dim 11h-17h.* Gens du quartier ou jeunes cadres, qui en profitent pour lâcher la cravate (l'ONU n'est pas très loin), se mélangent dans cette grande salle de bistrot restée dans son jus. L'ambiance est décontractée et sympa, et dès les premiers rayons de soleil, la terrasse est prise d'assaut pour boire une bière entre amis. On y mange aussi très correctement.

**Les Brasseurs** (plan I, D3-4, **60**) **:** *pl. de Cornavin 20. ☎ 022-731-02-06. Lun-mer 11h-1h, jeu-sam 11h-2h, dim 15h-1h ; service non-stop 11h30-23h45 (15h-22h45 dim). Plats du jour en sem env 17-19 Fs.* Première brasserie artisanale de Genève : bières blondes, noires, ambrées et brunes, brassées devant vous dans les grandes cuves de fermentation. Plats de brasserie (choucroutes, flammekueche...). Grande salle toujours animée, surtout les jours de retransmission des matchs de foot ou de rugby.

### Dans le quartier des Eaux-Vives

***Yvette de Marseille*** (plan I, F5, **54**) **:** *rue Henri-Blanvalet 13. Tlj sf dim 17h30 (18h sam). Tapas 8,50-17 Fs.* Installé dans un ancien garage, voici un bar grand ouvert sur la rue avec sa terrasse qui rappelle le Sud. Très apprécié des Genevois pour son ambiance cool et chaleureuse. Toujours beaucoup de monde, ça déborde même sur la rue en fin de semaine. Juste à côté, au n° 11, l'***Atelier Cocktail Club,*** très prisé pour ses *afterworks* et ses excellents cocktails à prix raisonnables pour Genève. Là aussi, très bonne ambiance (canapés et fauteuils confortable dans l'arrière-salle).

À signaler aussi, d'avril à septembre, les 3 buvettes tenues par l'association ***La Barje,*** créée par un groupe d'amis pour mettre en valeur les bords du Rhône et offrir des petits boulots aux jeunes durant l'été ; *promenade des Lavandières, rue de la Coulouvrenière 26 (Les Volontaires), et au musée des Sciences dans le parc de la Perle-du-Lac.* Toujours la même formule : une roulotte, des transats, une terrasse sur le Rhône pour des en-cas et des apéros gourmands et festifs. *Tlj à la belle saison 11h-22h30. Fermé en cas de pluie. Régulièrement concerts et DJs à partir de 19h.*

LE BASSIN LÉMANIQUE

## À voir. À faire

Genève compte une vingtaine de musées importants, presque tous fermés le lundi. Les musées municipaux sont tous gratuits (hormis les grandes expos temporaires). Une dizaine d'entre eux sont regroupés dans ou à proximité de la vieille ville. Un ***passeport*** vous ouvre l'accès à sept musées privés pour le prix de 20 Fs ; valable 3 mois. Sont concernés, entre autres : le musée Martin-Bodmer, le musée international de la Réforme, le Patek Philippe Museum et le musée de la Croix-Rouge.

***Les rues basses :*** le centre-ville est essentiellement constitué de deux rues parallèles, appelées « rues basses », la rue du Rhône, et l'autre, qui s'offre le luxe de changer de nom à quatre reprises... rue de la Confédération, rue du Marché, rue de la Croix-d'Or et, enfin, route de Rive *(elle est parcourue de part en part par le T 12).* C'est dans ces deux rues et quelques-unes de leurs perpendiculaires qu'on trouve la plupart des magasins. Voir dans le ***passage Malbuisson*** (entre la rue du Marché et la rue du Rhône), une jolie horloge construite en 1962 et qui joue chaque heure une mélodie traditionnelle suisse avec un carillon de 16 cloches, pendant que défilent de petites figurines en bronze.

La ***Piaget Time Gallery*** *(rue du Rhône 40)* présente une exposition consacrée à l'histoire de la marque ainsi que des pièces prestigieuses, mais il est surtout possible de voir travailler un maître horloger à son établi *(lun-sam 9h-18h)* dans la boutique de la marque Breguet.

## La vieille ville

Une façon plus légère de s'imprégner de l'atmosphère genevoise consiste à laisser les pavés guider vos pas et votre regard errer sur les façades. Prenez le temps de noter quelques repères afin de ne pas manquer l'incontournable, par exemple en lisant ce qui suit sur le banc installé au bord de ***la Treille*** (le banc en bois le plus long du monde : 126 m), sur la ***promenade*** du même nom *(plan couleur II, D5),* qui se trouve sur les fortifications sud de l'ancienne cité : même s'il n'y a plus de raisins depuis longtemps, c'est un lieu agréable qui domine le jardin des Bastions.

### LE SIGNAL DU PRINTEMPS

*Le Sautier est, depuis 1483, le gardien de la salle du Conseil, dans l'hôtel de ville tout proche. En 1818, il eut l'idée de noter, sur une planchette (exposée sous la fenêtre ouest de la salle du Conseil d'État), le jour où est apparue la première feuille. Depuis, le Sautier vient chaque année observer la floraison du 3e marronnier, à l'extrémité orientale de la promenade, qui annonce le printemps. La tradition perdure aujourd'hui encore. Et elle est assurée par une femme depuis 1999 ! Nos hommages à Mme Maria Anna.*

LE BASSIN LÉMANIQUE

🏛 ***L'hôtel de ville*** *(plan II, E5)* **:** *au sommet de la Grand'Rue (prolongement de la rue de la Cité). Depuis la promenade de la Treille, passer sous un portique du XVIIe s et prendre la rue Henri-Fazy : c'est tt de suite à droite.*
Le gouvernement genevois (le Conseil d'État, composé de sept membres), tout comme le Parlement (le Grand Conseil et ses 100 députés), siège toujours en ses murs. Une bizarrerie qui remonte à 1534, lorsque la ville s'est séparée de son prince-évêque.
– La *tour Baudet* est la construction la plus ancienne (1455). L'escalier qui permet d'y accéder est remarquable : c'est une grande rampe pavée, bâtie en forme de tour carrée quelque 120 ans plus tard, afin d'y positionner des pièces d'artillerie en cas de besoin. Très beau portail de style Renaissance (XVe s), qui servait d'entrée à l'hôtel de ville avant son agrandissement, en 1617.
On peut, que disons-nous, il faut visiter l'intérieur, mais ce n'est pas si simple ! Demandez à l'huissier (qui ne sera évidemment pas enchanté qu'on vous donne cette info), ou passez par les visites organisées. Mais la salle où siège le gouvernement vaut cet effort, avec ses lourdes boiseries et ses fresques du XVe s. Découvrez la *salle de l'Alabama,* où fut signée la convention instituant officiellement la Croix-Rouge en 1864. Son nom vient de l'arbitrage rendu dans cette même salle, en 1872, entre Nordistes et Sudistes sur le statut de navire-corsaire du croiseur sudiste *Alabama* (on était alors en pleine guerre de Sécession).

🏛 ***L'ancien arsenal*** *(plan II, E5)* **:** *en face de l'hôtel de ville.* Un ancien grenier à blé, maintes fois transformé pour finalement devenir un arsenal entre 1720 et 1877. Sous une série d'arcades en plein cintre, plusieurs canons de l'ancienne République, pris par les Autrichiens lors de leur marche contre Napoléon et récupérés ensuite par les autorités genevoises. Trois immenses mosaïques d'Alexandre Cingria illustrent l'arrivée de Jules César à Genève, la cité des foires à l'époque des comtés et l'accueil des huguenots chassés de France après la révocation de l'édit de Nantes.

🏛🏛 ***La maison Tavel*** *(plan II, E5)* **:** *rue du Puits-Saint-Pierre 6. ☎ 022-418-37-00. • ville-ge.ch/mah • Tlj sf lun 11h-18h. GRATUIT (sf expos temporaires).*
C'est la plus vieille maison de Genève. Bâtie à la fin du XIIIe s, elle fut entièrement reconstruite par la famille Tavel après le grand incendie de 1334. Sa façade d'apparat était ornée de deux tourelles, mais les propriétaires en démolirent une pour tenter d'intégrer la maison médiévale au bâtiment qu'ils construisirent juste à côté dans la seconde moitié du XVIIe s. C'est à cette époque également qu'ils firent peindre tout l'extérieur en noir, avec des jointures blanches. Dans la cour,

commune aux deux bâtiments, ne pas manquer la belle rampe en fer forgé de la cage d'escalier. Très belle et vaste cave aussi (XIIIe s), avec ses colonnes rondes aux chapiteaux sculptés de volutes qui supportent des arcades en plein cintre.
– Depuis 1986, la maison abrite le ***musée du Vieux-Genève,*** riche en mobilier, vaisselle, monnaies, serrures, etc. Sans oublier toutes sortes de représentations de Genève à travers les âges : cartes, plans, vues cavalières, tableaux, photos... jusqu'à cet étonnant plan-relief en métal, dit le relief *Magnin* (les maisons et les fortifications sont en zinc, les toits en cuivre), représentant la ville en 1850, fabriqué par un architecte genevois dans la seconde moitié du XIXe s et logé dans les combles.
– En quittant la maison et en prenant sur votre gauche, vous rejoignez la *rue Calvin.* Le n° 9 appartenait à Jacques Necker, citoyen genevois nommé en 1777 ministre des Finances par Louis XVI, et Calvin habitait dans une modeste demeure au n° 11, ne ressemblant en rien à l'ancien hôtel particulier qui la remplace aujourd'hui.

***La maison de Rousseau et de la Littérature*** *(plan II, D5)* **:** *Grand'Rue 40. ☎ 022-310-10-28. • m-r-l.ch • Bus n° 36, arrêt « Hôtel-de-Ville » ou bus nos 3 et 5, arrêt « Place-Neuve ». Tlj sf lun 11h-17h30. Entrée : 5 Fs ; réduc. Audioguide spécial enfants à partir de 7 ans.* Au 1er étage de la maison natale de Jean-Jacques Rousseau, une évocation audiovisuelle de la vie de l'auteur de l'*Émile.* Bien fait et pédagogique. Au rez-de-chaussée, un espace culturel pour des rencontres, des débats, des lectures ainsi qu'une petite librairie.

***La cathédrale Saint-Pierre*** *(plan II, E5)* **:** *cours Saint-Pierre 6. Au bout de la rue Calvin. En été, lun-ven 9h30-18h30, sam 9h30-17h, dim 12h-18h30 ; oct-mai, tlj 10h (12h dim)-17h30.*
L'observer sous tous ses angles, c'est remonter le cours de l'histoire de Genève. Sa construction s'est étalée sur plus de 1 siècle, au cours des XIIe et XIIIe s. Mais la façade classique et la tour méridionale, de style gothique flamboyant, datent du XVIe s, à l'époque où la cathédrale devint le temple de la Réforme. À partir de ce moment, plus question d'avoir l'air d'une cathédrale. Enfin, la flèche en cuivre est encore plus récente (fin du XIXe s).
L'édifice contient plus de 300 fabuleux chapiteaux, sculptés à des époques différentes. Comme la construction a commencé côté ouest, on peut avancer dans le temps en partant du portail et en se dirigeant vers le chœur. Animaux, monstres, personnages de la mythologie ou de l'Écriture sainte ont ainsi curieusement été épargnés par la Réforme. Et donc par Calvin, qui prêcha ici de 1536 jusqu'à sa mort, en 1564 ; son siège est toujours là, d'ailleurs.
– Toutes les heures du jour et de la nuit, le *carillon* joue une mélodie, qui change chaque mois. Un véritable concert est organisé le samedi à 17h de juin à septembre. Concert d'orgue également (gratuit) tous les samedis à 18h. On peut accéder au sommet de la tour nord jusqu'à 18h *(5 Fs pour 157 marches ; compris dans le forfait* Espace Saint-Pierre*)* : superbe vue d'ensemble sur la ville.

## L'ANTÉCHRIST PAPAL

*Dans la cathédrale protestante Saint-Pierre, près de la chapelle de Calvin, une plaque métallique prétend que le pape est un Antéchrist ! Heureusement que la phrase est écrite en latin.*

– À droite de l'entrée se dresse la *chapelle des Macchabées,* construite au début du XVe s par le cardinal Jean de Brogny pour lui servir de tombeau. Pas mégalo pour deux sous, le monsieur : sa future tombe devait mesurer 20 m de longueur. Et en plus, il ne s'y est même pas fait enterrer ! Faut dire qu'il a tardé à mourir et que, du coup, il se trouvait à Rome lorsque c'est arrivé... Il s'agit du premier édifice genevois construit en style gothique flamboyant. Le décor original, fortement endommagé, fut restauré au XIXe s dans le goût néogothique. Une partie du plafond subsiste néanmoins et a été transportée au musée d'Art et d'Histoire, ainsi que son splendide triptyque.

**Le site archéologique sous la cathédrale** *(plan II, E5)* **:** *☎ 022-311-75-74. • site-archeologique.ch • Accès depuis le parvis de la cathédrale (petit escalier sur la droite). Tlj 10h-17h. Entrée : 8 Fs, audioguide compris ; réduc. Forfait pour tt l'Espace Saint-Pierre (incluant l'entrée au musée de la Réforme, voir ci-après) : 18 Fs ; réduc.* Après de longues années de fouilles et de travaux, on peut visiter la ville antique ainsi exhumée. À grand renfort de maquettes animées et d'images virtuelles, la scénographie permet de s'y retrouver dans toutes ces couches et ces niveaux architectoniques. La visite est vraiment impressionnante puisqu'elle couvre une période plus que millénaire ; du tumulus qui abritait la tombe d'un chef allobroge (datant du IIe s av. J.-C. et qui fut à l'origine du site) jusqu'au baptistère et aux cathédrales primitives (la plus récente, construite juste avant la cathédrale actuelle, remontant au XIe s). Le tout totalement imbriqué, superposé, réemployé... L'histoire des origines de Genève se révèle ainsi pas à pas et il y a fort à parier que les fouilles, toujours en cours, n'ont pas fini de dévoiler leurs secrets... Également de très belles mosaïques et une salle lapidaire.

**Le musée international de la Réforme** *(plan II, E5)* **:** *rue du Cloître 4. ☎ 022-310-24-31. • musee-reforme.ch • Tlj sf lun 10h-17h. Entrée : 13 Fs, audioguide inclus ; réduc. Billet combiné avec le site archéologique et la tour nord de Saint-Pierre : 18 Fs.* Le musée de la Réforme est situé dans la *maison Mallet,* un splendide hôtel particulier du début du XVIIIe s. C'est là que, en 1536, l'adoption de la Réforme fut votée par les Genevois. L'histoire de ce mouvement religieux de première importance est illustrée et commentée de manière vivante en utilisant la créativité des dernières technologies muséales. Le visiteur découvre les sources de la Réforme, son développement, son impact sur la civilisation et son avenir. À ne pas manquer : une lettre manuscrite originale de Calvin ou encore la salle du banquet où est reconstitué le débat des théologiens et des philosophes comme Calvin et Rousseau sur la prédestination. Si le musée est ludique et magnifique, on notera que l'accent est surtout mis sur les lumières, la liberté, la tolérance... Le progrès apporté par le protestantisme à l'humanité, quoi !

**La place du Bourg-de-Four** *(plan II, E5)* **:** adorable avec sa petite fontaine au centre. « Four » vient du latin *forum.* Au XIIIe s, les foires se tenaient sur cette place entourée de vieilles maisons, dont certaines conservent les enseignes d'anciennes auberges (voir notamment le nº 21). Au nº 14, une maison aux fenêtres à meneaux de 1536, surélevée de deux étages ensuite pour accueillir les protestants réfugiés à Genève. Bon exemple de l'architecture genevoise, on navigue d'un siècle à l'autre, en tournant sur soi-même, le nez en l'air : les bâtiments datent des XVIe, XVIIe et XVIIIe s.

**Le collège Calvin** *(plan II, E5)* **:** *rue Théodore-de-Bèze 2-4. Ne se visite pas.* Théodore de Bèze fut le premier recteur de ce collège inauguré en 1559. Le programme de Calvin était à l'image de l'homme : 10h d'enseignement par jour (six jours par semaine), rien qu'en grec et en latin... ! Vus de la cour, les bâtiments ont beaucoup d'allure. Caractéristique de l'évolution du confort : les constructeurs du XVIe s avaient opté pour une variante en pleine bise, estimant la chose propice aux étudiants. Mais en 1862, leurs successeurs décidèrent de construire le petit bâtiment bas à droite pour protéger la cour de ce vent parfois assez violent. Autres temps, autres mœurs...

**TABAZAN ? ÉLOIGNEZ-VOUS-EN !**

*Au 9 de la rue Tabazan, au sud de la vieille ville, près du musée d'Art et d'Histoire, une enseigne évocatrice en fer forgé rappelle que les bourreaux de la ville vivaient ici, de père en fils. Deux sentences possibles : le glaive ou l'étranglement à mains nues... Et les têtes étaient exposées pendant 2 mois !*

**Le musée d'Art et d'Histoire** (plan II, E5) : *rue Charles-Galland 2. ☎ 022-418-26-00. • ville-ge.ch/mah/ • Bus n° 36, arrêt « Saint-Antoine ». Tlj sf lun 11h-18h. GRATUIT (sf en cas d'expo temporaire). Audioguides en loc : 5 Fs (durée 1h30). Expositions temporaires : 5-20 Fs selon expo (gratuit moins de 18 ans et pour ts le 1er dim du mois). Gratuit avec le* Geneva Pass. *Nombreuses activités de médiation détaillées sur le site du musée. Pour les 6-11 ans, les* Mercredis family *à 15h (sf en période estivale), gratuit et sans résa. Également des visites-ateliers adaptées (pour les 6-8 ans et les 9-12 ans). Consulter le site pour connaître l'actualité du projet de rénovation et d'agrandissement du musée qui entraîne la fermeture de quelques salles.*
Construit entre 1910 et 1913, ce musée aux dimensions monumentales (avec 7 000 m² de surface d'exposition) est l'un des trois plus grands de Suisse.
Au ***1er sous-sol,*** les belles collections archéologiques : antiquités égyptiennes, dont une colossale *statue de Ramsès II* en granodiorite, trouvée à Bubastis (dans le delta du Nil) à la fin du XIXe s par l'archéologue genevois E. Naville. On verra une importante statuaire gréco-romaine et de belles pièces, comme ce trésor de l'orfèvrerie romaine qu'est le *grand plat en argent,* dit *de l'aurige et des chasseurs* (fin IIIe-début IVe s).
Au ***rez-de-chaussée,*** dans la grande salle des Armures, voir les fameuses *échelles d'assaut* de l'Escalade, qui auraient pu permettre aux troupes du duc de Savoie d'investir la ville en 1602, si elles n'étaient tombées sur la non moins fameuse Mère Royaume, spécialiste de la soupe qui décoiffe (voir dans l'intro à Genève l'encadré « Chaud devant » dans « Un peu d'histoire »), ainsi que les casques de cavalerie (armets savoyards). Quant au « pétard », lui aussi dit de l'Escalade, que l'on bourrait de poudre, il pèse 26 kilos, sans la poudre !
Puis on verra avec intérêt les salles byzantines, avec de très belles icônes, de curieuses mains votives (des pièces rares) et, tout au fond, une *tenture copte,* en lin et laine, de belles dimensions, venant d'Égypte. La salle d'art religieux présente six grands fragments de vitraux de la cathédrale Saint-Pierre (1460-1500), qui ont échappé à la destruction. Le plus beau est celui de Saint-Jacques, presque intact.
Bien entendu, que serait ce musée sans sa section des ***Beaux-Arts*** ? Impossible de tout décrire. On monte le grand escalier en admirant au passage tous les guerriers de Ferdinand Hodler ; commence par la pièce maîtresse qu'est le ***retable de Konrad Witz*** (vers 1400-1445). Peintre suisse établi à Bâle, Witz reçut cette commande de l'évêque de la cathédrale Saint-Pierre. Il s'agissait de réaliser le décor pour l'arrière de la table d'autel, un triptyque composé de deux panneaux double-face réunis par une pièce centrale. La *Pêche miraculeuse,* partie gauche de ce triptyque, est un tableau capital dans l'histoire de l'art, puisqu'il est considéré comme le premier comportant un paysage « réaliste ». Deux récits évangéliques y sont peints : Jésus marchant sur les eaux et Jésus apparaissant au bord du lac de Tibériade pour une pêche miraculeuse. À l'arrière-plan, les montagnes... savoyardes (Voirons, Salève, Mont-Blanc) : « réaliste », ici, signifie juste que le paysage est topographiquement correct (on ne vous demande quand même pas de croire que le lac Léman ressemblerait au lac de Tibériade !). Mais au moment de la Réforme protestante (1535), l'iconoclasme sévit : on va s'attaquer à l'objet du délit en grattant les visages, dont celui du Christ ! Plusieurs restaurations ont été nécessaires pour rendre à l'œuvre de Witz toute sa splendeur.
En continuant dans les galeries, on arrive vite à la salle dite de l'« Envoi Napoléon », avec une vingtaine de toiles données par la France, dont une belle *Mise au Tombeau* de ***Véronèse.*** En 1801, Genève, devenue le chef-lieu du département du Léman, reçoit une dotation de l'État français. Ne pas manquer ensuite la salle des pastels, à l'éclairage délicat, avec de nombreux ***Jean-Étienne Liotard*** (1702-1789), le grand maître genevois du genre (il parlait de « portraits-vérités »).
Les peintres suisses néoclassiques sont ensuite à l'honneur, avec ***Jean-Pierre Saint-Ours*** qui se reconnaît à son traitement de sujets antiques et ***Pierre-Louis de la Rive*** ; leur succèdent ***Alexandre Calame*** et ***François Diday*** qui préfèrent se consacrer aux paysages alpestres.
On verra ensuite avec grand plaisir des œuvres de ***Ferdinand Hodler*** (1853-1918), artiste suisse. Aussi bien des Hodler manière peintre d'histoire *(La Mère*

*Royaume, Le Guerrier furieux)* que des Hodler intimistes (une douzaine de beaux *autoportraits* qui s'étalent sur près de 45 ans) ou encore le Hodler paysagiste, avec de magnifiques réalisations, certaines datant des toutes dernières années de sa vie, peintes depuis son appartement du quai du Mont-Blanc : étonnante *Rade de Genève* et le *Mont-Blanc à l'aube,* où le paysage est rendu à ses origines, la nature reprenant tous ses droits, jusqu'à abolir toute trace de la ville.
Au passage, on aura encore vu une salle consacrée aux ***impressionnistes*** français (Cézanne, Renoir, Sisley, une demi-douzaine de ***Félix Vallotton*** [1865-1925], peintre suisse naturalisé français en 1900).



## *En dehors des murs*

***Le Muséum d'histoire naturelle*** *(plan I, F5)* **:** *route de Malagnou 1. ☎ 022-418-63-00. • ville-ge.ch/mhng • Bus nos 1, 8, 20 et 27, arrêt « Muséum ». Tlj sf lun 10h-17h. GRATUIT. Cafétéria.*
Le plus grand rendez-vous « nature » d'Europe (2 km de couloirs sur trois niveaux !). Le premier musée d'Histoire naturelle ouvert à la visite naît en 1818 ; l'actuel musée a ouvert ses portes en 1966. Il occupe plus de 15 000 m² dont plus de la moitié pour les expositions permanentes (le reste pour les dépôts : 15 millions de spécimens, c'est-à-dire d'objets uniques ou de lots). 700 000 objets sont exposés dans les vitrines. Même si le musée aujourd'hui avoue son âge (sa conception, typique des années 1960, ne lui permet pas aisément d'évoluer pour suivre les avancées de la muséologie), il n'en demeure pas moins une grande réussite, comme en témoigne sa popularité : c'est le musée le plus visité de Genève, avec 250 000 visiteurs annuels.
Là encore, impossible, évidemment, de tout décrire. Nombreux dioramas au rez-de-chaussée, certains sonorisés, pour présenter la faune régionale (vertébrés et invertébrés) : batraciens, mammifères, oiseaux. La faune mondiale occupe tout le 1er étage (mammifères et oiseaux exotiques) et une grande partie du 2e étage (amphibiens, reptiles, poissons exotiques) : à noter, en particulier, la salle *Blaschka* où sont exposés des modèles en verre d'organismes marins (méduses, mollusques...) créés par des verriers de Dresde. Les sciences de la terre sont à l'honneur au 3e étage (planètes, dinosaures, histoire de l'homme, minéralogie). Chacun, en fonction de ses centres d'intérêt, s'attardera plus ou moins longuement sur telle ou telle vitrine : parmi les richesses ou curiosités du musée, citons Janus, la tortue grecque à deux têtes, née au Muséum en 1997, la vitrine des tigres (les huit sous-espèces sont exposées), celle de l'émeu de Baudin, ancien pensionnaire du Jardin des Plantes de Paris, dont la peau, unique, a été acquise par le Muséum en 1827, la reconstitution du mythique dodo de l'île Maurice et tant d'autres...
Au 3e étage, le musée a ajouté une animation : « Faites comme chez nous », un vrai-faux laboratoire, permettant des manipulations interactives, autour d'une thématique annuelle.
Également, chaque année, une grande exposition temporaire.

***Le parc des Bastions*** *(plan II, D5)* **:** *l'entrée principale est à l'opposé du Grand-Théâtre.* Un lieu où l'on aime se balader, flâner et draguer en été. Quelques férus d'échecs jouent sur des jeux géants. C'est dans ce parc, face au bâtiment principal de l'université de Genève, que se trouve le fameux ***mur des Réformateurs*** (1917). Adossées à un rempart monumental, quatre statues non moins monumentales représentent les quatre figures emblématiques de la Réforme : Guillaume Farel, Jean Calvin, Théodore de Bèze et John Knox. De part et d'autre, les statues (plus petites) d'autres protagonistes de la Réforme, et une série de bas-reliefs suffisamment commentés sur place pour qu'on n'en dise pas plus. Le mur est l'œuvre du sculpteur Landowski, l'auteur du Christ rédempteur qui domine la baie de Rio.

**La place Neuve** (plan II, D5) **:** elle est entourée de bâtiments culturels, tels le Grand-Théâtre, le musée Rath ou encore le Conservatoire, datant du XIXe s et qui ont subi un sérieux lifting durant 10 bonnes années. Au centre, le général Dufour, cofondateur de la Croix-Rouge, sur son cheval.

## DES GENEVOIS RANCUNIERS

*Henri Dunant, le cofondateur de la Croix-Rouge, dut attendre 1980 pour voir sa ville natale lui élever un buste dans un coin de la place Neuve. Ses concitoyens lui en voulurent longtemps d'avoir été administrateur du* Crédit genevois *dont la faillite avait ruiné bon nombre de familles de la ville. À la suite de cette faillite, Dunant dut fuir en France et ne retourna jamais dans sa ville natale.*

***Le musée d'Art moderne et contemporain (MAMCO** ; plan I, C5)* **:** *rue des Vieux-Grenadiers 10. ☎ 022-320-61-22. • mamco.ch • Bus n° 1, arrêt « École-de-Médecine » ; Ⓣ 12 et 15 Rond-Point-de-Plainpalais. Tlj sf lun 12h (11h w-e)-18h (21h le 1er mer du mois). Entrée : 8 Fs ; réduc ; gratuit le 1er dim du mois.* Le plus récent et le plus grand des musées d'art contemporain en Suisse est installé dans une ancienne usine. Voilà un musée pour le moins original. Non seulement en ce qui concerne ses œuvres (logiquement très contemporaines), mais surtout pour l'aménagement intérieur, volontairement déroutant, constamment modifié en fonction des expos. Les toiles ne sont jamais accrochées là où on les attendrait, des espaces sont réservés à des artistes qui viennent parfois y travailler... Une balade aussi surprenante que captivante.

***Patek Philippe Museum** (plan I, C5)* **:** *rue des Vieux-Grenadiers 7. ☎ 022-807-09-10. • patekmuseum.com • Bus nos 1 et 4, arrêt « École-de-Médecine ». Mar-sam 14h (10h sam)-18h. Fermé dim-lun. Entrée : 10 Fs ; réduc ; gratuit jusqu'à 18 ans.* Le royaume de l'horlogerie. Du XVIe au XXe s, l'envergure de la collection regroupe des montres, automates, mais aussi de l'émaillerie genevoise, suisse et européenne. Les créations de la célèbre manufacture Patek Philippe sont bien sûr exposées. Une bibliothèque de 7 000 ouvrages vient parfaire l'exhaustivité dans le domaine...

## SCANDALE AU CIMETIÈRE DE PLAINPALAIS

*Méconnu des Genevois, ce cimetière contient les tombes où reposent des hommes et des femmes illustres de Suisse ou ayant vécu en Suisse : Jean Calvin, Jorge Luis Borges... Bref, le gratin ! Grisélidis Réal, prostituée militante, y a été inhumée elle aussi. Écrivain de talent, elle a su redonner une dignité aux prostituées.*

***Le musée d'Ethnographie** (plan I, C6)* **:** *bd Carl-Vogt 65-67. ☎ 022-418-45-50. • ville-ge.ch/meg/ • Bus nos 1 et 32, arrêt « Musée-d'Ethnographie ». Mar-dim 11h-18h. GRATUIT (collections permanentes). Audioguides disponibles. Expos temporaires payantes (gratuit avec le Geneva Pass). L'ensemble des collections, numérisé, est à découvrir, sans modération, sur le site du musée.*
Le musée d'Ethnographie de Genève (*MEG* pour les intimes) est la toute nouvelle scène culturelle de Genève. Il a une longue histoire derrière lui : sa création remonte à 1901 et est due à Eugène Pittard (1867-1962), anthropologue de renom international. Installé depuis 1941 dans une ancienne école primaire du quartier de Plainpalais, le *MEG* a dû préparer une nouvelle mue : si l'ancienne école a conservé les bureaux, un nouveau bâtiment est sorti de terre juste à côté. Comme un iceberg, la plus grande partie de sa superficie est sous terre : avec ses 7 200 m² de surface d'exposition, dans une salle d'un seul tenant au deuxième sous-sol, sans le moindre pilier, il dispose désormais de ce qui lui manquait : l'espace, avec ce luxe rare de pouvoir disposer, sur 1 000 m², d'une hauteur sous plafond de 10 m ! Ce sont 92 vitrines qui se laissent admirer dans la pénombre. De l'extérieur, on ne

peut rater la signature du nouveau musée, son toit emblématique, percé de losanges. Sous cette toiture se trouvent la bibliothèque et la médiathèque. Un jardin avec sa cafétéria vient s'ajouter, sans parler du nouvel l'auditorium de 250 places. Riche de 80 000 pièces provenant de pas moins de 1 500 cultures différentes de la planète tout entière, sans compter 300 000 livres et documents, le nouveau *MEG* a fait le choix d'exposer dans le parcours permanent 1 000 pièces qui ont fait l'objet d'une sélection rigoureuse.

Une première vitrine, tout en longueur, regroupe des objets jugés emblématiques du monde entier, ramenés par des voyageurs-collectionneurs (les « Archives de la diversité humaine »). On y voit aussi bien une flûte à encoche taillée dans un fémur humain (Surinam) qu'une couronne de mariée de Thurgovie (Suisse). L'organisation des vitrines suivantes se fait par continent.

Parmi les coups de cœur :

– ***Afrique*** *(vitrines 45-57)* **:** au-delà des masques et des sculptures (voir en particulier les masques des sociétés initiatiques d'Afrique de l'Ouest dans la vitrine 56 ou les masques edo et les sculptures yoruba dans la vitrine 54), arrêtons-nous sur quelques œuvres réalisées par de véritables artistes du continent noir : fresque politique de Bähaylu Gäbrä Maryam (Éthiopie, vitrine 45), toiles sur raphia de Rajonah, artiste malgache du début du XX^e^ s, ou encore les œuvres colorées de l'aquarelliste congolais Albert Lubaki, dont on exposa les toiles en Europe dans les années 1920 et 1930 avant qu'il ne sombre dans l'oubli. L'artiste camerounais (bamoun) Ibrahim Njoya (1887-1966), considéré comme le premier auteur de bandes dessinées africain, est aussi représenté par une poignée d'œuvres (vitrine 52).

– ***Asie*** *(vitrines 2-17)* **:** remarquable fonds d'objets en provenance du Japon, non moins intéressante collection de sculptures d'Inde du Sud. Mais vous ne manquerez pas, impressionnant avec ses 190 cm de hauteur, le *bodhisattva* (chinois) de la compassion Avalokiteshvara : pour faire simple, c'est un être qui suit le chemin du Bouddha et aide les autres à s'éveiller (vitrine 6).

– ***Amériques*** *(vitrines 21-32)* **:** de nombreux objets précolombiens ou de cultures amazoniennes. Mais aussi des objets en provenance du Grand Nord avec le travail des peaux et de la chair chez les Inuits (vitrines 23-24).

– ***Océanie*** *(vitrines 58-77)* **:** Nouvelle-Guinée, Polynésie, Nouvelle-Zélande ou Australie sont particulièrement bien représentées. Eugène Pittard considérait la cape en plumes *ahu'ula* (vitrine 60) comme la pièce la plus précieuse de son musée : elle est composée de milliers de petites plumes de passereaux des îles d'Hawaii. Portées par des chefs à l'occasion de cérémonies ou de combats, ces capes étaient supposées avoir un pouvoir protecteur. Il n'en existe que 54 exemplaires. Ne pas manquer non plus ce crâne reconstitué en face humaine (vitrine 75) qui nous vient de Nouvelle-Irlande (une île de Papouasie-Nouvelle-Guinée) : effet garanti ! Voir aussi ces impressionnants poteaux funéraires kanak (vitrine 66).

– ***Europe*** *(vitrines 33-44)* **:** le Vieux Continent n'est pas oublié, loin de là. Eugène Pittard effectua de nombreuses missions dans les Balkans, s'intéressant notamment aux populations roms, mais c'est un objet en provenance des Grisons qui a retenu notre attention (vitrine 42) : une nacelle de traîneau pour enfant, en bois sculpté et peint, avec une tête de bouquetin !

Le musée possède également d'innombrables richesses dans son département d'***ethnomusicologie*** (vitrines 18-20) avec les archives sonores de Constantin Brăiloiu, Roumain réfugié en Suisse en 1943, et offre un salon d'écoute dans la médiathèque, avec l'un des plus importants fonds d'enregistrement de musique du monde (16 000 heures !).

## L'eau

Coincée entre le Jura et le Salève, Genève est une vallée habitée par l'eau et ses fastes. Le lac Léman bien sûr, mais aussi le Rhône (tous deux forment une sorte de frontière qui sépare les habitants de la rive gauche – côté vieille ville – de ceux de la rive droite – côté gare) et l'Arve. Toute cette eau (le lac est la plus grande réserve d'eau douce en Europe, avec 89 $m^3$) apporte à la ville un charme fou, de nombreux touristes et... beaucoup de brouillard automnal.

**L'île Rousseau** *(plan II, E4)* **:** ce fut véritablement un îlot, fortifié au XVI^e s, jusqu'à la construction du pont des Bergues, en 1834. On l'aménagea alors en promenade plantée de peupliers, et elle reçut le nom d'île Rousseau, en hommage à l'illustre philosophe. Non sans mal : les notables de l'époque n'avaient visiblement toujours pas digéré la façon dont leur compatriote avait contesté certains concepts pour défendre, envers et contre tout, la liberté de pensée. Ils acceptèrent, donc, de financer une statue, réalisée par James Pradier, mais décidèrent de la placer face au lac et derrière le rideau de peupliers, de façon que presque personne ne puisse la voir ! En 2012, pour le tricentenaire, l'île a été réaménagée et le philosophe est désormais face à la ville. Hélas, ce fichu pont draine une circulation infernale qui gâche un peu le plaisir...

**La Cité du temps** *(plan II, D4)* **:** *pont de la Machine. À l'étage du bar-*lounge *branché* Au Phil du Temps. *Tlj 9h-18h.* Prenez quelques minutes pour contempler la collection de toutes les montres Swatch créées depuis 1983. Des plus simples aux plus extravagantes... Quelle imagination !



## Les quais de la rive gauche

La balade peut commencer en partant du ***Jardin anglais*** *(plan II, E4-5),* véritable lieu de culte pour les touristes japonais, à cause de son horloge fleurie de 4 m de diamètre, mise en forme chaque année à l'aide de milliers de plantes de variétés différentes (génial pour la photo folklo !). Impossible de manquer ensuite le jet d'eau... Hormis une période d'inactivité pour travaux de maintenance (en général 1^re quinzaine de novembre) et sauf intempéries, bien sûr, il accomplit vaillamment son office selon des horaires bien réglés : *1^er mai-10 sept, 9h-23h15 ; 6 mars-30 avr et 11 sept-29 oct, 10h-22h30 (avec illuminations en prime) ; le reste de l'année, 10h-16h.*

Le rocher que vous voyez émerger du lac entre les quais et le jet d'eau est le repère *Pierres du Niton,* origine de toutes les mesures altimétriques suisses. Elle marque le point géodésique choisi par le général Dufour pour dresser la carte de la Suisse. Altitude précise : 373,60 m. Voilà, voilà... Et comment expliquer que, d'après les cartes Dufour, le Rhône quitte le lac à une altitude supérieure ? Vous donnez votre langue au chat ? Eh bien, parce que l'altitude du repère avait été définie au XIX^e s comme étant de 376,86 m au-dessus du niveau moyen de la mer Méditerranée, ce à partir de l'altitude du Chasseral, laquelle avait au préalable été déterminée par des ingénieurs géographes français assez peu précis...

### LE LÉMAN CRACHE SUR GENÈVE !

*Du quai Gustave-Ador, on découvre la plus belle vue sur le jet d'eau. Difficile en effet d'y échapper : soit le temps est clément et il illumine la rade, soit le vent est trop fort et on ne le voit que sur les cartes postales de la ville ! Le premier jet date de 1886, mais il ne crachait qu'à 30 m... Les pompes de 1 600 CV de la version actuelle (1947) envoient 500 l par seconde à 200 km/h jusqu'à 140 m de hauteur. On estime que près de 7 t d'eau planent en permanence au-dessus du lac !*

On poursuit et on se retrouve dans le très beau ***parc de la Grange*** *(plan I, G-H4),* avec la plus belle roseraie de Suisse (floraison mi-juin), ouvert dès le lever du jour jusqu'au coucher du soleil, immédiatement suivi du non moins agréable ***parc des Eaux-Vives,*** avec ses nombreuses variétés d'arbres venant de tous pays.

En poursuivant les quais, vous longerez le port de plaisance, puis la ***plage de Genève*** *(plan I, H3).* Pour apprécier un bon film dans un cadre hors du commun, nous vous conseillons le cinéma en plein air *Cinélac.* L'écran géant est installé sur l'eau de début juillet à fin août. Programme sur • *cinedulac.ch* •

## Les quais de la rive droite

Avant de rejoindre et de longer les quais, venant de la gare, on peut passer par l'intérieur des quartiers de la rive droite : contraste garanti.

***Les Grottes :*** un quartier ancien, situé derrière la gare. On change de monde : plus rien à voir avec les boutiques luxueuses côté lac. Certains bâtiments, classés Monuments historiques, côtoient audacieusement les constructions les plus extravagantes de Genève, comme la *maison des Schtroumpfs* (tel est son nom) dont l'architecture alambiquée semble inspirée par Gaudí ou Hundertwasser.

***Les Pâquis :*** on passe de l'autre côté du Rhône. Voici le quartier populaire de Genève : un espace vivant comme on les aime ! C'est là aussi que l'on peut passer la nuit, accoudé à un zinc. Il suffit de connaître les horaires des différents troquets et de passer d'un bistrot à l'autre.

***Les bains des Pâquis*** *(plan I, F3)* ***:*** *quai du Mont-Blanc. ☎ 022-732-29-74. • bains-des-paquis.ch • De mai à mi-sept, tlj : 10h-18h (9h-20h juin-août). Entrée : 2 Fs pour les bains slt. Entrée hammam : 10 Fs en été, 20 Fs sept-mai (alors avec sauna et bain turc).* Nous voici donc à la piscine naturelle des célèbres *bains des Pâquis.* On raffole de ses infrastructures complètement rétro. C'est l'un des endroits les plus sympas de Genève pour déjeuner aussi bien que pour dîner (voir plus haut « Où manger ? *Buvette des Bains* »).

***Le palais Wilson*** *(plan I, E3)* ***:*** *quai Wilson 47.* Un bâtiment chargé d'histoire puisque cet ancien palace construit en 1873 abrite aujourd'hui le siège du HCDH (Haut Commissariat des Nations unies aux Droits de l'homme), après avoir été à partir de 1920 le siège de la SDN (Société des Nations), l'ancêtre de l'ONU. Sur la terrasse de la cafétéria, derrière des grilles, les *Pétrifiés,* œuvre de Karl Bucher, un groupe de huit statues qui, telles des momies à genoux, illustrent le genre humain et les Nations voulant briser leurs chaînes grâce à la justice.

En poursuivant (côté Lausanne) le quai Wilson, à pied ou à vélo, vous rejoignez la ***Perle du Lac*** *(plan I, E1)* qui abrite le ***musée d'Histoire des sciences*** *(rue de Lausanne 128 ; ☎ 022-418-50-60 ; tlj sf mar 10h-17h ; GRATUIT).* On y découvre une belle collection d'instruments scientifiques en provenance des cabinets des savants genevois du XVIIe au XIXe s. On trouve ensuite le *parc Barton.* Prenez alors le passage souterrain sous la route de Lausanne et vous arriverez au ***jardin botanique*** *(plan I, E1 ; accès également avec les bus nos 1, 11 et 28, arrêts « Jardin-Botanique » et « Rigot ». Tlj, tte l'année : visite des jardins 9h30-17h30 fin oct-fin mars et 8h-19h30 le reste de l'année ; visite des serres 9h30-16h30).* Il est connu dans le monde entier pour sa collection d'herbiers anciens, mais nous avons surtout été séduits par ses incroyables parterres fleuris. Petit *zoo,* avec des animaux « bien de chez nous ». Superbes volières et serres, à voir autant pour leur architecture que pour la beauté des oiseaux et de la végétation (3 000 espèces de plantes différentes sur 4 500 m$^2$).

***Le musée Ariana, musée suisse de la Céramique et du Verre*** *(plan I, D1)* ***:*** *av. de la Paix 10. ☎ 022-418-54-50. • ville-ge.ch/mah • À deux pas du palais des Nations unies. Bus nos 8 et 18, arrêt « Appia ». Tlj sf lun 10h-18h. GRATUIT (sf lors des expos temporaires). Salon de thé et librairie.* Bâti dans une très belle demeure de style néo-Renaissance vénitienne (son hall d'entrée vaut le détour à lui seul), c'est l'un des plus importants musées d'Europe dans son domaine. Si nous avons apprécié la démarche didactique concernant la faïence et la porcelaine, nous sommes en revanche restés un peu frustrés pour le verre. Cela dit, le choix est grand : plus de 20 000 pièces exposées. Agréable cafétéria avec terrasse.

***La plage du Reposoir :*** *route de Lausanne 122. Tlj mai-oct 8h-22h.* Idéale pour une baignade dans un environnement agréable et verdoyant. Sur place, jeux pour enfants, douches, toilettes, buvette.

***Le domaine du château de Penthes et le musée des Suisses dans le monde*** *(hors plan I par D1) : chemin de l'Impératrice 18, 1292* ***Pregny.*** *☎ 022-734-90-21. ● penthes.ch ● Bus Z ou V depuis Cornavin, arrêt « Penthes ». Tlj sf lun 13h-18h. Entrée : 10 Fs ; réduc.* Le musée, installé dans une belle maison de maître du XIXe s, présente la Suisse et son histoire de façon originale à travers l'histoire de Suisses qui ont traversé les frontières et sont devenus célèbres dans leur pays d'adoption, contribuant ainsi à faire connaître leur pays d'origine dans le monde. On apprend ainsi au fil des salles que c'est un Suisse de Zurich, Maurice Koechlin, qui eut l'idée de la tour Eiffel ou que c'est Albert Gallatin, un Genevois, qui fonda l'université de New York...
Après la visite, prenez le temps de vous promener dans le joli parc où l'on peut d'ailleurs pique-niquer sur les pelouses. On y trouve également un petit jardin alpin. Puis possibilité de redescendre à pied jusqu'au jardin botanique par le chemin de l'Impératrice. Très beau et bon restaurant (voir « Où manger ? *Restaurant Espace Piccard* »).

## Les organismes internationaux

C'est au nord de la place des Nations que sont installés la plupart des sièges des organismes internationaux domiciliés à Genève. Certains estiment que l'origine du rayonnement international exceptionnel de Genève est la formidable volonté du fondateur de la Croix-Rouge, le Genevois Henri Dunant, instigateur, en 1863, des premières conventions internationales sur les blessés de guerre.
En 1919, Woodrow Wilson, président des États-Unis, décide à son tour d'installer le siège de la Société des Nations, puis le Bureau international du travail (BIT) à Genève. Depuis lors, tout le monde s'y précipite : l'ONU (siège européen), l'OMC, l'OMS (Organisation mondiale de la santé), le CICR bien sûr, l'UIT (Union internationale des télécommunications), on en passe et d'aussi importants !
Cela dit, il n'y en a que deux qui organisent des visites individuelles sans réservation.

**Le palais des Nations unies (ONU** *; plan I, D1)* **:** *av. de la Paix 14. ☎ 022-917-48-96 (lun-ven 9h-12h). ● unog.ch/visits ● Attention : entrée au portail de Pregny (400 m plus haut que l'entrée officielle), en face du CICR. Bus nos 8, 28, V, F et Z, arrêt « Appia » ; bus nos 5 et 11, arrêt « Nations » ; T 15 Nations. Visite obligatoirement guidée (en 15 langues !) sur résa indispensable par tél. Avr-août, 10h-12h et 14h-16h ; le reste de l'année, 10h-12h, 14h-16h (slt lun-ven sept-mars). Fermé fin déc. Durée de la visite : 1h. Entrée : 12 Fs ; réduc. Pièce d'identité obligatoire (rendue à la sortie). Il faut parfois attendre plus de 1h avt qu'un groupe de langue française soit constitué.* Il faut savoir qu'il y a quand même la bagatelle de 2 600 fonctionnaires qui travaillent ici, et pas loin de 25 000 délégués de tous les pays membres qui passent chaque année. La salle des Assemblées est particulièrement impressionnante. Construit de 1929 à 1936, le palais est 2 fois plus vaste que le château de Versailles !

***Le musée international de la Croix-Rouge et du Croissant-Rouge*** *(hors plan I par D1) : av. de la Paix 17. ☎ 022-748-95-11. ● redcrossmuseum.ch ● Bus : les mêmes que pour l'ONU plus haut. Mar-dim 10h-17h (18h avr-oct). Entrée : 15 Fs (20 Fs en cas d'expo temporaire) ; réduc. Audioguide compris dans le prix.* Le musée présente une exposition permanente sur l'aventure humanitaire à travers trois grands thèmes : défendre la dignité humaine, reconstruire le lien familial, limiter les risques naturels. La nouvelle muséographie se concentre sur les grands enjeux d'actualité et entend délivrer un message d'espoir. Chacun des espaces a été confié à un architecte venu de cultures différentes (Brésil, Japon et Burkina Faso). De nombreux dispositifs interactifs sont là pour impliquer le visiteur dans la découverte de l'action humanitaire, et des installations font appel à l'émotion, comme cette série d'objets confectionnés par des prisonniers ou bien cet immense tissu sur lequel des femmes ont écrit le nom de leurs pères, maris et fils disparus à Srebrenica. Afin de mieux personnaliser l'action humanitaire, 12 témoins rappellent par leur action concrète et leur témoignage que l'on ne doit jamais accepter l'inacceptable. Bref, un endroit pour comprendre, s'émouvoir, se révolter et, pourquoi pas, donner envie de s'engager.

## À voir. À faire dans les environs proches

**_La descente du Rhône :_** le lit du Rhône, parfois surnommé l'Amazonie genevoise, part de la Jonction (carrefour avec l'Arve). Très vite, on se retrouve en pleine campagne, quasiment en forêt vierge. À pied, compter une demi-journée jusqu'à Chèvres. On peut prolonger jusqu'à la réserve du Moulin-de-Vert, retour par le bus K.

➢ Partez sur la rive gauche du ***bois de la Bâtie*** *(plan I, A-B5-6)*, passez sous les ponts de la Jonction et de Buttin, puis longez le fleuve... Dès lors, tout est possible : croiser des blaireaux, des porcs laineux, voire des sangliers ; observer le vol des milans noirs (de mars à juillet), des martins-pêcheurs ou des hérons cendrés... En hiver, concert assuré par quelques milliers de canards... Pour le retour (ou l'aller et le retour pour les non-sportifs), prenez le bateau. ☎ *022-732-47-47.* ● *swissboat.com* ● *Mai-sept. Départ au quai des Moulins à 14h15 ; départ supplémentaire de juin à mi-sept mer, jeu et w-e à 10h. Pas de bateau oct-avr.*

➢ On peut aussi faire du raft : l'Arve a ses chutes et rapides ! ● *rafting-loisirs.ch* ●

**_Le vignoble genevois :_** *depuis la gare Cornavin, prendre le RER jusqu'à Satigny.* ● *geneveterroir.ch* ● Trois balades balisées sont proposées, rive droite ou rive gauche (itinéraires détaillés sur le site). En automne, c'est absolument magnifique. Et n'hésitez pas à vous arrêter chez des vignerons pour goûter les produits du terroir. On trouve du gamay rouge, du pinot noir, du cabernet-sauvignon, du pinot gris, du chardonnay et l'excellent chasselas. Les résultats sont aujourd'hui probants : certaines spécialités genevoises comptent parmi les meilleures du pays.

**_Le musée Martin-Bodmer :_** *route du Guignard 19-21, à* ***Cologny.*** ☎ *022-707-44-36.* ● *fondationbodmer.ch* ● *Bus A ou n° 33 depuis Rive.* ♿ *Tlj sf lun et j. fériés 14h-18h. Entrée : 15 Fs ; réduc.* Ouvert fin 2003, ce musée-bibliothèque dessiné par Mario Botta (toujours lui !) rassemble les collections privées du philanthrope Martin Bodmer, mort en 1971, qui a voulu faire de ce lieu un musée témoignant de l'histoire de l'esprit humain à travers des documents célèbres et marquants pour l'humanité. On y découvre un exemplaire du *Livre des morts* du IVe s av. J.-C., un manuscrit d'Aristote en latin, un traité du médecin arabe Averroès, des exemplaires très anciens du Coran, la copie la plus ancienne de *L'Évangile selon saint Jean* ou une des rares bibles de Gutenberg. D'autres innombrables manuscrits de littérature européenne attendent les amateurs.

**_Le Centre européen pour la recherche nucléaire :_** *route de Meyrin 385, à* ***Meyrin.*** ☎ *022-767-76-76.* ● *cern.ch* ● *Bus n° 9 et Y, arrêt « Le Cern ». En voiture, suivre la direction de Saint-Genis ; après Meyrin, c'est à gauche. Bâtiment 33,* *entrée A. Lun-sam 8h30-17h45 (17h15 sam), mais vu la densité de la matière (ou de l'antimatière !) à digérer, plus personne n'entre après 16h-16h30. Fermé pdt les congés du CERN (vac de Pâques et de Noël). GRATUIT. Sinon, visites en anglais lun-sam 11h-15h ainsi qu'en été, selon disponibilité, 8h45-10h45 et 15h-17h. Visite guidée en français, mer et sam 13h-15h, inscription préalable obligatoire 2 sem à l'avance min.*

**ON SE FAIT UNE TOILE ?**

*Tim Berners-Lee, informaticien du CERN, se doute-t-il de l'incroyable impact de son idée en 1989 pour améliorer les échanges entre les chercheurs du CERN ? Il imagine le* World Wide Web, *la « Toile », plus connue par ses initiales www, système permettant de consulter des millions de pages d'infos dont on ne pourrait plus se passer aujourd'hui.*

C'est ici, au CERN pour les initiés, qu'on a observé, en juillet 2012, le désormais fameux boson de Higgs, chaînon manquant théorisé dès 1964, qui explique pourquoi les particules élémentaires (et nous avec !) ont une masse. Les scientifiques du CERN, dans leur longue recherche au cœur de la matière, observent des collisions extrêmement violentes car proches de la vitesse de la lumière, provoquées dans un tunnel circulaire, le *LEP*. C'est le plus grand instrument scientifique du monde, long de 27 km et enterré 100 m sous terre, entre les territoires suisse et français. 10 000 scientifiques y travaillent.

Sinon, vous pouvez toujours visiter les deux expositions permanentes, assez remarquables. La première, « Univers de particules », est présentée au rez-de-chaussée du très beau globe de la Science *(lun-sam 10h-17h)* et vous emmène dans un voyage vers le Big Bang. Passionnant, mais pas facilement accessible. Les vidéos et les bornes interactives facilitent la compréhension ; mieux vaut, cependant, se débrouiller en anglais.

La seconde expo, « Microcosm », située à l'entrée du CERN, propose de découvrir les secrets de la matière. On y apprend, par exemple, que l'univers grouille de particules qui heurtent des atomes de la stratosphère et produisent une pluie de particules secondaires qui atteignent la Terre... On peut les repérer grâce à des chambres à étincelles, comme celle installée à « Microcosm » *(lun-ven 8h30-17h30, sam 9h-17h).*

## Marché

– ***Marché aux puces :*** *plaine de Plainpalais. Ts les mer et sam, 8h-18h.* Les marchands d'antiquités, de vieux livres mais aussi d'artisanat se réunissent sur les bords de la plaine de Plainpalais. Sympa et pas snob pour deux sous.

## Fêtes et manifestations culturelles

– ***Le Bol d'or Mirabaud :*** *2e w-e de juin.* • *boldormirabaud.ch* • Régates sur le lac, qui ne réunissent pas moins de 600 voiliers !

– ***Fête de la Musique :*** *juin.* • *fetedelamusique.ch* • Fête populaire qui fait descendre la musique dans les rues, avec une multitude de concerts en tout genre.

– ***Musiques en été :*** *juil-août.* • *ville-ge.ch/culture/musiques/* • N'oubliez pas de consulter le programme des centaines de concerts qui ont lieu dans les parcs en été et dans la cour de l'hôtel de ville, d'autant plus que les deux tiers sont gratuits.

– ***Fêtes de Genève :*** *1re quinzaine d'août.* • *fetes-de-geneve.ch* • Point culminant de l'été, avec un splendide feu d'artifice sur la rade.

– ***Fêtes de l'Escalade :*** *le dim le plus proche du 12 déc.* • *1602.ch* • Commémore l'échec de l'invasion savoyarde et sarde en 1602. Cortège historique en costume du XVIIe s, défilé des enfants, courses populaires à travers la ville...

# DANS LES ENVIRONS DE GENÈVE

## CAROUGE (1227 ; 18 880 hab.)

➢ *Accès : de Genève, Ⓣ 12.*

Ne dites jamais à un habitant de Carouge qu'il est genevois ! La ville n'est, certes, séparée de sa grande sœur que par l'Arve, mais elle a été construite ex nihilo en quelques années au XVIIIe s sur ordre de Victor-Amédée III, duc de Savoie et roi de Sardaigne, pour faire concurrence à Genève comme place de foire et de marché. Des origines qui, visiblement, n'ont pas été oubliées... De plus, Carouge fait un peu figure de village et possède une personnalité bien à elle.

Par sa proximité, Carouge a toujours constitué un dérivatif à l'austérité calviniste genevoise. Crûment dit, c'est à Carouge que les bons bourgeois puritains venaient se saouler dans les cabarets et courir le guilledou. En 1780, on comptait 143 tavernes et débits de boissons ! Quand elle ne fait pas la fête, Carouge perpétue une solide tradition artisanale, en particulier dans les métiers du bois, du verre et bien entendu de l'horlogerie. D'ailleurs, au cours de vos déambulations, vous pourrez voir de merveilleux créateurs à la production originale.

Un petit plus : si la chose vous est possible, profitez des jours de marché – le mercredi et le samedi –, c'est encore plus sympa et animé.

### Où manger ?

I●I **La Fumisterie :** *rue des Noirettes 21. ☎ 022-342-00-43. Lun 9h-15h, 17h-minuit ; mar-ven 9h-0h30 ; sam 17h-1h30. Fermé dim, plus sam en juil-août. Congés : à Pâques et en fin d'année. Apéro lun-ven 17h-19h avec buffet d'antipasti. Plats du jour à partir de 20 Fs et menu midi 54 Fs, carte env 50-60 Fs.* Un lieu assez atypique et branché, dans un ancien atelier transformé en restaurant. Beau volume au sol de béton, avec de grandes baies vitrées, des chaises rouges et de grands tableaux qui égaient l'endroit. Sans oublier une terrasse colorée en été. Côté cuisine, on penche du côté de la Méditerranée avec des pâtes et des risottos. C'est bon et bien présenté, et ça change des restos traditionnels de Genève.

I●I **La Maison Rouge :** *rue des Noirettes 17. ☎ 022-342-00-42. Tlj midi et soir sf w-e et j. fériés. Congés : 2 sem aux vac de Noël. Plats env 25-40 Fs.* Maison retapée par une bande de copains amateurs de bons vins. Ils en ont fait un bar à vins, puis l'ont agrandi avec un resto. Ils marchent au bouche-à-oreille et évitent de se prendre la tête. On s'y sent comme chez soi – agréable véranda, cheminée – et en plus, on y mange de succulentes pâtes fraîches maison.

I●I **Brasserie La Bourse :** *pl. du Marché 7. ☎ 022-342-04-66. Tlj midi et soir sf dim-lun et j. fériés. Plat du jour lun-ven 20 Fs, menus 42-50 Fs. Apéritif maison offert sur présentation de ce guide.* Ancienne salle de réunion pour les négociants en céréales, dans des caves du XVIIIe s. Un des incontournables du coin, avec terrasse sous les platanes face aux fontaines de Blavignac. Solide cuisine de brasserie avec, en vedettes, les filets de perche du lac généreusement garnis de frites et l'entrecôte de la Bourse. On peut aussi opter pour les caves voûtées (fondues, raclette et pierrades y sont servies).

### Où bruncher ?

I●I **Le Cheval Blanc :** *pl. de l'Octroi 15. ☎ 022-343-61-61. Mar-ven 17h-minuit, sam 11h-2h, dim 11h-18h.* L'endroit est très couru pour son brunch à volonté sous forme de buffet le week-end *(sam 11h-14h30 et* *dim 10h30-13h puis à partir de 13h30 ; 29 Fs, sans boisson),* donc résa impérative. Grandes tables pour les familles et tables hautes pour les couples. On aime bien le petit coin vert pomme décoré avec des vinyles. Et puis il y a aussi la terrasse bien protégée sur la grande place. Le soir, spécialités de tapas mais aussi le « resto » dans le bistrot. Au sous-sol, le *Box,* salle de concerts et bar.

## Où boire un verre ?

***Café du Marché :*** *pl. du Marché 4. ☎ 022-827-16-96. Tlj midi et soir.* Ambiance animée les jours de marché dans ce bistrot joliment décoré avec des tableaux et des papillons au plafond. Les habitués se feront un plaisir de vous faire une petite place pour prendre un café renversé. Et il paraît qu'on y mange très bien aussi.

***Qu'importe le Flacon :*** *rue Ancienne 1. ☎ 022-342-15-25. Tlj sf dim à partir de 17h. Bruschettas, tapas en friture, planches ou mini-burgers 10-25 Fs.* Bar à vins réputé pour sa cave. L'occasion de goûter des vins du cru, soit dans un canapé autour de la grande cheminée les soirs d'hiver, soit sur la terrasse confortablement aménagée en été. Pourvu qu'on ait l'ivresse... *Juste à quelques mètres, rue Vautier,* ***Le Flacon*** *(même maison, ouv mar-ven et sam soir).*

***O'Calme :*** *rue Ancienne 36. ☎ 022-301-22-20. Tlj 10h-18h (16h lun). Petite restauration quiches-salades 22-24 Fs. CB refusées.* Passé la cuisine côté rue, c'est vrai qu'on est au calme dans cette belle salle à manger chaleureuse avec des livres et des fauteuils confortables pour bouquiner en prenant son petit déj ou pour faire une pause pendant la journée. On s'y sent un peu comme chez soi. Terrasse ombragée.



## Où sortir ?

***Le Chat Noir :*** *rue Vautier 13. ☎ 022-307-10-40. • chatnoir.ch • Tlj sf dim-lun 18h-4h (5h ven-sam). Concerts 2 fois/sem généralement ven et sam et DJ le reste du temps. Entrée concert : 20 Fs ; soirées DJ : 5-10 Fs.* Ce *Chat Noir* est une réelle institution à Genève (et pourtant hors de ses murs). Parfois à l'affiche, de grands noms viennent rappeler ce succès. Blues, reggae, rock, électro, jazz... *Le Chat Noir* s'est agrandi d'un bar et d'un resto qui propose des « bouchées du monde » ainsi qu'un plat du soir différent tous les jours *(9-32 Fs).*

***Café de la Plage :*** *rue Vautier 10. ☎ 022-342-20-98. Tlj 16h-2h (1h dim). Concert 1 fois/mois en hiver.* Avec ses armoiries gravées dans le bois et son mobilier délicieusement rongé par le temps, c'est un café de caractère, étroit mais, en contrepartie, convivial.

## Quelques boutiques d'artisans étonnants

Un choix, tout à fait arbitraire, de quelques artistes repérés au cours d'une balade dans Carouge. Mais ils ne sont pas les seuls à mériter une visite ; allez-y, vous serez surpris. Il y en a pour tous les goûts et (presque) toutes les bourses. Sans oublier les antiquaires.

***Gérard Bertin :*** *rue Saint-Joseph 4. ☎ 022-343-10-43.* Artisan verrier dont on peut apprécier le travail dans un atelier-boutique où rivalisent les vases en verre soufflé, les bijoux, les flacons et d'autres créations en pâte de verre.

***Atelier Circonflexe :*** *rue Saint-Joseph 4. 076-332-19-10.* Un bel atelier de modiste qui confectionne des chapeaux « cloche », des capelines, des bandeaux, en paille, en feutre, etc., le tout agrémenté de fleurs ou de perles.

***Jean Kazès :*** *rue Saint-Joseph 21. ☎ 022-343-30-91.* Ici, l'horlogerie a plus que droit de cité. Aux évidentes qualités obligatoires de précision et de noblesse du matériau, Jean Kazès ajoute la monumentalité. L'*Hôtel Cornavin* de Genève lui doit son horloge haute de 30 m.

***L'Antre-Peaux :*** *rue Ancienne 43. ☎ 022-342-72-25.* Maroquinerie de création au style épuré et net comme une composition de Mondrian. Textures nobles, cuirs sculptés et peints de motifs colorés pour composer des sacs et accessoires très géométriques et élégants : des poèmes sur cuir !



## À voir

***La ville :*** *juin-sept, visite guidée sam à 11h (durée : 1h15) ; départ de la mairie, pl. du Marché. Prix : 10 Fs ; réduc. ☎ 022-300-59-60. • illico-travel.ch •* Un modèle d'architecture postmédiévale unique en Europe, mené par des architectes turinois. Il ne faut pas hésiter à pénétrer dans ces havres de verdure que sont les cours et jardins privés situés au bout de passages pas trop cachés, et contempler les étonnantes façades arrière décorées de vastes balcons de bois.

***Le musée de Carouge :*** *pl. de Sardaigne 2. ☎ 022-307-93-80. • carouge.ch • Tlj sf lun 14h-18h. GRATUIT.* Caché dans une petite maison construite en 1789 pour un maître horloger, il ne s'étend que sur quelques salles. Expositions temporaires toujours intéressantes. De belles faïences et céramiques également. Également un joli jardin d'essences méditerranéennes.

# LA CAMPAGNE GENEVOISE

**Le canton de Genève est tout petit, et la ville en couvre une bonne partie. On se retrouve donc très rapidement dans une commune voisine. À peine quelques kilomètres de plus et nous voici en France.**
**Une chose est sûre : quitter le centre vaut la peine, que ce soit pour grimper (au Salève français justement), pour nager (au Vengeron, à Versoix ou sur la rive gauche du lac) ou pour musarder entre champs et vignes. L'office de tourisme de Genève propose d'ailleurs plusieurs circuits-promenades thématiques. Les bus *TPG* sillonnent tout le canton.**

## *LE SALÈVE*

*À une dizaine de km de Genève. Départ des cabines du téléphérique (qu'on rejoint grâce au bus n° 8 qui circule tlj, prendre Veyrier-Douane) : mai-sept, tlj 9h30-19h (23h jeu-sam) ; avr et oct, tlj sf lun 9h30-18h ; mars et nov, w-e slt 9h30-17h30. Combiné A/R bus TPG + téléphérique 19 Fs, en vente slt en agence TPG ; sinon sur place, vente de billets à l'unité (13 Fs pour le téléphérique seul) et de forfaits. Gratuit avec le Geneva Pass. ☎ 0900-022-021. • telepherique-du-saleve.com •* Le Salève est un peu la fierté des Genevois, même s'il faut traverser la frontière pour le découvrir. Et, bien que les carrières le défigurent considérablement, il n'en reste pas moins qu'une fois au sommet on a, si le temps le permet, une vue superbe sur la rade, et surtout de multiples possibilités de balades.

# DE GENÈVE À LAUSANNE

**Le château de Coppet :** *rue de la Gare 2. ☎ 022-776-10-28. • chateaudecoppet.ch • Tlj avr-oct 14h-18h. Entrée : 10 Fs ; réduc. Visite guidée (45 mn) slt.* À 12 km de Genève mais déjà en terre vaudoise, dans une petite bourgade bien conservée, surtout ses maisons sur arcades. Le château a été construit au cours des XVII^e et XVIII^e s sur l'emplacement d'un château médiéval. Il fut repris par Jacques Necker, ministre des Finances de Louis XVI et, surtout, père de Germaine de Staël, laquelle, une fois chassée de Paris par Napoléon, fit des lieux un centre littéraire réputé. Celle-ci est d'ailleurs enterrée dans un bosquet. Les appartements ont conservé leur mobilier d'époque.

### L'ALCOOL CONSERVE...

*Le tombeau du couple Necker se trouve dans un bosquet du jardin ; il ne se visite pas. En fait, ils n'y sont pas enterrés, mais plutôt immergés. La sépulture est constituée de deux cuves de marbre noir remplies d'alcool. Pourquoi ? Suzanne Necker refusait l'idée de savoir son corps se décomposer après sa mort. Elle demanda que son cadavre et celui de son époux soient immergés dans de l'alcool.*



# LE CANTON DE VAUD



• Carte *p. 92-93*

**Ce canton, qui héberge pas loin de la moitié de la population romande, a presque tout pour se suffire à lui-même. Il est le seul, avec Berne, à englober les trois régions naturelles de la Suisse : le Jura, le Plateau et les Alpes. Son agriculture produit tout ce qu'on peut obtenir en Suisse, son industrie et le secteur tertiaire ne sont pas en reste. La diversité du canton est remarquable : entre le tout-puissant littoral – on parle des rives du Léman, bien sûr, et l'arrière-pays, que de changements ! À bien y réfléchir, on se demande même ce qu'il y a de commun entre les montagnards des Ormonts et les vignerons de Lavaux, entre les riverains de Vevey-Villeneuve et les Jurassiens de Sainte-Croix, entre les gros villages de la Broye et les fermes isolées du Jorat. Il faut aller à leur rencontre non pas pour trouver une réponse, mais peut-être pour ne plus se poser la question. Car les Vaudois sont soudés sur un point : leur terre reste un « pays », pas un canton comme les autres...**

## SPÉCIAL BATEAU

Les Allemands disent *Genfersee,* les Anglais *Lake of Geneva,* mais ne parlez pas, à l'instar des voisins genevois, du « lac de Genève » à un Vaudois : ici, c'est le « lac Léman » !

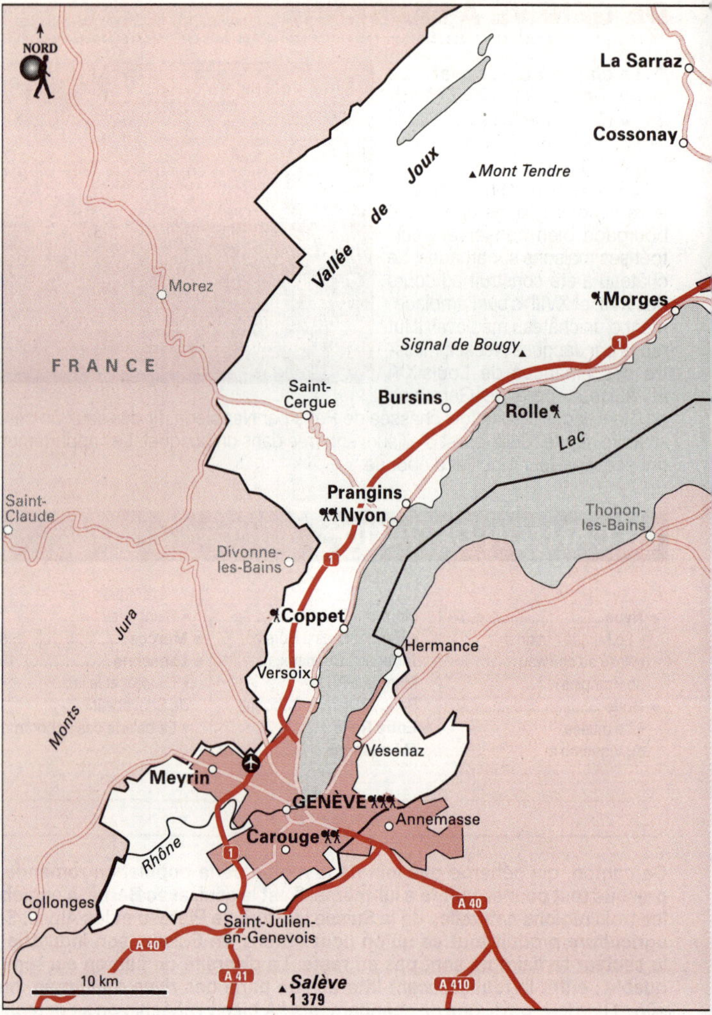


Il serait dommage de ne pas utiliser au moins une fois les fameux bateaux de la *Compagnie générale de navigation (CGN)* lors de vos déplacements. Les bateaux à roues et à aubes, dont quatre à vapeur, sont vraiment magnifiques... De mi-juin à mi-septembre, ils desservent tout le lac. Le reste de l'année, des liaisons sont possibles entre Lausanne, Genève, Montreux, Nyon,

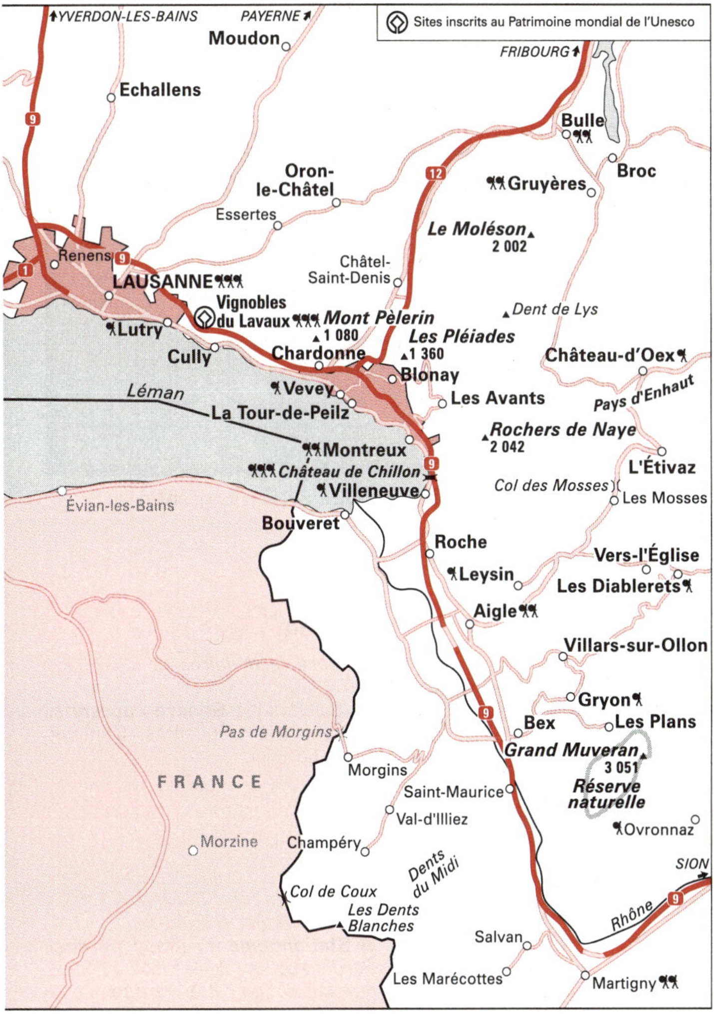


**SUISSE ROMANDE**

Thonon et Yvoire. Informations au ☎ *0900-929-929 (0,50 Fs/mn).* • *cgn.ch* • Embarquement des vélos possible (supplément).

**ℹ *Office de tourisme du canton de Vaud :*** ☎ *021-613-26-26.* • *region-du-leman.ch* •

# NYON

(1260) 20 100 hab.

**Chef-lieu de La Côte, Nyon règne sur un très beau vignoble avec de nombreux villages ravissants. En face, la carte postale des Alpes françaises avec, au centre, le mont Blanc et ses 4 807 m. Très proche de Genève, la ville, fondée par Jules César sous le nom de Noviodunum pour y loger des vétérans de son armée, a grandi un peu trop vite pour satisfaire les besoins en logement des employés genevois. Il faut donc passer outre ses abords bétonnés pour découvrir sa superbe vieille ville au bord du lac. Ou arriver en longeant le lac...**

### UN KIDNAPPEUR PAS TRÈS FUTÉ

*En 1983, on enleva la fille de Frédéric Dard (le papa de San Antonio), âgée de 12 ans. Le voyou appelait d'une cabine téléphonique à Vincy, près de Nyon. Pour ne pas se faire reconnaître, il portait un masque de Mitterrand, un moyen excellent pour se faire aussitôt repérer. L'affaire fut bouclée en à peine 54h. L'écrivain aura, par la suite, une tout autre considération vis-à-vis de la police.*

## Arriver – Quitter

### En voiture

Autoroute Genève-Lausanne. On peut choisir aussi de musarder sur la nationale le long du lac.

### En train

***Gare ferroviaire :*** *☎ 0900-300-300 (1,19 Fs/mn).*

➢ Sur la ligne ***Genève-Lausanne.*** Liaisons très fréquentes. Compter 15 mn de trajet.

## Adresses utiles

***Office de tourisme :*** *av. Viollier 8. ☎ 022-365-66-00. • nyon-tourisme.ch • De mi-sept à mi-mai, lun-ven 8h30-12h30, 13h30-17h30 ; de mi-mai à mi-sept, lun-ven 8h30-12h, 14h-17h30. Aussi au* ***point info*** *sur le débarcadère (pavillon de Rive) : mai-sept, lun-ven 10h-17h (jusqu'à 18h en juil-août). ☎ 022-362-35-79.*

***Stationnement :*** *grand* ***parking Perdtemps,*** *av. Viollier, face à l'office de tourisme ; gratuit la 1^re^ heure.*

## Où dormir ? Où manger ? Où boire un verre ?

Côté hébergement, le « bon marché », on ne connaît guère ici, même si une auberge de jeunesse a récemment ouvert ses portes. Si vous voyagez en voiture, allez voir un peu plus loin, sinon adressez-vous à l'office de tourisme, qui tient à disposition une liste de chambres chez l'habitant.

### De bon marché à chic

***Nyon Hostel :*** *chemin des Plantaz 47. ☎ 022-888-12-60. • nyonshostel.ch • Un peu excentré (à 10 mn à pied de la gare, qu'il faut contourner par la rue de la Morâche, puis continuer sur la route de Saint-Cergue). Dortoir 6 lits env 30-35 Fs et doubles 90-116 Fs ; petit* *déj inclus. Parking gratuit.* 128 lits dans un bâtiment sans charme, une ancienne résidence pour personnes âgées qui a été entièrement rénovée, avec une attention portée aux normes environnementales. Le tout est très propre et fonctionnelle. Autant dire qu'entre Genève et Lausanne ce genre d'adresse bon marché (qui a ouvert en 2017) est la bienvenue : il n'y en a pas d'autre ! Une quinzaine de dortoirs avec lits superposés (unisexes ou mixtes) avec casiers, chambres doubles ou familiales, cuisine à disposition. Bon accueil.

**La Pinte-Hôtel de Ville Rive :** *rue de Rive 40. ☎ 022-361-23-18. Tlj sf mer 8h-minuit. Plats 15-40 Fs.* Café-PMU au cadre banal mais qu'on sent chargé d'histoire. Un endroit qu'on aime bien à l'heure de l'apéro, avec un *malakoff*, à accompagner comme il se doit d'un verre de chasselas de Luynes. Pour un repas plus consistant, petite restauration traditionnelle à prix très honnêtes : fondue, charcuterie et filets de perche selon arrivage. Petite terrasse dans la rue piétonne.

**L'Auberge du Château :** *pl. du Château 8. ☎ 022-361-00-32. Tlj sf dim en hiver. Plat du jour le midi env 26 Fs, pizzas 18-30 Fs, autres plats 23-41 Fs.* Restaurant proposant une belle cuisine italienne en ville haute, au cœur du quartier piéton. Splendide terrasse ombragée au pied du château. Cuisine au goût du jour, éclectique et équilibrée. Service alerte et souriant.

**Restaurant Le Maître Jaques :** *rue de Rive. ☎ 022-361-28-34. Tlj sf dim-lun 12h-14h, 19h-22h. Congés : fin d'année. Plat du jour mar-ven 21 Fs, plats env 36-43 Fs.* Déco soignée pour cet établissement blotti derrière la fontaine de maître Jaques, immortalisée par Hergé dans *L'Affaire Tournesol*. Côté bistrot, plus rustique, ou côté resto, où les tables sont joliment dressées, on y déguste une spécialité incontournable : les fameux filets de perche du lac. Cuisine goûteuse, surtout à base de poisson. Terrasse dès les beaux jours.



## Où dormir ?
## Où manger à Nyon et dans les environs ?

### Prix moyens

**Auberge de l'Étoile :** *rue du Château 11, 1266* ***Duillier.*** *☎ 022-361-28-12. • g.rossetti@bluewin.ch • À 3 km au nord de Nyon, direction Aubonne. Resto fermé sam midi et dim soir. Congés : 20 déc-6 janv. Doubles 150-160 Fs, petit déj compris. Menus 29 Fs le midi, puis 39-98 Fs.* Chambres tout confort, avec vue sur le lac pour les plus chères. Pour y manger, il faut parfois réserver plusieurs jours à l'avance. Agréable terrasse sous les arbres, très prisée dans la région. Le chef propose chaque semaine ses petites spécialités à partir du poisson du lac.

### Chic

**Hostellerie du XVIe s :** *pl. du Marché 2. ☎ 022-994-88-00. • 16eme.com • Resto fermé dim et j. fériés. Doubles 120-190 Fs selon confort, petit déj compris. Menu du jour en sem env 24 Fs, plats env 32-47,50 Fs.* Installée dans une vieille bâtisse du XVIe s, comme son nom l'indique. On y pénètre par une porte cachée sous les arcades. Un imposant escalier en colimaçon mène aux chambres, récemment rénovées. Douche et w-c à l'étage pour les moins chères. Au resto, optez donc pour la spécialité de la maison : le coquelet frais au romarin rôti à la broche. Belle terrasse abritée sous les arcades.

## Où déguster une bonne glace ?

**Gelateria Venezia :** *rue de Rive 44. Dans la petite rue qui monte du lac vers le centre-ville. Tlj 11h-22h. Fermé nov-mars et parfois quand il pleut.*

L'adresse obligée des amateurs de crèmes glacées. Production artisanale. Tous les parfums d'Italie, comme si on y était et tout aussi bons !

## À voir

– ***Bon à savoir :*** un *pass Musées Nyon région* est en vente à l'office de tourisme pour 12 Fs. Il donne l'accès aux musées de Nyon (voir ci-dessous) ainsi que, notamment, aux châteaux de Coppet et Prangins.
Les horaires des trois musées de Nyon sont communs : *avr-oct, tlj sf lun 10h-17h ; nov-mars, tlj sf lun 14h-17h. Un billet d'entrée à 8 Fs donne accès aux 3 musées ; réduc ; gratuit le 1er dim du mois. Gratuit avec le* Passeport Musées Suisses.

***Le Musée romain :*** *rue Maupertuis 9. ☎ 022-316-42-80. • mrn.ch • Proche du château.* Accès par une petite terrasse ornée d'une gigantesque fresque en trompe l'œil, représentant l'intérieur de la basilique du forum telle qu'elle se présentait au Ier s de notre ère ; ce n'est pas totalement un hasard, puisque le musée occupe les fondations de cette basilique. Une grande statue de Jules César rappelle qu'il a fondé la ville. Le musée retrace la romanisation de la région. À voir : la maquette des monuments de la place publique de la ville à l'époque du Ier s apr. J.-C. et une belle collection de sept têtes en calcaire et en marbre des Ier et IIe s apr. J.-C.

***Le musée du Léman :*** *quai Louis-Bonnard 8. ☎ 022-316-42-50. • museeduleman.ch •* Dans l'ancien hôpital du XVIIIe s, petit musée sympa, qui retrace la vie animale et humaine sur les rives du Léman. Au rez-de-chaussée, quelques beaux spécimens des poissons du lac dans cinq aquariums avec la trentaine d'espèces de poissons du Léman. Mais également oiseaux du lac empaillés et modèles réduits de bateaux. Le musée possède également les archives de la famille Piccard, dont Auguste, le scientifique qui inspira Hergé pour Tournesol.

***Le château :*** *pl. du Château. ☎ 022-316-42-73. • chateaudenyon.ch •* Il abrite le Musée historique et des porcelaines, ainsi que le ***caveau de Nyon*** *(☎ 022-361-95-25 ; ven 14h-22h, sam 11h-22h, dim 11h-20h ; lun-jeu sur demande ; fermé de mi-juil à mi-août).* Jolie cave voûtée. On peut déguster une cinquantaine de vins de la région. Petite restauration. Chaque week-end, un vigneron du coin vient présenter sa cuvée.

***Tintin à Nyon :*** Hergé avait choisi la Suisse comme décor de son *Affaire Tournesol.* Et plus particulièrement la ville de Nyon. Un itinéraire permet de suivre Tintin et Haddock, eux-mêmes sur les traces de Tournesol. Cinq étapes en tout, depuis la caserne des pompiers jusqu'aux rives du Léman, en passant par la fontaine de maître Jaques et la maison du professeur Topolino. Brochure disponible à l'office de tourisme.

## Manifestation

– ***Paléo Festival :*** *chaque année, fin juil. • paleo.ch •* Un des grands festivals de musique d'Europe en plein air, réunissant tous les styles avec des têtes d'affiche internationales. Dans une ambiance paisible, jusqu'à 230 000 spectateurs vivent leur Woodstock. Le camping du festival (gratuit sur présentation d'au moins un ticket de concert) devient un spectacle en soi.

## DANS LES ENVIRONS DE NYON

***Le Musée national suisse :*** *au château de* ***Prangins,*** *av. Général-Guiguer 3. ☎ 022-994-88-90. • museesuisse.ch • À 3 km à l'est de Nyon. Bus nos 805 et 811 au départ de Nyon. Tlj sf lun 10h-17h. Entrée : 10 Fs ; réduc. GRATUIT avec le pass*

Musées Nyon Région. *Audioguides gratuits.* ♿ Bâti dès 1723 par un banquier parisien d'origine suisse, le château – magnifique et monumental – est passé depuis entre les mains de nombreux propriétaires, abritant au passage un certain Voltaire. On y découvre, grâce à une impressionnante collection d'objets et d'images, la Suisse « en mouvement de 1750 à 1920 » ainsi qu'une exposition sur l'histoire du pays des Helvètes à nos jours. C'est aussi un conservatoire vivant des fruits et légumes du XVIII^e s, le plus grand potager historique du Suisse. Le jardin et son centre d'interprétation sont en accès libre.

# ROLLE

(1180) 6 100 hab.

**Rolle, la « perle du Léman », est une petite bourgade attachante avec son artère commerçante, ses ruelles tortueuses et son bord de lac très bien aménagé. Surtout, côté balades, le vignoble est l'un des plus beaux du canton et fourmille de chemins peu fréquentés. La meilleure période pour visiter ce petit coin est bien sûr l'automne, saison des vendanges. Les arbres et les vignes prennent des teintes magnifiques dans les jaune-rouge-brun.**

## Adresses utiles

**Office de tourisme :** *Grand-Rue 1 bis. ☎ 021-825-15-35. • tourisme-rolle.ch • Ouv lun-ven 9h-12h, 14h-18h (plus sam ap-m mai-sept).*

**Gare ferroviaire :** *sur les hauts de la petite ville.*

## Où dormir ?

Comme à Nyon, les possibilités d'hébergement à bas prix sont rares. Les villages aux alentours sont plus abordables. Quelques chambres chez l'habitant : liste disponible à l'office de tourisme.

### Camping

**Aux Vernes :** *☎ 021-825-12-39. • campingrolle.ch • À la sortie de Rolle, direction Lausanne ; chemin de la plage. Avr-sept. Avec une petite tente, 30-40 Fs pour 2 selon saison et proximité du lac.* Coin assez sympa : le bord du lac est rocailleux, mais le terrain est à 100 m de la plage communale, sableuse, elle. Les emplacements les plus chers sont au bord du lac. Supérette et jeux pour enfants.

### Prix moyens

**Chez Mme Josette Breit-Aebi :** *Grand-Rue 18. ☎ 021-825-21-08. 📱 079-384-68-31. Résa conseillée en hte saison. Doubles 100-110 Fs. Pas de petit déj, mais café juste à côté.* Cette maison du XVII^e s est un véritable musée, pleine de meubles de style et de lustres superbes. Cette vieille dame tient ces 4 chambres depuis plus de 30 ans, rien que pour le plaisir et pour avoir de la compagnie. Elle vous racontera mille histoires et vous fera découvrir son petit jardin dans l'arrière-cour.

## Où manger ?

Spécialité locale : les *malakoffs,* des beignets de fromage saisis dans la friture. Des soldats vaudois, engagés dans l'armée française lors de la campagne de Crimée, auraient rapporté la recette et lui auraient donné ce nom en souvenir de la prise victorieuse de la tour Malakoff-Sébastopol.

LE BASSIN LÉMANIQUE

## Prix moyens

🍽 ***Café Vaudois :*** *Grand-Rue 106. ☎ 021-825-11-25. Au début de la Grand-Rue en arrivant de Nyon par la route du Lac. Fermé le w-e. Plat du jour 18 Fs à midi, autres plats 26-47 Fs.* Restaurant qui propose une bonne petite cuisine de terroir. À midi, c'est vite plein comme un œuf, à juste titre. Atmosphère plus détendue le soir.

🍽 ***Café-restaurant du Port :*** *rue du Port 9. ☎ 021-825-15-20. Tlj sf dim-lun 9h-23h. Congés : de déc à mi-janv. Plat env 45 Fs.* Une bonne adresse pour ses filets de perche servis dans une ambiance vieux bistrot.

## Où dormir ? Où manger dans les environs ?

🏠 🍽 ***Hôtel-restaurant de l'Union :*** *route de Saint-Vincent 2, 1183* ***Bursins.*** *☎ 021-824-12-04. • union-bursins.ch • À 5 km de Rolle. Resto fermé mer-jeu ; pour l'hôtel, prévenir à l'avance de votre arrivée. Congés : 1 sem en fév, 1 sem en juil et 2 sem en déc. Doubles 126-136 Fs, petit déj compris. Au resto, plat du jour 19 Fs ; à la carte, cela peut monter jusqu'à 55-60 Fs.* Au milieu du village, dans une vieille bâtisse, un bistrot à l'ancienne proposant 3 chambres sous les combles, simples et confortables. Les plus lumineuses font face au lac. Au resto, spécialités de la région, telles que le *malakoff,* la truite du vivier, les charcuteries ou l'entrecôte aux morilles. On mange sur des tables en bois patiné. Jardin pour profiter des douceurs de la belle saison.



## À voir

***La vieille ville :*** Rolle aligne ses maisons en file continue, des deux côtés de la route cantonale Lausanne-Genève. Puis viennent des rangées de maisons du XVIe s. Beaucoup ont néanmoins été transformées, surélevées ou reconstruites aux XVIIIe et XIXe s, époque où Rolle était le centre d'une vie mondaine grâce à la réputation de ses eaux.

***Le château,*** du XIIIe s, ne peut être visité, mais sa jolie cour intérieure et son allée abritée par des arcades valent le coup d'oeil.

## Fête

– ***Fête des canots :*** *autour du 20 août.* Parades de « canots » traditionnels amoureusement préservés. Régates, courses de rames...

# DANS LES ENVIRONS DE ROLLE

***Le musée du Vigneron :*** *domaine de Montbenay, chemin de Jérusalem 2, 1185* ***Mont-sur-Rolle.*** *☎ 021-272-79-42. • montbenay.ch • Ouv sur résa. Entrée : 10 Fs (groupes slt).* Ce splendide domaine appartient à la famille de Watteville depuis 1542. Le musée fait revivre cette grande histoire au fil des salles et des caves. Outils, documents, mobilier, anecdotes, objets insolites (comme la réglette de partissage) se dévoilent pour le plus grand plaisir du visiteur. Une dégustation termine, bien entendu, le parcours.

➢ ***Randonnées :*** Rolle est surtout le point de départ des plus beaux chemins vignobles de La Côte. Détour obligé ! De 10 à 15 km à parcourir à pied ou à vélo (à louer dans les gares CFF) pour visiter, successivement, ***Bursins, Tartegnin, Bugnaux, Mont-sur-Rolle, Bougy-Villars*** et finir à ***Aubonne.*** La route est peu fréquentée. Brochure *La Côte à vélo* (13 itinéraires au total) à l'office de tourisme.

## ENTRE ROLLE ET LAUSANNE

*Saint-Prex :* gros village, dont le noyau médiéval, juste à côté du lac, est l'un des plus beaux qu'on puisse voir dans la région. Pour y entrer, vous passez en dessous de la *tour de l'Horloge* (porte à mâchicoulis). Les maisons sont presque toutes ornées de magnifiques enseignes en fer forgé. Voir aussi l'église réformée dédiée à *saint Prothais,* reconstruite au XIIIe s, modifiée depuis, mais les chapiteaux gothiques sont d'époque. Jolie balade au bord du lac.

# MORGES (1110) 15 700 hab.



**Petit bourg charmant, surtout les mercredi et samedi, jours du grand marché. Audrey Hepburn avait succombé au charme de la région et s'était installée à Tolochenaz, petit village à 1 km au sud-ouest de Morges (elle est enterrée au cimetière).**

### Adresse utile

***Office de tourisme :*** *rue du Château 2. ☎ 021-801-32-33. • morges-tourisme.ch • Avr-sept, tlj sf dim 9h-18h (9h30-17h sam) ; oct-mars, lun-ven 9h30-12h30, 13h30-17h30. Visites gratuites de la ville en juil-août, mar à 10h (visite générale) et ven à 14h30 (visite thématique).* On peut y récupérer pour 5 Fs un audioguide (iPod) pour visiter Morges (disponible aussi à l'*Hôtel du Mont-Blanc*).

### Où dormir ? Où manger ?

Les hôtels sont peu nombreux et très chers. Liste de chambres d'hôtes disponible à l'office de tourisme ou sur son site internet.

#### Camping

***Le Petit Bois :*** *☎ 021-801-12-70. • tcs.ch • À l'entrée de la ville en venant de Genève. Avr-début oct. Compter 35-50 Fs pour 2 selon saison avec une petite tente. Bungalows en toile à louer.* Un 4-étoiles, donc assez cher... mais pas loin du lac. Restaurant, piscine, petit train... Très fréquenté, avec beaucoup de caravanes.

#### De prix moyens à chic

***Le Métropolis :*** *rue Louis-de-Savoie 20-22. ☎ 021-803-23-33. Tlj 11h30-14h30, 18h30-22h. Menu du jour env 20 Fs, plats env 26-41 Fs.* Bar-lounge à la déco contemporaine, plutôt design. Bel effort dans les prix. Charmante terrasse autour d'une fontaine. Très fréquenté par les jeunes de la région.

## À voir. À faire

*Le vieux bourg :* une balade le long des quais et dans la Grand-Rue piétonne, par exemple, les mercredi et samedi matin, jours de marché, est fort agréable. Osez franchir la porte de certaines belles grandes demeures pour jeter un œil sur les superbes cours intérieures, telle celle de la *maison Linder,* ancienne *Auberge de la Tête Noire,* au nº 94 de la Grand-Rue (bâtiment privé à l'ouverture aléatoire).

**Le château :** *☎ 021-316-09-90. ● chateau-morges.ch ● Mars-juin et sept-nov, mar-ven 10h-12h, 13h30-17h ; slt l'ap-m le w-e. Juil-août, tlj 10h-17h. Entrée : 10 Fs ; réduc ; gratuit jusqu'à 6 ans.* Construit en 1286 par Louis de Savoie. Quatre musées en un, dont le *musée suisse de la Figurine historique.* La collection compte 10 000 miniatures.

**Le musée Alexis-Forel :** *Grand-Rue 54. ☎ 021-801-26-47. ● museeforel.ch ● Tlj sf lun-mar et j. fériés 14h-18h. Fermé de déc à mi-mars. Entrée : 10 Fs ; réduc.* Rien que l'immeuble (fin du XVe s) vaut le détour : on imagine que Stravinski, Paderewski et Romain Rolland eurent du plaisir à converser assis sur le banc d'une des galeries dominant la cour intérieure. Dans chaque salle, le mobilier, l'argenterie, la porcelaine et les estampes du graveur Alexis Forel, l'ancien propriétaire des lieux. Le plafond à caissons de la grande salle du musée est une merveille. Et que dire de la collection de poupées et de jouets, du XVIIIe s à nos jours ?

**La maison du Dessin de presse :** *rue Louis-de-Savoie 39. ☎ 021-801-58-15. Dans le centre culturel Grenier-Bernois. Mer-dim 14h-18h. GRATUIT.* Cinq expos par an, mettant en avant un dessinateur, un thème, un pays... C'est le premier musée du genre en Suisse romande.

➢ ***Croisière en galère*** (*nommée* La Liberté !) **:** *☎ 021-803-50-31. ● galere.ch ● De mi-mai à fin sept, départs dim à 12h30 et 15h (2h15) ; juin-août, également départ sam à 19h30 (et 18h30 en sept) pour le coucher du soleil ! Tarif : 38 Fs ; réduc (15 Fs le dim à 15h : sortie de 1h15).* Pendant 6 ans, 600 demandeurs d'emploi, surtout issus des métiers du bâtiment, ont travaillé à sa construction – une réplique des premières galères réalisées par des architectes génois pour la maison de Savoie. Croisières voiles ou moteur, croisières musicales, et même une croisière pirates. Programme détaillé sur le site.

## Fêtes

– ***Fête de la Tulipe :*** *d'avr à mi-mai.* 100 000 fleurs multicolores irradient les pelouses du parc de l'Indépendance.
– ***Morges-sous-rire :*** *juin. ● morges-sous-rire.ch ●* Une semaine de spectacles humoristiques au théâtre de Beausobre, dans les rues et dans quelques théâtres des environs.

# LAUSANNE

(1000) 130 600 hab.

● Plan p. *102-103*

**Pour le visiteur, Lausanne est la ville où l'on ne cesse de monter et descendre. Bâtie sur trois collines (la Cité, le Bourg et Saint-Laurent), elle s'est ensuite logiquement et lentement développée là où la pente le permet, aujourd'hui d'Ouchy (à 372 m d'altitude) au Chalet-à-Gobet (à 860 m). Mais si son origine citadine est l'une des plus anciennes de Suisse (on a découvert à Vidy une nécropole remontant à environ 6 000 ans av. J.-C.), tout bien qu'elle soit placée sur une ancienne voie romaine d'importance stratégique, elle**

n'était encore, il y a 2 siècles à peine, qu'une gentille bourgade. C'est entre 1860 et 1910 qu'elle a connu un développement fulgurant. Aujourd'hui, Lausanne est la quatrième ville de Suisse.

Est-ce à cause de ce développement si rapide, aggravé par le fait que, jusqu'à la fin du XIXe s, il n'y avait aucune obligation de soumettre la construction privée à des règles établies ? Toujours est-il que Lausanne est aussi un cocktail architectural où se côtoient de beaux édifices et des bâtiments beaucoup plus improbables.

### LAUSANNE, CAPITALE OLYMPIQUE !

*Saviez-vous que le Comité international olympique siège à Lausanne depuis 1915 ? Et que Pierre de Coubertin, le Français qui a fait renaître les Jeux en 1894, après 1 500 ans d'interdiction puis d'oubli, avait choisi cette ville, alors que la Première Guerre mondiale faisait rage ? Il y fut d'ailleurs enterré en 1937, mais son cœur repose dans le sanctuaire d'Olympie. Pour célébrer ce lien, Lausanne fut déclarée capitale olympique en 1993. Aussi, tous les jours, à 12h, le feu jaillit de la vasque au son de l'hymne olympique !*

Il n'empêche, Lausanne est extrêmement agréable à vivre. La ville borde le lac et n'est qu'à 1h des cimes jurassiennes ou des Alpes et à quelques minutes seulement d'une vaste campagne. La vie culturelle y est d'une incroyable richesse : plus de 20 salles de cinéma, la Cinémathèque suisse, une douzaine de théâtres, sans oublier le fameux Béjart Ballet Lausanne et l'école-atelier Rudra-Béjart, une des écoles de danse contemporaine les plus prestigieuses.



## Arriver – Quitter

### En voiture

En quittant la ville, vous avez 3 possibilités : poursuivre le long du Léman en direction du Valais à l'est ou de Genève à l'ouest, rejoindre Yverdon-les-Bains ou vous diriger vers la vallée de la Broye au nord-ouest.

### En train

**Gare ferroviaire** *(plan B2)* **:** *entre Ouchy et la pl. Saint-François (reliée par le métro : voir plus loin). ☎ 0900-300-300 (1,19 Fs/mn).* Bureau de change.

➢ Liaisons directes avec ***Genève, Yverdon, Bienne, Bâle, Zurich, Berne*** et ***le Valais.*** Liaisons directes en TGV Lyria avec ***Paris,*** via ***Dijon.***

Construite en 1916, de style Art nouveau dans le hall central avec son gigantesque lustre et sa pendule entourée de bas-reliefs féminins, la gare est évidemment classée. Si vous avez le temps, n'hésitez pas à aller prendre un café à la brasserie. Plafond à caissons, fresques des sites touristiques suisses sur les murs, banquettes, boiseries, porte-manteaux, réverbères, tout y est... on fait un saut dans le temps.

### En bateau

Port reliant les principaux bourgs suisses et français du bord du lac. *Compagnie générale de navigation (CGN) : ☎ 0900-929-929 (0,50 Fs/mn).* • *cgn.ch* •

## Adresses utiles

**Office de tourisme** *(plan B2)* **:** *bureau dans le hall de la gare ferroviaire. ☎ 021-613-73-73.* • *lausanne-tourisme.ch* • *Tlj 9h-19h.* À votre disposition, le guide *Loisirs* avec quelques idées de sorties, la brochure des *Incontournables* de la ville et un excellent plan de Lausanne.

## Adresses utiles

- i Offices de tourisme
- 3 Hôpital

## Où dormir ?

- 10 Camping de Vidy
- 11 Jeunotel
- 12 Lausanne Guesthouse & Backpacker
- 14 Elite
- 18 Hôtel Crystal
- 19 Hôtel du Port
- 20 Hôtel Agora Swiss Night

## Où manger ?

- 30 Cafeteria du Manor
- 31 Crêperie La Chandeleur
- 32 Le Bleu Lézard
- 33 La Bavaria
- 34 Café du Simplon
- 35 Chez Mario
- 36 Café du Vieil-Ouchy
- 37 Inglewood
- 38 Le Café Romand
- 39 Luigia
- 40 Le Java
- 41 Le Cinq
- 42 À la Pomme de Pin
- 43 Café de Grancy
- 44 Pinte Besson
- 45 Le Théâtre Restaurant
- 46 Le Raisin

## Où manger une bonne glace ?

- 32 GeA

## Où boire un verre ? Où sortir ? Où écouter de la musique ? Où danser ?

- 50 Café de l'Hôtel de Ville
- 51 À la Bossette
- 52 Coccinelle Cafe
- 53 Bar XIII$^{e}$
- 54 Le Lapin Vert
- 55 Brasserie artisanale du Château
- 57 Le MAD

## Où acheter de bons produits ?

- 50 La Ferme Vaudoise
- 61 Noz

## Où voir des films rares ?

- 70 Cinémathèque suisse

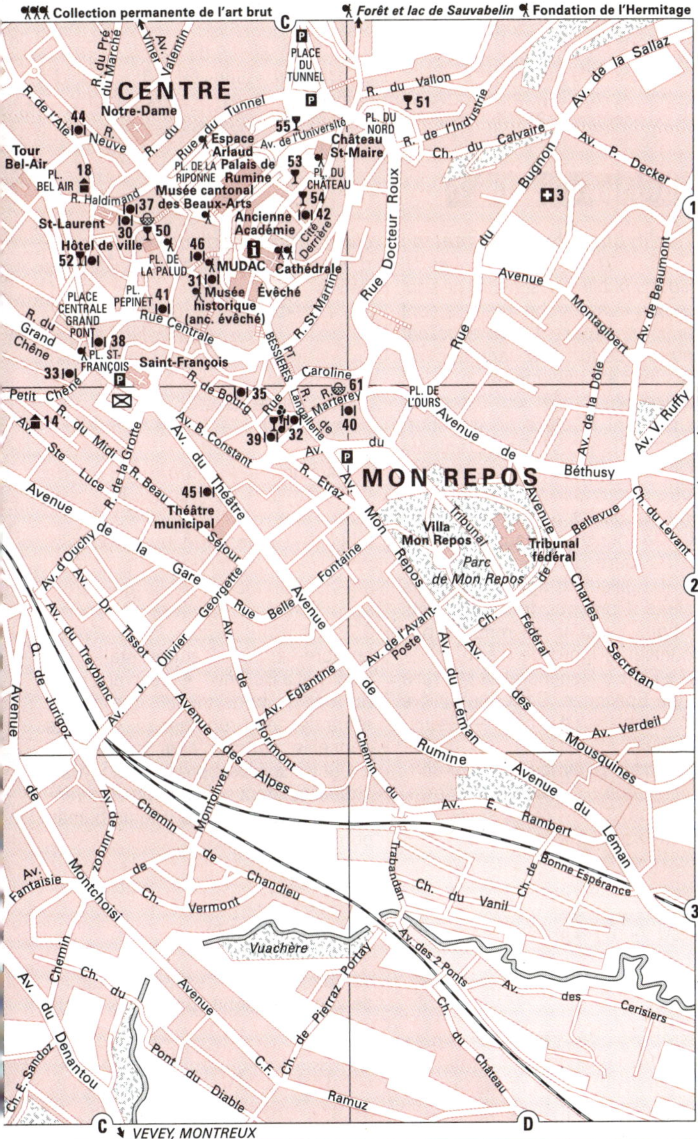

Collection permanente de l'art brut
Forêt et lac de Sauvabelin
Fondation de l'Hermitage
C
D
1
2
3
BERNE, VEVEY, MONTREUX
VEVEY, MONTREUX
VEVEY, MONTREUX
CENTRE
MON REPOS
PLACE DU TUNNEL
Notre-Dame
Tour Bel-Air
PL. BEL AIR
St-Laurent
Hôtel de ville
PL. DE LA PALUD
PL. PEPINET
PLACE CENTRALE
GRAND PONT
PL. ST-FRANÇOIS
Saint-François
PL. DE LA RIPONNE
Espace Arlaud
Palais de Rumine
Musée cantonal des Beaux-Arts
Ancienne Académie
MUDAC
Cathédrale
Musée historique (anc. évêché)
Évêché
Château St-Maire
PL. DU CHÂTEAU
PL. DU NORD
Cité Derrière
Caroline
PL. DE L'OURS
Villa Mon Repos
Parc de Mon Repos
Tribunal fédéral
Théâtre municipal
Petit Chêne
Vuachère
R. du Pré
du Marché
Av. Viner
Valentin
R. de l'Ale
R. Neuve
R. du Tunnel
Rue du Tunnel
R. Haldimand
Av. de l'Université
R. du Vallon
R. de l'Industrie
Ch. du Calvaire
Av. de la Sallaz
Av. P. Decker
Rue du Bugnon
Rue Docteur Roux
Avenue Montagibert
Av. de Beaumont
Av. de la Dôle
Av. V. Ruffy
Avenue de Béthusy
R. St Martin
PT BESSIERES
Rue Centrale
R. du Grand Chêne
R. de Bourg
R. Langallerie
R. Marterey
Av. du
Av. B. Constant
Av. du Théâtre
R. Etraz
Av. Mon Repos
Tribunal
Avenue de Bellevue
Ch. du Levant
Av. Ste Luce
R. du Midi
R. Beau Séjour
R. de la Grotte
Avenue de la Gare
Av. d'Ouchy
Av. Dr Tissot
Av. Georgette
Rue Belle Fontaine
Avenue de Rumine
Ch. Fédéral
Charles Secrétan
Av. du Treyblanc
Av. J. Olivier
Av. de Florimont
Av. de l'Avant-Poste
Av. du Léman
Av. des Mousquines
Av. Verdeil
Av. Eglantine
Q. de Jurigoz
Avenue de Montchoisi
Avenue des Alpes
Av. Montolivet
Chemin du Trabandan
Avenue du Léman
Av. E. Rambert
Ch. de Bonne Espérance
Ch. du Vanil
Av. de Jurigoz
Chemin de Chandieu
Ch. de Vermont
Av. Fantaisie
Av. des 2 Ponts
Av. des Cerisiers
Ch. du Château
Chemin
Ch. du
Av. du Denantou
Ch. E. Sandoz
Avenue du Pont du Diable
C.F. Ramuz
Ch. de Pierraz Portay
44 18 37 30 50 52 46 31 41 38 33 14 55 53 54 42 51 3 35 61 40 39 32 45


LAUSANNE

– Autres antennes : *pl. de la Navigation 4 (plan B3). Même tél. À la sortie du métro d'Ouchy. Tlj 9h-19h (18h oct-mars). Dans la cathédrale (plan C1) : en hiver, lun-sam 9h30-13h et 14h-17h, dim slt l'ap-m ; juil-août, tlj 9h30 (14h dim)-18h.*

✉ **Poste principale** (plan C2) **:** *pl. Saint-François 15. Lun-ven 7h30-18h30, sam 8h-11h30.*

🏥 **Hôpital** (plan D1, **3**) **:** *rue du Bugnon 44-46. ☎ 021-314-11-11.*

## Comment circuler ?

➢ ***Trolleybus, bus et métro :*** *☎ 021-621-01-11. • t-l.ch •* Les *TL (Transports publics lausannois)* ne sont certes pas bon marché, mais ils sont efficaces et disposent d'un excellent réseau jusque fort loin dans la campagne. Tous les hébergements, quels que soient leur prix et leur catégorie, vous offriront la carte de transport *(Lausanne Transport Card),* valable dans le Grand Lausanne pour la durée de votre séjour *(• mobilis-vaud.ch •).* Sinon, les billets sont vendus aux offices de tourisme et aux points de vente *TL* (gare du Flon, rue Haldimand 3). Également des distributeurs de billets à presque tous les arrêts (attention : certains ne rendent pas la monnaie). 2 lignes de métro, la M1 relie Le Flon à Renens et la M2 relie Ouchy à Épalinges. Carte journalière à 9 Fs, valable sur tt le centre-ville jusqu'à minuit.

➢ ***Bus-train pyjama :*** *☎ 0800-308-308 (n° gratuit). Circule ven et sam. Départs de Saint-François (ou des gares LEB et CFF) 1h-4h. Prix : 4 Fs de supplément sur le titre de transport choisi.* Il vous rapproche de votre lieu d'hébergement en suivant 6 trajets définis.

➢ ***Taxi-bus :*** *☎ 0800-805-805 (n° gratuit). Sur résa téléphonique (30 mn avt votre départ du centre-ville), des taxis spéciaux vous rapprochent de votre domicile jusqu'à 1h30. Prix : 2 Fs de supplément sur le titre de transport choisi.*

➢ ***À vélo :*** *avec* **Publibike,** *pl. de l'Europe (sous les arcades du grand pont ; plan C1). ☎ 0848-09-08-07. • publibike.ch • Carte journalière disponible au bureau principal (tlj 8h-18h, 8h-17h nov-mars) : 10 Fs pour 24h, avec 90 Fs de caution. Premières 30 mn gratuites, puis 2 Fs/h.* Vélos en libre-service. 2 autres stations à Ouchy et à Bellerive. À réserver à ceux qui ont de bons mollets (ça monte et ça descend rudement !). On vous conseille plutôt d'aller en profiter à Ouchy sur les bords du lac. Mais attention, il faut obligatoirement prendre sa carte en centre-ville au bureau principal.

## Où dormir ?

### Camping

⛺ ***Camping de Vidy*** *(hors plan par A3,* ***10****) : chemin du Camping 3. ☎ 021-622-50-00. • info@clv.ch • clv.ch • Bus n° 2, arrêt « Bois-de-Vaux », ou n° 1, arrêt « La Maladière ». Ouv tte l'année (resto et boutique avr-sept). Env 38 Fs pour 2 avec tente. Quelques bungalows 2-4 pers 60-90 Fs.* 📶 Très bien situé au bord du lac, tout près d'un immense parc de verdure. Pas donné, mais c'est un grand 4-étoiles. C'est souvent complet, mais on essaiera toujours de vous trouver une petite place. Bon accueil.

### De bon marché à prix moyens

🏠 ***Jeunotel*** *(hors plan par A3,* ***11****) : chemin du Bois-de-Vaux 36, à Vidy. ☎ 021-626-02-22. • youthhostel.ch/lausanne • Bus n° 2, arrêt « Bois-de-Vaux ». Assez éloigné du centre et du métro d'Ouchy (1,5 km). Tte l'année. En chambre de 3-4 lits, env*

*40 Fs/pers ; en chambre de 2 lits, 98 Fs, petit déj inclus ; ajouter 7 Fs/pers pour les non-membres. Menu 17,50 Fs. Laverie. Parking 7 Fs/nuit.* Plus de 300 lits dans un univers de béton, mais propreté impeccable et service aimable. Self-service bon marché.

**Lausanne Guesthouse & Backpacker** (plan B1, **12**) : *chemin des Épinettes 4. ☎ 021-601-80-00. • lausanne-guesthouse.ch • Derrière la gare ferroviaire, à 2 mn à pied. Compter 35,90 Fs/pers en chambre quadruple avec sdb sur le palier (37,40 Fs avec les draps) ; doubles 106-126 Fs, avec sdb semi-privée mais sur le palier. Pas de petit déj, mais cuisine à disposition. Parking payant.* Assurément notre meilleure adresse, personnalisée et pleine de charme, installée dans une belle maison du XIXe s, rénovée écologiquement et avec goût. On en oublierait presque la proximité des voies de chemin de fer (bonne isolation). Toutes les chambres, lumineuses, avec parquet, ont vue sur le lac et les Alpes. Certaines possèdent même un petit balcon. Cuisine et séjour particulièrement bien décorés, avec quelques meubles de caractère. Charmant jardin. Le tout dans une ambiance chaleureuse.

## De prix moyens à chic

**Hôtel du Port** (plan B3, **19**) : *pl. du Port 5, Ouchy. ☎ 021-612-04-44. • hotel-du-port.ch • Congés : de mi-déc à fin janv. Doubles 140-185 Fs selon vue et confort, petit déj inclus. Promos sur Internet. Au resto (tlj), formule 26,50 Fs en sem le midi, autres menus 42,50-56 Fs.* Quitte à se faire un petit (ou plutôt un grand) plaisir, autant s'offrir une nuit dans cet hôtel au charme discret. Sa situation face au lac et aux montagnes fait tout son attrait. Une vingtaine de chambres, rénovées et plutôt spacieuses.

## Très chic

**Hôtel Crystal** (plan C1, **18**) : *rue Chaucrau 5. ☎ 021-317-03-03. • crystal-lausanne.ch • Congés : en fin d'année. Doubles env 200-265 Fs, petit déj compris. Parking privé payant.* Un établissement de standing supérieur, d'aspect extérieur un peu terne, mais très bien situé. Chambres claires, tout confort (frigo, séchoir), avec terrasse et mobilier en osier. Au 5e étage, depuis la pimpante salle du petit déj (copieux), belle vue dégagée sur les toits de Lausanne. Dans les escaliers, collection d'affiches des J.O. et quelques objets amusants en déco. Très bon accueil.

**Elite** (plan C2, **14**) : *av. Sainte-Luce 1. ☎ 021-320-23-61. • elite-lausanne.ch • Doubles standard env 200-275 Fs, petit déj-buffet compris. Parking.* Idéalement situé entre la gare et le centre, cet hôtel est entouré de jardins, dans une rue bien au calme. La vue sur le lac est magnifique depuis les chambres avec terrasse. Beau hall d'entrée, mobilier style assez années 1950, boiseries, salles de bains bien équipées, spacieuse salle de petit déjeuner, on comprend que les profs de l'université se plaisent à fréquenter cet hôtel à la fois classique et élégant.

**Hôtel Agora Swiss Night** (plan B2, **20**) : *av. du Rond-Point 9. ☎ 021-555-59-55. • byfassbind.com • Doubles 160-400 Fs selon saison et promotion sur Internet.* Sa belle façade en alu, gravée des symboles de la Suisse, donne déjà le ton. L'intérieur est tout aussi original, spacieux et design. Ici, la Suisse classique a été revisitée, détournée et relookée avec modernité, humour (voir Guillaume Tell et sa pomme dans le lobby), intelligence et dans de beaux matériaux contemporains jusque dans les moindres détails. Dans les chambres, belles et lumineuses, impressions photographiques sur les murs, qui évoquent la montagne, fauteuils en peau de vache et couverture de la Croix-Rouge sur les lits. Au dernier étage, superbe salle pour le petit déjeuner dans les tons bleu glacier, avec vue panoramique sur le lac et les montagnes.

## Où manger ?

### Bon marché

|●| ***Crêperie La Chandeleur*** *(plan C1,* ***31****)* **:** *rue Mercerie 9. ☎ 021-312-84-19. Tlj sf dim-lun 11h30-23h. Congés : 3 sem en été. Crêpes 7-18 Fs.* Crêpes et galettes, salées et sucrées, à tomber à la renverse. Endroit animé et chaleureux, où l'on s'assoit sur des bancs. Cidre breton à profusion ! Joli cadre avec abat-jour brodés, gravures anciennes et une terrasse bien aménagée.

|●| ***Cafeteria du Manor*** *(plan C1,* ***30****)* **:** *rue Saint-Laurent 7. Au dernier étage, self-service tlj sf dim 10h-19h (18h sam).* Comme dans toutes les villes suisses, c'est un endroit tout à fait recommandable pour manger économique le midi. Bon rapport qualité-prix, grande salle confortable avec coin enfants et terrasse avec vue sur les montagnes. Mieux vaut éviter les heures de pointe pour trouver de la place.

### Prix moyens

|●| ***Inglewood*** *(plan C1,* ***37****)* **:** *rue Saint-Laurent 14. ☎ 021-323-63-88. Lun-sam 11h30-14h30 et 18h30-21h30. Hamburgers 15-23 Fs.* Comme à Genève, ce sont 2 frères qui ont ouvert, sur le même principe, ce repaire estudiantin. Au programme, hamburgers – dont les fournisseurs sont vaudois à 80 %. Pas de réservations possibles, autant savoir que c'est vite rempli. Une seconde adresse doit ouvrir à Lausanne en 2018.

|●| ***Café du Vieil-Ouchy*** *(plan B3,* ***36****)* **:** *pl. du Port 3. ☎ 021-616-21-94. Ⓜ ligne 2, terminus « Ouchy-Olympique ». Tlj. Menus du jour 18,50-24,50 Fs, et env 25 Fs pour une fondue.* Un petit resto sympa et accueillant dans une maison aux volets colorés. À vous de choisir entre la salle en contrebas style rustique avec poutres, tables et bancs en bois, ou celle du 1er, plus claire et plus spacieuse, avec vue sur le lac. De bonnes spécialités suisses traditionnelles vous attendent, comme la fondue moitié-moitié.

|●| ***Le Café Romand*** *(plan C1,* ***38****)* **:** *pl. Saint-François 2. ☎ 021-312-63-75. Entrée au fond de la galerie à gauche. Tlj sf dim 11h-23h non-stop. Plats du jour lun-ven 19-24 Fs, sinon 22-41 Fs.* Ambiance des grandes brasseries vaudoises qui ont su garder leur âme. Tellement couru qu'il faut se battre pour y trouver une place, mais le jeu en vaut la chandelle. Cuisine de brasserie, mais aussi fondues et une petite carte de restauration (charcutaille, sandwichs, omelettes...) sans oublier le papet vaudois *(sept-avr)*. Vins locaux à prix corrects.

|●| ***Luigia*** *(plan C2,* ***39****)* **:** *rue Saint-Pierre 3. ☎ 021-552-03-03. Tlj midi et soir. Pas de résas. Pizzas 15-25 Fs ; pasta 19,50-26 Fs, plats de viande plus chers. Le soir, prévoir un peu (ou beaucoup) d'attente.* Dans un ancien cinéma-théâtre de centre-ville, dont le caractère a été conservé (avec 9 m de hauteur de plafond, il y a du volume, et même un volume sonore impressionnant...) où l'on voit s'affairer les pizzaiolos en marinière avec leur petit air à la J.-P. Gaultier et passer (et repasser) les escouades de serveurs et serveuses, dans une chorégraphie bien orchestrée. Bonnes pizzas napolitaines, préparées avec une pâte à pizza particulière, pâtes, viandes... Également une adresse à Genève, dans le même style *(cette fois dans un ancien garage, rue A.-Lachenal)*.

|●| ***La Bavaria*** *(plan C1,* ***33****)* **:** *rue du Petit-Chêne 10. ☎ 021-323-39-13. Fermé dim-lun. Formule déj 23,50 Fs, plats 20-42 Fs.* Spécialités de papet vaudois, de rösti, de choucroute, de langue, de jarret... Bref, une cuisine de brasserie version suisse à déguster dans un authentique vieux bistrot... Ambiance conviviale.

|●| 🍸 ♩ ***Le Bleu Lézard*** *(plan C2,* ***32****)* **:** *rue Enning 10. ☎ 021-321-38-30. Lun-ven 7h-1h (2h le w-e). Suggestions à midi 17,50-21,50 Fs, salade env 24 Fs, plats 25-35 Fs et menu 55 Fs. Brunch dim.* Déco bleutée et pailletée. Difficile d'y trouver une place en fin de semaine. Si la plupart des habitués (beaucoup d'étudiants) viennent y

boire une bière, la cuisine vaut aussi le détour. Les amateurs apprécieront l'assiette dégustation des 3 tartares. À la *Cave* *(disco du Bleu Lézard ; mar-sam dès 21h)*, concerts réguliers de jazz et DJs le week-end.

**Le Java** *(plan C-D2, **40**) : rue Marterey 36. ☎ 021-321-38-37. Tlj service 11h30-15h, 18h30-23h (1h ou 2h le w-e). Brunch dim 11h-16h. Assiettes du jour lun-ven 19,50-21,50 Fs, tartares 30-42 Fs ; menus « Comic Strip » et « Java » 50-55 Fs.* Le *Java* a fait peau neuve en 2016 et doit son relooking à une designer. Clientèle plutôt branchée. La carte est originale et éclectique (tous les plats font référence à Gainsbourg), tout comme la déco aux jolies couleurs. Fait salon de thé l'après-midi. Croques servis jusqu'à minuit. Le dimanche, propose des cartes avec tapis et ardoise, backgammon, jeux d'échecs, mikado, etc.

**Pinte Besson** *(plan C1, **44**) : rue de l'Ale 4. ☎ 021-312-59-69. Lun-sam midi et soir. Menu fondue tradition 42 Fs. Plats 17,50-43,50 Fs.* L'adresse a tout du monument national (c'est le plus ancien bistrot de la ville – de 1780 ! –, les vitraux sont d'origine, et le mobilier classé). Salle voûtée tout en longueur, et étage (où on ne sert pas les fondues !). Dans l'assiette : fondues, croûtes, rösti, planchettes ou papet vaudois. Excellente ambiance.

**Chez Mario** *(plan C2, **35**) : rue de Bourg 28. ☎ 021-323-74-04. Tlj midi et soir. Pizzas 15-29 Fs et plats 21-39 Fs.* Près de la place Saint-François, un grand classique (l'adresse a ouvert en 1958) pour les pizzas (dont d'heureuses « créations »), les pâtes, les risottos, bien connu et apprécié des Lausannois.

**Café du Simplon** *(plan B2, **34**) : rue du Simplon 17. ☎ 021-616-31-04. Lun-sam 7h-23h (minuit sam). Fermé le dim. Assiettes chaudes ou froides et plats 20-34 Fs.* Un endroit très populaire dans le quartier, avec de grandes tables où s'installent les habitués et les bandes de copains. Plein dès l'heure de l'apéro. Cuisine à tendance méditerranéenne, sans grande finesse mais bonne et copieuse. Terrasse sur la rue. Sympa et décontracté.

**Le Raisin** *(plan C1, **46**) : pl. de la Palud 19. ☎ 021-312-27-56. En face de l'hôtel de ville. Tlj sf dim. Plat du jour lun-ven 19,50 Fs, « plat du moment » 26 Fs. Autres plats 22-42 Fs.* Une petite salle tout en longueur, assez bruyante, ce qui ne doit pas vous empêcher de goûter une cuisine de saison bien préparée, avec quelques originalités bienvenues pour certains plats. Également une petite terrasse, bien appréciable, sur la place. Bon rapport qualité-prix.

## Chic

**Café de Grancy** *(plan B2, **43**) : av. du Rond-Point 1. ☎ 021-616-86-66. Tlj midi et soir. Congés : 2 sem aux vac de Noël. Soirée spéciale fondue mer. Brunch le w-e 10h-15h. Résa fortement conseillée en fin de sem. Menu du jour 19,50 Fs le midi, plats 20-29 Fs à midi et jusqu'à 45 Fs le soir.* Dans un bel immeuble, un café spacieux et branché sans être froid pour un sou, avec même un coin jeux pour les enfants. Cuisine fine et de saison. Parmi les plats phares, le tartare de bœuf rustique au basilic et aux oignons nouveaux ainsi que le hachis parmentier, mais la carte affiche d'autres spécialités plus diététiques, plus végétariennes. Bières artisanales.

**À la Pomme de Pin** *(plan C1, **42**) : rue Cité-Derrière 11-13. ☎ 021-323-46-56. Tlj sf mer soir, sam midi et dim. Congés : 1 sem en fév et de mi-juil à mi-août. Assiette du jour 19 Fs. Côté brasserie, plats 24-42 Fs ; côté resto, menus 84-98 Fs. Café offert sur présentation de ce guide.* Cuisine gastronomique. Le coquelet *Pomme de Pin* aux morilles, la spécialité maison, en vaut la chandelle. Dans ce coquet resto, les poissons du Léman ont également leur place. Du côté brasserie, les prix baissent sans que la qualité en prenne un coup. En saison, festival de la dent de lion (comprendre le pissenlit), décliné à toutes les sauces et avec divers accompagnements.

**Le Théâtre Restaurant** *(plan C2, **45**) : av. du Théâtre 12. ☎ 021-351-51-15. Tlj midi et soir. Menus du jour à midi en sem 23-25 Fs, pizzas 20-27 Fs, plats 30-54 Fs.* Il s'agit du restaurant de l'Opéra de Lausanne. On vous l'indique surtout en raison de sa très belle terrasse, aménagée sur plusieurs niveaux dans les jardins fleuris de l'Opéra. Carte de saison assez chère et, dit-on, la meilleure viande de Lausanne. L'endroit est chic et très couru, mais rien n'empêche d'aller s'y attabler pour une simple pizza.

### Très chic

**Le Cinq** (plan C1, **41**) : *rue Centrale 9. ☎ 021-312-40-11. Lun-ven 12h-14h, 19h-22h. Congés : de mi-juil à début août. À midi, formule déj 29 Fs, menu plaisir 55 Fs ; plats 36-56 Fs.* Le resto est au 5e étage d'un bâtiment qui ne paie pas de mine. Une fois sorti de l'ascenseur, on oublie vite ce détail. La salle est feutrée, contemporaine. Un décor idéal pour cette cuisine moderne et soignée qui brasse allègrement les pays et les terroirs. Spécialité : le foie gras du chef. La carte change souvent. Terrasse aux beaux jours.



## Où manger une bonne glace ?

**GeA** (**Gelateria Artisanale** ; plan C2, **32**) : *rue Enning 8. Mar-sam 11h-19h, dim 13h-17h.* On y fait la queue pour manger de bonnes glaces faites à partir de produits naturels. Les 2 patronnes italiennes proposent toutes sortes de parfums originaux selon les saisons.

## Où boire un verre ? Où sortir ?

Lausanne bouge, et plutôt en bien. Toujours d'actualité, le quartier du Flon. Longtemps occupé par les milieux alternatifs, cet ancien quartier industriel a été entièrement réaménagé de façon assez originale et est devenu le lieu branché de la ville pour sortir, avec un mélange de boutiques et de restos aux grandes baies vitrées. Les jeunes se donnent également rendez-vous près du quartier Saint-Pierre. Mais en été, le rendez-vous des cols blancs et des touristes reste définitivement fixé à Ouchy, au bord du lac.

**Café de l'Hôtel de Ville** (plan C1, **50**) : *pl. de la Palud 10. ☎ 021-312-10-12. En plein centre-ville. Tlj sf dim-lun (fermé à 19h, sf ven minuit).* Adorable petit troquet avec une trentaine de places à tout casser. Déco rétro et hétéroclite. Et certains jours, des soirées à thème : jazz, chanson, humour, théâtre... Petite restauration végétarienne avec de belles salades aux noms poétiques.

**À la Bossette** (plan D1, **51**) : *pl. du Nord 4. ☎ 021-320-15-85. Lun-ven 10h-14h et 16h-minuit (voire 1h ou 2h), sam 16h-2h. Fermé dim.* Petit café très agréable où il est facile de lier connaissance car fréquenté par une faune plutôt sympathique. On y trouve des bières en provenance des microbrasseries suisses. Petite restauration avec quelques plats cuisinés sympathiques.

**Coccinelle Cafe** (plan C1, **52**) : *rue A.-Pichard 18. Lun-sam 7h-19h.* Avec ses chaises orange en terrasse, ce sympathique petit café caché dans une des rues piétonnes du centre propose petit déjeuner, tartines, froides ou chaudes, ainsi qu'un plat du jour et un excellent chocolat chaud. Patron avenant.

**Bar XIIIe** (plan C1, **53**) : *rue Cité-Devant 10. ☎ 021-312-40-64. Au cœur de la vieille ville. Mar-sam 22h-5h.* Cave installée dans les souterrains du château, avec ses galeries qui relient différentes petites salles. Bonne musique (pas de concert) et toujours bonne ambiance.

**Brasserie artisanale du Château** (plan C1, **55**) : *pl. du Tunnel 1. ☎ 021-312-60-11. Tlj 11h (16h dim)-1h. Fermé à Noël. 1 concert/mois.* Au rez-de-chaussée, petit bar où l'on sert sandwichs, *focacce* et pizzas, mais aussi bière artisanale, brassée sur place. Au 1er étage, le bar des mousses (ouvert à partir de 17h), bière brune ou blonde ou rousse mais toujours maison.

🍸 **Le Lapin Vert** *(plan C1, **54**)* **:** *ruelle du Lapin-Vert 2. ☎ 021-312-13-17. Tlj sf dim-lun 20h-1h ou 20h-3h selon j. de la sem ; **Le Clapier** au 2ᵉ étage ferme à 3h ven-sam. Entrée gratuite, conso à partir de 5 Fs, alcool à partir de 10 Fs.* Entre le château et la cathédrale, un bar de nuit plutôt rock avec des concerts 2 fois par mois. Clientèle jeune. Bondé le week-end, plus calme en semaine. À signaler, un grand (et agréable) fumoir qui fera le bonheur des fumeurs.

## Où écouter de la musique ? Où danser ?

🍸 ♩ 👫 **Le MAD** *(plan B1, **57**)* **:** *rue de Genève 23. • mad.ch • En plein quartier du Flon. Jeu-dim 23h-5h. Entrée : 15-25 Fs.* Grande boîte sur plusieurs étages, connue très loin à la ronde. Soirées complètement débridées, menées de main de maître par des DJs réputés. Le temple lausannois des rave, space et autre techno.

## Où acheter de bons produits ?

🧺 **La Ferme Vaudoise** *(plan C1, **50**)* **:** *pl. de la Palud 5. Lun 9h-13h, 14h-18h30 ; mar-ven 9h-18h30 ; sam 7h30-17h.* L'endroit pour acheter de bons produits régionaux et des vins de la ville.

🧺 **Noz** *(plan C-D1-2, **61**)* **:** *rue Marterey 11. Lun-ven 6h30-19h, sam 7h-17h30.* Un des meilleurs chocolatiers de la ville, connu pour ses pruneaux. Devinez ? Des pruneaux enrobés de chocolat. Également des tartes au chocolat d'enfer !

## Où voir des films rares ?

■ ***Cinémathèque suisse*** *(plan B1, **70**)* **:** *allée Ernest-Ansermet 3. ☎ 058-800-02-00. • cinematheque.ch • Dans l'ancien casino de Montbenon. Séance : 10-15 Fs.* Constitué en 1948 sous l'égide d'Henri Langlois, le lieu a bien évolué depuis. 2 salles, et 5 ou 6 films différents tous les jours. Et, pas de publicité, ni de pop-corn... Autre salle : *Le Capitole,* avenue du Théâtre 6.

# À voir. À faire

➢ ***Visites de la vieille ville*** *(Lausanne à pied)* **:** *☎ 021-320-12-61. • lausanne-a-pied.ch • Départs à 10h et 14h30 (sf dim) de la pl. de la Palud. Tarif : 10 Fs ; gratuit étudiants. Compter env 2h.* De mai à septembre, des Lausannois, souvent retraités, vous font découvrir leur ville à pied. On peut aussi télécharger soi-même le commentaire sur le site internet de l'office de tourisme. Et sinon, l'office édite une brochure *Excursions* détaillant toutes sortes de balades.

– *Intéressant :* certains musées communaux et cantonaux sont gratuits le 1ᵉʳ samedi du mois (dont la Collection de l'art brut, le MUDAC, le musée de l'Élysée, les Musées romain et historique, le musée des Beaux-Arts, l'espace Arlaud...). Voir la brochure des musées de Lausanne.

🚶 ***La place Saint-François*** *(plan C1)* **:** Lausanne n'est qu'une succession de montées et de descentes... Au centre, tout en haut, la place Saint-François, joyeusement saccagée au cours du XXᵉ s. La moitié nord est heureusement réservée aux piétons mais sans grand intérêt, si ce n'est l'animation assurée par les artistes de rue. Le temple (XIIIᵉ s) a été longuement mais superbement rénové. Dans la petite chapelle face à la chaire, un chef-d'œuvre : *Le Christ appelant à lui les foules,* vitrail d'Alexandre Cingria (début du XX<sup>e</sup> s).

**La place de la Palud** *(plan C1)* **:** en descendant la rue commerçante et piétonne Saint-François, puis en remontant la rue du Pont, on rejoint la place de la Palud, centre de la vie politique et culturelle depuis le XVe s. Les autorités communales siègent dans l'*hôtel de ville,* où Mozart donna deux concerts en 1766. À gauche, la *maison de Seigneux* (XVIIIe s) ; à droite, celle *de Crousaz* (même époque). Les halles, aujourd'hui le *Forum,* abritaient autrefois le marché. La statue qui domine la fontaine date de 1585. Au pied de la jeune femme aux yeux bandés, le pape, le sultan, l'empereur et l'avoyer (premier magistrat), bref, la Puissance soumise à la Justice. Toutes les heures, animation de l'horloge juste à côté.

**La cathédrale** *(plan C1)* **:** *au début de la rue Mercerie, prendre à gauche et monter par les très beaux escaliers de bois couverts pour rejoindre la cathédrale. Visites guidées gratuites en sem de juil à mi-sept à 10h, 11h, 14h30 et 15h30. Concert d'orgue ven juin-sept. Accès au sommet de la tour : 5 Fs.*

Le plus grand et le plus bel édifice gothique de Suisse. Attention, chef-d'œuvre, même s'il lui manque une tour ! Inaugurée en grande pompe en 1275 par l'empereur Rodolf de Habsbourg et le pape Grégoire X, la cathédrale est devenue un temple au moment de la Réforme. Construite en molasse (du grès tendre) avec un soubassement de calcaire pour l'isoler de l'humidité du sol, elle est restée inachevée : il manque le beffroi est. Mais avec ses 100 m de longueur, sa tour-lanterne dont la flèche dépasse les 80 m, sa nef qui s'élève à 19 m, elle est parfaitement proportionnée. On ne peut que regretter la dernière restauration en date ; nécessaire sans doute mais sauvage, sans aucune finesse ! Et la patine n'y fera pas grand-chose, malheureusement...

Heureusement, le ***magnifique portail peint Montfalcon*** a échappé à ce lifting radical. Restauré (après 40 ans de travaux !) et protégé par une grande porte vitrée, ce chef-d'œuvre de la sculpture du XVIe s est à admirer depuis l'intérieur. Le tympan est consacré au couronnement de la Vierge, avec au centre le Christ dans une mandorle. Le linteau illustre à gauche la mise au tombeau de la Vierge et à droite la Résurrection. Les personnages latéraux sont, de gauche à droite, Moïse, Jean Baptiste, Siméon, Pierre, Paul et Jean. Au centre, sur le trumeau, l'archange saint Michel. Ce portail sud, si richement décoré, était jusqu'au XVIe s l'entrée principale de la cathédrale. Cette particularité, plutôt insolite, était due à la configuration du relief. Aussi, quand le plan de la cathédrale fut modifié, on en profita pour percer une entrée à l'ouest, l'entrée actuelle.

Dans la chapelle Saint-Maurice, des stalles sculptées remarquablement en 1509. La nef est impressionnante, avec ses arcades au profil élancé, son triforium (galerie) fermé par de petits arcs brisés et sa coursière, nouvelle galerie courant sous les hautes fenêtres. La ***rosace,*** tout à fait exceptionnelle, date de 1235 mais a été restaurée et complétée (les cinq médaillons centraux consacrés à la Création) au XIXe s : 105 vitraux illustrent l'histoire du monde au travers de trois grands thèmes (les mois et les saisons, les signes du zodiaque et les éléments).

## UN GRAND RESTAURATEUR

*La restauration de la cathédrale fut le dernier grand chantier de Viollet-le-Duc, il reconstruisit la tour-lanterne avec une flèche encadrée de tourelles d'angle. On lui doit aussi l'église presbytérienne écossaise (au 26, av. de Rumine) dans un style néogothique. L'architecte repose au cimetière du Bois-de-Vaux en compagnie de Coco Chanel et de Pierre de Coubertin.*

La cathédrale s'enorgueillit de posséder de ***grandes orgues*** uniques. Dessinées par un designer, elles ont demandé 10 ans d'études et de réalisation, pour un coût de 6 millions de francs. Pour plus de détails, notamment le programme des concerts, voir • *grandesorgues.ch* •

## HORLOGE PARLANTE

*Du haut du beffroi, l'un des derniers guets d'Europe crie toujours tous les jours de l'année les heures pleines de 22h à 2h du matin aux quatre points cardinaux. Le soir du Nouvel An, il souhaite la bonne année à toute la population ! Une tradition dont les Lausannois ne se lassent pas depuis 1405. Il était à l'époque chargé de donner l'alerte en cas d'incendie.*

En face de la cathédrale, le vieil évêché abrite le ***Musée historique*** *(plan C1)* **:** *tlj sf lun.* On y voit la maquette de Lausanne telle que la ville se présentait en 1638. Et depuis la terrasse de la cathédrale, vue sublime sur les Alpes, le lac et les toits de la ville.

***Le musée de Design et d'Arts appliqués contemporains*** *(**MUDAC** ; plan C1)* **:** *pl. de la Cathédrale 6. ☎ 021-315-25-30. • mudac.ch • Tlj sf lun (tlj en juil-août) 11h-18h. Entrée : 10 Fs ; réduc.* Le musée présente la création contemporaine en Suisse, composée principalement d'œuvres de créateurs agissant à la lisière des domaines du design, du graphisme, de la communication visuelle et des arts appliqués. Son intérêt principal réside dans les expos temporaires qui y sont organisées, sans négliger la collection permanente J.-E. Berger dont les objets chinois, égyptiens, indiens, indonésiens et japonais sont présentés par roulement.

## UN MÉTRO ANIMÉ

*Le métro de Lausanne est par moments sonorisé avec beaucoup d'humour. Ainsi, quand on quitte la station « Gare-du-Flon », on entend un bruit d'eau pour signaler que l'on traverse la rivière. Et lorsque l'on passe par la station « Place-de-la-Riponne », le rythme cadencé des pas de danse résonne sur les wagons en hommage à Maurice Béjart qui vécut dans le quartier durant 20 ans.*

***Le musée cantonal des Beaux-Arts*** *(plan C1)* **:** *palais de Rumine, pl. de la Riponne 6. ☎ 021-316-34-45. • mcba.ch • Mar-mer et ven 11h-18h, jeu 11h-20h, sam-dim 11h-17h. GRATUIT.* En attendant l'ouverture, en 2019 ou 2020, de ***Plateforme 10,*** le nouveau lieu culturel sur le site des anciennes halles aux locomotives près de la gare, qui regroupera en un « quartier des arts » le musée cantonal, le MUDAC ainsi que le musée de l'Élysée (détails du projet sur • *plateforme10.ch* •), il propose des expositions temporaires dédiées à un artiste ou à un thème.

Ce même palais de Rumine abrite également quatre autres musées, tous gratuits : d'Histoire et d'Archéologie, de Géologie, de Zoologie, ainsi que le Musée monétaire. • *musees.vd.ch/palais-de-rumine/accueil • Mêmes horaires : ouv tlj sf lun 11h-18h (17h ven, sam et dim).* Au 5ᵉ étage, le *Musée zoologique* avec de belles collections dans un décor ancien et vieillot, mais la scénographie est bien faite. Les collections de papillons de Nabokov (le grand écrivain, par ailleurs grand chasseur de lépidoptères) y sont conservées bien à l'abri. *Musée géologique* de même style : on y voit, en plus des innombrables fossiles, un platéosaure, seul dinosaure complet de Suisse, et un élan trouvé dans une tourbière. Également, un niveau plus bas, le *musée d'Archéologie et d'Histoire,* avec des sépultures du néolithique, un des menhirs de Lutry, des maquettes de villages lacustres jusqu'à de curieux « objets de Napoléon » (Noverraz, un ancien valet de chambre de l'Empereur, Vaudois, présent à Sainte-Hélène, en a été le dépositaire).

*L'espace Arlaud* (plan C1) : *pl. de la Riponne 2 bis. ☎ 021-316-38-50. Mer-ven 12h-18h, w-e 11h-17h. Entrée : 6 Fs ; réduc.* Une sorte d'annexe du Musée cantonal. Ce bâtiment du XIXe s accueille de remarquables expositions temporaires.

***La place du Château Saint-Maire*** *(plan C1)* **:** le château (XVe s) est un bel édifice carré surmonté d'un étage défensif en brique, avec mâchicoulis et tourelles d'angle. Une partie du gouvernement vaudois siège en ses murs, aussi ne peut-on pas le visiter. À ses pieds, la statue du major Davel, héros post-mortem de la révolution cantonale. De la terrasse, belle vue sur le vallon de la Louve.

**La fondation de l'Hermitage** (hors plan par D1) **:** *route du Signal 2. ☎ 021-320-50-13. • fondation-hermitage.ch • Bus n° 16, arrêt « Hermitage » ; ou bus n° 3, arrêt « Motte » (puis 10 mn à pied). Tlj sf lun 10h-18h (21h jeu). Expos temporaires slt. Entrée : 19 Fs ; réduc.* Construit vers 1850, ce manoir superbe était destiné à accueillir une riche famille de banquiers de Lausanne, mais surtout à asseoir son statut social. Trois à quatre expositions temporaires de grande qualité y sont maintenant organisées dans de belles salles baignées par la lumière naturelle. En permanence au sous-sol, petite collection de porcelaines chinoises, avec des pièces du XIIe au XIXe s joliment mises en valeur dans des vitrines par couleur.

***La Collection permanente de l'art brut*** *(hors plan par C1)* **:** *av. des Bergières 11. ☎ 021-315-25-70. • artbrut.ch • Bus n° 2, arrêt « Beaulieu » ; ou bus n° 3, arrêt « Jomini ». Tlj sf lun (hors juil-août) 11h-18h. Entrée : 10 Fs ; réduc ; gratuit le 1er sam du mois.* Un musée unique, à ne manquer sous aucun prétexte. L'ancien conservateur, Michel Thevoz, tente ainsi de définir l'art brut : « C'est l'art pratiqué par des personnes qui, pour une raison ou pour une autre, ont échappé au conditionnement culturel et au conformisme social : solitaires, inadaptés, pensionnaires d'hôpitaux psychiatriques, détenus, marginaux de toutes sortes. En 1971, Dubuffet fit don de sa collection (5 000 œuvres) à la Ville de Lausanne. Aujourd'hui, le musée compte près de 60 000 œuvres (700 exposées). L'artiste avait demandé cette présentation dans des pièces entièrement noires, afin que seules les œuvres attirent le regard et que le visiteur soit plongé dans l'univers de ces artistes souvent dévastés par la vie et dont la peinture et la sculpture ont souvent été le seul moyen d'expression de leur souffrance et de leur obsession. Il n'est pas ici question d'œuvre d'art mais de survie. Une expression brute, marginale, compulsive, fruit d'expériences traumatisantes, comme l'abandon, la guerre, la dépression ; de la création comme thérapie, un dialogue intime avec soi. Si certaines œuvres démontrent une grande détresse, d'autres mettent en scène un monde onirique plus gai et plus coloré, voire ludique, comme l'œuvre à base de coquillages de Paul Amar. À voir, les bas-reliefs du Polonais Zagajewski, les statues en céramique de l'Indien Nek Chand et les aquarelles insolites de Darger. Au dernier étage, films très intéressants sur plusieurs artistes. Un parcours dans un univers dont on ne ressort pas indemne.

***Ouchy*** *(plan B-C3)* **:** plus de 1 km de quai entre la commune libre d'Ouchy (une plaisanterie carrément officielle...) et les ruines de la tour Haldimand. En été, Ouchy est certainement l'endroit le plus couru de Lausanne. Le *Beau-Rivage Palace,* où le Traité de Lausanne de 1924 fut signé, date de 1861. Juste à côté, l'*Hôtel d'Angleterre* où lord Byron écrivit *Le Prisonnier de Chillon*. L'*Hôtel du Château d'Ouchy* (1893) entoure le donjon médiéval, unique rescapé du XIIe s. Le *port* abrite quelque 1 600 bateaux avec celui de Vidy (un peu plus loin en direction de Genève). Parmi eux, *La Vaudoise,* l'une des deux dernières barques authentiques du Léman. Les membres de la Confrérie des pirates d'Ouchy la bichonnent et la sortent régulièrement. Tout au bout du quai, direction Pully, dans le parc Denantou, un pavillon de style khmer, offert à la Ville par le roi de Thaïlande qui fut étudiant à Genève dans les années 1930.

**Le musée de l'Élysée** *(plan B3) : av. de l'Élysée 18. ☎ 021-316-99-11. • elysee.ch • Bus n° 8, arrêt « Montchoisi ». Tlj sf lun 11h-18h. Entrée : 8 Fs ; réduc. Entrée libre 1er sam du mois. Nocturne (jusqu'à 20h) dernier jeu du mois.* Un musée entièrement consacré à la photographie dans une très belle maison du XVIIIe s, jadis appelée le Petit Ouchy. Les salons de réception du Conseil d'État (gouvernement cantonal), au rez-de-chaussée, ne se visitent pas. Le musée possède de riches fonds photographiques (dont celui de Charlie Chaplin, excusez du peu, ou ceux des grands voyageurs, comme Nicolas Bouvier et Ella Maillart). Du daguerréotype à la photographie contemporaine, le musée accueille de quatre à cinq nouvelles expositions toutes les 5 à 6 semaines. Vastes jardins ouverts au public (en les traversant, on rejoint directement le Musée olympique, voir ci-dessous). Café-librairie.

**Le Musée olympique** *(plan B3) : quai d'Ouchy 1. ☎ 021-621-65-11. • olympic.org/museum • Bus n° 2, arrêt « Ouchy » ; ou n° 8, arrêt « Musée-Olympique » ; ou encore métro, arrêt « Ouchy », puis longer les quais. De mai à mi-oct, tlj 9h-18h ; de mi-oct à fin avr, tlj sf lun 10h-18h. Entrée : 18 Fs ; réduc. Audioguide : 5 Fs. Ateliers pour les enfants. Resto et boutique.* C'est un grand musée, spacieux et on ne plus moderne (écrans tactiles, images de synthèse, vidéos en veux-tu en voilà) qui sert à merveille l'olympisme, du moins l'image positive que l'on voudrait garder de ces épreuves. Il est précédé d'un parc qui accueille des sculptures de grands artistes contemporains, Niki de Saint-Phalle ou Calder pour n'en citer que deux. Une piste d'athlétisme et un amphithéâtre de verdure ont été également aménagés. Le musée lui-même s'organise sur trois niveaux qui présentent chacun une dimension de l'olympisme. Tout d'abord, une partie historique depuis les origines des Jeux dans l'Antiquité, à Olympie, jusqu'à nos jours, en passant bien sûr par l'action de Coubertin pour les faire renaître. On apprend que c'est un dominicain, le père Didon, qui est l'auteur de la devise « Plus vite, plus haut, plus fort » (en latin *Citius, Altius, Fortius*). Beaucoup de détails (par exemple, les explications techniques sur le transport de la torche). Le 2e niveau du musée est consacré aux compétitions, avec l'évolution des différentes disciplines sportives, et aux grands sportifs qui ont marqué les Jeux de leurs exploits. De nombreuses belles histoires de champions sont racontées. Une importante base de données permet de visionner des moments de son choix. Enfin, au niveau -1, la dernière partie du musée évoque l'esprit olympique, tant au niveau individuel du sportif qu'au niveau collectif, avec une découverte du village olympique, la préparation des compétiteurs, la lutte contre le dopage. On termine la visite par un spectacle audiovisuel à 180° sur les médailles olympiques (un des espaces les plus appréciés du musée).

En prenant la direction de Genève, on rejoint les ***rives de Vidy.*** En été, détour obligatoire par la route pour contourner la belle et grande *piscine de Bellerive.* Un peu plus loin, le **parc Bourget** est un endroit vraiment sympa pour faire des pique-niques. En poussant encore plus loin, on arrive dans ce qui fut le centre de **Lousonna,** active du Ier au IIIe s apr. J.-C. La promenade archéologique des

## L'EXIL DE COCO CHANEL

*Pendant la guerre, elle dénonça les origines juives des Wertheimer, propriétaires de la maison Chanel. D'ailleurs, elle vivait officiellement avec un officier nazi. Pas étonnant qu'elle s'exilât dès 1944 à Lausanne, pendant 10 ans. Elle est d'ailleurs enterrée au cimetière Bois-de-Vaux, au nord de Vidy, mais sans pierre tombale au-dessus... pour éviter tout graffiti vengeur.*

LE BASSIN LÉMANIQUE

*ruines romaines* et le ***Musée romain*** (construit sur une ancienne villa) montrent une partie de ce qu'était alors la bourgade, avant qu'elle n'émigre sur les hauteurs. On aime beaucoup ce petit musée, ludique et didactique.

## À voir et à faire dans les environs

***La forêt et le lac de Sauvabelin :*** *à 2 km au nord-est de la ville. Bus n° 16, arrêt « Lac-de-Sauvabelin ».* Un poumon vert de plus de 50 ha avec un petit lac. Également un petit parc animalier avec quelques espèces d'animaux domestiques en voie de disparition. Ne manquez pas de monter sur la tour de Sauvabelin : construite en 2003, elle est tout en bois. Du haut de ses 35 m et de ses 302 marches, on a une vue panoramique sur la ville, le Léman, les Alpes, le Jura et la campagne environnante. Ses escaliers hélicoïdaux ont été réalisés sur le même modèle que ceux du château de Chambord. Depuis le lac, un parcours balisé en boucle de 5 km permet de découvrir la cascade de la rivière du Flon.



***La balade des panoramas :*** la rando, longue de 6,5 km, a été conçue par un guide lausannois, Pierre Corajoud. On monte en transport public à Sauvabelin (voir ci-dessus) et ensuite, ce n'est plus que de la descente. Cette balade urbaine permet de découvrir les 10 plus beaux panoramas de la ville. De la tour de Sauvabelin au jardin botanique *(Crêt de Montriond),* en passant par le signal de Sauvabelin, l'Hermitage, le château Saint-Maire, la cathédrale, la passerelle du Flon, l'esplanade de Montbenon, le Belvédère et la colline du Languedoc avec ses vignes. Compter 1h45 environ.

***Aquatis-Vivarium de Lausanne :*** *route de Berne 144, Lausanne-Vennes. À env 2,5 km du centre-ville. En voiture, en bordure de l'autoroute A 9, ou en métro de Lausanne Ⓜ ligne 2. Infos sur • aquatis.ch • ou ☎ 021-654-24-24.* Annoncé pour fin 2017, cet aquarium de 50 bassins et terrariums (le plus grand aquarium d'eau douce d'Europe) permet de faire un grand voyage sur les 5 continents.

## Marchés

– Le plus grand et le plus beau a lieu les mercredi et samedi matin dans le centre-ville. Le samedi matin, il s'étend jusqu'à la Palud, puis sur la rue du Bourg et la place de la Riponne, qui est surtout dédiée aux puces. On y trouve aussi bien des épices, des produits du terroir, des antiquités que des vêtements.
– ***Marché des artisans :*** *avr-oct, le 1er ven du mois, sur la pl. de la Palud.*

## Fêtes et manifestations

– ***Lausanne estivale :*** *de mi-juin à mi-sept.* Nombreux spectacles et manifestations *(gratuits)* organisés par la ville, souvent en plein air.
– ***Festival de la cité :*** *début juil. • festivalcite.ch •* Unique en Suisse romande. 8 jours de théâtre, danse, chanson, jazz, etc. Gratuit. Une dizaine de scènes sont montées dans la vieille ville. Il faut souvent venir s'asseoir avec une bonne heure d'avance pour être sûr d'avoir une place.
– ***BD-Fil :*** *sept, dans le quartier du Flon. • bdfil.ch •* Rencontres, dédicaces...
– ***Marché de Noël :*** *10-24 déc, en centre-ville.*

# LA RÉGION DE LAVAUX ET LA RIVIERA VAUDOISE





**Dès que l'on quitte Lausanne en direction du Valais, on entre dans la région de Lavaux. Les très fortes inclinaisons des coteaux sont striées d'harmonieuses terrasses maintenues par des murs de pierre et recouvertes de ceps idéalement exposés au soleil. Ce sont les moines des monastères et abbayes du coin qui, dès le XIIe s, ont développé la viticulture dans le Lavaux. On y produit des vins blancs remarquables, à déguster dans les caveaux, gérés par les vignerons du cru.**

**Le Chablais, qui s'étire de Villeneuve à Bex sur terres vaudoises, n'a pas grand-chose à envier au Lavaux, même si le vignoble y est moins pentu en moyenne.**

**Quant aux rives entre Lutry et Villeneuve, elles doivent leur nom de Riviera vaudoise à leur microclimat remarquable. Il y pousse même des palmiers !**

## SPÉCIAL VIGNOBLE

La vigne est omniprésente en terre vaudoise, où le quart de la production de vin suisse est produit : avec six AOC (La Côte, l'Orbe, le Vully, le Lavaux, le Chablais, les Côtes de l'Orbe et Bonvillars – au bord du lac de Neuchâtel) et deux grands crus (dans le Lavaux), le canton porte haut les couleurs de la viticulture suisse. En particulier, l'Unesco a classé en 2007 le vignoble de Lavaux au Patrimoine mondial de l'Unesco. On y cultive presque exclusivement le chasselas pour les vins blancs, le gamay et le pinot noir pour les rouges, avec quelques spécialités confidentielles à base de pinot gris ou blanc, de riesling ou de sylvaner. À découvrir au travers de 28 appellations contrôlées, par exemple dans les caveaux ouverts au moins en fin de semaine dans presque tous les villages vignerons.

***Vinorama :*** *route du Lac 2, 1071* ***Rivaz.*** *☎ 021-946-31-31. • lavaux-vinorama.ch • À 5 km à l'ouest de Vevey. Juin-oct, tlj 10h30-20h30 (19h dim) ; le reste de l'année, mer-sam 10h30-20h30.* Espace dégustation *(15-22 Fs),* vente à emporter, projection d'un film relatant une année de la vie d'une famille vigneronne.

## Arriver – Quitter

➢ ***En voiture :*** autoroute de Lausanne-Sion.

➢ ***En train :*** trains directs et régionaux de Lausanne jusqu'à Brig passent par le Lavaux. Mieux, le train des vignes est un train régional de ***Vevey*** à ***Puidoux-Chexbres.*** *1 Fs/h, tte l'année. ☎ 0900-300-300 Fs (1,19 Fs). • cff.ch • Tarif modique.* Puis, 2 petits trains sur roues proposent leurs services : le *Lavaux Panoramic,* au départ de Chexbres. ☎ *0848-86-84-84.* • *lavaux-panoramic.ch* • 2 circuits, autour de Saint-Saphorin et autour de Chardonne. Consulter le site pour voir les autres propositions. Également le *Lavaux Express* au départ de Lutry et de Cully. • *lavauxexpress.ch* • Attention, ils ne circulent pas tous les jours (surtout le week-end, en saison).

➢ ***Circuler en Riviera vaudoise :*** il existe un *pass* de transport, la *Montreux Riviera Card,* qui vous sera remis à votre hébergement (sauf campings). Elle vous donne droit pendant votre séjour à la gratuité des bus (réseau Mobilis) reliant Vevey, Montreux et Villeneuve, à 50 % sur les funiculaires et certains trains touristiques, à 50 % sur le train Vevey-Les Pléiades (à 1 400 m), et jusqu'à 50 % sur les musées de la Riviera et certaines attractions et croisières.



## LUTRY (1095) 9 750 hab.

**Un joyau parmi les petites villes lémaniques, avec son église du XIIIe s, son château, sa grande rue piétonne et son port de plaisance. Lutry prit son essor au XIe s, avec la création d'un couvent bénédictin. C'est la porte de Lavaux.**

– Grande fête des Vendanges fin septembre.

### À voir. À faire

***La vieille ville :*** une dizaine de panneaux jalonnent le circuit touristique, qui vous mènera des menhirs de la Possession (4 500 ans av. J.-C.) à la cure de l'église réformée, en passant par la tour du Bourg-Neuf, la maison du Simplon, le ***château*** (occupé par l'administration communale), etc. Départ du parking audessous de la route nationale.

***L'église réformée Saint-Martin :*** *ouv dès 12h.* L'édifice est construit sur les ruines d'un ancien couvent et d'une double église dont l'origine remonte au XIe s mais qui ont été détruits par un terrible incendie en 1344. À l'intérieur, splendide voûte peinte à la manière italienne de la Renaissance, unique en Suisse.

## DE LUTRY À VEVEY

➢ Première solution (notre préférée) : en voiture, passer par la ***route du vignoble,*** en rejoignant d'abord Aran (à Lutry-Villette, prendre à gauche et passer sous la voie de chemin de fer). La route est étroite mais superbe. Elle passe à travers les coteaux parsemés de vignes. Les villages de Grandvaux et Cully forment la grande corniche, puis on découvre Riex (village à la rue principale vraiment très étroite, croisement difficile !). Là, on vous conseille de grimper en haut de la tour de Gourze (924 m), l'un des plus beaux panoramas qui soient : compter 1h25 à pied depuis Riex. Ensuite, c'est Épesses (où l'on organise annuellement, fin avril, le championnat du monde des tracassets, ces hybrides à trois roues de tracteur et de pétrolette). Enfin, prendre la petite corniche à partir de Chexbres. Tous les villages, encore essentiellement habités par des vignerons, possèdent un charme particulier. Par beau temps, vous comprendrez pourquoi on appelle ce vignoble la « Terre des trois soleils » : rayons du soleil, réverbération du lac et chaleur emmagasinée par la pierre (400 km de murets !).

➢ Deuxième solution : vous rejoignez Cully et son chêne deux fois centenaire (1798 !), et vous prenez la ***route du vin.*** Même parcours que plus haut mais moins long, avec une pente plus douce.
➢ Troisième solution : vous suivez la ***route nationale du lac.***

## Où manger ?

***Café de la Poste :*** *pl. de l'Hôtel-de-Ville 3, 1071* ***Cully.*** *☎ 021-799-11-54. Tlj midi et soir. À midi, lun-ven menu du jour (entrée, plat, café) 22 Fs,* business lunch *30 Fs. Plats 22-36 Fs.* Petite adresse typique, entre pinte et bistrot, avec sa petite salle à l'étage qu'on atteint par un escalier étroit. Club vaudois (spécialité de saucisson) ou burger au saucisson vaudois (décidément !), filets de perche, *malakoffs...* Terrasse à la belle saison. Une bonne petite adresse discrète à découvrir.

## Manifestation

– ***Cully Jazz Festival :*** *avr.* • *cullyjazz.ch* • Plus confidentiel que celui de Montreux, ce festival n'en propose pas moins une programmation de qualité. Il attire d'ailleurs chaque année plus de 40 000 spectateurs.



# VEVEY (1800) 19 450 hab.

**Vevey existait déjà à l'époque lacustre, bien avant que les Romains ne développent cette bourgade à la jonction des routes d'Avenches, de Lausanne et de l'Italie. Ville fortifiée au Moyen Âge, elle accueillit de nombreux protestants français après la révocation de l'édit de Nantes (1685). Comme Montreux, quelques kilomètres plus à l'est, Vevey bénéficie d'un point de vue superbe sur le lac et les montagnes. Charlot, alias Charlie Chaplin, tout britannique qu'il était, n'a d'ailleurs pas hésité : il a passé les 25 dernières années de sa vie sur les hauteurs, à quelques kilomètres – une statue est là pour lui rendre hommage sur les quais et son manoir est désormais un magnifique musée.**

**Enfin, c'est à Vevey, très exactement à Corsier, que l'on a fabriqué le premier chocolat au lait du monde : François-Louis Cailler (1796-1852) y a installé la première unité mécanisée en 1819. Une pancarte discrète le rappelle au chemin des Bosquets. Nettement moins discret, le siège de la multinationale *Nestlé,* qui trône à l'entrée de la ville.**

### REPOS ÉTERNEL CONTRARIÉ

*En mars 1978, le petit cimetière de Corsier-sur-Vevey défraie la chronique : le cercueil de Charlie Chaplin a été volé ! Oona, sa veuve, refuse de payer la moindre rançon et déclare : « Mon mari vit dans mon cœur et dans mon esprit, alors peu m'importe où sont ses restes. » Trois mois plus tard, on retrouve le cercueil à 5 km, et deux malfrats sont arrêtés. Depuis, Charlot repose à nouveau dans le cimetière, mais sous une épaisse couche de béton armé !*

## Adresses et info utiles

**Office de tourisme :** *Grand-Place 29. ☎ 0848-86-84-84. • montreuxriviera.com • À côté de la pl. du Marché, sous les arcades de la grande horloge. De mi-mai à mi-sept, tlj 9h-18h (13h w-e) ; de mi-sept à mi-mai, lun-ven 9h-12h, 13h-17h30, sam 9h-12h. Visites guidées de la ville, avr-sept, jeu-sam à 14h ; départ devant l'office ; durée : 2h. Tarif : 10 Fs.*

**Vélo Pass :** *3 stations (gare, Entre-Deux-Villes et Bergère) pour 45 vélos.* Fonctionne selon le même système que les Vélib' parisiens. Compter 7 Fs pour la journée, mais il existe un abonnement régional valable de Lausanne à Fribourg qui permet de louer un vélo pour une demi-heure *(gratuite)* ou plus. Carte en vente à l'office de tourisme.

## Où dormir ?

### Chambres chez l'habitant

Elles sont assez rares. Doubles de 80 à 120 Fs avec le petit déj. Liste à l'office de tourisme.

### Prix moyens

**Vevey Hotel & Guesthouse :** *Grand-Place 55. ☎ 021-922-35-32. • veveyhotel.com • Dortoir 40-55 Fs/pers ; en chambre de 4, 6 ou 8 lits, 45-60 Fs/pers, draps compris. Doubles 100-130 Fs. Petit déj 10 Fs. Sanitaires sur le palier.* Cette AJ privée installée dans une maison du XIXe s, redécorée en 2012, est idéalement située dans le centre et à deux pas du lac, avec une belle terrasse sur le toit (vue sur le lac et le vignoble). Une bonne adresse ! Cuisine à disposition, lave-linge et sèche-linge.

### De chic à très chic

**Hôtel des Négociants :** *rue du Conseil 27. ☎ 021-922-70-11. • hotelnegociants.ch • Resto fermé dim-lun et de mi-juin à mi-juil. Doubles 143-182 Fs selon saison. Petit déj 15 Fs. Café offert sur présentation de ce guide.* Un 3-étoiles entièrement rénové. Chambres fonctionnelles, bien équipées et confortables ; celles côté sud sont fort agréables. Au resto, spécialité de filets de perche. Bon accueil.

**Hostellerie de Genève :** *pl. du Marché 11. ☎ 021-921-45-77. • hotelgeneve.ch • Doubles 220-270 Fs, petit déj compris. À midi en sem, plat du jour env 20 Fs et assiette « santé » 28 Fs ; sinon, plats 22-48 Fs.* Hôtel traditionnel, rénové et bien situé, tout près du lac. Une grosse quinzaine de chambres à thème, toutes différentes et de bon confort. Au resto, tartare de bœuf et filets de perche figurent parmi les spécialités.

## Où manger ?

### De bon marché à prix moyens

**Le Charlot :** *pl. du Marché 3. Propose des sandwichs sur mesure à partir de 4 Fs.* Pour manger sur le pouce sans se casser la tête.

**La Clef :** *rue du Théâtre 1. ☎ 021-921-22-45. Tlj sf dim et j. fériés 9h-23h (15h sam). Menu du jour 18 Fs ; à la carte, plats env 24-36 Fs. CB refusées.* Intérieur chaleureux. Demandez à vous asseoir à la table de Rousseau, qui a habité ici en 1731 ! Spécialité de filets de perche frais meunière « façon Jean-Jacques Rousseau »... Avec ça, peu de risques d'être déçu. Service parfois lent.

**Les Trois Sifflets :** *rue du Simplon 1. ☎ 021-921-14-13. Fermé dim midi et lun. Menu du jour en sem 21 Fs ; fondues 24-27 Fs, viandes 28-43 Fs. CB refusées.* Réputé, à juste titre, pour sa fondue « moitié-moitié ». Raclette à gogo le jeudi soir.

**Le National :** *rue du Torrent 9. ☎ 021-923-76-25. Tlj sf dim 11h-minuit (1h mer-jeu, 2h ven-sam). Congés : vac de Noël. Plats 17-31 Fs.* Café-resto design. Côté resto, carte assez courte qui propose des plats pas dispendieux, genre grandes salades de saison, appréciées par une clientèle jeune. Côté bar, on s'amuse avec de curieux tabourets tandis que notre regard se perd dans les méandres des éclairages. En été, projections sur la terrasse. Côté resto, cuisine dans l'air du temps.

**Café de la Valsainte :** *rue du Collège 22. ☎ 021-921-32-60. Tlj sf dim 6h-minuit. Congés : 2 sem fin juil-début août et 2 sem autour de Noël. Plat du jour 19 Fs ; sinon, plats env 25-39 Fs.* Dans une rue discrète, vieux bistrot à la déco apparemment banale, mais c'est sans compter sur cette salle de jeu de quilles, restée dans son jus. À la carte, spécialités au fromage, filet de perche et filet de cheval mais aussi des hamburgers maison.



## Où dormir ? Où manger dans les environs ?

### De prix moyens à chic

**Café Au Bon Vin :** *rue du Village 4, 1803* ***Chardonne.*** *☎ 021-921-27-04. À 5 km. Du centre de Vevey, suivre direction Châtel-Saint-Denis/Bulle. Service 8h-minuit. Fermé dim oct-mars, sam-dim avr-sept. Congés : 1 sem en fév et 2 sem fin août. Menus 34-39 Fs. CB refusées.* « Ici, tous les jeudis, un cochon s'absente vitalement », aime à répéter le patron. Et c'est vrai qu'une fois par semaine, de septembre à mars, il fait lui-même sa cochonnaille. Dans cette pinte vaudoise, il faut évidemment goûter à la charcuterie de campagne, au jambon fumé ou à la saucisse aux choux. Mais dès le printemps, goûtez au saumon fumé maison. Bonne carte de vins régionaux.

**Les Fougères** *(chez Alain et Gaby) :* *route de l'Alliaz 31, 1807* ***Blonay.*** *☎ 021-943-12-83. En voiture, suivre la route de Blonay vers les Pléiades, puis Alliaz. Par le train des Pléiades, arrêt « Ondallaz », puis rejoindre la route qui monte aux Pléiades, et là, s'engager dans un charmant sentier balisé (20 mn à pied). Par le bus du vallon de Villard. Tlj sf lun-mar 9h-23h. Congés : 14 janv-5 fév et 2 sem fin nov-début déc. Formule déj env 20 Fs, menu env 65 Fs.* Ce chalet près d'un torrent offre une cuisine saisonnière avec des produits du terroir. Viande fraîche du pré ou de la forêt d'à côté. Intérieur chaleureux et joliment décoré de papillons. Terrasse.

### Très chic

**Hostellerie Bon Rivage :** *route de Saint-Maurice 18, 1814* ***La Tour-de-Peilz.*** *☎ 021-977-07-07. • bon-rivage.ch • À mi-chemin de Vevey et de Montreux. Bus n° 1, arrêt « Les Baumes ». Doubles 190-280 Fs selon orientation et saison, petit déj inclus ; certaines avec balcon. Menus du marché mar-ven à midi 49-58 Fs. Plus cher le soir.* Construit au milieu du XIXe s (Richard Wagner y séjourna), entièrement rénové. Sur les rives du Léman (superbe vue), avec son potager, ses terrasses et un grand jardin donnant accès au lac et au port de La Tour-de-Peilz, le *Bon Rivage* a tous les atouts en poche. Excellent restaurant.

## Où boire un verre ?

Allez prendre un verre sur les superbes terrasses des palaces en bordure du lac, comme l'*Hôtel du Lac* et les *Trois Couronnes*. Plus cher qu'ailleurs, mais le charme aristo et la tranquillité des lieux valent bien cette petite différence.

***Café Littéraire :*** *quai Perdonnet 33. ☎ 021-922-42-00. Tlj sf lun 9h-23h (selon affluence et météo).* Petit bar à la jolie déco moderne et ludique, à côté de la bibliothèque. Presse et livres à disposition, le ton est donné ! Et sinon, une belle terrasse donnant sur le lac. On peut aussi y grignoter un bout (plat du jour à midi).

## À voir

***Le Musée historique :*** *rue du Château 2. ☎ 021-925-21-64. • museehistoriquevevey.ch • Tlj sf lun 11h-17h. Entrée : 5 Fs ; réduc.* Cette belle demeure du XVIe s (l'ancien château de Vevey) est la propriété de la confrérie des vignerons. Objets et mobilier retracent l'histoire de la région.
À l'étage le *musée de la Confrérie des vignerons (☎ 021-923-87-05 ; mêmes horaires)* est gratuit. Grosse activité à prévoir pour la préparation de la fête des Vignerons *(18 juil-11 août 2019)* : elle n'a lieu qu'une fois tous les 20 ans !

***Le musée suisse de l'Appareil photographique :*** *Grand-Place 99. ☎ 021-925-34-80. • cameramuseum.ch • Tt près de la pl. du Marché. Tlj sf lun (ouv lun fériés) 11h-17h30. Entrée : 9 Fs ; réduc ; avec visite du laboratoire (slt w-e et j. fériés) 16 Fs, réduc.* Au-delà de la fabuleuse collection de vieux appareils (lanternes magiques) et des présentations des technologies du futur (image numérique, vidéo et CD interactifs), ce qui nous a le plus intéressés, c'est l'architecture résolument contemporaine, comme suspendue, dans ce bâtiment du XVIIIe s.

***L'Alimentarium*** *(musée de l'Alimentation de Nestlé)* **:** *quai Perdonnet 25. ☎ 021-924-41-11. • alimentarium.ch • Tlj sf lun 10h-17h (18h le w-e). Entrée : 13 Fs ; réduc. Expos temporaires incluses dans le prix d'entrée.* Expo permanente « Manger – l'essence de vie » : tout savoir sur les aliments, mais aussi sur notre système digestif, nos besoins en calories, notre ligne... Trois sections principales : Aliment, Société et Corps. Didactique, interactif et très centré sur les enfants (la Junior Academy est faite pour eux). Expositions temporaires et nombreuses animations. Cafétéria-restaurant (évidemment !). Ne pas confondre avec le *musée Nestlé,* ouvert pour 150e anniversaire de la marque, ailleurs en ville, qui est consacré à l'histoire de Nestlé *(• le-nest.ch •).*

### ET UN BÉBÉ LANÇA NESTLÉ

*En 1866, Henri Nestlé, pharmacien, lança le lait en poudre. Un petit prématuré vomissait le lait maternel et n'acceptait que le nouveau lait Nestlé. Cette allergie en assura une promotion inouïe. On ne sait pas si, par la suite, le bébé fut embauché.*

## Fêtes et manifestations

– ***Narcisses en fête :*** *début mai-début juin.* Promenades dans les champs de narcisses. On croirait qu'il a neigé !
– ***Marché folklorique :*** *sam mat en juil-août, 9h30-12h30, sur la pl. du Marché.* Chants, danses folkloriques, yodle, dégustation de vins locaux, maraîchers en costume d'époque... le grand jeu, quoi !
– ***Festival des artistes de rues :*** *pdt tt un w-e fin août.* Les saltimbanques de tout poil envahissent la ville.
– ***Fête des Vignerons :*** celle-là, elle se mérite... En effet, elle n'a lieu que tous les 20 ans. *Prochaine édition : 18 juil-11 août 2019.*

LE BASSIN LÉMANIQUE

# DANS LES ENVIRONS DE VEVEY

**Chaplin's World :** *Manoir de Ban, route du Fenil 2,* ***Corsier-sur-Vevey.*** *• chaplinsworld.com • De Vevey, prendre la route de Corsier, puis direction Chardonne et la quitter pour la route de Fenil. Bus n° 212 depuis Vevey. Ouv tlj 10h-18h, sf 25 déc et 1er janv. Entrée : 24 Fs ; réduc. Forfait famille : 72 Fs ; ajouter le prix du parking si vous venez en voiture : 4 Fs (forfait combiné avec la visite). Prévoir 1h30-2h de visite.* C'est dans ce manoir que Charlie Chaplin passa les 25 dernières années de sa vie jusqu'à sa mort en 1977. Séduit par le parc entourant le bâtiment de 1840, Charlie Chaplin, qui ne pouvait plus rentrer aux États-Unis, décida de s'installer ici avec sa famille. Il ne parlait pas français et ne réussit jamais à l'apprendre ! La visite se poursuit par la découverte émouvante du manoir, ce lieu de vie dont trois pièces principales ont été reconstituées à l'identique (salon, salle à manger et bibliothèque), avec du mobilier et des objets ayant appartenu à Charlie Chaplin (violon, piano). À l'étage, l'arbre généalogique est particulièrement impressionnant. Nombreuses photos : Chaplin et des célébrités du monde entier, Chaplin en voyage... Le studio de cinéma intégré, situé dans un bâtiment spécialement conçu (entrée toutes les 15 mn), avec ses 1 700 m² d'espaces d'exposition et ses multiples écrans de toutes tailles, constitue l'attraction principale : il permet de se plonger dans l'univers d'Hollywood avec, notamment, des décors reconstitués évoquant des scènes cultes de nombreux films du cinéaste, un plateau de tournage ou des décors évoquant sa vie (rue de Londres, pour son enfance, par exemple) ou son univers artistique (le cirque). Nombreux documents personnels, trésors d'archives... On ne manquera pas non plus les 30 personnages de cire créés par Grévin (artistes, personnalités...) qui ont soit côtoyé, soit rencontré Chaplin, ou qui ont été inspirés par son œuvre : ils ponctuent le parcours. Enfin, on découvrira l'environnement exceptionnel qu'est le parc de 4 ha entourant le manoir. Pour prolonger le plaisir, café-restaurant (*The Tramp,* accessible aux non-visiteurs) où Charlot affirme sa présence jusque dans la carte ! Belle terrasse.

**Le musée suisse du Jeu :** *au château de* ***La Tour-de-Peilz.*** *☎ 021-925-51-64. • museedujeu.ch • À 1 km de Vevey en direction de Montreux, au bord du lac. Tlj sf lun (ouv lun fériés) 11h-17h30. Entrée : 9 Fs ; réduc.* Beau château du XIIIe s, à côté du port de plaisance. Ici, on ne se contente pas de regarder, on est prié de jouer ! Du Stratégo aux vieux jeux de dés, en passant par les dernières nouveautés informatiques, ou encore, dans la cour du château, un jeu d'échecs géant, une ludothèque à faire pâlir d'envie tous les parents qui ont gardé une âme d'enfant. Café-resto avec terrasse dans l'enceinte du château.

➢ ***Randonnées sur les terrasses du Lavaux :*** huit circuits sont balisés parmi les vignobles de Lavaux. Durée : 1h45 à 4h selon rando. Rien de mieux pour apprécier ce paysage singulier à sa juste valeur. Dépliant avec carte disponible dans les offices de tourisme concernés.

➢ ***Le train des Vignes :*** pour ceux qui n'ont pas le temps de flâner sur les chemins, ce train régional relit rapidement Vevey et Chexbres-Village (voir plus haut « Spécial vignoble » et « Arriver – Quitter »).

***L'ascenseur panoramique Plein Ciel :*** *au sommet du* ***mont Pèlerin*** *(1 080 m d'altitude). • goldenpass.ch • Pâques-début nov 9h-18h (20h juil-août). Fermé en cas de fort vent. Prix : 5 Fs ; réduc avec la Riviera Card. Accès en voiture (parking du Défirant) puis marche (30 mn) ou par le funiculaire Vevey-Mont Pèlerin, puis 1h20 de marche.* C'est une tour de télécommunication de 123 m de haut. Vue impressionnante à 360° sur le lac et les Alpes françaises, les vignes et une partie de l'arrière-pays.

# MONTREUX

(1820) 26 500 hab.

**À priori, Montreux n'est pas franchement l'étape dont rêvent la plupart des routards, ne serait-ce qu'en raison de ses prix. Mais le charme désuet des hôtels de la fin du XIXᵉ s opère toujours. En été, pendant le Festival de jazz, les quais deviennent un lieu de fête permanent.**
**Mais pour découvrir le vrai Montreux, celui qui tourne le dos au côté paillettes, il faut jouer du jarret et grimper sur les hauteurs de la ville. Non seulement la vue y est splendide, mais les lieux ont une âme. Et tant qu'on y est, on peut monter plus haut encore, avec le train panoramique jusqu'aux Avants, puis avec le funiculaire jusqu'à Sonloup, ou, encore, encore plus haut, avec le train à crémaillère pour atteindre Glion, Caux et les Rochers-de-Naye : ça monte, ça monte...**

## UN PEU D'HISTOIRE

Montreux doit sa création à la littérature : Rousseau situe à Clarens (aujourd'hui, c'est le quartier ouest de Montreux) l'intrigue de sa Nouvelle Héloïse. Le retentissement de ce roman d'amour, paru en 1761, fut tel que des Anglais, en quelque sorte des pionniers, viennent voir ces lieux qui ont abrité les amours sublimées de la belle Julie et de son précepteur. Parmi eux se trouve lord Byron, qui écrit, en 1816, son poème Le prisonnier de Chillon après la visite du château. Ce qui amène de nouveaux touristes (le mot est alors tout nouveau) à visiter la Riviera lémanique. La première pension est ouverte puis le premier hôtel, et beaucoup vont suivre... L'Orient-Express s'arrête en gare de Territet, autre coup de pouce pour faire connaître ce qui n'est alors qu'un village. L'histoire était en marche...

## Adresses utiles

**Montreux-Vevey tourisme :** *pl. de l'Eurovision, pavillon près du débarcadère. ☎ 0848-86-84-84. • montreuxriviera.com • De mi-mai à mi-sept, 9h-18h en sem, 9h30-17h le w-e ; de mi-sept à mi-mai, 9h-12h, 13h-17h30 en sem, 9h-15h le w-e.* Entre autres, résa d'hôtels. Infos sur les croisières, les excursions... Visites guidées à pied *(avr-sept, mer-sam à 10h ; 10 Fs/pers ; réduc ; demi-tarif avec la* Montreux Riviera Card *qui donne la gratuité dans les transports jusqu'à Villeneuve ; durée : 2h).* Rendez-vous à l'office du tourisme.

**Gare ferroviaire :** *en plein centre-ville.*

## Où dormir ?

Hôtels évidemment très chers, et de toute façon complets au moindre congrès ou autre Festival de jazz. On a cependant dégoté deux ou trois adresses à garder jalousement pour vous. Autre solution : aller chercher le gîte à Villeneuve. Ce n'est pas loin et c'est relié en bus.

### Auberge de jeunesse

**Auberge de jeunesse :** *passage de l'Auberge 8, Montreux-Territet. ☎ 021-963-49-34. • youthhostel.ch/montreux • À 2 km de Montreux. Réception 7h-10h, 17h-22h. Congés : de déc à mi-fév. Nuitée en dortoir 36,60 Fs/pers, double avec lavabo 51,10 Fs. Supplément pdt le Festival de jazz. Repas 17,50 Fs.* Tout près de la gare de Territet et pas loin de la route nationale (bus nº 1, direction Villeneuve, arrêt « Territet »). Si vous venez en voiture, prenez la route qui mène au *Golf Hôtel René Capt,* puis longez le lac : c'est à votre gauche, un immeuble violet et jaune vif. À un jet de pierre du lac, mais avec la ligne de chemin de fer entre les 2. Pas très grande (25 chambres seulement, une centaine de lits). Design moderne, déco sur le thème du jazz.

## De prix moyens à chic

***Villa Germaine :*** *av. de Collonge 3. ☎ 021-963-15-28. • cecileparisi@gve.ch • Quartier Territet, à l'écart du centre, en direction de Chillon. Doubles 100-130 Fs selon confort ; pas de petit déj.* Pension située dans une grande et belle villa typique de la Belle Époque, pleine de charme et de cachet, avec le parquet qui craque. Chambres avec sanitaires sur le palier pour les moins chères.

***Tralala Hôtel :*** *rue du Temple. ☎ 021-963-49-73. • tralalahotel.ch • Sur les hauteurs de la vieille ville ; très bien fléché. Doubles 130-340 Fs selon confort et saison, petit déj inclus. Parking (payant).* Bel hôtel design, ayant su conserver une âme (dans une autre vie, c'était l'auberge des Planches, du nom du quartier), un esprit familial et convivial. 35 belles chambres, décorées sur le thème de la musique et du jazz, et dotées d'un confort high-tech (écran plat, minibar, et même un lecteur DVD dans les suites...). Très beau petit déj-buffet.

***BnB Belalp :*** *av. du Midi 19. 079-213-85-56. • bnb-belalp.ch • À 100 m de Tralala Hôtel. Double 160 Fs. Petit déj en supplément (15 Fs).* Sur les hauteurs de la ville, dans une belle villa des années 1930 aux jolis arrondis, avec vue imprenable sur le Léman, 2 chambres et 1 suite cosy, d'une propreté impeccable. Accueil très gentil de Véronique et Yves.

***Hôtel Bon-Port :*** *rue du Théâtre 4. ☎ 021-962-80-70. • hotelbonport.ch • Doubles 100-180 Fs selon saison (plus cher pdt le Festival de jazz). Petit déj-buffet 15 Fs.* Hôtel au cœur de Montreux et à deux pas du lac. Chambres confortables, classiques et bien tenues ; certaines avec kitchenette (avec supplément). Accueil agréable.



# Où manger ?

## De prix moyens à chic

***Tea-Room de la Baye*** *(chez Monique et Jacques) : rue du Pont 23. ☎ 021-963-00-28. Sur les hauteurs de Montreux, en allant vers le* Tralala Hôtel. *Tlj 8h-18h sf mer.* Petite restauration (quiches, sandwichs, crêpes...). Très bien situé pour se reconstituer après une rando dans les gorges du Chauderon ou simplement après une grimpette dans la vieille ville. Terrasse avec vue plongeante. Accueil jovial.

***Le Saxo :*** *rue du Théâtre 9. ☎ 021-962-83-83. Tlj midi et soir. À midi en sem, formule 22 Fs ; plats 26-43 Fs.* *Le Saxo* n'est autre que la brasserie du grand casino, idéal donc pour goûter à l'atmosphère « Riviera » de Montreux (l'autre restaurant s'appelle *L'Entracte*). Plutôt que la vue plongeante sur les machines à sous, on préférera s'installer en terrasse, face au lac. Cuisine honnête à prix corrects. C'est d'ailleurs la cantine de bon nombre de Montreusiens.

***La Rouvenaz :*** *rue du Marché 1. ☎ 021-963-27-36. À deux pas des quais. Tlj midi et soir. Menu du jour le midi en sem env 120 Fs ; pâtes, pizzas et mets plus fins env 23-46 Fs.* Certainement le resto le plus animé, quels que soient l'heure et le jour de la semaine. Une véritable entreprise familiale italienne. Cuisine de qualité, très appréciée. Également une terrasse-*lounge, Les Voiles de la Rouvenaz (tlj mars-oct, sf mauvais temps),* sur le quai, à quelques mètres, proposant une petite restauration.

***Restaurant du Pont :*** *rue du Pont 12. ☎ 021-963-25-20. Sur les hauteurs, tt proche du* Tralala Hôtel. *Tlj midi et soir sf lun-mar. Plats 30-45 Fs.* Les 2 patronnes, en salle et aux fourneaux, mitonnent une cuisine de maison qui tient au corps et qui réjouit de nombreux habitués. Terrasse toute simple, sans apprêts, en bordure du torrent. Plats de brasserie : tartare de féra du Léman, filets de perche...

**Le Palais Oriental :** *quai E.-Ansermet 6. ☎ 021-963-12-71. Tlj sf lun (hors été) 11h30-22h non-stop. Congés : Noël-fin janv. Couscous et currys 37-46 Fs, menus 68-85 Fs.* Bonne cuisine libanaise, iranienne et marocaine avec couscous, *mezze*, brochettes et tajines. La déco orientalisante est particulièrement réussie et raffinée. Mais pas donnée.

## Où manger dans les environs ?

### Chic

**Le Jaman :** *route de Caux 1, 1823 Glion. ☎ 021-961-33-07. À 3 mn en voiture de* Tralala Hôtel, *ou en funiculaire au départ de Territet. Tlj sf dim et lun. Côté pinte, plats 16-25 Fs, formule à midi env 20 Fs. Côté resto, compter 45-60 Fs.* 2 salles, 2 cartes, 2 ambiances... La pinte, une petite salle boisée et chaleureuse, où l'on se repaît de spécialités au fromage (fondue à l'ail des ours, croûte, etc.). Au resto, belle cuisine soignée à déguster dans une salle à manger au décor plus classique. Terrasse. Excellent accueil. Un petit coup de cœur.

## Où boire un verre ? Où sortir ?

Allez prendre un verre sur l'une des très belles terrasses qui longent les quais. C'est forcément plus cher qu'ailleurs mais tellement plus luxueux... Nos préférences : le *Harry's Bar* au *Fairmont Montreux Palace* et le bar du *Grand Hôtel Suisse Majestic.*

**La Vinoteca :** *rue du Marché 1 bis. ☎ 021-963-27-37. Tlj sf lun. Verre autour de 8 Fs. Assiettes 14-23 Fs.* Endroit particulièrement agréable pour déguster des vins italiens, espagnols, français et... suisses ! Pour accompagner son verre, planchettes de charcuterie, fromages, légumes grillés... (possibilité aussi de se faire « livrer » une pizza du resto voisin, le *Rouvenaz*). Petits salons et mezzanine, et un grand comptoir où il fait bon se retrouver à l'heure de l'apéro. Ambiance *trendy lounge.*

# À voir. À faire

**Visite de la vieille ville :** flâner sur les quais, surtout en été et pendant le Festival de jazz, découvrir les sculptures représentant les grands du jazz ou de la pop (Freddie Mercury, qui possédait un studio d'enregistrement à Montreux, a sa statue en bronze sur le quai), s'imprégner du snobisme nostalgique d'hôtels conçus pour le tourisme d'un autre âge. Mais surtout parcourir la vieille ville sur les hauteurs, pour découvrir l'église Saint-Vincent, bâtie sur un rocher haut perché à la lisière de la forêt, et la maison Visinand, une splendide bâtisse du XVIe s, centre culturel de la vieille ville. On peut passer voir le *Musée de la ville (ouv avr-oct, tlj 10h-12h, 14h-17h ; possibilité de visites guidées, rens à l'office de tourisme).*

**Sur la trace de nos hôtes célèbres et la balade des poètes :** on le sait, Montreux est en quelque sorte une création littéraire. Deux itinéraires pour se promener sur les pas des nombreuses personnalités qui ont séjourné à Montreux et à Vevey. Pour la balade des poètes, ce sont les bancs qui vous parlent : cheminez de banc en banc et appuyez sur le bouton. Laissez ensuite vagabonder votre imagination... Sympa, l'appli *Rencontres et Inspirations* (● rencontres-inspiration.com ●) pour géolocaliser ces bancs dédiés et aller sur les pas des hôtes célèbres de la région (une trentaine entre Grandvaux et Villeneuve).

## Fêtes et manifestations

– **Marché :** *ven mat déc-mars, tte la journée avr-nov, sous le très beau marché couvert (pl. du Marché, tt naturellement...) et sur les quais.*
– **Festival international de jazz :** *15 j. en juil. Pour tt savoir : • montreuxjazz.com •* 12 scènes pour 500 heures de musique. Les quais sont alors un spectacle à eux tout seuls.
– **Montreux Riviera Classic :** *3 sem en sept.* Consacré à la musique classique et plus particulièrement symphonique.
– **Montreux Festival Comedy :** *début déc.* L'un des plus importants du genre en Europe, avec de nombreux humoristes francophones.



## DANS LES ENVIRONS DE MONTREUX

➢ ***Voyage en GoldenPass Line*** *(compagnie Montreux Oberland Bernois)* **:** *rens au ☎ 021-989-81-90 (rail Center MOB). • goldenpass.ch • Tlj. A/R 10 Fs. Pensez à la* Riviera Card *pour réduc.* C'est un bien beau voyage ferroviaire avec une vue imprenable sur le Léman. On monte aux Avants par le train de la Goldenpass Line. Là, le funiculaire ***Les Avants – Sonloup*** prend le relais : il a conservé ses voitures d'origine (1910). Plus spectaculaire encore, train à crémaillère au départ de Montreux toujours (environ 1/heure) qui mène aux ***Rochers-de-Naye,*** à 2 042 m ; grandiose ! Presque 1h de montée (1 600 m de dénivellation). Là-haut vous attendent, en plus des marmottes, un resto panoramique et même quelques yourtes (mais aussi un hôtel) pour ceux qui veulent y passer la nuit. Puis découverte des prémices de la Gruyère, avant de rejoindre les Alpes et Château-d'Oex et, enfin, si on le désire, de pousser jusque dans l'Oberland bernois, à Gstaad, ou même à Lenk (Simmental), le terminus.

🏛🏛 ***Les gorges du Chauderon :*** une jolie randonnée à attaquer aux Avants qu'on atteint en 25 mn par le train *GoldenPass Line.* De là, descendre jusqu'au vieux Montreux par un chemin parfaitement balisé qui court au fond de la gorge du Chauderon. Paysage impressionnant, avec des parois à pic, une végétation abondante et d'énormes blocs erratiques. Compter 1h45 (être bien chaussé : quelques passages glissants).

🏛🏛🏛 👨‍👧 ***Le château de Chillon :*** *à 2 km de Montreux-centre, direction Villeneuve. ☎ 021-966-89-10. • chillon.ch • Avr-sept, 9h-19h ; mars et oct, 9h30-18h ; nov-fév, 10h-17h. Dernière entrée 1h avt la fermeture. Entrée : 12,50 Fs ; réduc (notamment avec la* Riviera Card*) et forfaits. Audioguide (iPod) : 6 Fs. Compter 1h30-2h de visite.*
Qu'il est beau, planté sur son rocher au bord du lac ! Les bâtiments forment une double enceinte enserrant cinq cours et le donjon initial. Les fortifications les plus imposantes sont situées côté terre ; la flotte de guerre stationnait du côté opposé. La visite commence par les souterrains. Ces belles caves voûtées gothiques du XIII$^e$ s servirent de prison à Bonivard, prieur de Saint-Victor à Genève, dont le destin inspira un célèbre poème *(Le prisonnier de Chillon)* à Byron, qui visita le château en 1816. En surface, l'*Aula Nova* (salle n° 14), ou salle à manger du châtelain, conserve de beaux plafonds et colonnes en bois. Suit l'*Aula Magna Superior* (n° 18), aux plafonds à caissons du XV$^e$ s et aux murs ornés des blasons des baillis bernois. La *Camera Domini* (n° 19) conserve, elle, de superbes vestiges de fresques médiévales aux animaux et décors exotiques. Suivent encore chapelle gothique, *Aula Magna Inferior* et donjon (collection d'armes), du sommet duquel se révèle un panorama à 360° sur le château et le lac. Ne manquez pas non plus de faire un tour sur le chemin de ronde.

# VILLENEUVE (1844) 5 500 hab.

**La « ville neuve » de Chillon fut fondée en 1214 par les comtes de Savoie pour consolider leurs positions sur les rives du Léman. Elle a conservé sa disposition originale autour d'un axe unique constitué par la Grand-Rue, bordée de maisons des XVIII^e^ et XIX^e^ s. Petite plage et piscine au bord du lac.**

## Adresse utile

**Office de tourisme :** *pl. de la Gare 5. ☎ 0848-86-84-84. • montreuxriviera.com • Dans la « maison de ville ». De mi-mai à mi-sept, tlj sf lun mat, sam ap-m et dim 9h-12h, 13h-18h ; de mi-sept à mi-mai, lun-ven 9h-12h, 13h-17h30.* Dans une ancienne chapelle.

## Où dormir ? Où manger ?

Quelques hôtels vraiment pas chers pour la région mais sans luxe aucun.

### De bon marché à prix moyens

***Hôtel du Nord :*** *av. des Comtes-de-Savoie 6. ☎ 021-960-11-31. • carlo.provenzano@bluewin.ch • Entre la gare et la piscine. Resto ouv tlj sf lun (et mar soir oct-fév). Double avec lavabo 100 Fs, petit déj inclus. Menu du jour mar-sam à midi 18 Fs, plats 17-31 Fs.* Coincé entre la gare et la route, l'environnement n'est pas folichon, c'est sûr. Mais ce vieil hôtel avec son troquet et ses habitués est une petite adresse populaire qui saura dépanner. Filets de perche le dimanche midi ; fait aussi pizzeria le soir.

### Très chic

***Hôtel du Port :*** *rue du Quai 6. ☎ 021-960-41-45. • duport.ch • Doubles standard 180-240 Fs selon saison, petit déj inclus.* L'hôtel le plus attrayant du centre-ville. Les chambres, avec douche ou bains, avec ou sans vue, avec ou sans balcon sont bien tenues. Les « standard » avec vue constituent un excellent compromis. Des familiales avec lits superposés pour familles avec enfants. Salle de petit déj fraîche, lumineuse, et salle de resto juste en face, au bord de l'eau, de l'autre côté de la route (qu'on ne peut guère oublier). Excellent accueil, souriant et dévoué.

# DANS LES ENVIRONS DE VILLENEUVE

***La réserve naturelle des Grangettes :*** *à pied, depuis Villeneuve, ou à 10 km par la route, via Noville. • lesgrangettes.ch •* Cette roselière, parfois nommée la « petite Camargue lémanique », a été préservée par les naturalistes du canton. Là, les divagations millénaires du Rhône ont créé le marais du Gros-Basset, un biotope unique (zone Ramsar) qui abrite non seulement des centaines d'oiseaux et amphibiens, mais aussi des dizaines de milliers d'insectes (dont des moustiques : munissez-vous d'une lotion adéquate).

***Camping des Grangettes :*** *à* ***Noville,*** *dans la réserve ornithologique. ☎ 021-960-15-03. • les-grangettes.ch • Tte l'année. Compter env 30-35 Fs en été pour 2 avec tente. Pods 2-3 pers 95 Fs. Resto, laverie. (payant).* Un camping 4 étoiles au bord du lac. Le locatif est bien séparé des tentes, mais dans tous les cas, on y est très serré (comme souvent en Suisse).

**Le musée suisse de l'Orgue :** *1852* ***Roche.*** *☎ 021-960-46-57.* • *orgue.ch* • *À 4,5 km de Villeneuve. Visite sur résa slt (48h avt). 1er mai-31 oct, tlj sf dim mat et lun. 3 visites guidées/j. (à 10h15, 14h15 et 15h45). Entrée : 10 Fs.* Installé dans l'immense grange-relais construite au XVe s par les moines du Grand-Saint-Bernard. L'extraordinaire charpente de la grande nef vaut le détour. Le conservateur vous montrera comment, 250 ans déjà av. J.-C., grâce à un astucieux système air-eau, les Grecs ont réussi à produire suffisamment de pression pour mettre au point le premier orgue de l'histoire, reconstitué grandeur nature ! Il a ensuite fallu attendre 12 siècles pour que l'instrument rejoigne les églises. Toute l'exposition est conçue de façon extrêmement didactique.

**Le Swiss Vapeur Parc :** *1897* ***Le Bouveret.*** *☎ 024-481-44-10.* • *swissvapeur.ch* • *Au bord du lac, en direction de la France. De mi-mars à mi-mai et de fin août à nov, lun-ven 13h30-18h, w-e et j. fériés 10h-18h ; de mi-mai à fin août, tlj 10h-18h. Prix d'entrée avec balade en train : 17 Fs ; réduc.* Un parc immense consacré aux modèles réduits sur rail, unique en son genre en Suisse. 16 locos, dont 8 à vapeur. Les fanas adorent.
– Festival de la Vapeur en juin.

– ***Tem Navigation :*** *Grand-Rue 110. 079-250-11-04.* • *tem-navigation.com* • *Croisière de 50 mn de mi-avr à fin oct, 18 Fs ; réduc. Appeler pour connaître les horaires et les différentes propositions.*

LE BASSIN LÉMANIQUE

## LES ALPES VAUDOISES



**Pour les amateurs de ski les plus aguerris, les Alpes vaudoises s'avèrent moins séduisantes que celles du Valais. Ce sont majoritairement des stations de ski familiales, bien que Villars-Gryon ou Rougemont, qui s'ouvrent sur les Alpes bernoises (à 7 km de Gstaad), donnent accès à des domaines tout à fait satisfaisants. N'oublions pas également le glacier des Diablerets, à 3 000 m d'altitude. La région est aussi très attrayante en été, au printemps ou en automne ; rien de plus reposant que de se promener dans les hauts pâturages, rien de plus enthousiasmant que de s'essayer aux multiples activités sportives que presque toutes les stations proposent aujourd'hui.**
**Pour ceux qui ne sont pas motorisés, empruntez le *GoldenPass Line* depuis Montreux, jusqu'à Château-d'Oex, puis Gstaad. Achevez la boucle avec les cars postaux en passant par le col du Pillon et Les Diablerets, d'où vous bifurquerez sur Villars-Gryon et Bex.**

## AIGLE (1860) 9 950 hab.

**Cette petite ville, dominée par son château dressé au milieu des vignes, est la dernière station dans la plaine avant de commencer à monter vers les Alpes vaudoises. Sa gare ferroviaire, qui dessert les différentes stations alpines, en fait un carrefour et un passage obligé. Les vignes en terrasses sont l'autre**

**attraction : avec 18 vignerons-encaveurs et négociants, le village est la petite capitale du vignoble du Chablais (5 terroirs, 1 appellation).**

## Adresses utiles

***Office de tourisme :*** *rue Colomb 5. ☎ 024-466-30-00. • aigle-tourisme.ch • Dans le centre, dans le prolongement de l'av. de la Gare. Tlj sf dim : lun-ven 8h30-12h, 13h30-18h (17h en hiver) ; sam (sf en hiver) 8h30-12h.*

■ ***Communauté des vins du Chablais :*** *• winechablais.ch •* Organise des journées portes ouvertes dans le vignoble. Un circuit (« Le sentier des Vignes ») est également disponible afin de partir à la découverte de l'appellation et de ses 5 terroirs. D'Yvorne à Lavey-les-Bains, il s'étend sur 23,7 km et peut se découvrir par tronçons. Dépliant à l'office du tourisme.

***Gare ferroviaire :*** *☎ 0900-300-300 (1,19 Fs/mn), lun-sam 9h-18h15 (minuit sam).* C'est de là que partent les petits trains *TPC.* Et sinon, liaison CFF depuis Lausanne, Montreux, Genève, Berne...

***TPC (Transports publics du Chablais) :*** *av. de la Gare 38. ☎ 024-468-03-30. • tpc.ch •* Dessert en train ou en bus Leysin, Les Diablerets, Bex, Villars et Champéry. En particulier, 3 petits trains, dont 2 à crémaillère, partent de la gare d'Aigle : 2 lignes en direction des Alpes vaudoises, Aigles-Leysin, Aigle-Les Diablerets ; et une vers le valais (Aigle-Champéry).



## Où dormir ? Où manger ?

### Camping

***Camping de la Piscine :*** *av. des Glariers. ☎ 024-466-26-60. • campingdelapiscine.ch • Ouv d'avr à mi-oct. Compter env 30 Fs pour 2 selon saison et taille de la tente.* Location de mobile-homes. L'accès à la piscine en plein air est gratuit pour les campeurs. Jeux pour enfants.

### Prix moyens

***Auberge des Messageries :*** *rue du Midi 19. ☎ 024-466-20-60. • messageries@bluewin.ch • Resto tlj sf dim et mar soir. Doubles 110-145 Fs, petit déj inclus. Plats 18-45 Fs.* Petit hôtel-resto familial. Les chambres (dont une « suite » familiale) au 1er étage sont dotées de salle de bains privative, tandis que celles du 2e ont les commodités sur le palier. Ces dernières ont été rafraîchies avec de douces teintes pastel. Une adresse toute simple offrant un excellent rapport qualité-prix. Bonne table, proposant filets de perche, fondues au fromage ou bourguignonne, mais aussi des salades dans un cadre rustique.

***Hôtel-café Le Suisse :*** *av. de la Gare 28. ☎ 024-466-22-07. • hotelcafesuisse.ch • Juste en face de la poste et à deux pas de la gare. Tlj sf lun et dim. Congés : vac de Noël. Double 120 Fs avec douche, w-c et TV, petit déj compris sf dim (réduc sur la chambre). Menus à midi 17-21 Fs.* Chambres toutes simples mais bien tenues. 2 chambres communicantes peuvent accueillir jusqu'à 6 personnes (douche commune pour celles-ci). Fait aussi resto ; cuisine familiale.

***Le Caveau du Cloître :*** *av. du Cloître 35. ☎ 024-466-24-61. Fermé mar soir et mer. À midi en sem menus du jour 20-22 Fs. Sinon, plats 22-44 Fs.* On mange en salle, joliment arrangée ou en terrasse, aux beaux jours. Courte carte, gage de qualité : filets de perche, fondue bacchus avec et vin rouge et légumes, viandes... Le chef, périgourdin, apporte une petite note française. La bonne petite adresse de village qu'on est tout heureux de trouver.

## Où dormir ? Où manger dans les environs ?

**Auberge communale de la Couronne :** *Les Maisons-Neuves 38, 1853* ***Yvorne.*** *☎ 024-466-94-22. • aubergedelacouronne.ch • Dans le village. Double 160 Fs, petit déj compris. Plats 25-43 Fs ; pour un repas, compter min 45 Fs.* Au cœur du vignoble d'Yvorne, une auberge récemment reprise par les bouchers du village. Le chef joue la carte du terroir créatif et remet les herbes sauvages et potagères à l'honneur (ail des ours, etc.). Filets de perche, saucisson vaudois, omble chevalier, tomme de Rougemont se retrouvent ainsi revisités de très belle façon. Splendide carte des vins avec une belle sélection de vins d'Yvorne. 7 chambres à l'étage, simples mais confortables. Agréable terrasse. Une très belle étape !

## Où déguster du vin ?

**Cave Emery :** *av. du Cloître 22. ☎ 024-466-56-71 ; 079-797-88-31. • cave-emery.ch • Mar-jeu 15h-18h, sam 9h-12h.* Alain Émery, propriétaire-encaveur indépendant, propose des dégustations sympathiques dans le caveau, à côté du domicile familial : les vins du domaine (chasselas, mais aussi sauvignon blanc, gamay et quelques autres) sont accompagnés de fromages et saucisson vaudois. Le savoir-faire de 5 générations de viticulteurs vous sera alors expliqué en détail. Plus originale, une formule *wine & sleep* incluant un forfait (détails sur le site ; attention, une seule chambre, assez rustique). En saison *(juin-oct),* formule Cav'au verre devant l'église du Cloître *(mar à 16h30 ainsi que sam, juil-août, à 10h).*

# À voir

**Le château :** *pl. du Château. ☎ 024-466-21-30. • museeduvin.ch • Tte l'année sf lun (ouv lun en juil-août) : nov-mars, 10h-17h ; avr-fin oct 10h-18h. Entrée : 11 Fs ; réduc et forfaits.*

Il trône majestueusement au cœur du vignoble chablaisien. Propriété de la Ville depuis 1800, il fut édifié au XIIIe s par les seigneurs de Savoie, mais, comme pas mal de châteaux vaudois, il fut passablement remanié pendant l'occupation bernoise, puis utilisé au XIXe s comme prison, tribunal et même hôpital.

Il abrite également le ***musée de la Vigne et du Vin*** *(même billet),* fondé par la Confrérie du guillon. Ce musée, dédié au vin en général et au chasselas en particulier, bénéficie d'une scénographie ludique et interactive. À travers diverses sections thématiques sont abordés la vinification, la dégustation, l'environnement, le tout traité avec humour et sérieux à la fois. On peut ainsi voir de très belles pièces du patrimoine vigneron (beaux pressoirs des XVIIe et XVIIIe s, et plaisante collection de dessins humoristiques sur le thème du vin). Reconstitution d'une fête des Vignerons de Vevey fin XIXe s, avec parades et groupe de Bacchus.

Le billet donne accès à l'*espace Frédéric-Rouge* (1867-1950), consacré à ce peintre, natif du Chablais, dont il avait fait son sujet de prédilection.

Pinte et spécialités régionales à déguster sur place, à la *Pinte du Paradis* (la bien nommée !). Splendide terrasse donnant sur le vignoble.

# DANS LES ENVIRONS D'AIGLE

**Les mines de sel :** *sur la commune de* ***Bex.*** *☎ 024-463-03-30. • mines.ch • À 12 km au sud d'Aigle. Pas d'accès en transport public, sf en juil-août (navette depuis la gare de Bex) : 4 km depuis la gare de Bex ou 1 km depuis Les Dévens,* *desservi par de rares cars postaux. Avr-fin oct, 2 visites quotidiennes régulières, à 11h15 et 14h15 ; en très hte saison et le w-e, départs suppl. à 9h45, 11h30 et 15h45. Attention : résa conseillée, la veille au plus tard. De mi-nov à fin mars, visite le w-e à 14h30 et tlj à 14h pdt les vac scol de Noël et de fév. Entrée : 22,50 Fs (20 Fs pour les résas en ligne) ; réduc. Durée de la visite (libre ou commentée) : 2h. Petite laine indispensable (17 °C en tte saison).* Vous ne visiterez qu'une toute petite partie des mines, encore en activité. Visite en petit train. Vous vous enfoncerez sur 1,5 km, et ce jusqu'à 400 m sous terre, puis gravirez les 72 marches empruntées par les mineurs qui sortaient, à l'époque, plusieurs fois par jour quelque 50 kg de pierres à dessaler. Vous vous exercerez au marteau et à la cisette, et vous essaierez de pousser un wagonnet. Tout ça est fort intéressant et interactif. On vous conseille vivement la visite guidée.

I●I Resto sur place : *L'Auberge du Bouillet (fermé lun).*



I●I ***L'Hélice :*** *aérodrome de Bex, route des Placettes, 1880* ***Bex.*** *☎ 024-463-15-82. Accessible depuis la route qui relie Aigle à Bex (fléchage très discret) ; juste avt Bex. Tlj sf lun, mar et dim soir ; service non-stop le w-e. Congés : janv. Le midi en sem, menu du jour 19 Fs (dim 38 Fs) ; le soir, menu unique 45 Fs.* Le chef s'approvisionne localement et choisit scrupuleusement ses produits. En cuisine, il affectionne les herbes et les épices, c'est dire si son tartare est goûteux ! Le menu du déjeuner change chaque jour et celui du soir chaque semaine, pour être toujours en accord avec les saisons. À l'ardoise figurent aussi de belles salades, viandes, etc. Tout ça avec vue directe sur le tarmac de l'aérodrome.

***Pont-de-Nant :*** *à 1 260 m d'altitude et à 8 km de Bex.* La beauté sauvage de cette réserve naturelle est fascinante. Le climat est beaucoup plus alpestre qu'il ne devrait l'être à cette altitude : 8h de soleil au maximum, mais brûlant ; nuits froides, à cause du glacier des Martinets.

I●I ***Auberge du Pont-de-Nant :*** *route de Pont-de-Nant 10, 1880* ***Les Plans-sur-Bex.*** *☎ 024-498-19-95.* *• aubergepontdenant.ch • À 10 km de Bex, au pied du Grand-Muveran. Fin avr à mi-nov : resto ouv tlj juil-août, fermé lun-mar jusqu'à juin et de sept à mi-nov. En hiver, w-e slt (on y monte à raquettes). En dortoir 35 Fs/pers ; en chambre double, triple, quadruple ou quintuple, tarif unique : 50 Fs/pers. 1/2 pens (3 plats imposés) 30-35 Fs. Au resto, plats 21-45 Fs.* Une adresse nature, dans un environnement magnifique. On est bien content de trouver ce genre d'auberge sans chichis pratiquant des prix doux pour la Suisse. 6 chambres lambrissées et 1 dortoir. Ambiance très conviviale. Jacuzzi *(payant).* Et en plus, on y mange bien. Sympathique équipe.

– Juste au-dessus de l'auberge, le ***jardin alpin La Thomasia.*** *☎ 024-498-13-32. Juil-août, tlj 11h-18h ; mai-juin et oct, fermé lun ; sinon, ouv selon enneigement. GRATUIT.* Vous y serez accueilli, ou vertement tancé si vous ne respectez pas les 3 000 espèces cultivées, par Michel Marie, jardinier et maître des lieux. Il le dit lui-même : « On m'appelle l'Ours du Pont-de-Nant, parce que je grogne ; mais je ne mords pas... » Une fois la glace rompue, il vous parlera avec passion et philosophie de la nature en général, des 400 plantes à retrouver dans les Alpes vaudoises ou encore de ses 162 espèces de primevères.

## LEYSIN

(1854) 4 200 hab.

**Destin peu banal pour ce village situé à 16 km d'Aigle qui hébergea, des siècles durant, une population de paysans montagnards à l'existence dure et modeste, et qui acquit soudain, à la fin du XIX^e s, une réputation**

**internationale en accueillant des milliers de malades espérant guérir de la tuberculose. Un climat sain, du soleil et un plateau – celui du Feydey – non seulement éloigné du village mais aussi épargné par le brouillard. Il n'en fallait pas plus pour que, dès 1892, les sanatoriums poussent comme des champignons. Du coup, la « cité douloureuse », comme on l'appelait à l'époque, devint également une station climatique très prisée. Aussi, lorsqu'on découvrit enfin comment vaincre le bacille de Koch, Leysin prit très naturellement le virage touristique. Aujourd'hui Leysin accueille quatre écoles internationales, dont une américaine et une japonaise.**
**Dans le vieux Leysin (partie basse du village), belle concentration de maisons anciennes. Elles se distinguent par les ornementations graphiques de leurs façades. Date calligraphiée, motifs floraux, arabesques, et longues sentences bibliques, emblématiques du message protestant où l'écrit prime sur l'image.**



## Arriver – Quitter

➢ ***En voiture :*** route de montagne jusqu'au Sepey, puis direction Leysin (cul-de-sac) et vice versa.

➢ ***En train :*** par le petit train Aigle-Leysin (ttes les heures 6h-22h).

## Adresses utiles

🛈 ***Office de tourisme :*** *dans le bâtiment du centre sportif de la piscine, à 100 m du départ des télécabines. ☎ 024-493-33-00. • leysin.ch • Tlj 8h-21h (20h w-e).* Carte en vente pour les randonnées à VTT ou à pied.

***Gares ferroviaires :*** *4 stations ! Gare-Village, Versmont, Feydey et Grand-Hôtel : 200 m de dénivellation entre elles...*

## Où dormir ? Où manger ?

### De prix moyens à chic

***Le Leysin :*** *rue du Village 6. ☎ 024-494-23-15. À l'entrée du village. Tlj sf lun et mar. Congés : juin et nov. Le midi en sem, menu du jour 18 Fs ; côté resto, plats 25-52 Fs.* Décor chaleureux et authentique pour ce chalet, dont la façade date du XVII^e s. Excellente cuisine et service délicat. Également un bar dans un chalet à l'intérieur du chalet... qui a été agrandi et creusé dans la roche.

***La Fromagerie :*** *rue du Village 4. ☎ 024-494-22-05. Fermé mer. Mets chauds 20-30 Fs, fondues 20-38 Fs.* Chalet XVII^e s (eh, oui !) avec ses grandes tables en bois. Raclette, croûtes, rösti, grillades, servis avec générosité. Grande cheminée bien agréable au printemps ou en hiver. À l'étage, musée sur le fromage et la montagne, présentant la vie à Leysin dans le passé.

## À voir. À faire

***La Berneuse :*** un sommet à 2 048 m, d'où l'on a une vue époustouflante sur le Léman, mais également sur les Alpes, de l'Eiger au Mont-Blanc en passant par le Cervin et les dents du Midi. Accès par télécabine : 15 Fs aller-retour. Au sommet, le *Kuklos (☎ 024-494-31-41),* restaurant panoramique tournant. Architecture assez futuriste, superbe dans la neige, plus quelconque en été. Pour redescendre, sentier conduisant au *lac d'Aï* (environ 200 m de dénivelée), puis au *lac Mayen.* De là, continuer à pied jusqu'à Leysin ou par la télécabine de la Berneuse. Aux

Mayens, auberge d'alpage sympa, avec poules et oies. Pas encore fatigué ? Avant de descendre, allez découvrir l'ambiance lunaire des lapiés de Truex, ces rochers calcaires fendus ou percés. Depuis le lac Mayen, prendre la direction de la tour de Famelon : la boucle est balisée. Compter 2h.

## Fête

– ***La Nuit des fées :*** *3e w-e d'août.* Il y a de ça fort longtemps, les fées d'Aï veillaient à la bonne garde des troupeaux, en échange de quoi l'armailli du lieu déposait quotidiennement à leur intention un baquet de crème sur le faîte d'un chalet. La plus jeune d'entre elles, Nérine, tomba amoureuse d'un beau pâtre local et le séduisit illico presto. Mais Judith, sa concurrente de chair humaine, se vengea en frottant le baquet avec des racines de gentiane : la crème tourna et les fées quittèrent le pays. Il paraît que, décontenancées, des vaches sont allées jusqu'à se jeter du haut des rochers. Ah ! l'amour... L'histoire donne l'occasion d'une fête au village, avec cortège costumé et participation des milieux associatifs.



# LES DIABLERETS (1865) 1 350 hab.

**Ce joli petit village est affublé d'un nom qui pourrait faire frémir. Il le doit à un berger « avare au cœur dur », d'après la légende, qui refusa le secours de cette montagne. Aussi, les pâturages de Tsanfleuron se transformèrent en un glacier maudit ! Les Diablerets ont su préserver leur caractère de petite station familiale et leurs traditions, et ce malgré l'accroissement du tourisme, hivernal surtout. Le site est à la fois pittoresque et grandiose, notamment grâce aux inoubliables couchers de soleil sur l'unique glacier du canton.**

## Arriver – Quitter

➢ ***En voiture :*** depuis Aigle, via le Sépey. Depuis Saanen (BE), via le col du Pillon. Depuis Villars via le col de la Croix (voie fermée dès les premières neiges, et ce jusqu'à l'Ascension).

➢ ***En train :*** au départ d'Aigle. Certes pas rapide mais fréquent (un voyage à peu près ttes les heures) et surtout plein de charme.

## Adresses et infos utiles

**ℹ *Office de tourisme :*** *chemin du Collège. ☎ 024-492-00-10. • villars-diablerets.ch • Juil-août et de mi-déc à mi-avr, tlj 9h-18h ; le reste de l'année, tlj 9h-12h30 (13h dim), 14h-18h (17h dim).* Propose, entre autres, une liste des activités et des guides de montagne. Également un parcours didactique de 2h dans le village.

– ***La Free Access :*** *• free-access.ch • Juin-oct.* Plus de 20 transports et activités gratuits dans les communes de Villars, Gryon et des Diablerets. Carte offerte par votre hôte dès la 1re nuit passée sur place ; 10 Fs pour les personnes de passage.

■ ***Pistes de ski et remontées mécaniques :*** le forfait *Glacier 3000* donne accès aux domaines skiables de Villars/Gryon, Les Mosses, Leysin, La Lécherette, Gstaad, Les Diablerets et son glacier, et recouvre un domaine skiable de 220 km de pistes.

■ ***École de ski et de snowboard :*** *rens pour les cours de ski, snowboard, hors-piste et carving au ☎ 024-492-20-02.*

## Où dormir ?

Liste de chambres d'hôtes disponible à l'office de tourisme (ou sur le site internet). Compter environ 100-120 Fs pour 2 avec petit déj. Installées dans d'agréables chalets en bois, elles offrent des prestations équivalentes.

### Bon marché

Pâtisserie-Salon de thé ***Le Muguet :*** *face à la poste. Tlj jusqu'à 18h30.* Sandwichs, crêpes, omelettes et pâtisseries. Tea-room (comme on aime à dire en Helvétie), idéal pour les petites faims et les petits budgets.

### Chic

***Auberge de la Poste :*** *rue de la Gare. ☎ 024-492-31-24. • aubergedelaposte.ch • Resto fermé jeu hors saison. Congés : 2 sem en avr. Doubles 150-250 Fs selon période, vue et standing, petit déj inclus. Promos sur Internet. Plats 20-49 Fs.* Cette auberge appartient à la même famille depuis 1789. Beau chalet tout en bois, possédant une vue superbe sur les montagnes. Quelques chambres à l'étage, toutes de bois clair, petites et simplement meublées mais nickel et dont il se dégage un charme certain. La n° 6 est très spacieuse et jouit d'un grand balcon avec vue sur la montagne. Une rusticité tout de même assez chic : Phil Collins et David Bowie vous ont précédé ! Côté resto, on retrouve des plats régionaux comme les fondues ou les rösti. Bon rapport qualité-prix.

***Hôtel du Pillon :*** *Les Bovets. ☎ 024-492-22-09. • hoteldupillon.ch • À 1 km des Diablerets, dans un hameau, par la route d'Aigle-Leysin (indiqué). Doubles 160-200 Fs, petit déj compris. Pdt les vac de fév et de Noël, séjours de 5-6 nuits min. Menu ½ pens 35 Fs. Apéritif offert sur présentation de ce guide, ainsi qu'une remise de 10 % sur le prix de la chambre 15 avr-30 juin et 1er sept-20 déc.* Datant de 1872, c'est le seul hôtel de la station rescapé de la Belle Époque ; sa façade est d'ailleurs classée. L'atmosphère est restée celle des pensions de famille d'antan, et il fait bon se retrouver au salon, autour du poêle. 13 chambres (dont 1 pour 4 personnes), toutes avec douche, w-c et balcon, cosy et joliment décorées. Vue panoramique, bien plus dégagée et ensoleillée qu'au village... À la table d'hôtes, cuisine à base de produits locaux et, en saison, de légumes du potager. Excellent accueil. Une très belle adresse.

LE BASSIN LÉMANIQUE

## Où manger ? Où boire un verre ?

### De bon marché à prix moyens

***Chez Lacroix :*** *en face de la gare. ☎ 024-492-31-44. Tlj sf lun hors saison. Congés : 3 sem fin mai-début juin et 3 sem fin nov-début déc. Menus 20-35 Fs, viandes 29-48 Fs. Chez Lacroix* est l'adresse conviviale, populaire et familiale des Diablerets. Dans un décor boisé à la fois kitsch et chaleureux, les habitués s'agglutinent au bar avant d'enchaîner sur une pizza, une grillade, une fondue ou des filets de perche du lac (selon arrivage)... Omelettes, pâtes, pizzas et rösti permettent de garder une addition plus que sage. Spécialité : le chaudron du diable (220 g de filet de bœuf cuits dans un bouillon de vin rouge avec petits légumes et bolets).

## Où dormir ? Où manger dans les environs ?

### Camping

***Camping de la Murée :*** *à **Vers-l'Église,** à 2 km, par la route de Leysin. ☎ 024-492-15-58. • camping-caravaningvd.com • Tte l'année. Réception 18h-19h. Compter env 25-30 Fs pour 2 avec tente.* Petit camping au bord d'un torrent, proposant peu de services mais offrant un joli cadre.

### De prix moyens à chic

**Le Madrier :** *1865 Vers-l'Église. ☎ 024-492-22-12. • lemadrier.ch • À 2 km des Diablerets, par la route de Leysin. Tte l'année. Compter 150 Fs la double avec douche et w-c sur le palier, petit déj inclus. Possibilité de louer 2 apparts. Table d'hôtes sur résa 35 Fs. Apéritif offert sur présentation de ce guide.* *B & B* dans un chalet idéalement situé près des pistes de ski. 6 chambres simples et boisées. Calme et soleil garantis. Les maîtres des lieux, Catherine et Alain, sont très sympas.

***Auberge de l'Ours :*** *1865 Vers-l'Église. ☎ 024-492-44-00. • aubergedelours.ch • À 2 km des Diablerets, par la route de Leysin. Sur la place du village. Restaurant fermé mer soir ainsi que jeu. Double 160 Fs ; ajouter 20 à 40 Fs par pers supplémentaire selon âge. Menu du jour en sem 20 Fs. Plats env 20-45 Fs.* Grand chalet de 1833 disposant de 6 chambres, doubles ou familiales. Ambiance chalet d'altitude, mais à 1 126 m seulement. Audrey et Sébastien, qui ont repris l'affaire en 2016, ont su redonner un nouvel élan à ce sympathique établissement. Le petit musée des Ormonts *(mer-dim 14h-18h)* est juste à côté, avec d'intéressantes expos temporaires.

## À voir. À faire

***Le glacier des Diablerets :*** *• glacier3000.ch •* C'est l'attraction n° 1, à 3 000 m d'altitude – quoique, avec le réchauffement du climat, le glacier fond, fond... On peut louer tout le matériel (y compris les vêtements) sur place. Tout ça revient cependant fort cher. Même si l'on n'y monte que pour le panorama sur les plus prestigieux sommets des Alpes *(79 Fs A/R, mai-oct 9h15-16h30)*, sans compter le bus pour se déplacer au col du Pillon, d'où part la première télécabine (il y en a trois). Sur le glacier, bus sur chenillettes qui vous conduit à la Quille du Diable (et 15 Fs de plus !). En cas de temps couvert, renoncez, ça ne vaut pas la peine. En cas de vent, renseignez-vous : les fermetures sont fréquentes. Là-haut se trouve aussi l'*Alpine Coaster,* la plus haute luge sur rails du monde *(compter 9 Fs/pers)*. Sur le glacier, un restaurant résolument contemporain, dessiné par le célèbre architecte tessinois Mario Botta, qui lui a donné son nom.

### Nombreuses balades

Carte touristique en vente à l'office de tourisme. On vous recommande :
➢ Une petite virée au ***Creux de Champs,*** au pied du massif des Diablerets : ambiance rocailleuse. Compter 2h en flânant.
➢ Un crochet à la ***cascade du Dar*** : le chemin, terreux, monte assez abruptement. Compter 1h.
➢ Une escale au ***lac Retaud,*** charmante oasis montagnarde, en réalité un étang. Le *café-restaurant* loue des barques et propose de très bonnes tartes aux fruits. Compter 2h à pied pour s'y rendre ; 10 mn en voiture. Possibilité de redescendre en car postal depuis le col du Pillon.
➢ Sans oublier les buvettes et les fromageries d'alpage ; liste disponible à l'office de tourisme.

### Sports d'hiver et d'été

– ***Fun park*** et ***descente en luge de 7 km, canyoning, mountain bike, mudbike*** (vélo aux pneus géants à crampons, conçu pour la descente seulement), ***parapente, escalade, accrobranche, via ferrata, minitrek*** l'été... Deux sociétés se partagent le gros de l'offre :

■ ***Centre ParAdventure :*** *rue de la Gare 50. ☎ 024-492-23-82. 📱 079-435-25-82. • swissaventure.ch • Dans la rue principale, à côté du supermarché Coop. Ouv 8h30-9h30, 17h30-18h30.*

■ ***Mountain Évasion :*** *chemin des Grandes-Isles 21. ☎ 024-492-12-32. • mountain-evasion.ch • À 100 m de la gare. Lun-ven 8h50-11h30.*

## Manifestations

– ***Les Diables en fête :*** *dernier w-e de juil.* La fête du village, pleine d'animations et de concerts.
– ***La FIFAD :*** *début août. • fifad.ch •* Festival du film.



# GRYON

(1882) 1 220 hab.

**Gryon est d'abord le point de départ d'une superbe balade alpine, qui peut mener, sans difficulté majeure, jusqu'à Derborence. Mais c'est aussi un village montagnard au charme rustique et authentique avec ses chalets en bois et sa jolie église du XIII^e s.**

## Arriver – Quitter

➢ ***En voiture :*** par Bex, suivre la direction La Barboleusaz.
➢ ***En train :*** petit train Bex-Ollon-Villars (1 départ ttes les heures, moins en début de soirée).
➢ ***En bus :*** bus Aigle-Ollon-Villars.

➢ ***Comment circuler ?*** Carte journalière libre accès à 12 Fs/j. qui vous offre la gratuité des transports et des infrastructures (tennis, piscine, patinoire, etc.). À partir de 1 nuit dans la station, cette carte est offerte.

## Adresses et infos utiles

🛈 @ ***Maison du tourisme :*** *pl. de La Barboleuse 11. ☎ 024-498-00-00. • villars-diablerets.ch • En haut du village, à 1,5 km du centre. Lun-sam 8h-12h, 13h30-17h30 ; dim 9h-12h, 15h-17h30.* Liste disponible des chemins d'alpage, avec les adresses de chalets et d'alpages. Plans à thème pour la randonnée et le VTT. Renseignements sur le sentier didactique dédié au poète Juste Olivier, ainsi que sur les petits déj et goûters organisés sur l'alpage.

✉ ***Poste :*** *à 200 m de la gare ferroviaire centrale, en descendant vers le village.*

🚂 ***Gares ferroviaires :*** *2 stations, l'une à Gryon (centre – halte de train) et l'autre à La Barboleuse (haut du village – guichets). ☎ 024-498-00-00.*

■ ***École de ski et de snowboard :*** *bureau situé aux Chaux, sur les pistes. Résas à l'office de tourisme.* Cours privés et collectifs. Spécialisé dans le *freeride*.

## Où dormir ?

### Camping

⛺ ***Camping Les Frassettes :*** *à La Barboleuse, presque en face de la télécabine. ☎ 024-646-93-33 (secrétariat) ou 024-498-10-88 (sur place). • camping-club-vaudois.ch • Tte l'année. Env 30-35 Fs pour 2 selon saison avec tente et voiture.*

### De bon marché à prix moyens

☗ ***Chalet Martin :*** *à l'entrée de Gryon, à 300 m de la halte ferroviaire en montant. 📱 079-724-63-74. ● gryon.com ● Tte l'année. Dortoir à partir de 25 Fs/pers, doubles 70-90 Fs ; tarif dégressif. CB refusées.* Superbe chalet retapé de 5 chambres standard et 5 chambres-dortoirs de 4 à 6 lits, bien tenues à des prix défiant toute concurrence. Douche et w-c à l'étage, cuisine à disposition. En sus, l'ambiance : une salle où écouter de la musique, une autre où causer ou simplement se réchauffer au coin du feu.

☗ |●| ***Le Buffet de la Gare :*** *☎ 024-498-14-13. ● buffet-gryon.ch ● Tlj en saison ; fermé mar ap-m et mer hors saison. Doubles 120-140 Fs, petit déj compris. Rösti 17-28 Fs, fondues 36-42 Fs.* 📶 Dans l'adorable gare de Gryon (une vraie maison de poupée), 2 chambres d'hôtes à l'étage du buffet de la gare. Ambiance rustique et montagnarde, pleine de charme. Les chambres, petites, ont été coquettement arrangées. Au resto, spécialités locales au fromage.

## Où manger ?

### De prix moyens à chic

|●| ***La Terrasse :*** *pl. de La Barboleuse. ☎ 024-498-16-68. Juste derrière l'office de tourisme. Tlj en saison ; hors saison, fermé lun soir et mar. Plat du jour en sem 16,50 Fs et w-e 28 Fs, autres plats 23-46 Fs.* Resto proposant des spécialités de magret, pâtes fraîches maison, osso-buco. Joli cadre montagnard. Très agréable terrasse avec vue sur les Alpes.

|●| ***Café des Alpes :*** *à Gryon, en face de la station-service. ☎ 024-498-23-57. Tlj sf dim soir et lun. Plats 18-45 Fs.* Café-resto rustique, situé au centre du village, servant une cuisine qui tient bien au corps, comme des fondues, de la viande des Grisons ou encore des plats de pâtes.

## DANS LES ENVIRONS DE GRYON

Bel itinéraire vers Solalex, Anzeindaz, voire Derborence, par le pas de Cheville.

➢ On peut accéder à ***Solalex*** (à 1 464 m d'altitude), réserve naturelle sous le fameux Miroir d'Argentine (alpinistes, à vos godasses !). Parking obligatoire, mais le gardien n'est pas toujours là. À pied : compter 2 petites heures.

|●| ***Restaurant du Miroir d'Argentine :*** *à **Solalex,** à 10 mn en voiture de Gryon. ☎ 024-498-14-46. Ts les midis sf lun-mar ; le soir, ouv slt jeu-sam (slt du 13 juil au 17 août) et certains dim fériés. Congés : début nov-début mai. Résa conseillée. Menu déj 45 Fs, repas complet le soir 70 Fs.* Une des meilleures tables du coin, à 1 450 m d'altitude. Décor de maison de famille et service en costume traditionnel. Très bonne cuisine, préparée à la minute. Le menu change en fonction des produits du marché. Citons le risotto aux champignons, souvent proposé. Délicieux desserts. Outre la qualité des plats, on ne peut que vous conseiller d'aller à la rencontre des frères Jaggi. Les tâches sont bien réparties : André est aux fourneaux et Lucien met en forme de manière poétique, parfois même dessine les mets que vos papilles vont déguster. Accueil d'une grande gentillesse.

➢ De Solalex, montez dans les pâturages d'***Anzeindaz.***

☗ |●| Vous pourrez y dormir et y manger, soit chez ***Giacomini*** *(☎ 024-498-22-95 ; ● anzeindaz.com ● ; fin mai ou début juin à oct, tlj* *sf lun et ouv le w-e en hiver)*, soit au ***Refuge de la Tour*** *(☎ 024-498-11-47 ; ● anzeindaz.ch ● ; ouv de fin mai à mi-oct). ½ pens en dortoir, respectivement 65 et 62 Fs/pers, en chambre double 90 et 80 Fs/pers.*

Évitez les taxis 4x4 au départ de Solalex, car ils sont chers. Tant mieux, vous n'avez qu'à y aller à pied (1h30 sans se presser). Les marmottes sont souvent au rendez-vous. Attention : camping sauvage et VTT certes tentants mais formellement interdits.

➢ ***Taveyanne :*** hameau de chalets avec toits de tavillons (tuiles antiques en bois).

|●| ***Refuge de Taveyanne :*** *direction indiquée sur la route des Diablerets, après Gryon. ☎ 024-498-19-47. Ouv juin-fin oct. Fermé lun et mar sf juil-août. Compter 40-50 Fs pour un repas complet. CB refusées.* Un vieux chalet, où le feu de bois réchauffe et où la bonne cuisine d'alpage vous reconstitue après une longue randonnée. Délicieux röstis. Accueil familial. Un véritable havre de paix.

➢ Du courage ? Alors, n'hésitez pas, poursuivez la randonnée jusqu'au plus jeune ***lac*** d'Europe, celui ***de Derborence*** (se reporter au chapitre consacré au Valais). Il faudra 2h de plus depuis Anzeindaz, le temps de traverser de luxuriants pâturages, de descendre le pas de Cheville, puis de longer le vaste pierrier valaisan.



# LE PAYS-D'ENHAUT



**Le Pays-d'Enhaut : tout est dit ou presque ! Cette petite cellule montagnarde (distance de Château-d'Oex à Rougemont : 7 km ; de Château-d'Oex à Rossinière : 4 km), comprenant trois communes principales – Château-d'Oex, Rougemont et Rossinière –, a longtemps vécu un peu isolée. Sa colonisation débuta au Moyen Âge avec la fondation de l'abbaye de Rougemont. Le Pays-d'Enhaut resta sous protectorat des comtes de Gruyères jusqu'à 1555, puis subit la Réforme sous domination bernoise.**
**Aujourd'hui, on y vient pour les sports d'hiver, bien sûr, mais les activités estivales sont également nombreuses et il ne faut pas oublier non plus le parc naturel régional Gruyère – Pays-d'Enhaut qui permet de faire de belles randonnées.**

## CHÂTEAU-D'OEX (1660) 3 250 hab.

**La petite capitale du Pays-d'Enhaut a malheureusement subi trois incendies, dont le dernier remonte à 1800. Il reste donc peu de vieux chalets. Elle est entrée dans la légende en servant de base de départ, en 1999, au *Breitling Orbiter 3* de Bertrand Piccard et Brian Jones, le premier aéronef sans moteur à effectuer en 19 jours un tour du monde de 47 755 km sans escale.**
**Une précision utile : Château-d'Oex se prononce « Châteaudé » !**

## Arriver – Quitter

➢ ***En voiture :*** depuis Fribourg via la Gruyère ; depuis Leysin via le col des Mosses ; et depuis Les Diablerets ou l'Oberland bernois via Saanen et Rougemont.

➢ ***En train :*** par le *GoldenPass Line,* que ce soit de Montreux, de la Gruyère ou de l'Oberland bernois.

➢ ***En bus :*** car postal depuis Aigle, via le Sépey et les Mosses.

## Adresse utile

🅸 ***Pays-d'Enhaut tourisme :*** *pl. du Village 6.* ☎ *026-924-25-25.* • *chateau-doex.ch* • *À côté de l'hôtel de ville. Lun-ven 9h-12h, 14h-17h ; sam 9h30-12h, 12h30-15h30.* Plein d'infos sur les activités sportives aussi bien en hiver qu'en été. Une carte des itinéraires pédestres dans le Pays-d'Enhaut est en vente.

## Où dormir ?

### Camping

⛺ ***Le Berceau :*** *route des Mosses 16.* ☎ *026-924-62-34.* • *piscine-camping-restaurant.ch* • *Au bord de la Sarine, de l'autre côté de la route cantonale. Tte l'année. Sept-mai, résas auprès de l'office de tourisme. Env 30 Fs pour 2 avec tente.* Dans un site splendide, au cœur de la vallée, cerné par les montagnes. Un bon conseil : plantez votre tente vers l'entrée ou au bout du camping si vous ne voulez pas être inondé en cas de pluie ! Sanitaires corrects. Piscine (olympique) et resto.

### De bon marché à prix moyens

🏠 ***Le Vieux Chalet :*** *La Frasse 57.* 📱 *079-758-12-02.* • *vieuxchalet.ch* • *Prendre la direction de l'*Hostellerie Bon Accueil, *puis celle de La Rossinière : c'est à 50 m sur la droite. Compter 60-80 Fs/pers, petit déj compris.* Pension installée dans un charmant chalet rustique, tout en bois (un ancien pensionnat de jeunes filles !). Chambres de 2 à 4 lits, avec salle de bains privée. Bien adapté aux familles, bien qu'un peu impersonnel ; cuisine à disposition.

### De prix moyens à chic

🏠 ***B & B Rosaly :*** *route de la Ray 32.* ☎ *079-128-80-84.* • *rosaly.ch* • *À côté du téléphérique de La Braye, derrière la poste. Congés : 3 sem suivant Pâques, 2de quinzaine d'oct et 2de de nov. Doubles 115-195 Fs selon confort. ½ pens possible.* Quelques chambres à l'étage, toutes simples, avec ou sans lavabo. Sous les toits, 3 belles suites destinées aux amoureux, avec lit à baldaquin. Petit déj mémorable avec confiture maison, mais surtout des charcuteries, du beurre et du fromage en provenance directe des alpages.

## Où manger ?

### De prix moyens à chic

🍴 ☕ ***Earlybeck :*** *Grand-Rue 78. Tlj sf dim 6h15-18h30 (17h30 sam).* Sandwichs, pâtisseries, gâteaux, de quoi caler une petite faim à des prix démocratiques – enfin, presque... Pas mal d'espace pour consommer sur place.

🍴 ***Le Chalet :*** *route de la Gare 2.* ☎ *026-924-66-77. Sous le magasin Coop, proche du centre. Tlj 8h30-18h (minuit ven). Résa conseillée. Plat du jour lun-ven env 20 Fs, sinon plats 18-35 Fs.* Bonnes spécialités au fromage. Très touristique et très fréquenté, donc. Démonstration de fabrication de fromage bio *(mer-dim 10h30-12h30).*

🍴 ***Café des Bossons :*** *Grand-Rue 105.* ☎ *026-924-34-32. Tlj sf lun 6h30-18h30 (19h ven-sam). Juste à côté dù musée. Mar-ven menu du jour 20 Fs, sam 27,50 Fs. Plats 20-40 Fs.* Adresse appréciée des locaux et des touristes de passage. Cosette vous y accueille avec le sourire. Cuisine simple servie avec bon cœur. Petite terrasse bien agréable.

## Où dormir ? Où manger dans les environs ?

### De bon marché à prix moyens

**Le Chamois :** *1660 **L'Étivaz.** ☎ 026-924-62-66. • hotelduchamois.ch • À 7,5 km de Château-d'Oex, direction Aigle-Leysin. Resto fermé mar et mer dans l'entre-saison. Doubles 105-135 Fs selon confort, petit déj compris. Plats 17-39 Fs.* Une auberge de montagne datant de 1881 et tenue par la même famille depuis 4 générations. Une déco gentiment vieillotte et un confort plutôt rudimentaire permettent de maintenir des prix tout doux. Chambres avec ou sans salle de bains. La maison mise avant tout sur la convivialité, comme dans les pensions d'autrefois. Les hôtes se retrouvent ainsi le soir dans l'un des nombreux salons pour regarder la TV, discuter ou jouer aux cartes. Au resto, cuisine familiale avec spécialités locales, truites du vivier et grillades en été. Sur place, tennis, et même une piscine hors sol, montée aux beaux jours.



## Où boire un verre ?

– Il existe une sorte de rituel pour les jeunes de la région. On se retrouve au **Pub** *(hôtel de ville, à côté de l'office de tourisme ; ☎ 026-924-74-77 ; tlj sf lun 16h-23h30)* ou au **bar du Richemont** *(à l'entrée du village ; ☎ 026-924-52-52 ; tlj à partir de 11h),* qui propose aussi une petite restauration et une discothèque au sous-sol, **Bamba** *(ouv dès 23h).*

**Caribou Bar Lounge :** *pl. Centrale. ☎ 026-924-28-28. Tlj 7h-23h ; service non-stop 11h-22h. Menu du jour en sem 19 Fs.* Cette belle brasserie est un des endroits où il fait bon boire à Château-d'Oex. La bière y est brassée sur place, dans les règles de l'art. On peut aussi y déjeuner ou y dîner pour un prix plus que raisonnable.

## À voir

**Le musée du Vieux Pays-d'Enhaut :** *rue Principale, un peu plus haut que la gare. ☎ 026-924-65-20. • musee-chateau-doex.ch • Tlj sf lun 14h-17h. Fermé en nov. Entrée : 8 Fs ; réduc.* Mobilier paysan (chambre à coucher d'antan), costumes, découpages : tout un patrimoine exposé sur quatre niveaux et remarquablement mis en valeur. La fabuleuse collection de découpages, notamment ceux de Louis Saugy (un maître du papier découpé) est tout à la fois typique, insolite et magnifique.

**Espace Ballon :** *chemin des Ballons 2. ☎ 026-924-22-20. • espace-ballon.ch • Près de l'office de tourisme. Tlj sf lun 14h-17h. Fermé en nov. Entrée : 6 Fs ; réduc.* « L'aventure du ballon sous toutes ses coutures », avec en vedette le voyage autour du monde de Bertrand Piccard, mais aussi le reste de la famille Piccard. Espace contemporain et interactif, très ludique pour les enfants. Projections, animations, etc. Un film en 3D de 20 mn sur l'historique de la montgolfière. Pour un vol en montgolfière, un vrai, compter 340-390 Fs !

## À faire

**La fabrication du fromage d'alpage :** dans les alpages du Pays-d'Enhaut, il y a encore 70 familles qui suspendent leur chaudron de cuivre sur le foyer de 130 chalets d'alpage, afin de renouveler, avec le lait des 2 750 vaches, la traditionnelle fabrication de l'étivaz, du 10 mai au 10 octobre. Partez à la découverte des 6 000 ha d'alpage et poussez la porte d'un des chalets pour assister à la fabrication artisanale du fromage, un des meilleurs selon les connaisseurs, dans de grands chaudrons en cuivre sur un feu de bois. Les moins hardis se rendront à la *Maison de l'Étivaz,* la cave coopérative *(route des Mosses 78 ; ☎ 026-924-70-60 ; • etivaz-aoc.ch • ; tlj 15 mai-30 sept 8h-19h et le reste de l'année 8h-12h et 13h-17h30).* Diaporama expliquant la fabrication, une boutique pour faire ses emplettes, mais aussi les adresses des producteurs qui accueillent le public, y compris en nocturne.

**Descentes à VTT :** vous pouvez vous y risquer durant la belle saison, en prenant le télésiège de la Braye. Pour chaque essai, chronométrage automatique. Forfaits à la demi-journée ou à la journée, comprenant la location du vélo avec fourche télescopique et le matériel de protection. Sur le même terrain, possibilité de pratiquer la trottine-herbe, sorte de trottinette avec d'énormes roues. *Télé-Château-d'Oex : ☎ 026-924-67-94. • telechateaudoex.ch •*

– **Rafting, kayak, canyoning :** sur la Sarine. Une adresse où l'on s'occupe de tout :

■ **Rivières et Aventures :** *pl. du Village 6. ☎ 026-924-34-24. • riviere-aventure.ch • De mi-avr à fin août.* C'est vraisemblablement l'offre la plus complète en la matière de toute la Suisse romande. Dans les eaux froides de la Sarine (combinaison isothermique comprise dans le prix), vous pourrez vous essayer au rafting, au kayak, mais aussi au canyoning ou à l'hydrospeed. Il faut à chaque fois compter une matinée ou un après-midi et de 75 à 120 Fs, matériel et guides compris.

➢ D'autres belles **promenades** à pied vers le lac de Launeen. Les plus courageux poursuivront vers le refuge du Gelthon et le glacier de Wildhorn. Magnifique panorama. Vers Gérignoz, ne manquez pas la réserve naturelle de la Pierreuse. D'autres préféreront aller vers Rougemont La Videmanette, à plus de 2 000 m d'altitude, une belle station de ski.

## Fêtes et manifestations

– **Semaine internationale de la montgolfière :** *fin janv.* ***Sky Event,*** *☎ 026-924-22-20. S'adresser à l'espace Ballon.* Le spectacle est fascinant : presque chaque jour, quelque 80 ballons se lancent dans les airs. Possibilité de faire un vol à n'importe quelle époque de l'année. Si vous voulez vous payer cette petite folie (c'est cher), autant le faire ici : ce sont les vols les meilleur marché de la région.
– **Rencontre internationale des VW coccinelles :** *généralement, l'avt-dernier w-e d'août, ts les 2 ans (années impaires).*
– **Le Bois qui chante :** *mi-oct.* Fête du Violon.

## DANS LES ENVIRONS DE CHÂTEAU-D'OEX

**Le Grand Chalet :** *à* ***Rossinière,*** *à 4 km direction Gruyères. Tourner à gauche, juste après le petit pont, à l'entrée du village.* C'est l'une des plus vastes et des plus belles constructions en bois du canton. Érigé en 1754, le chalet ne comporte pas moins de 113 fenêtres, et sa façade principale, décorée de frises sculptées,

d'inscriptions et de peintures, est un véritable chef-d'œuvre. Ce qui fut la résidence privée du peintre Balthus (1908-2001) ne se visite malheureusement pas, mais l'extérieur vaut le (petit) détour. Il abrite désormais la ***fondation Balthus,*** et propose des expositions de ses œuvres en été.
Non loin, la ***chapelle Balthus,*** un lieu intime à la mémoire du peintre.

# ROUGEMONT

(1659) 920 hab.

**Cet adorable village vaut le détour, non seulement pour le remarquable ensemble de chalets traditionnels des XVIIe et XVIIIe s aux riches façades décorées, mais également pour son abbaye clunisienne. Rougemont est aussi attrayant en été pour ses randonnées qu'en hiver pour ses pistes de ski, la télécabine *Videmanette* permettant de rejoindre le domaine skiable de Gstaad, situé à seulement 7 km par la route. Cette authenticité a malheureusement un prix : difficile de s'y loger à budget serré.**



## Adresses utiles

🅸 ***Office de tourisme :*** *à côté de la poste. ☎ 026-925-11-66. • chateau-doex.ch • En hiver et en été, lun-ven 8h30-12h, 14h-17h30 (18h en été) ; sam 9h-12h, 14h-16h ; dim 10h-12h ; à l'intersaison, fermé sam ap-m et dim.* Tous les vendredis à 10h, visite guidée passionnante et vivante sur l'architecture. Liste de chambres d'hôtes.

■ ***Remontées mécaniques :*** *La Videmanette, ☎ 026-925-81-61. • gstaad.ch •* Télécabine pour gagner Gstaad.

## Où dormir ? Où manger ?

### De prix moyens à chic

***Hôtel de Commune :*** *rue des Alamans 7. ☎ 026-925-11-00. • hotel.commune.rougemont@bluewin.ch • Resto fermé mer. Doubles avec douche et w-c 160-180 Fs selon saison, petit déj inclus. Plats 20-50 Fs. Garage.* Beau chalet d'une dizaine de chambres, richement décoré. Et comme le dit l'enseigne de 1833, voici un « bon logis à pied & à cheval ». Chambres simples mais confortables, plus ou moins décorées de bois. Préférez les nos 5, 6 et 7 car elles sont plus spacieuses et disposent d'une jolie vue. Quelques familiales comme la no 2. Grand buffet de petit déj et au resto, rösti à gogo.

***Café du Cerf :*** *pl. du Village. ☎ 026-925-81-23. Tlj sf mar hors saison. Plats env 20-45 Fs.* Auberge bien connue pour son ambiance rustique et familiale. Remarquez la grosse cloche à l'entrée. Très bonnes fondues et raclettes. Le mari de la patronne joue tous les week-ends de la musique folklorique. Terrasse avec une vue grandiose sur les alpages. Cuisine généreuse et bon rapport qualité-prix.

## À voir. À faire

➢ ***Balades à travers le village :*** partez à la découverte des superbes chalets en bois des XVIIe et XVIIIe s. Ce sont d'intéressants témoignages de l'architecture et de la tradition. Chacun porte la date de sa construction, le nom du propriétaire et du bâtisseur, ainsi qu'une inscription biblique. L'office de tourisme distribue un prospectus gratuit sur les différentes curiosités architecturales et organise des visites guidées. En hiver, la visite se fait en traîneau *(15 Fs ; 5 Fs en été ; réduc).*

***L'église romane de Rougemont :*** *à l'entrée du village. Tlj 8h-20h.* Construite au XIe s par des moines de Cluny. Elle a subi une importante rénovation de 1919 à 1926 : la pierre de l'édifice, qui était alors couverte de cinq couches de plâtre, a été décorée de peintures par Correvon, exécutées d'après des motifs du XIIIe s.

– À côté, un *château* (en fait l'ancien monastère) datant du XVIe s. *Ne se visite pas.*

## Manifestation

– ***La Folia :*** *3 j. en mai ou juin.* • *festival-la-folia.ch* • Festival de musique ancienne.



# DE LAUSANNE VERS YVERDON



## ORBE

(1350) 6 850 hab.

**À l'époque romaine, *Urba* constituait une étape importante sur la route reliant l'Italie à la France – car située au croisement de deux grands axes routiers, l'un allant vers Besançon, l'autre vers Avenches, Bâle et la mer du Nord. Les vestiges d'une grande villa romaine à l'entrée d'Orbe en témoignent ; c'est la plus grande connue au nord des Alpes, excavée lors des travaux de l'autoroute. Le bourg lui-même mérite une gentille balade, des berges du Nozon jusqu'au sommet de son donjon.**

### Comment y aller ?

➢ ***En train :*** train régional Lausanne-Yverdon ; changer à Chavornay pour prendre une automotrice très folklorique.

➢ ***En bus :*** ligne directe par l'autoroute de/vers Yverdon. Compter 20 mn de trajet.

### Adresse utile

***Office de tourisme :*** *Grand-Rue 1. ☎ 024-442-92-37.* • *yverdonlesbainsregion.ch* • *Lun 14h-17h ; mar-ven 8h30-12h, 14h-17h ; sam 10h-15h juil-août.* Petit circuit en ville disponible ainsi que, bien sûr, la liste des quelques hébergements.

## Où dormir ? Où manger ?

**Au Chasseur :** *rue Sainte-Claire 2. ☎ 024-441-67-80. • hotel-au-chasseur.com • Doubles 110-140 Fs, petit déj compris. Tarif dégressif dès la 3e nuit. Plat du jour 18 Fs à midi, plats 21-35 Fs et menus 45-51 Fs le soir.* Le seul hôtel du centre-ville est une petite adresse populaire et familiale. 12 chambres avec douche, w-c, TV, toutes rénovées (attention, une seule à grand lit !), ainsi qu'une suite familiale. On aime bien celles situées sous les toits, au 3e étage. Gentille déco thématique qui déborde dans les parties communes, avec cigogne nicheuse et lapins en porcelaine sous cloche de verre... Resto correct.

**Le Passage :** *rue des Terreaux 11. ☎ 024-565-00-70. Dans les escaliers descendant vers la gare depuis la rue des Terreaux, à droite du casino. Lun-ven 9h-23h, sam 10h-minuit. Menu jour 18 Fs en sem, suggestion du chef 24 Fs ; plats 28-45 Fs.* On tâtonne un peu avant de le trouver, mais on ne le regrette pas. Ce resto italien a fait peau neuve et propose des pâtes, des fondues et, surtout, de bonnes spécialités italiennes.



## À voir à Orbe et dans les environs

**Le centre-ville :** prenez le temps de vous promener dans le centre, bordé de belles bâtisses du XVIIIe s. De la place du Marché, descendez la rue Centrale sur 200 m jusqu'à l'*Hôtel des Deux Poissons,* installé dans l'ancien monastère de clarisses, fondé en 1426 et reconstruit au XVIe s avant de devenir une taverne. Dans le bas de la ville, la petite rue très pentue des Moulinets mène au *pont du Moulinet,* en dos d'âne, le plus vieux pont de pierre de Suisse (1424). Dans un des anciens moulins de la ville, au no 33, expo permanente « Au fil de l'eau... » *(☎ 024-441-68-42 ; • eau21.ch • ; avr-oct, lun-ven 11h-17h, w-e et j. fériés 13h30-17h30 ; 12 Fs, réduc).* De là, traverser le pont et emprunter le chemin qui longe l'Orbe. On peut aussi remonter vers le centre par le charmant *chemin de ronde,* un ancien fossé qui longeait le rempart au Moyen Âge. Là-haut, une tour ronde (donjon) dans laquelle on peut monter : c'est l'un des rares vestiges du château médiéval *(tlj 9h-20h en été, 9h-17h en hiver ; entrée : 2 Fs).*

**Les mosaïques romaines :** *au lieu-dit Boscéaz, à 2 km de la ville. ☎ 024-441-52-66. Juin-sept, w-e 10h-18h et w-e fériés (horaires limités en 2017, se renseigner auprès de l'office de tourisme). Entrée : 10 Fs ; réduc.* Lors de la construction de l'autoroute, les conducteurs du chantier sont tombés sur des vestiges romains d'une importance inégalée en Suisse. Les fouilles ont dégagé les structures d'une villa de la fin du IIe s, la plus vaste connue au nord des Alpes. Appartenant à un riche Helvète romanisé, elle ne mesurait pas moins de 240 m de long, avec plusieurs patios, portiques à colonnades, mosaïques, peintures murales, marbres, thermes et temple de Mithra attenant – sans oublier le chauffage au sol ! Détruite durant les invasions, elle a servi de carrière au Moyen Âge. Le site a été recouvert et seules huit mosaïques datant du Ier au IIIe s apr. J.-C. sont visibles, conservées dans quatre pavillons. La *mosaïque aux divinités,* bien conservée, s'avère la plus complexe avec ses sept planètes symbolisant les jours de la semaine. Sur le *cortège rustique* figurent des chars à bœuf à la signification inconnue. Une salle introductive et un film de 22 mn complètent l'ensemble. Ils rendent compte des derniers résultats des fouilles et des restaurations effectuées.

**Le château de La Sarraz :** *à* **La Sarraz,** *à 9 km au sud d'Orbe. ☎ 021-866-64-23. • http://château-lasarraz.ch • Fin mai-fin oct, tlj sf lun-mar 13h-17h ; j. fériés*

*11h-17h. Fermé le reste de l'année. Entrée : 10 Fs ; réduc.* Édifié en 1049 par les sires de Grandson pour contrôler ce passage clé de la route allant de Bourgogne en Italie. Le château est resté une demeure privée jusqu'en 1948. Les appartements ont gardé le cachet des demeures habitées et surtout leurs belles collections de meubles (du XVI^e^ au XIX^e^ s).

***Le musée du Cheval :*** *aménagé dans la grange du château de La Sarraz. • museeducheval.ch • Juin-août, tlj sf lun 13h-17h ; avr-mai et sept-oct, w-e et j. fériés 13h-17h. Entrée : 12 Fs ; réduc.* Un des rares musées consacrés à la plus noble conquête de l'homme. Il retrace l'évolution du cheval à travers les âges, avec reconstitution d'une forge et d'une sellerie.

***La Tine de Conflens :*** *à 2 km de La Sarraz.* Un des plus beaux sites de la région. Départ du sentier pédestre près de l'*Hôtel du Soleil*. On longe la Venoge jusqu'à une chute impressionnante, au fond des gorges. En voiture, prendre la route de Ferreyres, puis tourner à gauche vers le *Café de la Tine* (indiqué).

***La Maison du blé et du pain :*** *pl. de l'Hôtel-de-Ville 5, à* ***Echallens.*** *☎ 021-881-50-71. • maison-ble-pain.com • À 15 km au sud-est d'Orbe. Tlj sf lun 8h30-18h. Fermé vac de Noël. Entrée : 10 Fs ; réduc.* Dans une vieille ferme rénovée de 1790. Plusieurs secteurs : boulangerie, meunerie, agriculture. Les différentes étapes de la fabrication du pain sont expliquées. Machines et outils rattachés au travail de la terre : trieurs de ferme du XVII^e^ au XIX^e^ s, moulin à vanner actionné à la main, etc. Audiovisuels et expositions temporaires. Parcours didactique conçu pour les 5-12 ans. Également une collection de costumes vaudois du XVII^e^ au XX^e^ s. Restauration possible sur place (8h30-14h). Fête du blé et du pain fin août.



## Fête

– ***Fête de la Saucisse au chou :*** *oct.*

# YVERDON-LES-BAINS

(1400) 29 700 hab.

**Chef-lieu du Jura Nord vaudois, Yverdon s'ancre à l'extrémité sud-ouest du grand lac de Neuchâtel. Le petit centre historique, serré autour d'un château médiéval, est charmant. Déjà appréciés des Romains, les thermes locaux, aux eaux sulfureuses sourdant à 29 °C, ont largement contribué à son rayonnement. À ses portes, des menhirs rappellent que les Trois-Lacs connurent, à l'aube du Néolithique, une culture lacustre prospère, dont les vestiges de villages sur pilotis (dits palafittes) ont été classés par l'Unesco.**

## Arriver – Quitter

### En train

Yverdon est sur la ligne Lausanne-Neuchâtel. Un petit train monte jusqu'à Sainte-Croix.

### En bus

***Gare routière :*** *av. de la Gare 6. ☎ 0900-40-20-40 (1,19 Fs/mn). • travys.ch • car* *postal.ch • À côté de la gare ferroviaire. Bureau lun-ven 8h-12h, 13h30-17h16h ven.*

## Adresse utile

**Office de tourisme :** *av. de la Gare 2. ☎ 024-423-61-01. • yverdonlesbains region.ch • Lun-ven 9h-12h, 13h30-18h (9h-18h en juil-août) ; sam 9h30-15h30 avr-oct ; dim avr-sept.* Liste des hébergements ; à signaler, une centaine de *B & B* dans le secteur. Location de vélos.

## Où dormir ?

### Campings

Pas moins de 7 campings autour du lac, aux prestations plus ou moins équivalentes et avec, comme souvent en Suisse, une certaine promiscuité. On vous signale le plus proche du centre-ville, notre préféré.

***Camping Yverdon Plage :*** *près du port. ☎ 024-425-10-89. • camping-yverdon.ch • Ouv début avr-1er dim d'oct. Compter 20-30 Fs pour 2 avec tente. Selon confort, tentes safari 99-135 Fs à 145-199 Fs pour 5 pers, minitentes aventure 60-75 Fs selon saison.* Juste à côté de la plage d'Yverdon (avec du vrai sable), sur un vaste tapis de gazon, ce camping est occupé par de nombreuses caravanes à demeure mais assez vaste pour avoir toujours un ou deux emplacements libres en été – sauf si, bien sûr, vous le voulez au bord du lac ! Les sanitaires, un peu vieillots, devraient bientôt être rénovés. Resto à la belle saison.

### Bon marché

***Le Gîte du Passant :*** *rue du Parc 14. ☎ 024-425-12-33. • gite-du-passant.ch • Sur les bords de la Thièle, non loin du lac. De fin mars à mi-nov, réception 17h-20h. Nuitée 33 Fs en dortoir, petit déj inclus. Double 76 Fs. Repas sur résa 15 Fs.* Cette AJ, reprise un temps par une Québécoise (d'où le nom), dispose de 2 chambres privées et de dortoirs simples mais bien tenus comptant jusqu'à 10 lits (certains avec lavabo). Jardin et agréable véranda, coin cuisine à disposition. Très bon accueil.

### Prix moyens

***La Sablonnaire :*** *rue de la Sablonnaire 1. 079-518-75-42. • lasablon naire.ch • Doubles 140-155 Fs, petit déj compris.* Artiste d'origine française, Danielle a restauré avec méticulosité cette maison bourgeoise, posée dans une rue tranquille, à moins de 10 mn à pied du vieux centre et des thermes. Elle propose 4 chambres, dont 3 très spacieuses, toutes avec salle de bains privée, parquet d'origine, déco à la fois simple et élégante, et donnant sur le jardin. Rigolo : le compartiment dans le radiateur pour chauffer son oreiller ! Accès possible à la cuisine après entente et avec supplément. On y prend souvent le petit déj en compagnie de Danielle.

### Chic

***Hôtel du Théâtre :*** *av. Haldimand 5. ☎ 024-424-60-00. • hotelyverdon.ch • Doubles 150-240 Fs selon confort, petit déj inclus.* Occupant une jolie bâtisse de 1840, ce petit hôtel distingué s'amarre à deux pas du centre historique. L'aile principale a subi fin 2013 un grand lifting, qui devrait lui permettre d'atteindre la qualité de la belle extension contemporaine donnant sur le jardin, à l'arrière. On y trouve des chambres *deluxe* design, spacieuses et très réussies. Celles du rez-de-chaussée, nos préférées, disposent toutes d'un coin de terrasse privative très bien aménagé. Une très bonne adresse.

## Où manger ?

### De bon marché à prix moyens

**Double R :** *rue du Collège 4. 079-464-77-95. Mar-sam 11h-15h, 18h-22h30 (23h jeu-ven).* Le truc de la maison, ce sont les burgers, mais pas n'importe quels burgers... De vrais steaks de poulet, de bœuf ou de porc fermiers de la région, glissés entre deux pains de la boulangerie *Ackermann*, accompagnés de légumes frais et de sauces maison. Le nec plus ultra : le *Testy Cool*, 100 % bacon et gruyère fondu... On mange sur l'une des 6 tables de la petite salle toute rouge, entre affiches de concerts, bar et cuisine.

**Café Barraquinha :** *rue du Valentin 13. ☎ 024-420-23-64. Mar-jeu 8h-18h30, ven-sam 8h-17h, dim 10h-17h. Congés : 1re sem de janv.* Voilà une bonne petite adresse, cosy, pour prendre le petit déj, un brunch, boire un chocolat, un thé glacé maison ou un café cardamome, grignoter baguettes au four et belles salades (2 tailles). Bonnes pâtisseries maison également. À l'arrière, une jolie terrasse ; à l'étage, un coin lecture avec cheminée.

**Ciao Ciao :** *rue des Pêcheurs 4. ☎ 024-534-69-88. Tlj sf dim 9h-minuit. Compter env 13-21 Fs pour une pizza, menu 16 Fs.* Installé au rez-de-chaussée de la salle de spectacle *Les Citrons Masqués* (voir « Où boire un verre ? Où sortir ? »), le resto est très apprécié pour ses excellentes et gigantesques pizzas au feu de bois. La mezzanine offre un poil d'intimité en plus.

### De prix moyens à chic

**La Fourchette :** *rue du Casino 8. ☎ 024-425-73-65. Tlj sf dim et sam midi 11h30-14h30 et 18h-22h30. Plat du jour à midi 17,50 Fs ou menu 30 Fs ; autres plats 30-42 Fs.* Le serveur donne le ton lorsqu'il apporte le menu... sur iPad. Posé face au casino, à un carrefour, *La Fourchette* réussit à créer une jolie ambiance avec sa salle un rien théâtrale et sa belle véranda très lumineuse, mi-bois sombre, mi-blanc. Côté cuisine, rien de trop compliqué, ni de trop simple pour autant : de jolies salades, des tartares (de bœuf, de cheval, de thon...), des filets de perche – pour ne citer qu'eux. Au final, une bonne petite adresse tendance.

**Resto-lounge du Château :** *pl. Pestalozzi 13. ☎ 024-425-49-62. Tlj 10h30-minuit, dès 9h30 mar et sam (cuisine jusqu'à 22h30 en sem, 23h w-e). Menus du jour 19-24 Fs, pizzas bio 17,50-27,50 Fs, plats 22-55 Fs.* On apprécie la belle terrasse étalée au pied du château, sur cette jolie place à l'italienne. Si l'extérieur semble un peu passé, l'intérieur révèle des notes modernes assez chic. La carte offre un vaste choix de pizzas, pâtes et *risotti*, mais aussi des viandes sur ardoise. Pour finir, une bonne glace artisanale.

## Où dormir ?

## Où manger dans les environs d'Yverdon ?

**Camping Vd 8 :** *route de la Grève 1, 1400* **Cheseaux-Noréaz**. *☎ 024-430-16-55. • campings-ccyverdon.ch • À 6 km à l'est d'Yverdon, en allant vers Yvonand. Avr-sept. Env 34-45 Fs pour 2 avec voiture, selon saison et taille de la tente. (payants).* Occupant une pinède étirée sur 1 km de rivage, ce grand camping (700 places) bénéficie d'une situation privilégiée, avec sa propre plage. Les emplacements près du lac sont évidemment les plus prisés. Bon niveau d'équipement : jeux pour enfants, resto, épicerie et même des animations en juillet-août. Attention, en haute saison, les résas ne sont possibles qu'à la semaine.

**Le Colvert :** *av. des Pins 34, au port d'Yvonand. ☎ 024-430-19-65. À 500 m du Camping Vd 8. Mars-oct. Fermé le soir la 2de quinzaine de fév et en nov. Congés : de fin nov à mi-fév. Réserver en hte saison. Menu du jour 18 Fs le midi en sem, plats 22-50 Fs.* Les accès au lac étant largement squattés par les campings, on apprécie la parenthèse qu'offre ce resto-buvette très populaire... La terrasse sur le port jouit d'une vue imprenable et le plat du jour vaut généralement le déplacement. Au choix encore : filets de perche meunière et viandes sur ardoise ou pâtes pour les moins fortunés.

## Où boire un verre ? Où sortir ?

**Les Citrons Masqués :** *rue des Pêcheurs 4. Derrière l'Hôtel du Théâtre, en longeant le petit canal. ☎ 024-426-56-00. 079-417-18-09. • citronsmasques.ch • Relâche juil-août.* LE lieu alternatif incontournable : concerts (surtout), films, pièces de théâtre ou expos 4 à 5 fois par mois, le tout sur 3 étages.

## Où boire et acheter du chocolat ?

**Passionnément Chocolat :** *quai de la Thièle 15. ☎ 024-420-39-00. Mar-ven 9h-12h, 14h-18h30 ; sam 9h-17h.* Pascale Philippe est une passionnée de chocolat. Insatiable, elle en invente à tous les parfums, habituels ou inhabituels : pamplemousse, cacahuète, fenouil, vanille, safran... Le hit ? Les truffes à la cannelle. On peut aussi y déguster un bon chocolat chaud (ou même un café, sacrilège !) ; on vous demandera la teneur en chocolat que vous préférez.

# À voir. À faire

**Le château :** *en plein centre-ville. ☎ 024-425-93-10. • musee-yverdon-region.ch • Oct-mai, tlj sf lun 13h-17h ; juin-sept, 11h-17h. Fermé 1er janv et Noël. Entrée : 10 Fs ; réduc. Billet combiné avec La Maison d'Ailleurs : 18 Fs ; réduc.* Bâti de 1260 à 1270 par Pierre II de Savoie. Partiellement détruit en 1476, il devint la demeure des baillis bernois et fut restauré au XVIe s. Après le départ des Bernois, le château est devenu bien national. Il est progressivement restauré depuis 1956 et abrite plusieurs musées.

– **Le musée de la Ville d'Yverdon et région :** *audioguide (iPod) disponible.* Le musée bénéficie d'une nouvelle scénographie moderne avec des vitrines aérées et des explications claires, concises. Il expose, entre autres pièces intéressantes, deux bateaux de l'époque romaine très bien conservés, une collection d'histoire régionale dont les plus anciens vestiges ont plus de 6 000 ans et la momie d'un prêtre égyptien. Plusieurs autres salles traitent de l'histoire récente (XIXe et XXe s) d'Yverdon et du Nord vaudois.

– **Le musée de la Mode :** *☎ 024-426-31-64. • museemode.ch •* Fondé en 1982, il abrite une collection de plus de 5 000 vêtements et accessoires exposés par roulement, à l'occasion de belles expos temporaires.

**La Maison d'Ailleurs – Musée de la Science-Fiction, de l'Utopie et des Voyages extraordinaires :** *pl. Pestalozzi 14. ☎ 024-425-64-38. • ailleurs.ch • Mar-dim 14h (11h w-e)-18h. Entrée : 12 Fs ; réduc.* Des extraterrestres y errent sans gêne aucune. La Maison d'Ailleurs explore les grands thèmes de la science-fiction au gré d'expositions temporaires de qualité offrant, entre autres, des incursions dans le monde de la B.D., des arts, des sciences ou de l'exploration de l'espace. Un espace permanent est consacré à Jules Verne.

***Le centre-ville :*** la *place Pestalozzi* est le cœur de la ville. Très homogène avec ses bâtiments en pierre jaune de Neuchâtel, datant pour la plupart du XVIIIe s (temple avec sa façade baroque à l'italienne, hôtel de ville...) ; c'est à peine si le château médiéval vient troubler ce bel équilibre. De la place partent trois rues commerçantes de part et d'autre du temple : la *rue du Lac,* la *rue du Four* et, entre les deux, la *rue du Milieu.* Elles sont toutes trois bordées d'élégantes demeures patriciennes, surtout la rue du Four. Mal mises en valeur mais évidemment insolites, les « *ruelles punaises* » sont des vestiges de la ville médiévale. Des ruelles, sombres et étroites, dérobées aux regards et qui accueillaient les immondices (d'où leur aimable sobriquet !). Elles sont accessibles par la rue du Milieu (au no 20).



***Les menhirs de Clendy :*** petite excursion agréable à partir de la plage toute proche. Cet ensemble de 45 menhirs se distingue facilement au travers des arbres, à gauche de la route cantonale d'Yvonand, à la sortie de la ville. Au début du IIIe millénaire av. J.-C., les habitants des villages lacustres de Clendy et Champ-Pittet ont apporté des blocs erratiques des moraines glaciaires environnantes pour les tailler de façon à leur donner une silhouette géométrique ou humaine. Les plus grands mesurent 4,50 m de longueur, pour un poids de 5 t. Les plus petits, aux têtes minutieusement taillées, ne mesurent que 40 à 60 cm. Ces statues-menhirs, dont les originaux sont conservés au musée d'Yverdon, ont été disposées en demi-cercle. On pense qu'il s'agissait d'un lieu de réunion à vocation religieuse.

**La plage :** l'une des plus belles des bords du lac de Neuchâtel, très bien aménagée avec terrain de jeux et restaurant.

➢ ***Croisières sur le lac :*** *079-219-22-37. • lesvikings.ch • Mai-oct, départs à 10h30, 14h et 16h. Durée : 1h30. Tarif : env 20-35 Fs/pers selon excursion ; réduc.* Outre les bateaux officiels, il existe une petite compagnie sympa, *Les Vikings,* qui dispose d'une embarcation aux allures de bateau-mouche parisien. Elle effectue la boucle Yverdon-Grandson-Concise-Yvonand-Yverdon. Entre Grandson et Concise, bien observer le fond du lac : non loin du bord, on aperçoit encore très distinctement des forêts de pilotis, vestiges de la période lacustre.

## DANS LES ENVIRONS D'YVERDON-LES-BAINS

***Pro Natura Champ-Pittet :*** *à l'est de la ville, à* ***Cheseaux-Noréaz.*** *☎ 024-423-35-64. • pronatura-champ-pittet.ch • On peut s'y rendre en train (gare du même nom à quelques mn), ou à pied, ou à vélo. Réserve ouv tte l'année, centre d'expo de mi-mars à début nov, tlj sf lun 10h-17h30 (entrée : 8 Fs ; réduc).* Cette réserve de 40 ha découvre ses roselières, ses prairies humides et ses forêts alluviales au gré de deux sentiers dédiés entrecoupés de passerelles de bois. Celui des marais conduit à une tour d'observation ornithologique que l'on peut aussi atteindre facilement à vélo (ou à pied) par la piste cyclable longeant la route d'Yvonand (mais pas de parking). Cet espace fait partie intégrante de la ***réserve naturelle de la Grande Cariçaie*** *(infos : • grande-caricaie.ch •)* qui s'étend par intermittence jusqu'à La Sauge, à l'autre bout du lac de Neuchâtel (huit zones protégées en tout). Plus grand marais lacustre de Suisse, elle a été désignée *site Ramsar* (zone humide d'importance internationale) pour son importance auprès des oiseaux migrateurs. On y recense le tiers de la flore helvétique et le quart de sa faune. Près du parking principal, le *Centre d'exposition,* installé dans une belle maison de maître de 1792, se double d'un restaurant chic.

# DE LAUSANNE VERS AVENCHES



**Sitôt passé Le Chalet-à-Gobet (861 m), on redescend sur le plateau de Sainte-Catherine (connu pour ses zones de verglas en hiver) et on se dirige vers la Broye. Il est vrai que la campagne y est belle, mais il n'y a ni lac, ni montagne, ni forêt. Et comme le travail se fait rare, et les lieux de divertissement aussi, les jeunes ont tendance à déserter le coin. Dommage, dommage...**



## LA VALLÉE DE LA BROYE

### Comment y aller ?

➢ ***En voiture :*** la « route de Berne » passe précisément par Le Chalet-à-Gobet pour rejoindre Payerne, Avenches et Berne.

➢ ***En train :*** train régional entre Lausanne et Payerne (mais en passant par Palézieux et Oron), puis Fribourg ou Berne.

### À faire

***Balade à vélo dans la Broye :*** *rens aux offices de tourisme d'Avenches et de Payerne. Bike Broye* vous propose cinq itinéraires en boucle « La Broye à vélo », avec des suggestions de visites et d'hébergement. On peut les combiner entre eux et leur ajouter l'itinéraire « Suisse Mobile », soit une dizaine de circuits au total. La région n'est pas vraiment plate : si vous voulez la découvrir hors des sentiers battus, autant jouer du mollet...

***Randonnées pédestres :*** elles sont évidemment infinies. Belles brochures à disposition là encore dans les offices de tourisme, comme *La Broye pas à pas.*

### À voir en chemin

***Le château d'Oron :*** *au-dessus du village d'Oron-le-Châtel, à 20 km env de Lausanne. ☎ 021-907-90-51. • chateaudoron.ch • Gare à 200 m du château. Visite guidée obligatoire sur rdv. Avr-fin sept, le w-e slt : sam 14h-17h, dim 14h-18h. Entrée : 10 Fs ; réduc.* Cette forteresse médiévale construite au XIIe s a gardé, à quelques transformations près, l'allure qu'elle avait au début du XIVe s. La cuisine, avec sa cheminée impressionnante, est dans son état médiéval. Dans la salle de musique : un piano Pleyel de 1836, ayant appartenu à Chopin. Dans presque toutes les pièces, de très beaux pierrolères (poêles en faïence) de 1750, décorés de centaines de catelles (carreaux de faïence vernissée), toutes différentes, avec un thème pour chacun : le poêle illustré de fables de La Fontaine est spécialement réussi.

***Le zoo de Servion :*** *bifurquer à droite juste avt Montpreveyres ; env 4 km de route assez sinueuse. ☎ 021-903-16-71. • zoo-servion.ch • Tlj 9h-19h (18h* *en hiver) ; fermeture des caisses 1h plus tôt. Entrée : 10 Fs ; réduc ; billet combiné avec le tropicarium : 17 Fs.* Un petit zoo, vraisemblablement le plus sympathique de Suisse. Les propriétaires ont à cœur de laisser un espace maximal à leurs hôtes. Les loups peuvent courir, les flamants roses voler, les ours se baigner, les kangourous sauter, les putois se cacher... Les servals comptent parmi les derniers locataires. Fantastique serre tropicale où le visiteur se balade tête en l'air : c'est vraiment très réussi.

### UNE BIBLIOTHÈQUE TOMBÉE DU CIEL...

*Le clou du château d'Oron demeure incontestablement la bibliothèque, avec son plafond à caissons du XVe s et ses 20 000 volumes. En 1883, le propriétaire de l'époque, grand amateur de livres sur la chasse, se rendit à une vente aux enchères en Pologne, où il acheta quelques ouvrages. Quelque temps plus tard, il reçut ses livres. Ils occupaient trois wagons ! À défaut d'avoir trouvé acquéreur, les Polonais lui avaient livré la totalité des ouvrages en français... Parmi eux, beaucoup de romans du XVIIIe s et autres livres rares et précieux.*

**Moudon :** à quelques kilomètres au nord d'Oron, cette ancienne capitale des États de Vaud est connue pour son centre médiéval très typique, perché sur la colline. Intéressant ***musée du Vieux-Moudon*** *(rue du Château 50 ; ☎ 021-905-27-05 ; avr-oct, mer et w-e 14h-18h ; entrée : 6 Fs),* un très joli musée d'art et de traditions populaires. On y voit aussi la ***tour de Broye*** (le meilleur endroit pour l'admirer se situe derrière le bourg – emprunter les escaliers de la poterne se trouvant derrière la porte en bois, à côté de la tour) et la ***Maison bernoise*** du XIIIe s (à droite, presque au terme de la montée) dont l'avant-toit de 1648 est si imposant qu'il a fallu le soutenir par un mur d'un côté et une immense poutre de l'autre. En face, les *anciennes prisons,* transformées aujourd'hui en centre culturel.

## PAYERNE (1530) 9 500 hab.

**On ne peut que vous encourager à aller découvrir l'abbaye bénédictine de Payerne. Certes, cette petite ville n'a que peu d'intérêt, mais son abbatiale mérite le détour (malheureusement, elle ne rouvrira ses portes qu'au printemps 2019). Sachez aussi que « Cochons rouges » est le surnom des Payernois. Il provient du nom d'une race antique aujourd'hui disparue mais qui témoigne d'une tradition charcutière toujours bien ancrée dans le pays.**

### Adresse utile

***Office de tourisme :*** *pl. du Marché 10. ☎ 026-660-61-61. ● payerne.ch ● À côté de l'abbatiale. Lun-ven 9h-12h, 13h30-18h ; sam 10h-15h.*

### Où dormir ?

### Où manger à Payerne et dans les environs ?

#### Bon marché

***La Reine Berthe :*** *rue de la Boverie 19. ☎ 026-660-21-25. Ouv lun-ven. Congés : 1 sem en mai et 2 sem en oct. Rösti 20-29 Fs.* Une authentique pinte, populaire, familiale et conviviale. Une pinte comme on les aime ! On vient y manger le plat du jour ou se laisser tenter par une spécialité locale, comme les rösti. Clientèle d'habitués. Petit jardin et terrasse aux beaux jours.

### Chic

**Auberge de Vers-Chez-Perrin :** *1551* **Vers-Chez-Perrin.** ☎ *026-660-58-46.* • *auberge-verschezperrin.ch* • *À 3 km au sud de Payerne sur la route de Fribourg/Romont. Tlj 11h30-13h30, 19h-22h. Resto fermé sam midi, dim soir et lun. Congés : 2 premières sem d'août et Noël-Nouvel An. Double 165 Fs, petit déj compris. Menu du jour en sem env 20 Fs. Au resto, menus gastronomiques 60-110 Fs.* Petit nid installé dans une vieille bâtisse d'un charmant hameau. Prix très abordables dans la salle du café, avec un menu du jour très copieux. Au resto, atmosphère plus feutrée, avec des spécialités tessinoises. À l'étage, 8 chambres aux couleurs douces, avec douche et w-c. Tous les Payernois sont d'accord : c'est la meilleure table de la région. L'accueil est à la hauteur.



## À voir

**L'abbatiale :** ☎ *026-662-67-04.* • *abbatiale-payerne.ch* • ***En travaux jusqu'au printemps 2019.*** *Tél à la réouverture pour horaires et tarifs.* Majestueuse et imposante, l'abbatiale a été construite sur une petite colline au centre de la cité par les moines bénédictins rattachés, au Xe s, au puissant monastère de Cluny. Elle témoigne de toutes les formes de l'art roman : architecture, peinture, et, bien sûr, les très belles sculptures qui faisaient office d'histoire biblique au Moyen Âge. La grandeur (le chœur a plus de 16 m de hauteur pour une longueur totale de 67 m) et la perfection des formes sont remarquables. Avec l'arrivée de la Réforme et des Bernois en 1536, l'abbatiale a été fermée, les moines chassés. Les magnifiques fresques ont été fortement endommagées, recouvertes de chaux et de plâtre. La Ville l'a rachetée en 1804 pour la transformer en caserne et ne l'a consacrée à nouveau qu'en 1963, après de longues fouilles. D'importantes rénovations ont été entreprises : observez notamment la réfection de la *chapelle de Grailly,* dont les fresques presque détruites ont été reconstituées grâce à la technique des ultraviolets et infrarouges.
Par un escalier dérobé, on accède au *musée Aimée-Rapin,* une femme peintre non dénuée de talent, surtout si l'on considère qu'elle peignait sans bras, mais avec ses pieds... On devine à travers ses toiles une vie riche et bohème qui la rend très attachante.

# AVENCHES

(1580) 4 100 hab.

**Petite ville perchée sur une colline dominant la vallée de la Broye, possédant de nombreux monuments et vestiges romains. *Aventicum* était à cette époque le centre administratif et culturel de l'Helvétie, du fait de sa position stratégique sur la grande route du plateau suisse reliant le Bassin lémanique au Rhin. Fondée au Ier s avant notre ère, sur des vestiges celtiques, elle compte à son apogée (IIe s) 20 000 habitants. Son enceinte de 5,5 km comporte 73 tours ! Cette période florissante a pris fin très abruptement en 259 avec l'invasion des Alamans, qui la dévastèrent.**

**Aujourd'hui, on y vient pour visiter ses ruines romaines, mais aussi à l'occasion de ses deux festivals de renommée internationale.**

## Comment y aller ?

➢ ***En train :*** depuis Payerne ou Neuchâtel et Berne en changeant à Morat.

## Adresse utile

**Office de tourisme :** *pl. de l'Église 3. ☎ 026-676-99-22. • avenches.ch • Lun-ven 8h30-12h, 13h30-17h30 ; mai-août, également sam 9h30-12h30.* Possibilité de visite guidée sur demande.



## Où dormir ?

### Camping

***Camping Port-Plage :*** *☎ 026-675-17-50. • avenches.ch/fr/camping portplage • 1er avr-30 sept. Compter 28-40 Fs pour 2 avec tente.* Idéalement situé au bord du lac de Morat. Boisé et ombragé. Bonnes infrastructures et accès direct à la plage.

### Auberge de jeunesse

***Auberge de jeunesse :*** *rue du Lavoir 5. ☎ 026-675-26-66. • youth hostel.ch/avenches • Route parallèle à la route cantonale, direction Donatyre. À 5 mn à pied du centre. Ouv avr-fin oct. En dortoir 36-42 Fs/pers, doubles 100-120 Fs. Prévoir 7 Fs de plus pour les non-membres. Laverie.* Cet ancien orphelinat est aujourd'hui une auberge bien tenue de 84 lits, entièrement rénovée. Chambres de 4 à 8 lits principalement (douches et toilettes sur le palier) et 2 chambres équipées pour accueillir les fauteuils roulants. Grand jardin avec barbecue.

### Chic

***Hôtel de la Couronne :*** *rue Centrale 20. ☎ 026-675-54-14. • lacou ronne.ch • À côté de l'église. Resto fermé dim soir sf juin-août. Congés : 20 déc-20 janv. Selon confort et saison, doubles 190-220 Fs, petit déj inclus. À la brasserie, menu env 20 Fs le midi en sem, business lunch 54 Fs, menu 3 plats (soir) 74 Fs.* Cet hôtel historique a été en grande partie rénové en 2009. 2 catégories de chambres et 2 styles résolument différents, mais un même confort. Les premières, plus anciennes, sont décorées dans de doux tons pastel ; les autres, toutes récentes (et plus chères), sont crème et chocolat. Côté bistrot, petite carte à prix abordables avec un brin d'originalité. Agréable terrasse aménagée sur la place de l'Église.

## Où manger ?

### De prix moyens à chic

***Café des Arènes :*** *rue du Château 8. ☎ 026-675-39-00. En face de l'amphithéâtre. Tlj sf dim. Congés : 2 sem à Pâques. Menu 17,50 Fs le midi en sem, pizzas 15-19 Fs. Sinon, plats 15-35 Fs.* Café proposant une petite carte de restauration, plus particulièrement pizzas et aussi steaks et tartare de bœuf. Terrasse entre le château et l'amphithéâtre.

***Restaurant des Arcades :*** *rue Centrale 59. ☎ 026-675-11-63. Congés : 15 j. en fév et sept. Plats 18-42 Fs, pizzas 14-22 Fs.* Un café populaire, qui a le charme des vieux bistrots un peu jaunis. Petite terrasse à côté des arcades. Cuisine locale, avec friture du lac, jambon de campagne et grillades au charbon de bois. Ambiance décontractée.

## À voir

Il existe un itinéraire romain à disposition à l'office de tourisme.

**Le Musée romain :** *tour de l'Amphithéâtre. ☎ 026-557-33-15. • aventicum.org • Tlj sf lun (tlj en juin) : oct-avr, 14h-17h ; mai-sept, 10h-17h. GRATUIT. Une fois/mois, animation dim au musée 15h30-16h30 (GRATUIT).* Aménagé dans la tour de défense médiévale de l'amphithéâtre, le musée abrite, notamment, au 1er étage, la copie du buste en or de l'empereur Marc Aurèle, découvert dans les égouts du cigognier. Toutes les pièces ont été mises au jour lors de fouilles dans la ville d'*Aventicum.* Au rez-de-chaussée, inscriptions et éléments de monuments funéraires. Au 1er étage, collection de statuettes en bronze, parmi les plus belles d'Europe, ainsi qu'un relief de la célèbre image de la louve allaitant Romulus et Remus. Au 2e étage, reconstitution d'une cuisine romaine **(attention, en travaux jusqu'en 2018).** En été, exposition temporaire, toujours en lien avec le monde romain, au dernier étage.

**L'amphithéâtre :** l'un des mieux préservés de Suisse, avec une vaste arène entourée de gradins pouvant accueillir actuellement jusqu'à 3 500 personnes. Édifié, sans doute à la fin du Ie s, pour les combats de gladiateurs. Il a été en grande partie excavé dans la colline morainique qui porte la ville actuelle. Il a été agrandi à la fin du IIe s, sa capacité passant alors de 9 000 à 16 000 personnes.

**Le théâtre gallo-romain :** *chemin de Selley depuis la route de Faubourg (près de la route de Fribourg).* Les ruines donnent une bonne idée de l'édifice datant du IIe s. Il pouvait alors contenir près de 9 000 spectateurs, qui venaient assister à des spectacles de comédie, tragédie, danse, fêtes religieuses, etc. Le théâtre a été largement exploité comme carrière jusqu'à la fin du XIXe s. Juste à côté, le sanctuaire du ***cigognier.*** On ignore encore les divinités auxquelles il était consacré, mais il s'agissait sans doute d'un bâtiment polyvalent, intégré ultérieurement au théâtre. Il doit son nom aux nombreuses cigognes qui s'y perchaient au Moyen Âge, quand le terrain, faute d'entretien, redevint marécageux.

**Les thermes :** *au bord de la route cantonale.* Dernier quart du Ier s. Il n'en reste plus grand-chose et il faut vraiment deviner, à l'aide des plans, l'image du bâtiment initial.

**La Tornallaz :** près de la porte de l'Est, cette tour est la seule rescapée sur les 70 que comptait l'enceinte romaine. Au sommet se trouve une table d'orientation.

**La vieille ville :** le dédale des ruelles abrite quelques petites perles, comme la *tour de Benneville,* du XIIIe s. Le *château* fut construit à la fin du XIIIe s et le *temple Marie-Madeleine* fut érigé à la fin du XIe s : très belles fresques noir et ocre au-dessus des portes et des fenêtres.

**Le haras national :** *☎ 026-676-61-12. • harasnational.ch • Sortir de la ville en direction de Payerne, puis suivre le fléchage (à droite après le centre commercial). Ouv 8h30-11h30, 13h30-16h30. GRATUIT. Visite guidée sur rdv.* Avenches est la capitale helvétique du cheval. Le haras national se consacre presque exclusivement à l'élevage de l'unique race suisse, le « franches-montagnes ». On peut visiter librement les différents box ainsi que le centre de reproduction, et assister avec un peu de chance à une insémination artificielle ; pas très sexy, on vous prévient ! Les enfants préféreront à coup sûr la jumenterie et ses poulains. En face du haras se trouve l'IENA (l'Institut équestre national Avenches) et son hippodrome.

## Manifestations

– ***Festival d'opéra :*** *début juil.* ● *avenchesopera.ch* ● Chaque année, l'amphithéâtre romain accueille un festival d'opéra réputé.
– ***Rock Oz' Arènes :*** *4 j. en août.* ● *rockozarenes.com* ● *ou à l'office de tourisme.* Également dans l'amphithéâtre romain.

## DANS LES ENVIRONS D'AVENCHES

***Le Musée romain :*** *à* ***Vallon,*** *à 10 km d'Avenches en direction d'Estavayer-le-Lac.* ☎ *026-667-97-97.* ● *museevallon.ch* ● *Tlj sf lun-mar 14h-18h (17h oct-avr). Entrée : 6 Fs ; réduc.* À l'époque romaine, de grands domaines s'installent autour d'*Aventicum,* parmi lesquels celui de Vallon, composé de trois bâtiments reliés par un portique à colonnades et comportant deux magnifiques mosaïques. L'intérêt principal de ce site réside dans la présence de la plus grande mosaïque conservée en Suisse, du décor peint de plusieurs pièces et du portique de la colonnade, ainsi que d'une quinzaine de statuettes en bronze du laraire.

# LA RÉGION DE FRIBOURG

**Longtemps agricole et catholique, la région de Fribourg a amorcé plus tardivement que ses voisines le virage de l'industrialisation. Une chance pour le touriste ! La vieille ville de la capitale est homogène et bien conservée, et les paysages de la Gruyère ou de la Glâne sont relativement peu altérés par de hideuses constructions. Autant de bonnes raisons pour aller à la découverte des montagnes fribourgeoises dans le sud du canton (idéales pour la randonnée et le ski de fond, même si on y trouve aussi quelques stations de ski familiales), et de sa « Riviera », au bord des lacs de Morat et de Neuchâtel.**

**La région de Fribourg, c'est aussi de nombreuses fêtes populaires, comme la Bénichon (fin des gros travaux des champs), la Saint-Nicolas ou le carnaval. Les Fribourgeois (familièrement appelés les « Dzodzets ») tiennent par-dessus tout à conserver le goût des produits du terroir : celui du fromage de Gruyère, bien sûr, mais aussi ceux de la moutarde de Bénichon et des meringues.**

– Pour préparer votre voyage, consulter le site internet officiel de Fribourg Région, une mine d'informations : • *fribourgregion.ch* • Une carte *Fripass* offrant des gratuités et des réductions sur les transports, les musées et les activités, dans tout le canton, y est en vente. *Compter 40 Fs pour 1 j., 75 Fs pour 2 et 110 Fs pour 3 ; réduc. Détails sur • fripass.ch •*

## UN PEU D'HISTOIRE

Le canton de Fribourg se trouve à la frontière des langues : il compte aujourd'hui 75 % de francophones et 25 % d'Alémaniques. Lors de son entrée dans la Confédération, en 1481, l'allemand était plus couramment utilisé, car il était pratiqué par les autres États membres de la Confédération de l'époque. Le français n'a acquis sa position actuelle qu'en 1830. Ainsi, par le passé, on parlait donc allemand à Fribourg sur la rive est de la Sarine et français sur la rive ouest.

C'est pourquoi la majorité francophone d'aujourd'hui reste parfois sur la défensive : la crainte de la germanisation est toujours présente. Pourtant, la coexistence du français et de l'allemand est devenue un atout pour les entreprises en termes de rayonnement, comme pour l'université, qui octroie des diplômes bilingues dans de nombreuses branches.

# FRIBOURG

(1700) 38 700 hab.

• Plan p. 158-159

**Quelques centaines de maisons de style gothique ou baroque, le plus vaste ensemble de fortifications médiévales de Suisse (2 km de murailles, 11 tours) et une rivière aux abords champêtres qui la traverse et que traversent pas moins de 15 ponts : Fribourg a su conserver son patrimoine architectural, sans pour cela devenir une ville-musée, surtout grâce à une population estudiantine, qui anime ses rues et ses cafés. Une ville où il fait bon vivre.**



## UN PEU D'HISTOIRE

Fribourg, enfin juste le quartier du Bourg à l'origine, est fondée en 1157 par le duc Berthold IV de Zaehringen au-dessus d'une falaise de molasse (grès tendre), une position hautement stratégique. En contrebas, le passage de la Sarine favorisait le commerce. Au XVe s, la ville connaît son âge d'or grâce au commerce de draps et de cuirs. Elle est alors l'égale de Berne, qu'elle rejoint dans la Confédération en 1481. Puis ses priorités changent : il faut avant tout combattre la Réforme protestante qui gagne les régions alentour. Églises et couvents fleurissent un peu partout ; le collège Saint-Michel et l'université catholique connaissent un grand rayonnement. Le développement industriel peut attendre, la culture et... l'agriculture sont prioritaires.
À la fin du XIXe s, la construction de l'axe ferroviaire Berne-Lausanne apporte un nouvel essor économique : de nouveaux quartiers se construisent autour de la gare, à l'écart de la vieille ville.

## Arriver – Quitter

### En train

**Gare ferroviaire** *(plan A2-3)* : *☎ 0900-300-300 (1,19 Fs/mn). Rens lun-sam 9h-18h (14h sam).*
➢ ***Lausanne-Berne :*** Fribourg se trouve sur cette ligne ferroviaire. Liaisons ttes les 30 mn avec Lausanne dans les 2 sens ; et ttes les 15 mn avec Berne.
➢ ***Yverdon-Morat :*** liaisons ttes les heures avec Yverdon via Payerne et Estavayer-le-Lac ; compter 1h de trajet. Train ttes les 30 mn pour Morat ; durée 30 mn.

## Comment circuler ?

En bus, et avec le funiculaire pour passer de la ville basse à la ville haute. Peu de places de stationnement et, bien sûr, tout est payant !

## Adresses utiles

**Office de tourisme** *(plan A2)* : *pl. J.-Tinguely 1. ☎ 026-350-11-11. • fribourgtourisme.ch • Lun-sam 9h-18h (16h sam). 13 oct-avr et mai-sept, dim 10h-15h.* Accueil jeune et dynamique. Nombreuses brochures, notamment sur l'hôtellerie et les activités proposées. Liste des chambres d'hôtes disponible *(compter 100-120 Fs pour une double)*. Vente de la *Fribourg City Card*

(• fribourg-citycard.ch • ; 1 j. : 20 Fs ; 2 j. : 30 Fs) qui donne droit aux transports publics gratuits et à de nombreuses gratuités (musées, attractions).

✉ **Poste** (plan A2) : av. de Tivoli 3.

## Où dormir ?

### Bon marché

**Le Sonnenberg** (plan B3, **10**) : chemin du Sonnenberg 4. 📱 076-380-11-48. • lesonnenberg.ch • Bus n° 4. 2 nuits min demandées. Pas de petit déj. Double 65 Fs. Dans une grande maison posée sur le sommet de la butte, 5 chambres on ne peut plus simples, à des prix très démocratiques. La maison abrite également quelques logements d'étudiants. Bon accueil du propriétaire multicasquettes Martino Toscanelli, à la fois musicien et enseignant-pédagogue.

**Cité Saint-Justin** (plan A2, **11**) : rue de Rome 3. ☎ 026-351-16-16. • justinus.ch • Compter 68 Fs pour une double avec lavabo, 90 Fs avec douche et w-c, petit déj compris ; réduc sur longs séjours. Repas 10,50-12,50 Fs. Situé en face de l'université, en retrait de la rue, ce foyer d'étudiants a souvent de la place pour les visiteurs de passage en janvier, juillet et août. Dans 5 bâtiments, dont un très moderne avec sa terrasse panoramique sur la ville, des chambres très simples, la plupart avec w-c et douche à l'étage. Après 22h, plus de visites autorisées dans les chambres.

### Prix moyens

**Maison d'Amman** (plan C2, **13**) : Grand-Rue 59. ☎ 026-401-15-80. • fribourg-bnb.ch • Double 130 Fs, petit déj en sus (10 Fs/pers suppl). Également des suites. Cet hôtel particulier de 1750, à la façade de style Régence, a été restauré dans les règles de l'art. Adresse de charme, offrant des chambres de grand confort, sorte de conservatoire architectural (plancher bois massif, poêles d'époque...), mais qu'on se rassure, le lieu est bien vivant et les propriétaires organisent même des rencontres culturelles auxquelles les hôtes sont conviés s'ils le souhaitent.

**Hôtel du Faucon** (plan B2, **12**) : rue de Lausanne 76. ☎ 026-321-37-90. • hotel-du-faucon.ch • Doubles avec douche et w-c 125-160 Fs. Petit déj 15 Fs. Idéalement situé, en plein centre et dans la rue piétonne, un petit hôtel très bien tenu, d'une vingtaine de chambres modernes et agréables. Très bon accueil et excellent rapport qualité-prix.

**Hôtel Elite** (plan A2, **15**) : rue du Criblet 7. ☎ 026-350-22-60. • elitefribourg.ch • Double 150 Fs, petit déj inclus. Hôtel central, sans grand charme mais offrant un confort correct. La plupart des chambres ont été rénovées.

### De chic à très chic

**L'Auberge aux 4 Vents** (hors plan par B1, **14**) : route de Grandfey 124, 1763 **Granges-Paccot.** ☎ 026-321-56-00. • auberge4vents.ch • Du centre-ville (rue de Morat), prendre vers le nord ; passer la porte de Morat, tourner à droite juste avt le chemin de fer et poursuivre sur 1 km. Bus n° 1, arrêt « Poya ». Resto tlj midi et soir sf lun et mar soir ; brunch dim 10h-14h. Congés : 3 premières sem de janv. Résa longtemps à l'avance indispensable. Doubles 180-300 Fs selon confort (douche à partager ou non). Menu 72 Fs, carte env 60-70 Fs. Une adresse insolite et pleine de charme. Cette grosse villa, au milieu d'un parc planté de hêtres, propose des chambres à thème décorées par des artistes. 7 chambres seulement. Notre préférée : la « chambre Cupidon », dont la baignoire, montée sur rails, passe par la fenêtre ! Côté assiette : plats raffinés à déguster sous une large rotonde de verre ou à l'entrée du superbe jardin paysager avec piscine et vue plongeante sur le clocher de la cathédrale de Fribourg.

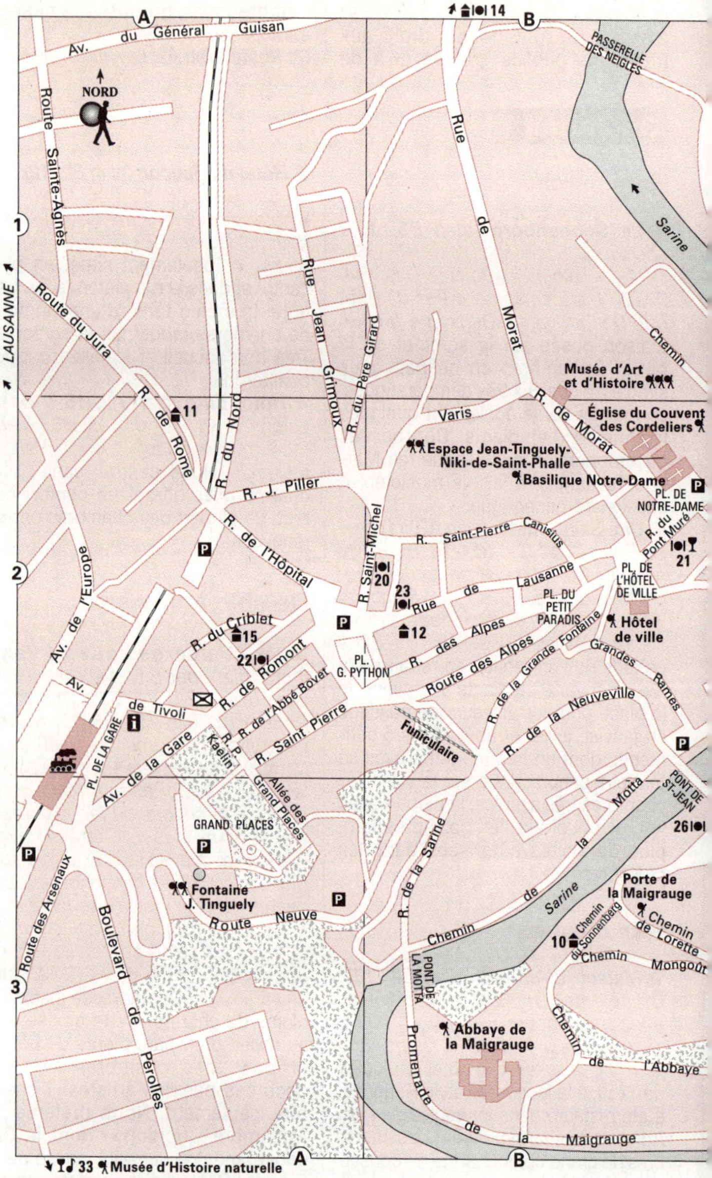

NORD
LAUSANNE
Av. du Général Guisan
Route Sainte-Agnès
Route du Jura
R. de Rome
R. du Nord
Rue Jean Grimoux
R. du Père Girard
Rue de Morat
PASSERELLE DES NEIGLES
Sarine
Chemin
Musée d'Art et d'Histoire
Église du Couvent des Cordeliers
R. de Morat
Varis
Espace Jean-Tinguely-Niki-de-Saint-Phalle
Basilique Notre-Dame
PL. DE NOTRE-DAME
R. du Pont Muré
21
R. J. Piller
R. de l'Hôpital
R. Saint-Michel
R. Saint-Pierre Canisius
20
23
Rue de Lausanne
PL. DU PETIT PARADIS
PL. DE L'HÔTEL DE VILLE
Hôtel de ville
11
12
15
22
R. du Criblet
R. de Romont
PL. G. PYTHON
R. des Alpes
Route des Alpes
R. de la Grande Fontaine
Grandes Rames
Av. de l'Europe
Av. de Tivoli
R. de l'Abbé Bovet
R. Saint Pierre
R. P. Kaelin
Funiculaire
R. de la Neuveville
PL. DE LA GARE
Av. de la Gare
Allée des Grand Places
GRAND PLACES
PONT DE ST-JEAN
R. de la Motta
26
Route des Arsenaux
Fontaine J. Tinguely
Route Neuve
R. de la Sarine
Chemin de la Sarine
Porte de la Maigrauge
Chemin de Lorette
10
Chemin du Sonnenberg
Chemin Mongoût
Boulevard de Pérolles
PONT DE LA MOTTA
Abbaye de la Maigrauge
Promenade de la Maigrauge
Chemin de l'Abbaye
14
33
Musée d'Histoire naturelle
A
B
1
2
3

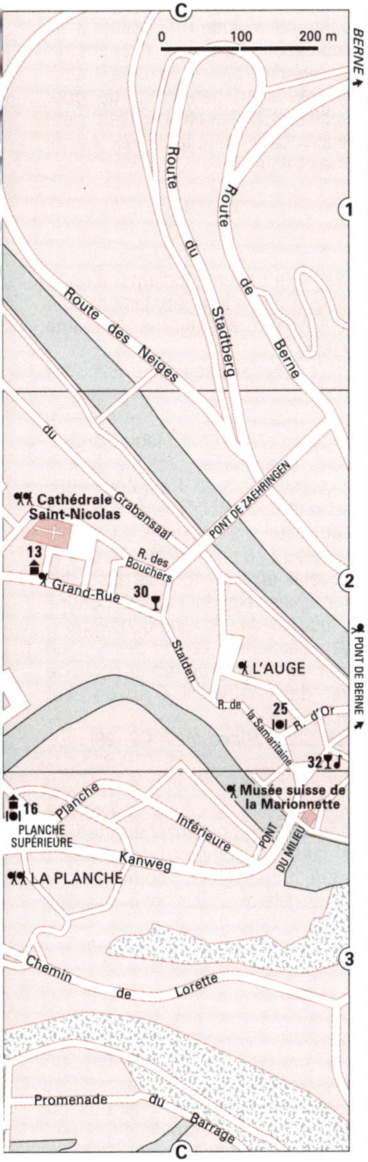


■ **Adresse utile**

Office de tourisme

**Où dormir ?**

- **10** Le Sonnenberg
- **11** Cité Saint-Justin
- **12** Hôtel du Faucon
- **13** Maison d'Amman
- **14** L'Auberge aux 4 Vents
- **15** Hôtel Elite
- **16** Hôtel du Sauvage

**Où manger ?**

- **20** Café Populaire
- **21** Le Gothard
- **22** Café du Midi
- **23** Les Trentenaires
- **25** Le Soleil Blanc
- **26** La Clef

**Où boire un verre ? Où sortir ?**

- **30** Le Belvédère
- **32** La Spirale
- **33** Fri-Son

FRIBOURG

**Hôtel du Sauvage** (plan C3, **16**) : *Planche-Supérieure 12. ☎ 026-347-30-60. • hotel-sauvage.ch • Double 280 Fs, petit déj inclus. Resto tlj sf w-e et 15 j. en hiver et août. Menus 31-34 Fs à midi en sem, sinon 68-115 Fs le soir.* Un hôtel de charme qui occupe une demeure du XVIe s, joliment rénovée et située dans le cadre magnifique de la basse ville. L'établissement propose 10 chambres de tailles diverses et 6 suites, toutes décorées avec beaucoup de goût (meubles et tableaux). Excellent petit déjeuner. Quant à la table, elle est du même niveau.

## Où manger ?

### Bon marché

**Café Populaire** (plan B2, **20**) : *rue Saint-Michel 9. ☎ 026-321-51-06. À proximité de la pl. Georges-Python. Tlj sf dim 7h15-23h30 (1h ven-sam). Compter env 12-15 Fs.* Copieusement servis, les pommes de terre au four, *chicken salad, bagel* et *fish and chips* sont les classiques de ce bistrot sympa, où se pressent les étudiants. Terrasse sur la rue (tranquille).

### Prix moyens

**Café du Midi** (plan A2, **22**) : *rue de Romont 25. ☎ 026-322-31-33. Dans la zone piétonne. Tlj 8h-23h. Formule déj lun-sam env 20 Fs, plats 18-41 Fs.* Nombreux sont les Fribourgeois qui se retrouvent ici le midi pour la formule du jour. C'est aussi là qu'ils viennent déguster une fondue en hiver, et notamment le fameux « menu fondue », composé de viande séchée, d'une fondue et de meringues à la crème double de Gruyère : à ne soumettre qu'à la résistance de très bons estomacs ! Autre spécialité : l'entrecôte. Bon rapport qualité-prix. Déco chaleureuse avec de petits *poyas*.

**Le Gothard** (plan B2, **21**) : *rue du Pont-Muré 16. ☎ 026-322-32-85. Près de l'hôtel de ville. Tlj sf mer 8h-minuit. Congés : 3 sem fin juil-début août. Formule déj env 20 Fs, plats 20-36 Fs.* Un haut lieu de la convivialité fribourgeoise. La patronne met tout le monde à l'aise en concoctant des plats à prix raisonnables et en proposant une assiette du jour également servie le soir. Croûtes, röstis, fondues... Cravates et bleus de travail, étudiants et habitués se côtoient tout simplement pour boire un verre ou regarder le match à la télé.

**Les Trentenaires** (plan B2, **23**) : *rue de Lausanne 87. À midi menu 23 Fs, le soir plats 19,50-29,50 Fs. Brunch w-e 11h-14h30.* Tables brutes, chaises dépareillées, volume sonore vite impressionnant... Pour compléter, une bonne cuisine de brasserie à la sauce djeun's avec, on s'en doute, des burgers au programme. Tartare et entrecôtes également, mais aussi des propositions végétariennes et, pour ne pas les décevoir (d'ailleurs, *Les trentenaires aiment la bonne bière,* c'est le nom complet !), un grand choix de bières des quatre coins (si l'on peut dire) de Suisse.

**Le Soleil Blanc** (plan C2, **25**) : *rue de la Samaritaine 29. ☎ 026-322-21-33. Tlj sf lun 9h-minuit. Formule déj env 19 Fs, plats 18-38 Fs.* Encore une bonne adresse pour manger une fondue dans une ambiance de quartier : fondue marseillaise, moitié-moitié, vacherin génépi. Également des pizzas, des pâtes et des viandes.

**La Clef** (plan B3, **26**) : *Planche-Supérieure 2. ☎ 026-322-11-92. Juste à droite après le pont de Saint-Jean. Oct-avr, tlj sf dim et lun ; mai-sept, tlj sf dim soir et lun. Menu du jour 19 Fs mar-ven, plats 21-45 Fs.* Une carte de brasserie proposant du poisson (filet de truite du Gotteron), viandes ou pâtes, à côté des éternelles fondues (moitié-moitié ou chinoise). Cuisine roborative, accompagnée de légumes de saison. Aux beaux jours, on apprécie la terrasse, d'où l'on peut admirer la ville haute en écoutant couler la Sarine.

## Où boire un verre ? Où sortir ?

🍸 ***Le Belvédère*** *(plan C2,* ***30****)* ***:*** *Grand-Rue 36. ☎ 026-323-44-07. Entrée par la rue du Stalden. Tlj 13h30-23h30 (1h w-e).* 3 ambiances différentes pour une seule adresse : la salle style années 1970 avec ses multiples recoins, le pub dans les caves où les pompes de Guinness ou Kilkenny débitent des flots de pintes, ou encore la superbe terrasse avec vue imprenable sur la vieille ville. 3 raisons de s'y arrêter !

🍸 ♩ ***La Spirale*** *(plan C2,* ***32****)* ***:*** *pl. Petit-Saint-Jean 39. ☎ 026-322-66-39. • laspirale.ch • Ouv slt lors des concerts. Congés : juin-sept.* La cave à jazz de Fribourg, sur une jolie place des vieux quartiers. Concerts de qualité, généralement en fin de semaine, qu'on écoute attablé, un verre à la main.

🍸 ♩ La *route de la Fonderie (hors plan par A3,* ***33****)*, en bordure de ville, a vu des entrepôts et usines se transformer avec succès en bars pour noctambules et amateurs de musique : ambiance rock pour le ***Fri-Son*** (au n° 13) qui ouvre ses portes à des groupes suisses et étrangers plusieurs fois par semaine *(☎ 026-424-36-25 ; • fri-son.ch • ; ouv jeu-sam et à l'occasion d'événements certains autres soirs ; congés juin-sept ; entrée payante en fonction de l'affiche).*



## À voir. À faire

👓👓 ***La vieille ville :*** elle ravira les marcheurs invétérés, qui se plongeront dans une ambiance médiévale.

👓 ***L'hôtel de ville*** *(plan B2)* ***:*** construit aux XVIe et XVIIe s, il se dresse sur l'ancien emplacement du château des Zaehringen. Sa tour de l'Horloge et ses escaliers extérieurs en font l'un des emblèmes de Fribourg. Il accueille aujourd'hui le Grand Conseil (parlement cantonal) et le tribunal cantonal.

### UN TILLEUL TÉMOIN DE L'HISTOIRE !

*Situé sur la place de l'Hôtel-de-Ville, un jeune tilleul rappelle un épisode glorieux de l'histoire suisse, la victoire des confédérés sur Charles le Téméraire, à Morat, en 1476. Un messager aurait parcouru en courant le trajet Morat-Fribourg une branche de tilleul à la main, et serait mort peu après avoir annoncé la nouvelle (ça vous rappelle peut-être le marathonien de l'Antiquité...). Le vieux tilleul de plusieurs siècles fit les frais, en 1983, d'un accident de la circulation, mais on lui a prélevé une pousse qui entretient ce glorieux souvenir.*

👓👓 ***La cathédrale Saint-Nicolas*** *(plan C2)* ***:*** monument emblématique du quartier du Bourg. Construit sur un éperon rocheux, entre 1283 et 1490, l'édifice, de style gothique flamboyant (et tardif), est l'objet de soins intensifs depuis qu'on a mesuré les dégâts causés par la pollution. Ne pas manquer le portail principal et son tympan consacré au Jugement dernier (les originaux de ces statues du XVe s se trouvent au musée d'Art et d'Histoire), la chapelle du Saint-Sépulcre avec une Mise au tombeau monumentale en molasse sculptée (1433) et les vitraux de Manessier (1977), la nef aux voûtes d'ogive et les bas-côtés décorés de superbes vitraux style Art nouveau du Polonais Mehoffer, le chœur et ses stalles du XVe s et les fonts baptismaux en pierre ciselée. Cela vaut aussi la peine de gravir les 365 marches de la tour du XVe s (76 m de hauteur) pour jouir du panorama sur la ville et admirer les imposantes cloches. *Accès de mi-avr à fin oct, lun-sam 10h-17h, dim 13h-17h ; entrée : 3,50 Fs ; audioguide : 2 Fs.*

**L'espace Jean-Tinguely-Niki-de-Saint-Phalle** *(plan B2)* **:** *rue de Morat 2. ☎ 026-305-51-40. Dans l'ancien dépôt de trams, à côté du couvent des Cordeliers. Tlj sf lun-mar 11h-18h (20h jeu). Entrée : 7 Fs ou 5 Fs lorsqu'il n'y a pas d'expo temporaire ; réduc. Billet combiné avec le musée d'Art et d'Histoire : 15 Fs (13 Fs sans expo temporaire).* En présentant la donation faite par Niki de Saint-Phalle à la Ville, dont Tinguely était originaire, Fribourg ne fait plus exception à la multitude d'espaces consacrés à son œuvre. On se délectera particulièrement devant l'œuvre monumentale et grinçante de Tinguely appelée *Retable de l'Abondance occidentale et du Mercantilisme totalitaire,* sorte de testament artistique et critique de la société de consommation. L'espace présente également un *Relief monumental* de 22 pièces réalisé par Niki de Saint-Phalle. Régulièrement des expos temporaires.

**Le musée d'Art et d'Histoire** *(plan B1-2)* **:** *rue de Morat 12. ☎ 026-305-51-40. • fr.ch/mahf • Tlj sf lun 11h-18h (20h jeu). Entrée : 10 Fs ou 8 Fs lorsqu'il n'y a pas d'expo temporaire ; réduc.*
Installé dans l'*hôtel Ratzé,* du XVI^e^ s, ainsi que dans des abattoirs du XIX^e^ s audacieusement rénovés.
L'aile la plus ancienne accueille principalement l'art fribourgeois : sculptures et peintures du XI^e^ au XVIII^e^ s d'artistes tels que Geiler, Gieng, Reyff ou Fries. Également de nombreux objets évoquant la vie quotidienne fribourgeoise et une collection archéologique locale.
De l'autre côté de la route, les anciens abattoirs (qu'on atteint par un passage souterrain) sont le théâtre d'une étonnante rencontre : celle de la sculpture en pierre du XV^e^ s et des œuvres animées de mâchoires d'animaux de Jean Tinguely. Dans la salle principale, les 14 originaux des statues du porche de la cathédrale, apôtres muets du Jugement dernier, font ainsi face aux agencements de ferraille et d'ossements en mouvement de l'artiste fribourgeois. L'effet est saisissant ! Dans la même aile : originaux des fontaines de la ville et objets d'orfèvrerie, peintures et sculptures des XIX^e^ et XX^e^ s, dont des œuvres de Delacroix, Courbet, Marcello, Vallotton, Hodler.
Enfin, à l'extérieur, ne pas manquer dans le jardin les sculptures de Niki de Saint-Phalle, Luginbühl, Ramseyer et Angéloz.

**L'église du Couvent des Cordeliers** *(plan B2)* **:** *rue de Morat 6.* Nef et façade du XVIII^e^ s, chœur gothique avec un retable de 1480, une des principales œuvres de la peinture suisse du XV^e^ s, signé des Maîtres à l'œillet (sans doute une guilde de peintres helvétiques). Il a été partiellement reconstitué en 1936. Également des stalles en bois du XIII^e^ s, parmi les plus anciennes de Suisse. Intéressant plafond plat avec arrondi et fresques pour faire la jonction avec les murs. Profusion de faux marbres et autels baroques dans les chapelles latérales.

**Basilique Notre-Dame** *(plan B2)* **:** *pl. Notre-Dame.* De style roman et habillée d'une façade néoclassique. Seul le clocher est d'origine. À l'intérieur, décor style Louis XVI et chapelle gothique.

**La Grand-Rue** *(plan B-C2)* **:** artère principale du quartier du Bourg. Remarquable ensemble de maisons gothiques et Renaissance. Certaines façades sont aussi baroques ou de style Régence. La rue accueille le marché du samedi matin. En la descendant, on atteint le quartier de L'Auge par le Stalden. On pénètre ainsi dans l'univers très particulier de la... ***basse ville,*** avec ses ruelles pavées qui dégringolent vers la Sarine, ses places tranquilles et ses fontaines. Jusque dans les années 1960, c'était le quartier pauvre de la ville. Puis les maisons insalubres ont été peu à peu rénovées, repoussant leurs locataires dans la périphérie de Fribourg...

**L'Auge** *(plan C2-3)* **:** le Stalden, la Samaritaine et la place du Petit-Saint-Jean forment l'une des zones les plus pittoresques du quartier de L'Auge, avec de nombreuses façades gothiques, une géométrie fantaisiste, de belles fontaines

(Samaritaine, Sainte-Anne) et un calme presque villageois. Par la rue de la Lenda, on atteint le couvent et l'*église des Augustins,* au beau portique du XVIIe s. À l'intérieur, un retable monumental de 1602.

**Le musée suisse de la Marionnette** *(plan C3)* **:** *Derrière-les-Jardins 2. ☎ 026-322-85-13. • marionnette.ch • Mer-dim 10h-17h. Entrée : 5 Fs ; réduc.* Dans certains pays, le théâtre de marionnettes est un véritable art, qui ne s'adresse pas seulement aux enfants. À voir : des pièces des quatre coins du monde et de toutes les époques, à tige, à fils ou pour ombres chinoises, qui n'ont plus grand-chose à voir avec notre traditionnel Guignol.
Restaurant proposant notamment un brunch à l'orientale le dimanche.

**Le pont de Berne** *(hors plan par C2)* **:** pour quitter cette boucle de la Sarine, on peut emprunter l'impressionnant pont de Berne, ouvrage couvert en bois, dont les piliers datent du XVIIe s : on rejoint la rue des Forgerons et les anciens remparts, flanqués de la tour des Chats et de la tour Rouge. À droite après le pont, une porte du XIIIe s donne accès aux gorges du Gottéron, parcours au fil de l'eau, où escaliers de bois et passerelles viennent au secours du marcheur.

**La Planche** *(plan C3)* **:** pour gagner le quartier de La Planche, on quitte L'Auge par le pont du Milieu (XVIIIe s). La caserne de La Planche, ancien grenier, trône au bord de la place pavée du même nom, vaste, en pente et triangulaire, qui sert de grand parking. Cet endroit, superbe, accueillait autrefois le marché au bétail. Aujourd'hui, lors du Carnaval, le « Rababou » (voir plus loin « Fêtes et manifestations ») y est brûlé.

**L'abbaye de la Maigrauge** *(plan B3)* **:** au bout du chemin du Sonnenberg, une petite route pavée plonge vers un couvent qui paraît hors du temps. Sur une presqu'île de la Sarine, la communauté des cisterciennes n'ouvre évidemment pas son cloître aux visiteurs, mais l'église est partiellement accessible. Fondée en 1255, elle a été en partie reconstruite après un incendie, en 1660. Bel exemple d'architecture cistercienne, plutôt dépouillée, avec son chœur carré et ses trois nefs. Voir le *Christ au tombeau* en bois peint de 1330. Pour entrer en contact avec les sœurs cloîtrées, sonner par exemple à la porte pour leur acheter, parmi quelques produits artisanaux, la fameuse *Eau verte,* à base de plantes, censée calmer, entre autres, maux d'estomac et rhumatismes...

**Le chemin de Lorette** *(plan B-C3)* **:** il monte de la Planche-Supérieure vers la chapelle de Lorette, du XVIIe s, aux murs extérieurs ornés de 12 statues. La balade, dans la verdure, permet d'admirer l'ensemble de la basse ville.

**Le quartier de la Neuveville :** dernière étape sur les bords de la Sarine, après un nouveau passage sur la rivière par le pont Saint-Jean en dos d'âne. Là non plus, les façades gothiques ne manquent pas. Pour remonter vers l'hôtel de ville, gravir la pente de la Grand-Fontaine. Funiculaire pour remonter dans la vieille ville.

**La fontaine de Jean Tinguely** *(plan A3)* **:** une des plus célèbres machines articulées de l'artiste fribourgeois se cache (vraiment) au fond du jardin public des Grand-Places, près de la gare. Elle porte le nom de fontaine mais elle rafraîchit facétieusement les visiteurs en été. Pour s'y rendre : viser la tour grise de l'hôtel *NH.*

### UN FUNICULAIRE SANS MOTEUR !

*Lors de l'inauguration en 1899, les usagers constatèrent avec stupéfaction qu'il fonctionnait grâce aux eaux usées. On remplit un réservoir à chaque fois qu'il arrive en haut, ce qui lui permet ensuite de redescendre avec la gravité. En descendant, il entraîne l'autre cabine qui s'élève en même temps. Ni bruit ni pollution.*

***Le musée d'Histoire naturelle*** *(hors plan par A3)* **:** *chemin du Musée 6. ☎ 026-300-90-40. Tlj 14h-18h. GRATUIT.* Une très belle collection de bébêtes à poils, à plumes, à écailles, avec ou sans carapace. Le tout en accès libre, alors pourquoi s'en priver ?

## Fêtes et manifestations

- ***Carnaval*** **:** *fin fév.* Rues et cafés se remplissent de groupes costumés, et un cortège mobilise la basse ville le dimanche après-midi. On brûle également le « Rababou », affreuse et gigantesque poupée symbolisant les malheurs de l'année écoulée.
- ***Rencontres folkloriques internationales*** **:** *1 sem fin août.* Le samedi, grande fête populaire dans les rues.
- ***Saint-Nicolas*** **:** *1er sam de déc.* La fête du patron de la ville rassemble les Fribourgeois de la rue de Lausanne à la cathédrale. Cortège de fifres et tambours, fanfare et père Fouettard accompagnent le héros du jour, qui tient un discours sur les événements locaux depuis un balcon de la cathédrale.



# ROMONT

(1680) 5 200 hab.

**Fondé par Pierre II de Savoie vers 1240 et dressé sur une colline du district de la Glâne, Romont mérite un détour pour la visite de son musée du vitrail et de sa collégiale. Ici, on est sur le chemin de Saint-Jacques-de-Compostelle.**

## Arriver – Quitter

➢ ***En voiture*** **:** routes cantonales en provenance de Fribourg, Bulle, Lucens (VD) et Oron. À 15 mn des autoroutes A 1 (sortie Payerne) et A 12 (sortie Romont).

➢ ***En train*** **:** Romont se trouve sur l'axe ferroviaire Berne-Fribourg-Lausanne.

***Gare ferroviaire*** **:** *au pied de la colline, à 5-10 mn à pied du centre.*

## Adresse utile

***Office de tourisme*** **:** *rue du Château 112 (bâtiment de l'hôtel de ville, face au château). ☎ 026-651-90-55. • romontregion.ch • Lun-ven 10h-12h, 14h-16h ; mai-sept, ouv aussi sam 10h-14h.*

## Où dormir ? Où manger ?

L'office de tourisme propose une liste de chambres d'hôtes et d'hébergements « sur la paille ».

***Le Saint-Georges*** **:** *Grand-Rue 31. ☎ 026-652-44-10. • hotel-stgeorges.ch • Resto tlj sf sam soir et dim. Double 140 Fs. Menus à midi env 15-27 Fs, carte env 50 Fs.* Très belle rénovation d'un bâtiment ancien. 8 grandes chambres raffinées, ainsi qu'un appartement. Très bonne cuisine traditionnelle, préparée avec soin. Accueil charmant. Terrasse sur la rue principale.

***Le Lion d'Or*** **:** *Grand-Rue 38. ☎ 026-652-22-96. Resto tlj 11h-14h, 19h-22h. Fermé dim soir. Double 130 Fs avec douche, petit déj inclus. Formules déj 17,50-19 Fs, carte env*

*50 Fs.* Une quinzaine de chambres spacieuses, dont 2 avec salle d'eau et salle de bains. Le resto est une adresse sûre dans la région, réputée notamment pour ses viandes accompagnées de belles garnitures de légumes. Carnotzet à fondues. Agréable terrasse.

## Où dormir dans les environs ?

***Bivouac dans les Arbres :*** *route de Fribourg 74, 1691* ***Villarimboud.*** *079-762-22-09. • bivouacdanslesarbres.ch • À env 5 km en direction de Fribourg. Avr-oct. Tente 2 adultes ou 3 enfants 59 Fs/pers, 35 Fs moins de 16 ans ; petit déj inclus.* Un concept original et une organisation rodée... Sur les bords de la Glâne, des tentes (canadiennes en bâche plastifiée) sont suspendues aux arbres, et chaque emplacement possède son petit aménagement barbecue (bois fourni). Le petit déj est servi dans la cabane en bois, près de la maison des proprios, qui fait salle de jeux le reste de la journée. Sanitaires communs. Et pour ceux qui voudraient plus de confort, possibilité de dormir dans la roulotte romantique ou dans la roulotte africaine. Activités proposées en été.



# À voir

***La collégiale :*** église de style gothique rayonnant (XIIIe s) et flamboyant (XVe s). On appréciera les lignes pures de ses voûtes de pierre, juste éclairées par la lumière des vitraux signés en partie par Alexandre Cingria (1939). Remarquables stalles de chêne et de noyer dans le chœur. À voir également, deux vitraux des XIVe et XVe s, d'école bourguignonne, représentant l'Annonciation et l'Assomption (vitraux de 1459 dus à un artiste flamand).

***Le château :*** construit au XIIIe s par Pierre II de Savoie. Il en reste le donjon circulaire et l'enceinte sur trois côtés. La partie abritant la préfecture date du XVIe s. La jolie cour accueille une roue à eau en bois du XVIIIe s.

***Le Vitromusée Romont :*** *au château. ☎ 026-652-10-95. • vitromusee.ch • Tlj sf lun 10h-13h, 14h-18h (17h nov-mars). Entrée : 12 Fs ; réduc.* Dans les pièces naturellement peu éclairées du château, les vitraux illuminés sont bien mis en valeur. Œuvres du Moyen Âge, notamment un médaillon provenant de la cathédrale de Chartres et un comptant parmi les plus vieux de Suisse, rescapé de la destruction de presque tous les vitraux médiévaux de la cathédrale de Lausanne. Puis viennent la Renaissance et l'époque baroque, mais aussi les XIXe et XXe s. Atelier de démonstration du travail du verre le 1er week-end du mois, d'avril à novembre. Ne manquez pas de plonger votre tête dans le kaléidoscope géant. Le musée présente également une fabuleuse collection de peintures sous verre ; le sujet est peint à l'envers par rapport à un support classique... étonnant !

***L'abbaye cistercienne de la Fille-Dieu :*** fondée en 1268, elle n'a jamais été abandonnée par les moniales, qui y observent la règle de saint Benoît. De très beaux vitraux modernes de Brian Clarke ornent l'église abbatiale. Pas de visites pendant les offices (sept fois par jour !).

# À faire

➢ ***La promenade des remparts :*** 1 500 m parsemés de terrasses. À faire de préférence au coucher du soleil. L'été, la tour du Sauvage accueille des expositions et des spectacles.

➢ ***Le sentier du Vitrail contemporain :*** environ 25 km, à faire à pied ou à vélo. Le moyen idéal pour combiner la découverte des chapelles et des églises tout en parcourant la campagne bucolique et vallonnée de la Glâne. Également d'autres circuits pédestres et VTT avec possibilité de retour en train. Informations à l'office de tourisme.

## BULLE

(1630) 22 700 hab.

« Je me suis établi dans le comté du gruyère.
Chacun fait son trou où il peut. »

Frédéric Dard

**Cette petite ville prospère est le chef-lieu de la Gruyère, district fribourgeois entre lac et montagne, volontiers frondeur vis-à-vis des décisions de la capitale du canton. Elle garderait bien encore le goût d'une indépendance conservée jusqu'au XVIe s, sous la houlette des comtes de Gruyères.**
**Ici, on fait ses emplettes, on prépare les excursions vers les crêtes des Préalpes. En poussant la porte des commerces et des restaurants, on fait connaissance avec les spécialités de la Bénichon et avec la fameuse fondue...**



### Arriver – Quitter

➢ ***En voiture :*** autoroute depuis Fribourg et Lausanne, via Vevey.
➢ ***En train :*** ligne Fribourg-Romont, puis Romont-Bulle.
➢ ***En bus :*** Bulle est desservie depuis la gare de Fribourg, env ttes les 30 mn.
***Gare ferroviaire et routière :*** *dans le centre-ville.* La gare accueille trains et bus de la compagnie *TPF.*

### Adresses utiles

***Office de tourisme :*** *pl. des Alpes 26. ☎ 0848-424-424. • la-gruyere.ch • Lun-ven 9h-12h, 14h-18h ; sam 9h-12h (16h de mi-juin à sept).* Il est possible d'acheter, à l'office de tourisme ou en librairie, le guide *Auberges d'alpage,* qui permet de repérer les bons endroits pour s'offrir un casse-croûte tout en se baladant.
✉ ***Poste :*** *rue Nicolas-Glasson 8 (bâtiment principal). Prendre à droite en sortant de la gare.*

### Où dormir ?

#### Camping

***Camping du Lac :*** *l'Etrey 41, 1643 Gumefens.* *079-695-45-22. • potentille.ch • À droite sur la route n° 12, à env 8 km en direction de Fribourg. Au bord du lac de la Gruyère, à l'écart de la route et du village. Avr-oct. Env 30-35 Fs pour 2 avec tente. CB refusées. Baignade. Chiens non admis.* Terrain plat et herbeux. Les emplacements sont agréablement disposés tout au bord du lac. Également 2 cabanes pour 5 (à louer pour le week-end ou à la semaine).

#### De bon marché à prix moyens

***Chambres d'hôtes :*** *liste de chambres chez l'habitant à l'office de* *tourisme. Compter env 100-120 Fs la double, petit déj compris.* Quelques-unes sont installées à la ferme. Un bon moyen pour découvrir les alpages des alentours, qui fabriquent le renommé gruyère.

**Le Tonnelier :** *Grand-Rue 31. ☎ 026-912-77-45. • letonnelier@bluewin.ch • Double 138 Fs avec douche et w-c. Resto tlj 12h-14h, 18h-22h (23h ven-sam). Menu du jour lun-ven 18 Fs, carte 30-50 Fs.* Hôtel central offrant un très bon rapport qualité-prix. Les chambres sont très correctes. Sanitaires un peu vieillots. Bistrot-resto populaire au rez-de-chaussée. Bon accueil.

## Où manger ?

### Prix moyens

**Le Fribourgeois :** *pl. des Alpes 12. ☎ 026-912-71-39. À côté de la gare. Tlj 8h-23h30. Congés : 3e sem de janv et 3 sem début juin. Menu à midi en sem env 20 Fs, autres menus 34-40 Fs ; plats 20-30 Fs.* Bistrot sympathique pour déguster une fondue ou quelques plats de charcutaille, comme le jambon de la borne. Jeter un coup d'œil au vieil orgue mécanique, « l'orchestrion », décoré d'une montée aux alpages et que l'on peut actionner pour 1 Fs.

### Chic

**Les Halles :** *rue de la Promenade 44. ☎ 026-912-72-56. Ouv tlj sf dim soir et lun, 8h-23h. Congés : 2 sem en août et en fin d'année. Menu du jour à midi en sem env 21 Fs, plats 31-52 Fs.* Spécialités de brasserie de bonne qualité, déclinées en fonction des saisons. Belle terrasse sous les arcades des halles.



# À voir

Très peu de bâtiments anciens : Bulle a été presque complètement détruite par le feu en 1805. Places et rues respectent néanmoins, dans les grandes lignes, le plan de l'ancien bourg, d'où une certaine harmonie, surtout autour de la place du Marché.

**Le château :** les évêques de Lausanne firent édifier cette bâtisse au XIIIe s sur le modèle savoyard : un imposant carré flanqué de trois tours et d'un donjon de 33 m de hauteur. L'intérieur abrite les services préfectoraux et ne se visite pas.

**Le Musée gruérien :** *rue de la Condémine 25. ☎ 026-916-10-10. • musee-gruerien.ch • Tlj sf dim mat et lun 10h-12h, 14h-17h. Entrée : 12 Fs ; réduc.* Exposition permanente au sous-sol de la bibliothèque municipale. Musée spacieux, très riche, qui aborde tous les aspects de la vie régionale dans un passé pas si éloigné. On y retrouve les origines d'un art populaire encore vivant aujourd'hui : et notamment les *poyas* (« inventées » vers 1840, ces peintures de la montée à l'alpage sont souvent accrochées sur les façades des fermes), le *bredzon* (ancien vêtement des armaillis), des meubles rustiques, outils, instruments de cuisine, etc. Les objets sont souvent replacés dans des intérieurs reconstitués de chambres paysannes ou de fromageries d'alpage. Le passé économique de la région est abordé à travers les activités traditionnelles, artisanales, et l'industrie naissante (Cailler, Guigoz). Également une collection d'intéressants daguerréotypes de Girault de Prangey, exposés par rotation.

# Manifestations

– **Marché folklorique :** *chaque jeu mat en juil-août.* Objets artisanaux et spécialités. On y croise quelques armaillis en tenue de fête.

– ***Bénichon des villages :*** *2e w-e d'oct dans les villages entourant Bulle.* On fête le retour des armaillis. De nos jours, cela se traduit surtout par des bals populaires et des agapes mémorables. Le menu traditionnel est impressionnant, mais beaucoup se contentent d'y piocher quelques plats. Les principaux : la *cuchaule* (sorte de pain brioché au safran) et la *moutarde de Bénichon* (un genre de confiture aux grains de moutarde) ; le *jambon fumé de la borne* avec saucisson, lard, choux, haricots ; le gigot d'agneau accompagné de poires à botzi ; les meringues à la double-crème ; les biscuits tels que *croquets, bricelets,* pains d'anis et *cuquettes.* Rien qui puisse faire grossir, quoi ! Liste des établissements qui proposent le menu de la Bénichon à l'office de tourisme.

# GRUYÈRES (1663) 2 150 hab.



**L'ancienne capitale des comtes de Gruyères, qui ont régné jusqu'en 1554 sous la houlette de la maison de Savoie, se dresse sur une colline à 4 km de Bulle. La citadelle fait partie de l'identité du district. Magnifique ensemble de maisons médiévales aux façades décorées.**

## Adresse et info utiles

***Office de tourisme :*** *rue du Bourg 1. ☎ 0848-424-424. • la-gruyere.ch • Janv-fév, tlj 13h (10h30 sam-dim)-16h30 ; mars-avr, tlj 10h30-17h ; mai-oct, tlj 9h30-17h30 ; nov-déc, tlj 10h30-16h30. Également un bureau à* ***Moléson-Village.*** *☎ 026-921-85-00. • moleson.ch •*

– Attention, village entièrement piéton. ***Parking obligatoire*** *(gratuit).*

## Où dormir ? Où manger ?

### Camping

***Les Sapins :*** *1663* ***Épagny-Gruyères.*** *079-784-53-55. • potentille.ch • Près de l'ancienne cité des comtes de Gruyères. Pâques-fin sept. Env 30-35 Fs pour 2 avec tente. CB refusées.* Sanitaires corrects et douche payante. 2 cabanes sur pilotis pour 5 personnes (à la semaine ou le week-end). Buvette.

### De bon marché à chic

***La Ferme du Bourgoz :*** *chemin du Bourgoz 14. ☎ 026-921-26-23. • lafermedubourgoz.ch • À droite après le parking des autocars, en montant vers la citadelle. Double 100 Fs, petit déj compris. Une portion de fromage/chambre offerte sur présentation de ce guide.* À l'extérieur des remparts mais à seulement 5 mn à pied, cette chambre d'hôtes offre un séjour calme et authentique. 3 chambres bien douillettes. La plus grande, en duplex et avec salle de bains privée, peut accueillir jusqu'à 5 personnes. Pour le petit déj, beurre, lait, fromage et confiture faits maison. Et à partir de mai, il est possible d'assister à la fabrication du gruyère dans la ferme d'alpage d'Éliane et Jacques. Accueil charmant.

***Hostellerie Saint-Georges :*** *rue du Bourg 22. ☎ 026-921-83-00. • hostelleriesaintgeorge-gruyere.com • Doubles 180-200 Fs, petit déj compris.* Au cœur de la cité médiévale, une dizaine de chambres confortables et meublées dans le style local avec leurs charmants lits en bois peint. Certaines ont vue sur la montagne, les autres sur la ville, dont vous pourrez profiter à l'heure où les touristes quittent les lieux.

**Auberge de la Halle :** *rue du Bourg 24. ☎ 026-921-21-78. Tlj 9h-20h (21h ven et sam), sf mar en basse saison. Menu 3 plats avec fondue moitié-moitié 45 Fs. Plats 20-45 Fs.* Fondues diverses (échalotes, chanterelles, bolets, truffes, vacherin) ou plus simplement une planche de bonne charcuterie. De quoi se rassasier sans trop se ruiner et dans une bonne ambiance. Jolie vue sur la vallée.

## Où boire un verre ? Où manger une meringue ?

**Giger Bar :** *rue du Château, juste avt le musée Giger, sur la gauche. Tlj sf lun 10h (12h mar et mer)-20h30.* On y vient notamment pour l'*Alien coffee,* avec meringue et crème de Gruyères (pas donné), mais aussi pour la déco on ne peut plus originale : les connaisseurs apprécieront le clin d'oeil (appuyé !) aux chaises Harkonen, des sortes de trônes, dessinées par H.-R.-Giger.

## Où manger dans les environs ?

**Abri des Marches :** *route des Marches 16, 1636* ***Broc.*** *☎ 026-921-15-33. À côté de la chapelle de Notre-Dame des Marches, à 1 km du centre. Tlj sf lun. Congés : de mi-janv à mi-fév. Menu à midi en sem 20 Fs, mets du terroir (fondues, notamment) à partir de 20 Fs.* Qu'on s'y sent bien ! Tenu par un couple d'origine ibérique plus que charmant. Tortillas inégalables. Sur le parvis de l'église, un tilleul tricentenaire parfume la terrasse donnant sur le château de Gruyères. Après, rien ne vous empêche d'aller acheter un cierge pour vous repentir de votre gourmandise.

LA RÉGION DE FRIBOURG

# À voir

**Le château :** *☎ 026-921-21-02. • chateau-gruyeres.ch • Avr-oct, tlj 9h-18h ; nov-mars, tlj 10h-17h. Entrée : 12 Fs ; réduc. Billet combiné avec le musée H.-R.-Giger 19 Fs ou avec la Maison du gruyère 16 Fs.* Le château a été presque entièrement reconstruit au XVe s, sauf le donjon (XIIIe s). Au rez-de-chaussée, salle des gardes et cuisine de la période médiévale : on y pénètre ainsi par une immense cheminée. Au 1er étage, salle de Bourgogne évoquant la victoire des Suisses sur Charles le Téméraire : trois chapes de l'ordre de la Toison d'or viennent du butin de la bataille de Morat. Au 2e étage, salle des baillis avec son décor mural du XVIIe s ; grand salon du XVIIIe s, boudoir Louis XV, salle des Chevaliers et ses fresques du XIXe s. Enfin, le salon Corot, dans lequel le peintre a réalisé quatre petits paysages en médaillons sur les boiseries d'une embrasure de fenêtre. Toutes les 30 mn, un spectacle audiovisuel retrace l'histoire du château et de ses légendes.

**Le musée H.-R.-Giger :** *dans la même rue que le château. ☎ 026-921-22-00. • hrgigermuseum.com • Avr-oct, tlj 10h-18h ; nov-mars, mar-ven 13h-17h, w-e 10h-18h. Entrée : 12,50 Fs ; réduc. Billet combiné avec le château : 19 Fs.* Giger (1940-2014) est le père de la créature Alien du film de R. Scott. Présentation des créations fantastiques et tourmentées, au travers de sérigraphies, tableaux et sculptures de cet artiste zurichois. L'intérêt tient aussi dans la découverte d'autres moments de son œuvre, comme *The Spell,* quatre tableaux qui opposent le bien et le mal et célèbrent la féminité. L'une de ces toiles a été réalisée après 1968 et montre explicitement la prise de pouvoir du sexe faible, à grand renfort de symboles ésotériques et d'une mise en scène futuriste. À l'étage, collection privée de l'artiste et expositions temporaires.

**Tibet Museum :** *rue du Château 4. ☎ 026-921-30-10. • tibetmuseum.ch • Pâques-oct : tlj 11h-18h ; le reste de l'année : tlj 11h-17h (18h w-e). Entrée :*

*10 Fs ; réduc. Billet combiné avec le château : 17 Fs. Petit guide explicatif (mais en anglais...).* Superbe collection de plus de 300 pièces liées au bouddhisme (du VIe au XVIIIe s) exposée dans la semi-obscurité de l'ancienne chapelle du château. Une ambiance presque propice à la méditation...

## Fêtes

– ***Fête du Fromage :*** *1er dim de mai.* Fabrication et dégustation de fromages et autres spécialités de la région, sur fond de musique champêtre et de cors des Alpes.
– ***Fête médiévale de la Saint-Jean :*** *le w-e du solstice d'été (fin juin).* Grande fête médiévale costumée autour du traditionnel feu de la Saint-Jean.



## DANS LES ENVIRONS DE GRUYÈRES

***La Maison du gruyère :*** *c'est la grande fromagerie moderne de **Pringy**, au pied de la cité de Gruyères. ☎ 026-921-84-00. • lamaisondugruyere.ch • Tlj 9h-18h30 (18h oct-mai). Entrée : 7 Fs ; réduc. Billet combiné avec le château : 16 Fs.* Les horaires plus haut correspondent à ceux de l'exposition interactive et ludique. Pour suivre la fabrication du fameux fromage, aujourd'hui protégé par une AOC exclusive (tant pis pour les Français qui l'auraient bien partagée, mais l'OMC en a décidé autrement), c'est de 9h à 11h et de 12h30 à 14h30 (les horaires détaillés des sept phases de la fabrication, qui dure environ 2h20, sont sur le site). *Restaurant ouv tlj (plats env 20-30 Fs).*

### ALORS LE GRUYÈRE ? AVEC OU SANS TROUS ?

*Toute l'ambiguïté vient du fait qu'il existe deux types de gruyère : le suisse (sans trou) et le français (obligatoirement avec des trous pour le différencier de son voisin). Mais alors, d'où viennent ces trous ? Ce sont de minuscules particules de foin qui dégagent des bulles de gaz lors de la fermentation du lait.*

– Pour une démonstration plus artisanale, il faut monter à la ***fromagerie d'alpage de Moléson-Village,*** qui date du XVIIe s et qui fabrique encore le fromage au feu de bois *(☎ 026-921-10-44 ; • fromagerie-alpage.ch • ; mai-sept, tlj 9h-19h ; résa conseillée ; entrée : 5 Fs ; démonstration de moulage à 10h ; ajouter 8 Fs pour la dégustation).* Restauration traditionnelle de jambon, fromage, fondue et soupe du chalet *(tlj 9h-19h, et même 21h le w-e en juil-août ; plats 20-30 Fs).*
– Entre ces deux vitrines touristiques, le ***sentier des fromageries*** permet d'aller frapper, au hasard, à la porte d'une ferme d'alpage, pour une expérience plus authentique. La promenade dure 2h, le retour peut se faire en bus ou par un chemin parallèle. Renseignements auprès des deux fromageries ou de l'office de tourisme.
– Pour l'achat de gruyère, les laiteries des villages du *Pâquier*, de *Grandvillard* et de *Montbovon* sont parmi les meilleures de la région.

***Le Moléson :*** encore un emblème de la « verte Gruyère » ! Les flancs de ce gros « sphinx » (2 002 m) se prêtent bien à la randonnée. Au sommet, très beau point de vue et *observatoire astronomique (ouv le w-e juin-oct et de mi-déc à fin mars ; résa obligatoire au ☎ 026-921-29-96).* Accès possible également par funiculaire et télécabine. La station, en contrebas, est championne en matière de loisirs à la mode : bob-luge, devalkart, trottin-herbe, via ferrata ou minigolf. S'adresser à l'office de tourisme de Moléson-Village : *☎ 026-921-85-00. • moleson.ch •*

**La fabrique de chocolat Maison Cailler :** *rue Jules-Bellet 7, 1636* ***Broc*** *(prononcer « Brô »). ☎ 026-921-59-60. • cailler.ch • À l'extérieur du village, bien indiqué. Tlj 10h-17h (18h avr-oct). Entrée : 12 Fs ; réduc ; gratuit jusqu'à 16 ans.* Une attraction façon parc de loisirs plutôt réussie plonge le visiteur pendant 30 mn dans l'histoire du chocolat et lui révèle comment la fève de cacao, découverte par les Aztèques puis conquise par les Espagnols, est finalement devenue l'or noir des Suisses. Ensuite, on assiste, derrière une vitre, à la fabrication aujourd'hui très robotisée des petits chocolats, avant une généreuse dégustation. Avis aux gourmands ! Difficile après cela de résister à quelques achats dans la boutique...

**La vallée de l'Intyamon :** de Bulle, prendre la direction de Château-d'Oex. Cette vallée qui monte vers le Pays-d'Enhaut vaudois doit son charme à sa nature superbe, bien sûr, mais aussi à de vieux villages gruériens aux maisons des XVII^e et XVIII^e s. À Estavannens, Grandvillard ou Lessoc, belles anciennes façades de bois sculpté. Nombreuses randonnées possibles.

**Grandvillard :** prendre le temps de s'y promener le nez en l'air, en admirant les outils traditionnels suspendus aux façades et les *poyas* (reproductions de la montée des troupeaux à l'alpage) au-dessus des portes de grange. Ce village conserve le plus grand nombre de maisons du XVII^e s de la vallée.

➢ Grandvillard est aussi le départ d'excursions à partir de la ***cabane de Bounavaux*** (suivre la direction de la Grotte à Granvillard, ensuite Bounavaux est indiqué). Possibilité d'y dormir en dortoir. Pas de restauration (à part la soupe aux légumes et les boissons), mais cuisine à disposition. De là, direction le *Tsermon,* le col de Bournavalette, et, pour les marcheurs avertis et bien chaussés, le *vanil de l'Écri* ou le *vanil Noir,* qui peuvent être dangereux par temps humide.

**Lessoc :** petit village très bien préservé. Les ruelles convergent vers la belle fontaine centrale du XVIII^e s, de forme polygonale, surmontée d'un toit en forme d'oignon. La légende raconte que celui-ci fut édifié après que la monture d'un chevalier de passage eut bu la lune qui se reflétait dans l'eau...

➢ Lessoc est le point de départ du *sentier de l'Intyamon,* tracé par les agriculteurs pour mieux faire connaître leurs activités, ainsi que le patrimoine architectural de la vallée. Le parcours passe notamment par Grandvillard, Lessoc et Montbovon. La promenade, de 4h environ, est facile. Retour possible en train.

# CHARMEY (1637) 1 950 hab.

**D'un point de vue touristique, Charmey occupe une position centrale au cœur des montagnes gruériennes et sur la route du col du Jaun. Mais ce lieu de villégiature possède aussi quelques chalets anciens. Et les sports d'hiver et d'été n'ont pas éclipsé les traditions, comme la fameuse *désalpe,* descente des troupeaux de l'alpage en automne. À l'entrée du village, des bains thermaux dans un bâtiment moderne.**

## Arriver – Quitter

➢ ***En voiture :*** de Bulle, direction col du Jaun (Jaunpass).

➢ ***En bus :*** liaisons avec Bulle et Fribourg.

## Adresse utile

**Office de tourisme :** *dans le bâtiment du musée, à la sortie du village, direction Jaun. ☎ 026-927-55-80. • charmey.ch • Tlj sf dim 8h-12h, 13h30-17h (12h sam) ; ouv dim mat en saison.*

## Où dormir ? Où manger ?

**Hôtel-restaurant L'Étoile :** *rue du Centre 21. ☎ 026-927-50-50. • etoile.ch • Resto fermé lun-mar sf vac scol. Doubles avec douche et w-c 195-210 Fs, petit déj compris. ½ pens 39 Fs/pers. Menu du jour en sem 19,50 Fs ; plats 20-55 Fs.* Hôtel de charme installé dans une belle bâtisse en pierre du XVII^e s. Toutes les chambres ont été restaurées avec des bois provenant de maisons anciennes, leur donnant ainsi beaucoup de cachet. Atmosphère cosy. Resto gastronomique *(Nova)* très agréable, et bistrot qui ne l'est pas moins.

**La Pièce rouge :** *rue du Centre 25. ☎ 026-927-23-23. Dans l'hôtel Le Sapin. Tlj midi et soir. Menu du jour lun-ven 19,50 Fs, plats 26-52 Fs. Double 210 Fs.* Les amateurs de viande ne bouderont pas leur plaisir : ici, on les chouchoute avec des viandes d'excellente qualité (Hérens, Black Angus...). Goûter le burger « Pièce Rouge ». Fondue moitié-moitié également pour ceux qui ne pourraient s'en passer. Et les éventuels réfractaires à la viande n'auront aucune excuse, puisque la porte à côté, c'est *La Poya,* le second resto de l'hôtel, un italien pour amateurs de poissons et de pizzas. Quant à l'hôtel, il offre des chambres d'excellent confort.

## À voir. À faire

**Le musée de Charmey :** *dans le bâtiment de l'office de tourisme. ☎ 026-927-55-87. • musee-charmey.ch • Lun-sam 10h-12h, 14h-17h ; dim 14h-18h. Entrée : 8 Fs ; réduc.* Approche de la vie régionale au travers de divers objets artisanaux et de vitrines didactiques. À suivre également, les explications sur le barrage de Montsalvens, tout proche, et sur le couvent de la Valsainte. Expositions temporaires.

**La montée à Vounetz :** pour une première approche de la région, de mi-mai à fin octobre, emprunter, au départ du village de Charmey, la télécabine qui mène à Vounetz *(22 Fs l'A/R ; réduc).* À 1 612 m d'altitude, beau panorama et resto. La montée à pied, plutôt facile, prend 2h environ (1h30 pour la descente).

## Fêtes et manifestations

- **Marché du pays :** *de mi-juil à mi-août, sam.* Tous les produits du terroir à portée de main.
- **La désalpe :** *généralement le dernier sam de sept.* Les troupeaux fleuris descendent des alpages après l'été dans un grand concert de cloches, et on musarde au marché artisanal tout en profitant des animations folkloriques.
- **Bénichon et courses de charrettes :** *2^e dim d'oct.* La Bénichon (voir la rubrique « Manifestations » à Bulle) se double, à Charmey, d'une amusante compétition de charrettes.

## DANS LES ENVIRONS DE CHARMEY

**La Chartreuse de La Valsainte :** au-dessus de **Cerniat** (peu avant Charmey) et après le hameau La Valsainte, elle offre une étrange vision avec ses maisonnettes qui sont autant de cellules de moines. Le monastère (XIIIe s) ne se visite pas (sauf une petite chapelle), mais le site qu'il occupe se prête bien à la promenade.

***Excursion à La Berra :*** compter 1h30 de marche depuis La Valsainte, à travers forêts et pâturages, jusqu'au sommet de la Berra. Pas de difficultés particulières, mais tout de même une dénivelée de 700 m !

***Les gorges de la Jogne :*** là où la Jogne quitte le lac de Montsalvens pour rejoindre celui de la Gruyère, elle forme de superbes gorges boisées. Pour les descendre à partir du barrage jusqu'à Broc et les remonter, compter 2h30. La promenade est interdite en hiver. Près du barrage, ruines du château de Montsalvens.

# LA RÉGION DES LACS





**Le pays de Fribourg est une terre de contrastes. En quelques dizaines de kilomètres, on glisse de ses montagnes gruériennes à la région des lacs, de son climat vivifiant à la clémence de ses eaux douces.**

## MORAT (MURTEN)

(3280) 6 6650 hab.

**Cette adorable petite ville fortifiée, fondée au XIIe s par le duc Berthold de Zähringen, se dresse sur une colline dominant les rives du lac de Morat. Témoin en 1476 de la seconde grande défaite de Charles le Téméraire face aux confédérés, elle demeura, pendant 300 ans, sous la souveraineté conjointe des Bernois et des Fribourgeois (qui se l'échangeaient par alternance !). À l'intérieur de l'enceinte préservée, au superbe chemin de ronde, ruelles pavées, façades gothiques et baroques, fontaines et terrasses de cafés dessinent une escale pleine de charme. On y parle le plus souvent allemand, mais le français est très bien compris (la minorité francophone compte pour 13 % de la population).**

### Arriver – Quitter

➢ ***En voiture :*** autoroute à partir de Berne, routes nationales en provenance de Lausanne (via la Broye) et Neuchâtel, route cantonale en provenance de Fribourg.

➢ ***En train :*** liaisons ferroviaires avec Fribourg, Neuchâtel, Berne et Payerne.

***Gare ferroviaire :*** *en dehors des murs, à quelques mn du centre.*

➢ ***En bateau :*** en partance de Neuchâtel (1h30, via le canal de la Broye).

### Adresses utiles

***Morat Tourisme :*** *Französische Kirchgasse 6. ☎ 026-670-51-12. • morattourisme.ch • Avr-sept, lun-ven 9h-12h, 13h-18h ; w-e 10h-12h, 13h-17h ; oct-mars, lun-ven 9h-12h, 14h-17h.* Renseignements sur les chambres d'hôtes autour du lac de Morat, ainsi que sur les nombreuses activités à vélo, à pied ou sur l'eau. Accueil sympathique.

■ ***Location de vélos :*** *la ville dispose d'une borne en libre-service à la gare. ☎ 0848-09-08-07. • publibike.ch • Compter 10 Fs pour 24h.* Carte journalière vendue à l'office de tourisme et au *B & B Perron 13,* situé juste en face de la gare (de l'autre côté des voies). Également auprès de *Rentabike,* à la gare, à gauche en sortant, sans carte : *☎ 058-327-60-90. • rentabike.ch • Compter 35 Fs/j.*

## Où dormir ? Où manger ? Où boire un verre ?

Pour se loger à des prix corrects avec confort et vue sur le lac, mieux vaut gagner la région du Vully (voir plus loin). Nombreuses chambres d'hôtes autour du lac de Morat. Se renseigner à *Morat Tourisme.*

### Prix moyens

***Hôtel Ringmauer :*** *Deutsche Kirchgasse 2. ☎ 026-670-11-01. • hotelringmauer.ch • Resto tlj sf dim. Congés : 3 sem en oct. Doubles env 115-140 Fs, petit déj inclus. Plats 27-50 Fs.* Ce petit hôtel-resto, situé au calme près des remparts, est (de loin) le moins cher du centre historique. Ses 15 chambres, simples, sont plutôt bien tenues et partagent 2 douches et w-c par étage. Certaines ont un lavabo un peu incongru. Le patron, originaire du Sri Lanka, propose des plats de chez lui en plus des poissons locaux.

***Freiburger Falle :*** *Hauptgasse 43. ☎ 026-672-12-22. Dans la rue principale. Tlj sf lun midi et soir en période estivale ; sinon, lun-ven le soir, et w-e midi et soir. Menu du jour en sem 19,50 Fs, plats 20-55 Fs.* Quelques tables en terrasse sous les arcades, mais surtout n'hésitez pas à descendre les marches pour découvrir une authentique cave voûtée qui servait de cave à glace. Ce *Steak'n Cheese* propose des plats de terroir : viandes sur ardoise, fondue fribourgeoise (mélange de 2 Vacherins et de 3 sortes de gruyère, rien que ça !). Pour terminer, les meringues cuites au four à bois sont un régal. Bières artisanales du Vully.

***Des Bains :*** *Ryf 35. ☎ 026-670-23-38. En contrebas de la ville. Avr-sept, tlj 11h-23h30 (minuit ven-sam, 22h dim). Plats 22-44 Fs.* Ce coquet resto s'est installé au bord du lac, pied dans l'eau ou presque. Au menu : festival de poissons du lac, notamment les inévitables filets de perche, bien tournés mais un peu chers. On peut préférer faire escale pour boire un verre, face à l'eau.

## À voir. À faire

***La vieille ville :*** en musardant, vous distinguerez la *porte de Berne* (XVIII^e s) et son horloge ; la *Grand-Rue* (Hauptgasse), ses arcades et ses façades des XVII^e et XVIII^e s ; le *château* de type savoyard, avec un donjon carré et des tours semi-circulaires (la préfecture y est installée) ; l'*hôtel de ville* et ses arcades du XVI^e s ; l'*église française* (Rathausgasse) des XV^e et XVIII^e s ; et l'*église allemande* des XIV^e et XVIII^e s.

***Le Musée historique :*** *Ryf 4, au pied du château. ☎ 026-670-31-00. • museummurten.ch • Fin mars-début déc, tlj sf lun 14h (10h dim)-17h. Entrée : 6 Fs ; réduc.* Abrité dans l'ancien moulin municipal, le musée retrace la bataille de Morat grâce à un diaporama. On se familiarise aussi avec l'histoire de la région au travers des vestiges de cités lacustres, de monnaies, gravures et autres objets.

## Manifestation

– ***Départ de la course Morat-Fribourg :*** *1^er dim d'oct.* Compétition populaire d'environ 17 km qui évoque la célèbre bataille. Environ 10 000 coureurs refont le trajet du messager mort juste après avoir apporté la nouvelle de la victoire à Fribourg.

# LE VULLY

**Ce mont (653 m), dressé entre les lacs de Morat et de Neuchâtel, est souvent qualifié de « Riviera fribourgeoise » : ses coteaux bien orientés accueillent un petit vignoble de qualité (guère plus de 150 ha) et de jolis villages. De son sommet on contemple un panorama imprenable, découvrant aussi bien les trois lacs (Morat, Neuchâtel et Bienne) que le Jura et les Alpes. Dans les boulangeries, demandez le délicieux gâteau à la crème du Vully.**

## Comment y aller ?

➢ ***Par la route :*** de Morat, prendre la direction de Neuchâtel et tourner à gauche vers Sugiez.

➢ ***En bateau :*** port relié à ts les bourgs importants au bord des lacs.

## Adresse utile

🅸 ***Office de tourisme :*** *route Principale 69, 1786* ***Sugiez.*** *☎ 026-673-18-72. • levully.ch • De mi-mai à mi-sept, lun-mar et jeu-ven 9h-12h, 14h-17h ; mer 9h-12h ; sam 13h-15h. Horaires réduits (variables) en basse saison.*

## Où dormir ? Où manger ?

### Chic

🏠 🍽 ***Hôtel-restaurant-cave Bel-Air :*** *route Principale 145, 1788* ***Praz-Vully.*** *☎ 026-673-94-14. • bel-air-lac.ch • Resto tlj sf mer-jeu sept-avr, fermé slt jeu mai-août. Congés : fin déc-janv. Résa conseillée. Doubles 150-170 Fs. Menus 18 Fs le midi en sem, 42-58 Fs le soir ; plats 32-46 Fs.* Dans ce joli village vigneron, ce bel établissement familial plus que centenaire tient plus de l'auberge avec chambres que de l'hôtel à proprement parler. L'important, ici, tient dans l'assiette ! Nombreux menus et formules de saison font honneur aux poissons d'eau douce (perche, truite, féra...), aux asperges, à la chasse, etc., à déguster de préférence dans la belle véranda lumineuse ou sur l'immense terrasse bordant le lac. Beaucoup de monde le week-end, et, en été, des habitués à l'hôtel. Chambres honnêtes et propres, avec parfois de petites salles de bains. Toutes possèdent un balcon sur le lac.

🏠 🍽 ***Hôtel Mont-Vully :*** *route du Mont 50, 1789* ***Lugnorre.*** *☎ 026-673-21-21. • hotel-mont-vully.ch • Depuis Môtier, suivre la direction du mont Vully (très bien fléché). Resto tlj sf lun et mar. Congés : à Noël et de janv à mi-fév. Doubles avec bains et w-c 150-198 Fs selon saison, petit déj inclus. Menus du jour le midi en sem env 17-21 Fs, plats 25-53 Fs. Menus gourmets 85-95 Fs. Parking privé.* On prend un peu d'altitude pour gagner cet hôtel. Les chambres, situées dans une extension moderne tournée vers le lac et Morat, offrent une vue imprenable depuis leur balcon. Très claires, agréables, bien équipées, elles sont sobres, fonctionnelles, avec mobilier en bois clair et murs en crépi blanc. Au resto, belle déco contemporaine sur fond de murs lambrissés, façon carnotzet et, surtout, une magnifique terrasse panoramique. La cuisine, réussie, donne dans le registre « terroir créatif » et les produits de saison, avec quelques options imaginatives pour les végétariens.

**L'Auberge des Clefs :** *route de Chenaux 4, 1789* ***Lugnorre.*** *☎ 026-673-31-06. Dans Lugnorre, prendre à gauche puis à droite et c'est à 50 m plus loin. Tlj sf mer-jeu 12h-14h, 19h-22h30. Congés : 16 sept-8 oct. Au bistrot, à midi, formules 21,50-27,50 Fs et plats 26-52 Fs ; au resto, menus 80-127 Fs.* Cette auberge de village accueillante, bien connue dans la région pour la qualité de sa table. Côté bistrot, cuisine traditionnelle préparée à base de produits du terroir. Délicieux brunch paysan le dimanche en été sous forme de buffet à volonté. Côté resto, situé à l'étage (avec vue sur le lac et les cuisines), les prix grimpent en flèche pour vous offrir une cuisine beaucoup plus raffinée et inventive, déclinée au cours des saisons. Accueil agréable.

## À voir. À faire

***Randonnées sur le Vully :*** les possibilités de randonnées et de balades à vélo et à rollers sont nombreuses, au départ des beaux villages vignerons de Praz et Môtier, en suivant les sentiers balisés. Au sommet – accessible en une petite heure – emplacements de pique-nique et table panoramique. Le Vully a accueilli une forteresse celte.

***Les caveaux du Vully :*** *• vin-vully.ch •* Vingt-quatre vignerons (ici on dit viticulteurs-encaveurs) se partagent les vignobles du Vully. Il est possible de visiter les caves de la plupart d'entre eux pour déguster leurs bons petits crus. Ce vin blanc se défend très bien par rapport à la production des autres cantons ! Brochure spécialisée disponible à l'office de tourisme de Morat. Entre autres, le domaine du *Petit Château*, à Môtier *(route du Lac 134 ; ☎ 026-673-14-93 ; • lepetitchateau.ch • ; avr-sept, mer-ven 13h-19h, sam 9h-15h),* propose une visite de sa cave et de ses vignes, avec dégustation de vins et de gâteau du Vully, à 15 Fs par personne. Une parcelle a été plantée de tous les différents cépages pour aider à les identifier.

***Le centre nature ASPO de la Sauge :*** *à l'extrémité nord du lac de Neuchâtel, 1588* ***Cudrefin,*** *à quelques km du Vully. ☎ 026-677-03-77. • birdlife.ch/lasauge • Ouv début mars (selon météo)-fin oct, tlj sf lun 9h-18h. Tarif : 8 Fs ; réduc.* Ce site, intégré à la réserve de la Grande Cariçaie, est particulièrement connu car il abrite, pendant les périodes de migration (mars à fin avril et septembre-octobre en général), de nombreuses espèces d'oiseaux, certaines peu communes ou menacées : chevaliers, loriots, aigrettes garzettes, limicoles, etc. D'autres y hivernent : canards (pilet, nette rousse), oies et hérons cendrés, entre autres. Depuis des années, on peut aussi voir un couple de martins-pêcheurs nicheurs très habitué aux visiteurs. Le centre d'accueil organise tous les 2 ans une exposition thématique, ainsi qu'un programme d'activités didactiques *(mai-sept).*

# ESTAVAYER-LE-LAC

(1470) 6 200 hab.

**Petite cité pleine de charme, sise au centre d'une minuscule enclave fribourgeoise mais sur les bords du lac de Neuchâtel... Les Staviacois sont très fiers de leurs petites ruelles pentues, parfois encore pavées de galets du lac. Estavayer a vécu sa période faste du XIII^e^ au XV^e^ s, au cours de laquelle ont été construits les principaux bâtiments de la ville.**

## Arriver – Quitter

➢ ***En voiture :*** petite route cantonale qui longe le lac à partir d'Yverdon, ou par celle venant de Payerne, ou encore l'autoroute Berne-Morat-Payerne.

➢ ***En train :*** liaisons avec Yverdon et Fribourg.

***Gare ferroviaire :*** *à 5 mn du centre.*

## Adresse utile

***Office de tourisme :*** *pl. du Midi. ☎ 026-663-12-37. • estavayer-le-lac.ch • Lun-ven 8h30-12h, 13h30-17h30 ; plus sam 9h-12h et 13h-16h juil-août.* Propose un circuit historique dans la vieille ville.

## Où dormir ? Où manger ?

### Camping

***Nouvelle Plage :*** *chemin de la Grande-Gouille. ☎ 026-663-16-93. • nouvelle-plage.ch • D'avr à mi-oct. Env 30-55 Fs pour 2 selon saison et emplacement. Loue également des tentes 95-130 Fs pour 2 selon saison. En dortoir, 21,25-26,55 Fs/pers, taxe de séjour incluse.* La zone de camping, fort bien située, est prise en sandwich entre le lac et les marais de la Grande Cariçaie. L'été, cette grande structure accueille une foule de jeunes, attirés par le téléski nautique d'*Alphasurf*. Résa alors impérative. Les grandes tentes prémontées (pour 2 à 6 personnes) sont posées face au lac, et le camping dispose aussi de 2 dortoirs (6 et 21 lits), qui acceptent les visiteurs de passage quand il y a de la place, ainsi que des Pods (des petits chalets). Resto, jeux pour enfants sur place et tennis à proximité immédiate.

### Bon marché

***L'Abri-Côtier :*** *chemin de la Grande-Gouille 1. 079-653-40-14. • alphasurf.ch • Suivre la route de la plage jusqu'au bout, tourner ensuite à droite. Compter 21 Fs/pers en dortoir. Chambres de 4 lits à partir de 110 Fs pour 2-4 pers.* Cette sorte d'AJ propose une bonne formule pour ceux qui veulent profiter des activités sportives du lac à petit prix – voile, planche à voile, canoë, tennis et surtout le très populaire téléski nautique de la base de loisirs *Alphasurf*, située à deux pas (mêmes proprios). On choisit entre les dortoirs de 12 lits et les 4 chambres privées de 4 lits. Apportez votre sac de couchage. Jardin avec barbecue, terrasse couverte, cuisine à disposition.

### Prix moyens

***Restaurant des Lacustres :*** *plage des Lacustres. ☎ 026-663-11-96. De mi-mars à mi-oct, tlj sf lun en basse saison. Menus du jour à midi lun-ven 19,50-22 Fs, plats 24-38 Fs.* Le cadre, au bord de lac, avec vue sur le Jura, fait l'essentiel. Il s'agit d'un resto de camping, mais la plage est belle, la véranda vitrée agréable et on y mange correctement – en particulier les poissons du lac. Sinon, des sushis le vendredi (d'avril à septembre) et quelques touches exotiques ici et là.

### Chic

***Hôtel Le Rive Sud :*** *rue de l'Hôtel-de-Ville 16. ☎ 026-663-92-92. • lerivesud.ch • Doubles 170-185 Fs selon saison. Restaurant fermé lun-mar. Menu du jour en sem 22 Fs. Plats env 30-45 Fs.* Dans une magnifique demeure historique du centre-ville, des chambres spacieuses qui ont conservé tout leur caractère, avec leurs poutres apparentes. Quelques chambres de même standing dans une dépendance à deux pas, dans la rue sur l'arrière. Excellent petit déjeuner. Resto haut de gamme qu'on ne peut que conseiller.

**La Gerbe d'Or :** *rue du Camus 5. ☎ 026-663-11-81. • gerbedor@bluewin.ch • Tt près du château. Tlj 8h-minuit (sf dim-lun en basse saison, mar midi en juil-août). Congés : 1re sem de janv. Formule 21 Fs à midi en sem, plats 29-49 Fs. Café offert sur présentation de ce guide.* Les prix à la carte sont assez élevés et la TV dans la salle gâche un peu l'ambiance, mais le menu du jour vaut généralement le détour. À essayer aussi : la soupe de poisson, avec son pain à l'ail et sa rouille.

## Où déguster du vin ?

**Le Rempart :** *rue du Château 12. ☎ 026-663-32-32. Fermé dim-mar. Planches de charcuterie et de fromage 16-19 Fs.* À deux pas du château, dans des granges rénovées, un bar à vins tendance où il fait bon venir déguster la sélection faite par la patronne – à accompagner par une planchette. Des bières artisanales également pour les amateurs. Ouvert aussi le matin pour le petit déj.

LA RÉGION DE FRIBOURG

# À voir

**La cité :** avec ses maisons anciennes, bordées d'arcades, ainsi que les différentes portes d'accès de la ville parfaitement conservées. Du château, du type « carré savoyard » et datant de la fin du XVIIIe s, on ne visite que la cour extérieure et la tour (demander la clé à la préfecture, dans le château même).

**Le musée des Grenouilles :** *rue du Musée 13. ☎ 026-664-80-65. • museedesgrenouilles.ch • Mars-oct, mar-dim 10h-12h, 14h-17h ; nov-fév, slt le w-e 14h-17h. Entrée : 5 Fs ; réduc.* Un joyeux bric-à-brac, une accumulation de collections aussi diverses qu'originales. À commencer par la célèbre collection de grenouilles naturalisées de 1848 à 1860. Une centaine de batraciens, mis en scène dans des situations cocasses et humoristiques, très anthropomorphiques, ont été vidés par la bouche à l'aide d'un crochet, puis traités et remplis de sable. Autres curiosités, une collection de toiles d'araignée naturalisées et une aquarelle à trois faces (!). Pour le reste, beaucoup d'armes, d'outils, de clés... ainsi qu'une cuisine du XVIIIe s.

# À faire

– **Les plages et la réserve naturelle de la Grande Cariçaie :** *☎ 024-425-18-88. • grande-caricaie.ch •* Composée de sept secteurs bordant le rivage sud du lac de Neuchâtel, des portes d'Yverdon jusqu'au-delà de Cudrefin, la Grande Cariçaie est parcourue de sentiers piétons et cyclistes, et semée de points de vue. L'accès le plus évident se situe à la Grande Gouille, au niveau du camping d'Estavayer. Avec un peu de chance, vous pourrez observer des hérons pourpres, des rainettes ou même un martin-pêcheur, l'animal emblématique de la réserve. Un peu à l'ouest d'Estavayer, passé Font, la réserve naturelle de Cheyres offre un beau panorama sur les marais dominés par de courtes falaises de molasses où niche le faucon pèlerin. On ne peut y descendre, mais le coassement des grenouilles y est si intense qu'il remonte aisément jusqu'au belvédère ! Profitez-en, en chemin, pour jeter un coup d'œil au château et à l'église de Font (XIIe s), posés juste au-dessus du lac et reliés par un vénérable pont de pierre. Une vraie carte postale.

# Manifestation

– **Estivale Open-air :** *fin juil-début août. • estivale.ch •* Festival de musique pop-rock et de reggae, façon mini-Paléo.

## DANS LES ENVIRONS D'ESTAVAYER-LE-LAC

**Le village lacustre de Gletterens :** *à env 8 km au nord-est d'Estavayer-le-Lac ☎ 076-381-12-23. • village-lacustre.ch • Ouv mai-oct, tlj 9h-17h. Entrée : 4 Fs ; réduc. Le chemin d'accès se situe au niveau du panneau orange, à l'entrée de la station côtière de Gletterens, sur la droite. Possibilité de dormir sur place dans un tipi ou dans des abris en peaux, de mi-mai à mi-sept, 17 Fs/pers.* Inspiré des vestiges palafittiques mis au jour par les archéologues ici même, ce hameau néolithique reconstitue trois maisons en torchis sur tissage de branchages, reflétant le début de la sédentarisation dans la région il y a environ 5 000 ans. Venez de préférence au moment des animations (de début juillet à mi-août). Au programme : démonstrations d'allumage d'un feu, tir à la sagaie et ateliers pour apprendre à faire son propre couteau. Une épreuve du Championnat européen de tir préhistorique se déroule ici chaque année (début septembre, après la fête de la Préhistoire).

# L'ARC JURASSIEN



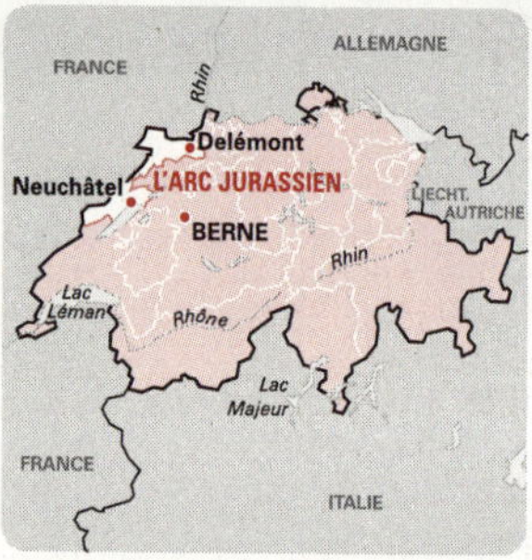


**La Suisse partage avec la France une bonne partie de la chaîne du Jura, un massif de moyenne altitude (1 000 à 1 700 m), dont le sol calcaire plutôt aride porte surtout des forêts et des pâturages. Mais même si élevage et filière bois conservent une vraie importance économique, les montagnards jurassiens ont surtout bâti leur prospérité sur l'industrie horlogère.**

**Pour les géographes et les géologues, le Jura s'étend jusqu'au discret sommet du Lägern, entre les cantons de Zurich et d'Argovie. Mais ce chapitre ne décrit que l'arc jurassien, la partie la plus montagneuse du massif, entièrement francophone et qui englobe les cantons de Neuchâtel, du Jura et partie du canton de Vaud.**

## LA VALLÉE DE JOUX

6 200 hab.

**Longue parenthèse délimitée par le mont Tendre (1 670 m) au sud et le Risoux (1 419 m) au nord, la vallée de Joux est un lieu de prédilection des amateurs de randonnée, de VTT et de ski de fond. Goethe, qui passa par là en 1779, rapporta l'impression « d'un pays où les habitants sont honnêtes jusqu'au scrupule ». Alors, déjà les premières fermes horlogères apparaissaient dans le paysage. Elles ont donné naissance à certaines des plus prestigieuses entreprises horlogères de Suisse : *Audemars-Piguet, Blancpain, Breguet, Jaeger-LeCoultre* sont tous nés ici et y produisent encore leurs montres.**

### INVESTIR DANS LA PIERRE

*Quand Seiko sortit son modèle en 1969, l'horlogerie suisse vécut un véritable séisme. En effet, cette invention atteignait une précision d'un millième de secondes par jour, à un prix fort abordable. Aucune montre traditionnelle, même prestigieuse, ne pouvait lutter, car elle nécessite 50 pièces mécaniques au minimum pour son bon fonctionnement. Depuis, bon nombre de marques illustres se sont mises, elle aussi, au quartz.*

## LE « BERCEAU DES COMPLICATIONS »

Huguenot français chassé par les guerres de Religion, Pierre LeCoultre s'établit dans la vallée de Joux vers 1559. Deux siècles plus tard, ses descendants s'inscrivent dans une industrie en plein essor : l'horlogerie. Les mécanismes sont alors fabriqués en hiver par les paysans, chez eux ; on parle de *fermes horlogères.* En 1844, le millionomètre d'Antoine LeCoultre est le premier appareil au monde à réussir à mesurer le micron ! Puis fabriques et usines remplacent les fermes et les comptoirs horlogers. Peu à peu, la vallée de Joux affirme son savoir-faire et se voit surnommer le « berceau des complications ». Non que l'on cherche ici à se compliquer la vie... mais certains des mouvements horlogers les plus complexes qui soient sont produits dans la vallée.

## Arriver – Quitter

Entre juin et octobre, les visiteurs qui séjournent au moins 1 nuit dans la vallée bénéficient de la gratuité des transports en commun sur place (sauf Vallorbe et train à vapeur). Il suffit pour cela de demander le *Valpass* à son hôtelier.

➢ ***En voiture :*** la vallée de Joux débute aux portes des Rousses (en France), d'où on la rejoint le plus facilement. Depuis La Côte, passage obligé par le *col du Marchairuz* (1 447 m) ou celui du *Mollendruz* (1 180 m). Autre accès par Vallorbe.

➢ ***En train :*** *☎ 021-845-55-15. • travys.ch •* Via Vallorbe, relié au reste du canton. La voie passe sur le flanc nord du lac, jusqu'au Brassus, via Le Pont, Le Lieu et Le Sentier. Correspondances bien assurées pour Yverdon et Lausanne.

➢ ***Le train à vapeur de la vallée de Joux :*** *☎ 021-845-55-15. 📱 079-434-74-63. • ctvj.ch •* Animé par des bénévoles, il relie Le Pont au Brassus et retour. Il ne fonctionne que certains dim d'été, début juin-début oct. Compter 12 Fs l'aller et 20 Fs l'A/R (réduc).

➢ ***En bus :*** les bus *AVJ (☎ 021-845-15-25 ; • avj.ch •)* relient Le Pont au Sentier, en longeant le lac par la rive sud. Les w-e juin-sept, le car postal *(• postauto.ch •)* relie Nyon au Brassus par le col du Marchairuz et Morges au Pont par le col du Mollendruz (mat et ap-m).

## Adresses utiles

ℹ ***Office de tourisme :*** *au centre sportif du **Sentier** (1347), rue de l'Orbe 8. ☎ 021-845-17-77. • myvalleedejoux.ch • Lun-ven 9h-18h ; w-e 9h-12h, 13h-18h.*

✉ ***Postes :*** *au **Brassus** (lun-ven 8h-11h, 15h-17h45 ; sam 9h-11h), au **Sentier** (lun-ven 8h-12h30, 13h45-18h ; sam 8h-11h) et au **Pont** (lun-ven 8h-12h, 16h-18h ; sam 9h-11h).*

## Où dormir ? Où manger ?

Notre sélection part du Brassus (extrémité sud-ouest), puis longe les rives du lac dans le sens des aiguilles d'une montre.

### *Au col du Marchairuz*

### De bon marché à prix moyens

🏠 |●| ***Hôtel-resto du Marchairuz :*** *à 7 km du Brassus, au col du Marchairuz. ☎ 021-845-25-30. • hotel-marchairuz.ch • Tlj sf lun (resto). Nuitée 48 Fs en dortoir (8-11 lits) ; doubles 126-146 Fs selon confort (avec lavabo ou douche et w-c), petit déj inclus. Plat du jour 22 Fs. Autres plats 24-59 Fs.* Située au passage du col du Marchairuz, cette grande bâtisse est un point de départ idéal pour les randonnées, le ski de fond et le VTT. Pas très grands mais plutôt agréables, chambres et dortoirs, avec murs blancs et mobilier de pin, sont à la fois simples et fonctionnels.

Côté resto, vos efforts sportifs seront couronnés par des plats qui tiennent bien au corps, comme la tomme vaudoise garnie, des croûtes au fromage, ou encore de la viande sur pierre volcanique.

### *Au Brassus* (1348)

#### Chic

**Hôtel de la Lande :** *pl. de la Lande. ☎ 021-845-44-41. • hotellalande.com • En plein centre. Tte l'année. Resto tlj sf dim. Doubles 110-170 Fs, petit déj en plus. Formules buffet à volonté 19-23 Fs.* Dans une grosse maison un peu cossue, ancien relais de poste. Les plus belles chambres, récemment rénovées, sont vraiment agréables avec leur plancher, leur déco grège aux tonalités de bois et leurs lampadaires en morceaux de rondins. Les studios disposent d'une cuisine bien équipée. En revanche, les chambres les moins chères mériteraient un petit lifting et s'avèrent, pour certaines, très petites...



### *Au Sentier* (1347)

#### Camping

**Camping du Lac de Joux :** *Le Rocheray. ☎ 021-845-51-74. • camping-club-vaudois.ch • Sur la route du Lieu, à 3 km du Sentier. Tte l'année. Compter 24-31,50 Fs pour 2 avec tente et voiture selon saison.* Sur une terrasse, toute en longueur qui surplombe le lac. Le coin est sympa mais manque un peu d'ombre. Douches, buvette en haute saison, cuisine et quelques jeux pour enfants. Accueil sympa.

#### De prix moyens à chic

**Hôtel Bellevue :** *route du Rocheray 23. ☎ 021-845-57-20. • rocheray.ch • À 2 km du Sentier en direction du Lieu, juste avt le camping. Tlj sf dim soir. Congés : 1 sem en mars et env 3 sem Noël-Nouvel An. Résa conseillée en été. Doubles 180-230 Fs, petit déj compris. Plat du jour lun-ven 19 Fs, formule 48 Fs, menus 33-37 Fs et menu carte 38-93 Fs, plats 27-37 Fs.* L'hôtel n'est séparé du lac que par une toute petite route. Les chambres, design et bien équipées, sont confortables, spacieuses et lumineuses. Toutes disposent d'un balcon en bois ou d'une terrasse tournés face au lac. Bon resto avec des formules, côté brasserie, qui permettent de s'en sortir sans casser sa tirelire. Pas mal de poissons – brochet et féra du lac, truite et perche de rivière, etc. – à déguster sous la véranda ou en terrasse. Bonne ambiance générale.

### *Entre Le Sentier et Le Pont*

#### Prix moyens

**Les Esserts-de-Rive :** *aux Esserts-de-Rive, surplombant le lac. ☎ 021-845-55-74. Tlj sf lun-mar (tlj de mi-juin à fin août). Plats 17-39 Fs, pizzas à partir de 12 Fs ; grand choix de formules et menus 18-27 Fs avec buffet de crudités, plat et dessert.* Les habitués apprécient cette adresse bon enfant pour sa vue sur le lac, ses pizzas, ses pâtes et ses filets de perche, à déguster dans la salle principale, entre tableaux modernes et coin lounge, ou en terrasse aux beaux jours. Dommage que le parking, au 1er plan, gâche un peu le panorama... Super accueil et service aux petits soins.

### *Au Pont* (1342)

#### Chic

**Hôtel de la Truite :** *rue de la Poste 4. ☎ 021-841-17-71. • hoteltruite.com • Resto tlj sf dim soir (plus lun début oct-fin avr). Doubles 160-190 Fs selon confort et saison, petit déj inclus. Assiette du jour env 19 Fs, plats 24-44 Fs.* Voici l'un des plus anciens établissements de la vallée. La tradition se paie... Les chambres, bien que confortables et rénovées, sont un peu chères pour le confort proposé – surtout pour les *standard,* assez petites. Côté cuisine, on retiendra la très belle terrasse face au lac et le plat du jour de la brasserie. Le resto, plus cher, propose un bon choix de poissons, comme des filets de perche ou de féra sur lit de poireaux à la crème.

**Restaurant du Lac :** *sur les quais 47.* ☎ *021-841-12-96.* ● *restaurantdulaclepont.com* ● *Tlj sf mar-mer hors saison d'été. Congés : 2 sem en oct. Double 96 Fs, petit déj inclus. Plats 19-42 Fs, menus 65-90 Fs.* Les gastronomes en culottes longues apprécient ce chaleureux café avec sa terrasse tournée vers le lac de Joux, qui accueille des soirées jazz en été. À la carte, féra et brochets tout juste sortis des eaux voisinent avec des plats de saison bien tournés : cuisses de grenouilles, abats, asperges, champignons, gibier, etc. Les desserts ne sont pas mal non plus ! Personnel sympa et attentionné. Vous pourrez passer la nuit dans l'une des 3 chambres mansardées en bois, simples mais bien tenues, avec douche sur le palier.

## À voir. À faire

***L'Espace horloger de la vallée de Joux :*** *L'Essor, Grand-Rue 2,* ***Le Sentier.*** ☎ *021-845-75-45.* ● *espacehorloger.ch* ● *Mai-oct, mar-dim 10h-17h30 ; nov-avr, mar-dim 13h-17h. Entrée : 12 Fs ; réduc ; gratuit moins de 10 ans.* Dans la vallée, l'horlogerie, c'est carrément une histoire d'amour. Elle occupe encore près de quatre personnes actives sur cinq et plusieurs milliers de frontaliers ! *Audemars-Piguet, Breguet, Jaeger-LeCoultre* (1 350 employés à elle seule) sont autant de marques célèbres qui sont nées ici. Repensé en 2012, ce musée met en valeur les différents métiers de l'horlogerie, présentés sur des tables interactives. Régulièrement, des élèves du proche collège technique viennent faire démonstration de leurs talents. Un film en 3D met en lumière les plus belles réalisations des horlogers de la vallée – particulièrement renommés pour leurs mouvements – tandis que, au 2e étage, les vieilles pendules remontant au XVIe s côtoient les réalisations contemporaines. Une dernière section retrace le développement de l'horlogerie dans la vallée. Intéressantes expos temporaires.

***Visite de fromageries :*** liste des chalets et des fromageries d'alpage à l'office de tourisme du Sentier. On produit ici le vacherin Mont-d'Or (AOC), fromage coulant dont la saveur provient en partie de la bande d'épicéa qui le sangle. Il ne faut pas se lever trop tard : fabrication entre 7h30 et 11h, de mi-août à mi-mars. Dégustation après 21 jours d'affinage.

## Sports et loisirs

Les amateurs de VTT et de ski de fond pourront s'en mettre plein les mollets, tout comme les randonneurs et les véliplanchistes (vents réguliers, mais l'eau peut être froide : le lac culmine à 1 004 m). L'air est pur, et le calme est de rigueur.

– ***Altitude 1004 :*** *1346* ***Les Bioux.*** ☎ *021-845-55-66.* Location de planches à voile (cours privés), de paddles, de bateaux, etc., et balades à VTT accompagnées ou non.

– **Location de VTT :** *au centre sportif du* ***Sentier.*** ☎ *021-845-17-77. Compter 40 Fs/j. pour un VTT, 54 Fs pour un vélo électrique.* Vente de carte au 1/25 000 à 25 Fs (VTT, ski de fond et randonnées pédestres) ; heureuse initiative, car il faut quatre cartes d'état-major pour couvrir la région !

– ***Jura Évasion :*** *1344* ***L'Abbaye,*** *entre Le Pont et Les Bioux.* ☎ *021-841-12-22.* ● *jura-evasion.ch* ● Propose un grand éventail d'activités, certaines hors vallée : rando à ski, via ferrata, rando-canoë, canyoning, tir à l'arc, spéléologie, école d'escalade, etc. Le tout dans une atmosphère vraiment sympa.

## Randonnées

**Le tour du lac Brénet :** une balade tranquille de 1h (5 km) au départ du Pont pour bien digérer son déjeuner. L'hiver, le lac gelant sur 70 cm d'épaisseur, on découpait la glace à la scie puis on l'entreposait dans de vastes glacières en bois, construites sur la rive droite. L'entreprise fit faillite en 1923 avec la naissance de la glace artificielle.

**Le tour du lac de Joux :** un cran au-dessus, l'itinéraire occupe une petite journée (22 km, 6h de marche).

**Le mont Tendre** *(1 679 m)* **:** avec plus de 600 m de dénivelée à s'enquiller depuis le lac de Joux, les mollets sont mis à rude épreuve. Compter environ 2h30 depuis Les Bioux. Parmi les autres options : un itinéraire en boucle à VTT (de 21 km) depuis L'Abbaye. Les non-sportifs accéderont à la zone par une petite route partant de Montricher, au nord-ouest de Morges.

**La traversée du Mollendruz au Marchairuz :** cette rando de 18 km (environ 5h) suit les crêtes du Jura, avec de beaux panoramas sur les lacs suisses.



# VALLORBE

(1337) 3 300 hab.

**Ce gros bourg, à 750 m d'altitude, a grandi autour de l'Orbe, qui prend sa source juste en amont – près d'une grotte dont la réputation n'est plus à faire. Dès la fin du XIIIe s, des roues à aubes y alimentaient des forges, en partie préservées dans un intéressant musée.**

## Arriver – Quitter

➢ **En voiture :** Vallorbe se situe tout près de la frontière française, sur la route de Pontarlier à Lausanne.

**Gare ferroviaire :** *au-dessus du centre (10 mn à pied). ☎ 0900-300-300 (1,19 Fs/mn). • cff.ch •*

➢ **Lausanne :** ttes les heures. Trajet : 45 mn.

➢ **Vallée de Joux :** ttes les heures env (40 mn). Dessert Le Pont, Le Lieu, Le Sentier et Le Brassus. Tous les autres arrêts sont sur demande !

➢ **Paris :** tous les TGV de Lausanne font halte à Vallorbe – soit 4-5 trains/j. Trajet : 3h env.

**Gare routière :** *à la gare ferroviaire. ☎ 021-843-21-16. • travys.ch •*

➢ **Yverdon (via Orbe) :** 10-12 bus/j., 5 le w-e. Certains s'arrêtent à Orbe, d'autres non.

## Adresses utiles

**Office de tourisme :** *rue des Grandes-Forges 11. ☎ 021-843-25-83. • yverdonlesbainsregion.ch • Avr-oct, tlj 10h (14h lun)-18h ; hors saison, mar-ven 10h-12h, 14h-18h.*

✉ **Poste :** *pl. du Pont 2. Lun-ven 8h-11h30, 15h-18h ; sam 9h-11h.*

## Où dormir ?

### Camping

**Camping Pré-sous-Ville :** *rue des Fontaines 8. ☎ 021-843-23-09. • aapv.ch • Début avr-début oct. Compter 25-30 Fs pour 2 avec tente selon saison. (à la buvette) et accès gratuit à la piscine !* Le terrain herbeux, situé en contrebas de la ville, à deux pas de la rivière, s'entoure de haies ; tentes, caravanes et camping-cars y cohabitent. Douches.

## Bon marché

**L'Auberge pour Tous :** *rue du Simplon 11. ☎ 021-843-13-49. • aubergepourtous.ch • Au-dessus du centre (à mi-chemin de la gare). Fin avr-oct ou sur rdv en basse saison. En dortoir (3-7 lits) 37 Fs/pers, doubles 90-120 Fs sans ou avec sdb. Douches accessibles slt 6h-9h et 17h-21h.* L'enseigne de cette adresse entre l'AJ privée et le petit hôtel annonce bien de quoi il retourne : écoles, travailleurs, voyageurs ou randonneurs s'y logeront sans se ruiner, à moins de privilégier une des quelques chambres privées. Le bâtiment n'a rien de folichon, mais les doubles avec salle de bains présentent finalement un assez bon rapport qualité-prix. Attention, la porte ferme à 21h, n'oubliez pas le digicode !

## Où manger ?

**Le France :** *Grand-Rue 20. ☎ 021-843-10-22. Lun-sam 8h30 (9h sam)-14h, 17h-23h. Pizzas 15-20 Fs, pâtes 14-19 Fs.* Cadre simplissime pour des pizzas au feu de bois et à la pâte fine et croustillante, et des pâtes très honorables. Rares autres options : un steak, une entrecôte ou un filet de perche.

**Auberge Communale :** *pl. du Pont 3. ☎ 021-843-12-52. • auberge-communale-vallorbe.ch • Tlj sf lun. Plats 25-30 Fs en brasserie, 27-45 Fs au resto (et menu 55 €).* En plein centre, face à la poste, c'est en quelque sorte la meilleure table de Vallorbe. La brasserie fait honneur aux viandes et aux poissons locaux entre autres produits du terroir, comme le vacherin. Le resto propose, lui, une cuisine plus travaillée qui s'ouvre à de plus exotiques influences. Dans les deux cas, la carte est courte, et le cadre contemporain plutôt sympa. Terrasse au-dessus de la rivière. Attention, le service prend un peu son temps...



# À voir dans le coin

**Les grottes :** *à la sortie de la ville, direction vallée de Joux. ☎ 021-843-22-74. • grottesdevallorbe.ch • À 45 mn à pied de la gare. W-e des Rameaux-Toussaint, tlj 9h30-16h30 (17h30 juin-août) ; mars et nov, slt le w-e 13h30-16h. Fermé déc-fév. Entrée : 15 Fs ; réduc ; gratuit moins de 6 ans. Prévoir une petite laine : 10 °C max à l'intérieur...* Parmi les plus belles grottes de Suisse. On y accède en remontant l'Orbe grondant sur 300 m à l'ombre des pins et épicéas centenaires, jusqu'à sa résurgence. La visite, libre mais aidée d'un fascicule instructif, dure environ 1 heure. Une galerie artificielle conduit vers un spectacle de stalagmites, stalactites et concrétions d'une grande diversité. Marmites, draperies, grandes orgues, choux-fleurs, lait de lune et autres dents de cochon sont mis en valeur par un éclairage progressif très réussi, jusqu'à retrouver sous terre la rivière bondissante (la plus grande d'Europe centrale). Juste avant, ne manquez pas cette invraisemblable stalactite de 3 m de long, fine comme un fil ! Avant la sortie, on traverse des cavernes creusées pour exposer une superbe collection de cristaux et minéraux du monde entier.

**Le musée du Fer et du Chemin de fer :** *rue des Grandes-Forges 11. ☎ 021-843-25-83. • museedufer.ch • W-e Rameaux-Toussaint, tlj 10h (14h lun)-18h ; nov-mars, mar-ven 14h-18h. Entrée : 12 Fs ; réduc ; gratuit moins de 6 ans.* Ce musée a pris place dans le site classé des Grandes-Forges, en activité depuis... 1495. Alimentés en énergie hydraulique par plusieurs grandes roues sur l'Orbe, les hauts fourneaux et les ateliers produisirent au fil du temps acier brut, pelles, faux, clous, fermentes, chaînes, fraises et surtout limes (Vallorbe en est encore le nº 1 mondial !). Des volontaires viennent donner vie à la vieille forge ronronnante, abandonnée à son sort en 1967. Au 2e étage, vous voilà plongé dans l'atmosphère surannée de la gare de Vallorbe : la ville se souvient ici que la ligne Paris-Simplon-Milan, inaugurée en 1906, mena de nombreux voyageurs de l'*Orient-Express* jusqu'à Istanbul, via Vallorbe. Au 3e étage, vous pourrez jouer aux petits trains (superbe maquette de 277 m de rails !).

***Juraparc :*** *chalet-resto du Mont-d'Orzeires, 1342* ***Le Pont-Vallorbe.*** *☎ 021-843-17-35. • juraparc.ch • À 4 km de Vallorbe, sur la route de la vallée de Joux. Tlj de 9h à la tombée de la nuit (18h lun-mer avr-oct et dim-jeu nov-mars). Entrée : 6 Fs ; réduc ; gratuit moins de 5 ans.* La famille Blanc a réuni ici ours, loups et bisons, que l'on observe depuis une passerelle, dans de vastes enclos aménagés dans un vallon boisé. La plupart sont nés ici, en captivité. Les bisons ont fait la une de la presse suisse au printemps 1996, lorsqu'ils ont forcé leur barrière et tenté de prendre le large... En septembre 2011, un lynx timide a rejoint le zoo (il montre son doux minois surtout le soir).
À l'entrée, resto où l'on sert, entre autres, du bison, évidemment.



***Le fort de Pré-Giroud :*** *☎ 021-843-25-83. • pre-giroud.ch • Accès fléché depuis le hameau du Day : 10 mn en voiture par une route à voie unique, redescente directe sur le centre de Vallorbe (3 km) ; 45 mn à pied (de la gare du Day). Juil-août, visites guidées (obligatoires) mer-dim, 11h15-17h30 ; mai-oct, w-e et j. fériés slt. Entrée : 15 Fs ; réduc ; gratuit moins de 6 ans. Température ambiante : 8° max !* De l'extérieur, on ne voit qu'une sorte de gros chalet décoré d'un énorme drapeau suisse et quelques blockhaus. Parce que c'est sous terre que tout se passe : entre 1937 et 1941 a été creusé dans la roche un dédale de couloirs qui desservent une salle des machines, un dépôt de munitions et tout ce qui était nécessaire à la vie des 200 militaires cantonnés là : cuisine, infirmerie, réfectoire, dortoirs... Mais les canons et autres mitraillettes qui devaient stopper toute tentative de franchir la frontière française toute proche n'ont jamais servi.

## Randonnée

***Les gorges de l'Orbe :*** *bien se renseigner auprès de l'office de tourisme sur l'état du chemin par temps humide. Prendre le train jusqu'au Day (ttes les heures), puis suivre le chemin balisé de flèches jaunes. En voiture, tourner à gauche au panneau « Place d'Exercices Le Day » et se garer en amont de l'interdiction d'accès. Au niveau des installations militaires, un peu plus bas, longer les grillages (ne pas suivre la petite route vers la droite).* De Vallorbe à Orbe, la rivière s'engouffre dans une gorge profonde, entrecoupée de marmites naturelles. Cette belle balade sans difficulté majeure, mais parfois impressionnante, demande environ 4h de marche tranquille. On peut la raccourcir de moitié en rattrapant le sentier aux Clées, petit village très pittoresque situé au fond des gorges, à mi-chemin.

## Festival

– ***Festival des couteliers :*** *w-e de Pâques.* Organisé au musée du Fer et du Chemin de fer, il s'applique à restituer la vie aux Grandes-Forges.

# ROMAINMÔTIER

(1323) 500 hab.

**Le temps a glissé sans laisser de traces sur ce bourg construit autour de son abbatiale, l'un des édifices les plus remarquables de Suisse. Ce petit joyau médiéval, jadis escale des pèlerins se rendant à Rome, se cache au fond d'un vallon planté de vergers, au pied du Jura, au bord du Nozon, une petite rivière bordée d'anciens lavoirs joliment restaurés.**

## Arriver – Quitter

➢ ***En voiture :*** depuis la nationale Lausanne-Vallorbe, bifurquer sur une petite route à Croy en direction de la vallée de Joux.

➢ ***En train :*** *• cff.ch •* La gare de Croy-Romainmôtier est la plus proche. Train ttes les heures depuis Vallorbe et Lausanne. De Croy, on peut prendre le car postal, ttes les heures en sem. Le w-e, faire appel au service *Publicar (réserver au moins 24h avt au ☎ 0800-60-30-60, supplément de 5 Fs).*

## Adresses utiles

ℹ ***Office de tourisme :*** *rue du Bourg 13. ☎ 024-453-38-28. • romainmotier-tourisme.ch • Ouv avr-1er w-e de nov, tlj 10h-12h, 13h30-17h (18h en juil-août).* Installé dans la réception de la Grange de la Dîme.

ℹ ***Accueil de la Porterie :*** *à l'entrée de l'abbatiale. ☎ 024-453-14-65. Tlj 10h-12h, 14h-17h (dim ap-m slt) ; juin-sept 9h-12h (sf dim), 13h30-18h.* L'accueil de l'abbatiale est animé par des bénévoles.

## Où dormir ? Où manger dans le coin ?

### Camping

⛺ ***Le Nozon :*** *route du Signal. ☎ 024-453-13-70. • camping-romainmotier.ch • À 1 km du centre du village (c'est fléché). Avr-fin sept. Env 35 Fs pour 2 avec tente et voiture. Douche payante : 2 €.* Camping en terrasses bordées de haies, à l'écart de la route, avec une belle piscine *(ouv juil-août).* Comme souvent en Suisse, un grand nombre de caravanes installées à l'année, mais on y trouve quand même un bout de pelouse pour planter sa tente. Jeux pour enfants et barbecues.

### De bon marché à prix moyens

🏠 ***L'Ermitage :*** *rue du Bourg 9. 📱 079-535-88-04 (sœur Madeleine). • ermitage.romainmotier@gmail.com •* La Porterie *(voir « Adresses utiles ») met à disposition des pèlerins (et des autres), au 1er étage du bâtiment, une chambre de 4 lits et une autre de 2 lits, avec sdb et w-c partagés. Compter 32 Fs/pers sans petit déj. Loc des draps et du linge de toilette 5 €.* Tenu par des sœurs. On remet les lieux en ordre avant de repartir. Cuisine partagée.

🍽 ☕ 🍰 ***Café-boulangerie Fleur de Farine :*** *rue du Bourg 14. ☎ 024-453-16-06. Tlj sf lun-mer 6h-14h (18h le w-e). Petit déj 13 Fs. Plats 5,40-24 Fs. CB refusées.* L'adresse spécial grignotage : salades, quiches ou assiettes de charcuterie et/ou de fromages à accompagner du bon pain maison et de vins du pays, servis au verre (ou de bières et autres limonades artisanales, à vous de voir...).

🍽 ***Le Pectinarium :*** *pl. du Bourg 15. 📱 079-730-53-41. Mer-dim 10h-18h (22h jeu). Crêpes 7-15 €.* Chouette petite salle entre bistrot de toujours et épicerie fine (on y trouve un joli choix de thés en vrac) prolongée d'une tranquille terrasse. Les murs accueillent une petite collection autour de l'absinthe (on peut également en acheter ici) et les expos d'artistes locaux. Dans l'assiette, de bonnes crêpes 100 % maison.

## Très chic

**Au Gaulois :** *route de Dîme 3, 1322* ***Croy.*** *☎ 024-453-14-89. À 2 km de Romainmôtier. Tlj sf lun-mar. Congés : 15 j. en janv, 3 sem de mi-juin au 10 juil env. Plat du jour en sem dès 17 Fs, menus 55-115 Fs.* La petite salle est adorable et la carte, assez ramassée, fait une large place aux viandes rouges, comme le cœur de filet de bœuf : cuisson à la broche parfaite, dans la grande cheminée située au centre de la salle. Prix élevés, mais plutôt justifiés.

# À voir

**L'abbatiale :** *tlj 8h-19h.* C'est à Romainmôtier qu'a été fondé, vers 450, le premier monastère de Suisse. À l'emplacement des anciennes églises (Ve et VIIe s), les bénédictins rebâtirent entre 992 et 1030 l'église actuelle, sur le modèle de la deuxième abbatiale de Cluny. Leur présence en ces lieux dura 5 siècles, jusqu'à l'arrivée des Bernois en 1537 – qui démontèrent méticuleusement le cloître, réutilisant ses pierres pour bâtir la *maison du Bailli.* La silhouette de l'abbatiale s'est transformée au fil du temps, mais elle demeure un très bel exemple d'architecture bourguignonne. À noter particulièrement : le très beau narthex (vestibule) du XIIe s, la grande harmonie et pureté de la nef, et les fresques du XIVe s ornant voûtes, chœur et fenêtres du niveau supérieur. De l'avant-nef, un escalier étroit grimpe à la chapelle Saint-Michel, soutenue par six colonnes d'une belle sobriété (du même tonneau que le narthex). Concerts d'orgue gratuits le dimanche vers 16-17h en juillet-août, et musique sacrée certains dimanches de printemps et d'automne. Voir : • *concerts-romainmotier.ch* •

### AU SERVICE DE SA SAINTETÉ

*En l'an 753, en route pour aller couronner Pépin le Bref, le pape Étienne II séjourne au monastère, le temps de lui accorder un rare privilège : celui de dépendre directement du Vatican, en ignorant les dignitaires religieux locaux. Ainsi, le bourg gagna son nouveau nom : Romainmôtier, « le monastère romain ».*

***La grange de la Dîme :*** *à droite juste avt de pénétrer dans la cour intérieure par la tour de l'Horloge. Mêmes horaires que l'office de tourisme (qui s'y est installé). Entrée : 5 Fs ; réduc.* Cet ancien grenier à blé du début du XVIIIe s abrite une exposition permanente et un film de 17 mn en images de synthèse, qui retracent l'histoire de l'abbatiale et son évolution morphologique. Des expositions permanentes sont organisées en parallèle.

***La maison du Prieur :*** *☎ 024-453-13-50. Tlj 9h-18h. Entrée : 5 Fs ; 9 Fs avec un guide.* Édifiée vers 1280, période à laquelle beaucoup de monastères construisaient des palais d'apparat pour les hôtes de marque se rendant en pèlerinage à Saint-Jacques-de-Compostelle, la demeure fut modifiée par les Bernois au XVIe s. Katharina von Arx, journaliste, artiste textile et voyageuse, installée ici de 1959 à sa mort en 2013, a redressé ce monument historique en ruine avec la seule aide de son mari... Cinq salles sont ouvertes à la visite. Celle des Chevaliers est très imposante. La pierre d'angle de la cheminée et la colonne latérale portent les armoiries de Jean de Juys, l'un des prieurs les plus influents de l'abbaye. À côté, la Salle bernoise possède encore ses plafonds en bois peints. À l'étage supérieur, la salle de Jean de Seyssel a conservé son apparence du XIIIe s, avec sa cheminée monumentale et ses ouvertures gothiques (aujourd'hui fermées). Une vaste bibliothèque occupe le dernier étage, et un atelier de tapisserie est installé dans les combles. Salon de thé au rez-de-chaussée.

# SAINTE-CROIX

(1450) 4 600 hab.

**Surnommée « le balcon du Jura vaudois », Sainte-Croix occupe une sorte de terrasse naturelle au pied du massif du Chasseron (1 607 m), offrant une vue magnifique sur la chaîne des Alpes et le lac de Neuchâtel. Horlogère de tradition, la petite cité s'est lancée, au début du XIXe s, dans la fabrication des boîtes à musique, inventées par le Genevois Antoine Favre, puis des automates. Elle est restée fidèle à cette industrie, dont un musée retrace l'histoire, peu banale. Plus tard, on y fabriqua phonographes, gramophones, machines à écrire et... fixations de ski. Une manière, peut-être, de rappeler que Sainte-Croix et son annexe touristique, Les Rasses, sont, en hiver, le paradis des skieurs, avec 85 km de pistes balisées.**



## Arriver – Quitter

➢ ***En voiture :*** Yverdon et le lac de Neuchâtel sont à 17 km par une route de montagne et Pontarlier (en France) est à 21 km par la D 6/N 57.

➢ ***En train :*** *☎ 024-455-43-30. • travys.ch •* Un petit train relie Yverdon à Sainte-Croix, marquant des arrêts, entre autres, à Vuitebœuf. Correspondances pour Neuchâtel, Lausanne et Genève.

➢ ***En bus :*** *• postauto.ch •* 2 lignes relient Sainte-Croix à L'Auberson.

## Adresse utile

ℹ ***Office de tourisme :*** *rue Neuve 10 (dans le bâtiment de l'hôtel de ville). ☎ 024-455-41-42. • sainte-croix-les-rasses-tourisme.ch • Lun-ven 8h-12h, 13h30-17h.*

## Où dormir ? Où manger dans le coin ?

### De prix moyens à chic

🏠 🍽 ***Hôtel de France :*** *rue Centrale 25. ☎ 024-454-38-21. • hotelfrance.ch • Au centre du bourg. Resto tlj sf sam et soir dim. Doubles 160-190 Fs, petit déj inclus. Plats env 26-34 Fs, menus à partir de 49 Fs.* 📶 Chambres pas forcément très grandes mais bien tenues, avec bains et TV. Côté assiette, plats de bistrot plus qu'honnêtes et joliment présentés, mettant en scène une majorité de produits locaux et de saison. Bon choix de vins, y compris au verre. Terrasse aux beaux jours.

### Très chic

🏠 🍽 ***Grand Hôtel des Rasses :*** *route des Alpes 25. ☎ 024-454-19-61. • grandhotelrasses.ch • À l'entrée des **Rasses,** à 4 km de Sainte-Croix. Resto tlj 12h-14h et 19h-21h. Doubles 204-290 Fs selon taille et vue, petit déj inclus. Résa conseillée. Formule déj sem 20 Fs. Plats env 28-49 Fs, menu terroir 51 Fs.* 📶 Cet hôtel-resto 3 étoiles, datant de la Belle Époque, baigne dans la nostalgie d'un autre temps. On y profite d'un panorama sublime et dégagé sur les Alpes, d'une piscine chauffée couverte, d'un sauna, d'un tennis et d'un minigolf (payants sauf la piscine). Côté resto, on mange sous les lambris peints, d'une cuisine de terroir revisitée. En été, buffet de salades en terrasse.

## À voir à Sainte-Croix et dans les environs

**Le Centre international de la mécanique d'art (CIMA) :** *rue de l'Industrie 2. ☎ 024-454-44-77. • musees.ch • Visite guidée (obligatoire, compter 1h15), mar-dim à 10h30, 14h et 15h30 juil-sept ; 1-2 visites/j. slt le reste de l'année. Entrée : 14 Fs ; réduc ; gratuit moins de 5 ans.* Installé dans les anciens locaux de l'usine Paillard, l'ange de François Junod, l'un des derniers (mais géniaux) *automatiers* de la région, vous accueille avec quelques mouvements aériens magiques. Vous voilà prêt pour un voyage passionnant dans l'univers des boîtes à musique et des automates. Dans une salle à la mémoire de Guido Reuge, grand créateur d'automates (et d'oiseaux-chanteurs !), on s'émerveille devant les gigantesques et fantasmagoriques personnages de la forêt enchantée. Dans les autres salles, on apprend comment sont fabriquées les pièces, depuis les premiers mécanismes jusqu'aux plus récents – à travers, aussi, la reconstitution d'un atelier de mécanique du début du XXe s. Enfin, dans la salle des concerts, boîtes à musique et automates viennent à la vie. Vidéo sur François Junod enfant du pays, connu pour son goût des complications, qui travaille, avec ses équipes, à mi-chemin de l'art et de la mécanique.

**Le musée Baud :** *Grand-Rue 23, 1454* ***L'Auberson,*** *1er village direction Pontarlier, à 3 km à l'ouest de Sainte-Croix. ☎ 024-454-24-84. • museebaud.ch • Oct-mai, sam 14h-17h, dim et j. fériés 10h-12h, 14h-18h. Juil-sept, tlj 14h-17h. Compter env 1h de visite. Entrée : 12 Fs ; réduc.* Plutôt intimiste, ce musée regroupe une soixantaine de boîtes à musique, automates, horloges et autres oiseaux chanteurs. Une salle regroupe de grands instruments de musique mécanique, parmi lesquels un énorme orgue de foire datant de 1900 ; démonstration et audition de toutes les pièces. Une visite passionnante.

## Randonnées

Quelque 200 km de chemins pédestres s'offrent à vous en été. Les passionnés prévoiront des itinéraires avec nuitées dans des chalets d'alpage (liste et cartes disponibles à l'office de tourisme). Parmi les multiples possibilités :

**Le Chasseron** *(1 606 m)* **:** 4h aller-retour depuis Sainte-Croix (12 km). La randonnée n'est pas de tout repos, avec ses 600 m de dénivelée au programme, mais la récompense est au bout du chemin : un panorama splendide sur le Jura, le lac de Neuchâtel et les principaux sommets des Alpes suisses et françaises.

**Le saut de l'Eau :** départ derrière l'église, suivre le panneau « Les Praises ». Jolie promenade en sous-bois entrecoupée de passerelles. Compter 3h aller et retour. On peut aussi y accéder depuis le col des Étroits. Au-dessus, chalet de la Maya et chalet du Sollier offrent le couvert.

**Les gorges de Covatanaz :** imposantes. Compter 1h30 jusqu'à Vuitebœuf (5,5 km) sur un sentier facile longeant l'Arnon, entrecoupé de rapides et de petites chutes. Selon une anecdote, il fallait huit bœufs pour tirer une charrette jusqu'ici ! Certaines ont laissé de profondes ornières dans la pierre d'une voie du XIVe s, empruntée par les caravanes de sel venant de Franche-Comté. On les découvrira en remontant à Sainte-Croix par la « voie historique » (2h environ). Sinon on peut reprendre le train, ou continuer jusqu'à Baulmes (2 km).

# GRANDSON

(1422) 3 020 hab.

**Posée juste au-dessus du lac de Neuchâtel, une cité médiévale aux rues et venelles jalonnées de vieilles façades. Particulièrement connue pour son château et son église romane du XIe s.**

## Adresse utile

■ ***Office de tourisme et maison des Terroirs :*** *rue Haute 13. ☎ 024-445-60-60. • terroirs-region-grandson.ch • Mar-ven 9h-19h (18h nov-avr), sam 10h-18h, dim 11h-18h.* Plein de conseils pour découvrir les producteurs locaux (notamment les vignerons de l'appellation Bonvillars). Dégustation-vente de produits régionaux.

## Où manger ?

|●| ***Le Pécos :*** *chemin du Pécos 3. ☎ 024-445-24-76. Au bord du lac, à l'entrée du camping du même nom. Tlj 8h-23h. Congés nov-fév. Formule déj sem 18 Fs. Menu 43 Fs.* On s'attendait à un resto de camping style snack-bar, on découvre une bonne table avec des produits locaux bien choisis (à commencer par les poissons du lac) et travaillés avec sérieux par un chef qui passe toujours glisser un mot à ses clients. Salles sans façon et terrasses, dont une avec vue sur lac.



# À voir

***Le château :*** *☎ 024-445-29-26. • chateau-grandson.ch • Tlj 8h30-18h (17h nov-mars). Entrée : 12 Fs ; réduc ; gratuit moins de 6 ans.*
La première construction d'un château roman par un sire de Grandson est mentionnée vers 1050. En 1260-1280, Othon Ier l'a reconstruit sous sa forme actuelle. Charles le Téméraire y livre deux batailles (perdues) contre les Suisses, dans le cadre des guerres de Bourgogne. Deux ans après les défaites, en 1476, il réclame vengeance et assiège la ville et le château de Grandson, avec une armée forte de 20 000 hommes. Faute de vivres et de secours, la garnison se rend et se fait immédiatement massacrer. Aussitôt, une armée suisse de 18 000 soldats repart sur Grandson. Le Téméraire, battu, doit prendre la fuite devant ces « vachers qu'il voulait corriger », abandonnant un important butin que les Suisses mettront 3 jours à piller...
Une bonne partie du château peut être visitée. Un *Musée historique* présente notamment une belle reconstitution de la bataille de Grandson de 1476, ainsi qu'une riche collection d'armes (arbalètes, armures, armes à feu, épées... et même une catapulte). Un diaporama de 20 mn retrace l'histoire du château. Au programme également, la salle de torture avec une tristement célèbre ceinture de chasteté, les oubliettes ainsi que le chemin de ronde avec un superbe panorama sur le lac, notamment depuis la tour de garde dite « Pierre », etc. Enfin, un *musée de l'Automobile* renferme quelques bijoux. Parmi la vingtaine de modèles figurent la Rolls-Royce de Greta Garbo et la limousine Austin « Cambridge Saloon » de Winston Churchill.

***L'église Saint-Jean-Baptiste :*** *au milieu de la rue Haute.* En chemin, admirer la *maison du Bailli,* rue Haute 11, demeure du XVIIIe s avec une façade précédée d'un escalier double et un balcon en fer forgé. Juste à côté, le *caveau des Vignerons.*

L'église actuelle (temple protestant depuis le XVIe s), très influencée par le style roman auvergnat, est essentiellement une reconstruction du XIIe s. La nef centrale est couverte d'une voûte retombant sur des colonnes d'origine romaine qui supportent des chapiteaux romans sculptés qu'on classera sans problème parmi les plus beaux de Suisse. Prenez le temps de tous les détailler : ici, un saint Michel terrassant le dragon ; là, la Vierge avec saint Hugues de Cluny, et l'Enfer...

# LE PAYS DE NEUCHÂTEL



**Deux pôles caractérisent ce pays de Neuchâtel. Les autochtones eux-mêmes parlent sans cesse du « haut » pour la région des montagnes, et du « bas » pour la ville de Neuchâtel et les rives de son lac. Et il existe bel et bien une mentalité du « haut », réputée plus ouvrière et populaire, et un esprit du « bas », plus intellectuel et « aristocratique ». Il se murmure d'ailleurs dans les autres cantons francophones que les Neuchâtelois (du bas, donc !) parlent le français le plus parfait de Suisse...**

**Il subsiste des activités particulières au « haut », tournées vers l'horlogerie, et des métiers du « bas », qui s'exercent davantage en col blanc (fonctionnaires, professeurs, etc.), même si l'horlogerie et la microtechnique sont une carte de visite pour l'ensemble du canton. Quant au lac, c'est une valeur sûre, même si l'architecture des villes horlogères et les œuvres de Le Corbusier sont devenues l'autre carte que joue le pays de Neuchâtel.**



## À GAUCHE TOUTE

L'industrie horlogère s'est développée dans les montagnes neuchâteloises dès le XVIIe s, transformant les paysans en ouvriers. Une nouvelle classe sociale, donc, d'emblée plus qu'ouverte aux idées progressistes.

Historiquement, ce sont les habitants du Locle qui, en 1848, ont mené la révolution pour chasser les Prussiens de la principauté de Neuchâtel. C'est également au Locle qu'est né, après une conférence de Bakounine, en 1869, le premier mouvement anarchiste de Suisse qui a fait école dans toute l'Europe, des communards aux Catalans de la C.N.T. Une tradition qui perdure : Le Locle comme la Chaux-de-Fonds sont, aujourd'hui encore, des villes dirigées par des majorités de gauche.

## HISTOIRE D'EAU

Le plus grand lac entièrement suisse est aussi l'un des plus propres. Les petites plages (souvent de cailloux) se succèdent entre La Tène et Grandson. Pour les grandes étendues de sable, cap sur la rive sud (voir le chapitre « Yverdon »).

Nombreuses croisières au départ de Neuchâtel, notamment à destination des lacs de Morat ou de Bienne (par les canaux de la Broye ou de la Thielle) : *☎ 032-729-96-00. • navig.ch •* Au port de Neuchâtel, de fin mai à fin septembre : planche à voile et ski nautique *(☎ 032-724-61-82).*

## SPÉCIAL MONTAGNE

Les hauteurs neuchâteloises se prêtent bien à la randonnée douce, de 1 000 à 1 400 m d'altitude *(infos dans les offices de tourisme).* Elles comblent également

les amateurs de VTT et de cyclotourisme. Location notamment en gare de Fleurier (☎ 032-861-41-43), à Cernier ou à Evologia.
En hiver, c'est le paradis du ski de fond. Départ du col de La Vue-des-Alpes, des abords de La Chaux-de-Fonds ou de l'entrée de la vallée de la Sagne.

# NEUCHÂTEL

(2000) 33 700 hab.

• Plan p. 194-195

**Alexandre Dumas disait : « La ville taillée dans une motte de beurre ». Il est vrai que le calcaire jaune dont sont faits ses anciens bâtiments donne à Neuchâtel un charme particulier. Mais c'est aussi sa situation, entre lac et contreforts jurassiens, qui la rend attrayante.**
**Ne fuyez cependant pas le centre trop vite ! Sa grande zone piétonne, sa colline surmontée d'un château et d'une collégiale en font un endroit agréable à parcourir. Ses bistrots restent ouverts tard dans la nuit, certains du moins, mais cette cité millénaire aime aussi sa tranquillité. La ville se parcourt plutôt à pied, et le tram est là pour vous inciter ensuite à longer le lac, avec arrêt au bord d'une plage, au cœur d'un village vigneron ou dans un resto prisé par les locaux.**

## UN PEU D'HISTOIRE

Depuis ses origines, Neuchâtel a « collectionné » les familles royales d'Europe. Citadelle bourguignonne au XIe s, elle est passée dans l'escarcelle de différents comtes d'origine alémanique, puis dans celle des Orléans-Longueville. Au début du XVIIIe s, les bourgeois neuchâtelois choisirent de remettre la principauté au royaume de Prusse, protestant comme eux et suffisamment éloigné pour ne pas trop se mêler de leurs affaires. Ils en profitèrent pour développer des commerces et industries de toutes sortes, permettant à la ville de prospérer. Neuchâtel entra dans la Confédération helvétique en 1814, tout en restant principauté prussienne : ce statut hybride, unique en Helvétie dura jusqu'en 1848, date de l'indépendance complète après un petit mouvement d'humeur des habitants du Locle.

### L'AFFAIRE DES « PLACARDS »

*L'imprimerie européenne était contrôlée par les protestants. En 1534, Marcourt, un pasteur de Neuchâtel, « placarda » des affiches anticatholiques dans toute la France, jusqu'au château de François Ier, à Amboise. Jusqu'alors plutôt tolérant, le roi entama la chasse aux « hérétiques ». Ce sera le début des terribles guerres de Religion.*

## Arriver – Quitter

➢ ***En voiture :*** autoroute depuis Lausanne via Yverdon ; routes nationales depuis Bienne et Berne.
➢ ***En train :*** depuis Genève, Lausanne, Berne, Bienne et La Chaux-de-Fonds.
***Gare ferroviaire*** *(plan C1) :* ☎ 032-157-22-22. Gare CFF sur les hauteurs, reliée au centre-ville par des bus et par un funiculaire, le Funambule.
➢ ***En bateau :*** port relié à tous ceux des lacs de Neuchâtel et de Bienne.

L'ARC JURASSIEN

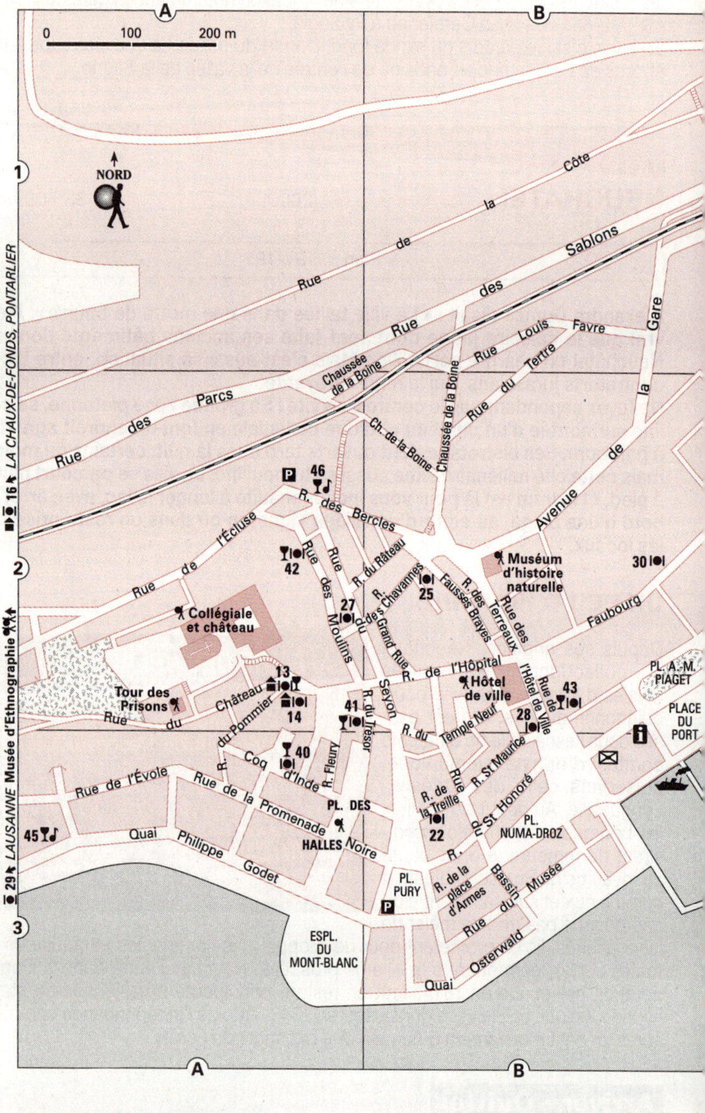
A
B
0
100
200 m
NORD
1
2
3
LA CHAUX-DE-FONDS, PONTARLIER
16
LAUSANNE Musée d'Ethnographie
29
Rue de la Côte
Rue des Sablons
Rue des Parcs
Chaussée de la Boine
Rue Louis Favre
Rue du Tertre
Chaussée de la Boine
Ch. de la Boine
Rue de la Gare
Avenue de la Gare
R. des Bercles
Rue de l'Écluse
Rue des Moulins
R. du Râteau
R. des Chavannes
Fausses Brayes
R. des Terreaux
Rue des Terreaux
Muséum d'histoire naturelle
Faubourg
Collégiale et château
Tour des Prisons
Rue du Château
R. du Pommier
Grand Rue
Seyon
R. de l'Hôpital
Hôtel de ville
Rue de l'Hôtel de Ville
R. du Trésor
R. du Temple Neuf
R. Fleury
Coq d'Inde
R. St Maurice
Rue du Seyon
R. de la Treille
Rue St Honoré
Rue de l'Évole
Rue de la Promenade Noire
PL. DES HALLES
PL. NUMA-DROZ
PL. PURY
R. de la place d'Armes
Bassin
Rue du Musée
Quai Philippe Godet
Quai Osterwald
ESPL. DU MONT-BLANC
PL. A.-M. PIAGET
PLACE DU PORT
13
14
22
25
27
28
30
40
41
42
43
45
46
P

**NEUCHÂTEL**

## Adresse utile

- Office de tourisme

## Où dormir ?

- **11** Cité des Étudiants
- **13** L'Aubier Café-hôtel
- **14** Auberg'Inn
- **15** Hôtel des Arts
- **16** La Maison du Prussien

## Où manger ?

- **21** Crêperie Chez Bach et Buck
- **22** Brasserie du Jura
- **24** Pinte de Pierre-à-Bot
- **25** La Désobéissance
- **27** Brasserie Le Cardinal
- **28** Le Bistrot du Concert
- **29** Les Bains des Dames
- **30** Chez Max et Meuron
- **44** Bleu Café

## Où boire un verre ?

- **40** Bar de l'Univers
- **41** Café du Cerf
- **42** Chauffage Compris
- **43** Les Brasseurs
- **44** Bleu Café

## Où écouter de la musique ? Où sortir ?

- **45** La Case à Chocs
- **46** Bar King

## Adresses utiles

🅸 ***Office de tourisme*** *(plan B2-3)* **:** *hôtel des Postes, pl. du Port.* ☎ *032-889-68-90.* • *neuchateltourisme.ch* • *Lun-ven 9h-12h, 13h30-17h30 ; sam 9h-12h. Juil-août : lun-ven 9h-18h30, sam 9h-16h, dim 10h-14h.*

✉ **Poste** (plan B3) **:** *bureau principal, pl. du Port 2. Lun-ven 8h-18h30, sam 8h30-12h.*

■ ***Locations de vélos* :** la ville dispose d'un réseau de 9 stations en libre-service, les plus intéressantes pour les visiteurs sont situées sur le port, place Pury, à l'hôtel de ville et au pied du *Funambule* (relié à la gare). ☎ *032-717-77-74.* 📱 *076-417-50-91.* • *neuchatelroule.ch* • *Compter 2 Fs slt pour 4h, 6 Fs/j. !* Carte journalière vendue à l'office de tourisme et à la station de location du port.

## Où dormir ?

### Bon marché

🏠 ***Cité des Étudiants*** (hors plan par C2, **11**) **:** *av. du Clos-Brochet 10.* ☎ *032-727-68-50.* • *alfen.ch* • *À moins de 10 mn du port et de la gare. Accueil (en principe, les horaires sont variables...) mar-jeu 14h30-16h30, plus jeu et ven 8h30-11h30. Juil-sept, loc de chambres individuelles meublées avec cuisine, douche et w-c 60-120 Fs.* 📶 Cette cité universitaire, l'un des 5 foyers et immeubles d'habitation gérés par l'association d'étudiants *Alfen*, accueille les visiteurs, hors année scolaire. Résa en ligne seulement, en remplissant le formulaire de « demande de location hôtelière ».

### De prix moyens à chic

🏠 🍽 ***L'Aubier Café-hôtel*** (plan A2, **13**) **:** *rue du Château 1.* ☎ *032-710-18-58.* • *aubier.ch* • *Café tlj sf dim (mais petit déj assuré pour les clients de l'hôtel). Congés : 1re sem de janv. Doubles 120-180 Fs selon confort. Petite restauration bio 10,50-20 Fs.* 📶 Émanation de *L'Aubier* de Montézillon (voir « Où dormir ? Où manger dans les environs ? »), cet hôtel de poche offre un heureux contraste entre les vieilles tuiles rouges des toits que l'on aperçoit de ses fenêtres et le design épuré de ses 9 chambres claires, aux noms d'épices. Le café est torréfié sur place et, pour un déjeuner léger au hasard des 2 étages, fougasses et salades sont préparées avec les produits (bio) de la ferme.

🏠 🍽 ***Auberg'Inn*** (plan A2, **14**) **:** *rue Fleury 1.* ☎ *032-721-44-20.* 📱 *078-615-84-21.* • *auberginn.ch* • *Chambres 2-5 pers 160-310 Fs.* 📶 Bon plan pour les routards qui voyagent à plusieurs et qui n'ont pas peur de grimper les étages : ce petit hôtel installé dans un édifice Renaissance, en plein centre historique, propose 6 chambres coquettes, toutes différentes et équipées de douche, w-c et kitchenette, pouvant accueillir jusqu'à 5 personnes. On récupère les clés auprès du *Café du Cerf* tout proche *(plan A2, **41**)*.

🏠 ***Hôtel des Arts*** (plan C2, **15**) **:** *rue J.-L.-Pourtalès 3.* ☎ *032-727-61-61.* • *hoteldesarts.ch* • *Doubles 175-200 Fs, petit déj compris.* 💻 📶 Une façon sympathique de transformer une résidence en béton en hôtel dans l'air du temps : mettez quelques touches de couleur, glissez des œuvres d'art ici et là, prenez un personnel souriant, et vous obtiendrez un espace où chacun se sent bien. Certes, les couloirs sont moins pimpants que la réception, mais les chambres, suites et appartements (plus ou moins réussis et colorés) sont de bon confort et bien tenus.

### Très chic

🏠 🍽 ***La Maison du Prussien*** (hors plan par A2, **16**) **:** *rue des Tunnels 11.* ☎ *032-730-54-54.* • *hotel-prussien.ch* • *Resto tlj sf sam midi et dim 11h30-14h30, 18h45-minuit. Congés : de mi-juil à mi-août et 3 sem de Noël à mi-janv. Doubles 195-275 Fs, petit déj inclus. Plat du jour 19,50 Fs et menu*

*58 Fs côté bistrot. Au resto, menus 125-170 Fs.* Une adresse de charme, au bord du Seyon. Dans cette ancienne brasserie du XVIIIe s, une dizaine de chambres aux poutres apparentes, meublées à l'ancienne et avec bon goût, certaines avec vue sur les gorges (« Dame Augustine », splendide), d'autres sous les toits, d'autres encore avec cheminée. À table, cuisine qu'on peut appeler gastronomique (joliment tournée également mais à prix plus gentils au *Bistrot du Prussien*). Pour la digestion, petite balade au cœur des gorges.

## Où manger ?

### Bon marché

|●| ***Crêperie Chez Bach et Buck*** *(plan C2,* ***21****) : av. du 1er-Mars 22. ☎ 032-725-63-53. Tlj sf dim midi 11h30-14h, 17h30-22h. Congés : 2 dernières sem de juil ainsi qu'en fin d'année. Compter 15-20 Fs.* Un des rendez-vous des étudiants locaux. L'équipe est plutôt jeune aussi et prend son temps... Salle dont il n'y a pas grand-chose à écrire (et tables un peu serrées), mais bon choix de crêpes salées ou sucrées et 36 thés et tisanes différents – à moins de préférer un bon petit cidre suisse. Terrasse dans la cour intérieure.

|●| ***Bleu Café*** *(plan C2,* ***44****) : faubourg du Lac 27. ☎ 032-725-03-47. Lun-ven 7h-minuit. Congés : 2 sem fin juil-début août et en fin d'année. Sandwichs 5,50-8,50 Fs. Plats 12,90-19,90 Fs. CB refusées.* Une institution locale (ouverte depuis 1929 !). Miniterrasse ou petite salle aux murs couverts d'affiches de cinéma (il y en a un juste derrière), survolée par une sculpture de Niki de Saint-Phalle. Quelques plats classiques, mais aussi et surtout de généreux sandwichs très populaires auprès des étudiants de l'UNI voisine. Pour les amateurs de bonnes crêpes à base de farine bio, à 20 m, sur le même trottoir, la petite sœur du *Bleu Café*, l'**Annexe** *(lun-ven 11h-14h30, 17h30-22h30 ; crêpes 7,50-12 Fs).*

### Prix moyens

|●| ***Brasserie du Jura*** *(plan B3,* ***22****) : rue de la Treille 7. ☎ 032-725-14-10. Tlj sf dim 9h-23h (minuit ven-sam). Congés : 2 premières sem de juil. Menu du jour 19 Fs, plats 17-45 Fs.* Dans cette brasserie populaire, neuchâteloise à souhait et qui fleure bon le fromage, on sert la fondue et le cochon sous toutes ses formes (saucisson, tripes, pieds de porc réputés loin à la ronde, escalopes, etc.), arrosés d'un large choix de vins régionaux. Vous n'êtes pas obligé de dévorer les 2 ensemble, sauf à faire ensuite le tour du lac.

|●| ***Le Bistrot du Concert*** *(plan B2-3,* ***28****) : rue de l'Hôtel-de-Ville 4. ☎ 032-724-62-16. Lun-sam 8h-minuit (1h ven-sam). Menu du jour 17 Fs, plats 16-48 Fs ; tapas env 5-7 Fs.* Le lieu est aussi central que charmant avec son grand zinc au-dessus duquel s'affichent les propositions du jour à l'ardoise. La carte offre des variations saisonnières autour d'un noyau dur de bons plats mijotés et de classiques de brasserie invariablement copieux. L'été, la terrasse s'ouvre et les salades, très réussies, entrent dans la danse. On peut aussi la jouer apéro (vin du mois au verre) et tapas.

|●| ***Pinte de Pierre-à-Bot*** *(hors plan par C1,* ***24****) : rue Pierre-à-Bot 106. ☎ 032-725-33-80. À env 4 km du centre-ville, c'est bien fléché en voiture. En bus, depuis le terminus de la ligne no 9 (« Denis-de-Rougemont »), prendre le chemin dans la forêt (5 mn à pied). Tlj 11h30-14h, 18h-21h30. Menu du jour lun-ven 20 Fs, autres menus 32-45 Fs, carte env 35 Fs.* Posé sur les hauteurs de la ville, avec une terrasse qui s'ouvre sur champs et forêts, des plus agréable en été, ce resto occupe le club-house des années 1920 de l'ancien golf de la ville. Une odeur entêtante trahit immédiatement la spécialité de la maison : la fondue, disponible en une petite trentaine de versions ! Quelques grillades également, des croûtes

aux champignons et, pour changer d'horizon, des spécialités grecques et des pâtes à l'italienne.

**|●| *La Désobéissance*** *(plan B2,* ***25****) : rue des Fausses-Brayes 19. ☎ 032-724-63-55. Tlj sf dim soir et lun 11h30-14h, 18h30-22h. Formule déj sem 21 Fs, plats 39-47 Fs. Brunch dim mat (à partir de 10h30) 32-39 Fs.* Sous la tour des Chavannes, on enfermait les désobéissants. Aujourd'hui, ce sont les gourmets qui s'y enferment, en toute liberté. La maison se revendique de la *bistronomie,* soit d'une cuisine plutôt gastro à base de produits du marché, servie dans une ambiance décontractée et un cadre de... bistrot, juste un peu décalé (ne partez pas sans avoir fait un tour aux toilettes !). Plats joliment présentés, excellents des entrées aux desserts.

**|●| *Brasserie Le Cardinal*** *(plan A2,* ***27****) : rue du Seyon 9. ☎ 032-725-12-86. Tlj sf dim 8h30-23h30. Congés : 15 j. fin juil-début août. Formule déj sem 18,50 Fs ; plats 14-48 Fs.* Plus que centenaire, ce lieu de mémoire où, jadis, on brassait de la bière, a conservé toute l'élégance de sa salle classée, avec vitres gravées, moulures et autres grands panneaux de faïences peints d'oiseaux et de motifs floraux. On y sert une bonne cuisine traditionnelle (très française dans l'esprit) à base de produits frais, au gré du marché.

**|●| *Les Bains des Dames*** *(hors plan par A3,* ***29****) : quai Louis-Perrier 1. ☎ 032-721-26-55. De mi-avr à fin sept, tlj 9h30-23h (minuit sam, 21h dim). Formule déj sem env 20 Fs ; plats 24-39 Fs. Dim, brunch 26 Fs.* Prenez d'anciens bains réservés aux dames au XIXe s, un patron fou de brocante, une carte de néo-brasserie saupoudrée de notes un brin exotiques et vous obtiendrez une adresse très courue aux beaux jours, avec la seule vraie terrasse les pieds dans l'eau de la ville.

**|●| *Chez Max et Meuron*** *(plan B2,* ***30****) : passage Maximilien-de-Meuron 1. ☎ 032-717-82-24. Lun-ven 9h-minuit (et soirées w-e si spectacle). Congés : août. Plat du jour 18 Fs le midi ; plats 18-32 Fs.* C'est le resto du théâtre du Passage, idéal pour grignoter végétarien (ou non) le midi, à prix doux, ou avant un spectacle, et même après, car c'est la destination première du lieu. Le nom est un hommage à un mécène local, artiste par ailleurs, qui a dû se retourner dans sa tombe en voyant son nom transformé ainsi. Une façon détournée de passer à la postérité !

## Où dormir ? Où manger dans les environs ?

### Prix moyens

**⌂ |●| *Hôtel du Chasseur :*** *chemin des Clos 1, 2073* ***Enges.*** *☎ 032-757-18-03. • hotel-du-chasseur.ch • À env 11 km au nord-est de Neuchâtel. Tlj sf dim soir, lun et mar mat. Congés : 15 j. fin fév-début mars. Doubles 140-160 Fs, petit déj compris. Plat du jour à partir de 18 Fs ; menu 62 € ; plats 34-48 Fs.* Perchée à 815 m d'altitude, avec vue sur le lac et les Alpes, cette auberge de campagne se spécialise dans le gibier en saison (vu l'enseigne, on s'en serait douté !), les plats terroir et le poisson frais le reste du temps. Le tartare est préparé à votre table par le patron s'il n'y a pas trop de monde. Son sens de l'hospitalité peut d'ailleurs donner envie de ne plus repartir : ça tombe bien, il y a ici une dizaine de chambres récemment rénovées dans un style très contemporain.

**⌂ |●| *L'Aubier :*** *Les Murailles 5, 2037* ***Montézillon.*** *☎ 032-732-22-11. • aubier.ch • À env 8 km à l'est de Neuchâtel : suivre Corcelles, puis la direction du Val-de-Travers. Congés : 1 sem fin fév et autour de Noël. Doubles 170-220 Fs, beau petit déj bio inclus. Formule déj sem 20 Fs, plats 22-45 Fs.* À l'origine, il y avait une ferme, bio, et un fermier qui se demandait qui allait bien acheter ses produits... Entreprenant, il racheta la vieille auberge d'à côté et passa derrière les fourneaux. Pour héberger ses clients, il ouvrit un hôtel. Puis une boutique. Et maintenant, voilà qu'il est à l'origine de tout un écoquartier !

*L'Aubier* est aujourd'hui une affaire qui tourne et, si la qualité des produits est bien au rendez-vous, les prix ont beaucoup grimpé. On loge dans le bâtiment principal, aux chambres toutes différentes, spacieuses, de caractère, ou dans l'annexe, plus simple, tout en bois, avec véranda et balcon qui embrassent pâturages, forêt et lac. Lait, yaourt et fromages maison, bœuf et porc de la ferme, jus de carotte se retrouvent au menu, pour une carte mi-végétarienne. On déjeune sur la terrasse, en admirant le lac.

***Maison d'hôtes L'Eau-Forte :*** *rue du Tilleul 9, 2072* ***Saint-Blaise.*** *☎ 032-753-47-00. • leauforte.ch • À env 6 km au nord-est, bien fléché dans le village. Doubles 120-180 Fs, petit déj en sus. Résa très à l'avance demandée.* Cette ferme du XVIIe s accueille entre ses épais murs et sous ses vieilles poutres 1 chambre et 2 « lofts », avec cuisine équipée. L'ensemble est résolument contemporain, aussi agréable que l'accueil du proprio qui ouvre le rez-de-chaussée à des expos d'artistes ou d'artisans d'art (son ancien métier). Agréable terrasse côté jardin.

## Où boire un verre ?

***Bar de l'Univers*** *(plan A3,* ***40****) :* *rue du Coq-d'Inde 22. ☎ 032-721-43-40. Tlj sf dim-lun 9h-22h (23h jeu, minuit ven-sam). Brunch 22-25 Fs.* Un vaste choix de vins au verre, de bières aussi artisanales que les sirops à siroter entre les murs de ce bar riquiqui, ou en terrasse, sur la place. Grignotage (salades, tartines...) midi et soir, et brunch le dimanche aux beaux jours.

***Café du Cerf*** *(plan A2,* ***41****) :* *rue de l'Ancien-Hôtel-de-Ville 4. ☎ 032-724-27-44. Tlj 16h (12h juin-sept)-1h (2h ven-sam).* Sous ce nom qui sonne très suisse, un genre de pub à l'irlandaise (patrie du patron) avec des écrans pour suivre les matchs de foot ou de rugby et un joli choix de bières, à tester sous le regard d'un cerf empaillé ou sur la miniterrasse côté rue piétonne. Quelques trucs à grignoter (juste pour éponger).

***Chauffage Compris*** *(plan A2,* ***42****) :* *rue des Moulins 37. ☎ 032-721-43-96. Tlj sf dim-lun 11h-1h (2h ven-sam). Formule déj sem 20 Fs ; plats 26-49 €.* Un restaurant alternatif pas triste, où l'on vient boire à toute heure et s'offrir un sympathique plat du jour. Petite terrasse côté rue, et salle plus sympa à l'intérieur, qui accueille des expos et des visiteurs souvent hauts en couleur.

***Les Brasseurs*** *(plan B2,* ***43****) :* *faubourg du Lac 1. ☎ 032-721-12-12. Lun-mar 11h-minuit, mer-jeu 11h-1h, ven 11h-2h, sam 10h-2h, dim 16h-minuit. Plats 17-32 Fs.* Ici, on brasse la bière : une blanche, une blonde, une ambrée et une spéciale au malt de whisky, à siroter dans une jolie ambiance brasserie en vert et or, avec vue sur les cuves regroupées à l'étage. Curieux de l'ensemble ? Demandez la palette dégustation de 4... Tartes flambées, choucroute, tartares et burgers les accompagnent idéalement.

***Bleu Café*** *(plan C2,* ***44****) :* *voir la rubrique « Où manger ? ».* Joli choix de bières au *Bleu Café* et, pour les amateurs de cocktails, juste à côté, même équipe pour le bar-brocante la *Boutique.*

## Où écouter de la musique ? Où sortir ?

***La Case à Chocs*** *(plan A3,* ***45****) :* *quai Philippe-Godet 20. ☎ 032-544-35-84. Congés : juil-sept. Tlj sf lun 22h-4h. Entrée : 5-35 Fs.* La salle de musiques actuelles de référence, dans les locaux d'une ancienne brasserie. Concerts et soirées DJs (presque ts les 2 jours !) explorent tous les styles musicaux, avec une tendance underground indéniable.

***Bar King*** *(plan A2,* ***46****) :* *parking du Seyon, rue du Seyon 38. ☎ 032-724-27-07. Tlj sf dim 6h-1h (19h lun, 2h sam).* Situé à l'entrée du parking souterrain du Seyon, le *Bar King* joue sur les mots et sur les notes, avec un concert ou un DJ chaque soir. Le mardi, c'est jazz ; les autres jours, on ondule sur du reggae, du funk ou du flamenco, dans une salle chaleureuse ornée d'instruments de musique.

## À voir

**La collégiale** *(plan A2)* **:** *tlj 9h-20h (18h30 l'hiver).* Perchée sur la colline avec son château, avec ses tours et son toit à motifs géométriques qui se découpent sur le lac, c'est LA carte postale de Neuchâtel. Avec son esplanade pavée dominant la ville, le cloître attenant et le parc qui la prolonge, c'est également un ensemble agréable à visiter. Construite aux XII^e^ et XIII^e^ s, de style romano-gothique, elle a été rénovée au XIX^e^ s. Entrée par le portail Saint-Pierre, de style roman avec sculpture moderne. À l'intérieur, voûtes d'origine, chœur avec chapiteaux romans sculptés et, surtout, majestueux cénotaphe des comtes de Neuchâtel (1372). Cet étrange ensemble de statues de pierre polychromes représente des chevaliers et leurs dames – le comte Louis, ses trois épouses successives, ses parents et ses filles, dit-on. Des pleureurs versent toutes leurs larmes sur les arcades du socle... Ne manquez pas non plus le portail sud (roman), par lequel on entrait jadis, ni le cloître – largement remodelé au XIX^e^ s. Enfin, sachez que des concerts d'orgue sont organisés (gratuitement) à 18h30 chaque dernier vendredi du mois.

**Le château** *(plan A2)* **:** *visites guidées slt ; ttes les heures, 14h-17h : avr-mai, w-e et j. fériés ; juin-sept, tlj sf lun. Tarif : 5 Fs ; gratuit moins de 16 ans.* Reconstruit au XV^e^ s après un incendie, remanié au XIX^e^ s, le château est occupé par le gouvernement du canton et ses services administratifs. On n'en visite donc qu'une petite partie, sans grand intérêt – même si certains guides réussissent à pimenter le parcours d'anecdotes vivantes. On peut se contenter d'observer l'aile sud de l'extérieur, seul vestige roman (très restauré), ainsi que le puissant portail encadré de deux tours à mâchicoulis, en pierre jaune de Hauterive.

### DESSINE-MOI UN BLASON

*La salle des États du château de Neuchâtel, aujourd'hui tribunal cantonal, raconte, en quelques armoiries peintes sur ses murs, toute l'histoire du canton. Composés d'un côté des armoiries de l'époux et de l'autre de celles de sa femme, ces blasons témoignent des mariages successifs des propriétaires des lieux. On remarque ainsi le passage de Neuchâtel aux mains des Français (la fleur de lys), puis des Prussiens (la couronne), jusqu'à la révolte et l'indépendance de 1848, marquant la fin du temps des petits dessins.*

**La vieille ville** *(plan A2-3, B2-3)* **:** de l'esplanade de la collégiale, descendre vers la rue du Château. Là, prendre un peu sur la droite, jusqu'à la ***tour des Prisons*** (qui, victime d'un incendie, ne se visitait plus en 2017, « jusqu'à nouvel ordre »...), témoin des anciens remparts. Gagner la place de la Croix-du-Marché pour y voir l'*hôtel du Banneret* (façade Renaissance). Il évoque le personnage qui veille sur la ville du haut de la fontaine voisine (XVI^e^ s), joliment restaurée dans les couleurs de l'époque. Emprunter ensuite la rue du Trésor, avec toutes ses maisons joliment décorées.

**La place des Halles** *(plan A-B3)* **:** c'est un peu le cœur de la ville. Bordée de belles façades du XVIII^e^ s, elle accueille le marché les mardi, jeudi et samedi, et ses terrasses de bistrots agissent comme un aimant à la belle saison. La *Maison des Halles* (XVI^e^ s) domine les lieux, avec sa tourelle d'angle, sa frise sculptée et ses portes décorées. Elle est marquée du signe des Orléans-Longueville, les maîtres de l'époque, et abrite un café-resto qui ne nous a pas plus emballé que ça.

**L'hôtel de ville** (plan B2) **:** sa façade monumentale à colonnades du XVIIIe s n'est pas vraiment le style de « Neuchâtel la raffinée ». Elle est l'œuvre de l'architecte de Louis XVI, Pierre-Adrien Paris. Au fronton : Minerve et la liberté d'un côté, le commerce et l'abondance de l'autre. Faut-il en conclure qu'ils sont indissociables ?

Dans le prolongement de la rue de l'Hôpital, la rue du Faubourg-de-l'Hôpital est bordée d'***hôtels particuliers*** des XVIIe et XIXe s (notamment les nos 8, 14, 19, 21 et 24). Au fond d'un vaste jardin à la française, le majestueux *hôtel Du Peyrou,* de style Louis XVI dans lequel se trouve un hôtel-resto chic et choc.

**Le musée d'Art et d'Histoire** (plan C2-3) **:** *esplanade Léopold-Robert 1. ☎ 032-717-79-25. • mahn.ch • Tlj sf lun 11h-18h. Entrée : 8 Fs ; réduc ; gratuit moins de 16 ans et pour ts le mer.* L'imposant bâtiment XIXe s s'orne de vitraux et de fresques qui ont demandé pas moins de 7 ans de travail à leurs deux auteurs ! La principale attraction est une collection de trois *automates* exécutés au XVIIIe s par les frères Jaquet-Droz, célèbres horlogers de la région. Ils représentent un écrivain, une joueuse de piano et un dessinateur. Un petit film explique les mécanismes et la fascination suscitée depuis par ces poupées le plus souvent désespérément immobiles : elles ne fonctionnent, en effet, que le 1er dimanche de chaque mois à 14h, 15h et 16h, et certains mardis à 12h. Pour le reste, l'essentiel de l'espace est occupé par de grandes expositions temporaires. À l'étage, deux salles permanentes abritent des armes et des peintures – parmi lesquelles des toiles mineures de Renoir, Sisley, Courbet, Derain et, plus notable, une belle *Cathédrale de Rouen* dans la brume de Monet, d'un rose intense.

**Le musée d'Ethnographie** (hors plan par A2) **:** *rue Saint-Nicolas 4. ☎ 032-718-19-60. • men.ch • Tlj sf lun 10h-18h. Entrée : en principe 8 Fs ; réduc.* Ce musée, installé dans une ancienne villa bourgeoise au cœur d'un jardin, s'est récemment complètement transformé pour présenter une bonne partie de son fonds émanant de tous les continents, dont de superbes collections sur l'Égypte antique et l'art himalayen.

**Le Muséum d'histoire naturelle** (plan B2) **:** *rue des Terreaux 14. ☎ 032-717-79-60. • museum-neuchatel.ch • Tlj sf lun 10h-18h. Entrée : 8 Fs ; gratuit moins de 16 ans et pour ts le mer.* Installé dans un imposant bâtiment du XIXe s, ce musée propose (outre des concerts, films, conférences...) de très intéressantes expositions temporaires. Pour le reste, il s'emploie à présenter la faune régionale au gré de dioramas sonorisés franchement vieillissants. Quelques poissons, batraciens et reptiles en vivarium.

**Le Laténium** (hors plan par C2) **:** *espace Paul-Vouga, à* ***Hauterive.*** *☎ 032-889-69-17. • latenium.ch • ♿ Au bord du lac à 4 km à l'est de Neuchâtel (très bien fléché). Tlj sf lun 10h-17h. Entrée : 9 Fs ; réduc. Audioguide : 5 Fs.* C'est, mine de rien, le plus grand musée archéologique de Suisse, et il n'est pas installé ici par hasard : à quelques kilomètres, le lieu-dit La Tène a, fouilles archéologiques à l'appui, donné son nom à une période charnière de l'histoire : le deuxième âge du fer, soit l'apogée de cette civilisation celtique qui couvrait toute l'Europe, de l'Irlande à la Turquie, de 450 à 50 av. J.-C.

– ***Le musée :*** bâtiment aussi contemporain que la muséographie, ludique et interactive, pour présenter au mieux une riche collection d'objets, ossements et autres vestiges. La visite se fait à rebrousse-temps. On débute par le Moyen Âge avec des statues et autres fragments de chapiteaux de la collégiale de Neuchâtel, la fourche à poissons d'un pécheur de l'époque, la reconstitution d'une tombe mérovingienne. De la période romaine, deux bustes (dont celui de Julia, dite « la Dame d'Avenches ») méritent le coup d'oeil. De la même époque, une impressionnante (19,35 m de long) barque à fond plat gallo-romaine repêchée à Bevaix et une authentique pirogue en chêne de la fin de l'âge du bronze. À l'étage, les Celtes de la Tène se taillent la part du lion avec une exceptionnelle collection : bijoux et parures de bronze, armes (dont le superbe poignard de Cudrefin) et objets usuels. Ne pas louper non plus, après la saisissante statue-menhir de Bevaix-Treylet, l'espace consacré aux cités lacustres avec des vestiges de paniers du Néolithique trouvés à Auvernier : 150 au total, la plus grosse collection du monde ! Mésolithique et âge de glace achèvent ce voyage dans le temps. Avant de s'en offrir un nouveau, en se dirigeant vers la sortie : du couteau suisse au silex taillé de l'*Homo habilis* ! Intéressantes expos temporaires également.

– ***Le parc :*** visite complémentaire de celle du musée (avant ou après, comme vous voulez !). Au bord du lac ont été déplacés les blocs erratiques qui faisaient les paysages d'il y a 15 000 ans, un authentique dolmen et une pierre à cupule. Le chantier de fouilles d'un campement de chasseurs a été laissé en l'état, avec ossements de chevaux sauvages et de rennes, et ateliers de taille de silex. Le parc abrite également quelques superbes reconstitutions : maison sur pilotis de la fin de l'âge du bronze avec pirogue taillée dans un tronc d'arbre, pont celtique, petit jardin romain...

## Fêtes et manifestations



– ***Festi' Neuch :*** *en juin.* • *festineuch.ch* • Podiums en plein air et chapiteaux accueillent des groupes (suisses ou internationaux) de musiques actuelles. La scène d'un côté, le lac de l'autre, ambiance coooool !

– ***Festival international du film fantastique (NIFFF) :*** *début juil.* • *nifff.ch* •

– ***Buskers Festival :*** *mi-août.* Rassemblement dans la zone piétonne de musiciens de rue en provenance des quatre coins du monde.

– ***Fête des Vendanges :*** *dernier w-e de sept.* • *fete-des-vendanges.ch* • Trois jours de liesse, avec un grand cortège de chars fleuris le dimanche après-midi. Le vendredi soir et le samedi, les *Guggenmusik* (groupes de musiciens de fanfare costumés) animent les rues, annonçant le spectacle « pyromélodique » – un feu d'artifice en musique, quoi !

## DANS LES ENVIRONS DE NEUCHÂTEL

### CÔTÉ LAC

### Auvernier

Premier arrêt important sur la ligne du tram, à 2 km au sud-ouest de Neuchâtel. C'est le plus beau village viticole du littoral neuchâtelois, paré de fontaines et d'un château qui remonte au XVe s.

#### Arriver – Quitter

➢ ***En voiture :*** longer le lac (attention : nombreux radars fixes).

➢ ***En train :*** train régional entre Yverdon et Neuchâtel.

➢ ***En tram :*** le *Littorail,* un tram qui part de la pl. Pury à Neuchâtel, pousse jusqu'à Boudry, ttes les 20 mn. Dernier trajet à minuit. Prenez une carte 24h, qui permet de descendre dans les différents villages évoqués plus bas et de continuer en bus si vous le désirez.

#### Où manger ?

|●| ***Brasserie du Poisson :*** *rue des Épancheurs 1.* ☎ *032-731-62-31. Entre le vieux village et le lac, sur la route longeant le littoral. Tlj 8h-minuit*

*(cuisine 11h30-14h, 18h30-22h). Plat du jour à midi env 20 Fs ; sinon plats 29-52 Fs.* À la carte, les poissons s'imposent, qu'ils soient du lac ou de mer. Filets de bœuf et autres tartares contenteront les terriens. Le tout est assez réussi, quoique pas très copieux pour des prix tout de même bien élevés. Grande terrasse en été, agréable même si côté route.

## À voir. À faire

**Se promener** dans la paisible Grand-Rue pavée, bordée de maisons des XVIe et XVIIe s. La surprenante maison carrée est, elle, du XVIIIe et abrite une cave à vins (bio !). Même chose pour le *château* du XVIe s, dont les grilles s'ouvrent sur la place des Épanchers. Au bord du lac, vaste zone de détente (baignade possible, port de plaisance). Et sur les hauteurs, on peut se laisser tenter par une escapade à travers les vignes, jusqu'à Cormondrèche, et profiter du panorama sur le lac et les montagnes.

## Colombier

L'intérêt de ce village tient essentiellement à la présence de son château du XVe s et d'un ensemble de maisons du XVIIIe s bordant la rue Haute et la rue Basse. Pour s'y rendre, voir ci-avant la rubrique « Arriver – Quitter ».

## Areuse – Boudry – Cortaillod

L'ABC de toute bonne balade entre vignes et lacs. Prenez le tram jusqu'à Areuse puis le bus jusqu'à Cortaillod si vous n'avez pas envie d'utiliser la voiture, mais vous risquez de le regretter, surtout si vous devez acheter quelques bouteilles en cours de route. À pied, en suivant le sentier du lac, superbe balade, au long de petits ports tranquilles, de plagettes et de quelques jolies villas des siècles passés, jusqu'à la guinguette de Boudry, qui ne ferme ses volets qu'aux jours gris (et encore, c'est pour la rime !).

## Où dormir ? Où manger près du lac ?

### Camping

**Camping du Petit-Cortaillod :** *plage du Petit-Cortaillod, 2016* **Cortaillod.** ☎ *032-841-40-31. Au bord du lac. Avr-oct. Compter 25 Fs l'emplacement pour 2 avec tente.* Rare dans ce pays, un camping qui ne ressemble pas à une ville (une trentaine de places, dont la moitié réservée aux campeurs de passage), avec des arbres et une jolie pelouse qui s'étend face au lac. Ni électricité ni animaux admis, sauf si l'on excepte les 2 oies sauvages qui reviennent chaque année... Et même si les habitués tentent jalousement de garder ce camping secret, résa, à l'avance, plus que conseillée.

### De prix moyens à chic

**Restaurant de la plage de Boudry :** *route du Lac, 2015* **Areuse.** ☎ *032-841-28-22. Si vous arrivez par le tram à Areuse, bout de route assez long pour rejoindre la plage de Boudry. En voiture, c'est (discrètement fléché). Parking public payant. Pâques-fin sept, tlj midi et soir. Plats 21-31 Fs.* Des airs de guinguette, avec sa terrasse les pieds dans l'eau, qui s'éclaire le soir de lampes multicolores. C'est désormais une vraie institution des rives du lac pour sa fondue, à arroser de vins d'ici ou d'à peine plus loin. Sinon, salades, tartares ou assiette de viandes séchées servies avec le sourire par une équipe aussi jeune que décontractée.

**Le Buffet d'un Tram :** *av. François-Borel, 2016* ***Cortaillod.*** *☎ 032-842-29-92. • buffetduntram.ch • Tlj midi et soir. Congés : autour de Noël et du Nouvel An. Doubles 115-125 Fs. Assiette le midi en sem 19,50 Fs, menu 49 Fs w-e. Plats 26-49 €.* Le tram ne passe plus par là, mais le buffet y est toujours. La maison ne paie franchement pas de mine, mais tous les gourmets de la région vous la recommanderont. À juste titre : bonne cuisine au gré du marché, excellents poissons, accueil sympa. Terrasse cachée et, pour le petit plus, une table pour 2 installée dans un arbre ! On peut loger sur place : 4 chambres assez petites, sans chichis, avec salle de bains sombre (douche à l'italienne), mais à bon prix.

## À voir

**Le musée de la Vigne et du Vin :** *au château de* ***Boudry.*** *☎ 032-842-10-98. • chateaudeboudry.ch • En descendant du tram, à gauche par la 1re rue qui monte. Mer-dim 14h-18h. Fermé 3 sem fin déc-début janv. Entrée : 7 Fs, dégustation incluse ; réduc ; gratuit moins de 14 ans.* Perché sur les hauteurs du bourg, le château abrite un musée consacré au vignoble neuchâtelois. Muséographie des plus contemporaine, qui met en scène beaucoup d'outils anciens, dont un pressoir géant de 1750 conservé au sous-sol. Jadis installé dans une petite cave, il est si gros qu'il fallait démonter et remonter le manche qui permet de l'actionner tous les quarts de tour (sinon, il touchait les murs) ! Reste que la pièce maîtresse du musée est une splendide mosaïque romaine du IIIe s qui représente un banquet (juste avant qu'il ne vire à l'orgie !) : exposée dans l'entrée, elle est si bien conservée qu'on peine à croire qu'elle est d'époque ! Prêtée par un collectionneur privé, elle est en vente (un bon million de dollars)...



## À faire

– ***À la découverte des vins :*** les blancs neuchâtelois sont des chasselas plutôt secs, les rouges des pinots noirs, certains tout à fait remarquables. En plus de ces deux cépages dominants, le canton produit encore quelques spécialités : le riesling-sylvaner, le rosé œil-de-perdrix, le pinot gris, le chardonnay, le blanc de noir, le mousseux.
Pour goûter à tous ces vins, se rendre au ***caveau de Boudry*** *(☎ 032-842-59-16 ; mai-oct : ven-sam 17h-20h30 ; dim 11h-12h30, 16h30-19h ; ou sur rdv).* C'est l'espèce de tour quadrangulaire qu'on aperçoit perchée sur sa colline, à droite, en arrivant de Neuchâtel. Pas facile à trouver : suivez le fléchage puis, à la hauteur du terrain de foot, tournez à droite, à l'orée d'un quartier résidentiel (à environ 1 km du tram, en montée). En fin de semaine, le lieu idéal pour une dégustation (payante !) des bons petits crus neuchâtelois. D'autres producteurs des villages du littoral font déguster leurs vins à domicile, sur rendez-vous. Liste disponible à l'Office des vins et des produits du terroir de Neuchâtel *(☎ 032-889-68-90 ; • ovpt.ch •).*

## CÔTÉ MONTAGNE

## Chaumont

À 5 mn du centre-ville, le funiculaire La Coudre-Chaumont vous propose une grimpette au long de pentes à 46 % et un dépaysement en quelques minutes. Possibilité de monter sur une tour panoramique à l'arrivée.

# Le Val-de-Ruz

Entre Neuchâtel et La Chaux-de-Fonds, voilà un petit val bien charmant, agrémenté d'une rivière qui chante : le Seyon. Il se love au nord de Neuchâtel entre des collines qui culminent à 1 552 m. Au gré des promenades, on y trouve de mignonnes *églises* de style roman tardif, comme celle d'***Engollon,*** récemment restaurée. Essentiellement agricole jusqu'au XVIIIe s, ce val s'éveilla à l'industrie par le biais de petits ateliers d'assemblage de montres et par l'impression de tissus et la fabrication de draps. Belles randonnées à faire l'été.

***Valangin :*** à l'entrée des gorges du Seyon, sur la route de La Chaux-de-Fonds, la bourgade cache bien son jeu. Le *château,* fondé au XIIIe s, rebâti au XVe s et remanié au XVIIIe s après un incendie, abrite un attachant *musée (☎ 032-857-23-83 ; • chateau-de-valangin.ch • ; ouv mars-oct, mer-dim 13h30-17h [11h dim]. Entrée : 7 Fs ; réduc ; gratuit moins de 11 ans. Parc GRATUIT, tlj 8h-19h).* Au fil des planchers qui craquent, meubles anciens et armes, cachot en bois dans les combles, poêles en faïence, tableaux, pendules, courriers, malles, outils et objets les plus divers constituent des sortes d'« archives de la vie quotidienne » du XVIIe s au début du XXe s. Jolie cuisine. En contrebas, la collégiale gothique (1500), en croix grecque, conserve les gisants d'un seigneur de Valangin et de son épouse. On verra aussi la porte de ville, ornée d'une horloge.

***Cernier :*** ce village, à 9 km au nord de Neuchâtel, abrite le centre ***Evologia*** *(route de l'Aurore 6 ; ☎ 032-889-36-00 ; • evologia.ch •)* où on peut dormir et manger (voir plus loin) et qui chaque année, de début juillet à fin août, ouvre gratuitement au public *ses jardins extraordinaires,* créés par des paysagistes et des plasticiens. Le lieu héberge aussi, en juillet, un festival de poésie et, fin août, une fête de la Terre et des concerts dans le cadre des *Jardins musicaux*.

## Où dormir ? Où manger dans le coin ?

### De bon marché à prix moyens

***Evologia :*** *route de l'Aurore 6, 2053* ***Cernier.*** *☎ 032-889-36-00. • evologia.ch • Resto lun-ven 7h-16h, le w-e également en été. Compter 24 Fs/pers en dortoir. Repas 10 Fs au self.* 5 dortoirs d'une grande sobriété avec 5 ou 6 lits (non superposés) chacun. Balades à cheval, visite des serres horticoles *(lun-ven),* du rucher et, surtout, des jolis jardins extraordinaires.

***Les Gümmenen :*** *chemin de Tête-de-Ran 1, 2052* ***La Vue-des-Alpes.*** *☎ 032-853-22-34. • lesguemmenen.ch • Resto tlj sf jeu et dim soir. Nuitée en dortoir 23 Fs/pers. Double 90 Fs avec sdb commune. Plats 14,50-50 Fs.* Presque perdue en plein alpage, entourée par les vaches l'été, par les skieurs de fond l'hiver, cette ferme propose un dortoir de 3 lits et 3 chambres récentes, simplement décorées mais dans un esprit montagne plutôt sympa. On peut aussi dormir sur la paille. Au resto, c'est simple et convivial aussi : fondues, planches de charcuteries, *röstis* et spécialités tessinoises, comme le lapin à la polenta ou le risotto.

# Le Val-de-Travers

Le Val-de-Travers, qui relie les hauts de Neuchâtel à la frontière française, recèle quelques mystères... à commencer par la fameuse « fée verte », cette absinthe dont la distillation a été prohibée de 1910 à 2005. Cet alcool a longtemps constitué l'un des principaux revenus de la région avec une trentaine de distilleries. Aujourd'hui, l'absinthe joue de nouveau les bonnes fées : en juin, elle est célébrée avec tous les égards dus à son rang à Boveresse.

Au-delà, le Val-de-Travers vous séduira par ses beautés naturelles, en particulier au cirque rocheux du Creux du Van, dont on aperçoit les étranges parois depuis plusieurs points de la vallée et dans les gorges très encaissées de l'Areuse.

## Arriver – Quitter

➢ ***En voiture :*** depuis Sainte-Croix, par le col du Chasseron. Depuis Pontarlier (en France, à 12 km). Depuis Neuchâtel, par Peseux et Corcelles. Depuis La Chaux-de-Fonds, par Le Locle et Les Ponts-de-Martel.

➢ ***En train :*** *• cff.ch •* La ligne du Val-de-Travers relie Neuchâtel à Buttes ttes les heures env. Elle dessert toutes les gares de la vallée. Le train *RVT Historique (région Val-de-Travers ; ☎ 032-863-24-07 ; • rvt-historique.ch •)* circule quelques samedis/an, à la belle saison. Plus rigolo encore, le train à vapeur *VVT (• vvt.ch •)* fait de même.

➢ ***En bus :*** *☎ 032-861-45-55. • transn.ch •* Des bus relient Fleurier à Pontarlier ttes les 2h30-3h env.

## Adresses utiles

**i** ***Point info :*** *à la gare de **Noiraigue**. ☎ 032-863-90-64. • neuchateltourisme.ch • routedelabsinthe.com • Tlj 9h-18h (17h hiver).* Le forfait *Pass'Temps,* vendu au prix de 44 Fs (pour 1 j.) comprend l'intégralité des transports dans la vallée, train RVT historique inclus lorsqu'il circule, l'entrée des principaux musées, la luge de La Robella et diverses activités.

■ ***Distributeur de billets :*** *à la poste de **Couvet**.* Le seul dans le Val.

■ ***Locations de vélos :*** *aux gares de **Noiraigue** (☎ 032-864-90-64) et de **Fleurier** (☎ 032-861-41-43), éventuellement aussi auprès de l'*Hôtel de l'Aigle *à **Couvet** (voir plus loin).*

## Où dormir ? Où manger dans la vallée ?

### Camping

⛺ |●| ***Camping Val-de-Travers :*** *Belle-Roche. ☎ 032-861-42-62. • camping-val-de-travers.ch • Au bord de l'Areuse. De mi-avr à mi-oct. Resto tlj 11h30-14h, 18h-21h. Compter 30 Fs pour 2 avec tente ; loc de caravanes 2-4 pers : 45-75 Fs/j.* 📶 Situé au pied d'un altier piton rocheux et au bord de l'Areuse (possibilité de se baigner), à la sortie du village. Au programme : du beau gazon, des arbres et pas trop de monde. Petite restauration.

### De bon marché à prix moyens

🏠 |●| ***La Ferme Robert :*** *rue de la Forêt, 2103 **Noiraigue**. ☎ 032-863-31-40. • ferme-robert.ch • À 3,5 km au-dessus de Noiraigue par une petite route qui grimpe dans la forêt (c'est fléché). Resto tlj sf dim soir (plus lun soir et mar hors saison) 9h-22h. Congés : de mi-déc à fin mars. Nuitée 30 Fs/pers en dortoir (4-6 lits), 36 Fs/pers en chambre à 2 lits. Plats env 20-35 Fs.* Installée à 972 m d'altitude, pratiquement au pied des spectaculaires falaises du creux du Van, une charmante auberge aménagée dans une ferme du XVIIIe s cernée par la forêt. Dans une annexe contemporaine, les dortoirs sont petits mais très bien tenus, avec sanitaires communs en batterie pour tous. Au resto, solides assiettes pour montagnards, fondues, filet de rumsteck, röstis, à déguster au milieu des animaux empaillés qui décorent la salle ou sur la terrasse. Accueil chaleureux. *La Ferme Robert* commémore chaque dernier dimanche d'août la mort du dernier ours du canton, en 1757. Au programme : animation théâtrale, soupe aux pois et fête populaire.

**L'Arrosée :** *rue de l'Hôpital 14, 2114* ***Fleurier.*** *☎ 032-860-10-42. Tlj sf dim-lun, 10h-14h, 17h-23h. Formules déj sem 17-20 Fs, 25 Fs le soir. Plats 28-42 Fs.* Une discrète adresse du centre-ville. Petit bout de terrasse et 2 salles toutes simples pour une bonne cuisine qui mixe tradition suisse (filets de perche, tartare..) et influences méditerranéennes, ou plus exotiques encore. Accueil et service féminins (et très décontractés !).

## Chic

**Hôtel de l'Aigle :** *Grand-Rue 27, 2108* ***Couvet.*** *☎ 032-864-90-50. • gout-region.ch • Au centre du village. Resto tlj sf jeu soir hors saison. Double 195 Fs, petit déj inclus. Formule déj sem 17,50 Fs ; plats 18-38 Fs ; brunch dim 37 Fs.* Cette belle et grande bâtisse avec jardin abrite des chambres spacieuses, agréables quoiqu'un peu chères. Jolie salle à manger à l'ancienne, toute en boiseries, pour une cuisine classique, pour laquelle on ne fera pas de kilomètres (mais si vous êtes à l'hôtel...).

**Les Six Communes :** *rue Centrale 1, 2112* ***Môtiers.*** *☎ 032-861-20-00. Tlj sf lun-mar 8h-23h30 (minuit ven-sam, 23h dim). Formule déj sem 18,50 Fs ; menus 25-43 Fs. Plats 27-43 Fs.* Brasserie à la mode d'aujourd'hui, installée au rez-de-chaussée d'une superbe maison à arcades du XVIe s. En cuisine, la chef propose des plats de saison à base de (bons) produits du terroir local. Quelques classiques de la maison : os à moelle grillé, entrecôte rassie (viande maturée) ou atriaux. Et, pour terminer, l'inévitable soufflé glacé à l'absinthe...



# À voir. À faire

**La Maison de l'absinthe :** *Grand-Rue 10, à* ***Môtiers.*** *☎ 032-860-10-00. • maison-absinthe.ch • Mar-dim 10h-18h (17h dim). Entrée : 10 Fs (14-16 Fs avec dégustation) ; réduc ; gratuit moins de 6 ans.* Petit mais passionnant espace contemporain dédié à la boisson emblématique du Val-de-Travers. Un ascenseur emmène d'abord au 2e étage où sont brièvement évoqués les liens entre les peintres et l'absinthe (expos temporaires de jeunes artistes également). On descend ensuite (comme l'alcool dans le serpentin d'un alambic !) au 1er : dans un joli décor de bistrot d'autrefois, des écrans tactiles d'aujourd'hui évoquent la grande époque de la Fée Verte. Dans les pièces suivantes, c'est la période de l'interdiction, des distillateurs clandestins (présentés ici comme des résistants !), l'« affaire du soufflé de Mitterrand» (voir encadré). On termine dans le jardin où poussent des plants d'absinthe. Et difficile de ne pas s'arrêter au comptoir pour une dégustation !

### GONFLÉ, LE SOUFFLÉ !

*Dans le Val-de-Travers, la prohibition de l'absinthe (de 1908 à 2005) n'a jamais vraiment empêché les alambics de fonctionner. C'est ainsi qu'en 1983 un chef-cuisinier de Neuchâtel a, tout naturellement, servi à François Mitterrand, en visite officielle, un soufflé glacé à l'absinthe ! Un dessert que la police comme la justice suisses ont mis quelques années à digérer...*

Restons dans la grand-rue de ***Môtiers,*** bordée par quelques façades XVIIIe s, dont, au no 14, la maison « des Mascarons », ainsi baptisée en raison de ses fenêtres ornées de masques sculptés, qui abrite le *musée régional du Val-de-Travers (☎ 032-861-35-51 ; • mrvt.ch • Ven-dim 14h-17h et 1er jeu du mois 18h-21h. Entrée : 8 Fs ; réduc ; gratuit moins de 16 ans ; billet groupé avec la Maison de l'absinthe : 12 Fs).* En face, au no 7 de la Grand-Rue, le château d'Ivernois, élégante construction du XVIIIe s, accueille dans ses dépendances un surprenant *musée d'art aborigène australien* et un *musée de l'Automobile (☎ 032-861-35-10 ; • fondation-bf.ch • ; juin-oct, ven-dim 14h-18h ; entrée : 10 et 15 Fs, visite guidée des deux musées 28 Fs, réduc, gratuit moins de 12 ans).*

***Les mines d'asphalte :*** *site de la Presta, à 2 km à l'est de* ***Travers.*** *☎ 032-864-90-64. • gout-region.ch • Avr-oct, visites tlj à 10h30 et 14h30, plus juil-août à 12h30 et 16h ; le reste de l'année, ven-dim à 14h30 et sur résa les autres j. Entrée : 16 Fs ; réduc. Vêtements chauds indispensables (8 °C dans les galeries).* Exploitées des années 1830 jusqu'en 1986, les mines d'asphaltes de la Presta étaient les seules de Suisse. Elles ont été abandonnées faute de rentabilité, les matériaux artificiels ayant pris le dessus. Le mélange naturel de calcaire et de bitume de Travers avait pourtant assuré l'étanchéité des fontaines de Louis XIV à Versailles, recouvert nombre de routes et de trottoirs européens, ainsi que les toits plats des maisons de Le Corbusier. Malgré ce contexte intéressant, le parcours guidé dans les galeries s'accompagne de commentaires assez techniques. Prenez tout de même la pose pour la photo souvenir, casqué comme un mineur.

***Café des Mines :*** *sur le site. ☎ 032-864-90-64. Tlj 9h30-17h. Plats 22-27,50 Fs.* Courte carte dans laquelle on privilégiera évidemment LA spécialité, le jambon cuit dans l'asphalte : la viande est hermétiquement emballée avant de mijoter plusieurs heures dans la matière bouillante. Elle conserve le parfum caractéristique de l'asphalte (à ne pas confondre avec le goudron !), légèrement mentholé.

***Volkswrecks Museum :*** *à* ***Saint-Sulpice*** *(c'est fléché depuis le centre du bourg). 079-278-09-89. • musee-vw.ch • Ouv avr-oct, le w-e 10h-17h. Entrée : 10 Fs ; réduc ; gratuit moins de 6 ans.* Insolite musée consacré aux emblématiques véhicules anciens de la marque Volkswagen : la Coccinelle surtout, mais aussi quelques Combi, des Karmann, des buggys... Dans un hangar aménagé au bord de l'Areuse, au rez-de-chaussée, une grosse centaine de ces vieilles bagnoles attendent qu'on se glisse derrière leur volant, alignées comme à la parade ou suspendues au plafond. À l'étage, on passe au grand délire avec la Coccinelle dans tous ses états : la vieille guimbarde est mise en situation à la plage, au ski, en guerre, envahie par les animaux de la forêt ou ceux de la ferme... Humour, imagination et vieilles voitures, ce cocktail pour le moins détonnant est mixé par Stéphane Leuba (aidé de nombreux bénévoles). Bar avec concerts et soirées à thème réguliers.

L'ARC JURASSIEN

## À faire

***Le creux du Van :*** *deux accès possibles. Le 1er se fait par le bas, depuis* La Ferme Robert, *3,5 km au-dessus de Noiraigue. On y trouve un centre d'interprétation (ouv fin avr-fin sept w-e et j. fériés ; GRATUIT). Compter ensuite 1h à 1h30 pour grimper jusqu'au-dessus des falaises.* On peut, de Noiraigue, faire également le tour complet du creux du Van par les sentiers du Single et des Quatorze Contours (allusion aux épingles à cheveux...), en 4h30 de marche environ. *Le second accès se fait depuis la* Ferme-restaurant du Soliat, *à 11 km au-dessus de Couvet (fléchage « Creux du Van »). Du parking du resto, compter 5 mn pour gagner le site.* Au long des falaises, spectacle grandiose sur cette *reculée,* typiquement jurassienne, formant un fer à cheval large d'environ 1 400 m. Bouquetins et chevreuils se laissent facilement voir dans cette réserve naturelle créée dès le XIXe s (pour le lynx, c'est plus compliqué !).

***Les gorges de l'Areuse :*** géologiquement, c'est la faille qui lie le Val-de-Travers au littoral, au niveau de Boudry. L'Areuse y a méticuleusement creusé son lit, offrant le cadre d'une bien belle balade, au pied de hautes pentes couvertes de forêt et coiffées de falaises. On part au choix de Noiraigue (3h) ou, en aval, du Champ-du-Moulin (2h), un hameau de quelques maisons atteint (en 3 km) par une petite route étroite et tortueuse – tous deux sont desservis par le train régional. La balade s'effectue au bord d'une Areuse souvent tumultueuse, à la fraîcheur agréable par fortes chaleurs. Chemin bien aménagé le long des falaises, baignade accessible par endroits. À Boudry, possibilité de reprendre le tram jusqu'à Neuchâtel (voir plus haut, « Côté lac »).

**Les gorges de la Poëta-Raisse :** *de Môtiers, suivre la Grand-Rue jusqu'au bout ; le sentier débute peu après (à 1 km), à l'orée de la forêt.* Les connaisseurs en font l'une des plus belles balades du Val. Une première marche d'approche de 30 mn permet de remonter le long du ruisseau du Breuil, dans la forêt, puis le sentier commence à grimper hardiment sur les flancs de la petite gorge. Quelques efforts encore, et voici les gorges à proprement parler (1h30).

**La route de l'Absinthe :** *• routedelabsinthe.com •* Un itinéraire routier balisé qui mène du creux du Van aux environs de Pontarlier en France. L'occasion de visiter, par exemple, un ancien séchoir à absinthe à Boveresse et, naturellement, quelques intéressantes distilleries comme, à Boveresse toujours, la *Valote (rue du Quarre 10 ; ☎ 032-861-26-54 ; sam 10h-12h, visite-dégustation : 8 Fs)* où à Môtiers, l'*Absintherie et musée du Père François (rue de l'Arnel 1 ; lun-sam 9h-16h sur rdv au ☎ 032-861-23-18),* qui regroupe toutes sortes de souvenirs de la fée verte.

# LA CHAUX-DE-FONDS

(2300) 38 900 hab.



**Cette ville industrielle perchée à 1 000 m d'altitude ne séduit pas d'emblée le visiteur, tant ses rues rectilignes sont monotones. Mais c'est précisément cette uniformité, voulue lorsque l'industrie horlogère a été planifiée au XIXe s, qui a valu à La Chaux-de-Fonds (ainsi qu'à la ville voisine du Locle) d'être inscrite, en 2009, sur la liste du Patrimoine mondial de l'Unesco. Et la tradition perdure : Tag Heuer, Cartier et Ulysse Nardin sont implantés ici.**

**Sous ses airs froids, La Chaux-de-Fonds cache des petits bistrots sympas, ainsi qu'une qualité d'accueil réputée dans toute la Suisse romande. Esprit montagnard, tradition ouvrière (liée évidemment à l'horlogerie) ou conviction politique (la gauche y est majoritaire depuis 1912) ? Un peu de tout cela, sans doute. En tout cas, l'essor rapide de l'industrie horlogère a attiré, dès le XVIIIe s, de nombreux citoyens des cantons et pays voisins. À « La Tchaux », comme on nomme familièrement la ville où sont nés Le Corbusier et Blaise Cendrars, on est habitué aux brassages des mentalités. Culturellement, cet esprit d'ouverture a permis un développement unique en Suisse de l'Art nouveau au début du XXe s, dont on peut voir encore aujourd'hui de superbes exemples.**

## Arriver – Quitter

➢ ***En voiture :*** depuis Neuchâtel, par le tunnel sous La Vue-des-Alpes (compter 15 mn, mais par temps clair ça vaut la peine de prendre la route du col pour admirer le panorama sur les Alpes et la plaine). Depuis le Jura, via les Franches-Montagnes (voir plus loin).

➢ ***En train :*** depuis Neuchâtel, Bienne et Delémont.

***Gare ferroviaire :*** *av. Léopold-Robert. ☎ 051-226-62-10.* Location de vélos.

## Adresses utiles

***Office de tourisme :*** *Espacité 1, au rdc de la tour. ☎ 032-889-68-95. • neuchateltourisme.ch • Juil-août, lun-ven 9h-18h30, sam 10h-16h. Le reste de l'année, lun-ven 9h-12h, 13h30-17h30 ; sam 9h-12h.* Distribue un plan de la ville avec parcours fléché et organise d'intéressantes visites guidées *(10 Fs/pers, gratuit moins de 16 ans)* selon 3 thèmes : en juillet-août, Art nouveau le mardi à 14h, Le Corbusier le jeudi à 14h ; et d'avril à novembre, l'urbanisme horloger le dimanche, toujours à la même heure. Possibilité désormais également de visiter quelques manufactures horlogères. Infos touristiques à l'Espace de l'urbanisme horloger (voir plus loin) quand l'O.T. est fermé.

✉ ***Poste :*** *av. Léopold-Robert 63, à côté de la gare. Lun-ven 7h30-12h, 13h30-18h30 ; sam 8h-12h.*

## Où dormir ?

### Camping

⛺ ***Bois du Couvent :*** 📱 *079-240-50-39. campingboisducouvent.ch • Avt d'entrer en ville, sur la gauche en venant de Neuchâtel. Ouv mai-sept, chalets tte l'année. Compter 31 Fs pour 2 avec tente. Également de petits chalets 5-6 pers (150 Fs/j.), des caravanes à louer (50-70 Fs/j.) et un dortoir 10 lits (20 Fs/pers).* 📶 Installé sur une butte boisée, le camping est plutôt au calme, même si la route passe en contrebas. Les petits chalets sont agréables et très bien équipés avec leurs 2 chambres, cuisine et salle de bains. Apportez votre linge de toilette, c'est tout ! Resto et jeux pour enfants. Bon accueil.

### Prix moyens

🏠 ***Hôtel de France :*** *rue Daniel-Jean-Richard 46. ☎ 032-913-11-16. • hoteldefrance.ch • Dim, réception ouv slt 16h-22h. Doubles 82-146 Fs. Petit déj 8 Fs.* Juste à côté de la gare, un hôtel familial bon marché (pour la Suisse !). Évidemment, ce n'est pas un super confort *(sdb et w-c communs sur le palier pour les 1ers prix)*, mais les chambres ont été rénovées et sont plutôt bien tenues et l'accueil amical. Sauna *(payant)*.

### De chic à très chic

🏠 🍽 ***Hôtel du 1er Mars-Chez Gilles :*** *rue du 1er-Mars 7. ☎ 032-968-28-32. • chezgilles.ch • Resto tlj. Doubles 160-190 Fs, petit déj inclus. Plats 18,50-38 Fs.* La maison propose des chambres spacieuses et colorées, très agréables, à la déco urbaine contemporaine. Les plus chères disposent d'une cuisine équipée, voire d'une douche hammam ou d'une baignoire au pied du lit ! Aux beaux jours, les amateurs de bonne viande ou de plats du terroir (boudin maison) s'installeront en terrasse, sur le square à l'arrière. Accueil sympa, sans chichis.

🏠 ***Athmos Hôtel :*** *av. Léopold-Robert 45. ☎ 032-910-22-22. athmos-hotel.ch • Entrée sur la rue latérale (rue du Midi). Doubles 225-265 Fs, petit déj-buffet inclus. Parking gratuit.* 📶 Cet hôtel au cœur de la ville, au style inspiré de la Belle Époque, assure un excellent niveau de confort et un accueil à la fois chaleureux et professionnel. Chambres plutôt cossues, joliment décorées, à l'ancienne. L'une des meilleures adresses de La Chaux pour ceux qui en ont les moyens.

## Où manger ?

### Bon marché

🍽 ***L'ABC :*** *rue du Coq 11. ☎ 032-967-90-40. Mar-jeu 8h-minuit, ven 8h-2h, sam 9h-2h, dim 17h-22h. Plats à partir de 16 Fs. CB refusées.* Un endroit comme on les aime. Ce resto rouge brique populaire et chaleureux jouxte une salle de cinéma et de spectacles. Le propriétaire commente avec gourmandise l'ardoise du mur, où figure un choix de plats plutôt restreint mais souvent renouvelé. Laissez-le vous guider aussi pour choisir le vin qui accompagnera cette savoureuse cuisine aux accents méditerranéens.

### Prix moyens

🍽 ***Les Enfants Terribles :*** *rue du Progrès 63. ☎ 032-913-39-90. Tlj sf dim-lun 11h-14h, 18h-minuit. Plats*

L'ARC JURASSIEN

*26-29 Fs.* Si l'extérieur ne paie vraiment pas de mine, l'intérieur est chaleureux, coquet, élégant même. Belle cuisine à l'inspiration variée (mais plutôt méditerranéenne), servie joliment et à juste prix. Bon choix de salades inventives, viandes et poissons. Belle terrasse en été, avec son coin lounge sous tente. En plus, l'accueil est super et le service rapide.

**La Fenice :** *pl. du Marché 6. ☎ 032-968-18-08. Tlj sf lun soir, sam midi et dim, 11h30-13h30, 18h30-22h. Menus déj en sem 22-28 Fs. Plats 18-42 Fs.* Comme son enseigne peut le laisser supposer, la cuisine est sous nette influence italienne. Sauf pour les menus du jour, plus classiques, mais d'un remarquable rapport qualité-prix. Plaisante salle contemporaine. Service avec le sourire. Petit coin épicerie (produits italiens, là encore).

**Buvette le Maillard :** *Éplatures-Jaune 115. ☎ 032-914-15 15. À env 6 km au nord-ouest du centre-ville, suivre d'abord le fléchage de l'hôtel des Endroits puis celui de l'auberge. Tlj sf lun-mar 11h-minuit. Plats 15-35 Fs. CB refusées.* En pleine nature, dans une bonne grosse ferme (bio) en activité où toute la famille se démène pour accueillir au mieux les clients. Les plats généreux qu'on s'attend à y trouver : fondue, croûte au fromage, röstis et cornet à la crème ou meringues pour le dessert ! Terrasse ensoleillée et service à la bonne franquette, comme on dit.

### De prix moyens à chic

**La Ferme des Brandt :** *Petites Crosettes. ☎ 032-968-59-89. À env 5 km au nord-est du centre-ville ; suivre d'abord la direction Neuchâtel, puis à la sortie de La Chaux, une petite route (fléchée) sur la gauche. Tlj sf lun, mer et dim soir. Congés : de mi-juil à mi-août et 3 sem Noël-10 janv env. Plats 19-45 Fs.* *La Ferme des Brandt* est l'une des plus vieilles (1614) et des plus belles du Jura, classée Monument historique. Et la cuisine est à la hauteur du cadre, de terroir (les produits proviennent pratiquement tous du Jura) mais avec des idées bien d'aujourd'hui : jus à la bière brune pour le cochon de lait rôti dans le four à pain, noix de veau en croûte de fruits secs. Pour faire court : une excellente table !



## Où boire un verre ? Où sortir ?

**Aux Travailleurs :** *rue de la Balance 2. Angle de la pl. de l'Hôtel-de-Ville. Tlj sf dim 15h-1h (2h ven-sam).* Un bar (à bières) plein d'âme(s), où l'on hume le caractère populo du Chaux-de-Fonnier, festif et ouvert.

**L'Entre-Deux :** *rue Jaquet-Droz 27. ☎ 032-913-34-27. À deux pas du musée des Beaux-Arts. Tlj sf mar et dim 10h-minuit (à partir de 14h lun-sam et jusqu'à 2h ven-sam).* Un drôle d'endroit qui ressemble plus à une brocante qu'à un bar (on peut d'ailleurs y acheter bouquins comme vinyles d'occasion). Ambiance vite survoltée en fin de semaine et concerts ou DJs de temps à autre.

**Dublin's Old Irish Pub :** *av. Léopold-Robert 32a. ☎ 032-914-11-18. • dublinspub.com • Près d'Espacité. Tlj sf dim 8h30-minuit (1h jeu, 2h ven-sam). Congés : 2e sem d'août.* Un pub à l'irlandaise qui propose des concerts gratuits 1 jeudi sur 2, tendance blues, pop ou rock.

**Bikini Test :** *La Joux-Perret 3. ☎ 032-967-89-90. • bikinitest.ch • À la sortie de la ville en direction de Bâle. Ouv 6 fois/mois, ven-sam et j. de concert (forcément !). Congés : juil-août. Compter 10-25 Fs l'entrée selon programmation.* La salle de musiques actuelles du coin, installée dans un vieux moulin joliment recouvert de graffiti. *Le Bikini* (tout court, comme on dit ici) accueille DJs comme groupes de rock, métal ou électro.

## À voir

*Bon à savoir :* un billet groupé (valable 3 jours) donne accès aux trois principaux musées de la ville – le musée international d'Horlogerie, le musée d'Histoire et le musée des Beaux-Arts. *Tarif : 15 Fs ; réduc.*

**L'avenue Léopold-Robert :** le « Pod », comme les gens d'ici l'appellent familièrement, est l'artère principale de la ville. On dit que la crête des arbres de l'allée centrale marque l'altitude de 1 000 m exactement. Côté hôtel de ville, une fontaine monumentale avec des tortues crachant de l'eau. Plus loin, le belvédère de la *tour Espacité,* de métal et de rouge, qui permet de voir l'agencement géométrique des rues depuis le bar du resto panoramique *Citérama.*

**Le musée international d'Horlogerie :** *rue des Musées 29. ☎ 032-967-68-61. • mih.ch • Tlj sf lun 10h-17h. Entrée : 15 Fs ; réduc ; gratuit moins de 12 ans. Audioguide inclus.* Ce bunker encastré dans une colline est un des plus importants musées du monde dans le domaine de l'horlogerie, avec plus de 3 000 pièces remontant au XVIe s pour les plus anciennes. Vous voilà entouré(e) par une profusion d'horloges, de montres, de coucous, de toutes sortes – des (presque) simples, des compliqués, des très compliqués et des invraisemblables, à l'image de ces deux pendules éléphants automates qui vous accueillent et de cette horloge astronomique de 1638 réalisée selon la théorie de Copernic (le Soleil s'y trouve au centre de l'Univers), qui valut à son auteur d'être banni de Zurich ! Vous apprendrez à connaître le canon solaire (déclenché par une loupe à 12h), verrez des dizaines d'horloges désossées pour exposer leur mécanisme, mais aussi des montres savonnettes, des montres à quantièmes, des montres-croix, des montres-oignons, des montres à longitude, des chronomètres de marine, de bonnes vieilles comtoises, des pendules neuchâteloises, des horloges d'église, des oiseaux chantant... Quelle collection ! Dans un coin, le centre de restauration œuvre sous les yeux des visiteurs. Et à l'étage, une section se consacre à la mesure du temps et à ses usages scientifiques au XXe s. Dans le parc, à l'arrière du musée, le Carillon, une grande horloge à affichage numérique, égrène les quarts d'heure avec effets visuels et sonores.

**Le musée d'Histoire :** *dans le parc des Musées, derrière le musée d'Horlogerie. ☎ 032-967-60-88. • mbac.ch • Tlj sf lun 10h-17h. Entrée : 10 Fs ; réduc ; gratuit moins de 16 ans et pour ts dim 10h-12h.* Dans une villa du XIXe s, on découvre, à travers vieilles cartes postales ou objets anciens, le cadre de vie des Chaux-de-Fonniers d'autrefois et les événements qui firent d'un modeste village une ville industrielle.

**Le musée des Beaux-Arts :** *rue des Musées 33. ☎ 032-967-60-77. • mbac.ch • Tlj sf lun 10h-17h. Entrée : 10 Fs ; gratuit moins de 16 ans et pour ts dim 10h-12h (expo permanente slt).* Édifice style Art déco, construit en 1923 par Charles L'Epplatenier. Au rez-de-chaussée, petite salle consacrée au « style sapin », comme il se doit, La Chaux-de-Fonds étant le seul centre de création Art nouveau ayant développé un style aussi particulier. Ne négligez pas pour autant les mosaïques très colorées du lobby représentant les arts. Grimpez ensuite le majestueux escalier jusqu'à l'étage, avec une section largement consacrée aux peintres suisses des XIXe et XXe s, comme Léopold Robert, un romantique né à la Chaux-de-Fonds, ou Albert Anker, Félix Valloton... La donation René et Madeleine Junod propose ensuite un très bel ensemble de toiles d'art moderne – bel *Estaque* de Derain écrasé de chaleur, *Jeunes filles* de Matisse, superbes *Fuite en Égypte* et *Mille et une nuits* de Rouault, *Fillette aux cheveux ébouriffés* de Van Gogh... Pour le reste, un peu d'art contemporain, un bleu Klein, et une salle consacrée à l'Abstraction avec des toiles de Mathieu ou Manessier.

**L'espace de l'urbanisme horloger :** *rue Jaquet-Droz 23. ☎ 032-889-68-95. Mai-oct, tlj 10h-12h, 13h-16h30 ; nov-avr, 13h-16h. GRATUIT.* Petit espace muséographique contemporain aménagé dans une ancienne halle aux enchères pour faire comprendre d'entrée ce qui fait l'intérêt universel du patrimoine de cette métropole de l'horlogerie.

*L'Ancien Manège : rue du Manège 19.* Le nom du bâtiment évoque sa première affectation, au milieu du XIXe s. Mais, rapidement, les lieux ont été transformés en un habitat collectif, tel que le concevait le philosophe utopiste Fourier, où les logements se répartissent autour d'une cour centrale allongée. Les habitants, dits « les Norvégiens », étaient de pauvre condition et n'avaient pas toujours bonne réputation ! L'endroit est tout à fait étonnant : par une verrière sur le toit, la lumière du jour éclaire une rue couverte, décorée de peintures murales de style néogothique. En tout cas, sa vocation sociale est partiellement maintenue, puisque les loyers des appartements varient selon le salaire du locataire. Une brasserie et des concerts donnés dans la cour intérieure contribuent à animer les lieux.

***Les œuvres de Le Corbusier :*** Charles-Édouard Jeanneret-Gris a suivi l'enseignement de Charles L'Epplatenier à l'école d'Art, fondée pour développer la décoration des boîtiers de montre, puis étendue aux Arts décoratifs en général. Là, le futur Le Corbusier s'oriente vers l'architecture et reçoit ses premières commandes.
- ***La villa Fallet :*** *chemin de Pouillerel 1.* Le Corbusier y a travaillé avec d'autres élèves de l'école d'Art en 1906. On est en plein Art nouveau, mais la tendance régionale s'affirme haut et fort dans le « style sapin » (la flore et la faune jurassiennes deviennent source d'inspiration, et le sapin, comme la gentiane, est un élément décoratif aisément reconnaissable). En face, au no 2, La *villa L'Epplatenier* réinterprète le modèle de la ferme jurassienne dans l'esprit Art nouveau.
- ***Les villas Jacquemet et Stotzer :*** *chemin de Pouillerel 8 et 6.* Également dans le courant Art nouveau jurassien, avec leurs fenêtres de style rural.
- ***La maison Blanche :*** *chemin de Pouillerel 12. ☎ 032-910-90-30. • maisonblanche.ch • Visite ven-dim 10h-17h. Entrée : 10 Fs.* Voici la première création individuelle du « Corbu ». Il construisit cette grande demeure pour ses parents en 1912, au retour de son voyage en Europe de l'Est et en Turquie. Elle s'éloigne du style sapin pour intégrer d'autres influences – architecture moderne allemande et traditionnelle des Balkans en particulier.
- ***La villa Turque :*** *rue du Doubs 167.* Son nom lui vient de sa corniche néo-grecque, de son toit plat, de ses arrondis et de ses murs de brique. Le Corbusier la réalisa en 1916, à son retour d'Orient. L'évolution, en quelques années, est impressionnante. Peu après, l'artiste ira s'installer à Paris.
- ***La villa Favre-Jacot :*** *la Côte-des-Billodes 6 (chemin du Chalet).* Construite, comme la maison Blanche, en 1912 (et dans le même esprit néoclassique) pour le fondateur des montres Zénith.

## Manifestations

- ***Carnaval :*** *mi-mars. • carnatchaux.ch •*
- ***Festival international des arts de la rue :*** *1re sem d'août, plage des Six-Pompes. • laplage.ch •*
- ***Braderie et fête de la Montre :*** *fin août-début sept, ts les 2 ans (années impaires).* Nombreux musiciens de rue, fanfares et troupes diverses d'ici et d'ailleurs.

# LE LOCLE (2400) 10 070 hab.

**Distante de 8 km, Le Locle, également inscrite au Patrimoine mondial de l'Unesco, est la petite sœur de La Chaux-de-Fonds. Elle aussi industrielle et façonnée par le boom horloger des deux derniers siècles, elle se consacre toujours à 100 % à cette activité – avec un pôle horloger d'excellence et le siège du contrôle officiel suisse des chronomètres !**

## Adresses utiles

**Office de tourisme :** *au Col-des-Roches 23. ☎ 032-889-68-92. • neuchateltourisme.ch • À la sortie de la ville, près de l'entrée des moulins souterrains. Mai-oct, mar-sam 9h (10h sam)-12h, 13h30-17h30. Nov-avr, mar-ven 9h-12h, 13h30-17h ; sam 14h-17h. Visite guidée consacrée à l'urbanisme horloger sam à 14h avr-nov (durée : 2h ; 10 Fs).*

**Office de tourisme municipal :** *rue Daniel-Jean-Richard 31. ☎ 032-931-53-31. Lun-ven 8h30-12h, 13h30-18h30 ; sam 9h-12h30, 13h30-17h ; dim 9h-12h, 13h-16h.*

**Poste :** *rue Bournot 17. Au centre. Lun-sam mat 8h-12h, 13h30-18h.*

## Où dormir ?

### Camping

**La Belle Verte :** *Mont-Pugin 6. ☎ 032-931-74-93. • labelleverte.ch • À l'orée de la forêt, à env 3 km au sud-est de la ville par la rue du Collège. Bus n° 2 depuis le centre-ville, ttes les 20-40 mn. Mai-oct. Env 25-30 Fs pour 2 avec tente selon saison.* Un camping tout simple, pas des plus ombragé mais installé non loin de la grande piscine municipale (avec toboggans) gratuite pour les campeurs. Petite restauration, minigolf, ping-pong, aire de jeux...

### Prix moyens

**La Maison du Bois :** *Grand-Rue 22. 079-342-25-37. • maisondubois.ch • Doubles 126-162 Fs sans ou avec sdb, petit déj. Menu du jour 14-15 Fs (salade, plat, thé glacé maison), brunch 18-20 Fs.* Cette ancienne maison d'horloger, bâtie en 1785, propose 5 chambres confortables et joliment aménagées – « bohémienne » aux lits dans des alcôves et voiles, « safari », etc. Mobilier ancien, bibelots, souvenirs de l'horlogerie d'antan s'égrènent au fil des pièces et des étages. Cuisine à disposition. Au rez-de-chaussée, un charmant petit salon de thé occupe l'ancien atelier. Idéal pour un repas léger.

**Guesthouse :** *rue Daniel-Jean-Richard 27. ☎ 032-932-22-44. • guesthouse-lelocle.ch • Doubles 128-148 Fs.* Vieille maison très plaisamment rénovée et qui regorge de meubles et autres bibelots anciens dès le café-brocante où se fait l'accueil (tout sourire !). 2 appartements et une petite dizaine de chambres de bonne taille (de petits studios, en fait). Pas de petit déj, mais kitchenette dans chaque chambre pour le préparer (produits de base fournis). Grande cuisine commune si vous voulez mettre les petits plats dans les grands.

### De chic à très chic

**Les Nids :** *Montpugin 8. ☎ 032-931-32-59. • lesnids.ch • Juste derrière le camping. Compter 160 Fs pour 2 en sem et... 280 Fs le w-e et pdt les vac scol, petit déj inclus. Gratuit enfants jusqu'à 18 ans, mais apporter sac de couchage et linge de toilette pour eux.* Rigolo : voici des chambres dans les arbres, pour 2 à 4 personnes, avec tout le confort (douche et w-c, cuisinette et poêle) ! Perchées entre 5 et 8 m du sol, on y accède aisément par un escalier ou une rampe. Attention, par fort vent, les proprios ne prennent pas de risque et annulent les résas !

## Où manger ?

**Restaurant de la Gare, Chez Sandro :** *rue de la Gare 4. ☎ 032-931-40-87. Tlj sf dim-lun 10h-14h30, 18h30-minuit ; vinothèque*

L'ARC JURASSIEN

*jeu-sam 18h30-22h. Congés : de mi-juil à mi-août et en fin d'année. Plat du jour dès 18 Fs, pizzas 18,50-22 Fs, menus 80-110 Fs.* Un resto italien raffiné : les excellentes pâtes fraîches maison y côtoient viandes grillées, cuisses de grenouilles, foie gras, poissons de mer et, même, huîtres et homards. Ne ratez pas le gibier et les champignons en saison (tagliatelles aux cèpes frais). Salle de brasserie moins formelle (et moins chère) et terrasse aux beaux jours.

## Où boire un verre ?

**Café du Marché :** *Grand-Rue 34. ☎ 032-931-79-14. Tlj 6h30-minuit (2h ven, 19h w-e).* Blanche, ambrée ou brune, les bières sont brassées sur place et se découvrent dans un décor mi-pub, mi-brasserie ou sur la terrasse agréablement posée sur la place. Toutes les générations s'y retrouvent.

# À voir. À faire

**L'hôtel de ville :** édifice le plus connu de la ville, il mêle Art nouveau et inspiration Heimatstil – cet historicisme puisé dans la Renaissance suisse qui fit fureur au tournant du XXe s. En façade, des mosaïques monumentales évoquent la ronde des heures (un thème plus qu'approprié pour une ville horlogère !) ; d'autres ornent l'intérieur. Le 3e étage accueille l'espace « Temps et Urbanisme » *(lun-ven 7h45-17h ; GRATUIT)* destiné à mettre en lumière les particularismes loclois.

**Le musée des Beaux-Arts :** *rue Marie-Anne-Calame 6. ☎ 032-933-89-50. • mbal.ch • En plein centre. Tlj sf lun-mar 12h30 (11h le w-e)-17h. Entrée : 8 Fs ; réduc ; gratuit moins de 16 ans.* Ouvert depuis 1862, joyeusement rénové il y a peu (sans altérer son architecture Art nouveau : élégants vitraux, notamment dans la cage d'escalier), ce musée accueille, outre sa collection permanente plus que riche en estampes, d'aussi fréquentes que prestigieuses expos temporaires, très axées art contemporain.

**Le musée d'Horlogerie :** *château des Monts, route des Monts 65. ☎ 032-933-89-80. • mhl-monts.ch • Dans le haut de la ville. Mai-oct, tlj sf lun 10h-17h ; nov-avr, 14h-17h. Entrée : 10 Fs ; réduc ; gratuit moins de 16 ans.* Les anciennes pendules et les automates sont replacés dans leur contexte : une très belle demeure du XVIIIe s où les tic-tac et les sonneries résonnent dans des salons feutrés et de petits boudoirs. Les modèles ne sont pas aussi nombreux qu'au musée de La Chaux-de-Fonds mais ils sont superbement mis en valeur... Au dernier étage, diaporama sur l'histoire de la tradition horlogère dans la région.

**Les moulins souterrains du Col-des-Roches :** *col 23. ☎ 032-889-68-92. • lesmoulins.ch • À 2 km du Locle en direction des Brenets. Accès possible par le train (arrêt « Col-des-Roches »). Mai-oct, tlj 10h-17h ; nov-avr, tlj sf lun 14h-17h. Fermé en fin d'année. Entrée : 14 Fs ; réduc. Possibilité de visites guidées (env 1h30), à heures fixes (entre 1 et 3/j., selon saison).* Température de la grotte : 7 °C (brrr !). Confrontés au cours lascif du Bied, des meuniers du XVIIe s ont creusé le roc, à l'endroit où la rivière s'engouffre sous terre, pour y construire un moulin. Bientôt, on y trouva jusqu'à cinq roues hydrauliques, dont la force motrice actionnait aussi une scierie et une huilière. Une véritable usine souterraine, en fait ! Une partie de ces anciennes installations a été reconstituée dans les années 1970 et remise en eau en 2007. La grotte présente une succession de trois puits verticaux, allant jusqu'à 23 m sous terre. Expo.

# DANS LES ENVIRONS DU LOCLE

## LES BRENETS ET LE SAUT-DU-DOUBS

Surplombant le lac du même nom, à 4 km du Locle, Les Brenets est l'ultime village que vous rencontrerez avant de poser un pied sur le sol français. On y embarque pour rejoindre sans peine le Saut-du-Doubs.

### Où dormir ? Où manger ?

#### Camping

**Lac des Brenets :** *Champs-de-la-Fontaine. ☎ 032-932-16-18. • camping-brenets.ch • Ouv avr-oct. Resto tlj sf dim soir (plus lun en basse saison). Compter 27 Fs pour 2 avec tente en hte saison. Loc de caravanes et mobile homes, à la sem juin-sept, 540-640 Fs, à la nuitée hors saison, 65-80 Fs. Au resto, plats 15-38,50 Fs à la sem.* Pas très intime et sans ombre, ce camping bénéficie en revanche d'un superbe panorama sur le lac depuis ses emplacements en terrasses. Même vue (évidemment) depuis la terrasse ou les fenêtres du resto *Bellevue,* qui sert, notamment, de bons poissons du coin. Tennis, jeux pour enfants. Accueil sympa.

#### De bon marché à chic

**Gîte du Château :** *Les Frêtes 158. ☎ 032-932-16-28. • giteduchateau.ch • À l'écart du village, dans la montagne : en venant du Locle, fléché sur la droite env 2 km avt Les Brenets. Compter 90 Fs pour 2 ; petit déj 9 Fs/pers. Réduc dès la 2e nuit.* S'il y a bien un château à côté, là on serait plutôt dans une ferme ! Une ferme bio, d'ailleurs, où les sympathiques proprios élèvent des moutons. Ils proposent 3 chambres simples mais bien tenues à l'étage de leur maison, qui partagent une salle de bains. Produits du terroir au petit déj. Cuisine à disposition *(payante)* et jeux pour enfants.

**Hôtel Les Rives du Doubs :** *Pré-du-Lac. ☎ 032-933-99-99. • rives-du-doubs.ch • Doubles 135-145 Fs. Plats 25-45 Fs.* Comme on pourrait s'en douter, ce bâtiment moderne est posé pile au bord de la rivière (qu'on appelle lac, ici !). Chambres récentes, confortables et fonctionnelles avec, pour une bonne moitié, terrasse panoramique. Cuisine classique, pas mal amenée.

## À voir. À faire

**Le Saut-du-Doubs :** *à pied, compter 50 mn depuis les hauteurs du village, par le sentier de La Crête (garez-vous dans le virage, 300 m au-dessus de la Poste) ou 1h, en suivant les rives du lac, depuis l'embarcadère des Brenets. En bateau, lire ci-dessous.* Célèbre cascade, la plus haute du Jura, dévalant de 27 m dans un gigantesque bouillonnement. Une passerelle permet de franchir les chutes, et donc la frontière (puisque la rivière en tient lieu ici). La vue est un peu plus spectaculaire côté français.

**Navigation sur le lac des Brenets (NLB) :** *☎ 032-932-14-14. • nlb.ch • 2e sem de juin-3e sem de sept, départs ttes les 45 mn, 10h-16h45 ; possibilité à 17h30 aussi sur résa ; retour 20 mn plus tard. Début mai-début juin et fin sept-fin oct, 4 bateaux/j. slt, vers 10h45, 11h30, 13h45 et 14h30. Compter 18 Fs l'A/R. Jolie balade au long du lac, jusqu'au Saut-du-Doubs.*

# LE CANTON DU JURA



**L'histoire récente du canton du Jura se distingue à bien des égards de celle du reste de la Suisse. En 1792, le dernier prince-évêque de Bâle est chassé de sa résidence de Porrentruy par le vent de la Révolution française, et « la République rauracienne », première république sœur de la République française, est proclamée. Trois mois plus tard, elle est annexée de fait par la France, et devient un département sous le nom de *Mont-Terrible* (chef-lieu Porrentruy), avant d'être rattachée au Haut-Rhin. En 1815, le congrès de Vienne la cède à la région de Berne en dédommagement de la perte du canton de Vaud et la Haute-Argovie. Le Jura n'a guère apprécié, et le lent combat des indépendantistes débute sur fond de religion et de discrimination linguistique (on parle le français dans le Jura mais l'allemand à Berne). Dans les années 1970, le Front de libération jurassien fait même tonner les explosifs ! En 1974, un plébiscite soutenu par tous les partis locaux décide de la création de la *république et canton du Jura.* Il faudra 5 ans pour y parvenir, en retranchant les trois districts du Sud qui décident, après réflexion, de rester bernois... jusqu'en 2017, quand les électeurs de la petite ville de Moutiers ont décidé de quitter Berne pour devenir (à l'horizon 2021...) jurassiens...**
**Malgré sa petite taille (838,5 km²), le 26e canton de la Confédération, peu peuplé (environ 70 000 habitants), reste un pays de grands espaces. Des emblématiques Franches-Montagnes, où les chevaux s'ébattent au pied d'immenses sapinières, aux merveilleuses gorges du Doubs, petites villes et cités chargées d'histoire s'ancrent dans un monde très attaché à ses racines rurales. Cela n'empêche pas le canton, au cœur d'un axe de développement européen situé entre Allemagne, France et Suisse, de posséder une économie prospère axée sur les machines-outils et les microtechniques, héritées de la tradition horlogère.**

L'ARC JURASSIEN

## LES FRANCHES-MONTAGNES

**La région doit son nom à la charte de peuplement qui, à l'initiative du prince-évêque de Bâle, en 1384, exonéra ses défricheurs de tout impôt. Aujourd'hui, les Franches-Montagnes restent une terre de liberté où vaches, juments et poulains trottent dans de vastes pâturages boisés. Le pays a donné son nom à la seule race de cheval indigène de Suisse, dite « franches-montagnes », cheval réputé pour sa robustesse et sa rare polyvalence. C'est donc avant tout pour la nature que l'on vient aux « Franches ». À pied, à vélo, à cheval ou en roulotte, on parcourt chemins et petites routes tortueuses, dans un paysage ponctué de fermes superbes à une altitude moyenne qui flirte avec les 1 000 m.**

### *LES BREULEUX (2345)*

Un de ces gros bourgs mi-agricoles mi-industriels, dispersés en plusieurs hameaux, comme il y a en a beaucoup dans le coin.

## Où dormir ? Où manger dans le coin ?

### De bon marché à chic

**Sous la Voûte :** *Bas-du-Village 22, 2345* ***La Chaux-des-Breuleux.*** *☎ 032-953-16-70. • jura-loisirs.ch • À 2 km au nord-est des Breuleux. Double 110 Fs, petit déj compris. Possibilité de dormir « sur la paille » : 28 Fs/pers, petit déj compris (avoir votre propre sac de couchage). Table d'hôtes le soir 28 Fs. Mai-oct, excursions en roulotte tziganes, que l'on peut louer à la journée.* Une ferme de 1682, totalement rénovée, qui abrite 3 chambres : une double au rez-de-chaussée et, à l'étage, une familiale pour 6 et une quadruple au vieux plafond de bois (bas), juste éclairée par une lucarne. Sanitaires très corrects à partager. Demandez au proprio de vous montrer sa belle cuisine : on se croirait revenu 2 siècles en arrière ! Produits du terroir à la table d'hôtes.

**Hôtel de la Balance :** *Les Vacheries 9, 2345* ***Les Breuleux.*** *☎ 032-954-14-13. • hotelbalance.ch • À l'entrée du bourg quand on arrive de La Chaux-de-Fonds. Resto tlj sf mar. Congés : 2 sem en mars et 2 sem en nov. Doubles 105-180 Fs selon confort, petit déj inclus. Formule et menu déj sem 16-19 Fs, autres menus 25-75 Fs ; plats 16-44 Fs. (au bar).* L'adresse est plus pratique que charmante : le bâtiment en béton, très années 1970, est posé le long de la route. Au rez-de-chaussée, le resto mitonne une bonne cuisine de saison, un poil chère si on s'éloigne du menu du jour. L'agréable véranda s'ouvre sur une terrasse aux beaux jours. À l'étage, large choix de chambres : les moins chères sont petites, avec minidouche et lavabo (w-c à l'extérieur) ; les autres ont été rénovées, avec parquet, TV écran plat et salle de bains complète.

**Relais du Roselet :** *Le Roselet, 2345,* ***Les Breuleux.*** *☎ 032-959-18-92. • restaurant.roselet@philippos.ch • Sur le site de la* Fondation pour le cheval *(lire la rubrique « À voir »). Tlj 9h-18h. Menus déj 17,50 Fs et express 20 Fs. Plats 16-32 Fs.* Pas de cheval à la carte (!), mais des steaks et des entrecôtes, du jambon à l'os, des röstis ou une bonne grosse salade paysanne. Cette petite salle proprette (et sa grande terrasse) sont ultra-populaires pour le menu du jour, et pour cause : c'est un des meilleurs rapports qualité-prix des Franches-Montagnes (sinon du canton !).

## À voir

**La Fondation pour le cheval :** ***Le Roselet.*** *☎ 032-959-18-90. • philippos.ch • À 1 km des Breuleux en direction de Saignelégier. Tlj 7h-19h. GRATUIT. Visite pour les enfants avec tablette tactile : 10 Fs.* Une grosse centaine de vieux chevaux, ânes et poneys (de 18 à... 36 ans !) sont recueillis ici depuis 1958 par cette fondation créée pour leur éviter l'abattage ou l'abandon sur leurs vieux jours. Des poulains y naissent, chaque année, dès le mois de mars : la fondation contribue également à la sauvegarde de la race franches-montagnes. On découvre les équidés, selon la saison, dans leurs écuries ou en plein champ. La fondation dispose également de deux autres « maisons de retraite », ouvertes à la visite : l'une à Maison-Rouge, l'autre à Jeanbrenin.

## *LE NOIRMONT (2340)*

Sans grand charme, ce gros bourg, à 5 km au sud-ouest de Saignelégier a longtemps été un bastion des paysans horlogers. En 1910, on y comptait même davantage de monteurs de boîtes de montres qu'à La Chaux-de-Fonds ! Un

L'ARC JURASSIEN

sympathique petit musée est d'ailleurs consacré à cette activité traditionnelle *(rue des Colverts 2 ; ☎ 032-957-65-67 ; visite guidée sur résa slt : 5 Fs).*

## Où dormir ? Où manger dans le coin ?

### Camping

**Le Creux-des-Biches – Tipi Village :** *à 3 km au sud-ouest du Noirmont, discrètement fléché sur la gauche. Arrêt de train (sur demande) à 2 mn. 079-442-12-32 ou 079-681-99-39. • camping-lenoirmont.com • Mai-oct. Compter 27 Fs pour 2 avec tente et voiture. Loc de tentes aménagées et de tipis 80-100 Fs.* En bordure de forêt (et de la voie ferrée...) un camping tout simple auquel s'est ajouté un village de tipis *(6-12 pers)* ! Douches, place de feu (bois à disposition) et table de pique-nique.

### Prix moyens

**Auberge du Peu-Péquignot : Le Peu-Péquignot.** *☎ 032-953-14-37. • aubergedupeupe.ch • À 3 km au sud-ouest du Noirmont, dans le hameau. Tlj sf mar soir (ferme à 14h) et mer. Congés : nov. Studios (chambres avec kitchenette) 100-120 Fs pour 2-4 pers (dégressif dès la 2e nuit), sans petit déj. Dortoir 20 lits 25 Fs/pers, petit déj inclus. Formule déj sem 17 Fs.* L'immense terrasse aux longues tables de bois donne directement sur les pâturages, où gambadent de nombreux poulains. Röstis maison pour tous les goûts, fondue et charbonnades. Les studios ne sont plus tout jeunes ; privilégiez ceux de l'étage, avec poutres. Excursions à cheval.

### Chic

**Hôtel du Soleil :** *rue de la Rauracie 18, 23240* ***Le Noirmont.*** *☎ 032-953-11-11. • lesoleilaunoirmont.ch • En plein centre du bourg. Resto tlj sf mar. Congés : 2 sem en avr et 3 sem Noël-début janv. Doubles 160-170 Fs selon saison, petit déj compris. ½ pens 35 Fs/pers. Formule déj en sem 16 Fs ; menus 25-75 Fs et plats 30-48 Fs.* L'hôtel a été fondé en 1720 ! Ses chambres sont toutes différentes, notre préférence allant à celles aux pierres apparentes et/ou plafond en bois – pour la petite différence de prix, préférez la catégorie « charme », refaite plus récemment. Le chef affectionne les viandes et les champignons, en saison. La salle à manger a conservé plein de caractère avec ses murs de pierre, sa meule et sa grande cheminée. Accueil attentionné.

L'ARC JURASSIEN

## À voir. À faire dans les environs

**L'Espace paysan horloger :** *au* ***Boéchet*** *(2336), à 3 km à l'ouest du Peu-Péquignot. ☎ 032-961-22-22. • paysan-horloger.ch • Mer-dim 10h-20h (16h dim). Entrée : 5 Fs ; réduc.* Ce musée récent occupe une ancienne ferme rénovée. Il se penche sur l'histoire de ces agriculteurs et éleveurs devenus horlogers par la force des choses. La demeure abrite aussi un restaurant *(fermé dim soir-mar ; menus 48-136 Fs),* tenu par un jeune chef de talent et son épouse québécoise, ainsi que 5 belles chambres avec salle de bains, aux parquets et murs de pierres apparentes *(double 145 Fs, petit déj en supplément ; ).*

**La Goule :** du Noirmont, une superbe petite route se contorsionne longuement entre les sapins et les feuillus, jusqu'à atteindre, 500 m plus bas, le cours du Doubs. À la Goule, la rivière se resserre : on y a aménagé une petite centrale hydroélectrique qui ne gâche guère le paysage, sauvage en diable. Vous pourrez longer le cours d'eau (à pied) ou traverser le vieux pont, la douane abandonnée et remonter côté français, jusqu'à Charmauvilliers, par une petite route encore plus étroite. De là, on rejoint ensuite aisément Goumois par la route de la Corniche.

**Auberge de la Goule :** *route de la Goule 2. ☎ 032-953-11-18. À 4 km du Noirmont. Tlj sf lun non fériés. Congés : déc-fév. Plats env 25-37 Fs.* Loin de tout, perdue dans les gorges du Doubs paradis des pêcheurs, l'auberge s'amarre au bord de l'eau, avec une terrasse (très prisée en été) bercée par le chant des flots. On y mange, comme dans toutes les auberges bordant le Doubs, de la truite aux herbes, mais aussi du brochet, des spécialités de saison (gibier à l'automne) voire une simple planche de charcuterie.

***Les rochers des Somêtres :*** accessible depuis les hauteurs du Noirmont (c'est fléché, 30 mn de marche depuis le parking, balisage jaune), voici le plus haut belvédère sur le Doubs, perché à 600 m au-dessus des gorges ! Les Somêtres sont à la fois l'un des sites d'escalade les plus prisés du Jura (niveau 4a à 7c) et le but d'une belle balade. Les plus aventureux effectuent tout le parcours de l'Arête (4h environ), qui demande, outre une certaine pratique du rocher (encordage conseillé), une totale insouciance face au vide… ! À défaut, un sentier court à la base des parois sur le versant sud (côté Noirmont). Sur place, un petit refuge se niche dans les rochers, au-dessus du vide.

– ***Locations de trottinettes, VTT, tandems et raquettes :*** ***Juraventure,*** *au Peu-Péquignot. 079-217-03-56. • juraventure.ch •* Pour des randonnées pleines d'imprévu.

– ***Monter à cheval :*** *chez* ***Denis Boichat,*** *un peu au-dessus de l'*Auberge du Peu-Péquignot. *☎ 032-953-13-81. Prix standard.* L'une des offres les plus complètes de la région : des chars attelés, des traîneaux, etc.

L'ARC JURASSIEN

## Manifestations

– ***Carnaval des Franches-Montagnes :*** *fin fév.* Il reprend des traditions qui s'étaient perdues dans la nuit des temps. En introduction : sortie des *Sauvages* qui annoncent les jours gras, puis vient le *Baitchai* qui chasse les mauvais esprits avant les ripailles du *Mardi gras.* La mort de *Carimentran* met fin aux festivités dans la nuit qui précède le mercredi des Cendres.

– ***Le Chant du Gros :*** *mi-sept.* Né à l'initiative de quelques copains des Franches-Montagnes, ce festival *open-air* de musique se déroule dans le champ du « Gros Louis ». De plus en plus d'amateurs affluent pour les concerts de rock, blues, techno, chanson française, reggae ou pop…

## *SAIGNELÉGIER* (2350)

C'est le chef-lieu des Franches-Montagnes et le seul bourg important du district, sans charme particulier.

### Adresses utiles

***Jura Tourisme Saignelégier Franches-Montagnes :*** *rue de la Gruère 6. ☎ 032-420-47-70. • jura tourisme.ch • Lun-ven 9h-12h, 14h-17h45 ; w-e 9h30-13h30.*

À Saignelégier, si vous désirez ***monter à cheval,*** adressez-vous au *manège des Franches-Montagnes* : *près du centre de loisirs, à la sortie sur la route de Tramelan. ☎ 032-951-17-55. 079-402-51-75. • vivianeauber son.ch • Avr-oct slt.*

## Où dormir ? Où manger dans le coin ?

### Camping et auberge de jeunesse

⛺ 🍴 ***Camping de Saignelégier :*** *Sous-la-Neuverie 5a. ☎ 032-951-10-82. 📱 079-565-18-03. • camping-saignelegier.ch • À 2 km à l'est de Saignelégier (direction Bienne), sur la gauche de la route. Bus juste devant (4-5/j.) : arrêt « Rouges-Terres ». Mai-oct. Compter 21 Fs pour 2 avec tente. Logement en tipi 6-16 pers 80-100 Fs. Possibilité de restauration sur place pour les groupes.* Un camping très nature, au cœur des pins, où l'on s'installe où l'on veut. Chaque emplacement dispose d'une place de feu. Tipis et yourtes et un excitant projet : la construction (prévue courant 2018) de surprenantes cabanes conçues par de jeunes architectes et designers du monde entier. La balade à l'étang des Royes est toute proche.

🏠 ***Auberge de jeunesse :*** *au Village 16, 2360* ***Le Bémont.*** *☎ 032-951-17-07. • youthhostel.ch/bemont • À 1,5 km au nord-est de Saignelégier, tt de suite à droite en entrant dans le village, en contrebas de la route. Ouv fin mars-fin oct. En dortoir, 37,50 Fs/pers, petit déj compris ; ajouter 7 Fs pour les non-membres. Double avec lavabo env 84 Fs, petit déj compris. Menu 17,50 Fs.* 💻 📶 On ne reconnaît plus guère l'ancienne ferme, transformée en une AJ standard. Le train s'arrête juste devant. Beaucoup de groupes de jeunes. Accès à la cuisine payant.

### Prix moyens

🏠 🍴 ***Café du Soleil :*** *Marché-Concours 14. ☎ 032-951-16-88. • cafe-du-soleil.ch • Resto tlj, sf dim soir et lun hors saison. Congés : 2de quinzaine de nov. Compter 120 Fs la double et 40 Fs/pers en dortoir, petit déj compris. Formule et menu du jour en sem 25-32 Fs, puis 62-70 Fs, plats 22-52 Fs.* 📶 Rendez-vous culturel des Franches-Montagnes, cet établissement autogéré résiste à l'usure du temps. Au programme : soirées à thème, fréquentes expositions de peinture, concerts, théâtre, danse, ateliers de peinture et de dessin. Pour ne rien gâcher, les chambres de l'étage, simples mais accueillantes, sont assez spacieuses et plutôt lumineuses. Et, en cuisine, les plats sont pleins de jolies idées, d'ici ou d'ailleurs.

🏠 🍴 ***Auberge de la Couronne :*** *La Theurre 6. ☎ 032-951-11-15. • couronne-latheurre.ch • À 5 km au sud-est de Saignelégier. Juil-août, tlj sf mar 8h-23h (cuisine 11h45-13h30, 18h45-21h30) ; hors saison, fermé dim soir et lun-mar. Congés : mars et nov. Doubles 110-140 Fs, petit déj compris. Menus du jour 19,50-25,50 Fs le midi, plats 15,50-33 Fs.* 📶 Posée au bord de la route, l'auberge n'est qu'à 500 m à pied de l'étang de la Gruère. Il n'est donc pas rare que des cars de touristes y fassent halte à l'heure du déjeuner. Cuisine simple côté bistrot et en terrasse, nettement plus recherchée en salle, à base de produits régionaux ; spécialités de truite et risotto à la tête de moine. Pour passer la nuit, on choisit entre les petites chambres *budget* toutes lambrissées (douche et w-c sur le palier), les *standard* plus spacieuses avec lavabo et TV, et les *confort* rénovées.

🍴 🧺 ***Aux Couleurs du Terroir :*** *Communance 12, 2362* ***Montfaucon.*** *☎ 032-955-11-03. À 5 km au nord-est de Saignelégier, en plein centre de Montfaucon. Tlj sf dim soir (ferme à 17h) et lun, 8h30-18h30 (23h30 jeu-sam). Formule déj sem 19 Fs, plats 6-18 Fs.* Dans une ancienne ferme, une adresse récente qui, comme son nom l'indique, fait dans les produits locaux (et bio), côté épicerie comme côté resto. Courte carte à découvrir sous les poutres de bois de la petite salle façon néo-bistrot ou en terrasse. Accueil charmant.

🍴 ***Les Voyageurs :*** *Le Bois-Derrière, 2362* ***Montfaucon.*** *☎ 032-955-11-71. À env 8 km, à l'est de Saignelégier ; à Montfaucon, prendre à droite direction Pré-Petitjean, fléché ensuite. Mer-dim 9h30-23h (23h30 ven-sam, 22h dim). Congés : 12 janv-11 fév et*

*1 sem en nov. Formule déj sem 17 Fs, plats 18,50-63 Fs.* C'est une ferme, une auberge de campagne où l'on ne regrette pas de s'être arrêté. Spécialité de jambon à l'os fumé à la borne (cheminée !), accompagné de röstis, et viandes grillées sur ardoise – on choisit sa portion entre 150 et 300 g. Manque juste l'alpaga au menu... il en court pourtant dans le champ !

## Achats

***Fromagerie de tête de moine :*** *chemin du Finage 19. ☎ 032-952-42-20. À la sortie de Saignelégier, direction Delémont. Visites individuelles ven 15h-17h tte l'année ; lun-ven de début juil à mi-août. Entrée 8 Fs, dégustation incluse ; réduc. Et distributeur automatique de tête de moine 24h/24 !* La tête de moine est une spécialité jurassienne, ainsi appelée parce qu'on la « tond » comme un ecclésiastique, autrefois avec un large couteau plat, aujourd'hui avec un instrument qui a relancé la tradition : la girolle. Ne manquez pas une dégustation si vous en avez l'occasion ; ça ne ressemble à aucun autre fromage.

***La brasserie des Franches-Montagnes (BFM) :*** *chemin des Buissons 8. ☎ 032-912-26-26. • brasseriebfm.ch • À la sortie du bourg, direction Bienne, dans la zone artisanale, sur la gauche. Boutique ouv lun-ven 8h-12h, 13h30-17h ; sam 9h-12h.* Blanche Salamandre, blonde Meule, brune Torpille (7,5 %), stout Alex le Rouge (10,3 %) et Abbaye de Saint Bon-Chien (11 % quand même !), la maison brasse une gamme de bières artisanales étonnantes et détonantes, selon les propres mots de son créateur, Jérôme Rebetez. Le très sérieux *New York Times* a élu en 2009 l'Abbaye de Saint Bon-Chien meilleure bière du monde élevée en fût de chêne !



## À voir. À faire dans les environs

***Le centre nature Les Cerlatez :*** *☎ 032-951-12-69. • centre-cerlatez.ch • De Saignelégier (à 4 km), direction Bienne, sur la route de l'étang de la Gruère. Ouv, en principe, sur résa slt. Entrée : 8 Fs ; réduc.* Le centre d'étude, d'information et de protection des tourbières a installé son siège dans l'ancienne école des Cerlatez. L'exposition permanente est une bonne introduction à votre future visite de la Gruère. Vivarium et petit jardin botanique.

***L'étang de la Gruère :*** *à env 5 km de Saignelégier. Du parking sud, à hauteur de la scierie du Moulin de la Gruère (arrêt du car postal), un chemin y mène en moins de 5 mn.*
Ce vaste plan d'eau aux faux airs finlandais a été créé au milieu du XVII^e^ s par des moines pour actionner un moulin. La tourbe qui l'entoure a été sauvée de justesse de son exploitation totale durant la Seconde Guerre mondiale. Au printemps, elle se couvre d'un superbe tapis de renoncules aux fleurs d'un jaune d'or scintillant. Étonnant : les arbres, repoussés par le sol trop acide, développent leurs racines hors terre. Un sentier entrecoupé de passerelles a été aménagé sur le pourtour du plan d'eau : comptez 45 mn environ.

### SAVOIR TUER LES POISSONS

*Pour obtenir un permis de pêche en Suisse, il est nécessaire de connaître les gestes pour abréger les souffrances des poissons. Les cours d'« attestation de compétence » durent 6h. Et on ne rigole pas.*

## Manifestation

– ***Marché-concours :*** *2e w-e d'août.* • *marcheconcours.ch* • La plus grande manifestation équestre du pays. Grande parade des 400 chevaux disputant le concours le dimanche matin, suivie du quadrille campagnard, présenté par quatre atteleurs et huit jeunes filles montant des chevaux des Franches-Montagnes. L'après-midi : cortège folklorique, puis courses campagnardes. La semaine précédente se tient la Semaine du cheval.

## *GOUMOIS* (2354)

Depuis Saignelégier, quelque 500 m plus haut, on descend par une agréable route au creux d'une vallée franchement superbe : c'est là que se niche ce village qui se partage entre la Suisse et la France, de part et d'autre du pont de pierre qui enjambe le Doubs, frontière naturelle entre les deux pays.

## Où dormir ? Où manger ?

### Camping

***Camping communal :*** *à env 500 m du village, en aval de la rivière (c'est fléché). ☎ 032-953-15-47. 079-314-19-38. Avr-oct. Les responsables passent entre 18h-19h et 8h-9h. Compter env 11-12 Fs pour 2.* Tout simple, mais joliment posé sur les rives du Doubs. Chaque emplacement a donc une vue imprenable sur la rivière.

### Prix moyens

***Hôtel du Doubs :*** *rue Principale 16. ☎ 032-951-13-23.* • *hoteldudoubs.ch* • *Juste avt le pont. Resto tlj 8h-23h, sf mar nov-avr. Congés : de mi-janv à fin fév. Doubles 68-93 Fs ; petit déj en sus. Menus 26-57 Fs.* Une institution locale, dans la même famille depuis 1855 ! Une quinzaine de chambres, assez spacieuses, qui présentent l'un des meilleurs rapports qualité-prix du Jura ! Gentiment rénovées, bien tenues mais évidemment d'un confort parfois limité (lavabo seulement pour les moins chères). Et pour rappeler que le premier hôtelier de la famille Cachot était horloger, chacune, ou presque, est décorée d'une belle horloge neuchâteloise ou comtoise ! Au resto, roborative cuisine de terroir : cuisses de grenouilles, truite aux fines herbes, jambon à l'os et friture de carpe. Jolie petite terrasse en surplomb du Doubs.

***Auberge Le Theusseret :*** *Le Theusseret 5. ☎ 032-951-14-51. À 2,5 km du centre de Goumois ; remonter vers Saignelégier sur 1 km, puis 1,5 km sur une piste fléchée à droite dans le virage. Tlj sf mer marsnov. Doubles 100-120 Fs, petit déj inclus. Plats 17-50 Fs.* On aime beaucoup cette belle auberge de bois et de pierre (un ancien moulin) posée en pleine nature, avec une très jolie terrasse ouverte sur une (petite) chute du Doubs. Spécialité de cuisses de grenouilles, d'escargots et de truites, évidemment – les meilleures de la région, disent certains. 7 chambres (dont une familiale) avec salle de bains, pour ceux qui veulent s'endormir bercés par le chant de l'eau.

***Auberge de la Verte-Herbe :*** *La Verte-Herbe 16. ☎ 032-951-13-27. À 1 km (c'est fléché) du village par la petite route qui descend le cours du Doubs. Tlj sf lun, plus jeu soir hors saison. Congés : de début déc à mi-fév. Env 30 Fs à la carte.* Dans cette maison en léger retrait du Doubs, des truites aux fines herbes fraîchement hachées et des omelettes flambées vous ouvrent l'appétit. Terrasses couvertes ou en plein air, livrées au chant de la rivière. Une escale bienvenue.

# SAINT-URSANNE (2882) 870 hab.

**Blottie dans les profondeurs du Clos du Doubs, à l'endroit où la rivière forme une large et longue boucle, Saint-Ursanne est une charmante petite cité médiévale, à laquelle on accède par un vieux pont de pierre ou l'une des deux portes fortifiées. On y passe volontiers la nuit.**

## Adresses utiles

**Jura Tourisme Saint-Ursanne et Clos du Doubs :** *pl. Roger-Schaffter. ☎ 032-420-47-73. • juratourisme.ch • Mai-sept, lun-ven 9h-12h, 14h-18h ; w-e 10h-12h, 13h30-17h30 ; horaires réduits en basse saison.* Installé dans la maison de la Dîme du XVI^e s.

■ **Maison du tourisme :** *rue de Lorette 10. ☎ 032-461-00-00. 078-629-64-00. • maisondutourisme.ch •* On peut y louer des vélos, classiques ou électriques, des rollers, des trottinettes, des canoës, faire du tir à l'arc, du parapente, des balades au fil du Doubs depuis Tariche et même du golf.

■ **Clip :** *pl. du Mai 1. ☎ 032-461-37-22. • leclip.ch • Juil-août, tlj 8h30-12h, 14h-18h. Sinon, lun-ven (fermé jeu) 9h-12h, 15h-18h ; sam 9h-12h, 14h-17h ; dim 8h30-12h, 14h-17h.* Propose des descentes du Doubs en canoë, tous les jours en juillet-août, à 9h ou 13h *(compter 80 Fs/pers)* ; le reste du temps, seulement sur résa entre Pâques et fin septembre.

## Où dormir ? Où manger ?

### De bon marché à prix moyens

**Le Chandelier :** *chemin de Lorette 1. 079-251-24-32. • lechandelier.ch • À 10 mn à pied de la vieille ville. Resto tlj 10h-14h, 17h-20h. Camping 25 Fs pour 2 pers avec tente et voiture. Loc mobile-homes et caravanes 80-120 Fs pour 2 par j. Nuitée en dortoir 30 Fs/pers. Doubles sans ou avec sdb 100-110 Fs. Petit déj 12 Fs. Formules déj sem 15-20 Fs.* Escale à tout faire, *Le Chandelier* regroupe un camping très serré (petit espace herbeux pour les tentes derrière le resto), une AJ indépendante et une douzaine de chambres (2 à 8 personnes) bien tenues, la plupart avec sanitaires communs. Au resto, spécialité de filet de truite (si vous n'aimez pas la truite, par ici, vous serez malheureux !). Accueil sympa. Bien pratique : la *Maison du tourisme,* juste en face, loue vélos et canoës tout l'été.

### De prix moyens à chic

**Hôtel de la Couronne :** *rue du 23-Juin 3. ☎ 032-461-35-67. • hotelcouronne.ch • À l'entrée de la vieille ville. Tlj sf mer, plus jeu oct-avr. Congés : fév. Doubles 110-140 Fs selon taille et confort, petit déj compris. Plats 16,50-32 Fs.* Ce petit hôtel-restaurant familial propose un bon assortiment de chambres, les moins chères étant mansardées et plutôt vieillottes. 2 partagent une salle de bains, toutes les autres ont la leur mais parfois pas de w-c... Les plus chères, au 1^er, ont été rénovées. Côté cuisine, on se concentre sur l'indéboulonnable truite et les viandes, sans oublier quelques salades bon marché côté brasserie. Nous y avons bien aimé l'alcôve aux banquettes en bois semées de coussins. Aux beaux jours, terrasse agréable derrière la maison. Accueil sympa.

**Hôtel du Bœuf :** *rue du 23-Juin 60. ☎ 032-461-31-49. • hotelduboeuf.ch • Tlj sf lun. Congés :*

*Noël-fin janv. Double 160 Fs, petit déj compris. Plats 16-43 Fs.* Une douzaine de chambres tranquilles et tout confort, à la déco sobre et nette. Gentille cuisine à base de bons produits du coin : goûtez la friture de carpe ou de truite, et le bœuf servi sous toutes ses formes. Terrasse dans la rue aux beaux jours ou dans une cour dissimulée aux regards.

## Où dormir ? Où manger dans les environs ?

### De bon marché à prix moyens

⛺ 🏠 🍽 ***Domaine de Tariche :*** *2883* ***Montmelon.*** ☎ *032-433-46-19.* • *tariche.ch* • *À 6 km de Saint-Ursanne, en amont du Doubs. Resto tlj de mi-juin à mi-sept. Ouv mars-nov. On peut planter sa tente (28 Fs pour 2), dormir dans la grange avec son duvet (20 Fs/pers), en chambre 2-6 lits façon AJ (30 Fs/pers), dans des doubles agréables, dont 2 en mezzanine (100-120 Fs) et dans de charmants minichalets posés face à la rivière (200-240 Fs pour 2 nuits min, 3 en saison ).* 💻 Franchement, on se demande bien pourquoi on irait s'installer ailleurs : non seulement les options d'hébergement sont innombrables, mais le site, isolé au bord du Doubs, est splendide et l'accueil, sympa. Ici, de la tente au bungalow, tout le monde a vue sur l'eau ! Cuisine collective. Spécialité de truites et petite restauration, avec vaste véranda et jolie terrasse au bord du Doubs (que l'on peut traverser par un bac !). Location de canoës et vélos.

🏠 🍽 ***Hôtel de la Caquerelle :*** *La Caquerelle 8. 2883* ***Montmelon.*** ☎ *032-426-66-56.* • *lacaquerelle.com* • *À 8 km au nord-est de Sainte-Ursanne. Resto tlj sf mer, plus jeu oct-mai. Doubles 100-120 Fs sans ou avec douche et w-c dans la chambre. Formule du jour (sf dim) 17,50 Fs, autre menu 35 Fs.* 📶 Grosse bâtisse posée depuis 1906, au milieu des champs, au passage du col des Rangiers. On vient ici en famille, le week-end, pour retrouver le plaisir des bonnes vieilles auberges jurassiennes. Au menu : bonne cuisine tradi, accueil chaleureux et surtout pas de rush. Il arrive même qu'on vous pose un jeu de cartes sur la table avec le café ! À l'étage, 10 chambres un peu rustiques.

🏠 🍽 ***Auberge de la Fontaine :*** *Grande-Rue 10, 2888* ***Seleute.*** ☎ *032-461-30-30. À 5 km à l'ouest de Sainte-Ursanne ; en plein centre du village. Tlj sf lun-mar (tlj juil-août). Nuitée en dortoir 40 Fs. Double 120 Fs. Formule déj sem 17,50 Fs, menus dim 32 Fs et terroir 55 Fs.* Le cadre est des plus banal mais voilà une authentique auberge de village où la patronne, Rolande, cuisine en toute simplicité de (très) bons produits du terroir, au gré des saisons. 2 dortoirs si vous randonnez dans le coin et 2 chambres proprettes si vous n'aviez plus l'intention de repartir.

L'ARC JURASSIEN

## À voir

👁👁 ***La vieille ville :*** remarquablement conservée, elle a été bâtie au XII^e s autour de la collégiale et largement reconstruite après un incendie au début du XV^e s. Ses trois portes sont plus tardives : celles de Saint-Pierre (entrée est) et de Saint-Paul (porte de Porrentruy) datent du XVI^e s, alors que celle de Saint-Jean a été bâtie en 1670. Le joli pont à quatre arches qu'elle protège remonte, lui, à 1728, mais il a été radicalement

### LE SAINT ET L'OURS

*À la fin du VI^e s, un missionnaire du nom d'Ursicinus (Ursanne), parcourut longuement les vallées du Jura avant de décider de s'installer ici en compagnie d'un ours (ne riez pas, on a le droit de choisir ses compagnons). Attirés par ses miracles, d'autres moines fondèrent un monastère sur sa tombe. Les historiens, eux, n'y voient qu'une légende...*

restauré récemment. D'ailleurs, autant vous prévenir, la petite ville est sérieusement en travaux, au moins jusqu'en 2019 !

*La collégiale :* très belle basilique romane du XIIe s. Le portail sud est un petit chef-d'œuvre, avec son tympan représentant le Christ en majesté entouré des saints Pierre et Paul, de sept anges et d'un donateur (anonyme, comme tous les vrais gentlemen). Descendez dans la crypte, romane elle aussi, puis visitez le cloître (1380), aux 45 arcades géminées et brisées gothiques. On y accède depuis la collégiale par un portail orné d'un beau tympan de remploi du XIe s. La facture naïve du lion laisse imaginer que le sculpteur avait dû voir bien plus de chiens dans sa vie que de fauves...

## À faire

– ***Canoë et kayak :*** les fans de la rame auront du mal à résister à une petite virée dans la réserve naturelle entre Goumois et Vaufrey. *Pour une loc, adressez-vous à la* Maison du tourisme *ou au* Clip *(voir « Adresses utiles » plus haut).*

## Manifestations

– ***Les Médiévales :*** *juil, les années impaires. • medievales.ch •*
– ***Piano à Saint-Ursanne :*** *début août, dans le cloître. • crescendo-jura.ch •*



# PORRENTRUY

(2900) 6 700 hab.

**Ballottée au fil des siècles entre évêché de Bâle et princes de Bourgogne et du Wurtemberg, la ville s'est parée de beaux bâtiments au cours du XVIIIe s. Ils donnent, aujourd'hui encore, un charme particulier au cœur de la cité. Et en moins d'une minute, vous êtes déjà dans les campagnes de l'Ajoie.**

## Arriver – Quitter

➢ ***En voiture :*** depuis La Chaux-de-Fonds et les Franches-Montagnes via Glovelier par l'autoroute ou via le col des Rangiers, ou depuis Bienne via Delémont, puis l'autoroute.

➢ ***En train :*** depuis Saint-Ursanne et Delémont.

## Adresse utile

***Jura Tourisme Porrentruy et Ajoie :*** *rue du 23-Juin 20. ☎ 032-432-41-80. • juratourisme.ch • Mars-nov, lun-ven 9h-12h, 14h-17h30 et sam 9h-12h. Fermé déc-janv. Fév, fermé mar et sam.*

## Où dormir ? Où manger ? Où boire un verre ?

### Bon marché

***Le Pépin :*** *rue des Malvoisins 11. ☎ 032-466-66-61. Au centre. Lun-sam 6h30-20h (jusqu'à minuit mer-jeu, 1h ven-sam), dim 8h-13h. Sandwichs, tartines, salades : 6-17 Fs.* Un bar à vins (le pépin est de raisin...) avec une petite salle plutôt design et une sympathique terrasse où se poser dans un fauteuil cané à l'italienne ou sur un tabouret autour d'un vieux tonneau (de vin, bien sûr !). Produits frais pour des tartines, salades et autres burgers servis avec le sourire. Cocktails pour qui veut prolonger la soirée.

**Brasserie des Deux Clefs :** *rue des Malvoisins 7. ☎ 032-466-18-31. En plein centre. Tlj 6h-minuit (1h30 jeu-sam). Formule déj 20 Fs. Plats 10-34 Fs.* Une longue salle à arcades, ancien domaine d'un grossiste en vin, relie une terrasse en bois ultra-populaire à une autre, plus tranquille, où se retrouvent amoureux et timides. La *Brasserie des Deux Clefs* fait le trait d'union entre une cuisine bistrot de qualité et un bar populaire qui attire une foule assidue à l'heure de l'apéro. Large choix de grillades le soir. Accueil souriant.

## Prix moyens

**Un Ange Passe :** *fg de France 8. ☎ 032-466-52-64. • unangepasse.ch • Doubles 110-120 Fs, petit déj bio inclus.* Au pied du château, dans un ancien quartier artisan, cette vieille maison mitoyenne surplombe un ru. Semée d'antiquités – la passion de la souriante Fabienne –, elle abrite 3 chambres dont 2 partagent une salle de bains (louées en même temps seulement si l'on se connaît). Les parquets craquent, le salon et la chambre du 1er nous enivrent de leurs poutres anciennes, et le petit déj au pied du pommier, au bord de l'eau, le matin, achève de nous enchanter. Une (très) bonne escale.

**Le Lion d'Or :** *rue des Malvoisins 12. ☎ 032-467-13-77. • lion-porrentruy.ch • En plein centre. Resto tlj sf dim et lun midi, 10h30-14h, 17h-minuit. Doubles 110-145 Fs sans ou avec douche et w-c. Formule déj sem 18,50 Fs et plats 22-32 Fs.* 7 chambres joliment rénovées et plutôt lumineuses, même pour celles, mansardées, du dernier étage. Au resto, dans un décor en rouge et en noir, sur fond d'ardoises et de rondins très tendance, on mange pizzas, spécialités italiennes, viandes (cuites, pour certaines, sur la pierre) ou poissons.



# À voir

**La vieille ville :** *à découvrir au gré de l'itinéraire proposé par* Jura Tourisme *(brochure gratuite « À pied »).* Parmi les plus beaux édifices, dans la Grand-Rue, le baroque *hôtel de ville* (1764), l'*hôtel des Halles* (1769) et surtout l'*hôtel-Dieu* (lire ci-après). Vous croiserez, entre hôtels particuliers et maisons médiévales, quelques jolies fontaines. Remontez la rue jusqu'au collège des jésuites (XVIe-XVIIe s) devenu lycée avant de visiter l'ensemble *Jurassica* (lire plus loin). À l'autre bout de la vieille ville, la *porte de France* (XIVe-XVIe s) vous conduira au pied du *château* (XIIe-XVIIIe s), encadré des *tours du Coq* et *Réfous* (XIIIe s). Il est aujourd'hui occupé par les autorités judiciaires du canton et la prison !

**L'hôtel-Dieu :** *Grand-Rue 5.* Un des plus beaux hôpitaux urbains de style baroque tardif de Suisse. Son corps de logis, bâti de 1761 à 1765, est précédé d'une élégante façade et d'un joli escalier en fer à cheval. Dans le *musée* consacré à l'histoire locale, sis sous ce même toit *(☎ 032-466-72-72 ; tlj sf lun 14h-17h ; entrée : 6 Fs, réduc ; gratuit moins de 16 ans),* ne manquez pas la magnifique pharmacie d'hôpital réalisée en 1847 en érable moucheté, chêne, prunier et pin. Les tiroirs, eux, sont en ébène et en amarante ! Le laboratoire des sœurs a été reconstitué à côté.

**Jurassica :** *• jurassica.ch •* Sous ce nom générique se visitent dans le même quartier :

– *Le jardin botanique : mai-sept, tlj 8h (10h w-e)-20h. GRATUIT.* Créé en 1792, c'est un des premiers du genre en Suisse. Belle collection de roses et d'iris, jardin jurassien qui regroupe toutes ou presque les espèces locales.

– *Les serres : en contrebas du jardin botanique. Tlj sf mat w-e 8h-12h, 14h-17h. GRATUIT.* Intéressante collection de cactus (une des plus importantes d'Europe), des orchidées et quelques plantes carnivores.
– *Le Jurassica Museum : route de Fontenais 21. ☎ 032-420-92-00. Pratiquement en face des serres. Tlj sf lun 14h-17h. Entrée : 6 Fs ; réduc ; gratuit moins de 16 ans.* Fossiles, papillons, coléoptères, oiseaux naturalisés, minéraux, herbiers... Installé dans une maison bourgeoise d'autrefois, ce musée offre un panorama complet du milieu naturel local. Il expose également, petit à petit, les trouvailles faites lors des fouilles réalisées autour du chantier de l'autoroute : 13 000 traces de dinosaures, ainsi que des défenses et des ossements de mammouths !

## Fêtes et manifestations

– ***Porrentruy-Jazz :*** *entre début et mi-juin.* Festival gratuit, sur le site du Pré-de-l'Étang.
– ***Festival Monde de couleurs :*** *autour de la mi-juin, les années impaires. • mondedecouleurs.ch • GRATUIT.* Musiques et cultures du monde.
– ***Festival Rock-Air :*** *août.* Tendance rock, métal, punk et alternatif.
– ***Grande braderie :*** *dernier w-e d'août, les années paires.* Participation de groupes folks.
– ***Fêtes de la Saint-Martin :*** *2e w-e de nov.* Marché artisanal, agapes pantagruéliques de cochonnailles.



## DANS LES ENVIRONS DE PORRENTRUY

***Les grottes de Réclère :*** *☎ 032-476-61-55. • prehisto.ch • À 17 km de Porrentruy, direction Besançon. Car postal 2 fois/j. Visite guidée (obligatoire) : avr-fin oct, tlj à 11h30, 14h30 et 16h dim (tlj juil-août). Durée : 1h env. Entrée : 10 Fs ; réduc ; gratuit moins de 4 ans. Billet combiné avec le* Préhisto-Parc *: 15 Fs. CB refusées.* Découvertes en 1887, les grottes de Réclère sont ornées de très belles stalactites et stalagmites aux noms poétiques : la Chaire, le Manteau de Napoléon, le Grand Lustre... Leur voûte s'élève jusqu'à 30 m du sol. Attention, à l'intérieur, il fait frais, même en été : 7 °C seulement ! La visite, qui s'étend sur environ 1,5 km, est entrecoupée de 550 marches.

***Le Préhisto-Parc :*** *même lieu, mêmes coordonnées. Du dim des Rameaux à mi-nov, 10h-12h, 13h-17h30 ; juil-août, 9h30-18h. Entrée : 10 Fs ; réduc ; gratuit moins de 4 ans. Billet combiné avec les grottes : 15 Fs. CB refusées.* L'idée a germé bien avant la sortie de *Jurassic Park.* Qu'on se rassure cependant, les dinosaures et autres brontosaures qui hantent la magnifique forêt locale sont parfaitement immobiles. Ils n'en sont pas moins fort impressionnants (même la libellule mesure 70 cm d'envergure !). Désolés pour les fans, le parcours de 2 km avec panneaux explicatifs n'accueille pas de T-Rex. Beau point de vue depuis une tourelle de fer en forme de filaments d'ADN.

# DELÉMONT (2800) 11 800 hab.

**Chef-lieu du canton du Jura, Delémont a, sur ses hauteurs, conservé son aspect de bourg et un caractère médiéval ici ou là encore marqué qui mérite qu'on s'y arrête. En contrebas, c'est une ville qui a connu à partir des années 1870 un développement accéléré après l'arrivée du chemin de fer.**

**L'ensemble est aujourd'hui le principal centre industriel, commercial et administratif de la région – bien modeste néanmoins comparé aux métropoles des cantons voisins.**

## Arriver – Quitter

➢ ***En voiture :*** route cantonale de Bienne via Moutier, de La Chaux-de-Fonds via les Franches-Montagnes et de Bâle via Laufen. Ou par l'autoroute A 16 Bienne-Delle (frontière française). De l'une ou l'autre sortie, on rejoint La Chaux-de-Fonds via les Franches-Montagnes.

➢ ***En train :*** de/vers Porrentruy, Moutier, Bienne et Bâle.

## Adresse utile

🛈 ***Jura Tourisme :*** *pl. de la Gare 9. ☎ 032-420-47-71. • juratourisme.ch • Mars-nov, lun-ven 9h-12h, 14h-17h30 ; sam 9h-12h. Déc-fév, fermé lun et sam.*

## Où dormir ? Où manger ?

### Camping

⛺ ***La Grande Écluse :*** *Vies Sainte-Catherine. ☎ 032-422-75-98. • tcs.ch • À env 2 km du centre, en direction de Porrentruy (fléché sur la gauche) ; à 20 mn à pied de la gare. Avr-sept. Compter 35 Fs pour 2.* *(au resto).* Du gazon et un brin d'ombre et de frais au bord de la Sorne ; à vos cannes à pêche ! Ou à vos maillots de bains parce qu'il y a une petite plage, et la piscine voisine est gratuite pour les campeurs. Petite restauration au cas où. L'accueil gagnerait toutefois à être plus chaleureux.

### Bon marché

***Auberge de jeunesse :*** *route de Bâle 185. ☎ 032-422-20-54. • youthhostel.ch/delemont • À env 1,5 km du centre-ville, direction Bâle, à 15 mn à pied de la gare. Avr-3e sem d'oct. Compter env 40Fs/pers en dortoir, 7 Fs de plus pour les non-membres. 45-50 Fs/pers en chambre double sans ou avec douche et w-c, petit déj-buffet compris. Repas 17,50 Fs/pers sur résa.* Très proche de la grand-route côté face, cette AJ se rattrape, côté pile, par un grand jardin verdoyant avec jeux pour les enfants. Pour le reste, chambres et dortoirs classiques de ce type d'institution.

***Le Bleu Lézard*** *: rue des Moulins 28. ☎ 032-422-04-44. Au pied de la vieille ville. Tlj 9h (midi dim)-22h (23h ven-sam). Menu du jour 17,90 Fs. Sandwichs, salades, burgers, plats... env 6-20 Fs.* Un fast-food avec cuisine ouverte et coups de stress quand la file d'attente s'allonge. Mais c'est, pour le prix, plutôt bon.

### De prix moyens à très chic

***Hôtel du Bœuf :*** *rue de la Préfecture 17. ☎ 032-422-16-91. • hotel_du_boeuf@bluewin.ch • Dans la vieille ville. Tlj sf dim. Congés : de mi-juil à mi-août et dernière sem de déc. Doubles 110-130 Fs. Petit déj 9 Fs. Formule déj sem 18 Fs. Plats 22-50 Fs.* Difficile de le rater avec sa façade peinte d'une fresque de bœuf et de glaneuse. Chambres correctes, mais au mobilier disparate qui ne vous fera pas un effet « bœuf ». Le bar et le resto sont à classer dans la catégorie vieille institution locale avec une ambiance bien populaire et, dans l'assiette, cordon-bleu, rösti, fondue ou steak de cheval.

***La Bonne Auberge :*** *rue du 23-Juin 32. ☎ 032-422-17-58. • labonneauberge.ch • Dans la vieille ville. Resto tlj sf dim-lun. Double 170 Fs. Petit déj 12 Fs. Formule déj en sem 29 Fs. Plats 34-57 Fs.* Le genre d'enseigne pas nécessairement facile à assumer.

Mais dans cette auberge ouverte depuis 1852, pas de souci : on se sent bien dès l'accueil. Impression confirmée dans la poignée de chambres, cossues mais chaleureuses et vraiment confortables. Et la table fait l'unanimité en ville avec ses plats simplement inventifs, au goût d'aujourd'hui.

|●| ***Restaurant du Midi :*** *pl. de la Gare 10.* ☎ *032-422-17-77. Tlj sf mar soir-mer. Plats 25-46 Fs.* Si la (petite) carte brasserie reste très classique, la salle à manger, à contrario, offre une belle cuisine, plutôt inventive, aux saveurs bien marquées : nombreux plats de veau (foie, osso bucco, *piccata*...), mais aussi de poissons. Pour finir, un – non, quatre ! – mot(s) sur le cadre : moderne, épuré, tendance chic. Bon accueil.

## À voir. À faire

***La vieille ville :*** il reste deux des quatre portes, celle de Porrentruy (à l'ouest) et la Porte-au-Loup (au nord), reconstruites dans la seconde moitié du XVIIIe s. En commençant votre balade par la première, vous verrez d'abord la belle *fontaine du Sauvage* (1583), dressée devant le musée jurassien (voir ci-après). En face, le château, résidence du prince-évêque lors de ses séjours à Delémont, a été entièrement remodelé en 1716-1721 dans le style baroque ; il abrite aujourd'hui l'école primaire de la ville.

Du fond de la cour, un passage mène à l'*église paroissiale Saint-Marcel,* du XVIIIe s, puis on rejoint le sobre *hôtel de ville* qui domine la place de la Liberté où eut lieu, en 1947, une manifestation considérée comme le ferment du mouvement de libération jurassien. On accède à l'intérieur par un portail orné des armoiries de la ville, sur lesquelles figurent deux autres « sauvages », façon Robinson Crusoé en pagne...

L'axe de la vieille ville suit deux rues parallèles : la rue du 23-Juin, qui débute à la porte de Porrentruy, et la rue de l'Hôpital, juste au nord. À l'est de la rue de l'Hôpital, l'*Hôtel du Parlement et du Gouvernement* (XVIIe s), ex-résidence du bailli de Delémont, s'adosse à la tour de la Franche-Courtine.

***Le musée jurassien d'Art et d'Histoire :*** *rue du 23-Juin 52.* ☎ *032-422-80-77. • mjah.ch • Mar-ven 14h-17h, w-e 11h-18h. Entrée : 6 Fs ; réduc ; gratuit moins de 16 ans.* Il occupe un bâtiment du XVIIIe s attenant à la porte de Porrentruy. L'exposition permanente explore les différentes facettes du Jura à travers les principaux clichés qui lui collent à la peau... Tête de moine (héritage chrétien), sapins et fermes, horlogerie, etc. On verra la crosse de saint Germain (VIIe s), qui serait la plus vieille crosse décorée connue au monde, la pipe sacrément tarabiscotée du prince-évêque et même... un (petit) morceau de la Bastille !

– ***Swiss Labyrinthe :*** *• swisslabyrinthe.ch • 3e sem de juil-3e sem de sept env. Tlj 10h-18h (dernière entrée à 16h30) jusqu'à mi-août, puis mer 13h30-18h (16h30), w-e 10h-18h. Entrée : 12 Fs ; 9 Fs enfant.* À 5 mn de la gare, une occasion de se détendre en famille. Un champ de maïs transformé l'été en labyrinthe, le plus grand de Suisse. Trois parcours.

## Manifestations

– ***Carnaval du Jura :*** *fév-début mars, à* ***Bassecourt.*** *• carnavaldujura.ch •*
– ***Concours suisse des produits du terroir :*** *sept, les années impaires. • concours-terroir.ch •*

L'ARC JURASSIEN

# LA SUISSE DU NORD-OUEST



**La Suisse du Nord-Ouest recouvre quatre cantons alémaniques, dont le seul point commun est de n'être ni zurichois ni bernois : on y retrouve pêle-mêle Bâle-Ville, Bâle-Campagne, Soleure et l'Argovie. Nous vous conseillons surtout de vous attarder dans la ville de Bâle, pour ses étonnantes richesses culturelles. Même si l'Argovie et Soleure méritent également une petite visite.**

## BÂLE (BASEL)

(4000) 185 000 hab.

• Plan *p. 234-235*

**Voilà, traversée par le Rhin, une des villes les plus agréables de Suisse, une destination idéale pour un court séjour en terre helvète, à seulement 3h30 de Paris. Une ville qui cache un joli centre ancien (et piéton !) et qui offre une vie culturelle foisonnante (avec plus de 30 musées), une ambiance internationale très naturelle (France et Allemagne sont à quelques minutes) et une population aussi ouverte d'esprit que polyglotte. Un seul problème, de taille : la cherté de la vie, de l'hôtellerie surtout. En effet, Bâle est une ville riche, qui tire sa prospérité de son industrie, principalement chimique et pharmaceutique, de ses banques et de son port, attirant une multitude de foires internationales.**

### LA MARINE SUISSE EXISTE !

*Avec 33 bateaux de mer dont plusieurs pétroliers, la Suisse dispose de sa propre marine marchande afin de garantir ses approvisionnements. Le port d'attache officiel est Bâle (le Rhin est relié à la mer du Nord. Pas bête !). Les navires ayant généralement moins de 10 ans, leur flotte est d'ailleurs la plus moderne du monde. Donc on arrête les sarcasmes...*

## UN PEU D'HISTOIRE

En 44 av. J.-C. les Romains bâtissent une colonie qu'ils appellent *Colonia Augusta Raurica.* Vers l'an mille, la cité, devenue épiscopale, commence à exploiter les possibilités offertes par le Rhin, navigable jusqu'à Rotterdam. Avec la construction d'un pont fixe en 1225, la ville devient un véritable carrefour du commerce européen. Son expansion, économique et urbaine, est alors foudroyante. Au XIVe s, la ville connaît deux épidémies de peste et surtout un terrible tremblement de terre (1356) qui n'épargne que le pont, les faubourgs et les murs de la cathédrale. Mais c'est sans compter sur la puissance financière des corporations et la volonté des Bâlois, qui rebâtissent toute la ville en moins de 6 ans !
C'est Bâle qui accueille, à partir de 1431, le Grand Concile, où siègent les plus importants prélats et seigneurs européens, et qui est censé réformer le clergé et ramener les hérétiques dans l'Église. C'est en fait une telle foire d'empoigne entre les évêques et le pape Eugène IV que ce dernier décide de réunir un autre concile à Ferrare. Mais certains évêques ne l'entendent pas de cette oreille et décident d'élire un nouveau pape, en fait un « antipape » en la personne d'Amédée VIII, duc de Savoie, qui accepte et prend le nom de Félix V. Pour Bâle, c'est du pain béni. Imprimeries et fabriques de papier se nourrissent de ce conflit sur lequel il y a tant à écrire.
Puis tout s'enchaîne : en 1460, création de la première université suisse ; en 1471, institution de deux foires annuelles par privilège impérial (la tradition perdure encore de nos jours) ; et enfin, entrée dans la Confédération en 1501.
Avec l'arrivée de la Réforme, l'évêque, écarté du pouvoir temporel par les autorités, n'a plus qu'à se retirer dans le Jura voisin. Bâle connaît alors une sorte d'apogée économique à laquelle la guerre de Trente ans (1618-1648) contribue, les autorités jouant d'ores et déjà la carte de la neutralité et accueillant, entre autres, des huguenots qui apportent leurs connaissances dans l'industrie de la soie. Un siècle plus tard, enfin, la boucle est bouclée : en 1758, une entreprise se spécialise dans le traitement de plantes pour en extraire des colorants, et Bâle devient leader mondial de la rubanerie de soie.
Le XIXe s sera moins triomphant. Plutôt que de poursuivre sur sa lancée et de s'ouvrir aux idées nouvelles, Bâle se referme sur elle-même et soupire après le passé, en l'occurrence celui de l'Ancien Régime. Au lieu, comme un peu partout en Suisse, d'accorder certains droits à sa campagne, elle préfère l'épreuve de force, qu'elle va perdre d'ailleurs puisque le canton sera coupé en deux en 1833 : Bâle-Ville et Bâle-Campagne.
Aujourd'hui 2e ville du pays, Bâle fait partie de ce que l'on appelle en économie suisse le « triangle d'or », avec Zurich et Winterthur. Elle le doit principalement à son industrie chimique et pharmaceutique, avec notamment des entreprises comme Hoffmann-La Roche et Novartis. C'est la ville où l'on compte la plus grande proportion de chercheurs par rapport au reste de la population.

## Arriver – Quitter

### En voiture

De France, par l'autoroute de Mulhouse, en passant par les douanes de Saint-Louis, Hegenheim ou Burgfelden. Si vous ne passez que la journée à Bâle, laissez votre voiture au parking des douanes ou à celui du stade de Saint-Louis, car stationner gratuitement à Bâle relève de l'exploit, puis prenez le tram (la toute nouvelle ligne 3 relie désormais Saint-Louis à Bâle).
D'Allemagne, par l'autoroute venant de Freiburg in Breisgau, en passant par l'une des 3 douanes de Weil. De Suisse, par la N 18 venant du Jura ou par les autoroutes venant de Berne, Lucerne ou Zurich.

## En train

3 pays, 3 gares ; la *Schweizerische Bundesbahnhof SBB* (suisse, attention l'abréviation en français est CFF !), la *Badischer Bahnhof* (allemande) et la *Elsässer Bahnhof* (française). Possibilité de réserver et d'acheter ses billets au guichet de la *SBB* situé dans les locaux de l'office de tourisme *(plan B2)*.

**Gare ferroviaire suisse SBB/CFF** *(Bahnhof SBB ; plan B3, **1**)* **:** ☎ 0900-300-300 (1,19 Fs/mn).

**Gare ferroviaire allemande** *(Badischer Bahnhof DB ; hors plan par D1, **2**)* **:** ☎ 061-690-12-15.

**Gare ferroviaire française** *(Elsässer Bahnhof SNCF ; plan B3, **3**)* **:** ☎ 061-157-10-56.

## En avion

**Aéroport Basel-Mulhouse-Freiburg** *(EuroAirport ; hors plan par A1)* **:** près de Saint-Louis (France). ☎ 061-325-31-11. • euroairport.com • Dans la partie française, bureau de change *(tlj 8h-23h45)*.

➢ Pour se rendre à Bâle, traverser la douane puis, à l'extérieur de l'aéroport, prendre une navette (bus n° 50) qui relie l'aéroport à la gare *SBB* (Suisse) en 15-20 mn. Départ ttes les 10-20 mn, 5h30-23h30 env. Billet en vente au bureau de change.

# Comment circuler en ville ?

– L'essentiel de ce qu'il y a à voir se trouve dans le centre, soit dans les zones historiques du Grand et du Petit Bâle. Tout peut se faire à pied, à vélo ou en tram. Le réseau est très dense et fonctionne même en soirée, mais le prix des tickets à l'unité est plutôt élevé. Mieux vaut donc se procurer la carte journalière, amortie dès le 4e trajet. Point de vente à la *Barfüsserplatz,* à côté du kiosque, ou à chaque station au distributeur automatique.

– *Bon tuyau :* tous les hôtels bâlois délivrent un ***mobility ticket,*** valable autant de jours que vous avez de nuits d'hôtel, qui permet d'utiliser gratuitement les transports en commun, de rejoindre l'aéroport (bus n° 50), ou

**■ Adresses utiles**

- Offices de tourisme
- 1 Gare ferroviaire suisse SBB/CFF (Bahnhof SBB) et location de vélos
- 2 Gare ferroviaire allemande (Badischer Bahnhof DB)
- 3 Gare ferroviaire française (Elsässer Bahnhof SNCF)
- 4 Embarcadère

**Où dormir ?**

- 10 Waldhort
- 11 Auberge de jeunesse
- 12 Easy Hotel
- 13 Basel Back Pack
- 14 YMCA
- 15 Hotel Stadthof
- 17 Au Violon
- 18 Hotel Rochat
- 19 Hotel Krafft
- 20 Teufelhof
- 22 Micro Hotel

**Où manger ?**

- 15 Brötli-Bar
- 17 Brasserie Au Violon
- 30 Zum Schmale Wurf
- 31 Hirscheneck
- 32 Manger & Boire
- 33 Parterre
- 34 Zur Harmonie
- 35 Kombüse
- 36 Bodega zum Strauss
- 37 Torstübli
- 38 Kunsthalle
- 39 Safran Zunft
- 40 Tibits
- 41 So'up
- 42 Hitzberger
- 43 Kholmanns
- 44 Wallisserkanne
- 45 1777

**Où boire un verre ? Où écouter de la musique ?**

- 50 Zum Roten Engel
- 51 Rosario's Lo Spuntino
- 52 Café-bar Elisabethen
- 53 Bar des Arts
- 54 Fischerstube
- 55 Cargo Bar
- 57 Bar Rouge

**Où sortir ?**

- 58 Atlantis Music Restaurant
- 59 Bird's Eye Jazz Club
- 60 Nordstern

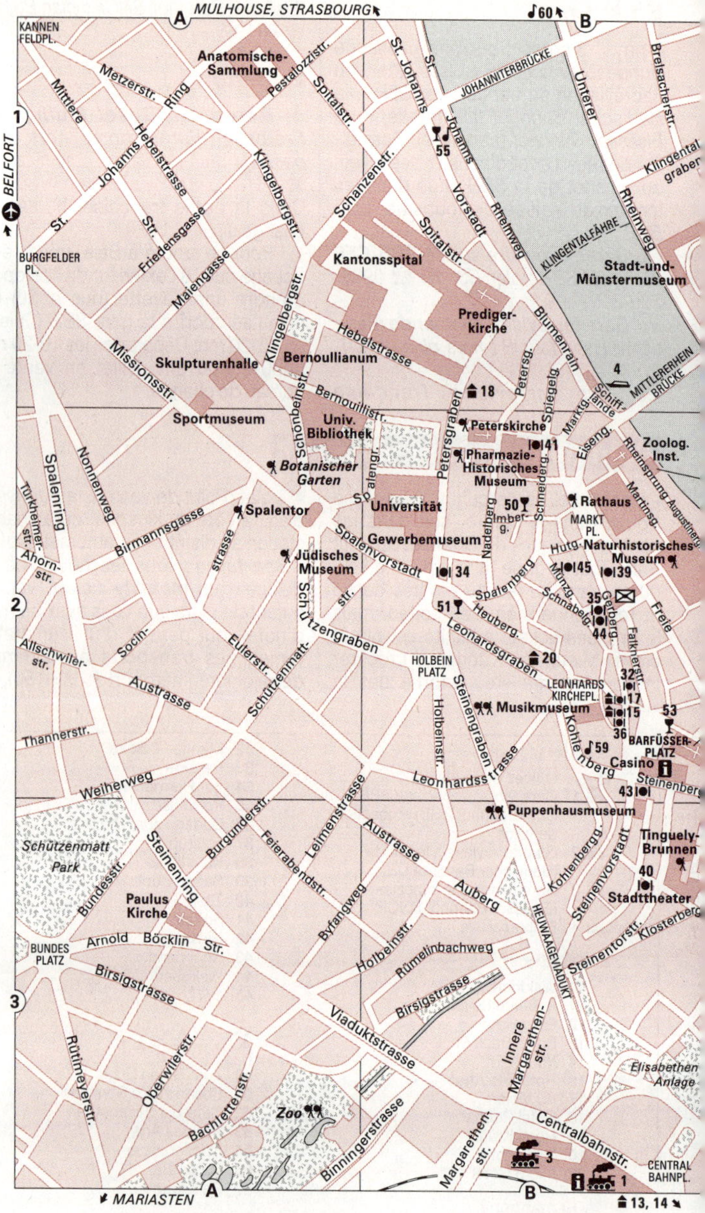
MULHOUSE, STRASBOURG
60
A
B
1
2
3
BELFORT
MARIASTEN
13, 14
KANNEN FELDPL.
Anatomische-Sammlung
Metzerstr.
Ring
Pestalozzistr.
Spitalstr.
St. Johanns
JOHANNITERBRÜCKE
Unterer
Breisacherstr.
Mittlere
Hebelstrasse
Johanns
St.
Str.
Klingelbergstr.
Schanzenstr.
55
Vorstadt
Rheinweg
Klingental graben
Rheinweg
Friedensgasse
Maiengasse
Kantonsspital
Spitalstr.
KLINGENTALFÄHRE
Stadt-und-Münstermuseum
BURGFELDER PL.
Missionsstr.
Klingelbergstr.
Hebelstrasse
Prediger-kirche
Blumenrain
Skulpturenhalle
Bernoullianum
18
Petersg.
Spiegelg.
4
MITTLERERHEIN BRÜCKE
Schiff-lände
Sportmuseum
Schönbeinstr.
Bernoullistr.
Univ. Bibliothek
Petersgraben
Peterskirche
Marktg.
Eiseng.
41
Zoolog. Inst.
Rheinsprung
Pharmazie-Historisches Museum
Botanischer Garten
Spalengr.
Schneiderg.
Rathaus
Martinsg.
Augustinerg.
Nonnenweg
Spalenring
Türkheimer-str.
Spalentor
Universität
50
Imber-g.
Nadelberg
MARKT PL.
Birmannsgasse
strasse
Gewerbemuseum
Hutg.
Naturhistorisches Museum
Ahorn-str.
Jüdisches Museum
Spalenvorstadt
34
45
39
Münzg.
Spalenberg
Schnabelg.
35
Gerberg.
44
Freie
Schützengraben
str.
51
Heuberg
Leonardsgraben
20
Allschwiler-str.
Socin-
Eulerstr.
HOLBEIN PLATZ
Falknerstr.
32
Austrasse
Schützenmatt.
LEONHARDS KIRCHEPL.
17
15
36
53
Musikmuseum
Steinengraben
Holbeinstr.
Kohlenberg
BARFÜSSER-PLATZ
59
Casino
Thannerstr.
Leonhardsstrasse
Steinenberg
Weiherweg
43
Burgunderstr.
Leimenstrasse
Puppenhausmuseum
Austrasse
Tinguely-Brunnen
Schützenmatt Park
Feierabendstr.
Kohlenbergg.
Steinenvorstadt
Steinenring
40
Bundesstr.
Auberg
Stadttheater
Paulus Kirche
Byfangweg
HEUWAAGEVIADUKT
Steinentorstr.
Klosterberg
BUNDES PLATZ
Arnold Böcklin Str.
Holbeinstr.
Rümelinbachweg
Birsigstrasse
Birsigstrasse
Steinentorstr.
Viaduktstrasse
Innere Margarethen-str.
Elisabethen Anlage
Rütimeyerstr.
Oberwilerstr.
Bachlettenstr.
Zoo
Binningerstrasse
Margarethen-str.
Centralbahnstr.
3
1
CENTRAL BAHNPL.

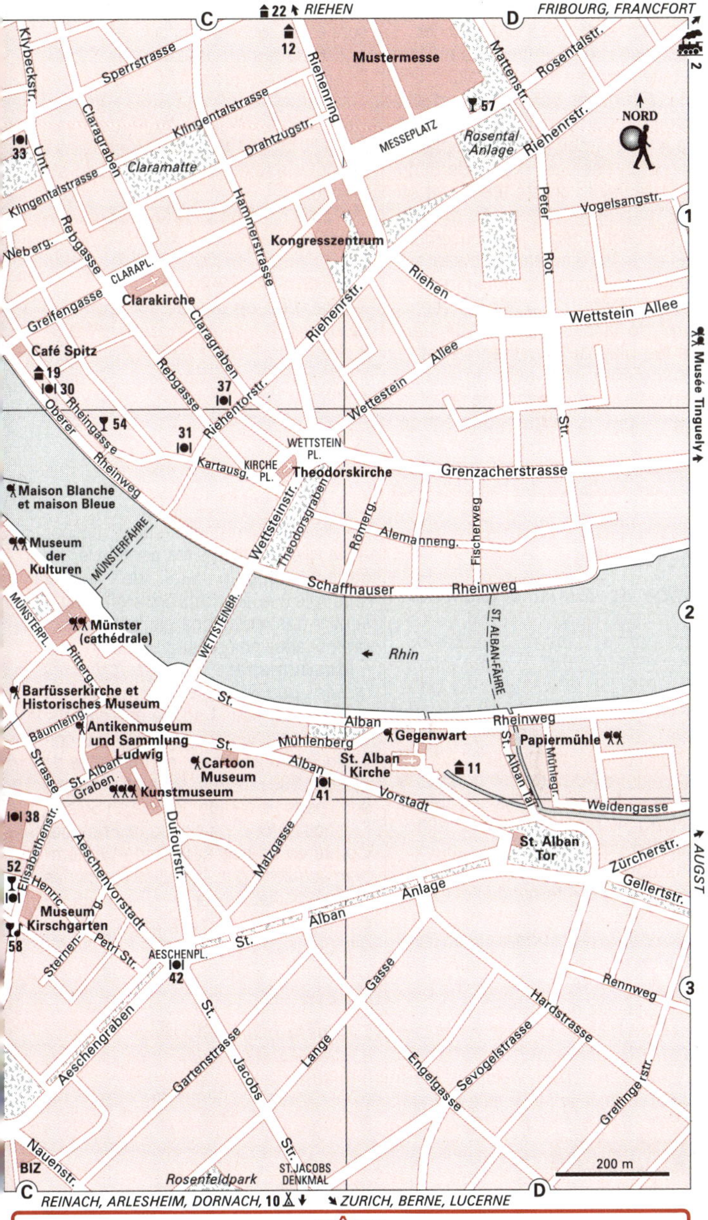
22 RIEHEN
FRIBOURG, FRANCFORT
C
D
NORD
Mustermesse
MESSEPLATZ
57
Rosental Anlage
Mattenstr.
Rosentalstr.
Riehenstr.
Riehenring
12
Klybeckstr.
Sperrstrasse
Claragraben
Klingentalstrasse
Drahtzugstr.
Claramatte
33
Unt.
Rebgasse
Weberg.
Hammerstrasse
Kongresszentrum
Peter Rot Str.
Vogelsangstr.
Riehen
Wettstein Allee
CLARAPL.
Clarakirche
Greifengasse
Café Spitz
19
30
Oberer Rheinweg
Rheingasse
54
Rebgasse
37
31
Riehentorstr.
Wettestein Allee
WETTSTEIN PL.
Kartausg.
KIRCHE PL.
Theodorskirche
Grenzacherstrasse
Musée Tinguely
Maison Blanche et maison Bleue
Museum der Kulturen
MÜNSTERFÄHRE
Wettsteinstr.
Theodorsgraben
Römerg.
Alemanneng.
Fischerweg
Schaffhauser Rheinweg
MÜNSTERPL.
Münster (cathédrale)
Ritterg.
WETTSTEINBR.
Rhin
ST. ALBAN-FÄHRE
1
2
3
Barfüsserkirche et Historisches Museum
Bäumleing.
Antikenmuseum und Sammlung Ludwig
St. Alban Rheinweg
Mühlenberg
Gegenwart
Papiermühle
St. Alban Vorstadt
Cartoon Museum
St. Alban Kirche
11
St. Alban Tal
Mühlegr.
Strasse
St. Alban Graben
Kunstmuseum
41
Weidengasse
38
Elisabethenstr.
Aeschenvorstadt
Dufourstr.
Malzgasse
St. Alban Tor
Zürcherstr.
Gellertstr.
AUGST
52
Henric g.
Museum Kirschgarten
58
Sternen-
Petri Str.
AESCHENPL.
42
St. Alban Anlage
Lange Gasse
Rennweg
Hardstrasse
Aeschengraben
Gartenstrasse
St. Jacobs Str.
Engelgasse
Sevogelstrasse
Grellingerstr.
Nauenstr.
BIZ
Rosenfeldpark
ST.JACOBS DENKMAL
200 m
REINACH, ARLESHEIM, DORNACH, 10
ZURICH, BERNE, LUCERNE

# BÂLE

encore d'aller à la fondation Beyeler, à Riehen. N'hésitez pas à le demander.
– Pour passer d'une rive à l'autre du Rhin, faites comme tous les Bâlois : utilisez les ***Fähri,*** ces barques à fond plat qui profitent du seul courant pressant sur leur gouvernail pour se déplacer le long d'un câble en moins de 3 mn (1,60 Fs le trajet ; en été 9h-19h et en hiver 11h-17h). Non compris dans le *mobility ticket.* 4 relais judicieusement placés entre les différents ponts reliant le Petit et le Grand Bâle, notamment le *Klingental-Fähre* (qui mène au centre culturel de la caserne), le *Münster-Fähre* (au pied de la cathédrale) et le *St Alban-Fähre* (tout près du musée d'Art moderne qui permet de rallier le musée Tinguely). Si la barque est de l'autre côté et qu'elle ne bouge pas, sonnez la cloche pour l'appeler !

***Balades en bateau*** *(plan B1, **4**) :* ***Basler Personenschiffahrt,*** *société de navigation bâloise BPG ; guichet à la Schifflände (près du Mittlererhein Brücke). ☎ 061-639-95-00. • bpg.ch •* Voyages et excursions en bateau sur le Rhin.

■ ***Taxis :*** ***Airport-Taxi-Genossenschaft*** *(à l'aéroport), ☎ 061-325-27-00 ; ou encore en ville : ☎ 061-333-33-33 ou 061-222-22-22.*

■ ***Location de vélos :*** *à la* ***Bahnhof SBB*** *(plan B3, **1**), au sous-sol. ☎ 051-229-23-45. Tlj 7h30-19h45. Également* ***Velô,*** *toujours au sous-sol de la gare. ☎ 061-272-09-10.*

## Adresses et infos utiles

### Informations touristiques et culturelles

***Office de tourisme*** *(plan B2) : Steinenberg 14. ☎ 061-268-68-68. • basel.com • Dans le Stadtcasino. Lun-sam 9h-18h30 (17h sam), dim et j. fériés 10h-15h. Visites guidées de la ville : mai-oct, tlj sf dim à 14h30 (rdv devant l'office de tourisme) ; nov-avr, slt sam à 14h30. Participation : 15 Fs ; réduc enfants.* Nombreuses brochures gratuites en français sur les activités et les hébergements. Vous pouvez effectuer toutes vos réservations d'hôtels, de chambres d'hôtes en comparant les prix sur le site internet de l'office de tourisme.

***Autre office de tourisme*** *(plan B3) : dans la gare suisse SBB (plan B3, **1**). ☎ 061-268-68-68. Lun-ven 8h30-18h, sam 9h-17h, dim et j. fériés 9h-15h.*
– **BaselCard :** *s'achète dans les offices de tourisme, à l'aéroport et dans certains hôtels. Prix : 20 Fs pour 24h ; 30 Fs pour 48h ; réduc enfants.* Elle permet de visiter à demi-tarif certains musées de la ville et autres sites comme le zoo (gratuit lui pour le coup !), de traverser (une fois !) le Rhin en bac ; offre également des réductions dans les restos, promenades en bateau, taxis...
– ***Museumspass*** *(passeport des musées du Rhin supérieur)* **:** passeport valable 1 an pour 1 adulte et 5 enfants, qui offre un accès libre et illimité aux collections temporaires et permanentes de plus de 300 musées, sites et châteaux sur 3 pays : le canton de Bâle en Suisse, l'Alsace et une partie de la Franche-Comté en France et le Bade-Wurtemberg en Allemagne. Les sites concernés sont consultables sur *• museumspass.com • Prix : 128 Fs ; réduc. En vente dans les musées membres ou en ligne.*

### Poste

✉ ***Poste*** *(plan B2) : dans le monumental bâtiment de la Rüdengasse, un peu au-dessus de la Marktplatz. Lun-ven 7h30-18h, sam 8h-17h.*

## Où dormir ?

Au risque de se répéter, l'hôtellerie à Bâle est chère. De plus, il y a peu d'établissements de petite ou moyenne catégorie. Inutile d'aller dans les environs, ce n'est guère meilleur marché ! 2 petits trucs cependant : viser d'abord les fins de semaine (vendredi et samedi soir, mais pas le dimanche soir) et les mois de juillet et août ; faute de clientèle d'affaires, pour la plupart, les établissements, et surtout les plus étoilés, accordent des rabais, parfois jusqu'à 50 %. Ou préférez loger chez l'habitant, où les prix sont plus abordables. Mais attention, lors de l'*Art Basel,* le salon international d'art, les prix des établissements des catégories « Prix moyens » et « Chic » font en général de la gonflette ! Sachez aussi que la taxe de séjour de 3,50 Fs par personne est rarement incluse dans le prix de la chambre.

■ ***Bed & Breakfast Agency Basel*** *(hors plan par C3)* **:** *Sonnenweg 3, 4144* ***Arlesheim.*** ☎ *061-702-21-51.* • *bbbasel.ch* • *Compter en moyenne 119-189 Fs pour 2 selon confort et saison, petit déj compris ; taxe de résa (22 Fs) et taxe de séjour pour Bâle-Ville (3,50 Fs) en sus. Formule possible à partir d'un séjour de 2 nuits.* Une agence située à 8 km de Bâle, qui a sélectionné 170 gîtes et *B & B* installés à Bâle et dans ses environs. Une aubaine, vu les prix pratiqués dans les hôtels. Possibilité d'utiliser la cuisine dans certains *B & B.*

## Camping

⛺ ***Waldhort*** *(hors plan par C3,* ***10****)* **:** *Heideweg 16, 4153* ***Reinach.*** ☎ *061-711-64-29.* • *camping-waldhort.ch* • *À 8,5 km au sud de Bâle.* Ⓣ *11, arrêt « Landhof » (compter env 25 mn). Mars-oct. Env 30-35 Fs pour 2 avec tente.* Équipements relativement modernes, sanitaires chauffés, petites piscines, tennis, et terrain agréable, plutôt bien abrité. Mais l'autoroute passe juste à côté...

## De bon marché à prix moyens

🏠 ***Auberge de jeunesse*** *(plan D2,* ***11****)* **:** *St. Alban-Kirchrain 10, 4052.* ☎ *061-272-05-72.* • *youthhostel.ch/basel* • *Compter 20 mn env à pied des gares française et suisse ou emprunter le* Ⓣ *2, arrêt « Kunstmuseum », puis 5 mn à pied. Tte l'année. Réception 24h/24. Compter 41-50 Fs/pers en dortoir 4-6 lits ; doubles avec douche et w-c 132-135 Fs ; petit déj-buffet et draps compris ; supplément de 7 Fs pour les non-membres. Repas 17,50 Fs.* 💻 📶 Dans le paisible quartier de Saint-Alban, pas loin du centre, mais où on se sent presque à la campagne. Une ancienne usine revue et corrigée par 2 architectes stars de la ville à grands coups de béton brut et de bois blond. Dortoirs avec sanitaires à l'étage et une dizaine de chambres doubles (avec ou sans lavabo), plutôt étonnantes avec leur look monacal et leurs grandes baies vitrées ouvertes côté canal. Parties communes également très design mais d'un vrai dépouillement. On est en droit de ne pas aimer, mais c'est une AJ hors norme (et très, très tranquille).

🏠 ***Easy Hotel*** *(plan C1,* ***12****)* **:** *Riehenring 109, 4058.* ☎ *0900-327-927 (n° payant).* • *easyhotel.com* • *Résa conseillée. Doubles env 65-80 Fs. Pas de petit déj.* Difficile de trouver moins cher à Bâle ! Cet hôtel appartient à la compagnie aérienne *low-cost* du même nom. Les chambres sont équipées du strict minimum (une minisalle de bains avec douche, w-c, un lit, et basta !). Cela dit, cette adresse est une vraie bonne affaire pour les budgets limités, et certaines chambres avec fenêtre (parce qu'elles n'en ont pas toutes...) ne sont pas désagréables.

🏠 ***Basel Back Pack*** *(hors plan par B3,* ***13****)* **:** *Dornacherstrasse 192, 4053.* ☎ *061-333-00-37.* • *baselbackpack.ch* • *À 10 mn à pied de la gare SBB ou par le bus n° 16, arrêt « Tellplatz », puis suivre la Bruderholzstrasse. Tte l'année. Dortoir 32-39 Fs/pers ou doubles 99-119 Fs. Petit déj 8 Fs.* 💻 📶 Adresse cosmopolite située dans une ancienne usine reconvertie en espace multiculturel (école de cirque, crèche, restos...). L'auberge est située dans le bâtiment du fond. Cuisine à disposition, service de laverie et resto. Chambres pas déplaisantes (literie en bois blanc) et très fonctionnelles. Machines à laver et location de vélos.

🏠 ***YMCA*** *(hors plan par B3,* ***14****)* **:** *Gempenstrasse 64, 4053.* ☎ *061-361-73-09.* • *ymcahostelbasel.ch* • ♿ *À 5 mn à pied de la gare SBB. Tte l'année. Dortoir 30-34 Fs/pers, doubles à partir de 79 Fs.* 📶 150 lits dans un bâtiment récent et une rue plus que tranquille. De la chambre double (les plus chères ont douche et w-c) au dortoir (5-8 personnes), en passant par le studio pour 4 (avec canapé convertible). L'ensemble est moderne et plutôt agréable. Cuisine à disposition et laverie.

## Prix moyens

**Hotel Stadthof** *(plan B2,* ***15****) : Gerbergasse 84, 4001. ☎ 061-261-87-11. • stadthof.ch • Doubles avec douche et w-c sur le palier à partir de 130 Fs. Pas de petit déj.* Situé sur la très animée Barfüsserplatz, c'est l'établissement le moins cher du centre-ville. Les chambres sont régulièrement rafraîchies et bien tenues, mais l'ensemble conserve un charme désuet. Mobilier réduit au plus strict minimum (et il n'y a pas de double vitrage...). Évitez les n^os 1 et 2, qui ne cessent de vibrer à cause de la puissante aération de la cuisine juste au-dessous.

## Chic

**Micro Hotel** *(hors plan par C1,* ***22****) : Bleichestrasse 19, 4058. ☎ 061-686-90-60. • microhotel.ch • Derrière le centre des congrès de la ville, à 10 mn du centre historique. Depuis la gare SBB, (T) 2 et 6, arrêt « Messeplatz » (lignes 2 et 6), puis 5 mn à pied. Doubles à partir de 200 Fs.* Petit hôtel calme de 9 chambres, ouvert en 2010 en plein quartier des affaires. Chambres claires et confortables, bien équipées, avec balcon. Grandes salles de bains. Accueil chaleureux et trilingue. Petit déj sur une terrasse agréable aux beaux jours.

**Au Violon** *(plan B2,* ***17****) : Im Lohnhof 4, 4051. ☎ 061-269-87-11. • au-violon.com • Sur une charmante place, dans une cour intérieure derrière la Leonhardskirche. Congés : Noël-début janv. Doubles tt confort 160-180 Fs selon taille, vue et équipement, petit déj inclus.* Notre coup de cœur ! Reconversion réussie d'un ancien couvent transformé en prison et finalement réaménagé, avec beaucoup de goût, en hôtel. Les chambres, habillées de tons chauds, sont toutes personnalisées et aménagées avec des meubles anciens. Même les moins chères, bien que petites (ce sont les anciennes cellules !), sont adorables. Les plus chères (les ex-bureaux de police) ont une vue imprenable sur les toits de la ville. Et pour ne rien gâcher, les propriétaires sont sympathiques ! Voir aussi « Où manger ? ».

**Hotel Rochat** *(plan B1,* ***18****) : Petersgraben 23, 4051. ☎ 061-261-81-40. • hotelrochat.ch • À deux pas de l'agréable Peterplatz. Tte l'année. Double avec douche et w-c 190 Fs, petit déj compris. Parking payant.* Imposant bâtiment rouge et blanc, classé Monument historique, qui abrita un temps la Croix-Bleue, une organisation venant en aide aux accros de l'alcool. Chambres confortables, au mobilier moderne. On aime bien celles mansardées au dernier étage. L'hôtel abrite aussi un resto, ouvert seulement le midi en semaine (menus plutôt bon marché).

## Très chic

**Hotel Krafft** *(plan C1,* ***19****) : Rheingasse 12, 4058. ☎ 061-690-91-30. • krafftbasel.ch • Compter 285-335 Fs pour 2 selon vue, petit déj compris ; petite ristourne le w-e.* Superbe bâtisse de la fin du XIX^e s, dont la façade blanche borde le Rhin. L'intérieur, entièrement rénové, a beaucoup de classe. Normal pour un établissement qui a hébergé d'illustres hôtes dont Herman Hesse, qui y a écrit son *Loup des steppes*. Chambres spacieuses, lumineuses (surtout celles qui bénéficient d'une vue sur le fleuve), et aménagées dans un esprit résolument dépouillé et contemporain. Bar et resto.

**Teufelhof** *(plan B2,* ***20****) : Leonhardsgraben 49, 4051. ☎ 061-261-10-10. • teufelhof.com • Congés : Noël et 1^re sem de janv. Doubles env 160-330 Fs ; également des suites, plus chères.* Quitte à casser sa tirelire, autant le faire pour cet établissement, unique en son genre. Dans 2 belles demeures anciennes, à vous de choisir entre le *Kunsthotel* (« Hôtel des Arts »), qui dispose de 9 chambres, conçues par des artistes suisses, et le *Galerie-hotel* (« Hôtel-Galerie »), où 20 chambres et 4 suites sont plus sobrement aménagées avec des meubles de designers contemporains. Les parties communes de cette partie de l'hôtel accueillent de régulières expos d'art. Lit *king size* et baignoire dans toutes les chambres. Et le *Teufelhof,* c'est aussi 2 restos, un caviste installé dans une cave médiévale, un jardin, bref, un véritable complexe culturo-gastronomique au sein duquel il fait bon passer un peu de temps.

## Où manger ?

### De bon marché à prix moyens

Si le temps le permet, achetez-vous un sandwich pour manger sur le pouce, installé sur les escaliers qui descendent vers le Rhin, côté Petit Bâle. Sur ces mêmes quais s'installent aux beaux jours les sympathiques terrasses de buvettes (aménagées dans des containers !), comme ***Rhyschänzli,*** devant les façades de l'ancienne caserne *(plan B1),* ou ***Oetlinger,*** un peu plus loin *(hors plan par B1).* Petits plats à grignoter (hamburgers, salades...), souvent à base de produits bio *(5-10 Fs).*

**|●|** ***Tibits*** *(plan B3,* ***40****) : Stänzlergasse 4. ☎ 061-205-39-99. Tlj 7h-23h30 (minuit ven-sam, 23h dim). 4,20 Fs/100 g pour le salé et 3,30 Fs/100 g pour les desserts. Formule soupe + pain 7,50 Fs.* Le représentant local d'une chaîne de self-services végétariens qui égrène ses restos entre Londres et la Suisse. Sur 2 étages, un cadre cosy et confortable (fauteuils, grandes baies vitrées) pour un vaste choix quotidien d'une quarantaine de salades ou de plats chauds aux saveurs souvent exotiques. C'est simple, bon et frais (mais préparez-vous à un peu d'attente...).

**|●|** ***Hitzberger*** *(plan C3,* ***42****) : Aeschenplatz 7. ☎ 061-271-95-00. ● À l'entresol, juste à côté des bureaux du* Basel Zeitung. *Tlj sf dim 7h-20h (9h-17h sam). Plats 6,90-15,90 Fs.* Un fast-food au goût d'aujourd'hui, ouvert par un des chefs les plus étoilés du pays. La salle est aérée, discrètement design, et salades comme sandwichs, wraps, curries et autres soupes sont d'une éclatante fraîcheur (et souvent à base de produits bio).

**|●|** ***Brötli-Bar*** *(plan B2,* ***15****) : Gerbergasse 84. ☎ 061-261-87-11. Au rdc de l'hôtel* Stadthof. *Tlj 9h-minuit. Canapés 3,50-5 Fs.* Petit bistrot hors du temps, à la clientèle d'habitués qui attrape un ou deux canapés (*brötli* en v.o.) généreusement garnis dans les vitrines réfrigérées, avant de se poser au comptoir ou à une des 3-4 tables. Une adresse authentique, jusqu'à l'accueil un peu rude (si, justement, vous n'êtes pas un habitué !).

**|●|** ***Kombüse*** *(plan B2,* ***35****) : Gerbergasse 30. 📱 078-719-22-78. Tlj sf dim 12h-13h30, 18h-20h. Plats 11-19 Fs.* Un self-service un peu alternatif sur les bords. Pizzas, falafels, paninis, salades... C'est simple, mais bon. Et bio ! Pour les boissons (si vous n'êtes pas fan de la citronnade maison), c'est la porte d'à côté. 2 salles (dont une à l'étage) et terrasse sur la rue.

**|●|** ***So'up*** *(plan B2,* ***41****) : Fischmarkt 10. ☎ 061-261-46-20. Tlj sf dim 7h (9h sam)-20h. Soupes 8-12,50 Fs.* Un bar à soupes (locales comme exotiques, bio et végétariennes) qui, d'un bol accompagné de larges tranches de pain de campagne, cale à bon compte. Le cadre a déjà un peu vieilli, mais il y a une grande terrasse. Et si vous vous baladez dans le quartier de Saint-Alban, l'enseigne propose une autre adresse, plus intimiste *(Malzgasse 1, plan C2 ; ☎ 061-271 18-18 ; tlj sf w-e, 8h-17h).*

**|●|** ***1777*** *(plan B2,* ***45****) : Im Schmiedenhof 10. ☎ 061-261-77-77. Accès à la cour par un passage couvert à hauteur de Gerbergasse 20. Tlj sf dim 9h-20h (23h jeu-sam). Plats 8-12,50 Fs.* Les proprios du *Teutelhof* (voir « Où dormir ? ») ont, une fois encore, réussi leur coup avec cette adresse dans l'air du temps, qui déploie une tranquille terrasse au cœur d'une très jolie cour de la vieille ville. Sandwichs-baguettes ou salades à agrémenter d'ingrédients au choix, burgers, hot-dogs et autres *pastrami,* frais et bons, servis par une équipe aussi pro qu'accueillante.

|●| ***Hirscheneck*** *(plan C2,* ***31****) : Lindenberg 23. ☎ 061-692-73-33. Proche de la Wettsteinplatz. Tlj sf lun et sam midi 11h-minuit. Brunch dim jusqu'à 15h. Pour grignoter : 6,50-15 Fs ; plats (2 types de portions) 15-21,50 Fs, accompagnés d'une salade ou d'une soupe le midi.* Resto-coopérative, fréquenté par un public jeune et résolument alternatif. Les plats servis ne sont pas seulement copieux mais également préparés avec soin (et plus que souvent végétariens). Le chef utilise exclusivement des légumes de saison et de culture biologique. Soirées culturelles et concerts punk-rock au sous-sol.

|●| ***Zum Schmale Wurf*** *(plan C1,* ***30****) : Rheingasse 10. ☎ 061-683-33-25. Tlj sf dim midi 11h-23h. Le midi en sem, plats du jour env 18-20 Fs ; grand choix de pâtes à partir de 20 Fs.* Ce petit bistrot italien au bord du Rhin est une bonne surprise. Ambiance décontractée et conviviale aussi bien le midi – on y court pour son plat du jour – que le soir, pour refaire le monde autour d'un bon plat de pâtes, d'une viande ou tout simplement d'une assiette de fromage. Toujours bondé, surtout en été pour sa terrasse extrêmement bien placée.

|●| ***Manger & Boire*** *(plan B2,* ***32****) : Gerbergasse 81. ☎ 061-262-31-60. Tlj 11h30-22h30 (20h dim). Brunch dim. Plats 19-26 Fs.* Au rez-de-chaussée, c'est le « boire » avec un bar d'habitués et sa terrasse. Pour le « manger », c'est au 1er étage que ça se passe, dans une petite salle au cadre sans chichis mais pas désagréable pour autant. Cuisine – entre Suisse et Italie – fraîche, généreuse et très correcte pour le prix.

|●| ***Parterre*** *(plan C1,* ***33****) : Klybeckstrasse 1b. ☎ 061-695-89-98. Tlj sf dim 8h-minuit (2h jeu-sam). Plats du jour le midi en sem env 20-25 Fs ; plats 26-38 Fs le soir à la carte.* Installé dans une partie de l'ancienne caserne de la ville qui accueille, dès la porte à côté, théâtres, concerts... Ambiance à la fois élégante et décontractée pour une cuisine dans la tradition suisse (soit un peu tous azimuts). Agréable (donc souvent prise d'assaut) terrasse dès que le soleil pointe.

|●| ***Zur Harmonie*** *(plan B2,* ***34****) : Petersgraben 71. ☎ 061-261-07-18. Tlj sf dim 8h-minuit. Menus copieux le midi en sem env 19-22,50 Fs, plats chauds le soir 20-43 Fs.* Bistrot au cadre à l'ancienne (voire un peu désuet) très fréquenté par les Bâlois et non sans raison. À côté d'une carte de plats froids (salades, fromage et charcuterie) servis à toute heure, le soir on peut déguster quelques spécialités de la maison : moules, crevettes à la provençale, röstis. Grand choix de pâtes. Personnel dynamique et parfois francophone (la carte, quoi qu'il arrive, est en français).

## De prix moyens à chic

|●| ***Kholmanns*** *(plan B2,* ***43****) : Steinenberg 14. ☎ 061-225-93-93. Tlj midi et soir. Tartes flambées 19,50-25 Fs, salades 14-28,50 Fs.* Si le côté un peu branché du lieu (grandes tables en bois, éclairage tamisé, vue sur la cuisine) pouvait faire craindre une cuisine quelconque, il n'en est rien : les tartes flambées sont goûteuses et les salades sont composées de bons produits frais, avec des assaisonnements pleins de saveur. Bref, une bonne adresse de type brasserie, avec une pointe d'originalité et de légèreté bienvenue.

|●| ***Wallisserkanne*** *(plan B2,* ***44****) : Gerbergasse 50. ☎ 061-261-70-17. Fermé dim et j. fériés. Raclettes à partir de 19,50 Fs, fondues à partir de 34 Fs.* C'est ici qu'il faut goûter les spécialités des montagnes suisses. Salle voûtée avec poutres, déco rustique et cossue, éclairée par de vieilles lampes, on est tout de suite dans l'ambiance.

|●| ***Brasserie Au Violon*** *(plan B2,* ***17****) : Im Lohnhof 4 (entrée par l'ascenseur après avoir monté quelques marches depuis la place...). ☎ 061-269-87-11. Tlj sf dim et j. fériés. Congés : 1 sem mi-janv. Formule et menu déj sem 24-34 Fs, plats à la carte 32-46 Fs.* Élégante salle style bistrot et charmante terrasse ombragée en été autour d'une fontaine qui glougloute. Goûteuse cuisine concoctée par un chef français. Et le service parle tout autant la langue de Voltaire.

**Bodega zum Strauss** (plan B2, **36**) : *Barfüsserplatz 16. ☎ 061-261-22-72. Lun-sam midi et soir ; dim et j. fériés slt le soir. Résa impérative. Plats 18-22 Fs.* Le rendez-vous des « entre deux âges » bâlois. Cuisine ouverte sur la salle, et, entre le va-et-vient des serveurs jonglant d'une table à l'autre, on fait vite connaissance avec ses voisins. Nous vous conseillons d'ailleurs cette adresse surtout pour l'ambiance, vraiment chaleureuse. On se croirait un peu dans une trattoria. Impression confirmée par les spécialités maison qui lorgnent plus que souvent vers l'Italie.

**Torstübli** (plan C1, **37**) : *Riehentorstrasse 27. ☎ 061-692-01-10. Tlj sf w-e 11h-14h, 18h-minuit. Formule déj en sem 19,50 Fs, plats env 26-42 Fs.* Niché dans une curieuse petite maison 3 fois centenaire, entre 2 immeubles modernes. Le petit bistrot du rez-de-chaussée ne paie pas de mine, mais qu'on ne s'y trompe pas : c'est là, et dans la petite salle plus bourgeoise du 1er, que les Bâlois viennent faire bombance. La carte n'est pas très fournie, mais elle est souvent renouvelée suivant les saisons et l'arrivage du marché.

**Kunsthalle** (plan C3, **38**) : *Steinenberg 7. ☎ 061-272-42-33. Au rdc du musée du même nom, mais entrée sur le côté, à deux pas de la fontaine de Tinguely. Tlj sf dim 11h-minuit. Plats 20-50 Fs. Menu (pour 2) 65 Fs/pers.* Très joli resto dans le genre grande brasserie. 2 salles, l'une décorée de fresques murales dans le goût XIXe s, l'autre, d'une élégance simple, avec ses murs blancs où s'accrochent des toiles contemporaines. Aux beaux jours, plus qu'agréable terrasse, sous les marronniers. Très bonne cuisine de tradition, service stylé (et francophone). Et prix en conséquence.

**Safran Zunft** (plan B2, **39**) : *Gerbergasse 11. ☎ 061-269-94-94. Tlj sf dim (w-e juil-août) 11h-15h, 17h30-minuit. Plats du jour le midi à partir de 27,50 Fs, autres plats 34-59 Fs.* Entrée monumentale et déco intérieure très « monument historique » pour ce resto qui s'avère une bonne table dès les formules du midi. Large choix à la carte. Mention particulière pour la spécialité de la maison depuis 40 ans : la fondue Bacchus *(slt à partir de 2 pers, compter 55 Fs).*

## Où boire un verre ? Où écouter de la musique ?

Si vous ne trouvez pas votre bonheur dans les adresses qui suivent, vous pouvez aller tenter votre chance dans la *Steinenvorstadt,* où une multitude de bars se succèdent et où les jeunes déambulent des soirées entières. Sinon, suivez le guide !

**Zum Roten Engel** (plan B2, **50**) : *Andreasplatz 15. ☎ 061-261-20-07. Lun-sam 9h-minuit, dim 10h-22h. Petite restauration genre en-cas, le midi slt.* *L'Ange Rouge,* qui par un curieux hasard s'appelait auparavant le *Café du Diable,* installe quelques tables et chaises sur la plus charmante des places de Bâle.

**Rosario's Lo Spuntino** (plan B2, **51**) : *Spalenberg 53. ☎ 061-261-03-76. Tlj sf dim 8h30-23h30 (9h-19h sam).* Vinothèque animée, où l'on se presse quelle que soit l'heure de la journée. Cet endroit à la déco patinée et chaleureuse genre Belle Époque reste un incontournable pour les trentenaires aisés. Petite carte de restauration le midi ; en journée, assiettes de fromage et de charcuterie. Accueil et service aussi charmant que polyglotte.

**Bar des Arts** (plan B2, **53**) : *Am Barfüsserplatz 6. ☎ 061-273-57-37. En contrebas de la Barfüsserplatz. Tlj 11h (17h dim)-1h (2h ven-sam).* Sur 2 étages, un immense bar, composé de 3 parties : un coin plus bistrot, un autre plus kitsch avec sa déco rougeoyante années 1930 et ses grands fauteuils, et un *smokers lounge.* Un genre d'institution !

**Fischerstube** (plan C2, **54**) : *Rheingasse 45. ☎ 061-692-92-00. Tlj 10h (14h dim)-minuit (2h ven-sam). Sert des tapas et fait aussi resto.* Bar-resto, où l'on sert la fameuse bière *Ueli,* blonde ou brune, brassée sur place, et où se réunissent les cliques au moment du carnaval. Au fond de la salle du resto attenant, on peut voir à travers un vitrage le breuvage fermenter. Sympathique terrasse-jardin sur l'arrière.

**Cargo Bar** *(plan B1, **55**) : St. Johanns-Rheinweg 46. ☎ 061-321-00-72. • cargobar.ch • Du centre-ville, Ⓣ 11, arrêt « Johanniter-Brücke ». Tlj 16h-1h (2h30 ven-sam). Entrée gratuite. Possibilité de grignoter des tapas.* Un bar tranquillement installé sur un quai au bord du Rhin, qui propose de nombreux concerts, soirées DJs et semaines à thèmes musicaux. Une clientèle jeune et moins jeune se côtoie dans une ambiance gentiment alternative et bon enfant.

**Café-bar Elisabethen** *(plan C3, **52**) : Elisabethenstrasse 14. ☎ 061-271-12-25. Tlj sf dim 7h-19h (10h-17h sam).* Ce n'est pas tous les jours qu'on peut boire un verre dans une église où des messes sont encore célébrées ! Le comptoir et quelques tables sont installés dans une chapelle (et il y a 2 ou 3 autres tables carrément dans la nef !). Petite terrasse sur une placette et, à l'ardoise, quelques plats du jour sous influence méditerranéenne : soupe, risotto...

**Bar Rouge** *(plan D1, **57**) : Messeplatz 10 ; au 31e étage de la Messeturm. ☎ 061-361-30-31. Tlj sf dim 17h-2h (4h ven-sam). Vestiaire obligatoire (2 Fs) avt de prendre l'ascenseur. After work lun-ven 18h-20h.* Endroit sélect, pied-à-terre des businessmen/women de passage à Bâle. Sur fond musical électro, on s'affale sur l'un des canapés ou autour de l'immense bar. Vaut surtout le détour pour la vue exceptionnelle que l'on a du haut de ce gratte-ciel de verre.

## Où sortir ?

**Atlantis Music Restaurant** *(plan C3, **58**) : Klosterberg 13. ☎ 061-228-96-96. • atlan-tis.ch • Bar-resto tlj sf sam midi, dim-lun, concerts et bar-club ven-sam 17h-jusqu'à tard !* L'*Atlantis* est – depuis 1947 ! – un resto, mais qui accueille régulièrement des groupes (tendance blues, soul...), sinon on s'y déhanche avec des DJs sur les rythmes branchés du moment.

**Bird's Eye Jazz Club** *(plan B2, **59**) : Kohlenberg 20. ☎ 061-263-33-41. • birdseye.ch • Tlj sf dim-lun, plus mar juin-août, à partir de 20h. Congés : 1 sem à Pâques, 2 sem en juil-août et pdt les fêtes de fin d'année. Entrée : 8-24 Fs.* Très belle cave de jazz à l'excellente programmation variée (classique, moderne, free jazz, etc.). En principe, 2 sets dans la même soirée (à 20h30 et 21h45). Atmosphère intimiste garantie ! Un incontournable pour les accros du jazz !

**Nordstern** *(hors plan par B1, **60**) : Westquaistrasse 19. • nostern.com • En principe (consulter le site), jeu 23h-4h, ven-sam 23h-7h. Entrée : env 20 Fs.* Un club électro de référence, installé sur le port, à bord d'un bateau à quai. *Dancefloors* dans les cales ou sur le pont à la belle saison.

# À voir

Carrefour géographique mais aussi linguistique et culturel, Bâle, avec ses musées, ses vieilles rues jalonnées de superbes maisons, ou encore ses récentes et audacieuses innovations architecturales, dont la Roche Tower, plus haute tour de Suisse depuis l'automne 2015, est l'une des villes les plus ouvertes de Suisse. Les mauvaises langues disent d'ailleurs que « Genève montre ce qu'elle n'a pas, alors que Bâle ne montre pas ce qu'elle a ». Comptez 3 jours pour ne pas quitter la ville trop frustré, d'autant que les musées ont des horaires assez restreints. L'office de tourisme a balisé cinq parcours permettant de faire le tour d'une bonne partie des édifices historiques à ne pas manquer. Chacun porte le nom d'un illustre personnage en rapport avec l'histoire de Bâle : Érasme, Paracelse, Holbein, Platter et Burckardt. On peut se

procurer gratuitement un dépliant succinct, ou acheter un guide très complet en trois langues, dont le français, avec plans et informations détaillées, ainsi que de nombreuses photos en noir et blanc.
Si vous arpentez Bâle en été, sachez que les 168 fontaines de la ville, dont certaines méritent vraiment le coup d'œil, rejettent de l'eau potable bien fraîche.
Pour la visite des musées, procurez-vous à l'office de tourisme la petite brochure gratuite en français décrivant la quarantaine de musées du canton (dont une trentaine à Bâle-Ville), avec leur programme d'expos temporaires, ou consultez • *museenbasel.ch* • Si vous avez l'intention d'en voir plusieurs, achetez la ***BaselCard*** ou, mieux, le ***Museumspass*** (voir « Adresses et infos utiles »).

> **UN DRAGON DE LA PLUS BELLE EAU**
>
> *Même si le nom de la ville ne semble pas dériver de celui du* Basilik, *Bâle rend hommage à ce célèbre dragon local avec une cinquantaine de petites fontaines : toutes identiques, toutes en fonte et toutes du XIXe s.*

Enfin, un détail important : les musées publics de la ville sont gratuits lors de la dernière heure d'ouverture du mardi au samedi, ainsi que le 1er dimanche de chaque mois.

## *La vieille ville*

La vieille ville est séparée en deux par le Rhin, avec d'un côté le Grand Bâle et de l'autre le Petit Bâle. Les deux rives sont reliées par le fameux *Mittlere Brücke* (pont du Milieu), construit au XIIIes, qui a assuré la prospérité économique de toute la région. Ce pont a été rebâti au début du XXe s mais dans l'esprit médiéval. Pendant des siècles, le Rhin a été la frontière entre l'archevêché de Besançon, à qui appartenait le Grand Bâle, et celui de Mayence, dont dépendait le Petit Bâle. Lorsque l'évêque du Grand Bâle, Heinrich von Thun, ordonna la construction du pont du Milieu, du côté du Petit Bâle on s'empressa de faire bâtir des fortifications. Mais Mayence finit par céder sa ville aux Habsbourgs, qui la revendirent au Grand Bâle à la fin du XIVe s, marquant enfin la réunification des deux rives.

***Barfüsserkirche*** *(église des Cordeliers ; plan B-C2)* **:** *accès libre à la nef et à ses intéressantes expos temporaires aux horaires d'ouverture du musée historique.* Cette église est la plus importante œuvre architecturale construite par un ordre mendiant (les franciscains) de ce côté-ci des Alpes. Avec ses 80 m de longueur, elle dépasse d'une bonne vingtaine de mètres la taille de la cathédrale ! Elle date du XIVe s et accueille depuis la fin du XIXe s le Musée historique (voir ci-après). Son chœur, d'un style gothique très dépouillé, semble irradié de lumière.

***Historisches Museum*** *(Musée historique ; plan B-C2)* **:** *Barfüsserplatz. ☎ 061-205-86-00. • hmb.ch • Tlj sf lun 10h-17h. Entrée : 12 Fs ; réduc. Explications majoritairement en allemand.*
Les riches collections de ce musée d'histoire régionale trouvent dans l'église des Cordeliers un cadre grandiose et dépouillé, où l'esprit franciscain règne encore.
Dans le chœur, très intéressante collection d'art religieux. Au centre, remarquez l'ancien maître-autel de l'église Santa Maria di Calanca (Grisons), ainsi qu'un immense triptyque de bois sculpté datant de 1512, retraçant la vie de la Vierge. Les tapisseries (du XVe s principalement) sont recouvertes d'un store électrique pour les protéger de la lumière : n'hésitez donc pas à actionner l'interrupteur à côté de chaque œuvre pour les découvrir.

Dans la pièce de droite au niveau du chœur est exposée la célèbre fresque partiellement restaurée de la *Danse macabre.* Elle a été exécutée par Konrad Witz juste après l'épidémie de peste noire, vers 1440, sur les murs du cimetière du Klingental. À l'entrée de la pièce (dans la vitrine de gauche), une petite reproduction permet de se rendre compte de l'ensemble.

## LE TRÉPAS DE LA MORT

*La fresque de la Danse macabre s'étendait sur 57 m et était composée de 39 couples grandeur nature, chacun formé d'un mort (symbolisé par un squelette) et d'un vivant (rois, chevaliers, ecclésiastiques, artistes, paysans...). Ironie du sort : lors de la destruction du mur du cimetière sur lequel figurait la fresque, seules des parties de vivants ont pu être récupérées, les morts n'ont pas survécu...*

Sur le jubé, le trésor de la cathédrale. Noter le buste en or de sainte Ursule (XIVᵉ s), mais surtout la petite statue, en or également, du roi David.
Le sous-sol retrace l'histoire de la ville, depuis l'Antiquité : tapisseries médiévales, étonnante reconstitution d'un cabinet de curiosités à la mode du XIXᵉ siècle (mais avec écrans tactiles !), collection d'armes (avec de superbes arbalètes), médaillier... Dans la dernière salle, riche collection achetée par la Ville de Bâle à des collectionneurs privés.

**Puppenhausmuseum** *(musée de la Maison de poupée ; plan B2-3)* **:** *Steinenvorstadt 1. ☎ 061-225-95-95. • spielzeug-welten-museum-basel.ch • Tlj sf lun 10h-18h (tlj en déc). Entrée : 7 Fs ; réduc ; gratuit moins de 16 ans et avec le* Museumspass *et le* Passeport Musées Suisses. *Expos temporaires. Visite possible avec sa tablette ou son smartphone (code à demander à l'accueil).*
Le plus grand musée d'Europe sur le sujet. On pourrait y passer des heures, avec ou sans enfants. Pratique : de petits escabeaux permettent à ceux-ci de mieux voir les vitrines. Pour en savoir plus sur chaque objet, consulter les bornes informatiques à chaque étage.
La visite commence par le 4ᵉ étage, avec une impressionnante collection d'ours en peluche et, évidemment les premières « maisons de poupées » avec des salles de classe en miniature et des détails d'une étonnante finesse (le poêle, le crucifix, l'ardoise et son chiffon... toute une époque !). Également d'amusantes reconstitutions de piscines.
Au 3ᵉ étage, extraordinaire crèche napolitaine. Dans les vitrines, nombreuses reconstitutions miniatures, toutes plus réussies, plus originales et plus spectaculaires les unes que les autres (le laboratoire de Frankenstein, un musée, une maison meublée Art déco...), dont certaines récentes, comme la fête foraine, peuvent s'animer. Un travail minutieux de passionnés ! Impossible de tout décrire, tous les commerces sont représentés, ainsi que la vie quotidienne à différentes époques.
Au 2ᵉ étage, jouets du début du XXᵉ s. Là encore, une très belle fête foraine animée. Ne pas manquer la vitrine avec les poupées religieuses. Dans un coin, l'ancêtre du baby-foot. Également de nombreuses cuisines superbement équipées.
Enfin, au 1ᵉʳ étage, encore de remarquables maisons de poupées, pour l'essentiel du XIXᵉ s, qui, de la cave aux chambres de bonne, nous donnent à voir l'aménagement, mais aussi l'organisation sociale de cette époque. Nombreuses et émouvantes poupées en porcelaine.
À la sortie, boutique de jouets.

**Münster** *(cathédrale ; plan C2)* **:** *de Pâques à mi-oct, tlj 10h (11h30 dim)-17h (16h sam) ; le reste de l'année, tlj 11h (12h dim)-16h.*
C'est l'un des plus beaux édifices de la ville avec ses toits de tuiles vernissées. La cathédrale a été construite en grès rose des Vosges au XIᵉ s, modifiée aux XIVᵉ et XVᵉ s et restaurée au XIXᵉ s. Sur le *portail principal,* on peut voir à gauche Henri II

portant la maquette de la cathédrale et sa femme présentant une croix en or, tous symboles du bien alors que leur est opposé, à droite, le mal, avec la représentation du Tentateur et de la vierge folle.
La présence d'Henri II et de sa femme Cunégonde en compagnie des anges sur le portail principal de la cathédrale s'explique : lorsque la consécration de la première construction eut lieu en l'an 1019, leur générosité toucha tellement les habitants de Bâle qu'ils décidèrent de les adopter comme protecteurs de la ville.
En poursuivant le tour de la cathédrale par la gauche, admirez le *portail de Saint-Gall (Gallusporte),* l'un des plus anciens portails à personnages existant au nord des Alpes (1180). Il représente les quatre évangélistes et les six œuvres de miséricorde, qui devraient inspirer notre vie terrestre : charité envers celui qui souffre de la faim, de la soif, du froid, envers l'étranger, le malade et le prisonnier. Observez aussi la finesse des sculptures du tympan, qui représentent le Christ jugeant les vierges folles et les vierges sages, ainsi que la Résurrection des morts.
Derrière la cathédrale, depuis une agréable terrasse, très belle vue sur le Rhin et le Petit Bâle. Toujours depuis la terrasse, vous pourrez distinguer également, en observant le chevet, les différentes étapes de construction de l'édifice, avec, dans la partie basse, les chapiteaux romans, surmontés d'un ensemble gothique.
À gauche de l'abside, un étroit passage sombre permet de rejoindre les deux *cloîtres* gothiques du XV^e s. On y retrouve de nombreuses épitaphes (inscriptions sur un tombeau) des notables de la ville, et des sculptures contemporaines en bronze.
Dans la cathédrale, on est frappé par la sobriété de l'architecture, à peine éclairée par la lumière que laissent passer de très beaux vitraux. Ne pas manquer, dans le bas-côté gauche, la chapelle Saint-Éloi, avec le bas-relief de Saint-Vincent : quatre registres sculptés relatant la légende du saint (comparution devant Datieus avec l'évêque Valerius, martyre, corbeaux défendant le cadavre et mise au tombeau). Ce chef-d'œuvre roman date de 1095. Dans cette même chapelle, la tombe et l'épitaphe d'Érasme, revenu mourir parmi ses amis bâlois en 1536.
– Pour avoir une belle vue sur les toits de la ville, montez dans la ***tour Saint-Martin.*** *Pâques-fin oct, tlj 10h (13h dim)-17h (10h sam) ; le reste de l'année, tlj 11h (12h dim)-16h. Entrée : 3 Fs.*
En sortant, admirez l'ensemble harmonieux que forment la cathédrale et la place, ainsi que le calme et l'homogénéité du quartier. Sur la place, maisons cossues avec de belles portes. En été, un cinéma en plein air y est installé, de début juin à début août.

***Museum der Kulturen*** *(musée des Cultures ; plan C2)* **:** *Münsterplatz 20 ; entrée Augustinergasse 8. ☎ 061-266-56-00. • mkb.ch • Tlj sf lun 10h-17h (20h le 1^er mer du mois). Entrée : 16 Fs ; réduc ; gratuit avec le* Museumspass *et le* Passeport Musées Suisses. Dans de vastes espaces résolument contemporains, l'importante collection d'ethnographie, dont un fonds remarquable sur la culture et les traditions balinaises, est présentée par roulement sous forme de passionnantes expositions temporaires thématiques.

***Naturhistorisches Museum*** *(musée d'Histoire naturelle ; plan B2)* **:** *Augustinergasse 2. ☎ 061-266-55-00. • nmb.bs.ch • Tlj sf lun 10h-17h. Entrée : 7 Fs ; prix majoré en cas d'expo temporaire ; réduc ; gratuit avec le* Passeport Musées Suisses *et le* Museumspass. Cet imposant bâtiment abrite un musée un peu à l'ancienne (comme le sont souvent les musées d'Histoire naturelle). Mais certaines salles ont été entièrement repensées. Voir tout particulièrement la très réussie salle coffre-fort sur les espèces disparues ou en voie de disparition. Impressionnantes collections de fossiles et de papillons et autres insectes.

En descendant Augustinergasse depuis le musée d'Histoire naturelle, on rejoint la rue *Rheinsprung.* Vous y découvrirez de superbes hôtels particuliers, dont la ***maison Bleue*** et la ***maison Blanche*** (*Blaues* et *Weisses Haus* ; *plan B2*). Elles ont été construites en 1768 pour les frères Sarasin, fabricants de ruban.

***Rathaus*** *(hôtel de ville ; plan B2)* **:** *Marktplatz.* C'est le symbole de l'actuelle place du Marché *(Marktplatz)* où, logiquement, chaque matin (sauf le dimanche) s'installent encore les étals. Une place à l'époque beaucoup plus petite et entièrement repensée au XIXe s : le Rathaus, agrandi et outrageusement restauré au passage, et la maison de la Corporation des vignerons sont les seuls rescapés de la place d'origine. L'hôtel de ville est une imposante bâtisse d'un rouge ocre, construite au début du XVIe s. Le beffroi, beaucoup plus tardif, s'est élevé en 1904. Les 13 créneaux rappellent que, de 1513 à 1798, la Confédération helvétique comptait 13 cantons. Dans la cour intérieure, décoration en trompe l'œil et peintures murales du XVIIe s très (trop...) restaurées par Hans Bock, représentant l'histoire biblique. Sur le balcon du 1er étage, juste en haut des marches, fresque du Jugement dernier avec le pape dans les flammes de l'Enfer ; la Réforme est bien passée à Bâle ! La salle du gouvernement cantonal a gardé ses boiseries richement décorées et ses vitraux héraldiques du XVIe s.

***Pharmazie-Historisches Museum*** *(musée historique de la Pharmacie ; plan B2)* **:** *Totengässlein 3. ☎ 061-264-91-11. • pharmaziemuseum.ch • Mar-sam 10h-18h (17h sam). Entrée : 8 Fs ; réduc ; gratuit avec le* Museumspass. *Petit dépliant explicatif en français.* Médicaments, ustensiles les plus divers, reconstitution d'un laboratoire d'alchimiste et d'une (superbe) pharmacie du XVIIIe s. Le tout présenté dans la maison *Zum Vorderen Sessel,* autrefois assidûment fréquentée par Paracelse, ce médecin et alchimiste suisse qui fit scandale lorsque, dans la première moitié du XVIe s, il remit en cause les théories de Galien et révolutionna l'approche de la médecine.

***Peterskirche*** *(église Saint-Pierre ; plan B2)* **:** l'intérêt de cette église gothique réside surtout dans les fresques des XIVe et XVe s de la nef et de la chapelle à gauche du chœur. Sur la charmante Petersplatz (place Saint-Pierre) a lieu le samedi matin un *Flohmarkt* (marché aux puces) sous l'œil vigilant du hallebardier surmontant la fontaine.

***Botanischer Garten*** *(jardin botanique de l'université ; plan A2)* **:** *Schönbeinstrasse 6, à la Spalentor. • pages.unibas.ch/botgarten • Ⓣ ou bus n° 33, arrêt « Spalentor ». Tlj 8h-18h (17h nov-mars) ; pour les serres, tte l'année 9h-17h. GRATUIT.* Pas très grand, mais c'est une halte verdoyante avec son Alpinum et ses serres tropicales : cactus et autres plantes exotiques.

***Spalentor*** *(porte de Spalen ; plan A2)* **:** l'un des symboles de la ville. À l'origine, cette porte ne comprenait qu'une tour centrale surmontée d'un toit pointu et deux tours rondes crénelées sur les côtés. Sur la façade extérieure, trois statues datant de 1389 : Marie sur un croissant de lune et deux prophètes. L'ouvrage avancé a été construit en 1474, de peur que les guerres de Bourgogne ne s'étendent jusque-là. Les immenses battants de la porte, ainsi que les deux herses, fonctionnent toujours. La boîte aux lettres avec le célèbre timbre « La Colombe de Bâle » (les rares exemplaires de collection valent aujourd'hui plusieurs milliers de francs suisses) date de 1850 environ.

***Jüdisches Museum*** *(Musée juif ; plan A2)* **:** *Kornhausgasse 8. ☎ 061-261-95-14. Lun, ven et dim 11h-17h et mer 14h-17h Entrée : 8 Fs ; réduc.* Petit musée, récemment remanié, consacré à la communauté juive. La vie quotidienne et les rites sont évoqués grâce à différents objets de culte. Également des documents sur les congrès sionistes (le premier s'est tenu à Bâle, en 1897 ; Theodor Herzl a d'ailleurs, écrit ensuite dans son journal : « À Bâle, j'ai fondé l'État juif »).

***Musikmuseum*** *(musée de la Musique ; plan B2)* **:** *Im Lohnhof 9. ☎ 061-264-91-60. • hmb.ch • ♿ Mer-sam 14h-18h, dim 11h-17h. Entrée : 10 Fs ; réduc ; gratuit avec le* Passeport Musées Suisses *et le* Museumspass. *Infos en français.* Dans une ancienne prison, très riche collection présentant cinq siècles d'instruments de musique. C'est d'ailleurs la plus grande collection d'instruments de musique de Suisse ! Grâce à des écrans électroniques, on peut même écouter des morceaux enregistrés. Muséographie remarquable.

***Tinguely-Brunnen*** *(fontaine de Tinguely ; plan B3)* **:** *à côté de la Kunsthalle.* Il s'agit d'une évocation humoristique des efforts inutiles que l'homme peut fournir. Neuf sculptures mécaniques qui crachent de l'eau : *Dr Waggler* (celui qui se dandine), *Dr Suuser* (celui qui est pressé : il a deux jets !), etc. Toutes construites à base de matériaux du théâtre (tout proche) et d'objets usagés : une œuvre rafraîchissante ! Si vous aimez le travail de cet artiste suisse original, allez voir le musée consacré à son œuvre (voir plus loin).

***Antikenmuseum und Sammlung Ludwig*** *(musée d'Art antique et collection Ludwig ; plan C2)* **:** *St. Alban-Graben 5. ☎ 061-201-12-12. • antikenmuseumbasel.ch • Tlj sf lun 10h-17h (22h jeu-ven). Entrée : 10 Fs ; 20 Fs lors des expos temporaires ; réduc ; gratuit avec le* Passeport Musées Suisses *et le* Museumspass. *Explications en français.* Ce musée est consacré à l'art et à la culture antique du Bassin méditerranéen : art grec et romain, section particulièrement intéressante sur l'ancienne Égypte comprenant des œuvres majeures prêtées par le British Museum de Londres.

***Kunstmuseum*** *(musée des Beaux-Arts ; plan C2-3)* **:** *St. Alban-Graben 16. ☎ 061-206-62-62. • kunstmuseumbasel.ch • Tlj sf lun 10h-18h (20h jeu). Entrée : 16 Fs ; 23 Fs lors des expos temporaires (le billet donne un droit d'entrée au musée d'Art contemporain, valable jusqu'au lendemain) ; réduc ; gratuit avec le* Museumspass. *Plan gratuit à l'entrée, très utile. Audioguide : 5 Fs. Cafétéria (9h-19h).*
C'est le musée de tous les superlatifs : le plus riche et le plus prestigieux de Suisse, le plus fréquenté de Bâle, mais aussi celui qui présente la plus importante collection au monde des œuvres de la famille Holbein. Impossible d'exposer 3 000 œuvres en même temps ! L'accrochage est donc régulièrement modifié. En conséquence, ne nous en voulez pas si les lignes qui suivent ne reflètent pas exactement la réalité, mais, dans tous les cas, vous ne risquez pas d'être déçu. La partie historique du musée (inaugurée en 1936 et aujourd'hui appelée *Hautbau*) est consacrée principalement à la peinture du Rhin supérieur et des Pays-Bas des XVe et XVIe s, avec quelques incursions jusqu'au XIXe s. Présentation très agréable, dans des salles claires, aux beaux volumes. Et, depuis 2016, un nouveau bâtiment (le *Neubau*), contemporain – sinon futuriste ! – dessiné par les architectes bâlois Christ et Gantenbein accueille la partie de la collection d'art moderne et contemporain du musée ainsi que de prestigieuses expositions temporaires.

***Hautbau (le bâtiment historique)***

*Entresol*
Petite mise en bouche avec une belle galerie de portraits, quelques œuvres de Derain ou de Matisse. Et des expos temporaires.

*1er étage*
Les salles présentent principalement des œuvres des XVe et XVIe s. On s'attardera plus particulièrement devant les six tableaux issus d'un retable sur la vie de la Vierge peint par Hans Fries (sa marque de fabrique ? Les grandes oreilles de ses personnages !). Plus loin, superbe et tendre *Vierge à l'Enfant* de Lucas Cranach. Voir aussi, de Tobias Stimmer, deux grands portraits en pied d'un marchand et de sa femme. Beau travail sur le rouge des vêtements et le rendu des visages. Les deux panneaux se refermaient, ne laissant plus voir qu'un squelette rappelant le passage inexorable du temps et notre condition d'humains. Dans la section consacrée à la ***peinture de la Renaissance,*** on découvre un panorama complet de l'œuvre du Bâlois Konrad Witz, mais aussi des œuvres de Schongauer et de Cranach le Vieux, de Grünewald, et surtout une collection importante de portraits signés par Holbein le Jeune. Le plus beau est certainement celui de son ami *Érasme,* peint en 1523. Quelle différence avec l'autre portrait du même *Érasme écrivant* (juste à côté sur la droite), réalisé 9 ans plus tôt, où l'on voit l'humaniste au faîte de sa renommée et sûr de sa mission ! Autre œuvre majeure du maître : une composition tout en longueur du *Christ mort dans la tombe,* qui laisse percer la souffrance de la crucifixion. Également un portrait de la famille du peintre, œuvre majeure du portrait du XVIe s. Peintures hollandaises et flamandes avec des scènes de la vie quotidienne et des natures mortes.

***Neubau***

*On accède au nouveau bâtiment par un passage souterrain, conçu par les architectes balois Christ et Gantenbein.*

Il accueille désormais les ***collections du XIXe s.*** Toute la fine fleur de la peinture française y est représentée : Cézanne, Corot, Courbet, Degas, Delacroix, Gauguin (les deux Tahitiennes du fameux *Nafea Faa Ipoipo*) ; plusieurs Van Gogh avec un autoportrait qui s'affranchit des règles de la perspective et une *Vue de Paris* d'une sobriété peu habituelle chez l'artiste ; Monet avec, entre autres, *La Passerelle sur le bassin des Nymphéas* dans des tons verts extraordinaires. Et on en oublie ! Également deux remarquables artistes suisses alémaniques : Arnold Böcklin et Ferdinand Hodler.

**CINQ POUR LE PRIX DE DEUX !**

*En 1967, la Ville de Bâle décida d'acheter deux tableaux de Picasso vendus par un collectionneur privé. La municipalité considérait que ces œuvres ne devaient pas quitter la ville. Mais c'était cher : par référendum, les habitants acceptèrent le principe d'un emprunt de 6 millions de francs suisses, et une souscription permit de réunir les 2,4 millions restants nécessaires. Picasso, ému par cette mobilisation, offrit à la Ville trois tableaux et un dessin !*

Cet espace aux étonnants volumes de béton brut présente également un panorama assez complet de la ***peinture du XXe s.*** Les inconditionnels du cubisme se réjouiront. Là encore, personne ne manque à l'appel : importante collection de Braque, œuvres de Léger, de Gris, de Delaunay. Ne pas manquer un Picasso des débuts, deux portraits peints au recto et au verso d'une même toile, sans doute pour des raisons financières. D'un côté *(Femme dans la loge)*, on retrouve l'influence de Toulouse-Lautrec ; de l'autre *(Buveuse d'absinthe)*, on est plus dans la veine d'un Gauguin. Expos temporaires également.

⚲ ***Cartoon Museum*** *(musée de la Bande dessinée ; plan C2)* **:** *St. Alban-Vorstadt 28. ☎ 061-226-33-60. • cartoonmuseum.ch • Tlj sf lun 11h-17h. Entrée : 9 Fs ; réduc ; gratuit avec le* Passeport Musées Suisses *et le* Museumspass. Petit musée qui organise des expos temporaires tous les 6 mois autour d'un thème ou d'un artiste.

⚲⚲ ***Le quartier de Saint-Alban*** *(plan D2-3)* tire son nom du plus ancien couvent de la ville. Au long de la tranquille Saint-Alban Vorstadt, quelques vieilles et belles maisons qui abritent discrètes boutiques de créateurs et autres galeries d'art. En arrivant à l'*église Saint-Alban (plan D2),* jetez un coup d'œil, à sa gauche, au seul reste du couvent : il s'agit d'une partie du cloître, qui est intégrée à la maison d'enfance d'Arnold Böcklin, célèbre peintre bâlois. Mais Saint-Alban, c'est aussi le quartier des 12 moulins, installés sur le canal (voir ci-après « Papiermühle »).

⚲ ***Gegenwart*** *(musée d'Art contemporain ; plan D2)* **:** *St. Alban-Rheinweg 60. ☎ 061-206-62-62. • mgkbasel.ch • Dans le quartier Saint-Alban. Du centre-ville, (T) 3, arrêt « St Alban-Tor ». Tlj sf lun 10h-18h (20h jeu). Entrée : 16 Fs, billet valable pour le musée des Beaux-Arts jusqu'au lendemain ; réduc ; gratuit avec le* Passeport Musées suisses *et le* Museumspass. C'est une dépendance du musée des Beaux-Arts. Le bâtiment, une usine du XIXe s transformée et agrandie par les architectes Katharina et Wilfrid Steib, est une œuvre à lui tout seul. Le musée, qui réunit les œuvres de la collection d'art contemporain de la Ville de Bâle et de la fondation Hoffmann, présente l'évolution artistique de la fin des années 1960 à nos jours, à travers d'intéressantes expos temporaires au rez-de-chaussée. Au second étage, beaucoup d'installations vidéo, des sculptures de Sol Lewitt et une grande section consacrée à Joseph Beuys, avec 11 vitrines conçues par l'artiste, des vidéos de ses performances et quelques morceaux de couvertures de feutre...

**Papiermühle** *(musée du Papier ; plan D2)* **:** *St. Alban-Tal 37.* ☎ *061-225-90-90.* ● *papiermuseum.ch* ● *Tlj sf lun 11h (13h sam)-17h. Entrée : 15 Fs ; réduc ; gratuit avec le* Passeport Musées Suisses. *Explications en français.*
Les moines du monastère de Saint-Alban décidèrent, au milieu du XIIe s, de creuser un canal entre la Birse et le Rhin, et construisirent une douzaine de moulins. Presque tous furent reconvertis en moulins à papier à la fin du Moyen Âge. L'un d'entre eux est resté en activité jusqu'en 1924 ; un autre, voisin, fut transformé en usine à tabac au XIXe s. C'est dans ces deux bâtiments qu'ont été aménagés le *musée suisse du Papier* et le *musée de l'Écriture et de la Typographie.* La mise en scène didactique et interactive, particulièrement intelligente, en fait tout l'intérêt.
– Au *rez-de-chaussée,* le moulin à papier fonctionne exactement comme en 1790. Les chiffons de lin ou de coton y sont transformés en pâte dans le battoir qui fonctionne bruyamment grâce à l'immense roue à aubes. La pâte, après avoir été raffinée, est diluée dans une cuve avec de l'eau chaude. On puise alors grâce à un tamis la feuille proprement dite. Suit un long travail de couchage, de pressage, de séchage dans d'immenses cylindres chauffants et d'encollage, afin d'éviter que l'encre ne coule. Vous pouvez même mettre la main à la pâte (facile...) et puiser de quoi faire une feuille, avec laquelle vous repartirez.
– Au *1er étage,* possibilité de s'installer derrière une écritoire et de s'essayer à la calligraphie. Présentation des métiers de l'imprimerie, y compris le fondeur de plomb qui produit à longueur d'après-midi des caractères composés de 81 % de plomb, de 7 % d'étain et de 12 % d'antimoine.
– Au *2e étage,* le monde de la composition : des professionnels composent de vrais livres qui seront ensuite imprimés par l'équipe du moulin. Là encore, possibilité de composer son nom à la main, puis de l'imprimer.
– Au *3e étage,* l'atelier du relieur, fidèle à son poste, derrière son cousoir à main.

***Le Petit Bâle,*** sur la rive droite du fleuve, fourmille de maisons médiévales ou du XIXe s, ravissantes mais moins impressionnantes que de l'autre côté du Rhin. Juste après avoir traversé le Mittlererhein Brücke, on trouve le célèbre ***Café Spitz*** *(plan C1),* qui sert depuis 1833 de maison corporative pour les trois confréries du Petit Bâle, symbolisées par le sauvage, le lion et le griffon. Confréries qui datent vraisemblablement de 1225, date de la construction du pont du Milieu, mais aussi de la constitution des premières corporations du Grand Bâle. Or, faut-il rappeler l'animosité qui régnait alors entre les deux villes ? Ces corporations ont joué un rôle essentiel dans l'histoire de la région. Grâce à leur énorme fortune, et en échange de privilèges et de libertés, elles épongèrent en effet les dettes que les évêques, souvent francophones, avaient – pas très catholiquement – contractées. Ainsi, petit à petit, le monde du commerce supplanta celui de la noblesse, et les corporations finirent par se libérer des tutelles épiscopale et impériale.
Il faut ensuite longer l'***Oberer Rheinweg*** *(plan C1-2),* d'où l'on jouit d'une belle vue sur le Grand Bâle. Quelques vieilles maisons comme, au no 43, *Zum Lindau,* de 1347, l'une des façades les plus étroites de la ville, ou au no 67, *Zum Roten Schneck* (XVe s) avec son escargot peint.
De là, rejoindre la ***Rheingasse*** *(plan C1-2),* bordée de modestes maisons médiévales, l'une des dernières rues du quartier au caractère authentique.

## Un peu excentré

**Le musée Tinguely** *(hors plan par D2)* **:** *Paul-Sacher-Anlage 2.* ☎ *061-681-93-20.* ● *tinguely.ch* ● *Depuis Claraplatz, bus nos 31 et 38, arrêt « Tinguely Museum ». Accessible en bateau ; départ sous la cathédrale. On peut aussi y aller* *à vélo ou à pied en longeant les rives du Rhin ; compter respectivement 15 et 25 mn env. Tlj sf lun 11h-18h. Entrée : 18 Fs ; réduc ; gratuit avec le* Museumspass. *Signalétique en français.*

Pratiquement au pied de la spectaculaire pyramide contemporaine de la Roche Tower (plus haut building de Suisse avec ses 178 m, en attendant les 205 m de sa future voisine). Le grand jardin, qui appartient à cette même multinationale Hoffmann-La Roche, accueille bien sûr des machines de Tinguely, mais aussi des sculptures de Niki de Saint-Phalle.

Le musée est, lui, installé dans un imposant cube de grès rose, flanqué d'une galerie vitrée surplombant le Rhin, conçu par l'architecte tessinois Mario Botta. Il met admirablement en scène les 70 sculptures représentant 35 années de travail du sculpteur iconoclaste Jean Tinguely. Un voyage initiatique, drôle, tragique ou émouvant, à la découverte d'un monde peuplé d'étranges machines et de créatures imaginaires faites d'objets de récupération animés par d'ingénieux moteurs électriques, que l'on met en mouvement au moyen de gros boutons. Attendez quelques minutes entre chaque mise en route, les machines se reposent... Quand la ferraille devient poésie... Au sous-sol, dans une semi-pénombre, des pièces plus sombres, sinon inquiétantes, où poutres calcinées et squelettes d'animaux montrent que la mort est là, qui rôde en permanence. Quant à l'œuvre monumentale du rez-de-chaussée, on peut carrément s'offrir une promenade à l'intérieur. Et les enfants ne se lasseront pas de jouer au ballon avec « Rotozaza ». Intéressantes expos temporaires de jeunes artistes.

Bistrot *(Chez Jeannot)* au sous-sol, avec vue sur le Rhin et décoré de luminaires créés par Tinguely.

### LE TERRIBLE SECRET DE NIKI DE SAINT-PHALLE

*Abusée par son père, aristocrate décadent et ruiné, elle s'échappe d'un asile psychiatrique pour se réfugier dans le travail. Ses célèbres « Nanas » sont un souvenir de sa souffrance : les seins, les hanches, attributs de la féminité, sont exagérés, voire provocants.*

## À voir encore...

**Le port** (*Rheinhafen ; hors plan par B1*) **:** *depuis le centre,* Ⓣ *8 (arrêt « Kleinhumigen ») ou bateau.* Pour découvrir la vie du seul vrai port fluvial de Suisse, avec plus de 500 bateaux qui descendent jusqu'à Anvers ou Rotterdam : les grues, les impressionnantes pile de containers... Possibilité de monter sur le silo de la *Compagnie suisse de navigation* (55 m) : vue d'ensemble sur toute la ville de Bâle. Au long du quai se situe le *Dreiländereck* (« le coin des trois pays ») : un plongeon à gauche, vous êtes en Suisse ; un en avant, vous êtes en France ; un dernier en arrière, vous êtes en Allemagne. Pour illustrer cette particularité géographique, une étrange fusée d'aluminium torsadée avec, sur chacune des trois ailes, le drapeau d'un pays. Pas franchement beau, mais les touristes adorent se faire photographier devant.

Enfin, la zone portuaire au long du Klybeckquai est en phase de devenir un des quartiers hype de la ville avec bars, restos et clubs.

**Le zoo** (*plan A3*) **:** *Binningerstrasse 40. ☎ 061-295-35-35. • zoobasel.ch •* Ⓣ *1, 2, 8, 10 et 17, arrêt « Zoo ». Mars-oct, tlj 8h-18h (18h30 mai-août) ; nov-fév, tlj 8h-17h30. Entrée : 21 Fs ; réduc ; gratuit moins de 6 ans et avec la* BaselCard.

Les Bâlois l'appellent le « Zolli » et y sont très attachés. Fondé en 1874, il abrite aujourd'hui plus de 5 600 animaux sur quelque 13 ha. Il est connu dans le monde entier pour ses nombreuses naissances d'espèces en voie de disparition : gorilles, ours à lunettes, rhinocéros unicornes, etc. Une de ses attractions réputées est son vivarium. Voir aussi le pavillon des grands singes, qui a été agrandi d'installations à ciel ouvert afin qu'ils puissent grimper très haut dans les arbres.

## Où se baigner dans le Rhin ?

Mais oui, malgré un courant apparemment assez fort, il est possible de se baigner dans le Rhin ! Pas de souci côté qualité de l'eau. Mais il est recommandé de toujours nager à deux, d'éviter de traverser le Rhin, surtout si l'on ne connaît pas le fleuve, et de respecter la signalisation.
Entrez dans les eaux du fleuve par la rive du Petit Bâle, par exemple depuis le Solitudepark (près du Schwarzwaldbrücke). C'est de ce côté qu'on doit nager, à cause du trafic fluvial. De là, laissez-vous descendre en passant sous le Wettsteinbrücke, le Mittlere Brücke et le Johanniterbrücke. Mais quittez le fleuve avant le Dreirosenbrücke, c'est-à-dire avant le port. Les Bâlois qui tentent le coup emportent la plupart du temps leurs vêtements et une serviette de bain en les emballant dans un sac étanche (en vente, notamment, à l'office de tourisme), qui sert également de bouée.
Deux pontons sont installés sur les rives du vieux Bâle pour se baigner. L'un, le *Rheinbad-Breite,* le plus branché, avec un bar-resto *(MS Veronika),* est situé St Alban-Rheinweg 195, en face du musée Tinguely *(hors plan par D2).* L'autre, construit en 1886 et doté d'un charme désuet, est posé sur St Johanns-Rheinweg au pied du Johanniterbrücke *(plan B1).* Ils sont ouverts aux beaux jours à partir du printemps. Une grande baignade collective *(Rheinschwimmen)* rassemble également chaque année mi-août (et depuis plus de 30 ans) plusieurs milliers de nageurs.

## Fêtes et manifestations à Bâle et dans les environs

– ***Carnaval*** *(Fasnacht)* : *fin fév.* Les Bâlois ne fêtent pas le carnaval, ils le vivent. On ne sait pas à quand remonte sa tradition, mais aucun des rites extrêmement précis qui le règlent ne sont antérieurs à la moitié du XIXe s. Première particularité : il se fête après tous les autres, car c'est le seul carnaval à subsister en terre protestante.
Le lundi qui suit le mercredi des Cendres, toute la ville se retrouve dans les rues du Grand Bâle à 4h du matin sonnantes. Moment magique, presque occulte : toutes les lumières s'éteignent et tout le monde retient son souffle. C'est alors que commence le *Morgenstraich* : les premières lueurs des lanternes, portées par plus de 100 cliques masquées (des groupes qui préparent une année durant l'événement et qui sont exclusivement composés de Bâlois), apparaissent des quatre coins de la ville, au son des seuls fifres et tambours, et se dirigent dans un rythme étrange mais fascinant vers la Marktplatz. Les dizaines de milliers d'acteurs (les Bâlois) et de spectateurs (les touristes) suivent ce qui devient lentement un cortège, avant de se disperser dans les bistrots pour y manger la fameuse soupe à la farine : la *Mehlsuppe.* Le lundi après-midi est réservé aux cortèges qui balancent confettis, fleurs et bonbons à la tonne. Le soir, alors qu'on peut admirer les lanternes sur la Münsterplatz (des chefs-d'œuvre éphémères illustrant généralement l'actualité locale), les cliques éclatent et leurs membres vont, par petits groupes, écouter dans les restaurants les *Schnitzelbängg,* des poèmes ironisant sur la vie locale de l'année écoulée. Dans l'après-midi du lundi et du mercredi, tout le monde a participé au cortège officiel : les cliques n'aiment guère cette formalité, mais c'est le seul moyen de se partager les sommes gagnées grâce à la vente des insignes, selon une clé de répartition mystérieuse mise au point par un comité encore plus mystérieux...
Le mardi, passé l'après-midi réservé au carnaval des enfants, les *Guggenmusik* (ensemble de trompettes et de grosses caisses jouant volontairement faux ?) entrent dans la danse. La fête se poursuit alors toute la nuit et toute la journée du mercredi... Et le jeudi matin à l'aube, on retrouve des rues miraculeusement propres (on est en Suisse...) et les Bâlois attendant leur tram comme si de rien n'était.

Pour ceux qui n'ont pas la chance de vivre ces moments, on peut se faire une idée de l'ambiance qui règne durant cette folle semaine en faisant un saut à la boutique *Zem Gässler* (Leonardstrasse 14 ; ouv l'ap-m slt), où 40 cliques tiennent leurs *Fasnachtsbörse* (bourse du carnaval). Masques, costumes, fifres et tambours : un bazar étonnant et très privé.

– ***Chienbesen*** *(« les balais flambants »)* **:** *fin fév à* ***Liestal,*** *à 16 km de Bâle par l'autoroute de Berne.* La fête, pour le moins singulière, se déroule le dimanche après le mercredi des Cendres, appelé le « jour des Étincelles ». La tradition remonte au moins au XVIe s. Toute la rue principale (Rathausstrasse) est alors en feu. Les flammes jaillissent des chariots de fer jusqu'aux toits des maisons, et des centaines de fagots enflammés rougissent les visages du public.

– ***Art Basel :*** *juin.* Le plus grand salon international d'art contemporain.

– ***Fête nationale :*** *31 juil au soir et 1er août.* À ne pas manquer. Tout Bâle se retrouve sur le Rheinbrücke pour voir les feux d'artifice (magnifiques) vers 22h30 et manger des saucisses en buvant de la bière. Ambiance conviviale qui ne s'arrête que tôt le matin. Avec le carnaval, c'est la seule fête qui fasse changer le parcours des trams pour un moment.

– ***Marché de Noël :*** *fin nov-23 déc, pl. de la Cathédrale et sur celle des Cordeliers.* L'un des plus importants de Suisse.

## DANS LES ENVIRONS DE BÂLE (BASEL)

### *RIEHEN*

➢ *Pour s'y rendre : à env 2 km de Bâle. Au départ de la gare SBB, prendre le tram n° 2 puis, au centre-ville (depuis Barfüsserplatz), le n° 6, arrêt « Fondation Beyeler ». Compter env 15 mn.*

🚶🚶🚶 ***La fondation Beyeler :*** *Baselstrasse 101. ☎ 061-645-97-00. • fondationbeyeler.ch • Tlj 10h-18h (20h mer). Entrée : 28 Fs ; réduc ; gratuit avec le* Museumspass. *Prévoir près de 2h de visite. Possibilité de se restaurer sur place.*
Cette fondation, que l'on doit à un couple de collectionneurs-galeristes, vaut absolument le détour. En effet, pour faire partager leur passion, Hildy et Ernst Beyeler décident dès 1997 de rendre leur collection de 200 tableaux et sculptures des maîtres de l'art moderne accessible au grand public. La construction de la fondation, confiée à Renzo Piano, tout en sobriété et avec ses grands espaces blancs et lumineux, met merveilleusement en valeur les œuvres, essentiellement des grands formats.
Édifié en porphyre rouge de Patagonie et coiffé d'un plateau en verre, le bâtiment s'ouvre sur la campagne environnante grâce à de grandes baies vitrées. Une galerie permet, confortablement installé, de consulter des livres d'art, et on peut même observer l'atelier de restauration au niveau inférieur. Une salle prolongée par un étang accueille un ensemble aux dominantes vertes des *Nymphéas* de Monet, ainsi qu'une *Cathédrale de Rouen*. On y retrouve aussi des œuvres de Cézanne, Van Gogh, Picasso, Matisse, Kandinsky, Giacometti, Bacon, Rothko... Néanmoins, en raison des fréquentes expositions temporaires, les toiles ne sont jamais toutes présentées en même temps.

🚶 👨‍👧 **Spielzeugmuseum** (musée du Jouet) **:** *Baselstrasse 34. ☎ 061-641-28-29. • spielzeugmuseumriehen.ch • Ⓣ 6, arrêt « Riehen Dorf ». Tlj sf mar 11h-17h. Entrée : 7 Fs ; réduc ; gratuit jusqu'à 16 ans, avec le* MuseumsPass *et le* Passeport Musées Suisses *et pour ts le 1er dim du mois.* Le cadre vaut le détour : le *Wettsteinhaus* est une ancienne et superbe dépendance (XVIIe s) du couvent de Wettingen. Il abrite aujourd'hui trois musées (musée régional de la Vigne et du Vin, musée du Vieux Riehen et celui du Jouet) ; 500 $m^2$ d'exposition intelligente, pour réveiller l'enfant qui sommeille en chacun de nous et redécouvrir l'évolution du jouet (poupées, figurines, jeux de société...).

## LES RUINES ROMAINES D'AUGST

*➢ Pour s'y rendre : à 10 km env de Bâle. En voiture, prendre l'autoroute en direction de Zurich, puis suivre les panneaux « Augusta Raurica ». Possibilité d'y aller en bus depuis Aeschenplatz (bus nº 81, arrêt « Augst ») ou en train local depuis Bâle (arrêt « Kaiseraugst »). Prévoir env 30 mn. Dans les 2 cas, compter ensuite 10 mn à pied. Également croisière tlj de mai à mi-oct au départ de Bâle ; compter 1h30, puis 20 mn à pied entre le débarcadère et le site.*

**Augusta Raurica :** l'ancienne ville romaine est la plus ancienne colonie romaine sur les bords du Rhin. Elle a été fondée en 44 av. J.-C. Au IIᵉ s, elle est, avec ses 20 000 habitants, une cité florissante aux riches bâtiments publics : forum avec curie et basilique, théâtre, thermes, temples, bâtiments de commerce, etc. Elle est détruite à la fin du IIIᵉ s par les Alamans. Sortie progressivement de son sommeil depuis le XVIᵉ s, elle fait toujours l'objet de fouilles régulières. Voilà pour l'histoire et la version officielle... Mais le site (en accès libre), malgré toutes les descriptions élogieuses que l'on peut lire, s'avère décevant. Près du parking principal, le théâtre de 8 000 places, reconstruit avec des matériaux flambant neufs à côté des villas modernes, n'a guère d'intérêt. Non loin de là, le forum n'en a pas plus...

**Römermuseum** *(Musée romain)* **:** *Giebenacherstrasse 17. ☎ 061-816-22-22. • augustaraurica.ch • En face du parking principal et du théâtre. Tlj 10h-17h ; nov-fév, 11h (13h lun)-17h. Entrée : 8 Fs ; réduc ; gratuit avec le* Passeport Musées Suisses *et le* Museumspass. Le musée est censé être une reconstitution fidèle d'une maison romaine (cuisine, salle à manger, chambre à coucher, salle de bains, ateliers et magasin). Malheureusement, la mise en scène très carton-pâte est une pâle copie de certains parcs d'attractions bien célèbres, sans en avoir la qualité. Dommage ! En revanche, les pièces trouvées sur le site et présentées au musée méritent l'attention.

**Tierpark** *(parc à animaux domestiques)* **:** *à 1 km env du Musée romain. Tlj 10h-17h (16h nov-fév). GRATUIT.* Un curieux et historique petit zoo d'animaux domestiques qui vivaient déjà à l'époque romaine. Pour la sélection, on s'est basé sur les ossements d'animaux découverts dans la région : porcs de pâture laineux, chèvres Nera Verzasca, moutons des hauts plateaux, grisons, poules italiennes... et, bien sûr, les légendaires oies de Rome.

## RHEINFELDEN

*➢ Pour s'y rendre : à 15 km env à l'est de Bâle. En voiture, autoroute de Zurich, ou train au départ de Bâle. Sinon, en bateau, et c'est le plus agréable, liaisons tlj au départ de Bâle de mai à mi-oct ; compter 2h env.*

Fondée en 1130 par la famille des Zähringen, la cité est devenue « ville libre d'Empire » au XIIIᵉ s et a été âprement disputée par les grandes familles allemandes, autrichiennes, françaises et confédérées... La vieille ville garde, aujourd'hui encore, tout son charme médiéval. Bâtie au bord du Rhin, elle n'est séparée de son homonyme allemande que par un pont et une douane. C'est le terminus des croisières sur le Rhin.

– ***La vieille ville :*** depuis la Marktgasse, en contrebas de la statue de la fontaine d'Albrecht (XVIᵉ s), à droite, la Johannitergasse conduit en quelques pas à l'ancienne ***chapelle de la Commanderie-de-l'Ordre-de-Malte*** *(Johanniterkapelle),* avec de belles fresques des XVᵉ et XVIᵉ s. Quelques pas de plus pour découvrir, au bord du Rhin, la ***tour du Nid-des-Cigognes*** *(Storchennestturm),* rectangulaire et médiévale. On descend ensuite la Marktgasse jusqu'au vieux pont. Un peu partout, de belles enseignes datant de la fin du baroque. Un coup d'œil à la fresque murale du nº 8 (brasserie *Zum Salmen*) et à la façade massive du nº 36 (brasserie *Feldschlösschen*). Et surtout, arrêt obligatoire à l'hôtel de ville (*Rathaus,* au nº 16), en particulier pour les peintures murales de sa cour intérieure, qui datent du début du XXᵉ s. Arrivée au pont, sur l'autre rive du Rhin, côté allemand (ne pas oublier sa carte d'identité) : c'est de là qu'on a la plus belle vue sur les vieilles maisons alignées au long du Rhin.

– ***L'église Saint-Martin :*** *Kirchplatz.* Une basilique de style gothique passablement remaniée dans le goût baroque à la fin du XVIIIᵉ s, avec des fresques murales à ne plus savoir qu'en faire et un plafond croulant sous les stucs rococo et des peintures en trompe l'œil. Belles orgues, enfermées dans un coffre de bois massif.

## LIESTAL ET SEEWEN

➢ *Pour s'y rendre : Liestal se trouve à 16 km de Bâle, par l'autoroute de Berne. De là, poursuivre 10 km env pour rejoindre Seewen.*

★ **Kantonsmuseum Baselland** *(Musée cantonal de Bâle-Campagne) : Zeughausplatz 28, à* ***Liestal.*** *☎ 061-552-59-86. Tlj sf lun et certains j. fériés 10h-17h. Entrée : 8 Fs ; réduc. Explications en allemand.* Une belle réussite mariant le design aux murs de l'ancien arsenal (1530). Les expositions interactives sur l'environnement et les civilisations sont certes intéressantes, mais c'est surtout le secteur consacré à la rubanerie et à la production de la soie, principale activité économique de Bâle-Campagne du XVIIIᵉ au début du XXᵉ s, qui mérite le détour. Belles machines d'époque remarquablement conservées et qui fonctionnent le dimanche après-midi.

★★ **Musikautomaten** *(musée des Automates de musique) : à l'entrée de* ***Seewen,*** *sur la droite en venant de Liestal (fléché). ☎ 061-915-98-80. • musikautomaten.ch • Tlj sf lun 11h-18h. Entrée : 6-18 Fs (selon la durée de la visite guidée ; se renseigner pour les horaires) ; réduc ; gratuit moins de 6 ans et avec le* Passeport Musées Suisses *et le* Museumspass. *Possibilité de se restaurer sur place.* Dans un bâtiment moderne aux lignes géométriques. Plus de 300 pièces datant du XVIIIᵉ s jusqu'au début du XXᵉ s, fonctionnant encore à merveille, sont réparties dans trois grandes salles : orchestrions de guinguettes, boîtes à disques, automates à formes humaines et animales, orgues de Barbarie, mais aussi des montres ou encore de belles boîtes à musique, dont il faut rappeler qu'en 1880 elles constituaient 10 % des exportations suisses ! Superbe, à commencer par l'impressionnant orgue du *Britannic,* un navire jumeau du célèbre *Titanic* !

## INCURSION EN ALLEMAGNE

★★★ **Vitra Campus :** *Charles-Eames-Strasse, à* ***Weil am Rhein,*** *à la frontière, côté allemand. ☎ 0049(0) 7621-702-3200. • design-museum.de • De Bâle, bus nº 55 sur la Claraplatz (Petit Bâle). Départs ttes les 30 mn. Achat des tickets dans le bus. Compter 20-30 mn de trajet.*

La société allemande *Vitra* est mondialement connue pour ses réalisations et ses collaborations avec les plus grands designers. C'est ici, sur son site industriel de production, que sont conçus et fabriqués des objets cultes, comme la chaise longue des frères Eames.

En 1950, après un voyage aux États-Unis, son fondateur décide de se spécialiser dans la production de chaises en collaboration avec les frères Eames. En 1957, la première usine s'installe sur le site actuel. En 1981, après un important incendie, il est décidé de reconstruire dans un souci industriel de production tout en créant un véritable pôle d'architecture contemporaine. L'opportunité est donnée à des architectes encore peu connus de construire une première réalisation tout en donnant à la fabrique une identité visuelle forte.

Vous trouverez donc sur le campus, outre des expos permanentes sur les créations de Vitra et une expo temporaire qui change régulièrement, un ensemble de bâtiments remarquables (jusqu'aux arrêts de bus signés Jasper Morisson).

– ***Vitra Haus :*** *ouv 10h-18h. GRATUIT (il suffit juste de demander une clé magnétique à l'accueil qui permet d'activer les écrans d'information).* Étonnant bâtiment signé par l'agence bâloise *Herzog & de Meuron* ! Une accumulation de 12 maisons stylisées et imbriquées les unes dans les autres, orientées dans différentes directions afin de marquer la situation du site à l'intersection de l'Allemagne, la France et la Suisse. Bâtie selon des normes écologiques, c'est une construction ludique qui sert de vitrine à la collection permanente de *Vitra*. La circulation est très fluide entre les différents niveaux. On grimpe en ascenseur jusqu'au 4ᵉ étage (avec des reconstitutions d'intérieurs typiques des décennies traversées par l'entreprise) avant de redescendre par l'escalier. Au 3ᵉ étage, expo de modèles créés par de grands designers, et tout particulièrement des chaises de Charles et Ray Eames, dont certains modèles sont devenus des objets cultes. Également les pendules de Nelson et les luminaires (lampes en papier) de Noguchi. Au 2ᵉ, exemples d'aménagements récents : pureté des lignes, originalité des formes, couleurs franches et gaies... qui a dit que design rimait avec froideur ? N'oubliez pas l'expo de 65 chaises signées par les plus grands designers, de Thonet à Starck. Une baie vitrée permet de découvrir le *Vitra Atelier* qui présente le processus de fabrication de la *Lounge Chair* de Eames. Pour finir, passage par la boutique : catalogues, objets design, et meubles en miniature. Café-resto.

– ***Vitra Design Museum :*** *tlj 10h-18h, sf en période d'installation des expos. Entrée : 11 € ; réduc. Billet groupé avec le Vitra Schaudepot : 17 €.* C'est le premier bâtiment édifié en Europe (1987) par Frank Gehry, à qui l'on doit, entre autres, le musée Guggenheim de Bilbao et la Fondation Vuitton à Paris (2014). D'un blanc éclatant, assemblage de modules qui s'orientent pour désigner son entrée, le bâtiment est un manifeste de la déconstruction, à mettre en parallèle avec le bâtiment derrière, construit également par Gehry. Deux destinations qui donnent lieu à deux interprétations radicalement différentes de l'architecture. Le musée accueille deux à trois expos par an sur le design et l'architecture contemporaine.

– ***Vitra Schaudepot :*** *tlj 10h-18h. Entrée : 8 € ; réduc.* Un tout nouveau bâtiment, lui aussi conçu par Herzog & de Meuron pour permettre d'exposer de manière permanente la plus que riche collection *Vitra* : 7 000 meubles, un bon millier de luminaires, alignés comme à la parade, et les pièces emblématiques des célèbres designers qui ont collaboré avec la marque. Boutique et café.

Pour découvrir les bâtiments suivants, il faut suivre une visite guidée : *en anglais, tlj à 12h et 14h ; en français le 1ᵉʳ w-e du mois et les j. fériés français à 14h30. Durée : env 2h. Tarif : 14 €. Départ du* Vitra Design Museum *ou du* Vitra Schaudepot.

– ***Le dôme géodésique de Richard Buckminster Fuller :*** constitué de pentagones et d'hexagones, sa particularité, outre l'utilisation d'un matériau de bâche de camion, est de rejeter la structure métallique portante à l'extérieur. Ses mesures identiques en tous points (25 m x 25 m) lui confèrent une acoustique particulière.

– ***La caserne de pompiers :*** première réalisation de Zaha Hadid, un coup de maître tant les contraintes particulièrement rigoureuses découlant de la conception d'un tel lieu pouvaient sembler limitatives. Entièrement en béton, le bâtiment déroute par sa structure et son organisation. Plus de pompiers aujourd'hui, mais des expos temporaires. Mais tous les éléments de l'ancienne affectation du lieu sont là : garages, douches, gymnase... Zaha Hadid, en jouant sur les perspectives, les volumes, les angles et la lumière, a fait d'un bâtiment à l'origine utilitaire une référence architecturale.

– ***Le pavillon des conférences de Tadao Ando :*** on passe d'abord devant une gigantesque sculpture de Claes Oldenbourg, représentant les trois outils de base nécessaires à la fabrication d'une chaise. Là encore, le bâtiment est le premier

construit en Europe par l'architecte japonais, dont l'œuvre est fortement marquée par la culture de son pays. Les dimensions des blocs constituant le mur d'isolation visuel ont la taille des tatamis japonais. Notez la délicatesse de ces feuilles incrustées dans le mur en mémoire des arbres abattus pour la construction.
– ***La Vitra Tour-Toboggan de Carsten Höller :*** comme on pourrait s'en douter, une aérienne tour métallique, haute d'un peu plus de 30 m (jolie vue sur le site depuis la plate-forme posée à 17 m), dont on a le droit de redescendre via un toboggan tout en virages.

## SOLEURE (SOLOTHURN) (4500) 15 880 hab.

**Soleure est l'une des villes alémaniques les plus françaises qui soient. Non pas tant en raison de sa population volontiers francophone qu'à cause des traces laissées par la présence, de 1539 à 1798, de l'ambassade de France. Pourquoi un tel choix ? Vraisemblablement pour éviter d'avantager l'un des grands cantons voisins, et parce que Soleure est restée fidèle à la religion catholique, même si la Réforme est aussi passée par là. Et puis n'oublions pas que ce petit canton a fourni plus de généraux à la France que tous les autres États confédérés, Fribourg excepté.**
**Si l'on excepte la vallée de l'Aar (Granges, Soleure et Olten), où résident la plupart des habitants, il n'y a aucune logique dans la géographie du canton. Les frontières (380 km pour une superficie de 790 km²) sont autant de bras qui tentent de ramasser ce qu'ils peuvent des territoires voisins. Ce qui fait qu'à part la très jolie capitale, il n'y a pas grand-chose à voir ni à faire dans le reste du canton : Granges n'est qu'une ville horlogère et Olten le plus important nœud ferroviaire du pays (les lignes Genève-Zurich et Bâle/Saint-Gothard s'y croisent). Mais Soleure rattrape ce déficit par son centre-ville qui a merveilleusement préservé ses vieilles pierres.**
**Très belles balades à faire dans le *Schwarzbubenland* (le « pays des Garçons noirs »), au nord du Passwang. Bref, Soleure est un point de chute idéal pour rayonner aux alentours.**

### DE LA NEUTRALITÉ AVANT L'HEURE

*Le 14 juillet 1789, c'est un Soleurois, Pierre-Victor de Besenval, qui est à la tête de la garnison de Paris, chargé à ce titre de s'opposer aux émeutiers qui voulaient prendre la Bastille. Pour éviter un massacre, il donne l'ordre aux régiments suisses de se replier sans combattre les civils en armes. Le baron de Besenval résidait dans un hôtel particulier construit au début du XVIIIe s, rue de Grenelle, et qui est l'actuelle ambassade de Suisse en France.*

### Arriver – Quitter

➢ ***En voiture :*** par l'autoroute reliant Berne ou Zurich (sortie à 5 km du centre) ou par la route reliant Bienne à Olten.
➢ ***En train :*** prendre la ligne pour Bienne et changer à Olten.
***Gare ferroviaire :*** *à 10 mn à pied de la vieille ville. ☎ 051-226-98-00.*
➢ ***En bateau :*** *☎ 032-329-88-11.* • *bielersee.ch* • De Bienne ou de Neuchâtel, au fil de l'Aar. Juin-sept, 3 liaisons/j. sf lun ; en mai et oct, 2 liaisons/j., le w-e slt ; en avr, slt dim ; pas de liaison en hiver.

LA SUISSE DU NORD-OUEST

## Adresses utiles

**Office de tourisme :** *Hauptgasse 69. ☎ 032-626-46-46. • solothurn-city.ch • Dans la très belle maison Von Roll, juste à côté de la cathédrale. Tlj sf dim 9h-18h (13h sam).*

**Poste :** *Poststrasse 14. Lun-sam mat 9h-12h, 13h30-18h30.*

**Location de vélos :** *à la gare. ☎ 051-226-98-17.*

## Où dormir ?

### Camping

**Zum Muttenhof :** *Glutzenhofstrasse 5, ☎ 032-621-89-35. • tcs.ch • À 2,5 km env du centre. De la gare, bus nº 9, arrêt « Schwimmbad », puis 300 m à pied. Mars-déc. Selon saison et type de parcelle, env 35-45 Fs pour 2 avec tente et voiture. Également des chalets en bois pour 2-6 pers, des pods pour 2-3 pers, des tentes safaris et une roulotte : pour 2, 55-190 Fs/nuit.* Très bien situé, en pleine nature et au bord de la rivière. Assez cher mais c'est un camping 4 étoiles, donc parfaitement équipé. Resto. Location de vélos. Piscine à proximité.

### De bon marché à prix moyens

**Auberge de jeunesse Am Land :** *Landhausquai 23. ☎ 032-623-17-06. • youthhostel.ch/solothurn • Réception 7h30-10h, 16h30-21h30. Congés : de déc à mi-janv et en fév. Compter 35-39 Fs/pers en dortoir 5-9 lits, chambre à 2 lits 105 Fs, petit déj inclus ; ajouter 7 Fs pour les non-membres. Repas 17,50 Fs.* Idéalement située à deux pas de la vieille ville mais sur les bords de l'Aar. La restauration intérieure en verre et en acier se marie remarquablement avec la façade historique du XVII^e s. Dortoirs et chambres équipés de duvets nordiques. Douches et w-c privés dans les chambres à 2 ou 3 lits avec mezzanine. Produits bio et plats végétariens au resto, dans un agréable réfectoire.

**Kreuz :** *Kreuzgasse 4 (double entrée sur la rue et sur le quai). ☎ 032-622-20-20. • kreuz-solothurn.ch • À côté de l'AJ. Double 95 Fs, petit déj compris.* Géré par l'une des plus anciennes coopératives hôtelières de Suisse. Pas cher, mais évidemment pas luxueux non plus. Une douzaine de chambres avec douches communes. Resto au rez-de-chaussée (voir « Où manger ? »).

**Hotel Roter Ochsen :** *Berntorstrasse 9. ☎ 032-322-55-33. • roteroschsen.ch • Sur la rive gauche. Doubles 135-155 Fs, petit déj compris.* Dans une petite bâtisse, déjà auberge au XVI^e s, un très sympathique hôtel avec des chambres à la déco sobrement contemporaine – pimpantes et tranquilles pour celles qui donnent sur la petite cour intérieure. Bon petit déj (pas mal de produits bio), et excellent accueil.

### Chic

**Baseltor :** *Hauptgasse 79. ☎ 032-622-34-22. • baseltor.ch • Juste à côté de la cathédrale. Doubles 200-280 Fs selon saison et confort, petit déj compris.* Établissement superbement rénové et plein de charme, installé dans une maison du XVII^e s dotée depuis de tout le confort et d'une déco contemporaine très réussie. Propose 15 chambres ravissantes. 3 d'entre elles sont situées dans une dépendance, en face dans les remparts. C'est une coopérative, très sympa, qui gère l'hôtel et le resto (voir « Où manger ? »).

**Hôtel an Der Aare :** *Oberer Winkel 2. ☎ 032-626-24-00. • hotelaare.ch • Doubles 160-250 Fs selon saison et confort, petit déj compris.* Posé juste au bord de la rivière, un ancien hôpital du XVIII^e s qui a merveilleusement réussi sa reconversion. Au sein de ces murs chargés d'histoire, une quinzaine de chambres dont la restauration, menée d'une main de maître, allie tout le charme de l'ancien (vieilles pierres, tomettes, parquets, etc.) à une déco design colorée. Les teintes douces et joyeuses à la fois, dans une palette de rouge, orangé, jaune, rendent l'ensemble gai et chaleureux. La plupart des chambres et la terrasse du resto-bar (de bonne réputation) bénéficient d'une vue sur la rivière.

## Où manger ?

### De bon marché à prix moyens

🍽 ***Chicken Choatikum :*** *St Urbangasse 5.* ☎ *032-623-13-44. À côté de la porte de Bienne* (Bieltor). *Tlj sf dim jusqu'à 23h30 (0h30 ven-sam). Formules 18,20-19,50 Fs. Salades 8,50-19,50 Fs.* Bar-resto très fréquenté par les jeunes et les familles, qui viennent y manger du poulet sous toutes ses formes (jusqu'en fondue !). Ce n'est pas de la grande cuisine mais ça se mange sans faim (surtout à ces prix-là...). Jolie petite terrasse, au calme, derrière la salle du rez-de-chaussée, rigolote avec sa banquette de Chevrolet et son juke-box.

🍽 ***Kreuz :*** *Kreuzgasse 4.* ☎ *032-622-20-20. Resto de l'hôtel* Kreuz. *Tlj sf dim midi. Plats 16 Fs le midi en sem, env 25-36 Fs le soir.* Ceux qui n'ont pas connu l'ambiance post-soixante-huitarde des vieux bistrots où l'on refait le monde feraient bien de rendre une visite au *Kreuz*. Depuis plusieurs décennies, la destinée de l'établissement est entre les mains d'une coopérative. Côté nourriture, ce n'est pas trop cher et c'est très correct et copieux, à défaut d'être franchement original. Mais on vient plus au *Kreuz* pour l'ambiance que pour la gastronomie... Terrasse en bord de rue piétonne. Concerts de temps à autre le week-end.

### De prix moyens à plus chic

🍽 ***Baseltor :*** *voir « Où dormir ? ». Tlj sf dim midi. Menu déj sem 25 Fs ; sinon, plats 24-39 Fs.* Jolie salle égayée par des coussins de couleur avec une belle carte tendance cuisine méditerranéenne, avec des plats végétariens et de la viande bio. 2 prix, pour petite ou grande faim. Laissez-vous tenter car c'est réussi. Et pour compléter, une vingtaine de bouteilles (parfois de grands crus) proposées au verre. Jolie terrasse à l'arrière sur Riedholzplatz. Service jeune et décontracté. Une valeur sûre de la gastronomie soleuroise.

🍽 ***Zunfthaus zu Wirthen :*** *Hauptgasse 41.* ☎ *032-626-28-48. Dans la rue principale de la vieille ville, au pied de la tour de l'Horloge. Tlj midi et soir sf dim-lun. Plats du jour midi sem 19-22 Fs ; sinon, plats 16-34 Fs.* Joli cadre tout en boiseries (Renaissance !) et autres vitraux pour cette brasserie populaire (un poil chicos aussi !). Carte à rallonge qui laisse le choix, mais l'addition peut vite grimper pour une cuisine qui n'atteint, elle, pas toujours les sommets ! Les petits budgets peuvent se contenter d'une bonne tarte flambée. Terrasse en bord de rue piétonne.

## Où boire un verre ?

🍸 ***Hafebar :*** *Kreuzackerquai.* 📱 *079-788-62-62. Sur la rive droite de l'Aar ; accès par la passerelle Rötibrücke, située entre les 2 ponts. Mai-sept slt, tlj sf jours de pluie 16h (10h sam et 11h dim)-1h env.* Un simple container installé sous les arbres, avec quelques tables pour se poser mais pas assez, vu l'affluence ! Peu importe, faites comme tout le monde, squattez le parapet de la rivière, votre verre à la main ! Ambiance populaire d'une guinguette au bord de l'eau. Orchestre et fanfares certains week-ends.

🍷 ***SolHeure :*** *Ritterquai 10. ☎ 032-625-54-34. Tlj jusqu'à 0h30 (2h ven-sam, 23h30 dim-lun).* Ancien abattoir du XIXe s aux vastes volumes, reconverti en bar-resto-lounge où se retrouve toute la jeunesse de Soleure. Terrasse des plus tranquille pour regarder couler la rivière. En été, le soir, si le temps s'y prête, buffet avec des brochettes à faire griller sur le barbecue. Également des *summer jams* et des séances de cinoche le week-end.

🍷 ***Die Grüne Fee :*** *Kronengasse 11. ☎ 032-534-59-90. Tlj sf dim 17h (14h sam)-23h30 (1h30 ven-sam). Absinthe du Val-de-Travers à partir de 8 Fs.* Dans un décor Art nouveau assez sympa, n'hésitez pas à vous faire conseiller pour trouver la fée verte qui saura vous enchanter.

🍷 Sinon, plusieurs ***bars*** le long de Landhausquai, à deux pas de l'auberge de jeunesse. Fréquentés par les jeunes de la ville.

## À voir

Soleure est considérée comme la plus belle ville baroque de Suisse. Elle est surtout la mieux conservée, ce qui n'est déjà pas rien. Il faut prendre le temps de déambuler d'abord le long de la rue principale *(Hauptgasse)*, bordée de coquettes maisons bourgeoises des XVIIe et XVIIIe s, en partant par exemple de la porte de Bâle *(Baseltor)* pour rejoindre, en remontant la Stalden puis la Schmiedengasse, la porte de Bienne *(Bieltor)*. Puis suivre la St Urbangasse pour rejoindre l'hôtel de ville *(Rathaus)* et l'ancien arsenal *(Altes Zeughaus)* : la boucle est bouclée !

### BOIRE UN PETIT COUP

*C'est dans la Maison du débarcadère (Landhaus), sur le quai du même nom, qu'autrefois les producteurs de vins romands déchargeaient leur cargaison après avoir traversé le lac de Neuchâtel, la Thielle, le lac de Bienne et, enfin, après avoir descendu l'Aar sur une vingtaine de kilomètres. Un voyage fort long, qu'on agrémentait volontiers en prélevant un peu de la marchandise transportée. Du coup, on arrivait éméché à destination. D'où l'expression, toujours usitée en terre romande, pour désigner quelqu'un qui a trop bu : « Il est sur Soleure. »*

***Les fortifications :*** leur construction, commencée en 1667, a été stoppée 60 ans plus tard : elles ne relient donc que la porte de Bâle à la tour de Riedholz, et servent aujourd'hui de promenade entre ces deux points autrefois stratégiques. Plus étonnantes que la *Baseltor* (1535) : les puissantes tours circulaires qui l'encadrent. Leur forme a inspiré deux autres constructions : la *Burristurm,* près de la porte de Bienne (de l'autre côté de la cité), et la *Riedholzturm,* à l'autre bout du rempart, le seul des 11 bastions de l'époque baroque à avoir survécu.

C'est le moment de parler chiffres. À Soleure, tout se dénombre par 11. Cela remonte à très loin : selon la tradition, la 11e légion thébaine aurait en effet séjourné à Soleure. Et au Moyen Âge, la ville abritait un tribunal d'échevins de 11 juges. En 1481, Soleure fut le 11e canton à entrer dans la Confédération. Autrefois, le vieux Soleure était divisé en 11 bailliages et 11 corporations. Il y avait alors 11 conseillers exécutifs, deux fois 11 représentants des familles, 11 chanoines, 11 chapelains, 11 lances d'eau et 11 compagnies d'armées ! Toujours pas convaincu ? Allez, on continue : la ville contient aujourd'hui 11 églises et chapelles, 11 fontaines historiques et 11 tours...

Toujours sceptique ? En 1762, Pisoni, l'architecte de la cathédrale Saint-Urs, fasciné par ce qui ne pouvait déjà plus être une coïncidence, poussa le bouchon encore un peu plus loin, en bâtissant des murs de six fois 11 m, en imaginant un carillon de 11 cloches, en plaçant 11 autels qu'on ne peut tous voir que de la 11e pierre noire (à l'entrée principale), en disposant les bancs en rangées de 11 et en obligeant les visiteurs à grimper les trois fois 11 marches du monumental escalier extérieur...

**Sankt Ursen kathedrale** *(cathédrale Saint-Urs) : tlj 9h-12h, 14h-18h (17h en hiver).* Le plus beau monument suisse du baroque, bâti dans la seconde moitié du XVIIe s par l'architecte tessinois Pisoni autour du nombre 11 (lire ci-avant). Son escalier monumental, son immense coupole et les fresques de son plafond impressionnent. Grande unicité de style. On peut visiter le trésor *(dans le cadre des visites guidées de l'office de tourisme. mais en allemand slt),* dans la sacristie, surtout pour le manuscrit de Reichenau (fin du Xe s), finement décoré de miniatures carolingiennes. *Kolossal* buffet d'orgue perché sur une tribune aux colonnades grecques. Concerts. Possibilité (seulement par beau temps) de monter en haut de la tour de Saint-Urs *(60 m ; avr-nov, tlj sf dim mat 9h30-12h, 13h30-17h30 ; entrée : 3 Fs, réduc).* De là-haut, très belle vue sur les toits de la vieille ville.

**Jesuitenkirche** *(église des Jésuites) : à 150 m env de la cathédrale, sur le côté gauche en descendant la Hauptgasse.* Réputée (peut-être un peu abusivement) pour ses nombreux stucs d'origine tessinoise (fin du XVIIe s), lourdement restaurés vers 1950. Tableaux d'autel pompeux, dans la grande tradition jésuite.

**Zeitglockenturm** *(tour de l'Horloge) : Marktplatz. Descendre la Hauptgasse, c'est à 200 m env de la cathédrale.* C'est le plus ancien monument de la ville encore debout (première moitié du XIIe s), construit en marbre soleurois (des pierres calcaires du Jura). Elle a été dotée d'une horloge avec un cadran astronomique au XVIe s, puis de figures mobiles. Chaque heure, un roi, assis entre la Mort et un guerrier, exécute divers mouvements. Ne pas rater les 11 coups de 11h !

**Kunstmuseum** *(musée des Beaux-Arts) : Werkhofstrasse 30. ☎ 032-624-40-00. • kunstmuseum-so.ch • Après l'enceinte, juste à côté de la salle des concerts* (Konzertsaal). *Tlj sf lun 11h (10h le w-e)-17h. GRATUIT (mais une petite participation sera appréciée et vous permettra d'activer la machine de Tinguely à gauche dans le hall). Petite cafét' et librairie.* Attention, l'accrochage peut sérieusement bouger en fonction des expos temporaires comme celles qui, en principe, occupent régulièrement le rez-de-chaussée (art contemporain surtout).
À l'étage, on est accueilli par le fameux *Guillaume Tell* de Hodler (1896), visiblement convaincu à l'idée d'arrêter l'envahisseur, mais désormais fréquemment utilisé par les médias pour symboliser une certaine Suisse fermée à tout apport extérieur... Quelques tableaux des XVe-XVIIIe s suivent, dont une *Madone de Soleure* de Holbein le Jeune, entourée du chevalier Urs et de l'évêque de la ville, et une émouvante *Madeleine en larmes* de Ribera, ainsi que, du même artiste, un *Bartiger Mann* dont il faut admirer le traitement des rides sur le visage et les mains. Mais le musée est essentiellement consacré à la peinture suisse à partir de 1850. Riche collection d'œuvres signées Franck Buchser. Cependant, les grands noms du XXe s (Braque, Gris, Picasso, Klimt, Van Gogh...) ne sont pas oubliés.

**Schloss Blumenstein** *(château de Blumenstein) : Blumensteinweg 12. ☎ 032-622-54-70. Au nord de la ville. Derrière le musée des Beaux-Arts, prendre Untere Steingrubenstrasse, puis Herrenweg à droite et enfin Blumensteinweg à gauche ; compter 10 mn à pied. Tlj sf lun 14h (10h dim)-17h. GRATUIT.*
N'hésitez pas à demander à être guidé par les dames de l'accueil, qui parlent le français et se feront un plaisir de vous raconter l'histoire du château et du musée. Il s'agit en fait de la maison d'été, construite en 1727, d'un soldat soleurois ayant fait carrière à Paris. Jusqu'à la Révolution, la France possédait une ambassade à Soleure, recrutant ainsi des soldats pour le compte de la royauté française. Certains firent fortune à Paris, et furent même anoblis, formant à leur retour au pays une petite caste, « les patriciens », apportant avec eux le goût français dans le canton. Ils se firent construire des villas dans le style français du XVIIIe s.
On visite au rez-de-chaussée les pièces de réception avec leurs meubles et leurs tableaux d'origine. Belle salle à manger carrelée, avec boiseries. Remarquer la table en pierre de Soleure incrustée de fossiles, ainsi que l'imposant coffre à dot du XVIe s. Chambre de madame avec coiffeuse et accessoires, suivie d'un

charmant petit boudoir avec papiers peints chinois d'origine. Par la porte sur le côté, accès à la chambre de bonne, encore meublée comme autrefois avec son lit clos. Au 1er étage, intéressante maquette de Soleure avant 1835, avec toutes ses fortifications et ses bastions. Dans une petite pièce sur le côté, amusante lanterne magique qui permet de voir les gorges de Vérène en relief. Mais le plus surprenant (et le plus macabre) demeure les deux reliquaires dont les squelettes, achetés aux catacombes de Rome, ont été richement habillés par les nonnes au XVIIIe s. En dessous, les couvercles racontent la vie des saints. Enfin, n'oubliez pas d'aller jetez un œil sur la cuisine du XIXe s, encore en état de fonctionner.

## Manifestations

– ***Festival de cinéma suisse :*** *en janv.* 6 jours consacrés au 7e art, particulièrement au cinéma suisse, dans les salles de la ville et au Landhaus (concours).
– ***Carnaval de Soleure :*** *début fév.* Un thème différent chaque année. Animations et défilé des cliques.
– ***Journées littéraires*** *(Literaturtage)* **:** *w-e de l'Ascension. • literatur.ch •* Présentation, lectures de livres et débats en présence d'auteurs connus ou moins connus. Parfois en français.
– ***Classic Openair :*** *2 sem en juil.* Festival de musique classique.

## DANS LES ENVIRONS DE SOLEURE (SOLOTHURN)

LA SUISSE DU NORD-OUEST

***Schloss Waldegg*** *(château de Waldegg)* **:** *Feldbrunnen, 4532* ***Sankt-Niklaus****. ☎ 032-627-63-63. • schloss-waldegg.ch • À env 3 km au sud-est de Soleure (fléché) ; de la gare, bus no 4 (arrêt « St Niklaus ») ou train régional Soleure-Niederbipp (station « Feldbrunnen ») ; dans les 2 cas, compter 10 mn à pied. Avr-oct, tlj sf lun et ven 14h (10h dim)-17h ; de nov à mi-déc, slt dim 10h-17h. Fermé de mi-déc à mars. Entrée : 6 Fs ; réduc ; gratuit moins de 6 ans.*
La plus belle demeure de la région, d'inspiration française et italienne, dont la construction a débuté en 1682. Ce fut la résidence d'été d'une riche famille de négociants qui fit fortune avec le commerce du sel. Magnifique portail de fer forgé protégeant l'accès au jardin. La visite intérieure est assez intéressante, avec de belles pièces du XVIIe au XIXe s. Très belle salle du jardin sur toute la longueur du bâtiment, décorée par des allégories des muses. Remarquable plafond en trompe l'œil du salon de réception. Au 2e étage, vidéo (en français) sur l'époque où l'ambassade de France était basée à Soleure. Étonnante petite chapelle du XVIIIe s dans la cour intérieure, avec un ex-voto (sur le mur de gauche en entrant) pour remercier la Sainte Vierge d'avoir sauvé la maîtresse des lieux d'une noyade (1720). Les jardins sont de style baroque, avec obélisques et colonnes, et des parterres à la française. Près de la maison du jardinier, baignoire dans laquelle se serait baigné Casanova.
Le château accueille des colloques visant à renforcer la compréhension entre les différentes régions linguistiques du pays : autant dire que ses responsables ne chôment pas ! Également des concerts.

***Einsiedelei Sankt Verena*** *(ermitage de Sainte-Vérène)* **:** *à env 3,5 km de Soleure, direction Rüttenen, puis à droite avt d'entrer dans le village (fléché). De la gare, bus no 4 (arrêt « St Niklaus »), puis prendre le petit sentier qui débute derrière le parking situé devant l'église ; compter 30 mn env.* Petite promenade rafraîchissante en longeant les gorges de la Verenaschlucht. Deux chapelles : celle de Sainte-Vérène est creusée dans la roche et largement ouverte sur la jolie nature environnante ; la chapelle Saint-Martin, de 1663, est malheureusement fermée, mais on devine (à travers le grillage de la porte) un surprenant plafond peint et surtout un très bel autel avec plusieurs statues d'albâtre. Et, au cas où, la commune cherche un volontaire pour « ermiter » dans la minuscule maison nichée sous les falaises !

**Altreu :** *à 6 km de Soleure, par la N 5 en direction de Bienne. Juin-sept, bateau au départ de Soleure (rens à l'office de tourisme). Petit centre d'info sur les volatiles : ☎ 062-965-29-26.* En 1948, alors que plus aucune cigogne ne nichait en Suisse, un habitant de la région, Max Bloesch, en importa d'Alsace et d'Algérie, et s'en occupa sans relâche, mais dans des parcs. Dix ans plus tard, un couple décida de nicher ici en toute liberté. Aujourd'hui, le village compte plus de 100 volatiles nichant sur les toits, dont l'envergure des ailes frôle les 2 m, et qui font le bonheur des autochtones... et des touristes. En automne, elles migrent vers les pays chauds, puis elles reviennent à Altreu au printemps. Pas folles, les cigognes !

# LE CANTON D'ARGOVIE

**Étrange destinée que celle de l'Argovie (le nom signifie « contrée de l'Aar »). Ce canton ne possède aucune ville vraiment importante. Il est, en revanche, planqué entre les quatre grandes agglomérations de Zurich, Bâle, Berne et Lucerne, mais n'a jamais réussi à se faire une place en tant que tel. Dommage, car il y a quand même quelques perles à découvrir, même si elles sont proportionnellement moins nombreuses que dans d'autres contrées.**



## BADEN (5400) 18 520 hab.

**Baden (« les bains » en allemand) n'a pas usurpé son nom. Les Romains avaient repéré ses sources d'eau thermale. À la fin du Moyen Âge, la cité était même considérée comme la plus importante ville d'eau du nord des Alpes. On y venait parfois parce qu'on était malade, mais surtout pour profiter, quelques jours durant, de la vie assez croustillante de la station ! Les autorités ecclésiastiques furent obligées d'intervenir auprès de leurs prélats afin qu'ils cessent immédiatement de passer leurs journées à se baigner, à boire, à manger, et surtout à s'occuper de jeunes baigneuses guère plus malades qu'eux. Sans succès... Aujourd'hui, Baden est une station thermale tout à fait respectable ! Son agréable vieille ville médiévale et la très belle collection de son *Museum Langmatt* méritent largement le détour.**

### Arriver – Quitter

#### En train

➢ Nombreux trains directs/j. avec ***Zurich*** (15 mn), ***Aarau*** (30 mn) et ***Bâle*** (1h).

***Hauptbahnhof*** *(gare centrale) : Bahnhofplatz. • cff.ch • Loc de vélos.*

#### En voiture

– Le ***parking*** situé devant l'auberge de jeunesse (voir plus loin « Où dormir ? ») est l'un des plus pratiques et des moins chers.

### Adresses utiles

***Office de tourisme :*** *Bahnhofplatz 1. ☎ 056-200-87-87. • baden.ch • Tlj sf dim 9h (12h lun)-18h30 (16h sam).* Plan de la ville, visites guidées payantes en anglais et en allemand, agenda culturel, infos loisirs, résa d'hébergements... Un bon plan week-end : les formules *kulturpicknick* (● *weekend.baden.ch* ●), packages avec réduc dans les hôtels, entrées gratuites pour les événements culturels du moment, etc. Accueil dynamique et sympa.

✉ ***Poste :*** *Bahnhofstrasse 31. Tt près de la gare. Tlj sf dim.*

## Où dormir ?

### Auberge de jeunesse

🏠 🍽 ***Jungendherberge Baden :*** *Kanalstrasse 7.* ☎ *056-221-67-36.* ● *youthhostel.ch/baden* ● *À 15 mn à pied de la gare ; accès bus nos 1, 3 ou 4, arrêt « Kantonsschule », puis 5 mn à pied. Ouv début mars-début déc. Réception 7h-10h, 17h-22h. Lit en dortoir (4-9 pers) 35-44,50 Fs ; double 95 Fs, petit déj inclus ; ajouter 7 Fs pour les non-membres. Repas du soir 17,50 Fs.* 💻 📶 Au bord de la rivière Limmat et à deux pas du fameux *Holzbrücke* (pont de bois), une AJ installée dans une ancienne écurie des années 1930, rénovée dans un style moderne épuré et fonctionnel. À dispo, plus de 80 lits dispatchés dans des chambres doubles et dortoirs avec lavabo ; sanitaires complets à l'étage. Accueil sympa.

### De prix moyens à chic

🏠 ***Atrium Hotel Blume :*** *Kurplatz 4.* ☎ *056-200-02-00.* ● *blume-baden.ch* ● *Doubles env 140-200 Fs selon saison, petit déj inclus.* 📶 Dans un secteur tranquille un peu excentré, ce bâtiment ancien aux parties communes pittoresques – escalier en bois, patio à colonnes de fonte, vieux meubles, etc. – renferme une bonne trentaine de chambres modernes et confortables. Resto, spa et thermes sur place. Accueil sympa.

🏠 ***Trafo Hotel :*** *Bruggerstrasse 56.* ☎ *056-203-80-80.* ● *trafohotel.ch* ● *Doubles à partir de 160 Fs ; petits déj 7-12 Fs. Promo le w-e.* 📶 À deux pas de la vieille ville, cette grande halle industrielle qui abritait naguère une usine de fabrication de transformateurs électriques compte désormais près de 80 belles chambres tout confort et design.

## Où dormir ? Où manger dans les environs ?

### Auberge de jeunesse

🏠 🍽 ***Jungendherberge Brugg :*** *Im Hof 11, à* ***Brugg.*** ☎ *056-441-10-20.* ● *youthhostel.ch/brugg* ● *À 8 km à l'ouest de Baden. De mi-mars à mi-oct. Lit en dortoir (4-13 pers) 32-35 Fs ; double 84 Fs, petit déj compris ; ajouter 7 Fs pour les non-membres. Repas du soir 17,50 Fs.* L'une des plus belles AJ de Suisse, installée dans le petit château d'Altenburg (XVIe s), au bord de l'Aar, dans un environnement verdoyant. Une cinquantaine de lits répartis dans les chambres doubles et dortoirs sommaires. Sanitaires à l'étage. Salle commune rustique avec poêle à bois massif en céramique. BBQ, ping-pong, et pour se baigner, la rivière n'est pas loin !

### De prix moyens à chic

🏠 🍽 ***Gasthof zum Hirschen :*** *Brühlstrasse 15, à* ***Kirchdorf bei Baden.*** ☎ *056-282-02-50.* ● *hirschen-kirchdorf.ch* ● *À 5 km au nord-ouest de Baden. Double env 150 Fs, petit déj inclus. Menus déj 18-21 Fs, plats 28-50 Fs.* 📶 À proximité d'une zone industrielle pas folichonne, l'auberge se trouve dans un joli petit bourg ancien, juste devant l'église. Dans plusieurs bâtiments, une quinzaine de chambres pratiques, spacieuses et nickel. Pas vraiment le charme du grand soir ! Sur place, également une bonne table de pays, connue pour ses viandes mitonnées avec soin selon des recettes traditionnelles.

🏠 🍴 ***Gasthof zum Bären :*** *Kirchstrasse 7, à* ***Birmenstorf.*** *☎ 056-201-44-00.* ● *zumbaeren.ch* ● *À 3 km au sud-ouest de Baden. Doubles 210 Fs, petit déj inclus. Menus déj 12-15 Fs, plats 19-39 Fs.* Grosse maison de village abritant une douzaine de chambres confortables, à la déco exubérante. Sur place, resto-salon de thé dans le jardin ou une salle aménagée façon maison de poupée. Bonne cuisine méditerranéenne qui transporte ses habitués. Excellent accueil.

## Où manger ? Où boire un verre ?

### Bon marché

🍴 ***Manora :*** *Schlossbergplatz 7. ☎ 058-203-36-99. Au dernier étage du grand magasin* Manor. *Tlj sf dim 8h30-20h (8h-18h sam). Plat env 16 Fs.* Appétissant self-service offrant un large choix de plats, de salades et de desserts à prix doux. Grande salle contemporaine, et agréable terrasse avec vue aux beaux jours. Un rendez-vous d'habitués à midi, attirés plus par le bon rapport qualité-prix que par le charme du lieu.

🍴 ☕ ***Café Frau Meise :*** *Unter Halde 15. ☎ 056-535-59-01. Dans la rue qui descend vers le* Holzbrücke *(pont de Bois). Tlj sf mar 9h30-16h. Plats 10-18 Fs.* Au rez-de-chaussée de cette maison pittoresque du XVIe s, un minuscule café, mignon et cosy. Dans l'assiette, de bons petits plats simples, du genre soupes, salades, sandwichs, et puis de délicieux gâteaux maison. Loue également 2 chambres charmantes. Accueil adorable.

### De prix moyens à chic

🍴 🍸 ***Rebstock :*** *Untere Halde 21. ☎ 056-221-12-77. Dans le virage en épingle à cheveux qui mène de la vieille ville au pont de Bois. Tlj sf dim-lun en hiver, 17h-minuit. Plats 22-36 Fs.* Bel intérieur mariant vieilles poutres et éléments industriels, flanqué d'une mignonne petite terrasse pavée sur la placette avec fontaine. Cuisine plutôt simple et réussie, d'inspiration asiatique.

🍴 🍸 ***Spedition :*** *Bruggerstrasse 37. ☎ 056-282-60-00. Tlj sf sam midi et dim-lun. Menus du jour à midi 24,50-42 Fs, plats 29-52 Fs.* Donnant sur la cour d'une ancienne usine du XIXe s qui fabriquait des baignoires en fonte, ce resto branché est installé dans un petit bâtiment de brique peinte en noir mat. Intérieur d'une élégante sobriété pour une bonne cuisine oscillant entre la Suisse et l'Asie, servie avec classe mais sans frime sur de grandes tablées. Bien aussi pour boire un verre à la belle saison dans la cour de l'usine.

🍴 ***Stadtbistro Isebähnli :*** *Bahnhofstrasse 10. ☎ 056-222-57-58. Tlj sf sam soir-lun. Menus déj 20-34,50 Fs, plats 22,50-55 Fs.* Intérieur de bistrot, avec boiseries rouges et chaises en bois, le tout flanqué d'une terrasse ombragée, style guinguette, avec lampions et tables en métal. Cuisine de tradition bien amenée, mais un peu chérot le soir. Concerts de jazz de temps à autre.

## Où écouter de la musique ? Où sortir ?

🍸 ♪ ***Triebguet Frischluftbar :*** *Kanalstrasse. Mai-sept, tlj 17h (10h sam-dim)-23h (minuit ven-sam).* Coincée au bord de la Limmat, entre le pont moderne et le *Holzbrücke,* cette belle plate-forme en bois accueille à la belle saison une foule de gens qui sirotent au fil de l'eau. Petit déj le week-end et concerts certains soirs. On aime !

## À voir

🚶 ***La vieille ville :*** elle est plus agréable que spectaculaire. Très belle vue d'ensemble depuis le Haut Pont *(Hochbrücke).* Impossible, principalement à cause

LA SUISSE DU NORD-OUEST

de ses tuiles émaillées, de manquer la porte d'entrée du XVe s, qui a subsisté après le démantèlement des murs de fortification. Mêmes tuiles multicolores sur l'*église de l'Assomption (Stadtkirche),* de style gothique tardif. Là, contre le mur nord, un très bel ensemble du XVIIe s représentant le Christ au mont des Oliviers. Tellement beau qu'il est aujourd'hui protégé par des volets bleus que le sacristain oublie parfois d'ouvrir !

**Holzbrücke** *(pont de Bois)* **:** cet étonnant vieux pont couvert en bois qui enjambe la Limmat mène au *Landvogteischloss* (château des baillis), forteresse à sept étages qui commandait, vers les XIIe-XIVe s, le seul passage sur la rivière entre Zurich et Baden. Le château abrite aujourd'hui le *Historiches Museum Baden (● museum.baden.ch ●),* montrant notamment plusieurs reconstitutions d'ateliers et d'intérieurs d'habitations des XVIIe-XXe s.

***Schweizer Kindermuseum*** *(musée de l'Enfant)* **:** *Ländliweg 7. ☎ 056-222-14-44. ● kindermuseum.ch ● Tlj sf lun 14h (10h dim)-17h. Entrée : 12 Fs ; enfant 4 Fs.* Petit musée assez passionnant (en tout cas pour ceux qui se débrouillent dans la langue de Goethe !). Tout sur le développement des jeux et des jouets au cours de ces 2 derniers siècles, mais aussi sur le développement de l'enfant durant les 12 premières années de sa vie. Expos temporaires.

***Museum Langmatt*** **:** *Römerstrasse 30. ☎ 056-200-86-70. ● langmatt.ch ● Mars-nov, tlj sf lun 14h (11h le w-e)-17h. Entrée : 12 Fs ; réduc. Café-terrasse sur place.* Un musée qui justifie à lui seul un détour par Baden ! C'est la collection privée de l'industriel anglais Sidney-William Brown (son entreprise produisait des équipements électriques lourds), exposée dans son élégante demeure du début XXe s, accolée à un agréable petit parc à la française. Près de 150 œuvres, essentiellement impressionnistes : toiles de Renoir, Cézanne, Degas, Monet, Van Gogh, Gauguin..., accrochées dans leur cadre d'origine, au milieu d'un mobilier XVIIIe s. Également d'intéressantes expos temporaires et des concerts classiques.

## Les bains

Les thermes publics – exploitant une eau très minéralisée coulant de 18 sources à 47 °C – ont fermé en 2012. Le projet architectural, qui prévoit une reconstruction totale, a été confié à Mario Botta (oui, toujours lui !). Et la date de leur réouverture, au bord du fleuve et légèrement en contrebas de la ville, est annoncée pour 2018. Le projet suscite une importante polémique, des sites archéologiques étant en danger.
Si les bains vous tentent, rendez-vous à l'hôtel ***Limmathof*** *(Limmatpromenade 28 ; ☎ 056-200-17-17 ; ● limmathof.ch ●),* ou à l'***Atrium Hotel Blume*** (voir « Où dormir ? »), tous deux ouverts aux non-résidents, sur résa.

# LE CANTON DE BERNE

**Le canton de Berne ressemble un peu à l'ours qui le symbolise. Il accueille la capitale du pays et fait le lien – du moins géographique – entre les parties francophone et alémanique. Il est le seul territoire alémanique à avoir des frontières avec tous les cantons romands (sauf Genève), mais aussi avec 7 cantons de langue allemande, soit 12 cantons au total : difficile d'être plus central !**

**La région n'a connu, au cours du XX^e s, qu'une lente industrialisation, retenue par son attachement à l'agriculture et aux valeurs traditionnelles. Il y eut pourtant un temps où c'était Berne qui allait de l'avant. À partir du XII^e s, elle ne cessa de s'étendre, vers l'ouest surtout, notamment au pays de Vaud, mais aussi à l'est, en Argovie, répandant partout la Réforme et... l'école obligatoire !**

**Et elle le fit assez habilement, se gardant bien d'opprimer ses campagnes (de très belles fermes sont encore là pour le prouver), laissant à ses sujets leur droit coutumier et l'usage de leur langue. Mais en 1798, les armées françaises de la Révolution lui infligèrent une première défaite et divisèrent son territoire en quatre cantons. Berne dut se retirer presque entièrement des territoires francophones. Presque ? La Restauration ne lui rendra rien mais lui cédera en compensation le Jura apatride, semant du même coup la graine d'un conflit qui a laissé encore récemment des traces durables (voir le chapitre « Le canton du Jura »).**

**Du Jura bernois aux Alpes, des régions maraîchères du Seeland à l'Emmental, le canton est très contrasté. Au nord, la partie francophone se compose de plusieurs vallées boisées reliées par des passages étroits, puis Bienne et son lac assurent la transition avec la région de langue allemande. Au centre, la ville de Berne se montre aussi helvétique que bernoise : on y prendra un bain culturel avant de s'aventurer dans la zone des montagnes. À l'est, la vallée de l'Emmental, pour les amoureux de traditions paysannes et de nature sauvage. Au sud enfin, l'Oberland bernois et ses glaciers, lacs, cascades et hôtels de charme.**

## BIENNE (BIEL)

(2500) 54 150 hab.

**Bienne est une ville officiellement bilingue. Une grosse moitié de sa population parle l'allemand, une petite moitié le français. Les noms de rues**

**sont indiqués dans les deux langues. Toutes les communes environnantes ont un nom allemand et français. Et tous les Biennois parlent, non pas indifféremment, comme on aimera à vous le dire, mais plus ou moins bien les deux langues. Cela dit, soyons clairs, Bienne n'a pas de charme particulier, sinon sa vieille ville, grande comme un mouchoir de poche mais bien conservée.**

### REMETTONS LES PENDULES À L'HEURE !

*Bienne est la ville de la fameuse Swatch, la montre en plastique (déclinée depuis dans bien d'autres matières) qui a réussi le coup de maître de faire d'un produit bon marché un objet classe !* Swatch Group *est devenu, du coup, la plus grosse société d'horlogerie du monde, produisant une grande variété de montres. En valeur, l'entreprise représente 25 % des ventes mondiales ! Nicolas Hayek (1928-2010) a beaucoup œuvré pour sauvegarder le savoir-faire horloger et sauver l'horlogerie de basse et... haute gammes en Suisse (Bréguet, par exemple).*

## Arriver – Quitter

➢ ***En voiture :*** autoroute depuis Berne, route nationale longeant la rive nord du lac depuis Neuchâtel et route cantonale depuis Delémont.

➢ ***En train :*** de Neuchâtel, de La Chaux-de-Fonds (via Saint-Imier) ou de Berne.

***Gare ferroviaire :*** *à env 10 mn à pied de la vieille ville. ☎ 0900-300-300 (1,19 Fs/mn).*

## Adresses utiles

***Office de tourisme :*** *pl. de la Gare 12, dans un petit kiosque. ☎ 032-329-84-84. • biel-seeland.ch • Lun-ven 8h-12h30, 13h30-18h ; mai-oct, également sam 9h-15h.*

✉ ***Poste :*** *à côté de la gare, à gauche en sortant.*

■ ***Location de vélos :*** *à la gare ferroviaire. ☎ 051-226-23-14. Également* ***Bike Station,*** *Zihlstrasse 74,* ***Nidau.*** *☎ 032-333-25-25. • bikestation.ch •*

## Où dormir à Bienne et dans les environs ?

### De bon marché à prix moyens

***Lago Lodge :*** *Uferweg 5, 2560* ***Nidau.*** *☎ 032-331-37-32. • lagolodge.ch • À Nidau, à moins de 10 mn à pied de la gare et à côté de la plage de Bienne. Tte l'année. Accueil 7h-11h30, 16h-22h. Resto tlj 11h45-23h30. Compter 32 Fs/pers en dortoir 4-6 lits, double avec w-c et douche 88 Fs. Petit déj 10 Fs.* Cette AJ indépendante se double d'une microbrasserie ultra-populaire auprès de la jeunesse locale. Par beau temps, tout le monde s'y retrouve, bock en main, allongé sur le gazon. Les lits, une centaine, sont regroupés dans un petit bâtiment sans charme à l'air de motel ; dortoirs classiques, impeccables, avec duvet et draps fournis. Cuisine disponible, laverie.

***Gästezimmer Planke :*** *Plankestrasse 35. ☎ 032-323-77-66. 076-328-93-06. • chiropraktor@sunrise.ch • Doubles 100 Fs.* Située en plein centre, juste derrière le grand magasin *Manor,* cette chambre d'hôtes est néanmoins calme et accueillante. On y trouve un appartement au rez-de-chaussée et 2 chambres partageant une salle de bains ornée de plantes au 3e étage. Les 2 ne sont louées

LE CANTON DE BERNE

en même temps qu'aux familles ou groupes d'amis. Nous préférons largement celle avec son coin cuisine et son armoire bleue ; l'autre, avec 2 petits lits séparés, est tristounette.

## Chic

**Villa Lindenegg :** *Lindenegg 5.* ☎ *032-322-94-66.* • *lindenegg.ch* • *À deux pas de la vieille ville. Resto fermé dim soir et lun. Congés : de Noël à mi-janv. Doubles 150-280 Fs selon confort, petit déj inclus. Plats 32-48 Fs ; à la carte, repas 40-60 Fs.* Superbe maison de maître du XIXe s, transformée avec beaucoup de goût en un accueillant petit hôtel, dans un très beau jardin où la nature a encore son mot à dire ! 8 chambres seulement, la plus agréable avec grande terrasse. Au resto, cuisine du marché ou végétarienne. Salon de thé en journée. Très bon accueil.

# Où manger ?

## De bon marché à prix moyens

**Chez Rüfi :** *J.-Sesslerstrasse 2.* ☎ *032-322-35-94. Tlj sf dim 6h30-18h45 (17h45 sam). Dans une ruelle piétonne, à deux pas de la place centrale. Menu du jour 19 Fs le midi.* Besoin de recharger les batteries ? *Chez Rüfi,* y a tout ce qu'il faut ! Un petit noir le matin avec une viennoiserie. Un menu simple à avaler le midi, en terrasse ou dans la grande salle intérieure pimpante. Un chocolat chaud. Une pâtisserie, 2 pâtisseries, 3 pâtisseries... Les gourmands y viennent depuis 1895, c'est dire !

**Egge 6 :** *Jakob-Rosius-Strasse 6.* ☎ *032-322-66-38. Tlj sf dim-lun 11h-23h30. Menus du jour 16-18 Fs le midi, plats 17-35 Fs.* Au pied de la vieille ville, ce restaurant propose une cuisine simple mais bien tournée, à bon prix. Pas de grandes aventures culinaires ici, mais des salades complètes, des pâtes, des rösti avec leur dose de verdure, sans oublier steaks ou entrecôtes. Les produits sont frais et de bonne qualité – bref, on en redemande. Petite salle face au bar et, gros plus, une terrasse sur la rue.

## De prix moyens à chic

**Café Restaurant de l'Écluse :** *Schüsspromenade 14d.* ☎ *032-322-18-40. Mar-sam 10h-23h30. Menus du jour env 19-29 Fs, le soir plats 30-42 Fs.* Installé à l'entrée du parc Elfenau, dans une villa Grand Siècle, le resto est entouré de verdure et bercé par le chant de la Suze qui s'écoule à l'arrière. La terrasse est prise d'assaut aux beaux jours (sympa aussi pour prendre un verre) ! Côté cuisine, une carte de saison assez courte où se côtoient classiques, touches françaises et méditerranéennes.

# Où boire un verre ?

**Literatur Café :** *Obergasse 11.* ☎ *032-332-59-10. Mer-ven 12h-22h, sam 9h-17h. Congés : 3 sem en juil.* On descend dans la cave voûtée, devenue librairie, ou on se pose sur l'une des tables semées sur les pavés, à l'ombre du grand marronnier, bouquin en main. Un pur moment de détente. Les livres sont à vendre... ou à lire, tout simplement ! Lectures et spectacles en fin de semaine (peinture, jazz, électro, il y a de tout).

**Le Singe :** *Untergasse 21 (rue Basse).* ☎ *032-322-48-22.* • *lesinge.ch* • Pour commencer la soirée, il y a la terrasse accueillante du *St-Gervais,* sur une petite place de la vieille ville ornée d'une fontaine gouleyante, où les trentenaires se retrouvent en nombre le week-end. À l'étage, *Le Singe* *(entrée payante)* propose des concerts réguliers dans des genres très variés et des attractions diverses en fin de semaine.

## À voir

**La vieille ville :** fondée au début du XIIIe s par l'évêque de Bâle pour servir de point d'appui dans la lutte menée contre le château fort voisin de Nidau, qui appartenait aux comtes de Neuchâtel. Ensuite, 6 siècles de semi-indépendance, puis annexion par la France et rattachement à Berne en 1815... Difficile de se perdre, la vieille ville se compose essentiellement de deux rues : l'*Untergasse* (rue Basse) et l'*Obergasse* (rue Haute). Dans cette dernière, les maisons bourgeoises de style gothique tardif (côté sud) possèdent des arcades de type bernois et une entrée de plain-pied, alors que celles du côté nord sont dotées d'un escalier menant à une entrée rehaussée. La rue conduit au ***Ring,*** belle place entourée de maisons richement conservées. À côté, le *temple allemand,* de style gothique tardif. À côté encore, la *maison corporative des forestiers* (1560), une construction à pignon à redents (ces sortes d'escaliers au niveau du toit), avec un bel encorbellement d'angle surmonté d'un bulbe.

**Le nouveau musée de Bienne :** *Schüsspromenade 24-28 et Seevorstadt 50-56. ☎ 032-328-70-30 ou 31. • nmbienne.ch • Mar-dim 11h-17h. Appartement historique mar-dim 14h (11h w-e)-17h. Entrée : 8 Fs (bâtiment Neuhaus), 10 Fs avec le bâtiment Schwab ; réduc ; gratuit moins de 16 ans.* Occupant deux édifices voisins, le musée de Bienne se consacre à la fois à l'histoire et à l'art de la région. Au programme : archéologie, industrie et horlogerie, histoire des techniques du cinéma et vie bourgeoise au XIXe s à travers les intérieurs restaurés d'un appartement de la haute société locale. De grandes expositions thématiques sont aussi organisées.

**Museum Omega :** *Stämpflistrasse 96. ☎ 032-343-90-31. • omegamuseum.com • Mar-ven 10h-18h, sam 11h-17h. GRATUIT.* Il s'agit du musée privé de la marque de montres Omega (groupe Swatch), qui a son siège à Bienne. De l'établi d'horloger de 1848 aux plus belles réalisations contemporaines, vous découvrirez toute l'évolution de la marque et des techniques horlogères. Au fait, saviez-vous que, en 1969, l'homme a marché sur la Lune avec une Omega Speedmaster au poignet ?

## DANS LES ENVIRONS DE BIENNE (BIEL)

➢ **Le chemin des Vignes :** longer le littoral nord du lac (infos à l'office de tourisme) en suivant ses plages jusqu'au Landeron, voire jusqu'à l'île Saint-Pierre. Avantage : vous pouvez continuer ou rentrer en bateau. Mais vous pouvez aussi prendre de la hauteur en empruntant le chemin des Vignes, qui passe au-dessus des villages, jusqu'à Douanne *(Twann)* ; vous poursuivez ensuite jusqu'à La Neuveville : superbe vue tout au long du parcours. Enfin, montez (ou prenez le funiculaire) jusqu'à Macolin *(Magglingen)* et redescendez par le chemin du Jura jusqu'à Twannberg, d'où vous pouvez poursuivre jusqu'à Prêles ou plonger sur Douanne.

➢ **Le sentier maraîcher :** *de mi-mai à mi-oct, vous pouvez visiter les cultures maraîchères du Seeland au gré de 3 itinéraires, au départ de Kerzers vers Müntschemier et Ins (13 km), ou via Sugiez (16 km), et d'Ins à Aarberg (18 km). Loc de vélos auprès de Rentabike (• rentabike.ch •) en gare d'Ins (☎ 058-327-24-30) et Kerzers (☎ 058-327-60-30).* Le Grand Marais *(Seeland)* est surnommé le « potager » de la Suisse. Les parcours, empruntant autant que possible les petits chemins de campagne, sont balisés, et les lieux à visiter (certains payants) sont signalés. L'occasion de découvrir une quarantaine de productions différentes et... de faire ses courses ! Cartes et informations à l'office de tourisme. Au-delà, si vous ne remontez pas du côté jurassien, les chemins sont presque plats dans la région – raison pour laquelle les balades à vélo y rencontrent un grand succès. Vous pourrez transporter gratuitement votre petite reine dans un train ou sur un bateau. Brochure spécialisée avec cartes à l'office de tourisme.

**Le musée de la Vigne Le Fornel** (Rebbaumuseum am Bielersee Hof) : ☎ *032-315-21-32.* • *rebbaumuseum.ch* • *Ouv mai-oct w-e 13h30-17h. Entrée : 6 Fs.* Le musée occupe une fort belle bâtisse de 1555, ancienne résidence des barons de Gléresse, dotée d'une inattendue poivrière d'angle en pierre jaune de Hauterive et de fenêtres ouvragées. Devant, un pressoir, quelques pieds de vigne et... le train qui fait zoum zoum... À l'intérieur, collection de vieux outils, distillerie, atelier du tonnelier et une cave à vins avec un pressoir de 1710 et des fûts en chêne. Et l'apéro, alors ?!

**Sankt Peter Insel** (île Saint-Pierre) : *à l'extrémité sud-ouest du lac de Bienne. Accès en bateau, de Bienne ou de La Neuveville. Par la route : dépasser Landeron, puis direction Erlach ; fléché ensuite.* L'endroit est célèbre grâce à Jean-Jacques Rousseau, qui y a résidé en 1765. L'île Saint-Pierre et sa petite sœur, l'île des Lapins, sont des réserves naturelles pour de nombreux oiseaux et mammifères. C'est aussi un haut lieu de promenade dominicale (bars et resto).

# BERNE (BERN) (3000) 131 500 hab.

• Plan *p. 272-273*

**Au centre du pays, blottie dans une boucle de l'Aar, Berne a des allures de provinciale endimanchée dans un habit de capitale. La « ville fédérale », comme l'appellent communément les Suisses, est l'une des plus petites capitales d'Europe. De n'importe quel point du centre-ville, on est toujours près des berges de la rivière, où l'on se croirait en pleine campagne. Il fait bon flâner au hasard de ses rues médiévales animées ou à l'ombre des arcades de *Marktgasse,* l'artère principale traversée par le tram, en longeant les vitrines soignées. Toutefois, derrière son air propret, Berne est une ville d'ouverture et de tolérance, où les autorités ont privilégié le dialogue avec la jeunesse et les artistes. L'art alternatif s'y épanouit à l'intérieur d'une multitude de petites caves et de lieux qui ont opéré une reconversion étonnante et réussie.**

## UN PEU D'HISTOIRE

Inscrite au Patrimoine mondial de l'humanité de l'Unesco, c'est l'une des rares villes médiévales d'Europe à avoir traversé le temps sans prendre une ride. Elle fut fondée par les ducs de Zähringen à la fin du XIIe s.

Si la Suisse est en partie francophone, elle le doit à la politique d'expansion de Berne. Ville protestante et alémanique, la cité a en effet de tout temps flirté avec la francophonie. Burgonde au XIIe s, elle a nourri, durant les siècles qui suivirent, la plupart de ses ambitions sur le dos de la maison de Savoie. Et jusqu'à la Révolution française, cela lui a plutôt bien réussi. Mais un demi-siècle plus

### L'HOMME QUI A VU L'OURS

*La légende veut qu'en 1191 Berchtold V, duc de Zähringen, décide de nommer la ville du nom du premier animal qu'il rencontrerait. Ce fut un ours, tué sur la presqu'île de l'Aar,* Bär *en allemand, qui donna* Bärn, *puis* Bern. *Il se trouve depuis sur les armoiries de la ville. On peut d'ailleurs toujours en voir dans le parc aux Ours près du Nydeggbrücke. Imaginez un instant que le duc soit tombé sur un crapaud !*

tard, Berne a beau devenir la capitale helvétique (1848), elle a perdu presque la moitié de ses possessions (entre autres, les cantons de Vaud et d'Argovie) et son autorité sur les campagnes de son propre canton !
Le dialecte bernois *(Bärndütsch)* est à l'image de ceux qui le parlent : nonchalant, profondément ancré dans un passé auquel il reste fidèle, mais prêt à accueillir les néologismes. Même si vous ne comprenez pas, écoutez les gens le parler : c'est une langue savoureuse aux accents rocailleux ou chantants, selon la région d'origine de son locuteur.

## Arriver – Quitter

➢ ***En voiture :*** autoroutes de Genève et Lausanne via Fribourg, Thoune, Zurich, et de Lucerne via Soleure, Bienne, Morat.
➢ ***En train :*** lignes directes de Lausanne-Fribourg, Thoune, Zurich, Bâle, Bienne et Neuchâtel.
***Gare ferroviaire*** *(plan A2)* ***:*** *en plein centre. ☎ 0900-300-300 (1,19 Fs/mn).* Consignes.
➢ ***En avion :*** liaisons internationales, entre autres à partir de Nice, Paris, Bruxelles. Service de navette aéroport-gare de Berne. Également bus n° 334 ttes les 30 mn de la gare de Belp jusqu'à l'aéroport. Le trajet dure env 10 mn. La ligne de bus circule entre 5h10 et 23h10 en correspondance directe avec le train de banlieue qui relie Berne et Belp ttes les 15 mn. Horaires sur *• bernmobil.ch •*
✈ ***Aéroport*** *(hors plan par A3)* ***:*** *à* ***Belp,*** *à 9 km au sud. ☎ 031-960-21-11. • flughafenbern.ch •*

## Comment circuler ?

- ***Bus et tramways :*** *☎ 031-321-82-22. Excellent réseau, 6h-minuit. Jeu-sam, bus nocturnes* (Moonliner) *à partir de la gare (• moonliner.ch •).* Si vous résidez au moins une nuit à Berne, votre hôtel vous remettra le *Bern Ticket* qui permet d'utiliser gratuitement durant votre séjour les transports publics bernois.
- ***Taxis :*** *☎ 031-371-11-11 ou 031-331-33-13, entre autres.*
- ***Voitures :*** à éviter. Une bonne partie du centre historique est interdite à la circulation. Toute la ville est soit en zone bleue, soit en zone limitée à 1h, avec un disque. Pour le stationnement en zone bleue, il existe une *Parkkarte* en vente à l'office de tourisme (9 Fs pour 4h ; 16 Fs pour 24h). Sinon, 2 autres possibilités : se garer dans l'un des parkings, jamais très éloignés du centre (mais assez chers : près de 30 Fs pour 24h). Sinon, les sorties d'autoroute Wankdorf et Neufeld disposent de *park + ride.* Compter 5 mn pour rejoindre le centre-ville en bus.
- ***Vélos :*** la ville est relativement plate. Les cyclistes y sont nombreux.

■ ***Bern Rollt :*** *📱 079-277-28-57. • bernrollt.ch • 5 lieux à Berne : derrière la gare (Milchgässli, plan A2,* ***4****), sur Hirschengraben (plan A2,* ***4****), sur Zeughausgasse (plan B2,* ***4****), sur Schanzenstrasse 4-5 (plan A2,* ***4****), et Fabrikstrasse 8. Mai-oct, tlj 9h-21h30.* Contre présentation d'une pièce d'identité et un dépôt de 20 Fs, vous pouvez emprunter gratuitement une bicyclette pour 4h. Loue aussi des vélos électriques.

■ ***Ski and Velo Center*** *(plan A2,* ***5****)* ***:*** *Hirschengraben 7. ☎ 031-312-00-31. Tte l'année lun-ven 9h-18h30 (16h sam). Loc de vélos env 30 Fs/j. (vélo traditionnel) et env 40 Fs/j. (vélo électrique).*

## Adresses utiles

### Infos touristiques

***Office de tourisme*** *(plan A2)* ***:*** *au rdc de la gare. ☎ 031-328-12-12. • bern.com • Tlj 9h-19h (18h dim).* Personnel efficace. Liste de chambres d'hôtes. Programme des visites guidées à thème : la vieille ville, tour de l'Horloge,

## ■ Adresses utiles

- **i** Offices de tourisme
- 4 Bern Rollt (location de vélos)
- 5 Ski and Velo Center

## Où dormir ?

- 10 Camping Eichholz
- 11 Camping Bern Eymatt
- 12 Auberge de jeunesse
- 13 Landhaus
- 14 Hôtel Glocke
- 15 Hotel Marthahaus
- 16 National
- 17 Sorell Hotel Arabelle
- 18 Hotel Restaurant Goldener Schlüssel
- 19 Hotel Alpenblick

## Où manger ?

- 40 Brasserie Lorraine
- 41 Aarbergerhof
- 42 Lötschberg
- 43 Le Mazot
- 44 Della Casa
- 46 Musig Bistrot
- 47 Kornhaus Keller
- 48 Harmonie
- 50 La Chouette
- 51 Tibits
- 52 Volver
- 53 Kung Fu Burger

## Où boire un verre ?

- 60 Altes Tramdepot
- 61 Einstein Kaffee
- 62 Schwellenmätteli
- 65 Lirum Larum
- 66 Parterre
- 67 Reitschule – Sous le Pont
- 68 Barbière
- 69 Lorenzini

## Où écouter de la musique ? Où danser ? Où voir un spectacle ?

- 70 Mahogany Hall
- 71 Dampfzentrale
- 72 Ono
- 73 Turnhalle
- 74 Bierhübeli
- 75 Kreissaal Bar

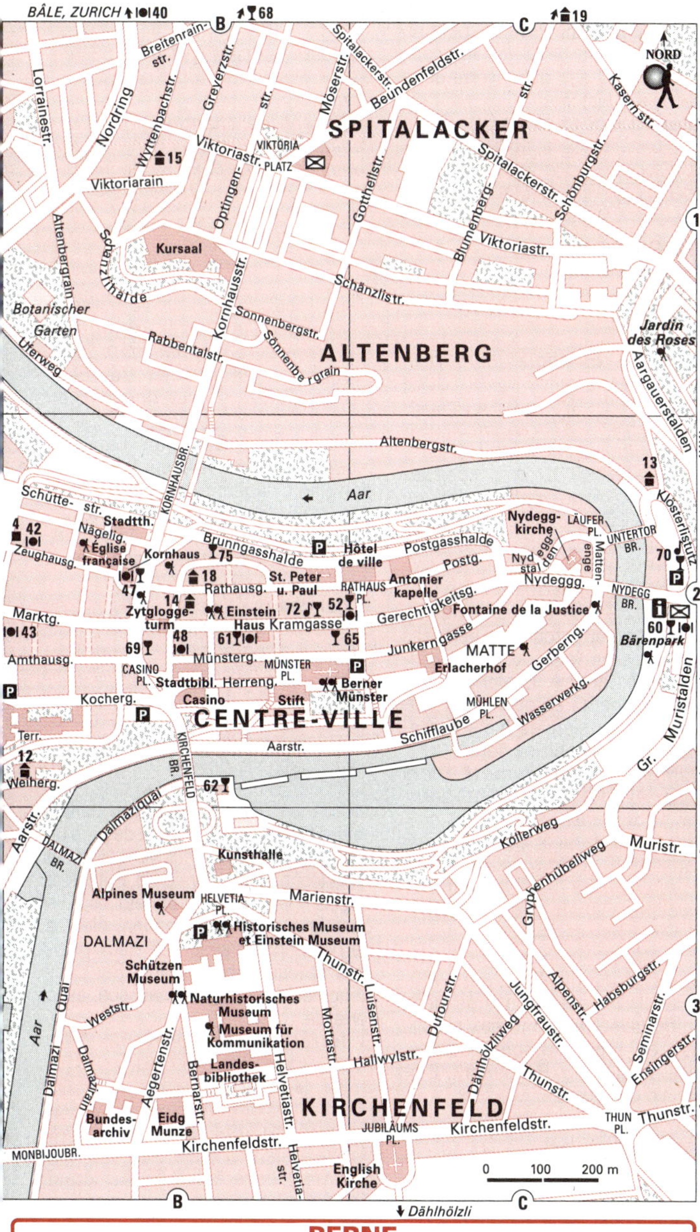
BÂLE, ZURICH 140
68
19
NORD
BÂLE, ZURICH
Centre Paul-Klee
THUN, INTERLAKEN, LUCERNE
Egelsee
Dählhölzli
SPITALACKER
ALTENBERG
CENTRE-VILLE
KIRCHENFELD
DALMAZI
MATTE
Breitenrain-str.
Lorrainestr.
Nordring
Wyttenbachstr.
Greyerzstr.
Möserstr.
Spitalackerstr.
Beundenfeldstr.
Kasernstr.
Schönburgstr.
Viktoriastr.
VIKTORIA PLATZ
Viktoriarain
Optingen-str.
Gotthellstr.
Blumenberg-str.
Altenbergrain
Schänzlihalde
Kursaal
Kornhausstr.
Schänzlistr.
Botanischer Garten
Uferweg
Rabbentalstr.
Sonnenbergstr.
Sonnenbergrain
Jardin des Roses
Aargauerstalden
Altenbergstr.
Aar
KORNHAUSBR.
Schütte-str.
Stadtth.
Nägelig.
Église française
Zeughausg.
Kornhaus
Brunngasshalde
Hôtel de ville
Postgasshalde
Postg.
Nydegg-kirche
LÄUFER PL.
UNTERTOR BR.
Mattenenge
Nydeggstalden
Nydeggg.
NYDEGG BR.
Klösterlistutz
St. Peter u. Paul
RATHAUS PL.
Antonier kapelle
Rathausg.
Gerechtigkeitsg.
Fontaine de la Justice
Zytglogge-turm
Einstein Haus
Kramgasse
Marktg.
Junkerngasse
Bärenpark
Amthausg.
Münsterg.
MÜNSTER PL.
Erlacherhof
Gerberng.
CASINO PL.
Stadtbibl.
Herreng.
Berner Münster
Kocherg.
Casino
Stift
MÜHLEN PL.
Wasserwerkg.
Muristalden
Terr.
Schifflaube
Aarstr.
Weiherg.
KIRCHENFELD BR.
Gr.
Dalmaziquai
DALMAZI BR.
Kunsthalle
Kollerweg
Muristr.
Gryphenhübeliweg
Alpines Museum
HELVETIA PL.
Marienstr.
Historisches Museum et Einstein Museum
Schützen Museum
Thunstr.
Luisenstr.
Mottastr.
Dufourstr.
Jungfraustr.
Alpenstr.
Habsburgstr.
Seminarstr.
Ensingerstr.
Weststr.
Naturhistorisches Museum
Museum für Kommunikation
Quai
Dalmazi
Dalmazirain
Aegertenstr.
Bernastr.
Landes-bibliothek
Helvetiastr.
Hallwylstr.
Dählhölzliweg
Bundes-archiv
Eidg Munze
JUBILÄUMS PL.
Kirchenfeldstr.
THUN PL.
MONBIJOUBR.
Helvetia-str.
English Kirche
0 100 200 m
B
C
1
2
3
4 42 43 12 13 14 15 18 47 48 52 60 61 62 65 69 70 72 75

BERNE

visites en bus ou en trottinette, tour en bateau pneumatique... Location d'audioguides sur iPod (en français) pour partir seul à la découverte de la ville et de son histoire.

**Autre office de tourisme** (plan C2) **:** *à côté du parc aux Ours. ☎ 031-328-12-12. Juin-sept, tlj 9h-18h ; mars-mai et oct, tlj 10h-16h ; nov-fév, ven-dim 11h-16h.*

## Services

✉ **Poste** (Poststelle ; plan C2) **:** *Bärenplatz 8. Lun-ven 9h-18h30 (21h jeu, 16h sam).*

**Bureau de change** (plan A2) **:** *à l'étage supérieur de la gare, dans le centre de voyages CFF. Tlj 7h-19h30.*

# Où dormir ?

## Campings

**Camping Eichholz** (hors plan par A3, **10**) **:** *Strandweg 49, 3084* **Wabern.** *☎ 031-961-26-02. • campingeichholz.ch • À 3,5 km au sud du centre. Par l'autoroute, en venant de Bâle, sortie Bern-Ostring ; en venant de Lausanne, sortie Bern-Bümpliz. De la gare, (T) 9, arrêt « Wabern ». De mi-avr à fin sept. Env 30-35 Fs pour 2 avec tente et voiture. Si vous avez apporté votre sac de couchage, quelques chambres 40 Fs pour 2.* Joliment situé au bord de l'Aar, et entouré de pelouses verdoyantes en face du jardin zoologique. Très arboré. Également une dizaine de chambres pour 2 à 4 personnes, toutes simples mais agréablement posées en pleine nature.

**Camping Bern Eymatt** (hors plan par A2, **11**) **:** *3032* **Hinterkappelen.** *☎ 031-901-10-07. • tcs.ch • À 5 km au nord-ouest de Berne, par Eymattstrasse. Au bord du Wohlensee (élargissement de l'Aar en petit lac). Car postal, Eymatt depuis la gare. Mars-oct. En saison, env 36 Fs pour 2 avec tente et voiture. Pod 2 pers 55-85 Fs et bungalows 4 pers 130-205 Fs.* Là encore, très beau camping (avec de nombreux mobile homes en location), bien équipé. Piscine, ping-pong. Restaurant. Barbecue à disposition.

## De bon marché à prix moyens

**Auberge de jeunesse** (plan B2, **12**) **:** *Weihergasse 4, 3005. ☎ 031-326-11-11. • youthhostel.ch/bern • Au-dessous du Palais fédéral (accès via le funiculaire), non loin de la piscine municipale. Tte l'année.* ***Attention, l'AJ ne rouvre que fin mars 2018, après 1 an de travaux de rénovation.*** *Tarifs non disponibles au moment où l'on boucle ce guide. Parking.* Dans un bâtiment moderne bien au vert, sur les berges de l'Aar. L'auberge de jeunesse propose 180 lits, avec w-c et douches à chaque étage. Vaste salle à manger, des tables dehors ; baby-foot et laverie.

**Landhaus** (plan C2, **13**) **:** *Altenbergstrasse 4-6, 3013. ☎ 031-348-03-05. • albertfrida.ch • Au bord de l'Aar, à deux pas de la vieille ville. De la gare, bus n° 12, arrêt « Bärengraben ». En dortoir, 33-38 Fs/pers ; petit déj 10 Fs. Doubles 120-180 Fs selon confort (douche privée ou commune), petit déj compris. Quelques plats 10-15 Fs.* Cette maison centenaire située au bord de l'eau dégage un charme bohème que cultivent Albert et Frida (enfin, dans la vraie vie, Patrick et Angela !), les jeunes propriétaires. Les chambres sont au diapason, pleines de personnalité avec leur vieux plancher et leur mobilier chiné. Bar cosy et agréable au rez-de-chaussée, avec terrasse.

**Hôtel Glocke** (plan B2, **14**) **:** *Rathausgasse 75, 3011. ☎ 031-311-37-71. • bernbackpackers.ch • Tte l'année. En dortoir, env 37 Fs/pers. Doubles 120-144 Fs selon confort. Pas de petit déj, mais cuisine à disposition. Laverie.* Au cœur de la vieille ville, un *backpackers* très sympa et impeccable, avec des dortoirs jusqu'à 6 personnes et des chambres pour 2 avec lit double ou lits superposés (dans ce dernier cas, moins cher et salle de bains sur le palier). Lavabo et casiers dans tous les cas. Le week-end, préférez une chambre aux derniers étages, plus éloignés du bar au rez-de-chaussée. Agréable salle à manger et accueil chaleureux.

## De prix moyens à chic

**Hôtel Marthahaus** *(plan B1, **15**) : Wyttenbachstrasse 22a, 3013. ☎ 031-332-41-35. • marthahaus.ch • De la gare, bus nº 20, arrêt « Gewerbeschule », ou T 9. Tte l'année. Doubles 130-175 Fs selon confort, petit déj compris ; également des familiales. Parking payant.* L'hôtel est pimpant avec ses volets verts, et l'intérieur blanc décoré de tableaux abstraits dégage une impression de grande sérénité. Belle salle à manger et des chambres très agréables au calme, avec balcon pour certaines. Douches sur le palier pour les moins chères. Cuisine à disposition et prêt de vélos. Accueil charmant. Décidément, un très bon plan, à quelques enjambées seulement du centre historique.

**Hotel Alpenblick** *(hors plan par C1, **19**) : Kasernensstrasse 29. ☎ 031-335-66-66. • alpenblick-bern.ch • Depuis la gare, T 9 ou bus nº 10. Doubles env 175-230 Fs, petit déj-buffet inclus ; également des familiales.* Au calme dans le joli quartier de Breitenrain, donnant sur un parc, l'hôtel est installé dans un ancien et coquet bâtiment en brique rouge, agrandi d'une aile moderne. Les chambres claires et dépouillées sont ornées de photos évoquant la Suisse d'autrefois, mais équipées de tout le confort d'aujourd'hui. Le petit déj-buffet se prend dans une jolie salle chaleureuse où le bois clair domine. Accueil agréable dans un lobby original. Du style et du charme on aime !

**Sorell Hotel Arabelle** *(hors plan par A2, **17**) : Mittelstrasse 6, 3012. ☎ 031-301-03-05. • arabelle.ch • De la gare, bus nº 12, arrêt « Mittelstrasse ». Dans la Länggasse. Doubles 175-290 Fs, petit déj inclus ; réduc le w-e ; également 1 familiale sous les toits.* Dans un ancien quartier ouvrier devenu quartier universitaire, à 10 mn de la gare. Dans 2 bâtiments séparés par un jardin, des chambres spacieuses et confortables, toutes équipées de douche ou bains, w-c et TV. La déco a osé le rouge, qui apporte une touche de couleur bienvenue dans cet hôtel plutôt sobre. Le petit déjeuner se prend dans une vaste et agréable salle à manger donnant sur la rue.

**National** *(plan A2, **16**) : Hirschengraben 24, 3011. ☎ 031-552-15-15. • nationalbern.ch • À deux pas de la gare et du centre-ville. Doubles 140-220 Fs selon confort, petit déj inclus.* Dans un immeuble ancien de 4 étages, qui en impose. L'ameublement et les coloris ne sont pas du dernier cri, mais l'ensemble possède un certain cachet avec son bel escalier et son ascenseur d'un autre temps. Il faut dire qu'on est sous le même toit que le théâtre. Évitez toutefois les chambres qui donnent sur un genre de puits de lumière, elles sont assez sombres. Petit déjeuner dans la brasserie du bas.

## Très chic

**Hotel Restaurant Goldener Schlüssel** *(plan B2, **18**) : Rathausgasse 72, 3011. ☎ 031-311-02-16. • goldener-schluessel.ch • Doubles 190-260 Fs, petit déj compris.* La plus ancienne auberge en ville, en plein centre historique, peut se targuer d'avoir su traverser les siècles avec élégance en s'adaptant au confort actuel. Façade ultra-photogénique avec ses volets rouges et son enseigne suspendue (une clé dorée, du nom de l'hôtel). Chambres modernes et impeccables, où une salle de bains cabine (douche) a été ajoutée avec goût et intelligence dans chacune. Celles du 4e étage, mansardées, sont un peu moins grandes mais bénéficient d'une belle vue. TV écran plat, sèche-cheveux. Ascenseur. Le resto avec son beau plafond voûté en bois ne manque pas de cachet non plus.

## Où manger ?

Pour ne pas se ruiner, le midi, le self-service du supermarché ***Migros*** *(Marktgasse 46 ; lun-mer jusqu'à 19h, jeu 21h, ven 20h et sam 17h)* propose des plats variés à un prix raisonnable. On peut aussi faire un tour sur Schauplatzgasse, à la ***Storchen Bäkerei Keller*** *(au n° 29 ; tlj sf dim jusqu'à 19h)* : sandwichs, belles parts de tarte ou, la porte à côté, au ***Fruchtsaft Bar*** *(au n° 31 ; lun-ven 6h-18h, sam 6h-16h)* : soupes, salades à composer soi-même, jus de fruits frais. Sinon, les restos servent souvent des demi-portions (rarement à moitié prix).

### De bon marché à prix moyens

lol ***Brasserie Lorraine*** *(hors plan par B1, **40**) : Quartiergasse 17. ☎ 031-332-39-29. Bus n° 20, arrêt « Lorraine ». Tlj sf lun (mais en été ouv lun soir). Menus à midi 17-18 Fs, plats 18-29 Fs au déj, env 30-40 Fs le soir. CB refusées.* Dans un quartier populaire et peu touristique, une coopérative qui propose des repas simples mais bons et bien présentés, élaborés en grande partie avec des produits issus de l'agriculture biologique. Ambiance conviviale, jeux à emprunter au comptoir, grande terrasse. Brunch le dimanche. Concerts toutes les semaines.

lol ***La Chouette*** *(plan A1-2, **50**) : Bollwerk 39. ☎ 031-311-03-35. Mar-ven 11h30-22h (plus tard jeu-ven), sam 16h-1h. Fermé dim-lun (mais ouv lun soir d'oct à avr). Crêpes salées 11-15 Fs.* Une crêperie au nord de la vieille ville, avec quelques tables dehors et dedans mais un grand bar où l'on prépare devant vous les copieuses crêpes à base de produits bien frais. Clientèle jeune et service souriant en marinière. On s'y croirait presque ! Une adresse vraiment très « chouette ».

lol ***Tibits*** *(plan A2, **51**) : Bahnhofplatz 10. ☎ 031-312-91-11. Soupes à partir de 7,50 Fs, sandwichs à partir de 8 Fs.* L'incontournable chaîne de self bio suisse a bien entendu pignon sur rue à Berne : soupes et salades bio et veggie à composer soi-même, sur place ou à emporter, dans des décors cool et confortables. On peut aussi y prendre un café et lire la presse à disposition.

🍸 lol ***Volver*** *(plan B-C2, **52**) : Rathausplatz 8. ☎ 031-312-04-04. Lun 17h-23h30, mar-sam 8h-minuit env.* Un bar à tapas qu'affectionnent les jeunes et dont on s'entiche volontiers : face à l'hôtel de ville, on picore des tapas pour accompagner un godet, dans une ambiance quasi méridionale ! On dirait le Suuud...

lol ***Aarbergerhof*** *(plan A2, **41**) : Aarbergergasse 40. ☎ 031-311-08-70. Au fond de la galerie. Tlj midi et soir. Menu env 17,50 Fs, plats 22-41 Fs.* Un resto qui propose une cuisine aussi variée que la clientèle : plats turcs, grecs ou italiens... Au choix, on s'installe près du comptoir pour une atmosphère de bistrot aux murs recouverts d'affiches, ou dans une salle un poil plus chic et plus intime. Le midi, parmi les suggestions de l'ardoise, souvent un plat exotique pas cher et bien ficelé. Les pizzas orientales permettent aussi de maîtriser son budget.

lol ***Kung Fu Burger*** *(plan A2, **53**) : Speichergasse 27. Lun-ven 11h30-14h, 18h-minuit ; sam 11h30-minuit. Fermé dim. Burgers 16-27 Fs.* Non, il ne s'agit pas d'un nouveau concept, mais plus simplement de manger de bons burgers à l'américaine (et même veggie) dans la déco noir et rouge d'un ancien resto chinois. Jeune, sympa et pratique. Également quelques salades.

### De prix moyens à chic

lol ***Lötschberg*** *(plan B2, **42**) : Zeughausgasse 16. ☎ 031-311-34-55. Tlj midi et soir. Congés : 2 sem fin juil-début août. Grandes salades 18,50-24,50 Fs, plats env 25-40 Fs, brunch w-e 21-26 Fs.* Bar à vins dans une salle tout en longueur, rendez-vous des trentenaires qui aiment venir entre amis. La carte comprend de généreuses salades (3 tailles), des plats de viande (plus cher) ainsi que les inévitables röstis, fondues et raclette valaisanne. Dégustation de vins le jeudi soir, et carte des

LE CANTON DE BERNE

vins très fournie, notamment en 50 cl. À la bonne franquette, comme on aime.

**Le Mazot** *(plan B2,* ***43****) : Bärenplatz 5. ☎ 031-311-70-88. Sur la place en face du Parlement fédéral. Tlj 8h-minuit. Menu déj lun-ven 17 Fs. Combiné attractif de viandes séchées et de fondue (« Walliser menu ») env 39 Fs ou de rösti env 16,50-23 Fs.* Le Mazot se démarque de ses voisins avec un décor-cliché de chalet : boiseries, tables en bois et menu traduit dans une bonne demi-douzaine de langues ! N'empêche que pour manger local, c'est du solide ! Déclinaison complète de la cuisine valaisanne traditionnelle : röstis à tous les temps, tous les modes, raclettes, fondues préparées devant vous et vins du terroir. Terrasse.

**Della Casa** *(plan A2,* ***44****) : Schauplatzgasse 16. ☎ 031-311-21-42. Tlj sf dim. Le midi, 2 menus env 22-28 Fs ; plats env 30-47 Fs.* On aime bien cette salle patinée abritée sous les arcades, où rien ne semble avoir bougé depuis des lustres. L'ambiance est gaie et désinvolte, mais c'est assurément l'une des meilleures tables de Berne. La cuisine, traditionnelle sans être exclusivement italienne, tient la route sans faillir. Mais attention quand même à l'addition !

**Musig Bistrot** *(hors plan par A3,* ***46****) : Mühlemattstrasse 48. ☎ 031-372-10-32. En face du parc Monbijou. Fermé sam midi et dim.* Business lunch *39,50 Fs, plats 224,50-35 Fs.* Un resto installé dans une ancienne demeure sobrement relookée dans l'air du temps. Cuisine savoureuse proposant à la carte quelques embardées brésiliennes. Agréable terrasse face au parc, et jardin à l'arrière. Nombreux concerts alternant jazz, blues et rythmes brésiliens.

### Chic

**Kornhaus Keller** *(plan B2,* ***47****) : Kornhausplatz 18. ☎ 031-327-72-72. Fermé dim.* Business lunch *le midi en sem 28-32 Fs, plats env 24-58 Fs.* On accède à cette ancienne cave du grenier à grains de la ville par une grande salle vitrée qui donne sur la place. On y stockait autrefois les barils de vins du canton de Berne, comme le rappelle l'énorme barrique au fond de la salle. Les voûtes sont recouvertes de fresques, et l'éclairage aux bougies donne à cet immense resto un caractère étonnamment intime. C'est donc essentiellement pour le cadre que l'on vient. Viandes et poissons bien préparés et spécialités italiennes. Un endroit surprenant, idéal pour ceux qui veulent prendre un verre en soirée et côtoyer la jeunesse branchée bernoise. Des galeries, on domine agréablement la salle de restaurant.

**Harmonie** *(plan B2,* ***48****) : Hotelgasse 3. ☎ 031-313-11-41. Lun-ven, midi et soir. Plat du jour le midi slt env 18,50 Fs, menus env 45-49,50 Fs, plats 25-55 Fs.* Un cadre d'un classicisme quelque peu hors du temps. On préfère la terrasse dès qu'il fait beau. Cuisine traditionnelle suisse pas donnée mais bien réalisée. Fondues et croûtes également au programme.



## Où boire un verre ?

### Plutôt en journée

**Altes Tramdepot** *(plan C2,* ***60****) : Grosser Muristalden 6. Tlj 11h-0h30.* La brasserie est installée dans l'ancienne gare des tramways qui domine le parc aux Ours et la ville. On sirote la bière brassée sur place dans le joyeux brouhaha de la grande salle ou sur l'immense terrasse en été, avec un bretzel servi chaud. Mais il y a aussi une petite salle plus tranquille tout au fond. Également une carte complète pour prendre un repas ou un en-cas à toute heure de la journée.

**Einstein Kaffee** *(plan B2,* ***61****) : maison d'Einstein, Kramgasse 49/Münstergasse 44. Lun-sam 9h-22h30 (minuit w-e), dim 8h30-17h. Plats 20 Fs au déj, 30-40 Fs le soir.* Une belle adresse au design contemporain, qui draine touristes et Bernois dans une salle qui ne manque pas de chaleur. Le concept, à mi-chemin entre le resto et le bar, permet de partager sans complexe une assiette de charcuteries ou un assortiment de fromages, à arroser d'un verre de vin. De belles découvertes dans ce domaine. Fumoir à l'étage.

**Schwellenmätteli** *(plan B2,* ***62****) : Dalmaziquai 11. Tt de suite après le pont Kirchenfeld, à gauche. Tlj jusqu'à 23h.* Une halte ultra-bucolique au pied du pont métallique. L'emplacement est unique, au bord de l'Aar qui coule de part et d'autre de la vaste terrasse et dont le grondement des chutes recouvre par moments les conversations. Aux beaux jours, c'est sans conteste l'une des plus agréables terrasses de la ville pour boire un verre.

**Lirum Larum** *(plan B2,* ***65****) : Kramgasse 19a. Lun-sam jusqu'à 0h30, dim 11h-18h.* Petit resto-bar sous les arcades avec quelques tables en terrasse et des couvertures à disposition quand il fait un peu frisquet dehors. Si on ne peut pas s'installer dans les caves du sous-sol joliment aménagées, rien n'interdit d'y jeter un œil curieux.

**Barbière** *(hors plan par B1,* ***68****) : Breitenrainplatz 40. Tlj sf dim 7h-minuit.* Dans le quartier de Breitenrain, un rien bobo, à la fois vivant et créatif. Un café bistrot très sympa avec ses murs de brique et ses immenses lustres composés de bouteilles. Et pour cause, le *Barbière* brasse ses propres bières (sur place). Beaucoup de monde le vendredi soir, et des groupes de musique de temps en temps. Petite terrasse sur la place quand il fait beau.

**Parterre** *(hors plan par A2,* ***66****) : Hallerstrasse 1. Tlj sf dim jusqu'à 0h30.* C'est près de l'université qu'il faut venir rôder pour débusquer des troquets vivants, où l'on peut s'offrir une mousse ou un verre de vin sans avoir l'impression de faire une folie. Juste quelques tables, un comptoir et un beau lustre, ainsi qu'une crêperie attenante, *Le Carrousel (fermé dim et lun soir),* qui sert de bonnes galettes.

## Plutôt le soir

**Reitschule – Sous le Pont** *(plan A1,* ***67****) : Neubrückstrasse 8. ☎ 031-306-69-69. • reitschule.ch •* Pour briser l'image d'une ville sempiternellement bien-pensante, poussez jusqu'à cette ancienne école d'équitation. Derrière les tags, c'est un centre culturel alternatif ultra-dynamique qui fait vibrer les Bernois ! Évidemment, en défendant les plus démunis, l'action de cette équipe d'activistes a également pris une inévitable tournure politique. Sur place, on trouve le seul cinéma où l'on ne paie qu'en sortant, un resto sympa et pas cher, des concerts, des soirées, une brocante une fois par mois le dimanche.

**Lorenzini** *(plan B2,* ***69****) : Hotelgasse 8 ou Theaterplatz 5. ☎ 031-318-50-67. En principe, tlj jusqu'à minuit (3h ven-sam).* 2 décors, 2 ambiances pour un seul établissement. Côté Theaterplatz, une grande salle de café décorée de tableaux et de sculptures, avec un grand bar central high-tech en estrade, surmonté d'un magnifique lustre en cristal ; côté Hotelgasse, le bar à vins dans une ambiance Art déco plus tamisée. Excellent resto italien assez chic à l'étage.

## Où écouter de la musique ?
## Où danser ? Où voir un spectacle ?

**Dampfzentrale** *(plan A3,* ***71****) : Marzilistrasse 47. ☎ 031-310-05-40. • dampfzentrale.ch •* Dans ce centre d'art culturel avant-gardiste, on peut siroter un verre aux sons du jazz ou de la funk. Différentes manifestations culturelles, danse contemporaine et concerts. La terrasse sous une tonnelle qui borde la rivière est tout simplement délicieuse pour prendre un verre le soir.

**Ono** *(plan B2,* ***72****) : Kramgasse 6. ☎ 031-301-21-08. • onobern.ch • Jours d'ouverture et entrée (20-25 Fs env) selon programmation.* Un bar, café-concert et galerie d'art contemporaine, aménagé en sous-sol dans l'une des anciennes caves de cette rue. Au niveau musical, la programmation est éclectique : du classique aux musiques du monde, en passant par le jazz ou des soirées DJ électro ! Une ambiance posée ou plus vitaminée selon le programme.

♩ 👫 🍷 **Turnhalle** *(plan A2,* ***73****)* **:** *Speichergasse 4. ☎ 031-311-15-51. • turnhalle.ch • Ouv jusqu'à minuit et 3h30 jeu-sam. Fermé dim juin-août. Concerts mer et dim à 20h30. Entrée : 20-35 Fs.* Reconversion totale pour la salle de gym de cette ancienne école devenue salle de concerts ! Également discothèque 2 vendredis par mois et résidence d'artistes. Très sympa aussi pour boire un verre à l'intérieur ou dans la cour pavée.

♩ 🍷 **Bierhübeli** *(plan A1,* ***74****)* **:** *Neubrückstrasse 43. ☎ 031-305-31-50. • bierhuebeli.ch • Lun en hiver 19h-0h30, ven-sam 21h-3h30. Prix d'entrée selon programmation (concerts).* Bar branché et boîte électro ou concerts de hip-hop, jazz, rock, etc. (le w-e en principe).

🍷 **Kreissaal Bar** *(plan B2,* ***75****)* **:** *Brunngasshalde 63. Lun-sam 21h-2h30.* Dans une jolie maison grise en surplomb de l'Aare. Un bar à cocktails et whiskies intime pour refaire le monde dans une ambiance cool et jazzy.

♩ 🍷 ***Mahogany Hall*** *(plan C2,* ***70****)* **:** *Klosterlistutz 18. ☎ 031-331-60-00. • mahogany.ch • 15-25 Fs selon les concerts.* Le plus ancien club dans la ville est sis dans une robuste maison ancienne. Belle programmation jazz, rock, blues... à consulter sur le site.

## Que rapporter ?

***Beck Glatz Confiseur*** *(plan A2)* **:** *Waisenhausplatz 21. Lun-sam 7h-19h, dim 9h-17h. Également d'autres adresses en ville.* Le *mandelbärli* est LA spécialité bernoise à rapporter ! Un petit ourson à l'amande décliné sous plusieurs parfums : fraise, citron, cappuccino, chocolat... L'original est nature, et se laisse dévorer des oreilles aux pattes en quelques bouchées gourmandes !

# À voir

La *Museum card* donne l'accès gratuit aux musées et aux expos temporaires *(28 Fs/24h, 35 Fs/48h).* À vous de faire votre calcul selon le nombre de musées que vous désirez visiter. En vente dans différents hôtels (liste sur • *museen-bern.ch* •).

## *La vieille ville*

Berne est d'abord une ville où il fait bon flâner. Par temps pluvieux, on peut la traverser à l'abri de ses arcades ; par beau temps, une multitude de terrasses permettent de se rafraîchir.

Inscrite sur la liste du Patrimoine mondial de l'Unesco, la vieille ville présente un grand nombre de monuments et bâtiments dignes d'intérêt. Mais son charme tient avant tout à son homogénéité architecturale et à son cadre dans une boucle de l'Aar avec en toile de fond les neiges éternelles des sommets alpins. Ici, pas d'antennes, ni de paraboles ou de mobiliers urbains agressifs, mais des rues pavées, une circulation fluide rythmée par le passage des tramways et, aux beaux jours, les façades des maisons fleuries par les géraniums. La vieille ville est aussi décorée de nombreuses fontaines colorées (XVIe s) dont certaines coiffées de petites statues polychromes allégoriques. Le ruisseau qui les relie et servait de canalisation est encore visible notamment au *Kaffee Montag (Gerechtigkeitsgasse 27, fermé dim),* à condition de se rendre aux toilettes !

L'endroit le plus pittoresque est sans nul doute ce que les Bernois appellent ***Die Front.*** Il s'étend de la ***Waisenhausplatz*** *(plan A2)* à la ***Bärenplatz*** *(plan C2).* Ici, le Tout-Berne vaque à ses occupations en jetant un coup d'œil distrait sur une partie d'échecs géants en cours.

★ **Bundeshaus** *(Palais fédéral ; plan A2) : à gauche de la Bärenplatz. ☎ 031-322-85-22. • parlament.ch • Visites guidées (sur résa de préférence) lun-sam à 9h30, 10h30, 11h30, 14h, 15h et 16h, ainsi que jeu à 17h et 19h sf lors des sessions (seule la tribune est alors accessible). Pièce d'identité exigée. Durée : 45 mn. GRATUIT.* Surnommé la *Coupole,* à cause de sa forme architecturale d'inspiration florentine, il abrite le gouvernement, c'est-à-dire le Conseil fédéral, et les deux chambres de l'Assemblée législative. Visite intéressante pour tous ceux qui se demandent comment fonctionne un pays plurilingue. Devant le palais, 26 jets d'eau qui symbolisent les 26 cantons suisses.

★ **Käfigturm** *(tour de la Prison ; plan A2) : entre les Waisenhausplatz et Bärenplatz, immanquable.* Construite en 1256, c'était la tour de la porte du troisième rempart. Elle fut en effet utilisée comme prison à partir du XIVe s. Démolie en 1640, elle fut rebâtie peu après. Aujourd'hui, elle est utilisée pour diverses activités culturelles.

★ De l'autre côté de la Käfigturm commence la *Marktgasse.* Rue commerçante, elle aboutit à la ***Zytglogge*** *(tour de l'Horloge ; plan B2),* le plus vieux monument de Berne (1220) et aussi la porte du deuxième rempart qui remonte aux origines de la cité *(avr-oct et 26-31 déc, visite tlj à 14h30 ; 15 Fs/pers).* Sous l'arche, on peut voir les anciennes mesures bernoises : le pied bernois, le pied suisse, etc. Au-dessus, quatre grandes peintures représentent la fondation de la ville et son développement. L'horloge astronomique (1530) possède un mécanisme extrêmement ingénieux qui reproduit le mouvement des astres dans le ciel. Des figurines défilent 4 mn avant les heures pleines. La nuit, le tout est éclairé. On ne peut la visiter qu'avec le tour officiel de *Bernturismus.* Juste à côté, au milieu de la **Kornhausplatz** *(plan B2),* trône la **Kindlifresserbrunnen** *(fontaine de l'Ogre),* une œuvre de Hans Gieng, qui fait toujours frissonner les gosses depuis 1545. Le géant est en train de boulotter un marmot et tient dans la main gauche la suite du repas... L'ogre était censé effrayer ceux qui voulaient sortir des murailles. Allez, on se remet, et on découvre en face le Kornhaus.

★ **Kornhaus** *(grenier ; plan B2) :* cet édifice de style Régence servait à engranger les céréales et... le vin blanc des Vaudois. Dans la cave, le resto huppé *Kornhaus Keller* (voir « Où manger ? ».)
De l'autre côté de la Nägeligasse : le théâtre municipal. Derrière, parallèle à la Marktgasse, la Zeughausgasse (rue de l'Arsenal).

★ **L'église française** *(plan B2) :* juste derrière le Kornhaus, le plus ancien édifice religieux de la ville. Construite à la fin du XIIIe s par les dominicains, elle constitue, avec son jubé de style gothique rayonnant, un exemple remarquable d'église des ordres mendiants. C'est là que les réfugiés huguenots se réunissaient.
Poursuivez en longeant la Kramgasse, l'artère principale et commerçante de la vieille ville. Animée, elle offre la particularité d'enchaîner les arcades sur 6 km, protégeant les promeneurs des intempéries. On y trouve aussi un grand nombre de caves qui abritent bars, boutiques, cinéma *(Kellerkino)* et théâtres.

★★ **Einstein Haus** *(maison d'Einstein ; plan B2) : Kramgasse 49. ☎ 031-312-00-91. • einstein-bern.ch • Avr-déc, tlj (sf Pâques et Pentecôte) 10h-17h ; fév-mars, lun-sam 10h-17h, fermé dim. Fermé de mi-déc à fin janv. Entrée : env 6 Fs ; réduc.* Dans l'un des rares appartements de Berne à avoir été conservés en l'état – seules les tapisseries ont été refaites, conformément à celles d'origine –, une visite très émouvante qui nous fait pénétrer dans ce que fut l'univers d'un modeste mais génial fonctionnaire. Le physicien y vécut de 1903 à 1909. Il travaillait alors à l'Office fédéral des brevets de Berne. C'est dans ce petit appartement qu'il écrivit en 1905 la théorie de la relativité restreinte, ainsi que la loi d'équivalence de la matière et de l'énergie (souvenez-vous : $E = mc^2$). Photos de famille (avec sa première femme Mileva, elle aussi physicienne), des documents et quelques objets personnels (le berceau de son premier fils) de celui qui révolutionna la physique moderne.

De retour sous les arcades, sortez dans la rue pour admirer les ***fontaines*** surmontées de statues (XVIe s) et les ***façades*** des maisons des corporations, surmontées des effigies des corps de métiers. Le n° 45 a été construit, en 1770, pour la corporation des bouchers, qui le possède encore. Celle des commerçants se situe au n° 29 et date de 1720. Le n° 9 abrite, depuis 1924, la corporation des boulangers (construction de 1770). Au n° 2, la ***pharmacie de l'Hôtel-de-Ville*** *(Rathaus Apotheke)*, la plus ancienne de Berne, occupe la place depuis 1571. Sa façade date de 1710.

## PRÉCAUTION AVANT L'HEURE

*Afin d'éviter la triche, l'université de Berne a décrété que les montres personnelles, mécaniques ou pas, ne seraient plus autorisées pendant les examens. Des horloges devront être installées dans toutes les salles de cours. Un comble au pays des garde-temps.*

À votre gauche, la Rathausplatz et l'***hôtel de ville*** *(plan B-C2)*, construit au XVe s. On est surpris par son immense toit. À votre droite, la Kreuzgasse vous conduira à la Junkerngasse. Ne manquez pas l'***Erlacherhof*** *(plan C2)* au n° 47. Construit par Albrecht Stürler pour la famille d'Erlach. Aujourd'hui, il abrite la mairie. Au n° 22, façade peinte avec une frise évoquant un mariage et un enterrement. Dans la ruelle, sur le côté, ne manquez pas la jolie fresque au-dessus de la porte.
La Kramgasse se poursuit par la Gerechtigkeitsgasse, ou rue de la Justice, celle des magasins chic (antiquaires notamment). Là aussi, contemplez les façades en grès de ces maisons construites pour les notables.

***La fontaine de la Justice*** *(plan C2)* **:** sculptée par Hans Gieng en 1543. L'original fut volé en 1988 par des activistes jurassiens, puis rendu, restauré et conservé au musée d'Histoire.
En continuant tout droit et en traversant le pont flanqué de quatre anciens postes de douane, vous parviendrez à la fosse aux Ours.

***Bärenpark*** *(parc aux Ours ; plan C2)* **:** les écologistes protestaient régulièrement (et on les comprend) contre les conditions d'hébergement des plantigrades, mais que peut-on faire contre une tradition qui remonte à 1513, avec une seule interruption en 1789, lorsque les Français ramenèrent les ours avec le trésor de la ville à Paris ? Pourtant, ils ont été entendus, et la fosse a fini par laisser la place à un parc plus grand, quelques mètres plus loin, qui respecte bien mieux les animaux. On peut descendre dans l'ancienne fosse, occupée maintenant par d'inoffensifs ours en bois. Tout autour, des panneaux retracent l'histoire de la relation unissant le plantigrade à la ville.

## UN OURS BIEN LÉCHÉ

*Si l'on regarde attentivement le logo du fameux chocolat* Toblerone, *on distingue, dans la montagne, la silhouette d'un ours (en couleur claire, debout sur ses deux pattes). En effet, le chocolatier Tobler, originaire d'Appenzell, s'était installé à Berne, la « ville de l'ours », où est d'ailleurs toujours produite la fameuse barre chocolatée.*

De là, ne rechignez pas à monter l'Alter Aargauerstalden qui vous emmènera au ***Jardin des Roses*** *(Rosen Garten ; plan C1)*, un lieu qu'affectionnent les Bernois pour ses pelouses et d'où l'on a l'une des plus jolies vues sur la vieille ville de Berne. Sur place, le restaurant ***Rosengarten,*** un peu chic mais pas plus cher qu'ailleurs, offre un cadre magnifique. En terrasse, des baies vitrées laissent profiter du panorama en protégeant des bourrasques intempestives. Et en été, on s'installe carrément dehors pour profiter des rayons du soleil.

🏛🏛 ***Berner Münster*** *(collégiale ; plan B-C2) : sur la Münsterplatz.* Œuvre principale du gothique tardif en Suisse, elle date de 1421. En 1528, le protestantisme arrive à Berne et supprime tous les décors de la collégiale. Seul demeure le tympan du portail principal, très imagé, qui représente le Jugement dernier et est de ce fait jugé très instructif pour les fidèles. Il est composé de 234 personnages, et le sort réservé aux pécheurs n'est guère enviable. De chaque côté, les cinq vierges folles et les cinq vierges sages encadrent cette expressive représentation du paradis et de l'enfer qui ne devait pas manquer d'impressionner les fidèles. À l'intérieur *(audioguide : 5 Fs),* voir aussi les peintures sur verre des fenêtres du chœur et le magnifique orgue. Les bancs sont basculants pour permettre de se tourner dans les deux sens.
– *Le clocher :* grimpette possible *(en hiver : lun-ven 12h-15h30, sam 10h-16h30, dim 11h30-15h30 ; en été : lun-sam 10h-16h30, dim 11h-16h30 ; entrée : 5 Fs).* C'est le plus haut de Suisse et il abrite la plus grosse cloche du pays (10 500 kg), autour de laquelle danse un cortège d'ours et de chérubins. On s'en doute, la vue est magnifique sur la vieille ville, la campagne et les Alpes. Derrière, jardin avec café-terrasse agréable sur la plate-forme qui surplombe la vallée de l'Aar. Par le *Mattelift (ascenseur payant ; plan B-C2),* en journée, vous pourrez directement rejoindre la Matte. On le prend au bout de l'esplanade, au niveau du chevet de la cathédrale. On peut aussi descendre à pied par le passage étroit *Fricktreppe.*

🏛 ***La Matte*** *(plan C2) :* au XIVe s, lors de la construction de la plate-forme de la cathédrale, ce quartier aux arcades très basses et aux habitations humides se développa. Peuplé d'ouvriers de différentes nationalités, il donna naissance au « Mattenenglisch », dialecte dont certaines expressions ont survécu. Aujourd'hui, ses maisons rénovées abritent boutiques et logements.

🏛🏛🏛 ***Kunstmuseum*** *(musée des Beaux-Arts ; plan A1) : Hodlerstrasse 8-12. ☎ 031-328-09-44. • kunstmuseumbern.ch • ♿ Tlj sf lun 10h-17h (21h mar). Entrée de la collection permanente : 10 Fs ; supplément pour les expos temporaires ; réduc.* Les belles salles de ce musée à taille humaine, aménagées avec soin, accueillent des collections de renommée internationale. *Au sous-sol,* l'art italien est bien représenté, grâce à un choix de tableaux du XIVe au XVIe s, dont un Botticelli et un tendre Fra Angelico. Une pièce est consacrée à des paysages suisses, dont une très jolie *Fête des bergers suisses* en 1808 d'Élisabeth Vigier-Lebrun représentant la manifestation qui a toujours lieu de nos jours à Unspunnen. Au premier plan, l'artiste et son amie Mme de Staël.

## UNE COLLECTION ENCOMBRANTE

*Le Kunstmuseum de Berne a été désigné comme héritier des 1 406 œuvres retrouvées en 2012 à Munich chez Cornelius Gurlitt, fils d'un marchand d'art allemand très controversé sous le IIIe Reich. Cadeau quelque peu embarrassant... Cependant, une convention stipule que les œuvres volées ou vendues sous la contrainte devront être rendues à la famille des ayants droit. Ainsi, un tableau de Matisse appartenant au marchand d'art juif Paul Rosenberg a été récemment restitué à sa petite-fille, Anne Sinclair.*

*Au 1er étage,* profitez-en pour faire la connaissance d'artistes suisses, notamment bernois, plus particulièrement Albert Anker (1831-1910, réaliste agreste) avec ses délicats portraits, mais aussi Karl Stauffer-Bern dont le *Nu couché* et à côté le *Nu assis* sont étonnants de naturels, ou bien encore Arnold Bocklin avec une inquiétante *Mer calme* et une *Pietà* tout aussi surprenante. Au fond, une salle est consacrée à Valloton, dont on remarquera *Paysages de ruines et d'incendies,* évocation de la Grande Guerre. Ferdinand Hodler (1853-1918) est représenté avec de grands formats de sa période symboliste. Une peinture toujours puissante et dérangeante. Également de nombreux artistes modernes : Courbet, Cézanne, Monet, Klee bien sûr, Picasso, Matisse, Braque, mais aussi Kandinsky, Giacometti (toute la famille), bref, que des pointures, ainsi que quelques œuvres d'artistes contemporains. Et seulement 10 % des œuvres du musée sont exposées !

## Autour de la vieille ville

*** **Le centre Paul-Klee** (hors plan par C1) : *Monument in Fruchtland 3. ☎ 031-359-01-01. • zpk.org • Un peu en dehors du centre. De la gare, bus n° 12, jusqu'au terminus. Depuis l'A 6, sortie Bern-Ostring. Tlj sf lun 10h-17h. Entrée : 20 Fs (ajouter 10 Fs pour les expos temporaires) ; réduc. Audioguide : 6 Fs. Tlj, atelier de création autour des œuvres de Paul Klee, pour petits et grands ; 1h : 15 Fs. Cafétéria. Boutique-librairie.*

Paul Klee est né en 1879 dans les environs de Berne, à Münchenbuchsee, de parents musiciens (voir plus loin la rubrique « Personnages » dans le chapitre « Hommes, culture, environnement »). En 1898, il part étudier en Allemagne et devient enseignant au Bauhaus. Mais après la prise de pouvoir par les nazis, en 1933, il est accusé de « bolchevisme culturel » et déchu de son poste à l'académie de Düsseldorf. Il se réfugie alors à Berne en qualité d'émigrant, où il crée une grande partie de son œuvre et devient maître du Bauhaus. Marié à la pianiste Lily Stumpf, Paul Klee est lui-même musicien et n'abandonne le violon que lorsqu'il est acculé par la maladie. L'artiste est enterré dans le cimetière derrière le centre.

### RÉFUGIÉ DANS SON PROPRE PAYS !

*Bien que né à Berne de mère suisse – mais de père allemand –, le peintre Paul Klee n'a jamais eu la citoyenneté suisse. Manque de chance, il est mort le 29 juin 1940, la veille du jour où les longues démarches de sa demande de naturalisation aboutissaient enfin !*

Après sa mort, la société Klee remet la totalité de ses possessions au musée : 40 tableaux, 2 253 dessins, 11 sculptures, 89 estampes, etc. Au fil des ans, des donations sont encore venues agrandir cette liste, et le centre possède la plus riche collection mondiale des œuvres de Klee. Aujourd'hui, l'édifice réalisé par Renzo Piano vient épouser le pli des vallées dans un jeu de trois grandes vagues métalliques. Du grand art, pour abriter plus de la moitié des grandes œuvres de l'artiste, soit près de 4 500 travaux exposés par roulement le temps de l'exposition (3 à 5 mois environ).

➢ Pour se rendre aux musées suivants, situés au sud de la vieille ville dans le quartier de Kirchenfeld, de l'autre côté de l'Aar : *depuis la gare, Ⓣ 3 (direction Saali) et Ⓣ 5 (direction Ostring), arrêt « Helvetiaplatz » ; depuis Hirschengraben, bus nos 6, 7 et 8.*

** **Historisches Museum et Einstein Museum** (musée d'Histoire et musée Einstein ; plan B3) : *Helvetiaplatz 5. ☎ 031-350-77-11. • bhm.ch • Tlj sf lun 10h-17h. Entrée : 13 Fs ; réduc ; 18 Fs si l'on souhaite également visiter le musée Einstein. Audioguide : 5 Fs (pour la partie liée à Einstein). Panneaux explicatifs en français. Dans le parc, bistrot Steinhalle avec terrasse, assez cher (mais pique-nique autorisé).*

Dans un château de style néogothique (1894), un musée consacré à l'histoire depuis l'âge de pierre jusqu'au XXe s. Toutes les époques ne sont bien sûr pas traitées, mais le XXe s est parcouru année après année à travers des événements clés (3e étage). Les collections sont superbes, tout comme la muséographie. Concentrez-vous surtout sur l'histoire de Berne, qui est largement évoquée avec, pour commencer au sous-sol, les sculptures originales du *Jugement dernier* de

la cathédrale et une copie de la fascinante *Danse des morts* du peintre Niklaus Manuel Deutsch. Plus loin, histoire de la fondation de Berne en huit panneaux et d'intéressantes vue de la ville. Au 1er étage, la section « trésors de guerre » présente de superbes tapisseries flamandes du XVe s, dont la *tapisserie aux mille fleurs* avec plus de 30 variétés botaniques et une tenture des rois mages habillés en costumes Renaissance. Parmi les pièces majeures, le *diptyque de Königsfelden,* réalisé pour le roi de Hongrie à Venise. En face, de grandes baies vitrées permettent de jeter un œil sur l'atelier de restauration.
Au 2e étage, changement de registre, avec le ***musée Einstein*** qui retrace et replace dans son contexte historique mais aussi familial et culturel (ses racines juives) la vie privée et publique du Prix Nobel de physique, ainsi que son œuvre scientifique. On le suit ainsi depuis son enfance en Allemagne à ses études en Suisse en passant par l'Italie et jusqu'à son installation à Princeton. Einstein ne fut pas seulement un physicien de génie mais aussi un homme engagé dans son temps. Le tout agrémenté de films intéressants, de photos (il s'ébouriffait volontairement les cheveux avant les interviews), de nombreux objets (dont le passeport suisse d'Einstein), de reconstitutions (un cinéma des années 1920), d'animations qui vous plongent dans l'ambiance de la première moitié du XXe s. Deux séries d'écran permettent d'essayer de comprendre ses théories. Prévoyez d'y passer un petit moment car l'ensemble est vraiment passionnant même si on est retors aux sciences exactes.

***Alpines Museum*** *(Musée alpin ; plan B3) : Helvetiaplatz 4. ☎ 031-350-04-40. • alpinesmuseum.ch • Tlj sf lun et certains j. fériés 10h-17h (20h mar). Entrée : 16 Fs ; réduc.* Le musée présente une approche originale des Alpes par le truchement d'une muséographie moderne et non figée puisque le fonds du musée est exposé par roulement au cours d'expositions temporaires (deux à trois par an). Une introduction plutôt intéressante, parfois déroutante, à la découverte des Alpes. Cafétéria sur place.

***Museum für Kommunikation*** *(musée de la Communication ; plan B3) : Helvetiastrasse 16. ☎ 031-357-55-55. • mfk.ch • Tlj sf lun 10h-17h. Entrée : 15 Fs.* Café Pavillon *avec terrasse dans le jardin.* Le musée a rouvert en août 2017. La grande expo permanente s'étend désormais sur 2 000 m². Ludique et interactive, elle explore la communication sous toutes ses facettes. Communicateurs et communicatrices, au cœur de l'exposition, transforment votre visite en expérience individuelle. Et pour les nostalgiques, des collections d'objets de la « vieille » communication, notamment une exceptionnelle collection de timbres suisses (dès 1843) et des pays membres de l'Union postale universelle, là encore présentée de façon tout à fait intéressante (le timbre comme reflet du monde).

***Naturhistorisches Museum*** *(musée d'Histoire naturelle ; plan B3) : Bernastrasse 15. ☎ 031-350-71-11. • nmbe.ch • Lun 14h-17h ; mar, jeu et ven 9h-17h ; mer 9h-18h ; w-e 10h-17h. Fermé certains j. fériés. Entrée : 8 Fs ; réduc.* Dans un bâtiment moderne surmonté d'un éléphant doré sur le toit. Un musée spacieux, coloré, d'une grande richesse et organisé dans une superbe muséographie. Mais on vient avant tout ici pour admirer la plus importante exposition de dioramas d'Europe. Au rez-de-chaussée, la collection *Von Wattenwyl* avec 33 dioramas de mammifères présentés dans leur milieu naturel, que le patricien bernois rapporta d'une expédition en Afrique de 1923 à 1924. Impressionnant ! Au 1er, nombreux dioramas d'animaux plus petits, que l'on trouve en Suisse mais dont la concentration et la présentation finissent par rendre la visite assez oppressante. Également des squelettes de mammifères superbement présentés, tout comme les invertébrés au 2e étage.
L'occasion aussi de faire la connaissance de Barry, le chien qui sauva, dans les années 1800, plus de 40 personnes au col du Grand-Saint-Bernard, à travers une très jolie petite expo pour les enfants. Au sous-sol enfin, présentation dans une ambiance magique d'une superbe collection de cristaux géants.

## Où se promener ?

Quelques suggestions parmi bien d'autres.

**Le Gurten :** « le paradis des randonneurs » est un vaste parc culminant à 858 m, où de nombreux Bernois viennent se balader le dimanche. T *9, direction Wabern, arrêt « Gurtenbahn », puis funiculaire ttes les 15 mn (inclus dans le* Bern Ticket*) ou sentier forestier pour les plus courageux.* Nombreux chemins pédestres qui occupent les jambes de 1 à 2h. Au programme également, buvettes, train miniature et karting pour les enfants.

***Depuis le Tierpark,*** continuer sur la rive droite jusqu'au bac, traverser et revenir par l'autre rive. Les bras de l'Aar se séparent en eaux stagnantes au milieu d'une faune et d'une flore exubérantes. Environ 2h.

***Depuis la gare,*** prendre le bus nº 21, direction Bremgarten. Descendre à « Schloss ». Prendre l'Aeschenbrunnmattstrasse et descendre les escaliers à droite. Traverser en bac. Sur la *presqu'île Rossfeld,* ancien haut lieu celte, puis romain, d'anciens bains et les vestiges d'une voie. Remonter l'Aar jusqu'à *Reichenbach*. Prendre le bac et revenir par l'autre rive.

## Où se baigner ?

➢ ***Au bord de l'Aar,*** les berges sinueuses ont été conservées à l'état naturel. Outre les ponts, plusieurs bacs permettent de traverser la rivière. L'accès aux lieux publics qui la bordent est gratuit : piscines, jardin botanique, jardin zoologique *(Tierpark).* À pied, à vélo, en canot ou à la nage, c'est un lieu de détente et d'amusement. Toutefois, prudence, il n'est pas recommandé de se baigner seul : le débit n'a l'air de rien mais il est rapide, avec de nombreux tourbillons. Les berges de la *piscine du Marzili* sont les seules à bénéficier d'une surveillance. Les plus intrépides se mettent à l'eau à la hauteur de la piscine pour se laisser dériver jusqu'à l'autre côté de la boucle de l'Aar. Réservé aux bons nageurs pas trop frileux : la température de l'eau excède rarement les 15 °C, même si en été elle peut flirter avec les 20 ou 22 °C.

– On peut aussi louer à la journée des ***canots pneumatiques.*** Possibilité de se rendre en train jusqu'à Thoune, puis de revenir en canot jusqu'à Berne. Ou encore : en visite accompagnée avec commentaires sur la ville, départ du Schwellenmätteli ; réservation à l'office de tourisme ou à l'auberge de jeunesse.



## Marchés

– ***Marché de l'artisanat :*** *mars-nov, le 1er sam du mois, sur la pl. de la Cathédrale.*
– ***Marché aux puces :*** *mai-oct, le 3e sam du mois, 7h-15h, sur la Mühleplatz, dans le quartier de la Matte.*
– ***Marché aux oignons*** (Zibelemärit) **:** *4e lun de nov, dans tte la ville.* Dès l'aurore, les paysans du Seeland (région maraîchère qui forme un triangle entre Berne, Bienne et Morat) installent leurs stands d'oignons, de tresses d'ail et de fleurs séchées, de la gare au parc aux Ours. Les confettis pleuvent tandis que les rues s'emplissent d'odeurs où dominent celles de la tarte au fromage et de la gratinée.
– ***Marché de Noël :*** *en déc sur les Waisenhausplatz et Bundesplatz.*
– ***Autres marchés :*** *sur la Waisenhausplatz et la Münstergasse, tte l'année, mar et sam (mai-oct, également jeu soir).*

## Fêtes et manifestations

- ***International Jazz Festival :*** *mars-mai à Innere Enge (bus n° 21).* Des artistes viennent de toute l'Europe.
- ***Foire aux œufs :*** *dim de Pâques, 10h-12h, sous les arcades du Kornhaus.* On vient avec ses propres œufs décorés ou on les achète sur place.
- ***Été d'Elfenau :*** *de fin mai à mi-oct.* Concerts gratuits de musique classique ou traditionnelle, dans le très beau parc de la Grande Orangerie.
- ***Open Air Cinéma :*** *juil-août.* Cinéma en plein air tous les soirs sur la terrasse de l'université *(Grosse Schanze).*
- ***Gurten Festival :*** *mi-juil, pdt 4 j., jeu-dim.* Les prés se couvrent d'estrades, de tentes et de buvettes pour un festival de musique rock. Plutôt cher, mais ça vaut le coup.
- ***Buskers :*** *3 j. en août.* Spectacles gratuits de danse, musique et théâtre un peu partout dans la vieille ville.
- ***Internationale Berner Tanztage :*** *fin août ou début sept, au Dampfzentrale (plan A3), Marzilistrasse 47. Résas à l'office de tourisme.* Magnifiques spectacles de danse moderne et contemporaine.

# L'EMMENTAL

**Oui, c'est bien cette région qui produit le fromage à gros trous que les non-Suisses prennent souvent pour du gruyère (qui, lui, ne comporte que quelques minuscules pores...). L'Emmental vaut le détour pour son curieux relief tout en mamelons et son aspect un peu hors du temps. Les maisons paysannes sont impressionnantes, avec leurs énormes toits à plusieurs pans, leurs boiseries sculptées et les peintures qui ornent souvent la façade principale.**



## BURGDORF (BERTHOUD) (3400) 15 585 hab.

**On retrouve ici la patte de la famille Zähringen, qui fonda la citadelle presque en même temps que Fribourg et Berne, au XIIe s. L'emplacement choisi, une colline dominant la vallée de l'Emmental, est évidemment stratégique : fortifications et imposant château en témoignent. Le Burgdorf d'aujourd'hui est très actif et industriel, mais sa vieille ville, peu ouverte à la circulation, est également bien mignonne.**

### Où dormir ?

### Où manger à Burgdorf et dans les environs ?

🏠 |●| ***Hôtel Berchtold :*** *Bahnhofstrasse 90.* ☎ *034-428-84-28.* • *berchtold-group.ch* • *Juste en face de la gare. Doubles 178 Fs.* Un hôtel contemporain aux chambres dans le même esprit, fonctionnelles mais agréables. Au resto, un peu cher, on peut préférer les plats type snack (burgers, croque...) du *B5*, grand bar sous verrière, Q.G. de la jeunesse locale en fin de semaine.

🏠 |●| ***Kalchofen :*** *Karlchofenstrasse 15, 3415* ***Hasle.*** ☎ *034-550-10-80.* • *kalchofen.ch* • *À 6 km au sud-est. En face de la gare de Hasle-Rüegsau. Réception à partir de 17h (11h dim). Double 125 Fs, petit déj non compris. Plats env 10-25 Fs.* Juste une poignée de chambres sobres et nettes (voire discrètement design) dans une maison certes en bord de route et face à la gare mais accueillante et tranquille. Bar-resto au rez-de-chaussée, avec une cuisine du genre « sur le pouce » : burgers (plutôt bons), *bagels* ou *nuggets*.

## À voir

**_La vieille ville :_** la colline du vieux Burgdorf comprend elle-même deux promontoires. L'un est occupé par une église réformée du XVe s avec, à l'intérieur, une remarquable frise de pierre taillée ; l'autre est dominé par le ***château*** avec donjon et habitation du XIIe s mais passablement remaniés du XIVe au XVIe s. La bâtisse a accueilli, en 1798, l'école primaire pour enfants pauvres du pédagogue Pestalozzi. Aujourd'hui, on y visite trois *musées* *(☎ 034-423-02-14 ; avr-oct, lun-sam 14h-17h, dim 11h-17h ; le reste de l'année, slt dim 11h-17h ; entrée : 7 Fs).* Intéressante collection de peintures d'artistes locaux du XVIIIe au XXe s.

# LES ALPES BERNOISES (BERNER OBERLAND)



**Le canton de Berne partage les Alpes avec bien d'autres cantons, mais il semble prendre un plaisir particulier à faire joujou avec ce relief de lacs et de glaciers qui culminent à 4 200 m : de nombreux trains à crémaillère arpentent vaillamment les coteaux, disputant la vedette aux funiculaires et aux téléphériques.**
**C'est avec les Anglais que tout a commencé, au milieu du XIXe s : ils ont favorisé le développement des chemins de fer et des palaces. Leurs écrivains ont célébré les charmes des nombreuses chutes d'eau, gorges et châteaux. Il est vrai que dans le Berner Oberland, des cascades surgissent à chaque coin de rocher et que les vallées ont une beauté particulière.**



## THOUNE (THUN)

(3600) 42 765 hab.

**Thoune mérite mieux que sa réputation de place d'armes et de centre d'industrie militaire : la vieille ville est très agréable avec ses terrasses au bord de l'eau, sa rue principale à trottoirs surélevés et son château. En été, il n'est pas rare de voir des jeunes gens sauter des ponts dans l'Aar, qui se divise en deux bras pour traverser la ville. Les amateurs d'eaux plus calmes se dirigeront vers les bords du lac, mais personne n'échappera à la vue des Alpes toutes proches.**

### Arriver – Quitter

➢ ***En voiture :*** autoroute depuis Berne.
➢ ***En train :*** env 6 trains/h depuis et vers Berne et 1 train/h vers Interlaken.
***Gare ferroviaire :*** *sur la rive gauche de l'Aar, au bout de la Bahnhofstrasse (5-10 mn du centre à pied).*
➢ ***En bateau :*** *☎ 058-327-48-11.* • *bls.ch/schiff* • Sur le lac de Thoune, tte l'année. Embarcadère à côté de la gare.

## Adresses et infos utiles

**Office de tourisme :** *dans le bâtiment de la gare (à gauche en sortant). ☎ 0842-842-111. • thunersee.ch • Lun-sam 9h-18h30 (16h sam).* Liste d'hébergements (hôtels, chambres d'hôtes).

**Prêt de vélos :** *Aarefeldstrasse, dans la rue qui part tt droit en sortant de la gare (il y a 2 rues : prendre celle qui est la plus à droite). 079-277-28-57. • thunrollt.ch • Mai-oct, tlj 7h30-21h30.* Il suffit de déposer une caution et une pièce d'identité pour qu'on vous prête un vélo gratuitement pendant 4h. Location de vélos électriques.

– ***Gästekarte :*** en logeant à Thoune, vous obtenez une carte de séjour de la région du lac de Thoune, qui donne droit à pas mal de réductions.

## Où dormir ? Où manger ?

### Prix moyens

***Zunfthaus Zu Metzgern :*** *Rathausplatz. ☎ 033-222-21-41. • zumetzgern.ch • Tlj sf dim et lun (pour le resto, mais pas pour l'hôtel si vous avez une résa). Doubles env 140-150 Fs, avec douche et w-c sur le palier ; petit déj en sus (14-20 Fs). Menus le midi en sem 16,50-20 Fs, plats 24-49 Fs.* Sur la pittoresque place centrale du vieux Thoune, belle bâtisse aux volets rouges, avec un lion sculpté et menaçant à l'angle du bâtiment. Une dizaine de chambres avec parquet flottant et lavabo, mais douche et toilettes sur le palier. Essayer d'en avoir une sur la place, elles sont plus lumineuses. Resto avec terrasse calme et agréable.

### De prix moyens à chic

***Schwert Hotel & Restaurant :*** *Untere Hauptgasse 8. ☎ 033-221-55-88. • schwert-thun.ch • À deux pas de Rathausplatz. Resto ouv mar-sam. Doubles 150-230 Fs, petit déj inclus.* Derrière cette belle façade XVIIIe, 7 chambres charmantes et toutes différentes, avec ou sans salle de bains. Certaines sont immenses, avec une touche design années 1950 ; d'autres sont plus petites, comme le nid d'amour donnant sur la cour (salle de bains dans celle-ci). Toutes ont de la personnalité, et la terrasse sur les toits a achevé de nous séduire.

***Altes Waisenhaus :*** *Bälliz 61. ☎ 033-223-31-33. À mi-chemin entre la gare et le vieux quartier de Thoune. Tlj. Menus le midi en sem 20-30 Fs, plats 25-40 Fs.* Légèrement en retrait de la principale rue commerçante, un resto italien installé dans une ancienne fabrique de soie. Au choix : intérieur au cadre contemporain, assez classe et intime, avec une salle donnant sur la rivière ; ou vastes terrasses bien ombragées qui font le plein le midi. Cuisine italienne de bon aloi.



## À voir

Dans la vieille ville, parcourir l'étonnante *Obere Hauptgasse* et ses deux niveaux de magasins : les toits des uns servent de trottoir aux autres. Cette rue conduit à la Rathausplatz, avec son ***hôtel de ville*** à arcades (XVIe et XVIIe s).

De là, un escalier couvert en bois monte au ***château.*** Ce bâtiment serait l'unique construction fortifiée édifiée par les Zähringen encore conservée (début du XIIe s). Le donjon et ses quatre tourelles sont d'inspiration normande.

– ***Le Musée historique :*** *à l'intérieur du château. ☎ 033-223-20-01. • schlossthun.ch • Fév-mars, tlj 13h-16h ; avr-oct, tlj 10h-17h ; nov-janv, dim slt (mais tlj pdt vac de Noël) 13h-16h. Entrée : 10 Fs ; réduc.* Meubles et jouets anciens, divers objets traditionnels, quelques remarquables tapisseries des XIVe-XVe s. Celle de la *Madone au croissant de lune entourée de saints* a été piquée à Charles le Téméraire après la bataille de Grandson (1476). Impressionnante salle des Chevaliers. Depuis la tour, belle vue sur la ville. Expos temporaires également.

***Kunstmuseum*** *(musée d'Histoire de l'art)* **:** *Hofstettenstrasse 14. ☎ 033-225-84-20. • kunstmuseumthun.ch • Mar-dim 10h-17h (19h mer). Fermé lun. Entrée : 10 Fs ; réduc.* Au bord de l'Aar, le grand hôtel Thunerhof abrite des œuvres d'artistes suisses des XIXe et XXe s plus ou moins connus. Parmi les figures de proue : Paul Klee, Cuno Amiet, Ferdinand Hodler.

# INTERLAKEN (3800) 5 500 hab.

• Plan *p. 291*

**Entre les lacs de Thoune et de Brienz (comme son nom l'indique), la ville, à 570 m d'altitude, est essentiellement une station d'été d'où l'on part pour des randonnées en montagne ou des balades sur les lacs. C'est aussi un spot de parapente, idéal avec sa grande pelouse d'atterrissage au milieu de la ville. Mais Interlaken est aussi une des étapes en Europe pour les touristes japonais (premiers visiteurs étrangers !) et chinois qui veulent voir les Alpes et font une étape rapide à la Jungfrau. Résultat : même si les beaux palaces du début du XXe s qui jalonnent l'artère principale ont conservé toute leur splendeur, on y trouve aussi des boutiques de souvenirs un peu partout et un nombre croissant de restaurants asiatiques !**

## Arriver – Quitter

➢ ***En voiture :*** autoroute de Berne et Thoune. De Lucerne, par Sarnen et le col du Brünig.

➢ ***En train :*** ligne ferroviaire Berne-Thoune-Interlaken, très bien desservie. 1 train/j. direct depuis Paris. Les trains arrivent à la *gare d'Interlaken-Ouest (plan A2 ; ☎ 031-327-47-50).* Trains entre Interlaken, Lauterbrunnen, Wengen et Grindelwald depuis la *gare d'Interlaken-Est (☎ 033-828-73-19)* où arrive aussi le *Luzern Interlaken Express.* Également un point d'information.

➢ ***En bateau :*** *☎ 058-327-48-11. • bls.ch/schiff •* Port intermédiaire entre les lacs de Thoune et de Brienz (attention, en hiver, pas de navigation sur le lac de Brienz).

## Adresses et info utiles

***Office de tourisme*** *(plan B1)* **:** *Höheweg 37. ☎ 033-826-53-00. • interlaken.ch • Dans le bâtiment de l'hôtel Métropole. Juil-août, lun-sam 8h-20h (17h sam), dim 10h-16h ; le reste de l'année, horaires réduits et fermé sam ap-m et dim.* Une télé permet de voir en permanence et en direct le temps qu'il fait sur toute la région (la Jungfrau notamment). Système de résa d'hôtels gratuit par téléphone à l'extérieur du bâtiment, ainsi qu'aux gares d'Interlaken-Ouest et Interlaken-Est.

✉ ***Poste*** *(plan B1)* **:** *Marktgasse 1. ☎ 033-824-89-50.*

■ ***Location de vélos :*** *à la gare d'Interlaken-Ouest, Bahnhofplatz (plan A2). ☎ 033-823-15-34. Tlj. Loc de vélos classiques 35 Fs/j.* Également des vélos électriques.

LE CANTON DE BERNE

■ ***Location de voitures :*** ***Hertz,*** *Harderstrasse 25.* ☎ *033-822-61-72 ;* ***Europcar,*** *Höheweg 39.* ☎ *033-823-28-40.*

– Comme dans de nombreux endroits, en logeant à Interlaken, vous obtenez une ***Gästekarte*** (carte de séjour) permettant d'obtenir la gratuité dans les bus et des réductions pour les visites de musées et certaines activités.

## Où dormir à Interlaken et dans les environs ?

### Campings

Plusieurs terrains le long de la rivière Lombach, à l'ouest d'Interlaken. Tous avec plage mais à des prix parfois élevés.

⛺ ***Hobby*** *(hors plan par A1,* ***10****) : Lehnweg 16, à* ***Unterseen.*** ☎ *033-822-96-52.* • *campinghobby.ch* • ♿ *À 2,5 km env de la gare d'Interlaken-Ouest ; bus n° 21, arrêt « Schiessstand », puis 300 m à pied. Avr-fin sept. Selon saison et type d'emplacement, env 42-57 Fs pour 2 avec tente et voiture.* 📶 Petit camping impeccable de 80 emplacements à l'écart de la ville, bien sous tous rapports. Pelouse, vue dégagée et très bon accueil. Lave-linge et sèche-linge, barbecue. Côté activités, ping-pong, balançoire et jeux pour enfants. Petite piscine hors d'eau en juillet-août.

⛺ ***Lazy Rancho*** *(hors plan par A1,* ***11****) : Lehnweg 6, à* ***Unterseen.*** ☎ *033-822-87-16.* • *lazyrancho.ch* • *À 3 km env de la gare d'Interlaken-Ouest ; bus n° 21, arrêt « Schiessstand », puis 500 m à pied. Mai-fin oct. Selon emplacement et saison, env 40-52 Fs pour 2 avec tente et voiture. Bungalows équipés pour 4 pers 800-1 200 Fs/sem et igloos en bois (4 pers) 46-60 Fs/nuit selon saison, min 2 nuits.* 📶 À côté du précédent camping, en pleine nature et très agréable là encore. Épicerie et jeux pour enfants. Piscine.

### De bon marché à prix moyens

🏠 ***Backpackers Villa Sonnenhof*** *(plan B2,* ***12****) : Alpenstrasse 16.* ☎ *033-826-71-71.* • *villa.ch* • *À mi-chemin entre les gares d'Interlaken-Ouest et Est (10 mn de marche). Bus n° 102 depuis la gare. Tte l'année. À partir de 39,50 Fs/pers en eco-room 6 lits ; à partir de 47 Fs/pers en comfort room (1-6 lits) avec douche ; doubles 64-74 Fs/pers, petit déj inclus.* 💻 📶 Composé de 2 bâtiments : une grande villa et une bâtisse moderne en ardoise très design, en face d'une immense pelouse. Dans le bâtiment ancien, chambres avec douches et w-c sur le palier. L'ensemble a du style et frise la perfection (escaliers à moulure et rampe en bois dans la partie ancienne) : côté confort, propreté, accueil et environnement, on ne tarit pas d'éloges ! Cuisine, machines à laver et sèche-linge à disposition. Avec la *guest card,* accès libre à la piscine et au minigolf de la ville. Bar ouvert jusqu'à 23h. Très agréable jardin avec terrasse. École de parapente sur place. Bonnes vibrations.

🏠 ***Alplodge Backpackers*** *(plan A1,* ***14****) : Marktgasse 59.* ☎ *033-822-47-48.* • *alplodge.com* • *En plein centre. Compter 25-35 Fs en dortoir (max 6 pers) selon taille et saison, doubles 120-180 Fs sans ou avec sdb, petit déj inclus.* 📶 Cette structure bicéphale propose, adossée au bel hôtel *Bellevue,* une auberge qui n'a pas à rougir de ses chambres contemporaines, gaies et lumineuses pour la plupart. Certaines ont vue sur la rivière et même un petit balcon. Le bonus, c'est la salle à manger avec ses grandes baies vitrées et sa terrasse au 4e étage, avec la cuisine attenante. Une adresse bien agréable, qui ne badine pas avec l'entretien et ne manque pas de charme.

🏠 🍴 ***Balmer's Herberge*** *(plan B2,* ***15****) : quartier de Matten (à 2 km du centre), Hauptstrasse 23.* ☎ *033-822-19-61.* • *balmers.com* • *À 15 mn de la gare d'Interlaken-Ouest ; prendre la Bahnhofstrasse, puis la Centralstrasse et la Jungfraustrasse. Tte l'année. Résa 2-3 mois à l'avance en été. Compter 35 Fs/pers en dortoir 4-6 lits, doubles*

LE CANTON DE BERNE

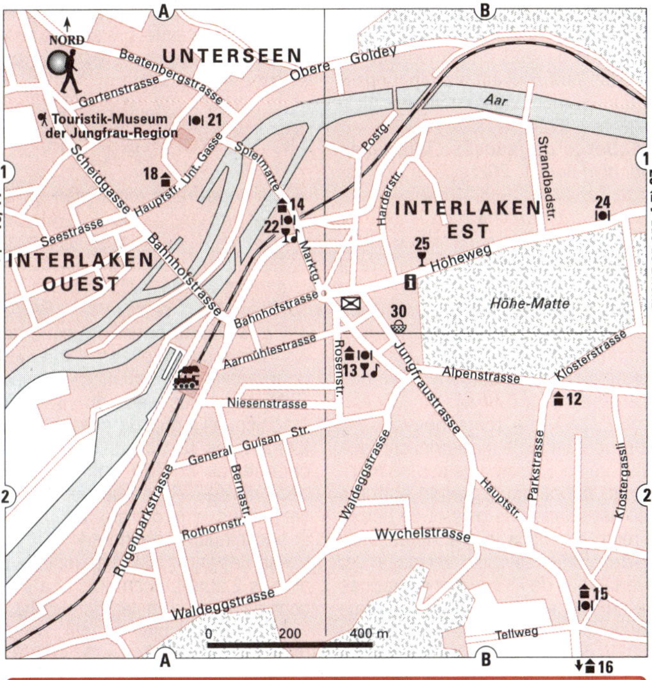


## INTERLAKEN

| | |
|---|---|
| **Adresse utile** | **Où manger ?** |
| Office de tourisme | **13** Brasserie 17 |
| **Où dormir ?** | **21** Benacus |
| **10** Hobby | **22** Goldener Anker |
| **11** Lazy Rancho | **24** Restaurant Pizzeria des Alpes |
| **12** Backpackers Villa Sonnenhof | **Où boire un verre ? Où écouter de la musique ?** |
| **13** Happy Inn Lodge | **13** Brasserie 17 |
| **14** Alplodge Backpackers | **22** Goldener Anker |
| **15** Balmer's Herberge | **25** Top o' Met |
| **16** Lavendelhaus | **Où acheter du bon chocolat ?** |
| **18** Hôtel Rössli | **30** Funky Chocolate |
| **20** Auberge de jeunesse Interlaken | |

*81-130 Fs, petit déj inclus.* Une institution que cette auberge de jeunesse non standardisée et pleine de personnalité de 240 lits, qui parvient même à être animée en plein mois de novembre. Un ensemble de chalets en bois sympathiquement aménagés. Dortoirs avec lavabo jusqu'à 10 lits à l'*hostel,* chambres avec TV et cuisine (à partager avec une autre chambre) dans la *guesthouse.* Des tentes également. Cuisine commune, laverie, bar et restaurant sur place, mais aussi bibliothèque et billard, pour fraterniser avec les jeunes routards américains, qui ont fait de ce lieu leur point de ralliement.

Également un agréable jardin avec des tables et un jeu d'échecs géants. Et juste en face, le ***Balmer's club*** ouvre ses portes du jeudi au samedi soir de 21h à 3h. Bref, tout est prévu pour passer un bon moment et rencontrer plein de gens.

***Auberge de jeunesse Interlaken*** *(hors plan par B1,* ***20****) : Untere Bönigstrasse 3a. ☎ 033-826-10-90. • youthhostel.ch/interlaken • À deux pas de la gare d'Interlaken-Est (Bahnhof Ost). Tte l'année. À partir de 37,50 Fs/pers en dortoir de 6 lits – 39,50 Fs/pers en dortoir de 4 lits – avec lavabo, douche sur le palier. Doubles à partir de 125 Fs avec douche et w-c. Petit déj, draps et taxes inclus. Pour les non-adhérents, supplément de 7 Fs/pers. Repas 17,50 Fs.* Une toute nouvelle AJ dans un bâtiment moderne cubique mais lumineux, avec vue sur les montagnes. À l'intérieur, grande sobriété avec association de bois et de béton. Le resto-bar dans la grande salle du rez-de-chaussée avec terrasse est ouvert à tous de 7h à minuit et propose une cuisine avec de nombreux plats exotiques. Laverie, salle de billard et location de vélos.

***Happy Inn Lodge*** *(plan B2,* ***13****) : Rosenstrasse 17. ☎ 033-822-32-25. • happyinn.com • En plein centre, à 5 mn à pied de la gare d'Interlaken-Ouest. Selon saison, 25-33 Fs/pers en dortoir 3-6 lits, doubles 62-82 Fs, douche et w-c sur le palier, et 88-108 Fs avec salle de bains privative. Fait également resto, à la* Brasserie 17 *(voir « Où manger ? »).* 16 chambres, 60 lits en dortoirs ou chambres joliment aménagés. Ambiance routarde, mais pas de laverie ni de cuisine. Musique (blues, pop, jazz) en live le jeudi soir. Pour plus de calme, préférer les chambres au 2e étage car le resto se trouve au rez-de-chaussée.

## De prix moyens à chic

***Lavendelhaus*** *(hors plan par B2,* ***16****) : Kirchgasse 23, 3812* ***Wilderswil.*** *079-247-12-36. • lavendelhaus.ch • À 3 km au sud d'Interlaken (à 200 m de la gare de Wilderswil). Doubles 130-180 Fs selon taille et saison. Petit déj 10 Fs.* Il faut pousser jusque dans les hameaux mitoyens d'Interlaken pour trouver des chalets traditionnels. Celui-ci, le plus vieux du village, est magnifique ! Coup de cœur pour ses 2 chambres rustico-chic pleines de charme, au confort optimal et à la déco raffinée. Petit déjeuner délicieux servi dans le jardin aux beaux jours et accueil ultra-attentionné de la maîtresse des lieux, Claudia, qui loue par ailleurs 2 autres chambres (2 à 4 personnes) dans un chalet tout proche.

***Hôtel Rössli*** *(plan A1,* ***18****) : Hauptstrasse 10, à* ***Unterseen.*** *☎ 033-822-78-16. • roessli-interlaken.ch • À 10 mn du centre et de la gare d'Interlaken-Ouest. Fermé 1re quinzaine de janv. Doubles 100-206 Fs selon saison et confort, petit déj inclus.* Hôtellerie classique aux chambres lambrissées et fonctionnelles sans mauvaise surprise. Les moins chères ont la douche et les toilettes sur le palier, alors que celles de catégorie supérieure *(standard plus)*, avec balcon, sont les plus agréables. Accueil en français.



# Où manger ?

## De bon marché à prix moyens

***Brasserie 17*** *(plan B2,* ***13****) : Rosenstrasse 17 (même adresse que le* Happy Inn Lodge*, voir « Où dormir à Interlaken et dans les environs ? »). Tlj sf dim midi. Menu déj env 14,50 Fs, plats 16-27,50 Fs env.* Les adresses pour se sustenter à prix sages ne courent pas les rues à Interlaken ! En voilà une fréquentée par une clientèle jeune, qui boit plus qu'elle ne mange ! Du coup, on est aussi à l'aise pour manger aussi bien un croque-monsieur qu'un plat de *ribs* (spécialité maison). Évidemment, on y sert la bière locale, la *Rugenbräu*. Aux beaux jours, terrasse.

***Restaurant Pizzeria des Alpes*** *(plan B1,* ***24****) : Hoeweg 115. ☎ 033-822-23-23. Tlj jusqu'à 23h. Fondues à* *partir de 25 Fs.* Un resto style brasserie qui propose toutes sortes de fondues mais aussi des pizzas cuites au four à bois et des spécialités suisses. Belle vue sur les montagnes environnantes et grande terrasse en été. Service efficace.

**Goldener Anker** *(plan A1,* ***22****) : Marktgasse 57. ☎ 033-822-16-72. Tlj 16h-1h30 (service jusqu'à 22h30). Menu du jour env 25 Fs, plats 25-48 Fs.* Derrière ses volets verts, un resto-bar au cadre et à l'atmosphère très agréables, qui propose un choix d'assiettes renouvelé régulièrement. Cuisine classique (soupes, salades, pâtes) ou plus originale avec des touches exotiques (asiatiques en particulier), et quelques plats végétariens. Les petites portions *(kleine Portionen)* sont bien suffisantes pour être rassasié et permettent de faire quelques économies. Service jeune et sympa. Organise des concerts (voir « Où boire un verre ? Où écouter de la musique ? »).

### De prix moyens à chic

**Benacus** *(plan A1,* ***21****) : Kirchgasse, à* ***Unterseen.*** *☎ 033-821-20-20. À 5 mn du centre : de Centralplatz, suivez la Marktgasse, traversez les 2 ponts, vous y êtes. Ouv 17h-0h30. Fermé dim-lun. Plats 18-44 Fs.* Un resto-vinothèque dont le cadre joue dans un registre contemporain sobre et assez branché. Terrasse agréable sur la jolie place. La cuisine gastro, à base de produits frais, change quotidiennement et tient toutes ses promesses : elle est moderne, créative et goûteuse. Des tapas également. Carte des vins éclectique, avec une bonne sélection au verre.

## Où boire un verre ? Où écouter de la musique ?

**Brasserie 17** *(plan B2,* ***13****) : Rosenstrasse 17. Voir « Où manger ? ». • brasserie17.ch • Tlj 8h30 (17h dim)-0h30.* Accueille le jeudi soir, de septembre à juin, des groupes de blues, rock ou jazz suisses et étrangers. Une vingtaine de bières. Bonne ambiance.

**Goldener Anker** *(plan A1,* ***22****) : Marktgasse 57. Voir « Où manger ? ». • anker.ch •* Un coin resto mais aussi un coin bar-*lounge* avec billard. Quelques concerts de temps en temps, métissage musical de rigueur ! Un endroit sympathique pour prendre un verre le soir (nombreux cocktails).

**Top o' Met** *(plan B1,* ***25****) : Hoheweg 37. Au dernier étage de l'hôtel* Métropole. *Tlj 8h-23h. Oct-mai 10h-22h.* La seule tour de la ville offre une vue panoramique depuis son resto. À défaut d'y manger, vous pouvez y prendre un pot en terrasse tout en admirant le paysage et les sommets avec les jumelles que l'on vous prêtera gracieusement.

## Où acheter du bon chocolat ?

**Funky Chocolate** *(plan B1-2,* ***30****) : Jungfraustrasse 35. 078-606-35-48. Fondue chocolat pour 2, 27 Fs ; chocolat chaud 6,50 Fs.* Une boutique qui propose aussi d'apprendre à faire son chocolat et d'emporter ensuite ses tablettes.

## À voir. À faire

**Unterseen** *(plan A1) : un quartier calme et touristique, à 10 mn à pied du centre d'Interlaken (passer le pont).* Voir la belle place ancienne (XVIIe-XIXe s) et son hôtel de ville datant de 1471.

– ***Touristik-Museum der Jungfrau-Region*** *(musée du Tourisme de la région de la Jungfrau ; plan A1) : Obere Gasse 28. ☎ 033-822-98-39. • touristikmuseum.ch • De mai à mi-oct, tlj sf lun 14h-17h. Entrée : 5 Fs ; réduc.* Sur quatre niveaux, toute l'histoire du développement du tourisme dans le massif de la Jungfrau. Diligence postale, vélos, maquettes de train et évocation de l'évolution du matériel des sports d'hiver. Expo temporaire au dernier étage.

**Harder Kulm :** *à 5 mn de la gare d'Interlaken-Est, de l'autre côté de l'Aar, le funiculaire monte les 720 m de dénivelée en 10 mn. 32 Fs A/R ; réduc. Ouv du dernier w-e d'avr à fin oct. 1er départ à 8h10, puis ttes les 30 mn.* Montée et descente à pied – très pentues – sont réservées aux bons marcheurs (compter 2h). En haut (1 322 m), départ de balades, très faciles ou plus périlleuses mais toujours splendides. Une excursion facile et inoubliable pour le magnifique panorama avec vue sur les lacs de Brienz et de Thoune, qui encadrent Interlaken et au fond le Jungfrau. Bar-restaurant panoramique dans un bâtiment ancien.

➢ Évidemment, très nombreuses possibilités de ***balades*** et de ***randonnées*** le long des lacs. Pour les familles, plusieurs propositions sans difficulté. Infos à l'office de tourisme.

– ***Baignade :*** revigorante, dans les lacs de Thoune et de Brienz (le plus frisquet, avec une eau autour de 17 °C l'été) ! Plusieurs plages aménagées, comme celle de Niederried sur la commune de Ringgenberg (lac de Brienz), avec douche et bancs sur la pelouse. Sur le lac de Thoune, plages à Neuhaus.

– ***Visites de fermes :*** avec dégustation des produits de la ferme et traite des vaches à la clé. Infos à l'office de tourisme.

## Manifestations

– ***Greenfield Festival :*** *un w-e mi-juin. • greenfieldfestival.ch •* S'y produisent de nombreux groupes reconnus sur la scène rock indépendante internationale.
– ***Spectacle de Guillaume Tell :*** *en général, mar, jeu et w-e fin juin-début sept. Résas : ☎ 033-822-37-22. • tellspiele.ch • Places : 26-62 Fs selon emplacement ; réduc. Les enfants de moins de 6 ans ne sont pas admis.* La pièce de Schiller, qui raconte évidemment l'histoire du héros légendaire de l'indépendance suisse, est jouée depuis 1912 par des gens de la région. À Matten, en bordure d'Interlaken, c'est un vrai spectacle populaire : 170 acteurs (amateurs) ou figurants, des chevaux, du bétail et le décor naturel de la forêt du Rugen.
– ***Jungfrau Marathon :*** *début sept. • jungfrau-marathon.ch •* La course à pied la plus difficile d'Europe. Depuis le lac de Brienz jusqu'au pied de la paroi nord de l'Eiger, plus de 42 km de parcours avec une dénivellation de 1 820 m.



## DANS LES ENVIRONS D'INTERLAKEN

Interlaken est surtout le point de départ vers l'un des sommets de la région : le ***Jungfraujoch,*** à 3 454 m, et le ***Schilthorn,*** à 2 970 m (voir respectivement les chapitres consacrés à Grindelwald et Lauterbrunnen). Le train passe d'abord par Interlaken-Est. *Depuis cette gare, la plus éloignée de la gare d'arrivée, compter 210,80 Fs l'A/R ; réduc.* Le massif de la Jungfrau constitue un cadre magnifique pour de belles randonnées en été. Le domaine skiable est l'un des plus importants de Suisse. Quelques possibilités de s'en sortir à moindre coût (tout relatif) en épluchant les nombreux prospectus des offices de tourisme.

**Sankt Beatus Höhlen** (grottes de Saint-Beatus) **:** *☎ 033-841-16-43. • beatushoehlen.ch • À 7 km d'Interlaken en direction de Thoune, au bord du lac (entre Unterseen et Merligen). Bus n° 21 depuis la gare Ouest, arrêt « Beatushöhlen ». Possibilité également d'y aller en bateau ; descendre à « Beatushöhlen-Sundlauenen ». De mi-mars à mi-nov, tlj 9h30-17h. Visite guidée ttes les 45 mn env. Entrée : 18 Fs ; réduc.* Au VIe s, les grottes ont servi de refuge au saint en question et sont ensuite devenues un lieu de pèlerinage. Cascades, petits lacs, stalactites et stalagmites forment un impressionnant paysage souterrain, que l'on peut visiter sur environ 1 km (sur un total de 14 km). Idéal par temps de pluie, prévoir une petite laine (la température est de 9 °C). Petit musée pédagogique sur la géologie et la spéléologie *(ouv tlj 11h30-17h30).* Resto panoramique.

# GRINDELWALD

(3818) 3 800 hab.

**Station de montagne au cœur de la région de la « Jungfrau ». Si ce sommet (4 158 m d'altitude) constitue la carte de visite des Alpes bernoises, c'est surtout grâce à sa station ferroviaire basée à 3 454 m, la plus haute d'Europe ! Inutile de décrire les flots de visiteurs du monde entier qui s'engouffrent chaque année dans le petit train à crémaillère, ni d'ailleurs le spectacle époustouflant qui les attend... Mais Grindelwald est aussi une station sans prétention (malgré quelques hôtels 4 étoiles), et surtout sans vieux centre pittoresque (le village a brûlé à la fin du XIXe s). Le domaine forme, avec Kleine Scheiddeg et First, le plus grand espace skiable de la région (200 km).**

## Arriver – Quitter

➢ ***En voiture*** ou ***en train*** en 35 mn depuis Interlaken-Est. Liaisons ttes les 30 mn env.

Attention, à Grindelwald, il y a ***2 gares :*** la *principale,* au centre *(Bahnhof, ☎ 033-828-75-40)* et la station de *Grund,* à 2 km env du centre *(☎ 033-828-75-22),* qui dessert Kleine Scheidegg et la Jungfraujoch.

## Adresse et info utiles

***Office de tourisme :*** *Dorfstrasse 110. ☎ 033-854-12-12. • grindelwald.ch • À droite peu après la gare. En saison, tlj 8h (9h dim)-12h, 13h30-18h (19h en été ; 17h dim) ; le reste de l'année, mêmes horaires, mais fermé sam ap-m et dim.* Documentation pléthorique. Abondance d'offres de location d'appartements. Vente d'itinéraires de randonnée.

– La taxe de séjour perçue sur chaque nuitée (y compris dans les campings) donne droit à une ***Gästekarte*** (carte de séjour) permettant d'obtenir des réductions sur certains moyens de transport et activités.

## Où dormir ? Où manger ?

De nombreux établissements ferment leurs portes de Pâques à fin mai-début juin, puis de mi-octobre à mi-décembre.

### Camping

***Camping Gletscherdorf :*** *à 1,5 km après le village, sur la droite. ☎ 033-853-14-29. • gletscherdorf.ch • Mai-oct. En saison, env 40 Fs pour 2 avec voiture et tente.* Le camping jouit du même cadre grandiose que le village de Grindelwald, au pied de l'Eiger.

### De bon marché à prix moyens

***Mountain Hostel :*** *à 3 mn à pied de la gare (station « Grund ») et à*

LE CANTON DE BERNE

*15 mn à pied du centre-ville. ☎ 033-854-38-38. • mountainhostel.ch • Fermé de mi-avr à début juin et en nov. Réception 9h-12h, 16h-21h. Par pers et selon confort (basic avec sac de couchage, ou option duvet nordique), 35-39 Fs en dortoir 4-6 lits et 49 Fs en chambre à 2 lits ; supplément pdt les vac de Noël et w-e d'hiver pour les chambres* deluxe *; réduc si l'on apporte son propre couchage ; petit déj compris.* Un *backpackers* dans un bâtiment moderne peint tout en bleu, avec vue sur l'Eiger, parfaitement tenu et plutôt sympa. Grandes chambres de 2 à 6 lits avec lavabo. Laverie et billard. *Biergarten lounge* (l'été) et *Chügla bar* (l'hiver) pour se réchauffer en soirée.

**Auberge de jeunesse :** *Geissstutzstrasse 12. ☎ 033-853-10-09. • youthhostel.ch/grindelwald • À 2 km env de la gare principale, au-dessus du village. De la gare, bus (direction Oberer Gletscher), arrêt « Naturfreundehaus ». Accueil 16h-22h. Fermé de début avr à mi-mai et de fin oct à mi-déc. Compter 36,50-40,50 Fs/pers en dortoir ou chambre collective ; supplément de 7 Fs pour les non-membres ; doubles 97-118 Fs ; petit déj compris. Repas 17,50 Fs.* Dans le calme et les arbres, un chalet traditionnel et un bâtiment récent, ainsi qu'un cabanon, avec vue splendide sur la face nord de l'Eiger. Chambres de 2 à 6 lits.

**Downtown Lodge :** *Dorfstrasse 152. Tte l'année. ☎ 033-828-77-30. • downtownlodge.ch • Au centre du village, après l'office de tourisme sur la droite. Réception 7h30-12h, 16h30-21h30. Par pers et selon saison, 39-52 Fs en dortoir 4-40 lits et 50-65 Fs en chambre double, petit déj compris (ajouter 10 % ven-sam) ; apporter son sac de couchage pour les dortoirs.* Plusieurs dortoirs répartis dans des bungalows genre préfabriqués. Un peu sombres, mais ambiance plutôt sympathique. Douches et sanitaires communs. Bar-resto, billard, baby-foot.

## Prix moyens

**Lehmann's Herberge :** *Ahornengässli 2, à 200 m de l'office de tourisme. ☎ 033-853-31-41. • lehmanns-herberge.ch • À deux pas du centre bruyant et des 4-étoiles en béton. Fermé fin avr-début mai et de fin oct à mi-déc. Doubles env 100-120 Fs, petit déj inclus ; également des chambres pour 6 pers.* Un chalet planté peinard dans un coin tranquille avec une belle vue. Chambres vieillottes mais bien adaptées aux familles, notamment celles du 1er étage avec coin cuisine, qui communiquent entre elles. Accueil dynamique d'un couple avec de jeunes enfants.

**Panorama :** *Terrassenweg 141. ☎ 033-853-20-10. • gasthofpanorama.ch • Au-dessus du village. De mi-avr à début oct. Doubles avec douche et w-c à partir de 120 Fs, petit déj inclus.* Un chalet dans la verdure, à l'écart du centre-ville. Certaines chambres avec balcon offrent une vue imprenable sur les montagnes et la vallée. Fait également resto.

**Bistro Memory :** *Dorfstrasse 133, dans l'hôtel* Eiger, *en plein centre. ☎ 033-854-31-31. Tte l'année, tlj. Menus déj intéressants (avec buffet de crudités) 13-18 Fs, plats 20-30 Fs.* Plats typiques (fondue, röstis) et spécialité de *baked potatoes* (au poulet, à l'avocat ou aux crevettes). Également des burgers. Intérieur chaleureux bardé de bois (très couleur locale, quoi !) ou petite terrasse en bord de rue.

**C & M Cafe und Mehr :** *dans la rue principale, à 10 mn de l'office de tourisme. ☎ 033-853-07-10. Fin mai-oct et déc-avr, tlj sf mar. Menus le midi 20-23 Fs, plats 20-50 Fs le soir.* Un sympathique resto tout en bois, avec une agréable terrasse qui surplombe la vallée. Bonne cuisine de saison et accueil sympa.

## Chic

**Glacier :** *Endweg 55. ☎ 033-853-10-04. • glacierhotel.ch • À 1,5 km du centre-ville en direction de Grund. Resto fermé lun hors saison. Congés : début avr-début mai et de mi-nov à mi-déc. Doubles tt confort 170-220 Fs selon saison et vue, petit déj inclus.* Notre adresse pour un petit extra à Grindelwald, dans une ambiance chalet

LE CANTON DE BERNE

classe. Les chambres sont toutefois très classiques, voire banales. Les moins chères donnent sur l'arrière (tant pis pour la vue !). Au resto, on mange en contemplant l'Eiger.

## À voir. À faire

Le **Jungfraujoch :** *rens au Jungfraubahnen, ☎ 033-828-72-33. • jungfrau.ch • Également accessible depuis Wengen. Y monter par temps clair slt (sinon, c'est de l'argent gaspillé !), en emportant un vêtement chaud et des chaussures qui résistent à la neige (même en été). Pour les conditions météo, consulter la télévision locale à l'office de tourisme. Attention, accès limité aux 5 000 premières pers se présentant ou ayant réservé. Arriver tôt (vente des billets dès 7h) ou faire sa résa la veille 16h-18h. Départs ttes les 30 mn 7h15-15h45, retours jusqu'à 17h45 en été (16h40 le reste de l'année). Tarifs : 190 Fs/pers l'A/R, au départ de Grindelwald ; réduc, toutefois, pour les lève-tôt (*good morning ticket*) ; gratuit moins de 6 ans ; réduc. Départs depuis les 2 gares ferroviaires. Compter 1h40 de trajet aller. Formule intéressante en été, le* Jungfrau Railways Pass, *valable 6 j. d'affilée sur le réseau ferroviaire de la Jungfrau et Männlichen : 255 Fs adulte ; réduc. Il donne droit à 50 % de réduc sur le trajet Kleine Scheidegg-Jungfraujoch.*

Le train à crémaillère grimpe d'abord jusqu'à la Kleine Scheidegg. Changement de train pour la Jungfrau (la gare la plus haute d'Europe, à 3 454 m). On pénètre dans la paroi rocheuse de l'Eiger, puis on s'arrête pour contempler les glaciers à travers une baie vitrée. Plaque commémorative de la première ascension de la face nord de l'Eiger, réalisée par une cordée où se trouvait Heinrich Harrer (l'alpiniste autrichien joué par Brad Pitt dans *Sept ans au Tibet,* de Jean-Jacques Annaud). Deuxième arrêt de 5 mn au cœur du glacier de l'Eismeer, magnifique panorama sur les moraines. Au sommet, le spectacle continue : vue grandiose depuis la terrasse supérieure, sur la plaine et les alpages du côté bernois, et perspective sublime sur la majestueuse langue bleutée de 22 km du glacier d'Aletsch du côté valaisan.

Bien sûr, on n'échappe pas aux boutiques de souvenirs et hordes de touristes. Deux restos : un chic et un self ; nourriture chère, prenez votre pique-nique. Visite du *palais des Glaces,* une galerie percée dans le permafrost à 7 ou 8 m de profondeur : petits boyaux et sculptures de glace.

Possibilité d'aller se balader en été en bordure du glacier : de juin à septembre, piste de *snowdisk* (sorte de luge), attelages de huskies, petite piste de ski et départ de treks légers pour aller titiller les entrailles du glacier (équipement convenable requis, bien sûr). À 45 mn de marche, refuge avec restauration et boissons. Marche lente de rigueur pour éviter le mal des montagnes. Excellente brochure technique en français sur le Jungfraujoch, sa construction et son environnement.

Sans monter jusqu'au Jungfraujoch, on peut s'offrir d'autres excursions, par exemple jusqu'à la ***Kleine Scheidegg*** en train (départ toute l'année depuis les deux gares ferroviaires), jusqu'à ***First*** en télécabine (départ à 400 m environ de la gare principale), point de départ de merveilleuses balades vers le ***Bachalpsee*** dans un paysage de rêve de flore alpestre, surtout au clair de lune, ou jusqu'au ***Männlichen*** (2 230 m) par le trajet en télécabine le plus long d'Europe (6,2 km ; départ à quelques centaines de mètres de la gare de Grund). Ou encore jusqu'aux belles ***gorges de Gletscherschlucht,*** accessibles de mi-mai à mi-octobre. Les marcheurs peuvent combiner des trajets à pied et en train/télécabine. Ils compteront 1h45 de marche entre Männlichen et Kleine Scheidegg, 3h30 pour le trajet Kleine Scheidegg-Holenstein-Grindelwald. L'office de tourisme fourmille d'autres propositions, avec cartes détaillées à la clé.

# LA VALLÉE DE LAUTERBRUNNEN (LAUTERBRUNNENTAL)



**En arrivant à Lauterbrunnen, on se croirait vraiment face à un tableau du plus pur romantisme : les rochers verticaux forment comme une porte s'ouvrant sur les glaciers, et une cascade tombe presque sans remous et sans bruit au-dessus du village. En montant à Wengen, accessible seulement en train, le spectacle continue, avec la Jungfrau qui se rapproche. Dans la région, la nature est reine, et les villages savent se faire discrets, sans verrue de béton.**

## Arriver – Quitter

➢ ***Par la route, puis en train :*** d'Interlaken, direction Grindelwald. Au bout de 6 km, laissez la vallée de Grindelwald sur votre gauche pour monter vers Lauterbrunnen. Là, garez votre voiture dans l'un des parkings (chers) pour prendre le train de Wengen (départ min ttes les 30 mn).

➢ ***En train :*** d'Interlaken-Est.

LE CANTON DE BERNE

# LAUTERBRUNNEN (3822) 2 500 hab.

**Autant la vallée est belle, autant le village est quelconque. Des adresses bon marché tout de même, d'où l'on peut aisément parcourir la région.**

## Adresses utiles

🛈 ***Office de tourisme :*** *rue principale. ☎ 033-856-85-68. • lauterbrunnen.swiss • À gauche en sortant de la gare. Juin-sept, tlj 8h30-12h, 13h30-18h ; le reste de l'année, lun-ven 9h-12h, 13h30-17h.*

***Gare :*** *dans la rue principale. ☎ 033-828-70-38.*

■ ***Location de vélos : Imboden Sport,*** *☎ 033-855-21-14. Tlj 9h-18h30.*

## Où dormir ?

### Camping

***Camping Jungfrau :*** *à 2 km de la gare, un peu à l'écart du village. ☎ 033-856-20-10. • camping-jungfrau.ch • Fléché depuis la rue principale sur la droite, quelques mètres avt l'église (en venant d'Interlaken). Tte l'année. Env 40-50 Fs pour 2 avec petite tente et voiture.* Grand camping bien équipé, au cœur de la vallée. Belle vue. Location de chalets en bois, de bungalows, de mobile-homes et de lits en formule *hostel*. Pas mal de monde et d'animation en saison. Restaurant.

### De bon marché à prix moyens

***Valley Hostel :*** *dans la rue principale. ☎ 033-855-20-08. • valleyhostel.ch • Presque en face de l'office* *de tourisme. Tte l'année. Env 28-38 Fs/pers en dortoir ou en double, petit déj en sus. Parking aisé.* Auberge de jeunesse de près de 70 lits en 17 chambres, tenu par un adorable couple ; les routards s'y sentiront comme chez papa et maman. La maison surplombe les voies de chemin de fer, mais les trains ne circulent pas la nuit. Très propre. Cuisine et laverie à disposition. Belle vue depuis les balcons des chambres sur les chutes de Staubbach.

**Gästehaus Im Rohr :** *en face de l'église. ☎ 033-855-21-82. • chaletimrohr.ch • Congés : de mi-avr à mi-mai. 33 Fs/pers avec lavabo ; douche sur le palier.* Dans une ancienne et grande maison en bois, chambres de 1 à 4 lits au charme désuet. Petit déj à se préparer soi-même (cuisine à disposition). Accueil à la bonne franquette de la patronne, qui parle le français.

**Hôtel Staubbach :** *dans la rue principale. ☎ 033-855-54-54. • staubbach.com • Congés : de nov à mi-déc. En été, doubles 130-180 Fs selon confort, petit déj inclus.* Un établissement où règne une atmosphère des années 1930, tant en matière de déco et d'ameublement que de musique. Quelques chambres ont été restaurées et sont baignées de clarté ; d'autres, plus sombres, semblent être restées dans leur jus. Le rapport qualité-prix nous a paru variable. Essayez donc de voir plusieurs chambres ; sinon, tâchez de tirer le bon numéro !

## Où dormir dans les environs ?

**Mountain Hostel :** *3826* ***Gimmelwald.*** *☎ 033-855-17-04. • mountainhostel.com • Accès slt par un téléphérique depuis Schilthornbahn (peu avt Stechelberg, où la route s'arrête). Pour rejoindre le téléphérique depuis Lauterbrunnen : bus à 100 m env à droite en sortant de la gare ferroviaire ; sinon, à pied, compter 1h30 de marche. Autre possibilité : prendre la télécabine pour Grüschalp (en face de la gare de Lauterbrunnen), puis un train jusqu'à Mürren ; de là, finir le voyage à pied (40 mn) ou prendre une autre télécabine. Tte l'année sf avr. Réception 8h30-12h, 18h-23h30. Nuitée 45 Fs en dortoir slt, draps et petit déj compris.* Petit *backpackers* de 56 lits en dortoir (6 à 16 lits), à 1 400 m d'altitude sur les flancs du Schilthorn. Petite restauration, pizzas. Cuisine à disposition, laverie. Idéal pour les randonnées et accès aux pistes de ski à 5 mn.

# DANS LES ENVIRONS DE LAUTERBRUNNEN

**Trümmelbach Fälle** (chutes du Trümmelbach) **:** *à 3 km de Lauterbrunnen. ☎ 033-855-32-32. • truemmelbachfaelle.ch • Bus entre Lauterbrunnen et les chutes ttes les 30 mn en saison, ttes les heures le reste de l'année. Avr-début nov, tlj 9h-17h (8h30-18h en juil-août). Entrée : 11 Fs ; réduc.* Un ascenseur de 100 m à l'intérieur de la montagne mène à d'impressionnantes chutes d'eau provenant de la fonte des neiges des parois de l'Eiger, du Mönch et de la Jungfrau en surplomb. Vraiment spectaculaire ! Grondement sourd de l'eau qui s'engouffre avec fracas, puis bouillonne dans d'immenses marmites naturelles avant de chuter à nouveau. Des parapets ont été aménagés aux endroits cruciaux. On ne se lasse pas du spectacle, même si on est mouillé par les gouttelettes d'eau en suspension. Ne pas manquer les chutes 1 et 2, tout en bas, peut-être les plus percutantes quand la montagne semble littéralement expulser à l'horizontale 20 $m^3$ d'eau par seconde. Prévoir un imperméable !

**Le Schilthorn :** *☎ 033-826-00-07. • schilthorn.ch • Départ à Stechelberg (station de Schilthornbahn), peu après Lauterbrunnen, par téléphérique. Une trentaine d'A/R par j. Tarifs : 105 Fs l'A/R (moins cher avt 8h55 et à partir de 15h25) ; réduc enfants. On peut aussi prendre le téléphérique à Mürren (82,20 Fs).* Un sommet de plus (2 970 m d'altitude), mais qui a la particularité d'accueillir un restaurant tournant fonctionnant à l'énergie solaire. En 1h, assis à sa table, on fait un tour complet en admirant le panorama sur 360°. Cette curiosité n'a pas échappé aux producteurs de James Bond, qui ont envoyé le célèbre agent secret y faire quelques acrobaties dans le film *Au service secret de Sa Majesté*. Les séquences en question sont projetées sur place.

## WENGEN (3823) 1 100 hab.

**Dans le décor grandiose du massif de la Jungfrau, une petite station, interdite aux voitures, qui n'a pas (encore ?) attrapé la grosse tête, même s'il faut bien reconnaître que les possibilités de logement à prix raisonnables se font rares.**

### Arriver – Quitter

On laisse son véhicule au parking de Lauterbrunnen et on prend le train. Une quarantaine de liaisons/j. dans les 2 sens, 6h-0h30. Accès possible également en train depuis Interlaken.

### Adresse utile

**Office de tourisme :** *dans la rue principale. ☎ 033-856-85-85. • wengen.ch • Juil-août, tlj 9h (10h dim)-22h ; le reste de l'année, tlj 9h-12h, 13h30-18h sf w-e Pâques-mai et de mi-oct à mi-déc.*

### Où dormir ? Où manger ?

#### De bon marché à prix moyens

**Bernerhof :** *dans la rue principale. ☎ 033-855-27-21. • hotelbernerhof.ch • Tte l'année. Doubles 136-180 Fs selon saison, petit déj compris. Plats 18-40 Fs.* Beau choix d'assiettes à prix raisonnables, comme la *spätzlipfanne* (sorte de pâtes) aux légumes et lardons. Salades au buffet.

#### Chic

**Edelweiss :** *☎ 033-855-23-88. • edelweisswengen.ch • Résa conseillée en hte saison. Doubles 130-220 Fs selon confort et saison, petit déj inclus.* On est chaleureusement accueilli dans une magnifique ancienne maison de bois. Dès l'entrée, la décoration tente de faire oublier qu'on se trouve dans un hôtel. Demandez les chambres doubles avec balcon privé donnant sur la Jungfrau (les plus chères...). Resto attenant.

**Bären :** *☎ 033-855-14-19. • baeren-wengen.ch • Resto fermé sam midi et dim midi. Doubles 210-260 Fs selon confort et saison. ½ pens possible. Menu du jour le midi 18,50 Fs, plats 30-50 Fs.* Un hôtel sympathiquement relooké, avec des chambres pas très grandes mais à la déco fraîche (on n'en demande pas moins à ce prix-là !). Au resto, cuisine locale de bonne tenue que l'on peut déguster, aux beaux jours, sur une terrasse surplombant la vallée (quel panorama !).

## DANS LES ENVIRONS DE WENGEN

**Le Jungfraujoch :** *également accessible depuis Wengen. Se reporter à la rubrique « À voir. À faire » à Grindelwald.*

# BRIENZ

(3855) 3 100 hab.

**Niché à 566 m d'altitude, Brienz est un paisible village de caractère, parsemé de vieilles maisons de bois à tavillons et de nombreux ateliers de sculpture sur bois, la grande spécialité locale. Le tout à l'extrémité nord-est d'un lac très bleu, un des plus propres de Suisse, qui porte le même nom. Un coin idéal pour passer de bonnes vacances en famille, hiver comme été.**

## Arriver – Quitter

### En train

➢ Env 2 trains/h sur la ligne ***Lucerne*** (1h30) – ***Interlaken*** (20 mn), via notamment ***Meiringen*** (15 mn).

***Bahnhof*** *(gare)* ***:*** *Hauptstrasse 148. ☎ 058-668-86-60. À l'entrée est du village, au bord du lac et face à l'office de tourisme.* Les ***cars postaux*** desservant les villages de l'Oberland bernois s'arrêtent devant la gare.

### En bateau

***Schiffstation*** *(embarcadère)* ***:*** *quai 1. Face à l'office de tourisme.* Desservi par la compagnie ***BLS*** *(☎ 058-327-48-10. ● bls.ch ●).*

➢ ***Interlaken*** *(1h10)* ***:*** 5-9 bateaux/j., début avr-fin oct slt, via les bourgs du bord du lac.

## Adresses utiles

***Office de tourisme :*** *Hauptstrasse 143. ☎ 033-952-80-80. ● interlaken.ch ● haslital.ch ● Dans la rue principale, face à la gare. Oct-avr, tlj sf w-e 8h-12h, 14h-17h. De mai à mi-juin, tlj sf dim 8h (9h sam)-12h, 14h-18h (17h sam). De mi-juin à sept, lun-ven 8h-18h ; sam 9h-13h, 14h30-18h ; dim 10h-13h, 15h-17h.* Plan du village, liste des hébergements, infos transports et loisirs (ski à Axalp, plages sur le lac, ski nautique, VTT, randonnée pédestre, etc.), agenda culturel... Accueil sympa.

✉ ***Poste :*** *Hauptstrasse 144.* Dans la rue principale, à côté de la gare.

LE CANTON DE BERNE

## Où dormir ? Où manger ?

### Camping

***Familiencampingplatz Aaregg :*** *Seestrasse 22. ☎ 033-951-18-43. ● aaregg.ch ● À 1,5 km au sud-est de la gare, direction Meiringen (panneau à droite). Avr-oct. Selon saison et type d'emplacement 32-68 Fs pour 2 pers avec tente et voiture ; bungalows 4-6 pers 120-190 Fs/nuit, 700-1 650 Fs/sem.* Un agréable camping installé sur une péninsule verdoyante qui s'avance sur le lac. Peu d'arbres, mais de belles pelouses pour planter ses sardines au bord de l'eau. Sanitaires nickel. Resto-bar, jeux pour enfants...

### Auberge de jeunesse

***Jugendherberge Brienz :*** *Strandweg 10. ☎ 033-951-11-52. ● youthhostel.ch/brienz ● À 1,5 km au sud-est de la gare, direction Meiringen (panneau à droite). Début avr-fin oct. Réception 7h30-10h, 17h-22h. Lit en dortoir (4-16 pers) 30-36 Fs, double 86 Fs, petit déj inclus ; ajouter 7 Fs pour les non-membres. Repas*

*17,50 Fs.* Ce joli chalet avec jardin au bord du lac compte près de 90 lits répartis dans des chambres et dortoirs de tailles différentes ; tous avec sanitaires à l'étage. Cuisine commune, BBQ, salon avec cheminée et terrasse au soleil. Plage de galet, ping-pong, baby-foot, jeux pour enfants...

## Prix moyens

***Hotel Weisses Kreuz :*** *Hauptstrasse 143. ☎ 033-952-20-20. • weisseskreuz-brienz.ch • À l'entrée est de Brienz, juste devant la gare et au-dessus de l'office de tourisme. Doubles 150-190 Fs selon confort, saison et vue ; apparts 2-4 pers 200-300 Fs selon capacité et saison, petit déj inclus. Très intéressant package ski en famille à Axalp. ½ pens et pens complète possibles. Formule déj-buffet 20 Fs.* Hôtel aux chambres pratiques et bien tenues, avec ou sans salle de bains, selon votre bourse. Vue sur le lac par-dessus la route, ou à l'arrière, sur le petit train à vapeur du Rothorn. Bon resto avec – à midi en saison – une avantageuse formule buffet, et aussi d'autres plats plus élaborés à la carte. Excellent rapport qualité-prix, et bon accueil familial.

## Chic

***Hotel Brienzerburli :*** *Hauptstrasse 11. ☎ 033-951-12-41. • brienzerburli.ch • À l'entrée ouest de Brienz. Resto ouv tlj sf lun-mar en hiver. Doubles 150-230 Fs selon confort et saison ; apparts (Löwen) 2-4 pers 220-320 Fs selon capacité et saison, petit déj inclus. Très intéressant package ski en famille à Axalp. ½ pens et pens complète possibles. Menus 22-37 Fs, plats 22-42 Fs.* Une adresse idéale pour de bonnes vacances en famille ! Hôtel éclaté dans plusieurs chalets pittoresques au bord ou proches du lac. Chambres fonctionnelles agréables, avec couettes à carreaux rouges. Pétanque, tennis et bicyclettes gratuites. Resto sur place – la bonne table du village – pour tous les budgets. Cuisine traditionnelle, copieuse et soignée, avec en vedette : poisson du lac, fondues, röstis, de succulentes viandes bio et même quelques pizzas. À dévorer dans une salle rustique ou en terrasse sur le lac. Accueil familial sympa.

***Hotel Lindenhof :*** *Lindenhofweg 15. ☎ 033-952-20-30. • hotel-lindenhof.ch • Sur les hauteurs de Brienz. Congés : janv-début mars. Doubles 160-290 Fs selon confort et saison, petit déj inclus.* Hôtel accroché à flanc de montagne, avec vue imprenable sur le lac et les sommets voisins. Dans le gros chalet principal et ses dépendances, de jolies chambres confortables et toutes différentes : les unes romantiques, d'autres contemporaines, et d'autres encore avec déco rustique. Certaines avec terrasse privée et vue panoramique. Sur place : resto, piscine couverte et sauna.

# À voir

***La sculpture sur bois :*** Brienz est la patrie suisse de la sculpture sur bois. Les sujets sont innombrables : personnages, animaux, objets utilitaires. On peut observer les artisans au travail derrière la vitrine de leur atelier-magasin.

**Schweizer Holzbildhauerei Museum** *(musée suisse de la Sculpture sur bois)* **:** *Hauptstrasse 111. ☎ 033-952-13-17. • museum-holzbildhauerei.ch • Dans la rue principale. Fermé nov-fév. Mars-mai et oct, mer-dim 13h-17h ; juin-sept, mer-dim 10h30-17h. Entrée : 5 Fs ; gratuit moins de 16 ans. Organise des ateliers de peinture sur bois pour enfants.* Petit musée consacré à l'art local de la sculpture sur bois. Différents objets, dont d'intéressants automates et boîtes à musique. En semaine, on peut voir des sculpteurs à l'œuvre.

## DANS LES ENVIRONS DE BRIENZ

**Brienz Rothorn Bahn** (train Brienz-Rothorn) **:** *Hauptstrasse. ☎ 033-952-22-22. • brienz-rothorn-bahn.ch • Début juin-fin oct, env 9 départs/j. depuis la petite gare située à côté de l'office de tourisme. Billets : 57 Fs l'aller simple ; 88 Fs l'A/R ; ½ tarif moins de 16 ans. Forfait famille.* Un sommet pas plus attrayant que les autres, sauf qu'on s'y rend à bord d'un train à vapeur vieux de plus de 100 ans. Passer ainsi, en 1h de temps, de 566 à 2 244 m (pente moyenne de 22,5 %), ce n'est pas banal ! Au sommet, panorama sur les Alpes bernoises et hôtel-resto.

**Freitlichtmuseum der Schweiz Ballenberg** (musée suisse de l'Habitat rural de Ballenberg) **:** *Museumsstrasse 131, à* ***Hofstetten bei Brienz.*** *☎ 033-952-10-30. • ballenberg.ch • À 4 km à l'est de Brienz. Accès en bus depuis la gare de Brienz. De mi-avr à oct, tlj 10h-17h. Entrée : 24 Fs ; enfant 6-15 ans 12 Fs ; forfait famille 54 Fs. Prévoir ½ journée de visite.* On l'appelle le musée en plein air, mais il faut aussi préciser « respectant la grandeur nature ». Près de 100 habitations traditionnelles de la Suisse entière – déplacées depuis leur lieu d'origine – ont été reconstituées sur 66 ha. C'est assez impressionnant de passer d'une région à l'autre en quelques pas, d'autant que les lieux sont animés. On y voit de nombreux ouvriers et artisans en activité : boulanger, forgeron, dentellière, potier, sculpteur... il y a même une chocolaterie ! Et plein d'animaux de la ferme. Possibilité de déguster des spécialités culinaires, ou simplement de faire griller des saucisses sur des barbecues. Une visite idéale en famille.

# MEIRINGEN (3860) 4 750 hab.



**Il est curieux de sentir planer l'ombre de Sherlock Holmes sur ce village assez ordinaire, quoique plutôt animé, perché à 595 m d'altitude. C'est que le héros de Conan Doyle a péri en tombant dans les chutes de Reichenbach, toutes proches, avant d'être ressuscité dans un épisode ultérieur ! Le personnage a sa statue, son petit musée, et ses fans qui accourent en pèlerinage. Meiringen peut aussi être une bonne base arrière pour découvrir en famille cette région montagneuse qui ne manque pas de charme et de possibilités de loisirs verts.**

## Arriver – Quitter

### En train

➢ Env 2 trains/h sur la ligne ***Lucerne*** (1h20) – ***Interlaken*** (50 mn), via notamment ***Brienz*** (15 mn).

***Bahnhof*** (gare) **:** *Bahnhofplatz 12. ☎ 058-668-86-50.* Les ***cars postaux*** desservant les villages de l'Oberland bernois s'arrêtent devant la gare.

➢ ***Innertkirchen*** (10 mn) **:** 1-2 trains/h.

## Adresses et infos utiles

**Office de tourisme :** *Bahnhofplatz 12. ☎ 033-972-50-50. • haslital.ch • À la gare. Juil-août, lun-ven 8h-18h, w-e 8h-17h ; en sept-oct et juin, mêmes horaires sf dim ap-m (fermé). Fermé w-e hors-saison.* Plan du village, liste des hébergements, agenda culturel, infos transports et loisirs saisonniers sur place et dans les environs. Accueil jeune et sympa.

■ ***Location de vélos :*** *à la gare. Env 35 Fs/j.*
■ ***Marché :*** *sam mat, sur Bahnhofsstrasse, devant le Sherlock-Holmes Museum.*

## Où dormir ?

### Camping

***Alpen Camping :*** *Brünigstrasse 47. ☎ 033-971-36-76. • alpencamping.ch • À 1,5 km au nord-ouest du centre, direction Lucerne. Accès bus depuis la gare, arrêt « Hausen Dorfbrunnen », puis 300 m à pied. Tte l'année. Selon saison, 41-52 Fs pour 2 pers avec tente et voiture. Chalets en bois 39-58 Fs (2 pers) et 75-90 Fs (4 pers).* Cerné de prés agricoles, un petit camping tranquille et bien tenu. Pas d'arbres, mais sanitaires rutilants. Minimarket et jeux pour enfants (piscinette...).

### De bon marché à prix moyens

***Simons Herberge :*** *Alpbachstrasse 17. ☎ 033-971-17-15. • simons-herberge.ch • À 10 mn à pied de la gare ; prendre à droite sur la Bahnhofstrasse, puis passer la rivière (panneaux). Lit en dortoir (4-20 pers) 35-39 Fs ; double 84 Fs ; petit déj inclus. Repas 15 Fs.* Coincé entre le torrent et la voie ferrée (les trains passent au ralenti, ouf !), ce grand chalet jaune compte quelque 70 lits, répartis dans des chambres avec lavabo et des dortoirs de différentes tailles, le tout avec sanitaires communs. Simple et nickel. Salles communes avec TV, baby-foot, ping-pong.

***Alpin Sherpa Hotel :*** *Bahnhofstrasse 3. ☎ 033-972-52-52. • alpinsherpa.ch • Dans la rue principale, à deux pas de la gare. Double 160 Fs, petit déj inclus.* Dans un bâtiment moderne à l'architecture discutable, une cinquantaine de chambres fonctionnelles, sobres, tout confort et impeccables. Une seule affiche en guise de déco. Balcon pour certaines. Chaleureux lobby façon chalet traditionnel, avec pierre et bois clair. Bon rapport qualité-prix-accueil.

### Chic

***Hotel Victoria :*** *Bahnhofplatz 9. ☎ 033-972-10-40. • victoria-meiringen.ch • À deux pas de la gare. Doubles 175-260 Fs selon confort et saison, petit déj inclus.* Face au Sherlock-Holmes Museum, ce bâtiment moderne abrite un bel hôtel design à l'ambiance cosy. Chambres confortables et douillettes, dotées d'une déco contemporaine de bon goût, avec jolies photos panoramiques noir et blanc des montagnes alentour. Bon resto sur place, pour toutes les bourses (voir « Où manger ? »). Accueil aux petits soins. On aime !

## Où manger ? Où boire un verre ?

### Bon marché

***Frutal Meringues :*** *Bahnhofstrasse 18. ☎ 033-971-18-21. Dans la rue principale. Lun-ven 7h-12h, 13h-18h ; w-e 7h (8h dim)-17h.* Pour recharger les batteries entre deux balades, cette boulangerie-pâtisserie-salon de thé sert de bonnes petites douceurs traditionnelles, comme les meringues ; à accompagner d'un café. Également des sandwichs, quiches et autres tartines pas chères à dévorer sur les quelques tables à l'intérieur. Accueil souriant.

### De prix moyens à chic

**Resto de l'Hotel Victoria :** *Bahnhofplatz 9. ☎ 033-972-10-40. À deux pas de la gare. Menus déj 21-24 Fs ; plats 17-34 Fs côté bistrot, 35-65 Fs côté resto.* La bonne table du village, dans un écrin design, sobre et de bon goût. Dans l'assiette, vraie cuisine de chef, savoureuse et plutôt inspirée par l'Asie, mitonnée avec les bons produits du terroir local. Au choix : plats bien ficelés et abordables côté bistrot ; et spécialités gastronomiques plus élaborées et plus chères côté resto. Une excellente adresse à dimension variable. Accueil adorable.

## À voir. À faire

**Sherlock-Holmes Museum :** *Bahnhofstrasse 36. ☎ 033-972-60-28. • sherlockholmes.ch • Entrée par la petite église anglaise. Mai-fin oct, tlj 13h30-18h ; fin oct-fin avr, mer-dim 16h30-18h. Entrée : 4 Fs ; billet combiné avec les chutes de Reichenbach : 11 Fs ; réduc. Audioguide en français.* Laissez-vous prendre au jeu de ce petit musée insolite, où la réalité dépasse la fiction. Ici, Sherlock Holmes est appréhendé comme un personnage réel. Les vitrines renferment ses chapeaux, sa pipe, sa loupe, etc. Idem pour le docteur Watson, ami du célèbre détective : souvenirs des Indes où il fut médecin militaire, et même cette balle qu'il reçut à l'épaule en Afghanistan... Également de vieux uniformes de policier, sans oublier skis, livres, journaux et autres papiers jaunis confirmant le passage des deux compères dans la région ! Les explications de l'audioguide sont très précises. Enfin, on contemple une étonnante reconstitution du salon de Sherlock Holmes, situé au 221b Baker Street à Londres ; en tout point fidèle aux descriptions livrées par l'auteur dans ses romans.

## DANS LES ENVIRONS DE MEIRINGEN

**Aareschlucht** (gorges de l'Aar) **:** *à 2,5 km au sud du village, en direction d'Innertkirchen (panneau à la gauche après la rivière). ☎ 033-971-40-48. • aareschlucht.ch • Ouv avr-oct, 8h30-17h30 (18h30 juil-août) ; nocturnes en juil-août jeu-sam jusqu'à 22h. Entrée : 8,50 Fs ; billet combiné avec les chutes de Reichenbach : 15 Fs ; réduc.* Gorges particulièrement étroites et vertigineuses : 200 m de profondeur ! On les parcourt sur une passerelle d'environ 1,5 km de long, juste au-dessus de l'eau : frissons et fraîcheur garantis ! Il y a moyen de revenir au point de départ par un sentier sur les hauteurs (compter 1h30 de marche) ou également par un train.

**Reichenbachfall** (chutes de Reichenbach) **:** *☎ 033-982-26-26. • grimselwelt.ch • Depuis Meiringen, traverser l'Aar et prendre le funiculaire à Willigen (panneau sur la droite). Depuis la gare de Meiringen, compter 20 mn à pied ; ou accès en bus. De mai à mi-oct. Départ du funiculaire ttes les 15 mn, 9h-17h30. Billet A/R : 10 Fs ; billet combiné avec le Sherlock-Holmes*

**ON NE VIT QUE DEUX FOIS !**

*Conan Doyle visita les chutes de Reichenbach lors d'un voyage en 1863, et décida d'y faire disparaître son héros dans une nouvelle – The Final Problem – parue dans la presse en 1891. L'Angleterre se montra tellement désespérée que l'écrivain fut sommé de faire revivre Sherlock Holmes !*

*Museum : 11 Fs ; ou avec la visite des gorges de l'Aar : 15 Fs ; réduc.* C'est là que Sherlock Holmes fut précipité par le professeur Moriarty dans la nouvelle intitulée *The Final Problem.* Pèlerinage tous les 4 mai, histoire de commémorer le « drame ». En hiver, le pragmatisme reprend le dessus : la chute est détournée vers la centrale hydraulique locale pour produire de l'électricité, et ne coule donc plus.

# LE SAANENLAND



**Le Saanenland est à un jet de pierre du canton de Vaud, via Les Diablerets et le joli col du Pillon. Paysages et architecture sont peu différents. Les chambres chez l'habitant, à l'image d'une bonne partie de la Suisse alémanique, y sont très répandues.**

## SAANEN (GESSENAY) (3792) 6 800 hab.

**Chef-lieu politique de la région, ce village mérite une petite halte pour admirer son église et ses beaux chalets en bois à auvent qui ornent les rues du centre. En revanche, les hôtels sont excessivement chers ! Heureusement, une AJ dernier cri a ouvert ses portes !**



### Arriver – Quitter

➢ ***En voiture :*** des Diablerets, via le col de Pillon et Gstaad ; de Fribourg, via Château-d'Oex.

➢ ***En train :*** de Montreux, via Château-d'Oex, par le train *MOB.*

➢ ***En bus :*** des Diablerets, via Gsteig, par car postal jusqu'à Gstaad, puis par le *MOB.*

### Adresse utile

🅸 ***Office de tourisme (Gstaad Saanenland Tourismus) :*** *Dorfstrasse 61.* ☎ *033-748-81-60. • saanen.ch • Au centre du village. Lun-ven 8h30-12h, 14h-17h.* Insistez (sans faillir...) pour avoir la liste des chambres d'hôtes. Dispose d'une carte de la région.

### Où dormir ?

🏠 ***Auberge de jeunesse :*** *Spitzhornweg 25.* ☎ *033-744-13-43. • youthhostel.ch • À env 500 m à l'est de l'office du tourisme.* ♿ *Ouv de mi-mai à oct et de mi-déc à début avr. Check-in 17h-21h (hiver 16h-21h). En chambre collective 38,50-54,50 Fs/pers selon confort, double 61,50 Fs/pers, douche et w-c sur le palier ; ajouter 7 Fs pour les non-membres. Repas 17,50 Fs.* L'auberge, qui a ouvert ses portes en juin 2014, répond à des normes environnementales élevées et son architecture est réussie. Au total, 160 lits sont proposés dans des chambres doubles ou à 4-6 lits, avec une décoration discrètement design qu'on retrouve dans les vastes parties communes.

## À voir

*L'église réformée Saint-Maurice :* elle étonne par son imposant clocher en bois avec étage, ses cloches et sa toiture en tavillons. Mais ce sont surtout les fresques du chœur (1470) qui impressionnent. Elles retracent la vie de saint Maurice : sa tête (le pauvre fut décapité) se balade un peu partout... Acoustique réputée : concerts dans le cadre du *Festival Menuhin* *(de mi-juil à début sept).*

# GSTAAD

(3780) 3 200 hab.

**Le centre touristique du Saanenland, fort goûté des vedettes internationales qui y ont leur « chalet secondaire »... Forcément, tout est hors de prix. Mais voilà, comme souvent dans ces lieux hautement huppés, il règne une ambiance qui peut séduire ceux qui aiment rêver (ou grincer des dents, c'est selon...) en faisant du lèche-vitrines. La plus grande concentration de boutiques de luxe et de grandes marques se trouve sur 300 m le long de la rue principale.**

## Adresse utile

***Office de tourisme :*** *Promenade 41, dans la rue principale. ☎ 033-748-81-81. • gstaad.ch • Au centre du quartier piéton. Lun-ven 8h30-12h, 13h-18h ; sam 9h-12h, 15h-18h.*

## Où manger ?

### De prix moyens à chic

***L'Arc-en-Ciel :*** *Egglistrasse. ☎ 033-748-43-43. Un peu excentré, à côté du tennis et de la télécabine Eggli (prendre la direction de Gsteig, puis fléché sur la droite à la sortie du village). Tlj midi et soir. Menu du jour env 30 Fs, carte env 50-60 Fs.* Ça ne nous arrive pas souvent de signaler le resto d'un hôtel 4 étoiles, mais le chef propose ici une cuisine originale à des prix finalement assez abordables, des pizzas aux créations plus recherchées. Également des chambres, mais là, on ne vous parle même pas des prix...

# GSTEIG BEI GSTAAD

(3785) 975 hab.

**Charmant village, autrefois appelé de son nom français (Châtelet), avec de nombreux vieux chalets historiques éparpillés dans des prés verdoyants. Très belles forêts de montagne. Un bien joli site pour s'arrêter et faire une pause nature, d'autant que les chambres chez l'habitant ne manquent pas. Au-delà du col du Pillon, on rejoint Les Diablerets.**

## Adresse utile

***Office de tourisme :*** *dans la rue principale (dans les locaux de la banque Saanen). ☎ 033-755-81-81. • gstaad.ch • Lun-ven 8h30-11h30, 14h-17h (18h30 ven) ; en hte saison, également sam-dim 9h-12h, 13h30-17h.*

## Où dormir ?

### Bon marché

L'office de tourisme propose un hébergement ***en dortoir.*** *Compter env 20-25 Fs/pers.*

***Chambres chez l'habitant :*** *compter 50-60 Fs/pers en chambre double. Liste à l'office de tourisme.* Pour la plupart, les chalets qui acceptent d'héberger des gens de passage l'affichent.

## À voir. À faire

***L'église Saint-Usbald :*** elle date de 1455. Jetez-y un coup d'œil pour les versets peints sur les murs en caractères gothiques et la belle chaire Renaissance. Cimetière croquignolet en contrebas.

***L'auberge Bären :*** *en plein centre du village.* Considérée comme l'une des plus belles de l'Oberland, elle date de 1756. Ses façades sont ornées de frises sculptées et peintes.

➢ ***Balades*** par dizaines... L'office de tourisme offre une carte avec de nombreuses propositions.

# LA SUISSE CENTRALE



**Située autour du lac des Quatre-Cantons, cette région demeure le berceau de la Confédération suisse. Conservatrice et catholique, elle montre une forte identité, doublée d'une capacité d'ouverture internationale, grâce notamment à son tissu d'entreprises spécialisées dans les hautes technologies. Le terme plus étroit de « Suisse primitive » se réfère aux petits cantons alpins qui ont conclu la première alliance fédérale : Uri, Schwyz, Nidwald et Obwald. La Suisse centrale, elle, englobe en outre les cantons semi-urbains de Lucerne et de Zoug.**

## SPÉCIAL TRANSPORTS

La solution idéale pour découvrir la région entourant le lac des Quatre-Cantons *(Vierwaldstättersee)* consiste à enchaîner les cars interurbains (jaunes), les gros bateaux, les petits trains à crémaillère et les téléphériques. Il y en a beaucoup ! La meilleure option est certainement de prendre un *Tell-Pass,* billet de transport à dimensions variables, offrant aussi de nombreuses réductions dans différents domaines.

– ***Le Tell-Pass :*** *• tell-pass.ch • Valable pour ts les moyens de transport cités plus haut, il est disponible en 2 versions : hiver (nov-mars) et été (avr-oct). En vente auprès des offices de tourisme, dans les gares et en ligne (• cff.ch •), il permet de se déplacer gratuitement pdt 2 j. (180 Fs), 3 j. (210 Fs), 4 j. (230 Fs), 5 j. (240 Fs) ou 10 j. (300 Fs). Réduc 6-16 ans. Tarif hiver moins élevé.* Intéressant surtout si vous comptez grimper au sommet des monts Rigi ou Pilatus...

## LUCERNE

(6000) 81 250 hab.

• Plan *p. 310-311*

**Posée au bord du lac des Quatre-Cantons et aux pieds des monts Pilatus et Rigi, la ville ressemble à s'y méprendre aux cartes postales qui l'illustrent ! Monuments historiques à foison, architecture moderne, expos, musées, promenades le long de la rivière Reuss et au bord du lac, excursions en montagne, croisières sur le lac, concerts, théâtres, festivals, etc. Aussi Lucerne compte-t-elle parmi les villes les plus intéressantes et touristiques de Suisse. Et ses étudiants contribuent à la rendre largement vivante et animée.**

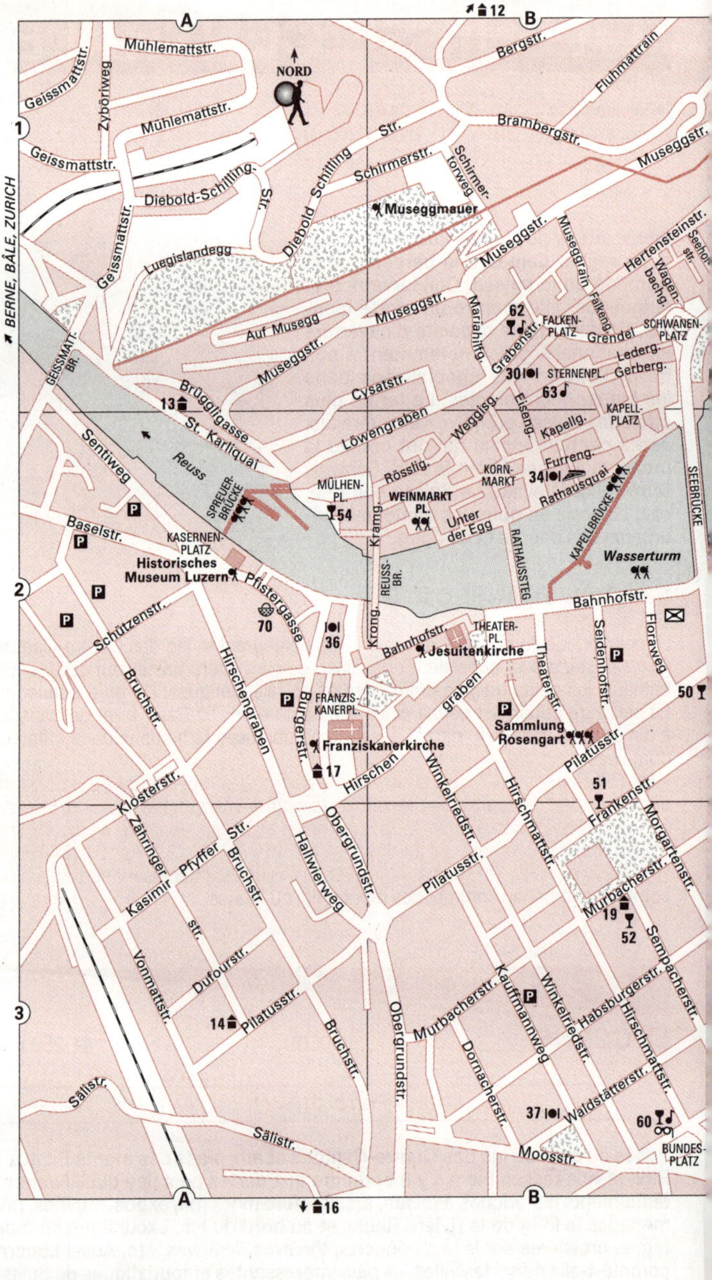

A
B
1
2
3
12
16
NORD
BERNE, BÂLE, ZURICH
Mühlemattstr.
Geissmattstr.
Zyböriweg
Diebold-Schilling-Str.
Diebold Schilling Str.
Schirmerstr.
Schirmertorweg
Bergstr.
Fluhmattrain
Brambergstr.
Museggstr.
Museggmauer
Luegislandegg
Geissmattstr.
Auf Musegg
Museggstr.
Mariahiltg.
Museggrain
Falkeng.
Hertensteinstr.
Seehofstr.
Wagenbachg.
62
FALKENPLATZ
Grendel
SCHWANENPLATZ
Grabenstr.
Lederg.
Gerberg.
30
STERNENPL.
63
Cysatstr.
Löwengraben
Brügligasse
St. Karliquai
13
GEISSMATT-BR.
Sentiweg
Reuss
Weggisg.
Eiseng.
Kapellg.
KAPELLPLATZ
Furreng.
34
Rathausquai
KORNMARKT
Rösslig.
MÜHLENPL.
54
WEINMARKT PL.
Unter der Egg
SPREUERBRÜCKE
Baselstr.
KASERNENPLATZ
Historisches Museum Luzern
Kramg.
RATHAUSSTEG
KAPELLBRÜCKE
Wasserturm
SEEBRÜCKE
REUSS-BR.
Pfistergasse
70
36
Krong.
Bahnhofstr.
THEATER-PL.
Jesuitenkirche
Theaterstr.
Seidenhofstr.
Floraweg
50
Schützenstr.
Bruchstr.
Hirschengraben
FRANZISKANERPL.
Burgerstr.
Franziskanerkirche
17
Hirschengraben
Winkelriedstr.
Hirschmattstr.
Sammlung Rosengart
Pilatusstr.
51
Frankenstr.
Morgartenstr.
Klosterstr.
Zähringerstr.
Pfyffer Str.
Kasimir Pfyffer Str.
Bruchstr.
Hallwilerweg
Obergrundstr.
Pilatusstr.
Murbacherstr.
19
52
Sempacherstr.
Vonmattstr.
Dufourstr.
14
Pilatusstr.
Bruchstr.
Obergrundstr.
Murbacherstr.
Kauffmannweg
Winkelriedstr.
Habsburgerstr.
Hirschmattstr.
Dornacherstr.
Waldstätterstr.
37
60
Sälistr.
Sälistr.
Moosstr.
BUNDESPLATZ

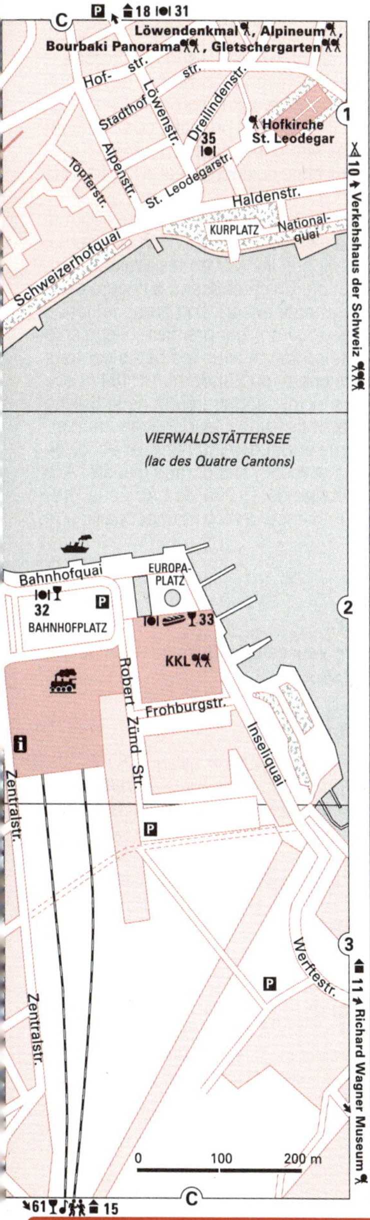


## LUCERNE

## ■ Adresse utile

Office de tourisme

## Où dormir ?

10 Camping International Lido
11 Backpackers Lucerne
12 Jugendherberge Luzern
13 Tourist Hotel Luzern
14 Hotel Alpha
15 B & B Bettstatt
16 The Bed & Breakfast Luzern
17 Hotel Stern Luzern
18 Ibis Styles Luzern City
19 The Hotel

## Où manger ?

30 Manora
31 Café Sowieso, Hopfenkranz, Old Swiss House
32 Luz Seebistro
33 World Café
34 Weisses Kreuz
35 Rebstock
36 Wirtshaus Taube
37 Helvetia

## Où boire un verre ? Où sortir ?

50 Suite Lounge & Bar
51 Car Bar Max
52 Shine
54 Mill' Feuille

## Où voir un spectacle ? Où assister à un concert ?

60 Kleintheater
61 Schüür
62 Jazzkantine
63 Stadtkeller

## Achats

70 Au Cachet

## UN PEU D'HISTOIRE

Créée en 750 sur la route du Saint-Gothard – reliant le nord au sud de l'Europe –, Lucerne est d'abord un carrefour de transit pour les marchandises et se développe rapidement. Par le hasard de l'histoire, la ville, vendue aux Habsbourgs en 1291, devient autrichienne alors que les Waldstätten (les cantons primitifs) commencent leur combat contre les baillis étrangers. Assez vite cependant, Lucerne se rapproche de ses voisins et renvoie les Autrichiens chez eux après leur avoir flanqué une raclée monumentale à Sempach (1386).
Indépendante, la cité connaît alors son âge d'or, du XVe au XVIIIe s. À cette époque, Lucerne dispute la suprématie politique dans la Confédération à Zurich et à Berne. Aussi, par sa position géographique et grâce à ses liens avec les Waldstätten, devient-elle la capitale de fait de la Confédération. En choisissant, à l'heure de la Réforme, de jouer la carte catholique, elle augmente encore son aura : le nonce s'installe sur les bords de la Reuss, les jésuites y ouvrent leur premier collège et la ville s'embellit de superbes églises. Mais cette solidarité avec les petits cantons voisins et l'Italie lui est ensuite fatale : lors de la guerre du Sonderbund (1847), elle se retrouve en effet dans le camp des vaincus et rate son entrée dans la Suisse moderne, au profit de Berne (capitale politique) et de Zurich (leader économique). Heureusement, Lucerne découvre à cette même époque le tourisme, et accueille dans ses palaces la reine d'Angleterre Victoria et toute l'aristocratie tsariste. À la veille de 1914, elle dispose déjà d'un parc hôtelier de 10 000 lits ! Après la Première Guerre mondiale il faut ensuite tout recommencer à zéro pour accueillir une clientèle fort différente.

## Arriver – Quitter

### En train

➢ Nombreux directs/j. avec ***Genève*** (2h50), ***Lausanne*** (2h10), ***Bern*** (1h), ***Basel*** (1h15), ***Freiburg*** (1h25), ***Aarau*** (1h), ***Zurich*** (50 mn), ***Baden*** (1h15), ***Interlaken*** (2h)...

**Bahnhof** *(gare ; plan C2)* **:** *Bahnhofplatz. • cff.ch • En plein centre-ville, à deux pas du lac.* Lucerne est un nœud ferroviaire. Location de vélos et nombreuses boutiques au sous-sol de la gare.

### En bateau

**Embarcadère** *(plan C2)* **:** *Bahnhofquai.* La compagnie *Schifffahrtsgesellschaft des Vierwaldstättersees* *(☎ 041-367-67-67. • lakelucerne.ch •)* dessert presque tous les bourgs au bord du lac des Quatre-Cantons.

## Circulation et stationnement

➢ Lucerne est sillonnée par un réseau de ***bus*** efficace *(☎ 041-369-65-65. • vbl.ch •) ; billet 1 j. 6,40 Fs ; abonnement 3 j. 18 Fs.*

➢ En ***voiture,*** évitez le centre-ville. Les places de stationnement y sont rares et chères *(2,50 Fs/h).* Le parking le moins onéreux est le *Kesselturm (Burgerstrasse 20 ; plan A2 ; 20 Fs/24h),* à peu près le même tarif que pour se garer à l'hôtel ; le plus cher et le plus central étant le parking sous la gare.

## Adresses et infos utiles

**i** ***Office de tourisme*** *(plan C2)* **:** *Zentralstrasse 5. ☎ 041-227-17-17. • luzern.com • Accès aussi par l'intérieur de la gare. Mai-oct, tlj 9h-19h (17h dim) ; nov-mars, lun-ven 8h30-17h30, w-e 9h-17h (13h dim) ; avr, lun-ven 8h30-17h30, w-e 9h-17h.* Plan de la ville, agenda culturel, infos transports et loisirs, résa d'hébergements, doc sur l'ensemble de la Suisse... Vend le *Luzern Museums Pass* et le *Tell-Pass*. Accueil sympa en français.

✉ ***Poste*** *(plan B2) : Bahnhofplatz 4. Lun-ven 7h30-18h30, sam 8h-16h.*

## Où dormir ?

### Camping

⛺ ***Camping International Lido*** *(hors plan par C1,* ***10****) : Lidostrasse 19. ☎ 041-370-21-46. • camping-international.ch • À 2,5 km à l'est du centre-ville. Bus nos 6 et 8. Tte l'année. Compter 36-41 Fs selon taille de l'emplacement pour 2 pers avec tente et voiture ; lit en dortoir en mobile home 28 Fs/pers, sans draps ni serviettes ni sac de couchage.* Situé au bord du lac, juste à côté des bains du *Lido*, un gros camping ombragé et doté de bons équipements. Choisir une place au plus près du lac pour éviter le bruit de la route, à l'opposé. Sanitaires nickel, mais on est quand même un peu les uns sur les autres en été ! Sur place : resto-bar, jeux pour enfants, BBQ...

### Auberges de jeunesse

🏠 ***Backpackers Lucerne*** *(hors plan par C3,* ***11****) : Alpenquai 42. ☎ 041-360-04-20. • backpackerslucerne.ch • À 15 mn à pied de la gare ; longer le quai jusqu'à son extrémité. Mars-début déc. Lit en dortoir (4 pers) 33 Fs/pers ; double 84 Fs ; pas de petit déj.* 💻 📶 Accueil sympa dans cette AJ bien tenue et pleine de personnalité, située dans un environnement agréable, très vert, devant le lac. Une soixantaine de lits répartis dans des dortoirs, et des chambres sommaires mais avec balcon (préférez le côté lac). Sanitaires à l'étage. À dispo : cuisines communes, machines à laver...

🏠 ***Jugendherberge Luzern*** *(hors plan par B1,* ***12****) : Am Rotsee, Sedelstrasse 12. ☎ 041-420-88-00. • youthhostel.ch/luzern • Bus n° 18, arrêt « Jugendherberge » ; ou bus n° 19, arrêt « Rosenberg » ; à 2 mn à pied. Tte l'année. Réception 7h-10h, 15h-minuit (7h-minuit en été). Lit en dortoir (3, 4, 6 et 20 pers) 32-37,50 Fs/pers selon taille, doubles 99-111 Fs selon confort ; draps et petit déj compris. Repas du soir 17,50 Fs. Loc de vélos (25 Fs/j.). Possibilité de panier-repas.* 💻 📶 Excentré, dans un quartier verdoyant à deux pas du petit lac Rotsee, un grand bâtiment moderne, spacieux et fonctionnel. Plus de 200 lits répartis dans des dortoirs simples mais nickel, avec sanitaires extérieurs. Également des doubles, avec ou sans salle de bains, selon vos moyens. Sur place : machines à laver, bibliothèque, resto...

### Prix moyens

🏠 ***Tourist Hotel Luzern*** *(plan A1-2,* ***13****) : St. Karliquai 12. ☎ 041-410-24-74. • touristhotel.ch • Doubles 122-180 Fs selon confort, petit déj compris.* 💻 📶 Planté sur un quai tranquille de la Reuss, juste au pied de la vieille ville, un hôtel à dimensions variables, pour tous les budgets. D'abord, des chambres simples et propres avec lavabo-sanitaires à l'étage. Et d'autres plus chères et tout confort, dans un style moderne et sobre, dont certaines avec balcon et vue sur la rivière et les montagnes (nos préférées) ou à l'arrière sur la ruelle paisible. Laverie et bar à dispo.

🏠 ***Hotel Alpha*** *(plan A3,* ***14****) : Zähringerstrasse 24. ☎ 041-240-42-80. • hotelalpha.ch • À 10 mn à pied de la gare. Doubles 126-158 Fs selon confort et saison, petit déj compris.* 💻 📶 Perdue dans un gentil quartier résidentiel tranquille, cette maison de caractère abrite un hôtel propret d'une cinquantaine de chambres fonctionnelles, claires et minimalistes dans leur déco : murs blancs, une vieille affiche de pub colorée, et basta ! Avec ou sans salle de bains, selon votre bourse. Bon rapport qualité-prix-accueil.

🏠 ***B & B Bettstatt*** *(hors plan par C3,* ***15****) : Neustadtstrasse 10. ☎ 041-210-43-09. • bettstatt.ch • À 10 mn à pied de la gare. Bus nos 4, 6, 7 et 8, arrêt « Bundesplatz », puis 2 mn à pied.*

*Doubles 98-128 Fs selon taille ; apparts 2-5 pers à partir de 180 Fs, petit déj inclus. Parking 10 Fs/j.* En plein cœur de la ville nouvelle, et en même temps assez proche du centre ancien, 9 chambres avec salles de bains communes, et 4 appartements tout confort. Simple, propre et d'un rapport qualité-prix correct. Au rez-de-chaussée, agréable grande salle sur rue pour prendre le petit déj ou bouquiner.

## Chic

***The Bed & Breakfast Luzern*** *(hors plan par A3,* ***16****) : Taubenhausstrasse 34. ☎ 041-310-15-14 • thebandb.ch • À 15 mn à pied de la gare, ou bus nº 1, arrêt « Eichhof ». Mars-oct. Doubles 120-190 Fs selon confort et saison, petit déj inclus.* Dans une rue pavillonnaire calme, la gentille Isabelle a transformé sa jolie maison de famille début du XXᵉ s en un *B & B* cosy et propret. Parquets d'origine et frises au plafond dans les 8 chambres de tailles différentes ; plaisantes et simplement aménagées de meubles anciens qui personnalisent l'ensemble. Salles de bains communes rutilantes à l'étage pour l'essentiel. Jardin pour profiter du soleil et se détendre. Une très bonne adresse.

***Hotel Stern Luzern*** *(plan A2,* ***17****) : Burgerstrasse 35. ☎ 041-227-50-60. • sternluzern.ch • Doubles env 200-220 Fs, petit déj inclus.* Belle bâtisse ancienne aux volets verts donnant – à l'arrière – sur la jolie Franziskanerplatz. Un ensemble contemporain chaleureux, aux volumes bien exploités, avec bois clair, béton ciré, déclinaison de gris. Une quinzaine de chambres tout confort, où le blanc domine avec quelques touches de couleur. Vue sur Franziskanerplatz pour nos préférées ; vraiment plus calmes que celles donnant sur la rue. Bar et resto au rez-de-chaussée.

***Ibis Styles Luzern City*** *(hors plan par C1,* ***18****) : Friedenstrasse 8. ☎ 041-418-48-48. • ibisstyles.com • Doubles 160-220 Fs selon saison, petit déj compris.* Un hôtel de chaîne gai et coloré, idéalement situé en centre-ville, dans une rue calme face au Bourbaki Panorama. Chambres standardisées assez spacieuses – fonctionnelles et sans superflu – aux couleurs flashy côtoyant... une photo de montagne. Boissons chaudes à dispo dans l'entrée, ainsi que des jeux pour enfants. Resto sur place.

## Très chic et branché

***The Hotel*** *(plan B3,* ***19****) : Sempacherstrasse 14. ☎ 041-226-86-86. • the-hotel.ch • Doubles à partir de 300 Fs ; petit déj 38 Fs. Promos sur Internet.* Hôtel très mode, décoré par Jean Nouvel sur le thème du cinéma. Chaque chambre est dédiée à un film dont une photo – souvent sensuelle – recouvre entièrement le plafond, donnant ainsi l'impression d'être plongé dans la scène. À vous de choisir votre toile ! Déco design bois et Inox. Salle de bains ouverte sur la chambre. Resto *Bambou* en sous-sol, laqué noir et rouge, éclairé par des baies vitrées. Au menu, cuisine créative franco-fusion, sous influence asiatique.

# Où manger ?

– **Bon à savoir :** le *Kügelipastete* est la spécialité du coin, une sorte de vol-au-vent. Il faut aussi goûter aux fromages locaux, au *Felchen* (féra) et aux brochettes de foie à la mode de Lucerne.

## Bon marché

***Manora*** *(plan B1,* ***30****) : Weggisgasse 5. ☎ 041-419-76-80. Lun-ven 9h-18h30 (21h jeu-ven), sam 8h-16h. Fermé dim. Plats 10-17 Fs.* Au dernier étage du grand magasin *Manor,* un self sympa, flanqué d'une agréable petite terrasse avec vue superbe sur les toits, les montagnes et le lac. Ici, tout est frais, appétissant et bon. Bref, un vrai bon plan pour se sustenter à moindres frais !

***Café Sowieso*** *(hors plan par C1,* ***31****) : Wesemlinrain 3a. ☎ 041-412-33-66. À deux pas du Bourbaki Panorama. Lun-ven 8h-18h. Menus à midi 18-28 Fs, plats 22,50-28,50 Fs.*

Resto lumineux et calme – limite zen –, avec parquet, mobilier moderne en bois clair et toiles contemporaines colorées aux murs. Petite carte qui fait la part belle aux légumes frais et autres produits de saison, mitonnés et servis avec le sourire par des personnes en réinsertion sociale. Agréable terrasse dans la ruelle.

**Luz Seebistro** *(plan C2, **32**) : Bahnhofplatz. ☎ 041-367-68-72. Tlj 8h-23h. Plats 12-19 Fs.* Un joli pavillon avec de grandes fenêtres à petits carreaux, et une terrasse sur les bords de la Reuss. Dans l'assiette, bonne petite restauration toute simple, du genre soupe, salade, saucisse, flammenkueche, fondue... Bien aussi pour l'apéro ou un cocktail en soirée. Sympa et décontracté.

## De prix moyens à chic

**World Café** *(plan C2, **33**) : Europaplatz 1. ☎ 041-226-70-35. Au rdc du KKL. Tlj 8h30-21h. Plats 17-21 Fs.* On a été séduit par ce bistrot au cadre design, avec grandes tables sobres et vue sur lac. Dans l'assiette, de bons petits plats aux saveurs du monde : curry, pâtes, riz arrangés... Également des sandwichs exotiques, et de belles pâtisseries pour accompagner un café en journée.

**Weisses Kreuz** *(plan B2, **34**) : Furrengasse 19. ☎ 041-418-82-20. Tlj 11h-23h. Pizzas 19-28 Fs, plats 35-50 Fs.* L'un des meilleurs restos italiens de la ville, campé dans un décor de lustres et de miroirs dorés, jouxtant quelques photos noir et blanc de la Grande Botte. On se régale des pizzas généreusement garnies et cuites au feu de bois. Également des pâtes, et une carte très complète de spécialités bien tournées.

**Hopfenkranz** *(hors plan par C1, **31**) : Zürichstrasse 34. ☎ 041-417-78-88. Lun-ven 10h-14h, 18h-23h. Menus déj 20-23 Fs, plats 37-47 Fs.* À mi-chemin entre le resto et la table d'hôtes. À la carte, juste quelques plats de saison goûteux et soignés ; à dévorer dans une salle toute blanche avec parquet, grandes tablées et cuisine ouverte. À faire plutôt à midi, car ça douille en soirée !

**Rebstock** *(plan C1, **35**) : St. Leodegarstrasse 3. ☎ 041-417-18-19. Au pied de l'escalier de l'église Hofkirche St. Leodegar. Tlj 11h30-23h. Menus déj 19-22 Fs, plats 23-50 Fs.* Sous de vieilles poutres, un bistrot mitonnant une cuisine traditionnelle aux saveurs bien trempées. Les viandes goûteuses sont à l'honneur, à côté des poissons du lac. En été, agréable cour intérieure arborée.

**Wirtshaus Taube** *(plan A2, **36**) : Burgerstrasse 3. ☎ 041-210-07-47. Tlj sf dim hors juil-août, dès 11h. Menus déj 20-28 Fs, plats 27-39 Fs.* L'endroit idéal pour goûter aux spécialités lucernoises. Salle à la fois rustique et élégante, avec ses arcades et ses vieilles poutres. On vous conseille le *Kügelipastete* ou les saucisses de veau. Excellent et copieux. Également de bons desserts maison, s'il vous reste de la place !

**Helvetia** *(plan B3, **37**) : Waldstätterstrasse 9. ☎ 041-210-44-50. Dans la ville moderne. Tlj 7h30 (10h dim en été, 16h en hiver)-0h30. Résa conseillée le w-e. Menus déj 25-29 Fs, plats 25-46 Fs.* Un accueillant bistrot à l'ancienne, servant une sérieuse cuisine de brasserie : röstis, flammenkueche, poissons du lac, etc. Grande terrasse sur une place ombragée.

## Très chic

**Old Swiss House** *(hors plan par C1, **31**) : Löwenplatz 4. ☎ 041-410-61-71. Tlj sf lun. Résa conseillée le w-e. Plats 44-69 Fs.* Une institution locale, installée dans une jolie maison à colombages qui détonne entre les petits immeubles du quartier. Intérieur cossu à l'ancienne, voire un peu kitsch. Fine cuisine traditionnelle, avec l'escalope de veau en vedette. Et certains plats sont réalisés devant vous – sur une desserte – de façon vraiment théâtrale et pas franchement *diet* ! Sérieuse carte des vins et service stylé. Pas donné, mais une vraie expérience culinaire !

## Où boire un verre ? Où sortir ?

Voici quelques adresses pour changer un peu des nombreuses terrasses qui bordent la Reuss. Le quartier des noctambules se situe rive gauche de la rivière, du côté de la gare.

🍸 ***Suite Lounge & Bar*** *(plan B2,* ***50****) : Pilatusstrasse 1. ☎ 041-210-21-31. Au dernier étage de l'hôtel* Monopole. *Lun-ven 17h-0h30 (2h30 ven), sam 16h-2h30, dim 14h-23h.* Bar branché et musique DJ pour un cadre design avec canapés et cheminée en hiver, et formidable terrasse panoramique en été. Belle carte des cocktails, que l'on accompagne volontiers de tapas et autres amuse-gueules. Clientèle décontractée – trentenaires et quadras – assidue dès l'heure de l'apéro.

🍸 ***Car Bar Max*** *(plan B2-3,* ***51****) : Sempacherstrasse 5. ☎ 041-210-21-01. Tlj 6h30 (8h sam, 17h dim)-0h30 (2h30 ven-sam).* On est accueilli par une belle voiture américaine rutilante, chrome et carmin. Musique et conversations US, *of course,* dans une ambiance « djeuns », conviviale et détendue, chauffée certains soirs par un DJ. Fait aussi resto.

🍸 ***Shine*** *(plan B3,* ***52****) : Sempacherstrasse 16. ☎ 041-211-26-26. Tlj sf dim-lun, 9h-minuit (2h30 ven-sam).* Un bar-lounge tendance mais décontracté, avec ses fauteuils en teck et sa déco orientalisante. Musique douce et *latina* pour bercer les conversations tranquilles. Dînette possible.

🍸 ***Mill' Feuille*** *(plan A2,* ***54****) : Mühlenplatz 6. ☎ 041-410-10-92. • mail@millfeuille.ch • Tlj sf dim 7h30 (9h sam)-tard.* Juste en bord de rivière, avec vue imprenable sur le pont en bois pittoresque et la fontaine de la place. Bref, un bel emplacement pour boire un verre sagement au soleil couchant, après avoir exploré la vieille ville.

## Où voir un spectacle ?
## Où assister à un concert ?



🍸 ♪ 👓 ***Kleintheater*** *(plan B3,* ***60****) : Bundesplatz 14. ☎ 041-210-33-50. • kleintheater.ch • Ouv presque ts les soirs sept-mai. Billetterie tlj sf dim 17h-19h.* Intéressant programme éclectique : cabaret, concerts, danse, théâtre, mimes... Entrée à prix raisonnable.

🍸 ♪ 👫 ***Schüür*** *(hors plan par C3,* ***61****) : Tribschenstrasse 1. ☎ 041-368-10-30. • schuur.ch • Ouv jeu-sam.* Un centre culturel très branché, à côté de la voie de chemin de fer. Nombreux concerts rock, pop, reggae, hip-hop, salsa, etc., et soirées *dance floor* arrosées de musique DJ. Ambiance jeune.

🍸 ♪ ***Jazzkantine*** *(plan B1,* ***62****) : Grabenstrasse 8. ☎ 041-410-73-73. • jazzkantine.ch • Tlj 9h-0h30.* Le rendez-vous des jeunes Lucernois. Intérieur de bar classique avec grandes tables en bois et quelques affiches. Au sous-sol, concerts de jazz, essentiellement. Quelques tables sur le trottoir. Petite restauration possible. Bonne ambiance sans prétention.

♪ ***Stadtkeller*** *(plan B1,* ***63****) : Sternenplatz 3. ☎ 041-410-47-33. • stadtkeller.ch •* La « cave de la ville » organise d'avril à octobre de bons spectacles musicaux folkloriques assez touristiques. Hors saison, changement de programmation : les concerts rock-jazz-blues attirent les gens du cru qui, selon leur habitude, aiment dîner devant la scène.

## Achats

🧺 ***Au Cachet*** *(plan A2,* ***70****) : Pfistergasse 15. ☎ 041-240-15-07. Tlj sf dim et lun mat, 8h-12h, 13h45-18h30 (17h sam).* Boutique modeste d'un excellent chocolatier local, aussi réputé pour ses prix doux. C'est sûr, on reviendra !

🧺 ***Marché alimentaire :*** *le long de la Reuss, mar et sam mat.*

***Marché folklorique :*** *Weinmarkt, le 1er sam du mois avr-déc.*
***Marché aux puces :*** *Untere Burgerstrasse/Reussteg, sam mai-oct.*
***Marché aux pains :*** *vers Kapelplatz, 1 sam vers la Pentecôte.* Tous les boulangers de la ville exposent et vendent leurs pains.

# À voir

– ***Important :*** la ville a créé l'avantageux *Luzern Museums Pass,* donnant accès à 10 musées pour 36 Fs. En vente à l'office de tourisme.

## *Dans la vieille ville*

Depuis la *Kapellplatz (plan B1-2)* jusqu'à la *Mulhenplatz (plan A2),* prenez le temps de vous balader dans la vieille ville, entièrement piétonne, le nez en l'air au gré des ruelles et des charmantes petites places bordées de belles maisons décorées de fresques ou de sgraffites. La façade de l'hôtel des Balances et celle de l'hôtel de ville sont particulièrement représentatives. Les boutiques possèdent de belles enseignes peintes. Très touristique, bien sûr, mais l'ensemble, d'une grande homogénéité, a vraiment du charme. Nombreuses fontaines évoquant l'histoire de la ville, pour aussi se désaltérer.

***Kapellbrücke*** *(pont de la Chapelle ; plan B2)* **:** l'incontournable et légendaire pont, traversant la Reuss. Si l'on devait résumer Lucerne en une seule image, c'est sans aucun doute celle-ci que l'on retiendrait. Construit en 1333 au cœur du dispositif de fortification de la ville, le pont mesurait 280 m et était décoré de 112 peintures sur bois accrochées dans les triangles supérieurs formés par les poutres de la toiture. Elles illustraient l'histoire de Lucerne et les vies de saint Léger et de saint Maurice, les patrons de la ville... En août 1993, un incendie (accidentel ? criminel ?) a ravagé le pont et consumé la majeure partie des peintures originales (30 ont pu être restaurées). Reconstruit en un temps record (8 mois), l'ouvrage a certes retrouvé ses formes d'antan, mais il faudra des décennies pour que le bois se patine...

À ses côtés, la ***Wasserturm*** *(tour d'Eau ; plan B2)* a été épargnée : avec ses 34 m de hauteur, elle a fière allure. Baignant dans la Reuss, elle tient compagnie au pont couvert depuis plus de 7 siècles. Tour octogonale, elle servait de point de repère aux bateliers et protégeait la cité du côté du lac. Elle abritait donc le guet, mais aussi la prison, la salle des tortures et les archives !

***Jesuitenkirche*** *(église des Jésuites ; plan B2)* **:** *Bahnhofstrasse 11a. Tlj 6h30-18h30.* Au bord de la Reuss, voici la première grande église baroque de Suisse, blanche et lumineuse, construite entre 1666 et 1677. La façade, très sobre, est entourée de deux hautes tours surmontées d'un clocher à bulbe (fin XIXe s). À l'intérieur, les stucs roses du plafond, d'inspiration rococo, ont été refaits au milieu du XVIIIe s. Dans la 2e chapelle latérale de droite, une statue représentant Bruder Klaus (Nicolas de Flüe), saint patron de la Suisse. Concerts d'orgue certains jours (se renseigner).

***Franziskanerkirche*** *(église des Franciscains ; plan A2)* **:** *Franziskanerplatz 1. Tlj 7h30-18h30.* Érigée dans la seconde moitié du XIIIe s sur une place aujourd'hui tranquille et agréable, cette église gothique est très représentative de l'architecture religieuse de l'ordre des Franciscains. Chœur entouré de deux minuscules chapelles, où défile tout au long de la journée une cohorte de fidèles. Très belle icône de la Vierge Marie et remarquable chaire en bois sculpté (1628), à la croisée de la Renaissance et du baroque.

***Historisches Museum Luzern*** *(Musée historique ; plan A2)* **:** *Pfistergasse 24. ☎ 041-228-54-24. ● historischesmuseum.lu.ch ● Tlj sf lun 10h-17h. Entrée : 10 Fs ; réduc ; gratuit avec le Luzern Museums Pass. Possibilité de visites historiques guidées en allemand par des acteurs en costume ; sinon, la visite se fait* *avec une sorte de scanner à code-barres qui affiche des infos – en allemand et en anglais – sur les objets présentés.* Us et coutumes locaux : intérieurs typiques reconstitués, costumes traditionnels, armures, vitraux, statues, peintures sur bois, tapisseries et reliques religieuses à profusion. Également une foule d'outils évoquant les métiers d'antan, des vestiges archéologiques, des objets d'un quotidien plus récent, et puis la dernière guillotine suisse.

*Spreuerbrücke* (pont des Moulins ; plan A2) : plus petit que le pont de la Chapelle et injustement moins connu, car plus retiré, il fut construit en 1408 et restauré au XIXe s. Il est décoré de 67 tableaux sur bois signés par Kaspar Meglinger, autour du thème de la *Danse macabre.* Pour les suivre dans l'ordre, il faut partir de la rive nord... Brrr ! Petite chapelle du XVIe s plantée au beau milieu du pont.

***Weinmarktplatz*** *(place du Marché-au-Vin ; plan B2)* **:** entourée de jolies maisons, la place fut longtemps le cœur de la vieille ville. Voir notamment la *Weinmarktapotheke,* ancienne pharmacie de 1530 (aujourd'hui, hélas, boutique de vêtements) avec sa tourelle de façade, et surtout, au n° 3, le *Zunfthaus zu Metzgern* (maison de la corporation des bouchers). Également, la fontaine la plus ancienne de la ville (une copie, la vraie se trouvant au Musée historique).

## Au nord de la vieille ville

***Museggmauer*** *(remparts de la Musegg ; plan B1)* **:** *Schirmertorweg. • museggmauer.ch • Avr-oct, tlj 8h-19h. GRATUIT.* Derniers vestiges des fortifications ceinturant Lucerne après 1408, le mur et les neuf tours ont gardé toute leur majesté. Surplombant la vieille ville, la muraille est un lieu de promenade tout indiqué, bien au calme, avec une jolie vue sur tout Lucerne. En cheminant, on peut visiter trois tours : la Schirmerturm, la Zytturm (petite expo de mécanismes d'horloges anciennes) et la Männliturm.

### RÉGLÉE COMME UNE HORLOGE SUISSE

*Lucerne possède encore d'anciens remparts médiévaux protégés par quelques tours. Parmi ces dernières, la tour Zytturm abrite une horloge datant de 1535, la plus ancienne de la ville. Malgré son grand âge, la vieille pendule est toujours aussi ponctuelle, même trop : elle sonne les heures 1 mn avant toutes les autres horloges de Lucerne !*

***Bourbaki Panorama*** *(hors plan par C1)* **:** *Löwenplatz 11. ☎ 041-412-30-30. • bourbakipanorama.ch • Avr-oct, 10h-18h ; nov-mars, 9h-17h. Entrée : 12 Fs ; réduc. Billet jumelé* (Lion-Pass) *avec le Gletschergarten : 22 Fs ; réduc. Gratuit avec le* Luzern Museums Pass. *Demander le commentaire en français à l'entrée.* Il s'agit en fait d'une gigantesque peinture murale circulaire (112 m de long sur 10 m de haut). La toile peinte en trompe l'œil par Édouard Castres illustre un épisode méconnu de l'histoire française : la retraite de l'armée de l'Est commandée par le général Bourbaki, battue à Belfort par les Prussiens en 1871, vers la frontière suisse, qu'ils franchissent finalement, avant d'être faits prisonniers par l'armée helvète durant quelques semaines... La muséographie en trois dimensions qui l'accompagne, avec des personnages de cire habillés en costume d'époque et des éléments de décor, rend la scène très réaliste. Belle dramaturgie, avec des sons qui viennent parfaire l'illusion. Prenez bien le temps de vous immerger dans l'atmosphère de ce terrible hiver 1871. À l'étage inférieur, une exposition intéressante retrace l'origine de l'œuvre, peinte en 4 mois et à laquelle participèrent une dizaine d'artistes dont Ferdinand Hodler, qui s'est représenté lui-même sur la toile. Le bâtiment du panorama est aussi un centre culturel qui abrite une bibliothèque, des salles de cinéma et un ***bar*** circulaire sympa, assez fréquenté par les gens du cru en soirée.

**Löwendenkmal** *(monument du Lion ; hors plan par C1) : Denkmalstrasse 4. Dans un petit parc.* « Le plus triste et le plus bouleversant morceau de roche du monde », a dit de lui l'écrivain américain Mark Twain. Taillé en 1821 dans le roc par le sculpteur danois Bertel Thorwandsen, « le lion mourant de Lucerne » protège dans sa patte le lys de France. Dimensions impressionnantes : 6 m de haut sur 10 m de long. La sculpture est dédiée à la mémoire des gardes suisses (les officiers seulement !), alors au service du roi de France Louis XVI, tués lors de la prise des Tuileries, le 10 août 1792, ou guillotinés les 2 et 3 septembre de la même année : leurs noms sont gravés dans la roche.

**Alpineum** *(hors plan par C1) : Denkmalstrasse 11. ☎ 041-410-62-66. • alpineum.ch • Avr-oct, tlj 9h-12h30, 13h30-18h. Entrée : 5 Fs ; réduc ; gratuit avec le Luzern Museums Pass.* Un diorama composé de peintures géantes réalisées en 1900 par Ernst Hodel et son fils. On se retrouve ainsi sans effort dans les Alpes suisses. Une collection de maquettes (train, funiculaires, chalets, bateaux...) et d'anciens appareils de photographie en relief complètent le spectacle, émaillé des bruits de fond de la montagne (bêlements de mouton, cloches...). Sur place, un ***bar*** sympa avec gentille terrasse dans la ruelle, face au monument du Lion.

**Gletschergarten** *(Jardin des glaciers ; hors plan par C1) : Denkmalstrasse 4. ☎ 041-410-43-40. • gletschergarten.ch • À côté du monument du Lion, dans un vieux chalet avec de beaux balcons ouvragés. Avr-oct, tlj 9h-18h ; nov-mars, tlj 10h-17h. Entrée : 15 Fs ; 6-16 ans : 8 Fs. Billet jumelé avec le Bourbaki Panorama : 22 Fs ; réduc. Gratuit avec le Luzern Museums Pass.* Un espace pour remonter le temps de 20 millions d'années, jusqu'à l'époque où le site et ses environs étaient recouverts par les glaciers. Ne pas manquer les 32 marmites glaciaires, excavations creusées par l'eau faisant tournoyer des pierres dures qui creusaient ainsi le rocher plus tendre. Découvertes à la fin du XIXe s ; la plus grande mesure 10 m de profondeur pour un diamètre de 8 m... Sur place, intéressant musée géologique : dioramas, fossiles de mammouths et autres animaux préhistoriques, collections de minéraux, photos des derniers grands glaciers... Là, une *touching zone* – didactique et ludique – attire l'attention sur le réchauffement climatique. Jardins alpins et montée au belvédère. On retiendra aussi le *labyrinthe des Glaces* tapissé de miroirs, conçu en 1896, qui vous transporte dans une autre dimension, sur fond de musique orientale. C'est déroutant, ça fait le bonheur des enfants, et on voudrait que ça dure un peu plus longtemps !

**Hofkirche St. Leodegar** *(église Saint-Léger ; plan C1) : St. Leodegarstrasse 6.* Élevée à l'emplacement d'un monastère, la collégiale Saint-Léger (Leodegar en version allemande) demeure la principale église de Lucerne, reconstruite dans le style Renaissance, après un incendie en 1633. C'est d'ailleurs le plus grand édifice religieux suisse de cette époque. Seules les deux tours pointues sont d'origine (XIIe s). Un monumental escalier donne accès à un très beau portail en bois sculpté. Vaste intérieur décoré de dorures, statues, autels et peintures de style Renaissance tardif. Les orgues monumentales (XVIIe s) comptent aussi parmi les meilleures de Suisse : concerts fréquents. De chaque côté de l'autel, Dormition et Descente de Croix impressionnantes. Tout autour de l'église, cloître avec pierres tombales dont certaines très anciennes.

**Verkehrshaus der Schweiz** *(Musée suisse des Transports ; hors plan par C1) : Lidostrasse 5. ☎ 041-370-44-44. • verkehrshaus.ch • À 2 km à l'est du centre-ville. Bus n[os] 6, 8 et 24. Tlj 10h-18h (17h nov-mars). Entrée :*

LA SUISSE CENTRALE

*30 Fs ; 6-16 ans 15 Fs ; gratuit moins de 6 ans et avec le* Luzern Museums Pass. *Films Imax : 18-22 Fs ; réduc ; forfait famille. Resto sur place.*
Le musée le plus visité de Suisse aborde, avec plus de 3 000 objets exposés sur 20 000 m², l'histoire mouvementée et les défis à venir dans les domaines des transports et de la mobilité.
Présentation complète, didactique et ludique de l'évolution des transports sur route, rail, eau, air et espace, à travers de très belles collections de véhicules, et de nombreux diaporamas, simulateurs interactifs, maquettes... À voir notamment : le spectacle proposant la visite en train du chantier du tunnel ferroviaire du Gothard (1872-1882) ; le planétarium (payant) ; les films Imax (payants), dont la netteté de l'image 3D et du son est absolument remarquable. Dans l'enceinte du musée, un bâtiment est consacré au peintre lucernois Hans Erni, né en 1909, dont on peut, entre autres, admirer une gigantesque fresque sur les grands penseurs depuis l'Antiquité... On recommande !

## Autour de la gare

**Sammlung Rosengart** *(Collection Rosengart ; plan B2)* **:** *Pilatusstrasse 10. ☎ 041-220-16-60. • rosengart.ch • Avr-oct, tlj 10h-18h ; nov-mars, tlj 11h-17h. Entrée : 18 Fs ; réduc ; gratuit avec le* Schweizer Museums Pass. *Demander la doc en français.* L'un des derniers bijoux lucernois, offert en 2002 par la marchande et collectionneuse d'art Angela Rosengart. Le musée est installé dans le cadre épuré et monumental de l'ancien siège de... la *Banque nationale suisse* ! Il justifie à lui seul un voyage à Lucerne.
– ***Au sous-sol,*** les salles des coffres abritent désormais, sous des lumières tamisées, la plus grande collection privée consacrée à Paul Klee, soit 125 dessins, aquarelles ou huiles de petits formats.
– ***Au rez-de-chaussée,*** l'autre point fort du musée demeure la remarquable collection d'œuvres de Picasso – l'artiste était un ami personnel du couple Rosengart –, dont les peintures sont accrochées dans des salles lumineuses et hautes de plafond. Là, on suit avec délectation l'extraordinaire vitalité artistique du maître. On y admire de beaux portraits de ses différentes compagnes, mais aussi d'intéressants pastiches cubistes d'après Le Greco ou Manet. Dans la salle des guichets, voir également des œuvres de la fin de sa vie qui furent rejetées en raison de leur style et de leurs couleurs. Seuls les Rosengart s'en portèrent acquéreurs, comme de ces admirables « Personnages rembrandtesques » dans les tons jaunes, rouges et violets.
– ***Au 1er étage,*** nombreux dessins et estampes originales de Picasso sur ses thèmes de prédilection : les femmes, la corrida, la mythologie... Une expo présente aussi, par roulement, de touchantes photos de l'artiste au travail dans son atelier, et dans sa vie quotidienne avec ses enfants. Enfin, quelques œuvres illustrent encore les grands mouvements picturaux du XXe s : les impressionnistes avec Renoir, Cézanne et Monet, les nabis avec Bonnard et Vuillard, mais aussi Miró, Kandinsky, Chagall, Braque, Matisse, Dufy, Signac, Soutine... Bref, une formidable orgie !

**Kultur und Kongresszentrum Luzern – KKL** *(Palais de la culture et des congrès ; plan C2)* **:** *Europaplatz 1. ☎ 041-226-70-70. • kkl-luzern.ch •* Magnifique réalisation de l'architecte français Jean Nouvel, reflétant avec ses surfaces de cuivre poli les eaux du lac des Quatre-Cantons dans un jeu infini de miroirs. De l'intérieur, les baies vitrées sont conçues pour cadrer habilement tel ou tel coin de paysage comme une collection de cartes postales. Des canaux surplombés de passerelles traversent la structure pour donner un cadre sublime aux concerts de nombreux festivals de musique de qualité : *Blue Balls Festival, Lucerne Festival...* Au dernier étage, terrasse avec vue sur le lac. Le centre abrite aussi des expos temporaires d'art contemporain, un resto (chic et cher), et un café (abordable) au rez-de-chaussée, sur le bord du lac.

## À voir encore...

***Richard Wagner Museum*** *(hors plan par C3)* **:** *Richard-Wagner-Weg 27. ☎ 041-360-23-70. • richard-wagner-museum.ch • À 3 km au sud-est du centre. Bus nos 6, 7 et 8, arrêt « Wartegg » et marcher 10 mn ; bateau avr-oct l'ap-m, au départ de Bahnhofquai. Tlj sf lun 10h-17h (18h juin-sept). Fermé déc-mars. Entrée : 10 Fs ; réduc ; gratuit avec le* Luzern Museums Pass. La résidence où vécut Richard Wagner de 1866 à 1872 est aujourd'hui un musée recélant le piano original du maître, sans oublier la partition de *Siegfried-Idyll,* œuvre que le lieu lui inspira... Visite des pièces de la maison – meublées d'origine – au son de la musique du compositeur. Très beau parc au bord de l'eau avec petit café. Concerts réguliers (se renseigner).

## À faire

***Les bains*** *(hors plan par C3)* **:** *près du musée Wagner, le long de l'****Alpenquai.*** Tout Lucerne se retrouve ici pour faire trempette. Grande pelouse, sable, ambiance sympa et beaucoup de jeunes. C'est mieux que le ***Lido,*** envahi par les touristes, même si ce dernier est chauffé et doté de jeux pour enfants. Autre endroit sympa : le ***Seebad*** (près du casino), un haut carré en bois planté dans le lac des Quatre-Cantons, qui fait office de piscine naturelle. L'entrée de ces bains est payante, et on trouve généralement sur place un resto-bar et de la musique en soirée. Possibilité de se baigner gratuitement près du *Backpackers Lucerne* (voir « Où dormir ? »).

***Balades sur le lac*** *(plan C2)* **:** généralement au départ de l'embarcadère de Bahnhofquai, la compagnie *Schifffahrtsgesellschaft des Vierwaldstättersees (☎ 041-367-67-67. • lakelucerne.ch •)* propose de nombreuses possibilités d'excursions selon les saisons, en bateau à vapeur ou à moteur : croisières, coucher de soleil, brunch dominical... Se renseigner sur les différentes formules proposées et sur les arrêts possibles dans les villages bordant le lac. On remarque sur les rives quelques constructions contemporaines assez réussies.

## Fêtes et manifestations

Nombre d'événements rythment la vie des Lucernois, parmi lesquels d'importants festivals de musique.
– ***Carnaval*** *(Fasnacht)* **:** *fév, Jeudi gras – mercredi des Cendres. • luzerner-fasnacht.ch •* Événement typique et traditionnel lucernois. Le dernier jour, les *Guuggenmusigen,* musiciens en costume, donnent un grand concert et défilent dans les rues de la vieille ville.
– ***Lucerne Festival :*** *Pâques, été et nov. • lucernefestival.ch •* La ville où vécut Wagner vibre au son de la musique classique.
– ***Blue Balls Festival :*** *juil, pdt une dizaine de j., au KKL. • blueballs.ch •* L'un des plus importants festivals musicaux du pays. Concerts de jazz, funk, blues, soul, world music, rock ou pop ; en salle et en plein air, le long du lac.

## DANS LES ENVIRONS DE LUCERNE

***Le mont Pilatus :*** on en atteint le sommet (2 132 m) par deux téléphériques successifs sur le versant nord, depuis Kriens et Fräkmüntegg, et surtout, de mai à novembre, par le train à crémaillère le plus raide du monde (inclinaison de 48 % par endroits) au départ d'Alpnachstad (versant sud). L'excursion type consiste à prendre le bateau à vapeur à Lucerne jusqu'à Alpnachstad, puis le

petit train à crémaillère, redescendre par les téléphériques sur Kriens et revenir au point de départ en bus (ou retour sur Lucerne à pied en moins de 2h).
*Durée : min 5h ; tarif 106 Fs (bateau + train à crémaillère). Possibilité sinon de rejoindre Alpnachstad en train en 20 mn. Pour une ascension A/R depuis Alpnachstad, compter 72 Fs. D'autres formules possibles. ½ tarif 6-16 ans. Billets à la gare ferroviaire de Lucerne ou auprès des Pilatus-Bahnen, Schlossweg 1, à Kriens. ☎ 041-329-11-11. • pilatus.ch • L'achat du* Tell-Pass *pour cette expédition peut se révéler judicieux (voir plus haut « Spécial transports » dans l'intro à « La Suisse centrale »).* Les deux hôtels, qui se trouvent en haut du mont Pilatus, sont reliés par une galerie panoramique couverte.

## WILLISAU

Pittoresque et pleine de charme médiéval, à env 15 km au nord-ouest de Lucerne, Willisau est restée la petite ville de campagne, le « grenier du canton de Lucerne ». Fin août, elle accueille le festival de jazz le plus intimiste de Suisse, prisé des plus grands noms du jazz. Pour ceux qui n'ont pas les moyens d'entrer dans la grande salle, l'animation sur le terrain voisin, où l'on peut exceptionnellement planter gratuitement sa tente pendant 1 semaine, vaut à elle seule le détour *(• jazzfestivalwillisau.ch •).* La ville est aussi réputée pour son marché de Noël, qui débute autour du 8 décembre.

## SEMPACH

Sempach, au bord du lac du même nom, à une douzaine de kilomètres au nord-ouest de Lucerne, est un petit bijou architectural dont le centre forme cependant une boucle assez vite parcourue. Fondée en 1230, lieu de la bataille qui vit en 1386 les confédérés flanquer une raclée aux Habsbourgs, elle prospéra jusqu'en 1856 (construction du chemin de fer) grâce à ses nombreuses auberges où l'on faisait halte sur la route du Gothard. Elle a gardé de beaux restes, dont la tour du Percepteur, la porte du Bœuf et l'hôtel de ville rouge et blanc datant de 1630, aux superbes colombages.



# LE CANTON D'UNTERWALD



**Unterwald est l'un des trois petits cantons suisses à réussir l'exploit d'être encore divisés en deux demi-cantons, Nidwald et Obwald. En 1291, les trois représentants d'Uri, de Schwyz et de Nidwald s'allièrent sur la plaine du Grütli. Très vite cependant, il sembla logique aux puissants Schwyz et Uri que leur partenaire s'alliât à la vallée voisine (Obwald), mais pas au prix d'une quatrième voix qui leur aurait enlevé la majorité. Ainsi, Obwald, plus grand, obtint les deux tiers de cette unique voix ! Du coup, pendant plus de 500 ans, les relations entre les deux vallées furent pour le moins conflictuelles. En 1815, Nidwald essaya même d'accéder à l'indépendance, refusant le pacte fédéral, « trop centralisateur » à ses yeux. Les troupes fédérales le ramenèrent, sans effusion de sang, dans le giron helvétique !**
**Aujourd'hui, les deux régions se ressemblent beaucoup : deux vallées qui s'étendent des Alpes au lac des Quatre-Cantons, habitées par 30 000 citoyens, avec deux « gros » bourgs, Stans et Sarnen.**

# STANS

(6370) 8 100 hab.

**Frère jumeau mais autrefois ennemi de Sarnen, le chef-lieu du demi-canton d'Obwald, Stans est le chef-lieu du demi-canton de *Nidwald.* Sa vallée monte jusqu'à Engelberg, qui est rattaché à *Obwald...* Ce bourg, l'un des plus anciens de Suisse centrale, cache un centre tout petit mais charmant !**

## Adresse utile

***Office de tourisme :*** *Bahnhofplatz 4. ☎ 041-610-88-33. • tourismusstans.ch • lakeluzern.ch • Petit bureau au 1^er^ étage. Lun-ven 13h30-18h.* Documentation succincte.

## Où dormir ? Où manger ?

### Chic

***Engel :*** *Dorfplatz 1. ☎ 041-619-10-10. • engelstans.ch • Dans le centre, tt près de l'église. Selon confort, doubles env 160-210 Fs avec douche et w-c, petit déj inclus.* Si on peut donner quelques siècles à cette opulente maison, les chambres sont pour l'essentiel (les moins chères font encore dans le genre rustique) d'un sobre design contemporain. Tout confort, évidemment. Restaurant avec une jolie terrasse sur la place.

***Zur Rosenburg Höfli :*** *Alter Postplatz 3 ; dans la maison du Musée historique. ☎ 041-610-24-61. • info@rosenburg-stans.ch • Tlj sf lun-mar. Congés : de mi-juil à début août. Menus 66-80 Fs ; mer-jeu aussi un menu du jour env 21,50 Fs.* Superbe resto, dans une vieille maison du XVII^e^ s, avec une belle terrasse au cœur du jardin clos.

## Où boire un verre ? Où sortir ?

***Jlge Bar :*** *Mürgstrasse 9. ☎ 041-610-13-32. Un peu sur les hauteurs du village. Tlj sf dim 18h-1h (3h ven-sam).* Cadre sympa, oscillant entre bar classique et pub.

***Chäslager, Kleintheater & Kunst galerie :*** *Alter Postplatz 3. ☎ 041-610-41-60. • chaeslager.ch • Ouv jeu, ven et sam soir, voire dim ap-m.* Centre culturel hors du commun, installé dans une grange de 1855.

## À voir

***Le bourg :*** le centre a été presque entièrement reconstruit après le gigantesque incendie de 1713, ce qui explique la similitude de ses façades baroques aux fenêtres ornées. En amont de la Dorfplatz, une grotte artificielle abrite une statue à la mémoire du héros local, Arnold de Winkelried, qui se sacrifia pour son pays lors de la bataille de Sempach. À deux pas, trois maisons à pignons, juste derrière l'étonnante statue contemporaine *Le Mort et la Jeune Fille.*

***L'église Saints-Pierre-et-Paul :*** son clocher roman à quatre étages (XII^e^ s) contraste avec le corps du bâtiment, de style baroque. L'effet est saisissant en prenant un peu de hauteur, au début de la Knirigasse, derrière l'église. Même contraste à l'intérieur : les colonnes et les retables de marbre noir tranchent avec la blancheur des parois et des statues qui ornent les niches.

**Salzmagazin :** *Stansstaderstrasse 23. ☎ 041-618-73-30. Mer-dim 14h (11h w-e)-17h. Entrée : 5 Fs.* Visite obligatoire rien que pour le bâtiment, un ancien magasin à sel du début du XVIIIe s. Sinon, collections de meubles et faïences locales. La section consacrée aux artistes du cru est originale (série de portraits de Melchior Wyrsch, XVIIIe s).

## À faire dans le coin

Avec ses 300 remontées mécaniques, le très petit demi-canton de Nidwald bat tous les records de la Suisse. Les amateurs de randonnées trouveront des possibilités de très belles excursions dans toute la vallée.

➢ ***Le Stanserhorn** (1 898 m) :* vue magnifique sur 100 km de la chaîne des Alpes (Eiger, Mönch, Jungfrau...) et sur 10 lacs suisses. Par beau temps, on aperçoit même la Forêt-Noire. Prenez d'abord le romantique et centenaire funiculaire *Stanserhorn-Bahn (Stansstaderstrasse 19 ; ☎ 041-681-80-40 ; ● stanserhorn.ch ●)* qui vous mènera jusqu'à mi-parcours, où vous monterez à bord de la télécabine à deux étages pour atteindre le sommet. Son toit panoramique permet d'embarquer la moitié des passagers à ciel ouvert. Sensations garanties ! *Prix A/R : 74 Fs.* Là, restaurant avec terrasse panoramique. Nombreuses balades balisées depuis le sommet.

➢ ***Le Bürgenstock :*** c'est une magnifique balade sur l'un des plus grands promontoires qui bordent le lac des Quatre-Cantons. Lac qu'on longera jusqu'à Kehrsiten (route très, très étroite) avant de monter assez abruptement jusqu'au Bürgenstock (1 000 m d'altitude) à bord d'un vieux funiculaire (il date de 1888 et grimpe une déclivité de 58 %), récemment rénové. Le tout nouveau complexe hôtelier et la taverne, plus que centenaire, ne sont pas là par hasard : la vue est superbe. Mais il y a encore mieux... Poursuivre en empruntant le Felsenweg, un sentier audacieusement taillé dans le versant nord du Bürgenberg. En 30 mn, vous rejoignez le départ d'un vertigineux ascenseur qui rase le rocher et avale à une vitesse impressionnante les 160 m qui le séparent de Hammetschwand (1 128 m d'altitude). À la sortie, on découvre un panorama sublime. Les plus courageux pourront ensuite descendre à pied jusqu'à la corniche d'Unter Nas. *Pour plus d'infos : ☎ 041-612-90-90. ● buergenstock-bahn.ch ● felsenweg.ch ●*

### MY SWISS LADY

*C'est dans une petite chapelle protestante au sommet du Bürgenstock que se maria en 1954 Audrey Hepburn. C'est à Tolochenaz, dans le canton de Vaud, qu'elle repose. Durant toute sa vie, l'actrice britannique appela la Suisse « sa maison ».*

## Fête et manifestation

- ***Kermesse des paysans d'alpages :*** *3[e] dim d'oct.* Elle commence le matin avec une messe et se poursuit l'après-midi avec un cortège folklorique.
- ***Saint-Nicolas :*** *soir du 5 déc.* Cortège avec des centaines de participants dans les rues de la ville.

## ENGELBERG (6390) 3 940 hab.

**À 1h de Lucerne par le train. Chaque année, des milliers de skieurs envahissent la plus célèbre station d'hiver de Suisse centrale. Les vieux grands palaces style chalets se marient avec un bonheur incertain aux immeubles**

**en béton. C'est ici que fut construit, en 1927, le premier téléphérique suisse. 65 ans plus tard, on y a inauguré le *Rotair*, un téléphérique encore, mais avec la première cabine tournante du monde.**

## Adresse utile

🅸 ***Office de tourisme :*** *Klosterstrasse 3. ☎ 041-639-77-77. • engelberg.ch • Dans le centre commercial. En hiver, tlj 8h-18h30 (18h dim) ; en été, lun-sam 8h-18h30, dim 10h-13h ; le reste de l'année, lun-sam 8h-18h30 (17h sam).*

## Où dormir ?

### Camping

⛺ ***Eienwäldli :*** *Wasserfallstrasse 108. ☎ 041-637-19-49. • eienwaeldli.ch • En dehors du centre, au sud-ouest. Prendre la Klosterstrasse, puis suivre la Wydenstrasse jusqu'à un embranchement sur la droite. Tte l'année. Env 35-40 Fs pour 2 avec tente.* Très bel endroit, avec tout le confort : piscine couverte, sauna, solarium, bains de vapeur et à remous, petit lac, terrain de jeux, café et magasin.

### Bon marché

🏠 ***Auberge de jeunesse :*** *Dorfstrasse 80. ☎ 041-637-12-92. • youthhostel.ch/engelberg • À l'ouest, en dehors du centre. Congés : de mi-avr à fin mai et de mi-oct à fin nov. Compter 33,10-38,10 Fs/pers en dortoir selon taille, 43,10 Fs/pers en chambre double, petit déj compris ; ajouter 7 Fs pour les non-membres. Repas 16,50 Fs.* 💻 Un grand chalet aux volets rouges, propre et confortable. AJ de 112 lits, avec sanitaires non privatifs, prise d'assaut par les skieurs en hiver. Resto.

### De prix moyens à chic

🏠 ***Hôtel Bellevue-Terminus :*** *Bahnhofplatz. ☎ 041-639-68-68. • bellevue-terminus.ch • Doubles 140-180 Fs en été selon confort, petit déj inclus.* En plein centre, dans un bâtiment de 1898 qui ne manque pas d'allure avec son grand hall et sa vaste salle de resto d'époque. Plusieurs catégories : des chambres *new standard* (avec douche et w-c sur le palier) aux suites très contemporaines en passant par les *superior*. 2 bars dont le *Yucatan* qui accueille souvent des concerts.

🏠 ***Hotel Garni Hostatt :*** *Schweizerhausstrasse 22. ☎ 041-637-17-07. • hostatt.ch • À l'est du centre-ville. Du centre, prendre la Klosterstrasse puis la Wydenstrasse. Congés : nov. Selon taille et saison, doubles avec douche et w-c de 113-150 Fs pour les basic à 170-230 Fs pour les large, petit déj-buffet compris. Parking gratuit.* Hôtel de famille style chalet, dans un cadre calme et ensoleillé. Atmosphère chaleureuse et grandes chambres (pour les plus chères) simplement mais plaisamment rénovées, avec belle vue sur les montagnes.

LA SUISSE CENTRALE

## Où manger ?

### Bon marché

🍴 ***The Old Monk :*** *Dorfstrasse 48. ☎ 041-639-70-70. Tlj 10h-22h (2h w-e). Plats 10-20 Fs.* Du design un peu chic entre des murs de pierre (rappel de l'abbaye voisine) pour le cadre et des sandwichs, soupes et quelques autres plats d'inspiration asiatique pour grignoter dans ce qui est avant tout un bar.

### De prix moyens à chic

🍴 ***Bänklialp :*** *Bänklialpweg 25. ☎ 041-639-73-73. Un peu en hauteur de la ville, au sud, après le centre sportif. Tlj. Menus 44,50-57,50 Fs.* Joli intérieur, type chalet, avec mobilier en bois, et grandes vitres derrière lesquelles on jouit d'une belle vue sur les montagnes et la station. Cuisine de montagne. On a bien aimé les fondues chinoise et bourguignonne. Très traditionnel : groupes de musique folklorique le samedi soir.

## À voir

**L'abbaye bénédictine :** *les bâtiments ne se visitent qu'en groupe (min 15 pers) mer-sam à 10h et 16h (en mi-saison, 1 seule visite/j.). Rens : ☎ 041-639-61-61. • kloster-engelberg.ch • Tarif : 10 Fs (exposition incluse).* Engelberg fut un haut lieu de la civilisation médiévale. L'école de calligraphie de son monastère, fondée au début du XIIe s, était connue dans toute l'Europe. Une renommée qui permit à la région de rester indépendante, sous la protection de l'Empereur, puis des cantons suisses, jusqu'à la Révolution française. Napoléon l'attribua alors à Nidwald. Mais, en 1815, Engelberg choisit illogiquement de rejoindre Obwald, vexée par l'attitude méprisante des gens de Stans... L'église abbatiale a été reconstruite pour la troisième et dernière fois après l'incendie de 1729. Intérieur baroque assez chargé. Le trésor et, surtout, la bibliothèque (incunables et miniatures du XIIe au XVe s) sont remarquables.

## À faire

Onze sommets avec panorama sont accessibles, en tout ou partie, grâce aux nombreuses installations de remontées mécaniques. Quelques suggestions...

**Titlis :** *le plus haut promontoire de Suisse centrale. ☎ 041-639-50-50. • titlis.ch • Assez inoubliable, pour votre porte-monnaie aussi : 92 Fs l'A/R...* On y accède d'Engelberg en empruntant une série de funiculaires et de téléphériques, la dernière section (Stand-Klein Titlis) s'effectuant à bord d'une cabine tournante, le Rotair, afin de mieux voir le fabuleux spectacle de crevasses et de séracs. Au sommet (3 020 m), hall panoramique (on voit même les Alpes valaisannes...) et terrasse, grottes de glace et chemin de promenade sur le glacier.

**L'alpage de la Fürenalp :** *☎ 041-637-20-94. • fuerenalp.ch • Tarif : 13 Fs l'aller simple, 18 Fs l'A/R.* Grâce au petit téléphérique rouge du même nom, vous atteignez le restaurant de l'alpage (1 850 m). De là, nombreuses possibilités de rayonner à travers les pâturages d'altitude (par exemple jusqu'à l'alpage d'Usser Äbnet), ou de redescendre par le chemin balisé passant par Dagenstal et Ober Zieblen (compter 4h de marche).

**Brunni :** *on atteint les hauteurs (1 600 m) par le téléphérique de Brunni. ☎ 041-639-60-60. • brunni.ch • Tarif : 18 Fs l'aller simple, 30 Fs l'A/R ; ½ tarif avec l'abonnement CFF.* Demandez au départ du téléphérique le prospectus *(gratuit)* avec une petite carte pédestre. Il vous permettra de découvrir un sentier didactique alpin, promenade circulaire de 3h environ, jalonnée d'une douzaine de panneaux d'information sur la flore, la faune et la géographie des lieux.

**Les cascades d'Arnitobel :** promenade plus modeste et sans moyens mécaniques. Un chemin ombragé (et balisé) mène en longeant l'Aa aux très belles cascades d'Arnitobel (environ 45 mn). Belle vue sur la vallée d'Engelberg.



# LE CANTON D'URI



**C'est l'un des trois cantons de la Suisse dite « primitive », peut-être le plus populaire, grâce à l'histoire de Guillaume Tell. C'est en effet à Altdorf que**

le célèbre arbalétrier aurait décoché la non moins fameuse flèche dans la pomme posée sur la tête de son fils. Or, faut-il rappeler que la légende considère cet acte héroïque comme la première étape d'une révolte paysanne qui permit de construire lentement l'actuelle Confédération helvétique ?
Aujourd'hui, avec ses quelque 30 000 habitants, Uri symbolise surtout une certaine Suisse repliée sur elle-même, malgré – ou peut-être à cause de – l'extraordinaire ouverture sur l'Europe que représente le Saint-Gothard, l'un des plus importants axes ferroviaires et routiers transalpins.

# ALTDORF

(6460) 8 900 hab.

Situé à 3 km au sud du lac des Quatre-Cantons, au pied de la vallée de la Reuss, Altdorf est le chef-lieu du canton d'Uri. Planté entre le tunnel du Seelisberg et celui du Gothard, c'est aussi un nœud de communication stratégique. Dès le XIIIe s, la petite ville a ainsi développé une activité commerciale et artisanale importante, facilitée par l'ouverture du col du Saint-Gothard, la liaison la plus directe entre le nord et le sud de l'Europe. Patrie de l'emblématique Guillaume Tell, Altdorf porte également quelques traces de la Renaissance italienne, dans les ailes symétriques de l'hôpital des Pèlerins et sur les façades de l'église paroissiale et de la sacristie.

### DÈS QUE LE VENT SOUFFLERA...

*Le foehn, un vent chaud venu du sud, a parfois provoqué des incendies dramatiques dans la région d'Altdorf. Le village fut à trois reprises (en 1400, 1693 et 1799) presque totalement détruit par le feu, attisé par ce vent terrible. C'est pourquoi, pendant longtemps, on pratiqua le « guet du foehn » : des patrouilles circulaient dans les ruelles, invitant les passants à éteindre leurs mégots, tandis qu'un poste de garde, installé sur la colline des Capucins, scrutait durant toute la nuit les débuts d'incendie.*

## Arriver – Quitter

➢ ***En voiture :*** autoroute Lucerne-Gothard ou Axenstrasse (route cantonale) depuis Brunnen.
➢ ***En train puis bus :*** train de Schwyz et Brunnen jusqu'à Flüelen. Puis car postal ou bus du réseau d'Altdorf *(Auto AG Uri)*.
➢ ***En bus :*** cars postaux de Stans et Flüelen.

## Adresse utile

ℹ ***Office de tourisme :*** *Tellspielhaus, Schützengasse 11. ☎ 041-874-80-00. ● uri.info ● Dans le centre, dans le bâtiment qui abrite le théâtre. Lun-ven 9h-11h30, 13h30-17h30 (18h juil-août) ; sam 9h-11h30 (14h juin-sept).* Très sympathique, et on y parle le français.

## Où dormir ?

### Chic

**Höfli :** *Hellgasse 20. ☎ 041-875-02-75. • hotel-hoefli.ch • (2 chambres). Prendre derrière le monument de Guillaume Tell, dans la zone piétonne, et continuer en ligne droite sur la Hellgasse. Doubles 160-200 Fs avec douche et w-c, petit déj compris.* Très bonne petite auberge, qui propose de jolies chambres, les unes rustiques (mais récemment rénovées), les autres modernes.

**Hôtel Goldener Schlüssel :** *Schützengasse 9. ☎ 041-870-80-90. • goldenerschluessel.com • Dans la rue de l'office de tourisme. Doubles 160-190 Fs avec douche et w-c privés, petit déj compris. Parking.* Atmosphère sympathique dans ce bien vieil hôtel (ce fut un relais de poste) dont seul le gros poêle en faïence dans la salle du petit déj rappelle le passé. Chambres modernes et agréables, et excellent accueil.

## Où camper dans les environs ?

**Bucheli :** *Campingstrasse 2, 6452* ***Sisikon.*** *☎ 041-387-07-51. • camping-bucheli.ch • À 10 km d'Altdorf, direction Schwytz. Avr-fin oct. Compter 26-32 Fs pour 2 avec tente. Douches chaudes payantes.* Extrêmement bien situé, sur un terrain à peine en pente, juste au bord du lac, face aux montagnes.

**Windsurfing :** *Unterer Winkel 11, 6454* ***Flüelen.*** *☎ 041-870-92-16. • windsurfing-urnersee.ch • À 5 km d'Altdorf, direction Schwyz. Avr-fin oct. Compter 36 Fs pour 2 avec tente et voiture.* Posé juste au bord du lac. Petits emplacements en terrasses. Et comme son nom l'indique, sympathiques proprios passionnés de planche à voile.

## Où manger ? Où boire un verre ?

### Prix moyens

**Restaurant Lehnhof :** *Lehnplatz 18. ☎ 041-870-12-29. À deux pas de l'office de tourisme. Fermé dim. Menus du jour le midi en sem 18,50-20,50 Fs, plats env 20-40 Fs.* Une bonne surprise que ce resto de qualité à prix abordables. Le chef, qui a fait ses classes aux États-Unis, y travaille une jolie cuisine pleine de saveurs et bien présentée. Intérieur sobre et grande terrasse sur la place où boire un verre (bonne sélection de vins).

LA SUISSE CENTRALE

## À voir

Sur Internet, possibilité d'accéder à la liste des musées régionaux sur le site • *museen-uri.ch* • pour les germanophones.

***La tour médiévale :*** située en plein centre et, selon la légende (voir à « Bürglen »), à l'emplacement du tilleul sous lequel Guillaume Tell plaça son fils avant de percer la fameuse pomme. Fresques relatant l'histoire et statue en bronze du héros national.

***Historisches Museum Uri*** *(Musée historique)* **:** *Gotthardstrasse 18. ☎ 041-870-19-06. • hvu.ch • Mai-fin juin et de mi-août à mi-oct, mer et w-e 13h-17h. Entrée : 7 Fs.* Si un soldat de plomb sommeille dans votre cœur d'enfant, vous y apprécierez les miniatures, créées au XIXe s par les frères Arnold : une parade des soldats de Waterloo devant Wellington, une scène de couronnement, etc.

# BÜRGLEN

(6463) 3 960 hab.

**Au sud d'Altdorf, c'est le premier village sur la route qui mène au col du Klausen. Il aurait aussi été le domicile de Guillaume Tell. Plus sûr : il était, en l'an 857 déjà, sous le patronage du couvent du Fraumünster de Zurich. Ancien, donc, charmant, tonique (750 m d'altitude) et moins cher qu'Altdorf.**

## Arriver – Quitter

➢ ***En voiture :*** d'Altdorf, route du Klausen (à 2 km).

➢ ***En bus :*** bien relié au centre d'Altdorf par le service de bus local jusqu'en fin d'ap-m. En soirée, possibilité d'appeler le bus à la demande : *079-762-62-62 (Rufbus).* • *aagu.ch* •

## Où dormir ? Où manger ?

### Prix moyens

***Gasthaus Adler :*** *Klausenstrasse 137. ☎ 041-870-11-33. Resto fermé lun et mar jusqu'à 17h. Doubles 100-120 Fs avec sdb à l'étage.* L'une des plus belles maisons du village (1636). Les chambres ont un charme fou, tout en bois avec des plafonds très bas. Resto tout aussi mignon, et bon accueil.

***Waldhof :*** *dans le haut du village, sur la gauche en venant d'Altdorf. ☎ 041-870-31-31.* • *hotel-waldhof.ch* • *Congés : de nov à mi-déc. Double 110 Fs avec douche et w-c, petit déj compris.* Grande bâtisse blanche (façon chalet) proposant des chambres assez quelconques mais spacieuses, confortables et toutes avec balcon.

## Où dormir dans les environs ?

### De bon marché à prix moyens

***Hôtel Klausenpasshöhe :*** *au col du Klausen. ☎ 041-879-11-64.* • *klausenpasshoehe.ch* • *Sur la route du col. Ouv en principe mai-sept (selon l'ouverture du col, se renseigner). Double env 112 Fs avec douche et w-c à l'extérieur, petit déj inclus.* Situé à 1 900 m d'altitude, juste avant le sommet, vieil hôtel-hospice du début du XXe s, avec petite tourelle. À l'étage, de longs couloirs qui penchent et qui craquent. Les chambres aux cloisons de bois sont sans grand confort mais avec ce charme qui vous donne l'impression d'entendre les diligences passer sous vos fenêtres. À propos, ne comptez pas faire la grasse matinée : en été, le col est relativement fréquenté et vous entendrez dès le matin le vrombissement des chevaux-vapeur...

## À voir

***Le musée de Tell :*** *Postplatz. ☎ 041-870-41-55.* • *tellmuseum.ch* • *De mi-mai à mi-oct, tlj 10h-11h30, 13h30-17h ; juil-août, 10h-17h. Entrée : 8 Fs ; réduc.* Aménagé dans une tour en pierre du XIIe s, le musée ravira les Tell-maniaques par sa collection de documents et objets historiques et artistiques créés depuis 6 siècles autour de Guillaume Tell, le légendaire héros national remis à l'ordre du jour par Schiller, puis Rossini.

Des reproductions originales à l'exploitation commerciale du mythe (bière, crayons, godasses...), rien ne manque. On peut, entre autres, voir le plus vieux portrait du héros (1577), ainsi qu'une copie du *Livre blanc* de Sarnen, la plus vieille narration de l'histoire de Guillaume Tell (1470). Un montage audiovisuel (25 mn, disponible en version française) raconte non seulement la légende, mais aussi son retentissement chez les confédérés d'alors et d'aujourd'hui.
Aucun document ne peut en vérité apporter la preuve irréfutable de l'existence de l'arbalétrier devenu héros national. Dommage, car la légende est jolie : vers la fin du XIIIe s, les Autrichiens de Habsbourg envoyèrent un bailli pour mater les paysans d'Uri, de Schwyz et d'Unterwald. Pour bien montrer sa supériorité, il décida d'accrocher un chapeau au bout d'une perche, de placer cette dernière sur la place d'Altdorf, et d'obliger tous les passants à s'incliner devant. On s'en doute : Guillaume, ancien mercenaire expert au maniement des armes, et son fils Walter passèrent outre. Suit l'histoire archiconnue de la pomme sur la tête du fils et du trait d'arbalète magistral.

***La chapelle de Guillaume Tell :*** en contrebas du café-restaurant *Tell*. D'après la lettre de fondation, elle a été construite en 1582, en mémoire « de notre cher et pieux compatriote Guillaume Tell, le premier confédéré qui, selon de vieux documents, eut domicile et foyer sur cette place ». Ce qui tendrait à prouver que le héros national serait bien un ancien habitant du village. Le cycle de 11 fresques relatant son histoire a été redécouvert lors de la rénovation de la chapelle en 1949.

# ANDERMATT (6490) 1 280 hab.

**Mignonne cité au cœur du massif du Gothard, Andermatt est une station de ski réputée, mais aussi, l'été, un lieu de prédilection pour l'alpinisme et les randonnées.**



## Arriver – Quitter

➢ ***En voiture :*** autoroute du Gothard, puis celle des Schöllenen. Ponctué de nombreux tunnels, ce tronçon n'est pas vraiment enthousiasmant. Et la route historique pas beaucoup plus...

➢ ***En train :*** ligne du Gothard jusqu'à Göschenen, puis train régional ou bus, ou à partir de Brigue (Haut-Valais), superbe trajet en toute saison, par le *FO* (Furka-Oberalp).

## Adresse utile

***Office de tourisme :*** *Gotthardstrasse 2. ☎ 041-888-71-00. • andermatt.ch • À 100 m de la gare. Lun-ven 9h-17h, w-e 10h-16h.*

## Où dormir ? Où manger ?

### Bon marché

***Auberge de jeunesse :*** *Gotthardstrasse 31, 6493* ***Hospental.*** *☎ 041-887-04-01. • jugendherberge-hospental.ch • À 3 km au sud-ouest d'Andermatt, à l'orée du village, sur le côté droit de la route. Congés : 20 avr-5 mai. Nuitée 31-43 Fs, petit déj compris. Repas 17,50 Fs.* Dans une vieille maison (ancienne écurie pour les chevaux des malles postales) avec un petit bout de jardin. Joyeusement rénovée dans un esprit plutôt montagne.

Dortoirs pour 11 et 12 personnes et chambres (de 4 à 6 lits) bardés de bois. Plutôt sympa, comme l'accueil.

## De prix moyens à chic

**Hotel Schweizerhof :** *Gotthardstrasse 85. ☎ 041-887-11-89. Selon confort et saison, doubles 130-190 Fs, petit déj compris.* Dans une jolie maison ancienne, chambres classiques, de bon confort. Cuisine classique également, copieuse et pas trop chère. Sert, entre autres, plats italiens, fondues...

**Aurora :** *Gotthardstrasse 163. ☎ 041-887-16-61. • aurora-andermatt.ch • Doubles avec douche et w-c 190-210 Fs selon saison, petit déj compris. ½ pens 35 Fs/pers.* Moitié garage années 1950, moitié hôtel de famille. Chambres contemporaines et confortables, avec pour la plupart une superbe vue sur les montagnes. Resto réputé. Sauna *(payant).*

**Toutoune :** *Gotthardstrasse 91. ☎ 041-887-01-76. Tlj en saison. Plats env 20-30 Fs.* La salle (prolongée d'une terrasse sur l'arrière) est dans le goût d'aujourd'hui, l'équipe est joyeuse et la cuisine dans le même esprit, souvent d'inspiration méditerranéenne (de la Grèce au Moyen-Orient), pleine de bonnes idées et à prix gentils (pour la Suisse).

## À voir

Le bourg n'a pas (trop) été endommagé par l'expansion du tourisme. Les hôtels sont le plus souvent construits dans le style de la région, au milieu de belles demeures cossues en pierre ou de robustes chalets en bois datant pour la plupart du XVIIIe s.

**Talmuseum Ursern** *(musée de la Vallée d'Urseren)* **:** *Gotthardstrasse 113. ☎ 041-887-06-24. • museum-ursern.ch • En été, mer-dim 16h-18h ; en hiver, mer-sam 16h-18h. Entrée : 7 Fs.* Ce musée qui (évidemment !) retrace l'histoire de la vallée (notamment les transports à dos de mulets via les cols) a été érigé selon un plan de construction de maison patricienne, typique de la seconde moitié du XVIIIe s. Le corps du bâtiment est superbe et de dimensions impressionnantes.

## À faire

Parmi les 500 km de sentiers balisés ouverts durant la belle saison, juste une proposition :

**Le Gemsstock** *(2 963 m)* **:** *on atteint le sommet grâce à un téléphérique en 2 sections. Infos : ☎ 041-887-14-45.* Vue panoramique époustouflante sur plus de 600 sommets ! Flore et minéraux d'une richesse remarquable. Pour le retour, descendre à la station intermédiaire de Gurschen (2 200 m) et suivre le sentier (balisé) des marais jusqu'à Andermatt, jalonné par sept panneaux d'information sur les marais et les tourbières de la vallée d'Urseren. Prospectus gratuit avec croquis de la randonnée aux stations de départ ou d'arrivée. Compter 2h30 de marche.



# LE CANTON DE SCHWYZ



**Durant les nombreux combats qui les opposèrent aux troupes confédérées, les soldats des Habsbourgs, impressionnés par leur résistance et leur bravoure, parlaient facilement des « Schwyzer ». C'est ainsi que le canton a donné son nom au pays. Et pour couronner le tout, la croix blanche sur fond rouge du blason est devenue enfin, en 1480, le drapeau officiel de la**

**Confédération helvétique. C'est dire si le plus grand des petits cantons primitifs (100 000 habitants) est une pièce historique importante dans l'échiquier suisse. Les Schwyzois, grâce à leurs mercenaires engagés dans les principales batailles d'Europe, ont fait fortune et construit de superbes demeures. Cette période de prospérité guerrière, si l'on ose dire, s'est achevée vers la fin du XVIIIe s et a reçu un coup décisif en 1847 avec la défaite du Sonderbund, dont Schwyz faisait partie. Ses habitants ont eu bien du mal à accepter leur relégation au rang de « petit » canton. Du coup, ils sont passés dans le camp des « Neinsager », refusant, depuis 1848, les deux tiers des projets fédéraux soumis à la votation populaire ! On a l'habitude de dire que « lorsque Berne dit oui, Schwyz dit non ».**

## BRUNNEN

(6440) 7 450 hab.

**Petite ville très animée mais seulement en été. C'est depuis son quai qu'on a la plus belle vue sur le lac des Quatre-Cantons, avec les montagnes qui, des deux côtés, se resserrent de plus en plus sur les rives. Vraiment grandiose. Des milliers de touristes y ont séjourné depuis le début du XIXe s. Parmi eux : la reine Victoria, Churchill, Wagner, Goethe...**

### Arriver – Quitter

➢ ***En voiture :*** autoroute de Schwyz, route nationale d'Altdorf.
➢ ***En train :*** sur la ligne Arth/Goldau-Bellinzone.
***Gare ferroviaire :*** *au nord de Brunnen, le long de la route principale qui traverse la ville. ☎ 041-157-22-22.*
➢ ***En bateau :*** de la plupart des villages importants sur les rives du lac.
➢ ***En bus :*** de Schwyz.

### Adresse utile

***Office de tourisme :*** *Bahnhofstrasse 15. ☎ 041-825-00-40. • brunnentourismus.ch • Dans le centre-ville. Oct-mai, lun-ven 8h30-12h, 13h30-17h30 (et w-e des j. fériés) ; juin-sept, lun-ven 8h30-18h, sam 9h-13h (15h juil-août) ; également dim 9h-15h en juil-août.*

### Où dormir ? Où manger ?

#### Camping

***Hopfräben :*** *à 1 km, sortie côté Gersau. ☎ 041-820-18-73. • camping-hopfraeben.ch • De mi-avr à mi-sept. Compter env 30-40 Fs pour 2 avec tente. Eau chaude payante.* Pas mal situé : à l'embouchure de la Muota, avec accès direct au lac.

#### De prix moyens à chic

|●| ***Bacco :*** *Gersauerstrasse 21. ☎ 041-825-16-16. À peine à l'écart du centre. Tlj sf mar. Compter 15-25 Fs pour un plat.* Grande salle intérieure et terrasse pour cette pizzeria sympa, servant pâtes, pizzas et autres risottos.

|●| ***Rôtisserie :*** *Waldstätterquai. ☎ 041-825-06-06. Au bord du lac. Compter 25-47 Fs pour un plat.* C'est le resto du très chic hôtel *Seehotel Waldstätterhof*. Vaste salle plutôt classe, et très belle terrasse offrant une vue imprenable sur le lac et les montagnes qui l'encerclent. Carte variée pour une cuisine élaborée.

|●| ***Gasthaus Ochsen :*** *Bahnhofstrasse 18. ☎ 041-820-11-59.*

*• hotelochsen.ch • Tlj sf lun en hiver. Congés : en principe 2 sem fin avr-début mai et fin oct-début nov. Doubles 160-180 Fs avec douche et w-c, petit déj inclus. Menu du jour env 20 Fs, plats env 20-45 Fs.* Maison historique datant de 1740. 4 chambres confortables, rénovées récemment. Accueil jovial et sympathique, resto où tester les spécialités maison, qui tournent beaucoup autour du poulet.

## À faire

***La prairie du Grütli (Rütli) :*** sur la rive d'en face, qu'on atteint en bateau seulement. C'est là, d'après la légende du moins, que, vers la fin du XIIIe s, des conjurés venant des trois premiers cantons auraient prêté serment de libérer leurs vallées de la tutelle des Habsbourgs. Ne vous laissez pas tromper par le *Rütlihaus* (café-restaurant du coin) : c'est une vraie copie de fausse vieille maison de montagne ! En revanche, poussez jusqu'à l'ancienne *Auberge des Bateliers du Treib* (1657). Elle a son propre port, vieux, lui aussi, de presque 3 siècles. Magnifique salle lambrissée avec vitres en cul de bouteille.
C'est au Grütli également que débute la *Voie suisse,* créée en 1991 pour le 700e anniversaire de la Confédération. Les 35 km du magnifique parcours qui surplombe les rives du lac d'Uri ont été attribués aux 26 cantons à raison de 5 mm par habitant. Ainsi, Appenzell Rhodes-Intérieures mesure 71 m, alors que Berne s'étend sur presque 5 km... Plusieurs points de vue ont été aménagés sur le chemin, très bien entretenu. Cartes à disposition dans les différents offices de tourisme. Plus d'infos sur *• weg-der-schweiz.ch •*

# GERSAU (6442) 2 100 hab.

**Avec ses 24 km², Gersau fut, 5 siècles durant, une république indépendante et, en même temps, le plus petit État d'Europe, avant son rattachement à Schwyz en 1803. Contrairement à Brunnen ou même à Vitznau, le village a su garder une âme avec son église à bulbe énorme et son très bel hôtel de ville. Agréable petite balade au long du quai, jalonné de sculptures contemporaines.**



## Adresse utile

**Office de tourisme :** *Seestrasse 27. ☎ 041-828-12-20. • gersau.ch • Au bord du lac. Nov-avr, mar-ven 9h-12h, 13h-16h ; dim 10h-14h. En été, lun 9h30-14h ; mar-ven 9h-12h, 13h-18h ; sam 9h30-12h, 13h-16h ; dim 9h30-14h.*

## Où dormir ?

### De bon marché à prix moyens

***Auberge de jeunesse (Hostel Rotschuo) :*** *à 4 km de Gersau, direction Vitznau. ☎ 041-828-12-77. • youthhostel.ch/gersau • Bus arrêt « Rotschuo », puis 5 mn à pied. Congés : déc-fév. Réception 16h30-22h. Compter 35-40 Fs/pers, petit déj compris ; 7 Fs de plus pour les non-membres. Repas 17,50 Fs.* Situation idéale pour cette AJ, façon gros chalet, posée, presque solitaire, tout au bord du lac. Chambres et dortoirs (3 à 8 lits) avec vue (et quelle vue !) sur la nature environnante. Cuisine à disposition et resto.

**Gasthaus Tübli :** *Dorfstrasse 12. ☎ 041-828-12-34. • gasthaus-tuebli-gersau.ch • Dans le village, dans une rue parallèle au lac. Congés : fin fév-début mars et 1re quinzaine d'oct. Nov-avr, resto fermé lun-mar. Doubles 130-170 Fs, petit déj inclus. Menus du jour lun-ven 17,50-25,50 € ; plats 14,50-42,50 Fs.* Une très belle auberge toute de bois, avec un mobilier très « Heidi », dans la salle de resto comme dans les chambres.

## Où manger ?

### De prix moyens à chic

**Steakhouse Seegarten :** *Seestrasse 22. 079-755-08-04. Tlj sf mer-jeu hors saison. Plats 16,50-50 Fs.* Au programme, viandes (bœuf, agneau, ribs...) grillées au charbon de bois, à dévorer sur une terrasse en bois surplombant le lac. Quelques salades si vous ne vous sentez pas l'âme d'un carnivore.

# LE RIGI

**Bon, si vous êtes venu jusque-là, c'est peut-être, entre autres, pour aller voir de plus près le fameux Rigi (1 787 m), surnommé « la reine des montagnes ». C'est une reine bien docile, qui se laisse gravir par deux trains à crémaillère (depuis Arth-Goldau et Vitznau) et six téléphériques, dont un avec « cabines panorama » (depuis Weggis) ! C'est très, très touristique mais incontournable pour son panorama époustouflant. D'un tour de tête, vous couvrez quasiment toute la Suisse centrale : les lacs des Quatre-Cantons, de Zoug et de Lauerz, le Plateau suisse, l'Oberland bernois et les Alpes d'Uri et de Glaris...**

## À faire

➢ **Promenades :** *rens à l'office de tourisme du Rigi, ☎ 041-397-11-28 ; ou à Vitznau, ☎ 041-399-87-87. • rigi.ch •* Vous pourrez, entre autres, y acheter une carte photographique, le *Top-Swiss* (au 1/20 000), avec tous les chemins et les moyens d'accès. Pour votre billet, l'abonnement demi-tarif CFF est valable, et les détenteurs d'une carte *InterRail* ou d'un *Swisspass* bénéficient d'une réduction de 50 %.

# LA VALLÉE DE LA MUOTA



**On l'atteint rapidement entre Brunnen et Schwyz. Plus on avance en longeant la rivière (la Muota, donc, limpide), plus la vallée se resserre en formant des gorges entre les parois de montagnes presque impressionnantes. Pâturages,**

**scieries, cascades à flanc de montagne... La route est belle et quasi sauvage jusqu'à Bisisthal. Paradis des randonneurs. Attraction n° 1 : le *Hölloch* (trou de l'Enfer), les grottes les plus longues d'Europe.**

## Adresse utile

*i* ***Office de tourisme :*** *Wilstrasse 1, 6436* ***Muotathal.*** *☎ 041-830-15-15. • muotathal.ch • Dans ne papeterie. Tlj sf mer ap-m et dim 9h-18h.* Peu d'infos.

## Où dormir ? Où manger ?

### Prix moyens

***Hôtel Alpenblick :*** *Stalden 1, 6436* ***Muotathal.*** *☎ 041-830-12-01. • alpenblick-muotathal.ch • Resto fermé jeu tte la journée, ven jusqu'à 16h. Congés : 2 sem en juin. Doubles 120 Fs sans douche, 140 Fs avec, petit déj compris. Plats 18,50-33,50 Fs.* Beau chalet, qui donne malheureusement sur le dépôt d'une entreprise. Côté cuisine, osez le *Güggäli im Chörbli* (coquelet au panier) ou optez pour une truite de la Muota.

***Gasthaus Post :*** *Hauptstrasse 29, 6436* ***Muotathal.*** *☎ 041-830-11-62. • gasthaus-post.ch • Tlj sf mar-mer. Congés : 15 j. fin janv-début fév et fin juin-début juil. Doubles 140-160 Fs, petit déj compris. Plats env 25-45 Fs.* Ancien relais de poste (évidemment) du XIXe s, au centre du village. Les chambres sont simplement plaisantes, les plus chères (nos 21 et 35) ont un grand balcon couvert. Cuisine à base de poisson et plats de saison. Salle de resto à dominante boisée, et terrasse en été. Bon accueil.

## À voir. À faire

***Les grottes du Hölloch :*** *à* ***Weggis.*** *☎ 041-390-40-40. • trekking.ch • Visites obligatoirement guidées, juin-sept, mer-dim à 10h, 13h et 15h30 (sur demande lun-mar). Entrée (short tour ; 1h30) : 20 Fs ; pour 3h30, en groupe slt. D'autres possibilités de visite le reste de l'année : treks spéléologiques de plusieurs heures, de 1 nuit, de plusieurs j. en bivouac...* 160 km de cavités souterraines explorées et aménagées depuis 120 ans déjà, où l'on découvre d'impressionnantes et rares stalactites, des marmites parfaitement taillées par l'érosion et de vastes galeries elliptiques dues à l'action combinée de la corrosion et de l'érosion. Attention : la température intérieure avoisine les 6 °C, donc petite laine indispensable ! Humidité ambiante : pas loin de 100 % (donc, ça glisse ; chaussez-vous correctement).

**HOMMES-GRENOUILLES**

*Ils sont sept hommes à maintenir, dans la vallée de la Muota, la plus qu'ancienne tradition des Wetterfrosch (« grenouilles du temps », pour traduire littéralement). Ces sept-là prédisent la météo, deux fois par an, en estimant la puissance du foehn, en observant la marche des fourmis, en écoutant le chant des oiseaux... Et sans du tout se prendre au sérieux.*

➢ ***Le lac de Glattalp :*** *infos au ☎ 041-830-13-59. • ebs-strom.ch • Téléphérique ouv de début juin à mi-oct. Juin, sept et oct, tlj ttes les heures 8h-17h (18h ven-dim et j. fériés) ; juil-août, 7h30-18h. Trajet simple : 12 Fs ; A/R : 24 Fs.* Parmi les nombreuses randonnées possibles dans la région, en voici une facile. Prenez le téléphérique à Bisisthal (attention cependant, c'est à 3 km de l'arrêt de bus...). En moins de 10 mn, vous monterez à presque 1 900 m d'altitude, jusqu'au restaurant de Glattalp. Là, de larges pâturages côtoient un charmant lac dont on fait le tour en moins de 1h. Les plus sportifs monteront jusqu'au Furggele (2 400 m), d'où ils pourront voir les Alpes glaronnaises.

# SCHWYZ (SCHWYTZ) (6430) 14 750 hab.

**Jolie petite ville, Schwyz est encore pleine de traditions : ses pierres respirent l'histoire. Le paysage environnant, avec sa verdure et ses montagnes (les deux « Mythen », respectivement 1 811 m et 1 898 m, et le Rotenfluh), est digne d'une carte postale. La ville déborde sur trois gros villages, qui en font, pour ainsi dire, partie intégrante : Seewen au nord-ouest, Ibach au sud-ouest et Rickenbach au nord-est.**

## Arriver – Quitter

➢ ***En voiture :*** autoroute de Lucerne ou Zurich ; route cantonale d'Altdorf, via Brunnen.

➢ ***En train :*** de Zurich, via Zoug ; de Lucerne ou Bellinzone.

***Gare ferroviaire :*** *en dehors de la ville, à l'ouest, près de Seewen, du côté de l'autoroute (à 1 km).*

## Adresse utile

***Office de tourisme :*** *Zeughausstrasse 232. ☎ 041-810-59-50. • schwyz-tourismus.ch • Lun-ven 8h-12h, 13h30-17h.* Équipe sympathique, disponible et compétente. On peut y acheter ses billets de bus et train au guichet *AAGS* (bus rouges) situé dans les mêmes locaux.

## Où dormir ? Où manger ?

### De bon marché à prix moyens

***Hirschen-Schwyz :*** *Hinterdorfstrasse 14. ☎ 041-811-12-76. • hirschen-schwyz.ch • De la gare, prendre le bus jusqu'à l'arrêt « Schwyz Post », puis marcher 5 mn. De la Hauptplatz, la place centrale, emprunter la Reichstrasse ; la rue de l'hôtel est dans le prolongement. Réception tlj 10h-12h, 16h-23h. Compter 33 Fs/pers en minidortoir 4-5 lits. Doubles 120 Fs avec douche et w-c, 100 Fs avec douche et w-c à l'extérieur. Plats 9-23,50 Fs.* Un hôtel pour *backpackers*. Chambres simples mais confortables et bien tenues. Pub sympathique au rez-de-chaussée avec des concerts de temps à autre. Ambiance jeune et décontractée. Super accueil. Petite restauration style soupes et hamburgers.

## Où dormir dans les environs ?

***Schlafen im Stroh !*** *(Aventure sur la paille) : chez Arthur et Erna Deck-Föhn, à* ***Seewen-Schwyz.*** *☎ 041-811-61-23. 078-877-16-70. • bauernhof-deck.ch • À 4 km au nord de Schwyz. De Seewen, prendre la direction de Sattel et monter dans la montagne, c'est indiqué (attention,*

LA SUISSE CENTRALE

*tournant en épingle à cheveux) sur la droite. En bus, c'est la ligne 7 de la compagnie AAGS. Mai-oct. Compter 25-30 Fs/pers, petit déj compris.* En pleine nature, une belle ferme avec moult animaux et une grange spacieuse où dormir dans le foin ! Si vous avez besoin de plus de confort, des dortoirs avec matelas et des chambres sont aussi proposés. Vos charmants hôtes pratiquent essentiellement la langue de Goethe. Produits de la ferme (bio), évidemment. Belle vue sur la vallée.

## Où acheter un bon couteau suisse ?

**Victorinox :** *Schmiedgasse 57, Ibach-Schwyz. ☎ 041-818-12-98. • victorinox.ch • Dans une rue qui part de la Postplatz, au centre de Schwyz. Lun-ven 7h30-12h, 13h15-18h ; sam 8h-15h. Prix d'usine : 10 % de remise sur le prix de base.* S'il n'y avait qu'un lieu à citer pour rapporter le célèbre couteau de poche rouge, ce serait celui-ci, le magasin de l'usine d'où toute l'histoire est partie. À côté du traditionnel *Swiss Army Knife,* une multitude de déclinaisons de couleurs, de matières, de fonctions : rose, vert, transparent, mat, avec stylo, lampe LED, clé USB, et on en passe ! Un seul regret : qu'on ne puisse pas jeter un œil à la fabrication de ces petits bijoux confectionnés juste à côté.

# À voir

**Rathaus** (*hôtel de ville*) **:** *sur la place centrale. Pour le visiter, s'adresser à l'office de tourisme. ☎ 041-810-19-91.* Il date de 1646, mais son toit a été transformé en mansarde à la fin du XVIIIe s. En 1891, pour les 600 ans de la Confédération, le peintre Ferdinand Wagner a décoré les façades ouest et nord du bâtiment d'immenses fresques illustrant la bataille de Morgarten et l'incontournable serment des trois premiers conjurés. À l'intérieur, belle petite salle du Conseil, avec de riches lambris Renaissance.

– Possibilité d'acheter un *pass* à 10 Fs pour la visite des trois musées de la ville.

**La maison Ital Reding :** *dans le centre. ☎ 041-811-45-05. • irh.ch • Mai-oct, mar-ven 14h-17h ; w-e 10h-12h, 14h-17h. Entrée : 5 Fs.* Certainement le plus bel exemple de bâtisse patricienne en Suisse centrale. Commencez la visite par la maison « Bethléem », la plus ancienne maison en bois de Suisse (1287), restaurée en 1989. Les ancêtres de Reding y habitèrent, avant que le dénommé Ital ne fasse construire une nouvelle demeure et cède le chalet aux domestiques. Ingénieux système de fenêtres à glissière et de volets rétractables, imaginés au début du XVIIe s. L'aménagement intérieur de la maison principale est carrément luxueux au 1er étage. Plafonds à caissons incroyables, sols et armoires finement travaillés et mobilier d'époque.

**Le forum de l'Histoire suisse :** *dans l'ancien arsenal (1711). ☎ 041-819-60-11. • musee-suisse.ch/e/schwyz • Tlj sf lun 10h-17h. Entrée : 10 Fs ; supplément pour les expos temporaires. Audioguide : 5 Fs.* Un musée moderne proposant un voyage dans le passé. Sur quatre étages et 1 400 m², avec près d'un millier d'objets typiques issus de l'ensemble du pays, il donne un bon aperçu de la vie quotidienne des Suisses de 1300 à 1800. Également des expos temporaires, des débats... Très bien fait et présenté dans les quatre langues du pays.

**Bundesbriefmuseum** (*musée des Chartes fédérales*) **:** *Bahnhofstrasse 20. ☎ 041-819-20-64. • bundesbrief.ch • Tte l'année, tlj sf lun 10h-17h. Entrée : 5 Fs.* C'est là que sont exposés les pactes de 1291 et de 1315, ainsi que les lettres de franchise des Schwyzois depuis 1240 (tous des documents originaux). Collection de drapeaux, et peintures murales. Sur la façade à pignon donnant sur la rue, une fresque murale de Heinrich Danioth illustre une fois encore *Le Serment fédéral.*

## Fête

– ***Carnaval :*** *fév.* Un carnaval traditionnel au cours duquel les paysans vont d'un restaurant à l'autre, offrent des oranges aux passants, etc. Danses, musique, costumes représentant les figures traditionnelles du carnaval (seigneur, gitane...).

# EINSIEDELN

(8840) 15 000 hab.

**À 28 km au nord de Schwyz, cette petite ville (à 900 m d'altitude) accueille 200 000 pèlerins chaque année. Son abbaye bénédictine est le plus important centre suisse de la foi catholique. Le bourg garde encore le souvenir de son premier moine et ermite, saint Meinrad, cousin de Charlemagne, assassiné par deux voleurs en 861. La légende veut que les deux corbeaux apprivoisés du saint homme aient poursuivi ses assassins jusqu'à Zurich, où ces derniers furent reconnus, jugés et exécutés. D'autres ermites vinrent alors habiter la forêt, se regroupèrent en une communauté de bénédictins et construisirent un premier monastère.**

### LA THÉORIE DES SIGNATURES

*Au XVI^e s, Paracelse, né à Einsiedeln, théorisa cette croyance médiévale. On soignait l'organe malade par une plante lui ressemblant : le marron contre les hémorroïdes, la noix pour le cerveau ou l'écorce de saule contre le mal de tête (l'arbre pousse dans les marais à l'origine des fièvres). Et on s'aperçut ensuite que cet arbre renfermait de l'acide salicylique. On avait découvert l'aspirine.*



## Adresses utiles

ℹ ***Office de tourisme :*** *Hauptstrasse 85. ☎ 055-418-44-88. • einsiedeln-tourismus.ch • Dans la rue qui descend face à l'abbaye. Lun-ven 9h-17h, sam 9h-16h, dim 10h-13h.*

🚂 ***Gare ferroviaire :*** *tt près de la Dorfplatz, légèrement au sud de la ville.*

## Où dormir ?

### Camping

⛺ ***Grüene Aff :*** *à* ***Willerzell*** *(à 4 km), au bout du pont qui traverse le Sihlsee. ☎ 055-412-41-31. • grueneaff.ch • Au bord du lac. Tte l'année. Env 26 Fs pour 2 avec tente.* Camping à deux pas du lac, avec terrain arboré. 20 à 30 emplacements pour les touristes de passage (les autres parcelles sont pour les « résidents »). Resto.

### De bon marché à prix moyens

🏠 ***Bildungszentrum SJBZ (Hotel Allegro) :*** *Lincolnweg 23. ☎ 055-418-*

*88-88. • hotel-allegro.ch • À l'extérieur de la ville. En venant de Schwyz, tourner à droite juste avt l'abbaye. Compter 108 Fs en chambre éco. Doubles 128-180 Fs avec douche et w-c, petit déj compris.* Vaste complexe immobilier abritant le centre suisse de jeunesse et de formation. Propose des hébergements en auberge de jeunesse (récemment rénovée) ou en formule hôtel.

**Hotel Sankt Joseph :** *Am Klosterplatz. ☎ 055-412-21-51. • sankt-joseph.ch • En face de l'abbaye. Doubles 110-130 Fs avec douche, petit déj compris.* Petit hôtel offrant des chambres toutes simples mais pas désagréables. Café-*gelateria* au rez-de-chaussée.

## Où manger ?

### Bon marché

**Tulipan Café :** *Klosterplatz. ☎ 055-418-80-80. Tlj 7h-18h30.* Superbe terrasse avec vue sur l'abbatiale pour grignoter des pâtisseries. Petits plats abordables *(12,50-36 Fs)*, également au *Tulipan Bistro* voisin.

### Prix moyens

***Walhalla :*** *Mythenstrasse 1. ☎ 055-412-22-16. En face de la gare. Lun-mar et ven-sam 9h-23h, dim 10h-19h, mer 9h-14h. Fermé jeu. Menus du jour 19-24 Fs, plats 15-45 Fs.* Cadre tout en bois pour une cuisine dans la tradition, plutôt gentiment facturée et servie avec le sourire.

***Pizzeria Piazza :*** *Hauptstrasse 82 (hôtel Sonne). ☎ 055-412-28-21. Tlj midi et soir. Pizzas 15,50-20,50 Fs, menus du jour 18,50-25,50 Fs.* Bonnes pizzas au feu de bois et vue sur l'abbaye.

## À voir

***L'abbaye :*** *en bordure du village, côté lac. ☎ 055-418-61-11. • kloster-einsiedeln.ch • Ouv 8h (10h30 dim et j. fériés)-19h. Visites guidées tlj à 14h au départ de l'office de tourisme (en allemand). Tarif : 15 Fs. Durée : 1h45.*
Ce quadrilatère monumental a été construit de 1704 à 1780. Baroque et sublime dans son unité de style, l'abbaye est célèbre pour sa Vierge noire.
Fondée au VIIIe s, elle eut comme tâche première le défrichement et la culture du sol. La haute vallée d'Einsiedeln était à cette époque entièrement boisée. Le climat rude de la contrée ne permettait guère l'élevage du bétail. Mais depuis la fin du XVe s, l'élevage de chevaux s'est répandu dans tout le patelin et s'est révélé un succès. L'importance de cette source de revenus à travers les siècles passés est illustrée par les belles écuries construites en 1765, toujours affectées à leur usage primitif. La place pavée devant l'église est déjà monumentale. Les arcades invitent les pèlerins à monter les escaliers pour rejoindre le sanctuaire.
La grandiose façade de l'abbatiale (140 m de longueur) est flanquée de deux tours hautes de 56 m. Les dimensions intérieures sont tout aussi impressionnantes : 113 m de longueur, 41 m de largeur et 37 m de hauteur à la coupole ! La décoration est riche, voire lourde, avec fresques, stucs rose poudré et dorures. Superbes grilles en fer forgé au milieu du chœur supérieur où se rassemblent, aujourd'hui encore, les moines pour la récitation de l'office. À voir absolument, la fameuse *Vierge noire,* sise dans une chapelle à l'entrée de la nef (sur le lieu même de la cellule où vécut saint Meinrad). C'est un bois sculpté en style gothique probablement dans la seconde moitié du XVe s. Polychrome à l'origine, il fut noirci par la fumée des cierges avec le temps. Et ce n'est que lors de sa restauration, à la fin du XVIIIe s, que furent peintes en noir les têtes de la Madone et de l'Enfant.

**Le Panorama :** *Benzigerstrasse 36. ☎ 055-412-11-74. • panorama-einsiedeln.ch • Pâques-oct, tlj 13h (10h w-e et j. fériés)-17h. Entrée : 6 Fs ; réduc.* Musée à caractère religieux, présentant une énorme peinture (100 m de long sur 10 m de large) de la crucifixion du Christ.

**Le Diorama :** *Benzigerstrasse 23. ☎ 055-412-26-17. • diorama.ch • Mai-oct, tlj 13h-17h ; déc-début janv, 13h-16h ; fermé le reste de l'année. Entrée : 5,50 Fs.* Un autre musée religieux. On peut y voir le site de Bethléem avec plus de 470 santons sculptés à la main. Sous le diorama, belle collection de cristaux alpins.

**Goldapfel :** *Kronengasse 1. ☎ 055-412-23-30. • goldapfel.ch • Tlj 13h30-16h30 (18h Pâques-fin déc). Visite gratuite du musée du pain d'épice aux heures d'ouverture.* Une ancienne officine de confiseur datant de 1886. Après avoir, dans la petite partie musée, découvert, entre autres, quelques moules anciens, il faut déguster ses pains d'épice, qui convaincront même ceux qui, habituellement, les détestent !

## Manifestation

– **Marché de Noël :** *29 nov-8 déc sur la Klosterplatz et la Hauptstrasse. • einsiedler-weihnacht.ch •* Le plus grand marché de Noël de Suisse centrale. Plus de 120 exposants, des décors féeriques, des animations culturelles...

# ZOUG (ZUG)

(6300) 29 250 hab.



**C'est le plus petit canton à part entière, mais c'est aussi, et surtout, le plus riche. Et ça se voit ! En fait, Zoug est à la Suisse ce que la Suisse est à l'Europe... c'est dire ! Grâce à une loi fiscale extrêmement favorable aux sociétés de capitaux, la ville a attiré de gros contribuables, dont quelques milliers de holdings qui n'ont, souvent, ici qu'une simple boîte aux lettres. Un certain nombre de sociétés y ont également planté des buildings de verre et d'acier. Ce qui explique qu'on entende surtout parler anglais à Zoug.**
**Mais Zoug, c'est aussi une cité médiévale avec ses maisons à colombages, ses rues pavées et un lac. Les Habsbourgs en avaient fait un bourg puissant. C'est d'ailleurs d'ici que, en 1315, Léopold, le rejeton familial, est parti pour Morgarten, et y a ramassé une raclée légendaire. La plupart de ses soldats furent bêtement poussés dans le lac et noyés par les Waldstätten. Les historiens s'accordent à estimer que cette victoire des confédérés a définitivement consacré l'indépendance suisse.**

## Arriver – Quitter

➢ ***En voiture :*** autoroute de Schwyz, Lucerne, Zurich. Mais au départ de Schwyz, si vous avez le temps, préférez la très belle route secondaire longeant la rive nord de l'Ägerisee.

➢ ***En train :*** départs fréquents de Lucerne et Zurich.

***Gare ferroviaire :*** *au centre-ville, en parallèle à la Baarerstrasse. ☎ 0900-300-300 (1,19 Fs/mn).*

## Adresses utiles

ℹ **Office de tourisme :** *Reisezentrum, Bahnhofplatz, dans la gare.* ☎ *041-723-68-00.* • *zug-tourismus.ch* • *Lun-ven 9h-19h, sam 9h-16h, dim 9h-15h (12h nov-mars).* On y parle le français. Dépliants en français également pour visiter la vieille ville.

## Où dormir ?

Zoug étant l'une des villes les plus friquées de Suisse, le prix du mètre carré a suivi l'inflation, et autant vous dire qu'il est quasiment impossible d'y loger à prix raisonnable. Une solution : loger sur Zurich ou Schwyz, plus accessibles et tous deux à 25 mn de train.

### Camping

⛺ **Camping Zugersee :** *Chamer Fussweg 36.* ☎ *041-741-84-22.* • *tcs.ch* • *Le long de la Chamerstrasse, à l'ouest de la ville, direction Cham. À moins de 10 mn en bus du centre-ville (n$^{os}$ 4 et 6, arrêt « Lorzern »). Avr-début oct. Selon saison, 35-40 Fs pour 2 avec petite tente.* Au bord du lac, un petit camping plus ou moins ombragé, avec vue sur les Alpes. Petite plage en sus. Dommage que la ligne de chemin de fer passe juste au-dessus...

### Auberge de jeunesse

**Auberge de jeunesse :** *Allmendstrasse 8.* ☎ *041-711-53-54.* • *youthhostel.ch/zug* • *À 10 mn à pied du centre-ville, sur la route principale qui relie Zoug à Lucerne, à proximité du stade Herti et du lac. À 2 mn du centre en bus n$^{os}$ 6 et 11, arrêt « Stadion » (attention, ts les bus de la ligne 11 ne s'y arrêtent pas forcément). Congés : de déc à mi-mars. Réception 17h-21h30 (22h l'été). Compter 35-37,50 Fs/pers en dortoir 4-6 lits ; double 54,50 Fs/pers ; supplément de 7 Fs pour les non-membres. Petit déj et draps compris. Repas 17,50 Fs.* Bâtisse moderne avec un grand jardin et une terrasse avec un gril. 88 lits, surtout dans de petits dortoirs de 4 et 6 lits. Cuisine *(payante).*



## Où manger ?

D'abord, quelques spécialités locales : le *Rötel* (omble à chair rose au beurre et persil), généralement à la carte des restaurants en novembre et décembre, les *Schnitz und Herdöpfel* (pommes et pommes de terre au caramel avec des lardons, nappées d'une sauce crémeuse : si, si... et c'est bon !). Goûtez enfin au kirsch légendaire de la ville. Essayez également la *Zuger Kirschtorte,* gâteau au kirsch local, à la base croustillante mais à la pâte moelleuse, et les bâtons au kirsch (chocolat noir amer en forme de doigt rempli de kirsch).

### De bon marché à prix moyens

**Monsieur Baguette Bistro :** *Baarerstrasse 53.* ☎ *041-728-80-55. Du centre, c'est dans le prolongement de la Bahnhofstrasse. Tlj 7h-23h (21h ven, 18h w-e). Env 20 Fs le repas.* Même si le cadre ne vaut pas les terrasses de la vieille ville, c'est bon et pas cher. Toutes sortes de fromages, viandes et légumes couchés sur une moitié de baguette chaude, avec une salade. Crêpes à gogo, gratins de nouilles. Il y a parfois des animations d'orchestres locaux jazz-rock.

**Juanito's :** *Vorstadt 20.* ☎ *041-712-01-01. Lun-ven 11h-14h, 17h-1h (2h ven) ; w-e 17h-2h. À midi, menus 18,50-22,50 Fs le midi et 30-40 Fs le soir.* *Bodega*-bar, bourré de monde le midi. Cuisine tex mex sans mauvaise surprise. Clientèle plutôt jeune. Accueil sympa. Terrasse sur la rue.

**San Marco :** *Fischmarkt 2.* ☎ *041-710-23-23. Tlj. Pâtes 14-28,50 Fs.*

Un *ristorante,* comme vous vous en seriez douté. Jolie cuisine transalpine (pas donnée, mais à Zoug, c'est la règle), service enjoué (et francophone), et adorable terrasse léchée par les eaux du lac.

## Où boire un verre ? Où sortir ?

🍸 ***Schiff :*** *Graben 2. ☎ 041-711-07-15. Dans la vieille ville, au bord du lac. Lun-ven 17h-minuit (2h ven), sam 14h-2h, dim 14h-minuit.* Un bar minuscule avec boiseries et une tout aussi minuscule véranda qui surplombe la rue (et le lac !). Vu l'exiguïté des lieux, on y fait facilement des rencontres à la lueur des bougies.

🍸 ***Widder Bar :*** *Landsgemeindeplatz 11. ☎ 041-710-10-25. Au-dessus du* Gasthaus Widder. *Tlj sf dim-lun 20h-3h.* Rendez-vous des jeunes cadres de Zoug. Se transforme au fil de la soirée en boîte de nuit (disco, seventies).

# À voir. À faire

***La vieille ville :*** à l'image de la prospérité légendaire du canton, c'est-à-dire impeccablement restaurée. Le quartier, entièrement réservé aux piétons, fourmille de monuments historiques, avec en point de mire la *Zytturm,* rayée de blanc et de bleu, les couleurs du canton. Construit en 1200, le clocher a été équipé d'une remarquable *horloge astronomique* en 1574. L'imposant hôtel de ville (XVIe s), les bâtiments du gouvernement et l'ancien hôtel des Monnaies (début du XVIIe s), l'église du cloître des Capucins (XVIe s), l'église Saint-Oswald (gothique tardif), valent aussi le détour. Parcourez enfin les deux rues principales, l'*Obergasse* et l'*Untergasse,* bordées de maisons du Moyen Âge avec de curieuses avancées de toit. Au bout de la *Unteraldstadt* se trouve la fontaine « Greth Schell ». La légende veut que chaque lundi de carnaval, Greth Schell ramène son mari ivre mort dans sa hotte. Allez également jeter un œil sur la *Landsgemeindeplatz,* aux deux belles volières abritant des oiseaux exotiques.

***Museum in der Burg :*** *Kirchenstrasse 11. ☎ 041-728-29-70. • burgzug.ch • Tlj sf lun 14h (10h dim)-17h. Entrée : 10 Fs ; réduc ; gratuit le 1er mer du mois.* Dans une imposante tour construite aux alentours de 1200, puis transformée en maison d'habitation à colombages, vraisemblablement pour les baillis des Habsbourgs. Le mur d'enceinte date, lui, du XVIe s, et son aspect actuel correspond à l'époque baroque. Dans les chambres meublées d'époque, toute une série d'objets retraçant l'histoire régionale, dont un bel âne en bois avec le Christ assis dessus (XVe s) et une maquette de la ville de 1730.

***Kunsthaus :*** *Dorfstrasse 27. ☎ 041-725-33-44. • kunsthauszug.ch • Mar-ven 12h-18h, w-e 10h-17h. Entrée : 12-15 Fs ; réduc.* Dans un bâtiment moderne, des salles à l'architecture épurée accueillent des expos temporaires d'art contemporain. Le fonds d'archives du musée, qui comprend notamment des œuvres de Kandinsky, est exposé par roulement et selon son rapport avec l'expo du moment. Bar-resto avec petite terrasse.

Plusieurs lieux de baignade : on recommande le ***Badestelle Seelikon,*** à côté du casino. Une belle pelouse, des plongeoirs, un ponton et le coucher de soleil en point de mire. Que demander de plus ?

## DANS LES ENVIRONS DE ZOUG (ZUG)

***Le Zugerberg :*** *à 3 km au sud de Zoug ☎ 041-711-53-76 (station). • zbb.ch • Funiculaire : 11,80 Fs l'A/R.* Un très beau but de randonnée fort bien balisée.

Un mont (980 m) aisément accessible en voiture ou en bus (départ de la gare, bus nº 11) puis, à partir de Schönegg, en funiculaire. Vue circulaire sur Zoug et le lac, le Pilatus, les Alpes uranaises et le Moyen-Pays en direction de Zurich.

***Höllgrotten*** *(grottes de l'Enfer)* ***:*** *à* ***Baar.*** *☎ 041-761-83-70. • hoellgrotten.ch • À 3 km de Zoug, bus nº 2, arrêt « Tobelbrücke-Höllgrotten », puis marcher 30 mn. Ouv avr-oct, 9h-17h. Tarif : 12 Fs ; réduc. Durée du parcours : env 40 mn (avec audioguide ou appli, mais en allemand).* Découvertes dans des gisements de tuf, elles sont garnies d'une multitude de pétrifications d'incrustations, aux formes fantastiques, dues aux infiltrations calcaires remontant à des milliers d'années. Une douzaine de cavernes, de formation, d'étendue et de hauteur différentes, communiquent toutes ensemble. Température autour de 10 °C, prévoir une petite laine.

# L'AGGLOMÉRATION DE ZURICH



## ZURICH (ZÜRICH)

(8000) 396 000 hab.

• Plan d'ensemble (plan I) *p. 348-349* • Zurich West (plan II) *p. 351*

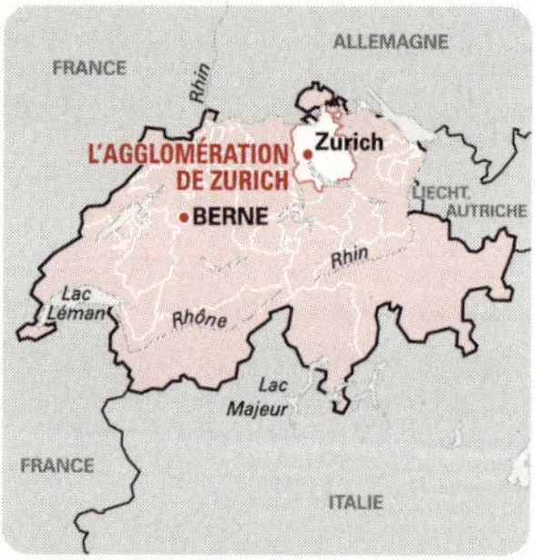


**Avec plus de 1,1 million d'habitants, l'agglomération zurichoise demeure le plus grand centre urbain du pays. Ville dynamique, formidable creuset national d'entreprises, Zurich figure dans le top 5 des places financières mondiales. Mais la « ville des banquiers » présente aussi un étonnant visage culturel, galvanisé par ses 20 théâtres, sa cinquantaine de musées, ses quelque 100 galeries d'art et ses nombreux cinémas. Le tout environné d'une charmante vieille ville baignée par les rivières Zhil et Limmat, et saupoudré de bâtiments modernes réalisés par des architectes de renommée mondiale. Zurich s'affiche enfin comme un haut lieu de la culture alternative ; la « place » de Suisse où se croisent mannequins, artistes, banquiers et étudiants en tout genre. Lieu emblématique de ce mouvement, le quartier de Zurich West, dont les bâtiments industriels désaffectés sont investis par des restos, des bars, des discothèques où se retrouve la jeunesse zurichoise, avide de nouveaux sons et de propositions artistiques inventives et décalées.**

### UN PEU D'HISTOIRE

Les Romains utilisent ce bout de lac enfermé entre deux collines pour en faire un port et un poste de douane, *Turicum*. Puis, vers l'an 400, la région est occupée par les Alamans et se germanise.
Aidée par son commerce et son artisanat, la cité prend son essor pour obtenir le statut de ville libre impériale en 1218. Les nobles et les riches commerçants construisent alors un hôtel de ville et un mur d'enceinte. En même temps, de nombreux ordres mendiants et autres (des couvents de femmes, des chanoines du « Grossmünster »...) s'y établissent...
On dit les Zurichois entreprenants et efficaces. C'est une longue histoire car, dès 1336, les artisans prennent le pouvoir et chassent les nobles du Conseil. Ils s'organisent en 13 corporations, les *Zünfte,* qui existent encore toutes aujourd'hui à travers leur siège, installé dans des maisons typiques de la vieille ville,

les *Zunfthäuser,* devenues aussi des restos... Une fois par an, leurs membres sortent les costumes traditionnels et défilent dans les rues de la cité : c'est le *Sechseläuten.*

En 1351, en plein développement économique lié au commerce, Zurich adhère à la Confédération suisse.

Dès 1519, la ville est au cœur de la Réforme. Alors prêtre à l'église *Grossmünster,* Zwingli en devient un partisan déterminé. Décrié par sa hiérarchie, il est défendu par les autorités de la ville. Zurich devient alors protestante, et accueille désormais tous ceux qui fuient les persécutions religieuses. Ces nouveaux arrivants – les protestants – contribuent à développer le commerce de la soie. Zurich entre dans l'ère préindustrielle et son essor est faramineux. Les corporations sont désormais toutes-puissantes.

Au XVIIIe s, la ville est déjà très riche. Elle s'agrandit, la construction bat son plein. Elle vit son Siècle des lumières en drainant les meilleurs architectes, les premiers banquiers, les penseurs et les philosophes. Goethe et Casanova y séjournent, des artistes les y rejoignent, on parle alors de l'« Athènes de la Limmat ».

Le début du XXe s confirme la réputation d'hospitalité de la ville. Einstein étudie à l'École polytechnique. Lénine et Trotski y refont le monde au café l'*Odéon,* pendant que les dadaïstes fondent leur mouvement en 1916, au *Cabaret Voltaire.* James Joyce et Thomas Mann y séjournent, Jung y fonde son école psychanalytique. Et c'est aussi à Zurich qu'est publiée la première revue gay de l'histoire – le *Kreis* –, en 1896.

L'aspect cosmopolite de Zurich devrait rassurer toutes celles et tous ceux qui ne parlent ni l'allemand ni le suisse allemand : ils ne sont pas les seuls ! Si l'anglais est la langue des affaires, l'italien demeure la langue commune des ouvriers immigrés, et de nombreux Zurichois se feront un plaisir de réactiver leurs souvenirs scolaires pour tout vous expliquer en français.

### UN SURDOUÉ MAL BARRÉ

*Non seulement Einstein rate une première fois son entrée à l'École polytechnique de Zurich, mais c'est de justesse qu'il obtient son diplôme pour être professeur. Durant ce premier séjour à Zurich, il rencontre sa première femme, Mileva, qui l'aurait sacrément aidé dans ses fameux calculs.*

## Arriver – Quitter

### En train

➢ ***Paris-gare de Lyon*** (4h) **:** plusieurs TGV Lyria/j.

➢ Nombreux directs/j. avec ***Genève*** (2h40), ***Lausanne*** (2h10), ***Berne*** (1h), ***Bâle*** (1h), ***Fribourg*** (1h25), ***Lucerne*** (50 mn), ***St. Gall*** (1h10), ***Wintherthour*** (30 mn), ***Baden*** (15 mn)...

**Hauptbahnhof** *(gare centrale ; plan I, B-C1)* **:** Bahnhofplatz. • cff.ch • La plus grande gare de Suisse. Au sous-sol, nombreux commerces ouverts jusqu'à 21h (20h dim). Également des douches payantes.

***Les gares ferroviaires secondaires*** sont aussi pratiques que nombreuses. Voir celle de ***Stadelhofen*** *(plan I, D3),* due à l'architecte Santiago Calatrava. Et puis la gare de ***Selnau*** *(plan couleur I, B2)* vaut aussi le coup d'œil...

### En avion

✈ ***Flughafen Zürich*** *(aéroport international ; hors plan I par D1)* **:** à **Kloten.** ☎ 043-816-22-11. • flughafen-zuerich.ch • À 13 km au nord de Zurich. Nombreux vols quotidiens avec Paris, Lyon, Nice, Toulouse, Bruxelles, Genève... opérés par *Air France* et *Swiss,* notamment. Sur place : office de tourisme, loueurs de voitures, bureaux de change... L'aéroport est relié à *Hauptbahnhof* (la gare centrale) par le train (10 mn).

## En voiture

➢ Zurich est au cœur des autoroutes qui traversent la Suisse. Il est recommandé de laisser son véhicule dans les structures ***park and ride*** situées à quasi toutes les entrées de la ville. De là, des bus, trams ou trains de banlieue vous conduisent en quelques minutes au centre-ville, où les places de parking sont rares et très chères. Le réseau des transports publics locaux est un modèle du genre, alors profitez-en !

# Comment circuler ?

## En tram ou en bus

– ***Un immense réseau*** efficace de tramways et de bus sillonne toute l'agglomération, de 5h30 jusqu'à environ minuit (3h en été). Plan des lignes à la *Ticketeria* (gare centrale), et horaires affichés à tous les arrêts. *Infos :* ● *zvv.ch* ●

– La ***Zurich Card*** permet d'utiliser gratuitement train, tram, bateau, et même d'aller jusqu'à la colline de l'Uetliberg ou à l'aéroport. Elle donne aussi l'accès gratuit ou des réductions dans une quarantaine de musées, une remise sur les tours guidés de l'office de tourisme, des rabais dans certaines boutiques, sans oublier quelques petits bonus culinaires dans une vingtaine de restos... *Différentes formules :* ***carte 24h*** *pour 24 Fs (16 Fs pour les 6-16 ans) ;* ***carte 72h*** *pour 48 Fs (32 Fs pour les 6-16 ans). Vente dans les offices de tourisme de la gare ou de l'aéroport, sur Internet... Infos :* ● *zuerichcard.com* ●

– ***Bus de nuit :*** Zurich suit aussi le développement des soirées de musiques-de-danses-de-jeunes. Des bus de rentrée quittent la *Bellevueplatz (plan I, C-D3)* dans toutes les directions à 1h, 1h30 et 2h vendredi et samedi.

## En S-Bahn

Ce métro relie la ville à ses banlieues et vous transporte jusque dans les cantons d'Argovie, de Zoug, de Schwyz et de Schaffhouse, toutes les 30 mn et dans toutes les directions. Billet aller et retour valable sur le réseau urbain pendant 24h. Le *Swiss Pass* et le *Flexi Pass* sont valables sur tout le réseau de S-Bahn, à Winterthour et sur le lac de Zurich. *Eurailpass* et *Swisscard* sont valables sur le S-Bahn et le lac de Zurich.

## En bateau

La ville étant située en bout de lac, il est naturellement possible de s'y déplacer en bateau. Infos à l'office de tourisme ou à l'embarcadère principal, sur la *Bürkliplatz (plan I, C3).* Au même endroit, on embarque à bord d'un petit bateau sur la Limmat pour traverser la ville et gagner le lac.

## En chemin de fer urbain

➢ *Le Dolderbahn* (funiculaire) *:* la grisaille zurichoise peut parfois être étouffante. En quelques minutes (départ de Römerhof), on rejoint le Dolder, ses équipements sportifs et de loisirs (patinoire, zoo...), et sa magnifique forêt.

➢ *Le Forchbahn :* un genre de petit train de montagne qui vous emmène rapidement dans la banlieue aisée, en pleine verdure. Départ de la gare de Stadelhofen.

➢ *Le Polybahn :* funiculaire au charme délicieusement désuet, cher au cœur des Zurichois. En 2 mn, il grimpe de la place Centrale à la terrasse de l'École polytechnique, d'où l'on jouit d'une vue splendide !

➢ *L'Uetlibergbahn :* autre petit train de montagne pour gagner en 20 mn le sommet de l'Uetliberg (870 m). Départ de la gare centrale.

## À vélo

Est-ce la configuration – assez plate – de la ville, une overdose de voitures ou l'influence du mouvement écologiste ? Toujours est-il que Zurich se prête de plus en plus à l'usage de la petite reine (plan des pistes cyclables à l'office de tourisme).

➢ ***Vélos gratuits :*** la ville a instauré un système gratuit de prêt de vélos moyennant une caution de 20 Fs. Stations près de Hauptbahnhof (devant le Landsmuseum), sur Bahnhofstrasse (devant le magasin *Globus*), sur Sesheläutenplatz (devant *l'Opernhaus*), sur Bürkliplatz... *Tlj 8h-21h30. Infos : ☎ 044-415-67-67. • zuerirollt.ch •* Sinon, de leur côté, les *CFF* (chemins de fer suisses) proposent aussi des vélos en prêt gratuit. *Infos : • publibike.ch •*

## Adresses utiles

***Office de tourisme*** *(plan I, C1) : Im Hauptbahnhof. ☎ 044-215-40-00. • zuerich.com • Dans le hall de la gare centrale. Nov-avr, lun-sam 8h30-19h, dim 9h-18h ; mai-oct, lun-sam 8h-20h30, dim 8h30-18h30.* Quelques docs en français, dont un plan de la ville avec ses points d'intérêt. Brochure complète *Zurich in your pocket,* et le petit *Zurich guide,* saisonnier. Agenda culturel. Visites guidées payantes de la ville sur différents thèmes, en français et sur résa. Infos loisirs dans les environs. Résa d'hôtels, transports, etc., et possibilité d'organiser un séjour selon vos centres d'intérêt (sportif, culturel, gastronomique...). Accueil efficace et sympa.

✉ ***Poste*** *(Sihlpost ; plan I, B1) : Europaallee 11. Sur le flanc gauche de la gare. Tlj 6h30 (10h dim)-22h30 (20h sam).*

**Adresse utile**

- Office de tourisme

**Où dormir ?**

- **10** Camping Fischer's Fritz
- **11** Jugenherberge Zürich et B2 Hotel
- **13** City Backpacker – Hotel Biber
- **14** Hotel St-Georges
- **15** Hotel Marta
- **16** Hotel Rothaus
- **17** EasyHotel
- **19** Alexander Guesthouse
- **20** Hotel Hottingen
- **21** Hotel Limmat X-Tra
- **22** Oldtown Hostel Otter
- **23** Hotel St-Josef
- **24** Hotel Rössli

**Où manger ?**

- **30** Sternen Grill
- **31** Buffet Dreieck
- **32** Migros City
- **33** Schipfe 16
- **34** Café Zähringer
- **35** Schoffel
- **36** Raclette Stube
- **37** August
- **38** Hiltl
- **39** Bauschänzli
- **40** Tibits
- **42** Mère Catherine
- **43** Helvti Diner
- **44** Wirtschaft zur Schtund
- **45** Ziegel oh Lac – Rote Fabrik
- **46** Reithalle
- **47** Bodega Española
- **48** Cooperativo
- **51** Zum Kropf
- **52** Kronenhalle

**Où déguster de bonnes pâtisseries ?**

- **60** Sprüngli
- **61** Café Schober

**Où boire un verre ?**

- **52** Bar du Kronenhalle
- **70** Cabaret Voltaire
- **71** El Lokal
- **72** Odeon
- **73** Xenix
- **74** Henrici
- **77** Colibri

**Où écouter de la musique ? Où sortir ? Où danser ?**

- **21** Le Palais X-Tra
- **45** Rote Fabrik
- **73** Kanzlei Club
- **79** Olé-Olé Bar
- **80** Gonzo Club
- **81** Zukunft
- **86** Mascotte
- **87** Kaufleuten

**Achats**

- **100** Supermarché Coop
- **101** Chocolats Läderach

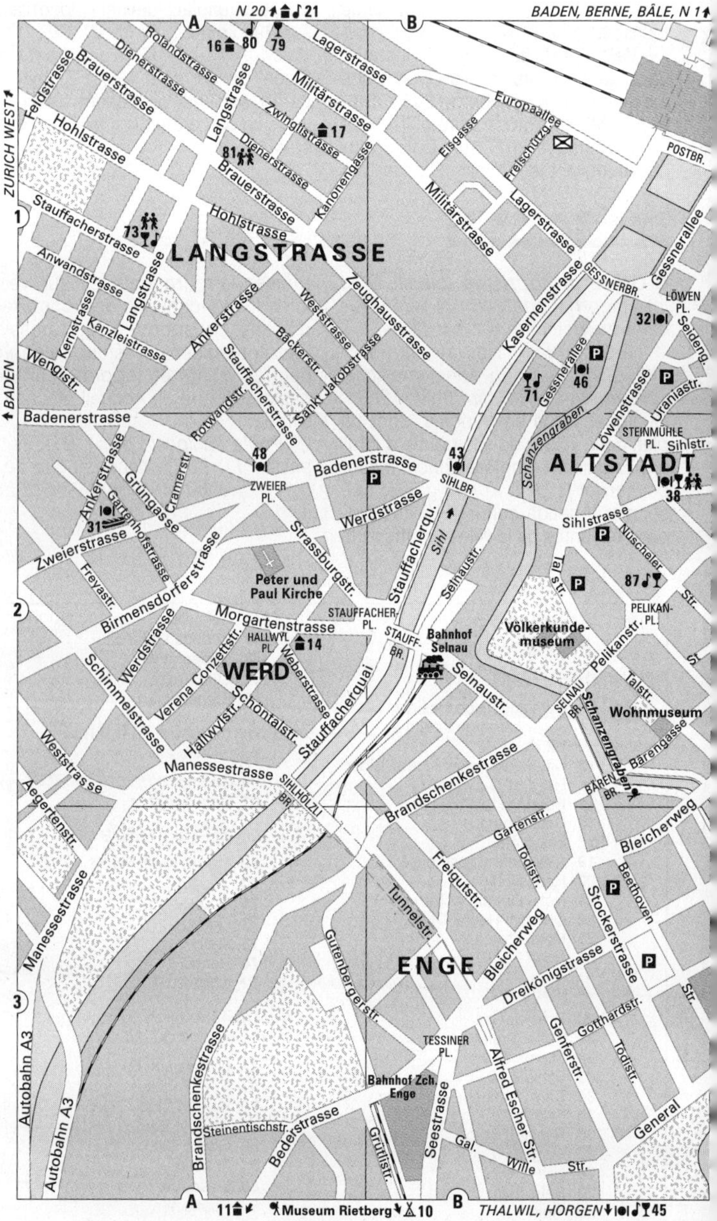
N 20 21
BADEN, BERNE, BÂLE, N 1
ZURICH WEST
BADEN
THALWIL, HORGEN 45
11
Museum Rietberg 10
A
B
1
2
3
LANGSTRASSE
ALTSTADT
WERD
ENGE
Rolandstrasse
Dienerstrasse
Brauerstrasse
Feldstrasse
Hohlstrasse
Langstrasse
Lagerstrasse
Militärstrasse
Zwinglistrasse
Kanonengasse
Stauffacherstrasse
Anwandstrasse
Kernstrasse
Kanzleistrasse
Wengistr.
Badenerstrasse
Ankerstrasse
Weststrasse
Bäckerstr.
Zeughausstrasse
Sankt Jakobstrasse
Rotwandstr.
Cramerstr.
Grüngasse
Gartenhofstrasse
Zweierstrasse
Freyastr.
Birmensdorferstrasse
ZWEIER PL.
Strassburgstr.
Werdstrasse
Peter und Paul Kirche
Morgartenstrasse
STAUFFACHER-PL.
HALLWYL PL.
Verena Conzettstr.
Weberstrasse
Schöntalstr.
Hallwylstr.
Stauffacherquai
Schimmelstrasse
Manessestrasse
SIHLHÖLZLI BR.
Aegertenstr.
Autobahn A3
Europaallee
Eisgasse
Freischützgasse
POSTBR.
Kasernenstrasse
GESSNERBR.
Gessnerallee
LÖWEN PL.
Seideng.
Löwenstrasse
Uraniastr.
Schanzengraben
STEINMÜHLE PL.
Sihlstr.
SIHLBR.
Sihl
Stauffacherqu.
Selnaustr.
Sihlstrasse
Nüscheler Str.
Talstr.
PELIKAN-PL.
Völkerkunde-museum
Pelikanstr.
STAUFF. BR.
Bahnhof Selnau
SELNAU BR.
Wohnmuseum
Bärengasse
BÄREN BR.
Brandschenkestrasse
Gartenstr.
Bleicherweg
Beethoven
Todistr.
Freigutstr.
Tunnelstr.
Stockerstrasse
Dreikönigstrasse
Gutenbergstr.
TESSINER PL.
Gotthardstr.
Genferstr.
Alfred Escher Str.
Bahnhof Zch. Enge
Seestrasse
Brandschenkestrasse
Steinentischstr.
Bederstrasse
Grütlistr.
Gal. Wille Str.
General
16
80
79
17
81
73
32
71
46
48
43
38
31
87
14

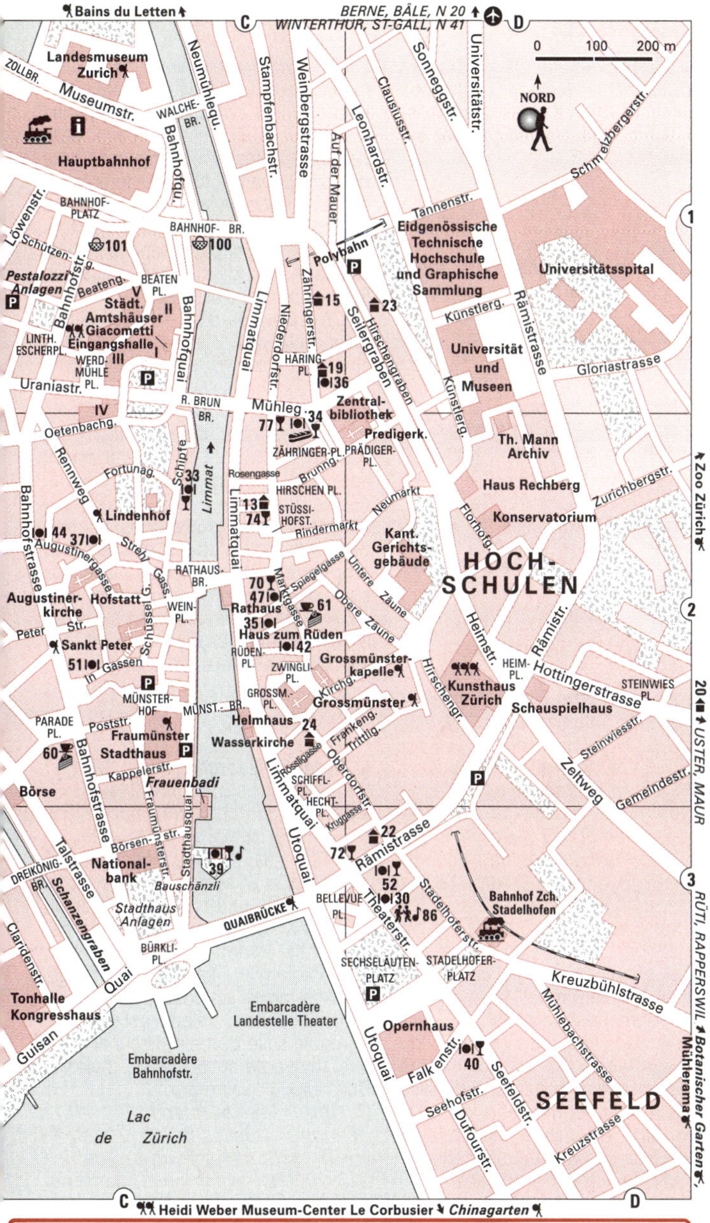


**ZURICH – Ensemble (Plan I)**

## Où dormir ?

– ***Important :*** les hôtels pratiquent des *discounts* le week-end, et les prix varient en fonction du taux de remplissage. Voir aussi les offres cassées sur Internet.

### Camping

***Camping Fischer's Fritz*** *(hors plan I par B3,* ***10****) : Seestrasse 559. ☎ 044-482-16-12. • fischers-fritz.ch • Sur la rive ouest du lac. Bus nos 161 et 165 depuis Bürkliplatz, arrêt « Stadtgrenze ». Tte l'année. Selon saison, compter 48-52 Fs pour 2 pers avec tente et voiture.* À 25 mn à pied de la vieille ville, un petit camping en bord de lac, un brin ombragé. Également des cottages en bois et de pittoresques tentes-safari à louer. Sur place : boutique, resto, piscine en plein air et base de loisirs (planche à voile, ski nautique...).

### Auberges de jeunesse

***Jugendherberge Zürich*** *(hors plan I par A3,* ***11****) : Mutschellenstrasse 114. ☎ 043-399-78-00. • youthhostel.ch/zuerich • ♿ Ⓣ 7, arrêt « Morgental » ; ou S-Bahn nº 8, arrêt « Wollishofen » ; ou bus nº 72, arrêt « Jugendherberge ». Lit en dortoir 4-6 pers 40,50-49 Fs selon taille et confort ; doubles 92-140 Fs ; petit déj, draps et serviettes inclus ; supplément de 7 Fs pour les non-membres. Repas 20 Fs. 💻 📶 (à la réception).* À l'écart du centre-ville dans un quartier résidentiel assez vert, ce vaste bâtiment rose – style années 1960 – renferme près de 300 lits, dispatchés dans des dortoirs avec ou sans sanitaires, et des chambres dotées de salle de bains. Grande salle de séjour sobre et moderne, avec TV, billard, bar... Lave-linge, mais pas de cuisine. Self-service et cour intérieure. Une adresse pratique et efficace.

***Oldtown Hostel Otter*** *(plan I, D3,* ***22****) : Oberdorfstrasse 7. ☎ 044-251-22-07. • holdtownzurich.com • En dortoir, env 42-47 Fs/pers. Doubles 160-180 Fs selon taille, petit déj inclus.* L'hôtel *Otter* est devenu hostel, du moins pour partie, avec 7 petits dortoirs (4-6 lits) et 8 chambres dans les étages supérieurs, certaines avec salle de bains à l'étage, d'autres avec salle de bains privative, toutes différentes et chacune décorée sur un thème coloré original. Préférez celles dans les étages et en angle, plus grandes et plus claires. Au rez-de-chaussée, café-bar. Bonne ambiance assurée !

***City Backpacker – Hotel Biber*** *(plan I, C2,* ***13****) : Niederdorfstrasse 5. ☎ 044-251-90-15. • city-backpacker.ch • Dans la vieille ville. Réception 8h-11h, 15h-22h. Lit en dortoir 6 pers 37 Fs/pers, draps et serviettes en sus ; double 118 Fs. 💻 📶* Certainement l'adresse la moins chère du centre, dédale de petites pièces sur plusieurs étages. Parties communes un peu décaties, mais dortoirs et chambres propres, au confort minimal. Sanitaires sur le palier. Cuisines communes, laverie. Aux beaux jours, terrasse sur le toit avec vue imprenable sur le quartier et les collines alentour. Accueil sympa.

### Prix moyens

***Hotel St-Georges*** *(plan I, A2,* ***14****) : Weberstrasse 11. ☎ 044-241-11-44. • hotel-st-georges.ch • Doubles env 108-160 Fs selon confort ; petit déj 12 Fs/pers. 💻 📶* Bel accueil familial authentique et sympa pour cet hôtel installé dans une charmante maison début XXe s, au cœur d'un quartier résidentiel tranquille, à 10 mn à pied de la vieille ville. Chambres proprettes, dont certaines avec balcon. Avec ou sans sanitaires, selon vos moyens. Agréable salle du petit déjeuner avec une amusante collection de théières. Bon rapport qualité-prix.

***Hotel Marta*** *(plan I, C1,* ***15****) : Zähringerstrasse 36. ☎ 044-269-95-95. • hotelmarta.ch • Doubles 125-200 Fs selon taille, petit déj compris. 📶* À deux pas de la gare et du centre historique, un bâtiment moderne où tout est bleu-piscine. Et jusque dans les chambres fonctionnelles en diable et impeccables. Salles de

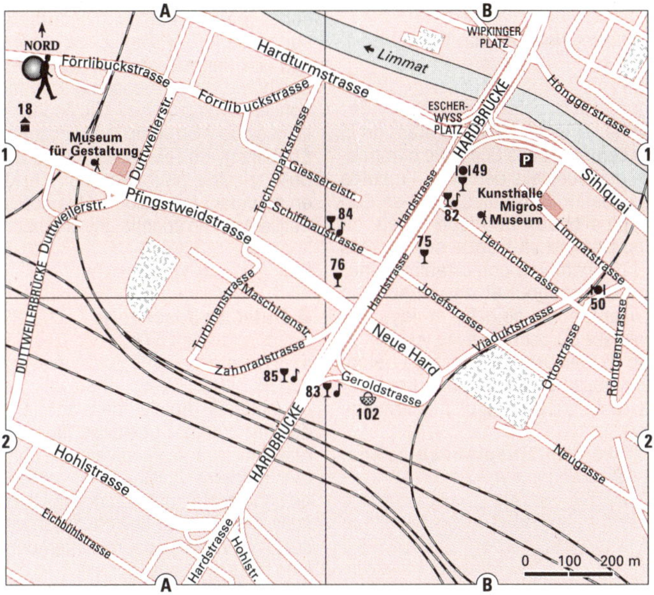


## ZURICH – Zurich West (Plan II)

**Où dormir ?**
- **18** 25hours Hotel Zurich West

**Où manger ?**
- **49** Studer's
- **50** Markthalle

**Où boire un verre ?**
- **75** Steinfels
- **76** Les Halles

**Où écouter de la musique ? Où sortir ?**
- **82** AKT
- **83** Helsinki
- **84** Schiffbau, Moods, Nie Nietturn Bar
- **85** Clouds et le bar de l'Hotel Revington

**Achats**
- **102** Freitag

bains et mobilier contemporains. Les chambres les moins chères donnent sur la rue passante à l'arrière.

***Hotel Rothaus*** *(plan I, A1,* ***16****) : Sihlhallenstrasse 1.* ☎ *043-322-10-50.* • *hotelrothaus.ch* • *Doubles 125-160 Fs selon saison ; petit déj 12 Fs.* En plein Langstrasse, quartier bien connu pour ses bars de nuit et ses discothèques. Cette jolie façade en brique avec balcon en fer forgé cache des chambres pratiques, nickel et sans rien de superflu, toutes avec salle de bains. Tons gris et lino au sol de rigueur. Une adresse pour ceux qui veulent s'éclater le soir !

***EasyHotel*** *(plan I, A1,* ***17****) : Zwinglistrasse 14.* ☎ *090-032-79-94.* • *easyhotel.com* • *Doubles 89-129 Fs selon taille et saison ; pas de petit déj.* Dans une rue tranquille donnant sur Langstrasse. On retrouve le concept de cette chaîne éco : des chambres aux tons orange et gris, fonctionnelles, propres et sans fioritures. Plus impersonnel, tu meurs !

## De prix moyens à chic

**25hours Hotel Zurich West** (plan II, A1, **18**) : Pfingstweidstrasse 102. ☎ 044-577-25-25. • 25hours-hotels.com • Ⓣ 4. Doubles à partir de 140 Fs ; petit déj 19 Fs. À 10 mn en tram de la gare centrale, dans une zone commerciale et industrielle bétonnée – réputée chez les noctambules –, c'est l'un des plus beaux *boutique-hotels* du pays. Derrière sa façade stricte, plus de 120 chambres confortables, aménagées avec goût et design sur une note enfantine colorée et joyeuse. Belle salle du petit déj avec vue sur un carré de pelouse qui nargue le béton. Une adresse d'un bon rapport qualité-prix, tout droit sortie d'un magazine de déco.

**Alexander Guesthouse** (plan I, C1, **19**) : Zähringerstrasse 16. ☎ 044-251-82-03. • hotel-alexander.ch • Réception à l'hôtel Alexander, une rue plus bas : Niederdorfstrasse 40. Doubles 130-180 Fs selon saison ; petit déj 17 Fs. Parking 30 Fs. Vue sur rue tranquille ou côté jardin pour cette vingtaine de chambres modernes au confort standard. Pas le charme du grand soir, mais c'est propre et tout près du centre historique.

**Hotel Hottingen** (hors plan I par D2, **20**) : Hottingerstrasse 31 ou Cäcilienstrasse 10. ☎ 044-256-19-19. • hotelhottingen.ch • ♿ Ⓣ 3 et 8, arrêt « Hottingerplatz ». Lit en dortoir 50 Fs/pers ; doubles 135-240 Fs selon confort, petit déj inclus. À deux pas du *Kunsthaus,* dans un quartier verdoyant et cossu. Hôtel design, doté d'une curieuse cage d'escalier cathédrale en verre et acier. Chambres claires, calmes et confortables, toutes décorées de pointes de couleur prune et d'un parquet foncé pour une ambiance chaleureuse. Dortoir sous les combles, aménagé en petits box. Également des studios avec kitchenette. Une belle adresse à dimensions variables, pour un rapport qualité-prix correct.

**Hotel Limmat X-Tra** (hors plan I par A1, **21**) : Limmatstrasse 118. ☎ 044-448-15-95. • x-tra.ch • Ⓣ 4 et 13. Doubles 140-195 Fs ; petit déj 15 Fs. Ce gros bâtiment de style administratif propose une foule de chambres modernes et pratiques, sans grand charme. Discothèque sur place – *Le Palais X-Tra* – offrant souvent l'entrée gratuite aux clients de l'hôtel, et des réducs pour certains concerts (voir plus loin « Où écouter de la musique ? Où sortir ? Où danser ? »). Également un resto-bar-lounge avec belle terrasse pour siroter un cocktail en attendant la musique. Une adresse frétillante, bien connue des clubbeurs !

## De chic à très chic

**Hotel St-Josef** (plan I, D1, **23**) : Hirschengraben 64-68. ☎ 044-250-57-57. • st-josef.ch • ♿ Doubles 200-290 Fs selon confort et saison, petit déj inclus. Au pied de la colline verdoyante abritant quelques faubourgs résidentiels, une quarantaine de chambres modernes, claires, tout confort et de bon goût, le tout réparti dans 2 maisons séparées par une cour. Bon resto sur place, dans un cadre contemporain bien trempé. Accueil sympa.

**Hotel Rössli** (plan I, C2, **24**) : Rössligasse 7. ☎ 044-256-70-50. • hotelroessli.ch • Doubles env 230-350 Fs, petit déj inclus. En plein cœur du centre historique, cette maison du XIVe s livre de beaux aménagements contemporains en harmonie avec les vieux murs. Au choix, de belles chambres sobres, lumineuses et bien douillettes. Chérot quand même, mais central et branché !

**B2 Hotel** (hors plan I par A3, **11**) : Brandschenkestrasse 152. ☎ 044-567-67-67. • b2boutiquehotels.com • Ⓣ 13, arrêt « Banhnhof Enge/Bederstrasse ». Doubles 340-450 Fs selon saison, petit déj inclus. Cette grosse bâtisse industrielle stricte et sans fioritures, qui abritait jadis une brasserie, a été reconvertie en hôtel design, original et surprenant. Beaux volumes où s'intègrent quelques éléments de déco rappelant l'origine du lieu. Jolies chambres ultra-confortables, de style résolument contemporain, avec salle de bains à l'italienne. Petit déj dans l'impressionnante bibliothèque sur plusieurs niveaux. Spa et piscine à débordement sur le toit avec vue panoramique. Accueil affable et pro.

## Où manger ?

Si vous voyez les Zurichois boire de la bière plutôt que du vin, c'est une question de goût et de culture. Si vous en avez les moyens, sirotez donc un verre de *Räuschling,* vin blanc de caractère issu d'un cépage assez rare, ou encore, plus particulier, un *état brut,* mousseux élaboré selon la tradition champenoise.

### Bon marché

**Sternen Grill** *(plan I, D3,* ***30****) : Theaterstrasse 22. ☎ 043-268-20-80. Tlj 11h30-23h. Plats 8-19 Fs.* Une institution pour les Zurichois de toutes conditions, qui s'y retrouvent pour manger sur le pouce une saucisse grillée arrosée d'une bière, debout dans la ruelle autour de quelques tables, ou en salle au 1er étage. Service rapide.

**Buffet Dreieck** *(plan I, A2,* ***31****) : Gartenhofstrasse 27. 079-159-88-72. Lun-ven 11h30-14h. Plat env 10 Fs.* Dans un quartier calme, un petit resto alternatif lumineux et propret, avec cuisine ouverte sur de grandes tables en formica. Au menu, juste quelques délicieux plats végétariens réalisés avec des produits – presque périmés mais toujours bons – récupérés dans les magasins bio de la ville : soupes, sandwichs, salades et burgers veg'. Une bonne adresse *no waste* et pas chère.

**Migros City** *(plan I, B1,* ***32****) : Löwenstrasse 35. ☎ 044-227-10-30. Au 4e étage du grand magasin Migros. Tlj sf dim 9h-20h. Plats 10-21 Fs.* Un appétissant self-service offrant un large choix de plats, de salades et de desserts. À dévorer dans une grande salle contemporaine flanquée d'une agréable terrasse avec vue aux beaux jours. Un rendez-vous d'habitués à midi, attirés par le bon rapport qualité-prix plus que par le charme du lieu.

### Prix moyens

**Schipfe 16** *(plan I, C2,* ***33****) : Schipfe 16. ☎ 044-211-21-22. Lun-ven 10h-22h. Menus 23-31 Fs.* C'est l'une des *Stadtküchen* communales, petit réseau de restos employant du personnel en réinsertion sociale. Celui-ci est situé sur un quai pittoresque aux constructions des XVIe-XVIIe s, autrefois quartier des pêcheurs et des bateliers de la Limmat. Dans l'assiette, bonne cuisine familiale, saine et qui cale bien, servie à prix copain. Bien aussi pour boire un verre sur la jolie terrasse, au fil de l'eau. Accueil gentil. Une belle adresse.

**Café Zähringer** *(plan I, C2,* ***34****) : Zähringerplatz 11. ☎ 044-252-05-00. Tlj 9h (18h lun)-minuit. Plats 14-29 Fs.* Sur une charmante place ombragée, ce café est un pur fruit du mouvement alternatif. Sandwichs, salades, pâtes, et quelques bons petits plats du jour d'un excellent rapport qualité-prix. Tous les produits sont garantis bio. Ambiance sympa. Idéal aussi pour boire un verre en terrasse dès les premiers soleils. Concerts éclectiques certains soirs.

**Schoffel** *(plan I, C2,* ***35****) : Schoffelstrasse 7. ☎ 044-261-20-70. Mar-sam 10h-23h30. Plats 18,50-27 Fs.* Tout petit resto sans prétention, aux murs jaunes et à l'accueil authentique. À l'ardoise, plusieurs plats du jour végétariens, simples mais bien troussés, et puis quelques soupes et desserts maison. C'est bon, pas trop cher, et on passe un bon moment avec les gens du cru qui viennent prendre un café dans l'après-midi.

**Raclette Stube** *(plan I, C1,* ***36****) : Zähringerstrasse 16. ☎ 044-251-41-30. Tlj dès 18h. Résa très conseillée. Fondues 28-32 Fs.* Un succès fou pour ce petit resto à fondues, situé un peu à l'écart des chemins touristiques de la vieille ville. Dans les creusets, de bonnes fondues mitonnées avec différents types de fromages goûteux ; à dévorer dans un cadre simple et rustique en bois, qui rappelle un peu les chalets de montagne. Une adresse d'habitués, toujours bondée.

**August** *(plan I, C2,* ***37****) : Rennweg 1. ☎ 044-224-28-28. Tlj 6h30-22h15. Plats 16-54 Fs.* Au rez-de-chaussée de la maison de la corporation des bouchers, ce resto affiche un cadre façon boucherie, avec long étalage réfrigéré. Ici, les viandards sont à la fête : charcuterie suisse, saucisses, pâtés, mais aussi tartares, carpaccio et de gouteuses pièces du boucher grillées. Également des salades et une gentille carte des vins.

**Hiltl** (plan I, B2, **38**) : *Sihlstrasse 28. ☎ 044-227-70-00. Tlj 6h-minuit (4h ven-dim). Plats 12-30 Fs.* Ouvert en 1898, c'est le plus vieux resto végétarien d'Europe ! Un lieu contemporain branché à dimensions variables, selon votre bourse : buffet self-service au rez-de-chaussée pour se faire de copieuses assiettes à engloutir du côté bar ; et au 1er étage, un resto plus cher servant des plats plus élaborés, à consonances asiatique et indienne, sans oublier les grands classiques du cru. Et le week-end, on peut même y danser le soir !

**Bauschänzli** (plan I, C3, **39**) : *Stadthausquai 2. ☎ 044-212-49-19. Mai-sept, tlj 11h-23h. Plat 20 Fs.* Une guinguette au bord de l'eau, où règne une ambiance de fête de village. Jeunes et moins jeunes s'y trémoussent au son des accordéons ou des orchestres de jazz. Les uns discutent, une bonne bière à la main, observant les bateaux de touristes défiler sur le lac ; les autres viennent en famille et mangent une petite cuisine sans prétention à l'ombre des grands arbres ou sous des parasols. Convivial et sympa !

**Tibits** (plan I, D3, **40**) : *Seefeldstrasse 2. ☎ 044-260-32-22. Tlj 9h-23h30. Plat moins de 10 Fs.* Un resto végétarien moderne sous forme de self. Des plats chauds, des salades, des desserts... à manger sur un coin de table ou tranquillement affalé dans un canapé. Agréable atmosphère cosy, colorée et fleurie.

## De prix moyens à chic

**Mère Catherine** (plan I, C2, **42**) : *Nägelihof 3. ☎ 044-250-59-40. Résa conseillée. Menus à midi lun-ven 21-23 Fs et w-e 33 Fs, plats 29-49 Fs.* Une adresse qui fleure bon la cuisine française – côté Méditerranée – avec de délicieuses suggestions du jour à prix ténus. On s'installe sur la jolie placette à l'ombre d'un platane, près d'une fontaine, ou dans la salle rustique. Une adresse à privilégier plutôt à midi, car le soir, c'est le coup de massue !

**Helvti Diner** (plan I, B2, **43**) : *Kasernenstrasse 2. ☎ 043-322-04-24. Tlj sf dim 10h (11h sam)-minuit. Burgers 18-33 Fs.* Planté au bord du Sihl, un long bâtiment de style *diner* américain des années 1960, au charme vintage. Intérieur moins flashy que les originaux et plutôt neutre dans sa déco feutrée. À la carte, de délicieux burgers dont les prix varient selon la provenance de la viande. On s'est régalé parmi la foule d'habitués.

**Wirtschaft zur Schtund** (plan I, C2, **44**) : *Augustinergasse 28. ☎ 044-224-24-28. Tlj sf sam soir et dim, 10h30-21h. Plats 19-27 Fs.* Dans une gentille ruelle pavée derrière Augustinerkirche, quelques tables en terrasse et une mignonne petite salle avec mobilier en bois et joli plafond peint. Dans l'assiette, on se régale de tartes flambées différemment arrangées (légumes, saumon...), salades et autres bonnes fondues. Également quelques plats du jour bien ficelés. Bon rapport qualité-prix pour le lieu.

**Ziegel oh Lac – Rote Fabrik** (hors plan I par B3, **45**) : *Seestrasse 407. ☎ 044-481-62-42. Sur la rive ouest du lac. Ⓣ 7. Tlj sf lun 11h-minuit. Plats 13-35 Fs.* Au cœur de la *Rote Fabrik,* d'anciens bâtiments industriels en brique reconvertis en centre culturel (voir plus loin « Où écouter de la musique ? Où sortir ? Où danser ? »). Une immense salle de style usine, avec de grandes tablées, pour une belle ambiance chaleureuse. À la carte, de bons petits plats simples mais soignés, avec des pâtes pour les fauchés. En été, agréable terrasse en bord de lac, avec vue imprenable sur les montagnes. Blindé le week-end !

**Reithalle** (plan I, B1, **46**) : *Gessnerallee 8. ☎ 044-212-07-66. Lun-ven midi et soir, sam et dim soir slt. Menus du jour à midi 16,50-35,50 Fs. Plats 25-39 Fs.* Situé dans d'anciennes écuries, c'est un bistrot coopératif où les box ont cédé la place à de longues tables de bois, les mangeoires servant de portemanteaux. Petite carte pour une bonne cuisine aux notes méditerranéennes et orientales. En été, on profite de la terrasse, une grande cour campagnarde au bord d'un canal. Sur place, une salle de spectacles, pour de fréquents concerts, pièces de théâtre et discothèque le week-end.

**Bodega Española** (plan I, C2, **47**) : *Münstergasse 15. ☎ 044-251-23-10. Tlj 10h-minuit. Plats 22-45 Fs.* Vieille institution espagnole en plein cœur de la vieille ville, une chaleureuse *bodega* avec longues tables de bois, fenêtres à vitraux et murs patinés ; le tout réchauffé en hiver par un vénérable poêle. Côté *comida,* c'est tout aussi typique : tapas, *raciones* et autres plats plus élaborés. Au 1er étage, belle salle au décor hispanique, pour un repas plus complet. Une adresse touristique mais bonne quand même, et service en espagnol !

**Cooperativo** (plan I, A2, **48**) : *St. Jakobstrasse 6. ☎ 044-241-44-75. Fermé sam et dim midis. Plats 15-35 Fs.* Resto coopératif créé en 1905 par des socialistes italiens, pour secourir leurs compatriotes immigrés. Depuis, cette soupe populaire est devenue un gentil resto servant – à prix copains – de la cuisine italienne familiale simple, bonne et roborative. Les portraits de Marx et de Matteotti ornent les murs entre des tableaux à la gloire du socialisme révolutionnaire. Et on prétend même que Lénine aurait pris ici son dernier repas – des raviolis – avant de gagner la Russie pour faire la révolution... Terrasse ombragée en été.

**Studer's** (plan II, B1, **49**) : *Hardstrasse 316. ☎ 044-420-04-20. Dans Zurich West. Tlj sf dim 11h (17h sam)-minuit (1h ven-sam). Menus du jour lun-jeu 17-19 Fs et ven 26 Fs. Plats 19-41 Fs.* Jolie salle avec tables en bois, éclairage tamisé et musique cool ; on s'y sent bien sous le regard de la petite bonne femme qui surveille les convives ! Carte assez courte, aux spécialités zurichoises bien préparées, et de bons burgers ; sans oublier quelques plats de saison. Au fond, joli bar en bois pour ceux qui veulent seulement boire un verre.

**Markthalle** (plan II, B1-2, **50**) : *Limmatstrasse 231. ☎ 044-201-00-60. • info@restaurant-markthalle.ch • Dans Zurich West. Tlj 11h30-22h (22h30 jeu-sam). Plats 18-34 Fs.* Un resto branché, niché sous les arches du vieux viaduc, dans un cadre un brin industriel, avec cuisine ouverte et tables en formica. Dans l'assiette, savoureuse cuisine de terroir, soignée et mijotée avec des bons produits frais du cru, triés sur le volet. Plats du jour abordables à midi.

## De chic à très chic

**Zum Kropf** (plan I, C2, **51**) : *In Gassen 16. ☎ 044-221-18-05. Tlj sf dim et j. fériés. Menu du jour lun-ven 24,50 Fs. Plats 19-44 Fs.* Un véritable monument historique que cette immense et magnifique brasserie datant de 1888. Ses salles valent le coup d'œil : décors de style 1900 avec fresques au plafond, boiseries, colonnes et vitraux. Avant de satisfaire son estomac, on en a plein les yeux ! Dans l'assiette, spécialités zurichoises et bavaroises, pas données mais bien troussées. Belles cartes de vins et de liqueurs.

**Kronenhalle** (plan I, D3, **52**) : *Rämistrasse 4. ☎ 044-262-99-00. Tlj 12h-minuit. Plats 32-68 Fs.* Un repas au musée ! Ouverte en 1863, la *Kronenhalle* est mondialement connue pour son cadre élégant et feutré, où des œuvres originales de grands peintres modernes (Picasso, Chagall...) ornent les murs. On raconte que le patron, un peu mécène et surtout amateur d'art, nourrissait les artistes en échange d'un tableau, et que James Joyce et Lénine y auraient passé de nombreux après-midi, inspirés par les lieux. Un vrai régal pour les yeux et aussi pour le palais.



## Où déguster de bonnes pâtisseries ?

**Sprüngli** (plan I, C2, **60**) : *Bahnhofstrasse 21. ☎ 044-224-46-16. Lun-ven 7h30-18h30, sam 8h-18h, dim 9h30-17h30.* Ouverte en 1845, cette confiserie-pâtisserie zurichoise est réputée pour ses bons chocolats et autres douceurs, comme les petits macarons appelés *Luxemburgerli.* Fait aussi salon de thé-resto, ouvert dès le petit déj. Ambiance plutôt chic et prix en rapport !

***Café Schober*** *(plan I, C2,* ***61****)* **:** *Napfgasse 4. ☎ 044-251-51-50. Tlj 8h (9h dim)-19h (23h jeu-sam).* Une belle boutique à l'ancienne flanquée d'une agréable terrasse, où l'on déguste un chocolat chaud réputé dans toute la ville, accompagné de quelques délicieuses pâtisseries. Également plusieurs salles cosy avec poêle à bois pour se faire une dînette du genre toast-salade.

## Où boire un verre ?

– ***Important :*** Zurich détient un record du monde : 1 224 fontaines publiques avec eau potable ! Nul besoin donc d'acheter de l'eau en bouteille...

***Cabaret Voltaire*** *(plan I, C2,* ***70****)* **:** *Spiegelgasse 1. ☎ 044-268-57-20. • cabaretvoltaire.ch • Tlj 11h (10h sam, 12h dim)-minuit (2h ven-sam, 19h dim).* C'est ici que naquit le mouvement Dada en 1916, lors d'une soirée mémorable où Hugo Ball, l'un des fondateurs, était déguisé en phallus ! L'établissement, dont les murs s'ornaient de Modigliani, Picasso ou Klee, prêtés par leurs auteurs, fut fermé 6 mois plus tard pour tapage nocturne. Depuis 2004, quelques passionnés font revivre ce lieu historique, devenu un agréable café culturel. Musique classique et ambiance feutrée pour échanger entre amis, assis dans des fauteuils vintage. Salle plus vaste avec cheminée pour les événements culturels (expo, lectures...). Même si on est loin de la folie du mouvement à son origine, l'endroit reste un rien décalé dans son esprit, et ça nous plaît !

***El Lokal*** *(plan I, B1,* ***71****)* **:** *Gessnerallee 11. ☎ 043-344-87-50. • ellokal.ch • Tlj 10h (14h w-e)-minuit (2h ven-sam).* Belle programmation de concerts rock et jazz dans ce bar à la déco marine, installé dans un vieil entrepôt en bois, avec affiches à la gloire de Che Guevara, Maradona... Petite terrasse en bord de rivière. Vraiment très sympa !

***Odeon*** *(plan I, D3,* ***72****)* **:** *Limmatquai 2. ☎ 044-251-16-50. Tlj 7h-2h (3h ven-sam).* Café historique au décor Art nouveau, l'*Odeon* est – depuis son ouverture en 1911 – un lieu de rencontre pour les artistes, intellos, politiques, gauchistes, homosexuels... Population hétéroclite : jeunes, quinquagénaires nostalgiques avec le *Financial Times* sous le bras (Zurich oblige !) et employés de bureaux.

***Bar du Kronenhalle*** *(plan I, D3,* ***52****)* **:** *Rämistrasse 4. ☎ 044-262-99-00. Tlj 12h-minuit.* Dans un petit écrin de bois vernis, le bar de la célèbre brasserie accueille quelques toiles de Miró, Picasso et Tinguely. L'éclairage tamisé provient de lampes créées par Giacometti. Rien que ça ! Un endroit chic hors du temps, réputé pour ses cocktails.

***Xenix*** *(plan I, A1,* ***73****)* **:** *Kanzleistrasse 56. ☎ 044-242-04-11. • xenix.ch • Ⓣ 2 et 3, arrêt « Helvetiaplatz ». Lun-ven 16h-0h30 (2h30 ven), w-e 11h30-0h30 (2h30 sam).* Aménagé dans une baraque de chantier plantée dans la cour d'une ancienne école, ce bar partage son espace avec un cinéma d'art et d'essai, le *Kino.* Ambiance et terrasse sympas quand le soleil brille. Bonne musique. Attenante, la discothèque *Kanzlei Club,* pour finir la nuit (voir plus loin « Où écouter de la musique ? Où sortir ? Où danser ? »).

***Henrici*** *(plan I, C2,* ***74****)* **:** *Niederdorfstrasse 1. ☎ 044-251-54-54. Tlj 8h (9h w-e)-minuit (22h dim-lun, 23h mer).* Dans la vieille ville, agréable terrasse sur une jolie place ornée d'une charmante fontaine. Intérieur chaleureux, décoré d'une amusante fresque ethnico-exotique. Idéal le temps d'un café ou pour grignoter une tarte flambée, les 2 spécialités du lieu.

***Steinfels*** *(plan II, B1,* ***75****)* **:** *Heinrichstrasse 267. ☎ 044-271-10-30. Dans Zurich West. Tlj 11h-minuit (1h ven-sam, 23h dim).* Situé dans le bâtiment immense d'une ancienne savonnerie. Beaux volumes intérieurs, design coloré, mobilier tendance 1970 remis au goût du jour, et terrasse-lounge à l'extérieur. Le *Steinfels* brasse sa propre bière, comme en témoignent les cuves en cuivre dans la salle. Fait aussi resto.

🍸 ***Les Halles*** *(plan II, B1, **76**)* : *Pfingtweidstrasse 6. ☎ 044-273-11-11. Dans Zurich West. Tlj sf dim 11h-minuit (1h jeu, 2h ven-sam).* Belle ambiance animée et assez jeune dans ce resto-bar bien connu de Zurich West. On y descend des godets dans une grande salle chaleureuse meublée de bric et de broc : vieux objets hétéroclites, affiches de pubs anciennes...

🍸 ***Colibri*** *(plan I, C2, **77**)* : *Spitalgasse 2. 📱 076-232-22-54. Lun-sam 12h-minuit (2h ven-sam), dim 14h-23h.* Dans la vieille ville, tout petit bar aux murs dorés, parsemé de fauteuils en velours violet. Vite plein, comme les quelques tables en terrasse où les aficionados descendent de bons cocktails cubains. Sympa !

## Où écouter de la musique ? Où sortir ? Où danser ?

À Zurich, l'offre de ***concerts*** en tous genres est incroyablement vaste !

♩ 👫 🍸 🍽 Le quartier de ***Langstrasse*** *(plan I, A1)* demeure un haut lieu de la vie nocturne zurichoise. Une foule de restos, bars et discothèques le long de cette artère et dans les rues adjacentes, où la fête débute vers 22h, du mercredi au samedi, dans une ambiance jeune et bon enfant. Dans le coin, on aime bien le « légendaire » ***Olé-Olé Bar*** *(Langstrasse 138 ; plan I, A1, **79**)*, tout petit et bondé de jeunes gens en goguette, qui causent fort en descendant des bières, avant de se jeter – juste en face – dans les entrailles tapageuses du ***Gonzo Club*** *(Langstrasse 135 ; plan I, A1, **80**)* ; autre temps fort dans la vie des clubbeurs du quartier, avec ***Le Palais X-Tra*** *(Limmatstrasse 118 ; hors plan I par A1, **21**)* qui demeure l'une des grandes salles suisses consacrées à la musique en tout genre (disco, funk, électro, salsa, etc.) avec les meilleurs DJs d'outre-Manche (entrée autorisée au moins de 16 ans certains soirs)... Et n'oublions pas le ***Zukunft*** *(Dienerstrasse 33 ; plan I, A1, **81**)*, club réputé pour sa musique électro.

♩ 🍸 Autre temps fort dans la nuit zurichoise, le quartier branché de ***Zurich West*** *(plan II)* attire une clientèle de noctambules plus chic – jeunes et moins jeunes – dans une ancienne zone industrielle pittoresque. Au ***AKT*** *(Heinrichstrasse 262 ; plan II, B1, **82**)*, bondé de jeunes gens pétulants, la soirée bat son plein – au coude à coude au comptoir – sous le signe de l'alcool et des discussions enflammées ! Au ***Helsinki*** *(Geroldstrasse 35 ; plan II, A-B2, **83**)*, petit bar alternatif installé dans un ancien garage, concerts réguliers de groupes suisses ou étrangers. Véritable symbole du quartier, rendez-vous au ***Schiffbau*** *(Schiffsbaustrasse 6 ; plan II, B1, **84**)*, une ancienne usine reconvertie en lieu branché accueillant 3 scènes thématiques de théâtre. Sur place, également le ***Moods,*** petit club de jazz réputé avec son excellente programmation variée ; et n'hésitez pas à prendre un verre au dernier étage, au ***Nie Nietturn Bar,*** branché et sympa avec ses canapés et ses grandes baies vitrées... Enfin, dans une surenchère huppée, le ***Clouds*** *(Maagplatz 5 ; plan II, A2, **85**)* est un bar-lounge au dernier étage d'une tour, à 136 m de hauteur, avec vue sur tout Zurich. Et au rez-de-chaussée de cette même tour, le bar de l'***Hotel Revington*** vous plonge dans une curieuse atmosphère new-yorkaise de la prohibition...

♩ 🍸 ***Rote Fabrik*** *(hors plan I par B3, **45**)* : *Seestrasse 395. ☎ 044-485-58-58. • rotefabrik.ch • Sur la rive ouest du lac.* Ⓣ *7.* Au bord du lac, cette ancienne usine de brique rouge compte plusieurs ateliers d'artistes et une salle de spectacle. Concerts en fin de semaine tendance rock, rap ou hip-hop. Ambiance décontractée, sympa. Discos *after hours* organisées après les concerts. Sans oublier des séances de cinéma en plein air.

👫 ♩ ***Mascotte*** *(plan I, D3, **86**)* : *Theaterstrasse 10. ☎ 044-260-15-80. • mascotte.ch • Tlj dès 23h.* La plus ancienne boîte de la ville, ouverte au début du siècle dernier, et qui s'est adaptée à toutes les modes. Public jeune qui s'éclate sur de la musique électro et techno. Beaux volumes et super sono. Concerts live certains soirs.

**Kanzlei Club** *(plan I, A1,* ***73****) : Kanzleistrasse 56. ☎ 044-241-63-11. • kanzlei.ch • Tlj dès 22-23h.* Située dans un ancien complexe scolaire reconverti en centre culturel, l'une des discothèques les plus fréquentées de la ville ! Gigantesque *dance floor* pour une programmation variée, avec les meilleurs DJs.

**Kaufleuten** *(plan I, B2,* ***87****) : Pelikanstrasse 18. ☎ 044-225-33-22. • kaufleuten.ch •* Fréquenté par des *VIP*, c'est l'un des clubs les plus chic de la nuit zurichoise. Immense vieille salle de théâtre magnifiquement rénovée, pour une programmation très variée. Public jeune, style B.C.B.G., employés de banque... Les tenues débraillées ne sont pas bien vues du tout !

## Achats

**Supermarché Coop** *(plan I, C1,* ***100****) : Bahnhofbrücke 1. ☎ 044-215-70-30. À 50 m de la gare centrale. Tlj sf dim, 6h-22h.* Énooorme supermarché pour acheter toutes sortes de victuailles en vue d'un pique-nique. Bien également pour acheter du chocolat – les grandes marques du pays y sont moins chères qu'ailleurs – et même des couteaux suisses !

**Chocolats Läderach** *(plan I, C1,* ***101****) : Bahnhofstrasse 106. ☎ 044-211-53-72. • laederach.ch • À 50 m de la gare centrale. Lun-sam 7h30-21h (20h sam), dim 9h-20h.* En plus de ses savoureuses créations – dont on peut voir la confection dans un petit atelier –, propose les principales marques suisses.

**Freitag** *(plan II, B2,* ***102****) : Geroldstrasse 17. ☎ 043-366-95-20. • freitag.ch • Dans Zurich West. Tlj sf dim 11h-19h30, sam 10h-18h.* Dans un petit îlot industriel vintage, ce curieux empilement de containers est la boutique de la fameuse marque de sacs *Freitag*, conçus et fabriqués à Zurich en recyclant de vieilles bâches de camion. Du coup, chaque modèle est unique. Alternatif mais très cher !

**Marchés alimentaires :** *mar et ven mat, sur Helvetiaplatz (plan I, A1) et Bürkliplatz (plan couleur I, C3).* Si celui de la Bürkliplatz est traditionnel et assez cher, le marché d'Helvetiaplatz vaut le déplacement : au cœur d'un quartier multicolore, la population et les produits viennent de tout le Bassin méditerranéen.

**Rosenhof** *(plan I, C2) : Weingasse. Mars-Noël, jeu 10h-21h et sam 10h-16h, dans une petite cour située entre le Niederdorf et le Limmatquai.* Marché artisanal coloré proposant bijoux, pulls, objets en cuir, tissus artisanaux...

**Marchés aux puces :** *ts les sam 8h-16h dans la cour de l'école* ***Kanzlei*** *(plan I, A1) d'Helvetiaplatz.* N'importe qui peut y vendre n'importe quoi, à des prix défiant toute concurrence. Population bigarrée pour une ambiance dépaysante sympa. Également le marché de **Bürkliplatz** *(plan I, C3 ; mai-oct, sam 6h-15h30).* Le rendez-vous des Zurichois pour dénicher la perle rare. Ambiance de kermesse, mais prix élevés.

# À voir. À faire

– ***Important :*** l'office de tourisme propose la **Zurich Card,** permettant d'utiliser sans restriction train, tram, bateau, et donnant aussi l'accès gratuit ou des réductions dans une quarantaine de musées, une remise sur les tours guidés de l'office de tourisme (à thème et en français sur résa), des rabais dans certaines boutiques, sans oublier quelques petits bonus culinaires dans une vingtaine de restos... *Différentes formules :* ***carte 24h*** *pour 24 Fs (16 Fs 6-16 ans) ;* ***carte 72h*** *pour 48 Fs (32 Fs 6-16 ans). Achat dans les offices de tourisme de la gare ou de l'aéroport, sur Internet... Infos : • zuerichcard.com •*

## La vieille ville – rive gauche de la Limmat

### LE ROI ALFRED

*Sur la place de la gare s'élève la statue d'Alfred Escher, le regard tourné vers le massif du Gothard. Il est considéré comme l'un des pères de la Suisse moderne pour son action dans le développement des chemins de fer. Il œuvra pour la création de l'École polytechnique de Zurich, mais aussi de la première banque suisse (Crédit suisse) et de la première compagnie d'assurances ; autant d'initiatives qui lui valurent d'être surnommé le « tsar de Zurich ».*

La vieille ville est délimitée sur cette rive par la fameuse rue commerçante Bahnhofstrasse, qui suit le tracé des anciens remparts, reliant ainsi la gare centrale de Zurich avec son lac. Construite en 1871, cette gare est de style néoclassique, et le hall – qui a conservé son allure d'origine – est protégé par une gigantesque *Nana* – ange gardien de Niki de Saint-Phalle. Nos lecteurs à la fibre mathématique apprécieront aussi une œuvre de Mario Merz évoquant la suite de Fibonacci. Au-dessus du porche de l'entrée principale de la gare (côté Bahnhofstrasse) se dresse un groupe de trois femmes. Celle du milieu représente Helvetia, personnifiant la Suisse ; celle de gauche, assise sur un train, est une allégorie du développement technique ; et celle de droite évoque l'importance du transport fluvial dans l'histoire de Zurich et de son développement.

De Paradeplatz, qui abritait autrefois un marché aux cochons, prendre la ruelle In Gassen, qui vous conduira jusqu'à l'un des plus vieux édifices religieux de Zurich : l'***église Sankt Peter*** *(plan I, C2).* Reconstruite à différentes périodes, elle fut à l'origine édifiée à l'emplacement d'un lieu sacré romain. Sa tour, du XIIIe s, possède le plus grand cadran d'horloge d'Europe (8,70 m de diamètre). Et, tout en haut, la petite guérite servait d'abri au guetteur des départs d'incendie en ville. Flânez ensuite dans les jolies ruelles alentour jusqu'à la Münzplatz.

De là, vous êtes à deux pas du ***Lindenhof*** *(plan I, C2),* place historique surélevée où les Romains établirent leur poste de douane. Surplombant la vieille ville et la Limmat, elle est garnie de tilleuls et demeure le rendez-vous des boulistes locaux.

***Giacometti Eingangshalle*** *(Hall de Giacometti ; plan I, C1)* **:** *Polizeiwache, Bahnhofquai 3. Tlj 9h-11h, 14h-16h. GRATUIT. Dépôt d'une pièce d'identité obligatoire.* Sans doute l'un des plus beaux commissariats de police du monde ! Situé dans la cave de l'ancien orphelinat de la ville, devenue l'entrée de l'hôtel de police, le hall a été décoré par Augusto Giacometti (cousin d'Alberto, le peintre et sculpteur de génie) et quelques amis en 1924. Les fresques sur les murs représentent les métiers, mais surtout les voûtes sont recouvertes de fleurs dans les tons jaune-orange qui donnent une ambiance particulière à l'endroit... très *flower power* avant l'heure. Superbe ! Augusto Giacometti réalisa également de nombreux vitraux et des fresques pour les églises de Zurich et pour des institutions suisses.

En redescendant vers la Limmat, on arrive au quartier de ***Schipfe,*** avec ses ruelles médiévales pleines de charme, longeant la rivière. C'est notre coin préféré. Observez donc les détails de ces petites maisons, avec leurs oriels et leurs jardins en terrasses, et remarquez en bas, à côté des portes, le trou pour nettoyer les bottes avant d'entrer. La réputation de propreté des Suisses n'est pas usurpée !

Juste en face, impossible d'éviter l'imposante ***église Fraumünster*** *(plan I, C2)* **:** *Münsterhof 2. ☎ 044-221-20-63. • fraumuenster.ch • Tlj 10h-16h nov-mars, 9h-18h avr-oct.* Autrefois couvent pour femmes nobles, la bâtisse est l'une des plus anciennes de Zurich, ses fondations datant du IXe s. Des éléments de styles roman puis gothique y ont été ajoutés. Ce qui devait être un parvis animé s'est malheureusement transformé en parking (mais le projet d'une place avec fontaine est à l'étude...). Quoi qu'il en soit, ça vaut le coup d'y entrer pour admirer les vitraux du chœur signés... Augusto Giacometti (cousin du fameux Alberto) et Marc Chagall, rien que ça ! Concerts certains soirs (se renseigner).

**Landesmuseum Zurich** *(Musée national suisse ; plan I, C1)* : *Museumstrasse 2. ☎ 058-466-65-11. • landesmuseen.ch • Derrière la gare centrale. Tlj sf lun 10h-17h (19h jeu). Entrée : 10 Fs ; réduc ; gratuit avec la Zurich Card.* Immanquable avec son allure imposante de château de la fin du XIX$^e$ s. Ce musée retrace l'histoire de la Confédération suisse, de l'âge de pierre jusqu'à nos jours. Riche collection d'armes, de canons, d'objets du Moyen Âge, de sculptures en bois. Nombreux aménagements, et en français s'il vous plaît !

***Museum für Gestaltung*** *(musée des Arts appliqués ; plan II, A1) : Pfingstweidstrasse 96. ☎ 043-446-67-67. • museum-gestaltung.ch • Dans Zurich West. Ⓣ 4. Entrée : 12 Fs ; réduc ; gratuit avec la Zurich Card.* Expos temporaires réputées, qui concernent aussi bien le monde du design et de la communication visuelle que celui des relations entre l'art et la nature, de la photographie, de l'architecture ou des objets quotidiens. Riches collections d'affiches autour du design industriel et du graphisme.

***Kunsthalle Zurich*** *(plan II, B1)* : *Limmatstrasse 270. ☎ 043-272-15-15 • kunsthallezurich.ch • Dans Zurich West. Ⓣ 4, 13 et 17. Mar-ven 11h-18h (20h jeu), w-e 10h-17h. Fermé lun. Entrée : 12 Fs ; réduc ; gratuit avec la Zurich Card.* Installée dans une ancienne brasserie, cette galerie présente des expos temporaires d'art contemporain très pointues qui contribuent à faire de Zurich une ville de premier plan dans le domaine... et pour les marchands d'art.

## La vieille ville – rive droite de la Limmat

Après Zurich la médiévale, voici Zurich la romantique, dont le cœur demeure le ***Niederdorf***. À ses pieds, le ***Limmatquai*** qui longe la rivière. Les superbes maisons témoignent de la richesse des corporations (les *Zünfte*). Pour la plupart, elles abritent aujourd'hui des restaurants, et leurs arcades hébergent des magasins de toutes sortes. Plus haut, les ruelles du Niederdorf ont depuis longtemps été rendues aux piétons. C'est le lieu favori de ceux qui ont envie de traîner pour découvrir les petites et ravissantes boutiques des créateurs en tout genre (bijoutiers, designers, stylistes...), ou de boire un verre sur l'une des innombrables terrasses. Très touristique.

***L'église Grossmünster*** *(plan I, C2)* : *Grossmünsterplatz. ☎ 044-252-59-49. • grossmuenster.ch • Tlj 10h-18h (17h nov-fév). Clocher (Karlsturm) : tlj 10h-17h (16h30 nov-fév) ; entrée : 4 Fs.* Édifié aux XI$^e$-XII$^e$ s et veillant sur tout le quartier, ce bâtiment d'apparence austère semble planté là pour nous rappeler la rigueur du protestantisme. Il fut, au Moyen Âge, la principale église de l'important évêché de Constance, mais Zwingli s'est habilement débrouillé pour en faire par la suite le centre de la Réforme en Suisse alémanique... Étonnant portail principal, avec portes en bronze sculptées en 1950 par Otto Münch. À l'intérieur, dans le chœur, magnifiques vitraux d'Augusto Giacometti (1932), évoquant la Nativité. Remarquez aussi les vitraux de Sigmar Polke (1941-2010) ; une approche contemporaine de sujets religieux avec un premier ensemble très original composé de tranches de pierres d'agate telle une mosaïque abstraite. Et puis un second ensemble, plus figuratif, qui s'inspire des enluminures romanes. Dans la crypte, voir les vestiges des fresques du XV$^e$ s représentant les martyrs de saint Félix et de sainte Régula – les patrons de la ville –, ainsi que la statue de Charlemagne, qui ornait jadis la tour sud (remplacée par une copie). La légende prétend que Charlemagne aurait construit la première église de Zurich sur ce site... Avec un peu de courage, on grimpe les 187 marches de cette même tour : belle vue panoramique sur le lac et les Alpes.

*Kunsthaus Zürich* (musée des Beaux-Arts ; plan I, D2) : Heimplatz 1. ☎ 044-253-84-84. • kunsthaus.ch • Ⓣ 3. Tlj sf lun 10h-18h (20h mer-jeu). Entrée : 23 Fs ; réduc ; réduc avec la Zurich Card. Supplément pour certaines expos temporaires. Audioguide en français compris. Compter 2-3h de visite.

**LES ÉCHELLES PORTENT MALHEUR**

*Le Kunsthaus expose l'autoportrait d'Anna Waser à 12 ans, née à Zurich en 1678, une des très rares femmes peintres reconnues de son temps. Encouragée par ses parents, remarquée par Watteau, elle fit une belle carrière de portraitiste en Europe, mais mourut à 34 ans en tombant d'une échelle.*

Ouvert en 1910 dans un imposant bâtiment, ce musée présente une riche collection qui s'étend depuis les maîtres anciens jusqu'à l'école new-yorkaise d'après-guerre, en passant par l'impressionnisme français et l'expressionnisme allemand ; le tout dans un cadre lumineux et aéré.

– ***Au rez-de-chaussée,*** on admire sans compter la plus importante collection au monde de sculptures et de peintures d'***Alberto Giacometti.*** L'ensemble permet d'apprécier l'évolution de l'artiste depuis les années 1920, influencé par le cubisme et l'art primitif, en passant par des œuvres en plâtre des années 1945 d'une inspiration surréaliste, pour arriver à ses célèbres sculptures filiformes d'hommes en marche... Également des portraits représentant sa mère et son père, lui-même peintre.

– ***Au 1er étage,*** les ***maîtres anciens*** sont accrochés sur des murs aux couleurs éclatantes, formant un bel écrin pour ce riche ensemble. Les primitifs flamands sont représentés par Memling et Holbein avec un portrait d'un banquier à l'air bien sévère, qui tient fermement sa bourse. On s'attarde ensuite devant une montée des eaux face à l'arche de Noé de Bruegel l'Ancien, étonnante de lumière ; passionnante transposition de la scène biblique dans les Pays-Bas du XVIe s. Puis on retrouve les grinçantes scènes de cabaret avec leurs convives aux trognes grimaçantes dans des œuvres d'Adriaen Brouwer. Également quelques œuvres de Rubens et de Van Dyck. Série de belles natures mortes hollandaises, mais surtout un admirable *Simon* de Rembrandt. Chez les Italiens, on reconnaît bien sûr Canaletto et Guardi avec leurs vues de Venise... La partie originelle du musée de style Art déco (salles 3 et 4) abrite la ***peinture suisse du XIXe s*** : Arnold Bocklin et Ferdinand Hodler avec de nombreuses œuvres symbolistes... Dans une partie plus récente du musée, voici les géants de la ***peinture américaine contemporaine*** : Rothko, Pollock, Warhol et Lichtenstein ; ainsi que les ***expressionnistes allemands*** avec Kokoschka, Baselitz, Polke et Klee. Voir le monumental *Parsifal* d'Anselm Kieffer, et une installation de Joseph Beuys...

– ***Au 2e étage,*** éclairés par des verrières, les ***impressionnistes*** et les ***modernes*** sont à l'honneur. Une véritable orgie d'œuvres de Vallotton, Signac, Renoir, Rousseau, Cézanne, Vlaminck, Monet, Delacroix, Manet, Sisley, Maillol, Matisse... Et puis aussi Bonnard et Vuillard, sans oublier l'autoportrait de Van Gogh à l'oreille coupée. Plusieurs Chagall de différentes époques où l'on retrouve les thèmes chers à l'artiste. Et des Picasso, montrant le cheminement de l'artiste du figuratif à l'abstrait. Nombreuses œuvres de Munch. Également Segantini avec ses paysages alpins. On finit le voyage – perdu entre mezzanines et entresols – dans les univers de Delaunay, Miró, Braque, Kandinsky, Mondrian, Calder, Arp, Ernst, Magritte, Léger et, bien sûr, Picasso. Formidable !



## Autour du lac

Pour avoir un aperçu de la ville et de son histoire, on longe le pittoresque ancien fossé ***Schanzengraben*** *(plan I, B2),* depuis la gare centrale jusqu'au lac. C'est l'un des derniers vestiges de l'ancienne fortification du XVIIe s ; lieu de passage, de promenade et de pause déjeuner aux beaux jours. En arrivant vers le lac, arrêtez-vous quelques instants au ***Bauschänzli*** *(plan I, C3, **39**),* une île datant de la même époque, occupée en été par un restaurant avec terrasse sympathique et populaire (voir « Où manger ? »).

De part et d'autre du ***Quaibrücke*** *(plan I, C3),* entre Bellevueplatz et Bürkliplatz, on peut longer le lac, promenade dominicale favorite des Zurichois, dès que le soleil pointe le bout de son nez. Animation permanente, buvettes, location d'embarcations à pédales. Idéal aussi pour faire son jogging.

➢ Différentes possibilités pour faire le tour du lac en bateau, du grand tour à des trajets simples. *Infos : dans les kiosques de Bellevueplatz. Il existe aussi une balade de 1h30 avec la* Zurich Card.

## Rive droite du lac

Des toits en pagode signalent l'entrée du ***Chinagarten*** *(Jardin chinois ; hors plan I par D3) : Bellerivestrasse 138. ☎ 044-380-31-51. • chinagarten.ch • Ouv fin mars-fin oct, tlj 11h-19h. Entrée : 4 Fs ; réduc.* Cadeau de la ville de Kunming (dans le Yunnan), jumelée avec Zurich, un étonnant jardin dont l'aménagement ressemble à une œuvre d'art : tout est précis, pas un brin d'herbe ou un caillou qui ne trouve sa juste place ! Quantité de fleurs et d'oiseaux, ponts minuscules enjambant des plans d'eau tout aussi petits, monde de poissons et de fleurs de lotus, et bien sûr les bambous, sans lesquels aucun jardin ne saurait se prétendre chinois. À côté, jeux pour enfants.

Tout près, voici encore l'ultime construction de Le Corbusier, la ***maison Heidi Weber*** *(Heidi Weber Museum – Center Le Corbusier ; hors plan I par D3) : Höschgasse 8. ☎ 044-383-64-70. • centerlecorbusier.com • Ouv juil-sept, w-e 14h-17h. Entrée : 15 Fs ; réduc.* Mélange détonant d'architecture, de peinture et de sculpture. L'œuvre graphique du célèbre concepteur y est exposée de façon permanente.

➢ À deux pas, en été, on peut assister, assis face au lac, à une ***séance de cinéma*** en plein air sur écran géant *(**Open Air Kino,** Zurichhorn am See ; • saltcinema.ch •).*

***Botanischer Garten*** *(Jardin botanique ; hors plan I par D3) : Zollikerstrasse 107. ☎ 044-634-84-61. • bg.uzh.ch • Ⓣ 2 et 4, arrêt « Höschgasse ». Mars-sept, lun-ven 7h-19h, w-e 8h-18h ; oct-fév, tlj 8h-18h (17h w-e). GRATUIT. Cafétéria sur place.* Envie d'exotisme ? Alors, entrez sous l'une des trois gigantesques coupoles transparentes du Jardin botanique. La forêt tropicale y est reconstituée dans un petit monde de chaleur, de couleurs et d'odeurs. Les jardins, eux, font aussi revivre la flore méditerranéenne et alpine ; les nénuphars sont géants et les rhododendrons aussi lumineux qu'en pleine nature. Magnifique et apaisant !

***Mühlerama*** *(hors plan I par D3) : Seefeldstrasse 231. ☎ 044-422-76-60. • muehlerama.ch • Ⓣ 2 et 4, arrêt « Wildbachstrasse ». Tlj sf lun 14h (10h dim)-17h. Entrée : 9 Fs ; réduc ; gratuit avec la Zurich Card.* Le moulin de Tiefenbrunnen, érigé en 1913 sur les bases d'une ancienne brasserie, est resté en activité jusqu'en 1983. En 1989, rénové dans le style Belle Époque, le bâtiment a été partiellement transformé en musée. Les machines sont toujours en activité et une expo retrace l'évolution des techniques, le meunier dans l'histoire et la culture populaire, le passage de la famine à l'abondance. Sur place : resto avec piano-bar, théâtre, galerie, commerces et ateliers.

Il est possible de ***se baigner dans le lac,*** où l'on veut (ce qui est rare en Suisse...) : l'eau y est relativement propre. On peut aussi profiter des ***bains de l'Utoquai,*** qui datent de 1889. Entourant une sorte de piscine aménagée dans le lac, les bâtiments en bois sont construits sur pilotis, dans un style mauresque tout à fait charmant. Sauna, massage et resto.

## Rive gauche du lac

Cette rive est un peu moins fréquentée car moins ensoleillée. C'est d'ici que partent les bateaux de croisière sur le lac. On peut y profiter des bancs de l'***Arboretum,*** planté d'arbres exotiques majestueux : s'arrêter au moins pour y voir la collection de cactus lézarder au soleil dans les prairies du Mythenquai. Non loin, les bains mixtes, *Badi enge...*

***Museum Rietberg*** *(hors plan I par B3)* **:** *Gablerstrasse 15. ☎ 044-206-31-31. • rietberg.ch • Ⓣ 7, arrêt « Rietberg ». Tlj sf lun 10h-17h (20h mer). Entrée : 14 Fs ; réduc ; jusqu'à 25 Fs en cas d'expo temporaire ; gratuit avec la* Zurich Card *(expos temporaires en sus). Audioguide en français inclus.*
Musée dédié aux civilisations extra-européennes dont les riches collections sont présentées dans deux belles villas du XIXe s, construites dans un parc luxuriant peuplé d'arbres centenaires.
– *La villa Wesendonck :* de style néoclassique, elle présente les collections d'art indien, d'Asie du Sud-Est, de l'Océanie ainsi que l'art précolombien.
– *La Park-Villa Rieter :* abrite quant à elle les collections de peintures de l'Inde, de Chine et du Japon.
Également une dépendance moderne à flanc de colline, où ont lieu les expos temporaires. Après la visite, profitez-en pour flâner un peu dans le parc. En été, on y organise régulièrement des fêtes africaines ou d'autres continents.

## Plus loin

***Zoo Zürich*** *(hors plan I par D2)* **:** *Zurichbergstrasse 221. ☎ 044-254-25-05. • zoo.ch • Ⓣ 5 et 6, arrêt « Zoo ». Mars-oct 9h-18h (22h le 1er sam juin-oct) ; nov-fév, 9h-17h. Entrée : 26 Fs ; 16-24 ans 19 Fs ; 6-15 ans 13 Fs ; moins de 6 ans gratuit ; réduc de 10 % avec la* Zurich Card. Un très beau et grand zoo aménagé dans un cadre verdoyant. Nombreuses espèces de toute la planète et bien sûr des animations. Également une immense serre abritant l'écosystème reconstitué de la forêt tropicale de Madagascar au sein de laquelle évoluent les animaux en liberté.

## Bains

On peut piquer une tête dans la *Limmat,* dans quelques établissements ouverts de mai à fin août. Vieux d'une bonne centaine d'années, ces bains demeurent un élément culturel indissociable de l'été des Zurichois.

– ***Frauenbadi*** *(plan I, C2)* **:** *devant la mairie.* Réservé aux femmes. Pendant la belle saison, les employées, secrétaires, vendeuses, femmes d'affaires passent leur pause déjeuner au solarium... où chaque centimètre carré est occupé ! À partir de 20h, ces messieurs sont les bienvenus. Les bains se transforment alors en *Bar des Déchaussés,* avec concerts ou danses.
– ***Schanzengraben*** *(plan I, B2)* **:** réservés, quant à eux, aux hommes. Le soir, la gente féminine est la bienvenue et les bains deviennent alors un bar en plein air : le *Rimini Bar.*
– ***Les bains du Letten*** *(hors plan I par C1)* **:** *derrière la gare centrale, face au Sihlquai.* Un établissement de bains mixte. Une partie du solarium sur le toit est cependant réservée aux femmes. Ici, on peut entretenir sa forme en nageant contre le courant. Entrée gratuite.

## Fêtes et manifestations

– **Sechseläuten :** *3e lun d'avr.* Les corporations défilent en costume d'époque dans le centre-ville. Le cortège se termine par la mise à mort – sur un bûcher – du « Böögg », bonhomme-hiver fait de chiffons remplis de pétards (plus vite la tête explose, plus tôt le printemps arrive !), à 18h tapantes, sur le champ de Sechseläuten, à Bellevue. Toutes les cloches de Zurich se mettent alors à sonner, et les bistrots des environs se remplissent. La fête bat son plein jusqu'aux petites heures du mardi matin.
– **Zürifäscht :** *ts les 3 ans début juil (prochaine édition : 2018). Ven-dim, dans la vieille ville, sur les rives du lac et les quais de la Limmat.* Fête géante. Les carrousels, grands 8 et autres attractions disputent la place à une quantité impressionnante de stands proposant à boire et à manger. Concerts les vendredi et samedi soir. Et le clou de la fête : une orgie de feux d'artifice, tirés depuis le lac.
– **Street Parade :** *mi-août.* La ville se remplit de centaines de milliers de jeunes pour un cortège techno : chars ou camions, déguisements outranciers, colonnes d'amplis à plein tube ! Après la parade, la fête continue au moins 24h, dans les nombreux espaces consacrés à des *rave parties* géantes.
– **Theaterspektakel :** *fin août-début sept.* On dresse des tentes au bord du lac, côté Mythenquai, où s'abritent scènes de théâtre, restos et bistrots. Ambiance décontractée, spectacles assurés par des d'artistes de rue.
– **Marché de Noël :** *déc.* Le plus important se tient sous le grand hall de la gare centrale.

# DANS LES ENVIRONS DE ZURICH (ZÜRICH)

➢ **La colline d'Uetliberg :** *départs ttes les 30 mn de la gare centrale, train S10.* Une colline à 870 m d'altitude, d'où l'on a une vue imprenable sur la ville, le lac et les Alpes. Promenade de prédilection des Zurichois qui ont envie d'un bol d'air, car il n'y a aucune voiture. On peut longer la crête jusqu'à *Felsenegg* (environ 1h30 de marche), et suivre ainsi le *Planetenweg* (« chemin planétaire ») qui reproduit notre système solaire à l'échelle d'un milliardième. De Felsenegg, un téléphérique relie *Adliswil,* d'où l'on peut rejoindre Zurich avec le *S4.*



# WINTERTHOUR (WINTERTHUR) (8400) 110 000 hab.

**Ne dites surtout pas aux habitants de Winterthour qu'ils vivent dans la banlieue de Zurich, vous les vexeriez ! Car avec ses 110 000 habitants, son tissu économique florissant et son offre exceptionnelle en matière de culture et de loisirs, la ville tient la dragée haute à sa grande voisine. D'autant que la profusion de verdure y rend la vie locale agréable, offrant de belles possibilités de promenades.**

## UN PEU D'HISTOIRE

Les légionnaires romains se sont établis dans ce qui était alors *Vitudurum,* au Ier s avant notre ère. Une pierre du mur d'enceinte (exposée à l'hôtel de ville), portant une inscription latine et datant de 294, rappelle les origines du lieu.

Jusqu'à la fin du XVIII<sup>e</sup> s, Winterthour vit sous la tutelle de sa grande sœur zurichoise. Depuis son indépendance acquise en 1798, et grâce à son industrie textile florissante, la ville entre de plain-pied dans l'ère industrielle et connaît rapidement un essor faramineux. Les secteurs du commerce, des banques et des assurances ne sont pas en reste.
Dès le XIX<sup>e</sup> s et la création des premières usines, la population augmente. Les ouvriers sont logés dans des rangées de pavillons, jouissant d'un petit jardin. Cette particularité a beaucoup contribué à faire de la cité une zone où le vert domine. Aujourd'hui, l'industrie occupe une part moins importante dans l'économie locale, au profit du tertiaire, notamment les assurances... Winterthour est aussi, grâce à ses mécènes, devenue une ville d'art et de culture : elle abrite une quinzaine de musées, dont certains – vraiment formidables ! – sont connus bien au-delà des frontières helvétiques.

## Arriver – Quitter

### En train

➢ ***Zurich*** (30 mn) **:** plusieurs trains/h *S-Bahn* et *Intercity*. Une ligne passe aussi par l'aéroport de Kloten.

***Gare ferroviaire :*** *Bahnhofplatz. En plein centre-ville.* • *cff.ch* • *zvv.ch* • Location de vélos. De là partent aussi tous les bus urbains et interurbains (jaunes).

## Comment circuler ?

– ***Transports publics :*** les bus, très fréquents, circulent 5h-minuit. Horaires, plans de ville et distributeurs automatiques qui rendent la monnaie à chaque station. Petit détail important : la ***Zurich Card*** permet d'aller de Zurich à Winterthour en train, de se déplacer sur tout le réseau urbain des 2 villes pendant 24h ou 72h selon son choix, et d'entrer gratuitement dans certains musées.
– ***À vélo :*** la ville étant plate et sillonnée par de nombreuses pistes protégées, elle se prête bien à l'usage de la bicyclette. Location à la gare.

## Adresses et infos utiles

***Office de tourisme :*** *Im Hauptbahnhof.* ☎ *052-267-67-00.* • *winterthur-tourismus.ch* • *Dans la gare, au niveau de la rue, côté vieille ville. Tlj sf dim 8h30-18h30 (16h sam).* Plan de la ville, résa d'hébergements, petit guide des musées en français, agenda culturel, infos loisirs dans les environs (randonnées pédestres, vélo, ski...). Bon accueil.

✉ ***Poste :*** *Bahnhofplatz.*

– ***Marché alimentaire :*** *sam mat sur Obertor, dans la vieille ville.*

## Où dormir ?

### Auberge de jeunesse

***Hostel Depot 195 :*** *Lagerplatz 4.* ☎ *052-203-13-63.* • *depot195.ch* • *À 10 mn à pied de la vieille ville. Réception 7h-10h, 16h-22h. Lit en dortoir (4-8 pers) 36-41 Fs selon taille ; double 129 Fs ; petit déj inclus.* En tout, 80 lits dispatchés dans un gros bâtiment en brique, situé au cœur d'une ancienne zone industrielle, aujourd'hui colonisée par les ateliers d'artistes. Dortoirs simples et hauts de plafond, avec caissons, et sanitaires à l'étage. Également des chambres sous les toits, dotées de meubles vintage et de salles de bains sobres, avec douche à l'italienne. Déco minimaliste. Cuisine commune avec grandes tables. Accueil sympa.

## De bon marché à prix moyens

**Hotel Albani :** *Steinberggasse 16. ☎ 052-212-69-96. • albani.ch • Dans la vieille ville. Résa conseillée. Doubles 75-95 Fs selon j. de la sem ; pas de petit déj. Entrée gratuite aux concerts.* Installé dans une maison historique jaune pâle de 1800, l'hôtel le moins cher de la ville est d'abord l'une des plus vieilles boîtes de jazz de la région (voir « Où boire un verre ? Où écouter de la musique ? »). Une dizaine de chambres pratiques et nickel, toutes avec sanitaires communs. Bruyant à cause des concerts et de la discothèque. Plutôt une adresse de « djeuns » noctambules !

**Hotel Hessenguëtli :** *Oberfeldstrasse 10. ☎ 052-224-32-32. • hessengueetli.ch • Bus nº 2, arrêt « Feldtal » (10 mn). Doubles 148-158 Fs selon taille, petit déj compris.* À la lisière de la ville, dans un quartier pavillonnaire tranquille, un hôtel familial propret planté au pied d'une colline boisée et au bord d'une petite rivière. Chambres sobres mais colorées dans des tons doux, et soignées. Selon la saison, jolie terrasse pour prendre le petit déj, ou vaste salle décorée de nombreux tableaux. Accueil charmant en français.

## De chic à très chic

**Park Hotel Winterthur :** *Stadthausstrasse 4. ☎ 052-265-02-65. • phwin.ch • Doubles economy 149-195, standard 195-315 Fs selon saison et j. de la sem, petit déj compris. Parking gratuit.* Bordé par un parc verdoyant – à deux pas de la vieille ville –, un bel hôtel moderne aux chambres confortables et douillettes. Déco contemporaine bien affûtée. Resto avec terrasse sur la verdure. Accueil avenant et pro.

# Où manger ?

– **Important :** toutes nos adresses se trouvent dans la vieille ville.

## Bon marché

**Manta Bar :** *Oberer Graben 46. ☎ 052-212-43-04. Dans la rue principale de la vieille ville. Lun-ven 6h30-19h (22h jeu-ven), sam 8h-22h, dim 11h-19h. À partir de 10 Fs.* Petite chaîne locale montée par une famille italienne qui a su élever l'art du *panini* à son plus haut niveau, en les garnissant des ingrédients goûteux de la Grande Botte : tomates, mozzarella, jambon de Parme, aubergines, basilic, etc. Également des salades à dévorer en terrasse dans la rue piétonne aux beaux jours. Une adresse à prix doux.

## Prix moyens

**Zur Widder :** *Metzggasse 9. ☎ 052-213-78-98. Dans la vieille ville. Tlj 11h (13h sam, 18h dim)-minuit (2h ven-sam). Menus 17-21 Fs.* Une cantoche d'habitués mitonnant de bons petits plats soignés, copieux et pas chers, inspirés par la saison, avec une variante végétarienne bio. À dévorer dans une salle basse sur de grandes tablées conviviales. Petite terrasse au soleil. Une adresse simple et authentique en tout point.

**Tibits :** *Oberer Graben 48. ☎ 052-202-73-33. Dans la vieille ville. Tlj 6h45 (8h sam, 9h dim)-23h30 (minuit ven-sam, 23h dim). Moins de 15 Fs.* À Winterthur aussi, la fameuse chaîne de selfs végétariens – plébiscitée par les locaux – a pignon sur rue. Déco gaie, colorée et fleurie, avec un coin enfants, grandes tables et fauteuils confortables. Bien aussi au petit déj, ou pour boire un jus de fruits naturel en terrasse.

**Obergass :** *Schulgasse 1. ☎ 052-212-98-28. Dans la vieille ville. Tlj sf dim 8h (17h lun, 9h30 sam)-minuit. Menus 18-21 Fs, plats 17-42 Fs.* Déco égayée par d'originales moulures peintes au plafond. Dans l'assiette, cuisine inspirée par l'Italie avec des pâtes pour les fauchés. Également des viandes (tartare, entrecôte, hamburger...) goûteuses ; l'autre spécialité du chef qui travaille des produits régionaux de saison, choisis avec soin. Terrasse dans la rue piétonne.

### Chic

**National :** Stadthausstrasse 24. ☎ 052-212-24-24. *Face à la gare, côté vieille ville. Tlj 9h-minuit. Plats 18-45 Fs.* Ce vieux bâtiment pittoresque sert d'écrin à la bonne table de la ville. Cadre de brasserie élégant pour une savoureuse cuisine de saison partagée entre la Suisse et l'Italie. Bien aussi pour prendre un café ou un verre en soirée dans une ambiance piano-bar chaleureuse.

## Où boire un verre ? Où écouter de la musique ?

***Boiler Room :*** *Zücherstrasse 1-3. ☎ 052-203-31-49. • boilerroom.ch • Lun-sam 17h-minuit (2h ven-sam), dim 14h30-23h.* À deux pas du centre historique, dans un énorme bâtiment industriel qui abritait naguère une chaudière alimentant en vapeur les usines du quartier. Belle ambiance vive, avec concerts réguliers.

***Albani Music Club :*** *Steinberggasse 16. ☎ 052-212-69-96. • albani.ch • Tlj sf dim 15h-minuit (4h ven-sam).* Au rez-de-chaussée de l'hôtel du même nom, la maison s'est taillé une solide réputation en accueillant des groupes musicaux de renommée internationale, entre jazz, blues et rock. Le week-end, également des soirées DJ avec musique électro.

# À voir

– ***Important :*** l'office de tourisme propose le ***Museumspass,*** donnant accès à tous les musées de la ville et permettant d'emprunter le *museum-bus* qui circule entre chacun d'entre eux *(1 bus/h tlj 9h45-16h45 à partir de la gare).* Rentabilisé après deux visites, il coûte 25 Fs pour 1 journée et 35 Fs pour 2 jours (seul le *pass* à 35 Fs donne accès au Technorama).
Toute la vieille ville est piétonne, ce qui rend la découverte de ses maisons et monuments – essentiellement du XVIIe s – d'autant plus agréable.

## *Dans le centre-ville*

***Stadtkirche :*** *Kirchplatz. ☎ 052-212-89-07. Tlj 10h-16h.* Construite en 1500 et flanquée de deux tours aux gargouilles incroyables, c'est l'église principale de Winterthour, trônant au cœur de la vieille ville. À l'intérieur, orgues monumentaux somptueux du XVIIIe s. Et les fresques réalistes du peintre bernois Paul Zehnder qui racontent la vie du Christ valent aussi le coup d'œil. Le parvis est devenu une place agréable, vaste et tranquille, où l'on vient prendre le frais à l'ombre des tilleuls. En face de l'église débouche la minuscule *Schulgasse,* petit joyau architectural, avec ses pavés, ses petites maisons de guingois aux colombages bien conservés et les tons pastel de ses façades qui lui donnent un air d'image d'Épinal.

De là, rejoindre ***Marktgasse,*** l'une des plus anciennes rues de la ville. Toute une enfilade de maisons bourgeoises du XVe s, jouxtant parfois d'autres bâtiments plus modernes, pas toujours dans le ton. Ici et là, on remarque le charme d'une enseigne à l'ancienne, d'une façade rococo, d'un oriel ou d'une lanterne. C'est ici que se concentrent les bistrots, magasins et autres restos de la vieille ville.
Dans la même rue, au nº 20, voici l'ancien ***hôtel de ville*** *(Rathaus),* construction de la fin du XVIIIe s, étonnante pour une petite ville, qui rappelle plus les galeries milanaises ou bruxelloises que l'architecture locale de l'époque. On le traverse pour rejoindre la Stadthausstrasse.

🍴🍴 ***Museum Oskar-Reinhart « Am Stadtgarten » :*** *Stadthausstrasse 6. ☎ 052-267-51-72. • museumoskarreinhart.ch • ♿ Tlj sf lun 10h-17h. Entrée : 15 Fs ; réduc ; expos temporaires comprises (sinon, 12 Fs pour les collections seules) ; gratuit avec le* Museumspass.
Dans un bâtiment néoclassique construit au début du XIXe s. Le musée fut inauguré du vivant de son fondateur, le mécène Oskar Reinhart. Sur trois étages et dans des salles possédant parfois des meubles anciens, il expose des œuvres d'artistes allemands, suisses et autrichiens du XVIIIe au XXe s selon un parcours chronologique présentant les différents mouvements de peinture.
– ***Au 1er étage,*** nombreux paysages de montagne, caractéristiques du romantisme allemand avec Friedrich, Blechen ou Wolf. Mais nos coups de cœur vont plutôt aux natures mortes de Liotard ; aux deux grands portraits de famille de Graff, dont les échanges de regards entre les membres sont éloquents ; aux scènes de genre de Töpffer avec ses marchés et ses scènes de village campagnard ; aux « tranches de vie » touchantes dans des villages d'Afrique du Nord par Weidenmann ; où celles – en Angleterre – un peu plus collet monté, par Agasse.
– ***Le 2e étage*** présente la peinture suisse moderne (XIXe-XXe s) et ses représentants les plus connus, comme Hodler avec ses nombreuses œuvres de jeunesse de sa période réaliste, et dont l'ensemble exposé ici permet d'apprécier l'évolution de sa peinture vers des paysages de montagnes plus stylisés aux couleurs tranchées et des personnages pétris d'émotions authentiques. Également Giovanni Giacometti (père du célèbre sculpteur Alberto) avec un superbe autoportrait dans son atelier, dont le travail sur le motif et la couleur évoque, entre autres, Gauguin. C'est l'occasion aussi de découvrir des peintres moins connus comme Anker et ses attendrissants portraits d'enfants ; ou encore ces vaches, moutons et autres animaux de la ferme de Koller.
– Enfin, un escalier design mène ***au 3e étage,*** sous les combles, où se tiennent d'intéressantes ***expos temporaires.***

🍴🍴 ***Kunstmuseum Wintherthur :*** *Museumstrasse 52. ☎ 052-267-51-62. • kmw.ch • ♿ Tlj sf lun 10h-17h (20h mar). Entrée : 15 Fs ; réduc ; gratuit avec le* Museumspass. Le bâtiment le plus ancien, décoré de belles boiseries Art déco dans certaines salles, présente des œuvres de la fin du XIXe s jusqu'à nos jours. Peu certes, mais bien mises en valeur dans une présentation chronologique didactique. Les impressionnistes sont évoqués par des *Nymphéas* de Monet et un étonnant Van Gogh : *Soir d'été* (1888). Également un des *Bourgeois de Calais,* tout en souffrance, de Rodin. Pour les nabis : Vuillard et Bonnard. Chez les cubistes, Léger, Gris et Braque. Sont aussi présents Chirico, Klee ainsi que l'incontournable Picasso avec *Deux personnages* dont le double cadre gris accentue les couleurs et le mouvement. Sans oublier trois beaux Holder dont un autoportrait plein de force. Dans l'extension, œuvres contemporaines et expos temporaires.

## En dehors du centre

🍴🍴🍴 ***Sammlung Oskar-Reinhart « Am Römerholz »*** *(Collection Oskar-Reinhart) : Haldenstrasse 95. ☎ 058-466-77-40. • roemerholz.ch • ♿ Sur les hauteurs de la ville. Museum-bus (direct) ou bus no 10 pour Haldengut, puis 10 mn de grimpette à pied. Tlj sf lun 10h-17h (20h mer). Entrée : 15 Fs, expos temporaires comprises ; réduc ; gratuit avec le* Museumspass. *Café sur place.* La vie culturelle et surtout les musées de la ville doivent leur existence au mécénat d'une richissime famille de négociants, les Reinhart. Leur fortune vient en particulier du commerce du café, du cacao et du coton. L'un de ses membres, Oskar Reinhart (1885-1965), a généreusement légué à sa mort sa somptueuse maison de campagne, plantée à la lisière de la forêt, et son impressionnante collection personnelle à la Confédération suisse. Ici, la peinture flamande occupe une place de choix : Rubens, Bruegel l'Ancien... Mais on s'attarde surtout sur la richesse des œuvres de la période impressionniste : Monet, Renoir, Cézanne, Sisley, Van Gogh. Également des Delacroix, Manet, Courbet, Daumier, Lautrec, Gauguin, Picasso... Tout simplement splendides ! On peut aussi découvrir de nombreuses sculptures dans le charmant parc qui entoure la demeure.

**Fotomuseum Winterthur** (musée de la Photo) **:** *Grüzenstrasse 44-45. ☎ 052-234-10-60. • fotomuseum.ch • Bus n° 2, arrêt « Fotozentrum ». Tlj sf lun 11h-18h (20h mer). Entrée : 10 Fs (plus cher en cas d'expo temporaire) ; réduc ; gratuit avec le* Museumspass *ainsi que mer 17h-20h. Agréable bistrot* Le George, *bibliothèque et boutique sur place.* Unique musée de la Photographie en Suisse alémanique, il doit lui aussi son existence à l'un des descendants de la dynastie Reinhart, Georges, producteur de cinéma. Installé dans les bâtiments d'une ancienne usine de tissage transformée en de beaux espaces aérés, dont la lumière est sous contrôle pour mieux mettre en valeur les œuvres. Le musée présente, lors d'expos temporaires, les photos des grands maîtres du genre depuis le XIXe s, mais aussi la photographie appliquée à différents domaines (photojournalisme...), ou encore des artistes contemporains.

**Technorama :** *Technoramastrasse 1. ☎ 052-244-08-44. • technorama.ch • ♿ Bus n° 5, arrêt « Technorama ». Tlj 10h-17h. Entrée : 28 Fs ; 6-15 ans 17 Fs.* Considérant l'essor industriel que connut jadis la ville, il semblait évident qu'un centre scientifique didactique y soit implanté. Sur trois niveaux, à grand renfort d'expériences et de démonstrations, ses animateurs (francophones) tentent de démystifier la science pour la mettre à portée de tous. Bref, un voyage ludique au pays des sons, de la lumière, de la mécanique, des maths, de l'électromagnétisme, de la nature, du chaos, etc. Sur place, également plusieurs laboratoires thématiques (physique, biologie et chimie) – accessibles aux enfants dès 8-10 ans – pour passer à la pratique et réaliser des expériences selon un protocole et sous la férule d'un animateur. Enfin, une zone en plein air permet de jouer avec toutes sortes de phénomènes physiques (en été seulement).

## À faire

**Balades :** les lieux de promenade ne manquent pas. Juste à côté de la vieille ville s'étend le jardin municipal *(Stadtgarten),* immense espace boisé avec de belles pelouses pour pique-niquer ou se reposer entre deux visites. Au milieu, la charmante *Barockhüsli,* petite maison avec des murs jaunes qui semble tout droit sortie d'un livre d'images.

**Promenade à vélo :** il est possible de pédaler sur les traces de la Winterthour industrielle. Un itinéraire part du Technorama (gare d'Oberwinterthour) pour aboutir aux anciennes filatures de Wülflingen. Une vingtaine d'étapes, toutes ponctuées de panneaux explicatifs. Plan du parcours à l'office de tourisme.

**Se baigner dans la Töss :** *bus n° 1, arrêt « Töss », puis 10 mn à pied.* Plage naturelle au bord de la rivière, à l'ombre de la forêt. Bondée les dimanches d'été malgré l'eau froide !

## Manifestation

– **Afro Pfingsten Festival :** *w-e de Pentecôte. • einewelt.ch •* Une fois par an, Winterthour devient africaine ! Les rues de la vieille ville résonnent du son des tam-tams, et sur les multiples petits marchés, on trouve toutes sortes de produits africains : balafons, bijoux, masques, vêtements... Le festival proprement dit se déroule dans d'anciens locaux industriels, faciles à repérer : il suffit de suivre les foules multicolores qui s'y pressent.

# DANS LES ENVIRONS DE WINTERTHOUR (WINTERTHUR)

**Museum Schloss Kyburg** *(château de Kybourg)* **:** *à* **Kyburg.** *☎ 052-232-46-64. • schlosskyburg.ch • À env 6 km au sud de Winterthour. Avr-oct, tlj sf lun 10h30-17h30. Entrée : 9 Fs ; enfant 4 Fs. Visite guidée en français (sur résa) payante.* L'un des châteaux les plus visités du pays. Propriété de l'une des plus puissantes familles de la noblesse helvétique, cette forteresse passe, à l'extinction de sa lignée au XIIIe s, aux mains des Habsbourgs, avant d'être rachetée par la Ville de Zurich au XVIIIe s. Les bâtiments, remontant pour la plupart aux XIe, XIIe et XIIIe s, sont disposés autour d'une vaste et superbe cour. On visite les différentes pièces du château, dont l'impressionnante chambre des tortures et la chapelle, aux belles fresques du XVe s. Musée (légendes en français et animations pour les enfants) relatant près de 800 ans d'histoire (1021-1798), au château et dans ses environs. Et, pour finir, allez vous promener dans le potager.

# LA SUISSE ORIENTALE

Il s'agit des cantons situés à proximité du Bodensee (lac de Constance), ceux de Saint-Gall, de Thurgovie et les deux Appenzell. Nous y avons ajouté les inclassables Schaffhouse (au nord) et Glaris (à l'est). C'est le pendant oriental du Bassin lémanique, ouvert sur l'Allemagne et l'Autriche voisines. Prospère et pionnière de la démocratisation au XIXe s, pendant l'âge d'or du textile, cette région a mal supporté la crise de sa branche maîtresse et se sent un peu comme une périphérie négligée.

## LE CANTON DE SCHAFFHOUSE (SCHAFFHAUSEN)



Au point le plus septentrional de la Confédération, le canton de Schaffhouse, presque enclavé dans le Land allemand de Bade-Wurtemberg, est une excroissance géographique. Cet extrême découpage géopolitique occasionne quelques curiosités, comme celle de l'enclave allemande de Büsingen. Paysage de collines boisées, de champs de blé, Schaffhouse est aussi un pays de vignes. On y produit du rouge, le *Blauburgunder,* mais aussi, en plus grande quantité, des vins blancs (riesling et sylvaner), qu'on apparentera tout naturellement aux crus alsaciens.

Le cœur de ce petit canton bat à Schaffhouse. On découvrira la cité à petits pas, yeux levés vers ses façades antiques, en sirotant au passage un verre sur l'une des terrasses de la Fronwagplatz.

C'est encore dans ce canton qu'on trouve deux fleurons du tourisme suisse : les chutes du Rhin (la plus importante cascade d'Europe) et le village de Stein am Rhein, à cheval sur le fleuve, avec ses façades richement décorées et ses maisons à pignons tarabiscotés.

La meilleure façon de visiter le canton est de suivre les petites routes et de gagner dès que possible un promontoire d'où l'on jouira d'une vue impressionnante sur ces lieux bucoliques. Sans oublier le Rhin, que des bateaux sillonnent entre Schaffhouse et l'Untersee, la partie sud-ouest du lac de Constance, en s'arrêtant à Stein am Rhein.

# SCHAFFHOUSE (8200) 36 000 hab.

**Pour les touristes allemands qui, chaque été, s'en vont prendre des couleurs en Italie ou en Espagne, Schaffhouse est la première escale : ils s'y croient déjà au bord de la Méditerranée ! Le centre-ville est un véritable musée en plein air avec ses maisons ornées de fresques et ses encorbellements.**

## S'orienter

La ville doit sa fortune – ainsi que son nom (en vieil allemand, *Scafhus* signifie « hangar à bateaux ») – aux chutes du Rhin voisines. Au Moyen Âge déjà, on y déchargeait les embarcations qui devaient contourner les rapides. En lieu et place du quai, on ne trouvera qu'une bruyante autoroute, bordée par d'imposantes constructions industrielles. De la même manière, le centre-ville (grosso modo un triangle) est fermé sur ses autres arêtes par deux rues à fort trafic. Heureusement, tout a été fait pour éloigner les voitures du centre : les places de stationnement sont chères, le temps réduit et les contractuels vigilants.

## Arriver – Quitter

➢ ***En voiture :*** autoroute de Zurich-Winterthour et d'Allemagne.

➢ ***En train :*** de Zurich.

## Adresses utiles

**Office de tourisme :** *Herrenacker 15. ☎ 052-632-40-20. • schaffhauserland.ch • En plein centre. Oct-avr, mar-ven 10h-12h30 et 13h30-17h, sam jusqu'à 14h ; mai-sept, lun 13h30-18h, mar-ven 10h-18h, sam jusqu'à 15h.* Abrite également une vinothèque : l'occasion de découvrir les vins de la région.

***Gares ferroviaire et de bus urbains :*** *☎ 0900-300-300 (1,19 Fs/mn).* Les guichets des compagnies suisse *(SBB/CFF)* et allemande *(DB)* y font chambre à part, chacun à un bout de l'édifice. C'est également là que convergent toutes les lignes de bus de la ville, avec leur billetterie *(Ticketeria).*

## Où dormir à Schaffhouse et dans les environs ?

### Camping

***Rheinwiese :*** *Hauptstrasse 96c, 8246* ***Langwiesen.*** *☎ 052-659-33-00. • camping.schaffhausen.ch • À 3 km du centre de Schaffhouse, en contrebas de la nationale 13, direction Kreuzlingen (à moins de 1 km de la halte SBB de Feuerthalen). Ouv de mi-avr à mi-sept. Env 25-35 Fs pour 2 avec tente et voiture.* Grande surface au bord du Rhin, avec une belle berge naturelle et 2 petites piscines. Bien équipé.

### Bon marché

***Auberge de jeunesse Belair :*** *Randenstrasse 65. ☎ 052-625-88-00. • youthhostel.ch/schaffhausen • Sur les hauteurs à l'est de la ville, à 1 km du centre. Bus nos 3, 4 et 6, arrêt au rond-point « Schützenhaus », puis 3 mn à pied. Fermé de fin oct à début mars.* Check-in *17h-20h. Nuitée 30,50 Fs/pers en dortoir, 35,50 Fs/pers en chambre double ; 7 Fs de plus pour les non-membres.* Un très vieux manoir à oriels, lové dans la verdure d'un parc

LA SUISSE ORIENTALE

où trottent quelques chevaux. Du charme et bien au calme, évidemment.

**Auberge de jeunesse Daschen :** *Schloss Laufen am Rheinfall. ☎ 052-659-61-52. • youthhostel.ch/daschen • À 2 km du centre de Schaffhouse, sur la rive zurichoise du Rhin. Au-dessus des chutes. En train, descendre à « Schloss Laufen ». Fin mars-fin oct. Check-in 17h-21h. Nuitée 30,50 Fs/pers en dortoir, 37 Fs/pers en chambre de 4 lits ; 7 Fs de plus pour les non-membres.* Une AJ de charme, aménagée dans un château du XVIe s qui domine les chutes du Rhin. Chambres assez grandes, avec lits-tatamis. Casiers pour les vélos à proximité. Cadre incomparable. Resto.

**Zak :** *Webergasse 47. ☎ 052-625-42-60. • zak-hotel.ch • En plein centre. 45 Fs/pers en dortoir. Double 110 Fs et studio 5 pers avec cuisine 150 Fs pour 2.* Chambres propres et nettes dans cet hôtel pour *backpackers* dans une petite rue tranquille du centre. Bar de quartier plutôt animé au rez-de-chaussée.

### De prix moyens à chic

**Gasthaus Löwen :** *Im Höfli 2 (Herblingen). ☎ 052-643-22-08. • loewen-sh.ch • À 5 km du centre en direction de Thayngen. Bus no 5, terminus « Herblingen » ; contourner l'hôtel Hirschen jusqu'à la Schlosstrasse. Double 130 Fs, petit déj compris.* Grosse bâtisse qui offre 7 chambres au-dessus du resto. Le cadre est charmant, les chambres sont classiquement confortables.

**Zunfthaus Züm Rüden :** *Oberstadt 20. ☎ 052-632-36-36. • rueden.ch • Doubles 150-290 Fs, petit déj compris.* Derrière la façade presque austère d'une grande demeure du XVIIIe s, une trentaine de jolies chambres à la décoration résolument contemporaine. Bon accueil.

## Où manger ?

### Prix moyens

**Schützenstube :** *Schützengraben 27. ☎ 052-625-42-49. Tlj sf w-e. Congés : 2 sem fin avr et mi-oct. Lun-ven à midi, menus 18,50-22,50 Fs ; plats 20-46 Fs.* Ce resto assez classique en apparence se transforme les soirs d'hiver en salle de cabaret-spectacle (jazz, variétés locales...). L'ambiance est également garantie l'été avec une petite terrasse d'où l'on observe les passants dans la Vorsdadt.

### Chic

**Sommerlust :** *Rheinhaldenstrasse 8. ☎ 052-630-00-60. En sortant de la ville en direction de Büsingen. Tlj sf lun. Menus à midi 28-46 Fs mar-ven, plats 34-55 Fs.* Quelle bonne idée d'avoir transformé cette belle demeure proche du Rhin en resto ! Le cadre vaut vraiment le coup pour s'offrir un repas dans le jardin fleuri de la propriété, les pieds dans le gazon. Possible d'y prendre simplement un verre. La demeure abrite également une galerie d'art contemporain.

## Où boire un verre ? Où sortir ?

**Kammgarn Beiz :** *Baumgartenstrasse 19. ☎ 052-625-24-03. Dans l'immeuble des Hallen für Neue Kunst. Tlj sf dim-lun. Congés : 20 juil-3 août.* Le *Kammgarn* (traduction approximative : « Filature ») est sans doute l'endroit le plus alternatif de Schaffhouse. La galerie, le *Forum Vebikus (mer-ven 10h-13h),* expose de jeunes photographes, peintres et sculpteurs. Concerts (rock, jazz, etc.) et spectacles fréquents. Inchauffables, les grandes halles du *Kammgarn* ne sont malheureusement ouvertes qu'à la belle saison.

**Club Domino :** *Repfergasse 19. ☎ 052-625-14-56. Ouv mar-dim jusqu'à 1h30 (4h le w-e).* Rendez-vous musical apprécié : le mercredi, des groupes locaux s'y produisent. Sinon, des DJs sont aux platines.

**Zur Kerze :** *Stadthausgasse 17. ☎ 052-625-97-87. Tlj sf dim à partir de 16h. À l'étage.* Très sympa, un rien bruyant, c'est le rendez-vous vespéral de la jeunesse schaffhousoise, qui trépigne mais s'en va sagement à 0h30 (23h30 en semaine). Aux murs, des cymbales, des guitares, des banjos dédicacés témoignent du passage régulier de musiciens qui se produisent parfois en fin de semaine.

## À voir

***Visite de la vieille ville :*** le centre-ville ne s'est guère agrandi depuis le XIVe s, lorsqu'un terrible incendie a détruit la presque totalité des constructions, sauf les édifices religieux bâtis en pierre. Cela explique l'aspect de ses rues avec ses riches façades, caractérisées par le gothique tardif, le baroque et le rococo. Tout part de la *Fronwagplatz,* une longue place bornée à ses extrémités par deux grosses fontaines aux goulots effilés et chuintants. De là, on a le choix entre deux rues aussi intéressantes l'une que l'autre : la *Vordergasse,* qui descend doucement vers le Rhin et vers l'Unterstadt, au pied de la forteresse du Munot qui abritait autrefois le marché aux poissons, et la *Vorstadt* (le faubourg), qui, elle, hébergeait le marché aux bestiaux. Elle prend la direction du nord et de la Schwabentor, ancienne porte de la cité fortifiée. Dans ces deux rues, nombreuses façades peintes, oriels ouvragés (on en recense 171), des pignons proéminents richement décorés et autres gargouilles grimaçantes. Voici un petit choix assez représentatif.

– Dans la ***Vorstadt,*** au no 17, la façade Renaissance de la maison *Zum Goldenen Ochsen* (« Au Bœuf d'Or ») offre certainement le plus riche encorbellement de la ville. Les allégories sculptées évoquent les cinq sens. Les fresques des étages supérieurs remontent au début du XVIIe s. Belle façade de 1586 au no 43. Dans le quartier, ne pas rater non plus les plafonds à stucs très rococo de la *Stadthaus* (Krummgasse 2).

– Dans la ***Vordergasse,*** somptueuses façades rococo (1738) aux nos 26 et 28 : la double maison *Zur Wasserquelle* et *Zur Zieglerburg.* Également un beau portail Renaissance (1653) devant la maison corporative *Schmiedstube* (no 61). Un peu plus loin (no 65), la maison *Zum Ritter* (« Au chevalier ») est certainement la plus connue de Schaffhouse. La façade a été transformée en 1570 et décorée de figures allégoriques et de scènes tirées de la mythologie ou de l'histoire romaine. Les fresques, très abîmées, ont été détachées et sont exposées au musée Allerheiligen. Mais les peintures ont été refaites librement en 1938-1939 et 1943. Plus loin encore, l'*hôtel de ville* (*Rathaus* ; début du XVe s), très photographié à cause de son horloge : toutes les heures, un bélier (figure héraldique de la ville) heurte la cloche. Tout en bas de la rue, intéressante décoration intérieure de la *Maison corporative des tanneurs* (qui abrite aujourd'hui le resto *Gerberstube,* Bachstrasse 8).

***La forteresse du Munot :*** *Munotverein. ☎ 052-643-56-08. Mars-sept, tlj 8h-20h ; oct-fév, 9h-17h. GRATUIT.* Cette forteresse domine la ville. On suppose que sa construction (achevée en 1589) a été réalisée par Albrecht Dürer, auteur d'un *Traité des fortifications.* À l'époque, en cas d'attaque, gens et bétail se réfugiaient dans l'immense cave, percée de puits de lumière. On y accède en empruntant le *Munotstieg,* un escalier qui part de l'Unterstadt, le faubourg est de la vieille ville, dans le prolongement de la Vordergasse. Commencer la visite par la *Zinne* (le donjon), au sommet de laquelle on accède par une rampe hélicoïdale pavée assez vertigineuse. Là-haut, à plus de 40 m du sol, on sera surpris par la taille de cette plate-forme d'où l'on jouit d'une vue imprenable sur la vieille cité. Depuis l'appartement que l'on devine derrière les petites fenêtres du sommet de la Zinne, une passerelle enjambe le fossé. En été, sur la terrasse, buvette où l'on peut également grignoter.

**Le musée Zu Allerheiligen :** *Klosterstrasse 16. ☎ 052-633-07-77. • allerheiligen.ch • Tlj sf lun 11h-17h. Entrée : 12 Fs ; réduc ; gratuit le 1er sam du mois.* Situé dans l'ancien cloître attenant à l'église de Tous-les-Saints, de 1103, aujourd'hui dédiée au culte réformé. Prendre d'abord le frais dans le jardin du cloître, semé de plantes médicinales et d'épices. On peut y voir la fameuse *cloche de Schiller* (1486), dont l'inscription aurait inspiré au poète son *Chant de la cloche.* Le musée se visite rapidement si l'on ne parle pas l'allemand : Paléolithique, occupation romaine, grandes invasions, cellules de moines reconstituées, ameublement, peintures et sculptures du XVe au XXe s, richissime collection sur le passé des arts graphiques, passé de la métallurgie...

## À faire dans les environs

**Bains dans le Rhin :** si la ville tourne un peu le dos à son fleuve, les Schaffhousois n'attendent qu'une chose : pouvoir s'y tremper en été. Le courant est assez fort et porte les (bons) nageurs, qui peuvent économiser leurs mouvements. Beaucoup préfèrent nager simplement au fil de l'eau.
- Ils partent du *Lindli* (direction Büsingen), une pelouse où l'on trouve des cabines gratuites et des buvettes.
- Autre point de baignade : le *Rhy-Badi,* au bout de Rheinuferstrasse, juste avant le pont *(ouv mai-sept 7h-20h ; entrée : env 3 Fs).* Une piscine naturelle mais centenaire où l'on plonge et se trempe, sans risque de dérive, dans les eaux du fleuve encore propre.

➢ **Remonter le Rhin :** chutes oblige, Schaffhouse est le terminus des bateaux des compagnies de navigation sur l'Untersee, le Rhin et le lac de Constance. *L'embarcadère (Schifflände) se trouve sur Freierplatz.* De là, des bateaux partent régulièrement en direction de Constance. Vraisemblablement l'un des plus beaux parcours fluviaux d'Europe, et donc le meilleur moyen de transport pour aller visiter Stein am Rhein, par exemple (compter 2h pour y aller). Le Rhin, puis l'Untersee coulent entre collines, prairies et forêts : un vrai repos pour les yeux.

**Rheinfall** *(les chutes du Rhin).* Deux accès possibles :
*- par la rive gauche (via Flurlingen), grand parking gratuit, mais accès payant au site : 5 Fs ; réduc ; gratuit moins de 6 ans. Le ticket donne accès à l'Historama installé dans le château de Laufen (espace muséographique autour des chutes et de l'histoire de la région : juin-août, 8h-19h, mi-saison 9h-18h et hiver 9h-17h, voire 16h), au sentier et à l'ascenseur panoramique pour le retour ;*
*- par la rive droite (via Neuhausen am Rheinfall). Parkings payants (compter 6 Fs/h) mais accès gratuit au sentier. • rheinfall.ch •*
Rive droite, le chemin (moitié sentier, moitié escalier) permet de découvrir le côté le moins rude (mais déjà impressionnant) de la cascade depuis des balcons accrochés au-dessus du fleuve, d'où l'on admire l'écoulement ininterrompu de tonnes et de tonnes d'eau, à moins de 2 m du tumulte des flots. On peut ensuite, après avoir emprunté l'élégant viaduc du chemin de fer qui enjambe le fleuve juste avant qu'il ne se transforme en rapides, grimper jusqu'à l'éperon rocheux de *Schloss Laufen.* Passé le château (et après avoir pris son ticket !), on peut redescendre sur la rive gauche vers les galeries creusées à même la roche et les balcons qui surplombent les chutes de 150 m de largeur, 24 m de hauteur et débitant de 250 à 600 m$^3$ par seconde selon la saison... De là, prendre l'un des bateaux conduisant au rocher qui divise les rapides en deux *(☎ 052-672-48-11 ; compter 8-17 Fs selon le circuit).* Un escalier (glissant !) mène en haut du pic, à l'épicentre des bouillons : spectacle grandiose. Le bateau peut ensuite vous déposer sur la rive droite (où se situent les embarcadères).
Pour l'anecdote, sachez que les chutes ont à plusieurs reprises failli être détruites car elles formaient un obstacle majeur à la navigation commerciale...

# STEIN AM RHEIN (8260) 3 350 hab.

**Stein am Rhein est l'un des passages obligés du tourisme en Suisse. La visite de ce tout petit bourg rhénan est un bonheur pour le regard avec une suite ininterrompue d'antiques maisons, hautes de trois étages ou plus, aux façades aussi chamarrées que des vitraux d'église. Cette profusion de couleurs s'applique à des immeubles à colombages, à des oriels, des pignons qui s'accrochent aux façades et les décorent comme les petits champignons de sucre sur les bûches de Noël. Stein am Rhein fait penser à un village de conte de fées, avec des maisons en pain d'épice. Comme si ça ne suffisait pas, la ville est blottie au bord de l'eau. Les bateaux blancs sifflent, les cafetiers clignent des yeux sur les terrasses, et les touristes, nombreux, défilent...**

## Arriver – Quitter

➢ ***En voiture :*** route secondaire (19 km de Schaffhouse). Plusieurs parkings sont aménagés (payants, y compris dim).

➢ ***En train :*** à 25 mn de Schaffhouse (départ ttes les heures).

***Gare ferroviaire :*** *de l'autre côté du Rhin, à Stein am Rhein vor der Brugg. ☎ 052-741-21-34.*

➢ ***En bateau :*** à la belle saison, c'est le moyen le plus sympathique de gagner Stein am Rhein, qu'on vienne de Schaffhouse ou du lac de Constance (compter 2h).

## Adresses utiles

***Office de tourisme :*** *Oberstadt 3. ☎ 052-632-40-32. • tourismus.steinamrhein.ch • Juil-août lun 13h30-17h, mar-ven 9h30-12h et 13h30-17h, sam 9h30-12h et 13h30-16h. Reste de l'année, mêmes horaires sf sam (fermé).*

## Où dormir ?

### Campings

***Wagenhausen :*** *Hauptstrasse 82, 8259* ***Wagenhausen.*** *☎ 052-741-42-71. • campingwagenhausen.ch • À env 2 km de Stein, direction Schaffhouse. Avr-oct. Env 35 Fs pour 2 avec tente et voiture.* Beaucoup de caravanes et de bungalows installés en permanence, mais il reste de la place pour camper, et le site est agréable, juste en bordure du Rhin (possibilité de se baigner).

***Grenzstein :*** *juste à côté de l'hôtel du même nom (voir « Prix moyens »). 079-646-96-02. • campinggrenzstein.ch • Env 35 Fs pour 2 avec tente et voiture.* Petit camping où on se sent déjà à la campagne (la forêt est d'ailleurs toute proche).

### Bon marché

***Auberge de jeunesse :*** *lieu-dit Niederfeld, Hemishoferstrasse 87. ☎ 052-741-12-55. • youthhostel.ch/stein • À 1 km de la porte de Stein (Untertor) ; suivre la nationale 13, direction Schaffhouse. En bus, à 2 mn à pied de l'arrêt « Strandbad » (plage) des lignes allemandes Singen-Stein am Rhein ou Radolfzell-Stein am Rhein. De mi-mars à fin oct. 33,50 Fs/pers en dortoir, 37-51,50 Fs/pers en double ; supplément de 7 Fs pour les non-membres. Dîner 17,50 Fs.* AJ moderne et pimpante, située un peu à l'extérieur dans la verdure et les fleurs. Les 7 chambres à 2 lits portent chacune le nom d'un pays.

## Prix moyens

**Grenzstein :** *Öhningerstrasse 73. ☎ 052-741-51-41. • grenzstein.ch • Avt-dernier bâtiment avt la frontière allemande. Tlj sf lun. Congés : janv-fév. Selon confort, doubles 100-140 Fs, petit déj compris.* Demander les chambres situées à l'arrière, dans de petits chalets. Certes, elles sont assez petites mais pleines de charme, à deux pas de la forêt, avec des couettes duveteuses à souhait. Et, ce qui ne gâche rien, le sourire des propriétaires fait plaisir à voir.

# Où manger ? Où boire un verre ?

## Prix moyens

**Rother Ochsen :** *Rathausplatz 9. ☎ 052-741-23-28. Tlj sf lun. Menu du jour env 20 Fs, plats env 20-40 Fs.* Vieux de près de 6 siècles, l'établissement charme par ses boiseries sombres, son poêle, ses fresques murales et sa grande terrasse face au *Rathaus.* Cuisine honnête de *Weinstube, sous la houlette d'une nouvelle équipe.* Accueil souriant.

**Gasthaus Ilge :** *Rathausplatz 14. ☎ 052-741-22-72. Dans le centre. Résa très conseillée. Menus du jour lun-ven 20-25 Fs. Plats 30-50 Fs.* Dans une belle demeure, resto chic qui propose une petite carte. Cuisine raffinée mais pas très copieuse.

# Où déguster une pâtisserie ?
# Où manger une glace ?

**Café Walz :** *Rathausplatz 13. ☎ 052-750-35-50.* Une *Bäckerei-Konditorei* bien fournie (pâtisseries allemandes, mais aussi de quoi manger sur le pouce).

## À voir

**Klostermuseum St. Georgen :** *à gauche avt le pont quand on arrive du centre. ☎ 052-741-21-42. Avr-oct, tlj sf lun 10h-17h. Entrée : 5 Fs.* Un ancien cloître bénédictin de Saint-Georges, attenant à l'église (une miniature de la cathédrale de Constance) et transformé en musée dans les années 1920. Très beaux carrelages et nombreuses fresques sur les murs et les plafonds de l'appartement des abbés, de la salle des fêtes (trompe-l'œil datant du XVI^e s) ou des baillis. De la cour, on accède au cellier où sont exposés un imposant pressoir et des barriques du XVIII^e s.

**Le musée Lindwurm :** *Unterstadt 18. ☎ 052-741-25-12. • museum-lindwurm.ch • Mars-oct, tlj 10h-17h. Entrée : 5 Fs.* Très belle façade blanc et gris style Empire, presque sobre au milieu d'une débauche de fresques, de tourelles et d'oriels. Le musée a pour vocation de reconstituer la vie bourgeoise du XIX^e s. On déambule entre les meubles d'époque dûment cirés, passant entre salon, chambres et boudoirs, buanderie, écuries, etc. Des mannequins, vêtus de costumes d'époque et mis en situation, racontent ce qu'était jadis la vie de cette petite ville.

## À faire

**Baignade dans le Rhin :** la plage *(Strandbad)* permet de plonger et de nager dans le Rhin. À 1 km de la porte du bourg *(Untertor),* direction Schaffhouse. À 10 mn du centre à pied ou par les bus n^os 520 et 528 pour les moins courageux.

***Promenade jusqu'au château de Hohenklingen :*** *à 30 mn à pied du centre, sur la colline qui surplombe Stein am Rhein. Bien indiqué. Fermé lun.* Après avoir traversé un sous-bois, on arrive à ce château datant du XIIIe s. Du haut de la tour, vue splendide sur les bords du Rhin et les collines alentour.

## DANS LES ENVIRONS DE STEIN AM RHEIN

***Le château d'Arenenberg-Napoleonmuseum :*** *à Salenstein. ☎ 058-345-74-10. • napoleonmuseum.tg.ch • À 18 km de Stein am Rhein en direction de Kreuzlingen. D'avr à mi-oct, tlj 10h-17h ; le reste de l'année, tlj sf lun 10h-17h. Entrée : 12 Fs.* Après l'échec des Cent-Jours, une partie de la famille Bonaparte trouva refuge sur les bords du lac de Constance. Inspirée du château de la Malmaison, la bâtisse accueille aujourd'hui un musée. On y visite les appartements avec le mobilier et les objets d'époque. Jolie chapelle de style néogothique face au lac. Cafétéria.

### UN SUISSE A RÉGNÉ SUR LA FRANCE

*Élevé par sa mère, Hortense de Beauharnais, en exil sur les rives du lac de Constance, Louis-Napoléon Bonaparte s'engage en 1830 dans l'artillerie de l'armée suisse et obtient la nationalité helvétique dans le canton de Thurgovie, en 1832. Vingt ans plus tard, après avoir été élu président de la République française au suffrage universel, il devient empereur des Français, sous le nom de Napoléon III.*

# LE CANTON DE SAINT-GALL (SANKT GALLEN)

**En Suisse centrale, et plus particulièrement aux alentours de Zurich, on entend fréquemment dire que « la Suisse s'arrête à Winterthour ». La réalité géographique dément cet adage : les frontières entre les cantons de Zurich et de Saint-Gall sont imperceptibles. Tous deux étirent indifféremment leurs campagnes verdoyantes, leurs rivières, leurs montagnes.**
**Pourtant, aux confins nord-est du pays, Saint-Gall est un peu à l'écart, notamment du « triangle d'or » financier et industriel (Winterthour, Zurich et Bâle). Riverains du lac de Constance, les Saint-Gallois partagent ainsi avec leurs cousins francophones des bords du Léman un même sentiment de satellisation par rapport aux pôles politiques et financiers du pays. Ils sont ouverts à des collaborations transfrontalières avec leurs voisins autrichiens et allemands.**
**Le canton de Saint-Gall a cette particularité d'entourer entièrement les deux demi-cantons d'Appenzell. Cela revient à dire que dans un espace assez restreint cohabitent des gens aux mentalités et aux coutumes assez différentes. Avec les Appenzellois, les Saint-Gallois ont longtemps tissé et brodé coude à coude. En 1912, la région réalisait alors les deux tiers de la production mondiale de tissus brodés ! Une époque aujourd'hui bel et bien révolue.**



## Visiter les cantons de Saint-Gall et Appenzell

On l'a dit : la configuration des 3 cantons de Saint-Gall et d'Appenzell (extérieur et intérieur) est si particulière que nous vous suggérons l'itinéraire qui nous a paru le plus logique (même s'il ne respecte pas le découpage cantonal) :
– visite de ***Saint-Gall*** ;

- visite d'***Appenzell,*** puis direction le ***Haut Toggenburg*** via Urnäsch ;
- enfin, quitter ce Haut Toggenburg par Wildhaus pour rejoindre la vallée du Rhin et la région de ***Sargans*** avant de gagner le canton de Glaris...

## Comment circuler ?

La région est parcourue par un réseau étonnamment dense de petits trains, télécabines et autres bus. Pour les titulaires d'un billet *Swiss Travel System,* réduc de 50 % sur les téléphériques. Sur la ligne Saint-Gall-Appenzell, les trains circulent ttes les 30 mn. Les passionnés de chemin de fer trouveront leur bonheur sur les 2 parcours à crémaillère de Saint-Gall-Gais et Gais-Altstätten Stadt.

# SAINT-GALL (SANKT GALLEN)

(9000) 75 500 hab.

**Septième ville de Suisse, Saint-Gall s'étire au pied de hautes collines, à quelques kilomètres du lac de Constance. La situation de la ville, un peu à l'étroit au fond de la vallée de la Steinach, ne s'explique pas par les raisons habituelles qui ont dicté la fondation des villes médiévales. Elle doit sa situation, ainsi que son nom, au moine irlandais Gallus, qui, en 612, fonda un ermitage dans cette haute vallée alors recouverte de forêts vierges et de terres incultes. À l'emplacement même de sa cellule, un monastère bénédictin fut édifié en 719, et c'est en ces lieux que se dressent aujourd'hui la cathédrale et le couvent de Saint-Gall. La vieille ville, qui forme un cercle, est aménagée en quartier piéton. Elle recèle surtout quantité d'oriels (111) dont les sculptures ou motifs peints illustrent des figures menaçantes ou s'inspirent du répertoire mythologique. Des riches corporations qui tenaient la ville de 1350 à la Révolution française, et qui ont fait fleurir ces oriels, il ne reste plus grand-chose, sinon l'un de ces fameux cafés saint-gallois établis à l'étage, le *Goldenes Schäfli.***

**Saint-Gall est une cité vivante. Par sa proximité et sa facilité d'accès, elle attire de nombreuses structures administratives zurichoises, surtout intéressées par l'idée d'entrer en synergie avec l'école réputée des Hautes Études économiques et sociales de Saint-Gall. Les nombreux étudiants suisses et étrangers contribuent à faire reculer l'« heure de police », et à réveiller ainsi la vie nocturne. Ne vous attendez tout de même pas à la diversité zurichoise ! Passé l'heure de fermeture des magasins - 18h30 en semaine, 21h le jeudi -, la ville paraît assez déserte...**

## Arriver – Quitter

➢ ***En voiture :*** nombreux parkings bien indiqués dans le centre mais évidemment très chers. Essayez sinon, un peu à l'écart, celui de *Kreuzbleiche* : à la sortie d'autoroute du même nom, serrez immédiatement à droite en direction de la *Sporthalle* (suivre le fléchage « P + R ») et procurez-vous un ticket de parking et une carte de transports journalière. L'arrêt des bus est à 200 m.

➢ ***En train :*** la gare de Saint-Gall *(Hauptbahnhof)* est un nœud ferroviaire entre les lignes provenant de l'autre bout de la Suisse (Genève via Zurich, Winterthour) et les lignes à destination de l'Allemagne.

**Gare ferroviaire :** *Bahnhofplatz. ☎ 071-157-22-22.* La place est aussi le nœud du réseau de trolleybus saint-gallois. Au sud de la même place, on trouve la gare des lignes à voies étroites en direction d'Appenzell et Gais.

## Adresse utile

**Office de tourisme :** *Bahnhofplatz 1a. ☎ 071-227-37-37 ou 47 (info hôtels). • stgallen-bodensee.ch • À 50 m de la gare. Tlj sf dim 9h-18h (12h sam).* Délivre l'*Erlebniskarte*, qui donne accès à plus de 190 attractions dans la région : musées, balades en bateau, téléphériques, monuments, parcs d'attractions, etc.

## Où dormir ?

### Bon marché

**Auberge de jeunesse :** *Jüchstrasse 25. ☎ 071-245-47-77. • youthhostel.ch/st.gallen • Accès : train* TB *(départ de la gare), station « Molkenstrasse » ; ou bus n° 7, arrêt « Singenberg ». Réception 7h30-10h, 17h-19h. Congés : de mi-nov à début mars. Compter 34 Fs/pers en chambre de 6 lits, 45-49 Fs/pers en double avec petit déj ; supplément de 7 Fs pour les non-membres. Repas 17,50 Fs.* Grande auberge moderne de 87 lits, située dans la verdure un peu à l'écart de la ville.

### De prix moyens à chic

**Vadian Hotel :** *Gallustrasse 36. ☎ 071-228-18-78. • hotel-vadian.com • Pas loin de l'abbaye. Doubles 160-200 Fs, petit déj inclus. Des apparts également.* Dans un vieil immeuble à deux pas de la pittoresque Gallusplatz, cet hôtel possède un certain charme. Les chambres sont lumineuses, bien arrangées, et certaines donnent sur les vieux toits du quartier. Et, ce qui ne gâte rien, la proprio est très sympa. Dommage que les prix grimpent si vite ! Également une dépendance sur Bankgasse.

**Hotel Dom :** *Webergasse 22. ☎ 071-227-71-71. • hoteldom.ch • Dans le centre piéton. Doubles 130-160 Fs avec douche et w-c sur le palier, 225-255 Fs pour les plus confortables (réduc le w-e, sf sur les « budget »), petit déj inclus.* Tranquille dans sa rue piétonne, un hôtel qui présente l'avantage d'offrir des chambres pour tous les budgets (ou presque). Les plus chères sont gentiment design. Les plus économiques ne sont pas désagréables pour autant. Accueil aussi pro que chaleureux.

**Weisses Kreuz :** *Engelgasse 9. ☎ 071-223-28-43. • weisseskreuz-sg.ch • À la frange de la vieille ville, à deux pas de la Marktplatz. Doubles 135-175 Fs avec douche-cabine et petit déj, 115 Fs si l'on se contente de la douche sur le palier.* Des chambres modestes mais claires et bien tenues. Accueil très avenant et petit déjeuner fort honorable. Bon rapport qualité-prix, donc, mais l'établissement peut être bruyant en fin de semaine (bar au rez-de-chaussée et c'est un des quartiers de nuit de la ville).

LA SUISSE ORIENTALE

## Où dormir dans les environs ?

**Auberge de jeunesse :** *Churerstrasse 4, 9400* ***Rorschach.*** *☎ 071-844-97-12. • herberge-rorschach.ch • À env 10 km de Saint-Gall. Avr-oct. 54-60 Fs/pers en dortoir et en ½ pens, 59-65 Fs/pers en chambre double, toujours en ½ pens.* Rorschach est une sympathique petite ville des rives du lac de Constance. Et cette auberge est justement posée pile face aux flots. Certes, côté route, l'AJ peut sembler un peu glauque du fait de la proximité d'une zone industrielle et de la gare, mais côté lac, c'est une bien belle surprise ! Et la piscine locale (gratuite pour les résidents) est juste à côté.

## Où manger ?

### Bon marché

Pour un repas sur le pouce, essayez la saucisse de veau locale, servie (sans moutarde) avec un *Bürli* (petit pain) dans des caravanes installées au centre *(compter 6 Fs).*

### De prix moyens à chic

🍽 ***National Zum Goldener Leuen :*** *Schmiedgasse 30. ☎ 071-222-02-62. Fermé sam soir et dim. Snacks 8-12 Fs, plats 20-40 Fs.* Un genre d'institution locale avec sa façade à colombages et son gros poêle en faïence bleue. Ambiance souvent (sinon toujours...) plus qu'animée : ça cause fort autour des grandes tables en bois ! Généreuse cuisine traditionnelle suisse. Saucisse-bretzel ou quiche-salade pour ceux qui ont une petite faim.

🍽 ***Fondue-Beizli Neueck :*** *Brühlgasse 26. ☎ 071-222-43-44. Tlj sf dim midi, plus dim soir mars-sept. Fondues 24-28 Fs, raclette à volonté 29,80 Fs/pers.* Bistrot à fondue à la déco en bois un peu datée mais typique. Pour ceux qui ne craignent pas l'odeur de fromage qui imprègne les vêtements, grande variété de fondues et autres raclettes. Viandes à la potence également.

🍽 ***Restaurant Drahtseilbahn :*** *St. Georgenstrasse 3. ☎ 071-222-42-17. Derrière l'abbaye, face au funiculaire et aux cascades. Tlj sf lun-mar. Résa conseillée. Menus du jour env 18-20 Fs, plats env 20-40 Fs le soir.* Chaleureuse petite adresse dont la déco oscille entre bistrot de quartier et salle à manger d'une maison de famille. Bonne cuisine dans la grande tradition et qui remplit bien les assiettes. Tranquille terrasse aux beaux jours.

🍽 ***Zum Goldenen Schäfli :*** *Metzgergasse 5. ☎ 071-223-37-37. Tlj sf dim avr-sept. Plats 18-43 Fs.* C'est le *1-Stock-Beizli* (bistrots du 1er étage) préféré des Saint-Gallois. Très fréquenté également par les touristes à cause d'une particularité : toute la salle (plancher, plafond, poutres comprises) semble basculer vers la rue, comme si l'on était dans la cale d'un navire. L'accueil est aussi chaleureux que le cadre. Spécialités de ris de veau, rognons, émincé de veau.

🍽 ***Weinstube zum Bäumli :*** *Schmiedgasse 18. ☎ 071-222-11-74. Tlj sf dim. Plats 15-44 Fs.* Nappes blanches et bougies. Cuisine bourgeoise classique à prix encore abordables. Moins chère, la saucisse de veau avec ses rösti *(kalbsbratwurst)* est LA spécialité saint-galloise par excellence. Goûter au *Nussbaumer,* un petit rouge thurgovien.

## Où boire un verre ? Où sortir ?

Quelques rues s'animent en fin de semaine, bordées de nombreux bars qui se partagent les noctambules locaux. Le « U » formé par la Augustinergasse, la toute petite Altsanktgallengasse et Engelgasse est le plus alternatif avec des bars comme le *Schwarzer Engel* ou le *Rock Story.* La Brühlgasse est, elle, plus « grand public » (un peu plus jeune aussi) avec des bars à thème comme la *Birreria* ou le *Caliente.*

🍸 ***Splügen :*** *St. Georgen Strasse 4 (pic-o-Pello Platz). Ouv lun-sam 17h-1h.* Un petit troquet très sympa pour démarrer la soirée. À l'extérieur, une paisible terrasse au pied de la colline de Dreilinden ; à l'intérieur, un bon vieux bistrot peuplé d'un fatras hétéroclite : projecteurs de cinéma, sculptures, instruments de musique, cartes postales loufoques, etc. Accueil décontracté et clientèle bigarrée. Fait aussi resto.

## À voir

**Le site abbatial de Saint-Gall :** inscrit au Patrimoine mondial de l'Unesco depuis 1983, avec l'ensemble des monuments du couvent, dont la **cathédrale** *(tlj 9h-18h)* et ses deux flèches qui sont le symbole de la ville. En pénétrant dans l'enceinte du couvent par le porche auquel on accède via la Spisergasse, on appréciera sa prestance et les gazons aux motifs géométriques qui l'entourent. Telle qu'on la voit, la basilique a été édifiée de 1755 à 1769. L'intérieur est lumineux, foisonnant et vaguement pâtissier : angelots, stucs, moulures, guirlandes roses ou vertes se découpent sur le blanc immaculé des hauts murs comme les décorations de sucre à l'assaut d'un gâteau de noces.
L'autre fleuron du site est, à quelques dizaines de mètres, la ***bibliothèque abbatiale*** *(Stiftsbibliothek)* **:** *Klosterhof 6d. ☎ 071-227-34-16. • stibi.ch • Ouv lun-sam 10h-17h. Fermé 2de quinzaine de nov. Entrée : 12 Fs ; réduc.* La bibliothèque a été reconstruite en même temps que le couvent, au XVIIIe s, en style baroque tardif. Elle est considérée comme la plus belle salle rococo profane de Suisse. Ses boiseries sont principalement composées de noyer et de cerisier. On vous fait enfiler des patins, indispensable laissez-passer pour pouvoir glisser sur le parquet sophistiqué de cette longue salle rectangulaire enceinte d'une galerie et éclairée par 34 fenêtres. La collection est unique : 130 000 volumes, dont 1 650 incunables (des ouvrages datant des balbutiements de l'imprimerie) et 2 000 manuscrits (dont 400 ont été écrits avant l'an mille) dûment calligraphiés et enluminés du VIIIe au XIIe s. Cette collection extraordinaire a résisté aux guerres et à la dissémination qui la guettait lors de la sécularisation de l'abbaye. S'il fait un peu frisquet dans la salle, c'est que les livres, bien rangés derrière leurs fins grillages, craignent la chaleur.

***Kunstmuseum*** *(musée des Beaux-Arts)* **:** *Museumstrasse 32. ☎ 071-242-06-71. • kunstmuseumsg.ch • Tlj sf lun 10h-17h (20h mer). Entrée : 12 Fs ; réduc.* On y trouve, aux aléas des prêts de tableaux, une collection intéressante de maîtres anciens (des XVe et XVIIIe s) et surtout deux collections consacrées au paysage. L'une propose un éventail relativement large des premières peintures impressionnistes. L'autre propose des œuvres de peintres naïfs d'Appenzell et du Toggenburg. D'autres collections sont consacrées à l'école suisse de la fin du XIXe et du début du XXe s. Expos temporaires souvent très intéressantes.

***Textilmuseum*** *(musée du Textile)* **:** *Vadianstrasse 2. ☎ 071-222-17-44. • textilmuseum.ch • Tlj sf j. fériés 10h-17h. Entrée : 12 Fs ; réduc.* Hommage à l'activité qui a fait le renom de la ville. Collection de dentelles, broderies, dessins de modèles, costumes et autres petits outils de cousettes. Ne pas manquer le napperon du XIXe s rehaussé de scènes de la vie de Napoléon et les tissus des tombes égyptiennes.

Au gré de vos visites dans le centre-ville, vous pourrez apercevoir quelques beaux spécimens d'***oriels.*** Ces avancées qui forment une espèce de balcon clos sont des tourelles gothiques sur les devantures des immeubles de la ville. Observez-les dans la *Spisergasse,* la *Kugelgasse* ou dans la *Schmiedgasse.* Ils sont en quelque sorte la mémoire de la ville, rappelant les dernières heures du style gothique terrassé par le triomphe de l'art renaissant aidé par le commerce.
Impossible également de ne pas remarquer l'étonnant *Stadtlounge* : plusieurs rues dont la chaussée (jusqu'à une voiture en stationnement !) a été entièrement recouverte de rouge et meublée de fauteuils et canapés géants tout aussi écarlates.

***Dreilinden :*** c'est une colline (738 m) qui domine la ville et offre un joli panorama sur les environs. Prendre la Moosbruggstrasse, où l'on trouvera un minuscule funiculaire. À l'arrivée, contourner le kiosque à journaux par la gauche. Un escalier se transforme en un petit chemin qui suit la crête de la colline. En été, les Saint-Gallois montent ici en masse pour se baigner dans trois bassins naturels (les *Weiher*), entourés de gazon et agrémentés de buvettes. Rejoindre la ville en empruntant l'escalier appelé *Gesstreppe.* Interminable, il débouche en plein centre, à deux pas de la Spisertor.

# LES DEMI-CANTONS D'APPENZELL



**Un canton, Appenzell ? Excusez : deux demi-cantons, qui n'ont rien de colossal, puisqu'ils se partagent un territoire grand comme un mouchoir de poche (415 km², c'est-à-dire 16 fois moins que le canton de Berne). Deux entités géopolitiques un tantinet jalouses de leurs spécificités, de leurs folklores respectifs. Avec leur taille lilliputienne, les Rhodes-Intérieures (172 km²) sont le plus petit canton de la Confédération.**

### UN DERNIER BASTION MACHISTE

*Appenzell est le dernier territoire d'Europe à avoir accordé le droit de vote aux femmes. C'était en... 1991 ! Tous se rendent désormais, le dernier dimanche d'avril, sur la grand-place du village d'Appenzell, pour s'acquitter de leur devoir de citoyen, levant le bras à l'appel du Landammann, grand manitou du canton.*

**Mais au fond, pourquoi deux demi-cantons ? La scission (1597) est due à la Réforme, bien sûr. Car en Appenzell, ce qui distingue l'« intérieur » de l'« extérieur », c'est surtout la décoration à l'intérieur des églises. Les temples des Rhodes-Extérieures ont le dépouillement du protestantisme, tandis que dans les Rhodes-Intérieures, restées catholiques, les effigies des saints et autres crucifix sont toujours là.**

**Aujourd'hui pourtant, les disparités entre les deux demi-cantons ont disparu. Cela dit, les habitants des Rhodes-Intérieures ne se distinguent pas par leur ouverture au monde. À chaque élection, c'est dans ces contrées qu'on recense la plus forte proportion de votes conservateurs. Les autres Suisses en parlent volontiers comme des *Neinsager,* ce qu'on pourrait traduire par « refuseurs ».**

**Celui qui découvre le pays profond d'Appenzell comprendra peut-être mieux cet état d'esprit : aux flancs de grasses prairies verdoyantes s'accrochent de petites fermes pimpantes. Au fond de sa vallée, le village d'Appenzell aligne ses chalets. La rivière bruisse, les commerçants sourient en vous saluant d'un « Grüss Gott ». Tant de plénitude, de beauté, pousse vraisemblablement l'autochtone à se prendre pour le citoyen d'un petit éden. Et qu'est-ce que les habitants d'un éden ont à faire du reste d'un monde plein de bruit et de fureur ? Rien, voilà tout...**



## APPENZELL (9050) 5 820 hab.

**Gros village, qui s'étale dans la douce vallée de la Sitter, majestueusement dominée par le Säntis aux neiges persistantes. Des rues constellées de maisons ripolinées de frais mais qui semblent venir d'une autre époque ; des paysans à pipes, barbes blanches et avec des boucles d'oreilles... Appenzell**

**est un pays de traditions vivaces. D'autant plus inébranlables qu'elles sont, en quelque sorte, devenues le gagne-pain d'un peuple qui, avec l'avènement du tourisme, en est à sa troisième reconversion ! Après s'être occupés durant des siècles de la terre et du bétail (Appenzell est la patrie d'un fameux fromage), les Appenzellois avaient échappé à la misère en s'adonnant, dès le XVIe s, au tissage puis à la broderie. Le tourisme a récemment permis de juguler l'émigration qui saignait véritablement le canton. D'autant qu'Appenzell est devenu un point de passage obligé pour qui visite la Suisse (entre vraie authenticité et cliché touristique...).**

## Arriver – Quitter

➢ ***En voiture :*** à 15 mn de Saint-Gall via Teufen, ou 20 mn via Herisau.

➢ ***En train ou bus :*** prendre à Saint-Gall le chemin de fer des Appenzeller-Bahnen *(AB)*. Une vraie attraction. Accès également en car postal.

## Adresse utile

🛈 ***Office de tourisme :*** *Hauptgasse 4. ☎ 071-788-96-41. • appenzell.ch • Dans la rue principale, juste avt le parvis de l'église. Tlj 9h (10h le w-e)-12h, 13h30-18h (14h-17h w-e).* Plusieurs brochures très bien faites en français (notamment sur les traditions locales). Si vous restez 3 nuits consécutives, demandez à votre hébergement la carte qui offre de nombreuses gratuités, notamment sur les transports.

## Où dormir ?

### Chambres d'hôtes

🏠 ***Chez E. Mock-Inauen :*** *Haus Lydia, Eggerstandenstrasse 53. ☎ 071-787-42-33. • hauslydia.ch • À 10 mn à pied du centre : passer le pont derrière l'église, puis monter la Gaiserstrasse ; c'est ensuite tt au bout de la 2e rue à droite. Congés : de nov à mi-déc. Doubles env 116-120 Fs en hte saison, petit déj compris.* La maison est en pleine nature, sur une hauteur, avec une jolie vue. Elle a l'air ancienne parce que traditionnelle, mais elle est récente, cette *Haus Lydia* où se louent 5 chambres claires, chacune avec douche et w-c et géraniums aux fenêtres. Des appartements à louer à la semaine également.

🏠 ***Chez Niklaus Koller-Rempfler :*** *Eggerstandenstrasse 9. ☎ 071-787-21-17. • gastehaus-koller@hotmail.com • Plus près du centre du village (même itinéraire que plus haut). Double env 120 Fs, petit déj compris.* 4 chambres (avec douche, w-c et TV) à louer dans une grande maison typique à façade boisée et décorée.

### Prix moyens

🏠 ***Gasthaus Hof :*** *Engelgasse 4. ☎ 071-787-40-30. • gasthaus-hof.ch • En plein centre (à un jet de pierre de la Landsgemeindeplatz). Double env 130 Fs. Possibilité de ½ pens.* 📶 Cet établissement, une ancienne auberge de jeunesse, est désormais un hôtel classique avec des chambres de 2 à 5 lits. Intérieur tout en bois, assez sobre.

### De chic à très chic

🏠 ***Hôtel Café Adler :*** *Weissbadstrasse 2. ☎ 071-787-13-89. • adlerhotel.ch • Face à la rivière et à côté de l'église. Doubles 160-220 Fs avec bains et w-c, petit déj-buffet inclus.* 💻 📶 Meublées dans un joyeux mélange entre rustique au goût du pays et déco contemporaine, les chambres ont de l'allure, du moins les plus chères. Un plus : l'accueil jovial (et francophone) des proprios. On prend le petit déj en bas, dans un salon de thé-confiserie réputé.

**Café-hôtel Appenzell :** *Am Landesgemeindeplatz. ☎ 071-788-15-15. • hotel-appenzell.ch • Doubles 210-230 Fs, petit déj inclus.* Dans un bâtiment on ne peut plus central, à la façade typique, un hôtel cossu offrant de confortables chambres elles aussi cossues (sinon un peu chargées...). Très bon petit déj. Bonne pâtisserie avec terrasse au rez-de-chaussée.

## Où manger ?

### De prix moyens à chic

**Gasthaus Linde :** *Hauptgasse 40. ☎ 071-787-13-76. À deux pas de la place centrale. Fermé dim soir. Plats env 18-38 Fs. CB refusées.* À l'étage, une typique petite auberge à l'ambiance chaleureuse et à la clientèle d'habitués qui s'interpellent de table en table. Gourmande cuisine appenzelloise (carte en français). Bières locales vieillies en fûts de chêne. Petite terrasse.

**Rössli :** *Weissbadstrasse 2. ☎ 071-787-12-56. À un angle de la Postplatz. Plat du jour 25 Fs, plats à la carte 10-45,50 Fs.* Du typique en veux-tu, en voilà... Accordéon et costumes traditionnels souvent de sortie, et charcuteries vendues au mètre. Menu selon l'humeur du chef, très apprécié des Appenzellois. Belle terrasse au soleil, à l'écart de l'agitation des rues principales. Un peu cher en soirée.

**Gasthaus Hof :** *voir « Où dormir ? ». Viandes 28-40 Fs, röstis 16-35 Fs.* Resto fort rustique où les jeunes du village viennent volontiers manger ou prendre un verre. La carte est à rallonge : si les viandes sont plutôt chères, on peut commander à meilleur compte des röstis de toutes sortes, des fondues ou des spa- ghettis. Plats pour les petites faims également.

## Où boire un verre ?

**Big-Ben :** *Bankgasse 6. ☎ 071-787-41-22. Près de la gare et de la poste. À partir de 17h en sem, 14h le w-e.* Un pub sympa où les noctambules appenzellois viennent boire une bière, manger une pizza, jouer au baby-foot ou aux fléchettes. L'été, on s'installe sur une grande terrasse à l'étage, face aux montagnes.

## Spécial pâtisseries

On peut en acheter de toutes tailles à la confiserie **Fässler** *(Hauptgasse 16),* qui fait aussi salon de thé. Autres bonnes adresses : le salon de thé de l'**Hôtel Adler** ou le **Café-hôtel Appenzell** (voir « Où dormir ? »).

## À voir

**Le musée d'Appenzell :** *Hauptgasse 4. ☎ 071-788-96-31. • museum.ai.ch • Avr-oct, tlj 10h-12h, 13h30-17h ; nov-mars, tlj sf lun 14h-17h. Entrée : 7 Fs.* Moderne, amusant et surtout vivant. Entre les étages supérieurs de l'hôtel de ville (1563) et les trois étages de la maison voisine, il propose cinq niveaux d'exposition, consacrés aux coutumes et à la culture des Rhodes-Intérieures : on navigue de la broderie (jusqu'en 1920, un des piliers de l'économie appenzelloise) au mobilier, en passant par l'art religieux et l'artisanat, la littérature, le tourisme (reconstitution d'une auberge du XIXe s), sans oublier, tout en haut, les instruments de torture ! Une collection vieille de plus de 1 siècle, qui cache d'étonnants souvenirs, comme ces *Rebretter,* planches oblongues et décorées, qu'une mystérieuse tradition oubliée voulait qu'on cloue sous les avant-toits des maisons des défunts, à qui elles étaient dédiées.

***L'échoppe de Roger Dörig :*** *Poststrasse 16.* ☎ *071-787-11-82. Mar-ven 13h30-18h ; sam 9h-12h, 13h30-16h.* Des cintres, des colliers de chien, des bracelets de cuir décorés de vaches découpées dans du laiton ; des travaux de dinanderie, des barrettes à cheveux ; des sonnailles de vache avec leurs courroies toutes chamarrées, on en trouve en veux-tu en voilà dans les bazars qui jalonnent la Hauptgasse. Oui mais... même estampillées « Handarbeit », elles sentent très fort le « touristique ». Aussi, rien ne vaut un détour par cette petite échoppe qui se transmet de père en fils. Dans l'odeur persistante du cuir, Roger travaille dans un ouvroir au rez-de-chaussée d'une maisonnette miraculeusement rescapée du ripolinage général.

## À faire

➢ ***Balades :*** Appenzell est le point de départ de nombreuses balades alpines. On peut ainsi découvrir à pied les environs de l'Ebenalp ou du Säntis, au sommet desquels on accède en téléphérique. Balades magnifiques, mais déconseillées à ceux qui souffrent de vertige. La vue qu'on a de ces cimes (respectivement 1 640 et 2 500 m) s'étend de la Souabe aux sommets valaisans. En redescendant l'Ebenalp, on peut passer par la *Wildkirchli,* une chapelle du XVII$^{e}$ s près de laquelle se trouvent les grottes du même nom. Au début du XX$^{e}$ s, on y a découvert des ossements humains de la période interglaciaire.

## Fête et manifestation

– ***Landsgemeinde :*** *dernier dim d'avr, sur la place centrale.* C'est, depuis le Moyen Âge, l'« assemblée nationale » du demi-canton d'Appenzell, en plein air et avec des votes à main levée. Et c'est un spectacle étonnant que de voir ce mélange de coutume et d'esprit civique, ce puzzle humain de visages graves, de barbes, de costumes folkloriques et de gestes sacralisés.
– ***Fête-Dieu :*** *quelques j. après la Pentecôte.* Processions assez chamarrées, à ne pas manquer si vous êtes sur place ou dans les environs.



# URNÄSCH

(9107) 2 270 hab.

**Urnäsch, avec sa place de village pittoresque (maisons des XVII$^{e}$ et XVIII$^{e}$ s), est connu loin à la ronde pour sa Saint-Sylvestre à l'ambiance archaïque. Mais d'autres fêtes animent la vie de ce petit village montagnard : chaque été, une cinquantaine de montées des troupeaux à l'alpage, s'accompagnant de joyeuses libations en costume, avec *Männerchor* et orchestres folkloriques typiques.**

## Arriver – Quitter

➢ ***En voiture :*** quitter Appenzell en direction de la Schwägalp. La route suit le fond d'une large et belle vallée verdoyante.

➢ ***En train :*** Urnäsch est relié par des voies étroites à Appenzell et à Herisau.

## Adresse utile

**Office de tourisme :** *Dorfplatz. ☎ 071-364-26-40. • appenzellerland.ch • Lun-sam 9h-11h30.*

## Où dormir ?

### Camping

***Jakobsbad Gonten :*** *Hauptgasse, 9108* ***Gonten.*** *☎ 071-794-11-31. • camping-jakobsbad.ch • Sur la route d'Appenzell, à 2 km du village de Gonten. Congés : nov. Env 25 Fs pour 2 avec tente.* Très joli site, bucolique à souhait, au pied des montagnes et dans la prairie. Beaucoup de caravanes y sont à demeure, ce qui lui donne un petit air de camp retranché.

### Prix moyens

***Taube :*** *Dorfplatz 2. ☎ 071-364-11-40. • taube-urnaesch.ch • En plein centre, face à l'église. Selon confort, doubles 136-190 Fs.* Un hôtel très simple et sympathique. Vraiment rien à redire des chambres sinon qu'il faut éviter celles, très étroites, situées sous les combles. Restaurant *(fermé mar-mer).*

## À voir

***Appenzeller Brauchtumsmuseum*** *(musée des Arts et Traditions populaires d'Appenzell)* ***:*** *Dorfplatz. ☎ 071-364-23-22. • museum-urnaesch.ch • Avr-1er nov, tlj sf dim mat 9h-11h30, 13h30-17h ; 2 nov-31 mars, lun-sam 9h-11h30 ainsi que w-e 13h30-17h. Entrée : 6 Fs. Visites guidées possibles.* Escaliers malaisés, portes basses et chambrettes minuscules, planchers qui grincent : peut-être encore plus vivant que celui d'Appenzell, ce musée invite à un voyage dans la culture appenzelloise. On découvre, mis en situation, le monde pastoral et paysan, les costumes d'apparat et, au 2e étage, le mobilier des habitats d'alpage, richement décoré. On voit comment ces gens peignaient, au XIXe s, des scènes naïves sur les objets ordinaires de leur labeur. Sous le toit, un espace réservé à la musique appenzelloise, très spécifique et mélodieuse, avec ses *Hackbrett* (tympanons).

## Fête

– ***Procession du Nouvel an :*** *attention, elle se déroule le 13 janv !* Ce jour-là, de jeunes gens masqués (mâles seulement) sillonnent le village et les environs par petits groupes. Ces *Sylvesterchläuse,* censés chasser les mauvais esprits, se partagent en plusieurs castes. Dans le registre laid et archaïque, on trouve des masques terrifiants et des costumes empruntés à Dame Nature (feuilles, écorces, racines, aiguilles de pin...). Dans le registre dit « beau », les uns, habillés en femmes, croulent sous des coiffes en carton très hautes, abondamment peintes ; les autres portent sur la tête d'énormes plateaux sur lesquels sont reproduits en miniature des éléments de la vie rurale : maison, char, bétail, paysans, etc.
Tous les participants agitent des cloches ou des grelots et poussent de longs cris stridents, un vrai boucan du diable. Les habitants auxquels ils font l'aubade leur donnent du vin chaud ou de l'argent pour la soirée au bistrot.

## DANS LES ENVIRONS D'URNÄSCH

➢ Au-delà d'Urnäsch, la route continue en direction de la ***Schwägalp,*** avant de redescendre en lacet vers la vallée du Toggenburg. C'est à la Schwägalp (petite station de ski) que se trouve le départ du téléphérique pour le sommet du ***Säntis***

(2 502 m). Du sommet, par beau temps, vue exceptionnelle sur au moins six pays (Suisse, Allemagne, Autriche, Liechtenstein, France et Italie) ! *Ttes les 30 mn (☎ 071-365-65-66).*

# LE HAUT TOGGENBURG



**Aux confins des cantons de Saint-Gall, d'Appenzell et de Zurich, la vallée du Toggenburg, longue de 50 km, s'est industrialisée dès le XVIIIe s. Gentiment d'abord : brodeuses et dentellières travaillaient chez elles, derrière leurs carreaux à rideaux ouvragés. Sont apparus ensuite les métiers à tisser et les fabriques. Aujourd'hui, gros villages et petites villes du Bas Toggenburg sont entièrement dévolus à l'industrie...**
**Grimpez donc plutôt vers le Haut Toggenburg. Prairies, cascades et jolis villages accrochés aux pentes ou ramassés sur les hautes rives de la Thur : cette petite région a, elle, conservé une certaine virginité dont randonneurs comme cyclistes profitent abondamment. Le tourisme, familial, s'y est donc doucement développé dans de petites stations s'étirant malheureusement le long de la route principale. Toutefois, ce Haut Toggenburg est bien plus intéressant qu'il n'y paraît pour peu que l'on gagne les contreforts du Säntis ou des sept Churfirsten, sur lesquels s'étalent de magnifiques alpages.**

### MUSICIENS CLANDESTINS

*Le Toggenburg se distingue par le goût de ses habitants pour la musique. Dès le XVIe s, cette passion les a incités à devenir de très bons fabricants d'instruments. Zwingli, le pasteur protestant, proscrivit la musique à l'église, car elle « nuisait à l'attention que les fidèles devaient porter au prêche ». Qu'à cela ne tienne, plus de 800 orgues domestiques ont été fabriqués, ce qui a permis à de nombreuses personnes de faire ou d'écouter de la musique chez elles.*

## Adresse utile

🅸 ***Office de tourisme :*** *Lisighaus, 9158* ***Wildhaus.*** *☎ 071-999-27-27. • wildhaus.ch • Lun-ven 8h-12h, 13h30-17h30 ; sam et j. fériés 8h-16h.* Organise de nombreuses balades guidées (mycologiques, géologiques et botaniques, rencontres avec des éleveurs, gardes forestiers). Très intéressantes, même si vous ne comprenez pas l'allemand.

## Où dormir dans le Haut Toggenburg ?

### Bon marché

🏠 🍽 ***Hôtel Schönenboden :*** *Schönenboden, 9658* ***Wildhaus.*** *☎ 071-999-21-33. • hotel-schoenenboden.ch • Resto fermé lun et mar. Congés : 2de quinzaine d'avr. Doubles 100 Fs avec lavabo, 136 Fs avec douche et w-c, petit déj compris. ½ pens possible. Plats 14-32 Fs.* Ouvert depuis 1890, un petit hôtel sur les hauteurs, où l'on se sent vraiment choyé. Vue magnifique de chacune des chambres et surtout de la terrasse, sur laquelle on peut prendre un petit

LA SUISSE ORIENTALE

déj mémorable. Bonne cuisine de tradition au resto. Et tout près, un petit lac – sorte de mare entourée de roseaux – dans lequel on peut faire trempette.

### Prix moyens

🏠 🍴 ***Kulturhotel Seegüetli :*** *Am Schwendisee, 9657* ***Unterwasser.*** *☎ 071-999-11-10. • seeguetli.ch • Resto fermé jeu, plus mer nov-mai. Doubles 124-144 Fs (w-c et douche à l'étage) ; en dortoir 6 lits, 50 Fs/pers ; petit déj compris. ½ pens possible. Plats 15-20 Fs.* Le bâtiment (genre colonie de vacances années 1960) ne paie pas de mine, chambres et dortoirs sont basiques et la cuisine se contente de nourrir son monde... Mais l'orientation alternative de la maison fait la différence. Le groupe d'amis qui a repris cette pension se propose de vous faire découvrir intelligemment la région notamment au travers de séjours à thème... musicaux ! Et au pied de la maison, le Schwendisee, petit lac de montagne, avec son bateau à rames amarré au ponton dans les roseaux, n'attend que vous pour une balade romantique.

## Où manger dans le Haut Toggenburg ?

### De bon marché à prix moyens

🍴 ***Restaurant Gade :*** *Hintere Schwendistrasse 41, 9657* ***Unterwasser.*** *☎ 071-999-12-35. Tlj sf mar et mer (ainsi que lun en juin). Plats 18-40 Fs.* Ambiance rustique et folklorique dans cette ancienne grange, un peu sur les hauteurs. À la carte, toutes les variantes de röstis, de *spätzli* et de plats de montagne.

🍴 ***Hôtel Alpstein :*** *Hof 1744, 9658* ***Wildhaus.*** *☎ 071-999-22-12. Tlj sf lun-mar. • alp-stein.ch • Plats 22-28 Fs.* Ni l'hôtel ni la véranda de la salle à manger ne sont vraiment engageants. L'intérêt réside plutôt dans la simplicité de l'accueil, la cuisine (plutôt *made in Italy*) généreuse mais bon marché, et une terrasse toujours agréable quand il fait beau.

## À voir

***La maison natale de Zwingli :*** *dans le hameau de Lisighaus, à* ***Wildhaus.*** *☎ 071-999-16-25. De Pâques à mi-oct, tlj sf lun 14h-16h. GRATUIT.* C'est l'une des rares maisons médiévales (1450) construites en bois à subsister : elle permet d'établir un lien avec un personnage clé de la Réforme, qui a fortement influencé l'évolution de l'ensemble des régions de Suisse orientale. Avec passion, le guide résume (en suisse allemand...) la vie singulière de Zwingli, né en 1484, une année après Luther.

## À faire

➢ ***Randonnées à vélo :*** sur les chemins longeant la Thur et les prairies. Il est possible de redescendre la vallée jusqu'à Wattwil (à 30 km) ou même jusqu'à Wil (à 60 km). Le chemin de fer Bodensee-Toggenburg accepte de convoyer les vélos, tout comme les cars postaux (mais il faut prévenir : infos à l'office de tourisme). *Loc de vélos aux magasins* ***Steiner Sport*** *(à* ***Lisighaus*** *; ☎ 071-999-11-72) et* ***Sport Treff*** *(à* ***Unterwasser*** *; ☎ 071-999-12-05).*

➢ ***Les gorges et les chutes de la Thur :*** depuis Unterwasser, un sentier balisé longeant la Thur conduit en 15 mn à une faille étroite où se faufile le torrent. On peut accéder en toute sécurité, au moyen d'une passerelle, à une magnifique marmite creusée par l'eau au fil des millénaires. Un peu plus loin, un escalier taillé dans le roc mène au haut de la cascade. Des lieux qui, évidemment, ont inspiré les peintres romantiques.

➢ ***Churfirsten - Chäserrugg :*** *rens au ☎ 071-999-12-07.* Depuis Unterwasser, un funiculaire puis une télécabine vous hissent au sommet du Chäserrugg (2 262 m), l'un des sept sommets des Churfirsten. Point de vue impressionnant sur le Säntis, au nord, et le Walensee et Glaris, au sud. Le prix du funiculaire n'est pas donné *(compter 58 Fs l'A/R ; • chaeserrugg.ch •),* mais il est possible de ne payer que l'aller puisque toute une série d'itinéraires permettent de redescendre vers la vallée en moins de 2h.

# DE WILDHAUS À BAD RAGAZ ET SARGANS

**On quitte le Toggenburg pour rejoindre la région de Sargans et Bad Ragaz, dernières villes saint-galloises de la vallée du Rhin.**

## Arriver – Quitter

➢ ***En voiture :*** Wildhaus, Gams, Werdenberg, Buchs, puis Sargans.

➢ ***En bus puis en train :*** Wildhaus-Buchs en bus, puis prendre le train jusqu'à Sargans ou Bad Ragaz.

## À voir en chemin

🚶🚶 ***Le village médiéval de Werdenberg :*** un village-musée parmi les plus pittoresques de Suisse. Trente-cinq maisons toutes différentes se serrent entre un bel étang et le château. On y rencontre toutes les techniques de construction : maisons en bois, sur socles de maçonnerie, à arcades, à bardeaux, à pans de bois, maçonnées et peintes de motifs variés. À voir en particulier, la maison des serpents, qui tient son nom des curieuses peintures qui ornent sa façade.
– ***Le château*** se visite aussi (il faut monter...) **:** *☎ 081-740-05-40. Avr-oct, mar-ven 11h30-18h (20h jeu), w-e 10h-18h. Entrée : 12 Fs.* On peut y voir de très belles pièces meublées des XVII^e et XVIII^e s avec des plafonds à caissons, une salle d'armes, une pharmacie, un cabinet de consultation et de magnifiques poêles à catelles peintes. Brochure en français à l'accueil.

# SARGANSERLAND-HEIDILAND

**Depuis l'Antiquité et la domination romaine sur la Suisse, les voies de communication convergent dans le pays de Sargans : les anciennes routes des cols des Grisons mènent au sud, la région du lac de Constance au nord, et les routes de Zurich et de Bâle à l'ouest. Sacré carrefour !**
**Beaucoup de touristes foncent sur l'autoroute en traversant cet ancien couloir de communication. Et pourtant, il mérite une petite étape. À Sargans, Vallenstadt et Bad Ragaz,**

### HEIDIMANIA

*Johanna Spyri a fait un tabac en écrivant, en 1881, un roman s'inspirant de la vie et du paysage autour de Maienfeld. Elle est d'ailleurs toujours un des auteurs les plus lus au monde ! Son roman, fortement inspiré par Jean-Jacques Rousseau et teinté d'une austère éthique protestante, a été traduit en 37 langues et vendu à plus de 20 millions d'exemplaires. Mise en image à plusieurs reprises au cinéma, cette « Heidimania » s'est propagée jusqu'au Japon, où l'orpheline grisonne compte des admirateurs acharnés !*

**encore sur Saint-Gall, vous êtes aux portes des Grisons, qui étalent leurs premiers vignobles entre Fläsch, Maienfeld, Jenins et Malans. Une région riche d'éléments essentiels : l'eau thermale de Bad Ragaz, découverte au Moyen Âge et les vins du vignoble grison.**
**Côté vin, précisons que vous trouverez des vignobles tant sur le côté saint-gallois (rive gauche du Rhin vers le nord) que du côté des Grisons (rive droite, côté sud). Le plant introduit aux environs du XVᵉ s, appelé *Blauburgunder,* est largement majoritaire. On y trouve aussi les riesling et sylvaner, les plus connus, ainsi que quelques autres spécialités telles que le chardonnay, le gewürztraminer, le cabernet-sauvignon, ou même le merlot mais en toutes petites quantités. Santé, conservation !**

## Arriver – Quitter

➢ ***En voiture :*** de Coire, Zurich ou Saint-Gall par l'autoroute, sorties Sargans, Bad Ragaz ou Landquart.

➢ ***En train :*** de Coire, Zurich ou Saint-Gall, avec arrêt à Bad Ragaz.

# BAD RAGAZ (7310) 5 750 hab.

**Bienvenue dans l'une des stations thermales les plus réputées de Suisse ! Il y flotte quelque philtre magique qu'un certain Paracelse étudia en 1535, précisant pour la première fois les principes de la balnéothérapie. La source d'eau chaude fut découverte en 1242, au fond des gorges de la Tamina.**
**Dès lors, les moines de Pfäfers rivalisèrent d'ingéniosité et de courage pour faire profiter les curistes des bienfaits de cette eau, dont la source se cachait au fond de cette gorge quasi inaccessible. Au Moyen Âge, on descendait les curistes dans une nacelle suspendue, les yeux bandés. Plus tard, lorsqu'on réussit à amener l'eau une centaine de mètres plus bas, on construisit toute une série de bâtiments auxquels on accédait par des voies moins périlleuses. En 1840, Adolf Neff parvint à canaliser l'eau de source jusqu'à Bad, et le hameau d'alors fut transformé en une station de renommée internationale.**
**La ville a conservé l'atmosphère un rien désuète de ces stations thermales où les curistes passent, entre deux séances de bain, du thé dansant à la partie de bridge.**

## Adresses utiles

ℹ ***Office de tourisme :*** *Am Platz 1. ☎ 081-300-40-20. • spavillage.ch • Lun-ven 8h30-18h, sam 9h-16h.*

***Gares ferroviaire et routière :*** *à 1 bon km du centre.* On y trouve notamment les cars postaux.

## Où dormir ?

### Camping

***Camping Giessenpark :*** *Seestrasse 21. ☎ 081-661-23-45. • giessenpark.com • À env 1 km du centre. Suivre les indications à partir de l'office de tourisme. Tte l'année. Env 40 Fs pour 2 avec tente.* Pas loin du centre mais en pleine nature, avec forêt et petit lac : bucolique à souhait ! Location de mobile-homes. Resto sur place, superbe piscine juste à côté.

## De prix moyens à très chic

**Hôtel Ursalina :** *chez Annina et Bardot Fried-Wilhelm, Fläscherstrasse 15. ☎ 081-302-25-88. • ursalinaragaz.ch • Doubles 140-160 Fs, petit déj inclus. Les plus chères, beaucoup plus spacieuses, se situent côté jardin.* Au calme, face à un parc, ce grand chalet ressemble plus à un *B & B* qu'à un hôtel. Très reposant. Bardot, costaud sexagénaire, vous accueille dans la langue de Molière.

**Hôtel Bambi :** *près de la Kronenplatz. ☎ 081-302-23-33. • hotelbambi.ch • En plein centre. Congés : nov. Doubles 130-150 Fs selon confort, petit déj compris.* Petit hôtel-resto croquignolet proposant des chambres agréables et fonctionnelles, toutes équipées de TV, douche et w-c. De beaux balcons fleuris égaient celles qui donnent sur la rue. Et c'est encore plus sympa au dernier étage.

**Rössli :** *Freihofweg 3. ☎ 081-302-32-32. • roessliragaz.ch • Congés : 2-3 sem en juil et 3 sem autour de Noël. Doubles 180-270 Fs selon saison et confort.* Hôtel récent aux chambres très confortables d'un sobre design contemporain et vraiment spacieuses pour les plus chères. Bon resto par ailleurs (voir « Où manger ? »).

# Où manger ?

## De bon marché à prix moyens

**Pizzeria Felsenkeller (Da Franco) :** *Felsenkellerstrasse 4. ☎ 081-302-11-23. Tlj sf lun, dès 16h30.* Grande pizzeria un peu excentrée, avec une vue imprenable sur les montagnes. Excellentes pizzas au feu de bois. Service un peu nonchalant, mais on pardonne puisqu'on y mange bien.

**Ochsen :** *Bartholomeplatz. ☎ 081-330-79-20. Tlj sf sam et dim. Congés : déc. Plats 19,50-45 Fs. CB refusées.* La déco moderne manque vraiment d'originalité, mais vous n'aurez pas l'impression de casser votre tirelire pour 3 nappes blanches et 2 reproductions de Ferdinand Hodler, c'est déjà ça. Plats tout simples mais généreusement servis.

## Chic

**Rössli :** *Freihofweg 3. ☎ 081-302-32-32. Tlj sf dim-lun. Fermé 2-3 sem en juil et 3 sem autour de Noël. Plat du jour le midi en sem env 24 Fs, sinon plats 29-50 Fs.* Cadre design de gastro d'aujourd'hui pour une cuisine, elle aussi, dans l'air du temps. Si vous avez cassé votre tirelire, carte des vins riche de plus de 500 références.

**Wirtshaus Zum Löwen :** *Löwenstrasse 5. ☎ 081-302-13-06. Tlj sf dim-lun. Fermé 3 sem en avr et en oct. Menus 20-65 Fs, plats 30-60 Fs.* Cuisine du marché réputée loin à la ronde, un peu tous azimuts, avec spécialités de poisson et quelques assiettes d'inspiration française, voire asiatique. Intérieur en revanche très couleur locale et plutôt cosy. Très belle terrasse sous les arbres, bercée par le tumulte d'un petit cours d'eau.

# Où dormir ? Où manger dans les environs ?

Pour les adresses dans le vignoble, notamment à Maienfeld, plus pittoresque que Bad Ragaz, voir le chapitre « Les Grisons ».

**Hôtel Tamina :** *7315 Vättis. ☎ 081-306-11-73. • tamina-hotel.ch • À 15 km de Bad Ragaz, au fond de la vallée de la Tamina. Accessible en bus depuis la gare de Bad Ragaz. Mars-avr, resto fermé mar midi et mer. Congés : de fév à mi-mars. Doubles 124-150 Fs selon confort.* Au cœur d'un tout petit et paisible village de montagne, d'agréables chambres très montagne elles aussi, avec du bois à profusion. Tout aussi agréable salon avec cheminée. Bon resto dans un registre très traditionnel (du genre rösti et cordon-bleu). Accueil gentil et ambiance familiale.

## Où prendre le petit déj ? Où manger une pâtisserie ?

**Café Huber :** *Am Platz. ☎ 081-302-43-20. Tlj sf lun.* Pour le café du matin (dès 7h30), dans la grande et magnifique salle, au plafond de bois travaillé (avec lustre à pendeloques) et aux fauteuils et banquettes rembourrés.

**Café-restaurant Bambi :** *Bernhard-Simon Strasse. ☎ 081-302-23-33. Tlj sf mer.* Un bon point de chute pour le matin : bonnes pâtisseries aux fruits rouges, confiseries et agréable terrasse.

## À voir. À faire

***Le bain thermal de la Tamina :*** *derrière le grand hôtel* Quellenhof. *☎ 081-303-27-40. • taminatherme.ch • Tlj 8h-22h (23h ven). À partir de 28-35 Fs/pers pour 2h.* Dans un complexe très chic qui regroupe hôtels, casino et parcours de golf. Choix entre les anciens ou les nouveaux bains, avec piscine extérieure. On se baigne dans une eau à 34 °C ayant séjourné plus de 10 ans dans les entrailles de la terre. Ses qualités chimiques sont énumérées sur un tableau à l'entrée : lisez-le plutôt avant le bain, afin de vérifier si l'eau guérit aussi la migraine !

***Les gorges de la Tamina et les anciens bains de Pfäfers :*** *☎ 081-302-71-61. Accessible à pied (15 mn) ou en bus postal. En empruntant le chemin qui longe la Tamina jusqu'aux anciens bains. Bains ouv de fin avr à mi-oct, tlj 10h-18h. Entrée : 5 Fs. Gorges ouv de fin avr à mi-oct : tlj 10h-17h15 juin-sept, jusqu'à 16h15 avr et oct. Accès : 5 Fs.*

Au premier établissement thermal, fondé en 1382, succéda un bain de style baroque qu'on peut encore visiter aujourd'hui. C'est un exemple unique d'architecture balnéaire du XVIIIe s en Suisse. Il n'a fermé qu'en 1969 et a été restauré dans les années 1990. À l'intérieur, un musée présente de façon captivante la chronique des bains ; on apprend également les détails de l'usage des étuves, la répartition sociale (bains des nobles et bains des pauvres) et les interdits (au XVIIIe s, il était défendu de chanter des psaumes allemands, de boire du vin acheté à l'extérieur ou de paraître inconvenant, sous peine de se voir exclu pendant 101 ans).

Pour atteindre les sources, traversez le pont qui enjambe la Tamina. Vous entrez alors dans cette faille d'une impressionnante étroitesse par un chemin long de 200 m, taillé dans la roche : on a l'impression de faire de la spéléologie mais en toute sécurité !

***Le château de Sargans et son musée :*** *à 7 km de Bad Ragaz, direction Zurich. ☎ 081-723-65-69. • museumsargans.ch • Avr-oct, tlj 10h-12h, 13h30-17h30. Entrée : 8 Fs.* Le château domine stratégiquement la ville. Cette lourde responsabilité lui a valu quelques destructions et reconstructions. Il abrite aujourd'hui un petit musée régional plutôt bien présenté, avec en prime un fascicule en français. Merci ! Le musée occupe le donjon dont chacun des six étages correspond à une collection thématique : économie, artisanat, mines de Gonzen, vie dans les alpages, à la ferme et à la maison, géologie, faune de la contrée, histoire, politique et industrialisation de la région.

***Randonnées au pied du Pizol*** (2 844 m) **:** *montée en télécabine jusqu'à Pardiel (1 663 m) et même jusqu'à Laufböden (2 226 m). Gare de départ sur la route de Sargans, au pied de la montagne. ☎ 081-300-48-30. Ouv de mi-juin (ou début juil) à mi-oct 8h-11h45, 13h-17h. Tarif : 34-44 Fs selon parcours choisi.* Très belles balades dans la réserve naturelle du Pardiel, avec beaux points de vue et observation relativement aisée des chamois réintroduits dans la région en 1911. L'office de tourisme propose une carte des itinéraires balisés (la *Panoramakarte*). Depuis Wangs, à 7 km au nord de Bad Ragaz, une autre télécabine monte jusqu'à Laufböden, rapprochant du pied du Pizol.

# LE CANTON DE GLARIS (GLARNERLAND)



**Voisin immédiat des cantons d'Uri et de Schwyz, Glaris se voit souvent assimilé à la Suisse centrale conservatrice et catholique. Bien au contraire, son parcours religieux et industriel est en lien étroit avec celui de Saint-Gall et Appenzell. Ce tout petit canton (40 km de longueur sur 25 km de largeur) se résume à deux vallées glaciaires profondes et encaissées, formant à leur intersection une plaine alluviale au fond de laquelle se sont concentrées population et industrie. Au nord, les eaux bleues du Walensee. Au sud, les sommets enneigés du Tödi (3 600 m). À l'est, les pics du Tschingel. Et à l'ouest, le massif du Glärnisch (2 901 m) avec, à ses pieds, le lac de Klöntal. L'ensemble étonne par le contraste entre ces fonds de vallées vertes et avenantes (altitude de 400 à 900 m) et les masses rocheuses qui les encadrent à plus de 2 000 m.**

## UN PEU D'HISTOIRE

Allié des confédérés depuis 1352, Glaris a mis du temps à vraiment compter pour ces premiers... Il a fallu que les 600 soldats du pays flanquent une raclée (et une de plus !) aux cavaliers autrichiens, pourtant très supérieurs en nombre, à Näfels (1388), mais surtout que la menace des guerres de Bourgogne devienne suffisante pour qu'enfin le canton soit définitivement accepté au sein de la Confédération.

### GUERRE DE RELIGIONS

*La Réforme viendra, à Glaris aussi, semer la zizanie : il faut dire que le réformateur Zwingli fut pasteur de Glaris 10 ans durant... Les affrontements furent suffisamment violents pour que, entre 1683 et 1837, chaque religion ait sa propre administration, et même son propre calendrier ; d'ailleurs, lorsque les protestants préparaient Noël, les catholiques du village voisin sonnaient déjà la nouvelle année !*

C'est ensuite avec la Réforme que les Glaronais ont développé avec bonheur le filage et le tissage, puis surtout l'impression de tissus en coton. Nous sommes alors en 1870, et jamais, même aujourd'hui, le canton ne comptera autant d'habitants. Et pourtant, une bonne partie d'entre eux émigre alors aux États-Unis... Aujourd'hui, les Glaronais forment un peuple au caractère impressionnant. Comme leurs ancêtres qui, en 1864, ont introduit le premier contrôle des fabriques, en même temps que la semaine de 72h, une véritable révolution en Suisse ! D'ailleurs, c'est toujours lors d'une *Landsgemeinde* (une assemblée politique) que se prennent les décisions. Aujourd'hui, Glaris est le dernier canton avec Appenzell Rhodes-Intérieures à conserver sa *Landsgemeinde*.

## LES SPÉCIALITÉS DE LA RÉGION

– ***Le Pastete :*** sorte de tarte ronde en pâte feuilletée, roulée et travaillée, fourrée moitié d'une compote de pruneaux, moitié d'un mélange d'amandes moulues, de jaunes d'œufs et de sucre.

– ***Le Schabziger :*** fromage de forme ovale aux herbes, très relevé, à la base de nombreuses sauces accompagnant les pâtes, la viande et même les desserts.
– ***Le Glarner Schüblig :*** grosse saucisse de couleur grise.
– ***La Kalberwurst :*** saucisse de veau qu'on sert avec un plat de pruneaux.
– ***Le Birnbrot :*** pain de poires finement hachées, auxquelles on ajoute de la cannelle, de la poudre de girofle et des noix !

## FÊTES ET MANIFESTATIONS

– ***Alpaufzug :*** la montée à l'alpage, *vers mi-juin.* Ce jour-là, les troupeaux, reines en tête, dans un concert de cloches de toutes tailles, parcourent la dizaine de kilomètres séparant l'étable de plaine de leurs alpages. La circulation est immobilisée ; à leur passage, les habitants tendent des verres de vin aux armaillis sur leur trente et un.
– ***Alpabfahrt :*** *vers mi-septembre.* La « désalpe » (le retour de la transhumance).

## Arriver – Quitter

La région de Glaris est accessible par plusieurs passages. L'itinéraire le plus fréquenté est celui de la plaine de la Linth par l'autoroute ou la ligne de train Zurich-Coire. Mais en été, il est possible d'y accéder par 2 itinéraires que nous vous recommandons tout particulièrement : depuis Uri par le col pittoresque du Klausen, ou depuis Schwyz par le col méconnu du Pragelpass.

### De Zurich ou Coire

➢ ***En voiture :*** autoroute Zurich-Coire. Bifurcation pour Glaris à la hauteur de Niederurnen, puis continuer via Näfels.
➢ ***En train :*** avec changement à Ziegelbrücke, départ de la ligne desservant Glaris, Linthal.

### D'Uri

➢ ***En voiture :*** depuis Altdorf, via le Klausenpass débouchant sur Linthal (fermé courant oct-mai).
➢ ***En bus :*** gare d'Altdorf, par le col du Klausen, puis train à partir de Linthal.

### De Schwyz

➢ ***En voiture :*** depuis Stalden dans la Muotathal, par le Pragelpass, qui débouche sur le Klöntal, près de Glaris. Attention, le col est fermé à la circulation ts les w-e d'été et courant oct-mai ! Pas de liaison en bus.

# GLARIS (GLARUS)

(8750) 12 400 hab.

**Glaris est une petite ville qui reflète la bonne santé économique du canton. Rien de très spectaculaire sur le plan architectural, car, en 1861, la vieille ville fut détruite par un incendie. Les architectes chargés de la reconstruction, très influencés par le style néoclassique, lui ont donné une physionomie un peu rigide qu'elle a conservée. Pour être francs, l'arrière-pays *(Hinterland)* suggère des expériences beaucoup plus enthousiasmantes que sa capitale.**

## Adresse utile

ℹ ***Office de tourisme régional Glarnerland :*** *restoroute (Rastätte), autoroute Coire-Zurich, à hauteur de Niederurnen. ☎ 055-610-21-25. • glarnerland.ch • Lun-sam 8h-12h, 13h30-17h ; dim 8h-13h.*

## Où dormir ? Où manger ?

### De bon marché à chic

**Steinbock :** *Abläschstrasse 15. ☎ 055-640-23-07. Au bout de la ville, au nord-est, dans une rue parallèle à Hauptstrasse. Tlj sf mer. Compter env 16-25 Fs le plat.* Bonne cuisine italienne, avec des pizzas bien sûr, mais aussi un joli éventail de la cuisine méditerranéenne.

**Zur Blume :** *Hauptstrasse 57. ☎ 055-640-21-91. Tlj sf dim. Ferme à 18h30 (17h sam).* Le *Cafe-Konditorei* de Glaris le plus réputé. *Pastete* ou autres spécialités sucrées à déguster tranquillement devant un café, à côté du magasin, au *tea-room* ou dans la cour. Propose également un menu du jour.

**Glarnerhof :** *Bahnhofstrasse 2. ☎ 055-645-75-75. • glarnerhof.ch • Dans le centre. Doubles 190-210 Fs, copieux petit déj compris. Menus du jour 26,50-28,50 Fs, plus cher le soir à la carte.* Le meilleur et le plus grand hôtel de la ville. Les chambres sont confortables, avec douche et w-c. Le resto de l'hôtel, *Le Gourmet,* cuisine en fonction des saisons et propose une très bonne carte. L'été, on peut manger sur une belle terrasse.

## À voir

**Zaunplatz-Landsgemeinde :** on a de la peine à imaginer que cette *Parking-Platz* accueille le 1er dimanche de mai l'une des dernières et très dignes « assemblées des hommes libres ». Avis aux amateurs quand même : on y parle uniquement le dialecte local, que même un Allemand a vraiment de la peine à comprendre...

**Le musée des Beaux-Arts :** *Volksgarten. ☎ 055-640-25-35. • kunsthausglarus.ch • Tlj sf lun 14h-18h (11h-17h w-e). Entrée : 8 Fs ; réduc.* Œuvres d'artistes suisses des XIXe et XXe s (Auberjonois, Hodler...) et de Kirchner, ainsi qu'une amusante collection d'autographes de musiciens célèbres. Intéressantes expos temporaires.

## DANS LES ENVIRONS DE GLARIS (GLARUS)

**Le palais Freuler :** *à* **Näfels.** *☎ 055-612-13-78. • freulerpalast.ch • À 8 km au nord de Glaris. Avr-nov, mar-ven 10h-12h, 14h-17h et w-e (ou j. fériés) 10h-17h. Entrée : 8 Fs ; réduc.* L'imposant bâtiment a été construit en 1645 par un colonel au service de l'armée française, dans l'espoir (demeuré vain) d'y recevoir un jour le roi de France. Dans la salle d'apparat, faite de lambris marquetés et dotée d'un plafond à caissons, de très beaux poêles en faïence. Mais c'est surtout le *musée d'Impression des indiennes* (tissus) qu'il faut visiter, si l'on veut comprendre de quoi ont vécu l'immense majorité des Glaronais au XIXe s. Un petit film d'une quinzaine de minutes résume parfaitement l'ensemble.

**Piste de bobsleigh d'été et/ou trottinette :** *à* **Filzbach.** *☎ 055-614-11-68. Dans le Kerenzerberg, à 10 km au nord-est de Näfels, via Mollis. Accessible en bus depuis Näfels. Mai-oct, 8h30-17h, avec prolongations fréquentes jusqu'à 20h.* Un télésiège monte à *Habergschwänd* (1 280 m d'altitude), vue magnifique sur le Walensee et les sept pics des Churfirsten. Attention au départ : on s'installe sur une luge équipée de roulettes et de bons freins, et on se lance sur la piste, ruban métallique incurvé de 1,3 km, soit une vingtaine de courbes et près de 4 mn de descente jusqu'à la station intermédiaire du télésiège. Encore une ? Ben, vous remontez ! Y en a marre ? Troquez la luge contre une trottinette et rejoignez à toute pompe (5 ou 3,7 km) la station de départ. Ce n'est pas donné mais ça vaut le coup.

**L'Industrieweg** *(chemin des Industries)* **à vélo :** quatre parcours (46 km au total) dans un paysage magnifique. Tout au long de cet itinéraire, on croise 26 manufactures et installations du début de l'ère industrielle, brièvement présentées au moyen de panneaux didactiques (en allemand). Sinon, informez-vous auprès de l'office de tourisme cantonal afin de vous associer à des visites organisées (impressions de tissus, filature et tissage), parfois en français, ou achetez un itinéraire avec explications. Cette excursion est à combiner avec une des activités proposées à Linthal en laissant votre voiture à Glaris. Infos sur • *glarner-industrieweg.ch* •

# KLÖNTAL (8750) 644 hab.

**Une vallée qui disperse fermes traditionnelles et chalets sur ses pentes. On y grimpe (par une petite route) surtout pour son lac.**

## Arriver – Quitter

➢ ***En voiture :*** de Glaris (à env 15 km), prendre la direction de Näfels, bifurquer à Riedern.

➢ ***En bus :*** départ de la gare de Glaris. En été, 9 A/R par j.

## Où dormir ? Où manger ?

### Campings

**Güntlenau** *(1er camping en arrivant, à proximité du hameau et de l'hôtel Rhodannenberg. ☎ 055-640-44-08)* et **Vorauen** *(à l'autre extrémité du lac, à côté du hameau du même nom. ☎ 055-640-48-59). L'un et l'autre sont gérés par un club de Glaris et ouv avr-sept. Env 35 Fs pour 2 avec tente.* Beaucoup de caravanes à demeure ; toutefois, il reste bien assez de places pour les tentes, directement au bord du lac. Quelques foyers pour manger au coin du feu. Machines à laver et à sécher le linge à disposition.

### De bon marché à prix moyens

**Hôtel Vorauen :** *Klöntal-Vorauen, au bord du lac. ☎ 055-640-13-83. • vorauen.ch • En chambre collective, 52-60 Fs/pers ; double 120 Fs. Plats 17,50-42,50 Fs.* Au bout du lac, dans une maison un peu banale, un petit hôtel-resto disposant de seulement 2 chambres doubles et de 22 lits en chambres de 4 à 6 lits. La douche et les w-c sont évidemment à l'extérieur et le tout est assez familial. Le resto dispose d'une terrasse donnant sur le lac. Côté cuisine, c'est généreux. Début septembre, on se régale de gibier accompagné des *spätzli* maison.

### Chic

**Gasthaus Richisau :** *dans le dernier hameau avt le col du Pragel. ☎ 055-640-10-85. • gasthaus-richisau.ch • Au bout de la ligne du car postal, à 3 km du lac. Ouv avr-oct (avr-mai, slt le w-e). Doubles 170-190 Fs selon confort ; en dortoir, 60-65 Fs/pers. Plats 17-42 Fs.* Une construction résolument moderne remplace un vieil hôtel du XIXe s, alors très fréquenté par les artistes. L'atmosphère s'est maintenue : l'auberge accueille encore des artistes. Chambres d'une élégante sobriété et dortoirs pour 4 dans le même esprit. Sous les magnifiques érables au moins bicentenaires, une très belle terrasse, quelques sculptures et, à la tombée du jour, une installation sonore que les chasseurs de la vallée risquent de faire taire un jour !

**Hôtel Rhodannenberg :** *le 1er hôtel-resto en arrivant au bord du lac. ☎ 055-650-16-00. • rhodannenberg.ch • Tte l'année. Selon saison et confort, doubles 130-160 Fs avec douche, w-c et balcon (vue sur le lac). Plats env 20-35 Fs.* Gros chalet récent posé juste au-dessus du lac. Chambres plutôt mignonnes. On redoutait la proximité de la route, mais la nuit, la circulation est quasi nulle.

## À voir

***Le lac de Klöntal :*** un lac de montagne (à 848 m d'altitude) d'une rare beauté, qui rappelle les fjords du Nord. Ses eaux tranquilles, à peine troublées par quelques cascades, ont la couleur des parois rocheuses qui le surplombent. Pour le découvrir dans toute sa splendeur, longez à pied la rive opposée à la route (45 mn) et montez jusqu'à la *Schwammhöhi* (40 mn de marche). Le week-end, le lieu est très fréquenté par les Glaronais et les Zurichois qui y ont installé leur caravane. Nombreuses autres balades possibles, y compris depuis le Pragelpass.

# LINTHAL (8783) 1 090 hab.

**Dernier village de la Grossthal, vallée principale au fond de laquelle coule la Linth. Le village ne présente pas de curiosités particulières, si ce n'est d'être le point de départ de quelques excursions ou visites intéressantes.**

## Arriver – Quitter

➢ ***En voiture :*** de Glaris à Schwanden et poursuivre jusqu'à Linthal. Distance : 20 km.

➢ ***En train :*** de Glaris.

## Où dormir ? Où manger dans les environs ?

### Bon marché

**Berggasthaus Obbort :** *à* ***Obbort,*** *hameau près de Linthal, direction fond de la vallée à gauche. ☎ 055-643-30-56. • obbort.ch • Mai-oct. Compter 70 Fs/pers en chambre 3 lits (avec draps), petit déj inclus. Doubles avec lavabo et douche 160-180 Fs.* Une expérience à ne pas manquer. Cette petite auberge, isolée et accrochée au flanc de la montagne, vous guérira très vite des éventuels symptômes de claustrophobie contractés en ville. On atteint cette maison de bois en voiture ou à pied (45 mn à 1h15) depuis la gare de Linthal. Plafond bas, gros poêle en faïence, rideaux crochetés... tout y est. Spécialités glaronnaises au resto.

## DANS LES ENVIRONS DE LINTHAL

***Balade jusqu'aux gorges de la Linth :*** un sentier conduit aux gorges de la Linth en passant par le hameau d'*Obbort,* où nous vous conseillons de passer une nuit (voir ci-avant). D'Obbort, le sentier redescend dans la vallée et conduit près de gorges impressionnantes dans lesquelles il est possible de progresser sur une cinquantaine de mètres. La couleur laiteuse de l'eau est étonnante.

*Le col du Klausen et Urnenboden :* ce col sauvage, à peine retouché depuis sa construction en 1899, est l'un des plus authentiques qui soient. Certains virages ont gardé leurs pavés d'origine. Vous pouvez le franchir de mai à octobre, soit en voiture, soit en car postal au départ de la gare de Linthal. Urnenboden mérite, lui aussi, un petit arrêt, ne serait-ce que pour acheter au bord de la route un *Alpkäseli,* petit fromage d'alpage. Enfin, nous vous recommandons de passer une nuit à l'hôtel du col pour assister au rare spectacle de l'aube et du crépuscule (voir plus haut « Le canton d'Uri. Bürglen. Où dormir dans les environs ? »).

# BRAUNWALD (8784) 310 hab.

**Une station de poche, accessible seulement par funiculaire. Endroit vraiment reposant : ni voitures ni magasins de luxe, l'anti-Gstaad quoi ! L'air est on ne peut plus pur, chalets et bâtiments sont espacés et les habitants très décontractés. Et en prime, une chaîne majestueuse de montagnes au sud, culminant à 2 700-2 900 m, et un peu plus loin, l'impressionnant Tödi, sommet des Alpes glaronnaises (3 614 m).**

## Arriver – Quitter

➢ ***En funiculaire :*** à Linthal, à 500 m de la gare ferroviaire (parking payant). Départs ttes les 30 mn. Compter 14,40 Fs l'A/R ; réduc. Plus cher en hiver. Ça grimpe sec, jusqu'à 1 256 m, et en 5 mn à peine, on est à destination.

## Adresse utile

***Office de tourisme :*** *à l'arrivée du funiculaire. ☎ 055-653-65-65. • braunwald.ch •*

## Où dormir ? Où manger ?

***Adrenalin Backpackers Hostel :*** *200 m au-dessus de la gare du funiculaire. 079-347-29-05. • adrenalin.gl • Compter 29-41 Fs/pers, draps et petit déj (8 Fs) non compris. Réduc à partir de 4 nuits (mais surcharge pour 1 seule nuit).* AJ récente, proposant environ 80 lits, du dortoir jusqu'à la chambre simple. Bar-resto et cuisine commune. Bonne ambiance, très conviviale.

***Hotel Alexander's Tödiblick :*** *presque tt en haut de la station. ☎ 055-653-63-63. • hotel-toediblick.ch • Tte l'année. Selon confort et saison, doubles 163-280 Fs ; également des suites. Plats env 25-47 Fs.* Hôtel d'une vingtaine de chambres, très bien situé, dans un décor somptueux. Chambres confortables et spacieuses dans l'ensemble, donnant sur la vallée (les moins chères sont dans une dépendance). Restaurant qui ne dépare pas et propose une très bonne cuisine. Excellent accueil de toute la famille Stuber (monsieur parle le français) et du cheval, Harto, qui vous emmène sur les hauteurs en charrette-taxi !



# À faire

➢ En été, des kilomètres de ***randos*** s'offrent à vous, avec notamment le *Panormawanderung* qui décrit une grande boucle. En hiver, ***ski*** de piste et ski de fond.

Possibilité de se restaurer dans plusieurs restaurants d'altitude. Funiculaires au départ de Braunwald jusqu'à Grumen (1 901 m) et Grotzenbuel (1 559 m).

# ELM

(8767) 680 hab.

**Blotti au creux de sa vallée, ce gros village, dans son splendide isolement, vaut le détour sinon une étape.**

## Arriver – Quitter

➢ ***En voiture :*** de Glaris, prendre la direction Schwanden et bifurquer sur Sernftal. Elm est au bout de cette vallée. Distance : 20 km.

➢ ***En train et bus :*** départ de la gare de Glaris jusqu'à Schwanden. À Schwanden, prendre le bus jusqu'à Elm.

➢ ***À pied, aventure avec 2 variantes :*** dans les 2 cas, laissez votre voiture à la gare de Schwanden. Si vous dormez à Elm, arrangez-vous avec l'hôtel afin que vos effets y arrivent par le biais du car postal (on peut leur faire une totale confiance). Ces 2 excursions nécessitent des chaussures de marche, des vêtements contre la pluie et éventuellement un sac de montagne. Dans les 2 cas, il est possible de se restaurer en route. Voir plus loin « Dans les environs d'Elm ».

## Adresse utile

***Office de tourisme :*** *situé au fond du village, au départ de la télécabine. ☎ 055-642-52-52. • elm.ch • Lun-ven 9h-11h, 14h-17h ; sam (sf d'avr à mi-juin et de nov à mi-déc) 9h-11h.*

## Où dormir ? Où manger ?

### Prix moyens

***Hôtel Elmer :*** *dans le vieux village. ☎ 055-642-12-20. • hotelelmer.ch • Resto fermé dim soir et lun. Selon saison et taille, doubles 140-175 Fs, petit déj compris. Tarif dégressif à partir de 3 nuits. Plats 20-30 Fs.* De l'extérieur, charmante maison (l'hôtel est ouvert depuis 1858). À l'intérieur, on est surpris par l'aménagement plutôt standard. Balcon pour les chambres les plus chères, avec vue sur l'arche de Martinsloch. L'accueil est très agréable.

## Où dormir ? Où manger dans les environs ?

### Bon marché

***Berglialp :*** *8766* ***Matt,*** *mais entre Glaris et Matt. ☎ 055-642-14-92. 079-693-90-37. • molkenbad.ch • Nuitée 25 Fs/pers, petit déj compris. Compter autant pour le voyage en télécabine.* Une occasion inoubliable de vivre en live un épisode de *Heidi.* Un coup de téléphone à Heinrich Marti suffit. Tout y est : chalet isolé, grands espaces, sapins, vaches, produits laitiers maison, lits sur le foin et, tenez-vous bien, un bain de petit-lait dans une baignoire extérieure avec vue sur les Alpes (supplément). C'est vraiment génial ! Une fois au chalet, on vous propose une petite carte de spécialités glaronnaises avantageuses, étant donné que tout est à discrétion, par exemple, des *Älplermakaronen* jusqu'à plus faim.

# À voir

**Le village :** l'ensemble du vieux *Dörfli* est charmant. Trois maisons intéressantes : la *maison Souvorov* (1748, se visite en hiver), la *Grosshaus* (du XVIe s) et la *Zentnerhaus* (1799).

**Elm mystique** *(« Martinsloch »)* **:** deux fois par an, au printemps (les 12 et 13 mars) et en automne (les 1er et 2 octobre), le cirque montagneux est le théâtre d'un phénomène naturel unique en Suisse. Avant que le soleil n'éclaire toute la vallée, seul un faisceau parvient, à travers un trou dans le rocher, à éclairer le clocher de l'église.

# DANS LES ENVIRONS D'ELM

***Excursion de Schwanden à Elm via Mettmenalp :*** *de la gare de Schwanden (☎ 055-644-11-14), prendre le bus qui part ttes les heures pour Kies, départ de la télécabine pour Mettmenalp. ☎ 055-644-20-10.* À Mettmenalp, vous pouvez vous restaurer à l'auberge avant de vous diriger vers Elm par un sentier qui traverse cette splendide réserve naturelle. Vous pouvez économiser vos genoux en prenant la télécabine descendant à Elm au départ d'Empächli. Environ 4h de marche.

***Sur les traces de Souvorov, de Schwanden à Matt-Elm :*** *départ de la gare de Schwanden (☎ 055-644-11-14).* Prendre le *Suvorovweg,* très bien balisé. L'itinéraire emprunte l'ancien chemin muletier qui gagnait Elm pour ensuite passer sur les Grisons et qu'ont emprunté les troupes du général russe Souvorov pendant la campagne d'Italie en 1799. Très belle balade de 4 à 5h, que vous pouvez interrompre en prenant le bus à Engi ou Matt, ou agrémenter de pauses « techniques » dans les auberges qui jalonnent le trajet.

***Le haut lieu tectonique de Sardona :*** en 2008, l'Unesco a inscrit à sa liste du Patrimoine mondial une zone couvrant 329 km², sur le territoire de 19 communes appartenant à trois cantons (Saint-Gall, Glaris et Les Grisons). Nous l'avons placée dans ce chapitre parce que, au centre de cette région, trône le *Piz Sardona* (3 056 m, un des fleurons des Alpes glaronnaises), au sud-est d'Elm, qui donne son nom au site.
Rappelons que la tectonique citée ici n'est pas une danse mais une notion fondamentale de géologie. Dans le cas présent, il s'agit exactement d'un bel exemple d'orogenèse par « collision continentale », qui permet de comprendre la formation des montagnes et les chevauchements (en gros, des roches profondes plus anciennes ont subi une poussée vers le haut et sont passées par-dessus des roches plus récentes). C'est même, nous dit-on, « le plus grand glissement de terrain de la fin de la période postglaciaire dans les Alpes centrales ».
Bien entendu, les amateurs de géologie savent lire les paysages de ce genre, mais pour les autres, une dizaine de guides spécialisés proposent leurs services (leurs coordonnées figurent sur la brochure *Geopark* disponible dans les offices de tourisme du coin). Et même sans saisir toutes les subtilités, il reste tout simplement de magnifiques paysages à admirer sans retenue. Il suffit de dire que le site englobe le Piz Sardona (environs d'Elm), le Calfeisental (environs de Bad Ragaz), le Pizol (idem), des curiosités du côté de Linthal, la station de Braunwald et bien d'autres merveilles encore, comme le Walensee... Infos sur • *geopark.ch* • (malheureusement, l'essentiel du site n'est pas traduit en anglais) et • *unesco-sardona.ch* •

# LES GRISONS

**Une Suisse à l'intérieur de la Suisse ; avec ses 150 vallées, ses 600 lacs, ses sept langues et dialectes, ses palmiers et ses bouquetins, le canton des Grisons offre une diversité inégalée en Suisse. La nature, déjà vedette dans ce pays, est ici encore plus pure, encore plus belle... Les chiffres l'expliquent en partie : le plus grand canton de Suisse (7 105 km², un sixième de tout le territoire) n'héberge que 193 000 habitants, soit 2,4 % de la population. C'est dire s'il y a encore de la place pour vous...**

**Pays de cols, où les sommets sont moins vertigineux qu'en Valais, les Grisons possèdent un vaste réseau ferroviaire, routier et pédestre. Les Chemins de fer rhétiques *(Rhätische Bahn)* sont à eux seuls une merveille technique. À coups de tunnels, de boucles et de viaducs hallucinants, ils surmontent des dénivellations extrêmes (jusqu'à 1 600 m de Coire à la Bernina). Le réseau routier n'est pas en reste : chaque village a sa route, et les 81 lignes de cars postaux totalisent 1 200 km. Quant au réseau de sentiers, il s'étend sur 12 000 km !**

## UN PEU D'HISTOIRE

Autrefois, le trafic par les cols rapportait gros aux Grisons. Pour défendre leurs intérêts contre les convoitises autrichiennes, les communautés des vallées se sont fédérées au Moyen Âge déjà, en constituant trois ligues. Celle de l'Ouest – la Ligue Grise – a fini par donner son nom à l'ensemble des Grisons (*Graubünden* en allemand, *Grischun* en romanche). En 1524, les trois fédérations se sont associées à leur tour en une « République des trois ligues ». En fait, le pouvoir s'éparpillait entre 50 communautés autonomes, qui avaient chacune leurs lois, leurs juges, et devaient ratifier toute décision commune. Malgré ces faiblesses, les Grisons ont pu rester indépendants jusqu'en 1797, lorsque Napoléon les a rattachés à la Suisse.
Impossible de parler des Grisons sans évoquer le rôle des Walser, qui forment une étrange minorité. Leur nom vient de *Walliser,* qui signifie « Valaisan ». Au Moyen Âge, de rudes éleveurs de bétail originaires du Haut-Valais alémanique ont en effet été encouragés à coloniser les hautes vallées encore désertes. Disposant en échange de libertés étendues, ils ont été l'un des ferments de la liberté grisonne. Mais qu'ils parlent l'alémanique pointu de Coire ou le dialecte des Walser, l'italien dans les vallées du Sud ou encore le romanche, les habitants des Grisons ne sont pas des ours.

## LA LANGUE ROMANCHE

Cette langue romane, qui compte à peine 60 000 locuteurs est, depuis 1938, la quatrième langue nationale et depuis 2010, la langue administrative du canton, enseignée dans la majorité des écoles primaires. Mais il existe en réalité cinq

idiomes romanches (sans compter les variations locales !), synthétisés sous une forme unifiée et standardisée : le *rumantsch grischun.*
Assez proche de l'italien, et donc du français, le romanche n'est pas si dépaysant pour le touriste de passage : essayez donc un *allegra* ou un *bun di* pour saluer, assorti d'un petit *bainvgnü, grazia* pour la visite et *a revair* en partant... Ces quelques mots vous garantiront un chaleureux sourire de la part des habitants !

# COIRE (CHUR) (7000) 34 000 hab.

**Des ruines romaines témoignent de l'ancienneté de cette cité qui se veut la plus vieille de Suisse et qui est de loin (ça, on en est sûr !) la plus peuplée du canton. Des ruelles étroites, des tours de béton, dans le Rheinquartier, une multitude de commerces : Coire parvient à offrir les contrastes d'une grande ville, tout en gardant une atmosphère paisible et joyeuse. L'ambiance est latine en été : lorsque arrivent les beaux jours sortent les terrasses, et jeunes et moins jeunes se retrouvent autour d'un verre ou d'un repas... et croyez-nous, il y a l'embarras du choix.**

## Arriver – Quitter

➢ ***Par l'autoroute :*** sortie Coire-Nord (Chur-Nord).
➢ ***En train :*** nombreux départs et arrivées de et vers Zurich (durée du trajet : 1h15) et Saint-Gall, ainsi que pour les Chemins de fer rhétiques (intérieur du canton). Gare : ☎ *051-228-53-04.*

## Adresses utiles

ℹ ***Office de tourisme :*** *Bahnhofplatz (à la gare).* ☎ *081-252-18-18.* • *churtourismus.ch* • *Lun-ven 8h-20h ; w-e 9h (10h dim)-12h15, 13h15-18h.* Plan de ville en français gratuit et très bien fait, avec description des monuments.
ℹ ***Graubünden Ferien*** *(Grisons Vacances) :* *Alexanderstrasse 24.* ☎ *081-254-24-24.* • *graubuenden.ch* • *À 100 m de la gare. Tlj 8h-18h (17h w-e).*

## Où dormir ?

### Bon marché

🏠 ***Viva Hostel :*** *Welschdörfli 19.* ☎ *081-868-83-48.* • *viva-hostel.ch* • *Au sud du centre-ville, juste avt la rivière. En dortoir, 39-45 Fs/pers ; doubles 130-158 Fs.* 📶 Vraiment une *nice* adresse ! Accessible à tous, du dortoir de 18 lits à la suite design suréquipée, en passant par des dortoirs plus petits (6-7 lits). Déco contemporaine sobre et chic. Chambres avec coffre-fort individuel et laverie gratuits. Au rez-de-chaussée, bar-réception sympa et boîte de nuit, le *Viva Club* *(mer-sam dès 22h).* Les clients de l'hôtel ont droit à des réductions sur leurs consommations.

### De prix moyens à chic

🏠 🍽 ***Zunfthaus zur Rebleuten :*** *Pfisterplatz 1.* ☎ *081-255-11-44.* • *rebleutenchur.ch* • *Au cœur de la vieille ville, non loin de l'église, perpendiculaire à l'Obere Gasse. Doubles avec sdb privée ou à l'étage 140-160 Fs, petit déj-buffet compris. ½ pens 30 Fs/pers.* 📶 Adorable établissement dans une haute maison d'époque. Les chambres sont assez petites mais joliment décorées, très agréables et confortables, avec TV. Celles du 2e étage sont mansardées. L'accueil est jeune et souriant, et les nombreux espaces communs très conviviaux : petit salon avec cheminée, terrasses fleuries sur les toits aux beaux jours, vaste salle à manger rustique, bar... Fait resto (voir « Où manger ? »).

**Drei Könige :** *Reichsgasse 18.* ☎ *081-354-90-90.* • *dreikoenige.ch* • *Dans le centre ancien, près d'Untertor. Doubles 125-168 Fs selon confort, petit déj compris.* Un vieil hôtel (depuis 1793 !) qui a su se mettre au goût du jour : la déco mêle quelques objets anciens aux couleurs vives, de la réception aux chambres, toutes très différentes. TV, minibar et même vidéo dans certaines. Très bon accueil.

## Où manger ?

### De bon marché à chic

**Zum Metzgertor :** *Arcas 3.* ☎ *081-250-41-79. Sur une adorable place proche de l'église Sankt Martin. Tlj sf mar 11h-22h, service continu. Spécialités 13-36 Fs.* Une maison du XVIIe s au cadre zen et chaleureux. Quelques plats typiques de la région, mais surtout de la cuisine mexicaine : *quesadillas,* fajitas, chili con carne... Copieux à défaut d'être d'une grande finesse ! Également des snacks et salades pour les petites faims. Belle terrasse en été.

**Calanda :** *Postplatz.* ☎ *081-253-08-80. Tlj 9h-23h. Menu déj lun-ven env 21,50 Fs, salades 10-28 Fs, grillades et cuisine au wok 24-32 Fs.* Ici, le poulet est à l'honneur, en salade, rôti, au curry... L'endroit en impose par son volume, mais les murs ocre et jaune, les menus écrits sur de grandes ardoises et la musique confèrent une ambiance chaleureuse et festive à cet endroit branché où l'on se retrouve pour un café ou une bière côté bar ou en terrasse, et pour un repas coloré côté resto. Belle carte des vins, notamment des crus locaux.

**Zunfthaus zur Rebleuten :** *voir « Où dormir ? ». Fermé mar ainsi qu'à midi mer-sam. Plats du jour à midi 16-18 Fs, plats le soir env 30-50 Fs.* La cuisine allie les saveurs italiennes, avec ses délicieux *antipasti* pleins de fraîcheur, à celles plus robustes des spécialités grisonnes : *capuns, pizokels...*

## Où boire un verre ?

## Où écouter de la musique ? Où sortir ?

Jeunes et moins jeunes semblent tous se rencontrer au même endroit : dans l'Untere Gasse, qui mène de l'Obertor à la Kornplatz. Nombreux bars animés, à chacun son ambiance !

**Tom's Beer Box :** *Untere Gasse 11.* ☎ *081-252-77-57. Au coin d'une ruelle perpendiculaire à l'Obere Gasse (pas d'enseigne). Tlj sf dim : lun-jeu 17h-minuit, ven-sam 18h-1h.* Le rendez-vous des amateurs de bière, et ils semblent être nombreux car ça déborde copieusement sur le trottoir. À l'intérieur, on s'assoit sur des balançoires ou des casiers de bière. Mention spéciale pour les toilettes, absolument inoubliables !

**BarBar :** *Lukmaniergasse 5.* *078-840-30-67. Dans une ruelle en contrebas, perpendiculaire à la Poststrasse. Tlj sf dim 17h-minuit (1h ven-sam). Interdit aux moins de 20 ans.* Un public mélangé qui aime le funk, le jazz ou Jésus dans une niche qui veille sur des lits... Musique live certains soirs.

**Viva Club :** *voir* Viva Hostel *« Où dormir ? » plus haut.*

## À voir

**La vieille ville et la cathédrale :** se procurer le plan dépliant de l'office de tourisme, qui traduit les panneaux d'infos figurant sur les bâtiments remarquables. Audioguide également *(9 Fs ou à télécharger gratuitement sur leur site).*

**Bündner Kunstmuseum** *(musée des Beaux-Arts grisons)* **:** *Postplatz. ☎ 081-257-28-70. • buendner-kunstmuseum.ch • Tlj sf lun 10h-17h (20h jeu). Entrée : 10 Fs (15 Fs si expo temporaire) ; réduc.* La collection d'art grison se trouve dans une belle maison de maître, construite en 1876. Œuvres du XVIe s à nos jours. À voir dans la collection permanente : les œuvres d'Angelika Kaufmann, de Giovanni Segantini, de Giovanni et Augusto Giacometti, ainsi que d'Ernst Ludwig Kirchner.

***Les vestiges romains :*** *Seilerbahnweg. Ouv lors des visites guidées ponctuelles conduites par le service d'archéologie, mais on peut demander les clés au Rätisches Museum contre un dépôt de 50 Fs aux heures d'ouverture de ce dernier (tlj sf lun 10h-17h) ou à l'office de tourisme. Visite : 3 Fs, quel que soit le nombre de pers.* Si vous n'avez que peu de temps, sachez que vous pouvez voir une partie des vestiges en vous approchant des deux baies aux vitres teintées du musée. Ce sont les vestiges du Ier au IVe s apr. J.-C. de Coire-la-Romaine que vous avez à vos pieds. Ils sont protégés par un bâtiment conçu par l'architecte Peter Zumthor, celui-là même qui a réalisé les fameux thermes de Vals.

# DANS LES ENVIRONS DE COIRE

## *LES CHEMINS DE FER RHÉTIQUES*

Au début du XXe s ont été tracées les deux voies de l'*Albula* (à vapeur, jusqu'à 7 % sans crémaillère !) et de la *Bernina* (électrique), qui désenclavent les Alpes centrales et mettent l'Italie aux portes de la Suisse, avec escale à mi-chemin à Saint-Moritz. Un authentique exploit du génie civil tant la région est accidentée. La première ligne enchaîne pas moins de 39 tunnels et 55 ponts, la seconde 13 tunnels et galeries et 52 ponts et viaducs ! Mieux encore, pour réussir à se hisser dans la vallée de l'Albula, la voie s'enroule plusieurs fois de suite sur elle-même, sur 360° ! Et en fin de course, à Brusio, passé Poschiavo, elle emprunte même un viaduc hélicoïdal... Classés au Patrimoine mondial de l'Unesco pour leur caractère exceptionnel, les Chemins de fer rhétiques (*Rhätische Bahn* ou *RhB*) continuent de cheminer, été comme hiver, entre montagnes, cols, alpages, villages et vignobles, malgré leur manque de rentabilité...

**Rhätische Bahn** (RhB) **:** *centrale d'information à la gare de Coire, Bahnhofstrasse 25. ☎ 081-288-65-65. • rhb.ch • En hte saison, réserver à l'avance pour les wagons panoramiques (3 mois max). De mi-déc à fin mars, chaque train circulant sur les 2 lignes comporte au moins un wagon panoramique (supplément de 5 Fs, payable à bord selon places dispo).*
Le *Bernina Express* relie Saint-Moritz à Tirano (Italie) en 2h-2h30 env, à raison de 1 train régional ttes les heures, 7h45-19h45, tte l'année, et 4 trains panoramiques/j., 9h30-15h20 env, du 10 mai à fin oct (ceux-ci avec résa obligatoire). Circule depuis Tirano 7h40-17h40, fréquences similaires. En basse saison, certains sont remplacés par des bus sur le tronçon Tirano-Poschiavo.
La *ligne de l'Albula* relie Saint-Moritz à Coire en 2h env, à raison de 1 train régional direct ttes les heures, 7h-21h ; 7h-20h au départ de Saint-Moritz. À noter que la ligne est reliée à celle de Davos (changement obligatoire à Filisur).
*Bernina Express* et *Albula Line* se rejoignent à Pontresina, quelques kilomètres avant Saint-Moritz. Si vous comptez relier Coire à Tirano dans la foulée, c'est là qu'il vous faudra changer si vous voyagez par un train régional. Si vous avez choisi l'option panoramique, vous n'aurez rien à faire : les wagons sont successivement attelés aux différents convois. Dans le sens Coire-Tirano, préférez vous asseoir du côté droit du train.

# LA SURSELVA



**Le trajet entre Coire et la Surselva donne un petit aperçu de l'étendue des Grisons. De la source du Rhin au lac Toma *(Tomasee)* s'étend la plus grande vallée du canton (80 km de longueur), sa porte d'entrée. Les montagnes au-dessus des trois villages, de Flimas, Laax et Falera, construits sur les immenses décombres d'un éboulement, forment en hiver l'« Arène blanche », l'un des plus vastes domaines skiables du pays.**
**L'expansion du tourisme et la construction d'appartements et maisons de vacances ont gâché l'aspect de quelques villages, mais les vallées latérales offrent de nombreux buts d'excursions. Les visiteurs qui ne craignent pas les routes de montagne seront récompensés par des vues impressionnantes.**

## FLIMS (FLEM)

(7016) 2 680 hab.

**Un festival de palaces magnifiques... Le *Kurhaus Waldhaus* a été construit dans les années 1870 et représente le noyau historique du tourisme dans la région. Tant pis pour les bourses serrées, les bois de Flims valent bien un petit sacrifice ! Des feuillus à 1 100 m d'altitude, des sentiers moussus pour un site au climat particulier dû à un éboulement préhistorique gigantesque. Depuis, les immenses installations de l'Arène blanche qui surplombe Flims, Laax et Falera assurent la continuité dans le changement... Un tunnel allant de Laax à Vallorca permet désormais aux véhicules en transit d'éviter Flims... pour le plus grand bonheur de ceux qui veulent apprécier en toute tranquillité la beauté des lieux.**

### Arriver – Quitter

➢ ***En voiture :*** autoroute jusqu'à la sortie Reichenau, puis route cantonale en direction d'Ilanz. Attention, les places de parking sont rares.

➢ ***En bus :*** car postal au départ de la gare de Coire.

### Adresse utile

**i** ***Office de tourisme :*** *via Nova 62, dans le centre de Flims-Dorf. ☎ 081-920-92-00. • flims.com • En été : lun-ven 8h-17h30 ; sam 9h-12h, 13h-16h ; dim 9h-12h. Le reste de l'année, lun-ven 9h-12h, 13h30-17h.* 3 miniguides de rando gratuits : randonnées pédestres, VTT et vélos électriques, qu'on peut louer au départ du téléphérique. Si vous dormez à Flims, demandez vite la ***Gästekarte*** (nombreux services gratuits et des réductions).

LES GRISONS

## Où dormir ? Où manger à Flims-Waldhaus ?

### Camping

⛺ ***Camping Prau :*** *via Prau la Selva 4.* ☎ *081-911-15-75.* • *camping-flims.ch* • *Tte l'année. Env 35-40 Fs pour 2 avec tente et voiture. Pods 2-4 pers env 68-109 FS.* Sur un complexe sportif (patinoire, tennis, installations d'athlétisme, etc.). Des chalets originaux *(Pod-houses)* en location. Aire de jeux pour enfants et resto.

### Prix moyens

***Pomodoro :*** *dans la rue principale.* ☎ *081-911-10-62. Tlj. Menu déj env 18 Fs, pâtes et pizzas 18-25 Fs, viandes et poissons env 40 Fs.* Une grande pizzeria et trattoria très courue, notamment par les familles.

### Très chic

***Hôtel Fidazerhof :*** *Flims-Fidaz.* ☎ *081-920-90-10.* • *fidazerhof.ch* • *Sur les hauteurs, à 3 km env. Resto fermé lun hors saison. Selon saison et confort, doubles 160-330 Fs, petit déj-buffet inclus. ½ pens possible.* Un hôtel orienté vers le bien-être : un espace entièrement rénové avec sauna, solarium, salle de repos, des massages ayurvédiques, des soins (sur résa) avec enveloppement d'algues, jets... Des menus composés à plus de 50 % de produits bio. Même les spécialités locales comme les *pizokels* et les *capuns* sont revisitées, c'est original et réussi. Les chambres sont très apaisantes, claires, disposant de jolis balcons avec vue. Excellent accueil, attentionné et discret.

## À faire

Tout est possible à Flims pour celui qui peut payer, pas seulement les vols en hélico, le golf ou le rafting, mais aussi la formation en massage ayurvédique ou une impressionnante « dérupitée » (descente) à VTT au coucher du soleil depuis Cassonsgrat.

Le télésiège Flims-Cassons mène en 25 mn à 2 675 m d'altitude, tout en haut du ***Flimserstein.*** Là-haut, chemin didactique sur la flore et la faune, la géologie et la glaciologie. La promenade, sans grande dénivellation, dure 3h environ et est accessible de juillet à mi-octobre. Le billet aller-retour revient à 40 Fs. Premier départ à 9h, dernière descente à 17h15. Compter 3h30 pour redescendre à pied.

Si vous tenez à « dérupiter » (descendre, quoi !) un des sommets de la région, tentez plutôt la longue marche de ***Crap Sogn Gion*** (à 2 228 m d'altitude) à Laax. Télésiège Falera-Curnius pour se rapprocher du sommet. En juillet et août, l'horaire est le même. Plus intéressante et possible aussi en *mountain bike.* Vous y croiserez un petit lac et plusieurs alpages, avant le hameau de Falera, si vos genoux tiennent encore le coup.

– ***Sports d'eau :*** baignades dans le ***lac de Cauma*** *(Caumasee),* dans la grande forêt de Flims. Petite marche de 15 mn, qui peut encore être réduite en prenant un « ascenseur » *(gratuit).* L'entrée sur le site est payante *(env 10 Fs).* Plus petit, le ***lac de Cresta*** *(Crestasee),* un peu plus à l'est, est moins connu et donc moins envahi. L'accès au parking est indiqué sur la route Reichenau-Flims. La marche d'approche, à travers une zone d'éboulement, dure un petit quart d'heure. Possibilité de ***rafting*** enfin *(cher),* en descendant le « Swiss Grand Canyon », sur le Rhin, entre Ilanz et Reichenau. Cinq compagnies *(liste à l'office de tourisme).* Si vous craignez de vous mouiller, faites le trajet en train *(bon marché).*

– ***Escalade et via ferrata :*** la première activité, le ***jardin de la Grimpe de Segnesboden*** *(Klettergarten),* est ouverte à tous ; l'autre, la ***via ferrata Pinut,*** est réservée aux initiés. Carte du parcours et location de l'équipement à l'office de tourisme *(25 Fs).*

# LAAX (7031) 1 375 hab.

**Si Flims semble vouloir préserver sa réputation de station de longue tradition, Laax, la voisine immédiate, complète l'offre en la jouant métropole pour les fous de neige. Étendue et divisée en différents quartiers, et même un pittoresque village grison, Laax est une agglomération alpine traversée par une sorte de semi-autoroute, dont il faut sortir au bon moment pour rejoindre son coin à soi. Certains lui trouvent des atouts certains...**

## Arriver – Quitter

➢ ***En voiture :*** à 20 mn de la sortie d'autoroute de Reichenau.
➢ ***En bus :*** mêmes départs de Coire que pour Flims. Arrêt au centre du village et à Laax-Murschetg, ainsi que près du complexe hôtelier *Happy Rancho.*

## Adresse utile

🛈 ***Office de tourisme :*** *au centre communal (Gemeindezentrum). ☎ 081-927-70-01. • laax.com • En saison, lun-sam 8h-12h, 14h-17h (16h sam) ; dim 9h-12h. Hors saison, ouv à 9h et fermé sam ap-m.*

## Où dormir ? Où manger ? Où boire un verre ?

### Bon marché

***Backpackers Deluxe Hotel Capricorn :*** *via Cons 405, à Laax-Cons. ☎ 081-921-21-20. • capri lounge.ch • Un grand chalet près du remonte-pente Laax-Murschetg. Nuitée en dortoir 6 lits 29-33 Fs ; doubles sans ou avec sdb 39-49 Fs l'été, 45-54 Fs l'hiver ; petit déj en sus. Loc de draps, laverie. Dîner 3 services, plats végétariens ; env 20 Fs le repas.* Un concept destiné aux jeunes qui viennent skier et s'éclater le soir au son de compilations DJs arrosées de bière. Le bar est accessible aux non-résidents, qui peuvent profiter du bus de nuit *Nightliner* pour rentrer chez eux. Excellent accueil.

### Prix moyens

***Seehof :*** *à l'entrée du village, non loin du lac. ☎ 081-921-41-21. • seehof-laax.ch • En été, doubles avec sanitaires 120-140 Fs. Au resto, spécialités locales 18-40 Fs.* Maison bleue au toit de bardeaux avec ses balcons peints en blanc, qui fut le premier hôtel de la station (1880). Piscine et aire de jeux à proximité immédiate. Seul bémol : la route assez fréquentée, qui passe devant l'établissement. Demandez plutôt une chambre donnant sur le lac.

***Cristallina :*** *via Cristallina. ☎ 081-921-22-52. Au rond-point de la route cantonale en direction de Laax-Murschetg. Fermé lun. Menu du jour à midi 20 Fs, pâtes et pizzas 16-25 Fs.* Pizzas au feu de bois, mais aussi pâtes, viandes et poissons variés et spécialités grisonnes, à déguster sur une terrasse originale : à l'arrière du resto, bien cachée au milieu d'immeubles de vacances.

### Chic

***Hôtel Bellaval :*** *via Falera 7, près du lac. ☎ 081-921-47-01. • hotel bellaval-laax.ch • Doubles avec sdb 150-200 Fs en été, petit déj-buffet inclus.* Une maison décorée avec un grand souci du détail dans un quartier résidentiel au bord du lac, sur la rive la plus calme. Atmosphère très conviviale, grand et beau jardin, et surtout, magnifiques chambres absolument tout confort (TV, coffre, minibar). Accueil chaleureux et prévenant.

## DANS LES ENVIRONS DE LAAX

*Falera :* à 2,5 km au sud-ouest de Laax la plus petite localité de l'Arène blanche (environ 580 habitants) est certainement aussi la plus ancienne. Il y a une cinquantaine d'années, un garde forestier a découvert, près de l'église, un site datant de l'âge du bronze. À proximité, on devait célébrer le culte du Soleil. Preuves en sont les mégalithes, posés en fonction des constellations astronomiques.

– ***Le centre d'observation astronomique Mirasteilas :*** **Chinginas.** ☎ *081-921-65-65.* • *sternwarte-mirasteilas.ch* • *Ouv avr-sept. Visites commentées ven-sam à 20h sept-mars, 21h30 avr et août, 22h mai-juil. Résa obligatoire. Entrée : 15 Fs ; réduc. Par beau temps, les 1^er et 3^e dim du mois 10h-12h, observation du soleil. Également sur résa.* Pensez à vous habiller chaudement pour pouvoir apprécier pleinement la beauté du ciel étoilé. En cas de mauvais temps, une conférence remplace l'observation du ciel... mieux vaut alors maîtriser la langue !

# BRIGELS (BREIL) (7165) 1 300 hab.

**Un village dans les alpages, qui a su préserver son caractère authentique et ses traditions. On trouve ici une charcuterie artisanale, une fromagerie et une belle cuisine de montagne. Nul besoin d'être très sportif pour faire de jolies randonnées en famille, profiter de la diversité des paysages, de l'immense vallée de Frisal au sommet Kistenstöckli. Un environnement grandiose et accessible qui vaut le détour.**

## Arriver – Quitter

➢ ***Par la route :*** toujours par Reichenau, puis direction Disentis.

➢ ***En train et bus :*** ligne des Chemins de fer rhétiques depuis Coire jusqu'à Tavanasa, puis liaison en car postal, env ttes les heures 7h15-18h50.

## Adresse utile

***Office de tourisme :*** *au centre du village.* ☎ *081-941-13-31.* • *surselva.info* • *Lun-ven 9h15-12h15, 13h15-17h15 ; sam mat en été.* Bonne documentation, notamment des cartes avec circuits de randonnée gratuites. Si vous dormez à Brigels, demandez votre ***Gästekarte,*** qui donne droit à de nombreuses réductions et services gratuits.

## Où dormir ? Où manger à Brigels et dans le coin ?

### De bon marché à prix moyens

***Ustria Surselva :*** *dans le centre.* ☎ *081-941-11-25.* • *surselva-brigels.ch* • *Selon saison et confort, doubles 126-166 Fs. Carte 20-40 Fs.* Une sympathique pension dans un gros chalet rustique. Le restaurant propose une cuisine de spécialités régionales à petits prix. Grande terrasse abritée pour les beaux jours.

### Chic

**Hôtel-restaurant Ucliva :** *7158 Waltensburg-Vuorz.* ☎ *081-941-22-42.* • *ucliva.ch* • *À quelques km de Brigels. Congés : fin avr-début mai et en nov. En été, doubles tt confort 160-180 Fs, petit déj compris.* Un « bio-hôtel » d'une vingtaine de chambres (qui s'est engagé dans une démarche écologique dans les années 1970 !), où l'on propose une cuisine à base de produits locaux, pour la plus grande partie bio. Des visites à la ferme chez ses producteurs sont proposées.

## À faire

***Se baigner dans le lac de Brigels :*** à 5 mn à pied du centre du village, un petit lac aménagé pour la baignade, avec aire de jeux pour les enfants, tables pour le pique-nique. Accès payant (gratuit avec la *Gästekarte*).

***Randonnée de Brigels à Waltensburg :*** tour de 15 km, en 4h30 environ. On peut passer par le bois à l'aller et revenir par un sentier différent au retour. Sur le parcours, ruines d'un château du XIIIe s, construit contre une immense falaise, un autre vestige de château à Waltensburg, des fresques étonnantes dans l'église de Waltensburg. Parcours détaillé disponible à l'office de tourisme.

***Randonnée dans l'une des plus belles vallées d'altitude des Alpes, Frisal :*** *accès par le télésiège (ouv de la Pentecôte à mi-oct ; prix : 8 Fs adulte, 4 Fs enfant ; gratuit avec la Gästekarte).* Compter 4h30 de marche, dans une vallée de 3 km de long, traversée par un torrent sinueux alimenté par la fonte des glaciers. Paysage vraiment impressionnant. Les moins courageux peuvent s'arrêter au restaurant d'altitude et redescendre directement vers Brigels (1h de marche).

# LE VAL LUMNEZIA (LUGNEZ) (VELLA 7144)

**Une étonnante vallée au sud d'Ilanz, prolongée à l'est par la plus sauvage Valsertal. Ses habitants, qui parlent tous le romanche, sont convaincus d'habiter la plus belle vallée du canton. Ils n'ont peut-être pas tort. Elle accueille une douzaine d'églises et de chapelles blanches sur ses collines. Une lumière sublime, d'où son nom, dans un isolement surprenant.**



### Arriver – Quitter

➢ ***En voiture :*** route de montagne (15 mn pour Vella, le chef-lieu, 24 km jusqu'au bout de la route à Vrin-Sogn Giusep).

➢ ***En bus :*** les villages sont tous accessibles par car postal à partir de la gare d'Ilanz. Jusqu'à Vrin, il circule quasiment ttes les heures.

### Adresse utile

***Office de tourisme (Lumnezia Turissem) :*** *dans le centre de* ***Vella,*** *au rdc du château de Mont, à côté de l'église.* ☎ *081-931-18-58.* • *vallumnezia.ch* • *Lun-ven 8h-11h30, 14h-17h.* On vous renseigne en français, avec sourire et humour. En vente, carte de rando pour toute la vallée.

## Où dormir ? Où manger ?

### Camping

⛺ ***Badeseeanlage Davos Munts :*** *à* ***Vella,*** *à la sortie du village en direction de Vatiz-Vrin, au-dessus du village de Vatiz ; suivre les panneaux « Badesee Davos-Munts » indiquant le plan d'eau.* ☎ *081-931-32-52.* • *davosmunts.ch* • *Mai-oct. Env 30 Fs pour 2, forfait comprenant l'accès au lac pour la baignade et l'utilisation du terrain de beach-volley.* Un joli cadre pour un petit camping réservé aux tentes.

### De bon marché à prix moyens

🏠 |●| ***Ustria Tgamanada :*** *à* ***Vrin,*** *Sogn Giusep 105A.* ☎ *081-931-17-43. Tt au bout d'une route pittoresque et étroite, en fond de vallée, 2,5 km après le village de Vrin et le hameau de Cons. Dortoir 40 Fs/pers, double 140 Fs.* L'auberge se trouve sur le chemin, vers le plateau et le col de la Greina, une réserve naturelle. Un resto du bout du monde mais accueillant, comme la patronne, avec 3 chambres, des dortoirs et un chalet pour ceux qui voudraient rester un peu plus longtemps.

🏠 |●| ***Ustria Larisch :*** *7142* ***Cumbel.*** ☎ *081-931-11-41.* • *ustria-larisch.ch* • *Fermé mar ap-m et mer. 3 doubles ttes simples mais avec tt le confort (douche et w-c) 120 Fs, petit déj compris. ½ pens 80 Fs/pers.* Le resto-bistrot est le rendez-vous des locaux. On vous sert une savoureuse cuisine à base de produits artisanaux locaux, et notamment de l'excellente charcuterie et des viandes du coin. Tout est frais, travaillé avec soin, servi avec gentillesse, dans la salle claire ou sur une petite terrasse située à l'arrière du bâtiment qui surplombe toute la vallée... splendide ! On y parle surtout le romanche, mais les sourires se passent de traduction !

### Chic

🏠 |●| ***Hôtel-restaurant-pizzeria Gravas :*** *à* ***Vella.*** ☎ *081-931-21-21.* • *hotelgravas.ch* • *Depuis la place centrale du village, prendre la rue qui monte derrière l'église ; l'hôtel est situé sur les hauteurs. Congés : avr-juin et nov-déc. Selon saison, doubles avec sanitaires 170-230 Fs, petit déj compris. Pâtes et pizzas 15-30 Fs, plats et viandes 40-50 Fs.* 📶 Chambres confortables, bien équipées : celles côté sud ont un balcon et une vue magnifique. Côté resto, la cuisine italienne est à l'honneur, avec notamment un grand choix de pizzas... vendues également à emporter. On peut aussi choisir de composer sa salade.

## À faire

🥾 ***Randonnée :*** en 2h de marche, on peut visiter deux églises importantes dans la vallée. Du centre de Vella, le chemin mène vers le sud-est à l'ancienne *église* mère de toute la vallée (à 1 km, près du hameau de Pleiv). De Pleiv, un chemin bien fléché mène à Degen, puis vers la *chapelle Saint-Sébastien.* Œuvres du sculpteur allemand Yvo Strigel de Memmingen, la *prédelle,* l'*écrin* et le *triptyque* (1506) ont été intégrés dans le très bel autel baroque. Attention ! Pour ne pas trouver porte close, demandez à l'office de tourisme les clés au départ de votre randonnée.



# VALS

(7132) 1 050 hab.

**Encore une vallée étonnante, voisine de la Lumnezia mais aussi moussue que l'autre est ensoleillée, féerique plutôt que mystique. Au fond de la Valsertal,**

**encaissée dans un impressionnant cirque de montagnes, Vals a été colonisée par les Walser aux XIVe et XVe s. Ses eaux, thermale et minérale, sont connues depuis la préhistoire. L'agriculture y reste prédominante.**

## Arriver – Quitter

➢ ***En voiture :*** route de montagne sauvage et romantique mais aussi très étroite, avec quelques tunnels et 200 virages et d'innombrables camions Valser !

➢ ***En bus :*** depuis Ilanz, 8 liaisons tlj (40 mn). Départ devant la gare.

## Adresse utile

***Office de tourisme :*** *sur la Postplatz. ☎ 081-920-70-70. • vals.ch • Lun-sam 9h-11h30, 14h-17h.* Français parlé. Carte de rando pour la vallée de Vals en vente.

## Où dormir ? Où manger ?

### Chambres à louer

Quelques rares adresses à l'office de tourisme. Compter 35 à 65 Fs par personne.

### Chic

***Schnyder B&B :*** *Poststrasse 34d. ☎ 081-935-15-32. • hotelschnider-vals.ch • À 200 m du centre thermal, sur la route principale (côté gauche en allant vers le centre du village). Congés : en avr. Doubles 150-182 Fs selon confort et saison, petit déj compris.* 11 jolies chambres, claires et élégantes, conçues sans luxe inutile. Café proposant à midi une petite restauration.

***Glenner :*** *après la vieille place du village. ☎ 081-935-11-15. • glenner.ch • Congés : 1re sem de déc. Doubles standard ou confort avec sdb à partir de 240 Fs, petit déj compris.* Évidemment plus cher que les endroits précédents, mais les chambres sont impeccables. Le resto est réputé pour ses viandes, mais on peut s'en tirer pour nettement moins cher en commandant des gnocchis ou des *pizokels*.

## À faire

– ***Le centre thermal :*** *tlj 11h-20h. Résa préalable nécessaire, soit par tél (☎ 058-713-20-00), soit par Internet (• 7132therme.com •), soit auprès de votre hôtel ou de l'office de tourisme. Fermé avr-juin. Le prix varie selon que vous dormez ou pas sur la commune (dans le 1er cas, vous bénéficiez d'un tarif réduit). Entrée plein tarif : 80 Fs ; 5-16 ans 52 Fs.* Première station thermale en pierre naturelle, elle a été inaugurée fin 1996. On doit l'impressionnante pureté des formes à l'architecte Peter Zumthor.



# DISENTIS (MUSTÉR)

(7180) 2 120 hab.

**Le village est dominé par le monastère, au pied des cols d'Oberalp et du Lukmanier. On aime Disentis pour la qualité de son accueil et de**

**l'ensemble de ses équipements touristiques. Il y en a pour toutes les bourses, et toujours dans un cadre naturel apaisant. Plein d'activités, de l'orpaillage à la visite du plus grand chantier suisse du moment : le tunnel Porta Alpina. Sachez aussi qu'ici le romanche est bien présent, jusque sur les panneaux signalétiques, et que *Senda* signifie « sentier de randonnée » !**

## Arriver – Quitter

➢ ***En voiture :*** en venant de Coire et Ilanz ou par le col de l'Oberalp ou le col du Lukmanier.

➢ ***En train :*** c'est à Disentis que se termine la Rhätisches Bahn et que commence le Matterhorn-Gotthardbahn (desservant Sedrun, Andermatt, Zermatt et Brig). De Coire et Ilanz, 1 train ttes les heures, 4h45-20h45.

➢ ***En bus :*** 10 bus tlj, 8h15-17h35, vont jusqu'au Tessin, à Olivone.

## Adresse utile

***Office de tourisme de Disentis-Sedrun :*** *via Alpsu 64a. ☎ 081-920-40-30. ● disentis-sedrun.ch ● Dans le centre. Lun-ven 8h-17h30 ; juil-oct, également sam 10h-16h.* Excellente doc et carte de randonnées sur Disentis, Sedrun et le val Medel, très bien réalisée.

## Où dormir ? Où manger ?

### Camping

***Camping Fontanivas :*** *via Fontanivas 9. ☎ 081-947-44-22. ● tcs.ch ● À quelques mn à pied du centre du village. Fin avr-fin sept. En hte saison, env 45 Fs pour 2 avec tente et voiture. Tipis 70-120 Fs et pods 85-120 Fs.* Au bord d'un petit lac aménagé avec de nombreux jeux pour enfants, près du torrent, un sympathique camping, tout confort. Resto.

### Prix moyens

***Hôtel Alpsu :*** *au centre du village. ☎ 081-947-51-17. ● info@hotelalpsu.ch ● hotelalpsu.ch ● Doubles 120-160 Fs ; chambres à 3-4 lits meilleur marché. Le midi, menu env 20 Fs. Garage motos et vélos gratuit.* Un hôtel sympa doublé d'un bon resto, animé et chaleureux. Les chambres sont spacieuses et meublées en bois clair. Certaines ont une déco personnalisée réussie, douillette et soignée. Côté resto, essayez les *capuns grischuns,* ces pâtes farcies au jambon et autres viandes séchées, enrobées d'une feuille de bette, gratinées et servies dans un bouillon. Également des fondues et des viandes.



## Où dormir dans les environs ?

### Camping

***Rheincamping :*** *7188* ***Sedrun.*** *079-126-80-61. ● campadi-rein.ch ● En venant de Disentis, en entrant dans la commune de Rueras, prenez la rue face à l'épicerie* Denner, *la via Vitg, puis la 2e rue sur la gauche avt d'arriver à l'église ; descendez sur la gauche au panneau « via Milar » ; vous arrivez devant un grand champ sur la rive du Rhin. Mai-oct et déc-avr. Env 35 Fs pour 2.* Un espace presque sauvage sur un site exceptionnel, au pied d'un joli petit village cerné par les hautes montagnes, entre Gothard et Surselva. Dans un chalet, 2 blocs sanitaires avec douche, lavabo et toilettes. Un petit coin de paradis !

## À voir

***Le monastère des Bénédictins :*** *☎ 081-929-69-00. • kloster-disentis.ch •* Né d'une modeste cellule de moine vers l'an 700, ce fut l'un des plus importants de la région aux XVIe et XVIIe s. Aujourd'hui encore, une petite trentaine de moines y dirigent une école réputée. Les bâtiments (style baroque) datent dans leur forme actuelle de 1685. Belle décoration intérieure de l'église, impressionnante avec ses deux clochers à bulbe. On en visite le ***musée*** *(juin-oct tlj 8h30-17h ; entrée : 10 Fs)* : histoire du monastère, l'art sacré et les pratiques chrétiennes de la vallée, mais aussi les cristaux et minéraux de la région.

# LE VAL MEDEL

300 hab.

**À quelques minutes de Disentis en voiture ou en car postal (nombreux passages quotidiens), le val Medel s'ouvre après un tunnel : de doux vallonnements et de gros rochers ronds, de moins en moins doux et de plus en plus impressionnants jusqu'au sommet du *Lukmanier* (plus de 800 m de dénivellation entre le col et Disentis). Un val un peu oublié car dépourvu de remontées mécaniques, mais quel charme et quel accueil !**

## Adresse utile

***Office de tourisme :*** *à la chancellerie* (Kanzlei) *de **Curaglia** (7184), un des hameaux du val. ☎ 081-920-33-66. Lun-ven 9h-11h, 15h30-17h30.*

## Où dormir ? Où manger ?

### De bon marché à prix moyens

***Hospezi S. Maria :*** *l'hospice du Lukmanier (Lucmagn en romanche), tt en haut, à 1 920 m d'altitude (7185 **Platta**). ☎ 081-947-51-34. • lukmanierpass.ch • Fin mai-oct. Dortoir 38 Fs/pers avec petit déj. Double, confortable et coquette, 116 Fs.* Pour tous ceux qui souhaitent être à pied d'œuvre le lendemain ou qui cèdent au charme de ces haltes de montagne au splendide spectacle offert par les aubes et crépuscules... Resto avec terrasse.

***Cuntera :*** *7184 **Curaglia.** ☎ 081-947-63-43. • hotel-cuntera.ch • De l'autre côté du val. À 2 km de l'arrêt des cars, mais possibilité de venir vous chercher. Fermé mar. Congés : nov. Chambres avec douche et w-c 130-140 Fs, petit déj compris. Ajouter 25 Fs/pers pour la ½ pens. Menus 16-40 Fs.* Chambres confortables, avec TV, coffre et minibar. Des appartements également et des hébergements pour groupes.



## À faire

***Randonnées :*** une fois en haut du *Lukmanier,* vous voilà déjà au beau milieu des montagnes, donc moins besoin de grimper pour s'en mettre plein la vue.

Le ***Lai Blau*** est ainsi à 2h30 de marche, le ***Lago Ritom*** à 3h30 par le *passo dell'Uomo*. En bas aussi, vous avez de quoi vous balader : plus de 100 km de sentiers balisés.

# DU VIGNOBLE À DAVOS



**Tout au nord, la *Bündner Herrschaft* (littéralement « Seigneurie grisonne ») est le vignoble le plus important du canton. On y cultive du pinot noir pour la production de rouge, du riesling ou du sylvaner pour le blanc. Essayez une spécialité du coin : le *Completer,* vin aromatique, généreux mais aussi assez rare.**
**Entre les vignes et les champs plats du bas, des allées de peupliers et des chemins qui incitent à l'équitation, au vélo, à la balade romantique. La gorge étroite de Chlus sépare le vignoble de la vallée du Prättigau, qui mène jusqu'à Klosters et Davos. Les fermes isolées sur les flancs pentus trahissent l'origine walser.**

## MAIENFELD (7304) 2 610 hab.

**Maienfeld forme avec Fläsch la porte des Grisons. En été, les Japonais s'y rendent en masse. Pour goûter le vin nouveau ? Du tout ! Pour venir se recueillir dans la patrie de Johanna Spyri, l'auteur de la mythique *Heidi...***

### Arriver – Quitter

➢ ***En voiture :*** autoroute, sortie du même nom.
➢ ***En train :*** rares trains régionaux.
➢ ***En bus :*** au départ de Landquart ou de Bad Ragaz.

### Adresse utile

ℹ ***Office de tourisme :*** *dans le bâtiment du restoroute* Heidiland, *à 500 m du village.* ☎ *081-300-40-23. Tlj 9h-17h.* Infos sur tout le canton. Vente de souvenirs autour de la thématique « Heidi ».

### Où dormir ? Où manger ?

#### Bon marché

⌂ ***Schlafen im Stroh :*** *chez Dorli et Max Just.* ☎ *081-302-38-41.* • *hofjust.ch* • *Au carrefour situé après l'église en venant du centre du village, montez à droite en suivant les panneaux de l'hôtel* Heidihof *; 200 m avt l'hôtel,* *prenez à gauche : vous verrez un tt petit panneau bleu ; montez jusqu'au milieu du hameau ; les propriétaires habitent la maison à côté de l'étable, il faut sonner à l'arrière de leur habitation. Mai-oct. Compter 30 Fs/pers, petit déj inclus.* À la ferme, certes, mais le confort est maximal : l'étable, très propre, ressemble à un chalet rustique, avec son coin salon, ses sanitaires impeccables au rez-de-chaussée et le petit jardin. On choisit entre dormir « sur la paille », sur des matelas posés au sol ou dans des lits superposés. Petit déj servi dans l'étable d'à côté.

### Prix moyens

***Victor's B & B :*** *Bahnhofstrasse 8. ☎ 081-300-44-24. • victors-hotel.ch • À côté de la gare. Doubles avec lavabo (sdb à l'étage) 123-128 Fs selon saison.* 5 chambres d'hôtes de charme dans une maison pimpante à la façade jaune soleil. Un accueil jeune et souriant, des chambres à l'aménagement personnalisé, décorées avec beaucoup de gaieté, créent une atmosphère plus qu'agréable. Enfin, on a envie de prolonger son séjour dans ce coin des Grisons.

***Château Brandis :*** *dans le centre. ☎ 081-302-24-23. Tlj. Petite carte 13-32 Fs, plats classiques 27-50 Fs et menu gastro 85 Fs.* 2 restos en 1 : l'un gastronomique, dans la grande salle, imposante mais assez austère, et l'autre plus abordable dans une jolie pièce du château, plus petite et donc plus conviviale. L'été, service au jardin.

## À voir. À faire

***Le village et le chemin de Heidi :*** ici est né le petit monde de Johanna Spyri (1827-1901). En effet, l'auteur à succès de livres pour enfants était régulièrement l'hôte de la maison Salis, à Jenins, non loin de Maienfeld, et c'est dans la région qu'elle a trouvé le décor pour ses futurs best-sellers. Maienfeld a élevé un monument kitsch à la gloire de cette pauvre petite héroïne aux pieds nus : dans un complexe en bord d'autoroute, on peut ainsi admirer une statue de Heidi sortant d'un clocher en toc, sur fond de générique TV et de bêlements de chèvres. Pour ceux qui débarquent dans les Grisons, le décor est tout de suite planté ! Et v'là-t-y pas qu'un village de Heidi, avec « maison originale » et « événement animalier » (sic !), s'est ajouté au « petit sentier de Heidi » *(Der kleine Heidiweg)*, que l'office de tourisme a balisé avec des panneaux rouges allant de la gare à cette maison (compter 1h30 de marche environ), et bleus pour aller ensuite jusqu'à l'alpage de Heidi Alp.
*– De mi-mars à mi-nov, 10h-17h, visite de la maison de Heidi, du musée Johanna Spyri et du chalet d'alpage (13,90 Fs ; réduc ; • heididorf.ch •).*

## SANKT ANTÖNIEN (7246) 370 hab.



**Ce n'est pas seulement le nom d'un village situé à 1 450 m d'altitude, c'est aussi celui de la petite vallée qui permet d'y accéder. Après avoir surplombé le Prättigau, en montant, vous voilà dans un cirque de montagne où s'étale un petit hameau, loin du clinquant de ses voisins Klosters et Davos mais pas perdu pour autant.**

### Arriver – Quitter

➢ ***En voiture :*** avant Küblis, prendre à gauche sur Luzein, puis Burchen et Pany.

➢ ***En bus :*** car postal au départ de Küblis (arrêt du train direct). 7 ou 8 liaisons/j.

## Adresse utile

**Office de tourisme :** *dans le centre. ☎ 081-332-32-33. • st-antoenien.ch • Juil-août et Noël-mars, lun-mar et jeu-sam 9h-11h ; le reste de l'année, slt mar et jeu 10h-11h.*

## Où dormir ? Où manger ?

### De bon marché à prix moyens

**Berghaus Sulzfluh :** *☎ 081-332-12-13. • sulzfluh.ch • À 5 km après le village (fléché) ; accessible en voiture. Fermé mar hors juil-août. Congés : nov. Dortoir 55 Fs/pers ; doubles 146-190 Fs, petit déj inclus.* Hôtel de montagne assez typique, perché dans un environnement de carte postale. Resto et terrasse bienvenus au cours d'une randonnée.

**Berghaus Alpenrösli :** *☎ 081-332-12-18. • sulzfluh.ch • À 500 m après Berghaus Sulzfluh. Fermé mar hors juil-août. Compter 45-60 Fs/pers en dortoir ou chambre 4 lits ; double 130 Fs, petit déj inclus.* Même style et même environnement que le précédent, avec là aussi un resto et une terrasse.

### Très chic

**Berghotel Wanna :** *☎ 081-330-51-10. 📱 076-382-80-07. • wanna.ch • À 4 km après Pany en direction de Sankt Antönien. Congés : avr et nov. Doubles 300-330 Fs en ½ pens. Min 2 nuits.* Une ancienne ferme entièrement restaurée, avec son troupeau de moutons, où les anciennes étable et écurie sont devenues des chambres très confortables. Partout de larges baies vitrées, du sauna aux chambres en passant par le salon. Les grands volumes, le mobilier moderne donnent un ton contemporain, alors que le bois des murs, les plafonds et les anciennes charpentes apportent un côté chaleureux. Accueil adorable de Carolyn et Baptist (qui parle le français), citadins venus se mettre au vert. Table soignée, avec des produits de la ferme. Et ici, on prend son bain dans un grand bac en cuivre chauffé au bois !

## À faire

➢ ***Randonnées :*** innombrables possibilités sur 100 km de chemins, dont la balade en plaine et à flanc de coteau jusqu'à *Pany.* Autre possibilité : une belle marche de Sankt Antönien jusqu'au hameau *Partnun* et au lac du même nom.

## DANS LES ENVIRONS DE SANKT ANTÖNIEN

***Le pont Salgina :*** sur la route reliant Schiers à Schuders. Classé parmi les 20 « monuments mondiaux de l'art des ingénieurs », primés par l'*American Society of Civil Engineers,* au même rang, donc, que la tour Eiffel ou le canal de Panamá.



# KLOSTERS (7250) 3 900 hab.

**Tout au fond du Prättigau, où l'on a inauguré, en 1999, le tunnel de la Vereina pour les Chemins de fer rhétiques, se niche le plus grand centre touristique de la vallée. Klosters est une station très huppée en hiver. Le prince de Galles**

**y passe ses vacances de ski depuis plusieurs décennies, et Greta Garbo y séjournait chaque été. Ne pas manquer la balade vers Schlappin Dörfli, hameau perdu au fond d'une vallée sauvage aux sympathiques auberges, loin du clinquant du centre.**

## Arriver – Quitter

➢ ***Par la route :*** à 30 mn env de Landquart. Le tunnel « Sunnigbergbrücke » conduit directement de l'Engadine à Davos en évitant Klosters.

➢ ***En train et en bus :*** départs ttes les heures de Landquart. Des trains et bus relient aussi fréquemment Klosters à Davos, et ce jusque tard le w-e, pour les noctambules. Liaisons avec Davos en bus comme en train gratuites sur présentation de la carte *Inklusiv* (on vous la remet si vous dormez dans la station).

➢ ***En bus :*** départs d'un minibus pour la vallée de Vereina (interdite aux voitures, sf taxis accrédités), à 8h, 9h30, 11h, 15h15, 16h45 face à l'office de tourisme, au magasin de sport *Gotschna*. Résa préalable obligatoire auprès de l'office de tourisme. En dehors de ces horaires, on peut faire appel à *Gotschna Taxi (📱 076-377-77-66)*. Très belle excursion.

## Adresse utile

ℹ ***Office de tourisme :*** *Alte Bahnhofstrasse 6, à Klosters-Platz. ☎ 081-410-20-20. • klosters.ch • Lun-ven 8h30-18h ; en saison, sam 9h-17h ; dim 9h-13h l'été, 10h-12h, 16h-18h l'hiver.* Une foule d'activités vous sont proposées, demandez le programme « Aktiv Sommer » et la carte de rando gratuite. Également des itinéraires spécifiques pour la rando nordique. Procurez-vous aussi la carte *Davos-Klosters Inklusive* si vous séjournez à Klosters (nombreuses réductions sur les activités et transports).

## Où dormir ? Où manger ?

### Bon marché

🏠 ***Jugendherberge Soldanella :*** *Talstrasse 73, à Klosters-Platz. ☎ 081-422-13-16. • youthhostel.ch/klosters • Bus n° 7 depuis le centre, ou 10 mn à pied. Congés : d'avr à mi-juin et de mi-oct à mi-déc. Selon saison, 34-45 Fs/pers en dortoir 4-6 lits et 90-108 Fs en chambre double.* 💻 📶 Belle auberge de jeunesse, bien située et bien tenue. Bon accueil. Certainement la meilleure option dans cette catégorie. Repas au bon rapport qualité-prix également *(17,50 Fs).*

### Prix moyens

🍽 ***Bär's :*** *Alte Bahnhofstrasse 1. ☎ 081-423-33-09. En plein centre de Klosters-Platz. Congés : d'avr à mi-juin. Tlj sf lun hors saison. Menus midi lun-ven 20 Fs et w-e 25 Fs.* Un resto-bar très tendance au cadre lounge, avec banquettes, bois clair et couleurs chaudes. Vaut surtout pour son menu avantageux le midi. Sinon, quelques salades et soupes permettent de caler un creux sans trop se ruiner.



## Où dormir ? Où manger dans les environs ?

🏠 🍽 ***Gemsli :*** *à* ***Schlappin.*** *☎ 081-422-13-39. • gemsli.ch • En été, accès possible en voiture : continuer après la barrière et payer une taxe à l'arrivée. De mi-juin à mi-oct. Double 120 Fs avec douche à l'étage ; dortoir* *tt neuf 39 Fs/pers ; petit déj inclus. Plats 15-30 Fs.* Une élégante maison grisonne située dans un ancien hameau des Walser, Schlappin-Dörfli, éloigné de tout le remue-ménage touristique. Le déplacement vaut le coup et les patrons sont très accueillants.

**Berghaus Erika :** *à* **Schlappin.** *☎ 081-422-11-17. • schlappin.ch • 100 m avt l'auberge* Gemsli. *Congés : de mi-avr à fin mai et de mi-nov à mi-déc. Double avec douche à l'étage 140 Fs avec petit déj ; dortoir 50 Fs/pers avec petit déj. ½ pens possible.* Une auberge rustique et conviviale, face à un petit lac, dans un cadre idyllique. Dortoirs avec des lits superposés « faits maison » et 3 chambres coquettes aux murs décorés de paysages de montagne. On s'y retrouve l'été, au cours d'une randonnée, pour déguster une truite, spécialité de la maison, cuisinée de maintes façons.

**Höhwald :** *Monbielerstrasse 171. ☎ 081-422-30-45. Dans le croquignolet village de* **Monbiel,** *à 3 km du centre en direction de Vereina. Tlj sf lun-mar. Plats 20-40 Fs.* L'endroit est à l'image des propriétaires : chaleureux. La cuisine de qualité met à l'honneur les plats typiques, comme les rösti.

## Où sortir ? Où boire un verre ?

Ici, pas de vie nocturne endiablée, surtout l'été. Les jeunes sortent plus sur Davos.

**Kulturschuppen Klosters :** *Aeussere Bahnhofstrasse 3. ☎ 081-422-51-64. • kulturschuppen.ch • À côté de la gare, un hangar peint en rouge.* Une salle où on programme de vieux films et de plus récents, des concerts de tous types, du classique au groupe de rock local, du théâtre... Bar pour se retrouver avant et après les spectacles.

# À voir. À faire à Klosters et dans les environs

***L'église protestante :*** reconstruite au XV^e^ s. Vitraux aux couleurs chatoyantes signés Augusto Giacometti.

Choix de 250 km de circuits pédestres :

***Le Gotschnagrat*** *(2 281 m d'altitude)* **:** *départs du téléphérique derrière la gare, de mi-juin à mi-oct et de mi-nov à fin avr, ttes les 30 mn 8h15-17h. Fermé mi-oct à mi-nov et de mai à mi-juin. Prix : 38 Fs ; réduc ; gratuit avec la carte* Inklusiv. Superbe vue sur toute la vallée de Prättigau et sur le glacier de la Silvretta.

***Le tour de la Madrisa :*** *une rando de longue haleine, à étaler sur 2 ou 3 j. (env 5h de marche/j.). Carte et infos à l'office de tourisme. • madrisa-land.ch •* Tout est certes bien balisé, mais nous vous rappelons que vous êtes en haute montagne : équipez-vous, car il vous faudra franchir trois cols d'altitude. Départ à Klosters-Dorf, avec la télécabine de la Madrisa, qui vous monte à 1 890 m. La 1re étape vous conduira à Sankt Antönien, la 2e à Montafon, en Autriche. Et la 3e vous ramènera à votre point de départ par le val Schlappin. C'est très résumé, évidemment... En réalité, c'est plus long et plus beau !

***Le parc aventure et le sentier énergétique de la Madrisa :*** *idéal pour les familles. Départs du téléphérique de la Madrisa, de juin à mi-oct, 8h15-12h20, 13h30-17h. Tarif : 24 Fs.* Au sommet, un sentier de randonnée de 1h vous apprend à vous ressourcer en huit étapes, vous invite à la méditation et à ressentir l'énergie de l'environnement naturel. Au bout de ce chemin, un nouveau parc aventure, avec cinq activités : tronc d'escalade, câble au-dessus du torrent...

# DAVOS

(7270) 11 130 hab.

**Une véritable ville à la montagne, plus étendue que le canton de Genève, qui enregistre plus de 2 millions de nuitées par an grâce notamment aux congrès qui s'y tiennent toute l'année (il y en a bien d'autres que le *World Economic Forum* qui rassemble, chaque mois de janvier, la fine fleur du capitalisme mondial). Habitée par les Walser (encore eux !) depuis 1280 environ, Davos est devenue au XIXe s un lieu de cure pour dépressifs et tuberculeux. Après le tourmenté Ludwig Kirchner, qui a peint ici ses plus belles toiles, après l'auteur de la *Montagne magique,* Thomas Mann, venu accompagner son épouse, ce sont désormais les snowboardeurs (et parfois un défilé d'hommes d'État) qui font mousser cette station chic et bétonnée. Davos (à 1 560 m d'altitude) s'étire de tout son long (4 km entre Davos-Platz et la sortie de Davos-Dorf, direction Landquart), et ses routes à sens unique vous rendent vite fou quand, au quatrième tour, vous ratez encore une fois la bifurcation pour votre hôtel.**

### NEIGE ÉTERNELLE

*À Davos, depuis 2008, on conserve une partie de la neige sous une épaisseur de sciure de bois. Elle se conserve parfaitement jusqu'en novembre pour être utilisée sur les pistes, avant les premières chutes de neige.*

## Arriver – Quitter

➢ ***En voiture :*** à 10 mn de Klosters, que l'on peut éviter en prenant le tunnel « Sunnibergbrücke » reliant l'Engadine à Davos.

➢ ***En train :*** liaisons ttes les heures par la ligne Landquart-Filisur. D'un de ces terminus, correspondances pour Coire, puis Zurich ou le sud des Alpes.

➢ ***En bus :*** la liaison Davos-Zernez par la Flüela (l'été slt). Le franchissement de ces cols vaut largement un tour en grand 8, même s'il n'y a pas de looping prévu, et au moins, vous ne tournez pas en rond !

## Adresse utile

ℹ ***Destination Davos-Klosters :*** *Talstrasse 41, à Davos-Platz, près du Sportzentrum ; et dans la gare de Davos-Dorf. ☎ 081-415-21-21. • davos.ch • En saison, lun-sam 8h30 (9h sam)-18h (13h-18h à Davos-Dorf), dim 9h-13h. Hors saison, lun-ven 9h-12h, 14h-17h ; sam 9h-17h ; dim 9h-13h.* En été, si vous passez la nuit sur place, demandez la carte *Davos-Klosters Inklusive* : elle donne droit à de nombreux avantages et réductions.



## Où dormir ?

### Chambres chez l'habitant

Nombreuses possibilités *(infos à l'office de tourisme).*

### Bon marché

☗ ***Auberge de jeunesse Davos Youthpalace :*** *Horlaubenstrasse 27,* *à **Davos-Dorf.** ☎ 081-410-19-20. • youthhostel.ch/davos • ♿ Tte l'année. Compter, selon saison et en ½ pens, 36-50,50 Fs/pers en dortoir 4-6 lits et 115-130 Fs pour une double ; ajouter 7 Fs pour les non-membres. Repas 17,50 Fs. Parking payant. 💻 (à la réception).* 📶 Belle vue sur le cirque de montagnes pour les chambres les plus chères. De la double à celle à 6 lits, elles disposent toutes de douche et w-c. Un ancien hôtel (1913) imposant, à l'origine maison thermale devenue sanatorium puis reconverti en AJ, à quelques minutes à pied seulement de la *Parsennbahn* et à proximité des pistes de ski. Bonne ambiance et repas très convenables, ce qui permet de ne pas se ruiner dans les restos de Davos.

### Chic

🏠 🍽 ***ArtHausHotel Quisisana :*** *Platzstrasse 5, Davos-Platz. ☎ 081-410-05-10. • arthaushotel.ch • Congés : de mi-avr à mi-mai et de mi-sept à fin nov. Resto ouv slt déc-avr, mer-dim soir. Compter 140-200 Fs la double en été (plus cher en hiver), petit déj-buffet inclus. Plats 23-46 Fs.* Un 3-étoiles à la façade rouge grenat, couleur chatoyante empruntée à la palette du propriétaire, Diegodo, artiste peintre. Ses toiles contemporaines, gaies et hautes en couleur, s'exposent sur les murs et font de l'endroit un lieu chaleureux, élégant et convivial. Chambres de grand confort et chouette accueil en prime (et en français).

🏠 🍽 ***Turmhotel Victoria :*** *Alte Flüelastrasse 2. ☎ 081-417-53-00. • victoria-davos.ch • ♿ À l'entrée de Davos en venant de Klosters, sur la droite. Doubles 199-289 Fs selon confort, en été, petit déj-buffet inclus. Ajouter 40 Fs/pers pour la ½ pens.* Reconnaissable de loin avec sa tour ronde à toiture de cuivre. Les chambres sont confortables et les supérieures disposent d'un balcon. Salle de sport et sauna au sous-sol... et, à deux foulées de là, le lac, idéal pour un footing matinal ou une promenade romantique. 3 restaurants, dont une brasserie, un *stübli,* où on retrouve les spécialités locales, et un resto international plus classique et raffiné. Excellent accueil.

## Où dormir dans les environs ?

🏠 ***Walserhuus Sertig :*** *à **Davos-Sertig.** ☎ 081-410-60-30. • walserhuus.ch • À une dizaine de km au sud. Tte l'année. Selon saison et confort, doubles 170-300 Fs, petit déj compris. Également des chambres collectives et un dortoir 40-60 Fs/pers.* 📶 Ancienne maison assez simple mais aménagée avec goût. Le jardin du resto est un but d'excursion pour beaucoup de promeneurs.

## Où manger ?

### Prix moyens

🍽 ***Extrablatt :*** *Promenade 90, sous le centre de congrès et le centre thermal Eau-là-là. ☎ 081-413-61-70. En saison, tlj 11h-minuit. Fermé lun-mar hors saison. Congés : mai. Menu du jour à midi en sem 22,50 Fs. Plats env 20-58 Fs, menu 59 Fs le soir slt.* Dans un gros bâtiment d'acier et de béton, un café-restaurant à l'ambiance années 1920, avec une superbe terrasse donnant sur un grand parc. Cuisine raffinée.

🍽 ***Kaffeeklatsch :*** *Promenade 72. ☎ 081-413-30-16. Tlj 07h30-19h). À la carte, 15-30 Fs.* Salon de thé-restaurant vraiment charmant avec ses petits espaces à la déco cosy et ses banquettes en terrasse. Buffet à toute heure de la journée (très bonnes salades, fougasses garnies, pâtes, gâteaux...). Tout est fait maison.

🍽 ***Chalet Velo Park :*** *Flüelastrasse. 📱 079-838-99-22. En entrant à Davos depuis Klosters, suivre à gauche la direction « Flüelapass » ; continuer sur* *quelques centaines de mètres, c'est à droite. Tlj en juil-août 12h-22h. En juin et sept, fermé lun-mar ; ouverture limitée en oct. Pizzas au feu de bois 12-20 Fs, grillades 10-24 Fs.* Peu de touristes dans ce chalet loin du clinquant de Davos. En bordure de rivière, des chaises longues, des hamacs et une grande terrasse pour prendre un verre entre amis et manger une grillade. Pour les plus frileux, il y a aussi une salle fermée, sorte de cabane de cowboy à la déco éclectique et marrante.

### Chic

**Schatzalp :** *au-dessus de Davos-Platz. ☎ 081-415-51-51. On y parvient en funiculaire* (Schatzalpbahn). *Ouv jusqu'à 22h en hiver, 23h en été, 18h à la mi-saison.* Très beau rendez-vous nocturne (en hiver, donc) : vue panoramique sur la mer de lumières de Davos. Spécialités au gril, mais aussi des fondues, et musique d'ambiance. Tout un programme.

## Où boire un verre ?

Si, en été, les nuits ne sont en rien comparables à celles de l'hiver, très chaudes, il reste quelques bars pour patienter en attendant la saison du surf.

**Cabanna Club :** *à l'hôtel* Europe, *Promenade 63, au centre de Davos-Platz. ☎ 081-415-41-41.* Pour les jeunes qui aiment la techno et autres musiques actuelles. Les moins jeunes préféreront le ***Piano Bar Tonic*** *(tlj dès 21h)*, une étape de la tournée des bons pianistes de palaces, ou encore l'***Ex Bar,*** avec sa clientèle qui s'époumone autour de demis de bière et autres sain(t)s breuvages.

**Walhalla Bar :** *Promenade 127. ☎ 081-420-14-77. Mer-dim dès 17h.* Un bar aux sonorités rock, où l'on vient pour se détendre, jouer au baby-foot ou au billard. En été, le week-end, chacun apporte son morceau de viande, et c'est soirée grillade...

**Rotlicht :** *à l'hôtel* Davoserhof, *Berglistutz 2. ☎ 081-414-94-00. Jusqu'à 3h.* *Rotlicht* signifie « lumière rouge » ou, par extension, « quartier chaud », mais ici, c'est plutôt chic, et les descentes en musique de whiskies maltés et de bières brunes remplacent celles de la police.

### Spécial snowboardeurs et sympathisants

**Bolgenschanze, Bolgen Plaza, Cava Davos :** *quelques hauts lieux de la constellation Jakobshorn, qui ne brillent vraiment qu'en hiver, à partir de mi-nov.* Le *Bolgenschanze* s'adresse aux plus jeunes, le *Bolgen Plaza* est le lieu d'après-ski le plus sympa, et aussi le plus bondé, où on danse en Moon Boots. Côté hébergement, des chambres à louer à plusieurs, donc pas très chères, avec des abonnements de ski, au ***Snowboarder's Palace*** (Obere Strasse 45), ou au ***Snowboardhotel Bolgenschanze*** (Skistrasse 1) : mettez-vous à plusieurs aussi pour comprendre les tarifs. Rationnel quand même, un seul numéro d'information : *☎ 081-414-90-20.*

## À voir

Plusieurs musées, 450 km de sentiers balisés, des événements multiples, du Jazz Festival Davos Sounds Good à la Coupe Spengler de hockey, des activités qui vont du curling bavarois (?) au plongeon dans le lac, frisquet.

**Le musée Kirchner :** *Davos-Platz. ☎ 081-410-63-00. • kirchnermuseum.ch • Déc-Pâques et de juil à mi-oct, tlj sf lun 11h-18h ; le reste de l'année, tlj sf lun 14h-18h. Entrée : 12 Fs ; réduc.* La plus grande collection d'œuvres de l'expressionniste allemand Ernst Ludwig Kirchner. Expos temporaires et thématiques en sus. Des toiles bouleversantes, dans le site de leur création, et une intéressante réalisation architecturale : un très beau musée.

**Wintersport Museum** *(musée des Sports d'hiver)* **:** *Promenade 43. ☎ 081-413-24-84. • wintersportmuseum.ch • Slt en hiver et en été, mar et jeu 16h30-18h30. GRATUIT (mais donation souhaitée).* Pour comprendre qu'il n'y a plus grand-chose de comparable entre les premières lattes sans arêtes de l'époque et les actuels snowboards, sauf que ça glisse, encore et toujours. À voir dans la patrie de la fameuse luge en bois de Davos, emblème de l'hiver dans l'imaginaire suisse.

## À faire dans les environs

– ***La luge d'été ou d'hiver*** **:** *à* ***Schatzalp,*** *piste d'été de 600 m. Ouv mai-oct slt, par temps sec. Compter 3,50 Fs la descente ; prix dégressifs en multipliant les passages. Même lieu en hiver mais sur 2,5 km et avec les luges originales.* Les connaisseurs préfèrent une « dévalée » (vocable romand, plus imagé quand même que « descente », surtout prononcé avec l'accent vaudois) en sortant d'un bistrot de montagne une nuit de pleine lune. La fondue leste.

***Le parcours du Weissfluhjoch en*** **mountain bike :** pour les vrais accros de la « dérupitée » (la descente) à vélo, le parcours du Weissfluhjoch-Klosters se veut mémorable : 14 km de longueur pour 1 463 m de dénivellation. Casque obligatoire et signature d'un code d'honneur itou. Davos-Weissfluhjoch avec le funiculaire du Parsenn, Klosters-Davos avec le train *RhB.*

***Le jardin botanique alpin*** **:** *à* ***Schatzalp,*** *à 1 900 m d'altitude. ☎ 081-415-51-51. • alpinum.ch • On l'atteint grâce au funiculaire* (Schatzalpbahn), *qui part ttes les 15-30 mn de Davos-Platz. De mi-mai à mi-nov, tlj 9h-18h. Entrée du jardin botanique : 5 Fs.* C'est une immense zone naturelle que traversent de nombreux itinéraires de promenade. La descente à pied pour retourner à Davos-Platz dure environ 1h.

# LENZERHEIDE-VALBELLA

(7078 et 7077)

**Station de ski plus calme et familiale que ses voisines. C'est aussi, l'été, un cadre somptueux, avec le lac cerné de montagnes aux sommets parfois encore enneigés, des paysages de forêt et d'alpage... Beaucoup y pratiquent le VTT, et les familles partent sur le sentier de Globi, héros de fiction préféré des enfants suisses, qui a sa maison à Lenzerheide.**

## Arriver – Quitter

➢ ***En voiture*** **:** à 20 km au sud de Coire en direction de Saint-Moritz et 45 km à l'ouest de Davos.

➢ ***En bus*** **:** les villages sont tous accessibles par car postal à partir de la gare de Coire.

## Adresses utiles

***Offices de tourisme*** **:** *voa Principala 80, au centre de* ***Lenzerheide*** *(7078). ☎ 081-385-57-00. • lenzerheide.com • Lun-sam 8h30-18h, dim 9h-12h ; en août, fermé sam ap-m et dim. Autre bureau (plus petit) à* ***Valbella.*** Nombreux dépliants thématiques, dont une carte avec les circuits de randonnées pédestres et VTT et un plan des pistes de ski (alpin ou de fond).

## Où dormir ? Où manger ?

### De bon marché à prix moyens

**Jugendherberge Valbella-Lenzerheide :** *voa Sartons, 7077* ***Valbella.*** *☎ 081-384-12-08. • youthhostel.ch/valbella • En venant de Coire, à l'entrée de Valbella (fléché). Bus à 10 mn à pied. Congés : d'avr à mi-juin et de mi-oct à nov. Check-in à 17h (16h l'hiver). En été, chambre 6 lits 37,50 Fs/pers, chambres 4 lits 40-55,50 Fs/pers ; double 122 Fs, petit déj-buffet inclus. Dîner sur résa 17,50 Fs. L'hiver, ½ pens et ski-pass inclus d'office : compter alors env 100-120 Fs/pers. Parking payant.* Notre auberge de jeunesse préférée dans les Grisons, pour son formidable accueil, pour la beauté du lieu et du cadre. Sur le haut de Valbella, la vue embrasse toute la vallée, le lac et les montagnes d'un côté, et l'alpage de l'autre. On a l'impression d'arriver dans un hôtel design : espace lounge avec baies vitrées donnant sur le lac, salle de restaurant et grande terrasse, salle de jeux et jardin avec barbecue. Chambres bien conçues, avec de superbes salles de bains et un mobilier sobre et élégant.

**Forellenstube-Seerestaurant :** *au Heidsee, à deux pas du centre de* ***Valbella.*** *☎ 081-384-11-41. Tlj en saison. Spécialité de truite env 40 Fs, carte de gibier et autres spécialités régionales 18-40 Fs.* Une cabane rustique au milieu du lac, avec une terrasse pour les beaux jours. On y vient pour le cadre, mais aussi pour la qualité de la cuisine, traditionnelle et de terroir. On peut aussi s'y arrêter pour une pause goûter (gâteaux délicieux). Et pour finir, pourquoi pas une balade digestive en embarcation à pédales ?

## À faire

➢ ***Randonnées à VTT :*** de nombreux sentiers spécifiques ont été créés, et Lenzerheide accueille pendant toute la saison estivale de nombreuses manifestations autour du vélo. Dépliants spécifiques disponibles à l'office de tourisme.

# LE CENTRE DES GRISONS



**Le centre des Grisons est une véritable terre de contrastes. Dans le Domleschg, vallée parsemée de châteaux, on cultive la vigne. Deux vallées plus loin, dans l'Avers, les gens habitent bien au-dessus de la limite des arbres : avec ses 2 126 m, Juf est le plus haut village à être habité toute l'année en Europe.**

**Là où jadis l'agriculture assurait un revenu plutôt médiocre, le tourisme est aujourd'hui devenu la source numéro un de revenus. Si l'autoroute du Sud balafre le paysage, on trouve en revanche de nombreux villages où passer des vacances loin de tout remue-ménage. On passe vite, car, comme tant d'autres, on préfère les vallées périphériques, plus exotiques vues de notre versant occidental des Alpes.**

# SPLÜGEN

(7435) 395 hab.

**On vous conseille de découvrir cette vallée en commençant par Splügen car c'est un bel exemple de village grison, avec ses maisons walser, ses *palazzi* et leurs toits en pierre, comme dans les villages voisins du versant sud des Alpes. On y devine la rudesse des hivers, en regardant s'élever le long des façades de chaque maison des réserves de bois impressionnantes. Promenez-vous dans les ruelles étroites, toutes empierrées des galets de la rivière qui traverse le bourg... vous tomberez sous le charme.**

## Arriver – Quitter

➢ ***En voiture :*** par l'autoroute, sortie Splügen ou par l'A 13/E 46.

➢ ***En train :*** par le train direct pour Coire (compter près de 3h depuis Zurich).

➢ ***En bus :*** liaison rapide avec Bellinzone (50 mn) ou Coire (50 mn).

## Adresse utile

ℹ ***Office de tourisme :*** *Bodenplatz 4. ☎ 081-650-90-30. • myviamala.ch • Lun-ven 8h-12h, 13h30-17h30 ; en saison, également sam.*

## Où dormir ? Où manger ?

### De prix moyens à chic

🏠 🍽 ***Piz Tambo :*** *Christina Zinsli. ☎ 081-650-95-95. • piz-tambo.ch • En été, doubles avec sanitaires sur le palier 130 Fs, avec sdb et TV 160 Fs, petit déj inclus. Spécialités grisonnes et plats chauds env 25-30 Fs.* Un petit hôtel sympa et sans prétention pour randonneurs. Très calme car situé en plein cœur du vieux village, avec garage, et jolie terrasse devant le resto pour profiter du paysage alentour. La table est généreuse, et les spécialités locales sont excellentes et copieuses. L'équipe est jeune et souriante, l'ambiance décontractée.

### Chic

🏠 🍽 ***Hôtel Bodenhaus :*** *sur la place principale. ☎ 081-650-90-90. • hotel-bodenhaus.ch • Double 178 Fs, petit déj compris. Dans une dépendance, quelques chambres plus modestes avec lavabo 108 Fs, douche et w-c sur le palier. Plats 24-55 Fs. ½ pens 41 Fs possible.* 📶 Cette imposante bâtisse blanche sur la place principale, à côté de l'office de tourisme, est l'un des plus vieux hôtels du coin, qui a accueilli Napoléon III, Nietzsche et Einstein. Le plafond de la chambre dans laquelle a dormi ce dernier trône désormais dans l'une des 4 salles du resto. Car bien qu'ancien, cet hôtel, admirablement restauré, offre tout le confort d'un 3-étoiles, avec petits salons à chaque étage, piscine au sous-sol, chambres sobres et reposantes. La cuisine est à l'image du lieu, de qualité et raffinée.

## Où camper dans les environs ?

⛺ ***Sut Baselgia :*** *7440* ***Andeer.*** *☎ 081-661-14-53. • camping. andeer@bluewin.ch • À une quinzaine de km de Splügen, en direction* *de Thusis, Coire, à 5 km avt Zillis. Tte l'année. Env 33 Fs pour 2 avec tente.* Ce camping 3 étoiles est situé dans le joli village d'Andeer, à côté des terrains de tennis et de squash, près des thermes de Schams et de sa piscine. Snack avec terrasse proposant une petite restauration à prix doux. Excellent accueil.

## DANS LES ENVIRONS DE SPLÜGEN

**L'église Saint-Martin :** *à* ***Zillis*** *(à 17 km de Splügen). Avr-oct, tlj 10h-17h. Entrée unique avec l'expo du centre communal (mêmes horaires que l'église) : 5 Fs ; réduc.* Église carolingienne, clocher roman et chœur gothique, avec un plafond du XIIe s, remarquablement rénové et considéré comme l'un des plus précieux du monde pour cette époque. Il représente, en 153 tableaux carrés peints sur bois, des scènes religieuses de l'art médiéval, rappelant les enluminures de vieux manuscrits. Une composition absolument époustouflante, qu'on peut aisément observer grâce à un système de miroirs. Une expo permanente analyse ce chef-d'œuvre, au *centre communal (Gemeindezentrum).*

## ENTRE ZILLIS ET THUSIS

**La gorge de Viamala :** *à 5 km en direction du San-Bernardino. ☎ 081-651-13-83. Fermé nov-mars. Tlj 8h-19h (avr et oct 9h-18h). Accès : 6 Fs ; réduc.* Des escaliers (321 marches taillées dans le roc) mènent au fond de la gorge où coule le Rhin postérieur (qui, vous l'avez deviné, conflue avec le Rhin antérieur pour former le Rhin). Un pont suspendu construit en 1996 a été détruit 3 ans plus tard et remplacé par un autre pont, plus sûr, en 2005. Les marmites glaciaires, creusées pendant des siècles par un gros caillou pris dans un tourbillon, sont uniques en leur genre. Ne vous contentez pas de descendre dans la gorge, mais promenez-vous dans toute la Viamala.

➢ ***Un itinéraire pédestre*** part de Thusis ou de Sils. Et plus d'une dizaine de cars postaux relient tous les jours Thusis et Zillis, avec arrêts intermédiaires, dont la Viamala. C'est, de loin, le meilleur moyen d'effectuer un circuit dans ce « mauvais chemin » (c'est ce que signifie *Viamala*). À certains endroits, le passage se resserre tellement qu'il réduit le lit du Rhin à quelques mètres seulement. Compter environ 3h de marche pour le tronçon le plus intéressant.



## BERGÜN (BRAVUOGN) (7482) 475 hab.

**Bergün est surtout connu pour ses descentes en luge ; c'est aussi un village plein de charme, si typique avec ses maisons ornées de sgraffites qu'il a régulièrement servi de cadre pour des films, dont le plus célèbre est sans doute le dernier *Heidi* tourné en noir et blanc.**

### Arriver – Quitter

➢ ***En voiture :*** belle route cantonale via Tiefencastel et Filisur. Prévoir 30 mn au départ de Thusis.

➢ ***En train :*** les trains directs entre Coire et l'Engadine s'y arrêtent ttes les heures.

## Adresse utile

🛈 ***Office de tourisme :*** *Plazi 2. ☎ 081-407-11-52. • berguen-filisur.ch • Lun-sam 9h-17h.* Personnel très dynamique et bonne documentation. Tout un programme d'activités est proposé, avec chaque jour des visites très terroir (fabrique de fromages de chèvre, notamment).

## Où dormir ? Où manger ?

### Prix moyens

***Piz Ela :*** *Vega Megstra 87. ☎ 081-407-23-23. • pizela.ch • À 50 m de l'office de tourisme. Congés : nov. Doubles 140-180 Fs selon confort et saison, petit déj compris. Plats 16-30 Fs.* Une grande bâtisse rose aux murs épais pour un hôtel plein de vieux meubles en bois peints à la main et d'objets d'autrefois : traîneau dans un couloir, tableaux et pots de faïence comme chez mère-grand. Ça vaut la peine de voir plusieurs chambres avant de choisir la sienne. Plein d'attentions pour les enfants.

***Kurhaus Bergün :*** *Puoz 112. ☎ 081-407-22-22. • info@kurhausberguen.ch • kurhausberguen.ch • À 100 m de l'office de tourisme. Congés : de mi-avr à mi-mai et nov. Doubles 150-210 Fs selon saison et confort, petit déj inclus. Plats 16-20 Fs.* L'hôtel, construit en 1906, ravira les fans d'Art déco : du vestibule à la salle à manger, en passant par les chambres et leur mobilier, tout vous ramènera à l'époque où on venait ici en cure, respirer l'air pur. Les prix du resto sont doux, pour permettre à tous, et notamment aux familles, de profiter de ce beau lieu de séjour. Location d'appartements.

## À voir. À faire à Bergün et dans les environs

***Ortsmuseum :*** *à côté de l'hôtel* Piz Ela. *☎ 081-407-11-52. Ouv de mi-juin à fin oct, mer-jeu et w-e 14h-17h30, ainsi que mer et ven 18h30-21h. Entrée : 5,50 Fs ; réduc.* Ce musée présente une collection d'objets illustrant la vie dans ces montagnes grisonnes aux siècles derniers, mais surtout une maquette au 1/87 du train d'Albula circulant dans les paysages entre Preda et Bergün, qui fonctionne le jeudi de 16h à 17h30 et le mercredi de 19h30 à 21h.

***Randonnées :*** au départ de Bergün ou de Preda. Notamment le minitrek, qui vous mène au-delà de l'Albula jusqu'à Madulain ou, par Fuorcla Crap Alv, au val Bever. Sacrées montées et descentes garanties, mais la fierté d'avoir franchi l'Albula seul et le plaisir de revenir en train viendront récompenser cet effort. Compter 6h de marche. Pour les costauds, un itinéraire mène aussi de Stuls à Davos, en 7h. Et pour ceux qui n'ont pas envie de transpirer, le joli petit lac de Palpuogna, juste après Preda, où l'on peut venir faire ses grillades, avant ou après en avoir fait le tour (20 mn).



# LE COL DE L'ALBULA

**Même s'il y a, dans les Grisons, des dizaines de cols qui méritent le détour, en haut des virages, et même s'il faut, une fois encore, oublier ces maudits pylônes électriques, celui-là est un de nos favoris. L'Albula est le plus ouvert : allez savoir pourquoi, le ciel est plus grand ici, le relief impressionnant**

**d'immensité plutôt que de tourment. Ouvert en été seulement, ce col est bien plus beau que le Julier voisin, pour se rendre en Engadine. Et la route n'est pas plus longue, sauf si l'on s'arrête en chemin...**

## Où manger ?

**🍽 *Hospice de l'Albula :*** ***Bergün/Bravuogn*** *(7482).* ☎ *081-407-12-96.* • *info@albulahospiz.ch* • *Ouv à partir du 15 juin et tant que dure la « saison sans neige ». Résa conseillée. Plats 12-40 Fs.* Bonne petite cuisine bien mijotée qu'on est bien heureux de trouver ici, à 2 315 m d'altitude.

# L'ENGADINE ET LES VALLÉES DU SUD



**Depuis les débuts du tourisme individuel, l'Engadine a attiré bon nombre de poètes, penseurs, peintres et musiciens... L'Engadine se divise en deux parties. La haute Engadine est la partie la plus huppée. Un bon exemple en est... Saint-Moritz. Mais il y en a d'autres, comme Sils ou Silvaplana. Bon, ne fuyez pas pour autant : il n'est pas impossible de loger et de se nourrir dans les environs à des prix corrects, et de recevoir un sourire, surtout si vous saluez les gens du coin d'un *Allegra* plutôt que d'un *Grüezi.***

**La basse Engadine est restée plus tranquille, bien que le tourisme y joue aussi un rôle économique important. C'est là que se trouvent les plus beaux villages et, en haut, les plus beaux paysages. Baladez-vous donc, d'autant que les villages sont proches les uns des autres et que vous êtes dans la prairie des petits trains rouges et des autocars jaunes.**

**Quelle que soit la partie de l'Engadine visitée, vous serez étonné par l'architecture des maisons et leurs ornements, les *sgraffites,* vrais graffitis à la mode des maçons soigneux d'antan ou rapides peintures modernes. Demandez à un habitant de vous expliquer la technique et les motifs : ça aidera à établir le contact.**

**Notre visite se déroulera de la frontière italienne, à l'ouest (val Bregaglia), à la frontière autrichienne, à l'est (basse Engadine).**



## LE VAL BREGAGLIA

1 600 hab.

**La plus petite vallée italophone des Grisons (à peine 20 km entre le col de Maloja et Castasegna) est bordée de mélèzes et de châtaigniers. Ce n'est plus le Nord, même si c'est encore la montagne. Partout, des hameaux, tous aussi beaux les uns que les autres, avec leurs maisons patriciennes aux toits**

**d'ardoises côtoyant de plus humbles demeures paysannes. Des villages de tailleurs de pierre, des prix très corrects et un accueil chaleureux.**

## Arriver – Quitter

➢ ***En voiture :*** en descendant la très sinueuse route de la Maloja, depuis Silvaplana.

➢ ***En bus :*** le car postal dessert Maloja (ttes les heures en été) au départ de Saint-Moritz ou de Chiavenna, en Italie. Quelques-uns continuent vers Castasegna, où attendent des correspondances pour Lugano. Pour Soglio, prendre une petite ligne à Promontogno.

## Adresse utile

ℹ ***Office de tourisme :*** *à* ***Stampa,*** *au milieu de la vallée. ☎ 081-822-15-55. • valbregaglia.ch • Lun-ven 9h-11h30, 14h-17h30. Autre bureau à* ***Soglio*** *en été : ☎ 081-822-17-49. Mêmes horaires, mais ouv le w-e.* Doc très complète.

## Où dormir ? Où manger ?

### De prix moyens à chic

🏨 🍽 ***Hôtel-restaurant Stüa Granda :*** *7610* ***Soglio.*** *☎ 081-834-03-33. • stuagranda.ch • À l'entrée du village, au-dessus du parking obligatoire. Doubles 120-160 Fs selon saison et confort, petit déj compris. Au resto, plats 34-40 Fs.* Un petit hôtel de 10 chambres, avec une très bonne table. La vue depuis la terrasse est superbe : on surplombe la vallée et on tutoie presque les sommets, avec vue imprenable sur la plus grande forêt de châtaigniers d'Europe. Accueil chaleureux et ambiance décontractée.

# À voir

Les villages de la vallée, et notamment :

***Soglio :*** situé sur une terrasse au-dessus de la vallée, avec vue sur d'extraordinaires aiguilles de roche éruptive, paradis des varappeurs. Belles maisons de maître.

***Coltura :*** il faut voir le *château* que le baron Giovanni de Castelmur fit construire au milieu du XIX^e s. *☎ 081-822-15-54. • palazzo-castelmur.ch • Ouv 1^er juin-20 oct, tlj sf lun 14h-17h ; 15 juil-15 sept, 11h-17h. Prix : 8 Fs ; réduc.* On le croirait sorti d'un conte de fées gothico-mauresque, avec ses façades rouges à damier et son intérieur richement meublé et truffé de peintures en trompe-l'œil.

***Stampa :*** patrie du sculpteur Alberto Giacometti, fils célébrissime du peintre Giovanni. C'est ici aussi, dans la très belle *Ciäsa Granda* (1580), que se visite le ***musée du Val Bregaglia,*** doté de toiles d'Augusto Giacometti et de sculptures d'Alberto ! *☎ 081-822-17-16. • ciaesagranda.ch • 1^er juin-20 oct, tlj sf mar : 11h (14h en juin)-17h. Prix : 8 Fs ; réduc.* Dans le chœur de l'*église San Pietro* (milieu du XVIII^e s), encore une œuvre d'Augusto Giacometti, ainsi que dans l'*église Saint-Georges* de Borgonovo.

## À faire

***La Panoramica :*** les passionnés se renseigneront pour la varappe et les sommets glacés, mais même les paresseux devraient se lancer dans cette randonnée panoramique. De *Casaccia,* tout en haut, à *Soglio,* tout en bas, cette balade en pente douce, qui remonte un brin par instants, surplombe les villages. Compter 5h de marche en suivant les panneaux rouge et blanc.

# MALOJA (7516)

**Au tout début de l'Engadine, ou juste à la fin du Haut-Plateau, Maloja est un col plat : enfin, d'un côté, celui des lacs, car de l'autre, la route plonge brutalement le long d'une vallée très encaissée, le val Bregaglia. Lieu de passage depuis les Romains, résidence de Giovanni Segantini, le peintre dont vous ne cesserez d'entendre parler dans tous ces villages, Maloja n'est pas devenu un deuxième Monte-Carlo, comme le souhaitait un de ses amoureux au XIXe s, un comte... belge.**

## Arriver – Quitter

➢ ***En voiture :*** route cantonale.
➢ ***En bus :*** car postal de Saint-Moritz jusqu'au fond du val Bregaglia, ainsi que les *Engadin Bus* de Saint-Moritz jusqu'à Maloja ttes les heures.

## Adresse utile

***Office de tourisme :*** *☎ 081-824-31-88. • engadin.stmoritz.ch/maloja • Lun-ven 9h-12h, 14h-17h ; en saison, également sam 9h-12h, 14h-18h et dim 16h-18h.*

## Où dormir ?

### Camping

***Camping Maloja :*** ***Plan Curtinac,*** *sur la rive sud du lac. ☎ 081-824-31-81. • camping-maloja.ch • Juin-sept. Env 35 Fs pour 2 avec tente et voiture. Restauration bon marché.* Un site très sauvage, entre ciel, eau, montagne et forêt. Parfois complet en été... pour les automobilistes, car on nous a promis qu'on ne renvoyait pas ceux qui arrivaient à pied. Spécialités de pizzas le soir à partir de 18h. Assiette de spécialités grisonnes bio. Excellent accueil, cool et souriant.

## À faire

***Randonnée à la source de l'Inn :*** une balade d'une haute dimension symbolique. Près du col de Lunghin se trouve la triple ligne de partage des eaux. La Julia se jette dans le Rhin et donc dans la mer du Nord, la Maira rejoint le Pô et donc l'Adriatique, et l'Inn, que vous retrouverez tout au long de l'Engadine, part vers le Danube et la mer Noire. Il est possible de prolonger jusqu'au col de Septimer pour redescendre sur Casaccia, puis retour en car postal. Compter 3h30 de marche.

**Les marmites glacières et la tour Belvédère :** la plus grande concentration de marmites glacières en Europe se trouve à Maloja. Elles ont été mises au jour lors de la construction du château Belvédère en 1884, et on en compte à ce jour 36. Une petite balade vous permettra de les découvrir. Terminez votre circuit par la visite de la *tour Belvédère* *(tlj juin-oct, 10h-17h),* où se trouve une exposition permanente gratuite sur l'histoire naturelle de Maloja : géologie, faune, flore...

# SILS

(7514) 740 hab.

**Sils et ses deux hameaux jumeaux (Maria et Baselgia) sont posés dans la haute Engadine comme un joyau dans son écrin. Nietzsche ne disait-il pas de ce village qu'il était « le coin le plus adorable de la terre » ? Invitez-vous le temps d'un repas à l'hôtel *Waldhaus,* qui surplombe Sils ; cet incroyable palace rococo est un symbole monumental du mode de vie de la Belle Époque.**

## Arriver – Quitter

➢ ***En voiture :*** route cantonale.
➢ ***En bus :*** car postal de Saint-Moritz jusqu'au fond du val Bregaglia circulant ttes les heures. Un car de nuit vous permet d'accéder facilement à Saint-Moritz, jusqu'à 2h30 du matin.

## Adresse utile

***Office de tourisme :*** *à Sils-Maria, dans la maison communale* (Gemeindehaus). ☎ *081-838-50-50.* • *engadin.stmoritz.ch/sils* • *Lun-sam 9h-12h, 13h (14h sam)-18h ; dim 16h-18h.*

## Où dormir ? Où manger ?

### De chic à très chic

***Hôtel Seraina :*** *dans la rue principale, à Sils-Maria.* ☎ *081-838-48-00.* • *hotel-seraina.ch* • *En été, doubles standard 154-218 Fs, petit déj compris ; plus cher en hiver. ½ pens possible. Menus 26 Fs le midi et env 40 Fs le soir.* Une adresse très fleurie : du jardin débordant de couleurs et de variétés jusqu'aux murs décorés de sgraffites, de fleurs peintes sur les coffres et les armoires, c'est un petit hôtel typique, au mobilier traditionnel en bois clair. Les chambres sont spacieuses et les espaces communs très joliment arrangés. Côté resto, une carte variée, avec les incontournables spécialités grisonnes, à déguster aux beaux jours, sur la terrasse au 1er étage. Excellent accueil.

***Hôtel Waldhaus :*** *sur les hauteurs de Sils-Maria.* ☎ *081-838-51-00. Tlj juin-fin oct. Plats 26-36 Fs le midi en sem, 37-62 Fs soir et w-e.* Si les chambres sont inaccessibles, la table, elle, reste (presque) abordable et permet de s'inviter dans un lieu magique, où l'on pense toucher à la perfection. Claude Chabrol y a tourné une partie du film *Rien ne va plus* en 1997 avec Isabelle Huppert et Michel Serrault, et l'hôtel sert de cadre à une partie du très beau roman d'Hedi Kaddour : *Waltenberg.* C'est luxueux mais ça demeure convivial. À voir absolument, la très belle bibliothèque et ses superbes écritoires.

## À voir

*La maison de Nietzsche : près de l'*Hôtel Edelweiss*, à Sils-Maria. ☎ 081-826-53-69. • nietzschehaus.ch • Tlj sf lun 15h-18h. Fermé de mi-avr à mi-juin et de mi-oct à fin déc. Entrée : 8 Fs ; réduc. Visite guidée sur résa mer à 11h ; 18 Fs.* Visite fort intéressante et complète, mais uniquement en allemand ! Un peu de l'univers du grand philosophe, qui passa quelques étés ici de 1881 à 1888 et où il rédigea une partie de son célèbre *Ainsi parlait Zarathoustra.* Friedrich, de santé fragile, appréciait le climat de Sils, l'un des rares qui lui fussent bénéfiques.

## À faire

– ***Concerts, pièces de théâtre, lectures, conférences*** et ***expositions*** sont régulièrement organisés toute l'année. Renseignements à l'office de tourisme. Balades organisées suivant les itinéraires de Nietzsche parce que les « grandes idées naissent au grand air, en se mouvant librement ».

***Le val Fex :*** en partant de la place de Sils-Maria, un chemin pédestre passe à travers la gorge et monte raide vers Platta, Crasta et encore Curtins. De jolies prairies et la possibilité de commencer en omnibus à cheval pour les romantiques et/ou paresseux du mollet *(départs 5 fois/j. ; compter 15 Fs/pers l'aller jusqu'à Crasta – ça monte ; résas : ☎ 081-826-52-86).*

# SILVAPLANA (7513) 970 hab.

**Le village doit son nom à une petite forêt de pins qui s'étendait jadis au-dessous du village, vers le bord du lac, situé à 1 800 m d'altitude et où souffle un vent de vallée régulier : la *maloja*. Aujourd'hui, la route et les embouteillages de windsurfeurs rendent les rives moins paisibles, mais quel régal pour les yeux quand voiles fluo et cerfs-volants par centaines se pourchassent sur fond vert-bleu ! Voilà qui tranche avec le romantisme de rigueur dans la région.**

## Arriver – Quitter

➢ ***En voiture :*** route de montagne du col du Julier ou route nationale de Saint-Moritz.

➢ ***En bus :*** cars postaux de Saint-Moritz.

## Adresse utile

***Office de tourisme :*** *via Maistra. ☎ 081-838-60-00. • engadin.stmoritz.ch/silvaplana • En saison, lun-ven 8h30-12h, 14h-18h et sam 9h-12h, 16h-18h (hiver, ouv dim 16h-18h) ; hors saison, fermé le w-e.*

## Où dormir ? Où manger ?

À moins d'être fan de glisse dès l'aube glacée, on vous conseille de loger ailleurs dans la vallée : de Maloja à Samedan, vous trouverez moins cher et pas bien loin des lacs quand même.

### Camping

***Silvaplana :*** *via da Bos-Cha, à côté du lac. ☎ 081-828-84-92. • campingsilvaplana.ch • De mi-mai à mi-oct.*

LES GRISONS

*Pas de résas. Compter 30 Fs pour 2 avec petite tente ; avec voiture, 10 Fs de plus : garez-vous ailleurs ! Pizzeria avec des plats autour de 20 Fs.* En bordure de lac (et de route) ; on y est plutôt entassés ! Beaucoup de véliplanchistes, dont les combis sèchent au vent entre les sapins épars. Moins bien que celui de Maloja.

### Chic

🏠 |●| ***Hôtel Julier P(a)lace :*** *au centre du village. ☎ 081-828-96-44. ● julierpalace.com ● Compter en été 250-270 Fs pour 2 pour les chambres les moins chères... Menu à midi 45 Fs, plats env 25-50 Fs. Parking gratuit.* C'est une vache blanche qui vous accueille à l'entrée de cet hôtel très tendance, avec des couleurs vives, des meubles en fer forgé design pour les plus belles chambres, un espace Internet et jeux vidéo, un bar animé, un resto branché... Au final, un hôtel pas donné mais très sympa, tenu par une équipe jeune et dynamique.

## Sports nautiques

– ***Planche à voile :*** les lacs de haute Engadine, sous l'influence permanente de brises régulières et fortes, sont très prisés des véliplanchistes. Mi-août se déroule une fameuse régate de planche à voile et de kitesurf. Au *Centre de surf (☎ 081-828-93-64 ; ● windsufring-silvaplana.ch ●)*, de juin à mi-septembre, débutants et avancés peuvent louer un équipement (combinaison et chaussures indispensables vu la température de l'eau). Le cours pour débutants dure 2 jours. Snack bien sympa ouvert à tous, avec de petits prix et un café internet.

# SAINT-MORITZ (SANKT MORITZ)

(7500) 5 150 hab.

**L'une des stations de ski les plus connues en Europe, voire au monde. Le genre de situation qui ne pousse pas ses responsables à se préoccuper des petits budgets. Aussi, nous vous conseillons fortement de vous éloigner un chouia pour loger à Celerina : c'est plus charmant et nettement moins cher... et puis des bus font régulièrement la navette jusqu'à 2h30 du matin entre les deux communes.**
**La partie haute de Saint-Moritz (Dorf) est la plus snob. La partie basse (Bad), près du lac, est assez bétonnée, mais l'ambiance y est moins coincée.**

## Arriver – Quitter

➢ ***En voiture :*** du col de Maloja (Italie) ou du Julier (centre des Grisons).
➢ ***En train :*** les rames des *RhB* partent ttes les heures de Coire et arrivent 2h plus tard à Saint-Moritz.
➢ ***En bus :*** liaisons en car postal via les cols de Maloja et du Julier.

## Adresse utile

ℹ ***Office de tourisme :*** *via Maistra 12, au centre de Sankt Moritz-Dorf. ☎ 081-837-33-33. ● engadin-stmoritz.ch ● De juin à mi-oct et de déc à mi-avr, lun-sam 9h-18h30 (18h sam) ; le reste de l'année, lun-ven 9h-12h, 14h-18h et sam 9h-12h.*

## Où dormir ? Où manger ?

### Camping

⛺ ***Olympiaschanze :*** *à 1 km de la sortie de Saint-Moritz, en direction de Maloja. ☎ 081-833-40-90. • tcs.ch • Fin mai-fin sept. Selon saison, env 34-40 Fs pour 2 avec petite tente. Loc de caravanes 2-4 pers.* Un joli snack à l'entrée, un accueil souriant et un site superbe : une vaste clairière entourée de sapins. Cuisine d'été à disposition, espace pour les tout-petits et nombreuses animations.

### De bon marché à prix moyens

***Auberge de jeunesse :*** *via Surpunt 60, à Sankt Moritz-Bad. ☎ 081-836-61-11. • youthhostel.ch/st.moritz • Tte l'année. Arriver à partir de 17h. Nuitée env 50-60 Fs/pers en dortoir 4 lits, doubles 104-206 Fs selon confort. Dîner 18,50 Fs. Parking 7 Fs.* Située à l'orée de la forêt (à 15 mn à pied du centre du bourg), cette très grosse AJ, dans un bâtiment moderne tout en bois, propose pas moins de 300 places, soit en dortoirs de 4 lits avec lavabo, soit en chambres doubles avec salle de bains partagée ou privée. Déco tendance ; bien équipée et spacieuse. Location de vélos.

***Hôtel Stille :*** *via Surpunt 58. ☎ 081-833-69-48. • hotelstille.ch • Selon saison, doubles avec sdb (semi-privée) 118-218 Fs, petit déj-buffet compris. Possibilité de ½ pens en saison. Parking gratuit.* Juste à côté de l'AJ, un hôtel moderne et fonctionnel, tout simple, d'un rapport qualité-prix difficile à battre. Les sanitaires sont partagés entre 2 chambres. Également des studios avec cuisine *(à partir de 218 Fs pour 2)* qui valent le coup, vu les prix affichés dans les restos du coin !

***Bar-restaurant La Stalla :*** *plaza dal Mulin 2. ☎ 081-837-58-59. Tlj 18h-1h. Plats 15-41 Fs.* Bar et terrasse en rez-de-chaussée où on peut grignoter, et salle de resto à l'étage. Belle ambiance et cuisine à prix doux pour Saint-Moritz.

### De chic à très chic

***Waldhaus am See :*** *via Dim Lej 6. ☎ 081-836-60-00. • info@waldhaus-am-see.ch • Petite carte 16-22 Fs, plats de viande 40-60 Fs.* On ose à peine entrer dans ce simili-château fièrement perché au-dessus du lac de Saint-Moritz... Et pourtant, sa carte réserve une belle surprise : des plats abordables, façon raviolis, rösti ou risotto (aux champignons de saison, par exemple), servis sans sourciller au côté des viandes et poissons nettement plus chers. Superbe carte des vins. Pour patienter ou en after, la maison abrite le bar à whisky le mieux approvisionné du monde (voir plus loin « Où boire un verre ? »).

## Où dormir ? Où manger à Celerina ?

### De bon marché à prix moyens

***Hôtel Innlodge :*** *via Nouva 3. ☎ 081-834-47-95. • innlodge.ch • À 200 m en contrebas de l'office de tourisme. Résa très conseillée. Doubles avec douche et w-c 156-196 Fs selon saison, petit déj inclus ; 58-66 Fs/pers en dortoir 4-8 lits. Parking gratuit.* Un établissement récent, aux chambres modernes, simples et fonctionnelles. Accueil très pro et tarifs adaptés à toutes les bourses : une bénédiction dans ce secteur.

***Zur Alte Brauerei :*** *via Maistra 60. ☎ 081-832-18-74. • alte-brauerei.ch • À l'entrée du village sur la gauche, un énorme alambic de cuivre signale l'entrée. Résa très conseillée. En dortoir 4 lits 60-72 Fs/pers ; doubles 130-156 Fs en été, petit déj compris. Possibilité de ½ pens.* Une ancienne brasserie aux volumes imposants, qui abrite des chambres et des dortoirs impeccables. Jeux pour enfants, sauna, baby-foot, billard, lave-linge, coin TV et grand resto-bar.

### De chic à très chic

**Hôtel Misani :** *via Maistra. ☎ 081-839-89-89. • hotelmisani.ch • Sur la rue principale du village, près de l'Alte Brauerei. En été, doubles 170-290 Fs pour les plus classiques* (basic), *250-350 Fs pour celles de style, petit déj inclus. Réduc importantes sur Internet.* Bâtisse à la haute façade rouge aménagée de façon très contemporaine. Pour les inconditionnels du charme rustique des maisons suisses, quelques chambres sont restées classiques, et pour les voyageurs chaque chambre devient une destination : Asie toute rouge, Casablanca la blanche, Savannah aux tons fauves... 3 restos vous font aussi parcourir la planète au travers des saveurs du monde.

## Où boire un verre ?

**Waldhaus am See – Devil's Place :** *via Dim Lej 6. Tlj à partir de 16h.* Quelque 2 500 sortes de whiskies ! Le *whisky-bar* le mieux fourni au monde, au dire de certains. Quoi qu'il en soit, le paradis pour les amateurs ! En juillet 2017, un riche Chinois a déboursé 9 999 Fs pour déguster un whisky de... 1878 !

## À voir

**Le musée Segantini :** *via Somplatz 30. ☎ 081-833-44-54. • segantini-museum.ch • Ouv 20 mai-20 oct et 10 déc-20 avr tlj sf lun 10h-12h, 14h-18h. Entrée : 10 Fs ; réduc.* Le musée expose le travail de Segantini, des esquisses au triptyque *Werden-Sein-Vergehen.*

# SAMEDAN

(7503) 2 980 hab.

**Un chef-lieu qui a gardé quelques vieilles ruelles et belles maisons, une ambiance beaucoup moins bling-bling que chez les voisins, et de curieux bains... verticaux !**

## Adresse utile

**Office de tourisme :** *Plazzet 21. ☎ 081-851-00-60. • engadin.stmoritz.ch/samedan • Lun-sam 8h45-12h, 13h30-18h (14h-18h sam et hors saison). Visites guidées gratuites du village en été, ts les mer. Départ à 16h de l'office de tourisme.*

## Où dormir ? Où manger ?

### Camping

**Camping Gravatscha :** *plazza Aviatica 27, 7503. 076-253-77-36. • camping-gravatscha.ch • Suivre les directions pour l'aérodrome ; c'est au-delà, tt au bout de la piste. Tte l'année. Camping 35-38 Fs pour 2 pers avec tente et voiture ; bungalows 180-240 Fs (min 3 nuits).* On s'y installe sous de grands sapins, avec un coin réservé pour les tentes à l'arrière... en retrait de la piste d'atterrissage de l'aérodrome de Saint-Moritz ! Rassurez-vous, les vols sont peu nombreux. Les bungalows, en bois, design, sont un peu proches mais superbes, tout en bois clair. Laverie. À l'entrée, le resto *Piste 21* *(fermé de mi-oct à début déc)* propose bons rösti, pizzas, veau à la polenta et autres plats locaux à prix raisonnable dans un cadre tout aussi épuré et agréable. Belle terrasse en été.

### De chic à très chic

**Hôtel Restorant Central :** *à 200 m de la place principale. ☎ 081-852-52-47. • central-samedan.ch • Resto fermé mar. Congés : mai et nov. Chambres 160-180 Fs selon confort ; studios 140-160 Fs. Plats 27-40 Fs.* Une chouette maison engadinoise, avec un resto sous des voûtes bien rénovées, qui propose différentes sortes de röstis et de très bons raviolis. Belles petites chambres doubles très cosy et charmants studios tout équipés. Accueil agréable.

**Hôtel Donatz – Restaurant La Padella :** *Plazzet 15 ; à 200 m de l'office de tourisme. ☎ 081-852-46-66. • hoteldonatz.ch • Resto fermé lun et mar midi. Congés : mai. En été, doubles 195-265 Fs. Le midi mer-sam, plats env 20-30 Fs ; le soir, env 25-56 Fs.* Un établissement renommé pour la qualité de sa cuisine, de son accueil et le confort de ses chambres.

## À faire

– ***Les bains thermaux*** (Mineral & Spa Samedan) **:** *San Bastiaun 3. ☎ 081-851-19-19. • mineralbad-samedan.ch • Dans le centre. Lun-sam 10h (13h lun)-20h30. Entrée : 38 Fs ; 16 Fs 7-14 ans.* Très originaux : les premiers bains verticaux de Suisse, une enfilade de petites pièces et de bains qui font de ce lieu un labyrinthe étonnant. On finit le parcours dans une piscine en plein air, sur le toit du bâtiment, avec vue sur le clocher de l'église ! À expérimenter, ne serait-ce que pour l'architecture.

– ***Marché*** coloré chaque mardi matin en été. Beaucoup de spécialités locales.

## DANS LA RÉGION DE SAMEDAN

C'est ici qu'on vous indique les plus belles randonnées de haute Engadine, même si elles s'effectuent au départ de Pontresina.

***Le val Roseg :*** il est si fréquenté qu'il faut réfléchir à la priorité entre cyclistes, skieurs de fond en hiver, promeneurs, joggeurs et chevaux. Les adeptes de la nature sauvage n'ouvriront les yeux qu'après le restaurant *Roseg Gletscher* *(☎ 081-842-64-45)* pour entreprendre de vraies et superbes randonnées le long du glacier et des deux côtés du val. Les autres pourront succomber à leur gourmandise au buffet de desserts. Et au charme, quand même, d'un retour en fiacre (d'accord, aujourd'hui il s'appelle omnibus, et vous y êtes au moins huit). *Résas : 078-944-75-55. Prix variable selon nombre de passagers.*

***Promenade vers le glacier de Morteratsch :*** sur la route de la Bernina, la vallée qui succède au val Roseg, accessible à pied depuis Pontresina, commune dont elle fait partie, ou en voiture ou encore en car postal. Une belle promenade explique aux enfants et aux plus grands ce que représente le recul des glaciers. Vous marchez et vous passez devant des panneaux explicatifs vous indiquant à quelle époque, récente, vous auriez glissé sur de la glace. Resto au départ ou à l'arrivée.

***Randonnées à partir de Muottas Muragl ou de l'Alp Languard :*** à flanc de montagne, vous trouverez ici les plus beaux chemins de l'Engadine, presque en plat, à plus de 2 000 m d'altitude. Des balades qui surplombent les trois lacs, face aux neiges éternelles. De nombreux panneaux vous guident.

Allez, voici quand même quelques détails pour vous mettre en jambes. La version minimaliste, c'est la montée en funiculaire à ***Muottas Muragl*** *(la station de base se trouve entre Pontresina et Samedan, sur la route du car postal ; ☎ 081-842-83-08 ; 1 départ ttes les 30 mn de début juin à mi-oct ; env 35 Fs A/R)* pour rejoindre l'***Alp Languard*** en voie directe et redescendre en télésiège. Ou l'inverse, le dernier télésiège descendant à 17h15, le dernier funiculaire à 23h. Avec, en plus, un bon bistrot de montagne à l'Alp et un autre encore à mi-chemin, pour ceux qui se la coulent vraiment douce. Compter 2h30 de marche. On peut aussi monter et descendre en funiculaire pour déguster un coucher de soleil avec fondue dans l'hôtel-resto panoramique de Muottas Muragl *(☎ 081-842-82-32)* qui surplombe toute la haute Engadine. Troisième resto d'altitude, donc, et il y en a qui s'étonnent de la célébrité de cette région...
Enfin, il est fortement conseillé de grimper (en 2h) jusqu'à la ***cabane Segantini,*** du nom du peintre qui, décidément, savait choisir ses résidences. C'est là-haut qu'il est mort. Et c'est vraiment sublime, en vrai comme en art.
Une dernière proposition, le ***sentier de sensibilisation aux problèmes climatiques*** qui s'étend sur 9 km de Muottas Muragl à la hutte de Segantini, en passant par le val Muragl, jusqu'à l'Alp Languard, présente en 18 panneaux les effets des changements climatiques et ses dangers.

# LE VAL POSCHIAVO

**Une vallée latérale qui descend du col de la Bernina (à 2 328 m) au bourg de Tirano (à 419 m), déjà de l'autre côté de la frontière italo-suisse. Dans les deux communes de *Poschiavo* et de *Brusio* habitent près de 5 000 italophones. On passe donc des neiges éternelles aux vignes de la Valteline en moins de 25 km. Autant dire que la descente décoiffe et que la montée tasse l'estomac ! Un bon conseil, laissez votre voiture en Engadine et faites le voyage en train : le passage du col, avec vue sur les glaciers du Piz Bernina et du Piz Palü, est vraiment inoubliable.**

## Arriver – Quitter

➢ ***En voiture :*** splendide route de montagne depuis Pontresina. Le col de la Bernina est une aventure en hiver (chaînes souvent obligatoires), mais l'été on circule sans problème.

➢ ***En train :*** départs de Samedan ttes les heures en saison d'été ou d'hiver. Superbe trajet avec vue imprenable sur les glaciers.

## Adresse utile

ℹ ***Office de tourisme :*** *dans la gare, 7742* ***Poschiavo.*** *☎ 081-844-05-71. • valposchiavo.ch • Juil-oct, tlj 8h-18h ; l'hiver, tlj 9h-12h, 14h-17h.*

## Où dormir ? Où manger ?

### Camping

⛺ ***Boomerang :*** *7745* ***Li Curt.*** *☎ 081-844-07-13. • camping-boomerang.ch • Entre Poschiavo et Le Prese. Avr-oct. Env 33 Fs pour 2 avec tente et voiture. Dortoir 25 Fs/pers.* Un camping rénové et bien tenu, qui laisse à disposition un coin cuisine et un coin repas bien agréable. Jeux pour enfants, kiosque et bar.

### De prix moyens à chic

**Foppoli :** *via Cimavilla 5, 7742* ***Poschiavo.*** *☎ 081-844-04-95. À l'entrée nord, avt le pont. Plats 17-35 Fs.* Une adresse réputée pour ses excellents *pizzoccheri,* une spécialité des montagnes italiennes : c'est un genre de tagliatelles de sarrasin cuisinées au beurre et au fromage, avec quelques légumes pour faire bonne mesure. Parts généreuses. Une halte à ne pas manquer.

***Hotel-Caffè Semadeni :*** *piazza Comunale 39, 7742* ***Poschiavo.*** *☎ 081-844-07-70. • hotelsemadeni.ch • Doubles 130-160 Fs selon confort, avec petit déj. Parking gratuit.* Juste en face de l'*Hotel Albrici,* mais les chambres sont tout l'opposé : ici, la déco contemporaine et minimaliste tranche avec l'histoire ancienne du bâtiment. Bon confort, avec sanitaires privés ou à l'étage. Café-resto (le *Biobistro*) bien relax en bas, avec terrasse sur la place pour déguster une glace artisanale ou un vrai *caffè.* Accueil plein d'allant, en italien.

***Albergo Altavilla :*** *7742* ***Poschiavo.*** *☎ 081-844-01-67. • altavilla.ch • À l'entrée nord du village, près du pont. Fermé lun en hiver. Congés : fév. Double avec sdb 154 Fs, petit déj compris. Plats 18-35 Fs.* Un hôtel de campagne offrant des chambres sobres mais calmes et de bon confort. Dommage qu'elles soient moquettées, ça ne se fait plus guère ! Au resto, gnocchi, risotto et spécialités locales.

### Très chic

***Hotel Albrici :*** *piazza Comunale, 7742* ***Poschiavo.*** *☎ 081-844-01-73. • hotelalbrici.ch • Congés : de mi-nov à mi-déc. Doubles avec sdb 190-210 Fs, petit déj inclus. Pizzas 13-21 Fs, plats env 20-38 Fs.* Un établissement confortable que cet édifice du XVIIe s dont les propriétaires ont su conserver les volumes et tout le charme. Superbes petits salons des siècles passés, chambres au joli mobilier... Accueil chaleureux. Au resto, bonnes pâtes et copieuses pizzas au feu de bois.

## À voir

***Le bourg de Poschiavo :*** *visite guidée gratuite du village ts les mar de fin juin à mi-oct. Départ à 10h30 de la gare.* Ruelles étroites et pittoresques, bâtiments historiques bien conservés, le tout dominé par trois tours imposantes ; cela ressemble un peu à un livre d'images. Le mieux est de suivre le parcours proposé par l'office de tourisme. Le quartier des Palazzi abrite de magnifiques maisons de maître, construites de 1857 à 1911 par des habitants qui avaient fait fortune à l'étranger.

***Le musée des Arts de Poschiavo :*** *casa Console, à 50 m de la piazza Comunale. ☎ 081-844-00-40. • museocasaconsole.ch • Tlj sf lun 11h-16h. Fermé de nov à mi-déc. Entrée : 10 Fs ; réduc.* Le musée expose plus de 100 tableaux, œuvres romantiques du XIXe s, dans un superbe lieu, datant de 1856. À voir au moins autant pour le bâtiment que pour les œuvres exposées.

***Le musée d'Ethnologie au palazzo de Bassus-Mengotti et à la casa Tomé :*** *☎ 081-844-10-20. • museoposchiavino.ch • 11 juin-29 oct, mar, ven et dim 14h-17h30. Entrée : 10 Fs ; réduc.* Ce musée est sur deux lieux différents mais complémentaires : dans un palais baroque est présentée la vie de l'aristocratie, et dans une maison paysanne de 1357, agrandie en 1450, celle du peuple.

## À faire

➢ ***Randonnées :*** multiples, on s'en doute... Parmi les plus populaires, le ***jardin des Glaciers,*** à ***Cavaglia.*** Accès en train (20 mn depuis la gare de Poschiavo) ou à pied (compter 2h). On y admire une trentaine de marmites glacières, dont les plus profondes descendent jusqu'à 12 m. Le résultat étourdissant de plusieurs millénaires de fonte des glaces ! Autre suggestion : de Poschiavo, suivez le chemin pédestre menant à Prada et Pagnoncini, puis le sentier montant abruptement vers Barghi. Haut dans la vallée (1 800 m), l'église San Romerio, du XIIe s, domine une abrupte paroi rocheuse. Au pied : le lac de Poschiavo, né d'un éboulement de la montagne. Vue magnifique. Vous trouverez à l'office de tourisme d'autres suggestions de balades faciles à faire autour de Poschiavo *(dépliant gratuit).*

# ZUOZ

(7524) 1 250 hab.

**Niché dans les vertes prairies alpines, en surplomb de l'Inn, le centre ancien de Zuoz compte de nombreuses maisons patriciennes des XVIe et XVIIe s. La grand-place est particulièrement jolie, avec une fontaine à l'ours qui fait la joie des enfants.**

## Adresse utile

**Office de tourisme :** *à côté de la gare. ☎ 081-854-15-10. • engadin.stmoritz.ch/zuoz • En saison, lun-sam 8h-12h, 14h-18h, plus dim 16h-18h en très hte saison ; fermé le w-e hors saison.*

## Où dormir ? Où manger ? Où boire un verre ?

### De prix moyens à chic

***Hôtel Crusch Alva :*** *sur la grand-place. ☎ 081-854-13-19. • cruschalva.ch • Resto fermé mar en basse saison. Congés : nov. Doubles 140-220 Fs selon taille et saison, petit déj-buffet compris. Menu déj env 20 Fs, plats à la carte env 21-50 Fs. (à la réception).* Une belle maison, bâtie en 1500, à la façade recouverte d'armoiries, qui servit un temps de palais de justice pour l'Engadine. Chambres classiques et chaleureuses. La cuisine ne s'en laisse pas conter, avec ses spécialités grisonnes généreuses. Terrasse sur la place en été, service aimable et attentionné.

***Dorta :*** *via Dorta 73. ☎ 081-854-20-40. En bas du village, vers la rivière Inn. Ouv mer-sam dès 14h30, dim dès 12h ; bar dès 17h. Plats env 23-53 Fs.* Une attraction à déguster avec une bonne dose d'humour, sinon gare à l'indigestion. Dans un décor digne de Heidi, version sitcom brésilienne, les patrons, en costumes d'armailli (c'est-à-dire de pâtre des alpages, rien que ça) bien coupés, donc faux, servent des richissimes parents d'élèves du lycée alpin et autres célébrités venues s'encanailler dans ce petit *Beiz* prétendument montagnard. Ici, on mange pas forcément bien, mais on coupe soi-même le pain maison et le jambon cru (ça, c'est bon !), avant de déguster une grappa sur une botte de paille.



## À voir

***Le village :*** *pour les germanophones, visite guidée gratuite lun de juil à mi-oct. Départ à 17h de la fontaine à l'ours sur la grand-place.* L'ensemble de vieilles maisons concentrées autour de la vaste place est l'un des plus remarquables de toute l'Engadine. Voir en particulier les deux maisons de Planta (XVIe s), reliées par trois arcades à l'ancienne tour des Archives (XIIIe s). L'église *San Luzi* abrite des vitraux d'Augusto Giacometti et de Gian Casty.

***Caferama :*** *le long de la nationale. ☎ 081-854-27-27. • cafe-badilatti.ch • Ouv fin juin-oct et fin déc-mars, lun-ven 15h-18h. Visite guidée gratuite jeu à 16h, sur résa.* Un musée du Café a de quoi surprendre ici ! C'est simplement parce que l'un des plus grands importateurs et torréfacteurs de café suisse est originaire de Zuoz. La visite comprend une dégustation. Des concerts et spectacles sont régulièrement programmés.

## S-CHANF (7523) 700 hab.

**Avec Madulain et Zuoz, S-chanf est le troisième petit bijou des bords de l'Inn. Au seuil de la basse Engadine, lieu de départ pour une excursion dans le val Trupchun du parc national suisse, ce village préservé et oublié des promoteurs touristiques conserve une âme plutôt nostalgique.**

### Adresse utile

***Office de tourisme :*** *à côté de l'église. ☎ 081-854-22-55. • engadin-stmoritz.ch/s-chanf • En saison, lun-ven 9h-12h, 16h-17h30 (17h ven) ; sam 16h-17h30. Hors saison, lun-ven 9h-12h.*

### Où dormir ? Où manger ?

#### Camping

***Chapella :*** *Cinuos-chel, 7526* ***Chapella.*** *☎ 081-854-12-06. • campingchapella.ch • Après S-chanf en direction de Zernez, sur la gauche. Mai-oct. 31-37 Fs pour 2 avec tente et voiture.* La route passe contre et le train juste au-dessus, mais on ne les entend guère si on s'installe au fond de la grande clairière bordée de sapins ou au plus près de la rivière. Un très joli terrain, aux sanitaires carrément luxueux.

### À faire

➢ ***Randonnée au val Trupchun :*** depuis S-chanf, vous pouvez vous rendre à pied au parc national suisse dans la vallée la plus peuplée de cerfs. Inoubliable, malgré la foule des fans de faons. En septembre, Bambi n'a qu'à bien se tenir : c'est au tour des mâles de faire entendre leur brame.



## ZERNEZ (7530) 1 570 hab.

**Village carrefour sans grand intérêt (il a été largement détruit par un incendie à la fin du XIXe s), s'il n'était la principale entrée du parc national suisse.**

## Adresse utile

**Office de tourisme :** *à la Maison du parc.* ☎ *081-856-13-00.* • *engadin.stmoritz.ch/zernez* • *Tlj 8h30-18h fin mai-fin oct ; sinon lun-ven 9h-12h, 14h-17h.* Vente de cartes de rando et d'un livret complet avec plein d'infos.

## Où dormir ?

### Camping

**Camping Cul :** *à l'entrée de Zernez en venant de S-chanf.* ☎ *081-856-14-62.* • *camping-cul.com* • *De mi-mai à mi-oct. Env 33 Fs pour 2 avec tente.* Le camping le plus proche du parc national suisse, super agréable. En bordure de torrent, au calme, avec un petit resto *(ouv le mat 8h-11h pour vos petits déj),* et le soir, un kiosque, une cuisine mise à disposition... Excellent accueil.

### Prix moyens

**Hôtel Baer & Post :** *au centre du village.* ☎ *081-851-55-00.* • *baer-post.ch* • *Congés : nov-déc. Doubles 150-190 Fs dans l'annexe* (Posta Veglia) *et 170-230 Fs dans la* Chasa principala, *petit déj compris. En dortoir 4-8 lits, 38 Fs/pers avec petit déj, loc de duvet en sus. Plats 17-43 Fs.* C'est un hôtel depuis plus de 1 siècle déjà, et la maison est sans cesse rénovée pour proposer des chambres tout en bois, confortables. Les plus chaleureuses sont aussi les moins chères. Également une annexe avec des suites. Au resto, choix varié et pas mal de plats pas trop chers.

## À voir. À faire

**Le parc national suisse :** *fin mai (ou début juin)-oct.* Inauguré en 1914, ce qui explique peut-être la richesse de sa faune et de sa flore. Autant vous prévenir d'entrée, les gardiens ne plaisantent pas avec le règlement (très strict) en vigueur : interdiction de s'éloigner, même de quelques mètres, des 80 km de sentiers pédestres balisés, pas de voitures hormis sur la route menant au val Müstair, et pas question de cueillir la moindre fleur. Amendes salées pour ceux qui ne le comprendraient pas. Côté flore, vous trouverez à peu près tout ce qui pousse dans les Alpes. Et en masse ! Côté faune, c'est tout aussi impressionnant : plus de 300 bouquetins ont parfaitement réussi leur réintégration (ils avaient disparu de l'Engadine) et le gypaète barbu s'y est mis. Un autre charme des lieux : l'impression d'un espace enfin laissé à lui-même, quitte à ce qu'il paraisse parfois négligé. Les deux randonnées les plus populaires sont celles du val Trupchun (voir plus haut dans le chapitre de S-chanf) et celle de Stabelchod : on y croise beaucoup de monde, il est vrai, mais aussi marmottes, chamois, cerfs et autres gypaètes.

### LA FIN DES BOUQUETINS ?

*Cibles des chasseurs, les seuls bouquetins préservés vivaient dans la réserve privée du Val d'Aoste de Victor Emmanuel II. Mais le roi ne voulait ni céder ni vendre d'animaux pour repeupler les autres réserves. En 1906, les Suisses engagèrent un braconnier pour chiper un mâle et deux femelles. Une fois le repeuplement assuré dans le parc national, la Confédération helvétique offrit 40 bouquetins à l'Italie.*

**Le centre du Parc national :** *à Zernez.* ☎ *081-851-41-41.* • *nationalpark.ch* • *De mi-mai à fin oct, tlj 8h30-18h ; le reste de l'année, lun-ven 9h-12h, 14h-17h (sf vac de ski : lun-sam 9h-17h). Entrée : 7 Fs ; réduc.* Bien surprenant, cet imposant bloc de béton pour parler nature... et pourtant, ce centre du Parc est une réussite. Il suffit de franchir la porte pour en être convaincu : au rez-de-chaussée, infos touristiques et d'ordre général sur le parc, belle boutique et un espace pour les expositions temporaires. Et pour tout apprendre sur ce parc, une exposition permanente très ludique est présentée dans les étages (audioguides en français compris dans le billet d'entrée) : projection de films sur la faune sur un écran 3D géant, mise en scène d'animaux naturalisés et jeux interactifs.

➢ ***Randonnées guidées :*** *☎ 081-851-41-41. Min 6 pers. Tarif : 25 Fs/pers ; 50 Fs/famille.* Pour observer dans la nature ce qui a été vu dans l'exposition de la Maison du parc, trois randonnées guidées différentes sont proposées les mardi, mercredi et jeudi de juin à mi-octobre.

## Où dormir dans le parc national suisse ?

Camping sauvage absolument interdit, cela va de soi.

### De bon marché à prix moyens

**Il Fuorn :** *☎ 081-856-12-26. • ilfuorn.ch • Doubles 130-150 Fs avec douche à l'étage, 180-196 Fs avec sdb privée, petit déj inclus. ½ pens 35 Fs/pers. Repas 340 Fs.* Cet hôtel se trouve à la fois en bord de route et en plein milieu du parc, à 1 800 m d'altitude, car sa construction (en 1893) a précédé la création de la réserve naturelle. Les chambres sont claires, confortables et agréablement décorées. Le soir, on peut voir des cerfs rôder autour de l'hôtel. Accueil très gentil.

**Chamanna Cluozza :** *☎ 081-856-12-35. Ouv de mi-juin à mi-oct. Matelas au sol 30 Fs/pers, lit en dortoir 40 Fs/pers, sans petit déj. En ½ pens, 66-79 Fs/pers.* C'est un endroit qui se mérite : 3h30 de marche depuis Zernez pour y accéder... mais les amoureux du calme et de la nature vous diront que ça vaut la peine. Vous êtes en plein cœur du parc, dans une maison construite en 1910 mais rénovée tout de même en 1993 ! Petite expo sur le parc et plus particulièrement sur le val Cluozza, dans le pavillon.

# LE VAL MÜSTAIR

**La plus périphérique des vallées romanches, qui descend du *col du Fuorn* (Ofenpass : à 2 149 m) jusqu'à *Müstair* (à 1 240 m), à la frontière italienne. Classé « Réserve de biosphère » depuis 2010, c'est un lieu de séjour idéal pour ceux qui souhaitent visiter le parc national suisse sans loger à Zernez ou S-chanf : ici, les prix sont souvent plus bas. Les villages et hameaux, où presque tout le monde cause le romanche (ou plutôt sa variante locale, le *Jauer*), sont dispersés le long des rives de la Rom, et plus on descend, plus on remonte le temps, jusqu'au couvent Saint-Jean.**



## Arriver – Quitter

➢ ***En voiture :*** de Zernez, la route passe par le col du Fuorn et traverse le val Müstair.

➢ ***En bus :*** 6 liaisons/j. au départ de Zernez. De là, liaisons en train avec Scuol ou Saint-Moritz.

## Adresse utile

**Office de tourisme Val Müstair :** *7532* ***Tschierv.*** *081-861-88-40. • val-muestair.ch • Lun-ven 9h30-11h, 15h30-17h30. Le point info du couvent Saint-Jean à Müstair est ouv mai-oct tlj sf dim mat 9h-18h.* Si vous séjournez dans le val Müstair, demandez l'*Activ-Pass* pour obtenir des réducs sur les visites et accéder à diverses animations et randonnées gratuitement. Ce *pass* est également valable dans la région de Scuol.

## Où dormir ? Où manger ?

### Bon marché

**Auberge de jeunesse :** *Chasa Platz, 7536* ***Santa Maria im Münstertal.*** *☎ 081-858-56-61. • youthhostel.ch/sta.maria • En plein centre. De fin déc à mi-mars et de juin à mi-oct. En dortoir 4, 5 et 8 lits 36,50-39,50 Fs/pers ; double avec douche 103 Fs ; petit déj inclus. Supplément de 7 Fs pour les non-membres.* Une bâtisse de caractère, datant du XVI^e s. Certaines chambres sont ornées de magnifiques plafonds et murs en bois, et le « Stübe » arbore meubles et boiseries d'époque. Pas de restauration, mais une cuisine *(payante)* à dispo. Accueil chaleureux. À deux pas se trouve le plus petit bar à whisky du monde. Inscrit au livre *Guinness des records,* il est comble avec une dizaine de personnes à l'intérieur !

**Staila :** *7532* ***Tschierv.*** *☎ 081-858-55-51. En bord de route. Tlj sf lun. Repas env 30 Fs.* On viendra pour les bonnes pâtes maison, les spécialités locales comme les *pizokels* ou les pizzas (dès 17h). Belle vue sur les champs depuis la vaste terrasse. Dispose également de chambres pas idéalement situées mais à des prix très raisonnables : ça peut dépanner.

### De prix moyens à chic

**La Vopa :** *Hauptstrasse 31, 7532* ***Tschierv.*** *☎ 081-858-62-48. • lavopa.ch • Sur la descente sud du col de Fuorn. Selon confort, doubles 110-130 Fs ; dortoir mai-sept (21 lits) 55 Fs/pers ; petit déj inclus.* Au bord de la route, une adresse bien dans son jus, décorée d'animaux empaillés et de trophées de chasse. Petites chambres avec cabine de douche privée ou dans le couloir. Assez rudimentaire mais correct. Jardin à l'arrière. Grillades les soirs d'été, sinon pizzas et gibier (du cerf, et même de la... marmotte quand vient la saison).

**Helvetia :** *via Maistra 62, à* ***Müstair.*** *☎ 081-858-55-55. Tlj. Menus 30,50-47,50 Fs, plats env 18-35 Fs.* L'hôtel est très banal, mais la table y est recommandable. Cuisine romanche préparée avec soin par un jeune chef franco-suisse et servie avec gentillesse par son épouse. Truite, röstis à différentes modes, *pizzocals* (sortes de *spätzle* fourrés) et autres suggestions saisonnières. La carte met à l'honneur les bons produits bio issus de cette région riche en saveurs.

**Münsterhof :** *via Maistra 40, à* ***Müstair.*** *☎ 081-858-55-41. • muensterhof.ch • Dans le centre du village. Resto fermé dim soir oct-avr. Congés : début janv-début fév. Double avec sdb 168 Fs, petit déj inclus. ½ pens 32 Fs/pers. Menu 36 Fs.* Chambres confortables, meublées pour certaines d'antiquités. Un hôtel-resto familial soigné et apprécié pour ses spécialités, les *capuns,* mais aussi pour sa polenta et ses saucisses maison. Également un bar avec billard ouvert en fin de semaine.

**Hotel Chalavaina :** *Plaz Grond 24, à* ***Müstair.*** *☎ 081-858-54-68. • chalavaina.ch • En face du couvent. Tte l'année. Double env 180 Fs selon confort et saison, petit déj en sus. ½ pens souhaitée de mi-juil à mi-oct. Menu du jour 30 Fs, carte env 40 Fs. Parking. CB refusées.* Une auberge un peu... magique. Dormir dans des murs de granit vieux de 700 ans et prendre son petit déj dans une cuisine noire qui rappelle celle des moines et des nonnes, ça n'arrive pas tous les jours. Ambiance garantie ; certains y craignent même les fantômes, tant c'est habité. Cuisine régionale à base de truite, gibier...

## À voir. À faire

**Le couvent Saint-Jean** *(Clostra Son Jon)* : *à* ***Müstair.*** *☎ 081-851-62-28. • muestair.ch • Mai-oct, tlj 9h (13h30 dim et j. fériés)-17h. Nov-avr, 10h-12h, 13h30-16h30 (slt ap-m dim et j. fériés). Entrée gratuite dans l'église. Musée : 12 Fs ; réduc. Juil-oct, visite commentée de l'église lun-sam à 11h30, dim à 14h30 (10 Fs). Possibilité de visites guidées combinées musée + église (12 Fs). À défaut, demander le livret en français à l'accueil, très complet.* Fondé vers 775 par Charlemagne, ce couvent, toujours occupé par une dizaine de bénédictines, abrite le plus important ensemble de peintures murales de Suisse, réalisées autour de l'an 800. On peut les voir dans l'église abbatiale du VIIIe s. C'est un témoignage exceptionnel du renouveau monastique à l'époque carolingienne. Autre merveille, la statue de Charlemagne adossée au chœur qui daterait, selon les experts, des IXe-XIIe s. Le musée, aménagé dans la tour Planta, bâtie vers l'an 960, permet un coup d'œil sur le petit cloître intérieur. Pour le reste, il nous a semblé assez dispersé et décevant : on y conte surtout la vie des sœurs, mais bien peu d'éléments carolingiens ou romans y sont exposés. Au dernier étage s'aligne un ensemble de cellules en bois. Un film (en supplément) conte l'histoire des lieux.

***Balade au lac de Rims*** *(Lai da Rims)* : un superbe lac d'altitude (à 2 400 m) au milieu d'un impressionnant décor de montagnes, une vraie carte postale. Prendre le chemin balisé au sud-ouest de *Santa Maria.* L'ascension est rude (compter 4h de marche) mais en vaut largement la peine.

# SCUOL

(7550) 2 380 hab.

**Le chef-lieu de la basse Engadine est considéré comme le cœur de la langue et de la culture romanches. Le vieux centre, niché au creux du vallon, est resté intact tandis que les hauteurs, bétonnées sans vergogne, sont très quelconques. C'est, avec 300 jours de soleil par an, l'une des régions les plus douces de Suisse. Le brouillard y est presque inconnu. Mais pour un séjour idyllique, on préfère encore les villages voisins, plus petits et charmants.**



### Arriver – Quitter

➢ ***En voiture :*** de Coire, via Landquart, Davos et le col de la Flüela.

➢ ***En train :*** train direct jusqu'à Landquart, puis train régional pour l'Engadine, via Vereina. Scuol est le terminus de la ligne.

➢ ***En bus :*** les villages plus à l'est sont ts desservis par le car postal à partir de Scuol (sf Guarda qui est desservi par le train).

### Adresse utile

**Office de tourisme :** ***Stradun,*** *en plein centre. ☎ 081-861-88-00. • engadin.com • Lun-ven 8h-18h30 ; en saison, ouv également sam 9h-12h, 13h30-17h30 et dim 9h-12h.*

## Où dormir ?

### Camping

⛺ ***Camping de Scuol :*** *☎ 081-864-15-01. ● tcs.ch ● De l'autre côté de la rivière. Fermé de mi-avr à mi-mai et de fin oct à mi-déc. Env 36-46 Fs selon saison pour 2 avec tente.* Belle situation sous les sapins ; resto, aire de jeux, ping-pong et tennis. Bon accueil, mais tarifs peu cléments !

### Bon marché

***Auberge de jeunesse Prà da Faira Scuol :*** *Prà da Faira. ☎ 081-862-31-31. ● youthhostel.ch/scuol ● À 2 mn à pied de la gare. Congés : début avr-début juin et de fin oct à mi-déc. Check-in 16h-21h30. En dortoir 4-6 lits avec lavabo 36-43 Fs/pers, doubles avec douche et w-c 120-130 Fs ; ajouter 7 Fs pour les non-membres. Repas 17,50 Fs. Parking payant.* Un petit bijou d'architecture contemporaine (hauts murs en ciment brut, parois en bois, larges baies vitrées, mobilier aux lignes épurées). Espaces communs vastes et lumineux, offrant des vues incroyables sur les paysages alentour. L'équipement est parfait : salle de jeux, espace lounge avec une cheminée, bar. De quoi ravir même ceux qui, d'habitude, préfèrent l'hôtel !

### Très chic

***Hôtel Engiadina :*** *Rablüzza 152. ☎ 081-864-14-21. ● hotel-engiadina.ch ● Dans la partie ancienne du village, près de l'église. Congés : avr-mai et de nov à mi-déc. Restaurant fermé dim-lun. En été, doubles 194-284 Fs, petit déj inclus ; également des suites et apparts. ½ pens 41-45 Fs/pers. À la carte (ouv aux non-résidents), plats 24-45 Fs. Parking.* Un refuge de luxe qui n'en a pas l'air, avec de jolies chambres aux volumes biscornus et décorées de bois, ainsi que des apparts et suites dans une annexe. L'accueil est aussi chaleureux que le lieu. Côté resto, jolie carte de spécialités.

## Où manger ? Où boire un verre ?

### Prix moyens

***La Terrassa :*** *sur Stradun, la rue principale. ☎ 081-864-11-77. Tlj sf sam midi et dim. Plats 15-26 Fs.* L'un des restos les moins onéreux de Scuol, pour manger de bonnes pâtes, pizzas et lasagnes, voire un plat typiquement engadinois. Agréable terrasse en surplomb de la rue. Un endroit jeune et animé où l'on peut aussi venir pour un simple verre (ferme à 1h du mat).

### Chic

***Traube :*** *via de l'Ospidal, 199. ☎ 081-861-07-00. Au bout de la rue principale. Tlj (lun-mer slt le soir). Congés : de mi-avr à mi-juin et de nov à mi-déc. Menus 3 plats 43 Fs, 4 plats 49 Fs ; à la carte, plats 24-45 Fs.* Ne paie pas de mine de l'extérieur, mais cadre fort joli, tout en bois, à l'intérieur. Accueil très sympathique et bon rapport qualité-prix.

## À faire

– ***Les bains thermaux*** (Bagn Engiadina) **:** *☎ 081-861-20-00. ● engadinbadscuol.ch ● Tlj 8h-21h45 ; à partir de 11h pour les enfants. Entrée bain et saunas (3h) : 26,50 Fs adulte, 16 Fs 11-15 ans, 10 Fs 6-10 ans ; prix réduit après 19h30. 53 Fs pour le bain romano-irlandais (2h30 ; min 16 ans), sur résa la veille par tél ou Internet.* La commune a investi quelque 50 millions de francs suisses pour ses luxueux bains thermaux ! Bains d'aventure et de santé, une première suisse à l'époque de l'ouverture. Piscines froides, chaudes, à bulles, saunas, et surtout bain romano-irlandais dans une déco futuro-antique qu'on vous laisse définir seul.

## Fête

– ***Chalandamarz :*** cette ancienne coutume correspond au début de l'année chez les Romains *(Calendae Martii)*. Le *1er mars,* un peu partout dans le sud des Grisons, les jeunes, armés de cloches, de grelots et de fouets qu'ils font claquer, traversent bruyamment les villages pour chasser les mauvais esprits de l'hiver et la mauvaise saison dont on voudrait se débarrasser. Ils reçoivent, en remerciement, des noix ou des pâtisseries. Le *1er samedi de février,* à Scuol et dans le val Poschiavo, ils brûlent aussi des bonshommes de paille, afin que la récolte à venir soit fructueuse.

## DANS LES ENVIRONS DE SCUOL

***Le château de Tarasp :*** *☎ 081-864-93-68. • schloss-tarasp.ch • Entrée : 15 Fs. Visites obligatoirement guidées : tlj à 14h30 et 15h30 de fin mai à mi-juil et de fin août à mi-oct ; à 11h, 14h30, 15h30 et 16h30 de mi-juil à fin août ; mar et jeu à 16h30 de mi-oct à fin-mai.* Le château, emblème de l'Engadine, est visible à plusieurs kilomètres à la ronde. Édifié au XIe s, longtemps possession autrichienne, puis acheté en 1900 par un industriel allemand qui l'a joliment rénové. Toutes les salles sont meublées avec des pièces datant du XVIIe s, aussi bien grisonnes que tyroliennes.

# SENT (7554) 900 hab.

**Un autre village extraordinaire qui surplombe la vallée. Plusieurs fois brûlé, plusieurs fois retapé avec goût. Sent est la patrie des pâtissiers grisons qui ont émigré, sont devenus riches et ont décoré leurs maisons, ou même de petits *palazzi,* avec toute leur fantaisie gourmande. Des sgraffites en guirlande, des rues pavées, dodues à force d'être bossues, une église romane, une autre néogothique, et une lumière de fête. Un régal.**

### Arriver – Quitter

➢ ***En bus :*** départs quasiment ttes les heures en été depuis Scuol. Fréquence accrue en hiver.

### Adresse utile

***Office de tourisme :*** *☎ 081-861-88-29. Juin-oct, lun-ven 9h-11h, 16h-17h30 ; sam 9h-10h. Nov-mai, lun-ven 9h-11h.*

### Où dormir ? Où manger ?

#### Prix moyens

***Pensiun Plaz :*** *sur la place centrale. ☎ 081-864-04-64. • pensiun-plaz.ch • Doubles 120-140 Fs selon saison, petit déj compris.* Grosse maison dotée de 9 chambres toutes différentes, alliant avec justesse authenticité et modernité, touches contemporaines élégantes à l'ensemble plus traditionnel. Une excellente adresse à réserver tôt en saison.

### Chic

🏠 🍽 ***Pensiun Aldier :*** *quasiment sur la place principale.* ☎ *081-860-30-00.* • *aldier.ch* • *Resto tlj sf dim soir et lun avr-juin. Fermé avr-mai et nov. Double 276 Fs, petit déj inclus. Menu midi 22 Fs, plats env 20-50 Fs.* Noble bâtisse qui fait à la fois hôtel, resto et musée (expo consacrée à Giacometti). La déco contemporaine des chambres se marie à merveille avec les planchers et boiseries murales. Beaucoup de goût et un confort optimal. Côté resto, belle cuisine italienne avec du soleil plein l'assiette, servie en salle ou dans la cour-jardin. Un rapport qualité-prix imbattable le midi.

# RAMOSCH

(7556) 470 hab.

**Un village en bas, pour ceux qui trouveraient cela plus pratique, et un hameau en haut (Vnà), superbe promontoire, accessible en car postal plusieurs fois par jour en été, point de départ de randonnées dans le val Sinestra.**

## Où dormir ? Où manger ?

### Camping

⛺ 🍽 ***Camping Sur En :*** *un peu avt Ramosch, en bas à droite en venant de Sent.* ☎ *081-866-35-44.* • *sur-en.ch* • *Au fond de la vallée, au bord du torrent, on y accède en traversant un ancien pont couvert. Tte l'année. Env 26-30 Fs selon saison pour 2 avec tente.* Un très joli terrain où l'on choisit son emplacement, plus ou moins près du torrent, sous les arbres ou en pleine clairière. Resto bien sympa, location de vélos, jeux pour enfants...

### Prix moyens

🏠 🍽 ***Pensiun Bella Vista :*** *à Ramosch.* ☎ *081-866-31-13.* • *bellavista-ramosch.ch* • *Resto fermé mer. Doubles sans ou avec sdb 90-140 Fs, petit déj compris. Au resto, compter 15-30 Fs.* Aux beaux jours, on délaisse la coquette salle de bar rustique et son mobilier de bois clair pour s'installer sur la jolie terrasse fleurie, à la vue superbe, et déguster des spécialités locales : röstis, fondue au fromage... Chambres modestes mais mignonnes, certaines avec vue. Accueil souriant.

## À faire

🥾 ***Randonnée :*** l'une des plus belles promenades en basse Engadine, de ***Vnà*** à ***Zuort,*** au fond du val Sinestra. La balade suit à l'aller une route en terre. Le retour se fait par un chemin tout aussi bien indiqué, étroit mais bien entretenu, qui passe par l'ancien hôtel des bains *Val Sinestra.* Compter 3h30 en tout.

# LE TESSIN

**Le Tessin est un canton aussi splendide que méconnu des Français, composé de vallées profondes, d'une centaine de communes aux dimensions très modestes (350 000 habitants en tout) et de quelques petites villes (la plus importante est Lugano, avec 68 000 habitants). Un canton au climat tempéré et souvent ensoleillé. Un canton qui se goûte en toute saison, avec une préférence pour l'automne, qui met en valeur les flancs colorés des collines et des montagnes. En hiver cependant, nombre de lieux touristiques sont fermés dans les villes et les vallées. Reste les stations de ski.**
**Mais le Tessin, c'est aussi le seul canton helvétique à être totalement italophone. À partir du XIVe s, les cantons confédérés, en premier lieu Uri, Schwyz et Unterwald, contrôlent l'axe du Gothard et par conséquent une partie du Tessin, avant que ce dernier n'entre enfin dans la Confédération helvétique en 1803.**
**Autre caractéristique, c'est le seul canton à se trouver totalement au sud des Alpes. Ce qui permet aux Tessinois de parler du reste de la Suisse comme de l'*oltre Gottardo,* « l'autre côté du Gothard ». Cette position géographique a des répercussions sur toute la vie du canton, sur la mentalité de ses habitants, sur les aspects politique et économique.**

## L'IMPORTANCE DU GOTHARD

L'ouverture du tunnel ferroviaire du Saint-Gothard en 1882 s'est révélée essentielle dans l'histoire du Tessin, de la Suisse et de l'ensemble de l'Europe. Pour le Tessin, il a été l'occasion de regarder vers le nord, alors qu'il était jusque-là ouvert sur la seule Italie. La région connut alors son premier développement économique. Jusque-là, les Tessinois, très pauvres, s'exilaient souvent pour survivre. Depuis, il y a eu l'ouverture, en 1980, du tunnel routier (16,9 km) entre Göschenen (canton d'Uri) et Airolo et, surtout, fin 2016, après 17 ans de travaux, celle du tunnel ferroviaire de 57 km (le plus long du monde), le GBT, soit le *Gothard Base Tunnel,* entre Erstfeld (canton d'Uri) et Bodio. Avec 200 trains de marchandises par jour et une cinquantaine de trains de voyageurs, il rapproche Zürich de Milan. Le Tessin reste malgré tout un sas de l'Italie. Le climat y est plus méditerranéen qu'alpin, la mentalité s'apparente à la culture italienne, la nourriture est proche des mets piémontais ou lombards... Vous vous régalerez dans un petit *grotto* (restaurant local) d'un simple plateau de fromages du terroir, ou d'une assiette de charcuterie du cru *(affettato),* arrosé d'un non moins local merlot.
Les Tessinois font la distinction entre le nord et le sud de leur canton. Le Ceneri, grosse colline de 554 m, sépare en effet le Sottoceneri (Lugano, Mendrisio, Chiasso, soit la pointe sud) et le Sopraceneri (Locarno plus à l'ouest,

Bellinzone et tout le nord). Le Sotto possède Lugano et ses banques et, plus au sud, une riche région industrielle. Mais c'est au nord qu'est située Bellinzone, capitale et siège du gouvernement. Politiquement, cette séparation est incontournable.
Attention, les transports publics ne sont pas si développés, et leurs horaires correspondent plus à ceux des travailleurs et des écoliers qu'à ceux des touristes. Pour bien visiter la région, il faut donc un véhicule.

## Adresse et info utiles

**i** ***Ticino Turismo :*** *casella postale 1441, 6501* ***Bellinzone.*** *☎ 091-825-70-56. • ticino.ch • Lun-ven 8h-12h, 13h30-17h30.* Un office central, fermé au public, mais auquel vous pouvez écrire ou téléphoner. Il dispose, entre autres, de brochures en français proposant de nombreuses et originales façons de découvrir le pays (architecture, vélo, randonnées, vieilles pierres, etc.).

■ ***Ticino Ticket :*** cette carte, délivrée à votre hôtel, AJ ou camping, donne droit aux transports gratuits dans le Tessin (11 compagnies de transport) et à des réductions pour les visites.

# BELLINZONE ET SES VALLÉES



**Bellinzone, située au-dessus du Ceneri, est une ville charnière qui permet d'accéder aux grands cols alpins (Gothard, Lukmanier et San Bernardino). Si vous venez de la Suisse alémanique ou du Valais, c'est la première grande ville que vous découvrirez après avoir parcouru toute la vallée de la Leventine par l'autoroute.**

## LE SAINT-GOTHARD ET LA VALLÉE DE LA LEVENTINE

**Une fois passé le Saint-Gothard (par le col, à la belle saison, ou par le tunnel), le voyageur pressé ne voit dans la Leventine qu'une voie rapide permettant d'arriver plus vite en Suisse italienne. Ne manquez d'ailleurs pas d'admirer les prouesses des ingénieurs qui ont construit cet axe routier. Pour découvrir les beautés de la vallée de la Leventine, il faut absolument prendre de l'altitude. On peut le faire en voiture par de petites routes sinueuses aux dénivelées impressionnantes, en car postal par les mêmes voies (mais c'est encore plus vertigineux), ou bien à pied.**
**Nous vous conseillons cette dernière solution, via la *Strada Alta* (« Haute Route ») : 45 km au départ d'Airolo, qui vous mèneront, à flanc de coteaux, à Biasca (à 301 m d'altitude) par de petits sentiers très bien balisés. Guides et dépliants proposent de nombreuses variantes (de quelques heures à 3 jours de marche) et indiquent les superbes églises et chapelles qui balisent ce chemin pédestre.**

## *LE COL DU SAINT-GOTHARD*

Voie d'accès majeure entre Suisse et Italie, le col (2 114 m) permet de franchir aux beaux jours le massif du même nom, qui a longtemps marqué une frontière aussi bien politique que physique. Son contrôle est à l'origine du soulèvement des premiers cantons suisses contre les Habsbourgs, qui donna naissance au pays.

### Où dormir ? Où manger ?

**Albergo et Ospizio San Gottardo :** *au col.* ☎ *091-869-12-35.* • *passosangottardo.ch* • *Ouv de mi-mai à mi-oct, selon météo. Doubles 130 Fs* (Albergo) *et 200 Fs* (Ospizio), *petit déj inclus dans les 2 cas.* L'escale touche au mythe lorsque, le soir venu, le brouillard noie les sommets d'un voile épais. L'*Albergo* propose des chambres simples avec sanitaires partagés, vieux parquet et gros lits en bois. On y trouve plusieurs chambres pour groupes *(42 Fs/pers).* Juste derrière, l'*Ospizio* cache sous son extérieur austère des chambres agréables, portant le nom de personnalités ayant dormi ici jadis (Goethe, Victor Hugo...). Tout en bois clair, elles sont très simples mais avec une belle salle de bains noire et une couette confortable à souhait. Idéal pour se retirer du monde (ni TV ni wifi) ! Pour se restaurer, on choisit entre le self du musée, le resto gastro *Vecchia Sosta* et le plus simple *Prosa,* à l'*Albergo,* où est servie une cuisine typique du nord de l'Italie.

## À voir

**Le musée national du Saint-Gothard :** *au col.* ☎ *091-869-15-25.* • *passosangottardo.ch* • *Ouv en saison tlj 9h-18h. Entrée : 10 Fs.* Le rôle majeur du col dans l'histoire de la Confédération est ici parfaitement résumé à travers un spectacle multivision de 20 mn et 2 étages d'exposition. Au 1er : minéraux, reconstitution d'une chambre d'hôtel du XIXe s. Au 2e : transports muletiers, courriers à pied puis poste à cheval, percement des tunnels... Explications dans les quatre langues nationales.

## ***AIROLO*** *(6780)*

Airolo est un point de départ plus qu'un lieu d'arrivée car le bourg, qui s'allonge entre deux routes parallèles, est sans charme. C'est de là que partent un téléphérique pour les stations de ski et les sentiers pour les balades de montagne.

### Arriver – Quitter

➢ ***En voiture :*** par l'autoroute qui relie le Saint-Gothard (tunnel) à l'Italie. Sinon, très belle route de montagne en passant par le col du Nufenen (ouv juin-oct slt) qui la relie au Valais. Voir aussi plus haut l'arrivée par le col du Saint-Gothard.

➢ ***En train :*** ligne du Saint-Gothard, reliant le nord de la Suisse (Zurich, Bâle...) à Bellinzone, Lugano et l'Italie. *Rens :* ☎ *0900-300-300 (1,19 Fs/mn) ou 051-227-75-41 (infos et résas).* • *sbb.ch/fr* •



### Adresses utiles

***Office de tourisme (Leventina Turismo) :*** *via Stazione 22.* ☎ *091-869-15-33.* • *bellinzonese-altoticino.ch* • *Presque en face de la gare. Lun-sam 8h-18h (12h sam).*

***Gare routière :*** *via Stazione.*

*☎ 0900-311-311 (1,19 Fs/mn). • autopostale.ch • Juste à côté de la gare ferroviaire.* Location de vélos également d'avril à fin octobre.

## Où dormir ?
## Où manger à Airolo et dans les environs ?

### Prix moyens

**Caseificio del Gottardo :** *face au village, de l'autre côté de l'autoroute. ☎ 091-869-11-80. Congés : 15 j. après Pâques et à Noël. Tlj 7h-minuit. Plats 18-30 Fs.* Une authentique fromagerie, avec sa boutique et son resto attenant. Raclette, fondue (tout le monde semble venir pour elle !), risotto aux 4 fromages, röstis au fromage, croûte... au fromage, tout ici est fait pour mettre en valeur les bons produits maison. Service efficace.

### Chic

**Hôtel Forni :** *via Stazione. ☎ 091-869-12-70. • forni.ch • À côté de la gare. Tlj sf mer en hiver. Congés : début nov-fin déc. Doubles 150-200 Fs, petit déj inclus. Plat du jour 23 Fs, menus 38-75 Fs. Parking.* Un 3-étoiles qui offre des chambres classiques et confortables dans une ambiance familiale. Préférez celles qui ne donnent pas du côté des voies ferrées, plus bruyantes malgré le double vitrage. Au rez-de-chaussée, resto gastronomique, le meilleur du village. Accueil agréable, en français.

**Chalet Stella Alpina :** *Ronco Bedretto 6781. ☎ 091-869-17-14. • chaletstellaalpina.com • À 8 km d'Airolo. Congés : nov. Doubles env 90-210 Fs, petit déj inclus. Menus 20-59 Fs.* Un vrai chalet, avec les marches en bois qui craquent. Chambres accueillantes, avec belle vue pour certaines (et petit balcon). Vieux skis, fauteuils, déco sympa. Suites au 2e étage. Seuls bruits à l'extérieur, la rivière et les oiseaux. Terrasse solarium et spa *(payant)* bien agréables. Personnel très serviable et salle à manger accueillante. Goûter le risotto aux myrtilles et aux bolets, parmi les spécialités.

## À voir. À faire à Airolo et dans les environs

**Sasso San Gottardo :** *via della Stazione 48. ☎ 0844-11-66-00. • sasso-sangottardo.ch • Ouv 10h30-15h : en juin, le w-e ; en juil, tlj sf mar ; en août tlj ; en sept-oct, tlj sf lun-mar. Entrée : 25 Fs ; réduc.* Cet ancien bunker était l'un des trois principaux piliers du plan d'ensemble du « Réduit national », destiné à contrer la machine de guerre du IIIe Reich. Les canons, dirigés vers le sud, contrôlaient les voies d'accès par la Leventine et le Gothard. Le fort a fermé en 1997. Si la partie historique est restée en état, celle qui abritait autrefois les cantonnements a été réaménagée... en parc thématique. Et si vous n'êtes pas claustrophobe, vous apprécierez cette balade hors du temps dans les galeries et cavernes de l'ancien fort Sasso da Pigna. Expositions thématiques consacrées à l'énergie, l'habitat, le climat... et la sécurité.

**Le lac Ritom :** empruntez, au départ de Piotta (à 5 km d'Airolo), l'un des funiculaires les plus raides au monde, avec une pente de 87,8 % : 12 mn pour parcourir 1 369 m sur une dénivelée de 786 m et arriver, à *Piora,* au bord du très beau lac Ritom, que l'on atteint ensuite en 20 mn à pied. De là, nombreuses escapades possibles permettant de rejoindre d'autres petits lacs.

*– Funiculaire : ☎ 091-868-31-51. • ritom.ch • Fin mai-fin oct. Départs en moyenne ttes les heures, tlj 8h30-17h30, mais attention aux variantes saisonnières. Tarif : 24 Fs A/R ; réduc ; supplément pour les vélos.*

Par la Strada Alta, vous arriverez à la hauteur d'Altanca (à 1 391 m d'altitude), où se situe un arrêt intermédiaire du funiculaire.

## *GIORNICO* (6745)

Charmant petit village bâti sur les deux rives de la rivière Tessin, à 30 km d'Airolo.

### À voir

**Casa Stanga, museo di Leventina :** *près du vieux pont en dos d'âne, au centre du village, sur la rive gauche de la rivière. ☎ 091-864-25-22. • museodileventina.ch • Ouv avr-oct, mar-dim 14h-17h. Entrée : 7 Fs ; réduc.* La façade de cette auberge du XVIe s est décorée de belles fresques, avec les armoiries des voyageurs illustres qui y ont passé la nuit. Intéressante collection d'outils agricoles et d'artisans, d'objets religieux, et aussi la reconstitution d'une salle leventinaise avec du mobilier d'époque.

**L'église Saint-Nicolas :** *sur la rive droite du Tessin, entourée de petites vignes mais dans le village.* L'une des plus belles du canton. Du XIIe s, son architecture romane (extérieure surtout) est d'une sobriété remarquable. Beau chœur décoré de fresques.

## *BIASCA* (6710) *ET LE VAL BLENIO*

Un gros bourg, sans grand charme, à plus de 35 km d'Airolo, essentiellement connu parce qu'il est le point de départ pour le val Blenio.

### Adresse utile

**Office de tourisme :** *contrada Cavalier Pellanda 4. ☎ 091-862-33-27. • bellinzonese-altoticino.ch • Dans le centre. Lun-ven 8h30-12h, 14h-18h ; mai-oct, également sam 8h30-11h30.* Brochures et cartes avec des itinéraires pédestres sur *Biasca e Riviera,* le village et ses alentours.

### À voir

**L'église Saints-Pierre-et-Paul :** l'édifice, situé au-dessus du bourg, est d'origine romane mais a subi divers liftings (XIIe-XVIe s). Il reste cependant l'un des monuments romans les mieux conservés de Suisse. À l'intérieur, dans le chœur surtout, mais aussi sur les parois latérales et sur les piliers, de très belles fresques des XIIIe et XVIe s. Sur le côté sud, un cycle de 12 scènes plus ou moins bien conservées, illustrant la vie de saint Charles de Borromée.

### À voir. À faire dans les environs de Biasca

**Le Val Blenio :** une vallée où les pâturages et les forêts de châtaigniers le disputent aux gorges, falaises et torrents impétueux, paysage sauvage parfois adouci çà et là par de vieilles bâtisses.

Une petite route, très sinueuse depuis Acquarossa, mène à ***Leontica,*** puis à l'***alpage de Negrentino*** et à son *église* romane (bien indiquée) plantée à même les champs. On vient de loin jusqu'ici pour admirer ses fresques des XIIe et XIIIe s, d'inspiration byzantine, et en particulier sa figure du Christ. Pour pouvoir entrer, demander les clés dans les restos d'Acquarossa.

Faites une halte à ***Lottigna,*** village situé à environ 5 km de Dongio, pour visiter la *maison des Baillis* (ou *Landvogti*), celle des Confédérés en l'occurrence.

Une imposante bâtisse de 1500, dont la façade principale est richement décorée de fresques et d'un beau cadran solaire. Elle abrite le ***musée de Blenio,*** un musée ethnographique et historique (explications en français). *☎ 091-871-19-77. ● museodiblenio.vallediblenio.ch ● Ouv Pâques-fin oct, tlj sf lun 14h-17h30. Entrée : 5 Fs ; réduc.*
***Olivone,*** le dernier village de la vallée proprement dite, est à 940 m d'altitude : office de tourisme ouvert en été et auberges dans le village. ***Museo Ca'Da Rivöi :*** *dans une vieille maison du bourg, à côté de l'église (bien indiqué). ☎ 091-872-10-56. Mai-fin oct, tlj sf lun 14h-17h. Entrée : 5 Fs ; réduc.* Musée ethnographique, là aussi, avec une belle collection d'art religieux.
De là, soit vous montez jusqu'à ***Campo Blenio*** pour voir le beau lac artificiel de Luzzone (à 1 600 m d'altitude), soit vous poursuivez la route par le col du Lukmanier (en principe, ouvert toute l'année) pour rejoindre les Grisons. Sinon, vous n'avez plus qu'à revenir sur vos pas pour poursuivre la découverte du Tessin.

# BELLINZONE (BELLINZONA)

(6500) 17 750 hab.

**Capitale politique du Tessin, Bellinzone s'amarre au pied du Gothard et aux portes des grands lacs italiens. Cette position stratégique lui a valu d'être superbement fortifiée. Ses trois châteaux et ses remparts, bâtis entre le XIIIe et le XVe s, doivent beaucoup au duc de Milan, Ludovic Sforza – dont la chute, en l'an 1500, précipita l'entrée des Tessinois dans la jeune Confédération suisse. Cet « ensemble remarquable de structure défensive de la fin du Moyen Âge contrôlant un col alpin stratégique » est classé au Patrimoine mondial de l'Unesco.**
**Bellinzone, une belle escale, plutôt sereine et déjà presque méditerranéenne avec, au centre, une vieille ville aux piazzas pastel à laquelle Aurelio Galfetti, un architecte célèbre de la région, aura laissé sa marque. On lui doit la restauration du *Castelgrande,* la poste, la piscine et la patinoire, etc.**
**La ville ne vit pas essentiellement du tourisme, ça se voit, et il suffit de faire un tour le samedi matin sur le marché pour se rendre compte que son cœur bat toute l'année.**

## Arriver – Quitter

➢ ***En voiture :*** autoroute Saint-Gothard-Italie ; 2 sorties possibles, à égale distance du centre-ville. Mais la plus pratique (moins embouteillée) est celle du nord de Bellinzone.
➢ ***En train :*** du Gothard bien sûr, mais aussi de Locarno et du Sud (Italie, Chiasso, Lugano).
***Gare ferroviaire :*** *viale Stazione. ☎ 051-227-62-41 ou 0900-300-300 (1,19 Fs/mn). ● sbb.ch/fr ●* La gare se trouve au bout du viale Stazione, le plus grand boulevard de Bellinzone.
➢ ***En bus :*** au départ de la gare ferroviaire, les cars postaux desservent Lugano, Locarno, mais aussi l'ensemble des vallées avoisinantes et vont jusqu'à Airolo, Gothard et Coire (Grisons). En hiver, accès facile à la station de ski de San Bernardino dans les Grisons, par exemple.

## Adresses utiles

ℹ ***Bellinzona Turismo :*** *palazzo civico. ☎ 091-825-21-31. ● bellinzonese-altoticino.ch ● Au cœur de la ville, dans le centre piéton et ancien. Lun-ven 9h-18h30 (fermé 12h-13h30 nov-mars), sam 9h-12h.* Pas mal de doc en français sur des itinéraires ou des sites à voir à Bellinzone et aux alentours. Audioguides en français pour visiter la ville et les châteaux.

✉ **Poste :** *viale Stazione 18. Lun-ven 7h30-18h30, sam 9h-12h.* Le bâtiment a été conçu par Aurelio Galfetti.

## Où dormir ?

Trouver un petit hôtel de charme à prix doux par ici relève de la mission impossible, mais comme vous n'êtes pas venu dans la capitale administrative du Tessin pour un long séjour, voici 2 adresses au cas où vous désireriez y passer la nuit.

### De chic à très chic

**Hotel & Spa Internazionale :** *viale Stazione 35. ☎ 091-825-43-33. • hotel-internazionale.ch • Doubles env 200-260 Fs selon standing. Surveiller les offres sur Internet. Parking (payant) à proximité et garage (payant) sous l'hôtel.* Situé en face de la gare, ce bel hôtel rose de 1909 abrite 58 chambres récemment rénovées aux tonalités chaudes, agrémentées de jolis papiers peints design, parquet, TV écran plat et salles de bains impeccables. La literie est excellente. Attention, les moins chères sont petites et n'ont parfois qu'un velux. Spa en libre accès.

**Hotel Unione :** *via Henri Guisan 1. ☎ 091-825-55-77. • hotelunione.org • Au pied du Castelgrande. Doubles standard 200-230 Fs, petit déj compris. Parking public à côté (gratuit 17h-9h).* Bien que situé en plein centre, cet établissement est calme. Grandes chambres confortables, insonorisées et climatisées. Accueil pro. Restaurant sur place.

## Où manger ?

Quelques snacks sympas pour grignoter sur les différentes places de la ville, comme ***Peverelli,*** piazza Collegiata, un salon de thé à l'italienne où les locaux prennent le plat du jour, en terrasse de préférence. Ou la ***Casa del Popolo,*** viale Stazione, qui pratique, face à la gare, des prix jugés ici démocratiques.

### De prix moyens à très chic

**Grottino Ticinese :** *via Lavizzari 1. ☎ 091-826-39-64. Un peu excentré au nord du cœur de la ville. Tlj sf dim. Repas env 45 Fs.* Belle maison de pierre située dans un jardin public avec jeux pour enfants, minigolf à proximité et grande terrasse ombragée. Cuisine tessinoise traditionnelle, gibier en saison, grillades et spécialités de tartare et risotto, servis dans un cadre classique. La cheminée rend la salle particulièrement chaleureuse, et l'accueil y est aussi pour quelque chose.

**Pedemonte :** *via Pedemonte 12. ☎ 091-825-33-33. Derrière la gare. Tlj sf lun, le soir slt, plus dim midi. Résa conseillée. Plats env 22-45 Fs.* Le lieu est aussi connu des habitués qu'il est discret et mal situé... L'accueillante patronne énumère, en italien, les choix du jour, toujours concis et inspirés par les produits de saison. Que diriez-vous de gnocchis aux châtaignes ou d'une épaule de bœuf aux cèpes ? Une belle adresse, au cadre simplissime, pour ceux qui ont le temps de vivre – mais attention à la note !

**Osteria Grotto Malakoff :** *carrale Bacilieri 10, à Ravecchia. ☎ 091-825-49-40. Excentré : suivre la direction de l'hôpital, puis c'est indiqué. Ravecchia est un ancien village devenu un quartier de Bellinzone. Tlj sf mer, dim et j. fériés. Congés : 2 sem en janv et 2 sem fin sept-début oct. Résa conseillée. Menu déj 20 Fs, plats 23-37 Fs.* Resto familial : madame est aux fourneaux, monsieur à la commande. Le nom viendrait d'un soldat russe déserteur, échoué ici lors des guerres napoléoniennes. Table idéale pour les amateurs de pâtes, confectionnées tous les jours. Cuisine inventive. Toute petite terrasse.

## Où boire un verre ?

Les lieux pour boire un verre à l'heure sacro-sainte de l'*aperitivo* ne sont pas si nombreux, mais vous ne pourrez pas les manquer, même en début de semaine, en ouvrant l'œil et en tendant l'oreille, si vous passez devant le ***caffè degli Artisti,*** à côté du ***Teatro sociale.***

🍸 🍽 ***Bar-osteria Zoccolino :*** *piazza Governo 5.* ☎ *091-825-06-70. Tlj sf dim, dès 7h (sam, le mat slt). Repas env 30 Fs.* Un petit bar convivial où l'on peut aussi grignoter un morceau pour pas bien cher. Le jeudi soir, c'est même un vrai dîner qui est proposé, précédé d'un apéro musical. Au mur, des photos contemporaines. Une porte à l'arrière vous mène d'ailleurs à la *galerie Zirpoli,* du nom de son créateur, lui-même photographe. Expos d'artistes étonnants.

## À voir

Les fortifications, centrées sur le Castelgrande qui surplombe la vallée du Tessin, avec les castels Montebello et celui de Sasso Corbaro, ont été classées au Patrimoine mondial de l'Unesco en tant qu'ensemble remarquable de structure défensive de la fin du Moyen Âge contrôlant un col stratégique. Un billet jumelé *(Cultura Pass Bellinzona)* donne accès aux trois châteaux et à la *Villa dei Cedri* pour 15 Fs, avec possibilité de réduction. Un audioguide (en français notamment) peut être loué aux châteaux ou à l'office de tourisme pour 5 Fs.

◎ ★★ ***Castelgrande :*** *Monte San Michele.* ☎ *091-825-81-45. Tlj 10h-18h (17h nov-Pâques). Entrée : 5 Fs (et 10 Fs en cas d'expo temporaire) ; réduc.* Le plus central des trois châteaux, dominant la vieille ville par l'ouest. On y accède en ascenseur, taillé dans la roche, de la piazza del Sole. On peut aussi grimper de la piazza Nosetto par un sentier pavé. À l'intérieur, petit *Museo storico archeologico e artistico*. Demandez à voir le film (15 mn) contant l'histoire de la ville en version française et ne manquez pas le superbe ensemble de fresques sur bois Renaissance exposées à l'étage. Elles proviennent d'une unique villa détruite dans les années 1970. Pour le reste, la forteresse, flanquée de deux tours hautes de 28 m, est un peu une coquille vide. Vous pourrez grimper à la Torre Bianca pour profiter du panorama sur les vignes en terrasses et les toits de *piode* (plaques de gneiss) typiques.

🍽 On accède par l'entrée du musée au ***Ristorante Castelgrande :*** *tlj sf dim soir et lun. Formule déj 32 Fs au* Grotto San Michele *; plus cher le soir.* Bordée de créneaux, une terrasse de granit ensoleillée (mais parfois venteuse) vous attend. Ou bien une petite salle voûtée et sombre, mariant mobilier design, pierres apparentes et tonneaux en bois.

◎ ★★★ ***Castello Montebello :*** *via di Castelli 4.* ☎ *091-825-13-42. À 10 mn à pied en montant de la jolie piazza Collegiata, derrière l'église baroque à l'énorme chaire en marbre polychrome. Sinon, parking, bus ou train touristique. Avr-oct, tlj 10h-18h. Fermé nov-mars. Partie extérieure du chemin de ronde accessible jusqu'à 20h (gratuit). Entrée : 5 Fs ; réduc.* Siège du *Museo archeologico e civico,* ce bâtiment érigé entre le XII^e et le XV^e s est sans conteste le plus beau des trois châteaux de Bellinzone. Posé sur une terrasse entourée de vignes, 90 m au-dessus de la ville, il comporte un donjon central (musée) entouré d'une superbe double enceinte en forme de losange, avec un chemin de ronde que l'on peut en partie parcourir. Pour y pénétrer, il faut franchir deux portes, un pont-levis et sa herse ! Le musée rassemble des collections préhistoriques et archéologiques, avec de nombreux objets en bronze et des bijoux en ambre – rien de vraiment incontournable.

**Castello di Sasso Corbaro :** *☎ 091-825-59-06. Accès possible en voiture ou petit train touristique ; à pied, c'est raide et long (25-30 mn). Avr-oct, tlj 10h-18h (19h juil-août). Fermé nov-mars. Entrée : 5 Fs ; réduc.* Ses défenses trônent à 230 m au-dessus de la ville depuis la fin du XVe s. On a peine à croire que 6 mois suffirent pour les ériger... De la terrasse, belle vue sur Montebello, la ville et la vallée du Tessin. Le musée propose des expos temporaires et thématiques, et la courette abrite un resto chic *(• osteriasassocorbaro.com •).*

**Villa dei Cedri :** *piazza San Biagio 9, à Ravecchia (un quartier un peu excentré). ☎ 091-821-85-20. • villacedri.ch • Parc tlj sf lun 7h-20h (18h oct-mars). Musée tlj sf lun-mar 14h-18h (11h-18h w-e et j. fériés ; le 1er jeu du mois jusqu'à 20h). Entrée : gratuite pour le parc, 9 Fs pour le musée ; réduc.* Situé au milieu d'un splendide parc, ce musée propose deux à trois expos temporaires par an, surtout dédiées à la peinture suisse et italienne des XIXe et XXe s.

## Fête

– **Carnaval :** *sem du Mardi gras. Rens : • rabadan.ch •* Un des plus importants de Suisse. Les festivités commencent le Mardi gras avec d'immenses cuves de risotto servi dans toutes les ruelles de la vieille ville. Tout le week-end, des dizaines de milliers de personnes costumées investissent les bars, ouverts toute la nuit les vendredi et samedi, au rythme des *Guggenmusik*.

# ASCONA-LOCARNO, LAC MAJEUR ET VALLÉES



**Le Tessin est et a toujours été un lieu de passage entre le Nord et le Sud. Mais le voyageur qui ne quitte pas cet axe ne connaîtra de cette région que le fond sombre de la Leventine et les zones industrielles qui s'étendent jusqu'au plateau de Magadino, ou encore les usines le long de l'autoroute dans le Mendrisiotto (sud). C'est pourquoi nous vous conseillons les chemins buissonniers. Locarno est une ville tranquille, baignée de soleil (2 300 h d'ensoleillement par an) et bénéficiant du climat le plus doux de la Suisse. Les vallées sont très étroites (surtout le val Bavona), peu ensoleillées en hiver mais d'une beauté vraie. On y trouve de petits hôtels et des chambres chez l'habitant, en général signalées en italien mais aussi en allemand.**

**Palmiers, terrasses et boutiques de luxe attirent à Locarno et Ascona, villes partageant une politique touristique commune, une clientèle internationale déambulant et dépensant selon l'heure et l'humeur. Ascona, station de villégiature appréciée depuis le XIXe s, est connue pour sa vieille ville aux jolies ruelles et bâtisses colorées, entièrement piétonne (une rareté au Tessin), où se nichent restaurants de qualité et galeries d'art, pour ses élégantes villas et sa promenade longeant le lac, forcément.**

# LOCARNO

(6600) 15 500 hab.

• Plan p. 458-459

**Au bord du lac Majeur, Locarno fut par le passé un centre commercial, un lieu d'échanges important. Cette même position en fait la ville de villégiature par excellence. Elle attire beaucoup de touristes l'été, avec une pointe très forte lors du Festival international du film (1re quinzaine du mois d'août). Si vous venez pour cela, réservez votre chambre ou un emplacement de camping assez tôt et préparez-vous à l'overdose de toiles avec, surtout, l'écran géant sur la piazza Grande. Hors de cette période cinématographique, les montagnes et le lac Majeur vous serviront de toile de fond. Et ce n'est pas mal non plus.**
**Le Tessin partage le lac Majeur avec l'Italie, même s'il n'en possède que 20 %. Ses facéties, provoquées par des pluies torrentielles, ont fait des dégâts à plusieurs reprises, les dernières inondations remontant à 1993 et 2000.**

## Arriver – Quitter

### En bateau

Le bateau reste la solution la plus simple pour rejoindre les rivages italiens.

⛴ ***Embarcadère*** (plan C2) **:** *lungolago Giuseppe-Motta. ☎ 0848-091-091. Forfait journalier pour naviguer sur l'ensemble (2 zones) de la partie suisse du lac : 36,60 Fs ; réduc. Sinon, 73,20 Fs ou 109,80 Fs pour un pass de 3 ou 7 j. sur la partie suisse. Les bateaux ne circulent pas de mi-oct à mi-mars.*

### En train

➢ Liaisons très fréquentes avec Bellinzone, tlj 5h30-1h. C'est par là que vous devrez passer pour rejoindre Milan. Pour Lugano, il faut changer à Giubiasco. Pour une autre ville du lac Majeur... préférez le bateau !

Une belle solution consiste néanmoins à emprunter la ligne des *Centovalli* (les Cent Vallées) qui rejoint Stresa en passant par Domodossola, dans les terres. Elle traverse des paysages vertigineux et champêtres au cœur des vallées suisses et italiennes.

🚂 ***Gare ferroviaire*** (plan C2) **:** *piazza Stazione. ☎ 0900-300-300 (1,19 Fs/mn).* • *sbb.ch/fr* •

### En bus

➢ Départ des cars *AutoPostale,* ainsi que des bus locaux FART qui desservent la région et relient les différents quartiers de Locarno et sa périphérie.

🚌 ***Gare des cars postaux et des bus régionaux FART*** (plan C2) **:** *piazza Stazione, à côté de la gare ferroviaire. ☎ 0900-311-311.* • *autopostale.ch* • *centovalli.ch* •

## Adresses utiles

ℹ ***Office de tourisme*** (plan C2) **:** *largo Zorzi 1. ☎ 848-091-091.* • *ascona-locarno.com* • *De mi-mars à oct, lun-sam 9h (10h sam et j. fériés)-18h ; dim 10h-13h30, 14h30-17h. De nov à mi-mars, lun-sam 9h30 (10h sam)-12h, 13h30-17h.* Beaucoup de documentation sur Locarno et les environs. Location de vélos électriques. Demander le *Cultural Pass Ascona-Locarno*.

✉ ***Postes*** (plan C2) **:** *près de la gare, dans la galerie marchande de la piazza*

■ **Adresses utiles**

Embarcadère
Office de tourisme

**Où dormir ?**

10 Camping Delta
11 Ostello Palagiovani
14 Garni Gottardo
15 Garni Giacometti
16 Hôtel du Lac
17 Albergo Remorino

**Où manger ?**

21 Caffe Bartolomeo
22 Osteria Borghese
23 Cittadella

**Où boire un verre ?**

31 Caffè dell'Arte

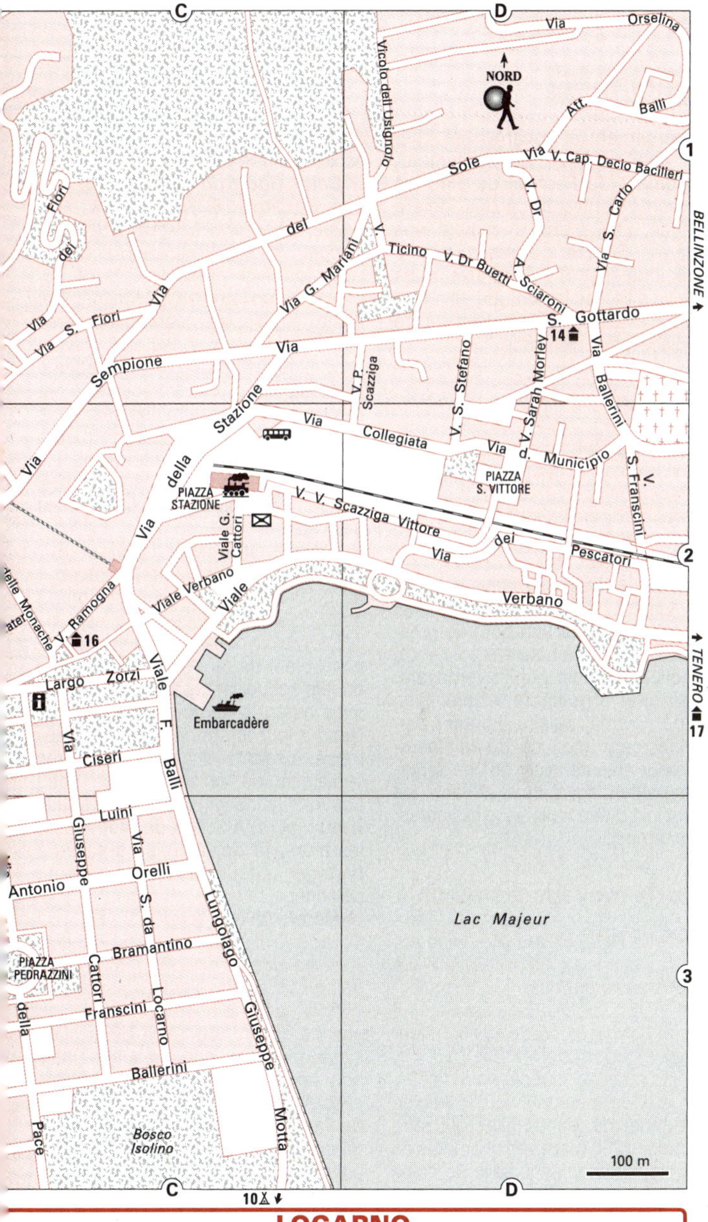
NORD
Via Orselina
Vicolo dell Usignolo
Att. Balli
Via V. Cap. Decio Bacilleri
Via del Sole
BELLINZONE
Via S. Carlo
V. Dr A. Sciaroni
V. Ticino
V. Dr Buetti
Via G. Mariani
Via dei Fiori
Via S. Fiori
Via Sempione
Via S. Gottardo
14
Via Ballerini
V. P. Scazziga
V. S. Stefano
V. Sarah Morley
Via della Stazione
Via Collegiata
Via d. Municipio
PIAZZA S. VITTORE
V. S. Franscini
PIAZZA STAZIONE
V. V. Scazziga Vittore
Viale G. Cattori
Via dei Pescatori
Viale Verbano
Viale Verbano
V. Ramogna
16
V. delle Monache
Largo Zorzi
Viale F. Balli
Embarcadère
TENERO
17
Via Ciseri
Luini
Via Orelli
Giuseppe
Antonio
Via S. da Bramantino
Lungolago Giuseppe Motta
PIAZZA PEDRAZZINI
Cattori
Franscini
Locarno
della
Ballerini
Pace
Bosco Isolino
Lac Majeur
100 m
10
1
2
3
C
D

LOCARNO

*Stazione, lun-ven 8h30-11h30, 14h-18h ; sam 9h-11h. Ou dans le centre, via della Posta (plan B2), lun-sam 8h30-18h30 (12h sam).*

## Où dormir ?

L'hébergement à Locarno est cher (très cher !). Attention également, au moment du Festival du film, les logements sont saturés des mois à l'avance, et les prix atteignent des sommets. Si vous désirez vous faire plaisir, quelques *B & B* de luxe, dans la vieille ville, facilement identifiables. Et pour le camping, en voici un de 300 places, très bien situé.

### Camping

⛺ ***Camping Delta*** *(hors plan par C3,* ***10****)* **:** *via Respini 7. ☎ 091-751-60-81. • campingdelta.ch • Bus n° 2 depuis la gare ferroviaire. Ouv mars-fin oct. Compter env 50-90 Fs pour 2 selon emplacement et saison. Loc de roulottes.* 💻 📶 Très cher, mais le cadre est vraiment plaisant : à 20 mn à pied du centre-ville, sur son bout de presqu'île, lové dans la nature entre l'école de golf et un parc public verdoyant. Terrain plat et joliment arboré, bien équipé (laverie, cuisine abritée, bar-resto, épicerie, etc.), centre de fitness, jeux pour enfants, ainsi qu'une séduisante petite plage à l'eau attirante (ce qui est loin d'être toujours le cas autour de Locarno !).

### De prix moyens à très chic

🏠 ***Ostello Palagiovani*** *(AJ ; plan A3,* ***11****)* **:** *via Varenna 18. ☎ 091-756-15-00. • youthhostel.ch/locarno • Congés : de mi-déc à mi-janv. En saison, selon type de dortoir, 41,50-56,50 Fs/pers et 88-122 Fs pour une double, petit déj et draps compris ; supplément de 7 Fs pour les non-membres.* 💻 📶 Ancien pensionnat de jeunes filles qui offre aujourd'hui 200 places en chambres de 2 à 6 lits, avec ou sans salle de bains privée. Quelques chambres familiales avec coin cuisine. Resto pas cher, midi et soir *(17,50 Fs)*. Une AJ entièrement rénovée, propre, simple, bien organisée et confortable. Dans le même complexe, une radio locale et une école de musique.

🏠 ***Garni Gottardo*** *(plan D1,* ***14****)* **:** *via San Gottardo 18, Muralto. ☎ 091-743-31-83. • hotel-gottardo.ch • Congés : janv-fév. Doubles 116-196 Fs selon confort et saison, petit déj compris. Parking gratuit.* Hôtel familial d'une vingtaine de chambres propres et claires. Certaines, les plus chères, sont flanquées d'un balcon avec vue sur le lac. Les prix intermédiaires n'ont pas de balcon, et la moins chère a la douche sur le palier. Les dormeurs au sommeil léger préféreront les chambres ne donnant pas sur la rue. Accueil véritablement délicieux des deux sœurs.

🏠 ***Garni Giacometti*** *(plan B2,* ***15****)* **:** *via San Francesco 1, Locarno. ☎ 091-751-87-82. • hotel-giacometti.ch • Tte l'année. Doubles 135-175 Fs selon confort.* Un lieu surprenant, plein de fantaisie, tenu par un couple accueillant, parlant le français avec autant d'humour que d'amour. Déco à leur image, à la fois chaleureuse, élégante et gaie. 7 chambres seulement, où l'on se sent bien. Patio aux tons jaune vif, pour se poser aux beaux jours. Affiches du festival sur les murs, et de bonnes adresses à partager, autour de la table du petit déjeuner.

🏠 ***Hôtel du Lac*** *(plan C2,* ***16****)* **:** *via Ramogna 3. ☎ 091-751-29-21. • du-lac-locarno.ch • Près de la gare. Selon saison, doubles avec sdb 160-250 Fs, petit déj compris. Parking payant.* 📶 Un hôtel à la déco classique, plus cher que les autres, mais son agencement cossu (chambres avec AC notamment) et la gentillesse de l'accueil valent la différence. Certaines chambres, moins spacieuses, ont un petit balcon avec vue sur le lac.

🏠 ***Albergo Remorino*** *(hors plan par D2,* ***17****)* **:** *via Verbano 29, Minusio. ☎ 091-743-10-33. • remorino.ch • Près du lac. Congés : nov-mars. Selon saison, doubles 180-440 Fs, petit déj*

LE TESSIN

*compris. Promos sur Internet. Parking gratuit.* Un *Relais du Silence* où l'on se sent bien, avec vue sur le lac, piscine et jardin pour se poser. Snack sur place, aux prix très corrects, et très bon buffet au petit déjeuner.

## Où manger ?

### De prix moyens à très chic

**Caffe Bartolomeo** (plan B2, **21**) : *via Bartolomeo Rusca 8. 079-283-69-18. Tlj sf dim 11h30-20h30. Plat du jour 17 Fs ; carte snacks 7-17 Fs.* Dans une rue typique, un lieu atypique, coloré, chaleureux. Coin salon avec fauteuils en cuir, plantes aromatiques en pot au-dessus du bar, tableaux au mur. Patron aux fourneaux, c'est l'essentiel, service souriant et efficace. Bonne cuisine du jour avec des produits frais, à prix très corrects.

**Osteria Borghese** (plan B2, **22**) : *via Borghese 20. ☎ 091-751-04-98. Tlj sf sam-dim. Repas env 40 Fs.* Un vrai beau petit resto d'habitués, où l'on se régale d'une authentique cuisine de femme, à des prix certes élevés, mais (pour une fois !) justifiés. Juste 6 tables à l'intérieur, et une terrasse aux beaux jours.

**Cittadella** (plan B2, **23**) : *via Cittadella 18. ☎ 091-751-58-85. Tlj sf lun. Trattoria au rdc et resto au 1er étage. En bas, repas env 65 Fs ; plus cher à l'étage, compter env 80 Fs.* Pizze, plats traditionnels et de saison au rez-de-chaussée et cuisine plus élaborée au 1er étage, avec des spécialités de poisson (loup de mer en croûte de sel, notamment). Mais le resto propose aussi des pâtes et des viandes... Dans tous les cas, c'est une cuisine subtile et originale mais qui a son prix !

## Où boire un verre ?

**Caffè dell'Arte** (plan B2, **31**) : *via Cittadella 9. ☎ 091-751-93-33. • info@caffedellarte.ch • Mar-sam 8h-21h.* Petit café précédé d'une galerie d'art contemporain, décoré de blanc et de nuances de gris. On apprécie les 2 délicieuses terrasses, très tranquilles, à l'arrière ou dans la ruelle... parfait pour se rafraîchir et s'isoler un moment de l'agitation urbaine et touristique. 9 chambres dans les étages de la vieille demeure : un cadre très sobre et design mais intimiste et confortable *(doubles 119-289 Fs, avec petit déj).*

# À voir. À faire

➢ Offrez-vous une très jolie ***promenade en longeant le lac à pied jusqu'à Tenero,*** via Muralto et Minusio.

***Piazza Grande*** (plan B2) : elle mérite bien son nom ! Elle fait partie du centre antique *(città vecchia)*, comme les ruelles qui la dominent. Les maisons colorées et les arcades qui la bordent lui confèrent sérénité et charme, même si des constructions modernes gâchent un peu le tableau.

***Castello Visconteo*** (château Visconti ; plan A-B3) : *piazza Castello. ☎ 091-756-31-70. Avr-oct, tlj sf lun 10h-12h, 14h-17h. Entrée : 7 Fs ; réduc.* Ce qui reste (un sixième...) du château que les Visconti, puis les Rusca, ont occupé jusqu'au XVe s. Les Suisses confédérés le détruisirent en grande partie vers 1532. Puis la forteresse fut restaurée, au début du XXe s. Les passionnés des époques néolithique et romaine qui comprennent l'italien (pas d'explications traduites) peuvent visiter le *musée d'Archéologie*, installé dans les anciens appartements. C'est aussi l'occasion de voir le mobilier d'époque et les beaux plafonds de bois sculpté.

**Pinacoteca comunale** *(plan A2)* **:** *piazza San Antonio. ☎ 091-756-31-85. Ouv, selon expos, tlj sf lun 10h-12h, 14h-17h. Entrée : 12 Fs ; réduc.* Une maison bourgeoise, typique du XVIIIe s, avec cour intérieure et beaux volumes. La visite se déroule sur plusieurs étages. Elle n'accueille que des expos temporaires d'art moderne et contemporain.

**Chiesa San Francesco** *(plan A3)* **:** construite au XIIIe s, elle fut remaniée et agrandie au XVIe s. À l'intérieur, belles fresques en trompe l'œil, qui sont malheureusement très abîmées.

## Marchés

– **Marché :** *fév-déc, ts les jeu (un peu plus aléatoire en hiver), sur la piazza Grande.* On y trouve tous les produits de la région, ainsi que les tissus et l'artisanat du pays.
– **Grande brocante :** *w-e de l'Ascension.* Elle remplit toute la vieille ville.

## Festival

Beaucoup d'événements tout au long de l'année à découvrir sur le site de l'office de tourisme, et un must :
– **Festival international du film :** *durant la 1re quinzaine d'août. • pardolive.ch •* Créé en 1946, c'est le quatrième en importance après Cannes, Berlin et Venise. C'est avant tout le festival des premiers films, les œuvres étant projetées dans différents cinémas et sur l'écran géant en plein air de la piazza Grande. Compétition internationale, hommages à des réalisateurs, sélections à thème, concours de courts-métrages... Les amoureux du 7e art sont comblés !

## DANS LES ENVIRONS DE LOCARNO

**Santuario della Madonna del Sasso :** *à* ***Orselina****. • madonnadelsasso.org • On l'atteint soit à pied (env 30 mn car c'est pentu), soit en funiculaire en moins de 10 mn. Départs ttes les 15 mn en été (sinon, ttes les 30 mn), tlj 8h-21h (plus tard en été), de la station de la via Ramogna (plan C2) ; tarif : 7,20 Fs A/R ; réduc. Visite 7h-18h.* Sanctuaire du XVe s. Dans la nuit du 14 au 15 août 1480, la Madone apparut au moine franciscain Bartolomeo d'Ivrea... Si vous n'êtes pas sûr de revivre ce moment, vous pouvez vous contenter de la statue de la Madone (XVe s), du très beau retable illustrant la *Fuite en Égypte* (XVIe s)... et, en vous retournant, de la vue sur le lac et les toits de Locarno.

# ASCONA



**Situé à 196 m d'altitude, à seulement 4 km de Locarno, sur la rive nord du lac Majeur, Ascona est l'endroit le plus bas en Suisse. Si l'on devait en revanche s'intéresser au revenu moyen de ses visiteurs, ce serait le plus haut, évidemment...**

### Arriver – Quitter

En bateau, mars-oct slt, départs de Locarno tlj ttes les heures, env 7h-18h (horaires irréguliers, rens à l'embarcadère ou aux offices de tourisme).

## Adresse et info utiles

ℹ ***Office de tourisme d'Ascona :*** *viale B. Papio 5. ☎ 848-091-091. • ascona-locarno.com • De mi-mars à fin oct, lun-ven 9h-18h, sam et j. fériés 10h-18h, dim 10h-14h. Hors saison, lun-sam 9h30-12h, 13h30-17h (10h sam).* Location de vélos électriques.

– Si les cinéphiles se pressent à Locarno en août, Ascona attire les foules avec son grand ***festival*** qui distille dans la ville une belle et chaude ambiance de jazz New Orleans *(fin juin-début juil ; • jazzascona.com •).*

## Où dormir ? Où manger ?

***Hotel Luna :*** *via Buonamano 28. ☎ 091-791-36-07. • hotel-luna.ch • Congés : début nov-début mars. Doubles 95-245 Fs, petit déj et parking inclus ; tarifs dégressifs dès le 2e j.* Situé dans la ville nouvelle, à moins de 10 mn à pied du lac, ce petit hôtel familial ne charme pas par son décor, mais affiche des tarifs supportables dans le secteur. On s'intéressera surtout aux 3 chambres les moins chères, petites et un peu datées, en rez-de-jardin, avec juste un lavabo. Les autres ont leur propre salle de bains. Jardin, ping-pong, vélos en location et... bon accueil.

***Art Hotel Riposo :*** *scalinata della Ruga 4. ☎ 091-791-31-64. • arthotelriposo.ch • Doubles env 200-400 Fs selon taille, j. de la sem et saison, petit déj inclus.* Le lac est à deux pas, l'accueil est à la fois pro et sympathique, et l'adresse ne cesse d'étonner avec ses jolies chambres donnant pour certaines sur des terrasses gazonnées ou agrémentées de citronniers en pots (séjour de 6 jours minimum pour pouvoir les réserver). Bien sûr, tout cela n'est pas donné, même pour les plus petites, mais on bénéficie, en plus, d'une grande terrasse dominant la ville sur laquelle se niche une très agréable piscine.

***Antico Ristorante Borromeo :*** *via Collegio 16. ☎ 091-791-92-81. Tlj sf lun 11h-14h30, 18h-23h. Plats 19-45 Fs.* L'ambiance est ici à la trattoria de toujours, avec nappes à carreaux, vieilles photos et bouteilles de vin aux murs. Les habitués y reviennent pour les pâtes fraîches maison et les plats de saison, assez inventifs. La présentation n'est pas super soignée, mais c'est bon et c'est bien là l'essentiel !

***Marina :*** *via Albarelle 16. ☎ 091-785-71-71. Congés : Noël-début janv, et service limité en janv. Tlj 12h-23h (snacks slt 14h-18h30). Plats 12-33 Fs côté lounge, jusqu'à 52 Fs au resto.* C'est l'un des restaurants de l'hôtel *Eden Roc,* posé en front de lac. On apprécie surtout sa terrasse herbeuse aux grands fauteuils et canapés ombragés par des palmiers, mais la salle intérieure, tout de blanc vêtue, hyper design sous son lustre gigantesque, vaut aussi le coup d'œil. Du côté de l'assiette : sandwichs, salades et pâtes maison au *lounge,* auxquels s'ajoute, en salle, une cuisine de saison inspirée des produits locaux, mettant en valeur légumes rares et combinaisons inventives.



## À voir. À faire

***La vieille ville :*** elle se serre juste derrière la promenade bordant le lac Majeur. On y verra l'église Santi Pietro e Paolo (XVIe s), qui conserve de belles fresques et peintures, réalisées en partie par les frères Serodine – dont la demeure (1620), précédée d'une très théâtrale façade baroque, se dresse à côté. Un peu plus au nord, l'église Santa Maria della Misericordia (XVe s), partie intégrante du campus du Collegio Papio, a elle aussi conservé des fresques d'époque, un beau polyptique (sur l'autel) datant de 1519, et son cloître.

**Museo comunale d'Arte moderna :** *via Borgo 34. ☎ 091-759-81-40. • museoascona.ch • Dans la vieille ville. Mar-sam 10h-12h, 15h-18h ; dim et j. fériés 10h30-12h30. Fermé janv-fév. Entrée : 10 Fs selon l'expo ; réduc.* Expos temporaires très intéressantes. Les collections permanentes rassemblent des œuvres de peintres locaux ou qui ont vécu dans le Tessin – dont la collection privée de Marianne Werefkin, liée au Blaue Reiter.

## DANS LES ENVIRONS D'ASCONA

**Isole di Brissago :** *☎ 091-791-43-61. • isolebrissago.ch • Départs de l'embarcadère d'Ascona avec* Navigazione Lago Maggiore *(☎ 0848-091-091 ; • navlaghi.it •) 9h25-18h10 env. Trajet : 15-40 mn. Tarif : env 22 Fs A/R. Jardin ouv mars-oct, tlj 9h-18h. Entrée : 8 Fs ; réduc.* C'est à la fin du XIXe s que la baronne Antoinette de Saint-Léger transforma la grande île de Brissago en un somptueux jardin exotique. Abandonnée par son mari, elle dut la vendre à un riche commerçant hambourgeois, qui construisit la villa actuelle, le bain romain et l'orangerie. Devenu propriété du canton du Tessin, l'endroit abrite désormais un très beau jardin botanique de 2,5 ha où se côtoient plus de 1 500 espèces d'ici et surtout d'ailleurs. Un lieu parfait pour une bouffée de fraîcheur et d'exotisme, entre recoins oubliés, bambouseraies, chaises longues et bancs. La villa abrite un hôtel de 10 chambres bien agréable mais très cher ; on peut toujours s'offrir un repas au restaurant ou y prendre un thé.

**Verscio :** avant de grimper dans le val Maggia, rendez-vous dans le charmant village de Verscio, sur la route et la voie de chemin de fer des Centovalli (les Cent Vallées) qui vous mène à Domodossola (Italie). Le clown Dimitri a créé un théâtre, un ***musée du Théâtre comique*** (ouvert les jours de spectacles et exposant des affiches, instruments de musique, masques de clowns, jouets, etc.), une troupe et une école de théâtre à Verscio. Renseignements sur *• teatrodimitri.ch •*

Poussez jusqu'à ***Intragna*** si vous aimez les vieilles pierres et les petits villages typiques aux ruelles tortueuses. Laissez-vous guider par les pavés et arpentez notamment la petite place de l'*église San Gottardo* dont le clocher est le plus haut du canton (65 m). Juste à côté, *Musée ethnographique* sur la région, avec des objets liés à l'agriculture, l'élevage, la cuisine, etc. *(ouv Pâques-fin oct, tlj sf lun 14h-18h ; entrée : 5 Fs, réduc).*

## LE VAL MAGGIA



**Comme toutes les vallées du Tessin, le val Maggia (qui se divise à Bignasco en val Bavona et val Lavizzara) a perdu beaucoup d'habitants. Mais de nombreux Tessinois ont hérité d'une petite maison, un *rustico,* et les ont restaurées dans la tradition.**
**Le val Maggia est traversé par la rivière du même nom, sur le bord de laquelle on peut se prélasser. Une des plus belles rives est située près du village de Ponte Brolla : immenses pierres rondes et blanches, piscines naturelles, un vrai délice ! Attention cependant, certains endroits sont dangereux. Ne bravez pas les interdictions, les panneaux ne sont pas là par hasard.**
**Lâchez votre voiture et arpentez les ruelles de l'un ou l'autre village. Citons *Aurigeno.* Ses maisons de maître datent du XIXe s et même avant. Ses**

**nombreuses petites chapelles donnent à ce charmant village un air paisible et typique, renforcé par son isolement. Il se trouve en effet au début de la vallée, sur la rive droite de la rivière.**
**Le val Maggia, orienté au sud, est un peu plus large, en tout cas dans les premiers kilomètres, que ses petits frères (Bavona, Lavizzara et Verzasca), et donc ensoleillé même en hiver.**
**Mais n'hésitez pas à pousser, au-delà de Bignasco, jusqu'à Lavizzara, l'une des communes les plus étendues du canton (mais seulement 600 habitants). Maisons typiques et, surtout, magnifique église dessinée par Mario Botta. Vous en oublierez les nombreux tournants en épingle à cheveux !**

## *MAGGIA* *(6673)*

C'est en quelque sorte la « capitale » de la vallée, à défaut d'en être le chef-lieu (situé à Cevio). On y trouve l'office de tourisme et des chambres chez l'habitant.

### Arriver – Quitter

➢ ***En bus :*** de Locarno. Prendre la ligne 315 qui passe par Maggia et va jusqu'à Bignasco. Là, on peut poursuivre, en changeant de bus (le car postal), vers Fusio, dans le val Lavizzara, ou vers San Carlo, dans le val Bavona. Autre bifurcation possible : aller jusqu'à Cevio avec la ligne 315, puis prendre un autre bus pour le val Rovana et Bosco Gurin.

### Adresse utile

***Office de tourisme :*** *centro commerciale. ☎ 091-759-77-26. • vallemaggia.ch • En dehors du centre du village, au bord de la route principale, au milieu d'un ensemble de commerces. Lun-ven 9h-12h, 14h-17h (non-stop juil-août) ; juin-sept, également sam 9h-12h.* Beaucoup de doc (souvent en français) sur la vallée et les environs, des cartes (gratuites ou payantes) avec des sentiers pédestres, etc.

### Où dormir ?
### Où manger à Maggia et dans les environs ?

#### Camping

***Camping TCS Gordevio :*** *6672* ***Gordevio.*** *☎ 091-753-14-44. • tcs.ch • Env 3 km au sud-est de Maggia. D'avr à mi-oct. Réception 8h-12h, 14h-19h30 (non-stop 8h-22h en été). 230 empl. En hte saison, env 70 Fs pour 2 avec petite tente et voiture.* Le site, bien ombragé, s'étend au bord d'une rivière (accès direct) et jouit de tranquillité et de la proximité de la forêt. Piscine, petit resto, épicerie, etc.

#### Bon marché

Il y a pas mal de chambres chez l'habitant, signalées en italien et en allemand *(Zimmer)*, que vous trouverez tout au long de la vallée. L'office de tourisme peut aussi vous fournir une liste (non exhaustive). Les prix commencent autour de 30 Fs par personne, mais peuvent grimper jusqu'à 60 Fs par personne.

***Baracca Backpacker :*** *6677* ***Aurigeno.*** *079-207-15-54. • hostel-aurigeno.ch • Bien indiqué depuis la route principale. D'avr à mi-oct. En dortoir 4-7 lits, 34 Fs/pers ; double 82 Fs. CB refusées.* Une sorte d'AJ privée de 13 lits, installée dans une petite maison en bois tout en longueur, en face d'une très jolie église. C'est simple mais convivial et intimiste. La cuisine et les sanitaires sont communs, on peut louer des sacs de couchage et des serviettes de toilette. Dans le jardin se trouvent

2 emplacements pour des campeurs. On y organise aussi des barbecues, avec la cascade juste à côté. Location de vélos.

### De prix moyens à chic

**Locanda Poncini :** *dans le centre du village. ☎ 091-753-15-41. • locandaponcini.com • Resto tlj sf mer. Congés : janv. Résa conseillée. Doubles 120-150 Fs, petit déj compris. Au resto, plats 18-38 Fs.* La grosse bâtisse jaune, située sur une jolie placette avec fontaine, propose 8 chambres seulement. Jolie vue sur le village et les vieilles pierres des maisons voisines. La route qui traverse la vallée est lointaine, tranquillité garantie. Cuisine régionale et belle cave à vins.

**Casa Martinelli :** *via Cantonale Vecchia 60. ☎ 091-760-90-51. • casa-martinelli.ch • À la sortie du village. Congés : janv. Résa conseillée. Doubles 168-268 Fs. Réduc à partir de 3 nuits.* Une des jolies surprises de cette vallée qui joue de plus en plus la carte contemporaine. Un *B & B* charmant, avec des chambres zen, dans la partie moderne, en contrebas de la vieille maison qui vous accueille, au bord de la route, près du vieux pont. C'est à Luigi Snozzi, un des architectes les plus remarquables du pays (voir plus loin l'intro de Mendrisio), que l'on doit ce lieu original.

## À voir

**L'église Santa Maria delle Grazie :** *ouv slt de mai à mi-oct, 3 fois/sem, à des horaires restreints. Rens à l'office de tourisme.* C'est l'un des plus anciens édifices (1510) à caractère religieux de la vallée. La restauration date des années 1990. Mérite un coup d'œil, notamment pour ses fresques du XVIe s et l'ex-voto du peintre Vanoni.

## *CEVIO (6675)*

Située à 12 km de Maggia, cette petite bourgade de 1 100 habitants possède beaucoup de charme, avec sa grand-place centrale verdoyante, entourée de belles bâtisses. On y découvre un bâtiment de deux étages qui fut, de 1513 à 1798, le siège des baillis (ou *Landvogti*) des 12 cantons de la Suisse d'alors. Il ne reste de cette époque que les écussons...

Le point Info abrite également une galerie présentant des produits de l'artisanat tessinois sortant de l'ordinaire (*• artisvallemaggia.ch •*).

De là, vous pouvez également, si vous désirez changer de vallée, partir vers l'ouest en direction de Bosco Gurin, un petit village (le plus élevé du canton, avec ses 1 507 m d'altitude) où l'on parle un dialecte suisse alémanique. C'est aux XIIe et XIIIe s que des Haut-Valaisans ont été séduits par les lieux et qu'ils les ont colonisés. C'est le seul endroit au Tessin où l'italien n'est pas la seule langue officielle.



## Où dormir ? Où manger ?

### Prix moyens

**Albergo e Ristorante Posta :** *sur la place du village. ☎ 091-754-18-96. • dellaposta-cevio.ch • Resto tlj sf lun. Congés : nov-fév. Doubles env 100-110 Fs, petit déj compris. Plats env 20-42 Fs.* Cet hôtel n'offre que 6 chambres, avec salle de bains à l'étage, sans charme et vieillottes mais correctes et claires. 2 d'entre elles donnent sur la place, les autres sur le jardin, où les repas sont servis aux beaux jours. Pas de carte, on vous annonce directement les plats du jour, simples et copieux.

## À voir

**Museo di Valmaggia :** *dans le palazzo Franzoni et la casa Respini-Moretti. ☎ 091-754-13-40 ou 23-68. ● museovalmaggia.ch ● ♿ Ouv avr-oct, mar-sam 13h30-17h. Entrée (pour les 2 bâtiments) : 6 Fs ; réduc.* Un musée passionnant, aménagé dans une maison de 1613, qui permet de comprendre l'esprit de la vallée, et la vie de ceux qui se sont battus pour y survivre. Outre quelques toiles d'un artiste local du XIXe s, Giovanni Antonio Vanoni, objets divers retraçant la vie des paysans et artisans, avec leurs outils, costumes, us et coutumes. Très complet et explications en français. Le second musée, dans un bâtiment tout proche, est surtout consacré à des expos temporaires sur la région.

## *BIGNASCO (6676)*

C'est surtout une étape, à 2,5 km en amont de Cevio. Un carrefour qui marque la naissance des vaux Bavona et Lavizzara. Vous pouvez y faire une pause nocturne.

### Où dormir ?

#### Prix moyens

**Garni Ca'Stella :** *via alla Motta 2. ☎ 091-754-34-34. ● ca-stella.ch ● Bien indiqué depuis la route. Ouv mars-oct. Doubles 95-145 Fs avec petit déj, également des familiales 3-4 pers ; dortoir 30 Fs/pers. Réduc à partir de 4 nuits. CB refusées.* Une adresse charmante, dans une maison ancienne aux plafonds ornés de vieilles fresques. Toutes les chambres ont des sanitaires en commun. Les hôtes partagent aussi un salon mansardé cosy et une cuisine équipée. Accueil convivial en français.

## *LE VAL LAVIZZARA*

À 40 mn de Locarno, un des plus beaux coins du Tessin. Lavizarra, c'est le nom donné à la partie supérieure du val Maggia, une seule commune en fait qui regroupe, sur 187 km², six villages et plusieurs hameaux situés entre 700 et 1 300 m d'altitude. Si vous ne prenez pas le bus postal, tirez à pile ou face pour savoir qui va conduire et qui va pouvoir admirer le paysage, ainsi que les sculptures contemporaines installées ici ou là par les élèves de l'école de sculpture de Peccia.

À ***Mogno,*** hameau ravagé par une avalanche en 1986 et joliment reconstruit depuis, se trouve l'église dessinée par l'architecte Mario Botta. Plan elliptique, marbre de Peccia et granit de la Vallemagna à strates alternées, toit de verre et de fer impressionnant, un lieu qui mérite la visite. Grimpez ensuite jusqu'à ***Fusio*** (1 280 m) pour vous restaurer et boire un verre de *nostrano,* vin rouge préféré des locaux, avant de prendre un des sentiers permettant d'accéder aux lacs voisins.



# LE VAL VERZASCA

**On retourne à Locarno pour découvrir cette petite vallée, probablement la plus protégée et la plus pittoresque du canton.**

## Arriver – Quitter

➢ ***En voiture :*** de Locarno, prendre la direction de Bellinzone-Lugano pour sortir de la ville, puis suivre les panneaux Verzasca, jusqu'à Gordola. C'est là que débutent les coteaux verdoyants.

➢ ***En bus :*** cars postaux au départ de Locarno.

# TENERO

Au pied des collines qui bordent la rive droite du fleuve et se reflètent dans le lac, Tenero est depuis 1921 le siège de la maison *Matasci,* qui a donné au merlot tessinois quelques-uns de ses grands succès.

## Adresse utile

ℹ ***Office de tourisme :*** *via al Giardini. ☎ 091-759-77-44. • tenero-tourism.ch • Lun-ven 8h (9h oct-mai)-12h, 14h-18h ; sam 9h-12h. Juil-août, 9h-12h, 13h30-17h30.* Beaucoup de doc (souvent en français) sur la vallée et les environs, des cartes avec sentiers pédestres, etc.

## Où dormir ?

### Camping

Tenero est surtout connu pour ses 3 000 places de camping, possédant même le numéro 1 au hit-parade suisse : le ***Campofelice,*** très tendance. Bon, on préfère quand même vous en conseiller un plus petit.

⛺ ***Camping Tamaro :*** *via Mappo 32, 6598* ***Tenero.*** *☎ 091-745-21-61. • campingtamaro.ch • Ouv mars-fin oct. Réception 8h-22h. Selon saison et type de parcelle, env 37-66 Fs pour 2. 💻 📶 (payants).* Un grand camping (430 emplacements) pas très ombragé, étendu sur une immense pelouse en bord de lac. Beaucoup de caravanes, mais les tentes sont bienvenues. 2 blocs sanitaires impeccables. Resto, épicerie. Côté loisirs, jeux pour enfants, plage de sable et d'herbe.

## À voir

***Galleria Matasci :*** *via Verbano 6, dans le bâtiment Matasci Vini. ☎ 091-735-60-11. • matasci-vini.ch • Tlj sf dim 8h-12h, 13h30-18h30 (8h-17h sam).* Cette galerie d'art moderne est également un *musée du Vin* (ouvert aux mêmes horaires).



# LE BARRAGE DE VOGORNO

À un peu moins de 14 km de Locarno, une première étape s'impose : le barrage sur lequel vous pourrez faire quelques pas pour découvrir le lac artificiel de Vogorno. Bond, James Bond, a fait mieux que quelques pas : il a sauté de la digue. Enfin, sa doublure a bondi dans le vide du haut de la digue (220 m). Un bond (et un Bond) que l'on peut admirer dans *GoldenEye*.
De là part la rivière Verzasca, d'un étonnant vert émeraude.

ATTENTION : chaque été, des baigneurs trouvent la mort dans les remous de cette attirante dame verte. Respectez les panneaux d'interdiction de baignade, c'est dans votre intérêt.

## *LAVERTEZZO* *(6633)*

Les lieux sont immortalisés grâce au célébrissime ***pont en dos d'âne*** qui enjambe la Verzasca de ses deux arches bombées. Celui-ci a d'ailleurs bien failli perdre son charme lorsqu'une partie a été emportée par des inondations en 1906. La lutte fut rude pour savoir s'il fallait le reconstruire en pierre ou en ciment. Le respect de l'histoire a gagné, la reconstruction date de 1960 ! L'***église Santa Maria degli Angeli*** *(Sainte-Marie-des-Anges)* voit passer moins de visiteurs. Elle vaut le coup d'œil aussi. Son haut clocher domine le village. Fresques sur les façades extérieures et peintures à l'intérieur signées d'artistes tessinois, du XVIII$^{e}$ s également.

## *BRIONE VERZASCA* *(6634)*

Un village assez étendu, très visité à cause de son église, qui abrite quelques-unes des plus importantes fresques gothiques de la vallée.

### Où dormir ? Où manger ?

#### Prix moyens

**Ai Piee :** *via cantonale, en aval du village, sur la gauche de la route en montant. ☎ 091-746-15-44. • piee.ch • Resto tlj sf mer. Congés : janv. Selon emplacement et saison, doubles 120-160 Fs avec douche, petit déj compris. Plats env 20-42 Fs.* Les chambres qui donnent sur la route offrent une belle vue sur la vallée. Et comme la route est dangereuse la nuit, il y a peu de circulation. Possibilité de manger, notamment les truites de la Verzasca et du risotto aux champignons.

### À voir

***L'église de l'Assomption :*** du XIII$^{e}$ s, mais passablement remaniée au XVII$^{e}$ s. Les fresques – les plus précieuses de la vallée – datent, en revanche, de 1350 et sont attribuées à l'école du grand Giotto.

## *SONOGNO* *(6637)*

Le dernier village de la vallée, et peut-être le plus charmant (une centaine d'habitants). Laissez votre voiture au parking (à droite de la route principale en montant) et découvrez à pied les petites ruelles pentues. Le centre est bien conservé : Maison de la laine, four public et de belles maisons rénovées, où les habitants des villes viennent se mettre au vert l'été (nombreuses locations).
Si vous n'êtes pas exténué par vos balades dans ces vallées très différentes les unes des autres, poussez encore vers le val Redorta (vers le mont Zucchero), vous y trouverez la chute d'eau de la Froda. Et un *grotto* comme on les aime, juste à côté. En fait, vous ne risquez pas de mourir de faim à Sonogno (trois restaurants). Ni de soif, la terrasse de l'*Alpino* vous tend ses chaises au soleil de la fin de journée.

# LUGANO ET SA RÉGION



**La troisième région du Tessin joue de ses contrastes pour attirer aujourd'hui une clientèle fortunée, certes, intéressée tout autant par son lac que par ses funiculaires permettant de grimper à l'assaut des pains de sucre voisins, mais aussi des amoureux de rando et d'architecture qui feront ici une pause avant d'aller rejoindre les lacs italiens, où la vie est devenue moins chère. L'architecture au sud du Tessin jouit d'une renommée internationale, notamment à Mendrisio où s'est ouverte l'une des trois premières universités du Tessin : l'Académie d'architecture. Les deux autres facultés se trouvent à Lugano et donnent à la cité un semblant de vie nocturne plutôt plaisant.**

## LUGANO

(6900) 63 600 hab.

• Plan *p. 472-473*

**Chic, très chère et pimpante, Lugano ancre pour de bon la Suisse dans le pays des grands lacs : l'Italie est là, tout près, tout autour, même ! De part et d'autre du noyau urbain, de puissants pains de sucre se dressent au-dessus des eaux du lago Ceresio (di Lugano), façon Rio des Alpes. Côté est, le monte Brè est l'un des points les plus ensoleillés de Suisse. Un funiculaire part à son assaut, depuis Cassarate, pour un panorama difficile à égaler.**
**Troisième place financière suisse, chef-lieu d'un district de 150 000 habitants, cette ville dégage une évidente opulence. Le centre-ville, avec son agréable quartier piéton plein de banques et de boutiques de luxe, mais aussi de petites adresses gourmandes, tout comme la promenade le long du lac, date des années 1960.**

### Arriver – Quitter – Circuler autour du lac

#### En voiture

Belles balades à faire autour de Lugano. Mais il est impossible de longer toute la rive sud. À partir de Claino, la route s'en écarte pour rejoindre la SP 13 qui poursuit sa course à l'est jusqu'à Argegno, sur la rive est du lac de Côme, ou sur les hauteurs du lac de Lugano vers l'ouest.

#### En train

➢ ***Milan (Centrale) :*** env 1 liaison directe/h, tlj 5h30-21h30. Durée : 1h30. Également des trains avec changement à Chiasso.

➢ ***Côme (San Giovanni) :*** plusieurs liaisons directes/h, tlj 6h-22h. Durée : 40 mn env.

➢ ***Locarno :*** aucun train direct, il faut changer à *Giubiasco* ou *Bellinzone.* Le trajet se fait néanmoins rapidement (un peu moins de 1h) car les liaisons sont nombreuses et rapides.

🚂 ***Gare ferroviaire*** *(plan A2) :* ☎ *0900-300-300 (1,19 Fs/mn).* • *sbb.ch/fr* • La gare de Lugano domine le centre-ville et le lac. Un petit funiculaire assure la liaison avec le centre (tlj 5h-minuit env ; trajet : env 1,30 Fs).

LE TESSIN

Mais si vous voulez profiter de quelques petits commerces, proposant essentiellement des souvenirs, préférez la marche. Après une petite passerelle qui surplombe la route à la sortie de la gare, vous trouverez un chemin assez raide qui descend vers le centre.

## En bateau

➢ Le bateau reste un moyen bien agréable de rejoindre les villages autour du lac tels que *Gandria, Morcote, Capolago* ou encore *Campione d'Italia, Ponte Tresa* en Italie. Ou pour rejoindre le départ des funiculaires du monte Brè (à Cassarate) et du monte San Salvatore (à Paradiso). Étudiez bien les horaires : les rotations sont peu fréquentes, surtout pour Cassarate. Croisières également.

***Société de navigation du lac de Lugano :*** *viale Castagnola 12. ☎ 091-222-11-11. • lakelugano.ch • De début avr à mi-oct env. Billets vendus à l'embarcadère, riva Vincenzo Vela, à la hauteur de la piazza Manzoni. Vous trouvez aussi un embarcadère et un guichet pour les tickets à Paradiso, la petite commune voisine au sud de Lugano.*

## En bus

***Gare routière Autopostale*** *(fermata autopostali ; plan B2)* **:** *via Bossi 1. ☎ 0840-852-852. Pour plus d'infos, consulter • postauto.ch •* Cette compagnie dessert tt le Tessin et tte la Suisse.

***TPL*** *(Trasporti Pubblici Luganesi ; plan B2)* **:** *☎ 058-866-72-24. • tplsa.ch •* Dessert Lugano et ses environs.

## En avion

➢ Liaisons essentiellement avec ***Genève*** et ***Zurich.***

✈ ***Aéroport*** *(hors plan par A2)* **:** *à* ***Agno.*** *☎ 091-610-12-82. • lugano-airport.ch •* Le *shuttle-bus (• shuttle-bus.com •)* relie la ville à l'aéroport 8h-18h30 (10h-18h dim) avec des horaires calés sur ceux des vols. Attention, dans le sens Lugano-aéroport, résa indispensable la veille au 📱 *079-221-42-43.* Arrêts sur la piazza Manzoni *(plan B2-3)* et à la gare. Plus rapide mais plus cher (env 35-40 Fs), le taxi *(☎ 091-605-25-10).*

## Adresses utiles

**ℹ** ***Office de tourisme*** *(plan B3)* **:** *piazza Riforma (dans le palazzo civico). ☎ 058-866-66-00. • luganoturismo.ch • Lun-sam 9h-18h (17h sam), dim et j. fériés 10h-16h.* Accueil très pro, en français, et riche documentation sur Lugano, le lac et le Tessin en général. Autre point d'information à la gare et à l'aéroport. – Organise de nombreuses visites guidées de la ville et des environs, gratuites et sans résa pour certaines, payantes et sur résa pour d'autres.

✉ ***Poste principale*** *(plan B2)* **:** *contrada di Verla, via della Posta. Lun-ven 7h30-18h15, sam 8h-16h.*

## Où dormir à Lugano et dans les proches environs ?

### Camping

***Camping Moretto :*** *via Moretto 3, à* ***Cureglia*** *(6944). ☎ 091-966-76-62. • camping-moretto.ch • Un peu sur les hauteurs, au nord de Lugano. En voiture, suivre la direction de Bellinzone par la nationale. Sinon, car postal pour s'y rendre, direction Tesserete. De début avr à mi-oct. Réception 8h-11h, 16h-18h (enregistrement). Résa nécessaire. Forfait env 26-36 Fs pour 2 selon saison.* 📶 Un camping familial dont on se demande un peu ce qu'il fait là, à proximité de petits immeubles. Mais le terrain est plutôt grand, très légèrement vallonné, avec une vue bien dégagée. Sanitaires propres mais vieillots et pas si nombreux que ça.

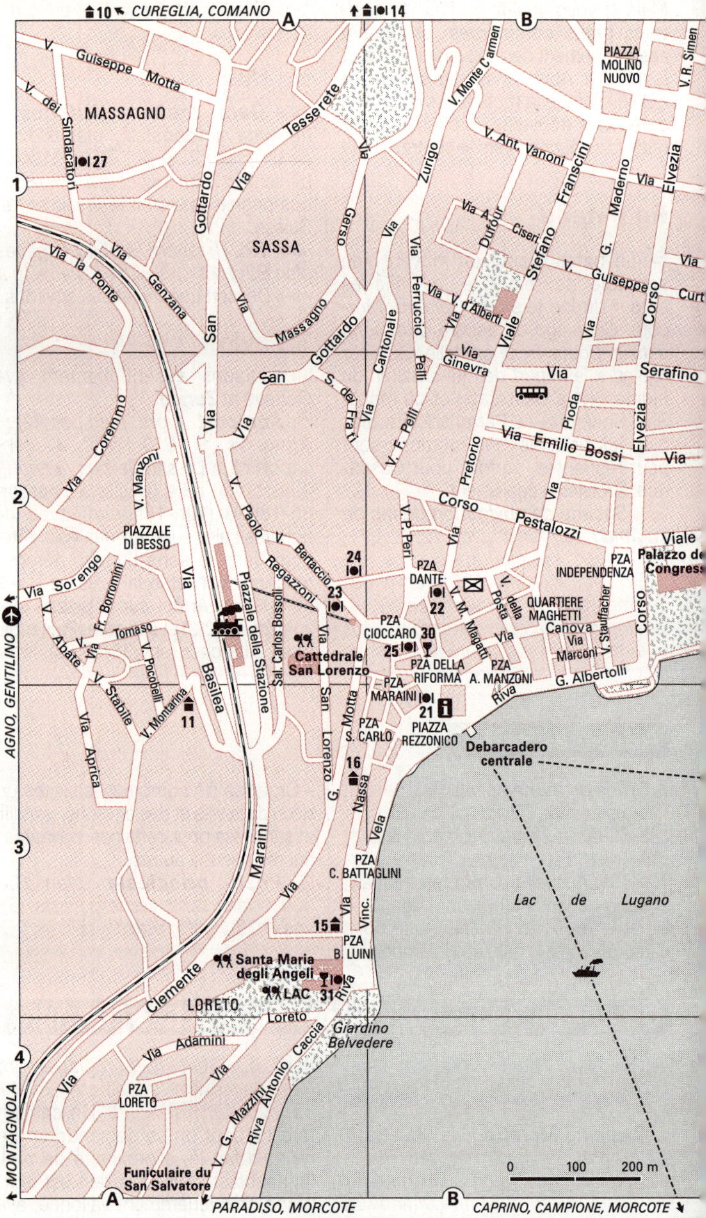
CUREGLIA, COMANO
10
14
A
B
1
2
3
4
MASSAGNO
SASSA
LORETO
27
V. Guiseppe Motta
V. dei Sindacatori
Via Tesserete
Via Gottardo
Via Gerso
Via Zurigo
V. Monte Carmen
PIAZZA MOLINO NUOVO
V.R. Simen
V. Ant. Vanoni
Franscini
Via Elvezia
Maderno
Via A. Ciseri
Dufour
Stefano
V. Guiseppe Curti
Via Ferruccio
Via Cantonale
V. d'Alberti
Viale
Corso
Via Genzana
Via la Ponte
Via San Gottardo
Via Massagno
Via Ginevra
Via Serafino
S. dei Frati
V. F. Pelli
Pelli
Pioda
Via Emilio Bossi
Pretorio
Corso Pestalozzi
Viale
Palazzo des Congrès
PZA INDEPENDENZA
Coremmo
V. Manzoni
PIAZZALE DI BESSO
V. Paolo Regazzoni
V. Bertaccio
24
23
V. P. Peri
PZA DANTE
22
V. M. Magatti
V. della Posta
QUARTIERE MAGHETTI
Canova
Via Marconi
V. Stauffacher
Via Sorengo
Fr. Borromini
V. Abate
Tomaso
V. Pocobelli
V. Stabile
V. Montarina
11
Via Aprica
Basilea
Piazzale della Stazione
Sal. Carlos Bossoli
Cattedrale San Lorenzo
PZA CIOCCARO
30
25
PZA DELLA RIFORMA
PZA A. MANZONI
G. Albertolli
Riva
PZA MARAINI
21
PIAZZA REZZONICO
PZA S. CARLO
San Lorenzo
Motta
Debarcadero centrale
16
Nassa
Vela
Maraini
PZA C. BATTAGLINI
Lac de Lugano
Via Vinc.
15
PZA B. LUINI
Santa Maria degli Angeli
LAC
31
Riva
Clemente
Loreto
Giardino Belvedere
Via Adamini
Antonio Caccia
PZA LORETO
V. G. Mazzini
Riva
AGNO, GENTILINO
MONTAGNOLA
Funiculaire du San Salvatore
PARADISO, MORCOTE
CAPRINO, CAMPIONE, MORCOTE
0
100
200 m

LETESSIN

## ■ Adresse utile

Office de tourisme

## Où dormir à Lugano et dans les proches environs ?

10 Ostello della gioventù
11 Hôtel & Hostel Montarina
13 Guesthouse Castagnola
14 Villa Selva
15 Hôtel International au Lac
16 Hôtel San Carlo

## Où manger ?

21 Spaghetti Store
22 Ristorante Commercianti
23 Pasta et Pesto
24 Osteria Trani
25 La Tinèra et Ristorante Grande Café Al Porto

## Où manger dans les environs ?

27 Grotto della Salute

## Où boire un verre ?

## Où grignoter sur le pouce ?

30 Caffè Federale et Vanini
31 LAC Caffé

# LUGANO

## De prix moyens à chic

**Hôtel & Hostel Montarina** (plan A3, **11**) : *via Montarina 1.* ☎ *091-966-72-72.* • *montarina.com* • *À 200 m de la gare ; en sortant de cette dernière, prendre à droite, franchir le passage à niveau et suivre la petite rue qui monte. Tte l'année. En dortoir, env 30 Fs/pers, draps inclus. Doubles 100-140 Fs selon confort et saison. Petit déj-buffet 15 Fs. Carte des AJ non demandée.* Installées sur une hauteur, ces 2 villas, entourées d'un luxuriant jardin planté de palmiers (avec piscine !), disposent de 120 couchages. Selon ses goûts et son budget, on a le choix entre de belles chambres avec un certain cachet (haut plafond, parquet) mais sans salle de bains, d'autres plus modernes avec douche, et des dortoirs bien propres, avec lits superposés. Mieux vaut le savoir, ils sont mixtes ! Laverie et cuisine. Une belle adresse dans sa catégorie.

**Ostello della gioventù** (AJ ; hors plan par A1, **10**) : *via Cantonale 13, 6942* ***Savosa.*** ☎ *091-966-27-28.* • *luganoyouthhostel.ch* • *À Savosa, à 10 mn (3 km) du centre-ville, avec le bus n° 5 (départ à 300 m de la gare, à gauche de la sortie). Fermé de mi-déc à mi-fév. Résa. En dortoir, 37-65 Fs/pers. En chambre double sans ou avec sdb et kitchenette, 48-59 Fs/pers. Supplément de 7 Fs pour les non-membres. Laverie. Parking.* Excentré, certes, mais au calme, à bonne distance de la rue et dans un cadre luxuriant. Auberge de 132 lits, répartis en chambres de 2 à 8 personnes, tenue depuis plusieurs générations par une famille chaleureuse. Certains dortoirs se trouvent dans la maison des propriétaires, d'autres dans des bâtiments disséminés dans le superbe parc. Piscine, volley-ball, badminton et ping-pong. Un bel endroit atypique plein de charme.

**Villa Selva** (hors plan par A1, **14**) : *via Tesserete 36.* ☎ *091-923-60-17.* • *villaselva.ch* • *Sur les hauteurs de la ville, à env 15-20 mn à pied depuis la gare et le centre-ville. Resto ouv slt le soir. Congés : fév et nov. Doubles 145-170 Fs selon saison, petit déj compris. ½ pens obligatoire de mi-juil à mi-août : 220 Fs pour 2. Compter 45 Fs au resto. CB refusées. Parking gratuit.* Une adresse charmante, à taille humaine, avec sa belle terrasse, son ravissant jardin fleuri et sa piscine. On y trouve 12 chambres nickel, sobres et avenantes, très claires et propres, fraîches et non dénuées d'élégance, avec vue sur le lac pour certaines. Au resto, bonne cuisine familiale privilégiant les spécialités du terroir, en partie élaborée avec les produits du jardin. Accueil sympathique.

**Guesthouse Castagnola** (hors plan par D2, **13**) : *salita Degli Olivi 2.* *078-63-26-747.* • *gh-castagnola.com* • *À env 2,5 km du centre de Lugano. Doubles 120-150 Fs selon saison (2 nuits min).* Une adresse d'exception ! D'abord, la maison est bien cachée dans un dédale de ruelles très typiques (garer sa voiture sur le parking public dans la rue principale). Ensuite, l'aménagement de l'appartement familial (avec cuisine) et des chambres est au top, mêlant l'ancien et le contemporain avec bonheur, et profitant d'un équipement moderne de qualité. Enfin, l'accueil jeune et dynamique est sympa comme tout. Les proprios, qui possèdent un charmant bar à vins à deux pas, peuvent même préparer sur réservation des en-cas en cas d'arrivée tardive !

**Hôtel San Carlo** (plan A3, **16**) : *via Nassa 28.* ☎ *091-922-71-07.* • *hotelsancarlolugano.com* • *Tte l'année. Selon saison, doubles avec sdb 140-170 Fs, petit déj compris.* Dans une rue animée du centre piéton, une vingtaine de chambres classiques, confortables et propres, mais petites. Pour une étape, ça passe. Accueil souriant et chaleureux.

## Très chic

**Hotel International au Lac** (plan A3, **15**) : *via Nassa 68.* ☎ *091-922-75-41.* • *hotel-international.ch* • *Selon confort et période, doubles env 195-430 Fs, petit déj compris. Parking 20 Fs.* À deux pas du lac et du LAC, et surtout à l'orée du secteur piéton : difficile de trouver meilleur emplacement. C'est le luxe un peu désuet mais bien réel de cet établissement, né en 1906, qui en fait tout le charme : couloirs et escaliers tapissés de tableaux et souvenirs, grand bar avec piano, opulent petit déj-buffet, et des chambres à l'ancienne pour certaines, rénovées dans un style classique et élégant pour d'autres. À l'arrière, piscine et terrasse cachées dans une oasis de verdure. Accueil pro.

## Où manger ?

Pour grignoter sur le pouce, vous pouvez vous poser à la terrasse de ***Manora,*** la cafétéria du grand magasin *Manor,* plazza Dante *(plan B2),* ou prendre un sandwich ou une salade à emporter chez ***Gabbani,*** à deux pas, une épicerie-salon-de-thé-restaurant qui occupe une grande partie de la rue voisine. Faites comme les locaux, allez pique-niquer au bord du lac, dans le parc. N'oubliez pas sinon les *grotti,* ces petites adresses rustiques perdues dans la campagne environnante, où l'on déguste fromage, charcuterie et autres spécialités locales arrosées du vin de la maison. Liste à l'office de tourisme de Lugano.

### De prix moyens à chic

|●| ***Ristorante Commercianti*** *(plan B2,* ***22****)* **:** *piazza Dante. ☎ 091-921-33-06. ♿ Tlj 7h-minuit ; cuisine 11h30-15h, 18h-22h. Plats env 15-25 Fs ; repas complet à partir de 40 Fs env.* À un angle de la place, ce grand resto au cadre de brasserie à l'ancienne est plébiscité par les locaux pour ses prix raisonnables. Cuisine tessinoise sans étincelle mais sérieuse ainsi qu'un gros choix de pizzas. Service pro et aimable, pas pousse-conso du tout.

|●| ***Pasta et Pesto*** *(plan A2,* ***23****)* **:** *via Cattedrale 16. ☎ 091-922-66-11. Tlj sf dim 9h30-17h30. Formules env 15-20 Fs.* Il pourrait également s'appeler « Pasta et Presto », ce tout petit resto pimpant ! Parce que, dans un décor discrètement design, c'est un genre de fast-food à l'italienne avec des portions de pâtes fraîches maison, rapidement servies (sur place ou à emporter) et gentiment facturées pour Lugano.

|●| ***Spaghetti Store*** *(plan B3,* ***21****)* **:** *piazza Rezzonico 7. ☎ 091-922-20-60. Tlj midi et soir. Plats env 15-20 Fs.* Une vaste terrasse très populaire, idéalement située en face du lac malgré la proximité de la rue (passante). À la carte, un grand choix de... spaghettis, forcément, à toutes les sauces et à tous les prix. Pizzas sinon. Service sympa mais un poil débordé en saison, forcément. Ambiance décontractée.

|●| ***La Tinèra*** *(plan B2,* ***25****)* **:** *via dei Gorini 2. ☎ 091-923-52-19. Dans une impasse. Tlj sf dim-lun. Plats env 25-35 Fs pour un repas.* Bien cachée au fond d'une impasse, puis en bas d'un escalier discret, cette cave rustique abrite une taverne à l'ambiance tessinoise typique avec les vieux ustensiles suspendus aux murs. *Antipasti,* charcuteries, risotto, gnocchis, bref, tous les ingrédients d'une cuisine simple et familiale mais savoureuse.

|●| ***Osteria Trani*** *(plan A2,* ***24****)* **:** *via Cattedrale 12. ☎ 091-922-05-05. Accès par la salita Chiattone, petite rue perpendiculaire à la via Cattedrale. Tlj sf sam midi et dim. Plats env 20-40 Fs.* Belle salle voûtée tout en longueur, à l'éclairage soigné, à la musique jazzy, ou tranquille terrasse dans une ruelle pentue. Cadre séduisant, idéal pour goûter au calme une bonne cuisine régionale (risotto et pâtes maison). Bon choix de vins.

|●| ***Ristorante Grand Café Al Porto*** *(plan B2,* ***25****)* **:** *via Pessina 3. ☎ 091-910-51-30. Tlj sf dim 8h-18h30. Env 20 Fs pour une pause sucrée et le double pour une pause salée.* So chic ! Vous pouvez vous contenter d'un repas léger le midi, ou d'un délicieux gâteau maison l'après-midi, dans ce lieu hors du temps qui cache la jolie salle du monastère, ouverte sur résa, avec ses plafonds en bois et ses fresques.

## Où manger dans les environs ?

Juste quelques adresses à vous signaler en plus de toutes celles que vous allez découvrir en prenant simplement les funiculaires, en vous baladant dans les villages proches comme Morcote ou en randonnant dans le Malcantone (voir plus loin).

### De prix moyens à chic

IOI ***Grotto della Salute*** *(plan A1,* ***27****)* **:** *via dei Sindacatori 4, à* ***Massagno.*** ☎ *091-966-04-76.* • *info@grottodellasalute.com* • *Dans la commune adjacente sur les hauts de Lugano, à 2 km au nord du centre. Fermé dim. Congés : 1 sem fin fév-début mars et 2 sem en août. Plats env 20-45 Fs.* Installé dans un cadre charmant, ce resto très apprécié des locaux propose de bonnes spécialités régionales et des pâtes fraîches maison. Réparties sur différents niveaux, ses délicieuses terrasses ombragées par les platanes offrent calme et fraîcheur. L'intérieur, avec ses poutres apparentes et ses hauts plafonds, est tout aussi accueillant et chaleureux. Une très bonne adresse.

IOI ***Osteria Ronchetto*** *(hors plan par A1)* **:** *via Nasora 25, 6949* ***Comano.*** ☎ *091-941-11-55. À 6 km au nord de Lugano, direction Tesserete puis « Télévision TSI ». Fermé dim soir et lun. Env 50 Fs le repas à la carte.* Certes, il faut faire du chemin pour atteindre cette jolie bâtisse tessinoise agrémentée d'un jardin-terrasse tranquille et ensoleillé, mais ça vaut le coup. La cuisine, préparée à la minute avec des ingrédients de saison, est alléchante : poisson du lac de Lugano, quelques plats végétariens et même des spécialités plus rares comme la cervelle !

IOI ***Grotto Riviera*** **:** *via Pezza 24, 6982* ***Agno.*** ☎ *091-605-21-55. Bifurcation (panneau) juste avt la sortie nord d'Agno, par la strada Regina. Ouv le soir lun-sam. Plats env 25-35 Fs.* Cette belle auberge isolée au bout d'une impasse est notre coup de cœur du secteur, aussi bien pour la carte que pour l'ambiance. La cuisine est plus légère et délicate que la moyenne (viandes bien tendres et parfaitement cuites), et servie dans une jolie salle rustique ou sur l'agréable terrasse abritée.

## Où boire un verre ? Où grignoter sur le pouce ?

🍷 ***Caffè Federale*** *(plan B2,* ***30****)* **:** *piazza della Riforma 9.* ☎ *091-923-91-75. Tlj 9h-minuit.* L'incontournable terrasse du centre-ville pour voir et être vu. Rien de spécial côté bar, si ce n'est sa longévité, puisqu'il a ouvert en 1855. Côté place, des tables bien situées pour sacrifier au rite du café ou déguster une glace en observant les allées et venues des acteurs traditionnels de la *passeggiata* vespérale. Éviter d'y manger, c'est le coup de bambou.

🍷 ***Vanini*** *(plan B2,* ***30****)* **:** *piazza della Riforma.* ☎ *091-923-82-84. Tlj 7h (9h w-e)-minuit (19h l'hiver).* Le *tea-room* incontournable de Lugano... Spécialité maison : les marrons glacés. Avec sa grande terrasse, c'est le lieu idéal où s'arrêter pour voir se dérouler la vie de la cité.

IOI 🍷 ***LAC Café*** *(plan A3,* ***31****)* **:** *piazza Bernardino Luini. Tlj 8h-20h (22h jeu-sam). Sandwichs env 6-9 €.* C'est le café du LAC, qui a l'immense avantage de profiter d'une terrasse extérieure en surplomb de la rue face au lac. Comme les prix sont raisonnables, ça vaut la peine de se poser dans les fauteuils façon *lounge*, le temps de siroter un verre ou d'avaler un panini.



## À voir à Lugano et dans les environs

👍👍 ***Cattedrale San Lorenzo*** *(plan A2)* **:** *via Cattedrale. À mi-chemin entre la gare et le centre-ville.* De style roman, elle fut transformée aux XIII^e^ et XV^e^ s. Sa façade de pierre blanche percée de trois porches constitue l'une des très belles créations de la Renaissance italienne. À l'intérieur, superbes fresques en trompe l'œil du XVIIIe s et voûtes gothiques du XVe s. Sa terrasse est également un excellent point de vue sur les eaux du lac et les toits de la ville.

**Chiesa Santa Maria degli Angeli** *(église Sainte-Marie-des-Anges ; plan A3)* **:** *piazza Luini.* À deux pas du très moderne LAC, on s'arrête volontiers pour prendre le frais et goûter un parfum d'intemporalité dans cette petite église achevée au XVIe s, qui cache derrière une façade presque anodine de remarquables fresques Renaissance. Difficile d'être insensible à la fameuse *Passion et Crucifixion du Christ,* un chef-d'œuvre signé du Milanais Bernardino Luini, disciple de Léonard de Vinci. Étrange, même la madone, à droite de l'entrée, a de faux airs de la Joconde... Quant à l'ancien cloître, rénové, ou plutôt métamorphosé, il est devenu... un bras du LAC.

**LAC (Lugano Arte e Cultura ;** *plan A3)* **:** *piazza Bernardino Luini 6. ☎ 058-866-42-00. • luganolac.ch • Centre culturel tlj sf mar, 10h-18h (20h jeu-sam).* Un LAC colossal dont la réalisation a atteint des abysses au niveau financier mais qui s'inscrit dans la politique d'une ville voulant offrir aux habitants de la région un lieu à la hauteur de ses ambitions culturelles. Un projet qu'Ivano Gianola, son concepteur, a voulu intégrer dans la nouvelle urbanisation de la ville, plutôt que d'en faire un monument prestigieux. En tout cas, on ne peut pas le louper, avec ses impressionnants volumes et son aile aérienne pointant vers le lac ! À l'intérieur, le LAC partage ses espaces entre une grande salle de concerts et le *museo d'arte della Svizzera italiania di Lugano (• masilugano.ch • ; entrée : 15 Fs).* Un musée lumineux et modulable où sont exposées par roulement des œuvres provenant de la collection permanente (peintures et sculptures du XIXe et du XXe s d'artistes tessinois, mais aussi italiens et français), en fonction du programme des expositions temporaires.

**Parco Ciani** *(plan C2)* **:** *tlj 6h-23h en été, jusqu'à 21h en hiver.* Le parc municipal en bord de lac ne manque pas de charme. Plantations subtropicales, arbres centenaires, roseraies et parterres fleuris offrent un décor agréable à la *villa Ciani* où sont organisées des expos temporaires. De là, belle balade jusqu'au Lido.

**Museo cantonale di Storia naturale** *(plan C2)* **:** *viale Cattaneo 4. ☎ 091-815-47-61. Au 1er étage d'un énorme bâtiment moderne en béton. Mar-sam 9h-12h, 14h-17h. GRATUIT.* Minéralogie, géologie, botanique, paléontologie et zoologie. Les ingrédients habituels de ce genre de musée, ici consacré à la faune et à la flore du Tessin, bien sûr. Sa spécificité : la mycologie, avec 1 500 champignons lyophilisés, de quoi faire une gigantesque omelette !

## À faire

**Les funiculaires :** ils font partie intégrante de la vie de Lugano. Outre celui qui relie la gare au centre-ville (voir plus haut « Arriver – Quitter – Circuler autour du lac »), deux lignes vous feront prendre de la hauteur.

**Le monte San Salvatore :** *accès en funiculaire depuis* **Paradiso** *(lui-même accessible en bateau). ☎ 091-985-28-28. • montesansalvatore.ch • En service de mi-mars à début nov, tlj 9h-18h (17h en début et fin de saison, et jusqu'à 23h de mi-juil à mi-août ainsi que ven-sam en mi-saison), ttes les 30 mn env. Trajet : env 12 mn. A/R 23-30 Fs selon saison ; réduc.* C'est le pain de sucre (912 m) qui se dresse face à Lugano. Il offre un panorama à couper le souffle sur le lac, la ville et les montagnes. Par temps clair, on voit très bien le lac Majeur et les Alpes. On peut redescendre à pied vers Ciona.

**Le monte Brè :** *en voiture (7 km) ou en funiculaire depuis Cassarate. ☎ 091-971-31-71. • montebre.ch • En service mars-déc, tlj 9h10 (9h20 en* *hiver)-18h45 (16h45 en hiver) et jusqu'à 23h ven-sam en juil-août. Départs ttes les 30 mn env (trajet 17 mn, auquel s'ajoute l'éventuel temps d'attente en correspondance à Suvigliana). Aller simple 16 Fs, A/R 25 Fs ; réduc. Tarif combiné funiculaire + repas au restaurant* Vetta *: 35 Fs ; réduc.* On y vient autant pour la vue, spectaculaire (en particulier de la terrasse du resto *Vetta*), que pour les balades. De la station du funiculaire, on peut rejoindre le village de Brè (en 20 mn), redescendre vers celui de Gandria, sur le bord du lac de Ceresio (1h40), ou vers Lugano même (2h). Il existe aussi des parcours didactiques (certains bien raides !) et des itinéraires pour les VTT *(loc à l'arrivée, 24 Fs la ½ journée, 32 Fs/j.).*

***Brè** : ceux qui arrivent par le funiculaire et rejoignent Brè à pied (20 mn) pourront redescendre du village vers Lugano par le bus nº 12.* Perché à 800 m d'altitude, Brè est un village tessinois typique avec ses *grotti* et son lavoir. La municipalité a aménagé un petit parcours « artistique » qui permet de découvrir un ensemble d'œuvres modernes au fil des ruelles piétonnes, jusqu'à atteindre le *musée Wilhelm Schmid (ouv ven et dim 14h-17h, ou sur résa : contacter l'office de tourisme).* Le peintre, qui résida ici, était membre de la Nouvelle Objectivité, un courant des années 1920.

***Le Lido** (plan C2) : situé au campo Marzio, à **Cassarate** ; entrée également du côté du parco civico. ☎ 058-866-68-80. De début mai à mi-sept, tlj 9h-19h (19h30 juin-août et jusqu'à 20h30 mar et jeu). Entrée : 10 Fs.* Plusieurs piscines, certaines couvertes, un bassin olympique, un pour enfants et un autre pour les plongeons. Sans oublier la baignade dans le lac, avec une plage de sable. Vaste pelouse également, terrains de beach-volley, jeux pour enfants, etc.

## Fêtes et manifestations

– ***LongLake Festival** : juin-juil. • longlake.ch* • En plein air, un peu partout en ville, un festival des plus varié (du spectacle pour enfants aux concerts de musiques actuelles en passant par des installations d'artistes contemporains) avec un programme riche de plusieurs centaines d'événements.
– ***Estival Jazz** : début juil pdt 3 j. GRATUIT. • estivaljazz.ch* • Ce festival, qui se déroule sur la *piazza della Riforma,* réunit les grands noms du jazz, d'où son succès. Arrivez suffisamment tôt avant le concert pour espérer avoir des places assises...
– ***Feu d'artifice** : sur la baie, 1er août.* Pour célébrer la Fête nationale !
– ***Blues to Bop Festival** : fin août. • bluestobop.ch* • Pendant 4 jours, festival de musique sur plusieurs places du centre-ville.
– ***Fêtes d'Automne** : 1er w-e d'oct.* Fête du Vin, stands dans la rue avec dégustations de produits régionaux. Et aussi des concerts.

# DANS LES ENVIRONS DE LUGANO

Le Tessin est un magnifique terrain de ***randonnée*** à pied ou à VTT. L'office de tourisme a conçu une foule de brochures et plans répertoriant différents itinéraires.



## *GANDRIA* (6978)

Au pied du monte Brè, à 3 km à l'est de Lugano, un petit village à flanc de falaise, suspendu au-dessus du lac, avec des ruelles étroites et pentues. Immenses parkings (payants) à l'entrée. On peut atteindre sinon Gandria à pied en 30 mn en suivant le *sentier des Oliviers* au départ de Castagnola (topo disponible à l'office de tourisme de Lugano). Balade sympa à toutes les saisons. Et vous pourrez toujours prendre un bus qui vous ramènera au centre de Lugano *(en principe, env 8-10 bus/j. 7h-18h30).*

## Où dormir ? Où manger ?

**Le Bucce di Gandria :** *via Cantonale. ☎ 091-225-88-33. À 5 km de Lugano, sur la route qui longe le lac, un peu à l'écart du village, juste au bord du lac. Tlj sf lun-mar et midi mer-jeu. Double avec douche privée, mais w-c en commun 90 Fs. Carte env 40-50 Fs. Parking gratuit.* Une petite auberge isolée, dont la salle de bistrot et la terrasse surplombent le lac. Bons produits (souvent bio) pour une cuisine qui revisite les classiques italiens avec quelques bonnes idées. Prix sans exagération (pour la Suisse). Et pour ceux qui voudraient prolonger l'étape, 4 chambres basiques (w-c en commun), mais avec un petit balcon côté lac.

## *MORCOTE* (6922)

Coup de cœur pour ce joli petit village étagé à flanc de colline, à 13 km au sud-ouest de Lugano. Il a du charme avec ses maisons anciennes et colorées au bord de l'eau. Vous pouvez vous y rendre en bateau (de mi-mars à octobre), en car postal ou en voiture (parking à l'entrée du village). Là, laissez-vous guider par les vieilles pierres, les ruelles pavées en pente, les boutiques sous les arcades, prenez votre temps et sirotez un apéro sur une petite terrasse. Les restaurants offrent des pavillons qui surplombent l'eau : idéal pour un rendez-vous romantique, mais la cuisine n'est franchement pas à la hauteur du cadre. Mieux vaut privilégier les cafés, comme le *Caffè Vecchio Teatro,* où l'on profite de la même vue en se contentant d'un verre et d'une bonne focaccia bien garnie.

## À voir

Une curiosité, si vous êtes amateurs non seulement de voyages mais de jardins portant la mémoire d'un monde en voie de disparition : le ***Parco Scherrer,*** à la sortie de Morcote *(ouv tlj 10h-17h de mi-mars à fin oct, et jusqu'à 18h l'été ; entrée : 7 €, réduc).* On passe, tout en grimpant le long des sentiers, de l'Afrique à l'Asie en cheminant au vert, en s'arrêtant devant un temple grec ou un riad marocain, sourire aux lèvres.

Ne manquez pas, non plus, la ***chiesa Santa Maria del Sasso,*** construite à 354 m d'altitude sur un rocher en à-pic. La visite se mérite : 15 mn de marche... et de marches pavées. L'église, fondée au XIIIe s, fut reconstruite en 1462, puis baroquisée. On inversa alors l'axe du chœur en l'orientant au sud. Bel exemple de décor à l'italienne où peintures et stucs, tant de la période Renaissance que baroque, sont en parfaite harmonie. Magnifiques orgues (XVIIe s). Et surtout, splendide panorama. Avec 5 mn d'efforts supplémentaires, vous arrivez au sommet du cimetière. Vision surprenante d'un lieu paisible et verdoyant, où les tombes semblent accrochées à la pente.

## *MONTAGNOLA* (6926)

Pendant plus de 40 ans, l'écrivain Hermann Hesse (1877-1962) a vécu dans ce village de la collina d'Oro, dont il a immortalisé les paysages dans de nombreuses aquarelles. Tout un circuit pédestre pour aller sur les pas du grand homme (infos et plan du parcours au musée).



## Où manger ?

**Circolo Sociale :** *☎ 091-994-69-19. À 5 km au sud-est de Lugano, via Sorengo. De Gentilino, suivre les panneaux orange qui signalent ts les grotti sur votre droite, c'est bien indiqué. Tlj sf mer. Repas env 45 Fs.*

Depuis 1909, c'est une institution dans la région ! L'accueil, en français, est toujours aussi aimable. Énorme terrasse, ombragée sous une végétation dense, très fréquentée des Tessinois, qui viennent boire un verre ou manger de robustes plats typiques et des grillades. Simple et bon.

**Grotto des Cavicc :** *via ai Canvetti 19a. ☎ 091-994-79-95. D'avr à mi-oct : tlj juin-août, fermé mar sinon. Repas env 45 Fs.* Et si vous marchez sur les pas d'Hermann Hesse, faites comme lui, posez-vous en terrasse dans ce charmant coin de verdure, sous les tilleuls. Parmi tous les *grotti* du pays, voici un des meilleurs, où l'on bosse en famille, depuis 20 ans déjà. Régalez-vous ici de fromages et charcuteries de pays, mais aussi de plats maison à base de polenta, ou tout simplement de bonnes grillades.

## À voir

**Museo Hermann Hesse :** *Torre Camuzzi. ☎ 091-993-37-70. • hessemontagnola.ch • Mars-oct, tlj 10h30-17h30 ; nov-fév, w-e slt 10h30-17h30. Entrée : 8,50 Fs ; réduc.* Attenante à l'insolite casa Camuzzi avec clocheton, volutes et façade sculptée, où l'auteur du *Loup des steppes* habita dans un appartement pendant 10 ans, cette tour néogothique a été convertie en musée, pour rendre hommage à son œuvre. L'ensemble n'est pas bien grand, mais les amateurs y trouveront leur compte : entre la vidéo de présentation (de 50 mn, en français), les photos anciennes, les nombreux objets personnels (ses livres, son bureau, sa machine à écrire...) et ses aquarelles (car il aimait aussi peindre !), on arrive à mieux saisir la personnalité de l'écrivain. Hermann Hesse est, par ailleurs, enterré dans le cimetière du village voisin de *Gentilino.*

# LE MALCANTONE

**Face à la collina d'Oro s'étend le Malcantone, magnifique région de forêts de châtaigniers qui borde la frontière italienne. Elle devrait son nom (du latin *malus angulus*) à sa mauvaise réputation : populations peu dévotes (qui ne payaient pas souvent les dîmes), refuge de déserteurs et contrebandiers autour de la Tresa, qui sépare le Malcantone de l'Italie, longtemps le seul passage entre les deux pays.**

**Symboles de la région, les châtaigniers couvrent les collines de forêts luxuriantes, particulièrement agréables en été et à l'automne, saisons où elles prennent leurs plus belles teintes. Jusqu'au début du XX^e s, les châtaignes étaient au centre de l'économie domestique du sud du Tessin. Autre gourmandise : les champignons. Les amateurs sont nombreux, et, pour peu que vous soyez assez matinal et persévérant, vous ne rentrerez pas bredouille. Attention, cependant, la législation suisse est rigoureuse : pas plus de 2 kg par personne et par jour !**

**Le paysage n'a plus rien à voir avec les vallées du Sopraceneri : vallons, forêts, impression d'espace et d'ouverture, ensoleillement maximal. Depuis le village de Cademario (40 mn en car postal depuis Lugano, arrêt pour voir les fresques de l'église et le clocher roman), l'ensemble de la vallée est balisé de sentiers aux noms évocateurs. Chemin faisant, vous tomberez sur des pâturages, des bosquets de bouleaux, des chapelles et des villages où l'on peut se désaltérer.**



### Arriver – Quitter

➢ ***En voiture :*** de Lugano, prendre la direction de Ponte Tresa (autoroute) ; sortir à Bioggio ou à Agno et grimper.

➢ ***En bus :*** départ de la gare de Lugano en direction d'Aranno, Arosio, Breno ou Miglieglia (monte Lema).

## Adresse utile

ℹ **Ente turistico del Luganese :** *piazza Lago, 6987* ***Caslano.*** *☎ 091-606-29-86. • luganoturismo.ch • Dans le centre, au bord du lac.* On y trouve des cartes d'itinéraires possibles dans la région.

## Où dormir ? Où manger ?

### De prix moyens à chic

**Casa Santo Stefano :** *via Alla Chiesa, 6986* ***Miglieglia.*** *☎ 091-609-19-35. • casa-santo-stefano.ch • Dans le village, près de l'église. Accessible en car postal (45 mn depuis Lugano). Congés : de mi-nov à début mars. Doubles 150-180 Fs selon confort, avec petit déj.* La *Casa Santo Stefano* fait partie d'un centre de formation et de culture installé dans une vieille bâtisse du XVIIe s, rénovée avec goût. Tranquilles et jolies chambres doubles, avec douche et w-c. Copieux petit déj (confitures et pain maison). Belle salle à manger, avec meubles en bois et cheminée. Les patrons, passionnés de la région, se feront un plaisir de vous informer sur tout ce qu'il y a à voir et à faire.

**Grotto dell'Ortiga :** *6928* ***Manno.*** *☎ 091-605-16-13. Au centre du village, situé à env 5 km de Lugano en allant vers le nord et le Malcantone. Tlj sf dim-lun, midi et soir. Congés : fin déc-fin janv. Env 50 Fs pour un repas.* Les écuries de cette ancienne ferme ont été transformées en resto. Une vraie réussite, à déguster d'abord en prenant l'apéro sur la terrasse, ombragée par la treille. La carte est courte mais elle offre des spécialités tessinoises à bon prix.

## À voir

**Museo del Malcantone :** *à* ***Curio.*** *☎ 091-606-31-72. • museodelmalcantone.ch • Dans le centre du village, une grande maison jaune en surplomb de la rue, avec un cadran solaire sur la façade. Avr-fin oct, jeu et dim 14h-17h, ou sur demande. Entrée : env 5 Fs ; réduc.* L'émigration malcantonaise du XVIIIe s s'est rendue célèbre par ses nombreux architectes et stucateurs, un art qui fait partie intégrante de cette région. Le musée de Curio retrace leur histoire et montre quelques-unes de leurs réalisations. Il est installé dans une magnifique bâtisse néoclassique.

**Le musée du chocolat Alprose :** *à* ***Caslano.*** *☎ 091-611-88-56. Tlj 9h-17h30 (16h30 w-e). Entrée : 3 Fs ; réduc.* Dans le paysage tessinois, il manquait un musée de ce type. Idéal pour les jours gris, avec les enfants. Visite de la fabrique possible en semaine.

Ne pas manquer de visiter la ***chiesa Santa Maria degli Angeli,*** construction moderne dessinée par Mario Botta et située tout en haut du téléphérique du monte Tamaro. On peut monter à pied, c'est l'occasion d'une agréable randonnée. Ou bien choisir la télécabine qui part du village de Rivera *(rens : ☎ 091-946-23-03 ; • montetamaro.ch • ; avr-début nov, tlj 8h30-16h30 – 18h juil-août ; A/R 25 Fs, réduc).* Aux mêmes dates, un bus fait la navette entre Rivera et Miglieglia.



## À faire

➢ **Excursion au monte Lema :** *de Miglieglia, ne pas rater l'excursion au monte Lema (de 706 à 1 624 m). Rens : ☎ 091-609-11-68. • montelema.ch • Compter près de 3h de montagne à vaches pour les marcheurs. Ou prendre la télécabine :*

*avr-début nov, tlj 9h-17h (en été, 8h30-17h30) ; A/R 24 Fs, réduc.* En moins de 10 mn de téléphérique, vous atteignez le sommet, d'où la vue est exceptionnelle. Le panorama imposant s'étend jusqu'aux Alpes grisonnes et bernoises, aux sommets valaisans et jusqu'à Milan.
Et pour ceux qui veulent se poser, un refuge de montagne, à l'atmosphère simple et conviviale, l'***Ostello Vetta*** : *à l'arrivée de la télécabine. ☎ 091-967-13-53. Avr-début nov.*

➢ ***Excursion au monte Tamaro :*** du monte Lema, on peut rejoindre le monte Tamaro (et inversement !) en 4h30 environ, le long de la frontière italienne. Voie bien balisée. Le monte Tamaro (1 961 m) offre un point de vue grandiose, des lacs, presque tout l'arc des Alpes, avec le mont Rose et le Cervin. Du sommet, en 1h, on rejoint l'*Alpe Foppa,* où il est possible de se restaurer.
De juin à octobre, on peut aussi atteindre le monte Tamaro sans passer par le monte Lema, grâce au téléphérique qui part du village de Rivera (voir plus haut le paragraphe sur la *chiesa Santa Maria degli Angeli*).

# LE MENDRISIOTTO



**C'est la quatrième et dernière région du Tessin, essentiellement industrielle (de nombreuses entreprises suisses s'y sont établies afin de profiter de la main-d'œuvre bon marché provenant de l'Italie voisine), et si l'on n'y prend pas garde, on ne voit que les usines de l'autoroute rectiligne qui mène vers la frontière italienne (Chiasso). Pourtant, quelques villages typiques et sympathiques se cachent dans une nature verdoyante et au milieu des vignes.**
**Dominant par le sud le serpent de mer du lac de Lugano, le site du monte San Giorgio (1 097 m) est classé à l'Unesco pour son gisement de fossiles.**
**L'architecture au Tessin jouit d'une renommée internationale, puisque c'est à Mendrisio que s'est ouverte l'une des trois premières universités du Tessin : l'Académie d'architecture. Les deux autres se trouvent à Lugano.**

## MENDRISIO (6850) 15 000 hab.

**Les habitants du Mendrisiotto sont surnommés les « Momos ». Et tout Momo qui se respecte joue un rôle dans la vie sociale de sa région, par exemple lors des processions de Pâques. Ou en construisant pour l'avenir !**



### PARLONS ARCHITECTURE...

On ne peut pas décrire Mendrisio sans s'arrêter à son Académie d'architecture, située dans un ancien hôpital et restaurée par un architecte célèbre du canton, Tita Carloni. Par le passé, les architectes de la région sont partis offrir leurs talents à des villes telles que Rome, Venise, Saint-Pétersbourg... Aujourd'hui, difficile d'ignorer par ici ***Mario Botta,*** né à Mendrisio en 1943, dont la renommée ne connaît pas de frontière (la cathédrale d'Évry et le musée d'Art moderne de San Francisco, c'est lui). Au Tessin, où il construisit de nombreuses maisons d'habitation, il a réalisé la banque du Gothard à Lugano (où est son studio) et la fascinante église de Mogno, entre autres. Quant à ***Luigi Snozzi,*** né lui aussi à Mendrisio, en 1932, il a multiplié ses créations dans la région de Locarno, comme la restauration de la Madonna del Sasso à Orselina.

## Arriver – Quitter

➢ ***Par la route :*** autoroute du Gothard.
➢ ***En train :*** sur la liaison Lugano-Chiasso. ☎ *0900-300-300 (1,19 Fs/mn).* • *sbb.ch/fr* •

## Adresse et info utiles

ℹ ***Office de tourisme :*** *via Luigi Lavizzari 2.* ☎ *091-641-30-50.* • *mendrisiottoturism0.ch* • *Sur l'artère principale qui monte vers le centre-ville, presque en face de la Poste. Lun-ven 9h-12h, 14h-18h ; sam 9h-12h.*
– Les régions du Mendrisiotto et du bas Ceresio sont couvertes de vignes, principalement au-dessus de Mendrisio et sur le flanc sud du monte San Giorgio. Certaines ***caves*** sont ouvertes à la visite (dégustations). Trois parcours balisés faciles ont été aménagés, d'une durée d'environ 4h ; brochure à l'office de tourisme.

## Où manger ?

### De prix moyens à chic

I●I ***Grotto Bundi :*** *via alle Cantine 24.* ☎ *091-646-70-89. Tlj midi et soir, sf dim soir et lun. Plats 16-38 Fs.* Dominant Mendrisio, cette petite rue bordée de marronniers, accolée à la montagne, est connue pour sa succession de *grotti* aux salles creusées dans la roche. Le *Bundi* est sans doute la meilleure, avec ses spécialités de polenta, lapin, *cazzöla* et *funghi porcini* (cèpes), son accueil sympathique et sa belle carte des vins. Cela dit, l'***Antico Grotto Ticino*** *(fermé mer),* à côté, n'est pas mal non plus !

## Manifestation

– ***Processions de Pâques :*** *le Jeudi saint.* À Mendrisio, plusieurs centaines de figurants participent à la montée du Christ au calvaire. C'est un honneur de tenir le rôle de Jésus portant la croix, et le nom de l'heureux élu n'est pas révélé avant le début de la procession. Chevaux, cris, flambeaux, costumes d'époque, tout cela donne une ambiance particulière. La procession du Vendredi saint (plus recueillie) traverse elle aussi le vieux bourg qui, pour l'occasion, est décoré de panneaux éclairés représentant des scènes de la Bible.

## DANS LES ENVIRONS DE MENDRISIO



***Riva San Vitale :*** à l'extrémité sud du lac de Lugano, à 5 km au nord de Mendrisio. Dans le centre du village est indiqué, depuis la rue principale, un beau *baptistère (tlj 8h-18h)* du Ve s. C'est le monument chrétien toujours d'aplomb le plus ancien de Suisse. Mais le bourg est surtout le point de départ du petit train qui mène au ***monte Generoso.***

I●I ***Grotto Pojana :*** *via Pojana 63, à env 3 km au nord de* ***Riva San Vitale*** *(6826).* ☎ *091-649-74-31. Tlj 9h-15h, 18h-23h. Plats 19-38 Fs.* Posée sur le bord de la petite route longeant le lac, avec une salle pimpante (tendance déco rustique) aux baies vitrées, la maison est réputée dans le secteur pour sa cuisine de saison et son bon service. On peut s'y contenter d'une polenta très abordable, d'un excellent risotto aux champignons, ou craquer pour poissons d'eau douce et *cazzöla* tessinoise (porc et chou) ; la plupart des plats sont proposés en 2 tailles.

***Monte Generoso :*** accessible à la force du mollet par des chemins de randonnée. Également un petit train touristique à cremaillère au départ de Capolago *(ouv avr-début nov, trajet de 40 mn ; 54 Fs A/R ; • montegeneroso.ch •).* Haut de 1 704 m, le monte Generoso offre la plus belle vue sur le lac et les Alpes.

# MONTE SAN GIORGIO

**La pyramide du monte San Giorgio (1 097 m) n'est pas aussi impressionnante que les pitons veillant sur Lugano. Le site est néanmoins classé à l'Unesco pour son gisement de fossiles parmi les plus importants et les mieux préservés au monde. Il témoigne de la vie marine à l'ère du Trias, il y a 230 à 245 millions d'années, quand un bassin marin subtropical habité par une faune riche et variée (80 espèces de poissons, 30 de reptiles, bivalves, ammonites...) recouvrait la région. Au-delà, le coin invite à des balades paisibles, entre forêts et vignes.**

## Où dormir ? Où manger ?

La région regorge là encore de *grotti,* des petites adresses rustiques souvent perdues dans la campagne, où l'on déguste fromage, charcuterie et autres spécialités tessinoises arrosées du merlot local. La polenta et le lapin y figurent en vedette.

***Hotel Albergo Serpiano :*** *6867* ***Serpiano.*** *☎ 091-986-20-00. • serpiano.ch • Tt au bout de la route venant de Meride (4 km), ou accès par téléphérique depuis Brusino-Arsizio (ttes les 30 mn, 9h-18h, tlj avr-sept, mer-dim slt en oct ; ☎ 091-996-11-30 ; • funivia.ch • ; aller simple 8 Fs). Congés : nov-mars. Resto 12h-14h, 18h30-21h30. Doubles 98-258 Fs selon taille, vue et saison, petit déj inclus. Plats 24-38 Fs, menus 49-68 Fs.* Le bâtiment en béton, des années 1980, n'est pas bien beau, mais sa position est géniale : aux marges de la forêt, sur les hauteurs du monte San Giorgio, avec une terrasse panoramique offrant une vue fantastique sur le lac de Lugano et Morcote. Chambres confortables aux murs turquoise, avec parquet, malheureusement pas toutes tournées vers le lac... Un bon endroit pour une retraite, entre balades à gogo, VTT, bon resto, piscine, spa & *wellness*.

***Osteria della Posta – Casa Sole :*** *via Lungolago, 6827* ***Brusino-Arsizio.*** *☎ 091-980-24-80. Double 170 Fs, petit déj inclus. Resto fermé dim.* Cette petite auberge du bord du lac s'est installée dans un village tranquille. 2 de ses 4 chambres ont une vue sur l'eau, les 2 autres sur la montagne, avec une petite terrasse nichée dans la verdure. L'ensemble est bien tenu, accueillant mais reste un peu cher vu le manque d'originalité de la déco... Bon accueil en français et agréable terrasse de resto, où l'on dînera volontiers d'un poisson frais ou d'une fondue.

***Osteria San Silvestro :*** *6866* ***Meride.*** *☎ 091-646-90-77. • sansilvestromeride@gmail.com • À plus de 7 km de Mendrisio, dans une ruelle du centre du village. Résa conseillée. Double 94 Fs, petit déj inclus ; tarifs dégressifs dès la 3e nuit.* Un joli petit village un peu paumé en pleine nature. Cette sorte de pension de famille possède des chambres correctes et une terrasse plaisante, dans la cour intérieure. Accueil en français.

**Antico Grotto Fossati :** *Alle Cantine 1, 6866* ***Meride.*** *☎ 091-646-56-06. Prendre à droite juste avt d'arriver à Meride (fléché). Avr-oct, tlj sf lun 10h-14h, 18h30-23h ; nov-mars, fermé dim soir et mar. Congés : 15 j. en mars et à la Toussaint. Plats 19-35 Fs.* En pleine campagne, une adresse réputée, conviviale et typique : salle rustique avec cheminée et grosses tables en béton sur la terrasse ombragée dans un bois. La polenta est faite au feu de bois : accompagnée de cèpes ou d'escargots, c'est un régal. Autres choix : le lapin ou l'osso buco.

## À voir. À faire

***Monte San Giorgio :*** la montagne, couverte par une belle forêt de châtaigniers, chênes et frênes, est sillonnée de sentiers offrant tout un éventail d'options de balades de/vers Meride, Serpiano et Brusino-Arsizio (par le funiculaire ou à pied). Parmi eux, une boucle didactique (dite géo-paléontologique) de 12,8 km et 766 m de dénivelée (3-4h30) permet de découvrir les principaux sites fossilifères et formations géologiques. Elle est reliée à un second sentier du même type, de 7 km, rejoignant Besano, en Italie.

***Museo dei Fossili :*** *via B. Peyer 9, à* ***Meride.*** *☎ 091-640-00-80. • montesangiorgio.org • Tlj sf lun et certains j. fériés, 9h-17h. Entrée adulte : 12 Fs ; réduc.* Le musée occupe une vieille maison de village agrandie et transformée par Mario Botta. Il expose une collection unique au monde de plantes et d'animaux fossilisés provenant du monte San Giorgio, ainsi que des reproductions montrant ce à quoi devaient ressembler les bestioles concernées. Parmi elles, le *ticinosuchus,* un reptile de 2,50 m de long.

# LE VALAIS

Tout le monde connaît Zermatt et le *Cervin.* Mais le Valais (*Wallis* en allemand), c'est aussi la haute vallée du Rhône (en fait, la plus grande gorge du monde), avec toutes ses vallées latérales, ses villages de chalets arrimés aux flancs de montagnes qui crèvent le plafond des 4 000 m. Ce sont aussi des glaciers, des roches, de petites villes grésillant sous un soleil déjà méridional. C'est encore le pays de vins musclés, fruités, que donnent des vignes étagées au-dessus de la plaine jusqu'au vertige.

Le Valais a une histoire qui lui permet de se définir en tant que véritable pays, le « vieux pays », comme disent les Valaisans. De tout temps, il fut un lieu de transit entre le Sud et le Nord. Aux portes de l'Italie d'aujourd'hui, le couloir du Rhône a vu défiler les envahisseurs. On dit d'ailleurs de certains Valaisans aux pommettes saillantes et à la peau mate qu'ils sont les descendants des Sarrasins. C'est par le Valais toujours que les Romains montèrent vers Avenches et le nord de l'Empire, dont subsistent quelques cités... et la vigne, bien sûr. Lorsqu'il s'est confédéré, en 1815, après avoir été tour à tour bourguignon, savoyard, puis État indépendant, le Valais avait donc déjà un long passé, et pas grand-chose de commun avec ses voisins helvètes – sinon des racines celtiques.

Cela explique peut-être le caractère très personnel des Valaisans. Leur façon de parler aussi, en français comme en allemand. Car dans ce canton cohabitent francophones et germanophones. Leurs accents peuvent changer d'une vallée à l'autre, en raison de l'isolement dans lequel les habitants ont longtemps été plongés dès les premières neiges, et du manque de communication à la belle saison, uniquement assurée par de vertigineux sentiers muletiers.

Mais si, aujourd'hui encore, dans certains villages des hauteurs, vous entendez les jeunes parler le « patois », au supermarché comme au bistrot, le Valais a bel et bien sauté dans le train du progrès. Après avoir farouchement préféré au rationalisme du Siècle des lumières l'obscurantisme d'une Église catholique – aujourd'hui encore influente dans ce canton bourré de jeunes mais dépourvu d'université –, le Valais a bien vu que sa prospérité était dans l'industrie, et aussi dans l'accueil des touristes.

Malheureusement, on y a souvent confondu prospérité et bétonnage, comme à Verbier et à Crans-Montana, véritable cité surgie en plein alpage et plus habitée en hiver que Sion, le chef-lieu du canton. C'est donc au prix de quelques audaces et de quelques atteintes environnementales que l'on peut aujourd'hui prendre un bain chaud à 2 000 m d'altitude ou débouler à toute allure au sommet des pistes grâce aux « métros alpins »...

Un mot du Valaisan, enfin. Il a le geste plus vif et le parler plus haut que les autres Romands. Il a gardé le sens de la fête. Et celui de l'accueil. Alors, allez

**dans les petits bistrots, commandez un verre de malvoisie ou d'arvine et goûtez à la viande séchée. Et puis causez avec le patron. Il vous parlera du pays mieux que nous.**

## À VOS GODASSES DE MONTAGNE !

Tout comme les Grisons et la plupart des régions alpines, la principale attraction du Valais réside dans les sports d'hiver et la randonnée d'été. Nous avons complètement laissé tomber surfs et lattes, pour nous concentrer sur les balades et autres curiosités que propose la région. Quoi qu'il en soit, tous les offices de tourisme vous informeront, à grand renfort de brochures et de plans, de tout ce qu'il y a à faire ou à voir dans leur « circonscription ».

## À VOS VÉLOS !

Ceux qui préfèrent les deux-roues consulteront avant leur départ le site ● *wallisrollt.ch* ● En saison (fin mai-début octobre), du mercredi au dimanche (9h-12h15 et 13h-18h), il est possible de partir à la découverte de la plaine du Rhône, depuis 13 stations, entre Martigny et Brigue ; plus deux stations à Port-Valais (Le Bouveret) et Villeneuve. Pour des vélos standard, les quatre premières heures sont gratuites. Tarif horaire variable selon type de vélo.

## Adresses utiles

- ***Valais Tourisme :*** *rue Pré-Fleuri 6, 1951* ***Sion.*** *☎ 027-327-35-90.* ● *valais.ch* ●
- ***Association valaisanne du tourisme pédestre (VALRANDO) :*** *même adresse. ☎ 027-327-35-80.* ● *valrando.ch* ●

## CAUSONS VIN...

Le Valais est le plus gros producteur de vin du pays. Si quatre cépages monopolisent presque 95 % de la production, c'est parmi la douzaine d'autres, parfois très rares, qu'on trouvera les meilleures spécialités. Et c'est dans le Valais aussi (à Visperterminen) que se situe le plus haut vignoble d'Europe. Petite initiation...

### LE FENDANT

*Ce vin blanc du Valais symbolise souvent le vin suisse. Pourquoi un tel nom ? Tout simplement parce que les grains de chasselas se « fendent » lorsqu'on les presse. En revanche, quand les raisins giclent, suite à une pression, on les appelle... « giclet ».*

Du chasselas, que la Suisse (et un peu l'Alsace) est la seule à vinifier, les Valaisans tirent le fameux *fendant* (LE vin blanc accompagnant fondue et raclette), sec et fruité. C'est en général un grand coup de foudre, mais on trouve de tout, du meilleur au pire. Le sylvaner (aussi appelé gros-rhin) donne le *johannisberg,* autre blanc de référence. Le pinot noir (le cépage des bourgognes, vraisemblablement introduit par des soldats au service de la France) est, en Valais, souvent mélangé avec du gamay pour composer la *dôle* ou le *goron* (bas de gamme). Voilà pour les quatre hits de la région.
Mais les plus belles réussites sont à notre avis à chercher du côté des 5 % restants. Côté blancs, il faut absolument goûter l'*amigne* (vous n'en trouverez nulle part ailleurs en Suisse), une *petite-arvine,* un *malvoisie* (que les Valaisans

obtiennent grâce au pinot gris ; généralement un vin de dessert), et surtout (mais vous allez peiner pour en trouver), un *humagne blanc.* Côté rouges, vous ne pouvez pas quitter le pays sans avoir dégusté une *syrah* (très différente des côtes-du-rhône qui l'utilisent également : corsée, fruitée et même légèrement tannique), un *humagne rouge* (non apparenté à son homonyme blanc, l'un des rares vins de garde de la région), ou encore un *cornalin,* également très difficile à trouver.
Voilà, voilà... Tout ça est excellent, bien sûr à consommer avec modération, surtout si vous conduisez, et souvent très, voire très, très cher, surtout au restaurant... Santé quand même ! Vous remarquerez également que tous les restos ou presque proposent des vins régionaux au verre, et que les bars à vins sont désormais légion, dans la plus grande comme dans la plus petite commune.

## Comment rejoindre les bourgs de la vallée du Rhône ?

Le Valais est composé d'une colonne vertébrale (la vallée du Rhône) très bien desservie, de laquelle partent de multiples vals, pas nécessairement reliés entre eux.
➢ ***En voiture :*** l'autoroute, en provenance de Berne et Lausanne, longe la vallée du Rhône jusqu'à la hauteur de Sierre. Puis route nationale jusqu'à Brigue.
➢ ***En train :*** la très fréquentée ligne du Simplon (Lausanne-Milan) longe également la vallée du Rhône.
➢ ***En bus :*** vous pouvez voyager tous azimuts dans le Valais romand à partir de Martigny, Sion ou Sierre en achetant l'*Easy Card* dans les offices de tourisme, les bureaux de poste de ces villes ou au chauffeur du car postal. Compter 38, 52 ou 71 Fs pour 2, 3 ou 5 j. d'excursion, carte valable 1 sem (et 14 j. pour la carte 5 j.). Réduc. ● *postauto.ch/fr/easy-card* ●

# LE VAL D'ILLIEZ



**Le val d'Illiez, c'est la première d'une longue série de vallées qui montent au nord et au sud du Rhône et qui, à moins d'un col, se terminent au pied d'une montagne infranchissable. Ces premiers pas en Valais vous donneront juste l'envie d'aller encore plus haut, toujours plus haut !**

## MORGINS (1875) 800 hab.

**La station de Morgins, à deux pas de la France, est à la frontière des Alpes valaisannes. Elle a gardé la chaleur et la convivialité d'un petit village tranquille et accueillant, malgré l'alignement des hébergements pour skieurs.**

## Arriver – Quitter

➢ ***En voiture :*** de Monthey, direction Le Pas-de-Morgins.

➢ ***En bus :*** cars postaux au départ de Monthey ou Troistorrents.

## Adresses et infos utiles

***Office de tourisme :*** *pl. du Carillon 1. ☎ 024-477-23-61. • morgins.ch • Dans le centre, face à l'église. En saison, tlj 8h30-12h30, 14h-18h ; hors saison, lun-sam 9h-12h, 14h-17h (16h sam).*

***Arrêt du car postal :*** *pl. de l'Église.*

## Où dormir ? Où manger ? Où boire un verre ?

### Camping

***La Mare au Diable :*** *à la sortie du village (côté France), à gauche juste avt le poste-frontière. 079-301-33-33. • morgins-loisir.ch • Ouv tte l'année et géré par le centre sportif. Env 25 Fs pour 2 avec tente.* Comme souvent en Suisse, beaucoup de caravanes qui semblent installées à vie. Donc quelques rares emplacements seulement pour les tentes.

### De bon marché à prix moyens

***C-là Pizzeria :*** *route de France 22. ☎ 024-477-81-71. Assiette du jour env 19 Fs, pizzas 14-20 Fs.* Cadre sans façons, bonnes pizzas et généreuse cuisine familiale pour l'assiette du jour. Une adresse sympathique, à l'image de son patron (que tout le monde, dans cette station qui est restée un village, appelle Jojo).

***T Bar :*** *route de France 19. ☎ 024-477-31-95. Congés : mai. Tartines, salades, ciabattas, sandwichs... 13-26 Fs env. Brunch le w-e en hiver env 7-15 Fs.* Murs de béton brut et fauteuils baroques : cette adresse récente est surtout un endroit où faire la fête, en soirée (DJs et concerts). Les verres ne sont pas vraiment donnés, mais on peut y grignoter pour pas trop cher.

### Chic

***Chez Jan:*** *route du Village 9. ☎ 024-477-11-43. • chezjan.com • En face de l'église. Resto fermé mar-mer mai-nov. Congés : de mi-avr à mi-mai et en nov. L'été, selon période, double avec sdb env 200 Fs, petit déj inclus ; bien plus cher en hiver. Menus 25-46 Fs.* L'aspect extérieur très traditionnel du chalet de montagne aux balcons fleuris contraste avec celui des chambres, rénovées et relookées de façon très originale et contemporaine. Toutes différentes, design, hautes en couleur et confortables, elles sont vraiment agréables à vivre. Tâchez d'en avoir une avec balcon. Resto avec terrasse donnant sur l'église.

***Hôtel Helvetia :*** *route de Bas-Vièze 13. ☎ 024-565-18-75. • helvetiahotel.ch • À l'entrée de la station sur la droite quand on arrive de la vallée. L'été, doubles 165-180 Fs selon période ; en saison d'hiver, jusqu'à 250 Fs ; petit déj et accès au spa inclus dans les tarifs. Parking extérieur gratuit.* Bel hôtel récent dans un gros chalet où le bois naturel est à l'honneur. Les chambres aux lignes sobrement contemporaines (sinon minimalistes) sont spacieuses et agréables, sans même parler des suites et des *penthouses*. Spa, jacuzzi, sauna, hammam. Accueil décontracté de la proprio, anglaise d'origine.

***Le Di-Vins :*** *route de la Patinoire 15. ☎ 024-477-33-03. Ts les soirs sf lun-mar hors saison. Congés : de mai à mi-juin. Compter 45-50 Fs à la carte.* Un cadre à la fois montagne et design, une cuisine un peu fusion, mais aussi et surtout des spécialités au fromage avec une bonne dizaine de fondues dont une, plutôt étonnante, au wasabi. Et – normal, vu l'enseigne – une imposante carte des vins (mais à prix suisses...).

## À faire

➢ ***Balades tous azimuts :*** point de départ de nombreuses excursions, Morgins bénéficie de sa situation au cœur du domaine des Portes du Soleil : 800 km de randonnées pédestres, 650 km de parcours balisés pour VTT et 22 installations de remontées mécaniques. Cartes et infos à l'office de tourisme. Nombreuses balades à thème également : chemin de ponts, sentier de l'eau, sentier apicole ou forestier (3 km et pas moins de 90 espèces végétales). Chouette balade également au long du sentier planétaire : 4 km où chaque pas représente 1 million de km !
Intéressant également d'investir dans le *multipass,* valable de début juin à début septembre. Infos à l'office de tourisme ou sur • *lemultipass.com* •
– Écoutez la sonnerie de l'impressionnant ***carillon de l'église*** : véritable instrument de musique, composé de plusieurs dizaines de cloches ; des airs populaires sont ainsi carillonnés dans le village six fois par jour toute l'année (à 9h55, 11h55, 12h05, 13h05, 16h05 et 17h05). Construites en l'an 2000, les portes de cette construction monumentale symbolisent le passage au nouveau millénaire. Au centre, un globe terrestre cerné par une ronde d'hommes et de femmes, signe de l'unité des peuples. Cette mappemonde est suspendue à des câbles et évoque ainsi les tensions du monde. Chaque cloche a été financée par un donateur différent, tous habitants de Morgins.

## Manifestations

– ***Rock The Pistes Festival :*** *mi-mars.* Concerts (rock, bien sûr !) sur des scènes éphémères au milieu des pistes de ski.
– ***Salon de la santé par les plantes :*** *1er w-e de juil.* Stands de producteurs, conférences, balades, etc.
– ***Marchés folkloriques morginois :*** *ts les sam de mi-juil à mi-août.*
– ***Goûts du terroir au fil de l'eau*** *(balade gourmande)* ***:*** *1er dim de sept.*
– ***C'est l'hiver Morgins Festival :*** *1er w-e de déc.* Festival de musique internationale.

# CHAMPÉRY

(1874) 1 275 hab.

**La « petite grande » station du val d'Illiez vit au rythme du tourisme, été comme hiver. Avec ses 6 000 lits, elle figure parmi les stations les plus importantes de vacances d'hiver.**
**Pour les touristes d'été, plus de 800 km de sentiers balisés et le point de départ, pour les plus entraînés, de circuits en direction des dents du Midi et des dents Blanches. Côté village, l'artère principale a su garder son charme montagnard.**

### Arriver – Quitter

➢ ***En voiture :*** de Monthey, route de montagne via Troistorrents.
➢ ***En train :*** ligne *AOMC* (Aigle-Ollon-Monthey-Champéry). Départs ttes les heures.

***Gare ferroviaire :*** *2 arrêts, à l'entrée et à la sortie du village (à côté du téléphérique qui conduit à Planachaux).*

LE VALAIS

## Adresse utile

**Office de tourisme :** *route de la Fin 44. ☎ 024-479-05-50. • champery.ch • En face du téléphérique. Tlj 8h-12h, 14h-18h (8h-18h en hte saison ; dim 10h-12h slt à l'intersaison).*

## Où dormir ? Où manger ?

### Camping

**Le Grand Paradis :** *route du Grand-Paradis 18. ☎ 024-479-19-90. • campingchampery@bluewin.ch • Au fond de la vallée, à 1,5 km du village. Tte l'année. Env 25 Fs pour 2 avec tente.* Superbe cadre de montagnes, de verdure et de sapins. Point de départ de nombreuses randonnées.

### Bon marché

**Le Petit Baroudeur :** *route de la Fin 11. ☎ 024-479-14-07. • lebaroudeur.ch • Au centre de la station, face à l'office de tourisme. Congés : mai et nov. Réception 16h-18h30. Selon taille de la chambre et saison, compter 34-38 Fs/pers. Petit déj sur résa 8 Fs, 1 petit déj/chambre offert sur présentation de ce guide.* Cette mini-auberge de jeunesse privée, très récente, propose 5 chambres nickel (même presque design) pour 4 à 10 personnes. Douches et toilettes sur le palier. Cuisine bien équipée à disposition. Accès au centre sportif *Le Palladium* (piscine et patinoire gratuites).

**Pension Souvenir :** *rue des Dents-Blanches 9. ☎ 024-479-13-40. • pensionsouvenir@bluewin.ch • Au cœur de la station. Double env 100 Fs avec douche à l'étage, petit déj compris ; quelques-unes avec sanitaires, un peu plus chères. Possibilité de repas le soir env 20 Fs.* Chambres toutes simples, sans confort particulier mais propres. En hiver, fonctionne surtout avec des groupes. Également un sauna accessible moyennant un petit supplément.

### De prix moyens à chic

**Hôtel des Alpes :** *rue du Village 9. ☎ 024-479-12-22. • hotel-desalpes.ch • Fermé dim et lun soir hors saison. Congés : avr-juin et nov. En été, doubles avec sdb 150-235 Fs selon saison, petit déj compris.* Hôtel correct, style chalet. Souvent envahi par des groupes. Son resto se nomme le *Crocodile.* Comment est-il arrivé là ? Mystère...

**Hôtel du Palladium :** *dans le centre sportif du même nom. ☎ 024-479-05-05. • palladiumdechampery.ch • Congés : mai. Doubles 130-170 Fs selon saison, petit déj compris.* Certes, les chambres manquent de charme, de personnalité et sont vraiment toutes simples, mais, au moins, elles sont fonctionnelles. Et puis l'accès gratuit à la piscine, à la patinoire et au fitness offre une compensation non négligeable, du moins aux plus sportifs de nos lecteurs. Restaurant.

**Café du Nord :** *rue du Village 106. ☎ 024-479-11-26. Tlj sf mer hors saison, 12h-14h, 18h30-20h30. Congés : 15 avr-1er juin et 20 oct-1er déc. Assiette du jour le midi en sem 20 Fs, plats 25-37 Fs.* Ce bon vieux bistrot qui semble avoir toujours été là est l'annexe terroir de l'*Atelier Gourmand,* gastro installé à l'étage. Carte de brasserie, spécialités valaisannes (tiens donc !) et palettes de röstis dont certaines s'avèrent plutôt originales. Les desserts offrent également un bon aperçu du tour de main du chef. Terrasse.

### De chic à très chic

**Art Boutique-hôtel Beau Séjour :** *rue du Village 114. ☎ 024-479-58-58. • beausejour.ch • Congés : mai et oct-nov. Doubles avec douche et w-c 175-225 Fs selon période en été, petit déj-buffet compris.* Un coup de cœur pour cet hôtel tout confort, style chalet. Un accueil chaleureux et une décoration soignée, élégante et très personnelle, font de ce lieu un nid douillet d'où l'on a bien du mal à repartir : belles chambres avec balcon et vue sur les dents du Midi (en particulier les n[os] 12 et 14), confortable salon détente avec cheminée.

## Où dormir ? Où manger dans les environs ?

### Bon marché

**Cantine des Dents Blanches :** *route de Barme 36. ☎ 024-479-12-12. • cantine-dentsblanches.com • À 11 km du centre par une jolie petite route. Accessible en voiture ; après le camping, prendre direction Barme. À pied, compter 2h depuis Champéry. Ouv de juin à mi-oct, tlj sf lun-mar hors hte saison. Compter 40 Fs/pers en dortoir 4, 6 ou 15 lits et double 60 Fs/pers, petit déj compris. Carte autour de 30-45 Fs.* Superbe chalet presque paumé dans une nature sauvage, où les vaches, avec leur joli concert de cloches, n'ont que faire des quelques touristes à la recherche des senteurs alpestres. Spécialités du coin (croûte au fromage, fondue aux échalotes) et légumes du jardin. Dortoirs à l'esprit « montagne de toujours » si vous avez succombé au charme des lieux.

**Cantine de Barmaz :** *à 100 m de la Cantine des Dents Blanches. ☎ 024-479-11-63. • cantine-barmaz.com • Congés : nov-mai. 34 Fs/pers en dortoir ; double 94 Fs ; petit déj inclus. ½ pens possible.* Un chaleureux chalet. Omelettes, sandwichs pour les randonneurs et spécialités valaisannes. Si vous avez une envie de raclette, n'hésitez surtout pas : elle est succulente.

### De prix moyens à chic

**Hôtel Plein Ciel :** *à **Planachaux**. ☎ 024-479-28-38. • pleinciel.com • Accès par le téléphérique depuis Champéry. En été, accès possible en voiture : 13 km d'une tte petite route d'alpage qui ressemble un peu à une piste au début (fléchage « Planachaux »). Congés : fin avr-fin juin et de fin sept à mi-déc. Refuge 49 Fs/pers ; doubles avec bains 124-164 Fs selon période et confort, petit déj inclus. Tarifs à la sem et à la ½ sem slt pdt la saison d'hiver, avec ski-pass et loc de matériel. Menu env 25 Fs.* Dans un site merveilleux face aux dents du Midi, une ancienne arrivée de téléphérique accrochée à flanc de montagne et aménagée en hôtel de 25 chambres, toutes personnalisées. Décor simple mais douillet. Couchage en minidortoir pour les enfants jusqu'à 14 ans. Terrasse sur le toit, saunas, billard à côté du bar, salon avec feu de bois. Terrain de pétanque couvert, chose rare à cette altitude ! Bar à soupes et fondue au fromage. Démarche écolo et ambiance conviviale de copains qui aiment se retrouver en groupe ou en famille.

**Chez Coquoz :** *Planachaux 107. ☎ 024-479-12-55. ♿ Même accès que l'hôtel Plein Ciel (c'est juste au-dessus). Tlj 9h-17h. Congés : de mi-avr à mi-juin et d'oct à mi-déc. Résa quasi obligatoire. Plat du jour env 20 Fs, carte env 45 Fs.* À 1 860 m d'altitude. Par beau temps, repas sur la terrasse avec une vue splendide. Sinon, on se restaure près de la cheminée. Soupe à l'ortie et savoureux magret de canard aux cèpes. Le chef est un spécialiste des vins valaisans : vinothèque de 200 crus rassemblant 40 cépages et 35 propriétaires !

**Cantine Sur Coux :** *route de Sur Coux 83. ☎ 024-479-10-44. ♿ À 8 km du centre par la route de Planachaux, fléché ensuite sur la droite. Tlj début juin-fin sept et de mi-déc à début avr, 9h-21h. Plats 22-30 Fs.* On y mange toutes les spécialités régionales et surtout les meilleures croûtes au fromage du coin. Le cadre est somptueux, un chalet rustique et fleuri entouré d'un jardin soigné, avec vue imprenable sur la vallée d'Illiez et les dents du Midi. Excellent accueil.

**Auberge de la Bourgeoisie :** *pl. du Village 24, 1872 **Troistorrents**. ☎ 024-477-24-04. ♿ À 7 km de Champéry en redescendant la vallée vers Monthey. Tlj sf mar et dim soir. Congés : 10 j. en* *juin, fin août et fin nov. Menu midi en sem 32 Fs ; env 65 Fs à la carte.* Une auberge un peu à l'ancienne pour une cuisine qui est, elle, bien dans l'air du temps ; des plats qui sortent des classiques locaux, au gré du marché et avec de l'idée..

## À voir. À faire

**La Fonderie de cloches :** *route des Dents du Midi 3. ☎ 024-479-12-04. 📱 079-435-92-39.* Hugues Perrin est un des derniers fondeurs suisses. Il faut lui téléphoner pour prendre rendez-vous et découvrir la centaine de moules, dont certains ont plus de 200 ans, qui jadis permettaient de fondre les cloches du bétail.

**La galerie Defago :** aménagée et inaugurée en 1864 par un hôtelier des lieux, Emmanuel Defago. Il s'agit d'une très belle promenade (4h aller-retour quand même) le long des parois rocheuses des Rives. Il faut à un moment donné traverser 600 m de galerie dans la montagne pour atteindre un restaurant avide d'hôtes. Spectaculaire mais facile ; attention toutefois pour les personnes souffrant de vertige.

**Balade à Barmaz :** *au-dessus de la station.* Après 2h de marche, le spectacle alpin est éblouissant. Vous n'aurez plus qu'à plonger en direction du petit hameau, en contrebas, véritable havre naturel planté au milieu d'un cirque alpin au décor somptueux. Prenez alors place sur l'une des deux terrasses d'auberge du coin (voir plus haut « Où dormir ? Où manger dans les environs ? »). Assiette valaisanne et ballon de fendant recommandés. Cette balade peut aussi se faire à cheval *(s'adresser au centre équestre en face de l'office de tourisme, 📱 079-429-60-20).*

**Le sentier des Contrebandiers :** au-dessus de Barmaz, ce sentier est divisé en quatre itinéraires de 1h à 3h de marche – sentiers nature, rural, forestier ou à tire d'aile. Il permet de découvrir toutes les richesses naturelles de cette partie du Valais, la forêt et les chalets de Barme. L'itinéraire le plus long conduit au *col du Bretolet,* bien connu des passionnés d'ornithologie. D'août à octobre, c'est le passage le plus fréquenté de Suisse par les oiseaux migrateurs. Une centaine d'espèces différentes ont été recensées depuis 1950. Pour capturer les oiseaux, afin de les baguer, les spécialistes tendent d'immenses filets spéciaux entre les montagnes. Dépliant à l'office de tourisme.

– **Sports :** le centre sportif *Le Palladium (☎ 024-479-05-05)* regroupe piscine, patinoire, halle de curling, mur de grimpe (indoor), courts de tennis, etc. Tout comme Morgins, Champéry fait partie du fameux domaine des Portes du Soleil et dispose de nombreuses infrastructures d'été qui vous permettront d'approcher certains sommets, points de départ intéressants de diverses balades à pied ou à vélo. Également deux très beaux circuits de 70 et 80 km pour les fans de VTT. Et la *via ferrata,* un chemin de 460 m qu'on gravit à l'aide d'échelons fixés dans la roche (équipement nécessaire, que l'on peut louer à Champéry). À noter que le *multipass Portes du Soleil,* pour la somme modique de 2,50 Fs par jour de séjour (ou 11 Fs si l'on ne fait que passer à la journée), offre un accès à de nombreuses activités. Les moins sportifs (quoique...) pourront même louer des *mountain bikes* électriques (stations de location également à Morgins et Torgon) pour effectuer des parcours qui leur sont réservés, avec points d'échange de batteries !

# SAINT-MAURICE

(1890) 4 400 hab.



**Les Romains avaient établi une garnison militaire et un poste de douane dans l'antique cité d'Agaune, un passage obligé à l'entrée de la vallée du Rhône. Située sur la route conduisant de Rome en Germanie et en Gaule**

**par le Mont-Joux (l'actuel Grand-Saint-Bernard), la région a vu défiler de nombreuses légions. La légende dit que Maurice, chef de la légion thébaine, y a subi le martyre, ainsi que tous ses soldats, à la fin du III<sup>e</sup> s : on s'en souvint à l'heure de trouver un nom pour cette ville paisible, surplombée par une impressionnante falaise. En 515, Sigismond, futur roi des Burgondes, fonde l'abbaye et installe les premiers moines. Leurs successeurs occupent toujours les lieux, ce qui fait de cette abbaye la plus ancienne d'Europe occidentale à avoir, sans interruption, maintenu son activité. Et l'enseignement dispensé dans l'établissement scolaire (1 600 élèves) géré par les moines est toujours réputé loin à la ronde. L'intérêt du bourg se résume à sa petite rue plétonne pavée, semée de quelques cafés.**

## Adresse utile

**Office de tourisme :** *av. des Terreaux 1. ☎ 024-485-40-40. • saint-maurice.ch • Au centre du bourg. Lun 15h-18h ; mar-ven 9h-12h, 15h (14h juil-août)-18h ; plus sam 9h-12h juil-sept.*

## Où dormir ? Où manger ?

**La Dent du Midi :** *av. du Simplon 1. ☎ 024-485-12-09. • hotel-restaurant-dent-du-midi.ch • Au bout de l'av. de la Gare. Doubles 144-154 Fs, petit déj compris ; familiales 208-248 Fs. Assiettes du jour 20-30 Fs, rösti autour de 18 Fs.* Les chambres de cette bâtisse saumon ne sont pas désagréables, malgré la déco désuète. Au resto, honnête cuisine de bistrot, à consommer plutôt en terrasse, à l'ombre de grands pins et au bord d'un square agrémenté d'une fontaine. Accueil souriant.

## À voir

**La basilique de l'abbaye :** *☎ 024-486-04-04. • abbaye-stmaurice.ch • Mar-dim 10h (13h30 w-e)-17h30. Entrée : 15 Fs, audioguide inclus.* Principal centre d'intérêt : le fabuleux trésor, l'un des plus précieux de la chrétienté. Tant d'orfèvrerie qu'on ne sait plus où poser son regard ! Spécialement remarquables, le *coffret de Teudéric* (époque mérovingienne) et le *reliquaire de la sainte Épine* (une épine de la couronne du Christ sur la Croix).

**Le château de Saint-Maurice (fort de Cindey) :** *à la sortie du village, direction Monthey. ☎ 024-485-24-58. • chateau-stmaurice.ch • D'avr à mi-nov, tlj sf lun 13h-18h. Entrée : 10 Fs ; réduc. Billet combiné avec la grotte aux Fées : 15 Fs ; réduc.* Le château n'est sans doute pas inoubliable, mais d'intéressantes expositions temporaires ont lieu dans les salles récemment restaurées.

**La grotte aux Fées :** *à la sortie du village, direction Monthey ; entrée par le château. ☎ 024-485-10-45. • grotteauxfees.ch • 15 mars-30 juin et 1er sept-15 nov, tlj 10h-17h ; juil-août, tlj 10h-18h ; le reste de l'année, sur résa slt et à partir de 10 pers. Entrée : 10 Fs ; réduc.* Une galerie souterraine dans les entrailles de la montagne. Après 1 km de marche, le visiteur parvient devant un joli lac alimenté par une cascade de 77 m de hauteur. Prévoyez une petite laine : température intérieure de 10 °C. Jeu de piste pour les enfants.

**Les forts historiques de Cindey et du Scex :** *l'entrée de la grotte aux Fées fait aussi office d'entrée officielle pour les forts. • forteresse-st-maurice.ch • Accès à*

*pied, compter 15 mn.* La visite des fortifications vaut le déplacement. Elles ont été commencées en 1831, à une époque où la situation politique et militaire en Europe était si tendue que l'on redoutait une guerre générale. Elles devaient permettre de tenir le premier pont depuis le Léman.
– *Le fort de Cindey : entrée 14 Fs ; réduc. Visite guidée (sur résa au ☎ 024-485-40-40) 15 mars-30 juin et 1er sept-15 nov, w-e à 14h ; 1er juil-31 août, tlj à 10h30, 13h30 et 16h. Pour les groupes (min 10 pers), 15 mars-15 nov, tlj. Durée de la visite : 2h30.*
– *Le fort du Scex : entrée 14 Fs ; réduc. Visite guidée (sur résa au ☎ 024-485-40-40) ts les derniers sam du mois mars-oct à 13h30. Durée de la visite : 4h.*

***La chapelle du Scex :*** datant du XVIIIe s, elle est accrochée au rocher dominant la ville. On y parvient en 20 mn environ par un sentier en escaliers comptant quelque 500 marches, que l'on atteint en passant sous les voies ferrées. Joli but pour une petite balade apéritive (ou digestive !).

## DANS LES ENVIRONS DE SAINT-MAURICE

***Labyrinthe Aventure :*** *à **Evionnaz,** entre Saint-Maurice et Martigny. ☎ 027-767-30-90. • labyrinthe.ch • À 5 km au sud de Saint-Maurice, direction Martigny. En voiture : sortie d'autoroute Saint-Maurice ou Martigny. En train : gare d'Evionnaz. De mi-mars à début nov, tlj 10h-18h. Durée : env 2h. Entrée : 17 Fs ; réduc ; gratuit jusqu'à... 1 m ! L'entrée donne également droit à des réduc pour le zoo des Marécottes, la grotte aux Fées, les gorges du Trient et le train du Bouveret.* Sorte de parc d'attractions à la mode rurale, avec jeux d'adresse en bois, toboggan de 30 m, piscine à boules... et pelouses grasses et transats pour les parents. Le clou, c'est le labyrinthe, évidemment : 3 km de sentiers bordés par 15 000 thuyas. Vu d'en haut, le périmètre rappelle celui du Valais. On y part à la recherche de 10 monuments du monde, le long d'un circuit divertissant pour les enfants, ponctué d'obstacles (miniponts de singe, murs d'escalade...) et de dessins rigolos évoquant les sites touristiques du Valais. À entreprendre donc avant votre visite valaisanne.

# MARTIGNY (1920) 16 345 hab.

**L'histoire pèse de tout son poids sur cette petite ville au caractère déjà presque méridional. À l'époque gallo-romaine, elle s'appelait *Octodurus* (« les huit portes »). On y transite aujourd'hui encore si l'on veut se rendre en Italie vers Aoste, par le tunnel ou le col du Grand-Saint-Bernard, ou en France vers Chamonix, par le col des Montets. Dans son cadre encaissé et un peu austère, Martigny se situe au débouché de la vallée d'Entremont, mais surtout à l'articulation de la vallée du Rhône.**
**Cette situation géographique stratégique a laissé des traces : fortement empreinte de son histoire avec ses vestiges romains, paléochrétiens et médiévaux, cette petite ville vous surprendra cependant plus par son présent que par son passé. Martigny – autoproclamée Art City – fait vraiment preuve d'une incroyable vitalité et d'une réelle volonté de développement culturel et artistique : outre la fabuleuse fondation Pierre-Gianadda, vous pourrez admirer plusieurs sculptures contemporaines ornant les ronds-points ; parallèlement à la promenade archéologique, une balade architecturale est proposée, et plusieurs galeries privées, fondations diverses et ateliers d'artistes jalonnent les rues de la ville. La**

**place centrale, ses terrasses de cafés, mais aussi le joli quartier du bourg traduisent une douceur de vivre qui vous donnera probablement envie de revenir à Martigny.**

## Arriver – Quitter

➢ ***En voiture :*** par l'autoroute Lausanne-Sierre.
➢ ***En train :*** ligne Martigny-Brigue.
***Gares ferroviaires :*** ☎ *0900-300-300 (1,19 Fs/mn).* La *gare principale* se trouve au bout de l'avenue de la Gare, à quelques minutes à pied de la place Centrale. Vous trouverez 2 autres arrêts à la sortie de la ville, au bourg et au Forum.

## Adresse utile

***Martigny Tourisme :*** *av. de la Gare 6.* ☎ *027-720-49-49.* • *martigny.com* • *Lun-ven 9h-12h30, 13h30-18h. Juil-août, lun-ven 9h-18h ; sam 9h-17h ; dim 10h-12h30, 15h-17h.* Documentation très complète, avec notamment d'intéressants circuits à thème (et des visites guidées, insolites pour certaines avec, par exemple, des guides déguisés en Romains !) pour découvrir la ville.

## Où dormir ?

### Camping

***Les Neuvilles :*** *rue du Levant 68.* ☎ *027-722-45-44.* • *tcs.ch* • *À 10 mn à pied au sud du centre. Avr-oct. En saison, compter env 35 Fs pour 2 avec petite tente et voiture.* Pas le décor le plus sauvage qui soit pour un camping (on est à l'orée d'une zone industrielle), mais pratique et confortable.

### De bon marché à prix moyens

***Midi Guestrooms :*** *rue des Marronniers 4.* ☎ *027-722-96-52.* *079-628-64-15 ou 078-601-44-64.* • *midi-guest.ch* • *À deux pas de la pl. Centrale. Doubles 80-95 Fs. Pas de petit déj (on le prend à la Croissanterie d'Octodure).* C'est par crainte qu'un quelconque promoteur rachète ce petit immeuble et, surtout, ferme leur bistrot préféré au rez-de-chaussée (voir « Où boire un verre ? ») que 2 amis ont réuni leurs économies pour ouvrir ces 3 chambres d'hôtes. Avec de l'espace (la plus chère est un vrai petit appartement), une déco au goût du jour toute simple mais plaisante : à ces prix-là, c'est tout simplement le meilleur plan de la ville !

***Hôtel du Stand :*** *av. du Grand-Saint-Bernard 41.* ☎ *027-722-15-06.* • *hoteldustand.ch* • *Entre la pl. Centrale et la fondation Gianadda. Resto tlj sf w-e. Doubles 80 Fs. Menu 18 Fs le midi en sem ; plats 25-30 Fs. Parking privé gratuit.* La maison, un cube de béton, semble avoir été construite dans les années 1950. Mais elle date du début du XXe s. Vieille maison, donc, mais jeune équipe à l'accueil aussi décontracté que chaleureux. Chambres nickel, sobrement rénovées, avec du bois à profusion pour beaucoup. Et bonne cuisine indienne au resto.

***Motel des Sports :*** *rue du Forum 15.* ☎ *027-722-20-78.* • *moteldessports.ch* • *À 300 m de la fondation Gianadda, tt près du centre. Congés : 15 déc-15 janv. Doubles 99-145 Fs selon période, petit déj-buffet non inclus. ½ pens possible. Parking privé gratuit.* Comme son nom l'indique, cet hôtel est posé au cœur des équipements sportifs de la ville : piscine, tennis, patinoire... Le patron, à l'accueil des plus chaleureux, est pour sa part un grand fan de cyclisme ! C'est, comme son nom l'indique aussi, un motel, avec des chambres en rez-de-chaussée qui, pour certaines, s'ouvrent sur un petit jardin. Quelques-unes à l'étage, également. Atmosphère familiale qui fait qu'on s'y sent vite comme chez soi. Bar et resto.

## Où manger ?

### Bon marché

**Lord Sandwichs :** *av. du Grand-Saint-Bernard 15. Tlj sf dim. Pas plus de 10 Fs.* Plus de 36 sortes de sandwichs préparés à la minute, baguette ou *ciabatta.* Salle moderne et terrasse.

Pour le petit creux de la journée, essayez les brioches, les pains aux raisins ou les sandwichs de la **Croissanterie d'Octodure,** à deux pas de la place Centrale *(rue du Collège 6 ; ☎ 027-723-31-44 ; tlj sf lun ; congés : 15 j. début juil).* On peut également y tester les assiettes du jour *(16,50 et 18,50 Fs).*

### Prix moyens

**Au Chapiteau Romain :** *rue du Bourg 53. ☎ 027-565-69-62. Tlj sf dim-lun. Menu déj sem 22 Fs, carte 50 Fs min.* Toute petite salle dans la rue principale de Martigny-Bourg. Accueil et service (du patron) juste impeccables. Et au gré de la courte carte, excellente cuisine souvent sous influence italienne mais avec un ton très personnel. Quelques tables dans la rue (piétonne).

**La Vache qui Vole :** *pl. Centrale 2b. ☎ 027-722-38-33. Tlj. Plat du j. en sem à midi 20 Fs ; menu « Entrecôte » 36 Fs, plats 29-48 Fs.* Un bar-resto discrètement branché qu'on vous conseille pour sa terrasse aux beaux jours (mais la salle avec sa nouvelle mezzanine n'est pas mal non plus) et sa sélection sur l'ardoise de vins au verre à accompagner de tapas à la valaisanne : chanterelles marinées, viande séchée... Parce que les plats, même s'ils sont bien tournés, ne sont pas franchement donnés. Ambiance à la cool. Le service prend d'ailleurs largement son temps.

**Le Lion d'Or :** *av. du Grand-Saint-Bernard 1. ☎ 027-722-21-30. Tlj sf dim-lun. Congés : de mi-juil à mi-août. Formule déj env 20 Fs, carte min 50-60 Fs pour un repas complet.* À quelques mètres de la place Centrale, un resto italien discret mais de qualité. Bistrot à l'ancienne, terrasse sans façons, et salle à manger un peu plus classe. Réputé pour ses pâtes fraîches, ses pizzas, son tartare et ses nouilles aux morilles.

### De chic à très chic

**Les Trois Couronnes :** *pl. du Bourg 8. ☎ 027-723-21-14. Tlj sf dim-lun 12h-14h, 19h-21h30. Congés : 2 sem en fév et 2 premières sem d'août. Menus 24 Fs le midi en sem, puis 62-75 Fs ; env 60 Fs à la carte.* Ouvert depuis 1792 (au moins !) dans une maison avec tourelle de Martigny-Bourg. Joli cadre où les œuvres d'artistes contemporains se mêlent agréablement aux poutres et pierres séculaires. Très bonne cuisine de tradition, parfois (c'est presque une habitude à Martigny !) teintée d'influences italiennes. Tranquille terrasse aux beaux jours. Excellent accueil.

## Où dormir ? Où manger ?
## Où boire un verre dans les environs ?

**Hôtel Beau-Site :** *Chemin-Dessus. ☎ 027-722-81-64. • chemin.ch • À env 7 km de Martigny ; fléché depuis le premier* *rond-point sur la route du Grand-Saint-Bernard. Tlj juil-août (consulter le site pour le reste de l'année : c'est compliqué !). Fermé lun-mar sf juil-août. Congés : autour de Noël. Doubles 140-150 Fs. Menu unique sur résa 25 Fs midi, 30 Fs soir. CB refusées.* À l'orée d'un hameau resté bien authentique, un bel établissement à l'ancienne (ouvert depuis 1912) avec une grande terrasse apaisante. Depuis pas mal d'années déjà, cet hôtel est géré de façon très zen et écolo : cuisine bio végétarienne, salle de yoga, chauffage solaire et à bois... Le parquet des chambres (balcons pour certaines), simples (douche et w-c sur le palier), craque un peu, certes, mais cela fait partie du charme des lieux. Salon de thé et régulières expos.

**Chambres d'hôtes Rêves Gourmands :** *rue des Sondzons 22, 1904* ***Vernayaz.*** *☎ 027-764-30-30. • revesgourmands.ch • À env 5 km au nord-ouest de Martigny ; fléché sur la droite au centre de Vernayaz. Doubles 120-145 Fs. Table d'hôtes 50-80 Fs.* Dans un quartier résidentiel tranquille, cette ancienne maison de retraite (il faut le savoir) abrite de jolies chambres, à thème. Le proprio, français, a passé quelques années derrière les fourneaux de quelques grandes tables des environs. On peut donc se laisser tenter (malgré le prix) par la table d'hôtes et son menu surprise.

**Café-restaurant Plan-Cerisier :** *Plan-Cerisier, 1921* ***Martigny-Croix.*** *☎ 027-722-25-29. À la sortie de Martigny, direction Grand-Saint-Bernard ; au dernier grand rond-point, prendre la direction Plan-Cerisier, puis suivre la route étroite qui serpente entre les vignes. Fermé mar-mer sf juil-août et oct. Congés : de janv à mi-fév. Buffet midi sem 27 Fs, 37 Fs dim ; menu 48 Fs ; plats 18-35 Fs.* Au 1er étage, une très bonne table avec grillades, buffet de salades et spécialités (comme le risotto valaisan, aux asperges en saison), une grande terrasse et un panorama superbe et contrasté : forêts de mélèzes, vignoble, vieux mazots, et vallée du Rhône... Tout est réuni pour passer un bon moment en toute convivialité, un endroit que les gens du coin adorent... nous aussi ! Fait également chambre d'hôtes.

**La Fromathèque :** *route du Grand-Saint-Bernard 28, 1921* ***Martigny-Croix.*** *☎ 027-565-86-86. Dans le village, sur la droite, sur la route du Grand-Saint-Bernard. Tlj 9h-21h. Planchettes 11-22 Fs.* On fermera les yeux sur l'environnement immédiat (une zone artisanale...) parce que la salle est d'un design (couleur locale !) très réussi et l'accueil vraiment amical. Jolie sélection de vins du Valais au verre, à accompagner de planches de charcuteries et de fromages tout aussi locaux et soigneusement choisis. Boutique où sont également vendus les fromages fabriqués sur place.

## Où boire un verre ? Où sortir ?

Le choix ne manque pas autour de la place Centrale si l'on ne veut pas s'éloigner du centre-ville. ***Le Diagonal, La Vache qui Vole, Le Sunset...*** sont des cafés plus ou moins branchés mais animés, surtout en fin de semaine. Sinon, il y a aussi...

**Café du Midi :** *rue des Marronniers 4. ☎ 027-722-00-03. • info@cafédumidi.ch • Derrière l'hôtel de ville, à deux pas de la pl. Centrale. Tlj sf mar 9h-23h. Plats 16-29 Fs, servis à tte heure.* Tout petit bistrot de quartier, à la déco typiquement valaisanne (même si le très accueillant patron est originaire de La Chaux-de-Fonds). Bières exclusivement artisanales, et, dans l'air, toujours cette bonne odeur de fromage que dégagent fondues (dont une à la bière, évidemment !), croûtes et autres raclettes.

**Barock Live :** *pl. Centrale 8. ☎ 027-722-21-60. Tlj sf lun-mar 16h (14h le w-e)-1h.* Immense pub de brique et de bois qui déborde sur la place. 2 salles, quelques canapés confortables et des concerts tous les mois pour se réchauffer l'hiver.

## À voir. À faire

**La fondation Pierre-Gianadda :** *rue du Forum 59. ☎ 027-722-39-78. • gianadda.ch • Tlj 9h-19h (10h-18h juin-nov) selon expos. Entrée : 18 Fs (expo temporaire incluse) ; réduc.*
Sans aucun doute l'une des attractions culturelles les plus importantes de la ville et même du canton, agrémentée d'un vaste parc (ouvert le soir en été) semé de sculptures contemporaines (César, Niki de Saint-Phalle...) et de quelques œuvres de Rodin. Morts ou vivants, les artistes les plus célèbres y sont régulièrement exposés, à raison de deux à trois événements par an, mais on trouve aussi une petite collection permanente avec des œuvres de Cézanne, Van Gogh, Toulouse-Lautrec, Picasso, Van Dongen, Ensor...
La fondation, construite autour de vestiges archéologiques de l'Antiquité, comprend également un *Musée gallo-romain,* avec quelques vestiges et objets usuels de l'époque, et un *musée de l'Automobile ancienne,* avec plus de 40 machines rigolotes ou imposantes (de 1897 à 1939), toutes en état de fonctionnement... En vedettes, la Bugatti royale ou la Delaunay-Belleville du tsar Nicolas II. Enfin, le *pavillon Szafran* est consacré à la céramique monumentale.

**Le musée et les chiens du Saint-Bernard :** *rue du Levant 34. ☎ 027-722-65-42. • fondation-barry.ch • Tlj sf lun de mi-oct à mi-avr, 10h-18h. Entrée : 12 Fs ; réduc. Audioguides : 3 Fs.* Bâti dans l'ancien arsenal de la ville joliment rénové, ce musée, géré par la Fondation Barry (du nom de cet épagneul des Alpes, prédécesseur des saint-bernard), consacre son rez-de-chaussée aux saint-bernard en chair et en « nonos », et son étage à leur histoire. En bas donc, huit (gros) chiens adultes, que l'on peut caresser en demandant la permission au personnel, toujours disponible. Au 1er étage, un espace historique, qui retrace la trajectoire du chien et de ses maîtres chanoines, indissociables. De l'édification de l'hospice du col par saint Bernard (le bonhomme, pas le chien) au XIe s, à 1964, année d'ouverture du tunnel du Grand-Saint-Bernard, les religieux et leurs fidèles toutous auront accueilli et secouru en montagne des milliers de pèlerins imprudents, jusqu'à entrer dans la légende. En s'appuyant sur la climatologie, sur des maquettes, objets, gravures et peintures d'époque, sur des films et panneaux explicatifs, le musée retrace toute cette aventure. Et y ajoute les reliques de la « saint-bernardmania » : pubs, affiches de films, jouets, timbres du monde entier à l'effigie du chien (en particulier de pays africains, allez savoir pourquoi...), etc. Au 2e étage, un nouvel espace découverte de la « Barry Family ». Une collection plutôt sympathique. Le café du musée est aussi agréable, sa terrasse donne sur l'amphithéâtre romain.

### UNE RETRAITE BIEN MÉRITÉE

*Fini le petit tonnelet d'eau-de-vie qui annonce la fin du calvaire. Après des siècles à jouer les sauveteurs, le saint-bernard a pris sa retraite. Il faut dire que ce gros toutou n'a jamais été fait pour ça. Ses maîtres, les chanoines du col, s'en servaient à l'origine comme bête de somme, puis comme guide sur le sentier les menant du dernier village au col. Et si ces chiens connaissaient la route par cœur, ils ont en revanche toujours manqué de flair. Pour retrouver les disparus, on leur préfère aujourd'hui le berger belge, qui présente de plus un autre avantage, et non des moindres : il prend beaucoup moins de place dans l'hélicoptère...*

**Le musée des Sciences et de la Terre (fondation Tissières) :** *av. de la Gare 6. ☎ 027-723-12-12. • sciencesdelaterre.ch • Au-dessus de l'office de tourisme (accès par l'arrière du bâtiment). Mar-jeu et w-e 13h30-17h. Entrée : 6 Fs ; réduc.* Au sous-sol, intéressante reconstitution d'une galerie de mine. Un étage est consacré aux minéraux : y sont exposés de magnifiques pierres des Alpes (beaucoup proviennent du Valais) ainsi que des fossiles, dont une patte de dinosaure. L'autre étage accueille des expositions temporaires (une par an). Une initiative privée qui mérite d'être soutenue par une visite !

**Le moulin Semblanet :** *rue des Moulins 11. ☎ 027-722-51-98. ● moulinsemblanet.ch ● Tlj 10h-19h. Entrée : 6 Fs ; réduc. Visite guidée (avec fonctionnement du moulin : 40 Fs/groupe, min 10 pers).* Entièrement restauré en 1994, c'est l'un des plus vieux moulins de type industriel de Suisse (fin du XVIII^e s). Quatre roues verticales à godets, une minoterie avec trois meules à céréales, une boulangerie avec pétrins à eau : visite à terminer en dégustant le pain fait dans la boulangerie des lieux tous les vendredis. Caveau-restaurant sur place.

**Promenade archéologique :** départ de l'église, derrière la place Centrale. Longez la rue d'Octodure, puis tournez à gauche dans la rue du Forum. Sur votre droite, derrière la patinoire, les ruines d'une vaste demeure, une rue romaine. Reprenez la rue du Forum, longez le *tepidarium,* vestige des thermes joliment mis en valeur, et tournez à gauche avant le parking de la fondation Gianadda pour découvrir le grand amphithéâtre (il pouvait accueillir 5 000 personnes), où des spectacles sont présentés en été. Demandez à l'office de tourisme la petite brochure gratuite, vous repérerez en un clin d'œil toutes les curiosités antiques de la ville.

**Balade architecturale :** deux circuits, de 1h ou de 2h, pour découvrir entre autres la place Centrale, le pont couvert et la chapelle de la Bâtiaz, la maison Supersaxo, ainsi que le château de la Bâtiaz (qui se visite en été) pour le plus long parcours. Il existe également un chemin des vignes en terrasses, qui mène en un peu plus de 1h jusqu'à l'adorable hameau de Plan-Cerisier. Dépliants disponibles à l'office de tourisme.

**Train touristique Le Baladeur :** *☎ 027-720-49-49. Mai-sept. Ticket : 8 Fs. Billet valable tte la journée, sans limitation.* Le train s'arrête *place Centrale,* au *moulin Semblanet,* à la *fondation Gianadda,* au *Musée et Chiens du Saint-Bernard* et au *château de la Bâtiaz.* On vous conseille la balade du soir « L'Art dans la ville », qui fait le tour des giratoires ornés d'œuvres d'art contemporaines et vous permet de profiter des jardins de la *fondation Gianadda* avec son imposante exposition de sculptures du XX^e s, superbement illuminés et ouverts le soir en été.

## Manifestations

– **Journées des cinq continents :** *dernier w-e de juin. ● 5continents.ch ●* Deux jours consacrés aux cultures du monde, avec expos, concerts, spectacles…

– **Open Air cinéma :** *fin juin-20 juil env. Résas à l'office de tourisme ou à partir de 20h sur place. Prix : 16 Fs. ● open-air-kino.ch ●* Une programmation éclectique avec, tous les jours au crépuscule, un film différent proposé dans le joli cadre de l'amphithéâtre.

– **Foire du Valais :** *1 sem fin sept-début oct.* Appelée aussi « Comptoir de Martigny », c'est la plus importante foire de Suisse romande. Elle se termine par un combat des reines (il s'agit, bien sûr, de vaches…) dans l'amphithéâtre romain.

### LA VACHE, CET ANIMAL SURPRENANT

*D'abord, elle avale, sans la mâcher, l'herbe qui est stockée (jusqu'à 180 l !) dans la panse. L'herbe y fermente puis part dans une autre cavité, le bonnet. Transformée en boulettes, l'herbe repart dans la bouche et est mastiquée (on dit que la bête « rumine »). Puis les aliments repartent vers les troisième et quatrième poches pour être totalement digérés.*

## DANS LES ENVIRONS DE MARTIGNY

**Les gorges du Durnand :** *aux* ***Valettes,*** *à 6 km de Martigny, direction col du Grand-Saint-Bernard ; départ à 10 mn de la gare de Bovernier. ☎ 027-722-20-77. • gorgesdudurnand.ch • Mai-oct, tlj 9h-18h (selon conditions météo). Entrée : 8 Fs ; réduc ; gratuit moins de 6 ans.* 1 km de passerelles de bois accrochées aux falaises surplombant 14 cascades d'un torrent tumultueux, sur 200 m de dénivelée. Les gorges ont été aménagées en 1877, puis complètement rénovées en 1987, avec toute la sécurité voulue. Compter une bonne heure de marche, retour par un chemin forestier inclus. Sur place, un café-restaurant.

**Les gorges du Trient :** *à* ***Vernayaz.*** *☎ 027-764-16-13. À env 6 km au nord-est. Mai-fin oct (selon météo), tlj 9h-18h. Entrée : 8 Fs ; réduc. Balade assez courte (env 25 mn).* Une belle illustration de la puissance de l'érosion ! Le Trient, un torrent né dans le glacier du même nom, y coule dans une faille de 200 m de hauteur. Le pont en béton armé du Gueuroz (1934) surplombe le tout 187 m plus haut. Chemin vertigineux aménagé au fond de la gorge, avec animations audiovisuelles.

**Le sentier des Sens :** *à* ***La Tzoumaz.*** *☎ 027-305-16-00. À env 30 km ; suivre la direction Sion puis le fléchage « Maison de la forêt ». Accessible par car postal (à la gare) depuis Martigny ou Sion, direction Leytron, Riddes, La Tzoumaz. Juin-fin sept.* Ce sentier de presque 3 km permet d'appréhender la nature par les sens, en touchant la terre, en humant des plantes aromatiques ou en communiquant avec les oiseaux à l'aide d'appeaux. Douze stations sensitives permettent d'acquérir quelques connaissances sur la faune et la flore de façon ludique.

# LA VALLÉE DU TRIENT



**Une très belle vallée qui mène de Salvan au Châtelard, en suivant peu ou prou le Trient, lui-même longé par l'étonnant petit train à crémaillère Martigny-Châtelard, appelé ici le *Mont-Blanc Express* (il est en effet prolongé du côté français jusqu'à Chamonix). Mais attention, si vous êtes motorisés, pour visiter la vallée, il vous faudra, depuis Les Marécottes, redescendre en plaine et faire un joli détour par le col de la Forclaz.**

## LES MARÉCOTTES (1922) 1 190 hab.

**Village bâti à flanc de montagne (ça grimpe !), sympa, tranquille et rustique, loin de l'agitation des stations vedettes. Du calme, un panorama enviable et des promenades à volonté en été.**

### Arriver – Quitter

➢ ***En voiture :*** de Martigny, petite route tortueuse (env 10 km), qui traverse un impressionnant tunnel de roche brute.

➢ ***En train :*** de Martigny (1 départ/h).

## Adresse utile

**Office de tourisme :** *à la gare des* ***Marécottes*** *(1923). ☎ 027-761-31-01. • valleedutrient-vallorcine.com • Tlj 8h10-12h12, 13h-17h05.*

## Où camper ?

**Camping La Médettaz :** *juste après le zoo, à 15 mn à pied de la gare. ☎ 027-761-18-30. • jm.gross@netplus.ch • Mai-fin sept. Env 22 Fs pour 2 avec tente et voiture.* Petit camping paisible et bucolique, aux emplacements herbeux coincés entre les rochers et partiellement abrités sous des arbres. Super accueil.

## Où manger ?

### De bon marché à prix moyens

**Crêperie Le Central :** *rue Principale 52. ☎ 027-761-15-45. Au centre (bien sûr !). Tlj sf mer hors saison. Fermé 8-22 déc. Compter 10-16 Fs la crêpe salée, env 10 Fs la sucrée.* Le royaume de la crêpe, de la plus simple à la plus garnie (par exemple aux chanterelles). Spécialité de la maison : la *brisolée* (3 sortes de fromage, pain de seigle, petit lard, etc.), servie seulement en octobre pendant les vendanges, mais on peut aussi vous cuire une entrecôte aux chanterelles. Également des fondues, croûtes au fromage...

**Au Clair de Lune :** *pl. du Télécabine 2. ☎ 027-761-10-02. 079-685-50-33. • clair-de-lune.ch • Dans le haut du village. Tlj sf lun-mar en basse saison. Fermé mai et nov. Plat du jour midi en sem 18 Fs, plats 18-39 Fs.* Principal attrait : une vaste terrasse ouverte sur la vallée. Sinon, propositions des plus classiques : croûtes au fromage ou assiette valaisanne. Également un *B & B* récemment ouvert, le ***Yéti*** *(• leyeti.ch •),* avec 6 belles chambres dans une demeure ancienne rénovée. *Compter 134-154 Fs (réduc dès la 2e nuit).*

## Achats

**Le Confiturier Marcottin :** *rue Principale 11. ☎ 027-761-14-61. Dans le centre du village. Tlj sf lun et ven mat en saison 10h-12h, 15h-18h.* Cette minuscule échoppe familiale n'aligne pas moins de 150 confitures différentes, toutes faites maison et cuites au chaudron. On peut assister à la fabrication l'après-midi. Salon de thé.

## À voir. À faire

**Le zoo alpin :** *à 5 mn à pied de la gare. ☎ 027-761-15-62. • zoo-alpin.ch • Tte l'année 9h-17h (19h30 juil-août et 18h30 en intersaison). En intersaison, c'est un automate à monnaie qui donne accès au zoo. Entrée : 12 Fs ; réduc. Ticket combiné avec la piscine : 16 Fs.* De nombreux animaux d'Europe et d'ailleurs, dans un environnement presque naturel, se partagent quelque 35 000 m² de territoire. À voir : des ours du Canada et, très difficiles à observer dans la nature, des lynx. Sans oublier les bouquetins, mouflons, cerfs, chamois, marmottes, hiboux grands-ducs, daims, chiens viverrins, chouettes des neiges, loups... et même des lamas !

– **Piscine alpestre :** *à côté du zoo. Ouv de mi-juin à mi-sept. Mêmes horaires que le zoo. Entrée : 9 Fs. Ticket combiné avec le zoo : 16 Fs.* Taillée entre deux parois de rochers, elle mesure 70 m de longueur et son eau est partiellement chauffée par des tapis solaires. Unique en son genre et très séduisante.

**La fondation Guglielmo-Marconi :** *à* ***Salvan.*** *079-347-12-50. Dans le bourg, à 1,5 km en contrebas des Marécottes. Visite gratuite sur rdv.* Guglielmo Marconi, inventeur du télégraphe sans fil, a ici son petit musée hommage, avec quelques appareils d'époque. Expos temporaires.

## AU LONG DE LA VALLÉE DU TRIENT

***Les gorges du Triège :*** départ de *Trétien,* adorable petit hameau alpestre (accessible en voiture et en train). Se renseigner à l'office de tourisme, les gorges étant parfois fermées en raison de risques de chutes de pierres. À l'entrée du village, prendre le sentier balisé menant à la passerelle longeant la paroi. En 30 mn de marche, plus impressionnante que difficile, on peut voir plusieurs grottes et marmites glaciaires. Un joli chemin redescend ensuite à travers la forêt.

**VerticAlp Émosson :** *route du Châtelard 6,* ***Le Châtelard.*** ☎ *027-769-11-11. • verticalp-emosson.ch • Fin mai-fin oct : juil-août, départs ttes 30 mn 8h30-17h30 ; le reste du temps, 1er départ à 9h et 1 départ/h jusqu'à 17h. Tarif : 40 Fs A/R ; réduc.* Une balade (comptez 1h aller) à bord de ces engins qui grimpent la montagne dont la Suisse a le secret ! Le funiculaire le plus raide du monde (jusqu'à 87 % de déclivité !) mène d'abord au *château d'eau,* à 1 821 m d'altitude (très belle vue sur les Alpes et la vallée du Rhône). De là, embarquement dans le petit train panoramique, qui monte jusqu'au pied du barrage. Encore un coup de « Minifunic », et vous voici au *col de la Gueulaz,* à 1 960 m d'altitude, 30 m au-dessus du couronnement du barrage. Panorama incroyable sur la chaîne du Mont-Blanc. Le barrage n'est pas mal non plus : 554 m de longueur, 180 m de hauteur, 48,50 m d'épaisseur ! Tout ça retient 225 millions de mètres cubes de flotte. Les plus courageux laisseront tomber les chiffres pour longer la rive gauche du lac d'accumulation. Après environ 2h30 de marche (sentier balisé), on atteint la dalle découverte en 1976 par le géologue français Georges Bronner, où une quarantaine de dinosaures ont laissé la trace d'un bon millier de pas, avec des écarts atteignant parfois 2,20 m...

***Le bisse du Trient :*** il reste une vingtaine de bisses en Valais, pour la plupart aujourd'hui aménagés à l'intention des randonneurs. À l'origine, ce sont les paysans qui ont dévié le cours des rivières ou des torrents sur les coteaux par le flanc des pentes. On peut suivre, à l'ombre des mélèzes, celui de Trient en 2h de marche, en partant du col de La Forclaz (car postal) jusqu'au glacier lui-même (car aussi pour le retour). Un glacier fort impressionnant, long de quelque 5 km, large de 500 à 900 m et épais de 100 à 150 m : au XIXe s, sa glace était exploitée pour, notamment, rafraîchir le pastis à Marseille...

# LE PAYS DU GRAND-SAINT-BERNARD



**Cette entité touristique englobe naturellement le val d'Entremont, trait d'union international entre le nord et le sud des Alpes, qui longe la Dranse depuis Orsières jusqu'au col du Grand-Saint-Bernard. Mais aussi le plus sauvage val Ferret et le charmant petit lac de Champex.**

## BOURG-SAINT-PIERRE (1946) 180 hab.

**Dernier petit village sur la route du Grand-Saint-Bernard : petit hameau, mais grande histoire. Son nom est associé à tout jamais à ceux de deux hôtes célèbres, Hannibal et Napoléon Bonaparte, qui y ont séjourné avant de franchir le Grand-Saint-Bernard, même si pour Hannibal, cela relève plus de la légende que de la vérité historique. Ne pas hésiter à faire un petit détour : le village abrite le plus ancien clocher du canton (de style roman du XIe s), orné d'une fresque représentant sainte Apolline. Le carillonneur joue tous les week-ends, midi et soir.**

### UNE DETTE À TRÈS LONG TERME

*En 1800, Bourg-Saint-Pierre, qui sert de quartier général à l'armée napoléonienne avant le passage du Grand-Saint-Bernard, met la main à la poche, pour offrir notamment gîte et couvert à quelque 43 000 soldats. Napoléon promet de rembourser les importants frais engagés. Il ne le fera pas. Une dette dont la commune n'a jamais, au fil des siècles, oublié l'existence. Jusqu'à presque obliger François Mitterrand, en 1984, à solder ce contentieux en offrant à Bourg-Saint-Pierre une très symbolique médaille.*

## Arriver – Quitter

➢ ***En voiture :*** de Martigny, suivre la direction Grand-Saint-Bernard via Orsières.

➢ ***En bus :*** car postal de Martigny ou Orsières, jusqu'au col (jusqu'au tunnel en hiver).

## Adresse utile dans les environs

ℹ ***Office de tourisme :*** *route de la Gare 34, 1937* ***Orsières.*** *☎ 027-775-23-81. • saint-bernard.ch • Lun-ven 8h30-12h30, 13h30-17h30.*

## Où dormir ? Où manger ?

### Camping

⛺ ***Grand-Saint-Bernard :*** *route Principale. 📱 079-370-98-22. • camping grand-st-bernard.ch • À l'entrée du village, sur la droite. De mi-mai à fin sept. Env 30 Fs pour 2 avec tente.* Camping fort agréable, avec une grande salle pour cuisiner, prendre ses repas, se reposer ou regarder la télé. On est assez loin de la grand-route pour être au calme. Ambiance familiale. Accueil très chaleureux. Piscine couverte et chauffée.

### Bon marché

🏠 |●| ***Auberge Au Petit Vélan :*** *rue du Bourg 6. ☎ 027-787-11-41. • petit-velan.ch • Tlj sf lun-mar. Fermé 15 juin-1er juil et 20 oct-20 nov. Compter 23-35 Fs/pers en dortoir. Double 100 Fs, petit déj compris. ½ pens possible. Menu midi en sem 17 Fs ; crêpes 6-12 Fs ; carte env 35 Fs.* Un endroit tout simple et bien sympa, ouvert depuis le XIXe s au cœur même du vieux village. Petites chambres bien tenues et dortoirs bardés de bois, récemment rénovés (sanitaires nickel). Au resto : crêpes bretonnes et plats du coin. Accueil discret.

## À voir

**_Le jardin alpin La Linnaea :_** balade (gratuite) d'environ 1h pour en savoir un peu plus sur les fleurs de la région sans se faire des ampoules aux pieds ! Départ derrière l'église, sur votre gauche.

## Randonnée

Bourg-Saint-Pierre est le point de départ pour la ***cabane de Valsorey.*** L'ascension est facile mais demande un certain entraînement physique (comptez 5 bonnes heures de marche, car vous passerez de 1 650 m à 3 037 m d'altitude). Le chemin est parfaitement balisé, mais munissez-vous quand même d'une carte au 1/25 000. Vous longerez d'abord le torrent du Valsorey qui serpente au milieu d'une riche flore alpine, puis monterez (sec !) du chalet d'Amont jusqu'au pied du Grand Combin. Magnifique vue sur le mont Blanc et le mont Vélan.

***La cabane*** offre 60 couchettes réparties en 2 dortoirs. ☎ *027-787-11-22.* • *valsorey.ch* • *De fin juin à mi-sept. Résa indispensable ! Nuitée, repas et petit déj env 75 Fs/pers.*

# LA ROUTE DU GRAND-SAINT-BERNARD

**Elle part précisément de Bourg-Saint-Pierre pour aboutir au col du même nom (2 469 m). Elle n'est ouverte que de juin à septembre. Logique, en hiver, il y a le tunnel, ce qui évite de déblayer les quelque 15 à 20 m de neige qui tombent chaque saison ! Fin mai, des murs de plusieurs mètres de hauteur bordent d'ailleurs la route, ouverte à l'aide de puissantes fraiseuses. Du coup, on se demande comment les Celtes, déjà, la franchissaient sans peine...**

## UN PEU D'HISTOIRE

Quelques années avant notre ère, l'empereur Auguste fit percer une voie permettant de relier Aoste à Augst, colonie romaine près de Bâle. Au Moyen Âge, la route était le chemin presque obligé des pèlerins de France et d'Allemagne qui se rendaient à Rome. De 1792 à 1802, près de 150 000 soldats français passèrent par là. Un tiers d'entre eux étaient sous le commandement du Premier consul Bonaparte, qui franchit le col en mai 1800 pour aller affronter les Autrichiens à Marengo. Enfin, en 1935, l'aventurier américain Halliburton franchit le col accompagné d'un éléphant, pour prouver qu'Hannibal avait sans nul doute pu faire de même quelques siècles auparavant...

Vous comprendrez donc, amis routards, que votre passage sera certes apprécié mais très relativisé par les habitants de l'hospice construit sur le col, entre la Chenalette (2 889 m) et le mont Mort (2 886 m)... Lesquels habitants sont depuis toujours des chanoines de l'ordre du Grand-Saint-Bernard, préférant de loin le calme de l'hiver (seuls les amateurs de ski de randonnée viennent alors les rejoindre) au défilé des cars de touristes en été. Pour cette raison, l'hospice ne fait pas hôtel durant la bonne saison. Les chanoines accueillent cependant avec bienveillance les vrais randonneurs qui désirent faire étape, par exemple sur la *via Francigena* (Canterbury-Rome !).

## À voir

***Le musée de l'Hospice :*** *☎ 027-787-12-36. • gsbernard.com • Début juin-début oct, lorsque le col est dégagé, tlj 10h-18h. Entrée : 10 Fs ; réduc.* Importante collection de monnaies anciennes et quelques belles gravures représentant le passage de Bonaparte et de ses troupes. Le billet donne également accès à l'exposition temporaire et au chenil (de juin à fin septembre). Les fameux chiens avec le tonnelet accroché au cou sont bien originaires d'ici, mais leur élevage est, depuis 2005, confié à la fondation Barry, dans les environs de Martigny.

# LE VAL FERRET

**Parallèle au val d'Entremont, cette petite vallée est largement plus sauvage (le loup y a fait son grand retour en Suisse) et cache donc, outre quelques très jolis villages comme Les Arlaches, moult possibilités de randonnées (le célèbre Tour du Mont-Blanc le traverse, d'ailleurs).**

## Arriver – Quitter

➢ ***En voiture :*** d'Orsières, une tranquille route suit la vallée.

➢ ***En train et en bus :*** train entre Martigny et Orsières, puis car postal jusqu'à La Fouly.

## Où dormir ? Où manger ?

### Camping

***Camping des Glaciers :*** *route de Tsamodet 36, 1944* ***La Fouly.*** *☎ 027-783-36-05. • info@camping-glaciers.ch • camping-glaciers.ch • Tt au fond de la vallée, un peu à l'écart de la petite station de La Fouly. 15 mai-30 sept. Compter 32 Fs pour 2 avec voiture et tente. Loc de bungalows, caravanes et tentes.* De grands emplacements dans un superbe coin de nature, au long d'un torrent avec, comme on s'en doute, vue superbe sur le glacier.

### De bon marché à prix moyens

***Chambres d'hôtes Croque-nature :*** *Les Arlaches 9, 1943* ***Praz-de-Fort.*** *☎ 027-565-26-46. • croquenature.ch • Double 110 Fs, petit déj compris. Repas 25 Fs.* Dans une des nombreuses maisons anciennes de ce hameau, superbement posé en surplomb de la Dranse. 3 chambres (2 se partagent une salle de bains) toutes simples mais plaisantes. Bons produits à la table d'hôtes. La (charmante) proprio est accompagnatrice en moyenne montagne, donc de bon conseil pour découvrir la vallée.

***Café du Dolent :*** *route de Ferret 112, 1944* ***Prayon.*** *☎ 027-783-11-76. • s.bloyet@netplus.ch • Sur la gauche de la route quand on monte vers La Fouly. Tlj sf mer-jeu hors saison. Congés : fin déc-début janv. Assiette du jour 22 Fs, plats 18-36 Fs.* Dans la mignonne petite salle d'un chalet de bois, cuisine valaisanne, quelques classiques plutôt français (et même des spécialités bretonnes au printemps !). S'il fait beau, essayez d'emprunter les jumelles au comptoir, vous apercevrez peut-être des chamois.

# CHAMPEX

(1938)

**Sympathique station de montagne. Sa toute petite taille est inversement proportionnelle à sa convivialité. Un lac à l'échelle du lieu, considéré comme l'un des plus beaux de l'arc alpin valaisan, contribue à sa réputation.**

## Arriver – Quitter

➢ ***En voiture :*** d'Orsières, route de montagne tortueuse.

➢ ***En train et en bus :*** train entre Martigny et Orsières, puis car postal.

## Adresse utile

🅸 ***Office de tourisme :*** *route du Lac 42, ☎ 027-775-23-83. • champex.info • En saison slt, tlj 8h30-12h, 13h30-17h30.*

## Où dormir ? Où manger ?

### Camping

⛺ ***Les Rocailles :*** *☎ 027-783-19-79. • pnttex@netplus.ch • champex-camping.ch • Tte l'année. Compter 37 Fs pour 2 avec voiture et tente. Forfait randonneur 15 Fs/pers.* Agréable, avec ses terrasses à plusieurs niveaux. Vous y trouverez toutes les commodités d'un camping de 1re catégorie, avec un accueil bien chaleureux.

### Bon marché

⛺ 🏠 🍽 ***Gîte Bon Abri :*** *route du Vallon 9. ☎ 027-783-14-23. • contact@gite-bon-abri.com • gite-bon-abri.com • À env 3 km de Champex, direction Martigny, fléché sur la gauche. Ouv juin-sept, le reste de l'année sur demande. Camping 18 Fs pour 2. Dortoir et chambres 6 lits 67-76 Fs/pers en ½ pens ; double 160 Fs en ½ pens ; en pagode, 52 Fs/pers en ½ pens. Plats env 15-20 Fs.* 📶 Posée dans un vallon paisible, cette grande bâtisse de bois propose une double avec salle de bains privative, des chambres à 6 lits et un grand dortoir sous les toits. Dans la salle à manger aux larges fenêtres, on sert le soir un menu randonneur, et de la restauration et des pâtisseries maison à toute heure. Le petit chalet annexe est équipé d'une cuisine. Accueil chaleureux.

🏠 🍽 ***Pension-gîte En Plein Air :*** *route du Lac 45. ☎ 027-783-23-50. • pensionenpleinair.ch • Congés : 15 j. en mai et nov. Dortoir 44 Fs/pers ; doubles 114 Fs, copieux petit déj compris. Repas du soir en ½ pens 25 Fs.* Accueillante et confortable, cette grosse maison à l'ancienne. Dortoirs dans le genre chaleureux. Vous pourrez vous relaxer sur la terrasse ou autour de la cheminée. Spécialités valaisannes (froides ou chaudes) au resto.

### Prix moyens

🍽 ***La Breya :*** *à l'arrivée du télésiège du même nom. ☎ 027-783-13-45. Tlj, mais attention, le télésiège ferme à 17h. Congés : 15 avr-15 juin, 30 sept-15 déc. Croûtes et assiette du jour env 20 Fs.* Un self-service familial à 2 200 m d'altitude. Produits du terroir faits maison. Vue superbe sur les Alpes. L'été, c'est un excellent point de départ pour des balades en montagne. Possibilité de redescendre à pied dans la station.

### Chic

🏠 🍽 ***Le Belvédère :*** *route du Signal 18. ☎ 027-783-11-14.*

*• le-belvedere.ch • À 250 m du lac. Tlj sf le soir des mer et dim hors saison. Congés : 1 sem au printemps et de mi-nov à Noël. Doubles avec sdb 150-160 Fs selon saison. Assiette du jour 18 Fs, carte env 45-55 Fs.* Ce magnifique chalet, bien situé, avec une superbe terrasse donnant sur la vallée, ne manque pas d'âme. Sa décoration chaleureuse et l'accueil qui ne l'est pas moins en font un lieu plus qu'agréable. Les chambres sont coquettes et confortables, et disposent d'un balcon. Les nos 2, 3 et 4 font l'angle et offrent une vue encore plus étonnante. Le resto propose truites du vivier, bolets et produits du potager bio.

**Hôtel Splendide :** *route du Signal. ☎ 027-783-11-45. • hotel-splendide.ch • En ½ pens, doubles 200-230 Fs selon confort et saison. Le midi en sem, assiette du jour 17 Fs et plats 11-26 Fs ; le soir, plats 26-48 Fs.* Dans le trio d'hôtels qui longe la route du Signal, peut-être bien le plus spectaculaire. Ouverte depuis 1939, cette grosse maison a conservé, de la salle à manger au très haut plafond jusqu'aux chambres, un certain charme désuet. Superbe terrasse panoramique pour une bonne cuisine dans la tradition (française !), à petits prix le midi. Ambiance très, très familiale.

**Chalet-hôtel Alpina :** *route du Signal 32. ☎ 027-783-18-92. • alpinachampex.ch • Congés : 2de quinzaine d'avr et 15 nov-15 déc. Doubles 150-180 Fs selon confort et saison, petit déj inclus. Menu le soir 60 Fs.* Un magnifique chalet, alliant avec succès tradition et modernité, salles de bains dernier cri et armoires en pin. Du bois, rien que du bois, et de vastes balcons pour chaque chambre, ouverts sur la vallée, majestueuse. Il faudra bien plus que la TV écran plat pour la lâcher des yeux... Et, en prime, accueil chaleureux et attentionné.

## À voir. À faire

➢ **Balades :** la région de Champex possède plus de 100 km de sentiers balisés. Excursions alpines aux cabanes d'Orny *(à 2h30 de marche de La Breya ; ☎ 027-783-18-87)* ou du Trient *(à 3h30 de marche ; ☎ 027-783-14-38).*

**Le jardin alpin Flore-Alpe :** *☎ 027-783-12-17. • flore-alpe.ch • Mai-oct, tlj 10h-18h (20h ven en juil-août). Entrée : 8 Fs. Visite guidée possible (min 5 pers).* Au-dessus du lac et du village, dans l'hémicycle d'une forêt d'épicéas et de mélèzes. Des fleurs alpestres rares et protégées (edelweiss, sabots de Vénus...), mais aussi un bel éventail de conifères et de rosiers sauvages. Un bien joli but de promenade.

**Le fort d'Artillerie :** *rens à l'office de tourisme. • proforteresse.ch • Visites guidées mer-dim à 14h et 16h30 juil-août, sinon à 17h fin juin et début sept, ou sur résa le reste de l'année. Entrée : 14 Fs ; réduc.* Invisible de l'extérieur, démilitarisé en 1998, on visite 600 m de ses galeries creusées dans la montagne au début des années 1940, puis adaptées, pendant la guerre froide, à un éventuel conflit nucléaire... Prévoir une petite laine : température constante de 14 °C.

– **Canotage :** location de barques à rames et d'embarcations à pédales autour du lac.



# SION (1950) 31 675 hab.

**Il faut traverser très vite la vilaine couronne d'immeubles modernes qui enserre la vieille ville. Alors vous trouverez que Sion, c'est déjà un peu l'Italie. Venelles tortueuses, pavés, façades ocre, son de cloches, fenêtres**

**d'édifices protégées par de lourdes grilles, églises : il souffle sur la capitale du Valais une brise latine. Bistrots, boutiques, petits commerçants et galeries d'art ajoutent au charme des lieux.**
**La ville est chargée d'histoire. En 1979, des fouilles entreprises sur la place de la Planta ont permis de mettre en valeur une histoire qui remonte à 5 000 ans av. J.-C., la plus ancienne pour une ville suisse.**

### PAS AU SENS BIBLIQUE

*On serait tenté de le penser, mais non. La Sion du Valais n'a rien à voir avec la ville de Sion qui, dans la Bible, désigne Jérusalem. Rien à voir donc, non plus, avec la Zion, paradis des rastas ! Et encore moins avec la ville souterraine de la trilogie hollywoodienne* Matrix *! Sion tire en fait son nom des Sédunes, la tribu celte qui vivait autrefois sur ces collines.*

**Dominée par ses deux châteaux perchés, Valère et Tourbillon, Sion est une ville aux visages multiples. Et ce n'est pas une formule. Capitale administrative et financière du canton, sa population double durant la journée : plus de 20 000 « pendulaires » (banlieusards) rejoignent quotidiennement cette petite cité dont le secteur tertiaire fournit plus de 70 % des emplois. On vous conseille de vous y arrêter, le temps d'une visite du centre ancien, et de continuer vers les villages alentour, moins bruyants et surtout plus frais en été.**

## Adresses et infos utiles

- ***Office de tourisme :*** *pl. de la Planta 2. ☎ 027-327-77-27. • siontourisme.ch • Lun-ven 9h-12h30 et 13h30-18h, sam 9h-12h30 ; de mi-juil à mi-août, lun-sam 9h-18h (sam 16h) et dim 9h-12h30.*
- ***Gare ferroviaire :*** *pl. de la Gare (pardi !).* Sur la ligne internationale du Simplon.
- ***Gare routière :*** *juste à côté de la gare ferroviaire.* Des centaines de cars postaux assurent des liaisons quotidiennes avec les villages et les vallées voisins.
- ***Marché :*** *ven mat, rues de Lausanne et du Grand-Pont.*

## Où dormir à Sion et dans les environs ?

### Campings

- ***Les Îles :*** *chemin du camping 6. ☎ 027-346-43-47. • tcs.ch • À l'ouest de la ville (sortie d'autoroute Conthey-Vétroz). Arrêt de bus à proximité. Gare ferroviaire de Conthey à 500 m. Avr-oct. Compter 40 Fs pour 2 avec tente et voiture en saison.* Possède toutes les commodités. Animations, restos, baignade dans divers plans d'eau. Possibilité de location de tentes-bungalows, de cabanes et de pods.
- ***Sedunum :*** *route des Écussons 10. ☎ 027-346-42-68. • campingsedunum.ch • Même accès que pour Les Îles. Avr-oct. Env 27 Fs pour 2 avec tente et voiture.* Dans une zone de verdure naturelle. Nombreuses caravanes à l'année, ambiance bon enfant et familiale. Bar sympa et joyeusement animé selon les soirées. Petite restauration. Piscine.
- ***Valcentre :*** *route de Chippis 128, 1967* ***Bramois.*** *☎ 027-203-16-97. • campingvalcentre.ch • Suivre direction Les Chippis. Avr-oct. Env 25-28 Fs pour 2 avec tente, voiture. Resto avec menu du jour env 17 Fs.* Tranquille et agréable camping arboré. Plantez toutefois vos sardines dans les emplacements du fond, au pied de la forêt, sinon vous serez un peu près de la route. Accueil sympa.

### Bon marché

- ***Auberge de jeunesse :*** *rue de l'Industrie 2. ☎ 027-323-74-70. • youthhostel.ch/sion • À 2 mn au sud de la gare. Avr-oct. Compter 33-48 Fs/pers selon confort (petit* *dortoir ou chambre double), petit déj compris ; 7 Fs de plus pour les non-membres.* Auberge de jeunesse moderne, avec 25 chambres de 2 à 4 lits (sanitaires sur le palier). Excellent point de départ pour toutes les excursions dans le Valais central.

**La Pension du Vieux Canal :** *av. de France 24 (chemin du Vieux-Canal). ☎ 027-322-72-00. • tartarehouse.ch • Double 85 Fs.* L'enseigne peut prêter à confusion : le vieux canal a disparu depuis belle lurette. Et cette pension est abritée par un bâtiment sans charme. Mais les petites chambres ont été simplement rénovées, avec quelques idées déco qui les rendent plaisantes. Resto sur place (*Tartare House*, voir « Où manger ? »).

### Prix moyens

**Hôtel Elite :** *av. du Midi 6. ☎ 027-322-03-27. • hotelelitesion.ch • Doubles 150-170 Fs selon saison, petit déj compris. Ajouter 25 Fs/pers en ½ pens.* Un peu l'adresse de dépannage. L'hôtel est central mais cher pour ce qu'il offre : des chambres certes rénovées et avec TV, mais basiques et assez bruyantes, avec salle d'eau minuscule en plastique moulé. Resto attenant (fermé le dimanche). Accueil néanmoins sympathique.

## Où manger ?

### Bon marché

**Chez Zenhäusern :** *pl. du Midi 33. ☎ 027-327-27-27. Autre adresse juste en face de la gare. Tlj 5h45-19h (20h pl. de la Gare). Sandwichs 5-7 Fs ; plat env 19 Fs. Nombreux petits déj. Possibilité de brunch dim.* Une boulangerie-pâtisserie-self avec une salle banalement moderne mais une agréable terrasse sur la place. Bons sandwichs, pas chers du tout. Les plats chauds nous ont semblé moins convaincants.

**Don Carlos :** *rue des Remparts 12. ☎ 027-322-24-54. Tlj midi et soir jusqu'à minuit. Pizzas env 14-24 Fs, spécialités maison env 20-35 Fs ou plats de pâtes et de viande.* Grand resto italien et non moins grande terrasse sur cet espace piéton. Très populaire. Demandez au patron de vous parler de l'équipe de foot locale !

### Prix moyens

**Brasserie du Grand-Pont :** *rue du Grand-Pont 6. ☎ 027-322-20-96. Tlj sf dim jusqu'à 22h30. Salades-repas moins de 20 Fs, menus 42 Fs le midi et 54 Fs le soir.* Excellent rapport qualité-prix pour cette adresse populo-branchée où la bonne cuisine et l'humour sont à la carte. Plats du terroir à consulter sur le tableau noir, et vins sur le miroir. Livres à disposition des clients.

**Brasserie des Étoiles :** *av. de Tourbillon 3. ☎ 027-322-20-02. Face à la gare. Tlj sf dim et j. fériés. Fermé 20 juil-20 août. Menus du jour 19,50-23,50 Fs, carte 40-50 Fs.* Si dans ce joli décor design s'affichent (d'Ursula Andress à Stephan Eicher) quelques étoiles nationales, la cuisinière est américano-mexicaine et le service est efficacement assuré par une Canadienne et un Français. Cuisine volontiers voyageuse, donc, pleine de saveurs, et prix sans excès (notamment pour les impeccables assiettes du jour).

**La Cave de Tous Vents :** *rue des Châteaux 16. ☎ 027-322-46-84. Ouv slt le soir, 17h-minuit (service jusqu'à 23h). Tlj sf mar (et lun mai-juin). Congés : de mi-juin à mi-août. Résa conseillée. Plats 18-45 Fs.* Cadre sympathique et spectaculaire dans d'anciennes caves voûtées du XIIIe s. Mets valaisans au fromage, et surtout une fameuse fondue valaisanne pour les « viandards ».

**Tartare House :** *av. de France 24. ☎ 027-322-72-00. Tlj sf dim-lun. Tartares 8-42 Fs selon type (légumes, viandes ou poissons) et poids, menus 46 et 55 Fs.* Le steak tartare est quasiment devenu une spécialité suisse. Et ce vaste espace, au décor de bistrot d'aujourd'hui plutôt réussi, en propose pour tous les goûts : d'agneau à l'ail des ours, de coquilles Saint-Jacques, de champignons, voire d'asperges... Belle carte des vins, service impeccable.

### Chic

**L'Enclos de Valère :** *rue des Châteaux 18. ☎ 027-323-32-30. Tlj sf dim soir-lun. Congés : 18 déc-31 janv. Le midi, assiette du jour 23 Fs et menu du jour 58 Fs ; sur commande, autres menus 65-115 Fs.* Une adresse chic et charme pour une cuisine dans la grande tradition gastronomique française (le chef vient de Nancy), avec juste ce qu'il faut d'inventivité. Dès les beaux jours, on mange sur la plus agréable terrasse de la ville, installée dans un jardin calme et ombragé, bercé par le chant des oiseaux et celui d'une fontaine.

**Au Cheval Blanc :** *rue du Grand-Pont 23. ☎ 027-322-18-67. Tlj sf dim-lun. Congés : 3 sem en mai et oct. Le midi, assiette du jour 18 Fs et menu 29 Fs ; sinon, plats env 30-50 Fs.* Ce bistrot historique est un passage obligé de la vieille ville. Cuisine entre terre et mer : cassolette de moules marinière avec chope de bière, comme pavé de bœuf du Valais façon Rossini. Des plats joliment présentés, servis avec beaucoup de gentillesse et d'attention.

## Où boire un verre ? Où sortir ?

**Le Verre à Pied :** *rue du Grand-Pont 29. ☎ 027-321-13-80. Tlj 10h30-13h (14h dim), 16h (17h dim)-20h.* C'est l'association des encaveurs de Sion qui exploite ce caveau-œnothèque et ses quelque 150 vins de la région à déguster et emporter. Pour les amateurs qui souhaitent mieux connaître les crus du coin.

Les terrasses de la place du Midi sont le point de convergence de la ville, notamment celles du ***Boulevard*** *(au n° 23, tlj jusqu'à 1h, 2h ven-sam)* ou du ***Brésilien*** *(au n° 25).* Toujours au centre-ville, ***Le Soleil*** *(rue des Remparts 17 ; tlj sf dim jusqu'à minuit, 20h lun)* ou la **St-James Irish Tavern** *(rue de la Dent-Blanche ; tlj sf dim),* un pub irlandais façon suisse, et la ***Clef de Fa*** *(rue du Rhône 24)* rassemblent la jeunesse sédunoise.

La *rue du Grand-Pont,* avec notamment le ***Café de la Grenette,*** installé sous les arcades d'un superbe ancien grenier à grains du XIX^e s, et la *rue de Conthey* (« la rue de la soif ») abritent aussi plusieurs établissements chaleureux !

## À voir. À faire

***Balade dans le vieux Sion :*** *circuit balisé au départ de la pl. de la Planta (où on demandera le dépliant à l'office de tourisme). Comptez 1h15 si vous ne vous arrêtez pas dans les musées.* Au hasard de la balade, vous découvrirez l'*église Sainte-Théodule* (du XVI^e s et d'un gothique très flamboyant), l'*hôtel de ville* (XVII^e s) et la superbe porte sculptée de la salle de Bourgeoisie, la rue des Châteaux encore bien médiévale ou, à la fin du circuit, l'impressionnante *maison de Supersaxo* (XV^e s).

***Le musée d'Art :*** *pl. de la Marjorie 15. ☎ 027-606-46-90. • musees-valais.ch • Sur une place qui surplombe la rue des Châteaux. Mar-dim 11h-17h (18h juin-sept). Entrée : 8 Fs ; réduc.* Un intéressant parcours chronologique dans les salles de deux châteaux médiévaux : de paysages et autres scènes de la vie quotidienne du Valais du XVIII^e s à des installations résolument contemporaines, en passant par des œuvres de l'école de Savièse. Sympathique terrasse.

***Le musée de la Nature :*** *rue des Châteaux 12. ☎ 027-606-47-30. • musees-valais.ch • Mar-dim 11h-17h (18h juin-sept). Entrée : 8 Fs ; réduc.* La bien vieille (1829...) collection d'animaux naturalisés est désormais présentée dans une muséographie très contemporaine et fort plaisante. Même si la visite se conclut sur une réflexion un peu désabusée sur l'avenir de la nature...

***L'église de Valère :*** *tlj sf lun en hiver 10h (14h dim)-18h (17h en hiver).* Perchée, tel un nid d'aigle, sur l'une des deux célèbres collines de Sion. Curieusement séparé de la nef par un imposant jubé, le chœur de Notre-Dame-de-Valère est remarquable. Les fresques de son abside (XVe s) sont étonnantes. Chapiteaux du XIIe s et stalles sculptées du XVIIe s. Dans la nef, seule partie uniformément gothique, le plus ancien orgue jouable du monde (1435 environ). Ses volets peints représentent l'Annonciation lorsqu'ils sont fermés, le mariage mystique de sainte Catherine, le Christ et Marie Madeleine (on signale aux iconoclastes qu'il ne s'agit pas d'une nouvelle trinité, mais simplement de l'inspiration d'un peintre d'origine fribourgeoise) une fois ouverts. *Concert à 16h le sam de mi-juil à fin août.*

**Le musée d'Histoire du Valais :** *château de Valère. ☎ 027-606-47-15. • musees-valais.ch • Juste à côté de l'église de Valère. Mar-dim 11h-17h (18h juin-sept). Entrée : 8 Fs ; réduc.* Un intéressant endroit à la muséographie plutôt originale. En se baladant au hasard des anciens bâtiments du château de Valère (on traverse même un bout de jardin médiéval), on s'offre un vrai voyage dans le temps : de l'ère glaciaire à l'année... 2150 ! Belle collection avec notamment de rares coffres de bois des XIIIe et XVe s.

**Le château de Tourbillon :** *sur la colline qui fait face à l'église de Valère.* Château du XIIIe s. Depuis l'incendie de 1788, il n'en reste que de belles ruines.

**Le bisse de Lentine :** promenade d'environ 2h30 permettant de dominer la ville de Sion et ses collines. De la gare, prendre l'avenue de la Gare, puis la rue de Lausanne. Suivre alors la rue du Grand-Pont et celle du Rawyl jusqu'à l'intersection avec la Sionne. Longer le bisse dans le sens de l'écoulement jusqu'à Dioly. Retour à Sion par la route de Savièse ou par le sentier pour le lac de Montorge.

**Le bisse du Torrent Neuf :** *sur les hauteurs de Savièse (fléché). Accès possible en bus postal.* Balade de 3h (dont une partie emprunte un superbe chemin aérien) à la découverte du bisse le plus spectaculaire du Valais, littéralement accroché à la paroi.

## Manifestations

- ***Carnaval :*** *fév.* Pas moins de cinq cortèges, avec des *Guggenmusik,* sortes de joyeuses fanfares colorées et bruyantes, feu d'artifice...
- ***Festival d'art de rue :*** *début juin.*
- ***Festiv'rock de la Planta :*** *généralement mi-juin.* Ce festival réunit durant 3 soirs des groupes célèbres pour des concerts en plein air.
- ***Irish Festival :*** *début août.* Grands noms de la musique irlandaise (comme on pouvait s'en douter !).
- ***Festival international de musique de Sion-Valais :*** *de mi-août à mi-sept.*
- ***Foire aux oignons, braderie et fête du Goût :*** *mi-sept.*

## DANS LES ENVIRONS DE SION

**Le lac souterrain :** *à* **Saint-Léonard.** *☎ 027-203-22-66. • lac-souterrain.com • À 7 km en direction de Sierre. 1 train/h, ou bus* Ballestraz *(moins cher mais plus lent que le train) devant la gare CFF ; attention, il n'y en a que 4/j. Ouv de mi-mars à fin oct, tlj 10h-17h (9h-17h30 juil-août). Entrée : 10 Fs ; réduc ; gratuit moins de 5 ans.* Visite guidée de 30 mn dans une grande barque d'une trentaine de places. On traverse les 300 m du plus grand lac souterrain naturel et navigable d'Europe. Les truites albinos du Japon supportent parfaitement l'obscurité, les chauves-souris y sont chez elles...

**L'ermitage de Longeborgne :** *départ du petit village de Bramois, à 2 km de Sion. Bus sédunois n° 5 ou car postal direction Nax.* On atteint cet ermitage spectaculairement construit au creux d'une falaise en suivant le chemin de croix, rythmé par 14 stations et autant de peintures protégées par de petites constructions blanches et grillagées. Comptez environ 30 mn de marche. À l'ermitage, magnifique collection d'ex-voto exécutés de 1662 à 1963, désormais rassemblés derrière l'autel dédié à Notre-Dame de la Compassion.

# NENDAZ

(1997) 6 025 hab.

**D'abord, on prononce « Nenda » (sinon « Nende » si on veut vraiment faire couleur locale). Ensuite, cette station qui a, dès les années 1970, beaucoup misé sur le ski et autres sports d'hiver, vit encore pas mal comme un village. Passer juste boire un verre au bar *Le Mazot,* vous comprendrez !**
**Si, côté architecture, Nendaz-Station ce n'est pas tout à fait ça, le village en contrebas a conservé vieux chalets et autres raccards. En grimpant vers le mont Fort, des alpages bien authentiques aussi. Et Nendaz est bien la capitale des bisses, ces canaux d'irrigation de montagne spécifiques au Valais.**

## Arriver – Quitter

➢ ***En voiture :*** sortie Sion Ouest depuis l'autoroute, puis fléchage « Nendaz ».

➢ ***En bus :*** car postal depuis Sion.

## Adresse utile

ℹ ***Office de tourisme :*** *au centre de la station. ☎ 027-289-55-89. • nendaz.ch • En saison, tlj 9h-18h (14h dim) ; hors saison, lun-sam 9h-12h, 14h-18h.*

## Où dormir ? Où manger ?

### De prix moyens à chic

***Les Bisses :*** *à **Planchouet.** ☎ 027-288-54-98. • lesbisses@bluewin.ch • bisses.com • À 4,5 km de la station par la route de Siviez ; fléché ensuite sur la gauche. Tlj sf mar soir et mer hors saison. Double 120 Fs, petit déj compris. Plats 22-34 Fs le midi, 35-42 Fs le soir.* Un chalet des années 1950 dans un hameau au creux d'un vallon, au départ de plusieurs bisses, évidemment. Salades et omelettes pour les randonneurs, d'ailleurs, le midi. Mais aussi de jolis plats de terroir et de saison, bien balancés par un chef formé chez quelques tables de prestige du Valais. Si l'envie vous prenait de rester : lambris de bois pour des chambrettes rénovées de frais.

# À faire

➢ ***Les bisses :*** Nendaz compte le plus grand nombre de bisses du Valais, soit huit (dont six sont toujours en eau), pour pas loin de 100 km de balade, entre 800 et 2 200 m d'altitude. Avantage certain : il n'y a quasiment pas de dénivelée ! On pourra par exemple suivre le grand bisse de Vex, construit au XVe s, balade privilégiée des gens du coin, d'où un monde fou le week-end (compter 3h20 ; sentier de géographie sur une partie du parcours), ou le bisse de Saxon, le plus long du Valais avec ses 32 km (près de 9h, quand même). Descriptif complet disponible à l'office de tourisme.

➢ Pas mal d'autres ***balades,*** évidemment : plusieurs sentiers à thème, un étonnant « jardin japonais » façonné par la nature, une forêt qui abrite les plus gros mélèzes d'Europe à Balavaud... 200 km de ***circuits VTT*** également.

## Manifestation

– ***Festival de cor des Alpes :*** *un w-e en juil.* ● *nendazcordesalpes.ch* ● Seul festival uniquement consacré à ce véritable emblème de la Suisse : concerts, concours... On peut même apprendre à jouer du cor des Alpes.

# LES VALS D'HÉRENS ET D'HÉRÉMENCE



**Encore un paradis de la montagne et de l'alpinisme. C'est aussi l'antitourisme de masse. La vallée dispose de plusieurs petits campings de montagne et d'auberges chaleureuses indiqués le long du parcours routier. Il faut prendre le temps (ce n'est pas un vain mot : les routes sont vraiment très sinueuses...) de visiter les petits villages du val d'Hérémence et leurs hameaux, restés parmi les plus authentiques du Valais. Les pyramides d'Euseigne, Évolène, Les Haudères ou encore Arolla sont des noms aux parfums authentiques et pittoresques.**

### LE CATCH DES VACHES

*Aussi noire de robe que robuste, la vache de la race d'Hérens se bat d'instinct afin de s'imposer au troupeau, d'en devenir la « reine ». Des combats, entre quelques secondes et plusieurs heures, spectaculaires mais tout sauf sanglants : ces vaches luttent front contre front, et la perdante est celle qui renonce au combat. La grande finale de ces « combats de reines » a lieu début mai à Aproz et attire des milliers de spectateurs. Une affaire sérieuse, donc : les vaches sont même parfois soumises à des contrôles antidopage.*

## HÉRÉMENCE (1987) 1 320 hab.

**Ce petit village, passage obligé pour se rendre au barrage de la Grande-Dixence, a défrayé la chronique lors de la construction de sa nouvelle église à la fin des années 1960. Ringards, les gens de la vallée ? Que non ! La construction a fini par plaire... Que voulez-vous, on est en Suisse : faut prendre le temps pour tout !**
**Si vous passez dans le coin le jour de la Fête nationale, à savoir le 1er août, ne manquez pas de vous arrêter à Hérémence : l'orchestre en costume XVIIIe s est absolument craquant, et l'ambiance vraiment sympa.**

### Arriver – Quitter

➢ ***En voiture :*** de la sortie est de Sion, prendre l'autoroute A 9, puis la route en direction du village de Vex, val d'Hérens. À Vex, continuez sur la droite. Indications claires.
➢ ***En bus :*** plusieurs liaisons tlj au départ de la gare de Sion.

## Adresse utile

**Office de tourisme :** *☎ 027-281-15-33. • thyon-region.ch • Petit kiosque juste à côté de l'église. Lun et mer 14h-16h.*

## Où dormir ? Où manger dans les environs ?

### Bon marché

**Café de la Poste :** *1981* ***Vex.*** *☎ 027-207-31-96. Village situé à l'intersection des routes qui mènent dans le val d'Hérémence ou le val d'Hérens. À l'entrée du village, à gauche. Tlj sf mer. Congés : 1 sem fin juin. Menu du jour 17 Fs, plats 15-25 Fs.* Dans une bien vieille maison, toute de bois comme il se doit (même si l'intérieur est plus moderne). Outre les spécialités valaisannes à prix très raisonnables, du genre röstis au fromage, la viande de kangourou ne vous laissera pas indifférent, ni le magret de canard aux mangues.

### De prix moyens à très chic

**Chambres d'hôtes Le Rucher à Tsatonire :** *route de Courtille 73, 1981* ***Vex.*** *079-858-97-10. • chaletlerucher.ch • Quand on arrive de Sion, prendre à gauche juste après une maison-bloc de béton (!), puis tt droit, c'est la dernière maison sur la gauche. Double 130 Fs, petit déj compris. Tarifs dégressifs pour séjour et offres promo (téléphoner !).* Un petit chalet construit dans les années 1950 mais qui paraît bien un siècle de plus. Juste assez à l'écart du bourg pour qu'on s'y sente comme à la campagne. Du bois à profusion, des objets chinés : la maison est charmante. Les chambres tout autant (même si elles ne sont pas immenses). Super accueil des 2 proprios, françaises d'origine mais qui connaissent la vallée comme leur poche.

**Le Val des Dix :** *à* ***Pralong.*** *☎ 027-281-20-63. Tlj sf lun d'oct à mi-juin, midi et soir de mi-juin à fin sept. Fermé 15 nov-12 fév. Plats 20-36 Fs.* Dans un superbe hameau d'à peine 30 habitants plein de chalets traditionnels, cette coquette maisonnette de bois sert les grands classiques du Valais et des crêpes en hiver. Carte des vins bien fournie. Une pause revigorante.

**Restaurant de la Place :** *1981* ***Vex.*** *☎ 027-207-20-41. Dans le centre du village. Tlj sf lun. Grand choix de pizzas et pâtes à partir de 15 Fs, carte env 30 Fs.* Spécialités de terroir à la carte, avec assiette valaisanne et croûtes au fromage ; essayez celle aux champignons. Cadre sympathique, avec véranda.

**Le Chalet La Maya :** *rue des Collons 97, 1988* ***Thyon-Les Collons.*** *☎ 027-281-50-50. • reservation@chaletlamaya.ch • Au pied des pistes du domaine des Quatre Vallées, au bout de la rue de l'office de tourisme. Tlj en juil-août et déc-avr ; hors saison, ouv mer-sam ainsi que dim midi. Congés : nov. Plats env 25-45 Fs.* On hésite constamment entre le spectacle naturel somptueux qui nous est offert au travers des larges baies vitrées donnant sur le val d'Hérens et celui qui se trouve dans nos assiettes. Une cuisine inventive et fine, superbement présentée, délicieuse de l'entrée au dessert.

## À voir. À faire

***L'église paroissiale :*** dédiée à saint Nicolas et très controversée, œuvre de l'architecte Walter Förderer, elle est flanquée d'une série d'escaliers et de terrasses à son image : en béton brut. L'intérieur est, à notre avis, une véritable réussite architecturale. Et l'acoustique des lieux est, paraît-il, digne de celle des grandes églises gothiques. Un bouton-poussoir automatique lance une visite guidée en son et lumière, en partie chantée comme un cantique. On vous laisse apprécier... Christ du XI$^{e}$ s et Vierge à l'Enfant du XV$^{e}$ s.

## DANS LES ENVIRONS D'HÉRÉMENCE

**_Le barrage de la Grande-Dixence :_** *à 15 km d'Hérémence, à 2 365 m d'altitude. • grande-dixence.ch • Téléphérique : 10 Fs A/R. Visites guidées 15 juin-30 sept à 11h30, 13h30, 15h et 16h : 10 Fs ; réduc. Billet groupé (téléphérique A/R et visite guidée) : 15 Fs.*

C'est le plus haut (284 m) et le plus large (22 m) des barrages-poids du monde. Spectaculaire ! Outre les eaux de la rivière Dixence, son alimentation est complétée par une centaine de kilomètres de galeries, qui détournent les eaux des vallées voisines. Au-delà du parking, deux espaces d'exposition gratuits présentent le barrage. On peut grimper jusqu'à son couronnement à pied (environ 45 mn) ou en téléphérique. C'est à la fois beau et inquiétant de se pencher sur ces eaux tantôt grises, tantôt émeraude, enchâssées dans un carcan de roches et de béton. On comprend pourquoi, depuis son achèvement en 1958, ce barrage pèse sur l'inconscient collectif valaisan. Les moindres vibrations du béton sont épiées. Des dispositifs sont prévus pour le vidanger rapidement. Partout dans la vallée et en plaine du Rhône, des sirènes sont régulièrement testées pour alerter la population en cas de rupture. Les gens de Sion n'auraient alors que quelques petites minutes pour abandonner leurs maisons.

La visite guidée permet de pénétrer dans la digue qui retient ces impressionnantes masses d'eau (400 millions de mètres cubes !) et de découvrir une petite partie des 32 km de galeries techniques du barrage. Coupe-vent ou petite laine indispensable et lampe de poche utile pour les galeries. Ensuite, allez prendre un café dans l'étrange établissement planté en contrebas, appelé... le *Ritz*, où logeaient les ouvriers bâtisseurs du barrage... Parcours de randonnées fléchés aux alentours.

**_Les pyramides d'Euseigne :_** sur la route d'Évolène, juste avant d'atteindre le village d'Euseigne, vous passerez sous ces « demoiselles coiffées », 11 pics (conglomérats de sable dur) qui ont résisté à l'érosion naturelle grâce à une pierre protectrice posée sur leur partie supérieure.

## ÉVOLÈNE (1983) 1 710 hab.

**Au cœur de cette vallée où l'authenticité n'est pas un vain mot, les traditions sont encore bien ancrées et ne se résument pas à un appât touristique. Les gens du coin restent fortement attachés à leur histoire et à leur terroir, et ils le montrent en arborant fièrement le costume traditionnel. C'est certainement la partie la plus attachante du Valais, avec une qualité de vie et de paysage préservée.**



### Arriver – Quitter

➢ ***En voiture :*** de Sion, prendre la direction de Vex et du val d'Hérens, puis suivre les indications pour Évolène, Les Haudères et Arolla, si vous poursuivez plus loin dans la vallée.

➢ ***En bus :*** car postal au départ de Sion qui va vraiment tout au bout de la vallée, jusqu'à Ferpècle.

## Adresse utile

**Office de tourisme :** *pl. du Clos Lombard 6. ☎ 027-283-40-00. • evolene-region.ch • En venant de Sion, sur le parking, à la sortie du village. Lun-sam 9h-12h, 15h-18h ; dim 10h-12h. Juil-août, visite guidée du village ancien jeu à 17h.*

## Où dormir ?

### Camping

**Camping d'Évolène :** *route de Lannaz. ☎ 027-283-11-44. • camping-evolene.ch • À l'extrémité de la rue principale, en contrebas du village. Env 30 Fs pour 2 avec tente.* Bonnes installations, et un congélateur est même à disposition des campeurs. Tranquille mais pas très intime et sans ombre. Minipiscine. Location de VTT.

### De bon marché à prix moyens

**Pension d'Évolène :** *rue Centrale 77. ☎ 027-283-11-51. • pensionevolene.ch • En plein centre du village. Tlj sf mer et jeu. Congés : de mi-avr à mi-mai et de mi-oct à mi-nov. Doubles env 86-120 Fs selon confort (avec lavabo ou douche et w-c) et saison, petit déj inclus. Assiette du jour 16 Fs, petite restauration et spécialités valaisannes 16-25 Fs, menu 49 Fs.* Dans une maison début XXe s, des chambres toutes simples mais pas désagréables pour celles qui sont lambrissées. Ambiance sympa et décontractée au bar du rez-de-chaussée, fréquenté par les locaux.

**Hôtel Hermitage :** *rue Centrale 29. ☎ 027-283-12-32. • hermitage-evolene.ch • Dans la rue principale, à l'entrée du village quand on arrive de Sion, sur la gauche. Congés : début nov-Noël. Doubles 100-150 Fs selon confort et saison (sans ou avec sdb), petit déj compris.* Grand hôtel à l'architecture ancienne, de style montagnard anglais, rustique mais confortable et doté d'un certain charme désuet, du moins à l'étage « historique » (où sont les chambres les moins chères).

## Où manger ?

### De bon marché à prix moyens

**Restaurant de la Paix :** *au centre du village. ☎ 027-283-13-79. Tlj sf lun soir et mar (mar slt en été). Congés : de mi-mai à mi-juin et de fin nov à mi-déc. Plats 15-35 Fs à la carte, menus gourmands 59-64 Fs.* Joli chalet en bois qui propose, en plus des éternelles croûtes et assiettes valaisannes, des viandes (quasi d'agneau ou tournedos, entre autres) sur ardoise, la spécialité de la maison. Crêpes également.

**La Taverne Évolénarde :** *à gauche à l'entrée du village. ☎ 027-283-12-02. Tlj sf mer en basse saison. Service 11h30-14h30, 18h-22h. Plats 15-35 Fs.* Un beau caveau typiquement valaisan. Fondue bourguignonne, viande sur ardoise ou pizzas au feu de bois.

## Où dormir ? Où manger dans les environs ?

### Camping

**Molignon :** *à l'entrée des* **Haudères,** *1er village direction Arolla. ☎ 027-283-12-40. • camping-molignon.ch • Tte l'année. Selon emplacement, env 26-32 Fs en hte saison pour 2 avec tente et voiture. Loc de chalets pour 2 nuits min (à la sem juil-août). Piscine couverte et chauffée.* Situé au bord d'un torrent et entouré de montagnes, ce charmant camping à l'accueil chaleureux invite au calme. Petite restauration avec plats valaisans au resto attenant.

## Prix moyens

**B & B La Grande Peur dans la Montagne :** *route de la Tour 84, 1984* ***Les Haudères.*** *079-340-11-86. • bnb-evolene.ch • Double 90 Fs, petit déj inclus.* À l'entrée des Haudères, ce grand chalet de bord de route propose 6 chambres simples mais confortables et une vaste partie commune avec cuisine, salon et bouquins à portée de main. Accueil détendu.

**Hôtel Les Mélèzes :** *route principale 3, 1984* ***Les Haudères.*** *027-283-11-55. • hotelmelezes.ch • À 3 km d'Évolène. À l'entrée du village, face à l'église. Resto tlj sf lun, mer et jeu hors saison. Doubles sans ou avec sdb 100-160 Fs, petit déj inclus ; familiales 4 pers. ½ pens possible. Assiette du jour 19 Fs, carte 30-40 Fs.* Vous découvrirez dans cet hôtel récemment rénové un peu l'âme du Valais : la famille Anzévui compose une grande partie de la population du village. Attachés à leurs traditions, ils vous proposeront une aussi généreuse que goûteuse cuisine typiquement valaisanne. Madame, une fois son service terminé, prendra peut-être son accordéon pour chanter avec vous. Soirées raclette et accordéon une fois par semaine sur la terrasse fleurie. Une excellente ambiance, familiale et simple, pour un séjour des plus agréable. Chambres impeccables, plaisantes, et avec de vastes balcons pour les plus chères.

**Hôtel du Glacier :** *rue de l'Évêque 3, 1986* ***Arolla.*** *027-283-12-18. • hotelduglacier.ch • Dans le village. Tlj sf lun-mar hors saison. Congés : de mi-mai à mi-juin et de fin sept à mi-déc. Dortoir 71 Fs/pers en ½ pens ; doubles 116-156 Fs selon confort et saison, petit déj inclus ; possibilité de ½ pens. Assiettes du jour 19 Fs le midi et 27 Fs le soir, plats 19-38 Fs.* Chambres propres et rustiques, typiques d'un hébergement d'altitude. Celles avec douche disposent d'un balcon avec vue sur le glacier. Sauna, hammam et jacuzzi. Ambiance très familiale et environnement plus que calme (même la radio ne passe pas) même si on est dans le village. Au resto, plats montagnards.

**Hôtel du Col d'Hérens :** *à* ***Ferpècle.*** *027-283-11-54. • hotelferpecle.ch • À 13 km d'Évolène. Aux Haudères, suivre La Forclaz puis une étroite route fléchée. Car postal via Les Haudères, La Forclaz. De mi-juin à fin sept. Double 110 Fs, petit déj inclus. ½ pens possible. Menu env 23 Fs.* Tout au fond d'une petite vallée, à 1 766 m d'altitude, quelques chalets au pied du glacier et cet hôtel fondé au XIXe s. Les chambres (une dizaine) ont heureusement été rénovées depuis mais restent d'un confort presque aussi simple qu'à l'époque (douche et w-c sur le palier). Cuisine avec de l'idée, souvent sous influence toscane (la patrie de la patronne). Ambiance très montagne, naturellement.

**Pension du Pas de Lona :** *1969* ***Eison.*** *027-281-11-81. • pas-de-lona.com • À 12 km au nord-ouest d'Évolène (suivre « Saint-Martin »). Congés : 1 sem en juin et nov. Double avec salle d'eau à l'étage 100 Fs, petit déj inclus. 75 Fs/pers en ½ pens. Menus 17-80 Fs.* Dans un petit village perché, un chalet magnifiquement situé. Calme impressionnant. Chambres toutes simples mais toutes ou presque avec balcon (donc avec vue !). Terrasse avec une vue tout aussi splendide. Fondue aux tomates, raclette et *tsarfion* (une recette typique du village).

## Chic

**Hôtel de La Sage :** *1985* ***La Sage.*** *027-283-24-20. • hoteldelasage.com • À 7 km d'Évolène via Les Haudères, en contrebas du village (c'est fléché). Doubles 130-190 Fs selon confort. Menu 37 Fs.* L'hôtel typique de montagne du siècle dernier. Si les chambres ont été simplement mais sérieusement rénovées, les parties communes (à commencer par la salle à manger largement vitrée) ont conservé un vrai charme à l'ancienne. Bonne petite cuisine au goût d'aujourd'hui dans un esprit table d'hôtes. Hammam. Ambiance décontractée.

**Grand Hôtel Kurhaus :** *route de la Forêt 6, 1985* **Arolla.** *☎ 027-283-70-00. • hotel-kurhaus.arolla.com • Dans la forêt, juste au-dessus du village (c'est fléché). Congés : d'avr à mi-juin et de mi-sept à mi-déc. Dortoir 40 Fs/pers, petit déj compris. Doubles 100-220 Fs selon confort et saison. Possibilité de ½ pens.* Imposant chalet de pierre et de bois tranquillement posé au cœur d'une forêt de mélèzes et autres arolles. Construit en 1896, il a conservé quelques jolis restes de son passé : plusieurs salons à la mode d'autrefois, avec fauteuils et canapés de cuir, une bibliothèque avec cheminée. Chambres sobrement rénovées ; du coup, peut-être un peu chèrement facturées. Mais le site et la vue se paient aussi...

## À voir. À faire

***Le vieil Évolène :*** quitter la rue principale par l'une des rues latérales, vers l'amont. S'ouvre alors à vous un imbroglio de ruelles charmantes, bordées de maisons en bois anciennes (parfois du XVIe s) et de raccards (anciens greniers sur pilotis), dont on se demande comment ils tiennent debout tant ils sont affaissés. Vous verrez également les fameux « buildings » de la vallée, habitations anciennes à plusieurs étages (il y en a toutefois davantage aux Haudères, le village d'à côté). L'office de tourisme propose un parcours avec explications des lieux les plus intéressants et même une visite guidée *(jeu à 17h en juil-août ; prix : 10 Fs).*

***La chapelle Notre-Dame-de-la-Garde :*** on dirait ce minuscule édifice (bâti en 1620) tout droit sorti d'une carte postale... Adorable petit porche et autel rococo au possible ! Compter 30 mn de marche au départ d'Évolène.

➢ Les ***randonnées*** constituent l'essentiel de l'activité estivale des lieux. L'association *Évolèn'Art* organise tous les étés des balades à thème (géologie, glaciologie, faune, flore...) : infos à l'office de tourisme. L'accompagnement d'un guide est vivement conseillé pour ceux qui veulent se rendre à la cabane de la dent Blanche. Autre suggestion de randonnée : *La Sage* et *Villa,* deux anciens villages surplombant Évolène. Vue imprenable sur la vallée. Nombreux sentiers à flanc de coteau, dans les forêts de mélèzes, ainsi que vers le col de Torrent et le lac de Moiry. Infos à l'office de tourisme.

– ***Pêche :*** dans les petits lacs de La Gouille et Pramousse. Permis dans les offices de tourisme de la région, ou directement à la *Pension du Lac Bleu* (valable pour le lac seulement) : *30 Fs.*

## Fête et manifestation

– ***Carnaval :*** *pdt un bon mois (6 janv-Mardi gras),* un des carnavals les plus authentiques et les plus spectaculaires de Suisse avec ses *Peluches,* vêtues de très odorantes peaux de bêtes et d'horribles masques, qui se baladent dans les rues, rejointes, le dimanche de carnaval, par d'inquiétants *Empaillés...*
– ***Célébrations interculturelles de la montagne Évolène (CIME) :*** *mi-août, les années impaires.* Met à l'honneur les folklores de toutes les montagnes du monde, des Alpes à l'Himalaya.

# AU NORD DE LA VALLÉE DU RHÔNE



## SAILLON

(1913) 2 300 hab.

**Perché sur une colline face aux vignes, entouré de remparts et hérissé d'un donjon, Saillon n'est pas seulement un mignon bourg médiéval, c'est aussi une station thermale qui revendique le titre de Cité de l'asperge !**

### Arriver – Quitter

➢ ***En voiture :*** sortie Saillon sur l'autoroute Martigny-Sion.

➢ ***En bus :*** car postal direct depuis Martigny ou Sion.

### Adresse utile

🛈 ***Office de tourisme :*** *face au centre thermal. ☎ 027-743-11-88. ● saillon.ch ● Lun-sam 9h-12h.*

### Où dormir ? Où manger ?

#### De prix moyens à chic

🍴 ***Café de la Poste :*** *rue de la Tour 8. ☎ 027-744-15-98. Tlj midi et soir. Congés : 29 nov-10 déc. Assiette du jour 16 Fs, menus 42-52 Fs, plats 19-40 Fs.* Au cœur du vieux bourg, ce petit resto dispose d'une agréable terrasse pavée sous les platanes, où l'on sert (en saison) les asperges à toutes les sauces évidemment, ainsi que quelques jolies salades, des viandes et du poisson.

🏠 🍴 ***Au Créneau Gourmand :*** *rue du Bourg 2. ☎ 027-744-12-29. Resto ouv mer soir-dim midi. Studios 120 Fs pour 2 et 180 Fs pour 4. Plats 25-35 Fs, menu gourmand 85 Fs.* Une ancienne boulangerie reconvertie en table d'hôtes. Pas mal de viandes parmi les spécialités : fondue vigneronne, tartare de bœuf d'Hérens. Dans le bourg, les propriétaires proposent 2 appartements d'hôtes *(pour 2-4 pers)* avec coin cuisine. Excellent petit déj avec confitures maison et pain frais, cuit dans l'ancien four « à gueulards » (que l'on peut visiter). Très bon accueil.

## À faire

***Le sentier aux Vitraux :*** le sentier d'environ 1h rend honneur aux étapes de la vie de *Joseph-Samuel Farinet,* personnage historique et légendaire, véritable Robin des Bois des Alpes dans les années 1870.

Le sentier débute dans les bas de Saillon sur la route principale en face de la poste. Si les premiers vitraux *(L'Enfance, L'Amour, La Souffrance)* se dressent au bord de la route, le reste de la balade serpente dans les vignes. Au sommet, l'avant-dernier vitrail intitulé *La Mort* (le dernier étant *L'Immortalité*) a été racheté par... les pompes funèbres ! Qui a dit que les Suisses n'avaient pas d'humour ? Nous voici arrivés au pied de la vigne de Farinet, après avoir longé un petit chemin où des dizaines de pensées, écrites par des célébrités ou des visiteurs anonymes et immortalisées sur des plaquettes, font de ce lieu un véritable pèlerinage.

### UN FAUSSAIRE AU GRAND CŒUR

*Joseph-Samuel Farinet fabriquait de fausses pièces de 20 cts (prix d'une bouteille de fendant à l'époque) et les distribuait aux pauvres sur son passage. Traqué par les forces de l'ordre, il aurait été découvert sans vie en 1880, alors qu'il n'avait que 35 ans. Depuis, il ne cesse d'être honoré dans le monde. Pour rendre hommage à Farinet, 100 ans après sa mort, la plus petite vigne du monde a été plantée par Jean-Louis Barrault, Léo Ferré et Gilbert Bécaud sur une colline dominant la vallée du Rhône. Ces trois ceps sont aujourd'hui propriété du dalaï-lama.*

En poussant un peu plus loin à travers les vignes puis la forêt, on atteint la ***passerelle de Farinet.*** Jetée à 820 m d'altitude par-dessus les gorges de la Salentze, elle offre un panorama vertigineux embrassant toute la vallée du Rhône. Les amateurs d'escalade y trouveront une via ferrata. Elle démarre juste au-dessus de la Caverne des Géants, étonnant site géologique qui a inspiré une toile à Courbet. Compter 1h30 A/R. En 1h40 de plus on rejoint Ovronnaz.

– ***Le centre thermal :*** *route du Centre-Thermal.* ☎ *027-743-11-70.* • *bainsdesaillon.ch* • *Tlj 8h-21h. Entrée : 24-28 Fs.* Ce complexe thermal propose quatre piscines, des jacuzzis, saunas, massages et bains de vapeur.

## OVRONNAZ (1911) 440 hab. en été, 7 000 en hiver !

**Ovronnaz est une jeune station qui a vu le jour au début des années 1960. À cette époque, elle n'était qu'un paisible plateau boisé et ensoleillé sur la rive droite du Rhône, garni de quelques *mayens* (chalets de montagne typiquement valaisans). Aujourd'hui, malgré son développement touristique, elle a su garder un visage humain convivial en favorisant une ambiance toujours familiale. Son seul défaut est qu'il manque peut-être un vrai centre de village.**

### Arriver – Quitter

➢ ***En voiture :*** par Leytron, à mi-chemin entre Martigny et Sion. Compter env 30 mn.

➢ ***En bus :*** prendre le car postal à la gare de Sion ou de Martigny, et changer à Leytron. Départs ttes les heures le mat en sem, ttes les 2h le w-e, mais slt 2 correspondances l'ap-m. Les bus s'arrêtent devant la poste et sur certaines places du village.

### Adresse utile

ℹ ***Office de tourisme :*** *au centre du village.* ☎ *027-306-42-93.* • *ovronnaz.ch* • *Lun-ven 8h30-12h, 13h30-19h ; sam 8h30-12h30, 13h30-17h30 ; dim 9h-12h en saison.*

## Où manger ?

### Prix moyens

**Le Temps de Vivre :** *Les Mayens-de-Chamoson.* ☎ *027-607-19-97. À 5 km du centre. Tlj sf lun et mar. Menu 30 Fs, env 50 Fs à la carte.* Dans un joli cadre, excellente cuisine appréciée des clients, oscillant entre tradition et exotisme (tajine réputé). Les serveurs sont des « requérants », des demandeurs d'asile en formation professionnelle.

**Pension d'Ovronnaz :** *à quelques mètres au-dessus de l'office de tourisme.* ☎ *027-306-23-72. • pensiondovronnaz.ch • Tlj sf mar ap-m hors saison. Congés : 2 sem après Pâques et 2 sem début déc. Plats 20-46 Fs.* Spécialités valaisannes et mets au fromage. Cadre rustique à l'ancienne et terrasse face aux Muverans.

**La Promenade :** *route de Chevalley.* ☎ *027-306-32-04. À 2 mn en voiture d'Ovronnaz. Tlj sf lun (excepté en hte saison). Congés : juin. Assiette du jour env 20 Fs, fondues et spécialités maison env 20-35 Fs. Menus 41-53 Fs.* Cuisine bien mijotée et pas outrageusement dispendieuse. Polenta à la valaisanne, macaronis à la montagnarde, fondues, raclette... Aux affamés, on conseille le gratin de rösti du Petit Muveran, sacrément copieux. Sympathique terrasse surplombant la vallée.

## Où manger ?
## Où boire un verre dans les environs ?

**Le Saint-André :** *rue Saint-André 11, à* ***Chamoson.*** ☎ *027-306-20-51. Tlj sf lun-mar 10h30-23h. Plats 18-38 Fs.* L'endroit par excellence pour prendre l'apéro, mais pas seulement ! Ne désemplit pas le week-end. Au menu, plats comme l'assiette valaisanne ou des burgers. Propose de temps à autre des soirées à thème. Ne partez pas sans avoir goûté au « po'd'chambre » (*johannisberg* avec sorbet citron), à siroter au comptoir, juché sur une balançoire.

**Le Caveau de Chamoson :** *rue Saint-André 14, à* ***Chamoson.*** ☎ *027-306-56-70. Fermé lun tte la journée, mar, mer et jeu le midi, et dim à partir de 15h. Congés : 1re quinzaine de janv, 1re sem d'avr et fin juin-début juil. Assiette du jour 22 Fs, plats 17-35 Fs.* Une ambiance raffinée pour goûter en toute quiétude aux crus régionaux. On peut accompagner sa dégustation de vin par une assiette ou un plat du terroir. Agréable terrasse aux beaux jours.

## À faire

➢ ***Balades :*** d'Ovronnaz, nombreuses randonnées à travers de grandes forêts et pâturages. Des kilomètres de sentiers permettent d'arpenter la région.
Pour les plus entraînés, partir le matin en direction de la ***cabane Rambert,*** à 2 580 m d'altitude, au pied de la chaîne du Muveran. Compter 3h30 de marche. Il est possible d'y passer la nuit, mais assurez-vous au préalable qu'il reste de la place, même si ce refuge vient d'être augmenté d'un bâtiment résolument contemporain *(☎ 027-207-11-22 ; ouv de mi-juin à sept ; env 31 Fs/pers ; ½ pens 38 Fs).* Au petit matin, café chaud et lever de soleil sur la vallée du Rhône.

Pour ceux qui préfèrent une balade familiale, prendre le télésiège de Jorasse *(de mi-juin à fin oct ; A/R 15 Fs ; réduc enfants).* Au sommet, un jeu de piste « Lucky Luke » attend les enfants (s'armer de tout le matériel nécessaire en passant par l'office de tourisme avant le départ). Et si vous ne vous sentez pas l'âme d'un cow-boy, reposez-vous sur la terrasse panoramique du *restaurant de Jorasse (☎ 027-306-56-08)* en dégustant une spécialité valaisanne.

– ***Le centre thermal :*** *☎ 027-305-11-11. ● thermalp.ch ● Tlj 8h-20h (21h en hiver). Entrée : 22 Fs ; réduc.* Installations modernes et piscines relaxantes dans un superbe décor naturel, encerclé par les montagnes.

# DERBORENCE

(1976)

**Le dimanche 23 septembre 1714, de 14h à 15h, la montagne baptisée Sex Diablerets (*sex* signifie « rocher » en patois), dominant l'alpage de Derborence, trembla, oscilla et finit par s'écrouler en une pluie de rochers énormes. En un peu plus d'une dizaine de minutes, les mayens cossus, les forêts de mélèzes, les vaches et leurs gardiens furent ensevelis par ce colossal éboulement. Aujourd'hui, la nature a repris ses droits : les torrents retenus ont formé de petits lacs pittoresques, et les mélèzes ont repoussé sur l'éboulis. Rendu célèbre par le roman de Ramuz, le lieu-dit dépend aujourd'hui de la commune viticole de Conthey. On y vient seul ou en petit groupe, du monde entier, pour découvrir l'image d'un endroit protégé d'intérêt national et presque intact : seuls des chalets de vacances privés y ont droit de cité (et il est maintenant interdit d'en bâtir d'autres).**

– Pas de bureau d'information ni d'office de tourisme, mais un site internet : *● derborence.ch ●* Consulter aussi *● contheyregion.ch ●*

## Arriver – Quitter

➢ ***En voiture :*** de Sion, prendre la direction de Conthey, puis d'Aven. Impossible de s'y rendre dès qu'il neige et jusqu'à la fonte, vers mi-mai. Plusieurs tunnels et une route escarpée ont de quoi donner le tournis à plus d'un automobiliste...

➢ ***En bus :*** service de cars postaux tlj juil-sept en partance de Sion.

## Où dormir ? Où manger ?

### Bon marché

■ |●| ***Auberge du Godet :*** *route de Derborence. ☎ 027-346-31-41. ● derborence.net ● Tlj. Congés : en principe début nov-fin avr. Double 96 Fs. Plats 16-34 Fs.* Beaucoup de cachet. Pour dormir, 6 chambres. Pour les repas, assiettes valaisannes, rösti et gigot d'agneau de l'alpage des proprios. La croûte au fromage est un régal.

■ |●| ***Refuge du Lac :*** *un peu plus haut, près du lac. ☎ 027-346-14-28. Congés : 1er nov-1er mai. En dortoir, 32 Fs/pers avec le petit déj. CB refusées.* Terrasse avec vue sur le lac. Délicieuse fondue aux tomates, plats de viande froide également au menu.

## À voir. À faire

➢ La nature, partout... Derborence est un endroit où se ressourcer. Faire le ***tour du lac*** est encore le meilleur moyen pour découvrir et sentir l'âme magique du lieu. Munissez-vous de jumelles : la faune est présente mais discrète.

➢ La plus belle excursion reste de gagner Derborence depuis ***La Barboleusaz*** (canton de Vaud), par le pas de Cheville. C'est l'affaire d'un après-midi de rêve, en côtoyant (rarement) des chamois et (souvent) des marmottes.

# LE SANETSCH

**Le Sanetsch, son col, son lac, sa chapelle et sa fondue... Naturel et sauvage. À l'image de Derborence mais sans chalet touristique. L'endroit idéal pour des balades faciles à la rencontre des marmottes.**

## Arriver – Quitter

➢ ***En voiture :*** quitter Sion en direction de Savièse, ou suivre les indications jusqu'à Chandolin. Autre possibilité : passer par Conthey, puis Daillon, avant de rejoindre la saviésane, une jolie petite route de montagne (fermée en hiver). Compter env 30 mn depuis Sion.

➢ ***En bus :*** en été, un car postal part tlj (mais 1 seule fois) depuis Sion.

➢ ***En téléphérique :*** du canton de Berne, au départ de Gsteig.

## Où manger ?

|●| ***Auberge du Zanfleuron :*** *☎ 027-346-30-96. Tlj 9h-19h (23h ven-sam, 18h dim). Congés : avr et nov-déc. Plats 20-38 Fs.* Calée dans un virage en amont du col, cette grande bâtisse nourrit son homme à coups de fondues, croûtes au fromage et assiettes valaisannes, dans la salle récemment rénovée ou au soleil sur la terrasse, bercé par le ronflement du torrent. Point de départ pour quelques balades dans la forêt. Au-dessus du resto, à 100 m, une chapelle célèbre la messe en plein air l'été, le samedi à 18h.

## À voir. À faire

***Le pont du Diable :*** *à 2 km de Chandolin.* La Morge a creusé un sillon impressionnant, enjambé par un vieux pont que l'on aperçoit un peu plus haut que la route. Pour y accéder, se garer après le deuxième tunnel et le refranchir à pied, prendre le sentier balisé, le suivre quelques dizaines de mètres avant de prendre sur la droite une sente qui débouche sur le pont. Le sillon est à cet endroit large de quelques mètres, et le regard plonge de façon vertigineuse vers la rivière, tout au fond.

➢ Possibilité de nombreuses petites ***balades*** comme le tour du lac ou l'excursion à la *cabane de Prarochet.*

# CRANS-MONTANA

(3963) 2 372 hab.

**Communément appelée le « Haut-Plateau », ou le « Plateau d'Argent » par ceux qui trouvent qu'*Hermès* ou *Vuitton* n'ont rien à faire dans cet ancien alpage. Cette station touristique a été bâtie sur le plus beau balcon ensoleillé**

**du canton, dans un cadre de lacs et de sapins rappelant la Scandinavie. La région, réputée à l'époque de la tuberculose pour son air pur et ses sanatoriums, est aujourd'hui toujours équipée de cliniques spécialisées, mais aussi et surtout d'hôtels et de résidences de luxe, de chalets privés, de parcours de golf et de boutiques haut de gamme. L'hiver, la station se transforme en véritable cité alpine, habitée par près de 40 000 personnes. Ambiance assez smart, donc, et pas trop « routardement » conviviale, notamment à Crans l'hiver (Montana est beaucoup plus familiale). Mais sous ses airs de grande dame, la station cache des adresses à des prix tout à fait décents (même en haute saison !). Et l'été, les environs offrent une nature encore sauvage, prétexte à de belles excursions et de superbes spots pour le VTT.**

## Arriver – Quitter

➢ ***En voiture :*** toutes les routes mènent à Crans-Montana... À partir de Sion, Granges ou Sierre, les indications sont claires.

➢ ***En bus :*** car postal des gares de Sion ou de Sierre.

➢ ***En funiculaire :*** de Sierre, départ derrière le centre commercial *Migros*.

## Adresses utiles

🛈 ***Crans-Montana Tourisme :*** *à **Crans,** rue du Prado 29. ☎ 0848-22-01-12. Et à **Montana,** av. de la Gare. ☎ 0848-22-01-12. • crans-montana.ch • Tlj : lun-sam 9h-17h30 ; dim 9h-12h, 14h-17h30.*

## Où dormir ? Où manger ?

### Camping

⛺ 🏠 🍽 ***La Moubra :*** *impasse de la Plage 2, au bord de l'étang du même nom. ☎ 027-481-28-51. • campingmoubra.ch • Congés : de mi-avr à mi-mai et nov. Compter env 30 Fs pour 2 avec tente. Dortoir 25 Fs/pers.* Sapins d'un côté et belle vue panoramique de l'autre. Début du parcours « vita » (circuit de jogging pépère) et de nombreux sentiers de randonnée depuis le camping, plage et embarcations à pédales sur le lac, jeux (club d'échecs sur place), tennis et équitation tout à côté. Resto familial.

### Prix moyens

🍽 ***Le Bistrot Gourmand :*** *route d'Icogne 3, à **Lens.** ☎ 027-483-19-82. 4 km avt Crans, en contrebas de l'église du village de Lens. Fermé mar-mer. Formules déj lun, jeu et ven 20-30 Fs, café compris ; plats 40-50 Fs.* Café de village qui, sous la houlette de Marie-Anne et Laurent, s'est transformé en étape gastro, abordable à midi en semaine avec le menu du jour. Le soir, c'est bien plus cher pour une cuisine de haute voltige.

🏠 ***Auberge Lago Lodge :*** *au bord du lac Grenon. ☎ 027-481-34-14. • auberge-lagolodge.ch • Congés : nov. En été, 65-110 Fs/pers selon chambre, petit déj compris (tarif dégressif selon nombre d'occupants) ; plus cher en hiver. Wifi (payant).* 4 chambres modernes, dont 2 peuvent accueillir jusqu'à 8 personnes. Déco moderne et agréable. Même propriétaire que l'*Hôtel du Lac* ci-après, où l'on peut manger.

### De prix moyens à chic

🏠 🍽 ***Hôtel du Lac :*** *au bord du lac Grenon, à **Montana.** ☎ 027-481-34-14. • hoteldulac-crans-montana.ch • Congés : nov. En été, doubles 120-204 Fs, petit déj inclus. Au resto* La Marmotte, *menu du jour 28 Fs. Wifi (payant).* C'est un hôtel plein de charme, au bord d'un tout petit lac et dont la façade évoque les années 1960. L'endroit est tranquille et sympa, ambiance décontractée. Les chambres avec balcon ont toutes été rénovées dans de jolis tons pastel et bénéficient d'une très belle vue sur les Alpes. 3 niveaux de confort : *budget, standard,* « soleil ». Accueil chaleureux. Chambres un peu chères, mais que voulez-vous... on est à Crans-Montana. Sauna et bain turc. Location de vélos. Et fabrication de bière à la... brasserie-resto *La Marmotte,* tout à côté.

**Hôtel Central :** *pl. du Marché 5, à* ***Montana.*** *☎ 027-481-36-65. • hotelcentral.ch • En plein centre, bien sûr ! Selon saison, doubles 180-210 Fs, petit déj inclus (supplément en fin d'année).* N'y allons pas par quatre chemins, tout nous a franchement plu dans cet hôtel : la déco discrètement design (avec des chats dessinés dans tous les coins), le confort des chambres, les prix raisonnables pour la station, le petit comptoir où se retrouvent les gens du coin, et l'accueil franchement dynamique de la jeune patronne.

**Auberge de Jeunesse :** *route du Zotzet 8, à* ***Montana.*** *☎ 027-481-31-14. • youthhostel.ch/montana • Au-dessus du lac Grenon (c'est fléché). Selon saison et confort, en dortoir 4-6 lits, 38,50-66,50 Fs ; double 155 Fs. Supplément de 7 Fs pour les non-membres.* Un ancien sanatorium construit en 1929 par 2 architectes zurichois disciples du Bauhaus qui a ensuite fonctionné comme hôtel pendant des années jusqu'en 2017, quand l'hôtel s'est mué en AJ ! Autant dire que c'est une AJ bien particulière, très agréable. Le neuf dans l'ancien, tout un programme !

**Le Plaza :** *rue Centrale 42, à* ***Crans.*** *☎ 027-481-20-83. Tlj sf dim soir. Congés : de mi-avr à fin mai. Menu déj sem 19 Fs ; compter min 55 Fs à la carte.* Un établissement fort recommandable, pour son cadre, sobre mais chaleureux, et son accueil (tout aussi chaleureux !), mais aussi, et surtout, pour la qualité de sa cuisine, authentiquement italienne mais qui s'ouvre aux idées nouvelles. Assiettes aussi belles que goûteuses. Et le menu du jour se révèle une véritable aubaine.

**La Diligence :** *route de la Combaz 56, à* ***Montana,*** *tt à l'est. ☎ 027-485-99-85. • ladiligence.ch • Tte l'année. Chambres tt confort 140-180 Fs et 2 autres petites avec lavabo 110-140 Fs selon saison, petit déj compris. Au resto, mezze env 12 Fs, grillades et autres viandes 24-40 Fs.* Si le fromage ne vous tente plus, rabattez-vous sur cet établissement. Cuisine libanaise au cœur des Alpes, couscous, chapeau tartare... insolite et délicieux. Agréable terrasse aux beaux jours, avec vue sur les sommets, mais aussi sur le potager dont sont issus de nombreux fruits et légumes que vous aurez dans votre assiette. Fraîcheur assurée ! Côté auberge, les 8 chambres, confortables, ont toutes un balcon avec pour la plupart vue sur les Alpes.

**Le XIX :** *route des Mélèzes 3, à* ***Crans.*** *☎ 027-483-48-00. Tlj. Congés : nov. Plats du jour 22-30 Fs ; menus 47-57 Fs dim.* Presque normal qu'on vous conseille cette adresse pour son menu du jour, sagement facturé pour Crans. Cuisine soignée, comme on dit. Bar animé (le *Miedzor*) suivi d'une salle très classique mais qui, comme la terrasse, offre la vue sur le parcours de golf.

**Le Mayen :** *rue Louis-Antille 9, à* ***Montana.*** *☎ 027-481-29-85. Tlj sf mar soir et mer hors saison. Congés : mai. Assiette du jour 18 Fs, menu dim 29 Fs, carte 50-60 Fs.* Ambiance et assiette terroir dans cette salle en vieille pierre et aux nappes à carreaux. Au menu, les inévitables fondues, raclettes et röstis côtoient pour la fraîcheur quelques belles salades. Petite terrasse sur la rue. Service souriant.



## Où boire un verre ? Où danser ?

Mazots valaisans, pubs, pianos-bars, night-clubs... : l'embarras du choix. Évidemment, les soirées sont nettement plus animées durant la saison d'hiver, mais certaines nuits d'été réservent quelques bonnes surprises.

🍷 L'apéro se déguste au ***Monk'is*** *(tlj 16h30-2h, sf mai)*, au ***Caviar House & Prunier*** *(sf de mi-avr à mi-juin et oct-déc)*, au ***Léo's,*** tous situés dans la rue Centrale, à Crans. Ou, au long de l'avenue de la Gare, à Montana, à ***La Petite Maison*** ou à l'œnothèque ***Le Tire-Bouchon.***

🍷 À Montana, à l'époque des sports d'hiver, tout se passe en sous-sol : l'***Amadeus*** *(rue Louis-Antille 7 ; ☎ 027-481-29-85 ; tlj 16h30-2h ; congés : mai et oct)* est bondé, avec musique et vin chaud à profusion ; vers 16h durant l'hiver, on vous sert des petits-fours avec l'apéro. Soirée spéciale tous les mercredis.

♫ Plus tard, à Crans, après une pizza ou une crêpe chez ***Cuccu's*** *(rue du Prado)*, les noctambules n'auront qu'un escalier à gravir pour aller danser au ***Pacha*** *(tlj 23h-4h ; congés : mai).*

## À voir. À faire

De manière générale, beaucoup de chemins sont aménagés (aux offices de tourisme, selon vos moyens, doc gratuite et sommaire ou payante et luxueuse !), notamment au départ de l'Aminona qui, si ses immeubles ne sont pas ce qu'on a construit de plus joli en montagne, est le point de départ de nombreuses randos dans une nature encore sauvage.

***Promenade du 100e :*** gentille balade de 8 km parcourant la station d'un bout à l'autre et se prolongeant jusqu'au hameau de l'Aminona (retour par la navette de la ville).

***Sentier du développement durable :*** boucle de 7,5 km permettant de découvrir plusieurs plans d'eau de la station et de ses environs, avec de beaux passages en forêt le long d'un bisse. Instructifs panneaux d'info, à l'approche très écolo.

***Le bisse du Tsittoret :*** un bisse tout de ce qu'il y a de plus représentatif. De Vermala (accès par la navette de la ville) à la prise d'eau de la Tièche, 6,5 km dont 5 km le long de l'eau. Retour possible par le même chemin ou en ajoutant 3,5 km jusqu'à l'Aminona où l'on retrouve la navette.

***L'écomusée d'alpage de Colombire :*** *au-dessus de la station, vers l'Aminona. Tlj de mi-juil à début sept, 14h-17h, ainsi que les w-e en juin et sept.* • *colombire.ch* • *Entrée : 10 Fs ; réduc ; gratuit moins de 6 ans.* Retrace la vie à l'alpage dans les années 1930, de la fabrication du fromage jusqu'au combat des reines. Accès possible en voiture, mais peut se combiner avec la promenade du bisse du Tsittoret.

***La fondation suisse des Trains miniatures :*** *route du Transit, à **Montana.** ☎ 027-567-47-47.* • *trains-miniatures.ch* • *Tlj 10h-13h, 15h-19h. Entrée : 12 Fs ; réduc.* Pour les passionnés, 1 300 trains suisses et européens (même des tagués !) s'exposent en vitrine ou tournent sur de petits circuits, les plus anciens jouets datant de 1895. Films et visites guidées complètent le tout ; on vous commentera chaque train avec entrain. Au sous-sol, amusante maquette US, avec attaque du train par les Dalton. Même le ticket d'entrée est collector : un billet de chemin de fer qu'on vous poinçonne à l'ancienne.

***VTT :*** 177 km de parcours, bien fléchés. Celui d'Aminona est très beau. Deux pistes de descente et un *bike park* également. Location dans les magasins de sport.

## DANS LES ENVIRONS DE CRANS-MONTANA

***La fondation Pierre-Arnaud :*** *route de Crans 1, à **Lens,** à 3 km au sud-ouest de Crans. ☎ 27-567-47-47.* • *fondationpierrearnaud.ch* • *Mer-dim 10h-18h. Entrée : 18 Fs ; réduc.* Ouvert depuis fin 2013, un immanquable bâtiment contemporain dont la façade brille de tous ses panneaux voltaïques au bord du petit lac. Ses 1 000 m² accueillent, pour des expositions temporaires par cycles thématiques, les grands noms de la peinture helvétique.

***Le lac Tseuzier et les sources de la Lienne :*** *à 25 km (la route n'est totalement ouv qu'après la fonte des neiges).* Quitter Crans en direction de Lens, que l'on traverse ainsi qu'Icogne. Au carrefour, tourner à droite vers Rawyl et Anzère. À Saint-Romain, lorsque la route tourne à gauche, continuer tout droit, puis suivre le fléchage. Un sentier fait le tour de ce lac artificiel niché au cœur du massif du Rawyl. Traverser le barrage et commencer la balade sur la rive opposée à la route d'accès. Beau coup d'œil sur le cirque glaciaire derrière le lac. Impressionnantes sources de la Lienne : d'une dizaine d'anfractuosités dans la paroi verticale du Wetzsteinhorn jaillissent des trombes d'eau qui se rejoignent pour dévaler l'à-pic et s'écraser une centaine de mètres plus bas. Départs de sentiers, notamment vers le col du Rawyl qui permet de rejoindre l'Oberland bernois. Au retour par l'autre rive, serrer le lac au plus près pour suivre le bisse de Sion : agréable traversée en forêt. Compter 1h, plus le temps d'observer les bouquetins. Accès possible par le car postal et retour possible par le très bel itinéraire du bisse du Rô (voir ci-après).

***Le bisse du Rô :*** *partir du départ des sentiers à Plan-Mayens.* Ce très ancien bisse (XIVe s) a été désaffecté en 1947 du fait de son caractère dangereux et remplacé à cette date par un tunnel d'amenée. L'itinéraire reste praticable mais comporte des passages vertigineux sommairement équipés. Il est donc réservé aux routards au pied sûr, à qui il offrira des points de vue imprenables sur la vallée de la Lienne et le barrage de Tseuzier. Panneaux d'info sur les bisses. Compter 2h aller et retour. Retour possible par d'autres itinéraires. Peut se combiner au précédent grâce au car postal : le mieux est alors de prendre le bus le matin jusqu'au lac et de descendre vers le bisse.

***Le glacier et la pointe de Plaine-Morte :*** accessibles en téléphérique (celui des Barzettes), la cabane des Violettes, à mi-pente, puis la pointe de Plaine-Morte offrent un panorama époustouflant, d'abord sur la vallée du Rhône et la Couronne Impériale des 4 000 entourant Zermatt, puis sur le paysage de haute montagne du glacier et les crêtes qui séparent le Valais de l'Oberland bernois. De l'arrivée du téléphérique, si vous êtes bien équipé, balades possibles jusqu'au Sex Mort ou au Weisshorn. Éviter le glacier : nombreuses crevasses !

## SIERRE

(3960) 15 950 hab.

**Retour dans la vallée du Rhône, à Sierre, la cité du soleil, qui n'arbore pas cet astre dans ses armoiries par hasard. Du soleil, les Sierrois en ont dans et sur leur tête. L'écrivain et poète Rainer Maria Rilke disait de cette ville qu'elle était un mélange de Provence et d'Espagne, lavande et corrida non comprises. C'est légèrement exagéré pour une ville dont on désespère un peu de trouver le centre, même si quelques bonnes adresses et une escapade au bois des Finges méritent le détour.**

### Adresses utiles

***Office de tourisme :*** *pl. de la Gare 10. ☎ 848-848-027. ● sierre-salgesch.ch ● sierre-anniviers.ch ● Lun-ven 8h30-18h, sam 9h-17h, dim 9h-13h.*

***Gares ferroviaire et routière :*** *au cœur de la ville.* Point de départ des cars postaux et cars *SMC* (Sierre-Montana-Crans).

## Où dormir ?
## Où manger à Sierre et dans les environs ?

### Bon marché

I●I ***New Café Helvetia :*** *chemin du Monastère 2. ☎ 027-455-12-96. ♿ Tt au bout de la rue principale, presque à la sortie de Sierre, côté Brigue. Tlj jusqu'à minuit (1h ven-sam). Sandwichs env 10-12 Fs, assiette valaisanne 24 Fs.* Nombreuses variétés de copieux sandwichs que l'on choisit dans les colonnes du « journal-set de table ». Bistrot de quartier très convivial, avec pavés et lampadaires jusque dans l'établissement. Aux beaux jours, un kiosque fait office de terrasse. Décor vraiment réussi.

### Prix moyens

🏠 I●I ***La Villa :*** *av. Général-Guisan 27. ☎ 027-456-10-94. ● la-villa-vs.ch ● Dans le haut de la rue principale. Resto tlj sf dim. Congés : en fin d'année. Double 120 Fs, petit déj inclus. Menu du jour à midi en sem 25 Fs, carte env 50 Fs.* 📶 Une maison bourgeoise d'un autre siècle, avec parquets et cheminée monumentale. Mais une maison bourgeoise où un fauteuil se serait égaré au plafond, où les chambres vous transportent en Asie. Comme les salles de bains communes, vastes pièces carrelées où on se lave assis. Il y a aussi un jardin, avec une jolie terrasse. Cuisine, en revanche, beaucoup plus classique.

I●I ***Château de Villa :*** *rue Sainte-Catherine 4. ☎ 027-455-18-96. Tlj 10h-23h. Plats 12-45 Fs.* Fondues, raclettes (à volonté), cochons d'alpage et autres assiettes de fromage, que l'on prend le temps de savourer dans le cadre pittoresque et chaleureux de cette demeure du XVIe s ou, aux beaux jours, dans la cour qui donne sur la montagne. Vraiment plaisant. Belle carte de vins locaux au verre, et pour cause, l'œnothèque (halte conseillée) est à côté.

### De chic à très chic

🏠 I●I ***Hôtel-Restaurant Didier de Courten :*** *rue du Bourg 1. ☎ 027-455-13-51. ● hotel-terminus.ch ● Près de la gare. Brasserie tlj sf dim-lun. Congés : 20 j. fin juin-fin juil et 20 j. Noël-Nouvel An. Doubles 230-255 Fs, petit déj compris. À la brasserie* (L'Atelier Gourmand), *plat du jour 30 Fs, menus à partir de 81 Fs. Réduc de 10 % sur le prix de la chambre sur présentation de ce guide.* 📶 Les chambres, climatisées et spacieuses, sont sobres et contemporaines, dans les tons gris et blanc, et disposent d'un confort à la pointe de la technologie : TV écran plat au mur... Le resto gastronomique, très élégant et design aussi, côtoie une brasserie plus abordable où l'on se régale. Quant au bar, il fait bon s'y retrouver le soir, en terrasse quand le temps le permet. L'accueil est à l'image de la cuisine : raffiné et excellent.

🏠 I●I ***La Grotte :*** *chemin du Grand-Lac 4. ☎ 027-455-46-46. Au bord du lac de Géronde. Tlj sf lun. Congés : 20 déc-20 janv. Doubles 160-180 Fs avec petit déj. Plats 32-52 Fs.* On paie l'originalité du lieu : cet hôtel-resto est taillé dans la roche. On peut donc manger dans la surprenante salle ou sur la grande terrasse, plus qu'agréable. À la carte, des pâtes, bien sûr, puisque nous sommes dans un resto italien, mais également le tournedos maison, du poisson ou la fameuse fondue Bacchus. Côté hôtel, les chambres, récemment rénovées, sont confortables et s'ouvrent toutes sur le lac. Un cadre paisible à souhait. Dommage que l'accueil ne soit pas toujours au rendez-vous.

I●I ***La Contrée :*** *rue de la Vannire 1, à* ***Muraz-sur-Sierre.*** *☎ 027-455-12-91. Sur les hauteurs, au nord de la ville (suivre Crans-Montana, c'est fléché ensuite). Tlj sf lun-mar. Congés : fêtes de fin d'année. Plats 28-38 Fs.* Terrasse sous une tonnelle ombragée d'une vigne vierge, fort sympathique et accueillante. Essayez le tartare de bœuf ou de poisson, ou les grillades. Un bon rapport qualité-prix.

## Où camper dans les environs ?

**Le Monument :** *Kleines Pletschgässi, 3952* ***Susten.*** *☎ 027-473-18-27. • campingmonument.ch • À une dizaine de km à l'est de Sierre (bien fléché). De mai à mi-sept. Env 35 Fs pour 2 avec tente et voiture en hte saison.* Sans doute le meilleur camping de la région. Pas pour ses installations : juste un bloc sanitaire, une cahute qui fait office de magasin, d'accueil et de buvette, avec 3 tables en plastique jetées devant. Mais pour le cadre : on est ici en plein cœur du bois des Finges. Partout la nature, des arbres, des oiseaux et quelques clairières de-ci de-là où planter sa tente. Une grande piscine aussi (de juin à août).

**Swiss Plage :** *à* ***Salquenen*** *(Salgesch en allemand). ☎ 027-455-66-08. • swissplage.ch • Pâques-fin oct. Env 35 Fs pour 2 avec tente. Loc de chalets. (payant).* Cher mais agréable, au bord d'un petit lac naturel privé. Possibilité de louer des VTT sur place. Bar et resto.

## Où boire un verre ? Où sortir ?

Les cafés animés de la cité du soleil se concentrent le long de l'avenue principale et dans le centre ancien autour de l'église Sainte-Catherine.

**New Café Helvetia :** voir « Où dormir ? Où manger ? ». Recommandé pour y achever la soirée, ou tout simplement pour prendre un pot.

# À voir. À faire

**Le sentier viticole :** ce sentier didactique à travers les vignes et ponctué de panneaux explicatifs relie le *château de Villa* à Sierre (où, en plus du restaurant, se trouve une œnothèque) à la *maison Zum Hofen* à **Salgesch** (**Salquenen** en français ; en prenant son temps, compter 2h30 de marche, 6 km). Les indications fléchées sont précises. Le musée valaisan de la Vigne et du Vin se partage entre deux sites : l'*espace Vin* au château de Villa à Sierre, et l'*espace Vigne* dans le village de Salgesch, chacun consacré à un aspect de la viticulture. L'espace Vigne, en particulier, apprend une foule de choses sur le travail du vigneron, les cépages, les techniques, etc. *(mars-nov, ouv mer-sam 14h (11h sam)-18h ; le reste de l'année, visites guidées sur demande ; entrée commune aux 2 musées : 6 Fs, réduc ; infos : ☎ 027-456-35-25 ; • museevalaisanduvin.ch •).* Le retour, dans un sens ou dans l'autre, peut se faire en bus ou en train. Dégustation de vin possible à l'œnothèque de Sierre et visite commentée sur demande.

**Les bois de Finges :** *3 accès, par Sierre, par Loèche ou par le resto L'Ermitage entre Sierre et Loèche (c'est ici que s'arrête le car postal, 4 fois/j.). Rens et inscriptions au ☎ 027-452-60-60 ou • pfyn-finges.ch • GRATUIT. Visite guidée mer à 13h30 mai-oct. Tarif : 15 Fs ; 30 Fs pour une famille.* Parc naturel, les Finges sont considérés comme les plus riches pinèdes d'Europe. Au total, 133 espèces d'oiseaux y

### LA FLEUR AU FUSIL

*Si le bois de Finges n'a été consacré parc naturel qu'en 2005, il était resté jusque-là préservé de l'urbanisation grâce à un « allié » de poids : l'armée. En effet, des décennies durant, des générations d'appelés suisses se sont succédé ici pour jouer à la guerre. Alors, si vous trébuchez sur une cheminée, n'espérez pas avoir déniché la maisonnette d'un schtroumpf. Sans doute y a-t-il en dessous un ancien bunker...*

séjournent, tout comme des cigales et des mantes religieuses, qui se sont parfaitement acclimatées dans ce petit coin quasi méridional, régulièrement inondé par le Rhône encore libre... Tentez quand même une promenade, cela en vaut largement la peine (il y a le choix : 470 km de chemins pédestres !). Étangs, bois et sous-bois, fermes où l'on produit bio... laissez-vous guider au hasard des sentiers. Peu sont balisés, mais, de mémoire de guide, personne ne s'est jamais perdu dans les 17 km² de cette forêt sauvage. Sachez toutefois qu'il est interdit de s'écarter des sentiers battus. Pour une pause rafraîchissante, attablez-vous sous les pierres de taille de *L'Ermitage,* à l'entrée du bois, ou à la petite buvette égarée dans les prés.
Une pyramide de gneiss commémore l'effort héroïque – et vain – des Hauts-Valaisans qui espéraient arrêter ici les troupes françaises en 1799.

***La maison de Courten :*** *rue du Bourg 30. ☎ 027-456-26-88. • fondationrilke.ch • Fin mars-fin oct, tlj sf lun 14h-18h ; le reste de l'année, sur rdv. Entrée : 6 Fs ; réduc.* Superbe bâtisse du XVIII^e s dans le vieux Sierre pour découvrir les années valaisannes de Rainer Maria Rilke, au travers de photos, lettres et poèmes.

Au ***lac de Gérone,*** un très joli coin encore nature, tout près pourtant du centre. Et tout, du parking à la baignade, est gratuit !

## Manifestations

– ***Week-end au bord de l'eau :*** *fin juin.* Sur les rives du lac de Gérone, un sympathique festival de musiques actuelles à taille humaine.
– ***Course pédestre Sierre-Zinal :*** *généralement le 2^e w-e d'août.* Appelée aussi la course « des cinq 4 000 ». Excellent entraînement physique indispensable : les 3 000 participants courent en effet 31 km dans les pierriers jusqu'au célèbre hôtel *Weisshorn* (à 2 387 m d'altitude) avant de redescendre (sèchement !) sur Zinal... Le record est détenu, chez les hommes, par un Néo-Zélandais (2h29), et chez les femmes, par une Tchèque (2h54).
– ***Vinea :*** *1^ers ven et sam de sept.* Un salon des vins suisses avec plus de 150 producteurs venus de tout le pays.
– ***Marche des cépages :*** *un sam début sept.* On peut déguster différents crus sur des stands installés tout au long du sentier viticole entre Sierre et Salgesch.

## DANS LES ENVIRONS DE SIERRE

***Le musée C.-C.-Olsommer :*** *à **Veyras.** 078-820-62-56. • musee-olsommer.ch • À env 2 km de Sierre, direction Montana. Avr-déc, w-e 14h-17h. Entrée : 5 Fs ; réduc.* Très belle rétrospective du peintre suisse Charles-Clos Olsommer (1883-1966) qui s'installa à Veyras en 1912 pour y réaliser l'intégralité de son œuvre, jusqu'à sa mort. Des peintures (sur papier surtout) jamais très grandes mais d'une beauté étrange et fascinante, empreinte d'une spiritualité et d'un mysticisme poignants.

– ***Sports & Adventure Park :*** *à 500 m à droite après la sortie de **Niouc,** direction Val d'Anniviers. 079-447-28-00. • bungyniouc.ch • Avr-juin et sept-oct, w-e 11h-18h ; juil-août, tlj sf lun.* Frissons assurés depuis le plus haut pont d'Europe de saut à l'élastique (190 m). Saut pendulaire et tyrolienne également. Comme tous les sports fun, ce n'est pas donné (le tarif le plus élevé correspond au saut à l'élastique) : *de 20 à 210 Fs, plus l'entrée au parc, 5 Fs !*

# LE VAL D'ANNIVIERS



**À lui seul, le val d'Anniviers, qui part de Sierre pour arriver au pied du massif de la Dent-Blanche, constitue un but de vacances à part entière : Vercorin, Chandolin, Saint-Luc, Grimentz ou Zinal... autant de superbes villages à l'ancienne (devenus pour la plupart de petites stations de ski).**

– ***Bon à savoir :*** de fin mai à début novembre, dès la première nuit passée dans le val d'Anniviers (dans tout type d'hébergement), un *Pass Liberté* vous est offert, qui donne accès gratuitement à des transports, et à de nombreuses visites et réductions.

## VERCORIN

(3967) env 600 hab.

**Petit village avec une bonne dose d'authenticité (qui accueille tout de même 2 000 skieurs en hiver...), perché au-dessus de la vallée du Rhône, à 1 330 m d'altitude, offrant toute la panoplie des sports de montagne et de vastes espaces pour la découverte d'une nature encore très sauvage.**

### Arriver – Quitter

➢ ***En voiture :*** de Sierre, route de montagne.
➢ ***En bus :*** car postal de Sierre.
➢ ***En téléphérique :*** départ de Chalais (relié à Sion ou Sierre par car postal), dans la plaine du Rhône.

### Adresse utile

***Office de tourisme :*** *à l'entrée du village, juste avt la pl. Centrale. ☎ 027-455-58-55. • valdanniviers.ch • En saison, lun-ven 8h-12h, 13h30-18h ; w-e 9h-12h, 13h30-17h. Hors saison, lun-ven 8h-12h, 13h30-18h ; sam 9h-12h.* Le jeudi après-midi, visite guidée du vieux village *(5 Fs).*

### Où manger ?

#### De chic à très chic

***Restaurant de l'Hôtel Victoria :*** *pl. Centrale 1. ☎ 027-455-40-55. Menu du jour à midi en sem 25 Fs ; plats 20-42 Fs.* Cuisine variée et délicieuse, plats végétariens, à déguster en terrasse.

## À faire à Vercorin et dans les environs

***Les sentiers nature :*** pour chacun d'eux (la piste des Écureuils, le tour du mont, la découverte du village), une brochure didactique ou une carte pédestre et un guide sont en vente à l'office de tourisme (pour les fauchés, les panneaux qui jalonnent les chemins sont largement suffisants).

***Le vallon de Réchy :*** c'est l'un des vallons les plus sauvages du Valais, classé réserve naturelle. La variété de la faune et de la flore alpestres y est particulièrement riche. Chamois, cerfs et chevreuils côtoient coqs de bruyère, perdrix des neiges et autres marmottes. Plus rares mais pas exceptionnels : la course du lynx ou le vol d'un aigle royal. Suggestion pour une découverte : prendre la télécabine *(19 Fs A/R)* depuis Vercorin jusqu'au crêt du Midi (2 330 m). De là, un joli chemin mène jusqu'au lac : 13 km aller et retour, prospectus gratuit, possibilité de faire le tour avec un guide ; renseignements à l'office de tourisme. On peut aussi descendre, en suivant le sentier ludique des *Marmottes,* jusqu'à la station intermédiaire (environ 1h).

***Le circuit des trois bisses :*** *de mi-mai à mi-oct, sur résa. 078-664-75-63. • montagne-evasion.ch • Compter 120 Fs/pers ; ½ tarif jusqu'à 16 ans.* Ce circuit s'effectue avec un guide sur 1 journée complète. Au programme : rando dans la forêt, passage à quatre pattes dans des tunnels, tyrolienne géante à 180 m du sol, descente en rappel depuis le pont suspendu de Niouc...

***L'Arche des Crétillons :*** *à* ***Chalais.*** *079-467-14-00. • cretillons.ch • De mi-mars à fin oct. Lun-sam 14h (11h w-e)-18h ; tlj en juil-août 11h-18h.* Dans cette ferme agrotouristique, on peut traire les vaches, nourrir les lapins, acheter des produits du terroir ou encore boire un verre (la conso fait office de prix d'entrée).

## Fête et manifestation

– ***Inalpe et Désalpe :*** *mi-juin et mi-sept.* La montée aux alpages puis la redescente des troupeaux de vaches sont l'occasion de faire la fête.
– ***Vercojazz :*** *fin juil. • vercojazz.ch •* Le jazz New Orleans résonne 3 jours durant dans tout le village.

# SAINT-LUC (3961) 340 hab.

**De l'autre côté du val d'Anniviers, à 1 600 m d'altitude, cette petite station très agréable, à quelques kilomètres au-dessus du bourg carrefour de Vissoie, a trouvé un créneau plus original que le seul concept de station de ski : observatoire astronomique, sentier planétaire et funiculaire ont progressivement forgé l'image d'une région qui n'a pas à se contenter de miettes.**

### Arriver – Quitter

➢ ***En voiture :*** de Sierre, suivre la direction val d'Anniviers ; à Vissoie, bifurquer à gauche en direction de Saint-Luc. Parking obligatoire à l'entrée du village (payant en saison).
➢ ***En bus :*** car postal de Sierre.

➢ ***En navette :*** en hiver, le centre du village, étroit, est interdit aux voitures des non-résidents. Les plus flemmards peuvent sauter dans le bus-navette gratuit qui fait le tour du village avec arrêt au funiculaire de Tignousa.

### Adresse utile

***Office de tourisme :*** *dans un bâtiment moderne, peu avt l'entrée du village. ☎ 027-476-17-10. • valdanniviers.ch • Tlj sf dim hors saison, 8h-12h, 14h-18h.*

## Où dormir ? Où manger ?

### De prix moyens à chic

🏠 |●| ***Hôtel La Fougère :*** *à l'entrée du vieux village. ☎ 027-475-11-76.* • *hotelrestaurantlafougere.com* • *Congés : de mi-mai à début juin. Selon saison, doubles sans ou avec sdb 85-160 Fs, petit déj compris. 40 Fs/pers en gîte. Menus 17,50-23 Fs, carte env 35 Fs.* Les chambres sont toute simples, certaines avec balcon et une jolie vue sur le val d'Anniviers. Accueil attentionné et sympathique.

### Coup de folie

🏠 |●| ***Hôtel Bella Tola :*** *rue Principale. ☎ 027-475-14-44.* • *bellatola.ch* • ♿ *Congés : de mi-avr à mi-juin et de mi-oct à mi-déc. Doubles 190-270 Fs selon type de chambre et saison, petit déj-buffet compris ; également des suites, plus chères. Menu du jour 25 Fs le midi, menus 55-65 Fs.* Un grand bâtiment blanc datant de 1859, aux parfums et couleurs de jadis. Enfilade de salons précieux, bar et salle de resto agréables, chambres spacieuses, meublées avec goût. Le 1er étage est un véritable musée. Un magnifique espace de remise en forme, avec piscine couverte, et de larges baies ouvrant sur un panorama à couper le souffle, sauna, hammam, salle de massage... Tout ici respire luxe, calme et volupté. Le resto à midi est très abordable. Terrasse panoramique d'où la vue est splendide.

## Où dormir ? Où manger dans les environs ?

### De bon marché à très chic

🏠 |●| ***Cabane Bella Tola :*** *3961* ***Saint-Luc.*** *☎ 027-475-15-37.* • *cabanebellatola.ch* • *Niché à 2 340 m, à env 30 mn à pied de l'arrivée du funiculaire de Tignousa, donc au carrefour de nombreux chemins de rando. Congés : de mi-avr à mi-juin et de fin sept à mi-déc. En dortoir (douches communes), 61 Fs/pers en ½ pens.* Ambiance montagnarde, bien évidemment. Spécialités valaisannes à manger (dont la tartiflette d'Anniviers et les cornettes Bella Tolla) et à boire à des prix raisonnables. Pour dormir, 10 dortoirs de 6 à 12 places.

🏠 |●| ***Hôtel Weisshorn :*** *☎ 027-475-11-06.* • *weisshorn.ch* • *Compter env 1h30 à pied à partir de l'arrivée du funiculaire de Tignousa (par exemple, en suivant le chemin des Planètes : voir plus loin). Congés : début avr-début juin et de mi-oct à Noël. Selon confort, 280-360 Fs la double en ½ pens obligatoire ; douche et w-c à l'étage.* Coup de cœur pour cet imposant bâtiment, posé tel un carré blanc sur la ligne de la crête. La bâtisse a conservé l'âme des montagnards qui l'ont construite en 1882, acheminant le matériel à dos de mulet ! Dire que de là-haut (2 337 m !) la vue est imprenable est un euphémisme... Demandez une des chambres du fond, elles sont 2 fois plus grandes (petit salon) pour le même prix. Mais les sympathiques maîtres du lieu les réservent de préférence aux familles, ce qu'on ne saurait leur reprocher. Certains habitués ne font le détour que pour la tarte aux myrtilles...

## À voir. À faire

👁👁 ***Le sentier des Planètes :*** on se rend d'abord près du restaurant *Tignousa* (2 200 m d'altitude) grâce à un funiculaire d'une rapidité décoiffante *(tlj 8h-17h sf avr-mai, A/R 16 Fs).* Là, un cadran donne l'heure (solaire, donc pas celle de votre montre...) du départ. Au fil du parcours (6 km, compter 4h de marche aller et retour), on découvre les planètes à l'échelle de Gulliver (1 million de kilomètres par pas et une vitesse trois fois plus rapide que celle de la lumière...). L'arrivée est le domaine de Pluton, à 1,5 km de l'hôtel *Weisshorn* ! Possibilité de louer un baladeur à l'office de tourisme ou à l'observatoire pour ceux qui souhaitent davantage d'infos le long du parcours.

**L'observatoire François-Xavier-Bagnoud :** ☎ *027-475-58-08.* • *ofxb.ch* • *Compter 26 Fs pour la visite avec observation de nuit, funiculaire compris (résa à l'office du tourisme). Observation du soleil : 10 Fs.* Télescope de 61 cm de diamètre avec caméra et coronographe (un appareil produisant en permanence une éclipse solaire artificielle pour mieux observer les étoiles), médiathèque, salle de conférences : les fans d'astres y sont attendus à 2 200 m d'altitude, seuls ou en groupes, pour des observations diurnes ou nocturnes. Projections en 3D. C'est le plus grand observatoire de Suisse ouvert au public.

**Les moulins du XVIII^e s :** *infos à l'office de tourisme de Saint-Luc.* • *lesmoulinsdest-luc.ch* • Les petits villages valaisans vivaient, il n'y a pas si longtemps que ça, en économie fermée, y compris pour la culture céréalière. Six moulins ont été restaurés et fonctionnent en juillet-août *(mar 10h-12h et jeu 16h-18h ; accès : 7 Fs, réduc).* On visite trois moulins à seigle, froment et maïs, deux foulons (à drap et à orge), ainsi qu'un moulin à huile de noix et la maison du meunier (1793). Visite à combiner bien sûr avec le *chemin du Pain,* qui relie le centre du village aux moulins au cœur des champs de céréales, avec panneaux explicatifs.

## DANS LES ENVIRONS DE SAINT-LUC

**Chandolin :** l'un des plus hauts villages d'Europe, juché à près de 2 000 m d'altitude et accroché au versant ensoleillé du val d'Anniviers. Compter 1h30 de marche depuis Saint-Luc par un petit sentier (accès également en voiture ou en bus postal). Les voitures restent à la station moderne, en surplomb du village. Un charme fou et un panorama exceptionnel ! Des raccards, de vieux mazots, une église un peu solitaire. Poussez jusqu'au calvaire : magnifique point de vue sur le Cervin et la vallée du Rhône. Au centre, arrêt recommandé au *Café des 2 000,* pour une fondue accompagnée d'un verre de *johannisberg,* un délicieux vin fruité du Valais. À côté, petit musée consacré à la grande voyageuse Ella Maillart, qui y a vécu pendant 40 ans ; demandez la clé au café.
Le 1^er dimanche de janvier, à l'occasion de la fête des Rois, procession à travers le village, à dos de mulet. C'est aussi là, à 1h environ, qu'on découvre Illgraben, le plus grand site d'érosion d'Europe.
**Office de tourisme :** *3961* ***Chandolin.*** ☎ *027-476-17-15.* • *valdanniviers.ch* •

# GRIMENTZ

(3961) 440 hab.

**Perdu au fond de la rive gauche du val d'Anniviers dans un cadre de montagnes et de forêts de conifères, Grimentz, à 1 570 m d'altitude, est un petit bijou de vieux bois brûlé et odorant, avec ses ruelles étroites et pentues, et l'omniprésence de l'eau, celle du torrent bouillonnant ou celle, apprivoisée, des multiples fontaines animées. On ne vous dira rien du nouveau village au pied de l'« atroce » départ de la télécabine... Célèbre loin à la ronde pour son grand (et terrible) raid VTT Verbier-Grimentz, la petite station offre tout de même plus de 4 000 lits.**

## Arriver – Quitter

➢ ***En voiture :*** de Sierre, monter dans le val d'Anniviers jusqu'à Vissoie, puis prendre la direction de Mayoux et Grimentz.

➢ ***En bus :*** car postal de Sierre.

## Adresse utile

**Office de tourisme :** *027-476-17-00. • valdanniviers.ch • En été, tlj 8h-18h ; en saison d'hiver, tlj 8h-12h, 14h-18h ; horaires restreints hors saison.* Documentation en libre-service à l'extérieur (cartes gratuites sommaires sur les randos ; celles plus détaillées sont payantes).

## Où dormir ? Où manger ?

### Camping

Officiellement, Grimentz n'offre pas d'aire de camping. Mais en payant 5 Fs (taxe de séjour incluse) à l'office de tourisme, on peut planter sa tente dans une très jolie zone de ruisseaux (parcours fléché), non loin du torrent de la Gougra, malheureusement dans un coin peu ensoleillé. Une place de pique-nique équipée et des sanitaires se trouvent à proximité.

### De bon marché à prix moyens

**Crêperie À la Claire Fontaine :** *rue du Village. 027-475-24-96. Congés : mai-juin et de mi-oct à mi-déc. Cuisine à tte heure. Crêpes 7-16 Fs ; plats 19-27 Fs ; raclette à volonté 30 Fs.* Outre les crêpes, beaucoup de spécialités du terroir : assiettes valaisannes, raclettes, fondues, croûtes au fromage, röstis et une belle carte de polentas. Apéro-raclette tous les après-midi 16h-18h.

### Prix moyens

**Hôtel Becs de Bosson :** *rue du Village. 027-475-19-79. • becsdebosson.ch • À l'entrée du vieux village. Congés : de mi-avr à mi-mai et 20 nov-15 déc. En été, doubles avec sdb 120 Fs, petit déj-buffet inclus. Plat du jour 19 Fs, sinon plats 22-47 Fs.* 8 chambres, petites mais douillettes et confortables (TV), dans un chalet récent mais très couleur locale. Au resto, bonnes spécialités valaisannes dans un cadre rustique et chaleureux, prolongé par une petite terrasse. Service impeccable.

### Chic

**Le Mélèze :** *route de Moiry 22. 027-475-12-87. • hotel-meleze.ch • Au pied du vieux village. Tlj sf lun soir et mar soir. Doubles 190-270 Fs, petit déj compris. Plats 20-40 Fs.* Petit établissement de 5 chambres (dont une familiale), avec balcon, toutes rénovées en 2016 et désormais au goût du jour. Cheminée centrale au resto, pour une cuisine prisée des habitués : salades, viandes et spécialités valaisannes.

**Hôtel de Moiry :** *rue du Village. 027-475-11-44. • hotel-grimentz.ch • Congés : mai et nov. Selon saison, doubles avec sdb env 135-200 Fs, petit déj compris. Plats env 27-47 Fs.* Une institution locale, ouverte depuis 1925. On l'appelle aussi le « restaurant des vaches combattantes », à cause de l'immense fresque murale de la salle à manger. Raclette au feu de bois et jolie cuisine dans la tradition mais travaillée avec de l'idée, à base de bons produits très locaux (légumes du potager, par exemple). Chambres accueillantes, lambrissées de bois. Accueil très sympathique.

## Où dormir ? Où manger dans les environs ?

### Bon marché

**Chalet-gîte et restaurant du Lac de Moiry :** *à 8 km de Grimentz (car postal) et à 2 300 m d'altitude, au-dessus du barrage. 027-475-15-48. • moiryresto.ch • Tlj 9h15-18h de mi-juin à mi-oct. Compter 74 Fs/pers en ½ pens.* Joli site, évidemment, pour ce chalet qui compte 24 places, dans des chambres de 6 lits, équipés de duvets nordiques. Cuisine locale au resto, avec une agréable terrasse au-dessus du lac.

**Gîte de Saint-Jean :** *au centre du hameau de* ***Saint-Jean-du-Haut,*** *entre Grimentz et Vissoie. 078-628-56-59. • gitedest-jean.ch • Congés : de début nov à mi-déc. Nuitée 32 Fs/pers (réduc pour groupes). Petit déj 8 Fs. Dîner 22 Fs.* Situé dans une grosse maison bourgeoise d'un petit hameau à l'écart des foules. Chaleureuse salle commune avec bibliothèque. Dortoirs à l'ancienne de 2, 4 et 10 places. En hiver, navette gratuite plusieurs fois par jour vers les pistes de ski de Grimentz. Accueil simple et sympa.

## À voir. À faire

***Le vieux village :*** *visite guidée de 2h du village juil-sept ts les lun à 17h ; gratuite et suivie d'un apéro au fameux vin du Glacier ! Départ de l'office de tourisme.* Commencer par la fière *Maison bourgeoisiale* (1550), puis continuer le long de la rue étroite pavée, flanquée de chalets en bois brûlé à plusieurs étages, cossus et proprets, auxquels succèdent granges et greniers, appelés ici *raccards.* Se rendre aussi vers l'église, rebâtie en 1950, et vers les trois maisons de pierre accolées (ce sont des caves à vins) qui descendent en cascade vers la route.

***Le barrage de Moiry :*** *à 8 km de Grimentz et 2 250 m d'altitude. Juin-oct. Un service de cars assure la liaison en été.* Barrage-voûte impressionnant, qui retient 77 millions de mètres cubes d'eau. De là, suggestion de balades : montée au *lac de Lona* (attention, 700 m de dénivellation). Sur le chemin, nombreuses colonies d'edelweiss (regardez-les mais, par pitié, fichez-leur la paix, elles se font de plus en plus rares...). Compter 3 bonnes heures de marche aller et retour. Via ferrata également *(☎ 027-476-17-00).*

***Randonnée à la cabane de Moiry :*** *à 2 825 m d'altitude. Rens : ☎ 027-475-45-34. • cabane-de-moiry.ch • De mi-juin à fin sept. Env 5h de marche A/R en partant du village ; 1h depuis le barrage.* On surplombe l'impressionnant glacier de Moiry. Si vous ouvrez l'œil, et le bon, vous apercevrez chamois et marmottes. On vous avertit : le dernier tronçon est très, très raide... mais vous pouvez passer la nuit à la cabane, où vous vivrez une bonne soirée montagnarde *(nuitée 46 Fs/pers en ½ pens).*

***VTT :*** depuis que Grimentz accueille l'arrivée du fameux raid Verbier-Grimentz, le vélo tout-terrain est devenu une véritable institution locale. Location sur place dans les magasins de sport. Quatre parcours différents, balisés, de 12 à 24 km. Assez exigeants. *Rens et plans gratuits à l'office de tourisme.*

## Manifestations

- ***Marchés à thème :*** *juil-août, ts les ven 16h-19h.*
- ***Journée des artistes :*** *début août.* Expo et démonstrations par 80 artistes.

## DANS LES ENVIRONS DE GRIMENTZ

### ZINAL

Zinal est la dernière station du val d'Anniviers, très appréciée des skieurs qui y trouvent souvent de la neige lorsqu'il n'y en a plus ailleurs. En été, la station, calme, constitue le point de départ de nombreuses excursions. On peut voir dans le vieux village, un peu à l'écart, de très beaux raccards, ces greniers en bois montés sur des piliers de bois coupés de grandes ardoises pour les protéger des souris. On l'atteint en voiture ou en car postal.

## Adresse utile

**Office de tourisme :** *☎ 027-476-17-05. • valdanniviers.ch • En saison, tlj 9h-12h, 14h-17h.* Dépliants en libre-service à l'extérieur.

## À voir. À faire

**La mine de cuivre de la Lée :** *visites guidées mer juin-oct, sur résa à l'office de tourisme. Entrée : 9 Fs.* On peut visiter les 500 m de galeries de l'ancienne mine de cuivre, exploitée au tout début du XXe s. Bonnes chaussures et vêtements chauds recommandés, la température à l'intérieur de la mine variant de 3 à 10 °C. Agréable marche d'approche (compter 1h depuis le pont de Singlinaz, ou 1h15 depuis Zinal).

**Balade à l'intérieur du glacier :** *ts les mar déc-mars avec un guide de montagne, randonnée à la journée à raquettes (9h-16h). Env 70 Fs, plus le pique-nique et la loc des raquettes. Inscription à l'office de tourisme.* On pénètre dans les entrailles du glacier de Zinal entre rochers et pépites de glace. Rafraîchissant ! Bonnes chaussures et vêtements chauds également recommandés.

# LE HAUT-VALAIS



## LOÈCHE-LES-BAINS (LEUKERBAD)

(3954) 1 630 hab.

**Le site, d'abord, est tout simplement splendide, avec ce gros village blotti, à 1 400 m d'altitude, au pied d'impressionnantes falaises rocheuses. Et la station thermale de Loèche-les-Bains (*Leukerbad* en allemand, on est ici à la frontière des langues) est réputée dans tout le Vieux Continent depuis 1501 pour ses eaux thermales naturellement chaudes (51 °C). Sérieusement modernisés, les thermes, plus axés bien-être que cure, méritent vraiment une halte. Histoire d'ajouter son nom à la longue liste de ceux qui ont succombé au charme des lieux, de Picasso à Lénine en passant par... Maupassant.**

### Adresse utile

**Leukerbad Tourismus :** *à l'hôtel de ville. ☎ 027-472-71-71. • leukerbad.ch • Lun-sam 9h-12h, 13h15-17h30 ; juil-août et saison d'hiver, également dim 9h-12h.*

### Où dormir ? Où manger ?

#### Camping

**Sportarena :** *au centre sportif. ☎ 027-470-10-37. • sportarenaleukerbad.ch • Avr-oct. Env 35 Fs pour 2 avec tente et voiture. Nuitée en « tube » env 25 Fs.* Un camping en terrasses, au pied des falaises vertigineuses et à côté des installations sportives. Une curiosité : on peut dormir dans de grosses canalisations en béton.

### Prix moyens

|●| ***Lounge 1411 :*** *Dorfstrasse 1. ☎ 027-470-14-11. Au centre du village. Tlj sf dim hors saison. Menu midi sem env 20 Fs, plats 18-52 Fs.* Décor plus que réussi qui, sur 2 niveaux, mixe l'esprit lounge de l'enseigne avec bois brut et ardoises. Vue panoramique sur la montagne de partout ou presque. Dans l'assiette, une cuisine vraiment bien tournée. Et un service aux petits soins.

|●| ***Pizzeria Choucas :*** *Dorfstrasse 9. ☎ 027-470-24-13. Au centre du village, au-dessus de la fontaine. Tlj 11h-23h. Pizzas 15-24,50 Fs.* Si le cadre est un peu kitsch, les pizzas et les plats de pâtes se laissent manger. Tout comme les plats de viandes et autres spécialités à l'américaine de la *steak house* qui occupe la même maison *(ouv le soir et le dim midi).*

### Chic

***Hôtel Bristol :*** *Rathausstrasse 51. ☎ 027-472-75-00. • lebristol.ch • Dans un coin tranquille de la station. En été, doubles 189-230 Fs.* De grandes chambres, à la jolie déco contemporaine, avec balcon pour la plupart. Le petit plus ici, outre l'accueil des plus simple pour un 4-étoiles, c'est le spa avec ses piscines intérieure et extérieure, ses jacuzzis, son sauna-hammam. Bar et restaurant.

## À faire

***Le Gemmipass :*** un sentier impressionnant, creusé à même la roche au XVIIIe s dans une paroi verticale de 965 m de hauteur, donne accès à ce col (à 2 314 m d'altitude), au-delà duquel on découvre un paysage aride de haute montagne à la beauté austère. Si vos gambettes refusent de vous porter jusque-là, cassez votre tirelire : un téléphérique (plutôt impressionnant lui aussi) vous attend, moyennant 34 Fs l'aller-retour (réductions). Une fois là-haut, panorama grandiose et nombreuses randonnées, en été comme en hiver. Deux hôtels de montagne, dont un à la station d'arrivée, le *Wildstrubel.* *• gemmi.ch •*

***Leukerbard Therme :*** *☎ 027-472-20-20. • leukerbard-therme.ch • Tlj 8h-20h. Entrée : 30 Fs la journée, 25 Fs pour 3h ; réduc. Saunas et massages en sus.* Piscines couvertes ou en plein air, bains bouillonnants et toboggans pour les enfants. À fréquenter en famille.

***Walliser Alpentherme & Spa :*** *☎ 027-472-10-10. • alpentherme.ch • Tlj 8h-20h. Entrée : 30 Fs, 25 Fs pour 3h ; réduc. Avec le sauna : 55 et 40 Fs. Avec les bains romano-irlandais (10h-19h) : 70 Fs.* Bains couverts ou en plein air. Impressionnant ! L'eau jaillit de la source à 51 °C, pour finir à 36 °C dans les bains. Le clou du lieu : les bains romano-irlandais. Un vrai rituel où se succèdent, en 2h, douches, bains d'air chaud, massages avec brosse, bains de vapeur, bains thermaux, jacuzzis, bains d'eau froide, pour finir par un moment de détente dans des serviettes chaudes. Le rite s'accomplit dans le plus simple appareil. Un moment vraiment inoubliable. Rigolote reconstitution d'un village valaisan dont les chalets et autres granges accueillent des saunas (naturistes).

***Les passerelles des sources thermales :*** superbe balade, au départ de la station, au long de ces passerelles (complètement sécurisées) qui suivent les gorges de la Dala sur une longueur totale de 600 m. On y découvre les roches travaillées par des années d'érosion, d'imposantes chutes d'eau (35 m) ainsi que l'eau thermale suintant des roches. Également accessible aux fauteuils roulants jusqu'au pied des cascades. Accès libre.

# LE LÖTSCHENTAL

**La vallée du Lötschen, en allemand *Lötschental,* est considérée comme le Tibet du Valais. Longtemps inaccessible en hiver à cause de l'« avalanche rouge » qui en barrait l'entrée dès les premières neiges, elle en est l'une des plus pittoresques. C'est aussi sans doute la plus sauvage, d'où son nom qui signifie « vallée secrète ». En revanche, elle n'est plus inaccessible du tout : les trains, qui relient la Suisse alémanique à Brigue, s'arrêtent tous en gare de Goppenstein, au bas du Lötschental. Là, les voitures montent sur le train avant de s'engouffrer dans le tunnel du Lötschberg, qui débouche sur le versant bernois des Alpes, direction Lucerne et Berne. Malgré une route sans cesse améliorée, malgré l'électricité et le téléphone, le modernisme n'a pas (encore) affecté tous les villages qu'on trouve en amont. Certains ont conservé leur aspect ancestral, rude mais chaleureux. Ce sont des chalets de bois brûlé, odorant, serrés autour d'une église souvent massive, seule construction de pierre dont la blancheur rappelle celle de la neige.**

### LE CARNAVAL LE PLUS ÉTONNANT DE SUISSE

*Le Lötschental est surtout réputé pour son étrange carnaval, dont les images ornent sempiternellement les calendriers. En février, la vallée est envahie par des* Tschäggättä. *Non, on n'a pas éternué, c'est le nom qu'on donne à ces créatures de cauchemar, vêtues de peaux de chèvre, visages dissimulés derrière des masques de bois grotesques aux chicots énormes et cheveux hirsutes, qui défilent dans le vacarme, terrorisant les enfants. Un spectacle unique.*

## Arriver – Quitter

➢ ***En voiture :*** du sud, quitter la route principale à Gampel pour emprunter celle de Goppenstein. Vous pourrez alors traverser les villages de Ferden, Kippel, Wiler et Blatten, au fond de la vallée que dévale la Lonza. Du nord : Berne, Thoune, Spiez, Kandersteg où vous mettrez la voiture sur le train pour passer le tunnel du Lötschenberg jusqu'à Goppenstein.

➢ ***En train puis bus :*** jusqu'à Goppenstein, puis car postal.

## Adresse utile

🛈 ***Lötschental Tourismus :*** *3918 Wiler, dans le bâtiment Atlantis. ☎ 027-938-88-88. • loetschental.ch • Tlj sf dim, plus sam avr-juin et nov, 8h30-12h, 13h30-17h30 (17h sam).*

## Où dormir ? Où manger ?

On commence par le bas.

### *À Kippel* (3917)

#### Prix moyens

**Hôtel Bietschhorn :** *Hauptstrasse 21. ☎ 027-939-18-18. • hotel-bietschhorn.ch • À l'entrée du village. Tlj sf lun. Congés : dernière sem de juin, 1re sem de juil, ainsi que de mi-nov à début déc. Doubles 110-160 Fs sans ou avec sdb, petit déj compris. Compter 35 Fs le repas.* Un adorable petit chalet, équipé de chambres rustiques mais confortables avec leurs couettes chaudes, et d'une

LE VALAIS

petite bibliothèque. Les chambres les plus chères disposent d'un petit salon. Resto en bas, avec une terrasse délicieusement ombragée. Bonne cuisine, exotique ou végétarienne. *Forelle* valaisanne, fondue, truite grillée et viande d'élevage. Patron chaleureux et parlant un peu le français. Baby-foot et billard.

## À Ried *(3919)*

### Chic

**Hôtel Nest-und Bietschhorn :** *☎ 027-939-11-06. • nest-bietschhorn.ch • Congés : de mi-avr à fin mai et nov-20 déc. Doubles 120-130 Fs avec lavabo, 150-200 Fs avec bains, petit déj compris. Plats 22-45 Fs.* Un beau mariage de pierre et de bois, de rustique et de moderne. Chambres bien finies et douillettes, avec leurs lits surélevés. Très belle vue sur les montagnes. Également un sauna et un resto. Excellent accueil.

## À Blatten *(3919)*

Tassé en amont du tumulte de la Lonza, Blatten est, avec son hameau Eisten (à 1 570 m d'altitude, à visiter absolument !), le dernier village de la vallée habité en permanence.

### Prix moyens

**Hôtel Breithorn :** *☎ 027-939-14-66. • hotelbreithorn.ch • Tlj sf lun. Doubles avec sdb 160-180 Fs, petit déj compris. Plat env 20 Fs.* Ambiance sympa dans ce gros chalet à l'entrée du village, juste avant le pont à gauche. Chambres simples, dotées d'une mini-salle de bains. Resto avec terrasse en bas.

### Chic

**Hôtel Fafleralp :** *tt au bout de la vallée. ☎ 027-939-14-51. • fafleralp.ch • L'hiver, on y accède à raquettes ou en scooter des neiges. Fév-mars et juin-oct. Selon confort et saison, doubles 150-230 Fs, dortoir 35-45 Fs/pers ; petit déj copieux inclus. Plats 32-55 Fs.* Juché tout en haut de la vallée, ce vénérable hôtel jouit d'un emplacement exceptionnel, au creux des montagnes, au milieu des arbres. Alimenté en électricité par une turbine à eau l'été, il se protège du froid derrière des milliers de lamelles de mélèze. À l'intérieur, que du bois, du parquet qui craque dans les couloirs mais pas dans les chambres, parfaitement rénovées. Aux fourneaux, le patron, jovial et inventif, marie les saveurs de sa vallée à celles glanées au cours de ses voyages. Sa spécialité, le risotto au safran (cultivé ici !) avec beignets de fromage. En contrebas, de petits chalets luxueux (l'un équipé d'un sauna) à louer également (plus chers), et une grande bâtisse avec dortoirs et des doubles moins chères, avec lavabo. Également un self-service. Au cœur de la nature, l'hôtel est aussi le point de départ de balades, notamment vers 3 petits lacs.

# À voir

***La vallée* :** on disait d'elle, jusqu'à l'arrivée des trains en 1910, qu'elle était la fin du monde. Le paysage et les gens sont, aujourd'hui encore, marqués par l'empreinte de cet isolement ancestral. Prenez donc le temps de vous imprégner de ce climat d'un autre temps, notamment en vous baladant dans les petites rues de **Kippel** (chalets des XVIIe et XVIIIe s, église du XVIe s agrandie au début du XXe s). Mais gardez du temps pour parcourir le sentier prolongeant la route jusqu'au *Langgletscher,* dans un paysage alpestre de rêve. En juillet et août, vous ne serez pas tout seul. Parking bien sûr payant.

***Le musée du Lötschental* :** *à* ***Kippel.*** *☎ 027-939-18-71. • loetschentalermuseum.ch • Juin-oct, tlj sf lun 14h-17h ; horaires réduits le reste de l'année. Fermé de nov à mi-déc. Entrée : 6 Fs ; réduc.* À travers divers objets et photos du siècle passé, ce musée reconstitue le mode de vie de l'époque, lorsque la vallée était encore isolée. Ainsi, vu le peu de ressources, les habitants contrôlaient les naissances en repoussant tout simplement l'âge du mariage jusqu'à après 30 ans. Ce sont ces célibataires qui, à l'origine, descendaient la vallée sous leur costume de *Tschäggättä* pour le carnaval. Belles collections de masques. Enfin, un film étonnant tourné par un Américain en 1916 pose sur la vallée et ses habitants un regard qui n'est pas sans rappeler celui que l'on posait sur les « indigènes » dans les expositions coloniales... Expos temporaires.

### ALBERT NYFELER, ARTISTE BANQUIER

*Personnage incontournable du XXe s dans le Lötschental, Albert Nyfeler, photographe et peintre paysagiste à succès, fut aussi le banquier de la vallée. Au plus fort de la crise des années 1930, quand lui seul disposait de liquidités grâce à la vente de ses tableaux, il achetait toutes sortes d'objets usuels aux habitants afin qu'ils puissent se nourrir. À sa mort, dans les années 1960, il légua à sa commune sa collection hétéroclite, en exigeant qu'elle soit exposée. Ainsi est né le musée du Lötschental.*

***Maskenkeller Wiler** (Atelier des masques de carnaval) :* Dorfstrasse, 3918 **Wiler.** 079-355-49-42. Les masques, condamnés au bûcher par l'Église catholique, ont failli disparaître. Un artisan, Heinrich Rieder, continue à les fabriquer à Wiler. On peut le voir travailler dans son atelier. Sa collection privée comporte 300 pièces.

## Manifestations

– ***Jeudi gras :*** c'est le jour où les innommables *Tschäggättä* déferlent sur les villages.
– ***Les Grenadiers du Bon Dieu :*** le jour de la Fête-Dieu et le dim qui suit. Autre tradition de la vallée. La troupe des Grenadiers du Bon Dieu, impeccablement vêtus d'uniformes napoléoniens, accompagne les bannières de l'Église et de la vallée.

## ZERMATT (3920) 5 780 hab.

**Zermatt est la station touristique la plus connue du Valais et, après Zurich et Genève, la troisième « ville » la plus fréquentée de Suisse. Normal : à 1 600 m d'altitude, Zermatt est au pied du mythique Cervin (*Matterhorn* en allemand), un des symboles de l'exotisme suisse. Après avoir, des siècles durant, impressionné les paysans qui côtoyaient son pied à bonne distance, le Cervin (4 478 m) a envoûté les hommes, qui n'ont eu raison de lui qu'en 1865. Aujourd'hui, les skieurs ont envahi ses contreforts.**
**Zermatt, c'est aussi une longue rue, la *Bahnhofstrasse,* étroite, animée, où circulent les voiturettes électriques marquées aux chiffres des innombrables hôtels. De part et d'autre, les chalets anciens ou modernes disparaissent sous les enseignes de magasins de souvenirs un peu kitsch ou de matériel de montagne. À l'image, finalement, de ceux qu'on y croise : alpinistes ou fous de glisse aux visages burinés comme touristes à la queue leu leu derrière leur guide !**
**Autre curiosité : la plus longue passerelle au monde (494 m de long, à 85 m de hauteur), sur un sentier de randonnée entre Zermatt et Grächen, à Randa. Elle a été inaugurée en juillet 2017.**

## Arriver – Quitter

➢ ***En voiture :*** la route s'arrête à Täsch (à 5 km de Zermatt), où les véhicules restent dans les parkings payants prévus à cet effet (4 Fs les 2h, 15,50 Fs pour 24h). Pendant que les passagers embarquent dans une navette ferroviaire (également payante : env 16,40 Fs l'A/R). Départs ttes les 20 mn. Dernier train de retour à 0h30 (5h30 ven-dim).

➢ ***En train :*** le *MGB (Matterhorn Gotthard Bahn)* peut également se prendre à partir de Brigue ou de Viège, villes desservies par le réseau interurbain.

***Gare ferroviaire :*** *à l'entrée de la station.* La gare du train pour le Gornergrat est en face. Les (très chers) taxis électriques et rares calèches sont également stationnés là. Consignes.

## Adresse utile

***Zermatt Tourismus :*** *pl. de la Gare. ☎ 027-966-81-00. ● zermatt.ch ● Tlj 8h30 (9h30 dim)-12h, 13h30-18h.*

## Où dormir ?

Zermatt possède environ 120 hôtels et 3 000 appartements de vacances... Vous pouvez, depuis le système électronique installé dans la gare, contacter directement les hôtels disponibles ou loueurs d'appartements et tenter, en dernière minute, de négocier les prix. Les hôtels appliquent 3 tarifs différents selon la saison. En été, c'est la moyenne saison. Attention, enfin, nombre d'hôtels n'acceptent pas les réservations de moins de 3 jours en saison hivernale.

### Campings

***Camping Attermenzen :*** *à Randa. ☎ 027-967-25-55. ● camping-randa.ch ● Tte l'année. Env 26 Fs pour 2 avec tente et voiture. Pas de résas en été.* Tranquille, à l'écart de la route et à l'orée de la forêt. Restaurant. Également des chambres. Navette aller-retour pour Zermatt.

***Camping Matterhorn :*** *à 200 m à gauche en sortant de la gare. ☎ 027-967-39-21. ● campingzermatt.ch ● Juin-sept. Compter 30 Fs pour 2 avec tente.* Camping très rudimentaire sur un pauvre emplacement : un bout de pelouse au bord des voies de chemin de fer. Pas franchement à la hauteur de l'image de la station.

### Bon marché

***Auberge de jeunesse :*** *Staldenweg 5. ☎ 027-967-23-20. ● youthhostel.ch/zermatt ● À 15 mn de la gare, rive gauche du torrent, en haut d'un plutôt raide escalier (préférez le bus électrique si vous êtes vraiment chargé). Tte l'année. Réception 7h-10h, 16h-22h. En dortoir 36,50-49,50 Fs/pers selon nombre de lits (4-8) et confort, doubles 101-151 Fs selon confort. Repas 17,50 Fs.* C'est l'une des plus grandes auberges de jeunesse suisses. Si la vieille maison fait couleur locale, le béton des extensions modernes détonne un peu dans cette station plutôt bois. Mais l'ensemble est très bien tenu. Machines à laver, ping-pong, baby-foot.

***Matterhorn Hostel :*** *Schluhmattstrasse 32. ☎ 027-968-19-19. ● matterhornhostel.com ● Sur la rive gauche du torrent, vers le téléphérique Matterhorn. Selon j. de sem, en dortoir 30-36 Fs/pers, doubles 92-142 Fs selon saison. Laverie.* Dans un gros chalet, une AJ indépendante, comptant 59 lits en chambres de 2 à 8 lits. C'est, de fait, l'adresse la moins chère de la station. Ne pas s'attendre donc à un confort exceptionnel (ni, d'ailleurs, à un accueil enthousiaste...). Bar et resto.

### De prix moyens à chic

**Hôtel Bahnhof :** *Bahnhofplatz 54. ☎ 027-967-24-06. • hotelbahnhof.com • Quasiment en face de la gare. Congés : de mai à mi-juin et de mi-oct à début déc. En dortoir 35-50 Fs/pers, doubles sans ou avec sdb 95-165 Fs selon confort et saison.* L'une des bonnes adresses de Zermatt, ouverte depuis 1902 et tenue par une famille de guides de montagne. Un certain charme... Chambres plutôt mignonnes et impeccablement tenues, les dortoirs aussi. Cuisine à disposition des clients (pas de petit déj servi) et coin pour manger fort plaisant.

**Hôtel Weisshorn :** *Am Bach 6. ☎ 027-967-11-12. • holidaynet.ch/weisshorn • En haut de la rue principale, après l'église. Doubles sans ou avec sanitaires 102-166 Fs, petit déj compris.* Vieux chalet rustique, aux chambres tout de bois vêtues, certaines avec balcon et vue sur le Cervin. Au rez-de-chaussée, le resto ne désemplit pas. Bonnes et copieuses spécialités au fromage, assiettes valaisannes de derrière les fagots. Accueil naturellement sympathique.

**Hôtel Helvetia :** *Bahnhofstrasse 72. ☎ 027-967-10-20. • helvetia-zermatt.ch • Au milieu de la rue principale. Doubles 120-140 Fs l'été selon taille et confort, petit déj compris.* Dans les étages d'un chalet, dans une portion de rue où Zermatt aime à faire la fête, mais il y a des chambres sur l'arrière, plus au calme. Les moins chères sont vraiment petites mais d'un honorable confort. Un peu plus d'espace et, parfois, un balcon face au Cervin pour les autres. Resto.

### De chic à très chic

**Hôtel Alpenrose :** *Oberdorfstrasse 79, en haut de la station. ☎ 027-966-40-40. • alpenrose-zermatt.ch • Congés : de mi-mai à mi-juin et de mi-oct à la veille de Noël. Doubles avec petit déj 160-250 Fs selon confort et période, l'été. Plats 15-29 Fs.* Un petit hôtel familial, idéalement situé face au Cervin, avec une grande terrasse pour profiter de la vue. Chambres simplement fonctionnelles, à l'écart du bruit (hormis celui du torrent en contrebas...). Au resto, spécialités valaisannes.

## Où manger ?

### Bon marché

**Hörnli :** *Bahnhofstrasse 28. ☎ 027-967-44-57. Au milieu de la rue principale. Tlj sf dim. Sandwich autour de 5 Fs, plats 10-22 Fs.* Boulangerie au rez-de-chaussée pour de moelleux sandwichs, et salon de thé moderne à l'étage où grignoter croque-monsieur, salades ou pâtes à l'italienne.

**Wilde Hilde :** *Metzggasse 2. ☎ 027-967-02-09. Quasiment en face de l'église. Tlj sf lun 9h-19h. Poulet-frites 10-16 Fs, sandwichs 7,50-11,50 Fs.* Le spécialiste du poulet ! Et des sandwichs à composer soi-même. À emporter ou à manger sur place entre les murs en pierre de la petite salle.

### Prix moyens

**La Pinte de l'hôtel Pollux :** *Bahnhofstrasse 28. ☎ 027-966-40-00. À deux pas de la gare. Tlj. Pâtes env 20 Fs, plats 25-50 Fs.* On y vient autant pour boire un verre que pour croquer un morceau dans un décor de bois blond. Cuisine pas mal tournée, avec fondues et raclettes à gogo, mais aussi un large choix de plats italiens et un buffet de crudités.

**Walliser Kanne :** *Bahnhofstrasse 32. ☎ 027-966-46-10. Plats 24-40 Fs.* Vaste brasserie cossue, pourtant parmi les moins chères de la station. Goûtez aux raclettes, fondues ou encore aux röstis, fort bien réalisés. S'il fait beau, allez à l'étage et installez-vous sur l'agréable terrasse qui surplombe la rue principale. Également des pâtes, risottos et pizzas à la même adresse sous l'enseigne *La Dolce Vita.*

**Le Swiss Chalet :** *Bahnhofstrasse 18. ☎ 027-967-58-55. De la gare, prendre la rue principale, puis la 2e à droite. Tlj 17h-minuit.*

*Plats 24-56 Fs, menus 38-48 Fs.* Un incontournable pour les spécialités valaisannes et autres fondues. Intérieur façon chalet d'opérette, forcément un peu kitsch. Service gentil.

**Spaghetti & Pizza Factory :** *Bahnhofstrasse 41. ☎ 027-967-19-31. Dans l'*Hôtel Post *qui regroupe 2 autres restos (tex-mex et gastro) et 5 bars et boîtes de nuit (voir « Où boire un verre ? »). Ts les soirs sf lun-mar avr-juin. Compter 40-50 Fs pour un repas complet.* Dans le décor reconstitué d'un chalet du XVIIIe s. La formule est simple et avantageuse : une basique pizza tomate-mozzarella que l'on agrémente de toutes sortes d'ingrédients et condiments. Côté pâtes, toute l'Italie est là. Clientèle jeune, on s'en serait douté.

**Whymper Stube :** *Bahnhofstrasse 80. ☎ 027-967-22-96. Congés : avr-mai et de mi-oct à déc. Résa conseillée. Raclettes env 25-27 Fs, fondues 44-47 Fs.* Une sorte d'institution locale. La table, qui porte le nom du premier vainqueur du Cervin, est installée au rez-de-chaussée du mythique hôtel *Monte Rosa*. Un vieux bistrot où l'on est accueilli par l'odeur du fromage, fondues et raclettes assurant l'essentiel des spécialités maison. Service plutôt stylé, mais ambiance décontractée.

### En altitude

**Zum See :** *lieu-dit* **Zum See.** *☎ 027-967-20-45. Pour y accéder, 2 solutions : emprunter le téléphérique jusqu'à Furi (20 Fs A/R), redescendre par la route puis prendre le sentier jusqu'à Zum See (compter 15 mn) ; ou emprunter le chemin forestier depuis Zermatt (très belle balade accessible à ts ; compter 45 mn). De mi-déc à mi-avr et fin juin-fin sept, 12h-17h. Résa (par tél) quasi impérative, l'hiver notamment. Plats 18-49 Fs.* Une adresse qui se mérite. Un joli hameau à flanc de montagne, un intérieur coquet et chaleureux, par beau temps quelques tables et bancs dehors juste à côté de l'étable, et le décor est planté. Ici, la famille Mennig tient haut le flambeau de cette table désormais réputée. La clé du succès : des produits très frais, des recettes simples et authentiques, quelques spécialités typiquement valaisannes, des assiettes toujours généreuses. Délicieuses glaces maison l'été. En redescendant vers la station, de juillet à septembre, vous pourrez voir le « jardin aux herbes Ricola », plantations servant à la fabrication des célèbres pastilles.

**Les Marmottes :** *à* **Furi.** *☎ 027-967-82-82. Prendre le téléphérique jusqu'à Furi (20 Fs A/R) ; c'est ensuite à 10 mn à pied, au-dessus de la gare d'arrivée (fléché). En saison, tlj 9h-18h sf mer. Plats 15-49 Fs.* En terrasse avec vue ou dans le cadre typique (jusqu'à la musique d'ambiance !) d'un chalet récent, une cuisine familiale et très couleur locale mais avec un petit truc en plus : produits bien choisis, bonnes idées de la cuisinière... Excellent accueil.

## Où boire un verre ?

**Elsie Bar :** *Kirchplatz 16. En face de l'église. Tlj 16h-2h. Congés : mai.* Toutes les victoires sur le Cervin se fêtent (au champagne, bien sûr) entre les vieilles boiseries de cette petite salle cosy. Grand choix de vins, whiskies et autres cocktails. Une vraie institution à Zermatt.

**Hôtel Post :** *Bahnhofstrasse 41.* Ouvert dans les années 1960 par un ancien militaire américain, cet hôtel chic abrite pas moins de 5 bars et clubs. En rez-de-chaussée, le *Brown Cow Pub* est le plus « populaire » dans tous les sens du terme. Juste derrière, *The Pink Music Bar* *(ouv l'hiver slt)* est le bar à concerts le plus connu de Zermatt. Quelques people en sont des habitués.

**Grampi's Pub :** *Bahnhofstrasse 70. En face de l'*Hôtel Post. Pub à la déco baroco-design mais plutôt chaleureux, repaire des jeunes travailleurs de la station (et presque 100 % anglophone...). Pizzeria à l'étage, ouverte jusqu'à 1h.

**Papperla Pub :** *Steinmattstrasse. ☎ 027-967-40-40. Rive gauche du torrent, dans la rue qui prolonge le* *pont, en contrebas de l'église. En saison, tlj 16h-2h.* Les locaux l'appellent tout simplement « le pub ». Décor soigné, idéal pour l'après-ski en hiver (ou pour l'après VTT ou rando en été !).

## À voir

**Mattherhorn Museum** *(musée du Cervin)* **:** *pl. de l'Église. ☎ 027-967-41-00. De mi-déc à fin mai, tlj 15h-19h (20h ven) ; en mi-saison, tlj 14h-18h ; juil-sept, tlj 11h-18h. Entrée : 10 Fs ; réduc ; gratuit moins de 9 ans.* Sous un dôme de verre, un musée plutôt étonnant puisqu'il est conçu comme une fouille archéologique du Zermatt du XIXᵉ s (Zermatlantis !), où cohabitaient grands hôtels et habitats traditionnels (dont on trouvera ici des reconstitutions). La visite permet évidemment de tout savoir sur la tragique première ascension du Cervin par Edward Whymper. La corde brisée est là, dans une vitrine. Plutôt émouvant. Comme, à deux pas du musée, au pied du clocher de l'église, le petit cimetière des alpinistes où reposent tous ceux qui ont laissé leur vie à vouloir vaincre les sommets voisins...

### LA MONTAGNE ACCOUCHE D'UN PRODUIT

*Publicité et marketing ont largement utilisé la si caractéristique silhouette du Cervin. Et, bien sûr, sur l'emballage du célèbre Toblerone. Même si la forme triangulaire de cette spécialité chocolatière n'a rien à voir avec le mythique sommet. Elle a en fait été inspirée par une pyramide humaine, formée par des danseuses des* Folies-Bergère *à Paris...*

**Le vieux village :** *de part et d'autre d'Hinterdorfstrasse. Visite guidée en saison (1h30), en principe lun à 16h en français, mar en anglais et mer en allemand (10 Fs). Rens à l'office de tourisme.* De vieux raccards, une porcherie, des écuries, des granges des XVIᵉ et XVIIᵉ s. Et une fontaine en hommage à Ulrich Inderbinen, guide local, qui a (de l'âge de 21 ans à celui de... 90 !) gravi 371 fois le Cervin.

## À faire

**Le petit Cervin :** *accès direct par téléphérique (compter 45 mn) depuis Furi au fond de la vallée ou, depuis Zermatt, par télécabine jusqu'à Trockener Steg puis par téléphérique. A/R : 100 Fs depuis Zermatt. • matterhornparadise.ch •* Le *klein Matterhorn* (pour lequel le tourisme a inventé le nom de *Mattherhorn Glacier Paradise...*) culmine à 3 883 m. Il présente l'avantage indéniable d'être directement accessible par le téléphérique le plus élevé d'Europe. Au sommet, vue circulaire ébouriffante sur un paysage d'une beauté à couper le souffle, portant jusqu'au mont Blanc en France, au mont Viso et au Grand Paradis en Italie. Attention, d'une part il peut faire très froid même en plein été, et d'autre part vous risquez de ressentir très fort la raréfaction de l'oxygène : évitez les mouvements brusques. Des ascenseurs descendent vers un Palais de glace, le plus haut du monde, orné de sculptures *(entrée payante).* Resto. Ski toute l'année sur le glacier du Théodule, une expérience à vivre (chèrement...) et snow-tubing l'été.

**Le Gornergrat :** *départ de Banhofplatz, en face de la gare ferroviaire. A/R : 94 Fs. • gornergratbahn.ch •* Un célèbre train à crémaillère, plus haute voie ferrée d'Europe, vous emmène en 35 mn jusqu'à 3 089 m. S'il fait beau (évidemment !), panorama exceptionnel, entre autres, sur le mont Rose, le Weisshorn, et bien sûr le Cervin. Quelques mètres de plus et on atteint, à pied et le souffle court, les 3 100 m, marqués par une petite chapelle aux centaines de bougies, au pied du *Kulmhotel* et de son télescope. Nombreux départs de balades. Arrêt possible aux stations intermédiaires de Riffelberg (2 582 m) ou de Rotenboden (2 815 m) d'où l'on a une vue imprenable sur les langues de glace qui descendent des sommets. Plusieurs hôtels et restos d'altitude sont situés le long du parcours.

**Le Rothorn :** *départ du Sunnega Express en face de la gare ferroviaire. A/R : 67 Fs (24 Fs jusqu'à Sunnega ; 48 Fs jusqu'à Blauherd). • matterhornparadise.ch •* Un funiculaire souterrain (métro, rando, dodo !) conduit au hameau de Sunnega (2 288 m), d'où la vue est déjà admirable (et où les marmottes s'avèrent très sympas). Puis télécabine jusqu'à Blauherd (2 588 m), où vos marmots se défouleront sur un terrain de jeux, le *Paradis des nains,* après avoir parcouru le *sentier des Marmottes,* sur lequel des sculptures en bois décrivent le mode de vie desdites bestioles. Enfin, téléphérique panoramique jusqu'au Rothorn (3 100 m), où se trouve une expo d'art en plein air et où le Cervin, entouré de la Couronne Impériale, vous offre son côté le plus photogénique. De Sunnega, redescente possible par un chemin traversant une forêt d'arolles jusqu'au *Grünsee* (lac Vert). Par temps chaud, son eau peut monter jusqu'à 22 °C : baignade idyllique avec une toile de fond d'un chic... Retour soit en rejoignant le funiculaire du Gornergrat à Riffelalp, soit en dévalant la pente jusqu'à Zermatt. Dans ce dernier cas, compter au moins 5h de marche au total.

**Le Schwarzsee :** *A/R : 50 Fs.* Courte (un petit quart d'heure) mais belle montée en télécabine jusqu'à ce lac de montagne situé à 2 583 m, d'où l'on peut s'élancer vers le refuge du Hörnli (récemment rénové), juste au pied du Cervin, à 3 260 m. Ceux qui souhaitent connaître l'ambiance grisante d'un départ d'ascension peuvent s'y rendre et tenter d'y dormir. Redescente possible à pied (compter quand même 3h30-4h...).

# SAAS-FEE

(3906) 1 710 hab.

**Saas-Fee est la station sœur de Zermatt. Mais le développement de Saas-Fee est plus récent, puisqu'il a fallu attendre 1952 pour que soit ouverte la route, escarpée, qui y conduit. Qui s'y arrête aussi : Saas-Fee est interdite aux voitures. Dans une conque spectaculaire de roche, de glace et de neige, entourée par 18 sommets « plus de 4 000 m », Saas-Fee mérite donc son titre de « perle des Alpes », entièrement dévolue au tourisme. Au pied des Mischabel, que le vent drape régulièrement d'écharpes floues de neige ou de nuages, la station est l'une des cartes maîtresses du Valais.**

## Arriver – Quitter

➢ ***En voiture :*** de Stalden, bifurquer dans la vallée de Saas pour atteindre Saas-Balen, Saas-Grund puis Saas-Fee. On gare la voiture dans l'un des parkings situés à l'entrée du village (gratuit pour 3h, 5 Fs les 4h, 14 Fs pour 24h ; tarifs préférentiels avec le « passeport citoyen » pour qui passe plus de 1 nuit). Dans le parking, un tableau de réservation hôtelière permet d'appeler l'établissement où vous avez réservé afin qu'un des véhicules électriques, les seuls habilités à circuler dans le village, vienne vous récupérer, avec ts vos bagages. Taxis également mais très chers.

➢ ***En bus :*** service assuré au départ de Viège (Visp) ou de Brigue.

## Adresse et info utiles

Toute la vallée s'est autoproclamée « République libre des vacances » avec sa constitution, son petit poste de douane symbolique à l'entrée et un passeport citoyen qui vous est remis par l'hébergeur si vous décidez de passer au moins une nuit dans le coin. Passeport qui vous offre l'été (10 % de réduc en hiver) la gratuité de toutes les remontées mécaniques, du bus postal de la vallée et de nombreuses réductions.

**Saas-Fee Tourismus :** *Obere Dofstrasse 2. ☎ 027-958-18-58. • saas-fee.ch • À l'entrée de la station depuis le parking. En saison, lun-ven 8h30-12h, 14h-18h ; sam 8h-18h ; dim 9h-12h, 15h-18h.* Un tableau avec les hôtels, leur situation et leurs prix est installé à l'extérieur.

## Où dormir ?

### Campings

**Am Kapellenweg :** *juste à la sortie de Saas-Grund, en direction de Saas-Almagell. ☎ 027-957-49-97. • kapel lenweg.ch • De mi-mai à mi-oct. En hte saison, env 28 Fs pour 2 avec tente et voiture.* Grand pré tout plat au bord d'un torrent.

**Mischabel :** *en dehors de Saas-Grund, en direction de Saas-Almagell. ☎ 027-957-16-08. • campingmi schabel.com • Juin-sept. Env 30 Fs en saison pour 2 avec tente et voiture.* Dans un pré en pleine nature (à 15 mn à pied du village). Pas mal ombragé, mais rappel : on est à 1 600 m d'altitude.

### De bon marché à prix moyens

**Garni Alba :** *Lomattenstrasse 17. ☎ 027-957-27-24. • alba-albana.ch • Du parking aérien, entrer dans le village par la droite, prendre encore à droite au bout de la rue ; c'est juste après, sur la gauche. Doubles 110-140 Fs selon saison, petit déj inclus.* Genre gros chalet fleuri avec des chambres rénovées, avec bains et balcons, d'un plus qu'honorable rapport qualité-prix. Également des studios et des appartements dans un autre bâtiment.

**Hôtel Bergheimat :** *Obere Dorfstrasse 15. ☎ 027-957-18-39. • top-of-saas.ch • À 50 m de l'office de tourisme, dans la rue qui en descend. Double 130 Fs, petit déj compris. (payant).* Un hôtel familial sans vraiment de charme. Chambres avec balcon, un peu petites mais convenables.

### Chic

**Hôtel Imseng :** *Dorfstrasse 35. ☎ 027-958-12-58. • hotel-imseng.ch • Dans la rue principale. Doubles 120-180 Fs avec douche à l'étage et 150-240 Fs avec sdb ; dortoir 35-40 Fs/pers ; petit déj inclus.* Chambres rénovées et spacieuses, où règne souvent une odeur de bon pain. Normal, c'est également une boulangerie. Vous prendrez d'ailleurs votre petit déj au *tea-room* avant de faire un tour au musée de la Boulangerie. Accueil franchement chaleureux.

**Park-Hotel :** *Bielmattweg 1. ☎ 027-958-19-90. • parkhotel-saas-fee.ch • En contrebas de l'office de tourisme. Congés : janv et de fin avr à mi-juin. En été, doubles 206-240 Fs selon saison, petit déj inclus. ½ pens possible.* Joli établissement, en plein centre et cependant au calme, dans un quartier entouré de rues commerçantes. Chambres claires et confortables, avec d'appréciables terrasses. Le patron (et chef de cuisine) est français, et toujours ravi d'accueillir des compatriotes en vacances. Une adresse où l'on se sent bien.

## Où manger ?

### De prix moyens à chic

**Zur Mühle :** *Dorfstrasse 61. ☎ 027-957-26-76. Au bout de la rue principale, à gauche juste avt le pont. Tlj. Congés : mai et nov. Assiette du jour env 20 Fs, plats 18-44 Fs.* Ce n'est pas tant pour la cuisine (classique : fondues, röstis, steak tartare) que pour le cadre qu'on vous le recommande : si vous aimez les vaches, vous allez adorer ! Tout le décor est ici consacré à cet animal emblématique des montagnes. Pour une soirée romantique, réservez une table dans la salle à manger perchée au-dessus de la rivière. Ça vaut le coup d'œil. Accueil vachement sympa.

**La Gorge :** *Blomatttengeng 2. ☎ 027-958-16-80. Au bord du torrent ; fléché depuis la place centrale. Congés : mai-juin. Menu midi 24 Fs (27 Fs dim), plats 21-48 Fs.* Ce resto a des allures de château fort en carton-pâte, dominant les gorges et le pont. Une magnifique terrasse permet de profiter du point de vue tout en appréciant la belle cuisine du chef. Également quelques chambres et studios.

**Chüestall Steakhouse :** *Hanninggasse 10. ☎ 027-957-52-22. Dans une ruelle qui descend sur la gauche de l'office de tourisme. Tlj midi et soir. Plats 25-50 Fs.* Sous des intitulés volontiers intrigants, toutes sortes de viandes et quelques poissons grillés ou cuisinés, à déguster dans une ambiance western à la suisse : roues de chariot, crâne de bœuf, bottes de foin, coussins et rideaux imitation peau de vache (et même un aquarium à piranhas !).

**La Ferme :** *Obere Dorfstrasse 30. ☎ 027-958-15-60. Dans la rue centrale. Tlj. Menu midi env 30 Fs, plats 29-52 Fs.* Un resto qui, entre les peaux de mouton de la tranquille terrasse et la pile de bois à côté du poêle dans la salle lambrissée, en fait des tonnes dans le registre traditions locales (jusqu'au service en tenue traditionnelle). Mais pour la Suisse et pour Saas-Fee, le menu du midi ressemble à une affaire.

## Où boire un verre ?

**Popcorn :** *Obere Dorfstrasse 6. ☎ 027-958-50-00. Dans la rue qui descend de l'office de tourisme.* C'est, en hiver, le bar-club attitré des surfeurs des neiges. Déco « à l'ancienne », mais ambiance jeune et franchement débridée certains soirs (souvent des DJs).

En fin de soirée, c'est au ***Poison*** ou au ***Fee Pub*** qu'il faut aller.

# À voir. À faire

**Mittelallalin :** *accès par le téléphérique de Felskinn (à 300 m en amont de la station ; navette payante depuis la poste si vous ne voulez pas y grimper à pied) ou (en juil-août) par l'*Alpin Express *au départ de la station. Puis métro depuis Felskinn. A/R 75 Fs.* Ce col au pied de l'Allalin est surtout connu parce qu'on y accède via le *métro des neiges,* un métro alpin souterrain qui conduit au restaurant tournant le plus haut du monde (le *Threes!xty* culmine à 3 500 m et, évidemment, les prix y prennent aussi de l'altitude). À côté, également la plus grande grotte glaciaire du monde *(ouv aux mêmes heures que le métro alpin ; entrée : 10 Fs)* : inaugurée en 1990, il a fallu évacuer environ 100 m³ de roche et 5 000 m³ de glace pour dégager un tunnel d'accès de 71 m, sous une épaisseur de 10 m. Température ambiante : - 5 °C en hiver, et 2 °C en été ! Et n'oubliez pas qu'à cette altitude l'oxygène se raréfie quelque peu. Ski d'été possible.

**Le chemin de Saas-Fee :** une suggestion de randonnée parmi quelques dizaines d'autres (250 km de sentiers balisés). Emprunter la télécabine de Hannig *(36 Fs A/R)* pour partir de la station située à 2 350 m d'altitude. Prendre la direction de Schönegg et poursuivre le sentier en légère descente direction Torrenbach. Admirer la vue superbe tout en lisant les panneaux sur l'écologie villageoise, les modes de vie de la population, la végétation, le glacier de Fee, etc. En passant à proximité du lac des Glaciers, s'engager sur le chemin en direction de Spielboden, où l'on croise de nombreuses marmottes peu farouches (elles viennent vous manger dans la main). Redescendre en télécabine depuis le restaurant de Spielboden. Durée : environ 4h.

# BRIGUE (BRIG)

(3900) 12 5200 hab.

**Pour toute la Suisse occidentale, Brigue, « capitale » du Valais germanophone, est l'une des portes ouvrant sur l'Italie. C'est en effet par le col et le tunnel du Simplon que voitures et trains traversent les Alpes. Dévastée en 1993 par des inondations, la ville a depuis pansé ses plaies. Le centre a retrouvé ses pavés et perdu ses voitures. Les tourelles jointes aux bulbes du château Stockalper répondent aux montagnes qui ferment le ciel, où résonne toujours un carillon.**

## Arriver – Quitter

➢ ***En voiture :*** Brigue est un véritable carrefour, accessible par l'ouest en remontant la vallée du Rhône à partir de Sierre, au nord par le col du Grimsel, à l'est par le col de la Furka et du Nüfenen, et de l'Italie par le col du Simplon !

➢ ***En train :*** la ville est aussi un important passage ferroviaire, traversée par la ligne internationale du Simplon (Paris-Milan par Lausanne et Sion), celle du *NEAT* (au départ de Berne), celle du Lötschberg (l'ancienne ligne, au départ de Berne), ou encore par celle du *MGB (Matterhorn Gotthard Bahn),* qui vient du canton d'Uri.

***Gare ferroviaire et routière :*** *☎ 0900-300-300 (1,19 Fs/mn).* Dernière étape *SBB/CFF* avant le tunnel du Simplon et l'Italie, la gare de Brigue est également le terminus des cars et de la compagnie ferroviaire *Matterhorn Gotthard Bahn (MGB).*

## Adresse utile

***Office de tourisme :*** *Bahnhofstrasse 2 (face à la gare). ☎ 027-921-60-30. • brig-simplon.ch • Lun-ven 9h (8h de mi-juin à fin sept)-12h et 13h30-17h.*

## Où dormir ?

### Camping

***Geschina :*** *Geschinastrasse 41. ☎ 027-923-06-88. • geschina.ch • À deux pas de la piscine et à 10 mn à pied de la gare. De mi-avr à mi-oct. Env 25 Fs pour 2 avec tente et voiture.* Un camping un peu urbain, mais agréable et ombragé. À proximité des équipements sportifs.

### Prix moyens

***Hôtel Central Steakhouse :*** *Gliserallee 50. ☎ 027-923-50-20. • hotel-central.ch • Dans une rue qui part de la Marktplatz. Doubles avec sanitaires 110-180 Fs, petit déj compris. Parking gratuit.* Chambres franchement rustiques (mobilier ancien, grand lit en bois) ou plus contemporaines-fonctionnelles, avec ou sans mini-balcon mais toutes confortables. Également un sauna. Terrasse et grillades en plein air. Accueil prévenant. Une bonne adresse.

***Hôtel Good Night Inn :*** *Center Saltina. ☎ 027-921-21-00. • brig-wallis.ch • Face au pont d'entrée dans la vieille ville. Double 109 Fs, petit déj-buffet et parking inclus.* 160 chambres tout confort et climatisées, à la déco simple mais impeccable, dans un grand immeuble récent. Un excellent rapport qualité-prix et une situation idéale, à 50 m de la place principale et du centre ancien.

## Où manger ?

### De prix moyens à chic

**Restaurant de la Place :** *Alte Simplonstrasse 29. ☎ 027-923-12-02. Non loin du château. Menu du jour env 20 Fs, pâtes et pizzas 15-20 Fs.* Cette grosse maison à la façade ocre respire déjà le Sud. Même chose pour la cuisine, classiquement italienne, pas renversante mais honnête pour le prix. Agréable terrasse.

**Couronne :** *Bahnhofstrasse 14. ☎ 027-924-24-64. Menu du jour env 25 Fs, sandwichs 8-13,50 Fs, plats 21-27 Fs.* Au rez-de-chaussée d'une presque extravagante maison du siècle dernier, une grande brasserie moderne (voire design) qui propose une plus qu'honnête cuisine traditionnelle, notamment au travers de menus du jour à des prix vraiment corrects. Belle terrasse sur la place.

**Restaurant du Pont :** *Marktplatz 1. ☎ 027-923-15-02. Formule du jour (plat et salade) env 30 Fs, menu complet 55 Fs.* Comme son nom le suggère, il se trouve à côté du pont qui permet d'entrer dans la vieille ville de Brigue. Cadre et cuisine classiques, avec un net penchant pour la viande rouge. Terrasse.

### Très chic

**Schlosskeller :** *Alte Simplonstrasse 26. ☎ 027-923-33-52. Tlj sf dim et lun. Plats du jour 17-19 Fs, business lunch 26,50 Fs, menus 42-72 Fs, plats 35-49 Fs.* Les salles, qui se trouvent directement dans l'enceinte des anciens murs du château de Stockalper, ont un charme fou. Cuisine gastronomique bienvenue lorsqu'on est lassé de la raclette et des rösti.

## À voir

**Le château de Stockalper :** *5-6 visites guidées/j., mai-oct, tlj sf lun 9h30-16h30. Tarif : 8 Fs ; réduc. Rens à l'office de tourisme.* La vieille ville mérite une visite, notamment le palais Stockalper, relié par une élégante galerie à arcades de deux étages à la maison Peter-Stockalper. Du haut des tours du château, on remarque les tourelles des maisons bourgeoises, qui imitent celles bâties par Kaspar von Stockalper en 1663. Le maître des lieux, appelé le « roi du Simplon », fut très puissant dans le Valais du XVIIe s. C'est lui qui, avant Napoléon, réveilla le col du Simplon et y installa des péages. Lui encore qui creusa des canaux dans la plaine du Rhône pour le transport du sel. Gratuitement, on peut pénétrer dans la cour du château pour contempler ses arcades et ressortir par un parc aux pelouses lascives…

## DANS LES ENVIRONS DE BRIGUE (BRIG)

**Le glacier d'Aletsch :** une langue glaciaire impressionnante, inscrite au Patrimoine mondial de l'Unesco. Différents accès sont possibles, chacun des localités de départ pouvant être atteinte par le train *MGB* ou en voiture, direction Furka.

➢ De Mörel (à 10 km de Brigue), on peut prendre le téléphérique jusqu'à Riederalp, gentille petite station sans voitures *(☎ 027-928-66-11 ; ● riederalpbahnen.ch ● ; compter 19,60 Fs A/R)*, puis le télésiège qui mène au Moos Fluh *(fermé de mi-avr à début juin et fin oct-début déc ; 20 Fs A/R)*. La vue est époustouflante. Le glacier d'Aletsch s'étend impérialement à vos pieds. Redescendre alors à pied le long de la crête jusqu'à la Riederfurka, au-dessus de Riederalp (balade facile d'environ 1h). La balade permet de traverser la remarquable *forêt d'Aletsch*, dont certains arolles (un résineux remarquable) auraient plus de 700 ans, et de visiter la *villa Cassel,* un ancien manoir qui renferme le *Centre Pro Natura d'Aletsch* *(ouv de mi-juin à mi-oct 9h-18h ; entrée : 8 Fs).* Géologie, flore et faune alpines sont précisément décrites ; l'histoire de la villa ainsi que de ceux qui y ont vécu est également retracée. Une fois de retour à Riederalp, on peut visiter le *musée de l'Alpage.* Fabrication du fromage sous vos yeux *(de mi-juil à mi-oct, mer à partir de 16h).* De quoi bien remplir la journée !

➢ De Betten (à 11 km de Brigue), deux téléphériques grimpent jusqu'à Bettmeralp *(• bettmeralp.ch • ; A/R : 19,60 Fs).* Plusieurs sentiers s'offrent aux très bons marcheurs. Les routards au pas assuré monteront au *Bettmerhorn* (2 647 m) par un sentier partiellement taillé dans le roc et sécurisé par des câbles d'acier : admirable vue panoramique sur la vallée du Rhône et le glacier d'Aletsch. Les autres paieront pour prendre la télécabine *(24 Fs A/R).*

Encore mieux pour les routards bien entraînés et non sujets au vertige : le ***sentier d'altitude de l'Unesco*** du Bettmerhorn (lire plus haut) à l'Eggishorn. Vue époustouflante sur le Bietschhorn et l'Aletschhorn, qui semblent réellement à portée de la main, mais aussi sur la Jungfrau, la vallée du Rhône, la vallée de Binn et toutes les Alpes valaisannes. Balisage blanc-bleu-blanc. Surtout, ne pas s'écarter du chemin balisé, en particulier entre le Bettmerhorn et l'Elselücke, et soigner son équipement. Compter au minimum 4h.

De Fiesch (à 13 km de Brigue), prendre le téléphérique jusqu'à l'***Eggishorn*** *(☎ 027-971-27-00 ; • eggishorn.ch •).* La qualité de la vue de la rando précédente, sans la fatigue ni le vertige mais avec une ponction supplémentaire au portefeuille *(45 Fs A/R).* Redescente possible jusqu'à la station intermédiaire de Kühboden-Fiescheralp via Märjelen, en suivant l'itinéraire de montagne « Du glacier à l'eau ». Compter 4h pour 650 m de dénivelée.

***La vallée de Conches*** *(Goms)* **:** peuplée des villages de Mörel, Fiesch, Reckingen, Münster et Ulrichen, petites merveilles aux chalets couverts de fleurs, c'est un lieu de villégiature d'un grand attrait pour l'amoureux de nature et de montagne. Paradis des skieurs alpins et nordiques en hiver, la vallée se transforme en haut lieu de la marche et de la balade de montagne en été. 26 km de pistes cyclables ont été aménagées pour les VTT. On peut aussi entamer une descente du Rhône en rafting ou effectuer un trek avec des lamas. Plusieurs virées de 1 journée peuvent être entreprises au départ de Brigue. *Rens : Goms Tourismus, 3984* ***Fiesch.*** *☎ 027-970-10-70. • goms.ch •*

## LE CLIMAT CHANGE, LA PRIÈRE AUSSI

*Depuis 1678, les habitants de Fiesch priaient contre l'avancée du glacier qui provoquait des dégâts considérables. Avec le réchauffement climatique, ils ont inversé leurs prières et souhaitent désormais que le glacier s'arrête de fondre. Peut-être ont-ils trop prié ?*

***Le glacier et la source du Rhône :*** *à 55 km de Brigue.* À partir d'Oberwald, ça grimpe dur. Après un premier palier à Gletsch se découvre le panorama sur le glacier et le torrent qui s'en écoule. Beau point de vue un peu en dessous de l'hôtel *Belvédère.* Du glacier, les flots dévalent la pente, cascadent, creusent la roche en des gorges que l'on admire de loin... tout accès est réputé dangereux. Au niveau de l'hôtel, passer par la boutique de souvenirs pour déboucher sur la terrasse par la porte au fond à gauche : panorama sur le glacier, la vallée et, au loin, le mont Rose et le mont Blanc. On peut éviter la grotte de glace, payante et bien modeste, surtout si l'on a déjà vu celles de Saas-Fee ou du petit Cervin.

***Les bains de Brigerbad :*** *à 5 km de Brigue, entre Viège et Gamsen. ☎ 027-948-48-48. • thermalbad-wallis.ch • Tte l'année 9h30-18h (19h en hte saison). Le toboggan et le tourbillon d'eau ne sont accessibles qu'après 13h30. Entrée aux* *bains : 24 Fs la journée, 18 Fs pour l'ap-m ; petit supplément pour accéder à la grotte.* Les piscines thermales de plein air (27 à 37 °C) sont les plus grandes de Suisse. Vous pourrez également vous délasser dans la première piscine thermale en grotte glaciaire d'Europe. La température de l'eau varie de 40 à 42 °C. Bassin-rivière avec une température de 30 à 33 °C.

***Le Glacier Express :*** ce train reliant Zermatt à Saint-Moritz dessert Brigue. Excursion grandiose en train panoramique, avec possibilité de prolonger ce voyage, depuis Saint-Moritz jusqu'à Lugano (Tessin), grâce au bus *Palm Express*. Compter alors 2 jours pour ne pas trop stresser. • *glacierexpress.ch* •

# HOMMES, CULTURE, ENVIRONNEMENT

## ABRIS

La loi fédérale de 1971 prévoit que chaque citoyen suisse doit disposer d'une place dans un abri offrant une protection efficace contre les dangers de la guerre atomique, chimique et bactériologique. La Protection civile a donc aménagé les sous-sols... plus troués que des emmentals ! Systèmes d'extraction de l'air, filtres à air et à eau, pompes à déchets organiques, sas de décontamination, groupes électrogènes autonomes, cuisines avec réserves alimentaires, installations sanitaires, dortoirs (unisexes) aussi spartiates que des chambrées de casernes, tout a été prévu ! L'espace vital de chaque occupant est limité à... 1 $m^2$. Par ailleurs, toute nouvelle construction doit être dotée d'un abri complètement équipé.
Les Suisses seraient-ils légèrement paranos ? La majorité d'entre eux prennent plutôt les choses à la rigolade. Et pas mal d'abris familiaux, à défaut d'accumuler les réserves alimentaires, font office d'excellentes caves à vins... et de réserve à skis, voire de coffres-forts !

## ARMÉE

On prétend souvent que chaque Suisse possède un fusil dans son grenier... Eh bien, c'est presque vrai. Jusqu'à encore récemment, chaque soldat gardait son fusil et ses 24 cartouches chez lui ! L'armée suisse est, en effet, une armée de milice, sans professionnels (sauf quelques centaines d'instructeurs et de très hauts gradés). Elle a subi une profonde réforme, mais le système est, en gros, le suivant : n'importe quel citoyen mâle est astreint au service militaire. Il suivra d'abord une école de recrue (18 à 21 semaines), puis, à intervalles réguliers, des cours de répétition de 2 à 3 semaines, jusqu'à l'âge de 34 ans. Entre chaque cours, il est renvoyé à la maison avec tout son équipement militaire, y compris son arme dont le citoyen a besoin presque une fois par an (il y a des contrôles d'une journée ou encore des tirs obligatoires...) ; d'autre part, il est censé être mobilisable dans un délai de 24h. Une refonte complète du système de défense a été envisagée, notamment avec suppression éventuelle du service militaire. Mais rien n'est encore fait !

## BOISSONS

### Les vins

Les vins suisses ne sont pas des vins de garde. Leur exportation est confidentielle, en raison principalement de leur prix. La grande majorité des vignes se trouvent en Suisse romande. Pour en savoir plus : • *swisswine.ch* •
– ***Les vins blancs*** sont souvent remarquables. Ils sont issus du chasselas surtout (la Suisse est l'un des rares pays à le vinifier), mais aussi du sylvaner (*Johannisberg* en Valais), du riesling, des pinots gris et blanc, ou encore du chardonnay. Quelques spécialités valaisannes à ne pas manquer, si vous avez la chance de vous en faire proposer : l'*amigne,* la *petite arvine* et l'*humagne blanc.* Mais Genève est certainement le meilleur « laboratoire » côté innovation.

– ***Les vins rouges*** proviennent surtout du gamay et du pinot noir, mais aussi du merlot (au Tessin surtout, un peu à Genève). Il faut absolument goûter un *humagne rouge valaisan* ou, mieux encore mais nettement plus rare, un *cornalin* : souvent de vrais seigneurs. Santé, et bonne route (mais attention, pas plus de 0,50 g/l au volant, voire carrément 0 pour les nouveaux conducteurs : contrôles fréquents) !

### Les eaux

Principales marques d'eaux minérales suisses : Henniez, Aproz, Valser... La Suisse propose également une curiosité : une boisson gazeuse à base de lactosérum (le petit-lait) et de plantes, commercialisée depuis 1952 sous le nom de Rivella, et à la recette évidemment tenue secrète. Il en existe plusieurs variétés (bleue, rouge et verte).

### Absinthe et eaux-de-vie

Il semble bien que la fameuse fée verte soit née en Suisse. En tout cas, la toute première distillerie d'absinthe a été créée dans le Val-de-Travers. Depuis 2005 et la levée de presque un siècle d'interdiction, c'est à nouveau dans le Val-de-Travers que se concentrent les distilleries d'absinthe (une vallée où on a toujours distillé clandestinement...). Si on distille également des fruits (notamment des poires Williams) un peu partout en Suisse, le Valais s'est fait une vraie spécialité de l'abricotine.

#### DEUX EN UN

*En 1797, Henri-Louis Pernod fonde la première distillerie d'absinthe à Couvet, petit village du Val-de-Travers, avant d'établir sa société « Pernod fils » à Pontarlier (Jura français). En 1872, en Avignon, un autre Pernod, Jules-François, sans lien de parenté avec le premier, crée « Pernod père et fils », une distillerie d'absinthe. Une fois la fée verte interdite, il crée l'Anis Pernod auquel ceux de Pontarlier répondent par leur Anis Pernod fils ! S'ensuit alors un procès Pernod contre Pernod, gagné par ceux d'Avignon. Et dans la foulée, la même année, les deux sociétés homonymes... fusionnent ! L'union suivante, ce sera avec Ricard...*

## CHOCOLAT

On ne saurait évoquer la gastronomie helvétique sans parler de chocolat, incontestablement symbolisé par la barre crénelée de *Toblerone* ; la Suisse l'a pourtant découvert bien après l'Italie et n'en a fait sa réputation qu'au XIXe s, grâce à quelques individus particulièrement bien inspirés. François-Louis Cailler a l'idée de la barre de chocolat. Puis Charles-Amédée Kohler fait un carton en mélangeant chocolat et noisettes dès les années 1830. Dès 1832, le seul canton de Vaud compte 27 entreprises chocolatières. Ensuite, Daniel Peter marie le lait au cacao et crée le chocolat au lait. Plus tard encore, un certain Rodolphe Lindt met au point un nouveau procédé d'affinage en ajoutant du beurre de cacao à la pâte de chocolat. Et, enfin, en 1913, Jules Séchaud pense le premier à fourrer ses préparations. Du coup, le chocolat est devenu une spécialité suisse !
Les Suisses ont consommé, en 2016, 11 kg de chocolat par personne, ce qui, même si la consommation baisse régulièrement, fait d'eux les plus gros consommateurs au monde !

#### LES ÉCUREUILS SONT CONTENTS

*Ils sont heureux d'apprendre que c'est le chocolatier Charles Amédée Kohler qui, lors d'essais pour trouver une nouvelle recette de chocolat, inventa le chocolat aux noisettes de Lausanne, en 1830.*

Petite leçon pour ne pas grossir idiot. Il existe grosso modo deux variétés de cacao : le *criollo*, principalement cultivé en Amérique du Sud, et le *forestero*, qui vient d'Afrique occidentale. La fermentation et le séchage – sur place – sont essentiels pour la qualité à venir. Le reste est l'affaire du chocolatier : c'est lui qui va d'abord torréfier les fèves importées, puis les décortiquer, les concasser et les mélanger à son goût. Il va alors moudre le tout afin d'obtenir une pâte de cacao, qui sera elle-même pressée pour séparer le beurre de cacao du cacao pur, transformé en poudre. La suite dépend des spécialités visées. Le chocolat noir est un mélange de pâte de cacao, de beurre de cacao et de sucre. Ajouter le lait (au bon moment...) pour obtenir le chocolat au lait. Et mélanger le beurre de cacao avec du lait et du sucre pour obtenir le chocolat blanc. La phase finale est, en revanche, commune : le tout sera à nouveau broyé, puis affiné, selon des recettes jalousement gardées par chaque chocolatier, et enfin mis en forme (tablette, praliné, œuf ou lapin, etc.).
Faut-il autoriser l'utilisation de graisses végétales (meilleur marché et moins sensibles à la chaleur) en lieu et place du beurre de cacao ? Le gouvernement suisse a répondu oui, ce qui en a choqué plus d'un, et l'Europe lui a joyeusement emboîté le pas. Du coup, si vous êtes accro du cacao pur et dur, jetez un œil attentif sur les compositions avant de choisir votre tablette.
Il existe 18 fabricants regroupés dans l'association Chocosuisse. Vous trouverez le chocolat industriel, fort bon, à meilleur prix dans les grandes surfaces. Les chocolats de Migros – dont les noms ressemblent (phonétiquement) à s'y méprendre à ceux des grandes marques (Suchard, Lindt, Cailler, Nestlé...) – sont spécialement avantageux, à qualité presque égale (un avis qui n'engage, cependant, que nous...). Les amateurs ne manqueront pas le plus grand festival consacré au chocolat : Festichoc, à la mi-mars à Versoix (entre Genève et Nyon). Pour plus d'infos : ● *chocosuisse.ch* ●

## COUTEAU SUISSE

Un des objets cultes du XX^e^ s. Une synthèse des vertus suisses : précis, efficace, ergonomique et économique. Dans sa belle livrée grenat, frappée de la croix blanche, il trône en devanture de toutes les boutiques. Sous les marques *Wenger* ou *Victorinox*, on ne compte pas moins de 500 modèles différents : de la lame unique pour peler les patates à l'arsenal miniature le plus élaboré, comportant jusqu'à 33 fonctions ! Véritable boîte à outils de poche avec ses sensuels bouts arrondis, il permet de couper, tailler, cisailler, percer, déboucher, ouvrir, visser/dévisser, serrer/desserrer, aiguiser, écailler, démonter, se curer les dents et se limer les ongles... ou s'orienter (boussole), gratter le fart des skis, et même éclairer (rayon laser pour conférenciers) ou stocker des données informatiques (clé USB). Réputé inusable, le couteau suisse fait constamment l'objet de recherches en innovations à la pointe de la technologie, et ses fabricants doivent lutter pour dépister les contrefaçons. C'est que, mine de rien, le marché est extrêmement juteux : 100 000 exemplaires sortent chaque jour des fabriques d'Isbach et de Delémont !

### LE COUTEAU SUISSE, DE L'ARMÉE HELVÉTIQUE À LA CONQUÊTE DE L'AMÉRIQUE

*À l'origine, c'est l'armée helvétique qui voulait doter ses soldats d'un outil tout-terrain pratique, solide et peu encombrant. Les GI's américains, stationnés en Allemagne après 1945, s'en sont entichés et en ont rapporté aux États-Unis. Wenger (racheté par Victorinox) fournit depuis la Bundeswehr, l'US Army et l'US Navy, et réalise plus de 30 % de son chiffre d'affaires avec les États-Unis.*

# CUISINE

On mange très bien en Suisse. Admettons toutefois, sans tomber pour autant dans la guerre des nationalismes, qu'on mange mieux en Suisse romande et au Tessin qu'en Suisse alémanique. Simplement parce que la cuisine romande est inspirée par la cuisine française ; la cuisine tessinoise par la cuisine italienne, alors que la cuisine alémanique est d'origine germanique, on s'en doutait !

## Quelques exemples de recettes régionales

- ***La fondue :*** véritable institution nationale ; fromage fondu servi dans un caquelon et qu'on déguste en l'enrobant autour d'un morceau de pain piqué au bout d'une fourchette. On la sert souvent « moitié-moitié » (50 % de gruyère bien fait, 50 % de vacherin fribourgeois). Mais parfois aussi « pur vacherin », presque tiède et avec des morceaux de pommes de terre.
- ***La raclette :*** demi-meule de fromage traditionnellement fondue devant un feu de bois (ou devant un gril spécial), raclée avec un grand couteau plat et que l'on sert avec de petites pommes de terre (mais sans charcuterie comme le font les Savoyards).
- ***La croûte au fromage :*** un morceau de pain rassis garni d'une sérieuse couche de fromage, avec incorporation de lait, de beurre, de farine et d'un peu de vin blanc, le tout fondu au four. Après ça, on n'a plus faim pour un moment ! Se décline avec œuf, jambon, champignon...

### PAS DU GÂTEAU, CES RELIGIEUSES !

*En Suisse, une religieuse ne désigne pas une pâtisserie mais le fromage qui grille au fond d'un caquelon à fondue ou la croûte croustillante d'une raclette. L'expression viendrait d'un couvent de Sion dont les religieuses n'avaient, semble-t-il, pas renoncé au péché de gourmandise puisqu'elles cachaient les croûtes de fromage de leurs repas dans leurs robes, pour les griller ensuite à la flamme d'une bougie, dans le secret de leurs cellules.*

- ***Les röstis :*** galettes de pommes de terre râpées, dorées dans une poêle.
- ***L'émincé à la zurichoise :*** émincé de veau et de rognon dans une sauce à la crème avec du vin blanc et des champignons. Nombreuses variantes, souvent accompagnées de röstis.
- ***Le papet vaudois :*** mélange de poireaux et de pommes de terre servi avec une saucisse aux choux. C'est un plat d'hiver.
- ***Le Bölletünne :*** tarte à l'oignon avec des lardons, de la crème acidulée, des œufs et du cumin.
- ***La viande des Grisons ou du Valais :*** viande de bœuf maigre salée, épicée et séchée.
- ***La potée valaisanne :*** potée de lard salé et fumé avec des raves, du chou, des poireaux et des pommes de terre. Volontiers servie avec des poires séchées, cuites à part.
- ***La busecca :*** potage tessinois à base de tripes et de pesto (basilic).
- ***Les malakoffs :*** beignets de gruyère salé, où l'on trouve également de l'œuf, du vin blanc et du kirsch (spécialité vaudoise).
- ***La tourte de Zoug :*** génoise avec une crème au beurre et au kirsch.
- ***La longeole :*** saucisse composée de viande de porc et de fenouil (spécialité du canton de Genève).
- ***Le pain de poires :*** croustade farcie avec une pâte de poires cuites dans du vin rouge, des figues, des pruneaux secs, des dattes et un mélange d'amandes, de noix et de noisettes. Pas franchement léger...

## Restaurants

On peut manger fort bien et pour pas trop cher en Suisse, mais cela va très vite manquer d'originalité. Les pizzerias et autres *pasterie* fleurissent, en effet, un peu partout : on s'en tire pour une bonne vingtaine de francs suisses avec une bière. Le midi, beaucoup de restaurants proposent des assiettes du jour ou de petits menus (un plat et une salade ou une soupe) à des prix tout à fait concurrentiels : dommage qu'ils ne soient pas servis également le soir !
Pour le déjeuner, les restaurants des chaînes alimentaires *Migros, Coop* et *Manora* demeurent spécialement bon marché, mais le cadre manque souvent de charme ! Bizarrement et à l'inverse des pays voisins, les restaurants exotiques (chinois, thaïlandais, vietnamiens, indiens...) sont très chers.
On mange très tôt en Suisse. Entre 12h et 13h30 le midi, entre 18h30 et 21h le soir. Souvent les établissements ne prennent déjà plus de commande à partir de 21h30 ! Les restaurants italiens sont souvent l'exception qui confirme la règle.
Côté boissons, les prix sont généralement identiques qu'elles soient servies au comptoir (assez rare, sauf dans les pubs), dans la salle ou sur une terrasse. Attention : en Suisse, un demi de bière correspond logiquement à une chope d'un demi-litre ; d'ailleurs, si vous demandez une bière ou une pression, on vous la servira en général dans un verre de 33 cl.
Le prix du café ne varie pas, comme en France, en fonction de la quantité (*ristretto, espresso,* etc.) ; il est, en revanche, plus cher en Suisse alémanique qu'en Suisse romande ; il est, enfin, toujours servi avec un petit godet de crème (inclus dans le prix) : le fin du fin, c'est lorsque ledit godet est en chocolat et qu'il est rempli de crème épaisse de Gruyères...
Les restaurants suisses acceptent de plus en plus le paiement par CB internationale. Mais il vaut mieux se munir d'espèces ou repérer avant d'entrer si le logo de votre carte est affiché sur la devanture de l'établissement.

# CURIEUX, NON ?

En Suisse, il est possible d'acheter son journal dans des « caissettes » à journaux, installées sur les trottoirs : on glisse sa monnaie (ou des jetons) dans la fente. Ce système mise sur l'honnêteté du citoyen, et apparemment ça marche !
Quand vous allez chez le médecin, vous ne payez pas la consultation en sortant – on vous l'envoie par courrier. Ce n'est qu'un répit avant la douloureuse : avec une facturation par 1/4h de consultation, ça monte très vite !
Ici, on ne passe pas le bac, on obtient la « maturité gymnasiale » qui sanctionne 3, 4 ou 5 années d'étude (en gymnase, au collège ou au lycée !) selon le canton. Il existe aussi la « maturité professionnelle » et la « maturité spécialisée ». Et on distingue aussi « maturité cantonale » et « maturité fédérale » !
Le citoyen helvète est membre de sa commune d'origine, dont il est « bourgeois ». Et la communauté de ces bourgeois n'est autre que la « bourgeoisie ». Ces termes n'ont donc pas les connotations qu'ils ont en français de France. Et cela ne dit pas ce qu'en pense la bourgeoise.
Dans deux cantons, par exemple celui d'Appenzell, on pratique encore le vote à main levée sur la grand-place : c'est la *Landsgemeinde* qui se réunit une fois par an, fin avril ou début mai, pour des consultations populaires sur des sujets qui peuvent être très sérieux.

# ÉCONOMIE

« Si vous voyez un banquier suisse sauter par la fenêtre, sautez avec lui, il y a sûrement de l'argent à gagner. » C'est Voltaire qui écrivait cela, il y a quelque temps déjà... Et c'est vrai que la Suisse, l'un des pays les plus riches au monde, a une réputation de prospérité qui lui colle à la peau.

La prospérité helvétique s'est en fait développée en 1848, en même temps que naissait un véritable État fédéral, avec un franc unique et l'abolition des barrières cantonales au profit d'une frontière nationale. L'industrie prend alors un essor considérable, que l'on retrouve aujourd'hui dans le secteur alimentaire (Nestlé), chimique (Novartis) ou mécanique (Brown-Boveri). Le monde bancaire suit le mouvement, ainsi que le tourisme, de luxe surtout. Grâce à son statut de neutralité, la Suisse a été également épargnée par les grands conflits mondiaux, mais pas par la célèbre crise des années 1930. Il n'empêche : lorsque la Seconde Guerre mondiale prend fin, l'appareil de production suisse est certes un peu désuet mais intact, et les réserves financières suffisantes pour donner au pays un avantage concurrentiel sur ses voisins en pleine reconstruction. La Suisse devient alors une place financière d'importance mondiale.

Quelques idées reçues sur le monde suisse économique :

– Le fameux secret bancaire, très ancien mais officiellement inscrit dans la loi en 1934 seulement (« il est interdit aux banquiers de fournir à quiconque l'identité d'un client ou l'état de son compte »), n'est plus aussi secret. Il a été pour la première fois dûment levé par le Parlement en septembre 1996, afin d'éclaircir la peu glorieuse affaire des fonds juifs déposés en Suisse lors de la Seconde Guerre mondiale. Et 20 ans plus tard, le secret bancaire semble bel et bien révolu...

## LE SECRET BANCAIRE, INVENTION DE LOUIS XIV

*Quand le roi révoqua l'édit de Nantes en 1685, de nombreux banquiers protestants s'enfuirent en Suisse. Or, Louis XIV avait l'habitude de leur emprunter largement pour financer ses guerres et Versailles. Pour lui, impossible d'avouer que les caisses de l'État étaient alimentées par des « hérétiques » protestants. Voilà pourquoi il imposa le secret absolu sur ces transactions. Cette discrétion n'est donc pas une invention des banquiers suisses.*

La crise économique de 2008 a amené le gouvernement américain à demander des comptes à l'*UBS (Union des banques suisses)*. Un accord signé en août 2009 permet de révéler le nom de 4 500 détenteurs américains de comptes « secrets », ouverts pour frauder le fisc américain. En septembre 2011, les États-Unis, rebelote, ont lancé une nouvelle offensive, exigeant d'autres banques suisses les données bancaires d'évadés fiscaux américains. En 2013, les négociations se sont conclues par un accord prévoyant de lourdes amendes pour les banques suisses qui avaient continué d'accueillir des comptes non déclarés au fisc américain. Par ailleurs, la Suisse a signé d'autres accords, dits de « double imposition », afin de se conformer aux normes de l'OCDE et de sortir de la liste « grise » des paradis fiscaux établie en avril 2009... Le monde changerait-il ? En tout cas, certains l'affirment et donnent le 6 mai 2014 comme date officielle de la fin du secret bancaire lorsque la Suisse et Singapour ont accepté de se rallier au mode d'échange de renseignements bancaires à des fins fiscales.

– « La pauvreté n'existe pas en Suisse. » Si, malheureusement. On estime que près de 8 % de la population vit au-dessous du seuil de pauvreté (fixé à environ 2 400 Fs par mois pour une personne seule). Il s'agit souvent de personnes âgées qui vivent avec une retraite médiocre, de chômeurs en fin de droits (de plus en plus nombreux), de mères divorcées, ou tout simplement de salariés qui, dans l'hôtellerie ou la vente par exemple, gagnent parfois encore moins de 1 400 Fs par mois, dans un pays où les loyers sont élevés et où il faut payer ses assurances maladie, etc. Rappelons que le salaire médian est de 6 210 Fs.

Autre particularité helvétique : la Suisse est un pays de locataires. On estime que 30 % seulement de la population est propriétaire. L'explication vient surtout du prix élevé du terrain, mais aussi des coûts de la construction, extrêmement réglementée.

– Autre réflexion souvent entendue : « Le chômage n'existe pas en Suisse. » Faux encore ! Mais il est vrai que la dernière statistique officielle (3,4 %) fait bien des envieux. Mais les chiffres suisses sont trompeurs : passé un certain délai, le chômeur suisse ne perçoit, en effet, plus d'indemnités de la Confédération ; il disparaît des statistiques fédérales... pour se tourner vers les aides cantonales et communales.

## EUROPE

La Suisse est-elle effectivement ce petit pays replié sur lui-même, en tout cas décrit comme tel par la plupart des médias étrangers ? Cela dépend du point de vue d'où l'on se place. Économiquement, la Confédération est très ouverte : les Suisses gagnent un franc sur deux à l'étranger. Le pays figure parmi les 10 plus grandes nations exportatrices du monde. Et les premiers débouchés de la production helvétique sont européens, allemands même. Pourtant, en 1992, ils ont refusé de signer l'accord sur l'Espace économique européen, qui leur offrait le marché unique (libre circulation des personnes, des services, des biens et des capitaux). Une majorité du peuple suisse, très attachée à la notion de neutralité, marquée par les excès nationalistes qui ont conduit à la Seconde Guerre mondiale, se méfie encore de la construction européenne. Elle cultive aussi la peur de l'invasion de travailleurs étrangers (ils sont déjà nombreux – plus de 24 % de la population).
La Romandie, elle, est largement acquise à l'ouverture européenne. Tous les cantons romands et celui de Bâle ont dit « oui » en 1992, la plupart avec une majorité de presque 80 %. Les jeunes, plus particulièrement, ne se résignent pas à rester en dehors de l'Union européenne : ils multiplient les interventions pour relancer le débat.
En 2000, un vote référendaire portant sur des accords bilatéraux avec l'Europe a tout de même un peu entrouvert la porte en vue d'une future adhésion. Mais une nouvelle votation, en 2001, a rejeté une fois de plus le « oui à l'Europe » aux oubliettes de la politique suisse, et le rapport Europe 2006 n'a rien laissé présager de bon dans les futurs liens de la Confédération helvétique avec l'UE, encore moins une adhésion. N'a-t-elle pas envisagé d'agrandir le nombre de pays membres de l'Association européenne de libre-échange (AELE) – dont font partie pour l'heure non seulement la Suisse, mais aussi la Norvège, l'Islande et le Liechtenstein – à d'autres pays non adhérents ? De quoi faire ruer dans les brancards à Bruxelles, où ce bilatéralisme est dénoncé. S'ajoute à cela l'adoption de lois sur l'immigration très restrictives, visant également à compliquer le droit d'asile. En revanche, trois référendums concernant l'association de la Suisse aux accords de Schengen, l'extension de l'accord sur la libre circulation des personnes aux nouveaux États membres de l'UE et la révision de la loi fédérale sur l'aide à l'Europe de l'Est ont eu un résultat nettement positif, confortant la Suisse dans son choix d'une « relation bilatérale » avec l'Union européenne.

## GÉOGRAPHIE

Sur le plan géographique, comme sur les plans politique, linguistique, religieux et historique, la Suisse est une mosaïque étonnante.

### Le centre de l'Europe

La Suisse fait partie de l'Arc alpin, qui s'étend sur près de 1 000 km de Nice à Vienne. Elle couvre même la partie centrale de ce qui est considéré comme le toit de l'Europe. Les fleuves et rivières les plus importants y trouvent leur source et coulent aux quatre coins du continent : le Rhône s'en va par le sud-ouest vers la Méditerranée, le Rhin met le cap sur la mer du Nord, l'Inn (affluent important du Danube) opte pour l'est vers la mer Noire, et le Tessin (affluent du Pô) joue la carte du sud vers l'Adriatique.

## Les Alpes

On peut dire sans risque de se tromper que la Suisse est un pays de montagnes... Les Alpes et les Préalpes occupent en effet 60 % du tout petit territoire helvétique à une hauteur moyenne de 1 700 m d'altitude, avec une centaine de pointes au-dessus de 4 000 m et 1 800 glaciers recouvrant quelque 1 340 km². Il a donc bien fallu faire avec. Les villes sont apparues au bord des lacs et dans les vallées les plus basses, les villages au fond des vallées et sur des terrasses. La viticulture, les cultures fruitières et maraîchères sont devenues le privilège des fonds de vallées, tandis que les versants sont surtout utilisés pour l'élevage et le fourrage.

### ÇA DÉPASSE LES BORNES !

*Le réchauffement planétaire a parfois des conséquences inattendues... On a ainsi constaté que des bornes matérialisant le tracé de la frontière entre la Suisse et l'Italie (734 km de frontière commune tout de même), posées dans les années 1920, ont disparu à la suite de la fonte des glaciers. Cela concerne en particulier le mont Rose (Alpes valaisannes) et le Piz Bernina (Grisons). La frontière « légale » ne serait donc plus la frontière « réelle », au point que le ministre italien des Affaires étrangères s'en est ému en 2009 !*

## Le Jura

Les pâturages du Jura ont beau occuper 10 % du nord du pays à une altitude moyenne de 750 m, ils paraissent presque plats par rapport aux Alpes. On peut cependant y grimper jusqu'à 1 600 m ou plus. Là encore, le pragmatisme a été de mise : on a, entre autres, tenté d'exploiter des gisements minéraux. Du coup, la transformation des métaux est devenue une tradition qui s'est prolongée à l'heure du grand boom industriel : les plus belles montres sont fabriquées dans l'Arc jurassien.

## Le Plateau

Heureusement, au nord des hautes Alpes naissantes se trouvait un bassin allongé, tantôt submergé par un bras de mer, tantôt parsemé de lacs. C'est ici que se sont déposés les détritus arrachés aux Alpes par l'érosion. Le Plateau, ou Moyen-Pays, qui s'étend de Genève au lac de Constance, n'occupe peut-être que les 30 % restants du territoire (altitude moyenne : 580 m), mais il abrite la presque totalité des villes, et donc la majorité des Suisses. Si la densité de la population est en moyenne de 204 habitants/km², elle est ici de plus de 450 habitants/km².

## La nature

Un avertissement en guise de moralité provisoire : que ceux qui n'aiment pas la nature évitent la Suisse... Elle est partout présente et ne cesse de vous faire de l'œil ! Traverser ce pays sans fouler l'herbe de ses pâturages ou se faire quelques ampoules sur des chemins rocailleux tient de l'hérésie. L'Office fédéral de topographie met régulièrement à jour d'excellentes cartes de l'échelle 1/25 000 à 1/500 000, en vente dans toutes les bonnes librairies. Les offices de tourisme les reprennent souvent à leur compte. Et le tourisme pédestre suisse jalonne inlassablement les chemins les plus bucoliques de ses fameuses signalisations jaunes.

# GÉOLOGIE

C'est dans les montagnes suisses que les naturalistes du XIXe s ont découvert les premiers fossiles et décrit les premiers plis dans les parois des montagnes.

Au début du XXe s, un routard aux grosses godasses, par ailleurs géologue génial, répondant au nom d'Émile Argand, qui avait beaucoup bourlingué dans les Alpes valaisannes afin de les cartographier géologiquement, arriva à la conclusion stupéfiante que le Cervin était d'origine africaine : la dérive des continents était aussi lisible dans les montagnes !
Cette fière et solide montagne, symbole de la stabilité suisse, repose sur les restes d'un océan disparu pendant le Crétacé (il y a 100 millions d'années). À cette époque lointaine, cette vaste étendue d'eau profonde occupait la place des Alpes et séparait l'Europe du Nord (encore attachée à l'Amérique) de l'Italie, qui, elle, était rattachée à la plaque africaine. L'ouverture progressive de l'Atlantique nord et la dérive de la plaque africaine vers le nord vont faire presque disparaître par subduction cet espace marin.
Une histoire abracadabrante bien réelle : partout, on peut voir des couches dans les parois et les vires des montagnes. Les cartes géologiques de la Suisse au 1/25 000 en décrivent avec minutie la position, le contenu et l'âge, ainsi que les fossiles qu'elles contiennent. La célèbre paroi nord et glacée de l'Eiger, par exemple, regorge de sédiments calcaires déposés patiemment dans une mer chaude et tropicale, au cours du Jurassique.

# HISTOIRE

Officiellement, la Suisse s'appelle Confédération helvétique. Cela nous rappelle que le pays n'est pas l'apanage d'un peuple uni et soudé, mais la volonté étonnante de populations qui n'ont ni la même langue, ni la même religion, ni la même culture, mais qui font comme si...

## La loi de César

Les Helvètes étaient des Celtes qui habitaient le territoire de la Suisse actuelle à l'époque de Jules César. Ils ne sont, certes, pas les premiers (on a retrouvé des vestiges datant de l'époque paléolithique), mais ce qui est sûr, c'est que certains ont, à un moment donné, rêvé de s'étendre du côté de la Gaule. Cela est resté un rêve : les troupes de César ont en effet rapidement décimé une bonne partie d'entre eux et renvoyé le solde sur le Plateau, via Genève. Dès lors, le territoire helvète s'est trouvé sous domination romaine, ce qui le transforma profondément, en créant le premier réseau routier stratégique de l'Europe centrale.

## Quatre langues pour un

Les Alamans vont émigrer de façon massive entre l'Aar et le Rhin, et imposer leur langue sur tous les territoires qu'ils occupent. Partout ailleurs, les populations locales vont adapter le latin à leur manière : dialectes lombards dans les vallées du sud, rhéto-romanche dans les Grisons et patois franco-provençal du côté de l'actuelle Suisse romande. Du coup, la Suisse d'aujourd'hui compte trois langues officielles, mais quatre langues nationales (le romanche en plus).

## Un peuple de guerriers

La vraie histoire de la Confédération remonte à plus de 700 ans, même si les principaux initiateurs n'en savaient alors strictement rien. Les montagnards d'Uri, de Schwyz et de Nidwald (ce qu'on appelle aujourd'hui la Suisse primitive) avaient simplement compris l'avantage d'imaginer quelque chose en commun pour échapper à la politique d'hégémonie des puissants voisins, les Habsbourgs autrichiens. La tradition veut qu'ils se jurèrent assistance mutuelle le 1er août 1291 sur la prairie du Rütli, au bord du lac des Quatre-Cantons.

Ce qui est sûr, c'est que cela leur réussit plutôt bien. Jusqu'en 1515, c'est-à-dire jusqu'à ce jour funeste où ils ramassèrent la pâtée dans la plaine lombarde de Marignan, les bouillants paysans de la Suisse centrale menèrent une invraisemblable politique d'expansion. En 1513, soit 2 ans avant de se faire corriger, ils occupaient déjà, peu ou prou, les terres sur lesquelles ils construiraient, 3 siècles plus tard, l'histoire moderne de la Suisse. La Confédération compte alors 13 cantons, mais avec de nombreux territoires annexés qui deviendront plus tard ses autres États.
On a un peu de peine à l'imaginer, mais, 2 siècles durant, jusqu'à l'arrivée de la cavalerie et de l'artillerie, les fantassins suisses formaient l'armée la plus puissante d'Europe ! Au fur et à mesure des nombreuses alliances – consacrées, reniées, renouées... – contre et avec toutes les grandes puissances les entourant, ils allèrent, après avoir chassé Louis XII de Novare et contribué à la liquidation de la puissante Bourgogne, jusqu'à installer leur siège devant Dijon, en 1513 encore...
Mais le coup du jeune François Ier à Marignan leur est resté en travers de la gorge. Pour les confédérés, battus pour la première fois par 30 000 artilleurs français, l'heure est au repli. Les grands conflits européens qui vont suivre se feront officiellement sans eux (« officiellement », parce que leurs mercenaires restent bel et bien en activité jusqu'à la fin du XVIIIe s, preuves en sont les fameux gardes suisses massacrés aux Tuileries lors de la Révolution française). Certains estiment qu'il faut y voir les prémices d'une neutralité qui ne sera officiellement reconnue qu'en 1815 (congrès de Vienne). D'autres pensent que le regroupement de peuples si disparates avait simplement atteint ses limites. En fait, il semble surtout que ce soit la Réforme qui vint encore creuser un fossé entre des États moins soudés que les historiens ont tenté de le faire croire.

### LA NEUTRALITÉ SUISSE

*Elle fut imposée par François Ier. Les soldats suisses étaient tellement vaillants et disciplinés qu'ils étaient des mercenaires redoutés dans les armées étrangères. Avec le traité de Fribourg en 1516, les Suisses ne purent s'enrôler que dans les armées françaises et papales. Ou bien pour protéger leur pays.*

## Les guerres de Religion

Partie de Zurich, avec le théologien Ulrich Zwingli, la Réforme ne gagne d'abord que les cantons de l'actuelle Suisse alémanique, alors que les cantons catholiques de la Suisse centrale s'y opposent immédiatement avec force, renforçant ainsi l'animosité toujours plus grande qui règne entre les campagnes et les centres urbains. À la Diète (rassemblement régulier des cantons fédérés), l'ambiance est si houleuse que l'on renonce à renouveler le serment des alliances, les protestants refusant de le prêter au nom des saints, les catholiques s'opposant à toute modification de la formule... On recourt donc aux armes ! Un premier conflit tourne à l'avantage des catholiques, qui liquident Zwingli au passage et calment le jeu en jouant la carte du statu quo (sept cantons catholiques, quatre protestants et deux mixtes...).
En 1535, Genève, par haine de son ennemi juré le duc de Savoie, défenseur inébranlable du catholicisme, abolit la messe. L'année suivante, devant la menace savoyarde, la ville appelle Berne à la rescousse, qui envahit le pays de Vaud et y impose la Réforme. C'est alors qu'un certain Jean Calvin s'installe à Genève et en fait ce qu'on appellera la « Rome protestante ». Mais Fribourg et le Valais n'ont jamais renoncé à l'ancienne foi, et la Contre-Réforme est encore venue compliquer les choses, faisant revenir certaines régions sur leur conversion...

## Vous avez bien le bonjour des Français

Cette Confédération bien décousue implose au lendemain de la Révolution française. En 1798, les armées du Directoire envahissent le pays et imposent une

République helvétique une et indivisible, dont le principal mérite est de proclamer – en première mondiale – l'existence d'une nation trilingue. Mais le nouveau régime sombre dans le chaos, et Napoléon, intervenant comme médiateur, décrète le retour au fédéralisme, transformant en nouveaux cantons une kyrielle de territoires qui, jadis, n'avaient pas voix au chapitre. Enfin, durant la Restauration, la Suisse s'enrichit définitivement des actuels cantons de Genève, de Neuchâtel, du Jura et du Valais.

## Le bricolage fédéraliste

On appuie sur l'accélérateur de l'Histoire et on se retrouve dans la Suisse d'après 1848. Elle vient de vivre la courte guerre civile du *Sonderbund* (en allemand, « l'autre alliance »), pendant laquelle l'armée confédérée a mis au pas sept cantons catholiques et conservateurs qui défendaient leurs intérêts particuliers contre la centralisation du pouvoir. Tous les actuels cantons (excepté le Jura, tardivement séparé du canton de Berne) ont rejoint la Confédération et accepté la Constitution d'alors, qui ressemble furieusement à celle d'aujourd'hui. Elle consacre, de fait, le bricolage historique duquel elle est issue. L'État fédéral est aujourd'hui formé de 26 cantons et demi-cantons souverains, qui possèdent tous leur propre Constitution et leurs propres lois. Elles se ressemblent, certes, mais ont toutes leurs particularités. La Confédération, elle, s'occupe de la politique étrangère et monétaire, de l'armée, des postes et chemins de fer, de la sécurité sociale, mais aussi de mille choses dont le contrôle a peu à peu échappé aux cantons.

### UN POUR TOUS, TOUS POUR UN !

*La célèbre devise des Trois Mousquetaires n'a pas été inventée par Alexandre Dumas. C'est à l'occasion d'un de ses voyages en Suisse que le romancier découvrit cette formule, représentant la solidarité intercantonale. L'auteur l'a empruntée, lui assurant une postérité réelle ! Elle est même inscrite sous la coupole du palais fédéral à Berne, mais en latin...*

Le pouvoir est représenté par un gouvernement collégial, le Conseil fédéral (7 membres), élu par l'Assemblée fédérale (le pouvoir législatif), elle-même composée de deux Chambres : le Conseil national (200 députés) et le Conseil des États (46 députés, deux par canton, un par demi-canton, quelle que soit sa taille). Incroyable mais vrai : ça marche, et plutôt bien ! Il y a certes parfois quelques tensions, mais malgré l'extrême décentralisation du système, la cohésion nationale n'est jamais restée un vain mot.
La petite Suisse échappe aux grands conflits mondiaux grâce à son statut d'État neutre, à son armée et à sa détermination, mais n'échappe pas à quelques flirts pas très glorieux avec l'Allemagne nazie. Dès 1938, le tampon « J » est imprimé par les Suisses sur tous les passeports des ressortissants juifs, et, à partir de 1942, de nombreux réfugiés juifs sont refoulés à la frontière.

## L'affaire des comptes dormants

L'affaire des fonds placés par les victimes de l'Holocauste dans les banques suisses durant la Seconde Guerre mondiale a été vécue, depuis fin 1996, comme un véritable électrochoc. Les Suisses ne se doutaient pas que la prospérité helvétique pouvait aussi s'être construite sur le malheur des autres. Une commission d'historiens, la commission Bergier, a rendu son rapport en 2002. Le tampon « J » sur les passeports des juifs allemands et les refoulements aux frontières ont bien servi les objectifs nazis.

Les grandes banques ont tenté avec maladresse de calmer le jeu en créant un fonds pour une aide aux victimes de l'Holocauste et à leurs survivants, doté de 270 millions de francs suisses. Dans la foulée, le Conseil fédéral a décidé de créer une Fondation de solidarité au capital de 7 milliards de francs suisses, produit de la réévaluation du stock d'or appartenant à la Banque nationale. Et trois grandes banques suisses ont alors négocié un « accord global » avec le Congrès juif mondial pour 1,9 milliard de francs suisses.

### L'OPÉRATION TANNENBAUM

*La France vaincue dès 1940, Hitler envisagea d'envahir la Suisse. Outre leur richesse industrielle et bancaire, les Helvètes disposaient d'excellentes voies de communication. L'armée suisse pouvait mobiliser 400 000 soldats en 3 jours et sa combativité était connue (les Bourguignons s'en souviennent depuis 500 ans !). De plus, la guerre en montagne n'était pas évidente. Hitler lâcha prise pour attaquer la Russie dès 1941. Pas très malin non plus !*

En revanche, en 1996, les autorités ont réhabilité un petit fonctionnaire des douanes du nom de Paul Grüninger, qui avait « contourné les consignes » et permis, durant la Seconde Guerre mondiale, d'empêcher le refoulement de milliers de juifs vers l'Allemagne. Comme quoi, en Suisse comme ailleurs, le meilleur a côtoyé le pire...

## La Suisse depuis 2000

En 2002, la Suisse adhère à l'ONU et en devient le 200e pays membre.
En 2003, après le scrutin législatif, le parti populiste de Christoph Blocher (UDC) devient, avec 26,6 % des voix, le premier parti en Suisse. Le clivage gauche-droite s'est substitué au consensus des coalitions traditionnelles. Christoph Blocher est élu au Conseil fédéral, où il se voit confier le département de la Justice et de la Police.
La votation de 2004 sur les facilités d'intégration des immigrés est rejetée. Le fossé se creuse entre Suisse romande et Suisse alémanique. En 2005, en revanche, la Suisse accepte l'arrivée sur son territoire d'ouvriers des nouveaux membres de l'Union européenne, notamment la Hongrie et la Pologne. L'aide promise de 640 millions d'euros aux pays de l'Europe de l'Est a été soumise à référendum.
Les thèmes de la criminalité et de l'immigration se trouvent au centre de la campagne électorale des élections fédérales de 2007. Et c'est sur cette vague que s'est construite une nouvelle poussée du parti de l'Union démocratique du centre (UDC) qui emporte haut la main le scrutin en chatouillant les 29 % des voix et en progressant aussi en Suisse romande.

### ET LA SUISSE ENVAHIT LE LIECHTENSTEIN...

*En 2007, par une nuit sombre, 170 soldats suisses entrèrent par mégarde dans la principauté. Ils firent vite marche arrière et les excuses du gouvernement helvétique furent aussi rapides.*

Les populistes ont dépensé des sommes considérables dans un pays où le financement des dépenses électorales reste complètement opaque, faute de législation ad hoc. Les déclarations de ses représentants, qui refusent de voir des minarets dressés dans les cités suisses, ont valu à l'UDC les foudres des instances onusiennes chargées de veiller au respect des Droits de l'homme.
Le renouvellement du Conseil national, en 2011, a confirmé la poussée droitière de ces dernières années, l'UDC remportant 54 sièges devant le parti socialiste (46 sièges) et le parti libéral-radical (30 sièges). En 2016, l'UDC a obtenu son meilleur score avec 65 députés, conservant la première place qu'il occupe depuis 1999.

## Repères chronologiques

- ***58 av. J.-C. :*** guerre des Gaules, première mention des Helvètes par Jules César.
- ***260 apr. J.-C. :*** première invasion des Alamans (ou Alémans).
- ***1100 :*** les Zähringen s'installent dans le bassin de l'Aar. On leur doit, entre autres, les fondations de Berne et de Fribourg.
- ***1218 :*** pour la première fois, un membre de la famille des Habsbourg devient l'avoué du pays d'Uri, passage obligé entre l'Europe du Nord et l'Italie.
- ***1291 :*** face aux ambitions autrichiennes, les Waldstätten (pays forestiers, soit Uri, Schwyz et Nidwald) décident de s'allier.
- ***1315 :*** les soldats des Waldstätten déciment une troupe autrichienne dans le défilé de Morgarten. C'est la première victoire d'une « horde paysanne grossière et impie » sur une armée régulière et le début de la puissance militaire des confédérés.
- ***1474 :*** les confédérés, qui regroupent déjà huit cantons, envahissent par deux fois le pays de Vaud, provoquant l'ire de Charles le Téméraire, qui veut les punir. Mal lui en prend : ses troupes se font massacrer en 1476 et 1477...
- ***1515 :*** fin de la puissance militaire des confédérés après leur défaite à Marignan.
- ***1525 :*** début de la Réforme en Suisse alémanique.
- ***1536 :*** Berne arrache le pays de Vaud à la Savoie et étend la Confédération vers des zones francophones.
- ***1685 :*** révocation de l'édit de Nantes ; les huguenots français s'exilent en masse, principalement dans les Provinces unies et en Suisse romande.
- ***1798 :*** proclamation à Lausanne de l'éphémère République lémanique ; l'armée française impose une République helvétique, aussi éphémère que la précédente...
- ***1803 :*** restauration du fédéralisme ; l'Acte de Médiation impose six nouveaux cantons (19 au total) ; la Suisse devient un quasi-protectorat français.
- ***1815 :*** le congrès de Vienne reconnaît l'indépendance de la Suisse, avec le rattachement du Valais, de Genève et de Neuchâtel, forte de 22 cantons. La Suisse devient neutre.
- ***1847 :*** dernière guerre interne entre les cantons conservateurs de l'alliance du Sonderbund et le reste de la Confédération.
- ***1848 :*** naissance de la Confédération moderne, première Constitution.
- ***1863 :*** fondation de la Croix-Rouge, à Genève.
- ***1937 :*** paix du travail ; les syndicats renoncent à la grève.
- ***1940-1945 :*** la Suisse sert sa ceinture et affûte ses armes, non sans quelques concessions douteuses à ses violents voisins du Nord.
- ***1971 :*** le droit de vote est enfin accordé aux femmes sur le plan national...
- ***1979 :*** la partie nord du Jura francophone se sépare de Berne et devient le 23e canton de la Confédération.
- ***1992 :*** refus, par votation populaire, d'adhérer à l'Espace économique européen.
- ***1999 :*** élections législatives, renforcement du courant conservateur et isolationniste.
- ***2000 :*** les Suisses autorisent leur gouvernement à conclure des accords bilatéraux avec l'Europe des Quinze pour favoriser une plus grande circulation des biens et des personnes.
- ***2001 :*** tuerie au parlement de Zoug (14 morts). Accident dans le tunnel du Saint-Gothard (11 morts). Faillite de la *Swissair*.
- ***2002 :*** dépénalisation de l'IVG. Création de la nouvelle compagnie *Swiss*.
- ***2003 :*** victoire de l'équipage suisse d'Alinghi à la Coupe de l'America.
- ***2005 :*** la compagnie aérienne *Swiss* est rachetée par la compagnie allemande *Lufthansa*. En juin, les électeurs suisses votent oui à 54,6 % aux accords de Schengen-Dublin, abolissant les contrôles systématiques aux frontières et facilitant l'accès aux banques de données européennes par les autorités.

– ***2006 :*** haro contre un projet visant à lever les lois de protection du marché économique suisse. Les conditions d'immigration et de droit d'asile sont renforcées et soutenues par 68 % des Suisses.
– ***2007 :*** deuxième victoire d'Alinghi à la Coupe de l'America.
– ***2008-2009 :*** crise financière. Plan de sauvetage de l'*UBS* et tensions avec le fisc américain débouchant sur un accord de coopération avec ce dernier.
– ***2011 :*** la Suisse annonce qu'elle fermera ses cinq centrales nucléaires d'ici à 2034.
– ***2012 :*** le Conseil national relève le barème du forfait fiscal pour les étrangers résidant en Suisse.
– ***2013 :*** les électeurs encadrent les salaires des grands patrons en votant oui à l'initiative « contre les rémunérations abusives ».
– ***2014 :*** cette fois, les électeurs refusent l'instauration d'un SMIC à 4 000 Fs ; la fin du secret bancaire est programmée.
– ***2017 :*** 58,2 % des Suisses ayant participé à la votation approuvent la nouvelle loi sur l'énergie, confirmant l'abandon progressif du nucléaire.

### NON À L'ALLONGEMENT DES CONGÉS PAYÉS !

*En mars 2012, une votation a refusé (à 67 % !) de porter les vacances de 4 à 6 semaines annuelles. Guère compréhensible pour les Français... Les Suisses se sont unis, en effet, pour lutter contre le prix trop élevé du travail. Donc contre le chômage.*

# MÉDIAS

## Votre TV en français : TV5MONDE, la première chaîne culturelle francophone mondiale

Avec ses 11 chaînes et ses 14 langues de sous-titrage, TV5MONDE s'adresse à 320 millions de foyers dans plus de 190 pays du monde par câble, satellite et sur IPTV. Vous y retrouverez de l'information, du cinéma, du divertissement, du sport, des documentaires...
Grâce aux services pratiques de son site Voyage ● *voyage.tv5monde.com* ●, vous pouvez préparer votre séjour et, une fois sur place, rester connecté avec les applications et le site ● *tv5monde.com* ● Demandez à votre hôtel le canal de diffusion de TV5MONDE et contactez ● *tv5monde.com/contact* ● pour toutes remarques.

## Presse, télévision, radio

La Suisse romande compte encore une quinzaine de quotidiens, pour une population francophone de 1,5 million d'habitants ! Les journaux français se trouvent dans la plupart des kiosques suisses romands importants.
La Suisse romande dispose de deux chaînes de télévision (*RTS 1* et *2*). Journaux (avec météo à la fin) à 12h45 et 19h30. Il est aussi possible de regarder les deux autres chaînes nationales (alémanique et italienne), ainsi que les principales chaînes françaises.
La *RTS* a quatre chaînes de radio : *La Première* (grand public), *Espace 2* (culturelle), *Couleur 3* (branchée) et *Option musique.* Infos toutes les heures pleines. Journaux plus complets, et très bien faits, à 7h, 8h, 9h, 12h30 et 18h.
En Suisse alémanique comme dans le Tessin, il est rare de trouver la presse française.

# MONTRES

L'adage « une bonne montre est forcément suisse » a bien failli ne plus être vrai. Dans les années 1970, l'Arc jurassien, grand producteur de « garde-temps », était une zone sinistrée : usines fermées, chômage... Le quartz des Japonais semblait

devoir s'imposer. Mais dans les années 1980, une montre bon marché au look accrocheur réaffirme la suprématie helvétique : la Swatch ! La demande fut telle que la production n'arriva pas à suivre. Le géant mondial, aujourd'hui, est justement le groupe Swatch...
Une quinzaine de maisons aux noms aussi prestigieux que des crus de bordeaux pèsent lourd dans la balance commerciale (l'équivalent de 16 milliards d'euros à l'exportation en 2011) avec des montres de luxe à la classe intemporelle : Rolex, Patek Philippe, Blancpain, Audemars Piguet, Bréguet, Omega... Les grandes marques internationales de luxe, comme Cartier, Gucci ou Chanel, font d'ailleurs fabriquer leurs montres en Suisse. Revanche suprême, l'horlogerie suisse détient aujourd'hui la moitié du marché japonais. Et le secteur, crise internationale ou pas, est florissant !

### L'ORIGINE DE L'HORLOGERIE SUISSE

*Calvin, le prédicateur protestant d'origine française, s'installa à Genève en 1536. Dans ses prêches, il critiquait ceux qui portaient des signes ostentatoires de richesse. Peu à peu, les bijoutiers suisses se mirent à fabriquer des montres plus utilitaires. Avec un certain succès. Aujourd'hui, 30 millions de montres sont produites, soit 3,7 par habitant. Et les Suisses n'ont que 2 bras !*

## MUSÉES

Pour les accros de culture, il existe un *pass,* valable dans 500 musées du pays, et pas des moindres. Vous pouvez vous le procurer dans tous les musées affiliés et dans certains offices de tourisme et bureaux de poste. Il coûte 166 Fs pour 1 an (tarif 2017). Il existe aussi un passeport *Adulte plus,* valable pour un adulte accompagné au maximum de cinq enfants de moins de 16 ans, à 199 Fs pour 1 an. Enfin, le *passeport familial* coûte 288 Fs. Pour plus de renseignements : • *museumspass.ch* •
***Bon à savoir :*** les détenteurs du *Swiss Travel Pass* (voir « Transports ») peuvent visiter tous les musées affiliés gratuitement.

## PERSONNAGES

– ***Mario Botta*** *(né en 1943) :* l'architecte tessinois a signé les plans de la seule cathédrale construite en France au XX^e^ s, à Évry. Mais on lui doit aussi le Museum of Modern Art de San Francisco, de nombreuses maisons privées tout à fait remarquables (voir le chapitre « Le Tessin »), ainsi que deux superbes grandes banques à Bâle et à Lugano. • *botta.ch* •
– ***Nicolas Bouvier*** *(1929-1998) :* l'un des maîtres contemporains du récit de voyage, ce Genevois a immortalisé ses traversées de l'Europe orientale, de l'Asie et du Japon au fil d'ouvrages magnifiques et poignants.
– ***Blaise Cendrars*** *(1887-1961) :* l'un des plus grands auteurs suisses du XX^e^ s. Ami d'Apollinaire, de Max Jacob, de Modigliani ou encore de Chagall (vous l'aurez compris, il était souvent à Paris...). Les routards auront à cœur de lire *Bourlinguer,* récit de voyages aussi fous que l'imagination de leur auteur.
– ***Louis Chevrolet*** *(1878-1941) :* la voiture éponyme doit son nom à un Jurassien de La Chaux-de-Fonds parti, comme beaucoup de compatriotes, faire fortune outre-Atlantique au début du XX^e^ s. Coureur automobile, il mit au point un moteur à explosion qui fit le bonheur de *General Motors.* Mais l'esprit un peu trop pionnier du bonhomme ne lui réussit pas : il finit ses jours à Detroit après avoir travaillé comme simple mécano sur une chaîne produisant ses propres voitures !
– ***Le Corbusier*** *(1887-1965) :* Charles-Édouard Jeanneret, dit Le Corbusier, est né à La Chaux-de-Fonds avant de se former à Paris. Son œuvre a marqué l'architecture

du XXᵉ s : il a inventé de nouveaux systèmes permettant de donner au béton armé des formes géométriques dépouillées tout à fait étonnantes à l'époque. Ses théories, notamment sur l'habitat collectif, sont en revanche assez contestées.

– ***Cosey*** *(né en 1950)* **:** Bernard Cosendai, alias Cosey, est certainement l'un des plus talentueux dessinateurs-auteurs de bandes dessinées. Sa série *Jonathan* (l'histoire très mouvementée d'un compatriote qui lui ressemble comme deux gouttes d'eau en voyage au Tibet) lui ouvre la porte des grands. Mais c'est dans *À la recherche de Peter Pan* et *Voyages en Italie* (deux volumes à chaque fois) qu'il donne le meilleur de lui-même. Il a reçu le grand prix du Festival d'Angoulême en 2017.

– ***Henri Dunant*** *(1828-1910)* **:** bouleversé par le spectacle découvert sur le champ de bataille de Solferino, cet humaniste genevois organise l'aide aux blessés de guerre qui deviendra plus tard la Croix-Rouge, puis le célèbre CICR, présent sur tous les points chauds de la planète.

– ***Albert Einstein*** *(1879-1955)* **:** encore un Allemand qui eut le bon goût de se faire naturaliser suisse. Dire qu'il a fait avancer la physique à pas de géant serait encore trop faible. $E = mc^2$, ça ne vous dit rien ? La théorie de la relativité non plus ? En plus, le bonhomme était tout à fait sympathique, avec ses longs cheveux blancs tout ébouriffés et son art de tirer la langue aux photographes !

– ***Roger Federer*** *(né en 1981)* **:** le sympathique champion de tennis bâlois est devenu, en juillet 2017, en remportant son 8ᵉ tournoi de Wimbeldon, le premier joueur de l'histoire à remporter 19 tournois du Grand Chelem !

– ***Alberto Giacometti*** *(1901-1966)* **:** peintre et surtout sculpteur, Giacometti est célèbre pour ses figures si caractéristiques à cause de leur allongement extrême : membres étirés, têtes effilées, pieds démesurés et silhouettes filiformes mobiles ou statiques en bronze.

– ***Jean-Luc Godard*** *(né en 1930)* **:** l'œuvre du cinéaste franco-suisse, qui débute vraiment avec la Nouvelle Vague et *À bout de souffle,* est aussi subversive que controversée. Du *Mépris* à *Histoire(s) de cinéma,* le cinéaste-vidéaste-théoricien a signé plus de 140 films, d'inspiration conceptuelle, voire métaphysique.

– ***Hermann Hesse*** *(1877-1962)* **:** écrivain allemand naturalisé suisse en 1923, Prix Nobel de littérature. Il a parlé de la solitude comme personne d'autre dans ses premiers ouvrages, avant de passer au « roman de formation », analyse tout à la fois lyrique et précise des contradictions de l'existence humaine. À lire particulièrement : *Le Loup des steppes, Narcisse et Goldmund* et *Siddhartha.*

– ***Ferdinand Hodler*** *(1853-1918)* **:** la renommée de ce peintre bernois fut telle qu'il a un peu éclipsé toute une génération d'artistes à la fin du XIXᵉ s. Les magnifiques paysages du lac Léman vu depuis le Lavaux, c'est lui. Les immenses fresques expressionnistes *(Regard vers l'infini, Zurich),* c'est lui aussi. Impossible d'errer dans les musées suisses sans tomber sur une de ses toiles. Et c'est tant mieux !

– ***Carl Gustav Jung*** *(1875-1961)* **:** ce fut, 7 ans durant, le disciple le plus convaincu de Freud, avant de devenir son frère ennemi, les deux psychiatres n'étant pas d'accord sur... la dimension purement sexuelle de la libido ! Il a créé le concept d'inconscient collectif.

– ***Paul Klee*** *(1879-1940)* **:** il n'est qu'à moitié suisse (par sa mère), mais c'est tout comme... Grand voyageur, il finira ses jours à Berne, en laissant derrière lui une œuvre picturale exceptionnelle, où il a su révolutionner le cubisme à coups de touches colorées dont il avait le secret. Quel dépouillement, quelle beauté ! « L'art ne reproduit pas le visible, écrivait-il dans la *Théorie de l'art moderne.* Il rend visible. »

– ***Ella Maillart*** *(1903-1997)* **:** une routarde bien avant l'heure. En 1924, elle est sélectionnée en voile pour les Jeux olympiques de Paris, puis elle prend la route et c'est là qu'elle va devenir totalement elle-même. Songez : en 1935 déjà, avec Peter Fleming, son compagnon journaliste (et frère du « père » de James Bond), elle traverse toute la Chine, les régions interdites incluses. Et en 1939, elle se déplacera dans une vieille Ford entre Genève et l'Afghanistan. Croyez-nous : lorsqu'on lit les récits d'Ella Maillart, on se dit que le mot « routard » a quelque peu perdu de son sens...

– ***Paracelse*** *(1493-1541)* **:** c'est l'un des pères de la médecine homéopathique. Né à Einsiedeln (canton de Schwyz), il fit scandale en concoctant un joyeux cocktail avec un peu de médecine, un zeste d'alchimie et beaucoup de critiques sur certaines théories scientifiques de l'époque. Il s'intéressa tout particulièrement au rapport entre les éléments du corps humain (microcosme) et ceux de l'univers (macrocosme).

– ***Charles-Ferdinand Ramuz*** *(1878-1947)* **:** l'auteur de *L'Histoire du soldat,* mise en musique par Igor Stravinski, est l'un des écrivains suisses les plus adulés en Romandie. Trois de ses romans permettent de mieux comprendre la Suisse paysanne de la première moitié du XXe s : *La Grande Peur dans la montagne, Farinet* (célèbre faux-monnayeur valaisan) et *Derborence* (l'histoire romancée de l'éboulement bien réel d'une partie du massif des Diablerets sur un petit village valaisan).

– ***Jean-Jacques Rousseau*** *(1712-1778)* **:** ce Genevois de pure souche fréquenta Diderot, Voltaire et Rameau à Paris. Ses *Confessions* et ses *Rêveries du promeneur solitaire* l'ont rendu célèbre, mais on relira aussi avec intérêt son *Discours sur l'origine de l'inégalité,* qui n'a rien perdu de sa pertinence ! Ses cendres furent transférées au Panthéon en 1794.

– ***Michel Simon*** *(1895-1975)* **:** ce Genevois touche au théâtre, avec entre autres la troupe de Pitoëff, mais c'est le 7e art version noir et blanc qui le porte au rang des plus grands. *Boudu sauvé des eaux* (1932), *L'Atalante* (1934), *Drôle de drame* (1937), *Quai des brumes* (1938), *La Beauté du diable* (1950)... on en passe et d'aussi bons ! Sans parler, bien plus tard, de sa fantastique prestation dans *Le Vieil Homme et l'Enfant* (1966) !

### MICHEL SIMON, ARTISTE COURAGEUX

*Pendant la guerre, de nombreux monstres sacrés collaborèrent avec les Allemands. Ce ne fut pas le cas de Michel Simon qui s'empressa de porter l'étoile jaune, par solidarité, alors qu'il était fils d'un charcutier genevois... protestant.*

– ***Alain Tanner*** *(né en 1929)* **:** un des réalisateurs qui ont donné ses lettres de noblesse au cinéma suisse. *La Salamandre,* et son chef-d'œuvre *Les Années lumière,* l'histoire d'un adolescent à la recherche du rêve d'Icare, le font connaître. Après une période « critique de gauche » de la société *(Le Retour d'Afrique, Jonas aura 25 ans en l'an 2000),* il rebondit avec le superbe *Dans la ville blanche* (avec Bruno Ganz), tourné « à la Godard » dans les rues de Lisbonne.

– ***Guillaume Tell*** *(XIVe s)* **:** le bonhomme aurait refusé de saluer le représentant des Habsbourg de l'époque. Ce dernier, vexé, l'obligea à viser avec son arbalète une pomme placée sur la tête de son fils, mettant la vie de son mouflet en danger. Mal lui en prit ; l'Helvète tira juste deux fois : une fois en épargnant son fils, l'autre en trucidant l'envahisseur. La Suisse cherchait un héros, elle l'avait trouvé ! La véracité de l'histoire est plus que douteuse, mais le symbole est indéboulonnable.

– ***Jean Tinguely*** *(1925-1991)* **:** ses machines, aussi folles qu'imposantes, ont fait le tour du monde. Le sculpteur fribourgeois a, entre autres, créé la fontaine juste à côté du centre Beaubourg à Paris, avec sa deuxième femme, Niki de Saint-Phalle (1930-2002). Vers la fin de sa vie, il réalise, autour du thème de la mort, l'étrange et fascinante série des *Mengele,* à base de crânes d'animaux. Deux musées lui sont dédiés, à Bâle et à Fribourg.

## POPULATION

La Suisse compte environ 8,4 millions d'habitants, dont 24,7 % d'étrangers. 73,7 % habitent les villes, même s'il n'existe aucune très grande cité, Zurich (396 000 âmes) exceptée. La densité est assez forte (204 habitants au kilomètre carré en moyenne). Avec une espérance de vie moyenne de 83,4 ans (et la première place mondiale pour les hommes, devant l'Islande) et un indice de fécondité de 1,43, la Suisse est un pays qui vieillit dangereusement : 18 % de la population a plus de 65 ans.

## RANDONNÉES

Découvrir la Suisse à pied est un des meilleurs moyens de tirer parti de ses impressionnants paysages. Les sentiers (d'une longueur totale de 60 000 km, excusez du peu !) sont parfaitement balisés (ah ! la précision suisse...), et indiquent toujours le temps qu'il vous faut jusqu'à l'étape suivante. Il existe quantité de livres et de cartes qui peuvent vous être utiles à la préparation de vos balades.
Distinguons trois types de sentiers :
– ***Les sentiers culturels et thématiques*** insistent sur l'histoire et la culture de leur région. Ils sont en général très faciles, à pratiquer en famille.
– ***Les sentiers de randonnée de plaine et de « montagne à vaches »,*** au balisage jaune, ne nécessitent que des vêtements confortables, une paire de chaussures de marche et un sac à dos pour la cape de pluie, le pique-nique, la crème solaire, la trousse de secours et les menus objets personnels.
– ***Les sentiers de randonnée de moyenne montagne,*** au balisage rouge-blanc-rouge, imposent quelques précautions et une expérience préalable. La plupart demeurent étroits, escarpés, et certains présentent des passages qui peuvent être impressionnants, voire vertigineux. Pluies et orages peuvent vous mettre dans des situations difficiles. Le routard soignera donc le choix de ses chaussures et de son équipement en fonction du temps, et se munira de très bonnes cartes, voire d'une boussole.
– Quant aux ***itinéraires de haute montagne (randonnée alpine),*** c'est encore une autre histoire.

## SAVOIR-VIVRE ET COUTUMES

La Suisse, pays du « propre en ordre » ? D'aucuns prétendent que ce n'est plus vrai, mais les visiteurs de passage sont toujours impressionnés par la discipline (et les voitures qui s'arrêtent pour laisser passer les piétons sur les passages prévus à cet effet) et le sens de la propreté suisse (observez les passants qui gardent plusieurs secondes un papier en main, le temps de trouver une corbeille... un mégot ne s'écrase pas sur le sol d'un mouvement de pied désinvolte... les Français pourraient en prendre de la graine).
Les petites boîtes vertes, où pendent des sachets de plastique de la même couleur, sont des distributeurs de sachets mis à disposition des propriétaires de chiens pour ramasser la crotte que leur brave toutou vient de déposer sur le trottoir. Et ici, ça marche !
Les Suisses sont aussi des interlocuteurs à la ponctualité sourcilleuse. On n'arrive pas en retard à un rendez-vous professionnel, et le costume reste une marque de respect. Les gens s'appellent par leur nom de famille, et la familiarité n'est jamais de mise.

## SITES INSCRITS AU PATRIMOINE MONDIAL DE L'UNESCO

Organisation des Nations Unies pour l'éducation, la science et la culture

En coopération avec le centre du patrimoine mondial de l'UNESCO

Pour figurer sur la liste du Patrimoine mondial, les sites doivent avoir une valeur universelle exceptionnelle et satisfaire à au moins un des 10 critères de sélection. La protection, la gestion, l'authenticité et l'intégrité des biens sont également des considérations importantes.
Le patrimoine est l'héritage du passé dont nous profitons aujourd'hui et que nous transmettons aux générations à venir. Nos patrimoines culturel et naturel sont deux sources irremplaçables de vie et d'inspiration. Ces sites appartiennent à tous les peuples du monde, sans tenir compte du territoire sur lequel ils sont situés. Pour plus d'informations : ● *whc.unesco.org* ●

En Suisse, les 13 sites inscrits sont : la ***vieille ville de Berne*** ; le ***couvent de Saint-Gall*** ; le ***couvent bénédictin Saint-Jean-des-Sœurs à Müstair*** ; les ***trois châteaux,*** la ***muraille*** et les ***remparts du bourg de Bellinzone*** ; le site de ***Jungfrau-Aletsch-Bietschhorn*** ; le site fossilifère du ***monte San Giorgio*** ; le ***Lavaux,*** vignobles en terrasses entre Lausanne et Montreux ; le ***Chemin de fer rhétique*** dans le paysage culturel de l'Albula et de la Bernina (site partagé entre l'Italie et la Suisse) ; les ***sites palafittiques préhistoriques autour des Alpes*** (transfrontaliers, avec 46 sites en Suisse) ; le ***haut lieu tectonique de Sardona*** ; et les villes horlogères ***La Chaux-de-Fonds*** et ***Le Locle.*** Enfin, l'***œuvre architecturale de Le Corbusier*** est venue s'ajouter à la liste en 2016.
L'Office de tourisme de Suisse a mis en place un itinéraire routier de 1 643 km en boucle qui relie les 12 sites ainsi que deux biosphères Unesco et fait passer par 44 étapes clés. Une signalétique spécifique a été installée. Ce *Grand Tour* peut se boucler en 7 jours (mais rien n'interdit évidemment de prolonger le plaisir). Le voyage est aussi possible en train, avec les 8 tronçons du *Grand Train Tour.* Informations sur ● *myswitzerland.com/fr-fr/grand-tour-de-suisse-html* ●
Et surtout, un *Routard* spécial de 160 pages, *Le Grand Tour de Suisse,* avec une carte dédiée et de nombreuses photos ainsi qu'une riche sélection d'adresses, a été publié pour l'occasion.

## SPORTS

La Suisse est certes le pays du ***ski,*** mais il n'existe pas beaucoup de sports qui ne s'y pratiquent pas.
Le ***vélo,*** le VTT surtout, fait de plus en plus d'adeptes. L'Association suisse des transports a imprimé des cartes au 1/50 000 permettant d'éviter les grands axes. Pour la plupart, les offices de tourisme, en montagne comme en plaine, proposent de petites cartes ou des plans, voire des parcours fléchés.

### TOUT SCHUSS !

Schuss *en allemand signifie « coup de feu ». Il s'agit donc de descendre à skis, à toute vitesse et, si possible, tout droit.*

En Suisse, on peut louer des vélos dans toutes les gares CFF (*SBB* en allemand) de grande et moyenne importance, à des prix raisonnables : voilà pourquoi nous n'avons presque jamais mentionné d'autres lieux de location, sauf dans quelques villes où l'on peut les emprunter gratuitement, moyennant une caution ou une pièce d'identité. On peut charger une bicyclette dans la plupart des trains.
Enfin, la Suisse, c'est aussi le pays des lacs. Une aubaine pour les amateurs de ***sports nautiques*** (voile, planche à voile, ski nautique, canoë, etc.). Et les Suisses ne sont pas des manchots en cette matière : n'oublions pas qu'ils ont remporté la *Coupe de l'America* pour la deuxième fois en 2007 !

# les ROUTARDS sur la FRANCE 2018-2019

(dates de parution sur • **routard.com** •)

## Découpage de la FRANCE par le ROUTARD

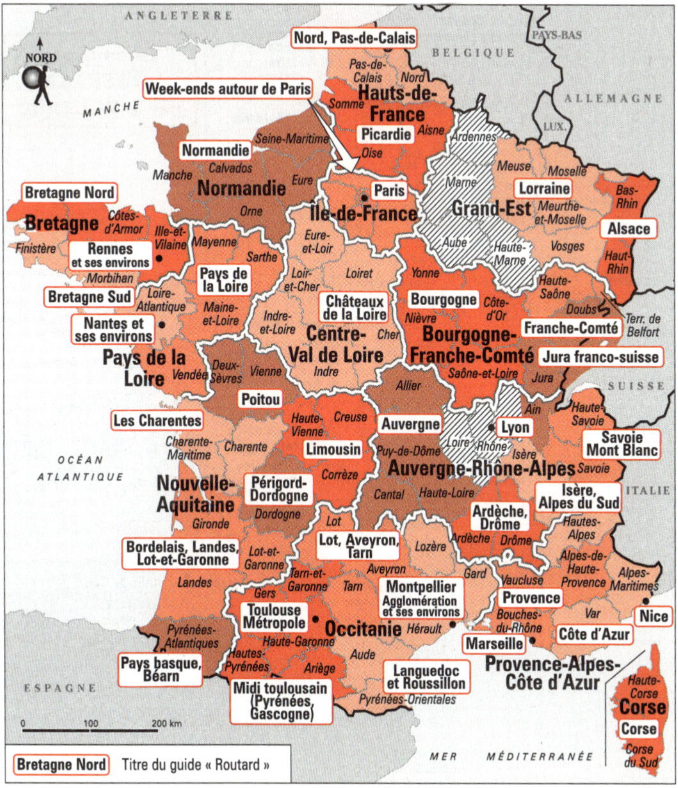


## Autres guides sur la France

- Hébergements insolites en France
- Canal des deux mers à vélo (mars 2018)
- La Loire à Vélo
- Paris – Île-de-France à vélo (juin 2018)
- La Vélodyssée (Roscoff-Hendaye)
- Nos meilleurs campings en France
- Nos meilleures chambres d'hôtes en France
- Nos meilleurs restos en France
- Les visites d'entreprises en France

## Autres guides sur Paris

- Paris
- Paris balades
- Paris exotique (nouveauté)
- Restos et bistrots de Paris
- Le Routard des amoureux à Paris
- Week-ends autour de Paris

# les ROUTARDS sur l'ÉTRANGER 2018-2019

(dates de parution sur • **routard.com** •)

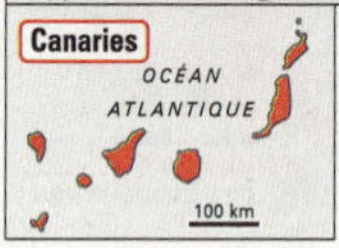


**Découpage de l'ESPAGNE par le ROUTARD**

**Découpage de l'ITALIE par le ROUTARD**

## Autres pays européens

- Allemagne
- Angleterre, Pays de Galles
- Autriche
- Belgique
- Crète
- Croatie
- Danemark, Suède
- Écosse
- Finlande
- Grèce continentale
- Hongrie
- Îles grecques et Athènes
- Irlande
- Islande
- Madère
- Malte
- Norvège
- Pays baltes : Tallinn, Riga, Vilnius
- Pologne
- Portugal
- République tchèque, Slovaquie
- Roumanie, Bulgarie
- Suisse

## Villes européennes

- Amsterdam et ses environs
- Berlin
- Bruxelles
- Budapest (mars 2018)
- Copenhague
- Dublin
- Lisbonne
- Londres
- Moscou
- Naples (décembre 2017)
- Porto (janvier 2018)
- Prague
- Saint-Pétersbourg
- Stockholm
- Vienne

# les ROUTARDS sur l'ÉTRANGER 2018-2019

(dates de parution sur • *routard.com* •)

## Découpage des ÉTATS-UNIS par le ROUTARD

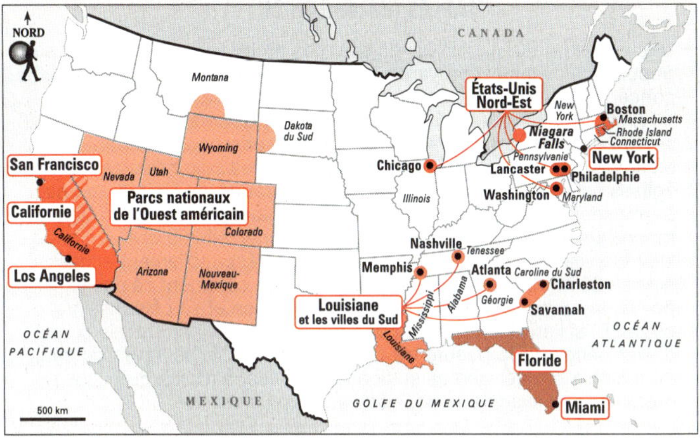


## Autres pays d'Amérique

- Argentine
- Brésil
- Canada Ouest
- Chili et île de Pâques
- Colombie (avril 2018)
- Costa Rica
- Équateur et les îles Galápagos
- Guatemala, Belize
- Mexique
- Montréal
- Pérou, Bolivie
- Québec, Ontario et Provinces maritimes

## Asie et Océanie

- Australie côte est + Red Centre
- Bali, Lombok
- Bangkok
- Birmanie (Myanmar)
- Cambodge, Laos
- Chine
- Hong-Kong, Macao, Canton
- Inde du Nord
- Inde du Sud
- Israël et Palestine
- Istanbul
- Jordanie
- Malaisie, Singapour
- Népal
- Shanghai
- Sri Lanka (Ceylan)
- Thaïlande
- Tokyo, Kyoto et environs
- Turquie
- Vietnam

## Afrique

- Afrique du Sud
- Égypte
- Kenya, Tanzanie et Zanzibar
- Maroc
- Marrakech
- Sénégal
- Tunisie

## Îles Caraïbes et océan Indien

- Cuba
- Guadeloupe, Saint-Martin, Saint-Barth
- Île Maurice, Rodrigues
- Madagascar
- Martinique
- République dominicaine (Saint-Domingue)
- Réunion

## Guides de conversation

- Allemand
- Anglais
- Arabe du Maghreb
- Arabe du Proche-Orient
- Chinois
- Croate
- Espagnol
- Grec
- Italien
- Japonais
- Portugais
- Russe
- G'palémo (conversation par l'image)

## Livres-photos Livres-cadeaux

- Voyages (nouveauté)
- Nos 120 coins secrets en Europe (nouveauté)
- Les 50 voyages à faire dans sa vie
- 1200 coups de cœur dans le monde
- 1200 coups de cœur en France
- Nos 52 week-ends dans les plus belles villes d'Europe

## NOS NOUVEAUTÉS

### NAPLES (décembre 2017)

Naples est une ville inouïe avec ses rues grouillantes et colorées, sa population joyeuse et bruyante, son linge suspendu aux fenêtres, ses concerts de klaxons incessants, ses quartiers populaires et labyrinthiques… Mais Naples, c'est aussi un front de mer interminable où les Napolitains se retrouvent à l'heure de la *passeggiata* (promenade en fin de journée). Naples, regorge de richesses culturelles cachées : églises baroques, de palais aux façades décaties, de cloîtres secrets, de musées aux trésors insoupçonnés. Amateurs de vieilles pierres foncez jusqu'à Herculanum et surtout Pompéi, sites archéologiques les plus visités d'Italie (et les mieux conservés), facilement accessibles en 20 mn de train du centre-ville… Enfin, comment ne pas parler de Naples sans évoquer sa cuisine savoureuse et sa célébrissime… pizza ! Et si l'envie vous prend de prendre le large, rien de mieux que d'aller découvrir la beauté de Capri, à une petite heure en bateau, ou à Ischia profiter de ses stations thermales, à moins que vous ne préfériez la minuscule île de Procida… la plus secrète.

### PORTO (janvier 2018)

Établie sur des rives escarpées à l'embouchure du Douro, cette jolie ville était la « belle endormie » du nord du pays. Elle donna son nom à l'antique Lusitanie. Portugal ! Tout a commencé ici. Les épopées maritimes l'ont ouverte sur le monde. L'or du Brésil l'a enrichie et les fameux vins de Porto de la vallée du Douro assurent encore sa renommée. Le quartier historique de la Ribeira, autrefois délabré, a été classé par l'Unesco. Sous l'effet d'un nouveau souffle urbain, Porto se métamorphose. La 2e ville du Portugal retrouve l'éclat de sa splendeur passée. Vieilles demeures blasonnées sortant de leur décrépitude, façades splendides ornées d'azulejos, églises baroques gardiennes de l'esprit des lieux, tramways jaunes et échoppes anciennes, restaurants et bars branchés, hôtels design ! Déambuler dans ces ruelles tortueuses et populaires est un enchantement. Une virée à Porto passe toujours par Vila Nova de Gaia, le faubourg de la rive gauche du Douro où s'alignent les chais et magasins des grands domaines viticoles (Graham's, Taylor's, Sandeman, Ferreira...). Ici, les grandes épopées se dégustent dans un verre.

**Nous tenons à remercier tout particulièrement Loup-Maëlle Besançon, Thierry Bessou, Gérard Bouchu, François Chauvin, Grégory Dalex, Fabrice Doumergue, Cédric Fischer, Carole Fouque, Michelle Georget, David Giason, Claude Hervé-Bazin, Emmanuel Juste, Dimitri Lefèvre, Fabrice de Lestang, Romain Meynier, Éric Milet, Pierre Mitrano, Jean-Sébastien Petitdemange et Thomas Rivallain pour leur collaboration régulière.**

Jean-Jacques Bordier-Chêne
Michèle Boucher
Diane Capron
Laura Charlier
Agnès Debiage
Jérôme Denoix
Tovi et Ahmet Diler
Marjorie Dubois
Clélie Dudon
Sophie Duval
Jeanne Favas
Alain Fisch
Alexandra Fouchard
Guillaume Garnier
Nicolas George
Bérénice Glanger
Adrien et Clément Gloaguen
Léa Guinolas
Manon Guyot
Bernard Hilaire
Sébastien Jauffret
Céline Kamand
Jacques Lemoine
Aurore de Lombarès
Caroline Ollion
Martine Partrat
Odile Paugam et Didier Jehanno
Prakit Saiporn
Jean-Luc et Antigone Schilling
Jean Tiffon
Caroline Vallano

**Direction :** Nathalie Bloch-Pujo
**Contrôle de gestion :** Jérôme Boulingre et Adeline Cazabat Barrere
**Secrétariat :** Catherine Maîtrepierre
**Direction éditoriale :** Hélène Firquet
**Édition :** Matthieu Devaux, Olga Krokhina, Gia-Quy Tran, Julie Dupré, Emmanuelle Michon, Alba Bastida Díaz, Amélie Gattepaille, Ludmilla Guillet, Pauline Janssens, Margaux Lefebvre, Amélie Ramond, Flora Sallot, Elvire Tandjaoui et Clémence Toublanc
**Ont également collaboré :** Dorica Lucaci, Marion Sergent, Hélène Meurice, Elisabeth Thebaud
**Cartographie :** Frédéric Clémençon, Aurélie Huot et Thomas Dequeker
**Fabrication :** Nathalie Lautout et Audrey Detournay
**Relations presse France :** COM'PROD, Fred Papet. ☎ 01-70-69-04-69.
• *info@comprod.fr* •
**Direction marketing :** Adrien de Bizemont, Clémence de Boisfleury et Charlotte Brou
**Contacts partenariats :** André Magniez (EMD). • *andremagniez@gmail.com* •
**Édition des partenariats :** Élise Ernest
**Informatique éditoriale :** Lionel Barth
**Couverture :** Clément Gloaguen et Seenk
**Maquette intérieure :** le-bureau-des-affaires-graphiques.com, Thibault Reumaux et npeg.fr
**Relations presse :** Martine Levens (Belgique) et Maureen Browne (Suisse)
**Régie publicitaire :** Florence Brunel-Jars

# INDEX GÉNÉRAL

## OÙ TROUVER LES CARTES ET LES PLANS ?



**IMPORTANT : DERNIÈRE MINUTE**

Sauf rare exception, le *Routard* bénéficie d'une parution annuelle à date fixe. Entre deux dates, des événements fortuits (formalités, taux de change, catastrophes naturelles, conditions d'accès aux sites, fermetures inopinées, etc.) peuvent intervenir et modifier vos projets de voyage. Pour éviter les déconvenues, nous vous recommandons de consulter la rubrique « Guide » par pays de notre site ● *routard.com* ● et plus particulièrement les dernières ***Actus voyageurs.***

### Remarque importante aux hôteliers et restaurateurs

Les enquêteurs du *Routard* travaillent dans le plus strict anonymat. Aucune réduction, aucun avantage quelconque, aucune rétribution n'est jamais demandé en contre-partie. Face aux aigrefins, la loi autorise les hôteliers et restaurateurs à porter plainte.

### Avis aux lecteurs

*Le Routard,* ce n'est pas comme le bon vin, il vieillit mal. On ne veut pas pousser à la consommation, mais évitez de partir avec une édition ancienne. Les modifications sont souvent importantes.

Les réductions accordées à nos lecteurs ne sont jamais demandées par nos rédacteurs afin de préserver leur indépendance. Les hôteliers et restaurateurs sont sollicités par une société de mailing, totalement indépendante de la rédaction, qui reste donc libre de ses choix. De même pour les autocollants et plaques émaillées.

### Avec routard.com, choisissez, organisez, réservez et partagez vos voyages !

✓ Rejoignez la plus grande communauté francophone de voyageurs: **plusieurs millions d'internautes.**

✓ Échangez avec les routarnautes : forums, photos, avis d'hôtels.

✓ Retrouvez aussi toutes les informations actualisées pour choisir et préparer vos voyages : plus de 300 guides destinations, une centaine de dossiers pratiques et un magazine en ligne pour découvrir tous les secrets de votre destination.

✓ Enfin, comparez les offres pour organiser et réserver votre voyage au meilleur prix.

## *Les* **Routards** *parlent aux* **Routards**

Faites-nous part de vos expériences, de vos découvertes, de vos tuyaux et de vos coups de cœur. Aidez-nous à remettre l'ouvrage à jour. Indiquez-nous les renseignements périmés. Faites profiter les autres de vos adresses nouvelles, combines géniales... On adresse un exemplaire gratuit de la prochaine édition à ceux qui nous envoient les meilleurs courriers, pour la qualité et la pertinence des informations.

Quelques conseils cependant:

– Envoyez-nous votre courrier le plus tôt possible afin que l'on puisse insérer vos tuyaux sur la prochaine édition.

– N'oubliez pas de préciser l'ouvrage que vous désirez recevoir, ainsi que votre adresse postale.

– Vérifiez que vos remarques concernent l'édition en cours et notez les pages du guide concernées par vos observations.

– Quand vous indiquez des hôtels ou des restaurants, pensez à signaler leur adresse précise et, pour les grandes villes, les moyens de transport pour y aller. Si vous le pouvez, joignez la carte de visite de l'hôtel ou du resto décrit.

En tout état de cause, merci pour vos nombreux mails.

**122, rue du Moulin-des-Prés, 75013 Paris**

● *guide@routard.com* ● *routard.com* ●



Édité par Hachette Livre (58, rue Jean-Bleuzen, CS 70007, 92178 Vanves Cedex, France)
Photocomposé par Jouve (rue de Monbary, 45140 Ormes, France)
Imprimé par Lego SPA Plant Lavis (via Galileo Galilei, 11, 38015 Lavis, Italie)
Achevé d'imprimer le 20 novembre 2017
Collection n° 13 - Édition n° 01
64/4410/6
I.S.B.N. 978-2-01-703336-3
Dépôt légal : novembre 2017

PAPIER À BASE DE FIBRES CERTIFIÉES